AF804740

Droit constitutionnel et institutions politiques

DOMAT DROIT PUBLIC

Droit constitutionnel et institutions politiques

Jean Gicquel
Professeur à l'Université de Paris-I
(Panthéon-Sorbonne)

16e édition

Montchrestien

Du même auteur

Le problème de la réforme de l'État, en France, en 1934, Paris, P.U.F., 1965.

Essai sur la pratique de la Ve République, préface d'André Hauriou, Paris, L.G.D.J., 2e éd., 1977.

En collaboration avec Pierre AVRIL :

Chroniques constitutionnelles françaises (1976-1982), Paris, P.U.F., 1983.

Lexique. Droit constitutionnel, Paris, P.U.F., 7e éd., 1998.

Droit parlementaire, 2e éd., Paris, Montchrestien, 1996.

Le Conseil constitutionnel, Paris, Montchrestien, 4e éd., 1998.

Le Conseil constitutionnel, ensemble de 4 films, Saint-Cloud, E.N.S. Production, 1991.

DANGER
LE
PHOTOCOPILLAGE
TUE LE LIVRE

© by Éditions Montchrestien, E.J.A., 1999.
31, rue Falguière, 75741 Paris Cedex 15
Tous droits réservés pour tous pays.
I.S.B.N. : 2-7076-1156-5

AVANT-PROPOS

Outre l'actualisation résultant, entre autres, de l'installation de la démocratie allemande à Berlin, cette nouvelle édition est placée sous le signe de la commémoration du quarantième anniversaire de la Constitution de 1958.

En se laissant guider par cette démarche, la restauration du régime parlementaire s'impose à la réflexion au fur et à mesure que la cohabitation ouverte, le 1er juin 1997, se pérennise.

Au surplus, l'auteur a apprécié, à sa juste valeur, le prix de l'aide apportée par son ami, le Doyen Patrice Gélard, s'agissant des régimes post-communistes et son collègue Jean-Éric Gicquel concernant sa contribution. Mais, il ne saurait oublier, par ailleurs, les encouragements privés qui n'ont cessé de lui être prodigués.

Plancy-l'-Abbaye, ce 30 août 1999.

BIBLIOGRAPHIE GÉNÉRALE

Ouvrages généraux

A. Ouvrages classiques.

R. Carré de Malberg : *Contribution à la théorie générale de l'État*, Paris, Sirey, 1920-1922 (rééd.), et *La loi, expression de la volonté générale*, Paris, Sirey, 1931 (rééd.).

L. Duguit : *Traité de droit constitutionnel*, 5 vol., 2e et 3e édit., Paris, Fontemoing, 1921-1929 (rééd.).

A. Esmein : *Éléments de droit constitutionnel*, 8e édit., Paris, Sirey, 1927.

Joseph-Barthélémy et P. Duez : *Traité de droit constitutionnel*, 2e édit., Paris, Dalloz, 1933 (rééd.).

Maurice Hauriou : *Principes de droit public*, 2e édit., Paris, Sirey, 1916 ; *Précis de droit constitutionnel*, 2e édit., Paris, Sirey, 1929 (rééd.).

E. Pierre : *Traité de droit politique, électoral et parlementaire*, 5e édit., Paris, Librairies-Imprimeries Réunies, 1924 (rééd.) ; et *Nouveaux suppléments* (2 t.) par J. Lyon, 1984 et 1990, Paris, La Documentation française.

G. Vedel : *Manuel élémentaire de droit constitutionnel*, Paris, Sirey, 1949 (rééd.).

B. Ouvrages contemporains.

Ph. Ardant : *Institutions politiques et droit constitutionnel*, 10e édit., Paris, L.G.D.J., 1998.

G. Burdeau : *Droit constitutionnel et institutions politiques* (par F. Hamon et M. Troper), 25e édit., Paris, L.G.D.J., 1997.

Ch. Cadoux : *Droit constitutionnel et institutions politiques*, Paris, Cujas, 1980-1982.

G. Carcassonne : *La Constitution*, Paris, Le Seuil, 1996.

D. Chagnollaud et J.-L. Quermonne : *Le gouvernement de la France sous la Ve République*, Paris, Fayard, 1996.

B. Chantebout : *Droit constitutionnel et science politique*, 15e édit., Colin, 1998.

F. Dreyfus et F. d'Arcy : *Les institutions politiques et administratives de la France*, Paris, Economica, 5e édit., 1997.

O. Duhamel : *Droit constitutionnel et politique*, Paris, Éd. du Seuil, 1994.

M. Duverger : *Le système politique français*, 19e édit., Paris, P.U.F., 1986.

L. Favoreu, P. Gaïa, R. Ghevontian, J.-L. Mestre, A. Roux, O. Pfersmann et G. Scoffoni : *Droit constitutionnel*, Paris, Dalloz, 1998.

B. François : *Le régime politique de la France*, Paris, La Découverte, 1998.

P. Gélard et J. Meunier : *Institutions politiques et droit constitutionnel* (A.E.S.), Paris, Montchrestien, 1996.

C. Grewe et M.-H. Ruiz Fabri : *Droits constitutionnels européens*, Paris, P.U.F., 1995.

Y. Guchet (sous la direction de) : *Les systèmes politiques des pays de l'Union européenne*, Paris, A. Colin, 1994, avec J. Catsiapis : *Droit constitutionnel*, Paris, Ellipses, 1996.

A. HEYMANN-DOAT : *Les régimes politiques,* Paris, La Découverte, 1998.

J.-P. JACQUÉ : *Droit constitutionnel et institutions politiques*, 3e éd., 1998, Paris, Dalloz.

B. JEANNEAU : *Droit constitutionnel et institutions politiques*, 8e édit., Paris, Dalloz, 1991.

M. LASCOMBE : *Droit constitutionnel de la Ve République,* 5e éd., Paris, L'Harmattan, 1997.

Ph. LAUVAUX : *Les grandes démocraties contemporaines,* 2e éd., Paris, P.U.F., 1998.

D.-G. LAVROFF : *Le droit constitutionnel de la Ve République,* 2e éd., Paris, Dalloz, 1997.

Cl. LECLERCQ : *Institutions politiques et droit constitutionnel*, 8e édit., Paris, Éditions Techniques, 1992.

F. LUCHAIRE et G. CONAC (sous la direction de) : *La constitution de la République française*, 2e édit., Paris, Economica, 1987.

Y. MADIOT : *Institutions politiques de la France,* Paris, Dalloz, 1995.

D. MAUS : *Institutions politiques françaises*, Paris, Masson, 1990.

J. MEKHANTAR : *Droit politique et constitutionnel,* Paris, Éditions Eska, 1997.

Y. MÉNY : *Le système politique français*, 2e édit., Paris, Montchrestien, 1993.

E. OLIVA : *Droit constitutionnel. Libertés* (aide-mémoire), Paris, Sirey, 1998.

P. PACTET : *Institutions politiques. Droit constitutionnel*, 17e édit., Paris, Masson, 1998.

H. PORTELLI : *Droit constitutionnel,* 2e éd., Paris, Dalloz, 1998.

M. PRÉLOT et J. BOULOUIS : *Institutions politiques et droit constitutionnel*, 11e édit., Paris, Dalloz, 1990.

J. ROSSETTO : *Les institutions politiques de la France*, Paris, A. Colin, 1992.

D. ROUSSEAU : *Droit constitutionnel et institutions politiques. La Ve République*, Paris, Eyrolles, 1991.

B. TRICOT, R. HADAS-LEBEL et D. KESSLER : *Les institutions politiques françaises*, 2e édit., Paris, Fondation nationale des sciences politiques et Dalloz, 1995.

D. TURPIN : *Droit constitutionnel*, 4e édit. Paris, P.U.F., 1999.

P. VIALLE avec J.-L. LAJOIE et J.-P. TOMASI : *Droit constitutionnel et institutions politiques*, Lyon, L'Hermès, 1984.

O. UCHAN : *Le triangle Elysée, Matignon, Palais Bourbon,* Paris, Ellipses, 1998.

E. ZOLLER : *Droit constitutionnel,* 2e éd., Paris, P.U.F., 1999.

Ouvrages spéciaux

A. Histoire constitutionnelle et politique.

P. AVRIL : *La Ve République. Histoire politique et constitutionnelle,* 2e édit., Paris, PUF, 1994.

J. CHAPSAL, *La vie politique en France de 1940 à 1958*, Paris, P.U.F., 1984 et *La vie politique sous la Ve République,* 2e édit., Paris, P.U.F., 1984.

J.-J. CHEVALLIER : *Histoire des institutions et des régimes politiques de la France moderne*, 7e édit. (par G. CONAC), Paris, Dalloz, 1985.

Cl. ÉMERI et Ch. BIDEGARAY : *La constitution en France de 1789 à nos jours,* Paris, A. Colin, 1997.

M. MARTIN et A. CABANIS : *Histoire politique et constitutionnelle de la France (1789-1990)*, Lyon, L'Hermès, 4e édit., 1996.

M. MORABITO et D. BOURMAUD : *Histoire constitutionnelle et politique de la France*, 5e édit., Paris, Montchrestien, 1998.

B. Science politique (généralités).

J. BAUDOUIN : *Introduction à la science politique*, 2e édit., Paris, Dalloz, 1990.

Ph. BRAUD : *Sociologie politique*, Paris, L.G.D.J., 1992 ; avec F. BURDEAU : *Histoire des idées politiques à partir du XIXe siècle*, Paris, Montchrestien, 1982.

F. CHÂTELET, O. DUHAMEL et E. PISIER : *Histoire des idées politiques*, Paris, P.U.F., 2e édit., 1989 ; et *Dictionnaire des œuvres politiques* (direction de), *ibid.*, 3e édit., 1995.

J.-J. CHEVALLIER : *Les grandes œuvres politiques de Machiavel à nos jours*, Paris, A. Colin, 11e édit., 1976 ; et *Histoire de la pensée politique*, Paris, Payot, 1983.

D. COLAS : *Sociologie politique*, Paris, P.U.F., 1994.

R. DE LACHARRIÈRE : *La divagation de la pensée politique*, Paris, P.U.F., 1972.

J. LAGROYE : *Sociologie politique*, Paris, Presses de la Fondation nationale des sciences politiques et Dalloz, 1991.

D. G. LAVROFF : *Les grandes étapes de la pensée politique*, Paris, Dalloz, 1993.

Documents d'études

A. Préparation aux contrôles des connaissances.

Annales du droit Dalloz, Paris, Dalloz (depuis 1991).

Ph. ARDANT : *Corrigés d'examen. Droit constitutionnel et institutions politiques*, 9e édit., Paris, L.G.D.J., 1997.

A. BARILARI et M.-J. GUÉDON : *Institutions politiques* (plans détaillés), Paris, Sirey, 1994.

Ch. BIDEGARAY, Cl. ÉMERI et J.-L. SEURIN : *Droit constitutionnel et institutions politiques*, Paris, P.U.F., 1983.

M.-A. COHENDET : *Méthodes de travail. Droit public*, Paris, Montchrestien, 1994.

J.-Cl. MASCLET et J.-P. VALETTE : *Travaux dirigés, Droit constitutionnel et institutions politiques*, Paris, Dalloz, 1994.

P. PACTET : *Exercices de droit constitutionnel*, Paris, L.G.D.J., 4e édit., 1998.

B. Recueils de documents.

J. du BOIS de GAUDUSSON, G. CONAC et Chr. DESOUCHES : *Les constitutions africaines publiées en langue française*, t. 1, 1997, t. 2, 1998, Paris, La Documentation française.

Comité national chargé de la publication des travaux préparatoires des institutions de la Ve République : vol. 1, 1987 ; vol. 2, 1988 ; vol. 3, 1991, Paris, La Documentation Française.

Ch. DEBBASCH et J.-M. PONTIER : *Les constitutions de la France*, Paris, Dalloz, 1983.

L. DUBOUIS et Cl. GUEYDAN : *Grands textes de droit communautaire*, 4e édit., Paris, Dalloz, 1996.

L. DUGUIT, H. MONNIER et R. BONNARD : *Les constitutions et les principales lois politiques de la France*, 7e édit. (par G. BERLIA), Paris, L.G.D.J., 1952.

M. DUVERGER : *Constitutions et documents politiques*, 10e édit., Paris, P.U.F., 1986.

Constitution (de 1958), lois organiques et ordonnances relatives aux pouvoirs publics, Paris, Journal officiel, tirage à part, nº 1119.

C. GREWE et H. OBERDORFF : *Les constitutions des États de l'Union européenne,* Paris, La Documentation française, 1999.

M. LESAGE : *Constitutions d'Europe centrale, orientale et balte,* Paris, La Documentation française, 1995.

D. MAUS : *Les grands textes de la pratique institutionnelle de la Ve République,* Paris, La Documentation française, 1998.

P. PACTET : *Textes de droit constitutionnel*, Paris, L.G.D.J., 3e édit., 1994.

S. RIALS : *Textes constitutionnels français ; Textes constitutionnels étrangers*, Paris, P.U.F., 1982 ; et *Textes politiques français, ibid.*, 1983.

Textes relatifs aux pouvoirs publics, Paris, Journal officiel, brochure n° 1901, 7e édit., 1997.

C. Recueils de jurisprudence.

Ph. ARDANT : *Décisions du Conseil constitutionnel*, Paris, P.U.F., 2e édit., 1995.

CONSEIL CONSTITUTIONNEL : *Trente ans de jurisprudence 1959-1988*, Paris, Imprimerie nationale, 1990 ; *Tables quinquennales, 1989-1993,* Paris, Dalloz, 1994.

L. FAVOREU : *Recueil de jurisprudence constitutionnelle,* vol. 1, 1959-1993, vol. 2, 1994-1997, Paris, Litec, 1994, 1998 ; avec L. PHILIP : *Les grandes décisions du Conseil constitutionnel*, 9e édit., Paris, Sirey, 1997.

J.-F. LACHAUME : *Les grandes décisions de la jurisprudence. Droit administratif*, 7e édit., Paris, P.U.F., 1993.

M. LONG, P. WEIL, G. BRAIBANT, P. DELVOLVÉ et B. GENEVOIS : *Les grands arrêts de la jurisprudence administrative*, Paris, Sirey, 10e édit., 1993.

D. TURPIN : *Memento de la jurisprudence du conseil constitutionnel,* Paris, Hachette, 1997.

D. Annuaire, codes, dictionnaires et lexiques.

P. AVRIL et J. GICQUEL : *Lexique. Droit constitutionnel*, Paris, P.U.F., 7e édit., 1998.

R. BARRILLON, G. DUPUIS, Y. MÉNY et A.-M. LE BOS : *La Ve République. Dictionnaire de la constitution*, 4e édit., Paris, Cujas, 1986.

Code électoral, Paris, Journal officiel, édit., 1997 ; commenté par M. de VILLIERS et J.-Y. VINCENT, 2e éd., Paris, Litec, 1995 ; B. MALIGNER, 7e éd., Paris, Dalloz, 1995.

O. DUHAMEL et Y. MÉNY : *Dictionnaire constitutionnel* (sous la direction de), Paris, P.U.F., 1992.

Th. S. RENOUX et M. de VILLIERS : *Code constitutionnel,* Paris, Litec, 1994, supplément 1997.

M. de VILLIERS : *Dictionnaire de droit constitutionnel,* Paris, A. Colin, 1998.

J.-F. SIRENELLI : *Dictionnaire historique de la vie politique française au XXe siècle* (sous la direction de), Paris, P.U.F., 1995.

E. Site Internet.

L'essentiel du droit français : La constitution, la loi, la jurisprudence, le droit européen. *www. legifrance. gouv. fr.*

Revues principales

Annuaire international de jurisprudence constitutionnelle.
Pouvoirs.
Revue du droit public et de la science politique en France et à l'étranger.
Revue française de droit administratif.
Revue française de droit constitutionnel.
Revue française de science politique.

LISTE DES PRINCIPALES ABRÉVIATIONS

A.I.J.C. : *Annuaire international de jurisprudence constitutionnelle.*

art. : Article d'une constitution, d'une loi, d'un décret...

C. : *Constitution du 4 octobre 1958.*

Cass. : *Cour de cassation.*

C.C. : *Conseil constitutionnel*

C.C.C. : *Les Cahiers du Conseil constitutionnel.*

C.C.F. : *Chronique constitutionnelle française* de P. AVRIL et J. GICQUEL (1976-1982).

C.E. : *Conseil d'État.*

C.E.D.H. : *Cour européenne des droits de l'homme.*

chr. : *Chronique constitutionnelle française, Pouvoirs* (à partir de 1982), de P. AVRIL et J. GICQUEL.

C.R.F. : *La constitution de la République française* (sous la direction de F. LUCHAIRE et G. CONAC).

D. : *Recueil Dalloz.*

D.C. : *Dictionnaire constitutionnel* (sous la direction d'O. DUHAMEL et Y. MÉNY).

D.F. : *La Documentation française* (publications).

E.D.C.E. : *Études et documents du Conseil d'État.*

G.A. : *Les grands arrêts de la jurisprudence administrative* de M. LONG, P. WEIL, G. BRAIBANT, P. DELVOLVÉ et B. GENEVOIS.

G.D. : *Les grandes décisions du Conseil constitutionnel* de L. FAVOREU et L. PHILIP.

J.O. : *Journaux officiels de la République française* (lois et décrets ou débats parlementaires).

L.C. : *Loi constitutionnelle* (constitution du 4 octobre 1958).

L.O. : *Loi organique* (constitution du 4 octobre 1958).

Ord. : *Ordonnance* (constitution du 4 octobre 1958).

P.A. : *Petites affiches.*

R.A.N. : *Règlement de l'Assemblée nationale* (constitution du 4 octobre 1958).

R.D.P. : *Revue du droit public et de la science politique en France et à l'étranger.*

Rec. : *Recueil des arrêts* du Conseil d'État ou des *décisions* du Conseil constitutionnel.

R.F.D.A. : *Revue française de droit administratif.*

R.F.D.C. : *Revue française de droit constitutionnel.*

R.F.S.P. : *Revue française de science politique.*

T.P. : *Travaux préparatoires des institutions de la Ve République* (Comité national).

INTRODUCTION
LA PRÉSENTATION DU DROIT CONSTITUTIONNEL

CHAPITRE I
L'OBJET ET LA SIGNIFICATION DU DROIT CONSTITUTIONNEL

Le droit constitutionnel vit au milieu de nous et en nous. A ce titre, il concerne autant le juriste que le citoyen et bénéficie, assurément, de l'attrait de l'actualité.

Mais, ce serait méconnaître gravement sa raison d'être que de le ravaler à un simple point de vue événementiel. La passion *intellectuelle* que l'on éprouve, à son égard, ne saurait être dissociée de la réflexion. Il n'est pas douteux, en effet, que *le gouvernement des hommes par la raison* demeure, à ce jour, la démarche la plus conforme au *miracle grec*.

L'examen respectif de *l'objet* (section I) et de la *signification* (section II) du droit constitutionnel s'impose, dès lors, à l'attention.

SECTION I — L'OBJET DU DROIT CONSTITUTIONNEL

D'une manière simple, on peut ainsi définir l'objet du droit constitutionnel : *l'encadrement juridique des phénomènes politiques.* Ce qui revient à dire que l'activité politique relève de la *règle juridique,* et non plus, du bon plaisir ou de caprice : *la loi n'exprime la volonté générale que dans le respect de la constitution* (C.C., 23 août 1985, *Nouvelle-Calédonie, Rec.* p. 70). De cette vision découle la bonne gouvernance ou *l'État de droit, l'État soumis au droit,* au sein duquel les citoyens sont protégés de l'arbitraire (1). La limitation de la puissance de l'État recuse l'*État despote,* ou *de police*. La Révolution de 1789, c'est l'*avènement de la Loi.* L'affirmation de Michelet signifie, en clair que désormais le règne de la loi se substitue, à la domination de l'homme par l'homme. D'où la formule topique de la constitution du 14 septembre 1791 : *Il n'y a point en France d'autorité supérieure à celle de la loi. Le roi ne règne que par elle et ce n'est qu'au nom de la loi qu'il peut exiger l'obéissance.*

(1) Sur ce concept forgé par la doctrine allemande *(Rechtsstaat)* au siècle dernier : V. Jacques CHEVALLIER, *L'État de droit*, 4e édit., 1999 ; *L'État de droit,* Mélanges Guy Braibant, 1996 ; B. BARRET-KRIEGEL, État de droit, *D.C.* p. 415.

Cependant ces formules, pour être bien comprises, demandent deux séries d'explications : que faut-il entendre par *phénomènes politiques ?* En quoi consiste l'*encadrement juridique* de ces phénomènes politiques ?

§ 1 LES PHÉNOMÈNES POLITIQUES

La politique est l'art du possible. La formule est courante, tel un poncif. Toutefois, elle est malaisée à cerner en raison de son ambiguïté (2).

Voici, à n'en pas douter, un mot déprécié et valorisé, à propos duquel les nuances péjoratives et laudatives s'entrechoquent. Qu'est-ce à dire ?

Pour le commun des mortels, on le sait, la politique est repoussée avec une belle indignation. Activité peu ragoûtante, et pour tout dire sale, selon le tempérament poujadiste. Qui ne se souvient de la définition de D'Alembert : *L'art de tromper les hommes ;* de l'invocation de Musset : *La politique, voilà notre misère !* ou de la réflexion de Mauriac : *La politique ? Est-ce qu'on s'intéresse aux batailles de singes ?* Cependant, la politique *n'est pas un vice, ni un jeu de société* (S. de Beauvoir). Elle est noble, par civisme et altruisme. Songeons aux institutions caritatives ou humanitaires (de la Croix rouge, à Médecins sans frontières, ou aux Restaurants du cœur de Coluche) pour se persuader qu'elle mérite mieux que le mépris. Ces préventions, qui peuvent engendrer une incompréhension, incitent cependant à la réflexion, à propos de sa définition (A) et de sa condition (B).

A. LA DÉFINITION DE LA POLITIQUE

La politique différencie l'homme de l'animal, à l'opposé de Platon qui prétendait qu'elle était *l'art d'élever les troupeaux.* Elle est susceptible de deux acceptions, l'une restrictive, l'autre extensive.

1° L'acception restrictive de la politique

A cet égard, une double signification s'attache, tant au substantif qu'à l'adjectif.

La politique, dans un premier temps, désigne l'action, la mission, le comportement ou le programme d'un homme, d'un parti, d'un Gouvernement, d'un État... On dénonce toute politique attentatoire aux droits de l'homme ; on milite pour la politique européenne, *etc.*

Dans un second temps, le mot caractérise une activité ou un secteur *spécifique,* mieux *irréductible,* par rapport aux autres activités ou secteurs d'une société. En somme, la politique, selon une démarche obsidionale, se présente, au sein de cette dernière, à la manière d'un monde clos, d'un milieu retranché qui détonne, à la limite, tel *un coup de pistolet au milieu d'un concert* (Stendhal).

(2) V. Ph. Béneton, *Introduction à la politique*, 1997 ; J.-L. Chabot, *Introduction à la politique*, 1991 ; D. Chagnollaud : *Introduction à la politique,* 1996 ; Ch. Debbasch et J.-M. Pontier, *Introduction à la politique*, 2e édit., 1986 ; O. Vallet, *Principes du politique*, 1991.

Vue de la place de la Concorde à Paris, l'Assemblée nationale mérite d'être appelée *la maison sans fenêtres.* De fait, et à l'évidence, la politique obéit à des règles *spécifiques,* tant du point de vue des conditions d'accès, que du comportement observé. On a prétendu, avec raison, que la politique était le seul métier (si l'on ne regarde pas de trop au sens des mots) que l'on ose exercer sans jamais l'avoir appris. De même, on peut rappeler la règle du tutoiement introduite au Parlement par Gambetta. Au surplus, les sentiments politiques se différencient des sentiments privés. La leçon de réalisme ou de cynisme, donnée par Machiavel souligne l'autonomie, pour utiliser un délicat euphémisme, entre la morale et la politique. *Un État de ce nom,* affirmait le général de Gaulle, *n'a pas des amis, mais des intérêts.* D'où le recours, en tant que de besoin, à l'action militaire au Koweït et à l'action humanitaire en Bosnie-Herzégovine, en vue de leur sauvegarde. De même, remarquait-il, *on ne doit jamais mentir au peuple, mais il n'est pas interdit d'être habile.*

Véritable caméléon, l'homme politique agit, selon les circonstances, à la manière du renard ou du lion : Réussir est le plus clair du temps synonyme de trahir (3). Servir, relève moins de l'humilité que de la vanité : *c'est la devise de tous ceux qui aiment commander* (J. Giraudoux).

Ainsi, la politique *stricto sensu* s'analyse en une activité *spécialisée,* celle d'une minorité (la *classe politique*). Avec humour, Paul Valéry notait : *La politique, c'est l'art d'empêcher les gens de se mêler de ce qui les regarde.*

Toutefois, une tendance à la *réappropriation* de la politique se dessine, car, selon Aristote, *l'homme est naturellement un animal politique.*

2° L'acception extensive de la politique

Entendu au sens large, le mot se comprend à l'aide de l'étymologie. *Politique* vient du terme grec *polis,* qui signifie *cité.* La cité était le cadre spatial dans lequel les individus se réunissaient. Son origine nous avertit par conséquent, qu'il s'agit de relations entre les personnes dans le cadre d'une société organisée ou *policée* (4). En dépit de son exiguïté et de l'institution de l'esclavage, la cité antique représentait une organisation politique perfectionnée préfigurant l'État moderne. Il suit de là, que la politique se rapporte aux individus vivant en société, l'État apparaissant, en définitive, comme la *société des sociétés.* Loin d'être une activité spécialisée, comme on l'indiquait à l'instant, elle se présente désormais comme fondamentalement *banalisée, la chose de toutes et de tous.* En un mot, c'est le *régime de la collectivité tout entière ou son mode d'organisation* (R. Aron).

Dès lors, la politique n'apparaît plus sous l'aspect d'un champ clos, mais d'un univers sans rivages ni frontières. En dernière analyse, ceci revient à dire, que tout ce qui est humain est politique, et tout ce qui est politique est humain. En parodiant le poète Terence, on peut donc prétendre, que rien de ce qui est humain, ne lui est étranger. A la réflexion courante — *Je ne m'occupe pas de politique* —, Jules Renard répliquait : *C'est comme si vous disiez, je ne m'occupe pas de la vie !* En somme, *toute politique implique quelque idée de l'homme* (Paul Valéry).

Il appartient, dès lors, au droit de systématiser la condition de l'homme au milieu de ses semblables. D'une façon plus précise, le droit constitutionnel détermine les relations entre l'individu et la société, entre la liberté dont celui-là est investi et l'autorité dont celle-ci se nourrit. Si le droit est *l'armature* de la société, le droit

(3) V. D. JEAMBAR et Y. ROUCAUTE : *Éloge de la trahison,* 1988 ; P. LENAIN : *Le mensonge politique,* 1988.

(4) En sollicitant les ressources de la sémantique, on observe que *politique* et *politesse* sont unies par une même racine et que le droit constitutionnel peut revendiquer, à titre principal, la dénomination de *droit politique*, à la manière de Jean-Jacques Rousseau (*Du contrat social ou principes du droit politique*, 1762) ou du traité précité d'Eugène Pierre.

constitutionnel en constitue, à n'en pas douter, la matrice. L'examen de la *condition* de la politique en témoigne.

B. LA CONDITION DE LA POLITIQUE

Emmanuel Mounier prétendait que *si la politique n'est pas tout, elle en est tout.* De fait, l'activité humaine est marquée de son empreinte indélébile (5). Elle présente, à cet effet, deux caractères, que l'on voudrait envisager succinctement : un aspect *contrasté,* d'une part, et *rationalisé,* d'autre part.

1° Le caractère contrasté de la politique

La politique relève d'un *paradoxe*, dans la mesure où elle rapproche les individus, tout en les opposant. Tel le dieu Janus des Anciens, elle se présente, dans un même mouvement, sous l'aspect d'une *communion* et d'une *ségrégation.*

Communion, à partir de l'instant où elle est inhérente à la condition humaine. Sans verser dans le truisme, on observe que tout est politique dans une société, où chacun la pratique, à l'instar de M. Jourdain, en l'ignorant ou en s'en défendant.

a) *La politique illustrée*

Pour s'en tenir à des exemples hétéroclites, le sport ne relève point de la neutralité : l'extase nationale, provoquée par la victoire de l'équipe de France dans la coupe du monde de football, le 12 juillet 1998, a été saluée comme celle de la diversité culturelle (6). La dictée de Bernard Pivot, à travers la bataille de l'accent circonflexe (la *jolie môme* de Sartre !), se présente à la manière de la défense et illustration de l'identité culturelle française. En certaines circonstances, un objet aura une âme politique (le TGV change les mentalités en intégrant Paris aux régions), comme un animal (le clonage de la brebis Dolly), un fait atmosphérique (la lutte contre l'effet de serre) ou un élément naturel (l'eau devenu un enjeu). La rose et le réséda d'Aragon ; la sécurité alimentaire représentent autant d'engagements. Reste que la guerre, selon la définition classique de Clausewitz, est *une simple continuation de la politique par d'autres moyens.*

Au passage, l'apolitisme mérite, à ce titre, d'être récusé. Un non-sens tout au plus, ou pis encore, une forme d'hypocrisie dissimulant le conservatisme, c'est-à-dire le maintien de l'ordre politique existant (7). On se prend à parodier Musset : Haïr la politique, cela se peut, mais la nier, quelle plaisanterie ! Ainsi, la politique est-elle gage de *cohésion* du groupe humain, tout en introduisant une *opposition* entre ses membres.

b) *La politique différenciée*

A cet égard, la politique participe de la *ségrégation,* peu importe, au demeurant, la société au sein de laquelle elle se manifeste : de la plus grande (l'État) à la plus petite (le couple) ; de la permanente (l'entreprise) à l'éphémère (jeux enfantins) ; de la forme

(5) À l'instar du coq plumé de Diogène, le règne animal n'y échappe pas complètement, si l'on en juge par le phénomène de domination ou celui de possession territoriale.

(6) Au-delà de la récupération du sport par la dictature (la tenue des jeux olympiques à Berlin, en 1936), la reconnaissance internationale d'un État peut en résulter, à l'exemple de la Croatie, au lendemain de la coupe de football, en 1998.

(7) On connaît, à ce propos, la réplique fameuse d'Alain : *Lorsqu'on me demande si la coupure entre partis de droite et de gauche, hommes de droite et hommes de gauche, a encore un sens, la première idée qui me vient est que l'homme qui pose cette question n'est certainement pas un homme de gauche.*

la plus respectable (la démocratie) à la plus détestable (la monocratie). Pourquoi en est-il de la sorte ? Parce que la politique secrète une force, ou développe, si l'on préfère, une énergie particulière que l'on appelle le *pouvoir.* Or, les manifestations de ce dernier, dans l'attente de l'avènement du paradis terrestre (démocratie directe ou autogestion), sont immuables dans le temps et l'espace. Elles se traduisent *nécessairement* par l'existence de relations *inégalitaires,* donc *hiérarchiques* entre ceux qui l'exercent et ceux, plus nombreux qui le subissent ; entre ceux qui commandent et ceux qui obéissent ; entre ceux, enfin, qui conduisent la société et ceux qui sont conduits. Dans un raccourci fameux, le doyen Léon Duguit distinguait les *gouvernants* et les *gouvernés* (8) ; les anglo-américains, pour leur part, opposent les *leaders* aux *followers.* Une division grosse de domination et de contestation à base de *privilèges,* pour les uns, et de sujétions, pour les autres. Fascination et prévention, le pouvoir est intrinsèquement une notion *valorisée* autant que *relativisée.* Il désigne un mode d'action ou d'influence de certains individus sur d'autres tel l'harcèlement sexuel dans le monde du travail, sans cesse renouvelé (9). De fait, le pouvoir demeure inachevé à l'image de la destinée humaine, telle *la mer, la mer toujours recommencée* (P. Valéry). *J'ai fait ce que j'ai pu :* la devise du chancelier Willy Brandt s'avère être une admirable leçon d'humilité pour les gouvernants.

c) *La politique intériorisée*

Les actes politiques sont, par suite, habituellement le fait des gouvernants. Sans doute, les gouvernés sont partie prenante à la vie politique, tout au moins dans les régimes pluralistes (adhésion à un parti, participation à des réunions publiques, à des manifestations, expression de leur volonté ou de leur choix au cours d'une élection ou d'un référendum).

Ceux qui exercent une action sur d'autres hommes, qui les entraînent à prendre telle ou telle attitude ou, au contraire, à s'abstenir dans telle ou telle circonstance, sont réputés détenir le *pouvoir.* Un chef de gouvernement ou d'entreprise, le président d'un club sportif, un secrétaire de syndicat, le dignitaire d'une église, un enseignant *a fortiori*, détiennent du pouvoir, parce qu'ils sont à même d'entraîner d'autres personnes à penser ou à œuvrer dans tel ou tel sens.

De ce point de vue, on peut inciter celles-ci à agir de bien des façons, mais les deux moyens principaux de la régulation sociale sont, en dehors de la croyance (*gouverner c'est faire croire,* prétendait Machiavel), la persuasion et la contrainte. On peut, tout d'abord, chercher à peser sur la volonté humaine par la parole ou par l'écrit, en s'attachant à démontrer la nécessité, l'utilité, l'intérêt ou l'agrément de tel objectif. La parole est, sans doute, le mode de *persuasion* principal. Presque tous les grands meneurs d'hommes sont des orateurs, sachant généralement joindre le geste à la parole. On sait, à cet égard, combien la communication moderne renforce les moyens de persuasion classiques : grâce à la télévision, on peut, beaucoup mieux qu'autrefois, inciter massivement les hommes à agir dans un sens. Mais, la persuasion ne suffit pas toujours et le recours à la *contrainte, ultimum remedium*, est parfois nécessaire.

Lorsqu'il s'agit, du reste, de la conduite des hommes dans le cadre de l'État, la contrainte est toujours à l'arrière-plan et parfois utilisée, puisque, justement, dans les sociétés modernes, l'*État a le monopole de la contrainte légale*. Il existe aussi des régimes ou des groupes politiques qui cèdent au terrorisme et pratiquent l'intimidation et le chantage (10). Mais, cette régression ne saurait laisser indifférent, car elle est antinomique d'une authentique culture politique.

(8) La formule apparaît déjà sous la plume de Gracchus Babeuf, en 1796, dans le *Manifeste des Égaux*.

(9) V. J. Baechler : *Le pouvoir pur*, 1978 ; J. K. Galbraith : *Anatomie du pouvoir*, 1985 ; M. Foucault : *Deux essais sur le sujet et le pouvoir in* H. Dreyfus et P. Rabinow : *Michel Foucault, un parcours philosophique*, 1984, p. 297 ; L. Sfez, *La symbolique politique*, 1988.

(10) V. G. Boismenu et J.-J. Gleizal (sous la direction de) : *Les mécanismes de régulation sociale*, 1988 ; J.-F. Prévost : *Le terrorisme*, Universalia 1978, p. 92.

Au total, il existe des phénomènes politiques à l'intérieur de *toute* société et tout particulièrement au sein de l'État, objet de la sollicitude du constitutionnaliste. Ces phénomènes sont complexes, mais aussi et surtout conflictuels, dans la mesure où des individus, par *volonté de puissance,* s'imposent à leurs semblables. Des hommes font pression sur d'autres hommes, en clair, pour s'efforcer d'obtenir d'eux des comportements, des attitudes, jugés ou réputés nécessaires ou utiles pour le bien de la collectivité ou à l'intérêt général (11).

Il ressort de ces observations que la politique repose sur un tête-à-tête obligé *gouvernants-gouvernés*, dont il importe désormais d'étudier la relation.

2° Le caractère rationalisé de la politique

Par suite d'une longue évolution, qui s'est esquissée en Occident, à partir du XVIIe siècle, le droit constitutionnel a pour objet, tel un jeu rituel, de *réglementer l'activité politique,* c'est-à-dire de la *juridiciser. La vaste procédure,* auquel il s'identifie pour le doyen Maurice Hauriou, détermine les conditions selon lesquelles la politique se manifeste ou, ce qui est du pareil au même, le pouvoir s'exerce. En d'autres termes, le droit constitutionnel, se situant dans une perspective *juridique*, autant que *civique, pose les règles* du jeu politique et distribue les rôles entre les différents acteurs. De façon significative, il en résulte l'établissement, sous une forme écrite le plus souvent, d'un *code de bonne conduite* entre gouvernants et gouvernés, appelé *constitution* ; en un mot des relations explicitées et protégées, en cas d'inobservation.

Ainsi la politique, à l'époque contemporaine, ou le pouvoir qui en constitue la marque distinctive, est moins celle du bon vouloir que de la norme juridique, encore que les émules du père Ubu n'aient pas disparu. *L'État de droit,* ce stade suprême d'une civilisation politique, résulte d'un changement de culture : au gouvernement *naturel* succède le gouvernement *consensuel* des individus. Soit, le passage, d'un *postulat,* celui du droit inné à commander les individus, à une *fonction* exercée au nom des gouvernés, selon leur volonté librement exprimée. L'*étreinte juridique* se révèle, à cet effet, le meilleur antidote au pouvoir.

Initialement, la tradition justifiait l'existence de gouvernants par *prédestination :* Bossuet, chantre de l'absolutisme sous Louis XIV affirmait : *Le prince ne doit rendre compte à personne de ce qu'il ordonne... Tout l'État est en lui, la volonté de tout le peuple est enfermée dans la sienne.* Issu, pour l'essentiel de Descartes et de Spinoza, un puissant courant d'idées devait récuser cette conception. A la domination de l'homme par l'homme succédera le gouvernement des hommes par la *loi,* promue en la circonstance au rang de *norme commune* (12). En conséquence, les dirigeants assument de nos jours une *fonction* temporaire au nom des gouvernés. De proche en proche, *l'élection,* en dehors d'investiture exceptionnelle, est devenue la procédure normale de désignation et de révocation des

(11) *Gouverner, c'est contraindre* affirmait Georges Pompidou. A dire vrai, il serait plus expédient de proclamer : *Gouverner, c'est négocier avant tout.* V. La négociation, *Pouvoirs n° 15,* 1980.

(12) Dans cet ordre d'idées, Bertrand de Jouvenel suggérait de parler de *nomocratie* de préférence à démocratie. Dans une lettre adressée en 1767, au marquis de Mirabeau, Jean-Jacques Rousseau résume sa suprême ambition : *trouver une forme de gouvernement qui mette la loi au-dessus de l'homme.* Son disciple, Marx prolongera sa vision juridique aux rapports *économiques* entre les individus. Le mode de formation de la loi en découle : *expression de la volonté générale* et non plus d'une volonté particulière (art. 6 de la Déclaration des droits de l'homme et du citoyen de 1789).

gouvernants. La conception *moderne* de la politique est née, à bien des aspects, avec la Déclaration d'indépendance des États-Unis, le 4 juillet 1776 : *Tous les hommes sont créés égaux ; ils sont doués par le Créateur de certains droits inaliénables... Les gouvernements sont établis par les hommes pour garantir ces droits, et leur juste pouvoir émane du consentement des gouvernés.*

Au total, le droit constitutionnel, fruit d'un effort multiséculaire des gouvernés, est parvenu à *endiguer* la politique, puis à *enfermer*, pour l'essentiel, les gouvernants dans un *statut juridique.* C'est ce qu'il faut maintenant examiner.

§ 2 L'ENCADREMENT JURIDIQUE DES PHÉNOMÈNES POLITIQUES

Qu'est-ce que le droit ? La question mérite, en effet, d'être évoquée, parallèlement à l'enseignement d'*introduction au droit et au droit civil.* Une rapide présentation s'impose, avant de souligner le particularisme de notre discipline.

A. LA PRÉSENTATION DU DROIT

En sa qualité de *discours de pouvoir* (13), le droit constitue *un mode de régulation sociale.* On voudrait successivement s'attacher à sa définition, préciser sa signification et étudier enfin son organisation.

1° La définition du droit

En dehors d'une démarche ironique (14), on s'accorde, généralement sur la définition suivante : *le droit est l'ensemble des règles de conduite humaine, édictées et sanctionnées par l'État* et *destinées à faire régner dans les relations sociales, l'autorité et la liberté.* Cette vision débouche sur celle d'un *ordre juridique,* dont il est utile de préciser la signification, dès lors que l'individu et la société forment un couple indissociable.

(13) V. J. CHEVALLIER (sous la direction de), *Droit et politique*, 1993 ; J. CAILLOSSE : *Introduire au droit*, 1993 et D. LOSCHAK : Le droit, discours de pouvoir, *Mél. Léo Hamon, 1982, p. 429.*

(14) Dans *la guerre de Troie n'aura pas lieu* (1935), Jean Giraudoux fait dire à Hector : *Le droit est la plus puissante des écoles de l'imagination. Jamais poète n'a interprété la nature aussi librement qu'un juriste la réalité.* Cette définition cinglante trouve une justification dans le fait que pendant longtemps, notre discipline était étudiée, de façon autonome, par rapport à son environnement. L'analyse *systémique* de David Easton, présentée en 1965, indique, à l'opposé, qu'un système politique, à la façon de la *boîte noire*, est immergé dans son environnement ; qu'il entretient des relations avec ce dernier, tant en amont qu'en aval. V. Définir le droit, *Droits* n°s 10 et 11, 1989-1990 ; Ph. JESTAZ, *Le droit*, 1991.

2° La signification du droit

A prendre la mesure des choses, le droit se présente sous un double aspect : *Constatation de la réalité sociale,* il forme, à ce titre, la *trame* des rapports humains, dont il assume la *régulation.*

a) *Le droit, phénomène social*

A l'évidence, le droit se range parmi les sciences sociales, au point d'en être le résumé. Il apparaît comme la conséquence tangible de l'organisation des individus en *société.* Car, selon Daniel Villey, *il n'existe pas de droit de Robinson dans son île,* jusqu'à sa rencontre avec *Vendredi.* Sans qu'il soit expédient à ce point de la discussion d'évoquer la littérature née du *contrat social,* une organisation si rudimentaire soit-elle repose, de façon nécessaire, sur la coexistence entre la liberté de chacun et une autorité commune (art. 4 de la Déclaration de 1789). *S'il fallait tolérer aux autres tout ce qu'on se permet à soi-même, la vie ne serait plus tenable.* La boutade de Courteline est saisissante.

Le droit évoque une manière pour l'individu de se conduire en société, et plus précisément, la recherche d'un *compromis* entre *l'instinct de sociabilité,* qui le pousse à vivre au milieu de ses semblables dans un but de sécurité et le besoin concomitant de liberté qui l'incite à s'émanciper d'eux (15).

Il suit de là que, le droit, sinon la quête du droit, à la réflexion, est conçu à l'image de la condition humaine, tout à la fois collective *et* individuelle. *Ni ange, ni bête,* disait Pascal, de l'homme. En conséquence, il participe au *contrôle* de l'individu, conjointement à d'autres règles de comportement, mais avec une force particulière.

b) *Le droit, mode de régulation sociale*

Pour utiliser le *distinguo* de Kant, l'individu est soumis tout à la fois à des règles *autonomes* et *hétéronomes.* Les premières relèvent de la conscience (morale, religion, politesse, règles de bienséance). Ces règles *internes* ou éthiques sont sanctionnées normalement par la réprobation, l'exclusion, l'autolimation ou le remords.

A l'opposé, les secondes, règles *externes*, sont élaborées et imposées par l'État ou, si l'on préfère, le pouvoir institutionnalisé. C'est ici que réside la spécificité de la *règle de droit* ou de la *norme juridique.* Reflet de la volonté de la puissance publique (ou de la majorité en démocratie), celle-ci possède une force *contraignante,* à laquelle, en principe, aucune personne ne peut se soustraire. *Les lois sont des commandements,* opinait Portalis. Ce qui signifie, que la règle de droit est escortée, en tant que de besoin, par la force publique. Le dernier mot doit appartenir à la loi, proclame-t-on. De la même façon, personne n'est au-dessus des lois. A la vérité, l'utilisation de la contrainte demeure exceptionnelle, en raison de *l'adhésion* spontanée des membres du groupe aux commandements juridiques. Il est significatif, qu'en obéissant à la loi, l'individu n'obéit qu'à lui-même, en définitive. Le *mystère de l'obéissance,* selon Alain trouve ici son explication. Il réside dans un phénomène de croyance, dénommé la *légitimité,* ce *génie invisible de la société* (G. Ferrero).

Ceci indiqué, il convient d'apporter des précisions à la connaissance du droit *applicable* dans une société, à un moment donné, appelé le *droit positif.*

(15) On connaît à ce propos la fameuse profession de foi libertaire de Proudhon en 1840 : *Quoique très ami de l'ordre, je suis dans toute la force du terme anarchiste. (Qu'est-ce que la propriété ?).*

3° L'organisation du droit

D'un point de vue *technique,* deux questions se posent : sous quel aspect, le droit apparaît-il ? Quel est son mode de formation ? Pour toute réponse, le juriste, à l'aide de métaphores, songera aux *branches* et aux *sources* du droit.

a) *Les branches du droit*

Ces dernières sont représentatives du *dualisme juridique* (16). L'encadrement des conduites humaines présente, en effet, des modalités *diversifiées,* selon que l'on évoque le *droit privé* ou le *droit public.*

I. Le droit privé régit les rapports entre les *particuliers* que nous sommes, les uns et les autres. Fondé sur l'autonomie de la volonté, il présente un caractère *égalitaire : Les hommes naissent et demeurent libres et égaux en droits* proclame, à cet effet, la Déclaration des droits de l'homme et du citoyen de 1789 (art. premier).

Le droit civil est donc un système d'encadrement des comportements humains dans le domaine de la famille et des rapports patrimoniaux pour y établir un minimum de sécurité, condition d'exercice de la liberté. Le droit commercial participe de la même nature, sans qu'il soit nécessaire d'insister outre mesure.

II. En revanche, le droit public qui organise les relations entre l'État (la puissance publique ou les pouvoirs publics) et les individus est *inégalitaire.* Il met en présence des acteurs différents, obéissant essentiellement à des préoccupations différentes. L'État a en charge l'intérêt général, la finalité du bien commun, sans céder pour autant au vertige des mots ; la personne privée, en dehors peut-être de la philantropie, est mue par la recherche du profit.

Dans ces conditions, sauf pour l'intérêt privé à s'habiller en intérêt général, pour reprendre la démarche marxiste, il importe d'organiser un *arbitrage.* En cela se résume l'ambition du droit public. A tous ces égards, ce dernier est *autonome* ou *dérogatoire* par rapport au droit privé, tant dans le domaine de la responsabilité que dans celui des contrats, par exemple. Ce qui est vrai, depuis la nuit du 4 août au regard des individus, ne l'est pas de la puissance publique investie de *prérogatives exorbitantes du droit commun,* selon la formule consacrée.

Le *royaume* du droit public se divise en *provinces :* au plan *externe,* le droit international règle les rapports entre États, entre organisations internationales et ceux-ci ; au plan *interne,* le droit communautaire, né du traité de Rome du 20 mars 1957, qui a donné naissance, le 1er novembre 1993, à l'Union européenne, agit par la voie de la *substitution* aux normes nationales et celle de l'*harmonisation* entre elles ; le droit constitutionnel détermine les relations entre l'État et les citoyens, les gouvernants et les gouvernés ; le droit administratif, celles entre l'État et les administrés et le droit financier met aux prises l'État et les contribuables.

b) *Les sources du droit*

La fraîcheur de l'eau vive mise à part, qui est qualifié pour édicter des règles de droit ? En l'espèce, ce rôle incombe aux pouvoirs publics, en tant qu'expression de la volonté majoritaire. Ainsi, *le droit est une politique qui a réussi* (Émile Girault).

(16) Le dualisme juridique donne naissance au *dualisme juridictionnel.* A droit spécial, juge spécial. Au nom de la *conception française de la séparation des pouvoirs* (C.C., 23 janvier 1987, *Conseil de la concurrence, Rec.* p. 7) issue de la loi des 16-24 août 1790, il existe deux ordres symbolisés respectivement par la Cour de cassation et le Conseil d'État : *L'ordre judiciaire,* consacré par la constitution de 1958 (titre VIII) et l'*ordre administratif* auquel le C.C. a conféré un statut constitutionnel, tant du point de vue de sa structure (22 juillet 1980, *Validation d'actes administratifs, Rec.*, p. 46) que de sa compétence (23 janvier 1987 p. 8). Une juridiction, appelée le Tribunal des conflits, composée à parité de conseillers d'État et de conseillers à la Cour de cassation, tranche les litiges de compétence entre ces ordres (loi du 24 mai 1872). Le C.C. constitue à lui seul un ordre particulier. Mais, dans les régimes anglo-américains et africains, même francophones, l'unité de juridiction a prévalu, pour la plus grande sécurité des justiciables. V. A. POUILLE : *Le pouvoir judiciaire et les tribunaux*, 1985.

A cet égard, des règles écrites et non-écrites sont générées ou selon une terminologie empruntée à Georges Dupuis, des règles *formalisées* et *non-formalisées.* Ces règles sont *hiérarchisées* et *coordonnées*, au point de former un ordre juridique comparé, de manière classique, par Kelsen à une *pyramide.* Une telle diversité réjouit sans nul doute l'initié, mais rend malaisée l'accessibilité au droit, pour le particulier (17).

I. En droit *positif* français (ou le droit applicable), les *règles formalisées* se déclinent comme suit : *le traité,* norme régissant les relations entre sujets du droit international (art. 52 à 55 C) ; le *règlement communautaire* (art. 189, traité C.E.E.), sorte de loi, obligatoire dans ses éléments et directement applicable *dans tout État membre* ; la *directive communautaire (idem)* invitation à agir adressée aux États destinataires en vue d'atteindre un objectif, au moyen de la norme nationale de leur choix ; la *constitution,* norme suprême au plan interne, protégée, en conséquence (art. 54 et 61 C) ; la *loi,* acte du Parlement (art. 34 C) ; le *règlement,* élaboré par les détenteurs du pouvoir exécutif ou réglementaire (art. 13 et 21 C) et *l'ordonnance* (art. 38 C), norme prise par l'exécutif, sur habilitation du Parlement, dans le domaine de la loi (18).

II. Une seule *règle non formalisée* doit être accueillie, il s'agit de *la coutume,* produit d'un usage répété (d'où l'adage populaire, *une fois n'est pas coutume*) qui, de proche en proche, lie les acteurs juridiques (19). En France, on évoque, à ce propos, la *tradition républicaine* (vote d'une loi d'amnistie au moment de l'entrée en fonction du président de la République ; démission du Gouvernement après la tenue d'élections nationales). A l'opposé, la *jurisprudence* (*l'habitude des tribunaux,* selon Jean Carbonnier), découlant des solutions constantes données par les juridictions à une question de droit, ne peut être rangée, en théorie, parmi les sources du droit. Car le pouvoir créateur incombe, à cet égard, aux seules autorités publiques investies à cet effet, par la constitution. Le juge (*la bouche de la loi,* selon Montesquieu) doit donc se borner à appliquer la norme juridique. Il n'est pas habilité à la créer (20).

Toutefois, cette position de principe mérite d'être relativisée. A l'opposé d'un robot, le juge est appelé à jouer, en tout état de cause, un rôle actif : il interprète la loi, l'adapte à de nouvelles situations de fait, et de manière significative, en vue de prévenir un déni de justice (art. 4 du code civil), il supplée, le moment venu, la carence du législateur. Autrement dit, des rapports dialectiques existent entre eux. L'exemple de la formation du droit administratif est éloquent.

Au total, la jurisprudence n'est donc pas sans une certaine analogie avec une source du droit, dans la mesure, où elle l'influence, quand elle ne la précède pas. La position du juge constitutionnel (art. 62 C) et communautaire en apportera la démonstration éclairante le moment venu (21).

(17) En présence d'un *corpus* juridique, estimé à 8 000 lois et à 80 000 règlements, qui affecte le principe selon lequel *nul n'est censé ignorer la loi,* la codification est *une œuvre de salubrité juridique* (G. Braibant). Un code peut se définir comme la réunion des lois et règlements relatifs à une matière en un seul document. La codification est devenue aussi un objectif communautaire (traité d'Amsterdam de 1997).

(18) La loi et le règlement se différencient d'un point de vue *organique* et *numérique.* A l'unisson de René Chapus, on observe qu'il n'y a qu'un seul législateur (le Parlement ou le peuple, art. 11 C) (C.C., 9 janvier 1990, *Amnistie en Nouvelle-Calédonie, chr.* n° 54, p. 199), mais une pluralité de détenteurs du pouvoir réglementaire : président de la République, premier ministre, autorités locales, autorités administratives indépendantes (C.C., 17-18 septembre 1986, *Liberté de communication, chr.* n° 40, p. 185).

(19) V. La coutume, *Droits,* n° 3, 1986.

(20) A l'Assemblée constituante, en 1790, Robespierre déclarait : *Ce mot de jurisprudence doit être effacé de notre langue. Dans un État qui a une constitution, une législation, la jurisprudence des tribunaux n'est autre chose que la loi.* A preuve, l'instauration par la loi des 16-24 août 1790 du *référé législatif,* au moyen duquel les juges devaient s'adresser au Corps législatif, toutes les fois qu'ils étaient tenus d'interpréter une loi. V. la jurisprudence, *Arch. de philosophie du droit,* t. 30, 1985 ; G. VEDEL : Le droit administratif peut-il être indéfiniment jurisprudentiel ? *E.D.C.E. 1979-1980, p. 31.*

(21) La doctrine (l'opinion des auteurs les plus autorisés) ne se range pas, assurément, parmi les sources du droit. Elle est, tout au plus, inspiratrice (domanialité publique de J.-B. Proudhon ; zone contiguë, en droit maritime, de G. Gidel) ou organisatrice. V. A. DE LAUBADÈRE : Les doyens Maurice Hauriou et Léon Duguit, *in Pages de doctrine,* t. I, 1980, p. 11 ; G. VEDEL : Doctrine et jurisprudence constitutionnelles, *R.D.P.* 1989, p. 11.

Pour revenir maintenant aux préoccupations initiales, on observera que l'effort d'encadrement a pu être mené à son terme, sans difficultés majeures, dans la sphère des relations individuelles, à l'opposé des manifestations de la vie politique. La soumission des gouvernants au droit n'est pas exempte d'arrière-pensées ni de ruses, sinon de... tentations. Dans ces conditions, le droit constitutionnel occupe une place à part dans l'univers juridique.

B. LE PARTICULARISME DU DROIT CONSTITUTIONNEL

Rien n'est plus dangereux, opinait Esmein, *en matière constitutionnelle que de confondre le pouvoir avec le droit et de conclure de l'un à l'autre.* De fait, la régulation juridique de la politique s'avère, de prime abord, malaisée, car la violence est inhérente à l'activité humaine. Par surcroît, en l'absence de sanction, les manquements aux règles constitutionnelles ont pu bénéficier de l'impunité. Cependant, en vue d'assurer la sauvegarde des libertés, la quête de l'État de droit devait s'imposer, de nos jours. C'est de cette disposition des choses que procède l'*effectivité* et plus encore la *revanche* du droit constitutionnel (22).

1° La violence dans les relations politiques

En parodiant une célèbre formule de Jean Rivero, on est enclin à opiner, que le droit constitutionnel *sent la poudre.* Il résulte, en effet, d'un *antagonisme* naturel entre dirigeants et dirigés qui a emprunté souvent des formes intenses (émeutes, révolutions).

A cet effet, les gouvernants cèdent, contraints et forcés, par nécessité, non par magnanimité. Toute liberté acquise a été une liberté conquise. La démocratisation du continent européen, autant que la décolonisation du tiers-monde, illustrent ce *combat pour le droit* (Ihering).

De fait, les gouvernants qui détiennent *le monopole de la contrainte* ont tendance à en user, afin de se soustraire à la contrainte inhérente à l'État de droit. L'histoire naturelle du pouvoir est surtout une histoire de la violence, alors même que celle-ci n'est pas nécessaire pour obtenir l'obéissance des gouvernés. Certes, *on peut tout faire avec des baïonnettes, sauf s'asseoir dessus* (Talleyrand). Mais, le fil de la légalité a besoin d'être constamment renforcée face au fil de l'épée, ainsi que l'atteste la scène du printemps de Pékin, en 1989, où un étudiant arrête une colonne de chars... provisoirement. Mais, à la réflexion, la faiblesse de la force, c'est de croire en elle (23). La tragédie algérienne le rappelle chaque jour.

Ainsi, d'une manière permanente et *paisible,* le droit constitutionnel est une *gêne,* ou une *contrainte,* pour les gouvernants, dès lors qu'il enserre leur activité. A ce compte, *la forme est la sœur jumelle de la liberté* (Ihering). Il s'ensuit une tension permanente : *il y aura encore un dur combat demain.* L'*ultima verba* d'Andréi Sakharov en témoigne.

(22) V. P. AVRIL : Une revanche du droit constitutionnel ? *Pouvoirs* nº 49, 1989, p. 5.

(23) *Le plus fort n'est jamais assez fort pour être toujours le maître, s'il ne transforme sa force en droit et l'obéissance en devoir,* notait Jean-Jacques Rousseau dans le *Contrat social.*

2° La désobéissance aux règles constitutionnelles

Pour s'en tenir à un exemple révélateur, Napoléon affirmait : *Aucune constitution n'est restée telle qu'elle a été faite. Sa marche est toujours subordonnée aux hommes et aux circonstances.* De fait, les acteurs politiques, loin d'être des automates, disposent d'une liberté d'allure, en raison proportionnelle du rapport de forces, dont ils peuvent se réclamer. De sorte que, la constitution peut être délaissée, et ravalée au rang d'une *pauvrette.*

Ainsi, le régime parlementaire instauré au début de la IIIe République, en 1875, a été supplanté par son contraire, le régime d'assemblée, à l'issue de la crise du 16 mai 1877, sans qu'aucune modification ne soit apportée à la constitution. Fort de sa victoire, le Parlement inflige, à cet instant, une *capitis diminutio* à l'exécutif. Promu au rang d'*organe de souveraineté* (Carré de Malberg) celui-là s'émancipe de toute hiérarchie : la constitution, privée de protection, plie devant la loi et le règlement de chaque assemblée. En un mot, le régime politique et juridique s'identifie, jusqu'en 1958, à l'*autolimitation* des élus.

De cette vision, résulte une double observation. La première ramène à l'opposition entre le droit privé et le droit public. Les règles juridiques, posées par celui-là, à l'opposé de celui-ci, sont en position de supériorité très nette par rapport aux acteurs juridiques *ordinaires* que nous sommes, parce qu'elles prennent appui sur l'armature de la société, c'est-à-dire sur l'appareil de l'État et que les acteurs juridiques, c'est-à-dire, en gros, les individus, tout en étant encadrés par l'État, sont à la fois distincts de lui et soumis à son autorité. Dès lors, les règles de droit bénéficient, pour assurer leur suprématie, de tout le poids de l'organisation sociale, de toute l'autorité de l'État et, en particulier, du secours du juge et de la force publique.

Autant le droit peut s'imposer à un particulier désobéissant, autant il paraît malaisé d'imaginer que l'État se contraigne lui-même. N'est-ce pas une gageure, l'idée selon laquelle le droit lie son auteur ? Et pourtant, la réalité s'est fixée en ce sens : l'État est devenu un sujet du droit. C'est le sens d'une seconde observation

3° La réhabilitation des règles constitutionnelles

Le droit constitutionnel n'est plus à l'époque contemporaine le champ clos des forces politiques. Mais, bien à l'opposé, leur cadre de référence, à la lumière du processus de *juridicisation.* L'apparition de juridictions constitutionnelles, à l'imitation de l'Autriche en 1920, donne la mesure de la *force du droit.* La hiérarchie des normes, qui est devenue une réalité, se révèle la meilleure protection de l'individu confronté au pouvoir. Autrement dit, *la politique est saisie par le droit,* selon Louis Favoreu (24).

Qui plus est, le caractère globalisant du droit constitutionnel lui confère dorénavant un ascendant sur les autres disciplines juridiques. Le phénomène de structuration du droit en cours, autorise à opiner que notre discipline demeure encore empreinte de particularisme.

La période qui s'est ouverte en 1945 (la France en sera le théâtre en 1958) est placée sous le signe de la reconnaissance du droit constitutionnel, en rupture avec la condescendance, dont il était jadis l'objet. Jamais ce droit n'aura été autant invoqué et appliqué que de nos jours, tant il est avéré, en toute humilité, qu'il peut se parer de la qualité de meilleur agent de l'État de droit. N'est-il pas parvenu, pour utiliser une formule de

(24) V. P. Avril : La constitution : Lazare ou Janus ? *R.D.P.* 1990, p. 949 ; B. Mathieu et M. Verpeaux (sous la direction) : *La constitutionnalisation des branches du droit,* 1998.

Jacques Moreau, *à soumettre au droit les éléments apparemment les plus rebelles à son emprise* (25) ?

§ 3 LE DROIT CONSTITUTIONNEL ET LES INSTITUTIONS POLITIQUES

En vue de délimiter le champ d'application de la discipline étudiée, il est tentant de céder à la tautologie : le droit constitutionnel est le droit de la constitution. Mais à sacraliser celle-ci, à ignorer la réalité politique, le juriste est enclin à devenir un obsédé... textuel. Or, sans se détourner de son rôle, il doit intégrer, au-delà des apparences formelles, le fonctionnement réel d'un régime ; pénétrer et révéler son intimité. Étudier l'environnement idéologique de la constitution, analyser les partis et formations politiques qui la vivifient, est le lot passionnant du constitutionnaliste. D'où la vision élargie aux *institutions politiques* et à la méthode rajeunie de la *science* ou *sociologie* politique.

A. LES INSTITUTIONS POLITIQUES

Le terme est relativement clair, au moins sous cet aspect, et n'appelle pas, en conséquence, de longs commentaires : elles disposent d'une existence *autonome*, les institutions sont des *choses établies par les hommes.* Les institutions politiques sont donc des choses établies par ceux-ci dans le domaine de la vie politique.

Par là, celles-ci comprennent les règles de droit constitutionnel, lesquelles deviennent des *choses* à titre d'encadrement de la vie politique. A cet égard, l'État est l'institution la plus achevée, à ce jour, sans perdre de vue les partis politiques, les églises, les syndicats, les associations, *etc.*

Mais, par ailleurs, le terme *institutions politiques* déborde le droit constitutionnel et, en fait, oriente vers la science politique.

B. LA SCIENCE POLITIQUE

A l'époque contemporaine, le droit constitutionnel ne saurait prétendre au *monopole* de la compréhension des phénomènes politiques. Aussi a-t-il besoin d'un concours. La science politique le lui apporte.

1° L'objet de la science politique

Il s'agit de la science des *phénomènes politiques* ou du *pouvoir.*

En d'autres termes, si l'objet poursuivi par cette discipline est identique à celui du droit constitutionnel, en revanche la *méthode choisie diffère.* A la préoccupation *normative* succède une préoccupation

(25) Parallèlement à la diffusion de la juridiction constitutionnelle, on assiste au développement des autorités administratives indépendantes qui participent à la régulation juridique de diverses activités. On citera : la C.O.B. (commission des opérations de bourse, ord. du 28 septembre 1967) ; la C.N.I.L. (commission nationale informatique et liberté, loi du 6 janvier 1978) ; ; le C.S.A. (conseil supérieur de l'audiovisuel, loi du 17 janvier 1989) ou la C.C.F.P. (commission nationale des comptes de campagne et des financements politiques) (loi du 15 janvier 1990).

descriptive. Fait social par excellence, le phénomène politique est, en effet, redevable de la méthode d'investigation propre à la *sociologie. On dit ici ce qui est, et non pas ce qui doit être.* Montesquieu résumait, de la manière la plus heureuse, dans l'*Esprit des Lois,* l'ambition de la science politique. En ce sens, celle-ci adopte une démarche *pluridisciplinaire,* en sollicitant l'ensemble des sciences sociales, sans être l'obligée de l'une d'entre elles (26). L'approche constitutionnelle de la politique n'est pas tant récusée que dépassée ; les règles juridiques ignorées que désacralisées.

Fille de la raison, la science politique a pour objet l'étude des faits politiques, *en eux-mêmes et pour eux-mêmes.* Sa rencontre avec le droit constitutionnel était inscrite dans la nature des choses.

2° Les relations avec le droit constitutionnel

A première vue, il s'agit de disciplines séparées, mais, qui, cependant, entretiennent de nombreuses affinités, au point qu'il n'est pas exagéré de songer à une complémentarité, voire une complicité entre elles : *La politique est terre de cosouveraineté,* à la manière d'un condominium.

L'opposition est marquée, au point d'évoquer une ligne de partage. Science *normative*, le droit constitutionnel repose sur un système de règles obligatoires et sanctionnées. Il s'attache, comme on le sait, à la *règle juridique,* c'est-à-dire à la soumission des gouvernants et des gouvernés au droit. En revanche, la science politique, science *descriptive,* a pour ambition de rendre compte de la vie *réelle* d'une société. Elle se préoccupe de l'*authenticité* des phénomènes politiques. Une comparaison vient à l'esprit : le premier est un metteur en scène, la seconde, une compagnie d'acteurs, entre lesquels une collaboration s'instaure.

Les observations fournies par le politiste, ne laissent guère indifférent le constitutionnaliste. Selon une pente naturelle, celui-ci en déduit bientôt des règles nouvelles. Pour prendre un exemple, on pourrait songer à la *récupération*, si l'on peut dire, dont a fait l'objet l'ouvrage de Maurice Duverger, *les partis politiques* (1951), relatif aux conséquences pour les formations, du choix d'un mode de scrutin.

SECTION II LA SIGNIFICATION DU DROIT CONSTITUTIONNEL

On prétend que l'article 16 de la Déclaration des droits de l'homme et du citoyen de 1789 offre la plus belle définition du droit constitutionnel : *Toute société dans laquelle la garantie des droits n'est pas assurée ni la séparation des pouvoirs déterminée, n'a point de constitution* (27).

De cette vision, il découle que le sens profond du droit constitutionnel, et pour ainsi dire sa mission, consiste à *organiser, dans le cadre de l'État, une coexistence pacifique du pouvoir et de la liberté* (28). Pareille affirmation a naturellement besoin

(26) En ce sens, son objectif, selon la formule de Maurice Duverger est de *construire des ponts entre les disciplines*. Science globale (*impérialiste* au sens de Lénine), elle se propose de devenir la science des sciences sociales.

(27) V. F. LUCHAIRE : De la méthode en droit constitutionnel, *R.D.P.* 1981, p. 278.

(28) Dans une démarche comparable, à la fin du XVIIIe siècle, Rivarol notait déjà : *On ménera toujours les peuples avec deux mots,* ordre et liberté : *mais l'ordre vise au despotisme, et la liberté de l'anarchie. Fatigués du despotisme, les hommes crient à la liberté ; froissés par l'anarchie, ils crient à l'ordre. L'espèce humaine est comme un océan, sujette au flux et au reflux : elle se balance entre deux rivages qu'elle cherche et fuit tour à tour, en les couvrant sans cesse de ses débris.*

d'être explicitée. C'est ce à quoi il convient de procéder, en étudiant respectivement *le dualisme du pouvoir et de la liberté et sa mise en forme juridique*.

§ 1 LE DUALISME DU POUVOIR ET DE LA LIBERTÉ

Le droit s'apparente à un compromis conclu entre les individus. Car, la condition humaine est contradictoire dans ses manifestations et appelle, en conséquence, une nécessaire conciliation.

A. LA CONTRADICTION DE LA CONDITION HUMAINE

Selon la conception du doyen Maurice Hauriou (29), à laquelle on adhère en qualité de *disciple*, le droit constitutionnel apparaît lié, dans ces caractéristiques profondes, à cette contradiction fondamentale de la condition humaine d'être *à la fois individuelle et collective*.

Les individus sont obligés de vivre en société, on le sait. Au reste, l'homme n'est-il pas un *animal politique*, aux dires d'Aristote ? Mais la destinée humaine est, en même temps, unique à travers l'exigence de la liberté.

Les hommes ont donc le droit et même le devoir de réaliser leur *destinée individuelle*, dans la mesure où ils ne heurtent pas, dans sa poursuite, l'intérêt général. Le progrès, en effet, progrès moral ou matériel, s'il est lié, dans une large mesure, à l'*organisation de la société*, dépend aussi, pour une part importante, des initiatives personnelles.

B. LA CONCILIATION ENTRE L'ÊTRE INDIVIDUEL ET L'ÊTRE COLLECTIF

La réalisation des destinées individuelles n'est possible que si certaines libertés sont accordées aux individus, leur permettant de développer leur personnalité, si une certaine égalité de moyens est mise à leur disposition afin d'user des libertés nécessaires et, si enfin, une participation à l'exercice du pouvoir leur est reconnue afin de garantir leurs libertés. Il y a donc un problème général de la *conciliation* de l'individuel et du collectif, de la liberté et de l'autorité qui se présente en droit constitutionnel, lorsqu'il s'agit d'organiser et de fixer les rapports entre société et individus.

§ 2 LA SYSTÉMATISATION DE LA CONCILIATION

A cet égard, l'avènement du droit constitutionnel a été concomitant à celui de la liberté. Mais, on ne saurait à la réflexion, les assimiler pleinement l'un à l'autre.

(29) V. son *Précis de droit constitutionnel*, 2e édit., 1929 et *La pensée du doyen Maurice Hauriou et son influence*, 1969.

A. LE DROIT CONSTITUTIONNEL : EXPRESSION DE LA LIBERTÉ

Historiquement, c'est à la fin du XVIIIe siècle, au moment des Révolutions américaine et française, que le mot *constitution*, avec son sens moderne, verra le jour, et que l'adjectif *constitutionnel* s'appliquera à des régimes tempérés, *équilibrés* dans lesquels autorité et liberté se limitent mutuellement (30). L'expression monarchie constitutionnelle, en particulier, signifie, par opposition à celle de *monarchie absolue*, un régime dans lequel l'autorité du monarque est cantonnée par les libertés individuelles des citoyens et à la participation de ces derniers au gouvernement par l'intermédiaire d'assemblées représentatives (31). Ultérieurement, la période de l'entre-deux-guerre sera caractérisée, à l'origine, par une avancée du droit constitutionnel. Le doyen Boris Mirkine-Guetzevitch a été frappé par l'importance du mouvement né du traité de Versailles, comme il le serait, sans nul doute, aujourd'hui, avec la fin de l'empire communiste. La libération de peuples opprimés (Finlande, Pologne, Tchécoslovaquie, Yougoslavie), mise en parallèle avec celle observée à la fin du XVIIIe siècle en Europe occidentale et en Amérique, justifie sa position.

Toutefois, cette vision, si belle qu'elle puisse paraître au premier abord, ne saurait être pleinement acceptable. Elle présente le défaut de laisser croire qu'il ne doit pas ou qu'il ne peut pas y avoir de limites à l'élan vers la liberté. Or, la liberté, si elle ne s'exerce pas dans l'ordre accepté c'est-à-dire dans le cadre d'une société dirigée par un *pouvoir organisé*, dégénère nécessairement en anarchie, à moins qu'elle ne sombre très vite sous les coups des plus forts et ne précède, par ses excès, des régimes tyranniques.

B. LE DROIT CONSTITUTIONNEL : CONCILIATION DE LA LIBERTÉ ET DE L'AUTORITÉ

Loin d'être exclusives l'une de l'autre, la liberté et l'autorité sont, à l'opposé, *corrélatives*. Alain, dans un propos de 1912, a bien résumé ce sentiment : *Résistance et obéissance, voilà les deux vertus du citoyen. Par l'obéissance, il assure l'ordre ; par la résistance, il assure la liberté.* Ceci revient à dire qu'à l'antinomie des comportements humains, le droit constitutionnel offre ses *bons offices*, et prend en charge, dans un souci d'*harmonie* ou d'*équilibre*, l'individu en *lui-même* et dans ses *rapports avec ses semblables*. A ce

■ (30) Le mot est porteur d'espoir et revêt une allure *progressiste*, non seulement en Occident, au XIXe siècle, mais aussi et surtout avec l'éveil du mouvement de la décolonisation dans la décennie 1930. De façon significative, le mouvement nationaliste tunisien s'intitulera *Destour*. Or, en arabe, le vocable signifie *constitution*. La coïncidence n'est pas fortuite. L'idée devait recevoir une nouvelle application, lors du *printemps* de Pékin, en mai 1989. Les étudiants de la place Tien Anmen proclamaient : *Nous avons du pain, nous voulons des lois.*

■ (31) D'une manière générale, *l'enseignement* du droit constitutionnel, en France, pour ne citer que ce cas, a été lié initialement au libéralisme politique. C'est une ordonnance de 1834, qui a créé à la Faculté de Paris, la première chaire confiée à Pellegrino Rossi (V. P. LAVIGNE : Le comte Rossi, premier professeur de droit constitutionnel français (1834-1845), *Mél. Jean-Jacques Chevallier,* 1977, p. 173). L'enseignement est supprimé, au lendemain du coup d'État du 2 décembre 1851, et restauré en 1878 après la crise du 16 mai. Par la suite, des constitutionnalistes, tel notre bon maître, André Hauriou et René Capitant, seront inquiétés et révoqués par le gouvernement de Vichy et visés par les attentats perpétrés par l'O.A.S. au cours de la guerre d'Algérie. Par ailleurs, dans le tiers monde l'enseignement doit tenir compte d'une certaine susceptibilité frémissante des dirigeants. En chaire, on peut tout dire, mais, le plus souvent, à la manière de Beaumarchais.

propos, l'autorité, *donnée par la nature*, et la liberté, *donnée par l'esprit*, selon l'expression de Proudhon, vont de pair. La liberté coupée de l'autorité s'altère ; l'autorité privée de la liberté dégénère. La licence et l'omnipotence les remplacent. La conciliation ainsi opérée par le droit constitutionnel est explicitée, de manière totale, dans le cadre de l'État, à l'aide d'une constitution, dont on connaît, d'ores et déjà, l'importance.

Cependant, l'harmonie recherchée et aménagée entre l'autorité et la liberté n'est pas fixée *ne varietur*. Il se peut, en effet, qu'en circonstances de crise, l'avantage soit donné *provisoirement* à la première (art. 16 C), afin de mieux sauvegarder la seconde.

C'est en *Occident* que cet effort de conciliation, qui a abouti au *droit constitutionnel*, a pris naissance, et plus particulièrement sur le pourtour de la Méditerranée.

CHAPITRE II
LA FORMATION DU DROIT CONSTITUTIONNEL CLASSIQUE

Le droit constitutionnel, droit protecteur de l'individu confronté au pouvoir, est une *invention de l'Occident* (1). De façon plus précise, il est un témoignage vivant de sa civilisation *individualiste*, dont le rayonnement a contribué à lui conférer un *statut universel*. Pour s'en persuader, il suffit de songer à l'effondrement, en 1989, des régimes marxistes. La puissance attractive de la logique pluraliste a eu raison de la critique unanimiste (2).

SECTION I — LA CIVILISATION DE L'OCCIDENT

Le droit constitutionnel est originairement un témoignage de la civilisation occidentale. Au prix d'une simplification, celle-ci peut se résumer en trois thèmes : *la confiance dans l'individu ; la croyance en la vertu du dialogue et le goût de l'organisation rationnelle.* Autant de *fruits de l'esprit* (Saint-Paul).

§ 1 — LA CONFIANCE DANS L'INDIVIDU

La croyance en Occident, dans la valeur incomparable de l'individu, ou *l'anthropocentrisme,* s'analyse comme l'idée fondamentale qui sous-tend et explique les systèmes politiques.

(1) Afin d'éviter toute interprétation fâcheuse, l'Occident auquel il est fait référence, ne saurait être retenu en un sens politique extrémiste, à la manière... d'une certaine croix celtique, mais entendu du seul point de vue *géographique*.

(2) V. André HAURIOU : Recherches sur une problématique et une méthodologie applicables à l'analyse des institutions politiques, *R.D.P.* 1971, p. 329.

Il convient, en conséquence, de localiser *les sources intellectuelles* de cette tradition, avant de songer à sa *traduction institutionnelle.*

A. LES SOURCES INTELLECTUELLES DE L'INDIVIDUALISME

L'individualisme se situe au point de rencontre de quatre apports successifs : ceux de l'Antiquité, du christianisme, de la féodalité et de la *philosophie des Lumières*, au XVIIIe siècle.

1° L'apport de l'Antiquité

On a coutume de dire qu'Israël nous a légué le monothéisme, la Grèce la raison et Rome le droit. D'une manière plus précise, on peut résumer cette contribution en un ensemble d'idées morales, sociales et politiques, dont les principales nous paraissent être les suivantes :

Tout d'abord, l'affirmation de la personnalité humaine, libre et responsable, c'est-à-dire l'idée que chaque homme, du fait qu'il est un *être raisonnable*, l'*homo sapiens*, doit être considéré comme *un centre d'initiatives et de responsabilités* (3). Ce concept fondamental est prolongé, sur le plan économique, par l'institution de la propriété individuelle, qui apparaît ainsi comme une sorte de *protection avancée* de la personnalité et de la liberté, établie dans le monde matériel.

En second lieu, les principes de la morale stoïcienne, dégagés notamment par Épitecte et Sénèque, reposent sur une découverte qui servira de fer de lance ultérieurement au moment de l'assaut contre le pouvoir au XVIIIe siècle : la doctrine du *droit naturel.* Au nom de cette dernière ils affirment l'existence de lois éternelles et immuables liées à la nature de l'homme, des lois *antérieures* et *supérieures* et, à ce titre, opposables à celles édictées par l'État, le *droit positif*, pour employer la formule traditionnelle. Le stoïcisme crée, de la sorte, une puissante machine de guerre, dont les conséquences sont impressionnantes : *égalité* des individus, en un temps où sévit l'esclavage, *liberté* de l'individu et surtout *primauté* de l'individu (4).

2° L'apport du christianisme

Ces idées civilisatrices, léguées par l'Antiquité classique ont été remodelées par le christianisme.

L'idée de la personne humaine libre et responsable est valorisée par l'affirmation de l'âme et du salut individuels. Elle reçoit aussi et surtout, une importance supplémentaire du fait que le christianisme dénonce cette hypocrisie, qu'était l'esclavage, en affirmant *l'égale dignité de l'homme.*

Mais, par ailleurs, les concepts de personnalité et de liberté sont ramenés à de justes proportions par la doctrine du péché originel, qui met l'accent sur l'infirmité de la volonté humaine et sur la nécessité d'une autorité pour encadrer les initiatives individuelles.

Enfin, les formes de la vie politique sont apparemment respectées. Mais, en fait, elles se trouvent *bouleversées.* Certes, le Christ a proclamé : *Rendez à César, ce qui est à César, et à Dieu ce qui est à Dieu.* Mais, ce faisant, il a brisé le *cadre totalitaire*, au sens descriptif du terme, dans lequel

(3) A l'inverse de son frère Epiméthée qui agit d'abord et pense ensuite, Prométhée peut incarner la démarche occidentale (V. J.-P. VERNANT : *Mythe et pensée chez les Grecs,* 1974). *L'esprit prométhéen* désigne, à cet effet, une mentalité qui consiste à changer l'ordre des choses plutôt que de le subir.

(4) D'une manière plus précise, la Grèce a légué au monde, un *modèle* philosophico-politique, celui de la *démocratie* au temps de Périclès. Modèle, soit, mais à la condition d'ignorer l'exclusion qui, dans un même mouvement, frappait les femmes, les étrangers et les esclaves, ces *outils vivants,* dont parlait Aristote. Le *génie institutionnel* de Rome est à l'origine de la science juridique, d'une organisation politique perfectionnée *(la res publica)* proche de l'État ainsi que de son corollaire, l'administration.

la cité antique emprisonnait l'individu. En ce sens, à son aspect de *délivrance*, le christianisme joint celui d'une technique de *résistance*, ou d'endiguement, par rapport au pouvoir temporel.

3° L'apport de la féodalité

On doit, semble-t-il, à la féodalité : le développement d'un individualisme puissant, de nature aristocratique, qui, généralisé, apparaîtra, plus tard, comme une des racines de la liberté (5). Le développement des liens d'homme à homme et cette idée que la société repose, pour une bonne part, sur des échanges de services. L'exaltation, avec la chevalerie, des sentiments d'honneur et de fidélité, qui se transposeront, par la suite, dans le loyalisme vis-à-vis du prince et, plus tard, encore, dans le civisme moderne.

Enfin, cette intuition que la hiérarchie sociale doit être équilibrée par une perspective d'égalité entre les hommes ; cette dernière étant trouvée au Moyen-Age, qui était une époque de foi ardente, dans l'égalité devant Dieu. Il devait appartenir, par la suite à la Renaissance de synthétiser ces contributions. C'est ce que l'on peut appeler *la tradition humaniste*.

4° L'apport de la philosophie des Lumières

Moment privilégié de la pensée européenne, ce mouvement intellectuel du XVIIIe siècle, appelé aussi en Allemagne *l'Aufklärung*, est à l'origine du *libéralisme*, initié au siècle précédent par John Locke.

L'idée-force de cette cohorte des *princes de l'esprit* (*véritables législateurs*, selon Esmein), du libéral Montesquieu au démocrate Jean-Jacques Rousseau, consiste à soumettre, selon les enseignements de Descartes et de Spinoza, à l'empire de la *raison*, au crible de la logique, non seulement les phénomènes physiques, mais aussi et surtout les problèmes politiques (6). *Que la raison gouverne le monde,* selon le mot d'ordre d'Hegel ! En d'autres termes, le pouvoir redescend du ciel là, où depuis le fameux *omnis potestas a Deo* de Saint-Paul, il avait élu domicile. Le mouvement de *laïcisation* ou de *désacralisation* de la pensée met un terme au *dirigisme divin* (André Siegfried) au bénéfice du peuple *(Omnis potestas a populo)*. Le surnaturel cède le pas au rationnel.

L'Occident a donc vécu à cet instant, une authentique *révolution idéologique* (7). Ramenée à l'essentiel, on peut préciser la contribution de ses principaux protagonistes.

Dans le sillage de Locke (8), Montesquieu a prôné, au nom de la *liberté*, la séparation des pouvoirs (le terme *fonctions* est plus adéquat). L'adversaire *de droite* de la monarchie qui œuvre en vue de sa régénération s'est fait le champion du libéralisme et donc de l'élitisme. Le suffrage restreint, la *souveraineté nationale* (celle des représentants, en clair) en découleront. En revanche, Rousseau est un authentique révolutionnaire, épris d'*égalité*, en ce qu'il préconise une rupture de l'ordre établi, bref une *réhabilitation* du pouvoir et non une simple limitation comme dans le cas précédent. Au pessimisme succède en l'occurrence, l'optimisme. Adversaire *de gauche,* celui-ci confère au *peuple en corps*, la qualité de *souverain légitime*, qui ne saurait s'opprimer lui-même. Il agit par la loi,

(5) V. A. de TOCQUEVILLE : *L'Ancien régime et la Révolution,* 1856.

(6) On connaît le raccourci de Michelet : *Montesquieu écrit, interprète le droit ; Voltaire pleure, crie pour le droit et Rousseau le fonde.*

(7) V. P. HAZARD : *La crise de la conscience européenne,* 1935.

(8) *Le mépris de Locke est le début de la sagesse,* prétendait le contre-révolutionnaire Joseph de Maistre. De fait, le père du libéralisme politique fut un authentique esprit subversif. Il arma idéologiquement les révolutionnaires américains et français du XVIIIe siècle.

expression de la volonté générale, et charge le gouvernement, de son exécution. Une différence de nature oppose, ainsi, le souverain à son bras séculier. La démocratie directe, le suffrage universel et la *souveraineté populaire* retentiront dans la constitution de 1793 (an I), en opposition à celle de 1791, vouée à Montesquieu (9). Deux adversaires, certes, mais qui en conjugant leurs efforts devaient façonner le droit constitutionnel.

Voltaire et Diderot lutteront pour la liberté de conscience et la tolérance, la vertu politique par excellence, condition *sine qua non* du pluralisme occidental, du respect d'autrui ou du droit à la différence, à l'avenant des physiocrates, chantres de la liberté économique et du droit de propriété, libérés des entraves de la féodalité.

B. LA TRADUCTION INSTITUTIONNELLE

Diverses manifestations de confiance dans la personne humaine peuvent être relevées, selon qu'on la retient en sa qualité d'*individu* ou de *citoyen*.

1° La confiance dans l'individu

A titre principal, celle-ci se manifeste à travers la trilogie de la *liberté*, de l'*égalité* et du *suffrage*.

Le premier témoignage, mais assurément le plus fondamental, consiste dans la *reconnaissance de libertés* lui permettant d'agir dans le domaine social et politique. Celles-ci sont conçues comme des *libertés-virtualités*, c'est-à-dire comme des *routes* ouvertes devant l'indépendance et l'activité de chacun. On fait confiance à l'homme pour réaliser sa destinée et, par là-même, tenir sa juste place dans la société, grâce à la liberté d'aller et venir, aux libertés économiques, aux libertés de pensée, de parole, de presse, *etc.*

L'égalité est un second témoignage de confiance à l'individu. Celle-ci apparaît, dans la vision de 1789, comme un aspect de la liberté : si tous les hommes sont pleinement libres, ils sont par là-même, égaux (10). Mais aussi une égalisation des chances *sur le plan juridique :* on ne peut plus revenir en arrière en ce qui concerne l'abolition des ordres ou des *privilèges* de l'Ancien Régime.

Cependant, il ne s'agit pas d'une égalité de *fait*, d'une égalisation générale des situations de tous sur le plan matériel, ce qui conduirait les hommes de l'individualisme au collectivisme. Notons, du reste, que la limitation de l'égalité au plan juridique est dans la logique *libérale* de la confiance à l'individu. Si l'État procédait lui-même à une égalisation des revenus et des conditions, c'est qu'en fait, il n'aurait plus confiance dans l'homme.

Le caractère universel du suffrage est, enfin, un troisième témoignage de confiance accordé, à l'individu. En France, sous la Révolution, le suffrage est encore *censitaire* en 1791 (11), mais il devient universel en 1793. Aux États-Unis, le caractère universel

(9) Alain affirmait, que *tous les fleuves de la révolte ont pris leur source* dans le *Contrat social* de Rousseau. Mais, dès 1751, Diderot avait ouvert la voie : *Aucun homme n'a reçu de la nature, le droit de commander les autres... Le prince ne peut pas disposer de son pouvoir et de ses sujets sans le consentement de la nation* (L'*Encyclopédie,* vol. 1er : *Autorité politique*).

(10) L'égalité est, à l'évidence, antinomique de l'esclavage. Celui-ci sera aboli dans les possessions françaises, en 1848, sous la Seconde République, par le décret Schœlcher.

(11) Le suffrage *censitaire* lie la qualité d'électeur à sa fortune. La constitution de 1791 introduit une discrimination demeurée fameuse entre les citoyens *actifs* et *passifs*.

du suffrage n'a été acquis que progressivement ; mais dès le départ, le cens a été faible. En Grande-Bretagne, la marche au suffrage universel s'est opérée de 1832 à 1918.

Le suffrage universel des hommes et des femmes ou *le pouvoir de suffrage* (Maurice Hauriou) lorsque celui-ci se traduit par une véritable liberté de choix pour l'électeur (secret du vote, pluralité des candidatures, *etc.*) est, il faut le reconnaître, une extraordinaire preuve de confiance accordée à l'individu, d'autant que la généralisation de *l'électorat*, ou la qualité juridique d'*électeur*, s'allie nécessairement avec celle de *l'éligibilité*, ou la condition juridique du *candidat*.

2° La confiance dans le citoyen

Le discernement en rend compte. Les sociétés occidentales font confiance aux élus pour représenter les électeurs dans le cadre du *régime représentatif*. Le mandat impératif est proscrit et aussi généralement la pratique de la révocation de l'élu par l'électeur. Les diverses organisations politiques (les partis), bénéficient, en principe, d'une même confiance, sauf pour celles qui contredisent formellement l'ordre social traditionnel. Mais, d'une façon générale, le *droit à la différence* ou la tolérance est accepté. Il se présente, pour une part, comme la conséquence des structures pluralistes d'une économie fondée sur la propriété privée et la diversité des entreprises individuelles. Toutefois, il est aussi et surtout, la traduction, dans le cadre d'un régime représentatif, de la liberté de conscience et d'opinion. Toutes les idées ont le droit d'être soutenues et organisées en partis politiques, même si leur présence gêne parfois le fonctionnement du système (12).

On fait confiance à la *majorité*, lorsqu'elle accède au pouvoir, pour prendre en charge les intérêts de *l'ensemble* de la communauté, bien qu'elle se présente comme l'expression d'opinions et d'intérêts partiels.

On fait de même confiance à l'*opposition*, pour pratiquer une critique constructive, aidant la majorité à prendre en charge l'intérêt général. La place faite en Grande-Bretagne au *leader* de l'opposition est sans doute, à l'heure actuelle, l'expression la plus civilisée de cette confiance en une minorité acceptant les bases fondamentales du régime (13). A s'en tenir à cette vision, le premier soubassement idéologique des régimes politiques occidentaux classiques est donc bien la *confiance dans l'individu*.

Par opposition, les régimes collectivistes ou communistes sont ordonnés autour de la société et ravalent l'individu au rang de subordonné, telle la termite dans la termitière.

(12) Thomas Payne prétendait : *Celui qui veut assurer sa propre liberté doit protéger son ennemi même de l'oppression car s'il viole ce devoir, il établit un précédent qui l'atteindra lui-même.*

(13) Pour préciser des développements, soulignons que le traitement accordé à Londres au *leader de l'opposition* marque le point extrême de l'*intégration* de la contestation dans les mécanismes politiques. C'est une préoccupation qui se fait jour en France, depuis 1974, dans le cadre d'un statut de l'opposition (saisine du C.C., transparence financière de la vie politique, égalité d'audience en matière de communication audiovisuelle), sans perdre de vue l'exercice désormais régulier, depuis 1981, de l'alternance. On s'achemine vers la *démocratie du quotidien*.

§ 2 LA CROYANCE EN LA VERTU DU DIALOGUE

En bonne logique, une *définition* du dialogue est utile avant de songer à ses *manifestations.*

A. UNE DÉFINITION DU DIALOGUE

Gloire aux pays où l'on parle, affirmait Clemenceau. De fait, le dialogue, selon François Perroux est *un échange de paroles libres et une action libre. Des paroles sont échangées, porteuses d'images, d'idées, de concepts, de jugements. L'un ou l'autre sujet prend ou reprend l'initiative ; chacun d'eux a la faculté ou la capacité de dire et de contredire* (14). Il en résulte une discussion ou une confrontation des idées. A ce titre la collégialité est, tout à la fois, une marque d'humilité, au plan personnel, mais aussi le chemin de vérité, au plan collectif. Le délibéré juridictionnel et la délibération parlementaire en donnent la mesure.

B. LES MANIFESTATIONS DU DIALOGUE DANS LES INSTITUTIONS POLITIQUES OCCIDENTALES CLASSIQUES

Les traces de l'orientation vers le dialogue sont faciles à identifier dans le constitutionnalisme occidental, à travers quelques exemples.

Les mécanismes de la représentation politique tendent essentiellement à instituer un dialogue entre l'élu et ses électeurs. Dans tous les pays où un système politique *représentatif* est établi, les élus se rendent, toutes les semaines, dans leur circonscription pour prendre contact avec leurs électeurs, écouter leurs doléances et leur exposer, en échange, leur action politique, en un mot celle du gouvernement ou de l'opposition (15).

La pluralité des partis et des organisations syndicales tend également à instituer un dialogue parmi les divers intermédiaires qui existent entre le pouvoir et les citoyens ; dialogue qui est, lui aussi, favorable à l'épanouissement de la liberté politique. Chacun comprend qu'à l'inverse, dans les pays de parti et de syndicat uniques, la vie politique se déroule sous le signe du monologue et pour tout dire, du conformisme.

Les *assemblées délibérantes* fonctionnent naturellement, surtout dans les pays de pluripartisme, selon la technique du dialogue. La *délibération*, qui est le mode d'expression des assemblées politiques, est, en effet, une procédure qui, au vu et au su de tous, se caractérise essentiellement par une organisation codifiée du dialogue entre les représentants de divers partis, entre la majorité et l'opposition. Ce qui réduit d'autant la zone d'ombre inhérente à la raison d'État (*la folie d'État,* selon Alain). Enfin, *la séparation des pouvoirs,* systématise cette confrontation par la *répartition* de l'autorité entre les organes de l'État.

A tout prendre, le droit constitutionnel classique se veut une *concrétisation de la civilisation du dialogue,* parallèlement au culte qu'il voue à la raison.

(14) Préface à K. MARX : *Œuvres,* t. I, *Bibliothèque de la Pléiade,* 1963, p. XXIV.

(15) Renan affirmait : *La discussion est bonne car elle oblige chaque opinion à se surveiller, à se préciser ; la séparation est mauvaise car chacun alors s'enfonce dans son sentiment, sans égard pour la part de vérité que peut renfermer l'avis des autres.*

§ 3 LE GOÛT DE L'ORGANISATION RATIONNELLE

La poussée scientifique qui s'est développée en Occident depuis la fin du Moyen Age et qui s'est affirmée, de façon définitive, au XVIIIe siècle, procède de cette conviction que le monde est intelligible à un observateur sincère ; bref qu'il est organisé rationnellement. *Les nations policées se félicitent de reconnaître la raison écrite,* affirmait Bigot-Préameneu, l'un des rédacteurs du code civil, en 1804.

On en trouve une traduction saisissante dans le domaine du droit constitutionnel, à partir de la fin du XVIIIe siècle, à travers trois inventions, dont il faut s'entretenir : *le régime représentatif ;* l'établissement de *représentants* de la nation et la tenue d'*élections disputées* (16).

A. L'INVENTION DU RÉGIME REPRÉSENTATIF

Dans le cadre de la cité antique, le peuple se gouvernait lui-même. En l'espèce, il s'agissait de la *démocratie directe.* En effet, il était possible de réunir tous les citoyens sur une place publique et de les faire voter par oui ou par non sur les problèmes intéressant la conduite de l'organisme politique. Mais, lorsqu'il s'agit d'un État, comportant généralement des millions d'habitants, chacun comprend que ce gouvernement soit impossible. Dans ces conditions, il devient *représentatif,* c'est-à-dire que le peuple élit des représentants, auxquels il *délègue* l'exercice de sa souveraineté.

En d'autres termes, le regime représentatif se définit comme *le gouvernement du peuple par ses élus.* Il s'incarne dans une assemblée. La Grande-Bretagne a inventé ce régime, avec l'élection de la Chambre des Communes en 1265. Il devait par la suite se généraliser.

B. LA FONCTION DES REPRÉSENTANTS DE LA NATION

Par l'entremise des représentants, on assiste à l'entrée en scène des gouvernés. Le Parlement ou la *nation assemblée* se dresse face aux gouvernants. Le dialogue s'instaure ainsi entre les délégués de la liberté et les agents de l'autorité. Par la force des choses, ce dialogue aboutit à conférer aux élus la qualité, et plus encore le rôle, de *censeurs des gouvernants* (R. Aron). De ce fait, le Parlement apparaît le lieu privilégié du débat public et contradictoire s'agissant des problèmes nationaux.

La généralisation de l'élection des *représentants* à partir du XVIIIe siècle a favorisé puissamment à la mise en place d'une *hiérarchie* entre les pouvoirs publics favorable au Parlement. Tandis que celui-ci représente la volonté de la nation, l'exécutif ne représente que la sienne.

C. L'ORGANISATION D'ÉLECTIONS DISPUTÉES

Une liberté réelle dans un pays évolué, implique la variété des opinions et des conduites, dans les limites compatibles avec l'ordre public. Autrement dit, une société dans laquelle la liberté des individus est reconnue est nécessairement *pluraliste* et *tolérante*. Le pluralisme entraîne, dès lors, des *élections disputées,* c'est-à-dire des procédures électorales à l'occasion desquelles des candidats de partis différents, se présentent devant les électeurs et entrent en compétition d'une manière pacifique, selon le principe de l'égalité de traitement, pour obtenir les suffrages de ces derniers. A

(16) La codification, tant dans les rapports publics (rédaction d'une constitution) que privés (élaboration du code civil, en 1804) participe de cette idée, au même titre, que l'adoption du système métrique, et d'un calendrier républicain par la France révolutionnaire.

juste titre, la démocratie a pu être qualifiée de *régime concurrentiel.* Par voie de conséquence, l'institution d'élections disputées s'affirme par des procédures *majoritaires* et non point *unanimistes,* à l'image des régimes communistes de naguère (17).

On est donc en droit de dire qu'il existe dans le droit constitutionnel originaire, une logique interne considérable qui se traduit par ce fait que ces pays qui ont accepté ce dialogue du pouvoir et de la liberté au sein d'un État ont adopté des institutions qui, bien qu'elles se répartissent entre des systèmes politiques clairement différenciés, présentent entre elles un *fonds commun* (A. Esmein) ou un incontestable *air de famille,* dont témoignent, à l'heure actuelle, les États de l'Union européenne (18).

De cet ensemble de considérations, il résulte que l'Occident a été la *terre nourricière* de notre discipline. Ainsi, à titre de pierre d'attente, à la Grande-Bretagne, elle est redevable du régime représentatif ; du régime parlementaire ; de la protection juridique des libertés publiques (Act d'*habeas corpus*) ; du scrutin majoritaire, et de la contestation politique. Aux États-Unis, elle emprunte l'État fédéral ; le régime présidentiel ; la notion de constitution (écrite et protégée, en raison du contrôle de constitutionnalité) et la vision moderne de l'exécutif, dont le titulaire est investi par la nation pour une durée préfixe. La France, en dehors d'une vigoureuse conceptualisation relative à la *souveraineté*, en particulier, a légué le régime d'assemblée, le régime présidentialiste et l'État centralisé.

Somme toute, la Grande-Bretagne, les États-Unis et la France ont bien mérité d'être appelés, à titre principal, les *pays fondateurs du droit constitutionnel* (19).

SECTION II — LE DROIT CONSTITUTIONNEL CLASSIQUE

L'étude de ce concept, forgé par notre maître, André Hauriou, repose, au XIXe siècle, sur des *équilibres* variés, d'une part et suppose un *environnement* approprié, d'autre part.

§ 1 LES ÉQUILIBRES DU DROIT CONSTITUTIONNEL CLASSIQUE

C'est généralement par la notion d'*organisation équilibrée* que se définit le classique. Qu'il s'agisse, en architecture, du Parthénon, des cathédrales

(17) V. D. Gaxie : *La démocratie représentative,* 1993.

(18) La décision du C.C. (9 avril 1992, *Traité sur l'Union européenne, chr.* n° 62, p. 182) fait référence aux *traditions constitutionnelles communes* aux États membres (art. F du traité de Maastricht).

(19) D'autres États occidentaux ont œuvré utilement : l'Allemagne a inventé, en 1919, la technique de la *rationalisation de l'activité parlementaire* ou *comment faire fonctionner un régime parlementaire sans majorité parlementaire ;* l'Autriche a créé, en 1920, à l'instigation de Kelsen, *la juridiction constitutionnelle* dont l'expansion contemporaine est saisissante ; la Belgique, en 1899, a adopté *la représentation proportionnelle* imaginée par Hondt, comme mode de scrutin. Quant à la Suisse, de temps immémorial, elle pratique les mécanismes de démocratie directe et semi-directe.

ou du palais de Versailles ; de la musique ou de la tragédie ; le *classique* s'oppose, suivant les cas, au *baroque* ou au *romantique* par une organisation équilibrée des masses, des *mouvements* ou des *scènes*. Il en va de même, semble-t-il, du constitutionnalisme occidental, dans sa forme classique, lequel repose sur des équilibres *sociaux, politiques* et *institutionnels*.

A. LES ÉQUILIBRES SOCIAUX

Si l'on prend pour guide la pensée de Jean-Jacques Rousseau, le corps social serait composé de citoyens, non seulement égaux en droits, mais participant avec la même constance et la même efficacité à la formation de la volonté générale, c'est-à-dire, en fait, à la détermination de la politique.

L'observation ne confirme cependant pas cette impression. Tout régime politique, même la démocratie, est, sous une forme ou sous une autre, *oligarchique,* c'est-à-dire dirigé par une classe restreinte et privilégiée ; en un mot, une *élite* (aristocratie ou bourgeoisie) (20). Dans cet ordre d'idées, au XIXe siècle, le droit constitutionnel classique a partie liée avec la pensée libérale façonnée par Montesquieu, Constant et Tocqueville. Fuyant les extrêmes (le pouvoir du peuple autant que celui d'un homme) le libéralisme s'en remet au gouvernement *modéré* d'une élite, en protégeant la liberté face à la montée de l'égalité.

Il en résulte une tension surmontée entre la classe dominante et la classe dominée (la bourgeoisie et le prolétariat) qui n'est pas sans évoquer la république *patricio-plébéienne* de l'historien allemand Mommsen, analysant la Rome antique. De fait, tant en France que dans les régimes anglo-américains, initialement l'exercice restreint du suffrage et des libertés a abouti à la mise à l'écart du peuple. *La limitation du pouvoir y a donc précédé sa démocratisation.*

B. LES ÉQUILIBRES POLITIQUES

Parmi ces équilibres, le plus marquant est celui résultant de *l'alternance* au pouvoir de la majorité et de l'opposition.

Aristote notait déjà que l'aspect le plus visible de la liberté politique consistait en ce que chaque citoyen était susceptible d'être *tour à tour* gouvernant et gouverné. Cet équilibre fondamental de la cité antique se traduit dans le constitutionnalisme initial par la *tension maîtrisée et institutionnalisée,* mais toujours présente, entre majorité et opposition. Celles-ci forment une sorte de *couple indissociable,* dès lors que chaque élément se définit par rapport à l'autre. En dehors de différences idéologiques, ce dernier rythme la vie collective à la faveur de l'*alternance,* autrement dit *le remplacement d'une majorité politique par une autre, à la suite d'une consultation électorale* (21). En un mot, les électeurs disposent du pouvoir d'éliminer pacifiquement leurs gouvernants. A. ce titre, le vote-sanction a frappé le P.S. en 1993, puis la coalition R.P.R.-U.D.F. en 1997. La garde est relevée, mais la forteresse n'est pas rasée, pour autant, car il existe un large *consensus* entre les citoyens sur les fondements de l'ordre social. La remise en cause du régime politique, qui n'est pas sans faire songer au renouveau printanier, est un gage de vitalité, à l'opposé du régime de parti unique en situation d'hibernation.

(20) Cette loi du genre se vérifiera avec la mise en place d'une bourgeoisie bureaucratique (la *nomenklatura*) dans les régimes marxistes.

(21) L'alternance a le mérite d'être *le mode de régulation politique des démocraties paisibles* (V. Giscard d'Estaing) ou si l'on préfère, *l'oxygène de la démocratie* (F. Mitterrand). V. J.-L. QUERMONNE : *L'alternance du pouvoir*, 1988.

C. LES ÉQUILIBRES INSTITUTIONNELS

Parallèlement à l'équilibre entre le pouvoir central et le pouvoir local, réalisé au moyen de la *décentralisation,* il faut s'attacher, à titre principal, à celui aménagé au sein du pouvoir d'État, entre le gouvernement et le parlement. Pour l'essentiel, le *régime parlementaire* et le *régime présidentiel* répondent à ce souci.

Il est utile d'indiquer qu'au premier cas, l'équilibre est aménagé au moyen du *cantonnement* entre les organes de l'État (on parle outre-Atlantique du système des poids et contrepoids, *checks and balances*). A l'opposé, la *collaboration* est recherchée au second cas. Mais, peu importe la méthode adoptée, une même finalité est poursuivie : rendre impossible le retour à la confusion des attributs de l'État au profit d'un pouvoir public, c'est-à-dire à l'arbitraire.

§ 2 L'ENVIRONNEMENT DU DROIT CONSTITUTIONNEL CLASSIQUE

Le droit constitutionnel classique est lié à divers contextes.

A. LE CONTEXTE GÉOPOLITIQUE ET SOCIOLOGIQUE

Les groupements humains dans lesquels s'est développé le droit constitutionnel occidental formaient des *nations*, autrement dit des *groupes humains sédentaires et solidaires.* C'est la raison pour laquelle l'expression *État-nation* a été forgée pour rendre compte de *l'identité de principe* entre ces notions *juridique* et *sociologique*.

Ceci précisé, l'*avènement* de la nation a été favorisé par la *contiguïté géographique,* et *l'unité ethnique et linguistique*.

B. LE CONTEXTE RELIGIEUX

Le milieu religieux a joué un rôle déterminant en Occident, même s'il est apparu *réfractaire* à la raison, notamment en ce qui concerne l'origine et les manifestations du pouvoir.

Le christianisme s'est formé, il ne faut pas l'oublier dans des pays imprégnés d'une pensée religieuse dans laquelle chaque homme est considéré comme *un individu libre et responsable*.

Un parallélisme intéressant a pu être établi, selon lequel les structures religieuses, en Occident, auraient servi de modèle aux institutions politiques : la structure *autocéphale* du protestantisme favorisant l'auto-administration dans les régimes anglo-saxons, à l'inverse de la structure *centrale* du catholicisme suscitant la centralisation française.

C. LE CONTEXTE CULTUREL

Le droit constitutionnel classique ne s'est pas développé dans des sociétés entièrement alphabétisées, où le niveau culturel permit à chacun d'avoir une conception claire de la chose publique.

Comme il l'a été indiqué, l'élite a ouvert le chemin au peuple. A cet égard, on partage avec Proudhon l'idée, qu'à l'origine, la démocratie est moins le pouvoir du peuple que *l'éducation* du peuple, soit la *démopédie*.

A l'opposé de la Grande-Bretagne et des États-Unis qui ont progressivement généralisé le droit de suffrage, la France a été plus généreuse (ou imprudente ?) en proclamant d'emblée le suffrage universel en 1848. L'irruption du peuple dans des mécanismes institutionnels fragiles a provoqué l'instabilité ou sa *physionomie indécise* (Tocqueville), en contraste avec la permanence des institutions anglo-saxonnes.

D. LE CONTEXTE ÉCONOMIQUE

Il est bien connu que le droit constitutionnel classique est né et s'est développé en Occident, en même temps que prenait forme et grandissait le capitalisme libéral, et donc la bourgeoisie, dont on connaît le goût pour l'*écrit,* gage des bons accords (22).

Il s'agit de *petites unités*, ou *micro-économie,* qui sont en compétition les unes avec les autres dans le cadre du marché, à l'image de l'affrontement des classes sociales du XIXe siècle (23). En un mot, toute activité économique implique la liberté, dont le débouché est nécessairement politique.

(22) V. W. Rostow : *Les étapes de la croissance économique,* 1962, et *Les étapes du développement politique,* 1967.

(23) En témoignant les journées de juin 1848 (véritable *guerre servile* selon Tocqueville) et la Commune de Paris, en 1871. Le socialisme qui a été, d'abord un *cri de douleur* selon le mot de Durkheim, s'est employé à réconcilier l'essence humaine avec son existence et à œuvrer en vue d'une société libérée des antagonismes et des aliénations. En celà, le marxisme a pu être qualifié de *philosophie terminale*.

CHAPITRE III
LA DIFFUSION DU DROIT CONSTITUTIONNEL CLASSIQUE

Le droit constitutionnel participe de la culture de l'Occident. Par vagues successives, il s'est développé, au point de faire figure de donnée universelle (section I). Cependant, sa généralité s'est opérée au détriment de sa spécificité ; à partir du moment où il a rencontré des milieux opposés à ceux de son origine (section II).

SECTION I L'EXPANSION DU DROIT CONSTITUTIONNEL

Dans la perspective tracée par la *Glorieuse révolution* anglaise de 1688, qui inaugure la soumission du pouvoir d'État au droit, le mouvement constitutionnel moderne débute à la fin du XVIIIe siècle. A défaut d'une progression continue au monde entier, il s'est développé par vagues successives, consécutives soit à des mouvements révolutionnaires, soit aux conflits mondiaux, avant de s'imposer au monde contemporain.

§ 1 LES VAGUES INITIALES DE LA CONSTITUTIONNALISATION

Au prix d'une simplification, on peut en dénombrer trois : celle provoquée par la guerre d'indépendance américaine et à la Révolution française de 1789 ; celle consécutive aux révolutions françaises de 1830 et de 1848 et celle qui s'est produite après la première guerre mondiale, c'est-à-dire après la défaite des empires centraux et la révolution soviétique de 1917.

A. LA VAGUE PROVOQUÉE PAR L'INDÉPENDANCE AMÉRICAINE ET LA RÉVOLUTION FRANÇAISE

Chronologiquement, l'indépendance américaine est la première en date, puisque la Déclaration est du 4 juillet 1776 et la constitution des États-Unis du 17 septembre 1787. Mais la Révolution française, plus agressive, en tout cas chargée d'un message plus vigoureux et plus entraînant, a produit des fruits plus tôt. La République batave est créée sous la Convention thermidorienne ; la République cisalpine, la République helvétique. La République ligurienne et la République romaine, sous le Directoire. La constitution du royaume de Suède est du 8 juin 1809 (1) ; la constitution espagnole dite *constitution de Cadix*, de 1812 ; celle du royaume de Norvège du 17 mai 1814. Après la chute de Napoléon, le mouvement continue encore : la constitution des Pays-Bas est du 24 août 1815. En Grèce, les assemblées du *mouvement de libération hellénique* (1821-1827) votent et révisent une *constitution d'Épidaure* (1822, 1823, 1827) qui s'inspire des principes de 1789 et de la constitution de 1791 (2).

L'émancipation des colonies espagnoles et portugaise du Nouveau-Monde, au début du XIXe siècle, entraîne la diffusion des institutions politiques américaines. Mais ici, la vague des constitutions se développe dans des milieux nettement différents : les pays d'Amérique latine demeurent, même après la proclamation de leur indépendance, des sociétés de structure franchement *coloniale*. La vie politique et, particulièrement, les assemblées sont dominées par des oligarchies foncières composées de blancs ou de métis, qui font et défont les gouvernements.

B. LA VAGUE LIÉE AUX RÉVOLUTIONS FRANÇAISES DE 1830 ET 1848

Des deux révolutions, c'est celle de 1848 qui a eu, dans la conscience populaire européenne, le plus grand retentissement. Elle a, on le sait, provoqué des mouvements profonds dans toute l'Europe (Allemagne, Italie, Hongrie, Pologne).

Cependant, la révolution de 1830 a eu, directement, une influence plus durable sur le mouvement constitutionnel européen. Elle est en effet, pour une part importante, à l'origine de la constitution belge du 7 février 1831, la plus ancienne en vigueur sur le continent, qui propose un type clair et bien équilibré de monarchie parlementaire et qui, à ce titre, a fait, au XIXe siècle, le tour des pays européens. Au XIXe siècle, cette constitution, imitée de la charte française de 1830, a exercé plus d'influence sur l'Europe occidentale, et particulièrement orientale (Roumanie, Bulgarie, Grèce, Serbie, *etc.*), que la pratique anglaise (3).

C. LA VAGUE CONSÉCUTIVE A LA PREMIÈRE GUERRE MONDIALE

Ont vu le jour après la défaite des empires centraux et l'effondrement de la Russie tsariste, la constitution allemande de 1919 (dite *constitution de Weimar*), les constitutions

(1) Toutefois ce pays s'était doté d'une constitution dès 1719-1720. V. Ph. LAUVAUX : *Les grandes démocraties contemporaines,* 2e édit., 1998, p. 488.

(2) Avec le vote du *bill of rights,* le 13 février 1689, la Grande-Bretagne dispose d'une constitution, un siècle avant la France. Mais, sous le protectorat de Cromwell, deux textes avaient été adoptés en 1653 et 1657.

(3) V. B. MIRKINE-GUETZEVITCH : *Les constitutions européennes*, 1951.

autrichienne, hongroise, polonaise, tchécoslovaque, turque, ainsi que les constitutions de l'U.R.S.S. et de l'Espagne républicaine en 1931.

Cette troisième vague se partage en deux mouvements radicalement différents : la constitution de l'U.R.S.S., dont sont sorties les institutions politiques des démocraties populaires et de la Chine, et les constitutions de l'Europe centrale et orientale, imitées du constitutionnalisme occidental, particulièrement français.

Les constitutions marxistes sont celles des pays engagés dans un processus d'édification du socialisme, lequel crée un climat politique très différent de celui de l'Occident.

Les institutions des pays, autres que l'U.R.S.S., qui ont vu le jour après 1919, se caractérisent, à l'exemple allemand, par le *parlementarisme rationalisé* (B. Mirkine-Guetzevitch) (4). Mais, il y a ceci de particulier que, pour la *codification* du système parlementaire, c'est l'exemple français, caractérisé par la primauté du parlement, qui a été suivi.

Ces constitutions devaient, cependant, sombrer en quelques années (5), faute d'une tradition démocratique et en réaction contre l'installation du communisme en U.R.S.S.

§ 2 LES VAGUES CONTEMPORAINES DE LA CONSTITUTIONNALISATION

En dehors de l'élimination des régimes autoritaires en Europe méridionale, au cours de la décennie *1970* (6), le constitutionnalisme moderne s'abreuve aux sources de la décolonisation et, présentement, de la démocratisation.

A. LA VAGUE DE LA DÉCOLONISATION

Ce formidable mouvement qui a transformé le monde dans les années *1960*, a émancipé de la domination étrangère près des deux tiers des États qui siègent à l'heure actuelle à l'O.N.U. Selon une pente naturelle, les nouvelles constitutions africaines et asiatiques ont, dans un premier temps, imité les institutions de l'ancienne métropole (à ce propos, la constitution française de 1958 a fait figure de *constitution-mère*) avant de se singulariser, au moyen du parti unique ou *parti-État*, à l'exemple de la constitution algérienne de 1963.

B. LA VAGUE DE LA DÉMOCRATISATION

La *révolution des peuples* de 1989, en Europe centrale et orientale a généré, à son tour, un prodigieux élan. Après que le parti communiste eut renoncé à son rôle dirigeant,

(4) V. B. MIRKINE-GUETZEVITCH : *Les nouvelles tendances du droit constitutionnel*, 1931.

(5) A l'exception cependant de la constitution tchécoslovaque. V. G. BURDEAU : *Le régime parlementaire dans les constitutions européennes de l'après-guerre*, 1932.

(6) La Grèce a rompu avec la dictature des colonels, en 1974 ; le Portugal en 1976 *(la révolution des œillets)* à la suite de l'intervention des forces armées et l'Espagne, au terme d'un processus de libéralisation inventé par les successeurs de Franco, avec l'adoption de la constitution du 29 décembre 1978. L'entrée dans la Communauté européenne, en 1986, a parachevé le processus démocratique. V. S. BERSTEIN : *Démocraties, régimes autoritaires et totalitarismes au XXe siècle,* 1992 ; G. COUFFIGNAL : *Le régime politique de l'Espagne,* 1993.

les parlements issus d'élections disputées dans les États baltes (Estonie, Lettonie et Lituanie), en Bulgarie, Hongrie, Pologne, Roumanie, Slovaquie, et République tchèque se sont érigés en assemblées constituantes. Par référendum, le 12 décembre 1993, la Russie s'est dotée, à son tour, d'une constitution.

La *révolution-restauration* (J. Rupnik) qui se donne libre cours dans les ex-démocraties populaires est animée par la volonté, certes, de renouer avec le constitutionnalisme de l'entre-deux-guerres, mais plus encore par celle d'édifier la barrière de l'État de droit autour du pouvoir. Au-delà du choix d'un régime politique (les institutions françaises exercent un réel effet attractif), ce processus, tend désormais à opposer la sérénité de la liberté à la fureur idéologique du passé (7).

A la manière d'un séisme, on a assisté, dans le même temps, en Afrique, à la relève du monopartisme par le pluripartisme. Le renouveau constitutionnel y a été initié par le Bénin et le Gabon (8). L'Afrique du Sud, exemple démonstratif, a adopté une constitution définitive, en 1996, après avoir abrogé l'*apartheid* (9). De même, au Cambodge, l'élection d'une assemblée constituante, en mai 1993, a condamné les factions militaires qui rivalisaient d'ardeur depuis un quart de siècle. Cette métamorphose souligne le caractère prégnant de notre discipline (10).

SECTION II LE DÉFI AU DROIT CONSTITUTIONNEL CLASSIQUE

La diffusion du droit constitutionnel classique dans le monde entier, dont on vient de marquer rapidement les étapes, le met nécessairement en présence de contextes idéologiques, géopolitiques, économiques, sociaux, culturels très différents de son milieu d'origine ; ce qui entraîne des *déformations*. Mais dans le même temps, l'on ne peut ignorer les modifications de la société occidentale qui l'affecte, à son tour. Bref, ce dernier a subi *la lente conspiration des âges*, pour parler comme Chateaubriand.

(7) A preuve, la généralisation des juridictions constitutionnelles en Europe centrale et dans l'Afrique subsaharienne. V. P. GÉLARD, Chronique de droit constitutionnel étranger, *R.D.P.* 1989, p. 299 ; J. DU BOIS DE GAUDUSSON et G. CONAC (sous la direction de) : La justice en Afrique, 1990 (D.F.) ; M. LESAGE, *Constitutions d'Europe centrale, orientale et balte, D.F.*, 1995.

(8) La constitution gabonaise de 1991 équilibre le pouvoir d'État par l'existence d'une Cour constitutionnelle (art. 83) qui examine obligatoirement les lois (art. 84) ainsi que l'exception d'inconstitutionnalité soulevée par un justiciable (art. 86) ; les fonctions du Parlement sont renforcées notamment par la mise en cause du Gouvernement (art. 64) ; un Conseil national de la communication est créé (art. 94) en vue de respecter le pluralisme.

(9) V. Françoise DREYFUS, La constitution intérimaire d'Afrique du Sud, *R.F.D.C.* 1994, p. 465 ; N. LENOIR : Le nouvel ordre constitutionnel d'Afrique du Sud, *C.C.C.* n° 1, 1996, p. 37.

(10) La principauté d'Andorre qui relevait d'un régime de type féodal (l'acte de paréage de 1278) a accédé à son tour à la modernité : les électeurs ont approuvé, le 14 mars 1993, une constitution de type parlementaire, caractérisée par un chef d'État collégial (les coprinces français et espagnol). V., J.-Cl. COLLIARD : L'État d'Andorre, *A.F.D.I.* 1993, p. 377.

§ 1 LES DÉFORMATIONS DU DROIT CONSTITUTIONNEL CLASSIQUE DANS LES SOCIÉTÉS NON OCCIDENTALES

L'expansion, dont se prévaut le droit constitutionnel, ne saurait incliner cependant au triomphalisme. Une chose est, en effet, de se doter de ses techniques, une autre d'honorer son esprit et sa finalité. Des institutions démocratiques peuvent être décidées ; en revanche, une culture démocratique ne peut s'intérioriser qu'au fil des années.

Dans cet ordre d'idées, l'invention de l'Occident a été confrontée à une série d'obstacles, qui ont pu faire douter initialement de sa réalité. L'existence d'une constitution *implicite* à côté de la constitution explicite fournit une démonstration péremptoire à ce qu'il est convenu d'appeler le *droit vécu non officiel*.

Chronologiquement, le droit constitutionnel a subi la première déformation, et peut-être la plus importante, lors de sa rencontre avec l'idéologie marxiste-léniniste.

Cette rencontre a, peut-on dire, provoqué un véritable *schisme*, en ce sens que ces sociétés, en marche vers le communisme, nient l'individualisme, répugnent au dialogue et répudient la logique au profit de la dialectique. En outre, les divers pays marxistes sont ou ont été, telle la Russie en 1917, des pays sous-développés, ce qui est une raison supplémentaire de divergences avec le droit constitutionnel classique.

Le marxisme suscite, par réaction ou prévention, une seconde série de déformations avec l'avènement du fascisme dont l'Europe de l'entre-deux-guerres a été le cadre principal.

La troisième série de déformations provient de la constitutionnalisation des pays du tiers-monde, ou si l'on veut, de la rencontre avec la rareté économique.

Aucun de ces États qui se sont formés en Amérique latine, en Afrique, au Moyen-Orient ou en Asie, n'est, au départ, fondamentalement hostile à l'idéologie occidentale. Cependant, ces derniers se présentent, en dehors de la poussée islamiste qui s'y manifeste, comme des sociétés en voie de développement économique et social (actuellement sous-développées) qui récusent les accompagnements de l'époque classique.

Mais, on le sait, ces mondes adverses connaissent depuis 1989, de profondes transformations structurelles, au point d'entrer dans le champ d'attraction de l'Occident. La demande, mieux la croyance, dans le droit, en tant que protecteur de l'individu face au pouvoir absolu, devrait se révéler un gage de restructuration du monde (11).

§ 2 LES TRANSFORMATIONS DU DROIT CONSTITUTIONNEL CLASSIQUE DANS LES SOCIÉTÉS OCCIDENTALES

A l'heure actuelle, des distorsions sont infligées au droit constitutionnel classique dans les pays occidentaux. Outre la *réconciliation* entre l'individu et le pouvoir, marquée par l'avènement des *libertés-créances* ou *droits sociaux*, la modernité a été à l'origine d'une *inversion* de la hiérarchie entre les pouvoirs publics,

(11) V. Marisol TOURAINE, *Le bouleversement du monde,* 1995.

symbolisée respectivement par la montée en puissance du pouvoir exécutif (12) et du juge constitutionnel. La Ve République en porte témoignage.

***

Le ralliement aux valeurs occidentales du pluralisme et de l'économie de marché, des régimes communistes d'Europe et d'États tiers-mondistes donne tout son sens à l'aventure du droit constitutionnel. Le nouvel universalisme démocratique pointe à l'horizon, à l'exception notable de la Chine qui, après l'échec du mouvement étudiant, place Tien Anmen, le 4 juin 1989, prétend concilier la logique communiste à celle de l'économie capitaliste.

En proposant un *minimum vital institutionnel* qui a rallié ses adversaires déclarés, la démocratie peut esquisser le sourire de la satisfaction. Deux siècles après la Révolution française et la Déclaration des droits de l'homme et du citoyen, on ne pouvait imaginer plus belle commémoration.

Il résulte de ce qui précède, que la matière de cet ouvrage peut se répartir ainsi, en trois parties :

I. — *Le droit constitutionnel classique.*
II. — *Les mondes en voie de démocratisation.*
III. — *Les institutions politiques de la France.*

(12) On visera la théorie de *la primauté du pouvoir exécutif*, formulée, dès 1923, par le doyen Maurice Hauriou, selon une démarche anticipatrice. Trois arguments peuvent être avancés : *l'antériorité*, la *spécificité* et la *légitimité* dudit pouvoir *(V. IIIe partie).*

Historiquement, l'exécutif apparaît le premier pouvoir de l'État au point de lui être *consubstantiel* ; une sorte de souche ou de tronc commun, dont les pouvoirs législatif et judiciaire se sont progressivement détachés. Du reste, en période de crise ou de tension, un *remembrement* de l'autorité s'effectue autour et pour ce dernier. Qu'il suffise de songer à la législation d'exception (état de siège ou d'urgence), ou à l'article 16 C. Au surplus, l'exécutif est un pouvoir à part, en raison de sa *continuité* et de son *efficacité.* En cela, il est indispensable à la vie de l'État, et l'on ne saurait, un seul instant, l'imaginer à éclipse ou en veilleuse. Le Conseil constitutionnel invoque à cette fin, *le principe de continuité de la vie nationale* (30 décembre 1979, *Loi des finances pour 1980, CCF*, p. 289) et range parmi les principes de valeur constitutionnelle, celui de *la continuité des services publics* (25 juillet 1979 *Droit de grève, ibid.*, p. 238). Au surplus, l'exécutif armé pour l'action est autosuffisant tandis que les autres pouvoirs en sont dépendants. Le vote de la loi par le Parlement doit *nécessairement* s'accompagner de l'intervention de l'exécutif (promulgation par le chef de l'État, décrets d'application par le Gouvernement). Une décision de justice qui se heurte, à la résistance, active ou passive, sera exécutée grâce au concours du *bras séculier* de l'État.

Dans un raccourci fameux, le doyen de Toulouse notera : *Le pouvoir exécutif est un pouvoir d'entreprise, car il possède la synthèse de la conception, de la décision et de l'exécution.*

Enfin, l'exécutif a changé de condition. A l'imitation des États-Unis qui, d'emblée ont adopté cette solution, ce dernier est devenu de nos jours, selon les procédures variables (institutionnelle ou partisane) *légitime* parce que *majoritaire*. Le chef de l'exécutif procède, on le sait, de l'investiture de la nation et c'est devant elle, au terme de son mandat, que sa responsabilité est mise en cause.

PREMIÈRE PARTIE
LE DROIT CONSTITUTIONNEL CLASSIQUE

TITRE 1
CADRE ET ÉTAPES DU DROIT CONSTITUTIONNEL CLASSIQUE

CHAPITRE I
L'ÉTAT-NATION

L'État se présente comme le cadre spatial *privilégié,* au sein duquel s'affrontent et coexistent le pouvoir et la liberté ; en clair, les gouvernants et les gouvernés.

A ce titre, cette modalité d'organisation sociale, qui participe de l'*exemplarité* n'en est pas moins empreinte de *relativité*.

Exemplarité, en ce sens que l'État s'analyse en la forme sociétale la plus *perfectionnée* (les concepts et modèles juridiques y puisent leurs racines) et la plus *généralisée.* Jamais le nombre d'États n'a été aussi élevé que de nos jours. *Le temps du monde fini commence* disait Paul Valéry. Le combat est sur le point de s'achever, faute de combattants. Cette *mondialisation* de l'État est aisément vérifiable : lors de sa constitution, en juin 1945, l'O.N.U. comprenait 51 États ; au lendemain de l'admission des ex-républiques d'U.R.S.S. et de Yougoslavie, en 1992, et d'îles du Pacifique (Palaos et Tonga, en 1994 et 1999), elle en accueille désormais 186 (1) ; l'Afrique, qui a été le continent par excellence de la colonisation, comptait 4 États indépendants, en 1950 (Éthiopie, Égypte, Liberia et Afrique du Sud), avec l'indépendance de l'Érythrée, on en dénombre désormais 53, quarante ans plus tard. Demeure Sainte-Hélène.

Cependant, l'État ne saurait être regardé comme une notion absolue et donc définitive. A l'opposé, il s'agit d'une forme *historique* d'organisation ou *contingente* qui correspond, en d'autres termes, à un certain degré de développement de la civilisation occidentale. Sous cet aspect, l'État n'a pas toujours existé. Il est né, pour une part importante, à Rome. Il a périclité et sombré sous les coups de boutoir de la féodalité, avant de ressusciter à partir du XVIIe siècle. L'État n'est pas exempt de maladie, telle la *libanisation.* Reste qu'il était promis, selon l'idéologie marxiste-léniniste, en tant que symbole de la domination bourgeoise, à être *relégué au musée des antiquités à côté du rouet et de la hache de bronze* (F. Engels) et remplacé, à l'issue de la révolution prolétarienne, par un régime d'auto-administration communiste (2). L'histoire a eu raison de cette utopie et la nation s'est dressée contre l'État : à preuve la disparition de la R.D.A. le 3 octobre 1990, et de la Tchécoslovaquie, le 1er janvier 1993.

(1) Cependant, la Suisse en demeure absente. Quant à l'Afrique du Sud, après s'en être retirée, en 1961, sans être exclue pour autant, elle l'a rejoint en juin 1994, après l'abandon du régime d'*apartheid.*

(2) Il n'est pas sans intérêt d'observer que le pouvoir politique, dont l'État est l'incarnation, n'est pas considéré par les socialistes, Marx communiant sur ce point avec Proudhon, comme une fin en soi, à la différence de leurs frères ennemis, les fascistes italiens par exemple. (*Tout dans l'État, rien en dehors de l'État, rien contre l'État* affirmait Mussolini.) Le socialisme annonce, avec Saint-Simon, la fin de l'État et sa dissolution dans l'économie : *l'atelier remplacera le gouvernement ; au gouvernement des hommes succédera l'administration des choses.* V. LÉNINE : *L'État et la révolution,* 1917.

Dans le même temps, la construction européenne favorise la mutation de l'État-nation (3).

Ceci posé, l'analyse de l'État conduit à envisager respectivement sa condition et les différentes formes qu'il revêt.

SECTION I LA CONDITION JURIDIQUE DE L'ÉTAT

Sous ce rapport, il importe de s'interroger successivement sur la définition, les éléments constitutifs et l'origine de l'État.

§ 1 LA DÉFINITION DE L'ÉTAT

A la question, qu'est-ce que l'État ?, on serait tenté de répondre, d'une manière irrévencieuse, à la façon de Nietzsche dans *Ainsi parlait Zarathoustra : c'est le plus froid de tous les monstres froids. Il ment dans tous ses actes, dans chacun de ses propos.* Toutefois, du plaisant, fût-il utile, il faut revenir au sérieux, en empruntant la double démarche de la géographie, d'une part, et du droit, d'autre part.

A. LA DÉFINITION GÉOGRAPHIQUE DE L'ÉTAT

En quelques mots, on peut avancer l'idée selon laquelle l'État désigne *la localisation d'une population déterminée.* En d'autres termes, il s'agit d'une *entité artificielle qui se superpose aux régions naturelles.*

Toutefois, l'existence d'États ou de nations *idéologiques* ou *religieux,* coupés de toutes références géographiques, est concevable, si l'on songe aux cas particuliers de l'ex-U.R.S.S. et d'Israël (4).

B. LA DÉFINITION JURIDIQUE DE L'ÉTAT

Le géographe précède, en quelque sorte, le juriste sur son propre terrain, en mettant l'accent, de manière instinctive, sur le caractère *artificiel* de l'État. Ainsi qu'on le montrera ultérieurement, ce dernier n'est qu'une *représentation de l'esprit,* une idée, ou un concept. D'où la vision classique de Carré de Malberg : *l'État est un être de droit en qui se*

(3) V. Conseil de l'Europe : *Les mutations de l'État-nation en Europe à l'aube du XXIe siècle* (commission européenne pour la démocratie par le droit), 1998.

(4) La dénomination des États issus de la décolonisation n'est jamais innocente. Elle se rattache, au-delà du souci d'authenticité, à la volonté de renouer avec le passé *précolonial.* La référence aux royaumes du Ghana ou du Mali est symptomatique, comme celle du Burkina-Faso *(la patrie des hommes dignes)* adoptée en 1984 par la Haute-Volta. De la même façon, une querelle sémantique divise à l'heure actuelle la Macédoine (ancienne république yougoslave) et la Grèce. Celle-ci s'oppose à une dénomination regardée, comme un élément de son patrimoine culturel et historique.

résume abstraitement la collectivité nationale. Un être de droit, et non de chair et de sang, porte le nom de *personne morale* par opposition à une personne physique.

1° Le concept de personne morale

Il s'agit en l'espèce, d'une construction juridique destinée à prendre en charge, de façon permanente, les intérêts d'une population ou d'un peuple, indépendamment des personnes physiques qui agissent au nom de l'État. *Je n'ai jamais déjeuné avec une personne morale,* opinait le doyen Duguit.

Ce concept permet d'expliquer la *pérennité* de l'État et de ses engagements. Elle explique le fondement, en droit international, de l'*égalité* des États. Ceux-ci étant considérés comme des *centres de droits et de responsabilités,* c'est-à-dire, des personnes juridiques. En dernier lieu, cette présentation permet de doter l'État d'un *patrimoine propre,* dont le budget constitue l'élément essentiel, destiné à la gestion des services publics (enseignement, armée, justice, *etc.*).

2° Les acceptions de l'État

On peut en retenir deux : *générique* et *spécifique.*

a) *L'acception générique*

Dans une première démarche, l'expression vise tantôt la *puissance publique,* tantôt *l'organisation globale d'une collectivité humaine.*

Dans le langage courant, le mot désigne la puissance publique (ou les divers organes qui l'expriment dans la sphère respective de leurs compétences), les gouvernants *(ils)* par rapport aux gouvernés *(nous).* On évoquera le rôle fondamental du chef de l'État sous la Ve République, l'action de l'État dans la lutte contre le chômage, *etc.*.

Cependant, une variante apporte une utile précision. Telle une poupée-gigogne, l'État s'identifie à l'*élément central* par rapport à ses *démembrements* que représentent les collectivités locales ou territoriales (communes, départements, régions et territoires d'outre-mer) (art. 72 C). En ce sens, l'État constitue l'armature ou l'enveloppe *juridique* d'un phénomène *sociologique,* la collectivité *tout entière* appelée plus précisément la *nation.* Selon la terminologie de Gramsci, l'État serait la *société politique* par opposition à la nation, la *société civile.* On dit, dans cet esprit, que la France, le Canada, le Gabon, la Chine sont des États.

b) *L'acception spécifique*

D'une manière plus technique, l'État s'analyse en *une collectivité humaine stabilisée au sein de laquelle la contrainte est monopolisée.* La stabilisation résulte d'une emprise territoriale. A l'époque contemporaine, les frontières sont désormais placées sous le signe de l'*intangibilité* (5). Mais, de manière décisive, l'État et *lui seul* est chargé d'assurer, à l'intérieur de celles-ci, un minimum d'ordre, au sens matériel, entre les individus afin qu'ils vivent en paix, à défaut de vivre en bonne intelligence.

(5) V. en ce sens, la charte d'Addis-Abeba de 1963, pour l'Afrique et l'acte final d'Helsinki de 1975 de la conférence sur la sécurité et la coopération en Europe (C.S.C.E.), confirmé, avec éclat, au sommet de Paris en 1990. La fin de la seconde guerre mondiale et de la guerre froide prend tout son sens avec la reconnaissance de la ligne Oder-Neisse entre l'Allemagne et la Pologne (Traité de Moscou du 12 septembre 1990, portant règlement définitif concernant l'Allemagne).

Sous ce rapport, à l'image de la fonction de répression du père, dégagée en psychanalyse, l'État dispose, selon Max Weber du *monopole de l'usage légitime de la violence.* En bref, les individus ne peuvent se faire justice à eux-mêmes sans saper les fondements de la puissance publique. A la réflexion, lorsqu'un groupe d'individus s'y soustrait, dans le cadre, peu importe, de l'autodéfense, de la vendetta, du terrorisme, de la mafia, d'une société multinationale ou même du sympathique mais subversif personnage de Zorro, le vocabulaire ne recourt-il pas à l'expression caractéristique *d'un État dans l'État ?* Cette maladie est de nature à emporter l'État. Le spectacle du Liban contemporain et de nombreux pays africains (Rwanda, Burundi, Congo, Liberia) voire celui de la Corse, une île sans État pour d'aucuns, nourrit l'inquiétude.

Ainsi l'État assume une fonction *disciplinaire*, en faisant usage de la violence *institutionnelle*, car gouverner, c'est aussi, en tant que de besoin, *contraindre* (G. Pompidou).

§ 2 LES ÉLÉMENTS CONSTITUTIFS DE L'ÉTAT

On peut considérer que l'État est *un groupement humain, fixé sur un territoire déterminé et sur lequel une autorité politique exclusive s'exerce.* Il ressort de cette définition, que l'on est en présence d'un État, au sens du droit constitutionnel et du droit international, lorsque sont réunis trois éléments nécessaires et suffisants, à savoir : un élément *personnel* : la population ou la nation ; un élément *matériel* : le territoire et un élément *formel* : l'autorité politique exclusive ou la *souveraineté.*

A ce titre, s'il existe bien une nation palestinienne, un territoire palestinien (Gaza et la Cisjordanie), l'absence de souveraineté débouche sur la mise en place d'une autonomie confiée à une *Autorité palestinienne,* et non d'un État *stricto sensu,* aux termes des accords de Washington et du Caire signés avec Israël, les 13 septembre 1993 et 4 mai 1994.

A. LA POPULATION OU LA NATION

La substance humaine de l'État, en quelque sorte, est constituée par la population, c'est-à-dire par un groupe d'individus sédentaires et solidaires, et qui présente une *individualité* par rapport à d'autres, au point de constituer une *nation*. L'époque contemporaine enregistre son retour en force et génère la violence, à l'exemple du conflit yougoslave (6).

1° La définition de la nation

On entend généralement par nation, un groupement humain dans lequel les individus se sentent unis les uns aux autres par les liens, à la fois, matériels et spirituels et se

(6) V. S. PIERRÉ-CAPS : *Nation et peuples dans les constitutions modernes*, thèse Nancy, 1987 ; H. CARRÈRE D'ENCAUSSE : *La gloire des nations*, 1990 ; A. MINC : *La vengeance des nations*, 1991 ; Les nationalismes, *Pouvoirs* n° 57, 1991.

conçoivent comme différents des individus qui composent les autres groupements nationaux. Un lien privilégié, celui de la *nationalité,* unie, du reste, l'État aux personnes (7).

Étant donné la complexité des facteurs sous l'influence desquels se forment les nations, diverses conceptions se sont fait jour, au XIXe siècle, concernant l'importance respective de ces facteurs, parmi lesquelles les deux principales sont la conception allemande et la conception française ou, en d'autres termes, la thèse *objective* et la thèse *subjective*.

a) *La thèse objective de la nation*

La conception allemande, forgée par Fichte et Treischke au siècle dernier, est placée sous le signe du *déterminisme.* Une nation est la résultante ou le produit *nécessaire* d'éléments objectifs : la géographie, la langue, la religion, l'idéologie, aussi et surtout la race, *mythe* si puissamment mobilisateur et dévastateur sous le IIIe Reich. La conception germanique de la *nation-race* est à l'origine d'un génocide, celui du peuple juif. *L'épuration ethnique* déclenchée dans l'ex-Yougoslavie, à partir de 1991 (Bosnie-Herzégovine, Kosovo) se rattache à cette thèse.

b) *La thèse subjective de la nation*

Les auteurs français (Fustel de Coulanges, Renan) considèrent que la genèse d'une nation est beaucoup plus complexe et qu'à côté des éléments ethniques notamment il faut faire entrer en ligne de compte le *volontarisme.* Dans un raccourci fameux, Maurice Hauriou affirmait qu'une nation était une *mentalité.* La conception française est celle du *vouloir vivre collectif* (8). Elle signifie que les nations se forment sous l'influence de facteurs aussi nombreux que variés. Sans doute, il convient de prendre en considération les éléments objectifs, mais pour intéressants qu'ils soient, ils ne sont pas eux seuls déterminants. Il y a lieu de les combiner avec les éléments *subjectifs.* D'abord, les événements historiques : les guerres, les calamités, en sens inverse, les années de prospérité, les réussites communes. L'âme nationale est faite de souvenirs partagés, de souffrance et de bonheur. Ensuite, la communauté d'intérêts, principalement d'ordre économique, qui résulte, en grande partie, de la cohabitation sur un même territoire. Enfin, le sentiment de la parenté spirituelle, le fait que, sans avoir les mêmes croyances ou le même niveau intellectuel, on réagit d'une façon semblable en présence des mêmes événements (9).

Il importe d'ajouter que cet élément de parenté spirituelle, qui joue dans la nation, donne à ses ressortissants, le sentiment qu'ils sont à l'intérieur d'un ensemble fermé qui s'oppose aux autres formations nationales. C'est autant contre les autres nations que pour elle-même que l'unité nationale de chaque pays s'est faite. Cette tendance instinctive des hommes à se grouper en des *sociétés closes,* mise en lumière par Bergson, est particulièrement sensible dans le groupe national (10).

(7) La *nationalité* a pour corollaire naturel la *citoyenneté* ou le droit de participer à la vie politique de l'État, V.O. Le Cour Grandmaison, *Les citoyennetés en Révolution*, 1992.

Par dérogation à l'art. 3 *in fine* C *(Sont électeurs... tous les nationaux français majeurs des deux sexes)*, l'art. 8 du traité de Maastricht opère, pour la première fois, une dissociation entre la nationalité et la citoyenneté en instituant une *citoyenneté de l'Union européenne*. V. l'art. 88-3 C (rédaction de la LC du 25 juin 1992).

(8) La formule d'Ernest Renan est extraite de la conférence qu'il prononça, en 1882, à la Sorbonne. A la question : *qu'est-ce qu'une nation ?*, il répondit, au surplus, c'est un *principe spirituel*, une *grande solidarité* ou encore un *plébiscite de tous les jours*. Ses formules sont passées à la postérité. *La nation existe*, opine pour sa part, Jean-Paul II à l'U.N.E.S.C.O. en 1980, *par la culture et pour la culture... elle est la grande éducatrice des hommes*.

(9) Cette conception du *vouloir vivre collectif* mérite, cependant, une mise au point. Le livre de Robert Lafont (*Sur la France*, 1968) montre que notre nation s'est constituée durement, souvent par conquêtes et contraintes. La plus criante étant celle qui déchira et réduisit l'Occitanie à Montségur. Dans ce mouvement, s'inscrit également le refus du droit à la différence, en un mot, le dépérissement, voire l'anéantissement des *cultures minoritaires* : du breton au basque, sans oublier le créole.

(10) La fête nationale, l'hymne national constituent autant de signes révélateurs de l'existence d'une *conscience nationale*, bases *psychologique* de l'État.

c) *La supériorité de la thèse subjective*

A l'examen, il apparaît que la thèse subjective de la nation l'emporte sur sa concurrente. Des éléments de fait semblables ne fondent pas nécessairement une nation : l'insularité peut s'accompagner de la partition (Haïti et Républicaine dominicaine, sans même songer à Chypre) ; la communauté linguistique de l'Amérique latine (à l'exception notable du Brésil), n'a pas permis à Simon Bolivar de l'unifier. *J'ai labouré la mer* dira-t-il au soir de sa vie. La nation arabe n'est pas parvenue à ce jour à dépasser le stade de l'affirmation verbale. Reste l'échec rencontré par l'universalisme marxiste face aux peuples rassemblés. Tout bien considéré, sa disparition a emporté l'État, en U.R.S.S., Yougoslavie et Tchécoslovaquie.

En revanche, des éléments de fait différents sont de nature à fonder une nation : l'exemple de la Suisse (cloisonnements géographiques accusés, diversité de langues et de religions) plaide en ce sens.

2° La condition de la nation

En règle générale, une individualité sociologique a vocation à s'ériger en une individualité juridique. D'où l'association des mots *État-nation.* Cependant, dans de nombreuses situations, l'identification fait place à une dissociation, grosse de tensions.

a) *L'identification entre la nation et l'État*

En Occident, la nation est considérée comme le résultat d'un *processus historique* se développant et même s'achevant avant la naissance de l'État : celui-ci apparaissant en dernier lieu, pour centraliser politiquement et juridiquement la nation. Il est de fait que, dans la plupart des pays européens, la formation de la nation a *précédé* celle de l'État : la nation allemande, la nation italienne ont été des réalités sociologiques évidentes avant de prendre chacune la consistance d'un État.

Dans cette perspective de *l'antériorité* de la nation par rapport à l'État, où l'ensemble humain apparaît doué d'une individualité propre avant même d'être transformé en État, se pose le problème de savoir si à toute nation peut et doit correspondre un État.

Le droit international apporte sur ce point une réponse positive, dont on mesurera la puissance attractive, à travers *le principe des nationalités* et *le droit des peuples à disposer d'eux-mêmes,* appelé aussi *le droit à l'autodétermination* (11).

1) Le principe des nationalités

Ce principe, qui consiste à affirmer que toute nation a droit à devenir un État, a été propagé par la Révolution française. L'affirmation des droits de la nation est, en effet, à la base son idéologie. Sur le plan du droit interne, cette dernière conduit à admettre que l'origine du pouvoir réside dans la nation : c'est la doctrine de la souveraineté nationale. Sur le plan international, elle conduit à affirmer que le premier droit de la nation est de se réaliser politiquement et juridiquement d'une façon intégrale. Ce qui revient à dire que toute nation a droit à former un État.

La première mise en œuvre de ce principe a été la libération de l'Italie par Bonaparte. De même, au traité de Tilsitt, Napoléon Ier rétablit partiellement une Pologne indépendante sous le nom de Grand-Duché de Varsovie.

Au traité de Vienne, le principe des nationalités, vigoureusement combattu par la Sainte-Alliance, est mis en sommeil et y restera pendant la première moitié du XIXe siècle. Mais il renaîtra, à partir de la Révolution de 1848, et trouvera un animateur en la personne de Napoléon III, qui favorise la formation de l'unité roumaine, la renaissance de l'unité italienne et provoquera, à son corps défendant, l'unité allemande en 1871.

Le principe des nationalités trouve, enfin, une large application dans l'*Europe de Versailles* : reconstitution de la Pologne, démembrement de l'Autriche-Hongrie, réfection de la carte de l'Europe

(11) On se reportera, au surplus, aux ouvrages de droit international ou d'institutions internationales.

orientale en s'inspirant largement de ses directives. Ultérieurement, il s'élargit, selon une idée avancée par Wilson, en *droit des peuples à disposer d'eux-mêmes.*

2) *Le droit des peuples à disposer d'eux-mêmes ou le droit à l'autodétermination*

En liaison avec le mouvement de *décolonisation,* le principe a été adopté par la charte des Nations unies (art. 1er, § 2 et 55) et affirmé, avec une particulière intensité, par la résolution du 14 décembre 1960 dite *Déclaration sur l'octroi de l'indépendance aux pays et aux peuples coloniaux* (12). La nation palestinienne, par exemple, est fondée à en réclamer le bénéfice (13).

Cependant, le droit d'un peuple ne peut aboutir à ce qu'il dispose de celui d'autrui. La guerre du Golfe, en 1991, aura été celle du droit à l'existence du Koweït face aux prétentions hégémoniques de l'Irak. En revanche, les nationalismes croate et serbe ont été à l'origine du dépecage de l'État de Bosnie-Herzégovine, à partir de 1992.

b) *La dissociation entre la nation et l'État*

L'absence de concordance entre la nation et l'État se rencontre dans plusieurs situations. On s'attachera ici au sort de la nation *non constituée, écartelée* ou *regroupée* avec une ou plusieurs autres.

1) *La nation non constituée*

Dans le tiers-monde, en règle générale, l'État a *précédé* la nation, à l'inverse de la démarche occidentale. Il a été plaqué, plus ou moins arbitrairement par le colonisateur, sur une réalité sociologique composée d'une mosaïque d'ethnies juxtaposées les unes aux autres, mais non point intégrées. La vision suggérée par André Hauriou de *l'État clé en main* en découle, à bon droit. *L'hétérogénéité* de la société, du point de vue linguistique, religieux, culturel ou économique, se concilie mal avec l'unité de l'État. L'absence notamment d'un loyalisme *national* représente un germe de décomposition pour ce dernier (14).

Comment remédier à l'*État mou,* pour parler comme l'économiste Gunnar Myrdal ? En dehors de l'œuvre du temps, la dénonciation du néo-colonialisme peut apparaître un bon thème de rassemblement propice à transcender le clivage tribal. Mais plus sûrement, l'action du dirigeant historique, éveilleur et précepteur de la nation et celle du parti unique, en prenant appui sur les structures traditionnelles (chefferies), ont pu favoriser l'intégration (15).

2) *La nation écartelée*

Par suite de vicissitudes historiques, une nation peut être tronçonnée par des frontières et alimenter *l'irrédentisme.* Les exemples abondent : celui de la nation allemande partagée 40 ans entre la R.F.A. et la R.D.A., sans même songer à l'Autriche ; celui de la nation mécédonienne déchirée entre la Bulgarie, la Grèce et l'ex-république de Yougoslavie ou celui de la nation kurde écartelée entre la Turquie, l'Irak, l'Iran et l'ex-U.R.S.S.

(12) En dehors du procédé *politique* de la révolution, le référendum appelé aussi, mais d'une manière *neutre,* le plébiscite, est la technique *juridique* appropriée. Sur la base du préambule de 1958 (al. 2), l'article 53 *in fine* C subordonne toute modification à l'assiette territoriale de la France, par voie d'adjonction ou de sécession, au *consentement des populations intéressées* des seuls *T.O.M.* (art. 74 C) (C.C., 30 décembre 1975, *Archipel des Comores, Rec.* p. 26 ; 2 juin 1987, *Nouvelle-Calédonie, chr.* n° 43, p. 200). V. J.-Cl. MAESTRE : L'indivisibilité de la République française et l'exercice du droit d'autodétermination, *R.D.P.* 1976, p. 434.

(13) V. la déclaration du Conseil national palestinien de l'O.L.P., réuni à Alger, les 14-15 novembre 1988.

(14) A cet égard, les événements du Biafra (1967-1970) sont exemplaires. La création du Nigeria est le résultat d'une commodité décidée par la Grande-Bretagne, et, par conséquent, largement factice. Le comportement des autorités de Lagos, proche du génocide, se rattache à la *légitime défense* de l'État.

(15) Dans l'immédiat, on peut parler avec Jean Buchmann (*L'Afrique noire indépendante,* 1962) d'un *nationalisme sans nation.*

3) *Les nations regroupées*

Il se peut, en effet, qu'un État associe, tant bien que mal, un certain nombre de nations, sinon de races (16), à l'intérieur de ses frontières.

En dehors de l'éclatement à redouter (cas de l'Autriche-Hongrie en 1918), le mouvement centrifuge est empêché, dans le cadre d'un État *binational* par reconnaissance d'un statut *international* de *protection des minorités.* Adopté à Versailles, en 1919, ce système a connu l'échec. Il a été abandonné, pour une part importante, au lendemain de la seconde guerre mondiale au profit de celui du transfert ou d'échange de populations. La chute du communisme redonne toute son acuité à ce problème. Les minorités nationales menacent les nations et la paix en Europe centrale et orientale (minorités hongroises en Roumanie et Slovaquie ; minorités russes en Lettonie et Estonie).

B. LE TERRITOIRE

L'État est *une corporation à base territoriale*, affirmait le doyen Maurice Hauriou. En conséquence, ce dernier ne peut se concevoir sans une emprise géographique délimitée par des frontières. Ce qui rend malaisé, dans ces conditions, l'action des mouvements de libération ou des gouvernements en exil (*la France libre,* à partir de 1940) (17).

1° Les frontières terrestres

Depuis le XIXe siècle, les frontières terrestres sont conçues sous une forme *linéaire* (18). Du point de vue de leur tracé, en dehors de quelques *particularités* (19), on oppose les frontières *naturelles*

■ (16) Le terme est retenu ici dans son acception *scientifique* : la transmission héréditaire de certains traits physiques. On peut concevoir un développement *harmonisé* (États-Unis, ex-U.R.S.S.) ou *séparé* (Afrique du Sud initialement). L'Amérique latine, *pays de métissage*, selon Jacques Lambert, représente, malgré tout, un bon exemple d'osmose.

■ (17) Les traités de 1919 prévoyaient plusieurs mesures protectrices : libre exercice de la foi, libre usage et enseignement de la langue, égalité dans la jouissance des droits civils et politiques. Loin d'apaiser les difficultés, ces modalités ont exacerbé les tensions et encouragé les États à intervenir dans les affaires intérieures des autres. L'attitude de l'Allemagne à l'égard de la minorité allemande des Sudètes, en Tchécoslovaquie, avant 1938, est révélatrice à cet égard. Une convention-cadre sur la protection des minorités a été adoptée par le Conseil de l'Europe, le 10 novembre 1994. L'organisation sur la sécurité et la coopération en Europe (O.S.C.E.) œuvre dans le même sens. La conférence finale qui s'est tenue à Paris, le 20 mars 1995 a été précédée d'un accord de bon voisinage entre la Hongrie et la Slovaquie. V. N. ROULAND, S. PIERRÉ-CAPS et J. POUMARÈDE : *Droit des minorités et des peuples autochtones,* 1996.

■ (18) Un exemple de *chevauchement* parmi d'autres. Avant 1789, il existait, en France, des enclaves étrangères : le Comtat-Venaissin, Montbeliard, Mulhouse et Llivia ; à l'opposé des enclaves françaises se situaient dans le Palatinat (Landau et Sarrelouis) et aux Pays-Bas autrichiens (Philippeville et Marienbourg). En dehors de Llivia, elles ont disparu en 1815. V. M. FOUCHER : *L'invention des frontières*, 1987.

■ (19) Le territoire peut, tout d'abord, être fractionné (États-Unis avec l'Alaska et les îles Hawaï, Russie avec Kaliningrad, Allemagne avant 1939 avec le couloir de Dantzig). La discontinuité peut, toutefois, être à l'origine d'un éclatement. Les *ailes* du Pakistan séparées par 2 000 km, ont pris leur essor avec l'indépendance du Bangladesch, en 1971.

Le territoire peut être, ensuite *enclavé*, en totalité, dans un territoire étranger (Saint-Marin, Lésotho, Vatican) ou en partie (enclave italienne de Campione en Suisse, enclave espagnole de Llivia, en France, près de Bourg-Madame ou enclave arménienne du Haut-Karabakh en Azerbaïdjan), comme fut la situation de Berlin-Ouest par rapport à la R.D.A. de 1949 à 1990.

En outre, un territoire peut être *étriqué (micro-État ou État de poche)* : Monaco, au sein de l'O.N.U., est le plus petit État (2,5 km^2) mais pas en population : Saint-Marin compte, tout au plus, 30 000 habitants. La cité du Vatican qui se limite à 44 ha et à 700 habitants exerce une souveraineté *spécifique* (Jean-Paul II).

Il n'est pas sans intérêt de rappeler une hypothèse en voie de disparition : Celle du condominium (une autorité *associée* qui s'exerce sur un territoire déterminé) franco-britannique sur les Nouvelles-Hébrides de 1914 à 1980 ou franco-espagnole sur l'île des Faisans ou de la Paix à l'embouchure de la Bidassoa, depuis 1659.

(ligne des crêtes ou celle du partage des eaux concernant un massif montagneux ou thalweg s'agissant d'un fleuve) aux frontières *artificielles.* Sur le terrain, ces dernières sont fixées, en application des traités, avec un soin minutieux par des commissions de techniciens.

2° Les frontières maritimes

L'État riverain étend, de façon *progressive,* à l'époque contemporaine, sa souveraineté sur l'espace maritime. A partir des *eaux intérieures,* il exerce, d'une part, des compétences identiques à celles qu'il déploie sur son territoire terrestre, sur une bande, véritable *territoire immergé* (G. Gidel), appelée la *mer territoriale* et, d'autre part, depuis peu, sur une *zone économique exclusive,* qui englobe la notion géologique de *plateau continental,* socle sur lequel repose le territoire.

Longtemps fixée à *trois* mille marins (règle dite de la *portée de canon*), la largeur de la mer territoriale s'étend désormais, en principe, à *douze* mille marins. A preuve, la loi française du 24 décembre 1971.

Simultanément une évolution actuelle privilégie *l'exploitation* de la mer par rapport à la navigation. Outre la pêche, l'existence de nodules polymétalliques est à l'origine du concept nouveau de *mer patrimoniale* ou de *zone économique excluvive* (Z.E.E.) (20).

Ainsi, l'étendue *minimale* de la souveraineté maritime de l'État riverain, à partir de ses eaux intérieures, est fixée de nos jours, à *200 milles nautiques (12 + 188).* Au-delà, s'étent la *haute mer,* ouverte à tous les États, riverains ou non, en vertu du principe de *liberté* qui la caractérise.

Les efforts déployés par l'O.N.U. sont à l'origine de la signature, le 10 décembre 1982, de la convention de Montego Bay sur le droit de la mer. Au surplus, l'idée selon laquelle cette dernière s'analyse en un *patrimoine commun de l'humanité* est désormais concrétisée par la mise en place d'institutions destinées à assurer la mise en valeur des ressources dite de la *zone* (art. 133 de la convention), c'est-à-dire de l'espace situé *au-delà* de l'emprise nationale.

Le sentiment demeure, malgré tout, que le poète ne pourrait plus affirmer, de nos jours, avec la même force : *Homme libre, toujours tu chériras la mer !* (21).

3° Les frontières aériennes

La souveraineté de l'État concerne, d'un mot, *l'espace aérien* qui le surplombe, en dehors de l'espace *extra-atmosphérique*. La navigation aérienne, réglementée par la convention de Chicago du 7 décembre 1944, autorise cependant le survol en temps de paix, du territoire national, par les aéronefs civils étrangers (22).

Somme toute, l'importance attribuée, parmi les éléments de l'État, au territoire provient, sans doute, de ce que, actuellement, le territoire sert de mesure et de limite à l'autorité du gouvernement de l'État. Mais, elle tient probablement aussi à ce que, dans l'histoire de l'humanité, la fixation des populations au sol a été un événement immense, qui a permis indirectement la formation des nations et, par suite, des États (23).

(20) Conformément à une tendance générale, la France (loi du 16 juillet 1976) exerce désormais, depuis la limite de la mer territoriale, des *droits souverains*, sur une étendue de *188* milles marins, en ce qui concerne *l'exploration et l'exploitation des ressources naturelles, biologiques et non biologiques, du fond de la mer, de son sous-sol et des eaux adjacentes*. En conséquence, lesdites zones ont été créées, en dehors de la Méditerranée et sous réserve de délimitation avec les États voisins, de la frontière belge à la frontière espagnole (décret du 11 février 1977), d'une part, et au large des départements et territoires d'outre-mer, sans perdre de vue les îles Éparses et Clipperton (décrets des 27 février 1977 et 3 février 1978), d'autre part. V. Ch. ROUSSEAU : *Le territoire de la France*, Paris, Doctorat 1960-1961.

(21) V. L. LUCCHINI et M. VOELCKER : *Droit de la mer*, 1990 ; P. M. EISEMANN : La convention des Nations unies sur le droit de la mer, *ibid.*, 1983 ; R.-J. DUPUY et D. VIGNES (sous la direction de) *Traité du nouveau droit de la mer*, 1985 et J. COMBACAU : *Le droit international de la mer*, 1985.

(22) V. Chr. LAVIALLE : La condition juridique de l'espace aérien français, *R.F.D.A.* 1986, p. 848.

(23) V. P. ALLIÈS : *L'invention du territoire* 1980 et *la frontière*, colloque de la société franç. de droit international, Poitiers, 1980.

C. L'AUTORITÉ POLITIQUE EXCLUSIVE OU LA SOUVERAINETÉ

Il est de l'essence de la puissance souveraine de ne pouvoir être limitée : elle peut tout ou elle n'est rien, affirmait Rousseau *(Lettres écrites de la montagne).* Ce que la sagesse populaire devait traduire par l'adage : *Charbonnier est maître chez soi.* Ceci signifie que l'État est constitué et traité en cette qualité, lorsqu'il exerce, de manière *effective,* sur la population rassemblée en un territoire déterminé, une autorité politique *exclusive,* appelée la *souveraineté* (24). En d'autres termes, cette dernière implique la négation de toute entrave, de toute subordination vis-à-vis d'un autre État, en dehors des limitations librement acceptées. A ce titre, l'État dispose *de la compétence de sa compétence* (Jellinek). Il suit de là, que la souveraineté est *l'apanage* de l'État, à l'opposé des organisations internationales (O.N.U., Union européenne) qui ne peuvent bénéficier que de *transfert de compétences* (C.C., 9 avril 1992, *Traité sur l'Union européenne, chr.* n° 62, p. 182) (25).

1° La notion de souveraineté

Il est de tradition d'affirmer que l'État possède la *souveraineté.* Cette idée est ambivalente, en ce sens qu'elle peut être envisagée, *au-delà* ou *en deçà* de son territoire. Au premier cas, il s'agira de la souveraineté *de* l'État dite *extérieure ;* au second, de la souveraineté *dans* l'État, ou *intérieure.*

a) *La souveraineté de l'État*

Cette conception, dégagée par Jean Bodin, en 1576 *(De la République),* établit une *équivalence* entre souveraineté et indépendance absolue, dans la perspective romaine de l'*imperium* ou de la *summa potestas,* que l'on peut traduire par le *pouvoir le plus élevé* ou le *commandement suprême* dans une société (26).

Elle consiste à affirmer que l'État est affranchi de toute espèce de subordination vis-à-vis de n'importe quel autre pouvoir et porte, dans une large mesure, la marque de l'époque à laquelle elle a été formulée. Il s'agissait, en effet, au XVIe siècle et principalement dans le royaume de France, d'affirmer la suprématie du roi sur les grands feudataires, en un mot de récuser la conception patrimoniale du pouvoir, ainsi que l'indépendance de la Couronne vis-à-vis du Saint-Siège et du Saint-Empire romain germanique. Cette indépendance de la France vis-à-vis de tout pouvoir étranger est affirmée dans deux brocards hérités des légistes : *Le roi ne tient sa couronne que de Dieu seul ;*

(24) A l'opposé, se présente le régime du *protectorat* ou de dépendance de l'État *protégé* ou *vassal* par rapport à l'État protecteur, c'est-à-dire une répartition léonine des compétences. Un phénomène de domination en est la cause : la colonisation (Maroc et Tunisie jusqu'en 1956 ; bantoustans d'Afrique du Sud avant 1991) ; ou l'occupation étrangère : *l'État français* (qui n'était ni l'un, ni l'autre) entre 1940-1944, mais une *autorité de fait* (art. 7 de l'ord. du 9 août 1944 relative au rétablissement de la légalité républicaine). V. R. PINTO, L'affaire Touvier, *Journal du droit international* 1992, p. 607.

Cette situation renaît à l'époque contemporaine. On songe au Liban placé sous la tutelle de la Syrie (accord de Taëf de 1989) et à d'anciennes républiques soviétiques (Bielorussie, notamment) par rapport à la Russie. La Bosnie-Herzégovine repose au lendemain des accords de Dayton de 1995, sur deux entités (la fédération croato-musulmane et la république serbe) qui sont censées former un Etat.

(25) En application des 14e et 15e alinéas du préambule de la constitution de 1946, la France a consenti à des transferts définitifs de compétences au profit de l'Union européenne (art. 88-2 C, L.C. des 25 juin 1992 et 25 janvier 1999) en vue de la mise en œuvre des traités de Maastricht et d'Amsterdam (monnaie unique et libre circulation des personnes). V. la souveraineté, *Pouvoirs* n° 67, 1993 et *IIIe partie.*

(26) V. S. GOYARD-FABRE : *Jean Bodin et le droit de la République*, 1989.

le roi est empereur en son royaume. En un mot, *la souveraineté est la forme qui donne l'être à l'État* (Loyseau, 1608).

La contribution de Bodin est capitale : avec lui, la notion de souveraineté est désormais inscrite au cœur du droit public ; avec lui, elle acquiert ses traits permanents : elle est *absolue, perpétuelle,* au-delà des individus qui l'incarnent et *indivisible,* en ce qu'elle se rapporte à un seul titulaire, qu'il s'agisse d'un être individuel (le roi) ou collectif (le peuple). Toutefois, cette conception de la souveraineté-indépendance est, pour l'essentiel, négative. Elle ne fournit aucun renseignement sur le contenu du pouvoir spécifique de l'État. Une démarche complémentaire s'avère donc nécessaire.

b) *La souveraineté dans l'État*

Cette conception consiste à admettre que la souveraineté est la *manifestion de la volonté de l'État.* Celui-ci assume *seul* un certain nombre d'attributs (les *marques de souveraineté* pour Bodin) : droits de législation et de réglementation, de justice, de police, de battre monnaie, de légation, de lever et d'entretenir une armée, d'accéder à la fonction publique et celui de conférer la nationalité, entre autres (27). Ainsi l'État exerce une compétence tout à la fois à l'égard du territoire auquel il s'identifie et des personnes qui s'y trouvent rattachées. A cet égard, la doctrine internationaliste, à laquelle on emprunte cette analyse, distingue traditionnellement les compétences *territoriales* et *personnelles* de l'État. En définitive, ce qui le caractérise, c'est l'exercice *solitaire* de ces droits dits de *puissance publique*. Ramenée, à l'essentiel, la souveraineté s'identifie ainsi à un pouvoir spécifique : le *pouvoir* ou la *puissance d'État.*

2° Le pouvoir d'État

La puissance d'État est *irréductible* aux autres pouvoirs, qui se manifestent dans une société, en raison de ses caractères spécifiques. Pour l'essentiel, ceux-ci sont au nombre de quatre : il s'agit d'un pouvoir de *centralisation,* d'*arbitrage, extrapatrimonial, civil et temporel.*

a) *Le pouvoir d'État est un pouvoir de centralisation*

Ce caractère fondamental relève d'une loi du genre. L'histoire de la formation de l'État, en France, en fournit une bonne illustration, à l'exemple de la reprise progressive des droits régaliens opérée par le roi sur les grands feudataires.

Au terme d'une tradition ininterrompue de l'Ancien Régime à la Ve République, le Consulat représentant un moment privilégié, l'évolution de l'État, en France, est achevée. On se trouve, depuis la Révolution (La République *une et indivisible* des Jacobins), sous un régime de *centralisation* politique absolue, dans lequel il subsiste que deux pôles : *l'État et les citoyens.* Tous les pouvoirs politiques *intermédiaires*, liés à la féodalité, ont été supprimés. Il ne reste plus que des collectivités *locales ou territoriales* à vocation purement *administrative* (communes, départements, territoires d'outre-mer et régions). Le principe de *libre administration* desdites collectivités (art. 72, al. 2 C), explicité par la loi du 2 mars 1982, ne remet pas en cause, cependant, le *monopole* politique de

(27) A propos de la construction européenne, le C.C. a dégagé, le 19 juin 1970 (*Ressources communautaires, Rec.* p. 15), le critère des *conditions essentielles d'exercice de la souveraineté*, afin d'en apprécier la portée. V. O. BEAUD : *La puissance de l'État,* 1994 ; A. HAQUET : *Le concept de souveraineté en droit constitutionnel français,* thèse Paris-I, 1998.

l'État, dès lors que *le délégué du Gouvernement a la charge des intérêts nationaux, du contrôle administratif et du respect des lois* (al. 3).

Le fait qu'on ait achevé l'évolution sinon dépassé le point d'équilibre, ne doit pas faire oublier, toutefois, le point de départ, non plus que la marche suivie. La monarchie française, à ses débuts, n'a été, comme toutes les royautés du Moyen Age, qu'une confédération de baronnies féodales.

Hugues Capet, lorsqu'il fut proclamé roi de France, en 987, il y a plus de mille ans, était seulement un seigneur un peu plus puissant que les autres et qui, surtout, avait la chance que sa seigneurerie fût l'Ile-de-France (terme expressif, au demeurant), c'est-à-dire fût placée au *cœur* de la nation française.

Le pouvoir royal, à ses débuts, a été simplement superposé aux pouvoirs seigneuriaux, détenus par les grands feudataires. Hugues Capet et ses successeurs se sont peu à peu subordonné les féodaux, leur ont progressivement arraché les pouvoirs qu'ils détenaient pour les attacher à la Couronne en les appelant droits régaliens (droit d'entretenir une armée, de battre monnaie, de rendre la justice, de faire la police, *etc.*) ; mais cette œuvre de superposition et de centralisation du pouvoir n'a pas été sans de grandes difficultés.

Cette circonstance que notre pays a été l'un des premiers en Europe a avoir achevé sa centralisation politique a été, certainement, un des facteurs importants de la prédominance française à partir du XVIIe siècle (28).

b) *Le pouvoir d'État est un pouvoir d'arbitrage*

Ses tâches sont naturellement multiples et complexes, au fur et à mesure que le progrès crée des besoins nouveaux. Mais, compte tenu de cette opacité même, l'État procède surtout par choix. Il exerce essentiellement un pouvoir d'*arbitrage* et de *négociation* avec les forces économiques.

A cet égard, les groupes de pression, associés au processus décisionnel (le Conseil économique et social, en France, les accueille même officiellement), s'efforcent d'obtenir que telle ou telle décision leur soit favorable. Il suit de là que le pouvoir de l'État libéral est autre chose que *l'extrapolation* du pouvoir économique de la classe dominante. En son tréfonds, il est un pouvoir d'*arbitrage* et par conséquent, un pouvoir *politique*.

c) *Le pouvoir d'État est un pouvoir extrapatrimonial*

Il n'existe pas de confusion entre le patrimoine de l'État et le patrimoine privé des gouvernants. Une pareille affirmation nous paraît, à l'heure actuelle, aller de soi : on ne concevrait pas que le président de la République pût prétendre conserver le palais de l'Élysée à l'expiration de son mandat.

Toutefois, pendant longtemps, a prévalu la conception contraire, dite conception *patrimoniale* de l'État, qui dérivait directement du *droit féodal.* Au-delà de la politique des mariages, en vue d'agrandir le royaume, un exemple topique de cette conception est fourni par le statut juridique du domaine de la Couronne, sous l'Ancien Régime. Celui-ci était considéré comme englobant indistinctement les biens personnels du roi et les *choses publiques* (routes, fleuves navigables, *etc.*) qui sont, à l'heure actuelle, dans le domaine public de l'État. Ce caractère *patrimonial* du pouvoir a été, dans notre pays, abandonné en 1789. Il demeure, à l'état diffus, toutefois, dans des sociétés tiers-mondistes.

d) *Le pouvoir d'État est un pouvoir civil et temporel*

Dans la logique occidentale, le pouvoir d'État est aussi *civil* et *temporel. Pouvoir civil :* à partir du moment où l'armée est cantonnée. Par définition, celle-ci s'analyse en *un corps obéissant et non délibérant.* Depuis Cicéron, un principe l'exprime avec force : *cedant arma togæ !* (29). *Pouvoir temporel :* le principe de laïcité, *la plus grande conquête des temps modernes,* selon Guizot, en rend compte. *L'État n'est ni religieux ni antireligieux, mais areligieux,* selon la fameuse définition d'Aristide

(28) *La souveraineté a été la grande affaire de la France,* peut conclure le doyen Vedel.

(29) Pour réaliser la séparation du pouvoir civil et du pouvoir militaire, deux procédés ont été utilisés : celui du cantonnement *territorial* et celui du cantonnement *juridique* de l'armée. A ce propos, la loi française du 30 novembre 1875, abrogée en 1945, déniait aux militaires de carrière le droit de vote. On soulignera, au surplus que le président de la République, chef des armées (art. 15 C) est investi du pouvoir de déclencher le feu nucléaire (décret du 12 juin 1996). Il est devenu chef de guerre, en 1991, lors du conflit du Golfe.

Briand. A cette fin, il observe une attitude de *neutralité* (à l'opposé du laïcisme), considérant que la religion ressortit à la conscience individuelle, dès lors que ses manifestations extérieures ne troublent pas l'ordre public. A preuve, la loi française de séparation des églises et de l'État du 9 décembre 1905 (30).

Certes, la religion peut se ranger aux côtés de la liberté. La révolution chrétienne, par exemple, est directement à l'origine de la dislocation de la cité antique (cité totalitaire par anticipation). Le Christ n'a-t-il pas, du reste, posé le principe de séparation des pouvoirs politique et religieux, en déclarant : *Mon royaume n'est pas de ce monde. Rendez à César ce qui est à César et à Dieu ce qui est à Dieu ?* De même, le catholicisme militant de la Pologne, à travers les âges, a préservé son identité nationale (31).

Il n'en demeure pas moins que le pouvoir religieux peut être également oppressif, en ce sens qu'il réalise une emprise sur les consciences, et par voie de corollaire, réduit le pouvoir civil au rôle de bras séculier (32). La théocratie médiévale a ressuscité, de nos jours, en Iran, avec la révolution islamique. Le fondamentalisme musulman (au même titre que l'intégrisme catholique) qui déferle depuis lors représente un danger réel pour les libertés et, en définitive, un authentique défi à la culture occidentale (33). La condamnation à mort proférée, par les islamistes à l'encontre d'écrivains (Salman Rushie et Taslima Nasreen), les assassinats de femmes et d'intellectuels au cours de la guerre civile algérienne relèvent autant du fanatisme que de l'obscurantisme, comme jadis l'inquisition en Occident.

§ 3 L'ORIGINE DE L'ÉTAT

C'est un problème malaisé et qui a donné lieu à de multiples interprétations. On se propose seulement de mentionner les principales, à savoir : la théorie du contrat social et celle de l'institution (34).

A. L'ORIGINE CONTRACTUELLE DE L'ÉTAT OU LA THÉORIE DU CONTRAT SOCIAL

Bien que des esquisses de cette théorie puissent être trouvées dans les œuvres de certains théologiens du Moyen Age (Althusius, par exemple), elle a été organisée par Thomas Hobbes (*Le Leviathan,*

(30) Éclairé par un avis du C.E., le ministre de l'éducation nationale a précisé, à l'attention des membres de la communauté éducative, les conditions selon lesquelles le port du foulard islamique peut se concilier avec la triple exigence de neutralité, de libre accès à l'école publique et du caractère obligatoire des enseignements dispensés. V. J. RIVERO, Laïcité et signe d'appartenance religieuse, *R.F.D.A.* 1990, p. 1 ; La laïcité, *Pouvoirs* n° 75, 1995.

(31) Tout bien considéré, le syndicat *Solidarité* créé, en 1980, par Lech Walesa, et qui sera le fer de lance de la démocratisation, la décennie suivante, peut être regardé, comme l'envoyé de Jean-Paul II.

(32) V. *La théorie des deux glaives* ou le sacerdotalisme des papes Grégoire VII et Innocent III au Moyen-Age et l'islam dans la cité, *Pouvoirs* n° 62, 1992.

(33) La constitution de la République islamique d'Iran de 1980 proclame : *La souveraineté absolue sur le monde et l'humanité est celle de Dieu... La nation applique ce droit divin* (56e principe) ; *les pouvoirs souverains dans la République islamique sont... placés sous le contrôle de l'autorité de l'Imamat* (57e principe). En conséquence, un *Conseil de surveillance* (91e principe) est créé afin de sauvegarder les commandements de l'Islam. Les lois votées par la chambre des députés lui sont déférées automatiquement (93e principe). V. YADH BEN ACHOUR, *Politique, religion et droit dans le monde arabe*, Tunis, 1992 et *Normes, foi et loi,* Tunis, 1994 et Khalida MESSAOUDI, *Une Algérienne debout,* 1995.

(34) V. G. BALANDIER : *Anthropologie politique*, 1967, p. 177.

1651) (35), John Locke (*Essai sur le gouvernement civil,* 1690) (36), et par Jean-Jacques Rousseau (*Du Contrat social,* 1762) (37). Grâce à celui-ci et, au succès de son œuvre, cette doctrine a eu, à la fin du XVIIIe siècle, une vogue inouïe. Elle a fortement inspiré les hommes de la Révolution française, tout en suscitant la critique ultérieure des marxistes (38).

1° Présentation

Jean-Jacques Rousseau, prétend que les hommes se sont trouvés originairement dans un *état de nature,* où ils étaient indépendants de tout lien societal. La vie sociale, selon lui, procède moins d'une nécessité inhérente à la nature humaine que d'un *accord volontaire,* établi à un moment donné, entre les individus. C'est simplement parce que ceux-ci ont senti l'utilité qu'il pouvait y avoir pour eux à mettre en commun certains intérêts, qu'ils ont renoncé de plein gré à leur indépendance par un accord général que Rousseau appelle le *Contrat social.* Ce pacte, une fois conclu, devient le *fondement* de l'État, du pouvoir d'État, c'est-à-dire de la souveraineté, enfin des libertés individuelles. L'État, c'est donc l'association politique librement formée par les participants au contrat social ; la souveraineté de l'État, c'est la volonté générale des contractants, la somme de leurs volontés individuelles ; les libertés ou droits individuels sont cette part de la liberté primitive qui n'a pas été aliénée par le contrat ou qui, ayant été aliénée, a été restituée par le corps social.

Sans doute Rousseau reconnaît qu'on ne trouve pas de traces historiques du contrat social, mais il affirme que, *logiquement* la société et l'État ne peuvent être fondés que sur la force ou sur les conventions. Si l'on admet que les États sont fondés par la violence ou, tout au moins, la contrainte, on renonce, par là-même, à leur donner une base juridique. Seule l'hypothèse du contrat peut fournir une explication juridique touchant la naissance et la formation des États.

Ainsi présentée, cette théorie possède une grande force de persuasion et de séduction.

2° Discussion

Elle est, cependant, aujourd'hui rejetée, car, si, dans le processus de formation des États, on peut discerner souvent des éléments consensuels, ceux-ci ne sont pas mis en forme dans une opération de caractère contractuel, et ce pour les trois raisons suivantes.

Cette doctrine est, tout d'abord, contraire à l'ensemble des constatations historiques. Il existe sans doute des sociétés primitives dont on connaît les caractères généraux et la diversité. Mais ces sociétés ne portent pas témoignage d'un *état de nature,* dans lequel les individus auraient joui d'une liberté originelle et totale ; elles nous montrent, au contraire, l'homme enserré dans les liens à la fois magiques, religieux et économiques très stricts. On ne trouve pas trace, non plus, de pactes ou de contrats conclus entre les *futurs sujets* de l'État (39). Tout bien considéré, l'état de nature équivaut

(35) V. F. ENGELS : *L'origine de la famille, de la propriété privée et l'État*, 1884.

(36) Le *Leviathan* (traduction de F. TRICAUD, Sirey, 1971) pose, à bien des aspects, le fondement de l'*autoritarisme*, voire du *totalitarisme*. Le contrat chez Hobbes (le premier penseur sécuritaire, assoiffé d'autorité) porte *renonciation* de la liberté au profit de la société, au sein de laquelle l'individu entre nu. V. R. POLIN : *Hobbes, Dieu et les hommes*, 1981 ; F. LESSAY : *Souveraineté et légitimité chez Hobbes*, 1988 ; *Thomas Hobbes*, actes du colloque de Paris, 1988.

(37) John Locke, à l'opposé, doit être regardé comme le père du libéralisme politique, c'est-à-dire de la *société à responsabilité limitée* selon la formule d'Harold Laski. En effet, le contrat se présente comme une *concession* de la liberté. Mais l'individu pris dans le lien sociétal, conserve par devers lui des droits que, le cas échéant, il peut opposer à l'État. On trouve un écho de cette vision dans l'article 2 de la Déclaration de 1789 : *le but de toute association politique* est la *conservation* des *droits naturels et imprescriptibles de l'homme*.

(38) Parmi les éditions du *Contrat social*, v. celle proposée par B. de Jouvenel, avec un important essai sur la politique de J.-J. Rousseau, 1947. On consultera, la pénétrante étude de R. de Lacharrière : *Études sur la théorie démocratique*, 1963, p. 40.

(39) A noter, cependant que, dans *Tristes Tropiques*, Claude Lévi-Strauss estime avoir décelé chez les membres d'une petite tribu amérindienne, les Nambikwara, l'existence de procédures de type contractuel, lors de la désignation du chef.

à un *postulat,* sinon à une hypothèse logique. On ne saurait y voir une explication historique ou scientifique.

Cette doctrine n'est pas satisfaisante, ensuite, non plus comme hypothèse théorique, en ce sens que, par définition, un contrat ne peut lier que ceux qui sont partie à la convention. Pour qu'un État soit valablement fondé par un contrat social, il faudrait que ce contrat soit accepté par l'unanimité des futurs sujets de l'État. Or, l'expérience prouve que l'*unanimité,* dans un corps de quelque importance, ne peut jamais être obtenue. Seule une *majorité* peut se dégager. Mais quelle serait alors, dans l'hypothèse du contrat social, la situation juridique de ceux qui n'ont pas adhéré au pacte et qui continuent, cependant, à faire partie de la communauté nationale ?

Enfin, un dernier grief peut être articulé. Le lien présente-t-il un caractère indissoluble ? Si, en théorie, le parallélisme des formes incite à l'affirmative, les expériences historiques (guerre de Sécession aux États-Unis entre autres), plaident assurément en sens opposé.

B. L'ORIGINE INSTITUTIONNELLE DE L'ÉTAT OU LA THÉORIE DE L'INSTITUTION

Cette construction du doyen Maurice Hauriou (40) trouve son point de départ dans la constatation que l'État présente tous les caractères d'un organisme social structuré qui relève d'un processus de *biologie institutionnelle.*

1° L'État est un organisme social structuré

L'État est un groupement d'individus, dirigé par un gouvernement central, au nom d'une *idée d'entreprise,* qui est la réalisation d'un certain ordre social et politique, dont les personnes seront les bénéficiaires.

Mais, à bien y réfléchir, une mobilisation en vue d'un objectif à atteindre représente le lot commun à tout groupe humain, peu importe, au demeurant, la dénomination juridique qu'il emprunte (une société commerciale, un club sportif, un mouvement caritatif). Dans la formation d'un organisme collectif, ce qui importe c'est l'existence d'un *faisceau de volontés* animées par une même finalité (41). Autrement dit, un phénomène consensuel n'équivaut pas nécessairement à rebours de Jean-Jacques Rousseau, à un phénomène contractuel.

2° L'État est le produit d'une fondation et d'adhésions

On peut avancer l'explication suivante : des personnes conçoivent l'idée d'État et se donnent les moyens politiques et juridiques de la réaliser, en gagnant à leur cause le groupe intéressé. C'est dans la tête des *Pères fondateurs,* selon une expression que les États-Unis sont nés, à la fin du XVIIIe siècle ; à l'instar de l'idée européenne, dans la décennie 1950, ou de celle de la décolonisation. L'Algérie célèbre à ce titre, ses *chefs historiques,* qui l'ont amené à l'indépendance, en 1962. En fin de compte, le processus sera juridicisé.

(40) V. M. Hauriou : *Droit constitutionnel,* 2e éd., 1929, p. 253.

(41) *Mutatis mutandis,* on se prend à songer à *l'apologue des grenadiers* développé, en 1840, par Proudhon *(Qu'est-ce que la propriété ?)* pour justifier l'existence d'un travail collectif parallèlement au travail individuel.

SECTION II LES FORMES JURIDIQUES DE L'ÉTAT

Juridiquement, l'État se présente sous deux aspects principaux : l'État *simple*, dont la France donne l'exemple, et l'État *composé*, qui implique un groupement ou une union, à l'instar des États-Unis ou de l'Allemagne. Autrement dit, le choix est limité à l'uniformité ou à la diversité du manteau d'Arlequin.

§ 1 L'ÉTAT SIMPLE

A l'image de la France, pays de culture d'État, *République indivisible* (art. 1er C), il s'agit d'un État *centralisé,* c'est-à-dire ordonné tout entier autour du principe de l'unité (A). Mais, pour étendu que soit ce dernier, il n'en admet pas moins un certain nombre de modalités (B), qui donnent naissance à un *pouvoir local* (C).

A. LE PRINCIPE DE L'UNITÉ

Dans la relation *centre-périphérie,* cet État ramène tout à un *seul* centre de décision et d'animation. Un commandement unique se transmet sur le territoire à la manière d'un fluide électrique. Comment ne pas songer instinctivement à la France des Capétiens, formée par voie de rayonnement à partir de l'Ile-de-France ; à la République *une et indivisible* des Jacobins ratissant, nivelant avec application, toutes les particularités locales ; à la création, par Napoléon, du préfet, *seul chargé de l'administration* (art. 3 de la loi du 28 pluviôse an VIII) et dont il voulait que les Français datassent leur bonheur : à ce *jardin à la française,* somme toute ? (42). En clair, l'unité peut se définir ainsi : *principe d'organisation d'un État au sein duquel une volonté s'exprime tant du point de vue de son agencement politique que de son ordonnancement juridique.* Au premier cas, la centralisation des organes d'État signifie : un seul chef de l'État, un seul Gouvernement, un seul Parlement, une seule organisation juridictionnelle ; au second cas, la centralisation du droit aboutit à une seule constitution, un seul droit public, un seul droit privé. Toutefois,

(42) La centralisation est incorporée à la géographie à l'image du réseau routier et ferroviaire, constitué sous forme d'une étoile à partir de la capitale ou de la numérotation téléphonique. Mieux, elle est intériorisée dans la mentalité nationale : *on monte à Paris* aussi bien de Wissembourg que de Cherbourg, de Givet à Céret. Les exceptions relèvent du domaine emblématique : la papauté a fixé à Lyon, le siège du primat des Gaules ; l'hymne national, chanté, pour la première fois à Strasbourg, s'appelle *la Marseillaise* (art. 2 C).

des exceptions confirment la règle, tant en métropole (43) qu'outre-mer (44). Certes la centralisation peut se parer des vertus du modèle. Mais elle ne saurait faire fi pour autant des réalités locales. Dans cet ordre d'idées, la vision de *l'apoplexie au centre* et de la *paralysie aux extrémités* (Lamennais) ou du raccourci, *Paris et le désert français* (J.-F. Gravier) est à l'origine d'une adaptation des institutions, dont il importe de prendre la mesure.

B. LES MODALITÉS D'EXERCICE DU PRINCIPE DE L'UNITÉ

Deux modes d'organisation de l'espace se présentent : la *déconcentration* et la *décentralisation*, qui coexistent utilement. Celles-ci présentent des traits communs : une tendance *centrifuge* qui rapproche l'administration de l'administré, car, selon Napoléon III, *on peut gouverner de loin, mais on n'administre bien que de près*. En un mot, le pouvoir ne s'exerce plus depuis la capitale, mais sur place. Au surplus, il s'agit d'une délégation du pouvoir *administratif* (organisation de services publics, maintien de l'ordre public), à l'exclusion du pouvoir *politique* qui demeure l'apanage de l'État. Mais, au-delà, la déconcentration et la décentralisation se différencient. L'administration locale sera, en effet, assumée soit par un *agent de l'État*, soit par les *représentants élus des citoyens.*

1° La déconcentration

Cette technique peut se définir comme une modalité ou un *relais* de la centralisation. Il s'agit donc d'un principe d'*autorité* : la centralisation par *personnes interposées,* en d'autres termes. Odilon Barrot, au XIXe siècle, résumait d'une manière plaisante le sentiment : *c'est toujours le même marteau qui frappe, mais on en a raccourci le manche.* On serait tenté d'ajouter, pour mieux en ajuster les coups.

Au total, la déconcentration s'analyse dans *le transfert de certaines attributions administratives du pouvoir central au plan local, au bénéfice d'un agent de l'État* ou si l'on préfère *la règle générale de répartition des attributions et des moyens entre les différents échelons des administrations civiles de l'État* (art. 1er du décret du 1er juillet 1992 portant charte de la déconcentration). En France, le

(43) On relève, à ce titre, l'existence d'un *droit local* alsacien-mosellan, consécutif à des vicissitudes historiques, différent de celui de la *France de l'intérieur* ou de la *vieille France* (loi du 1er juin 1924). En dehors du lapin de Pâques, bien connu des enfants, ce droit local est à l'origine de particularismes : maintien du concordat de 1801 (enseignement religieux, ministres des cultes nommés et rétribués par l'autorité publique, université de théologie à Strasbourg, crucifix dans les tribunaux) ; régime foncier et existence de juges du livre foncier ; droit de la chasse ; protection sociale ; régime des associations. V. HERTZOG, *in Les collectivités locales*, 1979, t. II et J.-L. VALLENS *Le guide du droit local. Le droit applicable en Alsace et en Moselle*, 1997. Au surplus, le droit national est écarté, en partie, en Corse (loi du 13 mai 1991). Le droit musulman s'applique à Mayotte.

(44) Les collectivités ultra-marines relèvent d'un régime diversifié. Il s'agit, tout d'abord, des *départements d'outre-mer* (Guadeloupe, Guyane, Martinique et Réunion) placés sous le régime de droit commun ou de l'*assimilation administrative et législative* (art. 73 C) (C.C., 2 décembre 1982, *chr.* n° 25, p. 183). Puis les *collectivités territoriales,* chacune d'entre elles bénéficiant d'une autonomie modulée (Saint-Pierre-et-Miquelon, Mayotte) ; la Nouvelle-Calédonie (art. 77 C) dont le statut d'État fédéré *sui generis* sera étendu à la Polynésie française. Quant aux îles Wallis-et-Futuna et ses trois rois, elles demeurent un T.O.M. relevant d'une *organisation particulière* au sein de la République (art. 74 C). V. J. ZILLER, *Les D.O.M.-T.O.M.*, 2e édit., 1996 (V. *IIIe partie*).

préfet, au plan départemental et régional (45) est le *dépositaire de l'autorité de l'État* [le] *délégué du Gouvernement* et le *représentant direct du premier ministre et de chacun des ministres* (décret du 10 mai 1982). Pour sa part, le recteur placé à la tête d'une académie agit en lieu et place du ministre de l'éducation nationale.

2° La décentralisation

Terme moins expressif que les expressions anglo-saxonnes équivalentes *(local government* ou *self government),* la décentralisation signifie littéralement *auto-administration.* De sorte qu'elle s'analyse en un principe de *liberté,* ou si l'on préfère, s'assimile à la *démocratie locale,* chère à Tocqueville. Sous ce rapport, elle se ramène à une *délégation de certaines attributions administratives du pouvoir central au plan local, au bénéfice de représentants élus par les citoyens concernés.* On le constate, *l'élection* constitue la pierre de touche de la décentralisation.

En France, celle-ci s'exprime par les *collectivités territoriales* (communes, départements, territoires d'outre-mer) qui *s'administrent librement par des conseils élus et dans les conditions prévues par la loi* (art. 72, al. 2 C) (46). Il est loisible au législateur sur ce fondement, d'en créer de nouvelles catégories, tant outre-mer qu'en métropole (C.C., 25 février 1982, *Lois de décentralisation, G.D.,* p. 484). C'est ainsi que la loi du 2 mars 1982 a été à l'origine des régions. Une catégorie peut se réduire à une unité : ville de Paris (loi du 31 décembre 1975), Mayotte (loi du 24 décembre 1976), Saint-Pierre-et-Miquelon (loi du 11 juin 1985) et Corse (loi du 13 mai 1991) (47). Au prix d'une simplification, la décentralisation implique la reconnaissance de l'identité juridique des collectivités, d'une sphère de compétences *propres* ou principe de *spécialité* (les affaires locales) et du contrôle exercé par le représentant de l'État (art. 72, al. 3 C). On ne saurait, en effet, omettre que la décentralisation est source d'*autonomie* au sein de l'État centralisé, et non point d'indépendance, hormis le cas spécifique de la *souveraineté partagée* entre la République et la Nouvelle-Calédonie (art. 77). Au reste, la mise en perspective, des articles 1er *(la France est une République indivisible)* et 72 C le rappelle, à toutes fins utiles (C.C., 25 février 1982, *Lois de décentralisation*) (48).

Longtemps comparée au rocher de Sisyphe, en dépit des lois locales de 1871 et de 1884, la décentralisation a connu en France, une avancée spectaculaire, au point de tendre pour la première fois à un *équilibre* entre le pouvoir d'État et le pouvoir local. Ce qui constitue, à dire vrai, un véritable ébranlement de la société (49).

(45) Le refus de la différence, ce *mal français* par excellence, est plus ancien. Déjà au XVIIIe siècle, Montesquieu observait : *Il n'y a en France que Paris et des provinces éloignées, parce que Paris n'a pas encore eu le temps de les dévorer.* V. P. DEYON : *Paris et ses provinces*, 1992 ; S. VERCLYTTE, *La déconcentration en France*, D.F., 1997.

(46) En revanche, c'est la *constitution* fédérale qui accorde aux États fédérés leurs compétences.

(47) Une collectivité territoriale peut comporter en son sein des composantes (*provinces* en Nouvelle-Calédonie, *arrondissements* à Paris, Lyon et Marseille).

(48) Le Sénat assure au plan national, *la représentation des collectivités territoriales de la République* (art. 24 *in fine* C). Une pratique veut que les textes de loi les concernant lui soient présentés, en premier lieu. V. A. DELCAMP : *Le Sénat et la décentralisation,* 1991.

En outre, ces collectivités accèdent depuis peu au plan communautaire dans le cadre du *Comité des régions* (art. 198 A du traité de Maastricht) qui assiste le conseil des ministres et la Commission de l'Union européenne. La charte de l'autonomie locale, adoptée par le Conseil de l'Europe en 1985, est à l'origine du *Congrès des autorités locales et régionales* installé en 1994.

(49) La décentralisation est à l'origine d'un État appelé *autonomique* en Espagne et en Italie. V. Chr. BIDEGARAY (sous la direction de), *L'État autonomique. Forme nouvelle ou transitoire en Europe ?,* 1994.

C. LA NAISSANCE DU POUVOIR LOCAL, EN FRANCE

En application du principe de la *libre administration* des collectivités locales (art. 72, al. 2 C), la loi du 2 mars 1982 énonce : *Les communes, les départements et les régions s'administrent librement par des conseils élus* (50). Ce texte-gigogne est à l'origine du plus important cortège normatif depuis l'an VIII qui, de proche en proche, a remodelé le paysage français (51). Cette œuvre décentralisatrice sans précédent, en dehors d'une brève période révolutionnaire (1789-1791) constitue assurément l'un des actes majeurs de la présidence de François Mitterrand.

Au prix d'une rupture avec la culture d'État, la décentralisation *décidée* est *réalisée,* mais elle demeure *encadrée.* Il est opportun de présenter ce droit constitutionnel local à l'origine du *sacre des notables* (52).

1° La décentralisation décidée

La France s'est convertie à la décentralisation. Le volontarisme sous-jacent à la loi du 2 mars 1982, modifiée par celle du 22 juillet 1982, débouche sur le renouveau du droit des collectivités locales, s'agissant respectivement de leurs *structures* et du régime de leurs *actes juridiques* (53).

a) *Les modifications des structures juridiques des collectivités territoriales*

Prenant référence sur l'organisation communale, dont les organes délibérant et exécutif procèdent, depuis la loi du 5 avril 1884 de l'élection, la loi précitée l'étend au département et à la région. Au premier cas, parallèlement au conseil général, l'exécutif est transféré du préfet au président dudit conseil (art. 25). Au second cas, l'établissement public (loi du 5 juillet 1972) s'efface devant une nouvelle collectivité locale : conseil régional élu et président du conseil qui exécute ses délibérations (art. 59 de la loi du 2 mars 1982). Le juge se montre attentif au conseil élu par lequel une collectivité s'administre, en garantissant son existence même (C.C., 2 décembre 1982, *D.O.M., chr.* n° 25, p. 183).

b) *La modification du régime des actes juridiques des collectivités territoriales*

Les actes des autorités locales sont désormais *exécutoires de plein droit* (art. 2, 45 et 69). Elles produisent, en d'autres termes, *de plano* des effets juridiques. Si, en l'occurrence, le principe de la libre administration trouve ici son expression, il subit, cependant une limitation en raison du contrôle assumé par le préfet. Mais le contrôle cesse d'être *a priori* pour devenir *a posteriori.*

En conséquence, les actes sont transmis à ce dernier qui, après avoir épuisé les possibilités de la négociation, est habilité à les déférer au tribunal administratif (art. 3 et 46), en cas de manquement à la légalité. Il lui est loisible de l'assortir d'une demande de sursis à exécution, si l'acte incriminé

(50) V. J.-B. AUBY et J.-F. AUBY : *Droit des collectivités locales*, 1999 ; J. MOREAU, *Administration régionale, départementale et municipale,* 1999 ; P. BERNARD : *L'État républicain au service de la France*, 1988 ; Décentralisation et déconcentration, actes du colloque de l'association du corps préfectoral, 1989, *Administration*, n° 148, 1990, p. 45, A. MABILEAU : *Le système local en France*, 1992 et la décentralisation, *Pouvoirs* n° 60, 1992.

(51) La loi du 2 mars 1982 a mis un terme à ce qu'il convient d'appeler la *constitution administrative* de la France, héritée de la monarchie absolue et portée à sa perfection par Napoléon en l'an VIII. Cette constitution a pu compenser utilement l'instabilité constitutionnelle et politique. (V. *IIIe partie.*)

(52) V. A. MABILEAU, *Le système local en France,* 2e éd. 1994 et De la monarchie municipale à la française, *Pouvoirs* n° 73, 1995, p. 7.

(53) La loi du 6 février 1992 relative à l'administration territoriale de la République complète le dispositif, s'agissant de la coopération locale et extérieure (appelée aussi coopération transfrontalière) ainsi que de la participation des habitants de la commune à la vie locale (introduction du référendum local de consultation, art. L. 125-1 du code des communes). V. Y. JEGOUZO, M. VERPEAUX et J.-B. AUBY, *R.F.D.A.* 1993, p. 1 et Chr. AUTEXIER, p. 411.

est de nature à compromettre l'exercice d'une liberté publique (art. 2.II de la loi du 2 mars 1982, modifiée par celle du 22 juillet 1982).

Au cas particulier du budget le manquement à la règle de l'équilibre est confié à la chambre régionale des comptes, créée par la loi du 10 juillet 1982, sur recours du préfet (54). On le constate, celui-ci n'exerce plus lui-même, comme de par le passé, le pouvoir décisionnel, désormais assumé par le pouvoir juridictionnel (55).

2° La décentralisation réalisée

Sous le contrôle du juge constitutionnel, il a appartenu à la loi de mettre en œuvre l'autonomie matérielle et fonctionnelle des collectivités locales, en leur offrant des *garanties suffisantes* (C.C., 20 janvier 1993, *Loi Sapin chr.* n° 66, p. 183). Par suite, le législateur est tenu de respecter un *seuil minimum* de compétences en l'absence duquel une *contrainte excessive entraverait la libre administration des collectivités* (C.C., 29 mai 1990, *Droit du logement, chr.* n° 55, p. 209 ; 6 mai 1991, *Dotation de solidarité urbaine,* n° 59, p. 195) (56).

a) *La mise en œuvre de l'autonomie matérielle des collectivités territoriales*

En application de la loi du 2 mars 1982, un processus de transfert de *compétences* de l'État auxdites collectivités, concomitamment à celui des *ressources,* a été opéré par les lois du 7 janvier et 22 juillet 1983. Les matières visées concernent l'urbanisme (le permis de construire relevant désormais de la compétence du maire), la formation professionnelle, l'aide sociale et la santé et l'enseignement public.

Un niveau de ressources est assuré : la charge transférée fait l'objet d'une évaluation commune et d'un montant équivalent. Le législateur a choisi la technique de la *globalisation,* sous forme d'une dotation globale d'équipement (D.G.E.) et d'une dotation globale de décentralisation (D.G.D.) (art. 94 et 96 de la loi du 7 janvier 1983). Le procédé présente, par ailleurs, l'avantage de la clarté, en mettant un terme au *financement croisé* par l'État et les collectivités. Au surplus, la fiscalité additionnelle aux impôts d'État et celle propre aux collectivités *(cartes grises)*, et les emprunts complètent la panoplie financière.

b) *La mise en œuvre de l'autonomie fonctionnelle des collectivités territoriales*

Un recensement des moyens en donne la mesure : partage des services entre la préfecture et le conseil général (ou régional) ; mise à disposition de fonctionnaires de l'État ; création d'une fonction publique territoriale alignée sur celle de l'État (loi du 26 janvier 1984) et adoption d'un statut des élus locaux (lois des 3 février 1992 et 31 décembre 1992, portant loi de finances rectificative pour 1992, s'agissant du régime fiscal des indemnités).

3° La décentralisation encadrée

En pratique, la décentralisation est à l'origine d'une compétition entre les collectivités locales et l'État, dont le Conseil constitutionnel assure, à titre principal, la régulation. Aussi, la jurisprudence subordonne la libre administration des collectivités au respect de l'autorité de l'État et à celui des principes sur lesquels la République est fondée (art. 1er C).

(54) V. J. Raynaud : *Les Chambres régionales des comptes*, 1984 et *Les Chambres régionales des comptes*, actes du colloque d'Angers, 1984.

(55) V. P. Bernard : *L'État et la décentralisation. Du préfet au commissaire de la République*, D.F. 1983 ; *Histoire du corps préfectoral*, Administration, n° spécial, juillet 1983.

(56) V. J. Moreau, *Administration régionale, départementale et municipale,* 11e éd., 1995 ; M. Bonnard, *Les collectivités locales en France*, D.F. 1996 et A. Roux : *Le droit constitutionnel local,* 1995.

a) *Le respect de l'autorité de l'État*

L'autorité de l'État implique que son délégué puisse exercer à tout moment, un contrôle administratif sur les délibérations des collectivités (C.C., 25 février 1982, *Lois de décentralisation G.D.,* p. 499) afin de préserver les compétences nationales. Ainsi un référendum local de consultation ne peut excéder les compétences communales, sous peine d'annulation (C.E., 16 décembre 1994, *Commune d'Avrillé, R.F.D.A.* 1995, p. 211, à propos du tracé d'une autoroute ; 16 novembre 1994, *Commune d'Awala-Yalimapo, ibid.,* p. 209, concernant le maintien d'une populationé étrangère). Mais, l'avancée de la décentralisation ne peut transformer sa nature : le conseil exécutif élu par l'assemblée de Corse demeure un organe à caractère *administratif* (C.C., 9 mai 1991, *Collectivité territoriale de Corse, chr.,* n° 59, p. 195), de même une convention conclue entre l'État et un territoire d'outre-mer relève du droit *interne* et non du droit international (C.C., 19 juillet 1983, *Nouvelle-Calédonie, chr.* n° 28, p. 203).

b) *Le respect des principes républicains*

Sauf dérogation (préférence en matière d'emploi pour les néo-calédoniens, art. 77 C), les principes d'égalité entre les citoyens et d'indivisibilité de la République l'emportent sur celui de la libre administration des collectivités locales. Le principe d'égalité est à l'origine de la censure de la notion de *peuple corse composante du peuple français* (C.C., 9 mai 1991, *Collectivité territoriale de Corse, R.F.D.A.* 1991, p. 407, note B. Genevois). De la même façon, il s'oppose à ce que *les conditions essentielles de mise en œuvre des libertés publiques et, par suite, l'ensemble des garanties que celles-ci comportent dépendent des décisions des collectivités territoriales et ainsi puissent ne pas être les mêmes sur l'ensemble du territoire de la République* (C.C., 9 avril 1996 *Statut d'autonomie de la Polynésie française, chr.* n° 78, p. 191). Il s'ensuit une conception jacobine de l'État de droit qui s'impose, dans des conditions identiques, au pouvoir central et au pouvoir local.

C'est dans cet esprit que le juge apprécie la coopération transfrontalière (ou décentralisée) à laquelle s'adonnent les collectivités locales dans la limite de leurs attributions, en matière de cogestion de services publics ou de participation au capital de sociétés de droit étranger (loi du 6 février 1992, rédaction de la loi du 4 février 1995). Cette action extérieure est fondée dès lors qu'elle *ne porte pas atteinte aux conditions essentielles d'exercice de la souveraineté* (C.C., 26 janvier 1995, *Aménagement et développement du territoire, chr.,* n° 74, p.198). La théorie de l'*État-écran* (O. Audéoud) demeure à l'exemple des traités de coopération signés avec les États limitrophes, au moment où se présente l'horizon européen (57).

§ 2 LES ÉTATS COMPOSÉS

Telle une famille composée, il s'agit d'un groupement, d'un *État d'États* ou si l'on préfère, une collectivité divisible en parties internes méritant elles-mêmes l'appellation d'État et qui se trouvent unies par un lien de société. Si l'on néglige certaines formes surannées, ce principe donne lieu principalement à deux applications unies par une dynamique : *la confédération,* d'une part, et *l'État fédéral* ou *fédération*, d'autre part, selon que la *coopération* ou *l'intégration* des souverainetés y est aménagée.

(57) V. B. Dolez, *Coopération décentralisée et souveraineté de l'État,* thèse Lille-II, 1993, A. Delcamp, *Les collectivités décentralisées de l'Union européenne,* 1995 ; P. Bodineau et M. Verpeaux, *La coopération locale et régionale*, 1998 et *L'action extérieure des collectivités locales,* J.O., brochure n° 1674, 1996.

A. LES FORMES SURANNÉES

Liées au phénomène *dynastique,* il s'agit des unions *personnelles* (1°) et *réelles* (2°).

1° Les unions personnelles

Dans cette forme d'union, deux monarchies ont le *même* souverain, à la suite du jeu *automatique* des règles successorales, lequel a, dans chacune d'elles, tout au moins une part de souveraineté. Elles ne constituent qu'un seul État en ce sens qu'en la personne du monarque la souveraineté des deux pays est confondue. Mais, à part cette unification qui ne concerne que la propriété du pouvoir, les deux gouvernements sont indépendants l'un de l'autre : l'unification ne s'étend pas jusqu'à l'exercice du pouvoir. Deux exemples sont à citer : celui de l'Angleterre et du Hanovre (1714-1837) (58) et celui des Pays-Bas et du Luxembourg (1815-1890).

2° Les unions réelles

Ici, les monarchies sont unies, d'une manière *volontaire,* et non plus accidentelle, en la personne d'un même monarque. La Pologne et la Lituanie formèrent un royaume de 1568 à 1795. La Suède et la Norvège s'unirent de 1815 à 1905, ainsi que l'Autriche et la Hongrie (1867-1918).

B. LES FORMES ACTUELLES

La multiplicité emprunte deux modalités respectives : la confédération et la fédération ou État fédéral, séparées par une différence de nature.

1° La confédération

La confédération est une *association d'États,* au sens du *droit international,* dont le seul intérêt, à bien des égards, consiste à favoriser *l'apprentissage de la vie en commun ;* bref le passage à la forme plus élaborée de la fédération, dont elle constitue, à bien des aspects, le point de passage obligé. Ne dit-on pas, du reste, qu'une fédération est une confédération qui a réussi ? Cette démarche se vérifie aisément, à la lumière de précédents, qui préfigurent, à bien des égards, l'évolution de l'Union européenne.

a) *La définition*

La confédération est *une association d'États, au sens du droit international, au sein de laquelle ceux-ci acceptent de coopérer en un certain nombre de domaines, tout en conservant, à titre principal, leur souveraineté.*

Il suit de là, que cette dernière est, tout au plus, une *alliance confortée.* Il est utile de préciser le sens de l'expression. L'acte constitutif réside dans un *traité* ; les décisions importantes y sont prises à *l'unanimité* des membres et *ad referendum* (59) ; les structures

(58) D'une manière fortuite, l'avènement de la dynastie des Hanovre devait favoriser objectivement, à partir de 1714, avec George Ier, la naissance du régime parlementaire outre-Manche *(infra).*

(59) Les règles juridiques ne sont pas directement applicables dans l'ordre interne des États membres, à la différence de la fédération. Elles doivent faire l'objet d'une *réception* par ceux-ci ou d'une *médiation nationale (ratification* et *publication).*

à caractère inter-gouvernemental sont sommaires (diète ou assemblée de délégués des États ou conseils des ministres intéressés), et offrent peu de résistance en cas de différend.

Au total, la confédération, à l'opposé de la fédération, ne tend pas à créer une volonté étatique *supérieure*, un membre peut donc s'en retirer alors que cette possibilité est refusée à l'unité fédérée (à preuve, la guerre de Sécession aux États-Unis). En résumé, elle tend à favoriser la *collaboration* de plusieurs États souverains en divers domaines.

b) *Les applications*

De la *ligue achéenne* en Grèce ou de la *confédération des villes latines*, dont Rome fit partie, jusqu'à l'Union européenne actuelle, l'histoire est jalonnée de nombreux exemples.

1) Les confédérations anciennes ou géographiques

Rentrent dans cette catégorie, la *confédération des États-Unis de l'Amérique du Nord*, qui dura de 1778 à 1787, pendant la guerre d'Indépendance, et précéda la constitution de l'État fédéral ; la *confédération helvétique*, dont les premiers fondements furent posés au XIVe siècle, et qui, avec des fortunes diverses, dura jusqu'en 1848, époque à laquelle elle fut transformée en un État fédéral par la constitution du 12 septembre 1848 ; et la *confédération germanique*, qui a duré de 1815 à 1866, et dont faisait partie l'Autriche qui, par la suite, a été remplacée par la *confédération de l'Allemagne du Nord*, séparée de l'Autriche par le traité de Prague ; ladite confédération de l'Allemagne du Nord, augmentée de quelques États du Sud, s'est transformée, en 1871, en Empire fédéral allemand. A ce groupe, on rattachera le Commonwealth, *club* qui réunit, selon un rythme biennal, les États liés par une solidarité *historique* au Royaume-Uni, d'une part, et la C.E.I. *(Communauté des États indépendants)*, celle des ex-républiques soviétiques (en dehors des États baltes), en 1991, d'autre part. La C.E.I. est destinée à maintenir tant une coopération économique et monétaire qu'à établir une coordination dans le domaine de la défense et des transports. Pour une part, elle est demeurée lettre-morte (60).

2) Les confédérations actuelles ou économiques

La seconde catégorie repose sur une *solidarité d'intérêts* débouchant progressivement, à la manière du *Zollverein* allemand de jadis sur l'intégration *économique* puis *politique*. A l'initiative de l'Allemagne et de la France, des États européens ont crée successivement la C.E.C.A. *(Communauté européenne du charbon et de l'acier)* par le traité de Paris en 1951, la C.E.E. *(Communauté économique européenne)* et l'Euratom *(Communauté européenne de l'énergie atomique)* par celui de Rome, en 1957 (61).

Après leur fusion, les Communautés européennes en 1965, ont institué entre leurs membres, en application du traité de Maastricht, signé le 7 février 1992, une *Union européenne*, en matière politique économique et monétaire. Bien qu'étant juridiquement une organisation internationale *régionale* et *spécialisée* (J. Boulouis), l'Union n'en progresse pas moins, de manière originale, sur le chemin de l'État fédéral, au point de lui emprunter la force de son droit. A titre de pierre d'attente, le droit communautaire, tel le droit fédéral, se pare de la *primauté* à l'égard du droit national et de l'*applicabilité directe* vis-à-vis des États et des personnes (V. *IIIe partie*) (62).

(60) V. *La C.E.I.*, DF, 1995.

(61) La formule a été, par ailleurs, adoptée en Afrique francophone : Conseil de l'Entente, Communauté économique de l'Afrique de l'Ouest (C.E.A.O.), Union douanière des États d'Afrique centrale (U.D.E.A.C.) dans la mesure où elle permet de concilier l'exercice de la souveraineté *politique*, avec les nécessités de la coopération économique au plan régional. V. Éd. JOUVE : *Relations internationales du tiers monde et droit des peuples*, 2e éd., 1979, p. 253.

(62) V. J. BOULOUIS, *Droit institutionnel des Communautés européennes*, 5e éd., 1996 ; *L'Europe des Communautés*, D.F., éd. 1992 ; *Les nouvelles frontières de l'Europe*, 1993.

2° L'État fédéral ou la fédération

L'État fédéral se présente comme une modalité raffinée d'État composé qui nourrit la réflexion, en raison de sa diffusion géographique et de sa séduction juridique. Dans le monde contemporain, il n'est guère, en effet, d'États importants, en dehors du Japon et de la Chine, qui n'aient adopté cette condition qui combine de manière harmonieuse l'unité et la diversité des ordres politiques et juridiques.

a) *La notion de fédéralisme*

L'État fédéral échappe largement à la compréhension des Français, marqués par des siècles de centralisation, à l'opposé des Allemands dont il est la seconde nature, et ce, en dépit de l'avancée de la construction européenne. Raison supplémentaire pour examiner la notion et recenser les applications auxquelles elle a donné lieu.

L'État fédéral est *une union d'États, au sens du droit interne (c'est-à-dire constitutionnel) au sein de laquelle un nouvel État se superpose à ces derniers.*

En d'autres termes, des États souverains jusqu'alors, acceptent de se grouper sous une bannière *étatique* en transférant des compétences (63). De sorte, que la fédération naît d'une constitution à l'opposé de la confédération, issue d'un traité. Elle se présente, si l'on peut user de cette comparaison, sous la forme d'une *construction à deux étages*. A *l'étage inférieur*, se situent les États membres ou les *unités fédérées* (64) qui, ayant renoncé à l'usage exclusif de leur souveraineté, ne peuvent plus se prévaloir, en dehors d'un élément de considération, de leur qualité originaire. Celle-ci est dorénavant l'apanage du nouvel État *(l'étage supérieur)*, que l'on se propose de dénommer *le super-État* (65).

L'État fédéral englobe les unités fédérés, mais ne les absorbe point, tant et si bien qu'il réalise la *synthèse* entre l'État unitaire et la confédération ; entre la solidarité et l'autonomie. *E pluribus unum :* la devise des États-Unis ramène dans un excellent raccourci, la vision du fédéralisme à *l'unité dans la pluralité ou la diversité*.

Le précédent américain de 1787 a fait école dans le nouveau monde (Canada, Mexique, Brésil, Argentine). En Europe, on mentionnera l'Autriche, la Suisse (66), l'Allemagne, la Belgique (67) et

(63) L'expression *supranationalité*, empruntée au vocabulaire politique, est significative à cet égard. Dans le même ordre d'idées, on songera à une formule d'Edgar Faure : *l'indépendance dans l'interdépendance*. V. M. CROISAT : *Le fédéralisme dans les démocraties contemporaines,* 2e éd., 1995.

(64) Du reste, afin d'éviter toute confusion, les États fédéraux adoptent une terminologie *sélective* : les unités fédérées, au Canada, sont les *provinces* ; en Suisse, les *cantons* ; en Autriche et en Allemagne fédérale, les *Länder* ; en Belgique, les *régions*. En revanche, les États-Unis, l'Australie et l'Inde, entre autres, décernent le même qualificatif, celui d'État, en l'espèce, aux unités fédérées et au super-État, ce qui parfois est à l'origine de fâcheuses méprises

(65) D'un point de vue terminologique, on rappellera la distinction de Georges Scelle, entre *le fédéralisme par agrégation* et le *fédéralisme par ségrégation*. Au premier cas, il s'agit d'unir ce qui, au préalable, était séparé, en s'appuyant sur une solidarité *géographique* (États-Unis, Suisse, Union européenne, en devenir) ; au second, en revanche, de séparer ce qui était uni, en tenant compte d'une solidarité *historique* (Communauté franco-africaine et malgache de 1958 à 1960).

(66) La dénomination officielle de confédération ne saurait, en espèce, abuser sur la nature réelle de la Suisse, ou du Canada.

(67) Au terme d'un processus commencé en 1970, la Belgique est devenue, en juillet 1993, un État fédéral, composé de trois Communautés (française, flamande et germanophone) et de trois régions (wallonne, flamande et celle de Bruxelles-Capitale). Une juridiction constitutionnelle arbitre les conflits de compétences entre l'État et les diverses composantes. Mais celles-ci ne disposent pas d'une constitution. V. F. DELPÉRÉE : La nouvelle constitution belge, *R.F.D.C.* 1994, p. 3 avec A. RASSON-ROLAND *La Cour d'arbitrage*, Bruxelles, 1996.

la Russie (68) à rebours de l'U.R.S.S. de naguère (69). L'Asie offre, à son tour, des exemples intéressants : l'Inde, la Malaisie et les Émirats arabes unis depuis 1971 ; l'Océanie, l'Australie. Enfin, l'Afrique longtemps réfractaire connaît, cependant, des applications : le Nigeria, les Comores et l'Éthiopie depuis peu (70).

b) *Les principes organisateurs du fédéralisme*

Le fédéralisme s'analyse en une technique de partage ou de distribution du pouvoir *lato sensu*. De ce fait, l'État fédéral constitue une *société plurielle*, s'agissant des pouvoirs publics et du droit, au point de cultiver l'ingéniosité, à l'image du fédéralisme sur mesure ou *asymétrique* de la Belgique (F. Delpérée).

Selon Georges Scelle, une construction fédérale repose sur la combinaison dialectique des trois principes de *superposition, d'autonomie* et de *participation*. Le premier rend compte de la condition du *super-État* ; le second, de celle des *unités fédérées* et le troisième de leur collaboration au sein de la fédération, qui, *mutatis mutandis*, apparaît sous l'aspect d'un *duplex*, si l'on prolonge la comparaison suggérée.

1) Le principe de superposition

Né de la volonté des États composants, sous forme d'une *constitution* fédérale, le super-État qui les coiffe est à l'origine d'un *nouvel ordre* politique et juridique. Sous cet aspect, il dispose des attributs *étatiques* et plus précisément, d'une organisation politique *distincte* de celle des unités fédérées (une constitution et des pouvoirs publics propres). A ce propos, il n'est pas sans intérêt de préciser que, par suite du *compromis du Connecticut* présenté à Philadelphie, en 1787 (71), le *bicamérisme* a partie liée avec le fédéralisme : une chambre représente la population de la fédération dans son indivisibilité (Chambre des représentants aux États-Unis, *Bundestag* en Allemagne, Douma en Russie), une seconde, les unités fédérées (Sénat américain, *Bundesrat* allemand, Assemblée fédérale russe).

(68) La fédération de Russie comprend 89 sujets (art. 65 de la constitution du 12 décembre 1993). Elle s'étend sur un sixième de la terre et 11 fuseaux horaires. V. M. Lesage et P. Gélard : Constitution de la fédération de Russie, *R.F.D.C.* 1994, p. 195 et la Russie face à ses régions, *D.F.* 1994 (V. *IIe partie*).

(69) Entre 1922 et 1991, l'U.R.S.S. offrait un exemple particulier de fédéralisme (art. 70 de la constitution de 1977) : tour à tour *magnifié* (en ce qu'il était *démultiplié* à l'intérieur de chaque république) et *récusé*. Dans cet ordre d'idées, les républiques fédérées disposaient de compétences ressortissant à la *confédération* : droit de sécession (art. 72) et droit d'entretenir des relations diplomatiques avec les États étrangers, de conclure des traités et de participer à la vie des organisations internationales (art. 80). D'autre part, l'existence de P.C.U.S. ramenait à la vision de l'État unitaire, d'autant que son mode d'organisation, le *centralisme démocratique*, avait été étendu, de manière significative, de l'un à l'autre (art. 3). En bref, le fédéralisme soviétique était un leurre, au même titre que celui instauré en Tchécoslovaquie ou en Yougoslavie, à pareille époque.

(70) L'hétérogénéité de la société africaine, qui se traduit par l'absence d'un loyalisme national, a jeté la suspicion, à bien des égards, sur la construction fédérale qui est apparue comme une sorte d'encouragement à la sécession. Les événements du Biafra l'ont rappelé entre 1967 et 1970. La seule réussite à l'actif du fédéralisme se situe au Cameroun. Cette formule a permis, en effet, de réunifier le pays, en mettant un terme à la double colonisation britannique et française, à partir de 1961. L'osmose réalisée, le Cameroun a adopté, en 1972, une structure unitaire. A propos de la première expérience fédérale arabe : V. S. Ghaouti : *Les Émirats arabes unis : vers une nouvelle expérience fédérale*, thèse, Paris I, 1982.

(71) En conséquence, la Chambre des représentants est élue au *prorata* de la population, tandis que le Sénat représente les États de manière *égalitaire*.

Le précédent américain a largement inspiré les expériences étrangères. Cependant, on peut relever des hypothèses de fédéralisme à *inégalité intérieure* : celles de la Prusse en 1871 et 1919 et de la République socialiste *fédérative* soviétique de Russie au sein de l'ex-U.R.S.S.

En un mot, le super-État dispose de la souveraineté *plénière*. Il apparaît, en conséquence, *seul* sur la scène internationale, au point de faire figure, sous cet aspect, d'État unitaire. A l'avenant, le droit élaboré par ses organes bénéficie, en ce qui concerne ses effets à l'égard des unités fédérées, de la *primauté* et de *l'applicabilité immédiate,* ce qui emporte sa supériorité. En somme, le droit fédéral s'impose au droit fédéré ou local *(bundesrecht bricht landersrecht)* et lie directement les personnes, à l'opposé d'une confédération, au sein de laquelle les normes juridiques font l'objet d'une *réception* par les autorités nationales. C'est ce que l'on appelle, par exemple aux États-Unis, *la clause de suprématie* (72).

Ainsi dépouillées de leur souveraineté originaire, les unités fédérées n'en conservent pas moins une *autonomie*, fondée et préservée par la constitution fédérale, dont il faut prendre la mesure.

2) Le principe d'autonomie

La constitution fédérale aménage, ce qui en constitue le ressort, un *partage des pouvoirs ou des compétences* entre ses éléments constitutifs.

En dehors de situations particulières (73), la méthode classique de *distribution* des compétences repose sur la combinaison des clauses attributives, entre la compétence *générale* ou de *droit commun* et la compétence *d'exception* ou *d'attribution*.

La première, de portée *générale*, se présente sous l'aspect d'une disposition d'ensemble et s'interprète *largement*. A l'opposé, la seconde de portée *limitée*, se ramène à une liste, sous forme d'une énumération, et s'analyse *restrictivement*. Pour songer à des exemples (États-Unis, Suisse), la constitution réserve la compétence de droit commun aux unités fédérées et réduit le super-État à la portion congrue. La démarche opposée, est observée au Canada, ce qui explique aisément que le Québec regimbe à l'idée de se contenter de prérogatives *résiduelles* (74).

S'agissant du *contenu* des compétences, une ligne de fracture sépare, *grosso modo* les compétences *externes* et *internes*, qui ressortissent respectivement aux autorités *centrales* et *locales*.

■ (72) L'art. 6 de la constitution de 1787 dispose : *La présente constitution, ainsi que les lois des États-Unis qui seront faites en conséquence et tous les traités faits sous l'autorité des États-Unis constitueront la loi suprême du pays et seront obligatoires pour les juges dans chaque État, et cela nonobstant des dispositions contraires insérées dans la constitution ou dans les lois de l'un quelconque des États.* Autrement dit, les frontières nationales sont effacées dans le cadre d'une fédération, en opposition avec la confédération, où elles forment écran.

■ (73) La Loi fondamentale allemande met en place *le système des trois listes* (art. 70 et s.) : Les deux premières sont relatives à la compétence *exclusive* du *Bund* et des *Länder* ; la dernière concerne la compétence *concurrente* entre eux. En l'espèce, les *Länder* peuvent intervenir tant que la fédération ne fait pas usage de son pouvoir (art. 72, al. 1er). Mais, celle-ci a *le droit de légiférer dans la mesure où apparaît un besoin de réglementation législative fédérale* (al. 2), au nom du principe dit de *subsidiarité.* Dans les faits, la Fédération a attiré à elle, l'essentiel de cette catégorie de compétences. L'invocation dudit principe est d'autant plus intéressant à relever qu'il a été étendu à l'Union européenne (art. 3 B du traité de Maastricht) au sein de laquelle existent également trois niveaux de compétences. V., J. CHARPENTIER, Quelle subsidiarité ? *Pouvoirs* n° 69, 1994, p. 53 (V. *IIIe partie*).

En Australie, une loi fédérale peut modifier, à titre définitif ou provisoire, l'ordre des compétences.

■ (74) A deux reprises, le 20 mai 1980 et le 30 octobre 1995, les électeurs du Québec ont repoussé la souveraineté de leur province. Mais la crise existentielle du Canada demeure. V. F. ÉPINETTE : *L'accession démocratique du Québec à la souveraineté nationale : le défi du parti québécois,* thèse, Paris-I 1996 ; J.-Y. MORIN et J. WOEHRLING : *Les constitutions du Canada et du Québec, du régime français à nos jours,* Montréal 1994 et *Demain, le Québec,* Québec, 1994.

Les relations avec l'étranger sont assumées, en principe, d'une manière *exclusive*, par le super-État, à partir du moment où il possède seul la *souveraineté* internationale. Ceci vise les domaines diplomatique, militaire, économique, monétaire, la citoyenneté et la nationalité.

Toutefois, des exceptions confirment la règle. La Bavière, dans l'Empire allemand de 1871, avait conservé un certain droit de légation. Par ailleurs, l'U.R.S.S. avait décidé, en 1944, de donner une compétence internationale à deux républiques membres : l'Ukraine et la Biélorussie. Mais il ne s'agissait là que d'une fiction, acceptée par les Alliés à la conférence de Yalta, pour permettre à l'Union soviétique de disposer de deux sièges supplémentaires à l'O.N.U. En 1965, la province du Québec a signé un accord, appelé pudiquement *entente,* avec la France (75). Les compétences attribuées aux communautés et aux régions, en Belgique, s'étendent aux relations internationales (art. 127 de la constitution du 17 février 1994) (76). Les *Länder* allemands disposent d'une compétence externe qui les habilitent à conclure des accords, dans le champ de leurs compétences avec des États étrangers, mais avec l'*assentiment* du Gouvernement fédéral (traités avec la France relatifs à la chaîne culturelle *Arte* en 1990 ou à la gestion portuaire de Strasbourg et de Kehl en 1992) (art. 32, al. 3 de la Loi fondamentale).

Les États membres gardent, en tout état de cause, un pouvoir *d'auto-organisation interne*, sauf à respecter le *caractère républicain de l'État*. Ce pouvoir se manifeste du point de vue *politique* et *juridique*. Au premier cas, l'unité fédérée conserve une forme *étatique* : une *constitution* qui lui est personnelle (aux États-Unis, il en existe donc cinquante-et-une en comptant celle du super-État ; en Allemagne, dix-sept) ; de même un *exécutif* (le gouverneur est la réplique du président américain) ; un *parlement* (la *législature*) et une organisation juridictionnelle. Ajoutons que, de manière *symbolique*, l'unité fédérée dispose d'un drapeau et d'un hymne *distincts* de ceux de la fédération (77). Elle se présente, de la sorte, à l'inverse de la collectivité décentralisée, comme une *miniaturisation* du super-État. Pour faire bonne mesure, elle détermine ses *propres* règles juridiques de droit privé et de droit public. D'où l'extrême diversité d'une unité fédérée à une autre : on sait qu'il est aisé de divorcer dans le Nevada aux États-Unis, que la peine capitale, l'avortement ou l'euthanasie sont abolis ou admis dans certains États, que les diplômes universitaires ne sont pas, comme en France, nationaux (78).

Toutefois, il ne suffit pas de proclamer le principe d'auto-organisation, mais bel et bien de le préserver des atteintes. La protection des compétences permet de sanctionner toute immixtion. Comment veiller à la *ligne de partage* ? On peut songer à une sauvegarde *financière* (le partage des compétences implique en bonne logique celui du produit des ressources fiscales) (79), mais aussi et surtout à une sauvegarde *juridictionnelle*.

(75) Le Québec dispose à Paris d'une *délégation générale* dont les membres jouissent du statut diplomatique.

(76) Dans cette perspective, un accord de coopération linguistique, culturelle et éducatif a été signé à Bruxelles en mars 1999, entre la France et la Communauté française de Belgique. La Communauté flamande avait créé le précédent avec les Pays-Bas.

(77) La cérémonie de l'*inauguration* du mandat du président américain, le 20 janvier suivant son élection, à Washington, est, de ce point de vue, hautement symbolique avec le défilé des délégations des États.

(78) Afin de pallier les divergences du droit pénal entre les États fédérés, il existe aux États-Unis, de manière significative, une procédure qui, en principe ne vaut que dans les rapports entre États souverains, celle de *l'extradition*.

(79) La péréquation financière est devenue un enjeu essentiel du fédéralisme allemand. V. P. KOENIG : La constitution financière et économique, *Pouvoirs,* n° 66, 1993, p. 29 ; J. ANASTOPOULOS : *Les aspects financiers du fédéralisme*, 1979 ; Fédéralisme et finances publiques, *Rev. française de finances publiques* n° 20, 1987.

Le pouvoir judiciaire a normalement dans une fédération un rôle capital à jouer, ce qui augmente beaucoup son importance. En effet, les conflits entre unités fédérées ou entre l'une d'entre elles et le super-État ne peuvent point se régler par la voie *diplomatique*, à la différence d'une confédération, puisqu'ils sont de *droit interne*. Ils ne peuvent pas non plus, être résolus par la voie *administrative*, comme dans le cadre d'un État *unitaire*, parce que les premières ne sont pas subordonnées au second par une hiérarchie administrative. Ils doivent donc être réglés par la voie *judiciaire*. C'est ainsi que la Cour suprême des États-Unis, la Cour constitutionnelle allemande, ou la Cour d'arbitrage en Belgique se présente comme *l'organe régulateur et protecteur du fédéralisme*, bref sa clef de voûte. En pratique, elle participe au *centralisme* juridique, parallèlement au centralisme financier qui se développe. Autant de raisons qui atténuent la portée de l'autonomie des collectivités fédérées.

3) Le principe de participation

A la manière d'un partenariat, le super-État et les États membres concourent à la vie de la fédération. Pour s'en tenir à l'essentiel, ceux-ci sont associés, de façon *intime*, à l'organisation de celui-là, ainsi qu'à toute révision du pacte fédéral. La référence américaine s'impose, à nouveau.

Le super-État est une création *volontaire* des unités fédérées. Dans ces conditions, celles-ci sont partie prenante. On s'attachera ici au cas privilégié des États-Unis. L'élection présidentielle relève, pour un aspect important, de la compétence des États (système du contingent et mode de décompte des *mandats électoraux*), à telle enseigne que l'on peut en recenser, sans exagération, cinquante-et-une. Au sein du Congrès, l'élément dominant est incarné, sans contredit, par le Sénat, la chambre des États (80). Quant à la Cour suprême, ses membres sont nommés à vie par le *Chief excecutive*, après confirmation par le Sénat.

D'une manière décisive, cependant, la modification de la constitution fédérale suppose l'approbation des États membres, ce qui, en pareille occurrence, constitue la *garantie des garanties*, en ce qu'elles ne peuvent être dépossédées sans y avoir consenti. Outre-Atlantique, l'adoption d'un *amendement* à la constitution de 1787 est subordonnée, tout d'abord, au vote à la majorité des deux tiers des chambres du Congrès et, ensuite, au cours d'une période de sept ans, en principe, à sa ratification par au moins trois quarts des *législatures* fédérées, soit le chiffre de 38. On saisit la difficulté de l'entreprise et l'encouragement à une certaine forme d'inertie. Toutefois, la pratique s'efforce d'y suppléer, au moyen de conférences entre responsables, destinées à favoriser une harmonisation des législations. Malgré tout, une tendance actuelle favorise, comme on l'a observé, le super-État, qui n'hésite pas à se parer de l'autorité centralisatrice, au détriment de l'autonomie des unités fédérées. Outre-Rhin, on évoque volontiers le fédéralisme unitaire *(unitarische Bundesstaat)*.

*
**

Si l'on devait conclure d'un mot, on observerait que l'État unitaire est parcouru de nos jours par un mouvement *centrifuge* tandis que l'État fédéral enregistre un mouvement *centripète* : l'un se dilate, l autre se rétracte, selon un processus dialectique. Au-delà de son habillage formel, l'État contemporain est défié par le régionalisme et le fédéralisme entre lesquels il est pris en tenaille, et d'une manière grave par la transnationalisation du pouvoir économique et monétaire qui, se jouant de sa souveraineté, affecte gravement son identité. L'État classique aborde, sans nul doute, un nouvel âge, celui de son dépassement. L'*Union européenne*, née du traité de Maastricht, s'inscrit dans cette démarche.

(80) Outre ses attributions législatives et budgétaires, le Sénat est associé aux responsabilités de l'exécutif, en ce qui concerne la ratification des traités et la confirmation de nominations à des emplois fédéraux *(infra)*. En, Allemagne, le *Bundesrat* mérite l'attention. Par *son intermédiaire, les Länder participent à la législation et à l'administration de la fédération* (art. 50 de la Loi fondamentale). Il se compose des *membres des Gouvernements* de ceux-ci qui les nomment et les révoquent. Les voix du Land sont exprimées *globalement* (art. 51) (V. *infra*).

Bibliographie

O. BEAUD : *La puissance de l'État*, 1994 ; G. BERGERON : *Petit traité de l'État*, 1990 ; Chr. BIDEGARAY (sous la direction de) : *L'État autonomique. Forme nouvelle ou transitoire en Europe ?* 1994 ; G. BURDEAU : *Problèmes politiques fondamentaux de l'État*, I.E.P., Paris, 1964-1965 ; *L'État*, 1970 ; B. CHANTEBOUT : *De l'État*, 1975, et La nation, *Krisis* n° 5, avril 1990, p. 3 ; J. CHEVALLIER : *L'État*, 1999 ; M. CROISAT, *Le fédéralisme dans les démocraties contemporaines*, 2e éd., 1995 ; J. DABIN : *Doctrine générale de l'État*, 1937 ; *L'État ou la politique*, 1957 ; A. DELCAMP, *Les institutions locales en Europe*, 1990 et *Les collectivités décentralisées de l'Union européenne*, 1995 ; Ch. EISENMANN : *Cours de droit administratif*, 1982, t. I ; ENCYCLOPÉDIE FRANÇAISE : *L'État*, t. X, 1964 ; Th. FLEINER-GERSTER : *Théorie générale de l'État*, 1986 ; P.-F. GONIDEC et A. BOCKEL : *L'État africain*, 2e édit., 1986 ; G. HÉRAUD : *Les principes du fédéralisme et la fédération européenne*, 1968 ; G. JELLINEK : *L'État moderne et son droit*, trad. franç., 1921 ; B. DE JOUVENEL : *De la souveraineté*, 1955 ; H. KELSEN : *Aperçu d'une théorie de l'État*, R.D.P. 1926, p. 561 ; H. LEFEBVRE : *De l'État*, 1976-1978 ; A. MABILEAU : *Le système local en France*, 2e éd., 1994 ; S. RIALS : *Destin du fédéralisme*, Institut La Boétie, 1986 ; P. ROSANVALLON : *L'État en France de 1789 à nos jours*, 1990 ; P. SABOURIN, *L'État-nation face aux Europes*, 1994 ; M. VERPEAUX : La constitution et les collectivités territoriales, *RDP* 1998 p. 1379.

V. également Décentralisation et ordre public, *E.D.C.E.* 1994, p. 15 ; La démocratie municipale, *Pouvoirs* n° 73, 1995.

CHAPITRE II

LA CONDITION DE L'INDIVIDU

Le droit constitutionnel peut se ramener à une poussée d'origine nationale par laquelle un peuple s'efforce de limiter *l'arbitraire* du pouvoir qui le dirige, en revendiquant *la liberté politique* (ou le droit des citoyens de désigner leurs gouvernants), en même temps que *des libertés individuelles,* c'est-à-dire la reconnaissance d'une zone d'autonomie propre à chaque individu. La tradition occidentale est fixée en ce sens : la société n'existe que *par* l'individu et *pour* l'individu. En termes particulièrement heureux, l'article 2 de la Déclaration de 1789 énonce : *Le but de toute association politique est la protection des droits naturels et imprescriptibles de l'homme.* Cependant, une autre conception, *collectiviste,* et non plus *individualiste* entre en concurrence.

Autrement dit, si société et individu sont deux termes *indissociables,* il faut savoir que, selon les époques, l'accent est mis, soit sur l'individu, soit sur l'organisation sociale.

I. Dans les temps qui ont précédé l'avènement du droit constitutionnel classique, c'est, dans l'ensemble, sur l'organisation sociale que l'on insistait. Bien entendu, la tradition individualiste de l'Occident remonte haut dans l'histoire, mais elle a été souvent contredite dans les faits. La cité antique était un *gouvernement par les mœurs,* voire un régime totalitaire, avant la lettre, ainsi qu'il ressort des travaux de Fustel de Coulanges. Ce qui signifie que, si les citoyens jouissaient d'une large liberté politique, s'ils pouvaient choisir, et, le cas échéant, frapper d'ostracisme leurs gouvernants, ils étaient soumis, dans leur vie de tous les jours, à un *conformisme* rigoureux (1)

Le christianisme, après le stoïcisme, affirme l'éminente dignité de la personne humaine, mais les docteurs de l'Église indiquent bien vite que pour bénéficier de la liberté, il faut être majeur, c'est-à-dire non pas précisément être parvenu à un certain âge, mais être capable de discerner, surtout,

(1) On connaît à ce propos le *distinguo* fameux dressé par Benjamin Constant, dans un discours prononcé, à Paris, en 1819, et intitulé : *De la liberté des anciens comparée à celle des modernes : chez les anciens, l'individu, souverain presque habituellement dans les affaires publiques, est esclave dans les rapports privés... chez les modernes, au contraire, l'individu, indépendant dans la vie privée, n'est... souverain qu'en apparence... Le but des anciens était le partage du pouvoir social entre tous les citoyens d'une même patrie... Le but des modernes est la sécurité dans les jouissances privées et ils nomment liberté les garanties accordées par les institutions à ces jouissances.*

Autrement dit, au *plaisir d'action* des anciens, à leur bonheur civique, l'auteur préfère l'indépendance privée et *la jouissance paisible qui en découle. La liberté des anciens s'appelle la liberté politique ;* celle des modernes, la *liberté physique ou individuelle.* Elles conjuguent leurs efforts à l'époque contemporaine.

dans le domaine politique, le vrai du faux. Et, si on ne l'est point, ce qui est le cas général, se confier à ceux qui connaissent le vrai, c'est-à-dire ceux qui détiennent le pouvoir.

II. A l'époque contemporaine, il faut bien constater, qu'un certain nombre d'idéologies s'attachent à valoriser la société au détriment de l'homme et à nier toute autonomie ou importance de l'individu. Il en est ainsi des doctrines collectivistes ou totalitaires, dont l'échec ne saurait faire oublier leur finalité.

Dans une conception *collectiviste* de la société, ce qui est au premier plan, c'est l'organisation sociale ; l'individu n'apparaissant pas en tant que tel, mais en tant que titulaire d'un poste de service de la société. La confiance est accordée, non à l'homme, mais à la communauté. Bref, l'individu est *l'obligé* de la société, à l'opposé de la tradition occidentale.

Qu'il s'agisse des régimes marxistes-léninistes, à travers les grandes vacances à Gorki offertes à Andréi Sakharov de 1980 à 1986, ou le *mur* de Berlin, ou qu'il s'agisse des régimes islamistes, tel celui des talibans en Afghanistan, la personne et tout particulièrement la femme est réduite au rôle de moyen de la collectivité. Le mépris de l'homme s'étalait lorsque, Mussolini, dans l'*Encyclopédie fasciste,* déclarait : *Tout dans l'État, rien contre l'État, rien en dehors de l'État. L'individu n'existe qu'autant qu'il fait partie de l'État et qu'il demeure subordonné aux nécessités de l'État.* Le manuel national-socialiste pour le droit et la législation affirmait, d'une façon encore plus brutale : *Tu n'es rien, la communauté raciale est tout* (2).

A partir du droit constitutionnel classique, l'individu est reconnu, non seulement comme partie intégrante de la société, mais plus encore sa *fin ;* en un mot sa raison d'être. L'*anthropocentrisme* résume, en un mot, la pensée occidentale. Il s'ensuit l'exaltation et la protection de l'individu qui, en sa double qualité de *citoyen* et de *personne,* peut revendiquer, respectivement, l'usage de la *liberté politique,* appelée aussi la *liberté-participation,* et la *liberté physique* ou *liberté-autonomie* (3). A l'image de l'indivisibilité de la liberté, le projet de la société occidentale peut se résumer ainsi : *une personne libre dans une nation libre ;* l'être individuel communiant avec l'être collectif.

SECTION I — LIBERTÉ POLITIQUE ET LIBERTÉ PHYSIQUE

A la manière de Benjamin Constant, on évoquera les *droits fondamentaux* de la personne, selon la terminologie germanique, en renvoyant au surplus, à la discipline connexe des libertés publiques (4).

(2) V. R. Capitant : *L'idéologie nationale-socialiste* (1935), *in Écrits constitutionnels* (1982), p. 445.

(3) A titre de pierre d'attente, il n'est pas intérêt de souligner l'antinomie entre le libéralisme et le marxisme, s'agissant de l'approche même du concept de liberté. Se rattachant à la théorie du droit naturel, le premier constate la liberté, en ce qu'elle est *innée,* donc indépendante de sa reconnaissance par le droit positif ; le second à l'opposé, considère qu'elle est un *acquis,* procédant de la libération économique (fin de l'appropriation privée des moyens de production et d'échange).

(4) V. *Cours constitutionnelles européennes et droits fondamentaux,* actes du IIIe colloque international d'Aix-en-Provence, 1991 ; les droits fondamentaux, *A.J.D.A.* juillet 1998.

§ 1 CONSIDÉRATIONS GÉNÉRALES

Deux questions se posent : Qu'est-ce que la liberté ? Quelles modalités peut-on y déceler ?

A. UNE VISION DE LA LIBERTÉ

On peut avancer l'opinion selon laquelle la liberté politique est le droit, pour les citoyens, de participer au gouvernement de l'État, c'est-à-dire de *désigner* et de *révoquer* leurs gouvernants. Quant à la liberté physique, ou si l'on veut, les *libertés individuelles,* ce sont les diverses facultés qui permettent aux personnes de réaliser, avec indépendance et efficacité, leur destinée particulière, dans le cadre d'une société organisée. Il s'agit donc d'un *pouvoir d'autodétermination* (J. Rivero), en vertu duquel l'individu détermine son comportement, et borne, de la sorte, le pouvoir.

B. UNE CONCILIATION ENTRE LES LIBERTÉS

A première vue, ces deux sortes de libertés paraissent jouer sur des plans entièrement différents. La liberté politique se présente avec un aspect collectif, puisqu'il s'agit d'une collaboration à la gestion, d'une participation au gouvernement de la collectivité nationale. Les libertés individuelles semblent, au contraire, comme leur nom l'indique, n'avoir que des fins privées, limitées à l'individu.

A examiner de plus près le problème, on s'aperçoit, cependant, de l'existence de liens étroits entre ces deux aspects de la liberté, qui sont d'ordre historique, logique et politique.

§ 2 LES RAPPORTS ENTRE LES DEUX SORTES DE LIBERTÉS

A cet égard, on observe que, d'un point de vue *historique,* les divers mouvements constitutionnels, à partir du XVIIe siècle, sont porteurs d'une *double* revendication et protection qui s'exercent généralement dans le même moment, en faveur de la liberté *politique* et *physique.*

A. UNE REVENDICATION CONCOMITANTE

En Angleterre, par la Grande Charte du 12 juin 1215, le roi s'engage à la fois à respecter les libertés individuelles (sûreté personnelle, liberté du commerce), à ne pas lever d'impôts qui ne soient, sauf exception, consentis par le conseil (5), enfin à gouverner par le grand conseil, c'est-à-dire avoir auprès de lui un *commun conseil du royaume* composé de pairs laïcs et ecclésiastiques, mais à travers lequel, en vertu des coutumes féodales, les sujets étaient valablement représentés auprès du prince. Cette affirmation *conjointe* des libertés politiques et individuelles se retrouve dans la Pétition des droits, du 7 juin 1628 et dans le Bill des droits, du 13 février 1689.

Aux États-Unis, la Déclaration des droits de l'État de Virginie, en date du 12 juin 1776, mêle dans ses articles l'affirmation des libertés individuelles et celle du droit qui appartient aux citoyens

(5) *Aucune aide ne sera établie dans notre royaume, si ce n'est par le commun conseil de notre royaume, sinon pour payer une rançon, armer chevalier notre fils aîné et marier pour la première fois notre fille aînée. Et, dans ce cas-là, il faudra ne lever qu'une aide raisonnable.*

de participer au gouvernement (6). Il en est de même de la Déclaration française des droits de l'homme et du citoyen de 1789, qui, entre la définition de la liberté, en général, et l'énumération des diverses libertés individuelles, indique que tous les citoyens ont le droit de concourir personnellement ou par leurs représentants à la formation de la loi (art. 6).

La liberté politique et les libertés individuelles nouent entre elles, en bonne logique, des rapports. La liberté, en soi, consiste essentiellement en un pouvoir de *décider*. Les diverses libertés individuelles répondent pleinement à cette définition, qu'il s'agisse de la liberté d'aller et venir (pouvoir de décider le lieu de sa résidence ou de ses déplacements) ; de la liberté de conscience et la liberté de religion qui s'analysent dans le pouvoir de décider sans contrainte entre les diverses opinions, les diverses croyances, les diverses religions ; de la liberté de l'enseignement (le pouvoir, pour le chef de famille, de décider, au nom de ses enfants, l'enseignement qui leur sera donné). De même, la liberté de communication ou le droit de dialoguer avec autrui, sous diverses modalités techniques ou des libertés de réunion et d'association qui sont le droit de défendre, dans des organisations momentanées ou durables, les idées ou les œuvres en faveur desquelles on s'est décidé, *etc.*

Mais, la liberté politique est aussi un pouvoir de *décider,* dès lors qu'elle porte la marque de la volonté collective des citoyens d'organiser la cité.

Toute liberté est donc une manifestation de volonté. C'est ce que prend en compte le droit constitutionnel, en combinant la liberté des *modernes* et celle des *anciens : L'œuvre du législateur n'est point complète quand il a seulement rendu le peuple tranquille... Il reste encore beaucoup à faire. Il faut que les institutions achèvent l'éducation morale des citoyens... Elles doivent... consacrer leur influence sur la chose publique.* Ce souhait exprimé par Benjamin Constant, en 1819, est à l'origine de la consécration des *libertés nécessaires,* selon l'expression de M. Thiers en 1864 : *la sécurité du citoyen ; la liberté d'échange dans les idées ; la liberté de la représentation nationale* et que *la majorité devienne la directrice des actes du gouvernement.*

B. UNE PROTECTION CONCOMITANTE

Si les citoyens participent au gouvernement, soit directement, soit par l'intermédiaire de représentants, c'est essentiellement afin d'être assurés que leurs libertés individuelles ne seront pas amoindries ou supprimées par le pouvoir politique, et l'Histoire prouve que cette garantie est particulièrement nécessaire.

Liberté politique et liberté physique ont donc des racines communes et un développement parallèle. Il n'en est pas moins vrai que, s'appliquant à des objets différents, elles méritent d'être distinguées.

En soi, c'est l'affirmation de l'ordre *individualiste,* c'est-à-dire de la primauté de l'individu sur le pouvoir. Cela signifie que l'homme n'est pas destiné à nourrir la substance de l'État ; qu'il ne se définit pas comme un élément, une cellule de l'organisme étatique, mais qu'au contraire, c'est l'État qui a pour fin de fournir aux individus un milieu de vie dans lequel ils pourront se développer librement. Il est à noter, à cet égard, qu'en France, même à l'époque de la Restauration, on ne reviendra pas sur l'ordre social établi en 1789, à l'exclusion, toutefois de la période

(6) Déjà, dans un projet de Déclaration proposé à Boston, le 20 novembre 1772, au cours d'un meeting tenu par James Otis et Samuel Adams, liberté politique et libertés individuelles sont affirmées d'un même mouvement.

de Vichy (1940-1944) au cours de laquelle une législation raciste bafoua la dignité humaine (7).

SECTION II LIBERTÉS INDIVIDUELLES ET DROIT CONSTITUTIONNEL CLASSIQUE

L'accueil réservé à la liberté donne la mesure de l'authenticité et de la solidité d'un régime démocratique : en témoignent, la fête libertaire de 1968, en France, et les revendications de la société civile, initiées par la Pologne, à partir de 1980, qui devaient provoquer la chute du marxisme (8).

§ 1 LA FORMATION DES LIBERTÉS INDIVIDUELLES

Au prix d'une simplification, les libertés se sont manifestées, au sein des sociétés occidentales, comme le fruit de *l'inégalité* et de l'*égalité.*

A. LES LIBERTÉS, FILLES DE L'INÉGALITÉ

Elles sont, d'abord, le fruit de l'inégalité, en ce sens qu'elles se présentent, dans les sociétés féodales et même au début du régime d'État, comme des facultés réservées à certains privilégiés, entre les mains desquels elles constituent des *droits de supériorité* (9).

En premier lieu, il convient de rappeler que, dans l'Antiquité, les esclaves étaient privés de tous droits, y compris ceux portant sur leur propre personne. Pendant le Moyen Age, la liberté d'aller et venir était refusée aux serfs. Le commerce et l'artisanat, loin d'être accessibles à tous, ont été, pendant longtemps, soigneusement réglementés. Le droit de chasse et de pêche, celui de posséder

(7) La création de la Ligue des droits de l'homme, en 1898, au moment de l'affaire Dreyfus, est représentative du combat permanent mené en faveur de l'individu face à la raison d'État. Le rétablissement de la légalité républicaine, en 1944, ou de son *éthique,* devait par ailleurs se concrétiser dans le préambule de la constitution de 1946 (texte de droit positif) par l'invocation des *principes fondamentaux reconnus par les lois de la République (infra).* V. G. VEDEL : Abrégé de l'histoire des droits de l'homme en France depuis 1789, *Commentaire* n°s 59 et 60 p. 639 et 923 ; La liberté, *Pouvoirs,* n° 84, 1998.

(8) La démocratie, c'est *le kiosque à journaux et l'isoloir* (M. Duverger) ; la dictature, *le régime où ce qui n'est pas obligatoire est défendu* (G. Bergery). A sa manière, le chanteur Renaud a résumé la problématique : *Parle toujours !* ou *ferme ta g... !*

(9) Un Corneille *(Pour grands que sont les rois, ils sont ce que nous sommes),* un Montaigne, de la façon crue que l'on sait, dénonçaient, à leur manière, la prédestination politique et sociale. De même, à partir du XIXe siècle, le socialisme qui se résume en une expression, sinon en une passion, *l'égalité réelle,* celle des conditions d'existence. V., le fameux *toast à la Révolution* prononcé, en 1848, par P.-J. Proudhon : *Les révolutions sont les manifestations successives de la justice dans l'humanité... A chaque révolution, la liberté nous apparaît toujours comme l'instrument de la justice, et l'égalité comme son critérium.*

des pigeons, celui d'utiliser certaines armes (*jeux de main, jeux de vilain*) étaient réservés, jusqu'à la Révolution, aux seigneurs féodaux, *etc.* (10).

Dans les temps modernes, l'aptitude aux fonctions publiques a été l'apanage de privilégiés avant d'être reconnue à tous. Enfin, le droit de suffrage a été, tout d'abord, censitaire ; il n'a été étendu aux femmes que longtemps après avoir été accordé aux hommes, *etc.*

B. LES LIBERTÉS, FILLES DU PRINCIPE D'ÉGALITÉ

On peut dire qu'après avoir été filles de l'inégalité, les libertés ont été, par la suite, filles de l'égalité. Dans le développement des divers mouvements constitutionnels, lorsque la bourgeoisie, qui en est généralement l'initiatrice, veut entraîner avec elle l'ensemble de la nation, l'idée-force qu'elle utilise est celle de la *généralisation* de ce qui a été d'abord privilège, c'est-à-dire leur transformation en *libertés individuelles.* En systématisant la loi du nivellement des conditions, Tocqueville a démontré, avec autorité, que plus l'égalité s'établit et plus elle est désirée, telle une *passion ardente, insatiable, éternelle, invincible.*

A l'unisson du mouvement des idées, on admet généralement que la consécration des libertés aux États-Unis ou dans la France de 1789, se rattache aux théories sur l'état de nature et du contrat social. C'est, dans une large mesure, exact. Mais, il faut bien voir comment ses théories ont agi. Elles ont surtout eu de l'action en substituant à la réalité objective de *l'inégalité* des hommes entre eux, *le concept de l'égalité originaire des hommes,* concept théorique et probablement historiquement inexact, mais d'une valeur mythique incontestable (11).

Cette idée d'égalité (*idée-force* de la démocratie) enseignée par Rousseau et les philosophes du XVIIIe siècle, était si profondément ancrée dans le Tiers État français, porteur en ce domaine des aspirations de l'ensemble de la nation, qu'elle est affirmée à la première ligne de la Déclaration des droits de 1789, reproduite par la constitution du 14 septembre 1791 : *Les hommes naissent et demeurent libres et égaux en droits. Les distinctions sociales ne peuvent être fondées que sur l'utilité commune* (12). *Cet immortel principe,* mérite bien le détour d'une explication.

§ 2 LE FONDEMENT PHILOSOPHIQUE DE LA LIBERTÉ INDIVIDUELLE

La *merveilleuse aurore,* selon la formule de Tocqueville, se lève en 1789.

(10) De même, lors des États généraux, outre une différence vestimentaire manifeste entre les Ordres, seuls les membres du Tiers État écoutaient debout le discours royal.

(11) A travers le contrat social, où chacun donne *tout* pour recevoir *tout,* à nouveau, les individus, jadis isolés, se retrouvent en société, mais jouissent tous, au même titre, des mêmes libertés.

(12) Mme de Staël était à cet égard fondée à écrire, à propos de 1789 : *Le principe moteur de la Révolution était l'égalité.* Mais observons qu'il s'agit d'une égalité *juridique* (*une belle et stérile fiction de la loi* constatera Gracchus Babeuf dans le *Manifeste des Égaux,* 1796). Au vrai, le sens profond de la Révolution de 1789, révolution bourgeoise, repose sur le couple indissociable *égalité-propriété :* une République égalitaire, et la nuance revêt ici toute sa signification, de propriétaires libres. A l'égalité *formelle,* le socialisme opposera, au point de s'y identifier, l'égalité *réelle* ou l'égalité de *fait.*

A. LA VISION LIBÉRALE DE 1789

On peut prendre, pour point de départ, les définitions données par la Déclaration des droits de 1789 :

Art. 4. — *La liberté consiste à pouvoir faire tout ce qui ne nuit pas à autrui ; ainsi l'exercice des droits naturels de chaque homme n'a de bornes que celles qui assurent aux autres membres de la société la jouissance de ces mêmes droits. Ces bornes ne peuvent être déterminées que par la loi.*

Art. 5. — *La loi n'a le droit de défendre que les actions nuisibles à la société. Tout ce qui n'est pas défendu par la loi ne peut être empêché et nul ne peut être contraint de faire ce qu'elle n'ordonne pas.*

Deux idées principales en découlent. La première est que *la liberté est la conformation volontaire à l'ordre,* celui-ci étant posé par la loi. Il faut, à cet égard, retenir l'importance de la notion d'ordre pour la définition de la liberté. C'est la soumission *volontaire* à l'ordre qui distingue la liberté de la licence. Mais, bien entendu, l'ordre dont il s'agit dans une démocratie occidentale, n'est pas un ordre totalitaire. Au reste, d'une façon générale, si un ordre social de ce type est institué dans une société, il n'y a plus de place pour la liberté (13).

La seconde idée est que *la liberté est un pouvoir de décision ou d'autodétermination.* C'est aussi un pouvoir d'action, sur les choses et sur les êtres. Mais ce n'est pas encore assez dire, tout au moins, dans la conception libérale. Pour un libéral, *la liberté est le droit de courir des risques en vue d'acquérir des biens,* soit matériels, soit spirituels.

Dans cette perspective, la liberté apparaît clairement avec son corollaire naturel, qui est la *responsabilité.* Il s'ensuit que l'exercice de la liberté comporte normalement une balance constante des risques et des avantages et, par conséquent, réclame au départ la maîtrise de soi-même.

Si l'on cherche, en effet, à aller au fond des choses et à préciser le fondement philosophique de la liberté humaine, on s'aperçoit que la liberté est certes un pouvoir, mais qu'avant d'être un pouvoir sur les autres, elle est un pouvoir sur *soi-même.* L'homme est libre parce que, grâce à sa raison, il est maître de lui-même. Au surplus, selon la conception de Kant, l'homme est *libre aussi longtemps qu'il n'obéit à personne sauf aux lois.*

B. LIBERTÉ ET SOUVERAINETÉ PERSONNELLES

A ce stade, on comprend que *liberté humaine* équivaut à *souveraineté humaine. Ce que la souveraineté est à l'État, la liberté l'est à l'individu.* L'État est souverain parce que grâce à son organisation rationnelle et à l'équilibre interne de ses pouvoirs, il est maître de lui-même.

L'individu possède, lui aussi, une *souveraineté personnelle,* qui est sa liberté parce qu'il possède et domine ses diverses facultés et que, par suite, il peut posséder et dominer *l'utilisation de ses propres facultés.*

Cette explication dernière de la liberté humaine permet de comprendre comment, dans la conception classique, les diverses libertés individuelles posent des bornes au pouvoir de l'État. Au fond, il s'agit

(13) On ne saurait, pour autant, dissimuler la profonde inquiétude éprouvée par les libéraux de Tocqueville à Raymond Aron, concernant la marche des sociétés démocratiques : dans une société vouée à l'égalité, que devient la liberté ? *La meilleure chance de bonheur que le monde ait jamais entrevue a été gâchée parce que la passion de l'égalité à détruit l'espoir de la liberté* prétendait Lord Acton.

de la *limitation d'une souveraineté par d'autres souverainetés : la souveraineté de l'État est obligée de composer avec celle des individus* (14).

§ 3 LES DIVERSES SORTES DE LIBERTÉS INDIVIDUELLES

On distinguera, les libertés de *l'homme* et du *citoyen* ou celles de la *vie civile* (A) et les libertés de la *vie politique* (B).

A. LES LIBERTÉS DE LA VIE CIVILE

Destinées à assurer *la maîtrise paisible de la vie privée,* elles se répartissent en deux groupes que l'on peut respectivement dénommer : libertés *individuelles* et *collectives.* Elles peuvent être revendiquées tant par les nationaux que par les étrangers qui *résident et travaillent régulièrement sur le territoire national* (C.C., 13 août 1993, *Maîtrise de l'immigration, chr.* n° 68, p. 170).

1° Les libertés individuelles

Pour l'essentiel, ce groupe comprend les libertés suivantes :

a) *La liberté physique ou liberté d'aller et venir ou sûreté*

En l'occurrence, *la sauvegarde de la dignité humaine contre toute forme d'asservissement et de dégradation* (loi du 29 juillet 1994) emporte la condamnation des manipulations génétiques, de l'esclavage et de l'internement arbitraire (15). L'indépendance physique de l'individu signifie, par ailleurs, qu'il peut se déplacer à l'intérieur du territoire national, s'y fixer, le quitter et le retrouver, à son gré (16). En ce sens, la sûreté (mot forgé par Montesquieu) constitue une *protection avancée*

(14) Si la science et la technique ont suscité initialement une fascination, elle provoquent, depuis peu, une inquiétude. Le réseau *Internet* n'est-il pas synonyme d'une société de surveillance ? Face à la montée du pouvoir, le législateur s'emploie à concilier la modernité et la liberté, en matière d'informatique (loi du 6 janvier 1978) ; d'écoutes téléphoniques (loi du 10 juillet 1991) et tout particulièrement concernant la bioéthique (loi du 29 juillet 1994) dès lors qu'on s'approche peut-être de *la main de Dieu ou... de la queue du diable* (H. Curien).

(15) Ce principe de sauvegarde dégagé par le C.C. (27 juillet 1994, *Bioéthique, chr.* n° 72, p. 178) implique *la primauté de la personne humaine, le respect de l'être humain dès le commencement de sa vie* (art. 16 du code civil, rédaction de la loi du 29 juillet 1994) ; *l'inviolabilité, l'intégrité et l'absence de caractère patrimonial du corps humain* (art. 16-1) et *l'intégrité de l'espèce humaine* qui interdit *toute pratique eugénique* (art. 16-4).

(16) La liberté d'aller et venir a valeur constitutionnelle (C.C., 12 juillet 1979, *Ouvrage d'art,* C.C.F., p. 90). Par suite, l'administration ne saurait procéder à un retrait de passeport (T.C., 9 juin 1986, *Eucat c. Trésorier-payeur général du Bas-Rhin,* concl. M.-A. Latournerie, *R.F.D.A.* 1987, p. 53), en dehors de *dispositions spécifiques* aux étrangers (C.C., 22 avril 1997, *Loi Debré, chr.* n° 82, p. 207), ni refuser de procéder à sa délivrance (C.E., 8 avril 1987, *Peltier, A.J.D.A.* 1987, p. 327). De la même façon, la rétention d'un étranger relève, en principe, de l'autorité judiciaire, *gardienne de la liberté individuelle* (art. 66 C). Cependant, la rétention administrative est admise, voire sa réitération ce qui est contestable (C.C., 22 avril 1997, *Loi Debré, chr.* n° 82, p. 209), V. Étrangers, *R.F.D.A.* 1999, p. 469.

L'inviolabilité du domicile, corollaire de la liberté individuelle, a également valeur constitutionnelle (C.C., 29 décembre 1983, *Loi de finances pour 1984, chr.* n° 29, p. 178).

En revanche, la loi du 3 septembre 1986 a généralisé les contrôles d'identité. V. J. MORANGE : Le nouveau régime des contrôles d'identité, *R.F.D.A.* 1987, p. 85.

de l'individu, selon l'expression de Jean Rivero, sous l'aspect de garanties minimales. *Les droits de la défense* doivent être regardés, par comparaison au goulag ou à l'hôpital psychiatrique (17) comme représentatifs de la culture occidentale. Plus que toute autre, la Grande-Bretagne s'est souciée de consacrer cette liberté. L'*Act d'habeas corpus* de 1679 s'y emploie avec succès par l'intervention presque immédiate d'un jury qui, après toute arrestation, se prononce sur la mise en liberté de l'inculpé (18).

b) *Les libertés de la famille*

Elles s'énoncent comme suit : justes noces, filiation, autorité parentale, liberté de donation et de testament. Mais au-delà de cet aspect classique, il faut tenir compte, à l'époque actuelle, du désir de protéger *l'intimité* de la vie privée. C'est ainsi qu'une loi du 17 juillet 1970 (art. 9 du code civil) en France, s'emploie à lutter contre certaines formes d'indiscrétions (photos ou enregistrements de conversations) (19).

c) *La propriété privée*

Traditionnellement, elle est assimilée par toutes les déclarations de droits de l'époque classique (art. 2 et 17 du texte de 1789) à un *droit naturel et imprescriptible,* à la manière d'un *rempart* ou d'un *bouclier* en faveur de l'individu. Dans un contexte libéral, en effet, les libertés sont en leur tréfonds des pouvoirs d'action, soit sur les hommes, soit sur les choses (20).

d) *La liberté des conventions*

Elle est explicitée par l'article 1134 du code civil : *les conventions légalement formées tiennent lieu de loi à ceux qui les ont faites. Elles ne peuvent être révoquées que de leur consentement mutuel ou pour les causes que la loi autorise.*

e) *La liberté d'entreprise*

Elle signifie la liberté du commerce et de l'industrie, reconnue par la loi des 2-17 mars 1791.

Ce groupe de libertés, qui historiquement est effectivement apparu en premier lieu, est surtout relatif à la réalisation de sa *destinée personnelle,* dans le domaine familial et professionnel. Ce sont les libertés nécessaires à un individu qui souhaite réussir sa vie sur le plan matériel, mais se préoccupe peu de dépasser ce niveau, soit par la spéculation intellectuelle, soit par l'action sur ses semblables.

2° Les libertés collectives

A ce point de la présentation, on se bornera à recenser les principales d'entre elles. Ce groupe comprend, au-delà des libertés locales *(libre administration) : la liberté de conscience et des cultes ;*

(17) Du point de vue juridique, une autorité grandissante s'attache *aux droits de la défense* qui s'imposent à l'administration, en l'absence de texte, en qualité de *principe général de droit* (C.E. : 5 mai 1944, *Dame Veuve Trompier-Gravier* G.A. p. 354) ainsi qu'au *législateur.* Le C.C. les range parmi *les principes fondamentaux reconnus par les lois de la République, ayant valeur constitutionnelle* (2 décembre 1976, *Accidents du travail, C.C.F.* p. 232). En un mot, c'est le gage d'un *procès équitable* (art. 6 de la convention européenne des droits de l'homme).

(18) Nonobstant l'art. 66 C qui confie à l'autorité judiciaire le respect de la liberté individuelle, le droit français autorise la garde à vue dans les locaux de la police. Cependant, la présence d'un avocat est désormais autorisée (art. 63-4 du code de procédure pénale, rédaction de la loi du 4 janvier 1993).

(19) V. A. Roux : *La protection de la vie privée dans les rapports entre l'État et les particuliers,* 1983.

(20) Le C.C. (16 janvier 1982, *Nationalisation, C.C.F.* p. 250) a rappelé que les principes de 1789 *ont pleine valeur constitutionnelle, tant en ce qui concerne le caractère fondamental du droit de propriété dont la conservation constitue l'un des buts de la société politique... qu'en ce qui concerne les garanties données aux titulaires de ce droit et les prérogatives de la puissance publique.* Il résulte de cette mise en perspective, que le droit de propriété demeure le principe et l'expropriation, l'exception.

la liberté de l'enseignement ; la liberté de réunion ; la liberté de manifestation ; la liberté d'association ; la liberté syndicale et la liberté de communication.

Au détour de cette énumération, deux remarques s'imposent. Il y a lieu de considérer, tout d'abord, que le régime le plus favorable à l'exercice de la liberté est le régime dit *répressif.* En d'autres termes, l'individu peut exercer librement son activité sans obtenir au préalable une autorisation quelconque. Seuls les *abus* de la liberté seront de nature à susciter une poursuite devant les tribunaux (C.C., 16 juillet 1971, *Liberté d'association, G.D.* p. 244).

Parmi les libertés précitées, il en est une, d'autre part, qui doit être isolée en raison de son rôle déterminant. Moins que la liberté d'association, même si les partis politiques empruntent ce vêtement juridique, c'est à celle de la communication des pensées et des opinions, *un des droits les plus précieux de l'homme* (art. 11 de la Déclaration de 1789) qu'on pense. En termes péremptoires, le C.C. estime que *son exercice est l'une des garanties essentielles du respect des autres droits et libertés et de la souveraineté nationale* (10-11 octobre 1984, *Entreprises de presse, chr.* n° 33, p. 163). En un mot, cette liberté débouche sur le *pluralisme* des courants d'expression, qui constitue *une des conditions de la démocratie* (17-18 septembre 1986, *Liberté de communication, ibid.*, n° 40, p. 179).

Après la liberté de la presse (loi du 29 juillet 1881), un pas décisif a été franchi avec celle de la communication audiovisuelle (loi du 29 juillet 1982), dont une instance de régulation, le C.S.A. (Conseil supérieur de l'audiovisuel, loi du 17 janvier 1989) assure actuellement le respect (21). Elle a été marquée, par l'éclosion des radios et télévisions privées. Cependant, le pouvoir économique demeure un danger pour cette liberté, en dépit des barrières dressées contre les concentrations, par la loi du 27 novembre 1986 (22).

Mais, la quête de la liberté en faveur de l'individu ne peut être dissociée de celle du citoyen. La *liberté-autonomie* se prolonge sous l'aspect de la *liberté-participation.*

B. LES LIBERTÉS DE LA VIE POLITIQUE

La maîtrise de la vie publique résulte, pour une personne, de la reconnaissance de *droits civiques* et *politiques,* dont la trame constitue un élément fondamental du droit constitutionnel. Cette catégorie de libertés est accordée, en règle générale, aux seuls nationaux (22).

1° Les droits civiques

Civis Romanus sum. La formule fameuse, désigne les prérogatives attachées à la qualité de *citoyen* qui lui permettront de concourir à la *vie de la cité.* D'une façon plus précise, on désigne par cette expression, l'aptitude à postuler un emploi public, le droit d'être juré ou témoin, celui d'être soldat et aussi... certitude moins agréable, d'être contribuable.

2° Les droits politiques

Ils sont ceux qui permettent de prendre part selon une *périodicité raisonnable.* (C.C., 6 décembre 1990, *Concomitance des renouvellements des conseils généraux et régionaux, chr.* n° 57, p. 179), à *l'expression de la souveraineté nationale :* droit de vote dans les élections et votations, droit d'éligibilité (c'est-à-dire de faire acte de candidature), droit d'adhérer à un parti politique, entre autres. Les droits politiques procèdent à la fois de l'idée de liberté politique et de celle de liberté individuelle. C'est

(21) V. F. Balle : *Médias et société,* 8e éd., 1997 ; Ch. Debbasch : *Droit de l'audiovisuel,* 2e éd., 1991 ; B. Guillou et J.-G. Padioleau : *La régulation de la télévision,* 1988 ; J. Chevallier : De la C.N.C.L. au Conseil supérieur de l'audiovisuel, *A.J.D.A.* 1989, p. 59 et *chr.* n° 51.

(22) V. F. Constant : *La citoyenneté,* 1998.

en raison de ce caractère mixte, qu'ils ne peuvent pas être accordés à tous les individus, mais aux seuls *nationaux* en âge de les exercer (art. 3 C) (23).

En règle générale, l'importance attachée aux libertés justifie qu'elles occupent une place *distincte* dans les constitutions des régimes occidentaux.

SECTION III LES DÉCLARATIONS DES DROITS

L'énoncé des droits de l'individu, en Occident, emprunte, en règle générale, la démarche solennelle d'une *déclaration,* accompagnée le cas échéant d'une *garantie* de ceux-ci (§ 1er). Ces documents s'abreuvent à une même *source intellectuelle :* la philosophie des Lumières, pour une part importante (§ 2). Mais, ils ne sauraient figer les libertés, sous peine de les étioler. La *dynamique* inhérente à celles-ci est à l'origine, à l'époque actuelle d'une évolution (§ 3), dont le préambule de la constitution de 1958 rend compte (§ 4).

§ 1 LA NOTION DE DÉCLARATION DES DROITS

Les déclarations ou préambules (catalogues ou répertoires des droits et libertés) sont placés en tête des constitutions (24).

A. L'IMPORTANCE DES DÉCLARATIONS

Cette démarche solennelle donne tout son sens à la *primauté* de l'individu face à l'État et peut être regardée comme un résumé de l'idéologie libérale (25).

Cette tradition est née en Amérique du Nord. Sans doute, il y avait eu des précédents anglais (pétition des droits de 1628, *Act d'habeas corpus* de 1679, bill des droits de 1689). Toutefois ces déclarations anglaises avaient un caractère beaucoup plus particulier et *concret* que les déclarations américaines et surtout françaises (26).

(23) Cependant, pour la première fois, le traité de Maastricht (art. 8) signé le 7 février 1992, procède à une *dissociation* entre la nationalité et la citoyenneté, en instituant une *citoyenneté de l'Union européenne* superposée aux citoyennetés nationales. L'art. 88-3 C (rédaction de la L.C. du 25 juin 1992) reconnaît ainsi aux ressortissants communautaires, en France, les droits de vote et d'éligibilité aux élections municipales et au Parlement européen. V. J. GICQUEL, Citoyenneté et démocratie *in Les nouvelles frontières de l'Europe* (Fondation Robert-Schuman) 1993, p. 43 ; A. AMOR, Ph. ARDANT et H. ROUSSILLON, (sous la direction de) *Le suffrage universel,* 1994.

(24) A cet égard, la distinction entre une déclaration et un préambule se marque exclusivement d'un point de vue *formel* ou rédactionnel : la première se présente sous l'aspect *juridique* d'une énumération d'articles, tandis que le second adopte la démarche *littéraire.* V. J. ROBERT et H. OBERDORFF : *Libertés fondamentales et droits de l'homme. Textes français et internationaux,* 3e édit. 1997.

(25) *Les droits de l'homme sont l'horizon moral de notre temps,* selon Robert Badinter.

(26) Les textes britanniques sont, tout d'abord, *composites.* En ce sens, ils font référence tout à la fois à des libertés individuelles et collectives. Ensuite, et surtout, ils sont *concrets ou pragmatiques.* Ils aménagent au profit de l'individu des *procédures* protectrices, applicables sur-le-champ, en quelque sorte, sans aucun souci idéologique, ni universaliste, à l'opposé de la Déclaration française de 1789. D'une manière générale, on met au Royaume-Uni les libertés *en actes,* non en articles. La liberté s'y présente comme *une manière d'être,* un *climat des esprits* selon René Grousset. En France, on cède parfois à l'incantation.

Les déclarations des droits de l'époque classique sont apparues dans les nouveaux États de l'Amérique du Nord, au moment de la proclamation de leur indépendance, le 4 juillet 1776. La première a été celle votée par l'assemblée de Virginie, le 12 juin 1776. Toutefois, pour des raisons strictement conjoncturelles, il n'y a pas de déclaration des droits en tête de la constitution fédérale de 1787. Mais l'équivalent s'y trouve sous la forme des dix premiers amendements adoptés en 1791 (27).

A la suite de l'exemple américain, cette démarche s'est imposée : la plus fameuse étant celle adoptée, en France, le 26 août 1789 (*infra*).

B. L'ADAPTABILITÉ DES DÉCLARATIONS

La constitution française de 1875 ne comportait pas de déclaration des droits (28), mais la tradition a été reprise avec celle de 1946, qui est précédée d'un préambule, dans lequel une référence formelle est faite à la déclaration de 1789, complétée, d'abord par les *principes fondamentaux reconnus par les lois de la République,* et, ensuite par les *principes politiques, économiques et sociaux particulièrement nécessaires à notre temps.* Ce préambule a été officiellement maintenu en vigueur en 1958, et vivifié par le Conseil constitutionnel.

Il y a enfin lieu de noter, que l'affirmation solennelle des droits de l'homme déborde les cadres nationaux pour s'élargir au plan mondial et régional, à la manière de cercles concentriques.

Dans cet ordre d'idées, une déclaration universelle des droits de l'homme, à l'élaboration de laquelle René Cassin a joué un rôle important, a été votée le 10 décembre 1948 par l'assemblée générale de l'O.N.U. et une commission des droits de l'homme créée (29). Mais, de façon conséquente, celle-là sera prolongée par deux pactes signés à New York, le 19 décembre 1966, et ratifiés par la France, en 1980, relatifs aux droits civils et politiques, d'une part et aux droits économiques, sociaux et culturels, d'autre part (30).

Parallèlement, la Convention européenne de sauvegarde des droits de l'homme était signée à Rome, le 4 novembre 1950 (31).

C. LES GARANTIES DES DROITS

Dans les constitutions américaine et française et, en particulier, celle du 14 septembre 1791, on rencontre, à côté des déclarations des droits, l'expression des *garanties des droits.*

Celles-ci se présentent comme des règles positives et obligatoires, ayant valeur *contraignante* et s'imposant, en particulier, au législateur. L'alinéa 3 du titre premier de la constitution de 1791 dispose : *le pouvoir législatif ne pourra faire aucune loi qui porterait atteinte et mettrait obstacle à l'exercice des droits naturels consignés dans le présent titre et garantis par la constitution.*

Après 1791, la constitution de 1793 classe ses derniers articles (122-124) sous cette dénomination. Il arrive même que cette dernière remplace une déclaration en bonne et due forme (constitutions de l'an VIII et de 1852, chartes de 1814 et 1830).

(27) La Déclaration d'indépendance est un énoncé de la doctrine du droit naturel et du libéralisme. En outre, ce texte a exercé une influence qui, pour n'être pas exclusive, a été décisive, en France.

(28) Cependant, la IIIe République peut être regardée comme *l'âge d'or* des libertés publiques, même si elle n'a pas été exempte de tentations opposées (v. J.-P MACHELON : *Les restrictions aux libertés publiques sous la IIIe République, 1976*). Du reste, les constituants de 1946, lui rendront hommage par la référence aux *principes fondamentaux reconnus par les lois de la République.* Ceci revient à *constitutionnaliser,* en fait, les grandes libertés votées sous ce régime, qui, participent, pour une part importante, à notre culture nationale.

(29) V. R. CASSIN : *La Déclaration universelle des droits de l'homme,* 1958 ; *La Déclaration universelle des droits de l'homme* (commentaires des articles), 1998.

(30) V. J. MOURGEON : Les pactes internationaux relatifs aux droits de l'homme, *A.F.D.I.* 1967, p. 326 ; G. COHEN-JONATHAN, *La protection internationale des droits de l'homme, D.F.,* 1997.

(31) V. G. COHEN-JONATHAN : *La convention européenne des droits de l'homme,* 1989 ; P. ROLLAND et P. TAVERNIER : *La protection internationale des droits de l'homme* (textes), 1989 ; *C.C. et Cour européenne des droits de l'homme,* actes du colloque de Montpellier, 1990.

§ 2 LES SOURCES DES DÉCLARATIONS DES DROITS

Celles-ci trouvent leur origine dans la philosophie politique du XVIIIe siècle et dans des précédents retentissants.

A. LA PHILOSOPHIE POLITIQUE DU XVIIIe SIÈCLE

La philosophie des Lumières doit être regardée comme la source *immédiate* desdites déclarations. Sur ce point, toutes les écoles concordaient, même celle des physiocrates. Pendant la Révolution française, il y eut un nombre élevé de projets, dus à l'initiative privée, entre autres. C'est ainsi que la déclaration de 1789, malgré le désordre qui a présidé à son élaboration (32), présente *une profonde unité d'inspiration, une cohérence remarquable ;* à telle enseigne que l'on est fondé à y voir un raccourci saisissant de *l'esprit du siècle* (33).

Les apports doctrinaux sont aisément discernables, on le rappelle, pour mémoire : Jean-Jacques Rousseau (les droits naturels de l'individu et le culte de la loi) (34) ; Montesquieu (la séparation des pouvoirs et la sûreté) (35) ; Diderot et Voltaire (la tolérance et la liberté de conscience) et les physiocrates (la libération de la propriété et sa vénération).

Mais, par-delà les bâtisseurs, il faut se tourner à nouveau vers la théorie du *droit naturel* qui, sur la base de l'enseignement des stoïciens et plus particulièrement de John Locke (*Essai sur le gouvernement civil,* 1690) affirme que l'individu, de par sa nature, possède des droits inaliénables, *indépendamment* du droit positif, voire à l'opposé de celui-ci, en tant que de nécessité.

C'est ainsi que les idées de Locke (inventeur au demeurant de l'expression des *droits de l'homme*) furent converties en formules juridiques, au XVIIIe siècle, par son compatriote Blackstone. Sans conteste, elles inspirèrent les colons américains dans leur lutte contre la métropole. La liste des libertés individuelles arrêtée par celui-ci est directement à l'origine de la déclaration adoptée, le 12 juin 1776, par l'État de Virginie.

B. LES PRÉCÉDENTS

La tradition anglo-américaine peut être aisément identifiée : qu'il s'agisse de l'*Act d'habeas corpus* de 1679 ; du *Mayflower compact* de 1620 (36) et bien évidemment de la déclaration d'indépendance

(32) La Déclaration est le résultat d'une élaboration *collective* par une assemblée *politique :* une confection, au pas de charge, en neuf jours ; une rédaction exemplaire, à beaucoup d'égards, adoptée dans le feu de la discussion publique. Au surplus, il y a lieu de mentionner que le texte, dans l'esprit de ses auteurs, était *provisoire,* à la manière d'une première mouture et appelé, dans ces conditions, à être modifié, complété, le cas échéant. On sait ce qu'il en advint. Les 17 articles adoptés le 26 août 1789 ont été réputés *intangibles,* tant leur succès fut immédiat. Mais là ne s'arrête pas l'extraordinaire destin de ce texte : placé en tête de la constitution de 1791, ressuscité par celle de 1946, conservé en 1958, il a inspiré les auteurs de la Déclaration universelle des droits de l'homme, en 1948. Parler, dans ces conditions, des *immortels principes de 1789* ne relève point de la figure de style.

(33) Il n'est pas indifférent de mentionner, par ailleurs, le caractère *lapidaire* des formules. D'où la valeur éminemment *didactique* de la Déclaration.

(34) Par commodité, on prétend souvent que la Déclaration de 1789 est *la fille de Rousseau.* Cette présentation correspond à la vérité si l'on entend par là que *le citoyen de Genève* (et non sujet du roi de France) a exercé une influence diffuse sur les esprits de son temps. Mais elle s'avère fausse, opposée à sa doctrine. En effet, sa théorie du *Contrat social* a été qualifiée d'absolutiste par certains auteurs, dès lors que l'individu entre nu, en quelque sorte, dans la société sans pouvoir disposer, en réserve, d'un droit qu'il pourrait opposer à l'État. On connaît, de ce point de vue, la condamnation de Benjamin Constant, dénonçant dans cette théorie, *le plus terrible auxiliaire de tous les genres de despotismes.*

(35) Les auteurs de la Déclaration, fils de Rousseau et de Montesquieu, se sont évertués à concilier la démocratie (ou la confiance dans le pouvoir) et le libéralisme (la méfiance dans le pouvoir à l'origine contemporaine de l'État de droit) *infra.*

(36) Les puritains, fuyant les persécutions, avant de débarquer en 1620 au cap Cod (Mass.) rédigèrent en mer ce document fixant leurs principes d'organisation.

des États-Unis, du 4 juillet 1776 qui ouvre le cortège des déclarations des droits insérées dans les constitutions des 13 premiers États américains.

Il n'est pas douteux que ce dernier texte ait favorisé une prise de conscience. L'apologue des *deux tableaux* de La Fayette l'atteste. De retour en France au lendemain de la guerre d'Indépendance, il avait fait placer dans son cabinet de travail le texte de 1776 et en face un cadre vide ; ce qui ne manquait pas d'intriguer ses visiteurs. A ceux-ci, le *héros des deux mondes* répondait que ce tableau était destiné à accueillir la future déclaration française. On sait que son vœu devait être exaucé. L'affirmation, en 1789, de la liberté individuelle allait être ultérieurement contestée et déboucher, en 1946, sur sa socialisation.

§ 3 L'ÉVOLUTION CONCERNANT LA NATURE ET L'ESPRIT DES DROITS ET LIBERTÉS

On connaît la formule de Rousseau : *La liberté et le repos sont incompatibles : il faut opter.* A n'en pas douter, le répit engendre tôt ou tard le repli. Dans cette perspective, *l'évolution* de la liberté est à l'image des relations entre l'individu et le pouvoir. Si, initialement, la conception libérale est placée sous le signe de *l'opposition* entre ceux-ci ; la *réconciliation* ou la *collaboration* s'impose, en revanche, à l'attention, de nos jours. A l'individu *contre* le pouvoir, correspondent les *libertés-virtualités* ou *libertés-résistance ;* à l'individu *avec* le pouvoir, les *droits sociaux* ou *libertés-créance* ou, de la liberté *de* à la liberté *à*.

A. LES LIBERTÉS-VIRTUALITÉS OU LIBERTÉS-RÉSISTANCE

Dans son expression classique, la notion de liberté individuelle est liée à la conception *libérale,* dont l'idée centrale consiste dans le fait que les individus ne doivent compter que sur eux-mêmes pour réaliser leur destinée, à la manière de pionniers, au point que l'on compare, avec justesse, au demeurant, la société libérale à un *archipel de Robinsons.* Quant à l'État, sa mission se borne à celle d'un *surveillant général* (B. de Jouvenel) c'est *l'État-gendarme* dont l'action consiste à assurer la sécurité extérieure du groupe et l'ordre à l'intérieur, par sa justice, sa police et l'organisation d'un minimum de commodités communes ; en un mot, l'État-*veilleur de nuit* (A. Gramsci).

Dans cette vision libérale et individualiste, qui est celle de la Révolution française, réserve faite de courants différents qui ont pu, à certains moments, affleurer, sous la Convention ou le Directoire (comme, celui de Gracchus Babeuf) les libertés apparaissent surtout comme des *possibilités,* des *virtualités,* des routes ouvertes au-devant de l'indépendance et de l'initiative des individus. Magnifié, l'individu est le bâtisseur de son avenir, le responsable de son destin, de son bonheur, en un mot. Aussi n'est-il pas surprenant que l'on qualifie de *libertés-résistance,* de *libertés-barrière* les droits dont il est titulaire face à l'État au profil bas ravalé à un rôle *utilitaire,* sinon *parasitaire* (37).

Ces remarques prennent leur pleine valeur lorsqu'on réfléchit, en même temps, au contenu de l'idée d'égalité, telle qu'elle a été proclamée à la fin du XVIIIe siècle. C'est uniquement *une égalité de droit,* c'est-à-dire une égalité *politique* et *juridique.*

Or, il est bien évident que l'égalité de droit reste, dans une large mesure, théorique, lorsqu'elle est contredite par *l'inégalité de fait* comme le dénoncera et le dénonce encore de nos jours le socialisme. L'égale admission aux emplois publics, par exemple est proclamée par nos lois. Cependant la préparation à ceux-ci, surtout s'il s'agit d'emplois supérieurs, demande de longs efforts et des

(37) Dans cet ordre d'idées, mentionnons une formule topique de Thomas Jefferson : *Le meilleur gouvernement est celui qui gouverne le moins.* Anatole France, pour sa part, affirme : *La République n'est brillante ni en femmes ni en chevaux et elle a l'inconvénient de coûter cher. Mais c'est un bon gouvernement parce qu'elle gouverne peu.*

moyens financiers appréciables. Ceux qui en sont privés, se trouvent en situation d'infériorité par rapport à ceux qui les possèdent. En ce domaine, comme beaucoup d'autres, l'égalité de droit engendre une inégalité de fait.

En définitive, la liberté n'est assurée qu'autant elle est accessible au plus grand nombre. L'apparition des *droits sociaux* (pléonasme mis à part) à l'époque contemporaine consacre cette revendication.

B. LES DROITS SOCIAUX OU LES LIBERTÉS-CRÉANCE

Par suite de l'approfondissement de l'idée d'égalité, liée au combat socialiste, la notion de liberté a évolué et opéré un *revirement* de conception. Par droits nouveaux, on vise ceux au travail, à l'enseignement, à la santé, à la sécurité matérielle, au repos et aux loisirs ; il s'agit, en bref, de la revendication du *droit de l'homme au bonheur* (38). Dans cette perspective, les droits ou libertés ne sont plus seulement des pouvoirs d'agir, mais des moyens de réclamer les *prestations* déterminées de la part de l'État.

Ainsi, la vision s'élargit-elle, du *droit-résistance* au *droit-créance,* de l'abstention de l'État à son intervention. Mais, il est juste d'observer que l'individu, entre-temps, a abdiqué en acceptant de devenir l'assisté, sinon le protégé de ce dernier, mettant ainsi un terme à l'antinomie qui caractérisait jusqu'alors, la liberté et le pouvoir. *L'État-Providence* ou le *tout-à-l'État* résume cette ambition.

Ce passage des droits individuels aux droits sociaux ou, plus exactement, ce *complément* des uns par les autres, se marque notamment en France, dans le préambule de la constitution de 1946 (toujours en vigueur). Ce que traduit la formule du *socialisme individualiste* du doyen Georges Vedel.

Entre *la liberté qui opprime* et *la loi qui délivre,* selon Lacordaire, les droits sociaux prennent le parti de la seconde, en se mobilisant pour la défense des plus faibles et des exclus. La crise, consécutive à la fin des *trente glorieuses,* qui ébranle le système de protection sociale, provoque depuis peu, le retour en force du néo-libéralisme, et du chacun pour soi (39). Mais, c'est ignorer la *fraternité,* bref la *solidarité,* dont la sécurité sociale constitue le symbole. Solidarité à l'égard des jeunes, des personnes privées d'emploi et des pauvres. A preuve, la création du R.M.I. (loi du 1er décembre 1988).

§ 4 LE PRÉAMBULE DE LA CONSTITUTION DU 4 OCTOBRE 1958

La constitution de 1958 s'ouvre par la formule suivante :

Le peuple français proclame solennellement son attachement aux droits de l'homme et aux principes de la souveraineté nationale, tels qu'ils ont été définis par la Déclaration de 1789, confirmée et complétée par le préambule de la constitution de 1946 (40).

Dans ces conditions, il importe d'en examiner successivement, le contenu (qui figure en *annexe* du manuel) et la valeur juridique.

(38) V. Daniel MAYER : *Socialisme : le droit de l'homme au bonheur,* 1976.

(39) V. P. ROSANVALLON : *La crise de l'État-providence,* 1981 ; G. SURMAN : La révolution conservatrice américaine, 1983 et S.-Chr. KOLM : *Le libéralisme moderne,* 1984.

(40) V. J. GEORGEL : Aspects du préambule de la constitution de 1958, *R.D.P.* 1960, p. 88 ; F. LUCHAIRE, P.-H. TEITGEN *in* C.R.F., p. 87.

A. LE CONTENU DU PRÉAMBULE DE 1958

En apparence, le texte présente un aspect bâclé (41), ridicule à la limite, par rapport aux documents du passé, au point d'être qualifié de *préambule-croupion.* Et pourtant, il se révèle à l'examen d'une richesse remarquable par l'utilisation de la technique juridique du *renvoi* à deux textes d'une particulière densité : la Déclaration des droits de l'homme et du citoyen, votée le 26 août 1789, et le préambule de la constitution du 27 octobre 1946 (42). On se trouve ainsi en présence d'un monument du droit constitutionnel classique qui se perpétue, sous le bénéfice de l'*adaptation,* opérée par le Conseil constitutionnel. En conséquence, le texte *juxtapose* des libertés diversifiées (celles de 1789 et celles de 1946) qui, cependant, se conjuguent au singulier.

1° Les droits individuels de 1789

La Déclaration des droits de l'homme et du citoyen, placée à la tête de la constitution de 1791, a sombré avec elle un an plus tard, avant de ressusciter en 1946. Mais, il est juste de relever qu'au préalable, elle avait très largement inspiré, à partir de 1875, le législateur républicain. Conservé en 1958, *ce catéchisme national* (Barnave) est donc un texte de *droit positif.* Qui plus est, son autorité juridique a été exaltée en raison de son incorporation, par le Conseil constitutionnel, le 16 juillet 1971 (*Liberté d'association,* G.D. p. 244) au *bloc de constitutionnalité* (Cl. Émeri) (43).

a) *Les caractères de la Déclaration de 1789*

Il est indispensable de faire une déclaration des droits pour arrêter les ravages du despotisme. La rupture annoncée par Barnave par rapport à l'Ancien Régime, qui faisait litière des libertés, est consommée. Dans ces conditions, le texte présente deux aspects essentiels : un aspect *rationnel,* d'une part, et *bourgeois,* au sens descriptif, d'autre part.

L'esprit français se nourrit d'abstractions. La Déclaration apparaît, de la sorte, une construction *intellectuelle,* tant du point de vue de sa portée que de son libellé. La portée du texte est *éternelle,* valable pour les temps, ce que la postérité a confirmé au surplus, et *universelle,* valable pour tous les hommes et pas seulement les Français de la fin du XVIIIe siècle. Quant à son libellé, la Déclaration énonce des principes *formels* à la différence des textes britanniques. Cependant, il ne faudrait pas en conclure hâtivement à un jeu de l'esprit, coupé des réalités. Bien au contraire, derrière chaque

(41) Outre l'affirmation de la *libre détermination des peuples* des T.O.M. (al. 2 du préambule), des dispositions qui s'y rattachent sont *égarées* dans le texte de la constitution. Citons : les art. 1er (égalité devant la loi, respect de toutes les croyances) ; 3 (suffrage universel, égal et secret) ; 4 (libres formation et exercice des partis politiques), 64 (indépendance de l'autorité judiciaire et inamovibilité des magistrats du siège), 66 (liberté individuelle) et 72 (libre administration des collectivités territoriales). Pourquoi ne pas avoir rédigé un nouveau préambule de 1958 ? A cette date, les rédacteurs ont estimé qu'il fallait parer au plus pressé et selon l'opinion de M. Debré, la tradition républicaine veut qu'une telle mission incombe à une assemblée, et non point à l'exécutif. La constitution de l'an VIII se présente, en conséquence, comme l'exception qui confirme la règle. V. M. DELMAS-MARTY et Cl. LUCAS de LEYSSAC (sous la direction) *Libertés et droits fondamentaux,* 1996.

(42) Le projet de constitution du 19 avril 1946 comportait une déclaration des droits de 39 articles garantissant l'exercice de libertés individuelles (la Déclaration de 1789 était ainsi remplacée) et *des droits sociaux et économiques.* Après le rejet du projet par le peuple, le 5 mai 1946, la Déclaration de 1789 a ressuscité et a été complétée par des *principes politiques économiques et sociaux* V. *Les constitutions de la France,* par G. BERLIA, 7e éd., 1952, p. 518.

(43) V. G. del VECCHIO : *La Déclaration des droits de l'homme et du citoyen dans la Révolution française,* 1980 ; L. FERRY et A. RENAUT : *Des droits de l'homme à l'idée républicaine,* 1985 ; J. MORANGE : *La Déclaration des droits de l'homme et du citoyen,* 1988 ; S. RIALS : *La Déclaration des droits de l'homme et du citoyen,* 1989.

formule, un abus précis de l'Ancien Régime est visé et récusé, par les représentants de la *classe bourgeoise* qui en constituent le fer de lance.

Dans la perspective ouverte par la nuit du 4 août, cette dernière se préoccupe d'abolir les *privilèges* (mot honni s'il en est) et de *niveler* en conséquence, la condition des individus. L'*égalité juridique* résume son ambition, dans le même temps où l'individu est libéré des entraves familiales et professionnelles qui en paralysaient l'activité. L'ordre bourgeois est consacré par l'affirmation capitale et terminale du *droit de propriété* (art. 17). On ne peut que remarquer, à cet effet, la démarche *crescendo* du texte de 1789 et les termes particulièrement vigoureux, choisis pour en parler. Nul doute, à cet effet, que la propriété, assimilée à une liberté, n'en constitue la condition d'exercice.

b) *Les dispositions de la Déclaration de 1789*

De manière classique, on envisagera l'homme, en sa double qualité *d'individu* et de *citoyen*. Au premier, s'adresse la liberté *physique* ou *liberté-autonomie ;* au second, la *liberté politique* ou *liberté-participation.*

1) La liberté physique ou liberté-autonomie

Au climat *d'insécurité* de l'Ancien Régime, la Déclaration oppose *la jouissance paisible de l'indépendance privée* (B. Constant). Le principe de la liberté physique, posé aux articles 4 et 5, donne naissance à des libertés précises. Tout d'abord, la *liberté d'aller et venir ou liberté personnelle :* principes de la *légalité des peines* (art. 7) de leur *nécessité* et *non-rétroactivité* (art. 8), à ce propos, une loi pénale rétroactive constitue une abomination (sauf à l'égard du crime de génocide, ou crime contre l'humanité) et *présomption d'innocence* en faveur de l'accusé (art. 9). Ensuite, *la liberté d'opinion et de conscience* (art. 10), supprime le délit d'opinion et l'intolérance, condition du *pluralisme* et, par voie de corollaire, du respect de l'adversaire. Enfin, *la liberté de pensée et des opinions, l'un des droits les plus précieux de l'homme* (art. 11), est consacrée. Beaumarchais triomphe de la censure.

Toutefois, la liberté individuelle serait exposée à quelques dangers si elle n'était protégée : Le droit de propriété (art. 17) et celui du citoyen répondent à cette préoccupation (44).

2) La liberté politique ou liberté-participation

L'éveil de *l'État de droit,* en 1789, est d'abord et avant tout, celui de la liberté politique, du changement fondamental de la condition des gouvernés qui, de *sujets* sont promus au rang de *citoyens,* détenteurs, à ce titre, de la souveraineté *dans* l'État. La révolution politique de 1789 trouve ici son expression achevée et le droit constitutionnel, son origine : *le principe de toute souveraineté réside essentiellement dans la nation. Nul corps, nul individu ne peut exercer d'autorité qui n'en émane expressément* (art. 3) (45). En application du principe *égalitaire* (art. 1er), la participation de tous se marque, de diverses façons.

S'agit-il de l'organisation des pouvoirs publics : *La loi est l'expression de la volonté générale. Tous les citoyens ont droit de concourir personnellement, ou par leurs représentants, à sa formation* (art. 6 *in limine*). Il s'ensuit que, faute d'assumer eux-mêmes la souveraineté, dans le cadre de la

(44) *La propriété étant un droit inviolable et sacré, nul ne peut en être privé, si ce n'est lorsque la nécessité publique légalement constatée l'exige évidemment, et sous la condition d'une juste et préalable indemnité.* Au surplus il est à noter, par ailleurs, que l'article 2 de la Déclaration range parmi les *droits naturels et imprescriptibles de l'homme :* la liberté, *la propriété,* la sûreté, et la résistance à l'oppression. La seconde place ne relève certainement pas d'une inadvertance de plume. A propos de la loi de nationalisation, le Conseil constitutionnel (16 janvier 1982, *C.C.F.* p. 250), a rappelé que les principes de 1789 ont *pleine valeur constitutionnelle tant en ce qui concerne le caractère fondamental du droit de propriété... qu'en ce qui concerne les garanties données aux titulaires de ce droit et les prérogatives de la puissance publique.* La contre-épreuve a été apportée avec la privatisation d'entreprises nationales (25-26 juin 1986, *chr.* n° 40, p. 178) concernant la propriété administrative, qui a bénéficié de la même protection que la propriété privée.

(45) En écho, s'impose à l'attention la formule liminaire du préambule de 1958 : *le peuple français proclame solennellement son attachement aux Droits de l'homme et aux principes de la souveraineté nationale.* Il s'agit là d'une formule spécifiquement française : une *même autorité* est conférée à la personne individuelle et à la personne collective.

démocratie directe, prônée par Rousseau, il est loisible aux citoyens d'en confier l'exercice à des *élus* (ce qui implique la naissance du *pouvoir de suffrage*) selon la démarche de Montesquieu favorable au *régime représentatif.*

S'agit-il, par la suite, de l'expression des pouvoirs publics, elle emprunte l'aspect de la loi qui rythme désormais de son *tempo* la vie juridique : *Elle doit être la même pour tous, soit qu'elle protège, soit qu'elle punisse* (art. 6). Reste alors à préciser, que tous les citoyens sont *également admissibles... aux emplois publics, selon leur capacité, et sans distinction que celle de leurs vertus et de leurs talents* (art 6 *in fine*) (46).

S'agit-il enfin, de l'intervention des pouvoirs publics, elle se trouve subordonnée, d'un point de vue financier, au principe du *consentement à l'impôt* (art. 14) et à celui de son *égale répartition* entre les contribuables en raison de leurs facultés (art. 13) (47). De surcroît, l'article 15 pose le principe de la responsabilité de tout agent public.

Sans préjudice d'apports ultérieurs, la Déclaration de 1789, véritable machine de guerre contre l'Ancien Régime a jeté les fondements de la *société moderne,* selon Taine. Cependant, l'appropriation privée des moyens de production et d'échange, afférente au capitalisme, engendra de nouveaux privilèges, contre lesquels le constituant de 1946 devait s'élever.

2° Les droits collectifs de 1946

Le préambule de la constitution du 27 octobre 1946, maintenu en vigueur sous la Ve République, enrichit la matière de deux séries de dispositions, indépendamment de la reconnaissance du droit d'asile pour *tout homme persécuté en raison de son action en faveur de la liberté.* Il réaffirme *les principes fondamentaux reconnus par les lois de la République (P.F.R.L.R.),* d'une part, et, selon une formule ampoulée, divers principes politiques, économiques et sociaux *particulièrement nécessaires à notre temps* appelés *les droits sociaux,* d'autre part (48).

a) *Les principes fondamentaux reconnus par les lois de la République*

Promise à une belle fortune par le Conseil constitutionnel, à partir de 1971, l'expression marque initialement le souci des constituants de 1946, de renouer avec le libéralisme *politique* de la IIIe République, par-delà des années noires 1940-1944, marquées par la négation de l'homme, dans *l'univers concentrationnaire* (D. Rousset) et raciste du Gouvernement de Vichy. Il importe de restaurer *l'éthique* individualiste ou *la tradition républicaine* (C.C., 20 juillet 1988, *Amnistie ;* 1988 ; *chr.* n° 48, p. 190). Qu'à la même époque, le juge administratif, en formulant la théorie des *principes généraux du droit* (P.G.D.) y ait trouvé un encouragement, n'est guère douteux (49). Il résulte de ce qui précède, que la circonlocution (50) vise donc les libertés proclamées sous le régime de 1875.

(46) A cet égard, le concours s'analyse comme le procédé normal de recrutement des fonctionnaires.

(47) Le système français est particulièrement *inégalitaire,* entre les contribuables soumis au régime de la *dénonciation* fiscale (titulaires de revenus fixes) et ceux qui bénéficient des avantages de la *confession* fiscale (professions libérales). L'avoir fiscal, entre autres, montre qu'il n'est pas nécessaire de frauder, mais seulement... d'appliquer la loi. La publication des déclarations de revenus d'un premier ministre et du chef de l'État, par le *Canard Enchaîné,* en donne une bonne illustration.

(48) V. M. Pelloux : Le préambule de la constitution du 27 octobre 1946, *R.D.P.* 1947, p. 367 et J. Rivero et G. Vedel : Les problèmes économiques et sociaux de la constitution de 1946, *Droit social,* 31 mai 1947.

(49) V. J. Rivero : Le juge administratif, un juge qui gouverne ? *D.* 1951, chr. p. 21 ; B. Jeanneau : *Les principes généraux du droit dans la jurisprudence administrative,* thèse, Poitiers, V. C.E., arrêts *Aramu,* 26 octobre 1945, D. 1946.158, note G. Morange ; *Canal,* 19 octobre 1962, *A.J.D.A.* 1962.612.

(50) Cette dernière résulte d'un amendement du M.R.P. (Mouvement Républicain Populaire) qui, à l'Assemblée constituante de 1946, entendait traiter par prétérition, la liberté de l'enseignement, à propos de laquelle ses alliés communistes et socialistes manifestaient une opposition de principe. V. J. Rivero : Les principes fondamentaux reconnus par les lois de la République : une nouvelle catégorie constitutionnelle, *D.* 1972, p. 265 ; B. Mathieu et M. Verpeaux : La reconnaissance et l'utilisation des principes fondamentaux reconnus par les lois de la République par le juge, *D.* 1997, p. 219.

b) *Les droits sociaux*

A quelle conception se rattachent ces nouveaux droits ? Quelle énumération peut-on en donner ? Tels sont les deux aspects que l'on se propose d'examiner.

1) La conception des droits sociaux

Cette formule, un peu gauche, est l'aveu des difficultés rencontrées par les constituants, non seulement pour opérer la synthèse des principes de 1789 et des principes nouveaux, mais pour définir clairement l'apport moderne au regard de celui de 1789. Il faut cependant, marquer rapidement les différences théoriques qui séparent les principes traditionnels des principes nouveaux.

La Déclaration des droits de 1789, à l'image du XVIIIe siècle organise, peut-on dire, un *statut négatif de l'individu.* Elle définit des *facultés d'agir* qui sont accordées à chacun, sans le secours d'aucune prestation particulière fournie par la société, qui viendrait faciliter l'action du titulaire de ces libertés. Par ailleurs, cette Déclaration se préoccupe uniquement de l'individu, retenu pour l'essentiel, sous l'aspect du citoyen et non des groupes sociaux par lesquels, *l'homme situé* (G. Burdeau) est naturellement encadré : famille, profession, *etc.*

Les tendances nouvelles qui se font jour, à partir de 1848, s'agissant du droit au travail, et se retrouvent dans les déclarations des droits accompagnant les constitutions de l'entre-deux-guerres, comme celle de Weimar, s'efforcent d'organiser *un statut positif de l'individu.* En un mot, elles envisagent non plus un individu *désincarné,* sorte de saint laïc, mais essentiellement l'individu *confronté* aux difficultés économiques et sociales de l'existence. Ce qu'elles perdent en intensité idéologique, elles le gagnent en chaleur humaine (51).

Les droits nouveaux qu'elles consacrent se résolvent presque nécessairement en des *prestations* de la puissance publique, ouvrant de façon conséquente, des *possibilités d'agir* aux individus. Ils ont volontiers un caractère *collectif* et consacrent les aspirations de la famille, de la profession ; du groupe, en définitive. Il s'agit aussi parfois de principes de politique économique, par exemple pour les nationalisations.

2) L'énumération des droits sociaux

L'ensemble est disparate. Mais, on peut y discerner cependant les rubriques suivantes : les mesures protectrices en faveur de certaines catégories de personnes ; les droits des travailleurs ; les principes de la démocratie économique et ceux de l'organisation internationale.

α) Les mesures protectrices en faveur de certaines catégories de personnes

Elles concernent d'abord, *la femme,* relevée de son incapacité juridique par les lois de 1938 et de 1942. En conséquence, le principe de *l'égalité des sexes* est proclamé : *la loi garantit à la femme, dans tous les domaines, des droits égaux à ceux de l'homme* (alinéa 3 du préambule).

Par-delà, la journée internationale du 8 mars qui lui est désormais consacrée, la femme dispose du droit d'accès et de déroulement régulier de sa carrière dans la fonction publique. Cependant, dans le secteur privé, en raison de résistances sociologiques, des poches d'inégalité subsistent, qu'il s'agisse de l'emploi (malgré la révolution contraceptive) ou de la rémunération. Dans ces conditions, le combat féministe puise une nouvelle force (52).

La femme, *source de vie,* c'est ensuite *la mère,* et par voie de corollaire, *l'enfant,* à qui, la nation, au même titre que *les travailleurs âgés* garantit *la protection de la santé, la sécurité matérielle, le repos et les loisirs* (alinéa 11). Au plan intellectuel, la nation assure à l'enfant et à l'adulte *l'égal*

(51) D'où l'abandon de la Déclaration de 1789 dans le projet de constitution du 19 avril 1946, en dehors de la référence à la *charte de* [la] *libération du peuple français.*

(52) L'art. 6 de la loi du 13 juillet 1983, portant droits et obligations des fonctionnaires retient le principe de l'égalité des sexes. Toutefois des recrutements *distincts* peuvent exceptionnellement être prévus lorsque l'appartenance à l'un ou à l'autre sexe constitue *une condition déterminante de l'exercice des fonctions.* Avec l'élection à l'Académie française, en 1980, de Marguerite Yourcenar et la nomination au C.C., en 1992, de Noëlle Lenoir, de nouvelles bastilles ont été emportées. En revanche, l'exercice des responsabilités politiques est demeuré discret. L'article 3 C (rédaction de la L.C. du 8 juillet 1999) dispose : *La loi favorise l'égal accès des femmes et des hommes aux mandats électoraux et fonctions électives.*

accès... à l'instruction, à la formation professionnelle et à la culture. L'organisation de l'enseignement public, gratuit et laïque à tous les degrés est un devoir de l'État (alinéa 13). Ultérieurement, la nation prend en charge les aléas de l'existence et notamment *l'aléa économique,* dont on ne peut que souligner la gravité actuelle, par l'obtention de *moyens convenables d'existence* (alinéa 5 et 11 *in fine*).

En résumé, *la nation assure à l'individu et à la famille les conditions nécessaires à leur développement* (alinéa 10) (53). A ce titre, on relèvera divers *acquis sociaux :* la sécurité sociale (1945-1946) ; la retraite à 60 ans (1982) ; les 35heures hebdomadaires (1998).

En dernier lieu, la *fraternité* acquiert le droit de cité : *la nation proclame la solidarité et l'égalité de tous les Français devant les charges qui résultent des calamités nationales* (alinéa 12). L'indemnisation de nos compatriotes rapatriés d'outre-mer, l'impôt solidarité pour les personnes privées momentanément d'emploi trouvent ici leur justification, *etc.*

β) *Les droits des travailleurs*

Chacun a le droit de travailler et le droit d'obtenir un emploi. Nul ne peut être lésé dans son travail ou son emploi, en raison de ses origines, de ses opinions ou de ses croyances (al. 5). *Tout homme peut défendre ses droits et ses intérêts par l'action syndicale et adhérer au syndicat de son choix* (al. 6).

Cette dernière disposition est, aujourd'hui, à la base du droit syndical, actualisé, en 1982, à l'occasion du vote des *lois Auroux.* Jusqu'en 1946, le Conseil d'État reconnaissait aux fonctionnaires le droit de se grouper dans des associations amicales, relevant de la loi du 1er juillet 1901, mais il leur déniait la faculté de se réclamer de la loi du 21 mars 1884 sur les syndicats professionnels. A l'heure actuelle, les fonctionnaires (à l'exception compréhensible des membres du corps préfectoral) peuvent, sous réserve de respecter le caractère professionnel du syndicalisme, ce qui rend illicite, le *syndicalisme politique,* se grouper dans des syndicats professionnels. La création, en 1968, du *syndicat de la magistrature,* prend valeur de symbole, à cet égard.

Dans une phrase aussi célèbre qu'ambiguë, le préambule ajoute : *le droit de grève s'exerce dans le cadre des lois qui le réglementent* (al. 7).

D'une manière curieuse, l'invitation adressée par le constituant de 1946 (54) a été, d'abord, à l'origine d'une fâcheuse erreur d'interprétation. Sous couvert de réglementer, la loi a *prohibé* le droit de grève pour certaines catégories d'agents publics (55). Par la suite, le législateur devait se réfugier dans *l'abstention.* Face à cette *carence,* le juge administratif a autorisé *le gouvernement, responsable du bon fonctionnement des services publics,* à s'y substituer et à *fixer lui-même,* sous son contrôle, les limitations à apporter à l'exercice dudit droit (CE, 7 juillet 1950, *Dehaene,* R.D.P. 1950, 691, concl. Gazier, note M. Waline).

Toutefois, la réglementation annoncée et différée, à ce jour, s'esquisse. La loi du 31 juillet 1963 précise certaines *modalités* de la grève dans les services publics ; interdiction des grèves *tournantes* ou impromptues (obligation de déposer un *préavis,* 5 jours avant son déclenchement, auprès de

(53) A cette fin, par exemple, *le droit de mener une vie familiale normale,* a été érigé, au rang de principe général de droit, par le Conseil d'État (8 décembre 1978, *G.I.S.T.I. et C.F.D.T., A.J.D.A.* mars 1979, p. 54). En conséquence, les étrangers ont la possibilité de faire venir auprès d'eux leur conjoint et leurs enfants mineurs (C.C. 13 août 1993, *Maîtrise de l'immigration, chr.* n° 68, p. 170).

On ne manquera pas de rapprocher de cette disposition, la reconnaissance sur le territoire de la République du *droit d'asile* (alinéa 4) (C.C., 22 avril 1997, *Loi Debré,* chr. n° 82, p. 206).

(54) Avant la constitution de 1946, le droit de grève était, s'agissant des fonctionnaires et agents publics, réputé contraire au principe de la continuité des services publics et de ce fait prohibé : C.E. 7 août 1909, *Winkell,* D. 1911.III.17, concl. Tardieu ; 22 octobre 1937, *Demoiselle Minaire,* D. 1938.III.49, concl. Lagrange, note Ch. Eisenmann.

(55) Diverses catégories de fonctionnaires se sont vus retirer l'exercice de ce droit : lois des 27 décembre 1947 et 28 septembre 1948 (police et C.R.S.), ord. des 6 août 1958 (personnel de l'administration pénitentiaire), et 22 décembre 1958 (magistrats), lois des 2 juillet 1964 (sous-préfets et préfets), 30 juillet 1968 (personnel des transmissions du ministère de l'intérieur) et 13 juillet 1972 (militaires). V. J.-L. QUERMONNE : Le droit public prétorien de la grève, bilan d'une République, *D.* 1959, *chr.* p. 13 ; et A. MATHIOT : La loi du 31 juillet 1963, *A.J.D.A.* 1963.595.

l'autorité hiérarchique). La loi peut également imposer un *service minimum* (personnels de la radio-télévision, contrôleurs de la navigation aérienne) (56).

Au surcroît, *tout travailleur participe, par l'intermédiaire de ses délégués, à la détermination collective des conditions de travail ainsi qu'à la gestion des entreprises* (al. 8 du préambule).

γ) *Les principes de la démocratie économique*

Nous n'aurons pas la république dans la cité, si nous avons la monarchie dans l'usine. L'opinion de Marc Sangnier se veut une justification des *nationalisations* opérées en 1946 : *Tout bien, toute entreprise dont l'exploitation a ou acquiert les caractères d'un service public national ou d'un monopole de fait doit devenir la propriété de la collectivité* (alinéa 9).

Cependant, une nationalisation ou une privatisation se différencie d'une spoliation, en ce qu'elle est subordonnée au versement *d'une juste et préalable indemnité* (art. 17 *in fine* de la Déclaration de 1789), selon la jurisprudence précitée (C.C., 16 janvier 1982 et 25-26 juin 1986)..

δ) *Les principes de l'organisation internationale*

Les alinéas 14 et 15 limitent le principe de la souveraineté nationale : *La République française, fidèle à ses traditions, se conforme aux règles du droit public international. Elle n'entreprendra aucune guerre dans des vues de conquête et n'emploiera jamais ses forces contre la liberté d'aucun peuple. Sous réserve de réciprocité, la France consent aux limitations de souveraineté nécessaires à l'organisation et à la défense de la paix* (57).

B. LA VALEUR JURIDIQUE DU PRÉAMBULE DE 1958

Après avoir inventorié le préambule de 1958, trompeur, à tous égards, il importe d'apprécier l'autorité juridique qui s'attache à ses énonciations, dans l'attente de l'émergence d'une *troisième génération* de libertés (58). La question ne revêt pas simplement un intérêt théorique, mais aussi et surtout, pratique à l'égard du citoyen (59). En clair, est-ce du droit *exigible ?*

1° La position doctrinale

Avant que le juge constitutionnel n'impose sa solution sous la Ve République, les membres de la doctrine avaient le champ libre (60).

De ce point de vue, trois positions ont été enregistrées : celle de la *négation :* pour Carré de Malberg et Esmein, sous la IIIe République, les déclarations ne sont que des énoncés de *principes philosophiques et moraux* dépourvus de valeur juridique ; à l'opposé, à la même époque, les doyens Maurice Hauriou et Léon Duguit développent la thèse de la *plénitude* juridique desdites déclara-

(56) Le droit de grève, principe de valeur constitutionnelle, doit en effet, logiquement, se concilier avec celui de la *continuité du service public* (C.C., 25 juillet 1979, *Radio-télévision, C.C.F.*, p. 238).

(57) V. C.C., 22 janvier 1999, *Cour pénale internationale*, (V. *IIIe partie*).

(58) On songe aux domaines de l'écologie, de l'informatique et tout particulièrement à celui de la bioéthique. V. N. Lenoir et B. Mathieu : *Les normes internationales de la bioéthique*, 1998.

(59) Le président de la République se considère, depuis Valéry Giscard d'Estaing en 1977, comme un *protecteur des libertés publiques.* François Mitterrand a estimé que le chef de l'État *doit veiller à l'application des grands principes sur lesquels la République est fondée* (art. 1er C). Jacques Chirac s'est reconnu garant *de l'équilibre de notre société et en particulier de notre système de protection sociale.*

(60) V. G. Morange, La valeur juridique des principes contenus dans les déclarations des droits, *R.D.P.* 1945, p. 243.

tions (61). Il s'agit, en l'occurrence de textes ayant la même valeur que les autres dispositions de la constitution, supérieurs à la loi et donc opposables au législateur (62). Reste que sous la IVe République, avec l'apparition *des droits sociaux* les auteurs se rallient à la thèse de la *modulation* en considérant que certaines dispositions sont applicables *sur-le-champ* car elles se suffisent à elles-mêmes (égalité des sexes, admissibilité aux emplois) à l'opposé de celles qui sont conditionnées par une intervention ultérieure du législateur (moyens convenables d'existence).

2° La position jurisprudentielle

Au terme d'une démarche *crescendo,* les juridictions ont consacré l'autorité juridique attachée aux dispositions du préambule.

a) *La position des juridictions ordinaires*

Nonobstant l'absence d'un contrôle de constitutionnalité jusqu'en 1958 (63), les juridictions ordinaires n'en ont pas moins incorporé, dès cet instant, le préambule au principe de *légalité,* et imposé son respect, tant aux particuliers qu'à l'administration.

S'agissant de juridictions judiciaires, on peut citer un jugement du tribunal civil de la Seine, du 22 janvier 1947 (*G.P.* 1947.I.67), cassant la disposition d'un testament par lequel une grand-mère révoquait un legs au profit de sa petite-fille, au cas où celle-ci épouserait un juif. Cette disposition était contraire à l'alinéa premier du préambule affirmant que tout être humain possède des droits inaliénables et sacrés, *sans distinction de race, de religion, ni de croyance.* On peut signaler également un arrêt de la Chambre sociale de la Cour de cassation, du 27 mars 1952, qui décide, par référence à l'alinéa 7, que la grève des salariés ne rompt pas, par elle-même, le contrat de travail.

Concernant les *juridictions administratives,* tout en employant des formules différentes et, en particulier, en rangeant certaines dispositions du préambule parmi les *principes généraux du droit* aboutissaient à des résultats comparables. L'arrêt *Barel,* rendu par le Conseil d'État, le 28 mai 1954 (*G.A.* p. 513) a fait prévaloir le principe de *l'égale admissibilité de tous aux emplois publics* sur l'exclusion à concourir prononcée à l'encontre d'un candidat au concours d'entrée à l'E.N.A., en raison de ses convictions politiques.

b) *La position du Conseil constitutionnel*

Il lui a appartenu d'affirmer l'État de droit, en intégrant *globalement* le préambule de 1958 au principe de *constitutionnalité,* le 16 juillet 1971 *(Liberté d'association, G.D.,* p. 249), en censurant une loi, de manière inédite (64), pour subordonner à ses vues le

(61) Le doyen Maurice Hauriou a résumé sa pensée à travers la théorie dite des *deux constitutions :* tout État dispose *simultanément* d'une *constitution politique* (statut des gouvernants) et d'une *constitution sociale* (statut des gouvernés). *Droit constitutionnel,* 2e éd., 1929, p. 611.

(62) L'art. premier de la Loi fondamentale allemande définit de manière heureuse l'anthropocentrisme : *Le peuple allemand reconnaît à l'homme des droits inviolables et imprescriptibles... Les droits fondamentaux... lient le pouvoir législatif, le pouvoir exécutif et le pouvoir judiciaire à titre de droit directement applicable.* En écho, l'art. 53 de la constitution espagnole de 1978 dispose : *Les droits et libertés reconnues... s'imposent à tous les pouvoirs publics.* Les bâtisseurs de l'État de droit, qui est un État de valeurs, ne pouvaient oublier la nuit totalitaire.

(63) V. J. LEMASURIER : *Le contrôle de la constitutionnalité des lois et la constitution de 1946.* Thèse Paris, 1953.

(64) Cependant, la première censure au fond était intervenue le 26 janvier 1967 (*Conseillers référendaires à la Cour de cassation, G.D.,* p. 197) : le législateur organique ayant méconnu le principe de l'inamovibilité des magistrats du siège (art. 64 C). V. *La Déclaration des droits de l'homme et du citoyen et la jurisprudence ;* colloque C.C., Paris, mai 1989 ; *La Cour de cassation et la constitution de la République,* colloque 1995 ; G. VEDEL, Le C.C., gardien du droit positif ou défenseur de la transcendance, des droits de l'homme, *Pouvoirs* n° 45, p. 149 ; J. ROBERT : Propos sur le sauvetage d'une liberté, *R.D.P.* 1971, p. 1189 ; J. MORANGE : *La liberté d'association en droit public français,* thèse, Paris-II, 1974.

Parlement. Il n'est pas indifférent, d'indiquer que si, à l'opposé de la constitution de 1946 (art. 92), celle de 1958 n'excluait pas le préambule du champ d'intervention du contrôle de constitutionnalité, elle ne le proclamait pas, pour autant (65). Ce n'est qu'au terme d'une démarche *volontariste* (*coup d'État de droit,* a-t-on dit !) que le Conseil parviendra à ce résultat, en appréciant, le *contenu* de la loi par rapport à la constitution, alors qu'il se limitait, jusque-là, en tant qu'*organe régulateur de l'activité des pouvoirs publics* (6 novembre 1962, *Élection du président de la République, Rec.* p. 27), à examiner la répartition des compétences entre eux (66).

Désormais, le Conseil revendiquera la qualité de protecteur des libertés publiques, de préférence à celle de gardien des frontières normatives (art. 34 et 37 C) et, ce d'autant plus, qu'à partir de 1974, son accès sera ouvert à l'opposition parlementaire (67). La fortune s'est attachée à cette décision *fondatrice* du 16 juillet 1971, selon Louis Favoreu, qui marque la véritable naissance de l'institution.

1) La valeur constitutionnelle de la Déclaration de 1789

Toutes les énonciations du préambule de 1958 ont valeur constitutionnelle. Les nationaux et les étrangers dont *la résidence est stable et régulière* (13 août 1993, *Maîtrise de l'immigration, chr.* n° 68, p. 170) peuvent se prévaloir d'une jurisprudence accueillante : liberté d'entreprendre (art. 4) (16 janvier 1982, *Nationalisation, C.C.F.,* p. 250) ; *égalité devant la loi* (art. 6) (27 décembre 1973, *Taxation d'office, G.D.* p. 282) et ses composantes (devant la *justice :* 23 juillet 1975, *Juge unique* p. 420 ; le *suffrage :* 17 janvier 1979, *Juridiction prud'homale, C.C.F.* p. 87 ; 18 novembre 1982, *Quota féminin, chr.* n° 25 p. 190) ; légalité des peines (art. 8) (19-20 janvier 1981, *Sécurité et liberté, C.C.F.* p. 244), nécessité (15 mars 1999, *Nouvelle-Calédonie, chr.* n° 90), proportionnalité (30 décembre 1987, *amendement Canard enchaîné, chr.* n° 45, p. 187) et non-rétroactivité de la loi pénale (30 décembre 1982, *Loi de finances rectificative pour 1982, chr.* n° 25, p. 199) ; *proportionnalité de la rigueur* en cas d'arrestation (art. 9) (11 août 1993, *Code de procédure pénale, chr.,* n° 68, p. 173) ; *liberté de communication* (art. 11) (27 juillet 1982, *Communication audiovisuelle, C.C.F.* p. 258 ; 10-11 octobre 1984, *Entreprises de presse, chr.* n° 33, p. 163) ; *contribution commune* et *progressivité de l'impôt* (art. 13) (29 décembre 1983, *Loi de finances pour 1984* et 28 décembre 1990, *Loi de finances pour 1991, chr.* n°s 29 et 57, p. 178 et 185) ; garantie des droits (droit d'exercer des recours) (art. 16) (21 janvier 1994, *Urbanisme et construction, chr.* n° 70, p. 205) ; *droit de propriété* (art. 17) (16 janvier 1982, *Nationalisation, C.C.F.* p. 250 ; 25-26 juin 1986, *Privatisation, chr.* n° 40 p. 178).

2) La valeur constitutionnelle du préambule de 1946

De manière topique, le Conseil a mis en exergue la *phrase d'attaque* de ce dernier en consacrant *le principe de sauvegarde de la dignité de la personne humaine contre toute*

(65) Lors de l'élaboration du texte, en 1958, le commissaire du Gouvernement devant le Comité consultatif constitutionnel, déniait toute valeur constitutionnelle aux dispositions du préambule, *Avis et débats du C.C.C.,* p. 101. V. J. Gicquel : L'applicabilité directe de la norme constitutionnelle *in* M. Delmas-Marty et Cl. Lucas de Leyssac : *op. cit.,* p. 237.

(66) Gaston Paleswki, alors président du C.C., a saisi cette opportunité pour affirmer l'indépendance de l'institution, au moment où le rapporteur concluait au rejet de la requête. V. P. Avril : La constitution : Lazare ou Janus ? *R.D.P.* 1990, p. 950, avec J. Gicquel : *Le Conseil constitutionnel* 4e éd., 1998.

(67) Cependant le C.C., dès une décision du 19 juin 1970 *(Ressources propres des Communautés européennes,* Rec. p. 15), avait mentionné dans les visas, le préambule de la constitution. V. L. Favoreu : La Déclaration des droits de 1789 et le C.C., *Regards sur l'actualité,* n° 153, p. 13 (DF).

forme d'asservissement et de dégradation (27 juillet 1994, *Bioéthique, chr.* n° 68, p. 178), avant de dégager des *P.F.R.L.R.* Ceux-ci doivent être importants (14 janvier 1999, *Élection des conseillers régionaux, chr.*, n° 90) et constants (18 décembre 1997, *Loi de financement de la sécurité sociale pour 1998,* n° 85, p. 174), à savoir : *liberté d'association* (16 juillet 1971, *G.D.* p. 239) ; *liberté individuelle* ou *liberté d'aller et venir* (12 janvier 1977, *Fouille des véhicules,* p. 354) et sa composante, *la liberté du mariage* (13 août 1993, *Maîtrise de l'immigration, chr.* n° 68, p. 172) ; *libertés de l'enseignement et de conscience* (23 novembre 1977, p. 376) ; *indépendance des professeurs de l'enseignement supérieur* (20 janvier 1984, *chr.* n° 30, p. 169). Sans référence explicite, le *droit d'expression collective des idées et des opinions ou de manifester* peut être rangé par analogie (18 janvier 1995, *Loi d'orientation relative à la sécurité, chr.* n° 74, p. 216). Simultanément des *garanties procédurales* étaient consacrées : *droits de la défense* (2 décembre 1976, *Accidents du travail, C.C.F.* p. 232). Un point d'orgue est atteint avec la reconnaissance de *l'existence* et de la *compétence des juridictions administratives* (22 juillet 1980, *Validation d'actes administratifs,* p. 465 et 23 janvier 1987 *Conseil de la concurrence, chr.* n° 42, p. 170), en dehors de la *protection de la propriété immobilière,* confiée au juge judiciaire (25 juillet 1989, *T.G.V.-Nord, chr.* n° 52, p. 188). De même, qu'un train peut en cacher un autre, une loi ordinaire peut dorénavant receler des normes de constitutionnalité, sans que le législateur n'y prenne garde (68).

Le sort réservé aux *droits sociaux* auxquels peuvent prétendre les étrangers *qui résident et travaillent régulièrement sur le territoire national* (13 août 1993, *Maîtrise de l'immigration, chr.* n° 68, p. 170) n'en est pas moins enviable. La promotion constitutionnelle a été attribuée, notamment, *à la protection de la santé de l'enfant* (15 janvier 1975, *I.V.G., G.D.* p. 291), et, d'une manière générale, à la *protection de la santé publique* (8 janvier 1991, *Lutte contre l'alcoolisme et le tabagisme, chr.* n° 58, p. 144) et à celle de la *famille* (13 août 1993, *Maîtrise de l'immigration*) ; au *droit de grève* (25 juillet 1979, *Radio-télévision C.C.F.* p. 238) ; à la *protection des représentants élus du personnel et des responsables syndicaux* (20 juillet 1988, *Amnistie, chr.* n° 48, p. 185) ; à la *liberté syndicale* et à la *liberté d'adhésion* pour le salarié (25 juillet 1989, *Licenciement économique, chr.* n° 52, p. 187) ; enfin à la *solidarité nationale* (6 mai 1991), *Dotation de solidarité urbaine* n° 59 p. 211 (69). Il reste le droit d'asile, spécifique à l'étranger militant persécuté de la liberté (17 juillet 1980, *Entraide judiciaire, Rec.* p. 36 ; 22 avril 1997 *Loi Debré chr.* n° 82, p. 206).

Au terme de cette présentation, il est clair que *toutes* les dispositions de la constitution (préambule inclus), ont la *même* valeur constitutionnelle. Ce qui emporte la récusation de la thèse dite de la *supra-constitutionnalité,* selon laquelle une autorité constitutionnelle variable pourrait être conférée auxdites dispositions. D'un point de vue juridique, il s'agit là d'une *idée ahurissante* (G. Vedel). En revanche, d'un point de vue politique ou philosophique, chacun est libre d'opiner que certaines libertés ont une valeur supérieure à d'autres (70).

***

(68) L'esprit d'émulation de l'État de droit a amené le Conseil d'État (3 juillet 1996, *Koné R.F.D.A.* 1996, p. 880) a expliciter, de manière inédite, un *P.F.R.L.R.,* au terme duquel un *État doit refuser l'extradition d'un étranger lorsqu'elle est demandée dans un but politique.* V. L. FAVOREU, P.D.G. et P.F.R.L.R., *R.F.D.A.* 1996, p. 882 ; B. GENEVOIS : une catégorie de principes de valeur constitutionnelle : les P.F.R.L.R., *ibid* 1998, p. 477.

(69) V. J.-F. FLAUSS : Les droits sociaux dans la jurisprudence du C.C., *Droit social* 1982, p. 654.

(70) V. le débat Louis Favoreu-Georges Vedel, *Pouvoirs* n° 67, p. 71.

En résumé, le Conseil constitutionnel a érigé un *réduit sacré des libertés à l'abri du pouvoir législatif* (Y. Madiot), au point de lier la validité d'une nouvelle loi au respect de garanties identiques ou équivalentes (20 janvier 1984, *Indépendance des professeurs de l'enseignement supérieur, chr.* n° 30, p. 169) ; soit le refus de la régression ou l'*effet cliquet* (L. Favoreu). On sait, que sous la volonté générale, s'exprime une majorité politique qui peut céder à la tentation liberticide (71).

En outre, de manière significative, une *dynamique* protectrice des droits fondamentaux de la personne se met en place. Au plan interne, les juges ordinaires, non seulement appliquent la Convention européenne des droits de l'homme (C.E., 21 décembre 1990, *Confédération nationale des associations familiales catholiques, R.F.D.A.* 1990, p. 1065 ; 19 avril 1991, *Belgacem, ibid.* 1991, p. 497) s'agissant du respect de la vie privée et familiale, mais ils se reconnaissent la possibilité de neutraliser une loi contraire à un engagement international (art. 55 C) (Cass, 24 mai 1975, *Société des cafés Jacques Vabre,* A.J.D.A. 1975, II, p. 567 ; C.E., 20 octobre 1989, *Nicolo, chr.* n° 53, p. 182) (V. *IIIe partie*) (72).

Qui plus est, sur recours individuel, ouvert depuis 1981, par la France aux justiciables (après épuisement des voies internes), la C.E.D.H. a été amenée, à condamner, cette dernière, pour protection insuffisante, en matière d'expulsion d'un étranger (18 décembre 1986, *Bolzano, chr.* n° 41, p. 213) et absence d'assistance juridique et sociale à des demandeurs d'asile politique (23 juin 1996, *chr.* n° 79, p. 178) ; lenteur de la justice administrative (24 octobre 1989, *H. contre France, ibid.* n° 53, p. 180 ; écoutes téléphoniques (24 avril 1990, *Époux Huvig ; Kruslin* n° 54, p. 198) (73), non-respect du droit à un procès équitable (19 décembre 1990, *Delta,* n° 57, p. 184) ; traitement inhumain et dégradant et durée excessive de la détention provisoire (27 août 1992, *Tomasi,* n° 64, p. 202) ; torture (28 juillet 1999, *Selmouni*) ; atteinte à la liberté d'expression (21 janvier 1999, *Le Canard enchaîné,* n° 90), tout particulièrement pour un élu du peuple (27 avril 1995, *Dorothée Piermont*, n° 74, p. 218) ou méconnaissance de l'inviolabilité du domicile et de la présomption d'innocence (25 février 1993, *Funke* n° 66, p. 202). Pour un arrêt *Chassagnou,* le 29 avril 1999, la C.E.D.H. devait censurer la loi Verdeille de 1964, en matière de chasse, pour violation des droits de propriété et d'association (*R.F.D.A.* 1999 p. 451).

La coopération, ou l'émulation, juridictionnelle est devenue une réalité de l'État de droit ; une norme européenne (74).

(71) V. J. Robert : *Le juge constitutionnel, juge des libertés,* 1999.

(72) Parallèlement au juge administratif, accablé de la confiance des justiciables, si l'on en juge par le nombre de requêtes dont il est saisi, le juge judiciaire est traditionnellement le protecteur de la propriété privée, ainsi que le gardien de la liberté individuelle (art. 66 C). V. Ph. Bretton : *L'autorité judiciaire, gardienne des libertés essentielles et de la propriété privée,* thèse Paris, 1964 ; D. Turpin : L'autorité judiciaire, gardienne de la liberté individuelle, *A.J.D.A. 1983, p. 653 ; La Cour de cassation et la constitution de la République,* colloque, 1995.

Il faut souligner, par ailleurs, le recours en équité ouvert devant le médiateur de la République, par la loi du 3 janvier 1973. V. B. Delaunay : *Le médiateur de la République,* 1999.

(73) Par voie de conséquence la loi du 10 juillet 1991 est venue opérer une mise en conformité avec la Convention européenne, en réglementant les écoutes téléphoniques (*chr.* n° 60, p. 214).

(74) V. L. Petitti, E. Decaux et Ph. Imbert : *La Convention européenne des droits de l'homme* (commentaire des articles), 1995 ; G. Cohen-Jonathan : *La Convention européenne des droits de l'homme,* 1989 ; F. Sudre : *Droit international et européen des droits de l'homme,* 2e éd., 1995 ; *La Convention européenne des droits de l'homme,* 1989 et *Les grands arrêts de la C.E.D.H.,* 1997 ; L. Dubouis : Le rôle de la Cour des Communautés européennes : objet et portée de la protection des droits fondamentaux, *Revue int. de droit comparé,* 1981, p. 601 ; M.-A. Eissen : La Commission européenne des droits de l'homme, *R.D.P.* 1986, p. 1539 ; V. Berger : *Jurisprudence de la Cour européenne des droits de l'homme,* 5e éd. 1996.

Bibliographie

En dehors des manuels consacrés aux libertés publiques :

ALAIN : *Le citoyen contre les pouvoirs,* 1926 ; R. ARON : *Essai sur les libertés,* 1965 ; J.-M. BECET et D. COLARD : *Les droits de l'homme,* 1982 ; Ph. BRAUD : *La notion de liberté publique en droit français,* 1968 ; M. DELMAS-MARTY et Cl. LUCAS de LEYSSAC (sous la direction) : *Libertés et droits fondamentaux,* 1996 ; L. FERRY et A. RENAUT : *Des droits de l'homme à l'idée républicaine,* 1986 ; M. DRAN : *Le contrôle juridictionnel et la garantie des libertés publiques,* 1968 ; J. ERRERA : *Les libertés à l'abandon,* 1968 ; F. LUCHAIRE : *La protection constitutionnelle des droits et libertés,* 1987 ; J. IMBERT : *Les droits de l'homme en France,* DF 1985 ; Cl. MANCERON : *Les hommes et la liberté,* 1972-1976 ; G. MORANGE : *Contribution à la théorie générale des libertés publiques,* 1940 ; J.-L. QUERMONNE : *La politique des droits de l'homme,* I.E.P. Paris 1979-1980 ; L. RICHER : *Les droits de l'homme et du citoyen,* 1982 ; J. RIVERO : *Libertés publiques et institutions judiciaires,* in *Rapport général de la Commission du bilan,* 1982, t. 5, p. 83 ; *Libertés publiques* 1981-1983 : *essai du bilan,* A.J.D.A. 1983, p. 635 et *Le Conseil constitutionnel et les libertés,* 1984 ; J. ROBERT : *Le juge constitutionnel, juge des libertés,* 1999 ; TRAN VAN MINH : *Sanctions juridiques et politiques des violations des droits de l'homme,* in *Droits de l'homme, droits des peuples,* 1982, p. 67. M. WALINE : *L'individualisme et le droit,* 2e édit., 1949.

On consultera aussi : Les droits de l'homme *Droits* n° 2, 1985 ; *Droit constitutionnel et droits de l'homme,* rapports français au 2e congrès mondial de droit constitutionnel, Paris-Aix-en-Provence, 1987 ; F. GAZIER, M. GENTOT et B. GENEVOIS : La marque des idées et des principes de 1789 dans la jurisprudence du C.E. et du C.C., *E.D.C.E.* n° 40, 1989, p. 151 ; J. ROBERT (présentation) : Le bicentenaire de la Révolution française, *R.D.P.* 1989, p. 607 ; J.-Cl. SOYER et M. DE SALVIA : *Le recours individuel supranational. Mode d'emploi,* 1992 ; La liberté, *Pouvoirs,* n° 84, 1998 ; Droits fondamentaux, *A.J.D.A.,* juillet 1998.

CHAPITRE III
LE RÉGIME REPRÉSENTATIF

Le droit constitutionnel régularise le cours du pouvoir, en ce sens qu'il place des *délégués* des gouvernés auprès des gouvernants. Le phénomène de *médiation,* qui en résulte, est à l'origine d'une modalité d'exercice de la souveraineté, appelée le *régime représentatif.* Celui-ci bénéficie de la durée et de la généralité, au point de faire figure de *dénominateur commun* aux régimes politiques français et étrangers. Un puissant intérêt s'attache donc à l'étude de sa *notion,* de sa *formation* et de sa *systématisation.*

SECTION I — LA NOTION DE RÉGIME REPRÉSENTATIF

Les députés représentent la nation. L'expression vaut définition du régime représentatif, lequel est, originairement, un dialogue *équilibré* (§ 1) et *institutionnalisé* (§ 2) entre gouvernants et gouvernés. Historiquement, la représentation a été la source de la révolution dans les sociétés occidentales.

§ 1 — UN DIALOGUE ÉQUILIBRÉ ENTRE GOUVERNANTS ET GOUVERNÉS

A l'encontre de l'absolutisme formulé par un Bossuet *(Le prince ne doit rendre compte à personne de ce qu'il ordonne),* une caractéristique fondamentale du droit constitutionnel classique, c'est la présence, auprès des gouvernants de représentants des gouvernés, qui, par leurs questions, leurs interpellations, les commissions parlementaires, entre autres, obligent le gouvernement à justifier sa politique, à expliquer pourquoi il a pris telle ou telle décision, ou bien ne l'a pas prise, ou encore quelles sont ses intentions à l'occasion de tel ou tel problème. Comme, par ailleurs, ce contrôle s'opère au grand jour, par l'intermédiaire de *procédures publiques* et *contradictoires,* l'existence de ces censeurs oblige les gouvernants à *se justifier* devant l'opinion publique. Certes, rendre compte de son action ne va pas sans risques. Mais, la critique est toujours préférable à la flatterie : *la pire des chambres vaut mieux encore que la meilleure des antichambres,* confessait Cavour.

Cependant, dans la conception classique, le dialogue fondamental entre ceux qui agissent et ceux qui apprécient l'action n'a pas lieu entre le gouvernement et l'ensemble des citoyens, mais entre le gouvernement et un *corps de censeurs,* choisis par les citoyens et représentant ces derniers ; c'est-à-dire, en fait, un parlement. De telle sorte, que celui-ci n'est pas sans faire songer à un théâtre sur la scène duquel les affaires publiques sont examinées au vu et au su de tous, réduisant ainsi la *raison d'État* à la portion congrue.

Ce symbole de la démocratie devient par suite la cible des dictateurs. Un mois après l'installation du national-socialisme à Berlin, le Reichstag sera la proie des flammes, en février 1933 (1).

§ 2 UN DIALOGUE INSTITUTIONNALISÉ ENTRE GOUVERNANTS ET GOUVERNÉS

La distinction des relations entre ceux-ci est liée traditionnellement au *régime représentatif,* c'est-à-dire à un système d'institutions dans lequel le peuple n'intervient pas dans le jeu politique, où il est *représenté,* en règle générale, par des *élus,* rassemblés dans un parlement. Même si la source du pouvoir politique est *réputée* se trouver dans le peuple, même si le principe de la souveraineté nationale ou populaire est affirmé, le peuple charge des représentants élus de participer *en son lieu et place,* à l'action politique quotidienne, se réservant de ne pas réélire, le cas échéant, ceux dont il ne serait pas satisfait. Il y a là, par rapport aux institutions de la cité grecque ou romaine, une novation, ou une *déviation* décisive. La démocratie antique était *directe* dans l'acception juridique ; celle des temps modernes est *représentative ;* au *gouvernement du peuple par lui-même* succède le *gouvernement du peuple par ses représentants.*

Ce phénomène repose sur la combinaison de trois éléments : les dimensions de l'État, la compétence des représentants et le discernement des citoyens (2).

A. LES DIMENSIONS DE L'ÉTAT

Celles-ci ne permettent pas au gouvernement, tout au moins à l'époque du droit constitutionnel classique, de dialoguer directement avec les citoyens. Aux XVIIIe et XXe siècles, on est bien loin de la cité antique, de l'agora et du forum, où le peuple tout entier pouvait être rassemblé. Toutefois, on n'a pas encore inventé les moyens audiovisuels modernes, et encore moins le réseau *Internet,* qui permettent, non pas un véritable dialogue entre le gouvernement et le peuple, mais au premier, à tout le moins, de s'adresser directement au second. Il est donc habituel, à l'époque classique, que les censeurs soient des représentants.

Cependant, il faut savoir qu'à cette époque, il y existe des exceptions à la règle générale du régime représentatif. On trouve des survivances de gouvernement direct, dans trois cantons de la Suisse (Unterwald, Glaris et Appenzell), où fonctionnent encore des *Landsgemeinden* (3). Ces assemblées populaires se réunissent une fois par an, un dimanche d'avril ou de mai, sur une prairie ou une place publique et votent les lois, le budget et les révisions constitutionnelles. Mais, ces *Landsgemeinden* (véritable curiosité juridique et touristique) ne sont pas capables d'exercer un contrôle réel de l'exécutif. Dès qu'il s'agit de problèmes juridiques ou techniques, elles entérinent généralement sans

(1) La cérémonie de l'unification de l'Allemagne s'est déroulée symboliquement, devant le Reichstag, le 3 octobre 1990.

(2) L'Union interparlementaire créée en 1889, regroupe 125 États à l'heure actuelle.

(3) Le canton d'Unterwald est divisé en deux demi-cantons (Obwald et Nidwald), de même que celui d'Appenzell (Rhodes-Extérieures et Rhodes-Intérieures) ; ces cantons sont très peu peuplés.

discussion les propositions qui leur sont faites par le conseil cantonal. Les femmes, par surcroît, n'y ont été conviées que récemment. A terme, ces assemblées sont menacées dans leur existence. C'est ainsi que la *Landsgemeinde* de Nidwald a été supprimée le 1er décembre 1996.

B. LA COMPÉTENCE DES REPRÉSENTANTS

Désignés par les citoyens, ces derniers sont choisis pour une période assez longue, plusieurs années en général, et ils jugent l'action du gouvernement d'une façon habituelle. De ce fait, ils acquièrent souvent une grande compétence, tout au moins ceux qui prennent figure de *leaders.* Ce ne sont pas exactement des professionnels, encore qu'après plusieurs réélections ils tendent à le devenir, mais ce sont des hommes avertis, capables de juger d'une façon efficace l'action des gouvernants (4).

C. LE DISCERNEMENT DES CITOYENS

Les citoyens sont, en général, mal armés pour dialoguer avec les gouvernants, surtout à mesure que la gestion des affaires publiques devient plus complexe et technique. Ils sont même souvent éloignés des réalités politiques, en dépit de la diffusion de l'éducation et de la formation des partis politiques. On connaît l'appréciation élitiste de Montesquieu : *Le peuple est admirable pour choisir ceux à qui il doit confier quelque partie de son autorité...* Mais *il n'est pas propre à gérer par lui-même.*

SECTION II LA FORMATION DU RÉGIME REPRÉSENTATIF

Au sortir du Moyen-Age, des essais de régime représentatif furent tentés dans de nombreux pays. En France, les États généraux furent convoqués à partir de 1302, en raison du désir que ressentait, à cette date, Philippe le Bel d'obtenir l'appui de la nation dans sa lutte contre Boniface VIII. Ces États généraux furent, par suite, réunis (13 fois au XIVe siècle ; 8 au XVe ; 5 au XVIe et une seule fois aux XVIIe et XVIIIe) cependant, la tentative devait aboutir à un échec. Il en ira de même en Hongrie, Pologne (on a commémoré, en 1993, le 5e centenaire de la Diète), Espagne où des tentatives feront long feu face au pouvoir royal.

En revanche, en Grande-Bretagne, le régime représentatif naît et se développe progressivement, depuis 1265, date de la première réunion du parlement. On sait, en effet, que de ce côté de la Manche, *on commémore toujours et on n'inaugure jamais.* Il y a donc lieu de se demander les raisons de cette réussite exceptionnelle.

(4) Le régime représentatif, forme supérieure de la démocratie directe (*la démocratie brute* selon Siéyès) correspond aux intérêts et aux objectifs de la *classe bourgeoise* à la fin du XVIIIe siècle en Occident. D'où l'aspect *élitiste,* l'accent triomphaliste de la constitution de 1791 (titre III, art. 2) : *La nation, de qui seule émanent tous les pouvoirs ne peut les exercer que par délégation. La constitution française est représentative : les représentants sont le corps législatif et le roi.*

§ 1 LES ORIGINES BRITANNIQUES DU RÉGIME REPRÉSENTATIF

Diverses circonstances ont permis un développement heureux du régime représentatif au Royaume-Uni. Celles-ci sont au nombre de trois : le caractère du régime féodal, celui des premiers parlements, et le tempérament politique insulaire (5).

A. LA NATURE DU RÉGIME FÉODAL ANGLAIS

La première circonstance et peut être celle qui a influé le plus profondément sur l'évolution, est le caractère du régime féodal. Celui-ci a été implanté, au moment de la conquête normande, en 1066, par Guillaume le Conquérant, avec beaucoup de force.

Noblesse féodale et classe moyenne ayant un intérêt commun à lutter contre le pouvoir royal qui les opprime, s'unissent pour limiter les prérogatives de la Couronne. En France, la classe moyenne, brimée par les féodaux, bien davantage que par le roi, fait cause commune avec la Couronne contre les seigneurs et travaille, d'un commun accord avec le roi, à leur abaissement.

B. LE CARACTÈRE DES PREMIERS PARLEMENTS ANGLAIS

Tandis qu'en France, les États généraux ne représentaient qu'une partie de la population (seigneurs laïcs et ecclésiastiques, députés des villes privilégiées), en Angleterre, presque dès le début, une représentation des comtés, c'est-à-dire des campagnes est organisée.

En outre, tandis que les États généraux français restent séparés en trois ordres (noblesse, clergé, tiers état), le parlement anglais ne se divise qu'en deux chambres comprenant, l'une les pairs laïcs et ecclésiastiques, l'autre les représentants des comtés.

C. LE TEMPÉRAMENT POLITIQUE ANGLAIS

A ces éléments fournis par l'histoire, s'ajoute le *tempérament politique.* Les Anglais ont, au plus haut point, le sens, sinon *le génie, du compromis.* Reprenant à leur compte le conseil d'Aristote, ils répugnent à aller jusqu'au bout de leurs avantages, et sont ennemis des solutions qui satisfont la logique, mais pèchent contre le bon sens. Le respect de l'adversaire, le compromis, *la tolérance,* en un mot, caractérise désormais le combat politique (6).

(5) V. J.-L. DE LOLME : *La constitution de l'Angleterre,* 1771 ; W. BLACKSTONE : *Commentaires on the laws of England,* 1765-1768 ; J. WIEDHOFFT GOUGH : *L'idée de la loi fondamentale dans l'histoire constitutionnelle anglaise,* 1992.

(6) Cette démarche pragmatique et le succès qui l'a couronnée se vérifient aisément dans d'autres domaines : la marche au suffrage universel à partir de 1832 par un certain nombre d'étapes savamment agencées et entrecoupées de haltes, à l'inverse de la France qui, en 1848, adopte, sans transition, ni préparation, après le suffrage censitaire, le suffrage universel masculin. En outre, l'avènement du régime parlementaire en Grande-Bretagne, à partir du précédent de Lord North de 1782, ne se présente pas fortuitement : régime de collaboration des pouvoirs publics, il repose à l'origine sur la recherche d'un compromis entre l'exécutif et le législatif.

§ 2 LE DÉVELOPPEMENT DU RÉGIME REPRÉSENTATIF BRITANNIQUE

Au prix d'une simplification, l'essor du régime représentatif repose sur une institution, le *magnum concilium* qui donne naissance au parlement. Ce dernier entre en conflit au XVIIe siècle avec le monarque et le soumet au respect du droit.

A. LA CRÉATION DU PARLEMENT

Aux côtés du roi tout-puissant, un conseil de vassaux (le *magnum concilium*) existe, conformément à la structure féodale. Outre ses compétences d'ordre judiciaire, le droit de consentir l'impôt et de présenter des pétitions lui sont confirmés, en 1215, par la *Grande charte*.

Un demi-siècle plus tard, en 1265, en accueillant deux chevaliers par comté, il s'élargit et donne naissance au parlement. En 1295, le procédé est définitif : Édouard Ier convoque *le parlement modèle,* selon la terminologie anglaise (7).

De façon pragmatique, le parlement se rend indispensable en votant l'impôt et en participant à l'exercice du pouvoir législatif (8).

A partir de 1462, ses membres prennent l'habitude de rédiger eux-mêmes les *bills* (les projets de loi). Lorsque l'accord s'est fait entre la Chambre des Communes et la Chambre des Lords, le roi n'a plus qu'à promulguer le texte de la loi. Le régime représentatif avait acquis outre-Manche ses traits principaux lorsque éclata la crise de la monarchie absolue (9).

B. LA CRISE DE LA MONARCHIE ABSOLUE AU XVIIe SIÈCLE

La monarchie devint absolue en 1485, avec l'avènement des Tudors. Elle le demeura avec les Stuarts à partir de 1603. L'affrontement avec les parlementaires était inscrit dans la nature des choses. Le XVIIe siècle sera ponctué, à cet effet, de deux révolutions en 1640 et 1688.

A cet égard, le parlement se réveilla de sa léthargie et, malgré des dissolutions répétées, tint tête au roi. Il affirma, à nouveau, en particulier, son droit de voter des subsides et, en 1629, fit suivre le vote des impôts nécessaires pour mener la guerre contre la France, de la célèbre *pétition des droits,* qui contient une première liste des libertés individuelles. La lutte entre le parlement et le roi, sévère sous Jacques Ier, devient tragique sous Charles Ier. En 1642, la guerre civile éclate. Le roi, battu en 1648, est condamné à mort et exécuté le 30 janvier 1649. La République est établie et dure, sous le protectorat de Cromwell, jusqu'en 1660. Une restauration des Stuarts intervient à cette date, mais Charles II et ensuite Jacques II, pénétrés de la doctrine de la monarchie de droit divin, qu'ils avaient admirée en France, indisposent à nouveau le pays par leurs tendances absolutistes (10).

(7) Au siècle suivant, en 1351, la Chambre des Communes (celle qui représente les personnes du *commun état*) possède un lieu particulier de réunion. En 1377, elle se donne un *speaker* pour diriger ses débats.

(8) Le Parlement apparaît comme un organe de gouvernement dès le XIVe siècle : il contraint Édouard II à abdiquer en 1327 ; Édouard III, en dépit (ou à cause) de ses succès militaires au début de la guerre de cent ans, est amené à solliciter son autorisation en vue de la levée des impôts.

(9) Il y a lieu toutefois de mentionner, qu'en France, les États généraux ont été tentés, au moment difficile de la guerre de cent ans, dans les années 1355 et 1356, de se comporter en assemblée politique face à la monarchie aux abois. Une telle attitude, qui n'est pas sans évoquer le coup de pied de l'âne, est considérée, par certains auteurs, comme la première manifestation du régime d'assemblée, V. P. BASTID : *Le Gouvernement d'assemblée,* 1956.

(10) V. A. ESMEIN, Les constitutions du protectorat de Cromwell, *R.D.P.*, 1899, p. 193 et 405 ; R. MARX : *L'Angleterre des révolutions,* 1973.

Jacques II est détrôné, à la suite de la *Glorieuse Révolution* de 1688, par son gendre, le prince d'Orange, devenu Guillaume III, qui règne sur l'Angleterre et aussi sur l'Irlande, après la victoire remportée face aux catholiques à la bataille de la Boyne, le 12 juillet 1690. Son avènement marque le retour et le triomphe au régime représentatif.

Le nouveau monarque accède, en effet, au trône, en vertu d'un *pacte* avec le parlement anglais et accepte le *bill des droits,* du 13 février 1689, par lequel il renonce, entre autres choses, au pouvoir d'ordonnance qu'Henri VIII avait rétabli, au profit de la Couronne, 150 ans auparavant. Ce texte sera complété, le 12 juin 1701, par l'acte d'établissement institué *pour une nouvelle limitation de la Couronne et une meilleure garantie des droits et libertés du sujet.*

A partir de la fin du XVIIe siècle, le parlement victorieux, intervient, de façon quotidienne, dans la marche du pays par le vote des lois et par le contrôle exercé sur les ministres. Le pouvoir est désormais enfermé dans un statut juridique. Il est *constitutionnalisé,* un siècle avant la Révolution française.

Sous ce rapport, il a appartenu à John Locke de modéliser la *Glorieuse Révolution* de 1688, dans son *Essai sur le gouvernement civil,* publié en 1690. Afin d'empêcher le retour à l'absolutisme, la monarchie *contractuelle* (ou constitutionnelle), qui succède à la monarchie divine, sera représentative (l'adresse de Burke aux électeurs de Bristol, en 1777, en fait foi) (11), autant que *modérée.* Dans cet ordre d'idées, il opine que le pouvoir doit dorénavant être distribué entre plusieurs organes, de manière à préserver la liberté. Au siècle suivant, il devait connaître un talentueux disciple, en la personne de Charles-Louis de Secondat, qui allait hériter du nom de Montesquieu. Le génie de celui-ci est à l'origine de l'État libéral ordonné autour du principe de la *séparation des pouvoirs* (12).

SECTION III — LA SYSTÉMATISATION DU RÉGIME REPRÉSENTATIF

Tout homme tend à aller jusqu'au bout de son pouvoir, notait Thucydide. *Le pouvoir rend fou, le pouvoir absolu rend absolument fou,* renchérira Lord Acton. Dans ces conditions, le seul antidote à cette maladie réside dans la répartition ou la distribution de l'autorité : *La séparation des pouvoirs est le principe d'organisation politique selon lequel une même autorité publique ne doit pas exercer toutes les fonctions étatiques.* Autrement dit, si *nécessairement,* la puissance d'État est *une,* elle s'exprime par plusieurs bouches, ou par divers organes.

Montesquieu a attaché son nom à ce principe, consacré, avec un éclat tout particulier, par l'article 16 de la Déclaration de 1789 : *Toute société dans laquelle la garantie des droits n'est pas assurée, ni la séparation des pouvoirs déterminée, n'a point de constitution.* On ne saurait mieux formuler la nouvelle *conception* du pouvoir qui

(11) *Vous choisissez un député, c'est bien, mais lorsque vous l'avez choisi, il n'est plus député de Bristol, il est membre du Parlement.*

(12) Au-delà de la filiation intellectuelle entre Locke et Montesquieu (pour Esmein, *d'un embryon celui-ci a tiré un être arrivé à son plein développement et pourvu de tous ses membres*), il n'est pas inutile de relever que l'expression *séparation des pouvoirs* ne figure pas sous leur plume. A la réflexion, il serait plus utile d'évoquer une *distribution* entre les autorités. V. Ch. EISENMAN : L'Esprit des lois et la séparation des pouvoirs, *Mél. Carré de Malberg,* 1933, p. 190 ; J.-Cl. COLLIARD : Séparation des pouvoirs, *D.C.* p. 972.

prévaut désormais en Occident. Pour faire bonne mesure, une nouvelle *organisation* en découle. Elle concerne la *délégation* de la souveraineté aux représentants de la nation et surtout sa *répartition* entre eux.

§ 1 LA NOUVELLE CONCEPTION DU POUVOIR

C'est dans son ouvrage célèbre sur l'*Esprit des Lois,* publié en 1748, que Montesquieu (chapitre VI du livre XI), traite, à propos de la constitution anglaise, de la *séparation des pouvoirs,* dont la fortune ne s'est point démentie jusqu'à nos jours.

L'auteur prend pour ligne de recherche la *protection* de la liberté. Il la dénomme *liberté politique,* mais c'est à la liberté en général qu'il pense ou, peut être plus précisément, à la sûreté. Quoi qu'il en soit, il se demande quel est le type d'institutions politiques qui protège le mieux la liberté, *la liberté-privilège* (celle des gens distingués par la naissance, la richesse ou les honneurs) (13), et il indique, qu'à ses yeux, c'est un système dans lequel les autorités (14) sont distribuées et peuvent, en tant que de besoin, s'annihiler.

A. LA LECTURE DE MONTESQUIEU

En réaction contre l'absolutisme royal, voué à la confusion des fonctions, celui-ci expose sa conception d'une machinerie institutionnelle équilibrée.

Il y a une nation dans le monde qui a pour objet direct de sa constitution la liberté politique. Nous allons pouvoir examiner les principes sur lesquels elle la fonde. S'ils sont bons, la liberté y paraîtra comme dans un miroir.

La liberté politique, pour un citoyen, est cette tranquillité d'esprit qui provient de l'opinion que chacun a de sa sûreté ; et pour qu'on ait cette liberté, il faut que le gouvernement soit tel, qu'un citoyen ne puisse pas craindre un autre citoyen.

La liberté politique ne se trouve que dans les gouvernements modérés. Mais elle n'est pas toujours dans les États modérés ; elle n'y est que lorsqu'on n'abuse pas du pouvoir ; mais c'est une expérience éternelle, que tout homme qui a du pouvoir est porté à en abuser ; il va jusqu'à ce qu'il trouve des limites. Qui le dirait ? La vertu même a besoin de limites.

Pour qu'on ne puisse pas abuser du pouvoir, il faut que, par la disposition des choses, le pouvoir arrête le pouvoir.

Il y a, dans chaque État, trois sortes de pouvoir : la puissance législative, la puissance exécutrice des choses qui dépendent du droit des gens, et la puissance exécutrice de celles qui dépendent du droit civil.

Par la première, le prince ou le magistrat fait des lois pour un temps ou pour toujours, et corrige ou abroge celles qui sont faites. Par la seconde, il fait la paix ou la guerre, envoie ou reçoit des ambassades, établit la sûreté, prévient les invasions. Par la troisième, il punit les crimes ou juge

(13) En d'autres termes, Montesquieu est un *libéral* et non point un démocrate tel Jean-Jacques Rousseau. Au demeurant, le principe de la séparation se présente comme un procédé de *cantonnement* du pouvoir, et non point de *distribution* au bénéfice de l'ensemble des individus composant la société. V. L. ALTHUSSER : *Montesquieu, La politique et l'histoire,* 5e édit., 1981.

(14) Afin d'éviter toute confusion, les expressions *autorités, organes* sont préférables à celle de *pouvoirs* en dépit de l'habitude prise. Car, on ne saurait ignorer l'*unicité* qui s'attache à la puissance d'État ou à la souveraineté.

les différends des particuliers. On appellera cette dernière la puissance de juger ; et l'autre simplement la puissance exécutrice de l'État.

Lorsque dans la même personne ou dans le même corps de magistrature la puissance législative est réunie à la puissance exécutrice, il n'y a point de liberté, parce qu'on peut craindre que le même monarque ou le même sénat ne fasse des lois tyranniques pour les exécuter tyranniquement.

Tout serait perdu si le même homme, ou le même corps des principaux, ou des nobles, ou du peuple, exerçaient ses trois pouvoirs : celui de faire des lois, celui d'exécuter les résolutions publiques et celui de juger les crimes ou les différends des particuliers.

B. LES ENSEIGNEMENTS DE MONTESQUIEU

On peut présenter les remarques suivantes :

1° La nécessité d'un contrôle du pouvoir, c'est-à-dire, à l'époque, du roi et de ses ministres, est clairement perçue. Bien entendu, l'expression moderne de *censeurs des gouvernants* ne se trouve pas sous la plume de Montesquieu. Mais, lorsqu'il parle de la nécessité d'arrêter le pouvoir par le pouvoir, l'auteur de l'*Esprit des Lois* dit la chose sans employer le mot. Il comprend que la liberté demande pour être protégée, que le faisceau puissant des droits régaliens soit *délié,* que les diverses parties en soient remises à des titulaires différents et que ceux-ci aient la faculté de se neutraliser mutuellement, surtout lorsque l'un d'entre eux risque de s'engager sur la voie du despotisme.

Formulé, de la sorte, le principe est intrinsèquement, à cet instant, révolutionnaire, en ce sens qu'il s'avère *une machine de guerre* contre la conception absolutiste de la vieille monarchie. Avec le temps, il évoluera d'un rôle stratégique à un aspect pratique, au point d'être regardé comme une *règle d'art politique,* celle afférente à la liberté modérée contenue par les lois.

2° La liste des pouvoirs dressée par Montesquieu comprend trois titulaires : l'exécutif, le législatif et le judiciaire. L'inclusion de ce dernier, qui surprend en France (la justice : l'histoire d'un *pouvoir refusé,* selon Jean Foyer), se comprend assez aisément, compte tenu de la situation de l'époque. Au XVIIIe siècle, les parlements (c'est-à-dire les corps judiciaires) qui détenaient, outre la juridiction, le droit d'enregistrer les ordonnances (ou les règles de droit à portée générale établies par le roi), prétendaient se servir de cette prérogative pour limiter l'arbitraire royal. De fait, les corps judiciaires ont parfois marqué de vives résistances aux ordonnances royales, mettant le roi dans l'obligation de tenir des *lits de justice* pour que celles-ci fussent enregistrées.

Mais, c'était bien davantage dans l'intérêt de la *classe* qu'ils représentaient, la noblesse de robe (qui formait un peu le trait d'union entre la noblesse d'épée et la bourgeoisie), que dans l'intérêt véritable du pays. Il n'empêche, qu'aux yeux de l'opinion, les corps judiciaires jouaient, plus ou moins, vis-à-vis du pouvoir du roi, le rôle de censeurs. Du reste, Montesquieu ne qualifie-t-il pas, d'une manière particulièrement heureuse, les corps intermédiaires, parmi lesquels ceux-ci figurent en bonne place *de canaux moyens par où coule la puissance ?*

Montesquieu inscrit donc le judiciaire, à la différence de John Locke, cette promotion présentant, à dire vrai, un aspect *autobiographique* certain, sur la liste des pouvoirs, mais il se rend compte, que le dialogue fondamental a lieu entre le législatif et l'exécutif, celui qui fait la loi et celui qui la fait exécuter. Il le dit même expressément : *Des trois puissances dont nous avons parlé, celle de juger est, en quelque façon nulle. Il n'en reste que deux* (15).

(15) A l'opposé des régimes anglo-américains, qui disposent d'un authentique *pouvoir judiciaire* (art. 3 de la constitution américaine), la constitution de 1958 vise une *autorité judiciaire* (titre VIII), c'est-à-dire un service public relevant du pouvoir exécutif dont les membres disposent de garanties d'indépendance. A ce titre, *le président de la République est garant de l'indépendance de l'autorité judiciaire. Il est assisté par le Conseil supérieur de la magistrature* (art. 64 C). V. *IIIe partie.*

Le C.C. (22 juillet 1980, *Validation d'actes administratifs, C.C.F.* p. 465) a explicité à bien des aspects, l'indépendance des juridictions, tant judiciaires qu'administratives, en indiquant qu'il n'appartient ni au législateur, ni au Gouvernement, *de censurer les décisions des juridictions, d'adresser à celles-ci des injonctions et de se substituer à elles dans le jugement des litiges relevant de leur compétence.* La C.E.D.H. a jugé, le 24 novembre 1994 (*Beaumartin, JCP* 1995, I, n° 3823) qu'un tribunal, au sens de l'art. 6 de la Convention de Rome, doit répondre à une série d'exigences telles que *l'indépendance à l'égard de l'exécutif comme des parties en cause.*

3° Mais ces deux forces qui demeurent et qui seules comptent réellement sur le plan politique, Montesquieu les veut chacune dotée, dans ce même chapitre, de la *faculté de statuer* et de celle d'*empêcher :* le pouvoir législatif doit avoir la possibilité d'empêcher, le cas échéant, l'exécutif, mais ce dernier doit détenir la même faculté au regard du législatif ; le droit de censurer ou d'arrêter est également réparti. On est ainsi porté à une comparaison mécanique des poids et contre-poids. Aucun d'entre eux ne pourra tendre, de la sorte, à l'omnipotence du fait de *l'enchaînement mutuel* des forces. La formule de l'auteur est saisissante. Par là, se marque une certaine différence entre sa conception et ce qui semblerait découler logiquement de la distinction entre gouvernants et leurs censeurs. Mais l'expérience a prouvé que c'est Montesquieu qui avait raison et, qu'il fait ainsi poser des bornes au droit de censurer, car il peut devenir abusif (16). En régime parlementaire, le gouvernement peut certes être renversé par ses censeurs ; mais il doit pouvoir à son tour les renvoyer devant leurs électeurs, par l'exercice du droit de dissolution.

4° Il faut enfin remarquer que la pensée de Montesquieu est ambiguë, quant au caractère que doit prendre la séparation entre exécutif et législatif, c'est-à-dire entre gouvernement et parlement. Cette séparation doit-elle être tranchée, catégorique, chaque pouvoir étant cantonné et, pour ainsi dire, enfermé dans une fonction déterminée ? Ou bien doit-il s'agir d'une séparation des pouvoirs souple permettant à ceux-ci de collaborer ?

C. LES INTERPRÉTATIONS DE MONTESQUIEU

En politique, on dit volontiers que, ce qui importe : c'est la *représentation* des choses. Aussi, les contemporains ont généralement lu Montesquieu comme s'il conseillait une séparation tranchée entre les autorités publiques (17). Ils ont *cru* comprendre que le gouvernement, le parlement et, éventuellement, les corps judiciaires étaient chacun un organe de l'État, destiné à être cantonné dans une fonction particulière : au parlement, la fonction d'élaborer les lois ; au gouvernement, la fonction de les exécuter ; aux corps judiciaires, la fonction de régler les litiges.

La conséquence d'une pareille conception est, qu'on aboutit fatalement à établir une cloison étanche entre les divers organes. Si chaque pouvoir politique ne se justifie dans son existence que par la fonction qu'il exerce, il doit y être enfermé strictement et il doit être empêché d'empiéter sur la fonction du pouvoir voisin.

De fait, les premières constitutions de la fin du XVIIIe siècle, telles la constitution américaine de 1787 et la constitution française de 1791, établissent une séparation rigide entre l'exécutif et le législatif (18).

Mais, il n'est pas sûr que ce soit là la bonne lecture de Montesquieu. En tout cas, on peut se demander si notre auteur n'a pas vu que, déjà, en Angleterre, les pouvoirs commençaient à collaborer. Dans le chapitre précité, parlant des rapports entre le parlement et le gouvernement du roi, il déclare : *Ces puissances devraient former un repos ou une inaction* (en raison de la faculté de *s'empêcher mutuellement* qu'il déclare leur appartenir) ; mais, comme par le mouvement nécessaire des choses, elles seront contraintes d'aller, *elles sont forcées d'aller de concert. Aller de concert :* c'est essentiellement collaborer ; en tout cas, cela implique une forme de séparation qui soit, non plus rigide, mais souple.

Il résulte de ce qui précède que, si une chose est de dégager au sein de la société politique des activités spécifiques et d'en attribuer l'exercice à des organes différents, une autre, et non des moindres, est de respecter, mieux de préserver, la nécessaire

(16) Esmein comparait les pouvoirs publics à des *gardiens,* ou à des *sentinelles vivantes* que leur propre intérêt pousse à défendre leurs prérogatives respectives. La délimitation du territoire, observée, dans le monde animal, n'est pas sans analogie avec cette attitude.

(17) On peut se demander si l'auteur ne l'avait pas subodoré : *Je serai plus lu que compris.*

(18) V. M. TROPER : *La séparation des pouvoirs et l'histoire constitutionnelle française,* 1973.

unité de l'État. Tout ceci revient à dire que le maintien de liens, fussent-ils ténus, entre les organes, apparaît une nécessité, à partir de l'instant où ils constituent les rouages d'une *même* et *seule* mécanique. L'institution par la constitution de l'an III (art. 125) de *messagers d'État* entre les autorités prend, à ce propos valeur de symbole. A l'image de la coordination musculaire, la *synergie institutionnelle* s'impose donc à la réflexion (19). Toute référence gardée, on peut penser également au principe de la consubstantialité, ou au mystère de la Sainte-Trinité.

Il est clair, cependant, que cette interprétation raisonnable et nuancée, n'a pas été reçue par les constituants du XVIIIe siècle, qui, désireux d'abattre l'ordre ancien, s'emparèrent avec zèle des idées de Montesquieu, au point de les dénaturer.

Au-delà de ces vicissitudes, le principe de la séparation des pouvoirs a bénéficié d'un sort incomparable, en brisant l'État accaparé par une autorité (le roi en 1789 ; le Parlement en 1958 ou le parti unique dans les régimes communistes en 1989) et en édifiant l'État de droit. En résumé, la souveraineté est restituée au souverain, c'est-à-dire *nationalisée. L'État, c'est moi !* Non, *l'État, c'est nous,* peuvent s'écrier les citoyens, en pénétrant *dans* le pouvoir, qui jusque-là, leur était étranger.

§ 2 LA NOUVELLE ORGANISATION DU POUVOIR

La novation politique implique une traduction juridique. Celle-ci revêt tout son sens en ce qui concerne la souveraineté *dans* l'État. A cette fin, il est utile de rassembler les éléments jusque-là épars (20).

A. LE MODE D'EXERCICE DE LA SOUVERAINETÉ

Aux antipodes de la démocratie directe *(gouvernement du peuple par lui-même)* qui, au nom du *dédoublement démocratique,* postule l'*identification* des gouvernés aux gouvernants, le régime représentatif s'analyse dans *le gouvernement du peuple par ses élus* ou *ses représentants.* Au nom d'une *fiction,* ceux-ci sont réputés agir *en son lieu et place.* En termes saisissants, Carré de Malberg résume la notion : *Ce n'est pas la volonté du peuple qui détermine celle des représentants, c'est au contraire le peuple qui fait siennes par avance les volontés que ses représentants viendront à énoncer.* Somme toute, le pouvoir des citoyens *se résume* et *s'épuise* dans l'élection de leurs représentants. Il s'agit, en l'espèce, d'un *gouvernement par délégation,* dont il importe de préciser les contours.

1° Les fondements de la délégation de souveraineté

A l'appui du régime représentatif, deux arguments ont été avancés, l'un *matériel,* l'autre *intellectuel.*

Le premier, consiste à souligner l'impossibilité pratique de fonctionnement de la démocratie directe

(19) L'expression *américaine des trois branches du Gouvernement* (au sens de régime politique) atteste l'existence d'une souche commune et d'une destinée semblable.

(20) V. D. Turpin : *De la démocratie représentative,* thèse Clermont, I, 1978. D. Gaxie : *La démocratie représentative,* 1993 ; et Le régime représentatif est-il démocratique ? *Pouvoirs* n° 7, 1978.

dans le cadre d'un État dont le chiffre de la population est important (21). L'évidence ou le simplisme de cette affirmation ne mérite guère que l'on s'y arrête.

En revanche, le second se révèle d'une grande intensité. Il se rattache à une vision *élitiste* du gouvernement d'une société, dans la perspective *libérale* tracée par Montesquieu, à l'opposé de celle de Rousseau. Seule une minorité aisée et éclairée peut en assumer les *responsabilités. Le peuple doit, en quelque sorte, faire confiance* à des personnes compétentes et s'en remettre à elles (22). Assurément, l'idée est accordée aux intérêts de classe de la *bourgeoisie* qui entend proclamer la démocratie, pour mieux s'en réserver l'exercice (23). De là, résulte, selon un mot énergique de René Capitant, l'*imposture* d'après laquelle le régime représentatif est *réputé* être la démocratie, alors qu'il en prend exactement le contrepied, en *dépossédant* purement et simplement le peuple de sa souveraineté. Mince gageure, que cette *substitution !* (24). Mais, que l'on ne s'imagine pas que cette vision appartienne définitivement au passé. Contre toute attente, elle connaît un regain, de nos jours. Arguant de l'opacité des problèmes politiques, la technocratie se retranche volontiers derrière l'*argument d'autorité* pour mieux s'opposer au dialogue démocratique.

2° Les bénéficiaires de la délégation de souveraineté

Les délégués des citoyens portent le nom de *représentant.* De façon heureuse, Barnave déclarait, le 10 août 1791, à l'Assemblée constituante : *Le représentant est chargé de vouloir par la nation, tandis que le simple fonctionnaire n'est jamais chargé que d'agir pour elle.* La distinction entre le domaine de la *décision* et celui de *l'exécution* est clairement exprimée.

Pendant longtemps, l'identité des représentants s'est confondue avec celle des *parlementaires.* Toutefois, à l'époque moderne, à partir de l'instant où le titulaire de l'exécutif procède, lui aussi, de *l'investiture populaire,* il est fondé à se prévaloir de cette qualité, comme jadis le roi en 1791 (25). Il faut lire ainsi l'article 3 C : *la souveraineté nationale appartient au peuple qui l'exerce par ses représentants et par la voie du référendum.* Les parlementaires et le chef de l'État disposent d'une autorité *identique,* ce qui préserve le pouvoir présidentiel de l'anéantissement, dans le cadre de la *cohabitation* ouverte, en France *(infra).*

B. LES MÉCANISMES DE LA DÉLÉGATION DE SOUVERAINETÉ

Les électeurs élisent des représentants et leur confèrent une fonction publique appelée *mandat* qui les habilitent à agir en leur lieu et place. Ce lien juridique n'est pas sans

(21) Sans verser dans les facilités de la science politique *fiction,* l'argument n'est plus dirimant, à l'époque actuelle. L'utilisation des sondages d'opinion et de la télévision peuvent aisément surmonter l'obstacle dressé sur la route de la démocratie directe.

(22) Dans sa *constitution de l'Angleterre* (1771), le Genevois Jean-Louis de Lolme observe avec une grande franchise : *La nature... avare de ses dons, n'a donné qu'à une petite portion d'hommes, une tête capable de calculs compliqués d'une législation ; et comme le malade se confie à un médecin, le plaideur à un avocat, de même le très grand nombre de citoyens doit se confier à ceux qui sont plus habiles qu'eux.*

(23) Diverses théories juridiques servent les desseins de la nouvelle classe politique : souveraineté nationale ; électorat-fonction, sinon une certaine conception du bicamérisme.

(24) C'est donc par un abus de mot manifeste, que l'habitude ne saurait exonérer, que le terme de *démocratie représentative* a été forgé.

(25) En écho à Napoléon qui déclarait sans ambages en 1814 : *il n'y a en France de représentant que moi,* le général de Gaulle prétendait : *l'autorité indivisible de l'État est confiée tout entière au président par le peuple qui l'a élu* (conférence de presse du 31 janvier 1964).

faire songer aux termes de l'article 1984 du code civil : *acte par lequel une personne donne le pouvoir à une autre de faire quelque chose pour le mandant et en son nom.* Toutefois, au-delà de l'unité d'inspiration, les mandats privé et public aboutissent, ainsi qu'on le constatera, à des conséquences diamétralement opposées.

1° Les caractères du mandat public

Il présente les trois caractères suivants : il est *national, représentatif* et *parfait.*

a) *Le caractère national*

Si on laisse à part le cas du président américain ou français, les représentants, quoique élus dans le cadre d'une circonscription électorale déterminée, reçoivent un mandat non de cette dernière mais de la nation *tout entière* (26). La représentation offre, à l'inverse du droit privé, un aspect *collectif,* à l'image de l'intérêt général. Diverses conséquences en découlent : une modification territoriale est sans influence juridique sur la représentation nationale (27) ; les candidats à une élection *nationale* ne sont pas tenus d'apporter la preuve d'un lien de rattachement quelconque avec la circonscription dans quelle ils briguent les suffrages, enfin l'élu doit satisfaire au régime des *incompatibilités, etc.*

b) *Le caractère représentatif*

Dans une vision individualiste, consécutive à l'absence initiale de partis politiques, le mandat confère à l'élu un pouvoir *discrétionnaire.* Celui-ci est libre d'agir à son gré, à sa guise. En d'autres termes, et ceci est particulièrement important, il n'est en aucune façon lié par des *instructions* précises, qu'il aurait reçues des électeurs. Bref, le mandat n'est jamais *impératif,* à l'opposé de la solution observée par les États généraux de l'Ancien Régime. Sous la Révolution, Condorcet résume cette conception : *Mandataire du peuple, je ferai ce que je croirai le plus conforme à ses intérêts. Il m'a envoyé pour exposer mes idées, non les siennes, l'indépendance absolue de mes opinions est le premier de mes devoirs envers lui.* L'indépendance de l'élu est traditionnellement proclamée, depuis 1791, par l'affirmation selon laquelle *tout mandat impératif est nul* (art. 27 C) (28). Par voie de corollaire, le parlementaire émet un vote selon sa conscience, et non sur instruction d'un groupe (29) ; de même la pratique de la *démission en blanc* remise par

(26) Les représentants sont nommés *dans* (et non par) les départements, affirmait la constitution de 1791. Élu député à Nancy, en 1970, Jean-Jacques Servan-Schreiber faisait suivre sa signature de la formule *député de Lorraine.* Le président de l'Assemblée nationale lui écrivit : *J'ai le devoir de vous rappeler que vous n'êtes pas député de Lorraine. Car même élu de la première circonscription de Meurthe-et-Moselle, vous êtes beaucoup mieux : vous êtes député de la nation tout entière.* Dans les faits, le parlementaire est un lien vivant entre la nation et sa circonscription. Élu national, il est d'abord apprécié et jugé par les électeurs en tant qu'élu *local.*

(27) Cependant, les réalités *politiques* interfèrent. Les députés élus en Alsace et en Moselle ont démissionné, en 1871, après le traité de Francfort. En 1962, le général de Gaulle, tirant la conséquence de l'indépendance de l'Algérie, a mis un terme au mandat des parlementaires concernés.

(28) En mars 1960, le général de Gaulle a refusé de convoquer le Parlement en session extraordinaire, motif pris de ce que les députés n'avaient pas agi spontanément, mais davantage à la requête des syndicats agricoles.

(29) La discipline de vote, inhérente aux groupes parlementaires, explique, pour une bonne part, le caractère tardif de leur reconnaissance. Ce n'est qu'en 1910 que la Chambre des députés, en France, leur accordera droit de cité dans son règlement.

un élu à son parti, est de nul effet. En définitive, l'élu bénéficie d'une liberté d'allure qui confine à la *désinvolture* vis-à-vis des citoyens. A preuve, le phénomène des *majorités de reflux* (André Hauriou) (30).

c) *Le caractère parfait*

Les représentants sont investis, entre deux consultations électorales, de la *plénitude* d'attributions. Leur mandat est non seulement illimité, mais encore insusceptible d'être révoqué, contrairement à la vision civiliste. En clair, la loi adoptée ou, le cas échéant la constitution, s'impose aux citoyens, sans possibilité pour ceux-ci de la contester ou de la discuter. En effet, au nom d'une *fiction* juridique, il existe une *présomption irréfragable de conformité* entre les actes des représentants et les volontés des représentés (31). Tant et si bien que *le Parlement est la figuration du souverain. Il peut faire tout ce dont le souverain est capable* (R. Carré de Malberg).

De cette vision découle une grave *confusion,* entre la participation et l'aliénation des citoyens, la démocratie et l'oligarchie ; en un mot, la souveraineté populaire et la souveraineté parlementaire. Le *libéralisme,* par l'intermédiaire du régime représentatif, confisque, sans vergogne, la logique démocratique, en soumettant le souverain à la domination des représentants. Dans une diatribe, demeurée fameuse, Jean-Jacques Rousseau a stigmatisé *l'usurpation* (32), anticipant largement sur le slogan gauchiste de 1968 : *élection-trahison.*- Comment ne pas méditer sur la destinée singulière du régime représentatif : progressiste, au moment du droit constitutionnel classique, devenu de proche en proche, oppressif ? Au point que divers procédés s'emploient désormais à en corriger les excès. La démocratie *semi-directe* en découle.

2° Le dépassement du régime représentatif

L'élévation du niveau culturel de la société contemporaine, la généralisation du suffrage, l'action des partis politiques sur fond de médiatisation, ont renouvelé, à bien des aspects, la notion de *bonheur civique.* Si les citoyens se sont longtemps résignés à un comportement abstrait, ils aspirent présentement à un comportement concret. Sans parler de revanche de la société civile sur la société politique, force est, cependant, de constater que la première ne s'en remet plus en totalité à la seconde comme l'atteste la révolte des électeurs

(30) Sous les IIIe et IVe Républiques, une tendance voulait, telle une loi, que chaque fois que la gauche remportât une victoire électorale, elle cessât d'exercer le pouvoir, deux ans après, sans que pour autant les électeurs fussent conviés à entériner le revirement décidé par les représentants. Le Cartel de Gauches, en 1926 et 1934, cède la place à la droite symbolisée par Poincaré et Doumergue ; le Front populaire en 1938 s'estompe derrière Daladier et surtout Paul Reynaud, avant de sombrer en 1940 entre les mains du maréchal Pétain. En 1958, le Front républicain de Guy Mollet et de Pierre Mendès France débouche sur l'investiture du général de Gaulle.

(31) La société de *non-participation* jusqu'en 1958 autorisait Marcel Prélot à estimer : *Le peuple français, sollicité sur tout, ne s'est prononcé en fait sur rien.*

(32) *La souveraineté ne peut être représentée par la même raison qu'elle ne peut être aliénée ; elle consiste essentiellement dans la volonté générale et la volonté générale ne se représente point... Les députés du peuple ne sont donc ni ne peuvent être ses représentants, ils ne sont que ses commissaires ; ils ne peuvent rien conclure définitivement. Toute loi que le peuple en personne n'a pas ratifiée est nulle ; ce n'est point une loi. Le peuple anglais pense être libre, il se trompe fort ; il ne l'est que durant l'élection des membres du parlement : sitôt qu'ils sont élus, il est esclave, il n'est rien. Dans les courts moments de sa liberté, l'usage qu'il en fait mérite bien qu'il la perde* (*Le Contrat social,* livre troisième, ch. XIV).

italiens contre la partitocratie, à l'occasion du référendum d'avril 1993, ou la quête de la transparence, en France.

La démocratie semi-directe se veut une démocratie de *participation* et non plus d'adhésion. A l'unisson de la Ve République (33), l'abolition de la souveraineté parlementaire débouche sur une manière de partenariat entre les citoyens et les élus, qui emprunte tantôt un aspect sociologique (vie associative, sondages d'opinion) tantôt un aspect juridique multiforme.

A l'image d'un *partage,* le peuple, dans le même temps où il concède l'exercice de la souveraineté *quotidienne* à ses délégués, se réserve de trancher, lui-même, les questions essentielles. En conséquence, les citoyens ont la possibilité de collaborer avec les représentants, soit en déposant un texte de loi au moyen d'une *initiative populaire,* (Suisse, Italie, Espagne, États des États-Unis, telle la Californie) (34) ; soit en le soumettant à sa décision au moyen du *référendum (ibid.)* (35).

Mais le peuple peut aussi s'ériger en censeur des élus, en abrogeant une loi (technique du *veto populaire* usitée notamment en Italie), ou en les révocant, en dehors de consultations électorales (*recall* aux États-Unis ou *abberufungsrecht* en Suisse).

Parallèlement à ces procédures, un substitut de démocratie semi-directe se présente avec les partis politiques. On prétend, à cet égard, qu'au Royaume-Uni, le meilleur référendum est le *two-party system,* en ce que le bipartisme implique un choix binaire.

Ainsi, la démocratie semi-directe (36) s'analyse-t-elle, en définitive, comme une sorte de synthèse entre la démocratie directe, idéale mais irréalisable et le régime représentatif, défi théorique à la logique démocratique.

Mais, au-delà de cette prévention, le régime représentatif mérite la considération. On ne peut, en effet, ignorer qu'historiquement, il servit de *référence* aux régimes, au sein desquels les relations entre les organes d'État se nouèrent, selon des modalités particulières. Sous cet aspect, une classification ou une *typologie* fait apparaître deux séries de rapports, selon que la souveraineté y est *distribuée* entre les organes de l'État ou *centralisée,* en pratique, par l'un d'entre eux.

§ 3 LA CLASSIFICATION DES RÉGIMES POLITIQUES

C'est en ce domaine que se manifeste, avec le plus d'éclat, l'apport des démocraties anglo-américaines au droit constitutionnel. L'*équilibre,* véritable maître-mot, y a été recherché et aménagé de deux façons : aux États-Unis, au moyen d'une séparation *tranchée* ou *accentuée* entre les pouvoirs publics qui aboutit à leur opposition dans le cadre d'un *régime présidentiel ;* en Grande-Bretagne, une séparation

(33) L'article 3 C énonce, à cet effet : *La souveraineté nationale appartient au peuple qui l'exerce par ses représentants et par la voie du référendum.* V. J. CHATELAIN, *C.R.F.* p. 179.

(34) En revanche, une *pétition* adressée au Parlement, en France (droit de vote des étrangers, en 1989) ne revêt aucun aspect contraignant pour ce dernier, en dehors du renvoi à la commission compétente (art. 147 R.A.N.).

(35) Le référendum, en tant que technique de formation de la loi, a été retenu, en France, par la constitution de l'an I (art. 53 et s.) et celle de 1958 (art. 11). Au plan local, le référendum de consultation peut intervenir sur des matières qui ressortissent à la compétence des autorités municipales (art. L. 125-1 du code des communes, rédaction de la loi du 6 février 1992). V. A. AUER : *Le référendum et l'initiative populaires aux États-Unis,* 1989 ; F. HAMON : *Le référendum,* 1995 et le référendum, *Pouvoirs* n° 76, 1996.

(36) On comprend, dans ces conditions, que l'exécutif procède du suffrage universel et dispose, à ce titre, d'une *part* de légitimité, au lieu de l'emprunter aux assemblées, comme dans le cadre parlementaire.

nuancée ou *atténuée* organise leur collaboration et débouche sur le *régime parlementaire,* appelé aussi, le *gouvernement de cabinet.* Toutefois, au risque de mélanger les genres, il y a lieu de mentionner une tendance actuelle qui consiste à faire *marcher de front,* au plus grand bénéfice de l'exécutif, ces deux types de régimes, ainsi que le vérifie la constitution de la Ve République.

A dire vrai, cette césure reflète, d'un point de vue historique, la mise en place dans une société née *libre,* d'une *nouvelle légitimité* (la légitimité *démocratique*) qui règne sans partage en régime *présidentiel* (37) ou qui coexiste provisoirement, au sein d'une société en voie de *libération,* avec l'ancienne (la légitimité *monarchique*) en régime *parlementaire.* Sous le bénéfice de cette observation, on présentera ici, l'économie générale de ces régimes de référence.

A. LE RÉGIME PRÉSIDENTIEL

Le *mal nommé ;* leurre institutionnel, doit-on affirmer d'emblée, afin de dissiper la puissance d'égarement qui s'y attache (38). Au sein du modèle américain, la séparation des pouvoirs est aménagée de façon stricte, en raison de l'unicité de légitimité, tant en ce qui concerne l'organisation que les relations entre les pouvoirs publics (39). De sorte qu'à l'opposé de la sémantique et de l'opinion reçue, l'autorité présidentielle est moins affirmée que *concurrencée.* Autrement dit, le *couple* formé par le président et le parlement (le *Congrès*) dirige les destinées des États-Unis, en contraste avec le régime *présidentialiste* de la France, qui s'abandonne à la *seule* volonté de son magistrat suprême. A titre de pierre d'attente, il n'est pas indifférent de souligner que la comparaison entre ces régimes tourne à *l'opposition.*

Ceci précisé, *un régime présidentiel est celui dans lequel les pouvoirs* (ou les organes de l'État) *s'absorbent dans leur fonction respective et s'isolent l'un de l'autre.* Autrement dit, il combine la *spécialisation fonctionnelle* et l'*irrévocabilité mutuelle.*

1° L'organisation des pouvoirs publics

La structure, ou si l'on préfère la charpente, d'un régime présidentiel est simple, sinon rudimentaire à la limite, par rapport à celle plus élaborée du régime parlementaire. Elle se ramène à un exécutif *monocéphale* et, le plus souvent, à un parlement bicaméral.

a) *Un exécutif monocéphale*

Le pouvoir exécutif est confié *tout entier* à une seule et même personne, le président, qui cumule les attributions d'un chef d'État *et* de Gouvernement. Il est assisté d'un certain

(37) V. P. AVRIL : La présidence à nu, *Commentaire* n° 49, 1990, p. 181.

(38) Né aux États-Unis, le régime présidentiel y est demeuré, en dehors de quelques applications en Amérique latine et en France (constitution de 1848), ponctuées de révolutions et de coups d'État. V. G. GILSON : *La découverte du régime présidentiel,* 1968. Son caractère isolé contraste avec la large diffusion du régime parlementaire, et du mode de vie américain. C'est un auteur britannique, Walter Bagehot qui, en 1867, a forgé ce terme, impressionné, sans doute, par la personnalité exceptionnelle d'Abraham Lincoln. Mais, pour l'essentiel, il est impropre et, au demeurant n'est pas en usage outre-Atlantique.

(39) L'incompatibilité est l'impossibilité de détenir *simultanément* deux fonctions. Dans ces conditions, elle implique un *choix.* La *spécialisation* du personnel politique, en régime présidentiel en découle.

nombre de *collaborateurs,* au premier rang desquels figurent les *secrétaires* ou ministres, selon la terminologie courante. Nommés et révoqués *ad nutum* par le président, ils ne forment pas un ensemble distinct de celui-ci et ne possèdent pas, en théorie, le pouvoir décisionnel. Par ailleurs, ils n'ont pas accès aux chambres ; leur fonction est, au surplus, incompatible avec la détention d'un mandat parlementaire (40).

Le président tire son autorité d'une investiture *populaire* (41). A ce titre, il est indépendant du Parlement, qui ne peut pas mettre en cause sa responsabilité *politique,* ni, du reste, celle des secrétaires. A charge de revanche, il ne peut disposer, à son encontre, du droit de dissolution.

b) *Un parlement bicaméral*

Conséquence de la structure *fédérale* aux États-Unis, le Congrès est composé de deux chambres. Mais la règle n'est pas impérative, et il est parfaitement concevable de songer, en l'occurrence, au monocamérisme (constitution française de 1848). En fait, ce qui importe, c'est moins le nombre que l'autorité dont est investi l'organe délibérant, qui se présente à la manière d'un authentique *contre-pouvoir* et nullement *faire-valoir,* à la différence du régime *présidentialiste.*

2° Les relations entre les pouvoirs publics

A l'image de la *séparation de corps,* le régime présidentiel conforte l'autonomie des pouvoirs, au sens organique et fonctionnel. Chaque autorité dispose de la garantie d'existence, en *l'absence* de la responsabilité politique et du droit de dissolution. Chaque pouvoir, de surcroît, est maître de l'activité qui lui est confiée. Ainsi s'impose une vision claire : tout le pouvoir exécutif au président ; tout le pouvoir législatif et budgétaire au Congrès.

Mais, pour étendu qu'il soit, ce principe de la *spécialisation fonctionnelle* n'est pas absolu, il admet un certain nombre d'exceptions qui résultent, tantôt, de la constitution elle-même (droit de veto attribué au président vis-à-vis des lois du Congrès, pouvoir de confirmation reconnu au Sénat s'agissant des emplois fédéraux) ; tantôt de la pratique (droit d'initiative du *Chief Executive,* en matière législative, au moyen des messages au Congrès).

Dès lors, chaque pouvoir dispose des moyens de *neutraliser* l'autre. Vu de l'extérieur, le président est fort ; vu de l'intérieur, il ressemble à Gulliver, condamné à négocier avec les élus en permanence dans la mesure où il est privé du relais incomparable d'une majorité. L'enlisement ressemble fort à l'impuissance, le plus clair du temps. Les pouvoirs enchaînés garantissent la liberté, selon la vision des *Pères fondateurs* fût-ce au prix de la paralysie. Au final, ce régime pose plus de problèmes qu'il n'en résout, à telle enseigne que seules des conditions spécifiquement américaines favorisent son exercice.

(40) L'élection *populaire* du titulaire de l'exécutif se présente comme une condition *nécessaire,* mais non pas *suffisante* pour identifier le régime présidentiel. Ce qui ne correspond pas à la réalité de la Ve République : *vrai-faux régime présidentiel* (S. July). A la *neutralisation* des pouvoirs, celle-ci oppose l'exaltation du pouvoir du chef de l'État. V. G. GONDOUIN : Propos sur la France et le régime présidentiel, *R.D.P.,* 1998, p. 373.

(41) Cependant, le Congrès américain peut mettre en cause la responsabilité *pénale* du président et des secrétaires, dans le cadre de la procédure de l'*impeachment.* L'affaire du Watergate a été la cause de la démission de Richard Nixon en 1974, tandis que Bill Clinton était acquitté à propos d'une relation extra-conjugale, en 1999.

On ne peut que s'étonner, dès lors, de la réputation *surfaite* notamment au sein de la classe politique française. Le remède imaginé par d'aucuns, à la Ve République, serait pire que le mal dénoncé. Le modèle de Washington est, assurément, autant inopérant que dangereux. L'inaptitude à traiter les problèmes est patente : la réduction du déficit budgétaire est devenue le serpent de mer américain (que l'article 49-3 C est beau !). Pis encore, l'absence de tout mécanisme régulateur d'une crise institutionnelle, telle la dissolution (art. 12 C) menace d'emporter le régime, comme jadis la Seconde République, le 2 décembre 1851. Sous ce rapport, l'introduction du régime présidentiel, en France, serait une *catastrophe* (M. Rocard) (V. *IIIe partie*).

B. LE RÉGIME PARLEMENTAIRE OU LE GOUVERNEMENT DE CABINET

En instituant le régime présidentiel, les constituants américains avaient pensé *aménager,* pour un président dans un cadre républicain, le système de monarchie limitée (42), qu'ils avaient vu, dans leur jeunesse, fonctionner dans ce qu'ils regardaient, alors comme la mère-patrie. Mais, dès la fin du XVIIIe siècle, les Anglais en étaient arrivés, *empiriquement,* au régime parlementaire qui peut se définir ainsi : *régime dans lequel les organes de l'État collaborent et dépendent mutuellement.* La collaboration fonctionnelle se joint ainsi à la révocabilité mutuelle. Bref, le ressort en est le *concours* des pouvoirs publics à l'unisson de la majorité électorale du pays, laquelle se transmet mécaniquement (43). On parle volontiers d'un *gouvernement d'opinion.*

A cet aspect raffiné du parlementarisme, il importe d'associer sa *plasticité.* A l'image de la dualité de légitimité, à laquelle il a été confronté à sa naissance, il n'a cessé, depuis lors, d'évoluer.

1° L'organisation des pouvoirs publics

D'une manière générale, et conformément à ses origines britanniques, ce régime se caractérise par un exécutif *bicéphale* et un parlement *bicaméral.*

a) *Un exécutif bicéphale*

Le parlementarisme fait songer à l'aigle à deux têtes de la dynastie des Habsbourg. Il opère une *dissociation* entre le chef de l'Etat et le gouvernement (ou le cabinet) ou, si l'on préfère, *l'élément fixe* et l'*élément mobile* (Prévost-Paradol).

1) Le chef de l'État

L'avènement de la dynastie de Hanovre, en 1714, en Grande-Bretagne, ayant précipité l'évolution (les rois George se désintéressaient des affaires publiques), celui-ci ne joue pas un rôle actif dans

(42) Succédant à la période *absolue,* la monarchie est appelée *limitée* à partir de l'instant où la règle juridique (le droit, en un mot), se substitue au bon vouloir du prince. La Grande-Bretagne franchit cette étape, à partir de la révolution de 1688, la France, un siècle plus tard, avec la constitution de 1791. Toutefois, il y a lieu d'observer que du point de vue de sa structure, l'exécutif demeure d'un *seul tenant :* les ministres étant étroitement subordonnés au roi. En revanche, la monarchie devient *parlementaire* lorsque l'exécutif se scinde en deux éléments distincts : *le pouvoir royal* d'une part, et *le pouvoir ministériel* d'autre part, pour parler comme Benjamin Constant. V. Ph. LAUVAUX : *Le parlementarisme,* 1986.

(43) *Renoncer à la majorité, c'est vouloir marcher sans pieds, voler sans ailes, c'est briser le grand ressort du gouvernement représentatif,* affirmait Chateaubriand (*De la monarchie selon la Charte,* 1816). V. D. TURPIN : *Le régime parlementaire,* 1997.

la vie politique, mais tout au plus contemplatif, sinon décoratif. Symbole vivant, il incarne l'État, qu'il soit monarque héréditaire ou président de la République. Du reste, et de façon significative, il ne bénéficie pas, en principe, à la différence du régime présidentiel, d'une investiture populaire. De façon plus détaillée, sa situation est la suivante : il est politiquement irresponsable, chacun de ses actes devaient être contresignés (c'est-à-dire avalisés par le chef du Gouvernement), les conflits entre l'exécutif et le parlement ne l'atteignent pas, conformément à la formule lancée en 1829, par M. Thiers, selon laquelle *le roi règne, mais ne gouverne pas* (44).

Il possède, cependant, une certaine influence *morale* sur la marche des affaires gouvernementales qui provient, soit de son autorité personnelle, soit de son expérience politique, soit d'une défaillance de la structure partisane.

2) Le Gouvernement ou le cabinet

C'est la pièce essentielle *(la cheville ouvrière)* du régime parlementaire, car c'est par lui que s'établit la collaboration ou le concours entre l'exécutif et le parlement. Du reste, *il est parlementaire par ses origines et gouvernemental par ses fonctions.*

D'une façon plus précise, il ne peut gouverner qu'avec la confiance de la majorité parlementaire, issue des élections ; s'il perd cette confiance, il est obligé de démissionner (45). Si bien que *les chambres sont l'arène où se dispute le pouvoir* (Royer-Collard). L'aptitude des ministres à gouverner, sous l'autorité de l'un d'entre eux (premier ministre ou président du conseil), repose sur les causes suivantes : ils sont pris, en règle générale, dans le Parlement, soit la règle de la *compatibilité* ou du *cumul* entre les fonctions exécutives et parlementaires ; ils y ont entrée et droit de parole et ils sont *solidairement* responsables, c'est-à-dire qu'ils répondent *en commun*, de la politique du cabinet devant les députés.

b) *Un parlement bicaméral*

Le bicamérisme (ou bicaméralisme) emporte la division du parlement en deux chambres. Au Royaume-Uni, c'est la division entre Chambre des Lords et Chambre des Communes. En France, sous la monarchie constitutionnelle (1814-1848), il s'agit de la Chambre des pairs et des députés. La même distinction se retrouvera sous les régimes subséquents, telle la Ve République (art. 24 C) (46).

Certes, le bicamérisme n'est pas indispensable pour le fonctionnement du régime parlementaire (47), mais il est cependant utile, surtout à l'époque du droit constitutionnel classique, afin que le Parlement ne soit pas trop puissant, en face d'un exécutif divisé en deux organes. Ici s'impose la fameuse

(44) C'est *le régime du coq en pâte* (Jacques Bainville). *Je suis un manchot constitutionnel,* confessait Raymond Poincaré (président de 1913 à 1920) ; un *porte-plume,* au dire de Vincent Auriol, sous la IVe République. Cependant, dans certains États (Autriche, Finlande, Irlande, Portugal), le chef de l'État est élu par la nation. Son rôle n'en demeure pas moins protocolaire, dès lors que le choix se porte sur une personnalité honorable mais non sur le chef d'un parti de gouvernement.

(45) En Israël, conformément à la loi fondamentale de 1992 (*Pouvoirs* n° 72, 1994 p. 125) le premier ministre est élu, depuis 1996, au suffrage universel direct. Si le cabinet n'obtient pas la confiance des députés, le premier ministre et ceux-ci retournent ensemble devant les électeurs. (V. Cl. KLEIN : *La démocratie d'Israël,* 1997). A la réflexion, le système des partis politiques peut déboucher, toutes choses égales par ailleurs, sur une investiture populaire du chef du Gouvernement, en raison du choix binaire auquel les électeur sont confrontés. L'Allemagne, l'Espagne et la Grande Bretagne vérifient cette hypothèse.

(46) Cependant, le parlementarisme n'est pas exclusif du monocamérisme, à l'exemple de l'Union européenne (Danemark, Grèce, Finlande, Luxembourg, Portugal, Suède). La Nouvelle-Zélande et Israël se rattachent à cette tendance.

(47) C'est pourquoi, on a souvent comparé la seconde chambre à une digue, à un barrage, ou à un frein destiné à *arrêter* la poussée populaire qui se manifeste dans la chambre élue au suffrage universel direct. D'où l'opposition des républicains, en France, à l'institution d'une telle assemblée (V. *IIIe partie*).

présentation de Boissy d'Anglas, à propos de la constitution de l'an III, selon laquelle une assemblée est *l'imagination de la République,* tandis que l'autre en est la *raison* (48). En outre, il y a lieu de relever, que l'existence d'une seconde chambre améliore la qualité du travail législatif, ce qui, assurément, est loin d'être négligeable. Au final, *lorsqu'une liberté est en cause, deux chambres, c'est deux chances* (R. Monory).

Cependant, sauf en Italie où le Sénat a les mêmes pouvoirs que la Chambre des députés, la tendance actuelle est en faveur de ce que l'on appelle le *bicamérisme atténué.* En raison de la logique majoritaire, la seconde chambre tend à ne plus avoir qu'un rôle consultatif ou décoratif ; le dialogue politique se resserrant entre le cabinet et la chambre qui est issue directement du suffrage universel (49).

2° Le fonctionnement du régime parlementaire

Le régime parlementaire, affirmait Léon Blum, *c'est la vie de ménage.* De fait, la boutade est accordée à la *confiance* ou à la solidarité qui caractérise fondamentalement les relations entre les pouvoirs. Sur cette base s'instaure entre eux une *collaboration équilibrée* et *sanctionnée.*

a) *Une collaboration équilibrée*

La vie en commun se marque de plusieurs façons : du point de vue du *personnel,* la règle précitée de la *compatibilité* entre les fonctions parlementaire et gouvernementale en assure l'*unité.* Au surplus, du point de vue *fonctionnel,* il existe des compétences *ouvertes ou concurrentes.* En l'absence de cloisons étanches, le parlement participe aux activités de l'exécutif et *vice versa.* La procédure législative prend à cet égard, valeur de symbole (50). Cependant, la communauté peut être traversée de difficultés. L'existence de mécanismes *régulateurs* assureront, après un trouble passager, le retour à la sérénité.

b) *Une collaboration sanctionnée*

En régime parlementaire, les pouvoirs sont comptables de leurs actes, en d'autres termes, responsables et donc *révocables mutuellement :* le droit pour les députés de provoquer le retrait du Gouvernement a pour *contrepartie* normale leur retour anticipé devant les électeurs, consécutif à l'exercice du *droit de dissolution.* Cette agressivité autorise à parler, avec Claude Émeri, du *syndrome de la mante religieuse.*

La règle majeure, en ce domaine, est que le cabinet ne doit et, du reste, ne peut gouverner qu'avec la confiance du Parlement ou, plus précisément, de la *majorité* de la

(48) A deux reprises, les 5 mai 1946 et 27 avril 1969, le peuple français, par voie de référendum, a repoussé le principe du monocamérisme.

(49) La procédure budgétaire en fournit un exemple pertinent. Obéissant au rythme du moteur à explosion selon l'image d'un auteur, la préparation de la loi de finances incombe à l'exécutif, son adoption au Parlement ; son exécution à l'exécutif et le contrôle de l'exécution au Parlement.

(50) Au départ, il s'agissait, conformément à la tradition, d'une procédure *pénale,* destinée à sanctionner un ministre, ayant commis dans l'exercice de ses fonctions, une infraction. La Chambre des Communes l'accusait et la Chambre des Lords le jugeait. Sur ce fondement, deux ministres de Charles Ier (Strafford et Laud) furent exécutés. Aussi, à la fin du XVIIIe siècle, la simple menace d'*impeachment* suffit à provoquer le retrait du cabinet : en 1782, celui de Lord North donne sa démission à la suite d'une motion de défiance votée par la Chambre des Communes et susceptible d'entraîner la mise en œuvre de la procédure de l'*impeachment.* A partir de cette date, on peut admettre que le système de la responsabilité *pénale* et *individuelle* du ministre se transforme en responsabilité *politique* et *collective* du cabinet. En revanche, aux États-Unis, la procédure devait conserver son caractère *originaire (Infra).*

chambre issue directement du suffrage universel. A ce titre, le parlementarisme s'analyse en un *gouvernement d'opinion.*

Cette nécessité pour le cabinet de garder la confiance des députés est sanctionnée par la responsabilité *politique,* c'est-à-dire par la perte ou le retrait du pouvoir. Ce principe, qui trouve son origine dans la procédure britannique de l'*impeachment,* donne naissance à une double procédure : tantôt le premier ministre prend l'initiative de la vérification, et pose *la question de confiance.* Tantôt, au contraire, l'initiative du débat est prise par des membres de l'assemblée, qui déposent une *motion de censure.*

Toutefois, le Gouvernement dispose d'une arme qui lui permet d'exercer sur le Parlement une pression sérieuse et d'éviter souvent d'être mis en minorité. Cette arme se présente sous la forme du *droit de dissolution* (51).

Celle-ci consiste pour l'exécutif à *abréger* la durée du mandat des parlementaires, afin de provoquer de nouvelles élections. Il suit de là, que ce régime crée *un droit de révocation mutuel* entre les pouvoirs. Car, la mise en jeu de la responsabilité du Gouvernement par les parlementaires est susceptible de les ramener devant leurs électeurs. De fait, le droit de dissolution signifie que, par-delà la confiance de la chambre, existe celle, plus importante du pays et que les députés doivent faire la preuve qu'ils représentent bien la majorité des citoyens. De même, un Gouvernement mis en minorité par l'assemblée peut en appeler au pays et demander aux électeurs de trancher le conflit. C'est à cette condition que l'*équilibre* entre la puissance gouvernementale et la puissance parlementaire peut se réaliser (52). On ne saurait, en effet, confondre le régime parlementaire avec la souveraineté parlementaire.

3° L'évolution du régime parlementaire

A chacun sa vérité, comme à chacun son régime parlementaire, serait-on tenté de dire, à la manière de Pirandello. Ainsi, le parlementarisme n'a cessé d'évoluer depuis sa fondation, à la fin du XVIIIe siècle au point de fonder une famille, au sein de laquelle, chaque *membre* possède cependant sa personnalité propre.

a) *Les modalités traditionnelles*

Celles-ci se présentent, au XIXe siècle, sous deux aspects : le parlementarisme *dualiste,* puis *moniste.*

1) Le parlementarisme dualiste ou orléaniste

Si l'on poursuit la comparaison, il s'agit de *l'ancêtre* de la famille, né au Royaume-Uni, en 1782 (démission du Gouvernement de Lord North) et qui disparaît, en 1837, lors de l'avènement de la reine Victoria. Sur ces entrefaites, il s'est acclimaté en France, à partir de 1814, au point d'y être appelé également *orléaniste,* du nom de la dynastie régnante sous la Monarchie de juillet (1830-

(51) V. Ph. LAUVAUX : *La dissolution des assemblées parlementaires,* 1983 ; P. LALUMIÈRE et A. DEMICHEL : *Les régimes parlementaires européens,* 2e éd., 1978.

(52) A défaut, le régime parlementaire dégénère en régime d'assemblée. V. *IIIe partie.*

1848) qui servit de cadre à son essor (53). L'orléanisme devait ressusciter au début de la IIIe République (1875-1879) et sous la Ve République. L'existence de *pouvoirs personnels* du président (nomination du premier ministre, dissolution de l'Assemblée nationale, entre autres) (art. 19 C) en apporte la confirmation. A l'étranger, la Pologne post-communiste s'y adonne autant que la Russie.

Sa spécificité réside dans les deux éléments suivants : le chef de l'État demeure un *acteur politique,* tandis que le Gouvernement assure le rôle d'*interface* ou de *liaison* entre celui-ci et les chambres.

De ce point de vue, si cette modalité amorce le dépérissement du pouvoir exécutif, elle n'équivaut pas, cependant, à son anéantissement. Autrement dit, il représente une *transition,* appelée la monarchie limitée, par opposition à la monarchie absolue. A ce titre, le chef de l'État est investi d'une *part constitutionnelle* (Louis-Philippe) : il nomme et révoque les ministres ; il participe à la formation de la loi, par l'exercice du pouvoir de *sanction,* au point d'en être le *coauteur,* et il procède à la dissolution de l'assemblée, le moment venu. Autant de raisons pour Guizot, d'affirmer, en 1846, *que le trône n'est pas un fauteuil vide, ni une machine inerte.*

Quant au cabinet, il se livre à un exercice d'équilibriste, à partir de l'instant ou son existence est conditionnée par la confiance *simultanée* du chef de l'État et de l'assemblée. Autrement dit, une *double* responsabilité pèse sur lui ; ce qui est à l'origine de la dénomination *dualiste* attribuée à cette forme de parlementarisme. En un mot, le cabinet est *un lien vivant entre les pouvoirs. Il représente le roi dans l'enceinte des chambres, les chambres dans le cabinet du roi* (Duvergier de Hauranne). Le *ménage à trois* disparaît toutefois avec le monisme.

2) *Le parlementarisme moniste*

Modalité classique par excellence, à laquelle on songe instinctivement, elle correspond, en Grande-Bretagne au règne de Victoria (1837-1901) et, à l'heure présente, au dénominateur commun des États de l'Union européenne, à l'exception de la France. La Bulgarie et la Hongrie s'en réclament également. Dans le cadre général du parlementaire, le monisme se réduit à une double vision : un chef de l'État, simple spectateur politique (*le roi ne peut mal faire, puisqu'il ne peut rien faire,* selon l'axiome anglais) investi d'une magistrative inactive ou contemplative. *Le dieu terne de la République,* selon Anatole France est réduit à un rôle protocolaire. Tel le mineur du droit civil, il ne peut accomplir aucun acte sans l'assistance juridique du Gouvernement (règle dite du *contreseing* ministériel), sauf à démissionner (54). Le ministère, émanation de la majorité parlementaire est investi de la *plénitude* du pouvoir exécutif. Il est responsable *uniquement* devant la chambre.

b) *Les modalités contemporaines*

Au XXe siècle, la *descendance* a pour nom respectif, le parlementarisme *rationalisé* et *majoritaire.* Ces nouvelles modalités sont intimement liées au système des partis politiques, ou plus précisément à leur aptitude à dégager ou non une *majorité* parlementaire (55). Elles se situent dans la relation entre le pis-aller et la panacée.

(53) La puissance législative s'exerce *collectivement* par les chambres et le roi (constitution de 1791, chartes de 1814 et de 1830) ; tant et si bien que celui-ci est le *coauteur* de la loi. La dissolution a été qualifiée, par Prévost-Paradol, *royale* ou *présidentielle,* en ce qu'elle ressortit à la libre appréciation du chef de l'État (ce qui peut entraîner, en contrepartie, sa mise en cause, comme Mac Mahon en 1877). A l'opposé, dans le cadre du monisme, la dissolution sera dite *gouvernementale* ou *ministérielle,* à partir du moment où elle est décidée par le chef du Gouvernement ; le chef de l'État confirmant sa volonté. V. J. GICQUEL, Président de la République (IIIe, IVe et Ve République) *in Dictionnaire historique de la vie politique française au XXe siècle,* 1995, p. 835.

(54) Toutefois, en Belgique, le roi s'est vu reconnaître le bénéfice de la clause de conscience, lorsque, en avril 1990, il renonça provisoirement à sa fonction, afin de ne pas promulguer une loi relative à l'avortement, V. *La Belgique, Pouvoirs* n° 54, 1990 ; C. GREWE et M.-H. RUIZ FABRI, *Droits constitutionnels européens,* 1995, p. 482.

(55) V. Ph. LAUVAUX : *Parlementarisme rationalisé et stabilité du pouvoir exécutif,* Bruxelles, 1988.

1) Le parlementarisme rationalisé

L'expression forgée par le doyen Boris Mirkine-Guetzevitch, dans l'entre-deux-guerres, par référence à la constitution allemande de 1919 (dite *de Weimar*), désigne une espèce *finalisée.* Outre une codification des règles, celle-ci se présente comme un ensemble de règles techniques destinées à préserver la stabilité et l'autorité du Gouvernement, en l'*absence* d'une majorité parlementaire constante. En somme, des cribles et des butoirs sont disposés afin d'endiguer l'indiscipline partisane. La *motion de censure constructive* (art. 67 de la Loi fondamentale allemande) dispose, à cet effet : *Le Bundestag ne peut exprimer sa défiance envers le chancelier fédéral qu'en lui élisant un successeur à la majorité de ses membres.* Cette technique *orthopédique* (M. Prélot) a retenu toute l'attention des rédacteurs de la constitution de 1958 : stricte réglementation de la motion de censure (art. 49 C) ; fixation de l'ordre du jour des assemblées par le Gouvernement (art. 48) ; police des amendements d'origine parlementaire (art. 40 et 44) et, véritable point d'orgue, instauration d'un contrôle de constitutionnalité de la loi (art. 61), à moins que ce ne soit, à la réflexion, la procédure originale d'adoption de la loi visée à l'article 49, alinéa 3 (56) (V. *IIIe partie*).

2) Le parlementarisme majoritaire

Le dernier-né, dénommé aussi *gouvernement de législature* est façonné, à l'opposé du précédent, par la logique majoritaire. Il se caractérise par le fait qu'un parti, ou une coalition, détient à lui seul, la majorité des sièges au Parlement, à l'exemple actuel de la Grande-Bretagne ou de l'Allemagne. Il s'ensuit une *soudure* entre le Gouvernement et sa majorité qui, pour l'essentiel, renouvelle le genre parlementaire. La séparation cède le pas à la confusion du pouvoir au profit de l'exécutif ; la crise ministérielle ressortit à la nostalgie (57). A titre de pierre d'attente, cette modalité implique une contrainte, celle de la discipline de vote des députés. L'institution britannique du *whip* (piqueur en termes de vénerie) chargé de rameuter la majorité est topique. Mais la récompense n'est pas absente. Par un détour inattendu, elle se présentera à la faveur de la dissolution de la chambre décidée au moment jugé propice, en vue de la reconduction de la majorité sortante, à rebours de la sanction traditionnelle. Il reste à observer que le parlementaire majoritaire contribue à modifier l'environnement politique : un triple phénomène est à noter : la structuration des partis incline au bipartisme ou à la bipolarisation ; la transformation du Parlement le réduit à une tribune de l'opposition, sans omettre la tendance au monocamérisme (58), ainsi que la menace de marginalisation de la constitution face au système des partis de gouvernement et d'opposition. (V. *IIe partie*).

Pour faire bonne mesure, la France a enrichi, à son tour, la typologie constitutionnelle. A la partition, d'autres régimes politiques préfèrent l'*indivision,* de telle sorte que l'*exclusivité* de la légitimité démocratique s'accompagne d'une vision *globale* de la souveraineté. Aux charmes de l'équilibre, la *hiérarchie* est substituée, soit au bénéfice du Parlement, dans le cadre d'un *régime d'assemblée,* appelé aussi *régime conventionnel,* en souvenir de la Convention (1792-1795) ; soit au profit du chef de l'exécutif, en *régime présidentialiste.*

C. LE RÉGIME D'ASSEMBLÉE OU CONVENTIONNEL

En rupture avec la logique du régime parlementaire (même s'il lui emprunte son décor), le régime d'assemblée se caractérise par la *confusion des pouvoirs au profit du*

(56) En substance, le premier ministre pose la question de confiance à l'Assemblée nationale sur un texte de loi. Si, dans un délai de 24 heures, aucune motion de censure n'est déposée, ce texte est réputé adopté. *Qui ne dit mot, consent :* L'adage trouve ici une nouvelle illustration. L'existence d'une majorité *relative* sous la IXe législature (1988-1993) au Palais-Bourbon a permis de vérifier l'utilité des mécanismes du parlementarisme rationalisé.

(57) V. J.-Cl. COLLIARD : *Les régimes parlementaires contemporains,* 1978.

(58) Par référendum, en 1970, la Suède a supprimé la seconde chambre. Au Royaume-Uni, une tentative a fait long feu, en 1969. Israël pratique le monocamérisme.

Parlement (59) : *Les chambres sont le gouvernement lui-même,* opinait Eugène Pierre. Au nom des citoyens, celles-ci dirigent le pays, au moyen d'un ministère, réduit au rôle *instrumental* du préposé ou du commis. Autrement dit, les représentants changent de rôle : de contrôleurs, ils deviennent les *animateurs* du régime (60). Ce dernier peut se décomposer en deux éléments principaux : *l'assujettissement de l'exécutif* et la *souveraineté parlementaire.*

1° L'assujettissement de l'exécutif

Le Gouvernement rend compte à l'assemblée comme le serviteur à son maître. L'affirmation de Pierre Mendès-France, à Evreux, le 30 janvier 1955 (61), se vérifie aisément, au vu de l'histoire constitutionnelle des IIIe et IVe Républiques, s'agissant des conditions de *formation* et plus encore, de *disparition* du ministère (62).

Le cabinet procède d'un vote de confiance de l'assemblée, appelé *investiture* (art. 45 de la constitution de 1946), et se trouve menacé à tout instant par la technique particulièrement redoutable de l'*interpellation,* véritable injonction qui lui est adressée de venir s'expliquer sur sa politique (63), et ce d'autant plus qu'elle ne comporte aucune échappatoire, aucune réplique. En effet, le droit de dissolution, auquel le Gouvernement pourrait songer est un *corps étranger* au régime d'assemblée. A la réflexion, il s'avère antinomique et, pour tout dire s'énonce à la manière d'un crime de *lèse-assemblée.* En vérité, le Parlement est moins à la réflexion un pouvoir public que le souverain par délégation du peuple.

Dès lors, l'*absence* du droit de dissolution traduit (ou trahit) l'intimité du régime d'assemblée, *en contraste absolu* avec le régime parlementaire. Sous la IIIe République,

(59) C'est par euphémisme que l'on évoque le régime parlementaire *dévoyé* ou *la constitution Grévy* (M. Prélot) pour caractériser la IIIe République, à partir de 1879, ainsi que la IVe. V. P. BASTID : *Le gouvernement d'assemblée,* 1956. *V. IIIe partie.*

(60) La conception d'Alain s'impose à l'attention : *Le député sûr de sa circonscription est tout puissant, c'est l'Idéaliste de province, c'est l'homme redoutable que rien n'arrête parce qu'il est retranché, fortifié, invincible dans son Arrondissement comme le féodal d'autrefois dans son château* (*Éléments d'une doctrine radicale,* 1925, p. 42). Emmanuel Brousse, député des Pyrénées-Orientales de 1906 à 1924 en donne un exemple. N'est-il pas ce *ministre mort pauvre* comme le rappelle une inscription sur le monument de Mont-Louis ?

(61) L'orateur s'exprimait en qualité de président du conseil (le chef du Gouvernement avant 1958).

(62) La formule pourrait être étendue au chef de l'État. A l'issue de la crise du 16 mai 1877, Jules Grévy fera allégeance au Parlement en déclarant, dans un message, le 6 février 1879 : *Je n'entrerai jamais en lutte contre la volonté nationale exprimée par ses organes constitutionnels.* Ultérieurement, les élus devaient le contraindre à se retirer, en 1887, ainsi que Millerand, en 1924, à qui le Cartel des Gauches reprochait son engagement électoral, suite au discours prononcé, à Évreux, en octobre 1923. Dans un raccourci, M. Prélot parlera de *l'exécutif voilé.* De fait, toutes les personnalités seront écartées de l'Élysée. L'échec de Clemenceau, en 1920, face à Deschanel, dont les facultés mentales allaient se révéler fragiles, peu de temps après, prend valeur de symbole. Mais, à tout prendre n'est-ce pas *le père la Victoire* qui avait déclaré, à l'occasion d'une élection présidentielle : *Je vote pour le plus bête !*

(63) Procédure *spécifiquement* française, par laquelle un ou plusieurs parlementaires provoquent un débat à l'occasion de la politique du ministère et qui s'achève par un *vote,* susceptible de mettre en cause la responsabilité de ce dernier, s'il n'épouse pas ses vues. *Le pouvoir de contrôle,* note Alain, *s'est longtemps exercé par révolutions et barricades. Aujourd'hui, c'est par l'interpellation qu'il s'exerce.* La pugnacité de Clemenceau, sous la IIIe République, lui a valu le qualificatif de *tombeur de ministères.* Dans ces conditions, sous les régimes de 1875 et de 1946, la crise ministérielle présentait un caractère, tout à la fois ludique et bénéfique. En termes plaisants, Raymond Aron distinguait trois moments : la mise à mort, la récréation et la récompense ; à savoir, à défaut de la distribution des prix, celle des portefeuilles ministériels. En outre, à l'occasion de la lune de miel entre les députés et le cabinet, la crise permettait de manière paradoxale, de régler des problèmes en suspens.

la dissolution sera tacitement *abrogée* au lendemain de la crise du 16 mai 1877, et discréditée en tant qu'arme de coup d'État ; ce qui autorisait Duguit à parler du *pseudo-régime parlementaire.* Sous la IVe République, *fausse fenêtre* (G. Burdeau), elle sera *neutralisée* dans les faits, en raison de la pratique des *votes calibrés* (A. Hauriou) (V. *IIIe partie*). Dans ces conditions, ravalé au rang de comité de la majorité, le ministère est condamné à obtempérer ou à s'effacer. Tout concourt à sa soumission et à l'exaltation du Parlement promu à la dignité de *puissance de souveraineté* (Carré de Malberg) (64).

2° La souveraineté parlementaire

En l'occurrence, non seulement le Parlement empêche l'exécutif de conduire la politique nationale, mais il l'absorbe. Lors donc qu'il résorbe l'activité et la volonté de l'État, il en est le maître. Le pouvoir, le peuple, le souverain et la démocratie se confondent en lui. Dans la logique du régime représentatif, rien, en conséquence, ne lui est étranger, tout lui est redevable, à l'opposé. D'une expression saisissante, Carré de Malberg évoquait le *parlementarisme absolu*.

Outre l'emprise sur la fonction exécutive, la fonction législative est l'apanage des élus, à telle enseigne que les ministres y font figure d'intrus, à la limite. Pour ne retenir qu'un exemple significatif, les chambres élaborent, en toute liberté, leur *règlement* (65). La hiérarchie des normes ne comporte pas de sanction, en ce sens que la loi, incarnation de la souveraineté parlementaire, est *infaillible* et donc *incontestable*. En un mot, elle s'impose à la constitution, dont la suprématie est purement formelle (66). Avec la pratique de la *vérification des pouvoirs,* chaque assemblée, en France, avant 1958, était juge de la régularité de l'élection de ses membres. Autant dire, que le respect dû au pouvoir de suffrage, relevait de la pétition de principe (67).

Un tel cours des choses appartient au passé, pour une part essentielle. Le régime d'assemblée devait servir de repoussoir au régime présidentialiste, qui est accordé à la modernité. Celui-ci porte témoignage de la restauration du pouvoir exécutif, qui s'est présentée en France, à partir de 1958. (V. *IIIe partie*).

D. LE RÉGIME PRÉSIDENTIALISTE

Sans exagérer l'importance qui s'attache à la terminologie, ce régime présente en doctrine, un petit aspect de bataille d'Hernani. Qu'est-ce à dire ? Dans le cadre d'un *État*

(64) D'où l'assimilation, en France, jusqu'en 1962, de la démocratie au Parlement. La tradition républicaine peut se résumer dans le discours de Paul Reynaud, prononcé à cette date : *Pour nous, Républicains, la France est ici et non ailleurs. Admettre qu'il en soit autrement, c'est admettre la fin de la République... Aussi M. le premier ministre, allez dire à l'Élysée que cette assemblée n'est pas assez dégénérée pour renier la République !*

(65) Il s'agit de la *loi intérieure* de chaque assemblée, selon la formule classique, d'Eugène Pierre, qui en détermine les conditions de travail, ainsi que la discipline. Anodin, en apparence, le règlement se présentait comme une véritable machine infernale contre l'exécutif et la constitution. Les constituants de 1958 ne s'y sont pas trompés en soumettant *obligatoirement* sa conformité à l'appréciation du Conseil constitutionnel (art. 61 C).

(66) V. R. CARRÉ DE MALBERG : *La loi, expression de la volonté générale,* 1931 ; J.-P. MACHELON : Parlementarisme absolu, État de droit relatif, *Revue administrative* 1995, p. 628.

(67) Aussi les assemblées n'hésitent pas à se livrer à de véritables règlements de comptes et à s'ériger en *supérieur* du suffrage universel. En 1956, 11 députés poujadistes sont invalidés et remplacés *sur-le-champ* par des candidats... écartés par les citoyens. Le contentieux des élections parlementaires appartient désormais au Conseil constitutionnel (art. 59 C).

de droit, il prend en compte le phénomène de *concentration de l'autorité au bénéfice du chef de l'État.*

A la manière de Georges Pompidou évoquant un *régime bâtard,* né d'un croisement qui serait impur, en somme, les auteurs parlent tantôt, d'un régime *mixte*, d'un régime *semi-présidentiel* (68) ou, de façon prosaïque, d'un régime *mi-parlementaire, mi-présidentiel.* Or, à la réflexion, il n'est *ni* l'un, *ni* l'autre : il est *spécifique.* On ne saurait, en effet, confondre l'apparence avec la réalité. A ce titre, il existe, en effet, un *saut qualitatif* entre la condition du chef de l'État qui n'est *rien* (régime parlementaire) ; *quelque chose* (régime présidentiel) et celle, analysée présentement, où il est *tout* ou peu s'en faut. Aussi, dans un souci d'authenticité, on préfère utiliser l'expression de régime *présidentialiste* (69).

La plus belle commodité de l'exécutif peut être ainsi définie : *régime qui concentre le pouvoir entre les mains du chef de l'État en raison de son mode d'élection au suffrage universel et de la disposition d'une majorité parlementaire.*

En dehors des parenthèses de la *cohabitation,* la Ve République a modélisé ce régime et l'a exporté en Europe centrale et orientale ainsi qu'en Afrique subsaharienne (70).

1° La primauté présidentielle

Le régime présidentialiste peut être comparé à une pyramide dont le sommet est occupé par le chef de l'État et la base constituée par le Gouvernement et le Parlement, réduits au rôle d'exécuteur de sa volonté.

La *hiérarchie* qui découle de cette vision, repose sur une conjonction : le chef de l'État est désigné par le peuple et il bénéficie du soutien d'une majorité de députés en vue de la réalisation de son programme. De cette *confluence,* résulte le régime présidentialiste : le président, authentique représentant de la nation (art. 3 C) dispose des moyens parlementaires de sa politique. A défaut, il succombe au syndrome du maréchal de Soubise, celui du chef sans troupes ! (71)

A ce stade, deux précisions doivent être apportées. Indépendamment de la différence structurelle du pouvoir exécutif (monocéphalisme et bicéphalisme), on observe la différence de nature entre les régimes américain et français : là, le Congrès, authentique *contre-pouvoir,* limite réellement le président ; ici, l'Assemblée nationale, simple *faire-valoir,* facilite grandement son action. Au surplus, la majorité parlementaire qui n'existe que *par* et *pour* le président se révèle être son meilleur auxiliaire. Tant et si bien que l'on mesure l'opposition qui sépare la présidence américaine et la présidence française, privée de majorité, dans un cas et exaltée dans l'autre. La confusion des pouvoirs ne peut en effet se comparer à leur séparation.

Au total, l'autorité dont peut se prévaloir le président est à la mesure du *couplage* des majorités ou du *fait majoritaire*. Il a en charge les destinées nationales, en bonne logique.

(68) L'expression forgée par M. Duverger (*Échec au roi,* 1978), en dehors d'une reminiscence ferroviaire, est dangereuse, en raison de sa puissance d'égarement. Au-delà de la référence américaine (véritable *faux ami* constitutionnel), le préfixe implique, en bonne logique, une restriction. Ce qui ne peut manifestement pas se concilier avec l'*exaltation* du pouvoir du chef de l'État. V. O. DUHAMEL : Remarques sur la notion de régime semi-présidentiel, *Mél. Duverger,* 1987, p. 581.

(69) Jean Buchmann a inventé ce terme (*L'Afrique noire indépendante,* 1962).

(70) On vise ici les régimes *constitutionnels* appelés négro-africains. V. J. GICQUEL : Le présidentialisme négro-africain. L'exemple camerounais, *Mél. Georges Burdeau,* 1977, p. 701.

(71) *Je ne veux pas devenir un roi fainéant avec un maire du palais à Matignon,* déclarait Jacques Delors, en 1994, lorsqu'il a renoncé à être candidat à l'Élysée.

2° Le dirigisme présidentiel

Résumé du présidentialisme, le message adressé le 8 juillet 1981 par François Mitterrand au Parlement est éloquent : *J'ai dit... que mes engagements constitueraient la charte de l'action gouvernementale. J'ajouterai, puisque le suffrage universel s'est prononcé une deuxième fois, qu'ils sont devenus la charte de votre action législative.*

Élu sur un projet, le magistrat suprême a le pouvoir de l'accomplir (72). Le Gouvernement et le Parlement sont *instrumentalisés.* Leur ambition consiste, dans ces conditions, à assurer le *service du président* en mettant leurs attributions à sa disposition. D'un point de vue juridique, au pouvoir réglementaire, le chef de l'État joint le pouvoir législatif. Simple courroie de transmission, la majorité parlementaire se borne, pour l'essentiel, à mettre en forme normative, la volonté de ce dernier. D'où le recours à des expressions topiques sous la Vᵉ République : *le président-législateur,* le *monarque électif* ou le *monarque républicain,* selon M. Debré.

Cette félicité ne doit pas cependant, masquer une difficulté : la concentration de l'autorité entre les mains du chef de l'exécutif est-elle compatible avec la logique démocratique ? N'est-ce pas une *autocratie ?* (P. Mendès France) *Suprema lex regis voluntas ?*

Ces propos sacrilèges méritent d'être ramenés à de justes proportions. Car le régime présidentialiste demeure placé, au-delà des apparences, sous le double signe de l'*indétermination* et de la *limitation.* Sous ce rapport, il est subordonné à la nécessaire coïncidence des majorités présidentielle et parlementaire, ce qui entraîne sa précarité et sa relativité. De leur contradiction naît la *cohabitation* ou la codirection entre un chef de l'État et un Gouvernement de tendances politiques opposées (1986, 1993 et 1997). A cet égard, la nature de la Vᵉ République demeure *contingente,* au gré de la volonté des électeurs.

Quant à la limitation, elle se manifeste de plusieurs façons en dehors de l'autolimitation du chef de l'État. On mentionnera, l'existence d'un pouvoir local (au titre de la décentralisation) ; du faisceau des libertés publiques protégé, dans le cadre d'un État de droit, par le pouvoir juridictionnel et, plus encore le peuple qui, pour parler comme Gambetta, fait entendre sa *voix souveraine,* en choisissant et en révoquant ses gouvernants. Le chef de l'État n'est jamais, en définitive, que *l'obligé du suffrage universel.* On aura tout loisir d'expliciter ces différentes observations, en abordant *la terre promise* de la Vᵉ République en période de *cohabitation :* à cet instant la dyarchie succède à la monarchie ; le parlementarisme supplante le présidentialisme (V. *IIIᵉ partie*).

Bibliographie

L. ALTHUSSER. *Montesquieu, La politique et l'histoire,* 5ᵉ éd., 1981 ; P. BASTID : *Le gouvernement d'assemblée,* 1956 ; J. BLONDEL : Gouvernements et exécutifs, parlements et législatifs, in *Traité de science politique* t. II, 1985, p. 355 ; J. BUCHMANN : *L'Afrique noire indépendante,* 1962 ; R. CAPITANT : Régimes parlementaires, *Mélanges Carré de Malberg* 1933, p. 33 ; J.-J. CHEVALLIER : *De la distinction établie par Montesquieu entre la faculté de statuer et la faculté d'empêcher, Mélanges Maurice Hauriou,* p. 129 ; J.-Cl. COLLIARD : *Les régimes parlementaires contemporains,* 1978 ;

(72) A ce propos, une mention particulière doit être réservée au *premier ministre* que l'on ne saurait, un seul instant, confondre avec le personnage central du parlementarisme, en dépit d'une identité d'appellation. En régime présidentialiste, le *premier des ministres* est fondamentalement subordonné aux vues du président, au point d'en être l'homme de confiance, *l'homme-lige.* Sa fonction est *utilitaire* autant que *nécessaire.* Le président peut, de la sorte, se décharger de certains problèmes, prendre de la hauteur par rapport aux contingences. Cependant, il demeure maître de la répartition des tâches.

M. DUVERGER : *La démocratie sans le peuple,* 1967 et *Les régimes semi-présidentiels* (sous la direction), 1986 ; Ch. EISENMANN : *L'Esprit des lois et la séparation des pouvoirs, Mélanges Carré de Malberg,* 1933, p. 165 ; B. GILSON : *La découverte du régime présidentiel,* 1968 ; P. LALUMIÈRE et A. DEMICHEL : *Les régimes parlementaires européens,* 2e éd., 1978 ; Ph. LAUVAUX : *La dissolution des assemblées parlementaires,* 1983, *Le parlementarisme,* 1986 et, *Parlementarisme rationalisé et stabilité de l'exécutif,* 1988 ; R. MOULIN : *Le présidentialisme et la classification des régimes politiques,* 1978 ; H. TAŸ : *Le régime présidentiel en France,* 1968 ; D. TURPIN : *Le régime parlementaire,* 1997 ; M. TROPER : *La séparation des pouvoirs et l'histoire constitutionnelle française,* 1973 ; et G. VEDEL : *Le régime présidentiel,* communication à l'Académie des Sc. mor. et polit. *Travaux de l'Académie,* 1957, p. 260.

CHAPITRE IV
LES ÉLECTIONS DISPUTÉES

La nation assemblée, ou l'existence de *représentants,* a eu cette conséquence fondamentale, parmi d'autres, de généraliser la procédure des élections. Pour désigner et révoquer les porte-parole des citoyens, le procédé le plus simple et le plus efficace, est celui de *l'élection.*

Ce procédé a évolué avec le temps. Au début, il existait de grandes assemblées d'électeurs, réunies dans un même lieu et, souvent, la désignation était effectuée après ou sans débat, par acclamations ou, en tout cas, au moyen d'un vote public. Puis, progressivement, l'usage du bulletin de vote s'est répandu, en même temps qu'étaient instituées des techniques garantissant le secret.

A ce point, il devient clair que l'élection s'est imposée comme le procédé de *droit commun* en matière de désignation et de révocation des gouvernants et de légitimation du pouvoir : l'onction populaire remplaçe avantageusement la Sainte-Ampoule (1). En conséquence, ont été écartés les systèmes concurrents, à savoir : le tirage au sort ou le hasard *qui n'afflige personne* (Montesquieu) en assurant l'égalité des chances, en honneur à Athènes ; l'hérédité *(le mort saisit le vif et le roi ne meurt jamais) ;* la cooptation, c'est-à-dire la désignation par les pairs, à laquelle les régimes marxistes se sont livrés jusqu'en 1989 ou la représentation des intérêts dans l'Italie fasciste.

Une dernière considération s'y attache. A bien des aspects, ce procédé est à l'unisson de la démocratie : au caractère *pluraliste* de celle-ci correspond, en effet, le caractère *disputé* de celui-là. Par élections *disputées,* on entend des élections impliquant *un choix réel et libre* de la part des électeurs, quant aux candidats, aux programmes et aux partis auxquels ils appartiennent.

Disons, qu'il s'agit d'élections à l'occasion desquelles des candidats différents se réclamant d'idéologies différentes, appartenant à des partis politiques différents, se présentent les uns et les autres devant les électeurs, confrontent et contestent leurs mérites réciproques ou les mérites de leurs partis respectifs et entrent en compétition pour obtenir les suffrages des citoyens. Dans ce cas où les

(1) L'article 25 du pacte international de l'O.N.U. relatif aux droits civils et politiques de 1966 explicite le principe posé par l'article 21 de la Déclaration universelle des droits de l'homme de 1948 : *tout citoyen a le droit et la possibilité... de voter et d'être élu, au cours d'élections périodiques, honnêtes au suffrage universel et égal et au scrutin secret, assurant l'expression libre de la volonté des électeurs.* En écho, l'article 3 du 1er protocole additionnel à la convention européenne des droits de l'homme dispose [les États] *s'engagent à organiser, à des délais raisonnables, des élections libres au scrutin secret, dans les conditions qui assurent la libre expression de l'opinion du peuple sur le choix du corps législatif.* V. G. S. Goodwin-Gill, *Élections libres et régulières : droit international et pratique,* Union interparlementaire, Genève, 1994 et R. Goy : La garantie européenne du droit à de libres élections législatives, *R.D.P.* 1986, p. 1275.

candidats cherchent réciproquement à s'éliminer, afin de bénéficier de la faveur des électeurs, les résultats ne peuvent pas être prévus à l'avance.

On sait que cette technique des élections disputées a fini par s'imposer à celle des *élections non disputées,* placées sous le signe de l'*adhésion* ou de l'*allégeance* aux dirigeants, qui a été la marque des pays marxistes et tiers-mondistes, jusqu'à la révolution de 1989 (2).

Il s'agit donc, avec la technique de la *compétition* et *l'aléa* afférent entre candidats devant les électeurs, d'une caractéristique fondamentale du droit constitutionnel occidental, née à l'époque classique, et qui depuis a conquis le monde (3).

On pourra s'en convaincre en s'attachant de manière distributive à l'organisation des élections disputées puis à la présentation des modes de scrutin.

SECTION I **L'ORGANISATION DES ÉLECTIONS DISPUTÉES**

Ramenée à ses éléments essentiels, l'évolution dans les sociétés pluralistes a consisté à favoriser la *sincérité* de la consultation et, par voie de conséquence d'offrir aux citoyens *la possibilité d'éliminer pacifiquement* ou *légalement les gouvernants en place.* On se bornera à l'illustrer, d'un point de vue général.

§ 1 L'ORGANISATION DE LA CONTESTATION DEVANT LES ÉLECTEURS

Une consultation, ce sont des candidats et des formations politiques, dont ils se réclament.

A. LA CONDITION DES CANDIDATS

Elle découle du régime de *l'éligibilité,* c'est-à-dire de l'aptitude à être *candidat* (4).

(2) Les premières élections disputées, dans l'Europe post-communistes, se sont déroulées en Pologne, en juin 1989, en vue de la formation du Sénat, avant de s'y généraliser. A son tour, l'Afrique s'est engagée dans ce processus : élection présidentielle en Côte-d'Ivoire, élections législatives au Gabon, en 1990 et en Afrique du Sud, en 1994.

(3) *L'inconvénient de vos élections libres, c'est qu'on ne peut jamais être sûr de leur résultat* aurait confié Molotov (le ministre des affaires étrangères de Staline) à un dirigeant britannique.

(4) D'un point de vue terminologie, si *l'électorat* se rapporte à la condition juridique de *l'électeur*, l'éligibilité définit celle du candidat. En régime démocratique, l'éligibilité, en tant que *principe*, s'interprète de manière extensive. En revanche, une personne peut être exceptionnellement dans l'impossibilité de briguer les suffrages. On dira alors qu'elle est frappée d'*inéligibilité.* En tant que *restriction* à une activité civique, cette dernière s'interprète *restrictivement* aux seules hypothèses visées expressément par un texte : C.C. 18 octobre 1977, *Marcel Dassault, C.C.F.* p. 218.

1° Le choix des candidats

Deux exigences s'opposent ici, dans une certaine mesure, celle de la liberté et celle de la clarté. La multiplicité des candidatures est, évidemment, un signe de liberté ; elle ne contribue pas forcément à aider l'électeur à opérer un choix clair. Pour concilier ces deux exigences, le *principe* de la liberté de candidature, en d'autres termes *l'éligibilité*, qui est la règle, souffre quelques exceptions, les unes juridiques, les autres de fait, mais plus sérieuses.

a) *Les limitations juridiques*

Obstacles à une candidature, elles constituent autant d'hypothèses dites d'*inéligibilités*. Pour l'essentiel, elles résultent d'une condamnation à une peine criminelle ou correctionnelle ; de l'âge ou de la nationalité étrangère. Les inéligibilités peuvent aussi frapper *momentanément* certains hauts fonctionnaires (préfet, ou recteur, *etc.*) désireux de se mettre sur les rangs. Dans ce cas, l'inéligibilité est *relative*, par opposition aux cas d'inéligibilité *absolue*, susmentionné.

b) *Les restrictions de fait*

Elles résultent, surtout, de l'existence des partis politiques. Théoriquement, quiconque remplit les conditions légales peut se présenter aux suffrages des électeurs. Mais, en fait (en dehors du système des *élections primaires* aux États-Unis), seuls, ceux qui sont appuyés par un parti politique ayant une influence sérieuse dans la circonscription ont des chances de réussir (5). Ce sont donc, les partis qui choisissent les candidats. A tout prendre, une classe politique d'origine *populaire* est préférable. Toutes choses égales, les partis politiques dont l'essor est intimement lié à celui du corps électoral sont, selon la vision du doyen Vedel, à la démocratie, ce que les racines sont à l'arbre. En un mot, ils se révèlent irremplaçables dans le rôle d'*intercesseurs* entre les individus et le pouvoir.

2° La déclaration de candidature

Pour les élections nationales et locales, les candidats peuvent être obligés de faire une déclaration de candidature. En certains cas (élection présidentielle en France), ils doivent même faire l'objet d'une *présentation* par des personnes politiques qualifiées.

La déclaration de candidature apporte un élément de *clarté* et de *loyauté* dans l'élection. Elle permet de porter à la connaissance des électeurs, un certain nombre de jours avant la date du scrutin, les noms de ceux qui sont candidats (6). En outre, en obligeant à considérer comme nuls les bulletins portant les noms des citoyens qui n'auraient pas déclaré leur candidature, elle régularise et moralise la compétition.

3° L'égalisation des moyens de propagande

Les principales causes d'inégalité, contre lesquelles il s'agit de se prémunir ou, tout au moins, de lutter, sont l'argent et les faveurs du pouvoir.

(5) Le phénomène est susceptible de s'accentuer en raison du choix du mode de scrutin. La *représentation proportionnelle* assure de ce point de vue l'emprise maximale du parti.

(6) L'exigence de la déclaration de candidature, retenue *à l'origine,* en France, par la loi du 17 juillet 1889, prohibe les candidatures multiples. Jusque-là, ce système se révélait avantageux pour les candidats, qui multipliaient, de la sorte, leurs chances de succès. Mais il allait apparaître dangereux à partir de l'instant où le général Boulanger l'utilisa à la manière d'un plébiscite, ou d'un bélier, pour s'imposer au pays, en un moment où la République était encore fragile (art. L. 154 du code électoral).

a) *Les dispositions relatives aux affiches, bulletins et professions de foi*

Pour s'en tenir au droit positif français (art. 26 et s. du code électoral) (7) ces éléments de propagande sont gratuits pour les candidats, les frais étant pris en charge par le Trésor public. Il existe, naturellement une réglementation, relative aux affiches (nombre, format, couleur : le blanc et le tricolore sont prohibés) ; à l'envoi des professions de foi. En outre, *pendant* la durée de la campagne électorale, l'utilisation, à des fins de propagande, de tout procédé de publicité *commerciale* par la voie de la presse est normalement interdite (art. L. 52-1 du code électoral).

b) *Les dispositions relatives au financement des campagnes*

Les pays occidentaux ont mis en place un dispositif comportant les éléments suivants : financement public des partis politiques ; lutte contre la corruption ; plafonnement des dépenses électorales ; limitation des dons privés, remboursement de frais électoraux, associations de financement électorale destinée à recueillir les fonds, et établissement et contrôle des comptes de campagne. A l'instar de l'Allemagne (lois des 24 juillet 1967), et des États-Unis (*Federal election campaign act* du 7 avril 1972), la France est entrée dans cette voie : lois des 11 mars 1988 relative à la transparence financière de la vie politique ; 15 janvier 1990 instituant une Commission nationale des comptes de campagne et des financements politiques (C.C.F.P.) et du 29 janvier 1993 concernant la prévention de la corruption (8).

4° L'accès des candidats aux moyens audiovisuels

Ici encore, c'est du fait de l'argent ou des pressions du pouvoir que les difficultés peuvent se présenter. Dans les pays où la radiotélévision est aux mains d'entreprises privées (États-Unis, Italie) et où les heures d'écoute ou d'écran s'achètent, le poids de l'argent se fait sentir lourdement. Dans ceux où les moyens d'information sont contrôlés par l'État, c'est contre le pouvoir, qu'il faut prendre des précautions.

a) *Le cas des démocraties anglo-américaines*

Aux États-Unis, où la radiotélévision est aux mains de firmes privées, l'argent représente, dans certains cas, un avantage important. Dans le cadre des élections parlementaires (au plan fédéré ou fédéral), il semble que le parti républicain, qui est plus riche que le parti démocrate, utilise un plus grand nombre d'heures à la radio ou à la télévision. Mais, c'est sans compter avec l'élection présidentielle, *élection-pilote*. Or, pour celle-ci, les grandes entreprises privées de radio-télévision conviennent, en principe, d'accorder des chances égales aux candidats des deux partis (9).

En Grande-Bretagne, la B.B.C., qui constitue une corporation de droit public, longtemps gérée de façon indépendante de l'État, accorde des temps d'intervention égaux au parti du pouvoir et à l'opposition (10). En Allemagne, la radio-télévision relève de la compétence des *Länder* (jugement de la Cour constitutionnelle du 28 février 1961). L'égalité d'accès y est assurée.

(7) V. Cl. Franck : *Droit des élections nationales et locales,* 1988 ; J.-Cl. Masclet : *Droit électoral,* 1989.

(8) Un service central de prévention de la corruption dirigé par un magistrat est placé auprès du ministre de la justice en vue de centraliser toutes les informations (art. 1er de la loi du 29 janvier 1993) V. *La vie politique, JO,* brochure nº 1662, 1995 ; J.-P. Camby : *Le financement de la vie politique en France,* 1995.

(9) V. F. Balle : *Médias et société,* 8e édit., 1998.

(10) Le temps d'antenne à la télévision (B.B.C. et I.T.A., télévision commerciale) est fixé, d'un commun accord, en dehors du gouvernement, par les *Chief Whips* des partis représentés aux Communes. De façon traditionnelle, les conservateurs et les travaillistes disposaient du même temps. Pour la première fois, à l'occasion des élection du 11 juin 1987, la télévision a adopté le système des *trois tiers,* au plus grand profit du parti libéral-démocrate. Au surplus, la B.B.C. a subi l'assaut du thatchérisme dans la mesure où elle constituait un foyer de résistance (démission de son directeur et perquisition de la police), en janvier 1987).

b) *Le cas de la France*

Originairement, ce n'est pas tant l'argent qui a menacé l'objectivité de l'information audiovisuelle, que les pressions du pouvoir. En dehors des périodes électorales, l'information était orientée ; la communication étant regardée comme la *voix de la France* (G. Pompidou). Par la suite, la pratique des *trois tiers* d'antenne (Gouvernement, majorité et opposition parlementaires) s'est imposée. Car, sur ces entrefaites, la loi du 29 juillet 1982 a opéré un changement spectaculaire autant que nécessaire, en proclamant la liberté de la communication audiovisuelle. Séparée du pouvoir d'État, celle-ci est confiée à une *instance de régulation* : le Conseil supérieur de l'audiovisuel, (loi du 17 janvier 1989) veille au respect du pluralisme et à l'égalité d'audience au cours des campagnes électorales. En quelques années, la France a changé de planète, si l'on ose dire (11).

B. L'EXISTENCE DES FORMATIONS POLITIQUES

L'article 4 C déclare : *Les partis et groupements politiques concourent à l'expression du suffrage.* Cette reconnaissance, inédite jusqu'alors, a le mérite de mettre clairement l'accent sur les liens qui existent entre partis politiques et suffrage (12).

Si l'on admet, comme le propose le doyen Maurice Hauriou, que, dans les démocraties occidentales, le corps électoral s'analyse en un *troisième pouvoir*, à côté du gouvernement et du parlement, les partis peuvent être considérés comme constituant une *organisation spontanée du pouvoir de suffrage*.

A ce propos, ceux-ci sont nés et se sont développés, parallèlement à l'existence des assemblées, mais aussi et surtout avec la diffusion du droit de vote à des catégories de plus en plus importantes de la population. Les partis *encadrent* les citoyens, structurent l'opinion, en un mot. Ce qui permettait à Simone Weil de les comparer à *des machines à fabriquer de la passion collective* (13).

Dans cette perspective, il convient de se souvenir, que le corps électoral est la source des autres pouvoirs : il désigne et révoque les gouvernants. Il exerce lui-même sa souveraineté, en tant que de besoin (référendum).

Dès lors, les partis apparaissent comme des éléments explicatifs de la réalité politique. Comment, dans une analyse des institutions britanniques, faire abstraction du bipartisme qui règne de l'autre côté de la Manche ? Comment expliquer la distance qui existait entre la constitution et la réalité politique des pays marxistes avant 1989, si ce n'est par la présence d'un parti unique assumant le *rôle dirigeant ?* A cet égard, Pierre Avril a montré, avec pertinence, que *les partis sont une dépendance du régime* (14). Il nous paraît donc nécessaire de procéder à leur présentation.

(11) V. Ch. DEBBASCH : *Droit de la communication,* 1989 ; B. GUILLOU et J.-G. PADIOLEAU : *La régulation de la télévision,* 1988 ; J. MORANGE : Le Conseil supérieur de l'audiovisuel, *R.F.D.A.* 1989, p. 235.

(12) S'agissant du statut juridique des partis, en droit français, il emprunte, à leur gré, la forme de l'association (déclarée ou non) de la loi du 1er juillet 1901. La loi du 11 mars 1988 relative à la transparence financière dispose : [Ils] *se forment et exercent leur activité librement. Ils jouissent de la personnalité morale. Ils ont le droit d'ester en justice. Ils ont le droit d'acquérir à titre gratuit ou à titre onéreux des biens meubles ou immeubles* (art. 7). Les aides publiques qui leur sont affectées ne sont pas soumises au contrôle de la Cour des comptes (art. 10). V. M. KHEITMI : *Les partis politiques et le droit positif français,* 1964 ; P. AVRIL : L'approche institutionnelle des partis politiques, *Mél. Duverger* 1987, p. 229 (V. *IIIe partie*).

(13) V. J.-Cl. COLLIARD : La liberté des partis politiques, *Mél. Jacques Robert,* 1998, p. 81 ; M. OBERLÉ : *Les partis politiques,* 1987.

(14) P. AVRIL : *Essais sur les partis,* 1986, p. 135.

1° La définition des partis politiques

Un parti politique se présente comme un *groupement organisé de personnes, unies par une philosophie ou une idéologie, dont elles poursuivent la réalisation, avec comme finalité la conquête et l'exercice du pouvoir* (15).

De la sorte, les partis se distinguent des groupes de pressions ou d'intérêt (16). Ceux-ci, en effet, n'entendent en aucune façon investir le pouvoir, même s'ils figurent de nos jours parmi ses interlocuteurs, mais simplement en tirer des *avantages matériels* le plus souvent (17). Leur démarche est donc moins politique que *corporatiste.* Mais pour marquée que soit l'opposition entre partis et groupes de pression, elle n'est pas irrémédiable. En effet, dans certaines hypothèses, des liens ou des passerelles sont aménagés au point de résorber, sinon de supprimer la distance qui les sépare. Le groupe de pression engendre parfois le parti (les *Trade-Unions* et le parti travailliste en Grande-Bretagne) ; le parti s'entoure assez généralement, telles des courroies de transmission, d'un réseau (les partis de gauche en France).

Pour ces groupes agissants de citoyens (18) que constituent les partis politiques, la définition précitée met surtout en relief deux éléments : l'*organisation,* d'une part, et le *projet politique* de l'autre.

a) *L'organisation*

Celle-ci est déterminante. Les partis politiques sont des *organismes structurés* et, du reste, sans organisation, ils ne pourraient ni durer, ni s'implanter dans le corps électoral, ni travailler avec efficacité à la prise du pouvoir, ni s'attacher à la réalisation d'un programme politique. On connaît le mot d'ordre célèbre de Lénine en 1902 : *Donnez-nous une organisation révolutionnaire, et nous soulèverons la Russie !*

Mais, selon l'environnement social, économique et politique ; selon, également, la clientèle que les partis s'attachent à attirer, *l'organisation* peut prendre des formes diverses. Il est commode, à cet égard, d'opposer, du point de vue de leur *structure* (et non pas tant du nombre de leurs adhérents), les partis *de cadres* aux partis de masse et, parmi ces derniers, de distinguer entre les partis *de militants* et les partis *d'électeurs.*

(15) V. M. OSTROGORSKI : *La démocratie et l'organisation des partis politiques,* 1903 (rééd., 1993, préface de P. AVRIL) ; R. MICHELS : *Les partis politiques, essai sur les tendances oligarchiques des démocraties (réédition 1971, préface de* R. RÉMOND), M. DUVERGER : *Les partis politiques,* 1951, G. LAVAU : *Partis politiques et réalités sociales,* 1953, J. CHARLOT : *Les partis politiques,* 1971, S. NEUMANN : *Modern political parties* (Chicago), 1965 ; J. LA PALOMBARA et M. WEINER : *Political Parties and political development* (Princeton), 1966 ; et O. KIRSCHHEIMER : *The transformation of Western European Party Systems, op. cit.* (Princeton), 1966.

(16) V. J. MEYNAUD : *Les groupes de pression en France,* 1958 et *Les groupes de pression internationaux,* 1961 ; J. D. GIULIANI : *Marchands d'influence. Les lobbies en France,* 1991, G. LAMARQUE : *Le lobbying* 1994 et K. LAWSON, Partis politiques et groupes d'intérêt, *Pouvoirs* n° 79, 1996, p. 35. Les groupes de pression sont associés à l'exercice quotidien du pouvoir, à l'occasion de la préparation des lois et décrets, quand bien même ils ne sont pas institutionnalisés sous forme d'un conseil économique et social, par exemple.

(17) Le service des intérêts peut être aussi *désintéressé,* c'est-à-dire idéologique. Pour la défense de nobles causes, on citera la *Ligue des droits de l'homme* créée en 1898, en faveur de Dreyfus ; l'action d'*Amnesty International,* depuis 1960 en faveur des prisonniers d'opinion ou le rôle de *S.O.S.-Racisme* depuis 1983.

(18) Dans la recherche du soutien le plus large, le parti regroupe, à la façon de cercles concentriques, les *électeurs ;* les *sympathisants* (on dit compagnons de route au parti communiste) qui s'associent à certaines de ses activités et les *adhérents* qui constituent ses membres. Parmi ces derniers on peut distinguer entre les militants, les dirigeants et les permanents (sorte de fonctionnaires appelés aussi *apparatchiks*).

1) *Les partis de cadres et de masse*

Selon la vision classique de M. Duverger (19) les partis de cadres, nés au XIXe siècle, se présentent, surtout comme des partis de notables, au sens sociologique, et s'adressent à une clientèle située à la droite de l'éventail politique ou, à la rigueur, au centre.

En France, sous la IIIe République, le parti radical a, pendant très longtemps, été un excellent exemple de parti de cadres. En dehors du groupe parlementaire et de l'organisme directeur on ne trouvait guère, au plan local, que des comités électoraux, appuyés, il est vrai, par de nombreux élus et aussi par des hommes influents (directeurs de journaux, par exemple), qui maintenaient d'une façon informelle, mais très efficace, le contact avec les électeurs. De nos jours, réduit à une composante de l'U.D.F. *(Union pour la démocratie française)*, il lui a imprimé sa marque relâchée, à l'opposé des *partis de masse*.

Ceux-ci sont apparus, avec le XXe siècle, dans les pays occidentaux avec le développement du socialisme, puis du communisme. Confrontés à une forme d'impécuniosité, ces partis se sont efforcés de multiplier le nombre de leurs adhérents et, par conséquent, des cotisations. De plus, s'attachant à la réalisation d'un ordre social nouveau (le collectivisme), ils ont toujours cherché à soutenir et à encadrer leurs électeurs par un nombre de militants aussi grand que possible.

C'est surtout dans les partis de masse que *l'organisation* prend de l'importance, et, par voie de corollaire, la *discipline*. En raison de leurs dimensions et aussi, parce que, porteurs d'un idéal qui contredit l'ordre social existant, il leur faut soutenir leurs électeurs, maintenir la cohésion de leur militants et contrôler leurs élus.

Mais, il faut dire que cette discipline imposée aux adhérents et aux élus est plus stricte dans le cas des partis communistes que dans celui des partis socialistes. Chez les premiers, le *centralisme démocratique* prétend concilier la *liberté* (libres discussions, élections des dirigeants à tous les niveaux) avec l'*autorité* (soumission de la minorité à la majorité, stricte observance des directives émanant du sommet). Mais, en fait, les élections ne sont, le plus souvent, que des *ratifications*. Le choix des dirigeants et celui des orientations politiques appartiennent au sommet (20).

Chez les seconds, même si l'influence des dirigeants est incontestable, la démocratie est plus réelle. Il peut même arriver que, sur des options fondamentales, la discipline ne soit pas observée : en 1954, le groupe socialiste s'est partagé en deux à l'occasion du vote sur la C.E.D. *(Communauté européenne de défense)*. En outre et ceci n'a guère d'équivalent, en France, les membres des instances nationales et locales du P.S., sont *élus* par les militants, ainsi que du reste, les candidats aux diverses consultations. Précisons que les *courants* y sont représentés *proportionnellement* aux mandats recueillis.

2) *Les partis de militants et d'électeurs*

A l'origine, les formations de masse sont les partis de *militants* qui, à gauche, s'identifient à *une* classe sociale et valorisent l'idéologie dont ils sont porteurs. Il s'agit donc de partis de représentation *catégorielle* ou *sectorielle*, à l'instar du parti communiste.

Cependant, à l'époque contemporaine, on assiste à la naissance, à droite ou au centre, d'un autre type de parti (nanti d'adhérents, nombreux le cas échéant) sans que ce dernier soit unifié ou structuré par une doctrine aux arêtes vives. Tout au contraire, leur ambition est d'attirer et de charmer le

(19) M. DUVERGER : *Les partis politiques,* 1951.

(20) La hiérarchie (véritable *militarisation*) prend toute sa signification dans les partis communistes. Lénine leur a imposé, en 1920, lors de la formation de la IIIe Internationale, *21 conditions.* Parmi celles-ci, la 12e est topique : *Le parti communiste ne sera en état de remplir son devoir que s'il est organisé de la manière la plus centralisée possible, si une discipline de fer confinant à la discipline militaire règne en lui et si le centre du parti, chargé par la confiance de ses membres de toute la puissance, est pourvu de l'autorité et des pouvoirs les plus étendus.* Le mouvement socialiste français se brisera, sur cet aspect, en 1920, lors du congrès de Tours.

plus grand nombre d'*électeurs* (21). Ces partis de *rassemblement* ont été popularisés sous la dénomination de *partis attrape-tout*, traduction de l'expression *catch-all parties* de Kirschheimer et Neumann. Ces formations qui se développent dans les sociétés occidentales, entendent transcender, tel l'arc-en-ciel, les clivages socio-économiques. Ce faisant, ils cultivent le *pragmatisme*, en dédramatisant les problèmes politiques ou en minorant l'idéologie. On a pu les comparer à des parapluies rassurants. L'accent est mis sur des thèmes *généraux* à propos desquels chacun peut se reconnaître, au-delà de sa condition particulière dans le droit aux loisirs, la quête de la croissance, la défense de l'emploi.

Il s'ensuit *l'électoralisme,* le *centrisme et le mimétisme* (22). Chassant pratiquement sur les mêmes terres, les partis se rapprochent au point de rendre difficile leur identification. A bien des aspects, la différence entre les formations anglo-américaines se *sent* plus qu'elle ne s'explique (23). Dans ces conditions, les partis *attrape-tout* renforcent la cohésion nationale, à l'inverse des partis de militants qui ont tendance à camper sur leurs positions, et favorisent par voie de corollaire *l'alternance* au pouvoir. En effet, il n'existe aucune difficulté, encore moins de danger à en confier la responsabilité à des formations qui acceptent les *bases* de la société et entendent simplement la gérer. *Blanc bonnet, et bonnet blanc,* en somme ! Ceci étant, la progression de l'absentéisme électoral observée depuis peu en France peut s'expliquer notamment par l'affaiblissement de la distinction entre la gauche et la droite.

b) *Le projet politique*

Il ne faut pas, en effet, chercher à définir les partis par la seule organisation et les modalités de celle-ci. Au fond, ces groupements structurés de citoyens, orientés vers la prise et l'exercice du pouvoir, cherchent tous à traduire dans les faits des options politiques. Ce sont des *institutions*, selon le doyen Maurice Hauriou c'est-à-dire *des organisations au service d'une idée*. L'organisation, loin d'être une fin en soi, est développée pour mieux réaliser le projet et atteindre plus efficacement l'objectif.

Dans les démocraties occidentales, l'idée directrice (le projet politique) est très apparente pour des partis socialistes ou communistes, qui se sont créés et développés en vue de changer l'ordre social existant. Mais pour les partis de droite ou du centre, maintenir le système capitaliste, soit tel quel, soit en acceptant des évolutions est aussi un projet politique (24).

Pour traduire, dans les faits, le projet politique qui est le leur, les partis ont, en général, trois tâches principales à accomplir : *éclairer* (sinon éduquer), l'opinion, d'abord par des réunions politiques, des manifestations, des tracts, des journaux et publications, *etc.* Sélectionner, ensuite, les candidats aux élections (25) ; en ce sens, ils constituent le *vivier* de la classe politique.

Enfin, *encadrer et surveiller* les élus pour les maintenir dans la discipline du parti et, parvenir ainsi à une certaine *stylisation* de la vie politique. L'exemple, à cet égard, a été donné par les partis britanniques, puis par les partis socialistes et communistes. Mais, il est largement suivi par certains partis d'électeurs, comme le R.P.R. en France, qui s'efforce de compenser le caractère hétéroclite de son corps électoral par une solidarité sans faille des élus.

Mais ces tâches, qui sont les plus apparentes, sont complétées par une mission plus discrète et cependant irremplaçable qui consiste en un rôle *d'intermédiaire obligé* entre les citoyens et le pouvoir.

(21) Au-delà des partis de la droite modérée, ce cas vise ceux de la gauche : P.S. en France, S.P.D. en Allemagne ou le *New Labour* en Grande-Bretagne.

(22) L'expression *parti d'électeurs* a été forgée par Jean Charlot (*Le phénomène gaulliste,* 1970).

(23) Un journaliste américain constatait : *Nos deux partis peuvent se comparer à deux bouteilles vides, mais portant des étiquettes différentes.* Même observation chez Harold Laski, au Royaume-Uni : *Un seul parti divisé en deux branches.* De fait, les partis américains constituent de véritables *machines de placement* pour ce qu'il est convenu d'appeler leur clientèle.

(24) Jules Romains affirmait : *Être de droite, c'est avoir peur pour ce qui existe.* On a pu aussi résumer l'affrontement en considérant si la droite défend les intérêts, la gauche défend les principes.

(25) La sélection emprunte, pour l'essentiel un caractère oligarchique, par le biais des instances nationales ou locales (R.P.R., U.D.F.). Mais la logique démocratique n'est pas totalement exclue. Ce sont les militants, au P.S. qui choisissent les candidats aux élections. Aux États-Unis, dans le cadre des élections primaires, ce sont les *citoyens* qui interviennent à ce stade.

2° Les relations entre les partis politiques

L'environnement institutionnel dans lequel évolue une formation politique est déterminant. En écho à la confrontation entre les sociétés unanimistes et pluralistes, répond ici la distinction entre les *partis monopolistiques* et *concurrentiels*.

a) *Le parti monopolistique ou le parti-État*

L'existence d'un parti unique, due, on le sait, à Lénine (*Que faire ?,* 1902), apparaît liée à une volonté de changement radical de l'ordre social. S'agissant des pays marxistes, le problème était de passer du capitalisme au communisme. Pour ce qui est des pays tiers-mondistes, la tâche est généralement double : il faut briser l'ordre ethnique en vue de construire une nation et surmonter le sous-développement pour déboucher sur une économie moderne. En pareilles circonstances, le pluralisme, qui implique nécessairement l'existence de partis d'opposition, constitue incontestablement un handicap difficile à surmonter. Salvador Allende, au Chili, en fit l'amère expérience de 1970 à 1973.

Par ailleurs, la formation unique se subordonne l'appareil d'État avec lequel elle vit en symbiose, et les organisations sociales, en sa qualité de force dirigeante *exclusive* (26). Dans ces conditions, l'État et la nation sont ou seront, à bien des aspects, ses créations. Il n'est pas douteux, en effet, que dans le cadre des continents décolonisés, le parti a été, à l'origine, l'instrument de l'indépendance politique avant de se transmuer en celui de l'indépendance économique (27).

Au surplus, s'agissant des sociétés tiers-mondistes, quand bien même elles ont été en rapports historiques avec des sociétés pluralistes, on ne peut céder à la tentation du mimétisme et ériger l'impatience en vertu politique. L'exigence fondamentale de la construction nationale a impliqué, au moins dans un premier temps, la mise en place d'une structure intégrante. Tel le développement économique, le développement politique suppose l'existence de *seuils* (28).

b) *Les partis concurrentiels*

Dans un système pluraliste, les divers partis entrent naturellement en compétition les uns avec les autres. Ils sont, en effet, une des concrétisations du caractère *disputé* des élections. Trois situations peuvent être envisagées à la manière des poupées gigognes : celles du *multipartisme,* du *bipartisme* et enfin du *parti dominant*.

1) Le multipartisme

On est ici en présence certes, d'un nombre important de partis, en tout cas plus de deux, mais dont la physionomie sera variable selon que la *discipline* ou non, caractérise leurs relations. La comparaison entre le système français de la IVe République et l'actuel *(la bipolarisation)* tourne à l'opposition.

Le multipartisme est traditionnel, dans de nombreuses sociétés occidentales. Il s'explique par des raisons économiques, sociales, religieuses, historiques, qui varient de pays à pays, mais qui sont, au fond, liées au tempérament national. Ce système offre l'avantage, pour l'électeur, d'un choix large. Toutefois, on doit dire qu'il convient mieux pour la désignation des censeurs que pour celle des

(26) A cet égard, il n'est pas sans intérêt de rappeler que l'expérience tchécoslovaque de 1968 *(le printemps de Prague)* ou la constitution du syndicat libre *Solidarité*, en Pologne, en 1980, a été condamnée dans l'esprit des dirigeants soviétiques à partir de l'instant où elle mettait en cause le monopole du parti communiste. On connaît, à ce propos la boutade de Tomski : *Deux, trois, quatre partis sont possibles pendant la dictature du prolétariat, mais à une seule condition, l'un au pouvoir, les autres... en prison !*

(27) V. O. DUHAMEL : Le Parti Démocratique Gabonais : étude des fonctions d'un parti unique, *Revue franç. d'études politiques africaines,* mai 1976, p. 24.

(28) Avant la révolution de 1989, certains États tiers-mondistes pratiquaient le pluralisme. Outre l'Inde (la plus grande démocratie du monde) et les pays latino-américains, on citera le Maroc, la Tunisie, le Sénégal et l'île Maurice.

gouvernants car, les majorités gouvernementales ne peuvent être que des majorités de coalition, généralement plus fragiles que celles constituées par un seul parti.

2) Le bipartisme

Le bipartisme désigne moins la vie partisane à deux, que la vie *gouvernementale* à deux, chacun à son tour : soit un parti au pouvoir, sous le contrôle d'un autre et l'arbitrage des électeurs. Dans un cadre multipartisan, il n'existe, en fait, que deux formations ayant *vocation* à gouverner, au rythme de l'alternance.

De ce fait les *relations* entre *les partis de gouvernement* tiennent lieu de constitution. Parler de *two-party system* est éloquent. Sans entrer dans les détails, à ce stade, disons qu'il existe une gamme de bipartismes : bipartisme *achevé*, celui du Royaume-Uni (travaillistes et conservateurs) ; bipartisme *approché :* en Allemagne, l'appoint du parti libéral ou des verts est indispensable pour l'accès au pouvoir des démocrates-chrétiens ou des sociaux-démocrates ; enfin bipartisme *ignoré :* aux États-Unis, en dehors de l'élection présidentielle, une ligne invisible traverse les rangs démocrates et républicains et sépare les libéraux des conservateurs, tant et si bien qu'il n'est pas erroné de parler de *multipartisme*, au-delà des apparences.

Pour sa part, la France contemporaine vit au rythme de l'alternance entre le P.S., et la coalition R.P.R.-U.D.F., ou, si l'on préfère, de la *bipolarisation,* que l'on doit saluer comme la plus belle conquête de la Ve République (29).

Le bipartisme opère de la sorte une évidente simplification de la vie politique. Le *vote utile* des électeurs n'y est pas étranger, de même le mode de scrutin (le scrutin majoritaire). Il réalise surtout les conditions de la stabilité et de l'efficacité gouvernementales.

3) Le parti dominant ou majoritaire

Au sein d'une structure *concurrentielle*, un parti *dominant* (M. Duverger) peut apparaître. Cette notion reçoit deux acceptions : dans un sens *sociologique,* le parti dominant est celui qui s'identifie à une période historique, dont il est le symbole. A ce titre, le parti radical de la IIIe République, le mouvement gaulliste et le parti socialiste, sous la Ve République, peuvent revendiquer cette épithète.

Dans un sens *politique*, le parti dominant est celui qui s'impose à ses adversaires ; celui sans lequel rien n'est possible. Bref, le parti *incontournable* dans la mesure où il détient ou approche la majorité des sièges au parlement, et plus précisément à la chambre élue au suffrage universel direct. On se prend à penser, sous la Ve République, au parti gaulliste et au PS (30) ; à l'étranger, à l'inamovible *démocratie chrétienne* en Italie, de 1947 à 1994, au *parti libéral* japonais au pouvoir de 1955 à 1993, à la C.D.U.-C.S.U. en Allemagne, de 1949 à 1969, et de 1982 à 1998.

Que résulte-t-il de la présence d'un tel parti ? A l'évidence, il constitue un facteur d'efficacité et de stabilité, en raison de *l'osmose* réalisée entre l'exécutif et le parlement. Mais, si l'on n'y prend garde, l'immobilisme peut en résulter, et ce, d'autant plus que les mécanismes de contrôle, du point de vue parlementaire, se trouvent paralysés. Autrement dit, le parti dominant *régularise* l'exercice du pouvoir et *immobilise* l'alternance, sans pour autant la récuser. En effet, l'opposition, grâce aux règles concurrentielles, peut relever ce défi ou cette provocation, en mettant un terme à son règne, en s'organisant ou en mettant à profit son usure ou ses échecs, ainsi que l'attestent diverses expériences récentes.

(29) V. F. Borella : Le système des partis, in *La vie politique en France,* 1993 p. 223.
(30) Fait unique, sous la République, le P.S. a disposé de la majorité absolue à l'Assemblée nationale sous la Xe législature (1981-1986).

3° Les moyens d'existence des partis politiques

A l'exception du parti unique, une question se pose : comment vivent les formations en situation concurrentielle ? En tenant compte des zones d'ombre, on envisagera les modes de financement privé et public (31).

1) Le financement privé

Figurent, sous cette rubrique, les cotisations des adhérents ; les versements des élus ; les revenus immobiliers et commerciaux (maison d'édition), et ceux dégagés par des sociétés d'études qui forment *écran* (procédé de surfacturation, lors de la passation des marchés des collectivités locales) ; les dons des entreprises et des milieux d'affaires, qui, par prudence élémentaire, font montre d'une générosité, qui, pour être sélective n'en est pas pour autant exclusive. Ces dons sont désormais prohibés en France (art. L. 52-8 du code électoral). Au-delà de la solidarité internationale, il n'est pas interdit de répertorier d'autres procédés exceptionnels (souscription, vente du muguet, le 1er mai), ou condamnables, telle la corruption politique. Cependant, la manne budgétaire peut aussi concourir à la transparence de la vie partisane.

2) Le financement public

L'intervention de la puissance publique est tantôt empirique, tantôt systématique.

Au premier cas, l'État prend en charge, selon diverses modalités, certains frais exposés par les partis à l'occasion des consultations, en liaison avec le plafonnement des dépenses ; les salaires des assistants parlementaires en France ; les avantages matériels consentis aux élus ; l'aide accordée à la presse ou la mise à la disposition de *fonds spéciaux*, euphémisme par lequel on désigne les fonds secrets. Au second cas, l'État subventionne les partis (Allemagne, Italie, France). En ce dernier cas, le législateur, s'est évertué à introduire la transparence financière de la vie politique : un *compte de campagne,* par exemple, est désormais exigé des candidats aux élections, sous peine d'être frappé d'inéligibilité (art. L. 52-12 et L. 52-15 du code électoral) (V. *IIIe partie*).

§ 2 L'ORGANISATION DU CORPS ÉLECTORAL

Le suffrage universel est *la plus grande force politique des temps modernes*, opinait Esmein. On ne peut que souscrire à ce jugement. En effet, la logique égalitaire qui le sous-tend est à l'origine de son extension progressive à l'ensemble des citoyens. Toutefois, à titre dérogatoire, des exclusions subsistent.

De sorte que le *corps électoral* désigne *le pouvoir formé par les personnes ayant la qualité d'électeur ;* en un mot, le *pouvoir de suffrage* (Maurice Hauriou) (32).

A. L'EXTENSION PROGRESSIVE DU POUVOIR DE SUFFRAGE

1° La situation antérieure au XVIIIe siècle

Lorsque se constituèrent, au sortir du Moyen-Age, les premières assemblées représentatives élues, c'est le suffrage de la *généralité* des habitants qui fut appliqué, comme par instinct. Cependant,

(31) V. Y.-M. DOUBLET : *Le financement de la vie politique,* 1990.
(32) V. A. AMOR, Ph. ARDANT et M. ROUSSILLON (sous la direction) *Le suffrage universel,* 1994 et P. BACOT : *Dictionnaire du vote. Élections de délibérations,* 1994.

après cette générosité de départ, au XVIe siècle, le droit de vote est réduit, progressivement, jusqu'au début de l'ère constitutionnelle et même pendant une partie du XIXe siècle.

2° Les restrictions initiales au pouvoir de suffrage

A titre principal, ce phénomène s'explique par des raisons politique et économique.

a) *Une raison politique*

La constitutionnalisation du pouvoir, c'est-à-dire la désignation de représentants repose sur des opérations délicates. Aussi des pays ont préféré confier, pendant un temps, parfois long, le fonctionnement de ces mécanismes subtils et fragiles à une minorité, mieux à une *élite,* et ne s'engager que progressivement dans la voie du suffrage universel. La Grande-Bretagne a attendu un siècle, après la formation du régime parlementaire, pour supprimer les dernières traces du système censitaire. Les États-Unis n'ont définitivement renoncé, en février 1964, par le XXIVe amendement à la constitution, aux *poll-taxes* qui maintenaient, dans certains États, un cens électoral.

En France, dès 1793, on a voulu faire marcher *de pair* constitutionnalisation *et* démocratisation : notre seconde constitution prévoyait à la fois un régime d'assemblée, des procédures de démocratie semi-directe et le suffrage universel. Mais il a fallu, ensuite, faire machine arrière et cette dualité dans l'effort politique, au moment de la Révolution, a probablement été une des raisons du caractère mouvementé de notre histoire, depuis 1789.

b) *Une raison économique*

Il est sans doute sage de constitutionnaliser le pouvoir avant de le démocratiser. Cependant il faut bien remarquer qu'en Occident, cette séparation des phases de l'évolution s'est surtout produite au bénéfice de la bourgeoisie, qui s'est efforcée et a réussi, pendant longtemps, à monopoliser les avantages du pouvoir. Pour s'en tenir à un exemple, le bicamérisme est conçue en sa faveur (33). La naissance de la société industrielle a été à l'origine, autrement dit, d'un resserrement de l'autorité politique (34).

Cependant, la consécration du libéralisme à la fin du XVIIIe siècle, ouvrira la voie à celle de la démocratie ; en définitive, Rousseau effacera Montesquieu. Le vote réservé à quelques-uns sera accordé à tous : *Le droit de se faire représenter n'appartient aux citoyens qu'à raison des qualités qui leur sont communes et non à raison de celles qui les différencient* (Siéyès).

3° La situation depuis la fin du XVIIIe siècle

Si la logique du processus électif s'est imposée par rapport aux autres procédés *concurrents*, en matière de désignation des gouvernants, il ne faut pas s'imaginer pour autant que la classe politique dominante, à cette époque, ait favorisé son épanouissement. Bien

(33) Qu'il s'agisse de la Grande-Bretagne ou de la France, la chambre *haute* (expression élitiste au départ avant de devenir une commodité verbale de nos jours, par rapport à la chambre *basse*, d'origine populaire) était destinée à assurer une représentation à part à la classe sociale dominante (aristocratie, puis bourgeoisie). La Chambre des Lords, celle des Pairs, de 1814 à 1848 ressortissent à ce schéma. Cependant, l'idée subsiste à notre époque : la *seconde* chambre assume une fonction *modératrice* par rapport à l'expression directe du suffrage universel.

(34) On s'accorde, en général, à considérer, à l'image de la Grande-Bretagne, que le démarrage industriel implique un durcissement des structures politiques, à la mise en place ou au maintien de formes de suffrage restreint, généralement de type *censitaire,* c'est-à-dire limitant le droit de vote à ceux qui paient un certain chiffre d'impôts.

au contraire, elle s'est employée, autant que faire se peut, à en canaliser le cours, c'est-à-dire, à *corriger* la loi du nombre.

La théorie de l'*électorat-fonction* qui est venue contrecarrer, sous la Révolution française, celle de l'*électorat-droit*, favorable au suffrage universel, témoigne du conflit entre le libéralisme et la démocratie, à cette époque.

En écho à Montesquieu, la théorie de l'électorat-fonction, développée par Siéyès, dérive de la notion de souveraineté nationale, entendue comme détenue par une *nation-personne*. Dans cette perspective, le suffrage n'est accordé qu'aux citoyens susceptibles de tenir le rôle d'organes électoraux pour le compte de la nation. Le suffrage étant une *fonction publique* parmi d'autres suppose, à ce titre, *une aptitude*. Il est donc parfaitement légitime, dans ces conditions, de la restreindre à une *partie* des citoyens. En revanche, la théorie de l'électorat-droit se rattache à la notion de souveraineté populaire, et aux idées de Jean-Jacques Rousseau, entendue comme l'addition des diverses souverainetés ou pouvoirs individuels. En ce cas, le suffrage apparaît comme un *droit* appartenant, à titre originaire, à tout citoyen et dont celui-ci est libre d'user.

a) *L'avènement du pouvoir de suffrage dans les sociétés occidentales*

1) L'évolution en France

Le point de départ est le suffrage *censitaire,* c'est-à-dire lié à la *fortune* de l'électeur. La constitution de 1791 subordonne l'exercice du droit de vote dans des assemblées primaires au paiement d'un impôt représentant la valeur de trois journées de travail (quotité appelée *cens*), ce qui élimine du corps électoral de base à peu près un tiers des citoyens. Mais, pour être désigné comme *électeur* (le suffrage était à deux degrés), il fallait payer un chiffre d'impôts beaucoup plus élevé, tant et si bien que le corps électoral ne dépassait pas quelques centaines de milliers d'électeurs. Une césure s'opère ainsi entre les citoyens *actifs* et *passifs*, entre le pays *légal* et *réel*.

Le suffrage *universel* est institué en 1793 sans entrer dans les faits cependant, compte tenu des circonstances exceptionnelles. En l'an III, le droit de vote est à nouveau subordonné à l'inscription sur le rôle des contributions directes, ce qui rétablit incontestablement un cens (35). En l'an VIII, le suffrage universel est affirmé, mais le vote des citoyens ne sert qu'à établir les *listes de confiance,* à partir desquelles le Sénat désigne les législateurs, les tribuns, les consuls, *etc.* Le système reste le même sous l'Empire. Sous la monarchie constitutionnelle (1814-1848), le suffrage censitaire est restauré.

Au début de l'année 1848, une proposition de Duvergier de Hauranne demande l'abaissement du cens à 100 F ainsi que l'*adjonction des capacités*, c'est-à-dire l'octroi de l'électorat et de l'éligibilité, sans condition de cens, à ceux qui détiennent des diplômes ou exercent des fonctions démontrant des capacités intellectuelles. Sur les instances de Guizot, aux yeux de qui le droit de vote est considéré comme la *récompense (la prime ?) une réussite sociale*, cette proposition de loi est repoussée. Ce refus sera à l'origine de la campagne des banquets et, en définitive, de la révolution de 1848 (36).

(35) Le rapporteur du projet de constitution de l'an III, Boissy d'Anglas, déclare sans ambages : *Un pays gouverné par les propriétaires est dans l'ordre social ; celui où les non propriétaires gouvernent est dans l'état de nature.*

(36) Lamartine, prophétique, avait déclaré peu de temps avant : *Si la royauté s'entoure d'une aristocratie électorale, elle tombera.* Cependant, la gauche était hostile à l'avènement du suffrage universel dont elle redoutait, en l'absence d'un minimum d'éducation politique du peuple, la récupération par le pouvoir. Les événements ultérieurs de la IIe République confirmeront cette analyse. D'où les formules abruptes de Proudhon : *le plus sûr moyen de faire mentir un peuple est l'institution du suffrage universel ; le suffrage universel est la contre-révolution.* V. Ph. BRAUD : *Le suffrage universel contre la démocratie,* 1980 ; R. HUARD : *Le suffrage universel en France,* 1991.

Dès ses débuts, le suffrage universel est proclamé, à l'instigation de Ledru-Rollin, et il subsistera, dès lors, dans les institutions politiques françaises (décret du 5 mars 1848) (37). Parallèlement, un décret du 27 avril 1848, dû à Victor Schoelcher, abolit l'esclavage dans les possessions françaises. Mais, il ne s'agira, jusqu'à l'ordonnance du 21 avril 1944, que du suffrage *masculin*. C'est à cette date que le droit de vote et d'éligibilité sera accordé aux femmes.

2) L'évolution en Grande-Bretagne

En dépit de l'existence du parlement, des restrictions au suffrage pratiquement universel au XVIe siècle, interviennent progressivement, soit sous prétexte d'amélioration de la technique électorale, soit par suite de la pression des possesseurs de grands domaines, soit à raison des déplacements de population, qui vident certaines contrées et y laissent des *bourgs pourris* ou des *bourgs de poche* évoqués par Dickens, où ne subsistent que quelques dizaines d'électeurs, faciles à acheter.

La situation, à la rigueur acceptable au moment des révolutions de 1640 et même de 1688, devient, avec le temps, scandaleuse, parce que les inégalités s'aggravent, progressivement, à partir de la fin du XVIIIe siècle et, surtout, au début du XIXe. Cela tient, pour une très grande part, à ce que cette période, qui va de 1750 à 1830, est celle du démarrage industriel en Grande-Bretagne. C'est seulement avec la loi du 17 juin 1832, votée à l'instigation de Lord Grey, qu'une réforme électorale interviendra (38).

Après 1832, le système des réformes partielles et progressives continue. En 1867, on procède à une nouvelle redistribution des sièges ainsi qu'à un abaissement du cens : un revenu et non plus un loyer de 10 livres suffisant désormais. Le corps électoral passe à deux millions d'électeurs. En 1884, on supprime les inégalités de représentation entre les villes et les campagnes. En 1918, le suffrage universel des hommes et des femmes est proclamé, avec cependant cette restriction que les hommes atteignent leur majorité électorale à 21 ans et les femmes à 30 ans seulement ; cette inégalité est effacée en 1928. Enfin, en 1944, un système de révision périodique des circonscriptions est créé, garantissant une égale représentation pour tous les électeurs. En 1969, la majorité électorale est abaissée à 18 ans.

3) L'évolution aux États-Unis

Le droit électoral ressortit, en principe, à la compétence des États fédérés. A partir de 1787, la situation inégalitaire évolue peu à peu. En dépit de l'abolition de l'esclavage, en 1865 (XIIIe amendement à la constitution), le suffrage demeure restreint, en fait.

Le système des *poll-taxes* n'a été définitivement supprimé que par le XXIVe amendement en 1964. Certains États réclament une résidence prolongée (deux ans), ce qui dans un pays où la population est très mobile, écarte beaucoup d'électeurs des urnes. Jusqu'à la loi fédérale du 6 août 1965, un certain nombre d'États organisaient un examen sur le degré d'instruction *(the literacy test)* portant sur l'aptitude à lire et à écrire et dans le *Deep South* à commenter la constitution (39). Enfin le système d'enregistrement des électeurs, qui n'est pas fédéral, laisse, dans beaucoup d'États, à désirer, de telle sorte qu'il n'est pas étonnant, qu'à l'occasion de telle ou telle élection, la moitié seulement des personnes en âge de voter participent au scrutin.

(37) Toutefois, la loi du 31 mai 1850 écarte des urnes la *vile multitude,* en subordonnant le droit de vote à la constatation d'un domicile fixe pendant trois ans, offrant un prétexte inespéré au Prince-Président, le 2 décembre 1851, de rétablir le suffrage universel, à bon compte. En outre, il y a lieu de rappeler ici la phobie du régime de Vichy (1940-1944) à l'égard du processus électoral.

(38) La religion a été aussi un facteur d'exclusion, jusqu'en 1829, pour les catholiques et 1859, pour les juifs.

(39) Si le procédé de la *poll-tax* illustre le suffrage censitaire, celui du *literacy test* se rattache au suffrage *capacitaire.* En d'autres termes, c'est la capacité intellectuelle de la personne qui est prise en compte pour l'électorat.

b) *L'avènement du suffrage féminin dans les sociétés occidentales*

Alors qu'au Moyen Age, les femmes étaient souvent admises dans les assemblées électorales, elles n'ont retrouvé que difficilement leur égalité avec les hommes, au cours de la période de développement du droit constitutionnel. Ce fait résulte, évidemment, pour l'essentiel, d'une conception *inégalitaire* entre les sexes, liée à la tradition occidentale, qui accorde le monopole de la vie politique aux hommes (40). La renaissance du droit romain, en Europe, après le Moyen Age, explique ce phénomène, ainsi que l'exemple donné par l'église catholique qui, dans son organisation, ne fait ni place, ni confiance aux femmes.

Doit-on rappeler qu'un concile s'interrogea même sur le point de savoir si les femmes avaient une âme ! Et pourtant, la politique, *ce sont les femmes*, prétendait Talleyrand. Les sociétés occidentales actuelles ne peuvent plus l'ignorer, au moment où celles-ci constituent l'élément *majoritaire* du collège électoral (53 % en France).

1) La reconnaissance du suffrage féminin

Les Anglo-Américains ont été les premiers à l'octroyer. Le pays, qui, à cet égard, a donné l'exemple aux États-Unis, est le Wyoming, qui dès 1869 accorde le droit de suffrage aux femmes (41), avant d'être généralisé par le XIXe amendement de 1920. Relancé par les États nordiques, le mouvement s'étend après la première guerre mondiale : Danemark (1915), Grande-Bretagne (1918), U.R.S.S. (1918), Allemagne (1919), Espagne (1931). Mais la France n'accorde tardivement les droits politiques aux femmes qu'en 1944 (42) au même titre que l'Italie (1945) ou la Belgique (1948). Cependant, les derniers bastions misogynes, en Europe, ont été emportés : Suisse et Andorre en 1971 ; Saint-Marin, en 1974 et Liechtenstein, en 1984.

2) Les conséquences du suffrage féminin

Elles sont, pour l'essentiel, au nombre de trois : l'adoption du suffrage féminin a entraîné, en général, un déport du corps électoral vers la *droite*. Des expériences nombreuses, faites en divers pays, avec le système des *deux urnes*, ont démontré que, dans l'ensemble, les femmes sont plus conservatrices que les hommes et qu'elles redoutent, en politique, l'aventure et le changement. Parallèlement à l'accès au monde du travail et aux études, qui stimule la croissance et favorise une unification des comportements électoraux, le vote féminin est conditionné, pour une part par l'âge. Les sondages montrent que c'est dans la tranche des 35-49 ans que s'opère la *différenciation* par rapport aux votes masculins. De plus, le phénomène s'accentue, compte tenu de la *longévité* féminine plus grande. De surcroît, le vote des femmes contribue, dans les pays développés, au sein desquels elles détiennent la *majorité* d'un point de vue numérique, à accentuer la personnalisation du pouvoir. Enfin, celles-ci ont une conception de la vie politique plus *concrète* que les hommes, ce qui les

(40) La conception *domestique*, certes au sens élevé, de la femme (les enfants, la cuisine et l'église, ou formule allemande dite des *3 K : Kinder, Küche, Kirche*) était justifiée, au-delà du dimorphisme sexuel, par certains auteurs, en raison d'une division du travail ou de répartition des tâches au sein du couple. V. M. SINEAU : *Les femmes et la politique,* R.F.S.P. 1976, p. 929, O. DHAVERNAS : *Droit des femmes, pouvoir des hommes,* 1978 et A. LÉVY : *La participation et le rôle des femmes au sein des partis politiques français,* thèse, Lyon II, 1976.

(41) Ce qui est rare est précieux : l'épisode de l'enlèvement des Sabines en témoigne. Aussi l'époque des pionniers aux États-Unis explique sans aucun doute le caractère matriarcal de la société d'outre-Atlantique. Susan Anthony, dont l'effigie orne depuis 1979 la pièce d'un dollar, a symbolisé la lutte des suffragettes.

(42) Renan concluait : *Les lois de notre pays sont faites exclusivement pour des Français naissant orphelins et mourant célibataires.* Ajoutons que, sur le plan juridique, la femme était rangée, dans le code civil de 1804 parmi les *incapables,* au même titre que le mineur et le fou. Il faut attendre les lois de 1938 et 1942 pour que cette situation cesse. V. M. ALBJSTUR et D. ARMOGATHE : *Histoire du féminisme français,* 1977, Chr. FAURE : *Encyclopédie politique et historique des femmes,* 1997.

pousse à rechercher la sécurité. Leurs préoccupations amènent, dès lors, les gouvernements à s'intéresser davantage aux individus, car la consommatrice était aussi une électrice (43).

Cependant, l'attribution du droit de vote aux femmes n'a pas aboli, pour autant, leur *non-pouvoir* dans nos sociétés, au vu de l'indication des disparités entre les sexes élaboré par l'ONU, à l'exception notable des pays scandinaves et des États-Unis (44). En dehors de la *femme-alibi, l'exception qui conforte le pouvoir mâle* (Claire Bretécher), la formule classique de Léon Blum, selon laquelle *les femmes sont entrées dans la politique par effraction*, demeure largement d'actualité en France. Mais, la nomination au poste de premier ministre, le 15 mai 1991, d'Édith Cresson a marqué une avancée, au même titre que le nombre inégalé de femmes et de leur responsabilité dans le Gouvernement Jospin en juin 1987 : 30 % des effectifs (45). Qui plus est, pour la première fois, le taux de féminisation de l'Assemblée nationale a franchi le seuil symbolique des 10 %, le 1er juin 1997. La représentation française au Parlement européen compte 40,2 % de femmes, à l'issue du scrutin de 1999. La parité est désormais un objectif de valeur constitutionnelle (art. 3 C, rédaction de la L.C. du 8 juillet 1999).

B. Les exclus du pouvoir de suffrage

Certaines catégories de personnes ne peuvent prétendre à l'exercice du droit de vote, en raison de leur *âge*, de leur *nationalité*, ou de leur *comportement* (46).

1° La majorité électorale

En l'espèce, il s'agit d'une restriction *naturelle*. La majorité électorale coïncide généralement avec la majorité civile, sinon pénale. Des tendances se font jour, cependant, dans de nombreux cas, qui trouvent leur écho en France, pour l'abaisser. Les raisons en sont doubles : dans les sociétés modernes, les jeunes arrivent à l'âge adulte plus tôt et participent à la vie économique du pays. Par ailleurs, certains pensent que si le corps électoral a été déporté vers la conservation par l'octroi du droit de suffrage aux femmes, un dynamisme compensateur pourrait lui être apporté par un abaissement de la majorité, les jeunes gens étant réputés plus épris de changement que les personnes âgées ou même les adultes. La loi française du 5 juillet 1974 fixe désormais la majorité civile, pénale et électorale à 18 ans (art. L. 2 du code électoral) (47).

(43) V. J. A. Le bras-chopard et J. Mossuz-lavau (sous la direction) *Les femmes et la politique,* 1997.

(44) L'un des premiers féministes, Charles Fourier notait : *Les progrès sociaux... s'opèrent en raison du progrès des femmes vers la liberté... L'extension des privilèges des femmes est le principe général de tous progrès sociaux* (*Le nouveau monde amoureux,* 1819). A ce compte, la femme est donc bien l'avenir du monde, comme a pu l'espérer la IVe conférence mondiale des Nations-unies sur les femmes réunie à Pékin en septembre 1995. Pour l'heure, les inégalités sont manifestes dans la sphère politique et économique. Les femmes occupent, en revanche, une place fondamentale, concernant l'éducation des enfants et le travail domestique. V. J. Véron, *Le monde des femmes. Inégalité des sexes, inégalité des sociétés, 1997 ;* Femmes en politique, *Pouvoirs* no 82, 1997.

(45) Le Gouvernement du Front populaire, dirigé par Léon Blum, en 1936, a accueilli, pour la première fois, trois femmes dans ses rangs : Cécile Brunschvigs, Irène Joliot-Curie et Suzanne Lacore (*C.C.F.*, p. 180). Dans le Gouvernement Jospin, Elisabeth Guigou occupe, pour la première fois la fonction de garde des Sceaux, ministre de la justice. V. J. Mossuz-Lavau : Les femmes et la politique : la France au regard de l'Europe, *Mél. Quermonne* 1996, p. 5.

(46) Ph. Ardant : *Les exclus,* Pouvoirs, no 8, p. 47.

(47) La majorité électorale est fixée à 18 ans, depuis 1969 en Grande-Bretagne ; depuis 1970 en Allemagne, Luxembourg et Pays-Bas ; depuis 1972 en Irlande ; depuis 1974 en France et l'année suivante en Italie. Les États-Unis (XXVI amendement de 1971) et l'ex-URSS (art. 96 de la constitution de 1977) ont abaissé la majorité électorale à 18 ans, ainsi que la Chine (art. 27 de la constitution de 1975).

2° La nationalité étrangère

En règle générale, le droit de vote aux élections politiques est réservé aux nationaux, à l'exclusion des étrangers (48) et des autochtones (49). En France, la règle est observée, à l'exception toutefois, des élections professionnelles et universitaires (C.E., 12 mai 1978, *Élections des membres étudiants au Conseil d'administration du C.R.O.U.S. de Nancy-Metz,* R.D.P. 1978, p. 1148, note M. Waline). Cependant, à l'instar de la Suède et des Pays-Bas, le législateur pourrait témoigner sa reconnaissance aux étrangers qui contribuent au développement des richesses nationales en leur accordant ce droit aux élections municipales. Mais, cette reconnaissance implique, au préalable, une révision constitutionnelle (C.C., 18 novembre 1982, *Quota féminin, Rec.* p. 66). Seuls, à ce jour, les ressortissants communautaires résidant en France se sont vus accorder ce droit (art. 88-3 C) (V. *III*[e] *partie*).

3° Le comportement indigne ou irresponsable

La privation du droit de vote frappe aussi la personne condamnée pour crimes ou certains délits de droit commun. Celle-ci est exclue temporairement ou à vie, du corps électoral. Ces mesures ne souffrent guère de discussion, de même celles concernant le *majeur en tutelle* ou *la personne protégée* c'est-à-dire en état de démence. En revanche, elles deviennent plus discutables lorsqu'elles recouvrent une indignité *politique* (50). Les condamnés des journées de juin 1848, de la Commune de Paris en 1871, les parlementaires qui, le 10 juillet 1940, ont voté les pleins pouvoirs au maréchal Pétain, et les personnes ayant collaboré avec l'occupant de 1940 à 1944 ont été frappés d'une incapacité *électorale,* amnistiée en 1953. On le constate, le phénomène est exceptionnel, en liaison avec la liquidation d'une crise grave (51).

§ 3 L'ORGANISATION DU SCRUTIN

On se propose d'indiquer les principes qui président à l'organisation du scrutin, en vue de favoriser sa sincérité.

A. LA LIBERTÉ DE VOTE

Le principe inhérent aux élections disputées, c'est que le vote est *libre* et *secret.* Cette liberté se manifeste non seulement par la préférence accordée à un candidat parmi ceux

(48) V. D. Ruzié : Les droits publics et politiques du travailleur étranger, *Société française pour le droit international,* Clermont-Ferrand, 1979 ; D. Turpin : Le statut constitutionnel de l'étranger, *PA,* 15 mars 1991.

(49) En dépit de la politique d'assimilation, le droit français a été à l'origine de disparités entre les métropolitains et les autochtones. L'égalité ne sera consacrée que par la loi-cadre Defferre du 23 juin 1956. De façon curieuse, les démocraties anglo-américaines n'ignorent pas ce phénomène, et qui plus est, à l'*intérieur* de leurs propres frontières, qu'il s'agisse de l'Ulster où jusqu'en 1969 la majorité protestante imposait ses vues à la minorité catholique, ou qu'il s'agisse du district de Columbia sorte de *colonie fédérale.* Les habitants de Washington demeurent encore de nos jours, des citoyens de seconde zone. Depuis l'adoption du XVIIIe amendement (1963), toutefois ils participent à l'élection du président des États-Unis.

(50) En Russie soviétique, les premières constitutions (1918 et 1924) excluaient du suffrage les propriétaires fonciers, toutes les personnes vivant du travail d'autrui, les prêtres, les moines, les policiers et fonctionnaires du régime tsariste, *etc.* Ces dispositions ont été supprimées en 1936.

(51) Par suite, l'inscription sur une liste électorale est laissée, en principe, à l'appréciation du citoyen.

qui se présentent, mais aussi par la faculté de mettre un bulletin blanc dans l'urne ou même de ne pas participer à l'élection (52).

Il existe cependant, parmi les sociétés pluralistes, un certain nombre d'entre elles qui ont institué *le vote obligatoire,* non pas pour surmonter des contradictions fondamentales, mais pour des motifs d'ordre pratique, en fait, pour lutter contre l'abstentionnisme provenant de la négligence ou de l'indifférence (53). Du reste, si l'électeur est ainsi incité à déposer dans l'urne un bulletin, il peut très bien y mettre un *bulletin blanc* (54). L'Australie, la Belgique, le Luxembourg, la Grèce, la France (en ce qui concerne les électeurs sénatoriaux *exclusivement*), illustrent cette démarche.

B. LE SECRET DU VOTE

Ce caractère est lié à la liberté de vote, mais l'organisation du secret a été plus difficile à réaliser que l'affirmation de la liberté. Le secret est, cependant, indispensable, car, dans beaucoup de circonstances, le vote public peut demander une sorte d'héroïsme, qui n'est pas nécessairement l'apanage de l'électeur moyen. Tout bien considéré, le formalisme inhérent à l'opération matérielle de vote, résumé par le passage dans *l'isoloir,* est représentatif d'une civilisation poltique (55). En France, le principe est proclamé, pour la première fois, par la constitution de l'an III (art. 31) : *Toutes les élections se font au scrutin secret,* et rappelé par celle de 1958 (art. 3). Sa méconnaissance entraîne l'annulation du vote (C.C., 9 novembre 1988, *Référendum néo-calédonien, Rec.* p. 199 ; C.E., 16 novembre 1990, *Chapius et Klein, PA,* 11 février 1991, note E. Bonnet).

C. LES MANQUEMENTS A LA SINCÉRITÉ DU VOTE

En dehors des abus de propagande (dépassement du plafond des dépenses), les fraudes ou les manœuvres vicient la sincérité d'une consultation. Sans pour autant se faire l'avocat du diable, on peut relever les principales, en indiquant les précautions prises, en réaction.

1° Les fraudes électorales

En raisonnant, sur le cas français, avant l'exigence posée par les lois du 29 juillet 1913 et 31 mars 1914, du *vote sous enveloppe préparée dans un isoloir,* diverses pressions pouvaient se donner libre cours.

Écrire son bulletin en public permettait souvent aux voisins et même au président du bureau de regarder le nom qu'inscrivait l'électeur. En tout cas, les bulletins distribués par le président pouvaient ne pas être identiques et permettre, par la suite, de reconnaître l'électeur. De même, le président, qui prenait en main le bulletin, pouvait, à l'occasion, l'entrouvrir ne serait-ce que sous le prétexte de le mieux fermer.

(52) Le problème a été relancé, en France, avec les référendums de 1972 et 1988 marqués par un taux respectif d'abstentions de 40 et 63 %. V. J.-M. BECET et D. COLARD : Faut-il introduire en France le vote obligatoire ?, *R.D.P.* 1973, p. 155.

(53) En France, toutefois, à l'époque de la Convention (1792-1795), la tentation de la société unanime, s'est marquée par la préférence pour le vote public. Ne pas s'y plier, signifiait chez la personne, une attitude *contre-révolutionnaire*. Car dans cet environnement, l'élection vaut *adhésion*.

(54) En droit positif français, le bulletin blanc, au même titre que le bulletin nul, n'est pas considéré et donc décompté, comme un suffrage exprimé (art. L. 66 du code électoral). L'assimilation de l'un à l'autre est abusive, car, en certaines circonstances, le bulletin blanc, qui, en soi est préférable à l'abstention, peut être regardé comme *un vote de raison* (J. Fauvet).

(55) Sir Robert Walpole, premier ministre britannique au XVIIIe siècle, se targuait de connaître *le tarif de la conscience* de ses électeurs. V. G. KNAUB : *Typologie juridique de la fraude électorale en France*, 1970.

D'autres fraudes, plus pittoresques, se faisaient jour, à l'occasion. Un arrêt du Conseil d'État rapporte qu'un maire, lorsqu'il présidait le bureau de vote, avait l'habitude de clouer sous la table un morceau de lard et de s'y graisser les doigts avant de recevoir chaque bulletin, de façon à le rendre transparent, pour y lire, ou en tout cas, y reconnaître le nom qui s'y trouvait inscrit. Mais, on ne saurait oublier d'autres manœuvres, en dehors de la corruption, les procès-verbaux des bureaux de vote falsifiés, l'urne opaque à *double fond, le vote des morts* en ne procédant pas à leur radiation sur la liste électorale (56). La vigilance du juge électoral et pénal a largement contribué à moraliser les consultations dans le même instant, où les citoyens ont tendance à sanctionner les partis dont les comportements portent atteinte *au principe même de la démocratie (C.C., 3 février 1999, A.N. Bouches-du-Rhône,* 9e, *chr.* n° 90).

2° Les précautions électorales

Il a été prévu diverses mesures concrètes relatives au déroulement matériel de l'opération de vote, par exemple : unicité de l'urne par bureau de vote ; signature par l'électeur lui-même de la liste d'émargement ; recours à des urnes transparentes et à des machines à voter (loi Joxe du 30 décembre 1988). Cette dernière supprime, par ailleurs, le vote par procuration pour les non-résidents, de la même façon que celle du 31 décembre 1975 avait mis un terme au vote par correspondance, dans un souci de moralisation.

SECTION II LES MODES DE SCRUTIN OU LES SYSTÈMES ÉLECTORAUX

Question classique, véritable pont-aux-ânes, le mode de scrutin désigne *les règles techniques destinées à départager les candidats à une élection* (57).

Il en existe, certes, une très grande variété. Toutefois, on peut les ramener, pour l'essentiel, à une *confrontation,* qui n'est pas exclusive d'une *combinaison,* entre le scrutin majoritaire et la représentation proportionnelle *(R.P.)*, selon que l'on met en avant *l'efficacité* ou *l'équité*, en matière de représentation (58). Un mode de scrutin, en d'autres termes, n'est donc pas innocent : tout dépend de l'idée que l'on s'en fait ; tout dépend des résultats que l'on en escompte, sachant que *le meilleur est celui qui vous fait élire* (A. Santini). Sans cultiver l'opportunisme, la sagesse recommande, à l'image de la tradition française, de ne point le constitutionnaliser et d'en laisser le choix au législateur (art. 34 C).

(56) V. M.-R. Roy : La lutte contre la fraude électorale : la loi du 30 décembre 1988, *A.J.D.A.* 1989, p. 355 ; l'instruction du ministre de l'intérieur relative au déroulement des opérations électorales du 1er août 1969, annexée au code électoral (édit. 1997, p. 347).

(57) Le scrutin majoritaire, auquel on songe instinctivement, peut se prévaloir de l'antériorité : c'est à lui que Simon de Montfort eut recours en 1265 pour l'élection du parlement britannique. Quant à la R.P., elle a été inventée à la fin du siècle dernier par le mathématicien belge Victor d'Hondt et adoptée, pour la première fois, dans son pays en 1899. V. J.-M. Cotteret et Cl. Émeri : *Les systèmes électoraux*, 6e éd., 1994 ; Pierre Martin : *Les systèmes électoraux et les modes de scrutin,* 1994.

(58) Le mixage a été retenu en France, pour les élections municipales et régionales (art. L. 260 et L. 338 du code électoral).

§ 1 LES CARACTÉRISTIQUES DES MODES DE SCRUTIN

Compte tenu de l'extrême diversité des modes de scrutin, on peut les regrouper, selon deux critères, en tenant compte, soit du nombre *d'élus*, soit de *voix* nécessaires à cet effet. Au premier cas, on distingue le *scrutin uninominal* et le *scrutin de liste* ; au second, le *scrutin majoritaire* et la *R.P.*, qui ont valeur de *références*. Un *mixage* peut aisément se concevoir par ailleurs.

A. LA DISTINCTION ENTRE LE SCRUTIN UNINOMINAL ET LE SCRUTIN DE LISTE

Dans le cadre du scrutin uninominal, chaque bulletin de vote ne peut porter qu'un *seul* nom : il s'ensuit une corrélation avec la *circonscription électorale,* c'est-à-dire *le cadre spatial dans lequel les candidats se mesurent.* Cette dernière doit être peu étendue pour pouvoir être représentée par un seul élu, tel l'arrondissement, en France, sous la IIIe République (*les mares stagnantes et croupissantes,* selon A. Briand).

Dans la seconde modalité, appelée également *scrutin plurinominal,* chaque électeur vote pour une *série* de candidats inscrits sur un même bulletin ou liste, dans le cadre d'une circonscription étendue (le département).

De manière subséquente, on ne manquera pas de s'interroger sur la liberté de l'électeur à l'égard des listes. Est-elle supprimée ou aménagée ? Le citoyen peut être tenu de voter pour une liste entière, auquel cas on parlera de *listes bloquées*. A l'opposé, il conserve une latitude, en confectionnant sa propre liste à partir des candidats présentés sur les *différentes* listes (système du *panachage*) ou en intervertissant l'ordre de présentation à l'intérieur d'*une même* liste (système du *vote préférentiel*) (59). Autant de questions dont la solution manifestera la volonté, soit de faire prédominer la liberté de choix de l'électeur, soit la cohésion des partis politiques.

B. LA DISTINCTION ENTRE LE SCRUTIN MAJORITAIRE ET LA REPRÉSENTATION PROPORTIONNELLE

Cette seconde distinction porte sur le *nombre de voix* qu'il est nécessaire de réunir pour être élu. Toutefois, il faut dire qu'elle ne concerne que le scrutin de liste. Tandis que le scrutin uninominal est toujours majoritaire, en revanche, le scrutin de liste peut être majoritaire *ou* proportionnel.

1° Le scrutin majoritaire

Lorsque la totalité des sièges à pourvoir est attribuée aux candidats qui obtiennent le plus grand nombre de voix, on distingue selon qu'il se déroule en *un* tour ou en *deux* tours.

(59) Le panachage et le vote préférentiel personnalisent, pour une part, le scrutin de liste et ralentissent le dépouillement. Ces procédés sont applicables aux élections municipales dans les communes françaises de moins de 3.500 habitants.

Avec le système majoritaire à *un tour,* utilisé traditionnellement dans les démocraties anglo-américaines, le *ou* les sièges à pourvoir sont immédiatement attribués au *ou* aux candidats qui recueille(nt) *le plus grand nombre de voix,* fût-ce d'une unité. On dit alors que l'élection a lieu à la *pluralité des voix* (60).

Avec le système à deux tours, système français traditionnel depuis le Second Empire, le *ou* les candidats ne sont élus au premier tour, que s'ils obtiennent la majorité *absolue*, c'est-à-dire, la moitié plus un des suffrages *exprimés,* assorti le cas échéant d'une condition supplémentaire de *représentativité.* Les candidats *non* élus au premier tour sont dits *en ballottage.* Au second tour, la majorité *relative* suffit, c'est-à-dire que celui qui a le plus grand nombre de voix est élu, quel qu'en soit le chiffre, à condition qu'il bénéficie d'une pluralité de suffrages, c'est-à-dire qu'il obtienne au moins deux voix. Il est loisible, par ailleurs, au législateur de réglementer ou non l'accès au second tour (61).

2° La représentation proportionnelle

Ce mode de scrutin se présente, comme un perfectionnement ou, en tout cas, comme une modalité du scrutin de liste ordinaire. Il implique une double opération consistant à attribuer les sièges dits de *quotient*, puis de *restes.*

a) *L'attribution des sièges de quotient*

La R.P. tend à assurer la représentation de *toutes* les opinions groupant un nombre *raisonnable* de suffrages. Chaque liste disposera d'un nombre de représentants en proportion avec le nombre des suffrages obtenus.

Un exemple fera comprendre la différence qui existe entre le scrutin de liste pur et simple et le scrutin de liste avec représentation proportionnelle. Supposons, une circonscription dans laquelle il y avait six députés à élire et 120 000 suffrages exprimés. Supposons, également, que deux listes soient en présence, la liste A, qui obtient 80 000 voix et la liste B, qui obtient 40 000 voix.

Avec le scrutin de liste pur et simple, la liste A aura six députés élus, car chacun d'entre eux aura obtenu la majorité absolue ; la liste B ne verra passer aucun de ses candidats, bien qu'elle ait obtenu 40 000 voix. Avec la représentation proportionnelle, la liste A aura quatre députés élus, et la liste B deux.

En théorie, le système proportionnaliste est facile. En fait, il est d'une application délicate pour les raisons suivantes : les listes en présence sont généralement nombreuses, le rapport des voix aux sièges n'est jamais simple ; il existe, par suite, un problème de répartition des suffrages ou plus exactement des *restes,* problème bien connu de la cuisinière, qui est difficile à résoudre. Dans cette perspective, on sollicite tantôt le *quotient électoral,* tantôt *le nombre uniforme.* Mais, il n'est pas interdit de songer à des procédés plus élaborés ; en un mot, une R.P. *sur mesure* ou *à la demande.*

(60) Avec ce scrutin, l'efficacité prime toute autre considération et notamment la représentativité de l'élu. En effet, il est fréquent qu'il soit désigné par une minorité ; la circonscription comptant moins de sympathisants que d'opposants. Au surplus, l'extrême sensibilité du scrutin accorde un net avantage aux électeurs indécis, même si, ce faisant, elle facilite l'alternance du pouvoir.

(61) Dans un souci, tout à la fois, de clarté et d'efficacité, le second tour des élections législatives et municipales (communes de plus de 3.500 habitants) est réglementée, à l'heure actuelle (art. L. 162 et L. 262 du code électoral). V. O. PASSELECQ : *Modes de scrutin et systèmes électoraux,* DF, 1995.

Le quotient électoral est le chiffre obtenu, *après* le scrutin, en divisant, dans *chaque* circonscription électorale, le nombre des suffrages exprimés par celui des sièges à pourvoir. Chaque liste aura autant de candidats élus qu'elle contiendra de fois le quotient électoral.

Le nombre uniforme est un chiffre déterminé à *l'avance* et *semblable* pour *tout le pays*. Chaque liste aura autant de candidats élus que le chiffre de voix obtenu par elle renfermera de fois ce nombre uniforme.

b) *L'attribution des sièges de restes*

Malgré tout, quel que soit le système adopté, le problème de l'attribution des restes subsiste.

Une première option se présente, à cet égard : faut-il reporter les restes sur le plan *national* ou les utiliser dans la *circonscription* (62) ?

Le report des restes sur le plan *national* consiste à additionner, pour le compte de chaque parti, l'ensemble des voix inutilisées par lui dans les diverses circonscriptions où il a présenté des candidats et à appliquer le chiffre obtenu à des listes nationales, compte tenu d'un quotient dégagé en totalisant le nombre des sièges inutilisés dans le pays et en divisant par ce chiffre le nombre total des suffrages inutilisés de tous les partis.

Cette méthode, qui réalise ce qu'on appelle parfois la représentation proportionnelle *intégrale*, a naturellement pour effet d'encourager les partis à se multiplier : des partis insignifiants pouvant obtenir quelques sièges par l'addition des voix dans diverses circonscriptions où les candidats ont été présentés. Mais, elle présente l'inconvénient majeur de supprimer le rattachement de l'élu à une circonscription géographique déterminée. Aussi, lui préfère-t-on généralement une autre (63).

L'attribution des restes sur le plan *local* peut se faire elle-même selon deux méthodes : celle des *plus forts restes,* d'une part, ou celle de la *plus forte moyenne* qui peut inclure la variante d'*Hondt* (64), d'autre part.

La première dite *des plus forts restes* (P.F.R.) attribue les sièges restants au parti qui a le plus grand nombre de voix *inutilisées*. Ce système favorise, en fait, les petits partis qui, sans obtenir le quotient ou le nombre uniforme, peuvent réunir un chiffre de voix représentant un reste appréciable.

La seconde méthode, dite *de la plus forte moyenne* (P.F.M.), qui est plus compliquée, favorise plutôt les grands partis. Elle consiste à diviser, pour chaque parti, le nombre total des voix obtenues, par le nombre total des sièges qu'il aurait *si on lui attribuait le siège restant*. On rapproche alors ces diverses moyennes : le parti qui détient dans ces conditions la plus forte moyenne reçoit le siège. Ce sont naturellement des partis qui ont déjà le plus grand nombre de voix qui sont favorisés.

Le recours au *système* d'*Hondt*, permet de connaître *sur-le-champ* le résultat d'une élection à la R.P. à *la plus forte moyenne*.

Ce système se ramène aux opérations suivantes :

— à diviser le nombre de voix recueillies par chacune des listes par 1, 2, 3, 4, 5, *etc.*, jusqu'à concurrence du *nombre des sièges à pourvoir* ;

— à classer les quotients ainsi obtenus dans un ordre *décroissant* jusqu'à concurrence du nombre de *sièges à pourvoir* ;

(62) Cependant, il est loisible de *combiner* les solutions nationales et locales. La Grèce et la Suède utilisent le système de la R.P. *étagée*.

(63) Une variante se présente, en Irlande et à Malte, sous la forme du *système de Hare ou du vote unique transférable*. V. J.-M. COTTERET et Cl. ÉMERI : *les systèmes électoraux*, 6e éd. 1994.

(64) Sans entamer sa logique, la R.P. peut parfaitement s'accommoder de modalités d'application qui réduisent l'effritement des tendances politiques : établissement d'un *seuil de représentativité* (lois françaises de 1977 sur le Parlement européen et de 1985, relative à l'Assemblée nationale) ou étagement dans la répartition des sièges (loi grecque actuelle avec l'institution des *députés d'État*, et suédoise). Les deux méthodes peuvent, du reste, se combiner. V. La représentation proportionnelle, *Pouvoirs* n° 32, 1985.

— le dernier quotient (le cinquième, par exemple, s'il y a cinq sièges à pourvoir) est appelé *dénominateur commun :* autant de fois il sera contenu dans chaque liste, autant de fois la liste aura d'élus ;
— les restes ne comptent pas, et toute liste ayant atteint un chiffre de voix inférieur au dénominateur commun, est exclue de la distribution des sièges.

c) *Exemples pratiques*

A : APPLICATION DES SYSTÈMES DU PLUS FORT RESTE PUIS DE LA PLUS FORTE MOYENNE

Circonscription choisie : département de l'Eure, 5 sièges à pourvoir. Utilisation du *quotient électoral* (Q.E.), puis répartition des restes sur la base *locale :*

Inscrits	81.250	Ont obtenu :	liste A = 35 000 voix,
Votants	76.375		liste B = 21 000 voix,
Suffrages exprimés	75.000		liste C = 12 000 voix,
			liste D = 7 000 voix.

La répartition comprend trois étapes, à savoir :

1° *Première attribution :* les sièges de quotient.
2° *Deuxième attribution :* les sièges de restes, sur la base, soit des plus forts restes (P.F.R.), soit de la plus forte moyenne (P.F.M.).
3° *Troisième attribution :* récapitulation des procédures précédentes.

Première attribution : les sièges de quotient

— Recherche du Q.E. :

$$\text{Q.E.} = \frac{\text{nb de suffrages exprimés}}{\text{nb de sièges à pourvoir}} = \frac{75\,000}{5} = 15\,000.$$

— Répartition des sièges entre les 4 listes en présence :

$$\text{Liste A} = \frac{35\,000}{15.\,00} = 2 \text{ sièges.}$$

$$\text{Liste B} = \frac{21\,000}{15\,000} = 1 \text{ siège.}$$

$$\text{Liste C} = \frac{12\,000}{15\,000} = 0 \text{ siège.}$$

$$\text{Liste D} = \frac{7\,000}{15\,000} = 0 \text{ siège.}$$

— Répartition partielle :

Liste A = 2 sièges	3 sièges pourvus.
Liste B = 1 siège	2 sièges *non* pourvus.

Seconde attribution : les sièges restants

Comment attribuer les 2 sièges *non* pourvus ? Deux méthodes possible : P.F.R. ou P.F.M. (les deux méthodes sont **exclusives** l'une de l'autre). On les présente successivement ici dans un souci pédagogique (schéma ci-après : parcours V ou W).

— Recours aux P.F.R. : parcours V.

Liste A = 2 sièges	(= 30 000 voix utilisées)	reste = 5 000 voix inutilisées.
Liste B = 1 siège	(= 15 000 voix utilisées)	reste = 6 000 voix inutilisées.
Liste C = 0 siège	(= 0 voix utilisée)	reste = 12 000 voix inutilisées.
Liste D = 0 siège	(= 0 voix utilisée)	reste = 7 000 voix inutilisées.

Le 4e siège (= le 1er siège non pourvu) ira à la liste C qui a le plus fort reste après la première répartition ; le 5e siège (= le 2e siège non pourvu) ira à la liste D.

Troisième attribution, les sièges définitifs

1re attribution sur la base du Q.E. :	liste A = 2 sièges
	liste B = 1 siège
+ 2e attribution sur la base des P.F.R. :	liste C = 1 siège
	liste D = 1 siège
	= 5 sièges

Remarque. — Le système des P.F.R. favorise les petits partis. Les listes B et D obtiennent chacune un siège alors que l'une a recueilli trois fois plus de voix que l'autre.

— Recours à la P.F.M. : parcours W.

On feint d'attribuer le 1er siège non pourvu à la liste A... ainsi de suite jusqu'à la liste D.

$$\text{Liste A} = 2\text{ sR* } + 1\text{ sF** } = 3\text{ s, M*** } = \frac{35\,000}{3} = 11\,666\text{ voix.}$$

$$\text{Liste B} = 1\text{ sR } + 1\text{ sF } = 2\text{ s, M } = \frac{21\,000}{2} = 10\,500\text{ voix.}$$

$$\text{Liste C} = 0\text{ sR } + 1\text{ sF } = 1\text{ s, M } = \frac{12\,000}{1} = 12\,000\text{ voix.}$$

$$\text{Liste D} = 0\text{ sR } + 1\text{ sF } = 1\text{ s, M } = \frac{7\,000}{1} = 7\,000\text{ voix.}$$

Le 1er siège non pourvu est attribué à C, qui a la plus forte moyenne (12 000). Pour C, le sF se transforme en sR.

Désormais un seul siège n'est pas attribué. On recommence la même opération. Ce qui donne :

$$\text{Liste A} = 2\text{ sR } + 1\text{ sF } = 3\text{ s, M} = \frac{35\,000}{3} = 11\,666\text{ voix.}$$

$$\text{Liste B} = 1\text{ sR } + 1\text{ sF } = 2\text{ s, M} = \frac{21\,000}{2} = 10\,500\text{ voix.}$$

$$\text{Liste C} = 1\text{ sR } + 1\text{ sF } = 2\text{ s, M} = \frac{12\,000}{2} = 6\,000\text{ voix.}$$

* sR : siège réel = siège de la première répartition.
** sF : siège fictif = siège qui reste à pourvoir.
*** M = moyenne.

$$\text{Liste D} = 0 \text{ sR} + 1 \text{ sF} = 1 \text{ s, M} = \frac{7\,000}{1} = 7\,000 \text{ voix.}$$

La liste A, ayant la P.F.M. (11 666 voix), *obtient le second siège non pourvu.*

Si l'on additionne la première répartition à la seconde opérée sur la base de la P.F.M., *on obtient les résultats définitifs suivants.*

1re répartition	= liste A = 2 sièges
	= liste B = 1 siège
+ 2^e^ répartition	= liste C = 1 siège
	= liste A = 1 siège
Résultats définitifs	= liste A = 3 sièges
	liste B = 1 siège
	liste C = 1 siège
	liste D = 0 siège

Remarque. — L'utilisation de la méthode de la P.F.M. favorise les grands partis au détriment des petits.

Résultats comparés des P.F.R. et de la P.F.M.

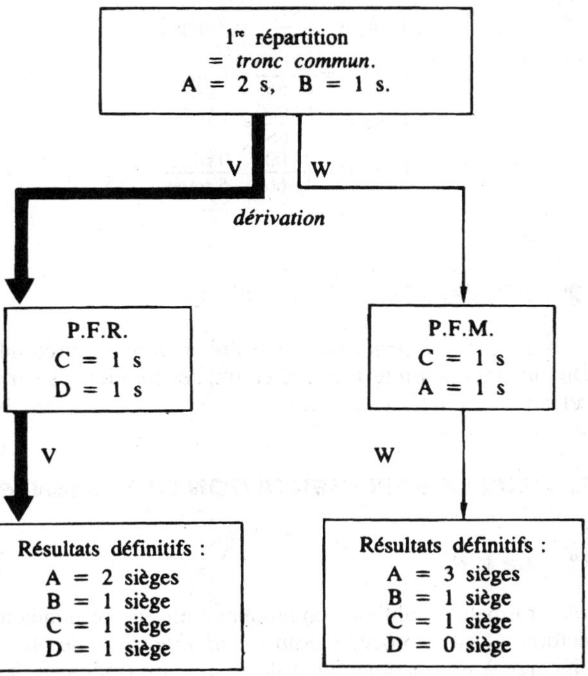

B : SYSTÈME D'HONDT

1° Établissement des quotients :

Sièges	Liste A	Liste B	Liste C	Liste D
1	*35 000*	*21 000*	*12 000*	*7 000*
2	*17 500*	*10 500*	*6 000*	*3 500*
3	**11 666**	7 000	4 000	2 333
4	8 750	5 250	3 000	1 750
5	7 000	4 200	2 400	1 400

2° Classement des quotients dans l'ordre *décroissant*, jusqu'à concurrence de 5 *sièges* à pourvoir :

35 000, 21 000, 17 500, 12 000, 11 666
11 666 = DC.

3° Attribution des sièges, à l'aide du *dénominateur commun :*

$$\text{Liste A} = \frac{35\,000}{11\,666} = 3 \text{ sièges}$$
$$\text{Liste B} = \frac{21\,000}{11\,666} = 1 \text{ siège}$$
$$\text{Liste C} = \frac{12\,000}{11\,666} = 1 \text{ siège}$$
$$\text{Liste D} = \frac{7\,000}{11\,666} = \frac{0 \text{ siège}}{5 \text{ sièges}}$$

§ 2 LES EFFETS DES MODES DE SCRUTIN

La loi électorale est la société en marche, prétendait Cormenin, au siècle dernier. On envisagera, en termes généraux, ses incidences sur la *représentation parlementaire*, et sur les *partis eux-mêmes*.

A. SUR LA REPRÉSENTATION PARLEMENTAIRE

1° La R.P.

Elle donne à *toute* formation politique, un nombre d'élus correspondant à son importance dans le corps électoral. C'est le procédé le plus *équitable*, sinon le plus juste. En ce sens, elle peut être comparée à une photographie de la circonscription ou à un miroir-plan, à partir du moment où la représentation de cette dernière est bigarrée à l'image de la *diversité* majorité-minorité. En conséquence, la R.P. assure une représentation *complète* ; l'opposition acquiert, à cet effet, droit de cité. L'égalité sous-jacente ne pouvait que rencontrer l'adhésion de la gauche. Mais, par la chance offerte aux petits partis, elle tend à en multiplier le nombre. Cependant, l'instauration d'un seuil *minimal* de représentativité (5 % des suffrages exprimés) en vue de participer à la répartition, arrête leur poussée. Par ailleurs, il est plus difficile de constituer des majorités cohérentes et stables, sans être rédhibitoire, pour autant (65), à l'inverse du scrutin majoritaire, dont c'est le but avoué.

2° Le scrutin majoritaire

L'efficacité dont il se pare, ne saurait dissimuler l'artifice et l'injustice qui l'accompagnent. On le compare volontiers à une sorte de caricature, ou à un miroir brisé ou déformant de la réalité politique. *Seule* la tendance recueillant le plus grand nombre de suffrages est représentée. Tant et si bien, que cultivant *l'impérialisme*, le vainqueur empoche tout ou, selon une mathématique surprenante, dans le cadre d'un scrutin à deux tours : *50,01 % des voix = 100 et 49,99 % = 0*. Mais, la volonté générale n'est-elle pas à ce prix ? La loi de la démocratie s'identifie, en effet, au gouvernement de la majorité.

a) *Le scrutin à un tour*

A titre de pierre d'attente de l'étude des institutions anglo-américaines, disons qu'il amplifie dans de très fortes proportions le succès du parti vainqueur et la défaite du parti vaincu (66). C'est donc un scrutin *brutal*, voire *extravagant* (67), mais qui aboutit généralement, dans les pays pratiquant le bipartisme, à donner des *majorités constantes*, tout au long de la *législature* (68) et, par voie de corollaire, des Gouvernements de même durée. La stabilité de l'exécutif a pour contrepartie sa responsabilité devant la nation. Aussi l'*alternance* au pouvoir s'exprime plus facilement qu'ailleurs.

b) *Le scrutin à deux tours*

Il avantage généralement, au premier tour, les partis du centre. Cependant, il *contraint* surtout les formations à s'entendre en vue du ballottage. Car, selon la formule de Bracke (député socialiste du début du siècle) : *au premier tour, on choisit, au second on éli-*

(65) On compare volontiers le scrutin britannique à une boule de neige ou à une avalanche. Son injustice est acceptée, dans la mesure où chaque formation politique peut prétendre, sur une brève période, en tirer avantage. V. M.-G. KENDALL et A. STUART : La loi du cube dans les élections britanniques, *R.F.S.P.* 1952, p. 270.

(66) Une utilisation *marginale* des voix peut aboutir à un résultat surprenant : le parti qui remporte le plus grand nombre de voix est malgré tout *minoritaire* du point de vue des sièges à la Chambre des Communes. En d'autres termes le scrutin à un tour est indifférent à l'ampleur de la majorité : une voix de différence suffit pour emporter le siège, à la limite. On peut songer aux précédents, de 1951 et de février 1974. Aux États-Unis, le système des mandats électoraux attribués aux États *(infra)* a permis, au XIXe siècle, des résultats surprenants : les présidents Hayes et Harrisson, en 1876 et en 1888, ont été proclamés élus, alors qu'ils avaient recueilli moins de voix *populaires* que leurs adversaires respectifs Tilden et Cleveland. (*infra*).

(67) Une législature est la période par laquelle une assemblée est élue. Une session est la durée annuelle de son activité. La coïncidence temporelle entre les députés et les ministres, autorise à envisager, ce qu'on appelle un *gouvernement de législature*, le fleuron du parlementarisme majoritaire.

(68) La prime à gouverner a pour contrepartie naturelle le vote-sanction. La gauche et la droite, en France, ont été éliminées du pouvoir respectivement en 1993 et 1997.

mine (69). Faute d'allié au second tour, le Front national ne dispose que d'un seul siège, à l'issue des élections législatives de 1997 en dépit des 15 % de voix recueillies, tandis que l'alliance du P.S. et des verts vaut à ceux-ci 8 députés. A gauche, on pratique la *discipline républicaine*, à droite, la *discipline nationale*, par le jeu des *désistements* en faveur du candidat le mieux placé à l'issue du premier tour. Ce scrutin entraîne donc une *déformation* par *sous-représentation* (voire élimination) des extrêmes et une *sur-représentation* des modérés. Mais, son efficacité, sous forme d'une *prime à gouverner* n'en est pas moins fondamentale. La Ve République en fournit une démonstration éclatante. La logique bipolaire se nourrit du scrutin majoritaire. La droite et la gauche obtiennent respectivement en 1993 et 1997 : 57,7 et 46 % des suffrages, et détiennent 84 et 55 % des sièges de députés (70).

B. SUR LES PARTIS POLITIQUES

Sans verser dans le déterminisme, il faut relever les *tendances* dégagées par Maurice Duverger. D'une manière générale, un régime électoral accompagne un système politique, mais il ne crée pas. Il incite ou incline à un certain comportement ; il favorise ou protège ce système.

1° La R.P.

Ce scrutin renforce, tout d'abord, le poids de l'*appareil*, en privilégiant la *discipline* de ses membres. En effet, pour ceux-ci, l'important est de se faire inscrire en bonne place sur la liste, c'est-à-dire en rang *utile* (71). De ce point de vue, il est indéniable que la R.P. structure les partis politiques, en renforçant la cohérence de ses objectifs, de manière à favoriser, autant que faire se peut, l'efficacité de la démocratie (72).

Elle contribue, ensuite, au *multipartisme affirmé*, en raison de sa logique. Chaque parti mène le combat sous sa propre bannière, sans aucun souci d'alliance sur sa gauche ou sur sa droite. Mais, pour d'aucuns, multipartisme rime avec *extrémisme*, au vu des expériences allemande de Weimar ou française de la IVe République : la R.P. serait un remède mortel pour la démocratie en raison de son caractère *centrifuge*.

L'argument n'emporte pas la conviction, en raison de son exagération. Si, en effet, la formation d'une majorité gouvernementale est rendue plus difficile, voire aléatoire, dans la mesure où ce scrutin fait office de *brise-lame* ou de *parachute*, il est aisé de montrer, qu'il peut parfaitement s'allier, dans le respect de l'alternance, à la stabilité. Le parti dominant y trouve même son origine. L'Allemagne

(69) Dans une mise en perspective, il est utile d'évoquer avec Jean-Luc Parodi, le *combinatoire institutionnel* de la Ve République composé des trois éléments suivants : élection présidentielle, élections des députés au scrutin majoritaire et dissolution de l'Assemblée nationale. Ce combinatoire a remodelé le visage de la Ve République. (V. *IIIe partie*).

(70) Édouard Herriot ironisait sur ce *scrutin de retraités*.

(71) On rejoint ici le souci des constituants de 1946, de stabiliser et d'enraciner la démocratie au moyen de partis puissants. Du reste les régimes récemment sortis de la dictature à Athènes, Lisbonne et Madrid n'ont pas hésité sur le choix de la méthode. Le parlementarisme rationalisé n'est jamais, on le sait, qu'un pis-aller. D'une façon curieuse, à des partis forts sous la IVe République, a correspondu une structure institutionnelle faible ; la Ve République adoptera la démarche inverse.

(72) C'est le cas respectif du parti social-démocrate en Suède, du Pasok en Grèce, du PSOE en Espagne ou de la CDU-CSU en Allemagne.

offre un exemple éloquent : non seulement l'efficacité gouvernementale n'y a jamais été mise à mal, mais le nombre des partis représentés au Bundestag a été réduit de 10 en 1949 à 4 avant l'unification.

2° Le scrutin majoritaire

a) *Le scrutin à un tour*

Il constitue le *moule* de la vie britannique. L'effet spectaculaire inhérent à ce procédé débouche sur le *bipartisme*. A dire vrai, il serait plus exact de dire qu'il *conserve* ou *protège* le *two-party system* plutôt qu'il ne le crée ou ne pousse à sa réalisation. Ce qui est certain, c'est l'*imbrication* ou l'*osmose* entre ce scrutin et le bipartisme. La cause et l'effet se confondent, pour l'essentiel. D'un point de vue psychologique, le *vote utile* en découle.

b) *Le scrutin à deux tours*

Scrutin *centripète*, il incline au *multipartisme tempéré* par le jeu des alliances, en vue de ballottage. Dans certaines conditions, celui-ci est *limité* à la confrontation entre deux familles ou constellations politiques. Le phénomène français de la *bipolarisation*, apparu sous la Ve République à partir de 1962, est particulièrement représentatif. En outre, son caractère contraignant mais avantageux, en cas d'union (73), peut, à la manière d'un couperet se révéler désastreux, si la désunion s'installe. Aux élections législatives de 1997, le maintien d'un candidat du Front national à la faveur de plusieurs *triangulaires* a contribué à la défaite de la majorité sortante. Le vote frontiste (15 % des suffrages) a la capacité de nuire sans pour autant aboutir.

§ 3 LES SCRUTINS MIXTES

L'ingéniosité en matière électorale conduit à envisager le *mixage* entre les scrutins de référence que sont le scrutin majoritaire et la R.P. Un bon exemple conciliant l'efficacité et la diversité des tendances représentées est fourni, à l'heure actuelle, en France, par la loi municipale pour les communes de 3.500 habitants et plus (art. L. 262 du code).

A. LE PREMIER TOUR

Une liste de candidats obtient la majorité absolue des suffrages exprimés. Celle-ci se voit attribuer, au titre du scrutin majoritaire, la moitié des sièges à pourvoir. Les autres sièges sont répartis à la R.P., entre *toutes* les listes ayant recueilli plus de 5 % des suffrages exprimés. Ainsi la liste en tête gagne sur les deux tableaux, si l'ose dire.

(73) Ajoutons que les partis unis dans un combat électoral peuvent devenir peu après adversaires au plan gouvernemental, ainsi que le prouve la vie politique française sous la IVe République. La loi sur les apparentements du 9 mai 1951 est un exemple significatif. Devant les menaces que faisaient peser sur le régime, depuis 1947, les pressions convergentes du parti communiste et du R.P.F., la majorité dite de *Troisième Force*, qui s'était dégagée à la fin de la première législature et qui comprenait le S.F.I.O., les Radicaux et le M.R.P. décida, pour les élections de 1951, de voter une loi favorisant les alliances entre partis. Le système réussit sur le plan électoral, mais échoua du point de vue parlementaire.

B. LE SECOND TOUR

Si aucune liste ne rassemble la majorité absolue, un second tour est organisé auquel peuvent participer les listes ayant obtenu plus de 10 % de suffrages au premier tour. A son issue, la liste qui arrive en tête obtient la moitié des sièges, et participe ensuite à la répartition de la seconde catégorie des sièges comme précédemment. Ce scrutin a été préconisé, sous le bénéfice d'adaptations, par la commission Vedel, pour les élections législatives, en 1993 (74). Il a étendu aux élections régionales (art. L. 338 du code électoral).

Bibliographie

P. AVRIL : *Essais sur les partis*, 1986 ; F. BON : *Les élections en France*, 1978 ; Ph. BRAUD : *Le comportement électoral en France*, 1973 ; P. BRÉCHON : *La France aux urnes, 50 ans d'histoire électorale*, D.F., 1993 ; J. CADART (sous la direction de) : *Les modes de scrutin de 18 pays libres de l'Europe occidentale*, 1983 ; J.-P. CAMBY : *Le financement de la vie politique en France*, 1995 ; J. CHARLOT : *Les partis politiques*, 1971 ; J.-P. COT et P. GABORIT : *Citoyens et candidats*, 1977 ; J.-M. COTTERET, Cl. ÉMERI et P. LALUMIÈRE : *Lois électorales et inégalités de représentation en France (1936-1960)*, 1960 ; J.-M. COTTERET et Cl. ÉMERI : *Les systèmes électoraux*, 6e éd., 1994 ; M. DUVERGER : *Les partis politiques*, 1951 et *La participation des femmes à la vie politique*, 1955 ; Cl. FRANCK : *Droit des élections nationales et locales*, 1988 ; J. GEORGEL, G.-H. HAND et Ch. SASSE : *Les régimes électoraux dans la Communauté européenne*, 1979 ; G. LAVAU : *Partis politiques et réalités sociales*, 1953 ; A. LANCELOT : *L'abstentionnisme électoral en France*, 1968, et *Les élections sous la Ve République*, 1983 ; G. LELEU ; *Géographie des élections françaises depuis 1936*, 1971 ; Pierre MARTIN : *Les systèmes électoraux et les modes de scrutin*, 1994 ; J.-Cl. MASCLET : *Droit électoral*, 1989 ; R. MICHELS : *Les partis politiques ; essai sur les tendances oligarchiques des démocraties* (tr. 1914), réédition, 1971 ; M. OSTROGORSKI : *La démocratie et l'organisation des partis politiques* (rééd. 1993) ; J.-L. PARODI : *La Ve République et le système majoritaire*, thèse, Paris I, 1973 ; O. PASSELECQ : *Modes de scrutin et systèmes électoraux*, DF, 1995 ; D. RAE : *The political consequence of electoral laws*, Yale, 1967 ; C. YSMAL : *Les partis politiques sous la Ve République*, 1989.

(74) La France a essayé divers systèmes électoraux, mais, dans l'ensemble, elle a surtout utilisé le scrutin *majoritaire* à deux tours à partir de 1848, sans éprouver le besoin de le constitutionnaliser.

Sous la Seconde République (1848-1851), la loi du 15 mars 1849 établit le scrutin de liste majoritaire à un tour, dans le cadre départemental. Avec le Second Empire (1852-1870), le décret organique du 2 février 1852 *invente* le scrutin majoritaire uninominal à deux tours, dit *scrutin d'arrondissement*, qui deviendra, pour ainsi dire, le scrutin de *droit commun*. La loi de 1849 est d'abord remise en vigueur, par la IIIe République, pour l'élection de l'Assemblée nationale en 1871. Mais, en 1875, on revient au scrutin majoritaire uninominal à deux tours.

Pour les élections de 1885, on fait l'expérience du scrutin de liste majoritaire à deux tours (le *scrutin républicain* selon Gambetta), dans le cadre du département. Pour les élections de 1889, retour au scrutin d'arrondissement à deux tours, qui durera jusqu'à la guerre de 1914. Cependant, une propagande assez intense avait été faite en faveur de la proportionnelle : la loi Dessoye de 1919, *combine*, dans le cadre du scrutin de liste départemental, les systèmes majoritaire et proportionnaliste. Toutefois en 1927, on renoue avec le scrutin d'arrondissement, qui durera jusqu'en 1940.

Quant à la IVe République (1946-1958), elle fait l'expérience de la proportionnelle dans le cadre départemental, avec utilisation du quotient et de la plus forte moyenne (lois de 1945 et de 1946). Mais, en 1951, on limite le jeu de la proportionnelle par l'introduction d'un *correctif majoritaire* : le système des *apparentements*. Enfin, la Ve République permet, à ce jour, le retour offensif du scrutin majoritaire uninominal à deux tours, dont la portée est *quasi-générale* dans le temps et l'espace. V. J.-P. CHARNAY : *Les scrutins politiques en France de 1815 à 1962*, thèse, Paris, 1962 ; Y. PITTARD : *Les lois électorales françaises depuis la IIIe République*, thèse Nantes, 1971 ; Connaissance de l'Assemblée : *L'élection des députés*, 8, 1997.

CHAPITRE V
L'ÉTABLISSEMENT DE LA CONSTITUTION

Constitution : mot magique et caractéristique de l'État de droit ! Son avènement représente un moment privilégié dans la vie d'un peuple, en ce sens qu'elle coïncide avec l'achèvement du processus de *rationalisation* et plus encore de *nationalisation* du pouvoir. Faut-il rappeler que *toute société dans laquelle la garantie des droits n'est pas assurée, ni la séparation des pouvoirs déterminée, n'a point de constitution* (art. 16 de la Déclaration des droits de 1789).

Deux siècles après, la constitution brille d'un éclat tout particulier. Non seulement elle a pris sa revanche sur le parti unique (européen et africain) qui l'avait mutilée, mais elle est devenue tout bonnement incontournable, en se hissant au sommet de la hiérarchie des normes. Son règne a succédé à celui de la loi. Le symbolisme est désormais accordé au normativisme. L'ordre juridique supérieur auquel elle s'identifie, au plan national, notamment dans le domaine sensible des droits fondamentaux de la personne, ne relève plus de l'incantation, comme jadis, mais de la protection du juge interne, et tout particulièrement constitutionnel. Le moment est venu de retracer cette aventure institutionnelle (1).

Dans cet esprit, l'opération constituante s'analyse comme la rencontre entre l'État et la nation ou le rendez-vous entre les gouvernants et les gouvernés. De manière générale, elle s'exprime par un pouvoir suprême appelé le *pouvoir constituant,* lequel est *souverain* (C.C., 2 septembre 1992, *Traité sur l'Union européenne, chr.* n° 64, p. 191). Par suite, chaque État peut se prévaloir de l'autonomie constitutionnelle (2).

(1) V. D. ROUSSEAU : Une résurrection : la notion de constitution, *R.D.P.* 1990, p. 5 et Constitution *D.C.* p. 208 ; P. AVRIL : la constitution : Lazare ou Janus ? *R.D.P.* 1990, p. 949 ; M. TROPER et L. JAUME (sous le direction de) : *1789 l'invention de la constitution,* 1994.

(2) Seule exception à ce principe, l'O.N.U. a déclaré, le 28 septembre 1984, la constitution de l'Afrique du Sud *nulle et non avenue,* en raison de *l'apartheid.* V. Ch. CADOUX : De l'Union-Sud-Africaine à la nouvelle République d'Afrique du Sud, *R.D.P.* 1986, p. 43.

SECTION I LA NOTION DE CONSTITUTION

On dit parfois que l'établissement d'une constitution traduit un désir d'organisation *rationnelle* de l'État. Ceci est vrai, dans une certaine mesure, car il n'est pas douteux que la préoccupation de rationaliser le gouvernement et l'État est présente à l'esprit de beaucoup de constituants. Mais, à soi seul, un tel désir n'est pas révélateur de l'œuvre constituante, surtout si l'on se reporte, par la pensée, à la fin du XVIIIe siècle.

Lorsqu'elle prend son entière portée, l'*opération constituante* se présente, en effet, *comme un renouvellement de la fondation de l'État effectué, cette fois, avec le concours actif et conscient de la nation* (3). Ainsi, le 12 décembre, jour de l'adoption de la constitution, en 1993, est devenu celui de la fête nationale de la Russie. Loi fondamentale de l'État, réactif de notre discipline, la constitution appelle une définition et un inventaire.

§ 1 LA DÉFINITION DE LA CONSTITUTION

A l'image d'un pacte national, la constitution obéit au rythme binaire, en ce qu'*elle fixe, d'une part, le mode de désignation des gouvernants ainsi que leurs compétences, et détermine, d'autre part, les droits ou libertés des gouvernés.* Pour tout dire, elle se présente comme *la loi des lois.* Tout procède d'elle.

A. L'IDENTIFICATION DES CRITÈRES

D'une manière plus précise, il est loisible de définir une constitution en s'attachant, soit à son *objet* (critère *matériel*), soit à son *régime juridique* (critère *formel*).

1° Le critère matériel de la constitution

En prenant en considération le *contenu* de la constitution, celle-ci se ramène à *l'ensemble des règles les plus importantes de l'État,* ou si l'on préfère, *l'ensemble des règles juridiques qui ressortissent logiquement au droit constitutionnel.* En ce sens, tout État, du fait qu'il existe, possède nécessairement une constitution.

Autrement dit, celle-ci doit tendre à *l'essentiel* et cultiver la concision (4) : déterminer la nature de l'État (État unitaire ou fédéral) ; organiser les relations entre les pouvoirs

(3) V. P. BASTID : *L'idée de constitution,* 1985.
(4) On connaît l'aphorisme de Napoléon : *Une constitution courte et obscure est la meilleure des constitutions.*

publics ou *constitués*, dans le cadre d'un régime parlementaire, présidentiel, *etc.*, et plus encore, énoncer les droits et libertés dont les personnes sont titulaires (5).

En raison de sa brièveté (une trentaine d'articles), la constitution de la IIIe République a pu être qualifiée de simple *code de procédure parlementaire.*

2° Le critère formel de la constitution

En privilégiant la *procédure juridique* ou le *mode d'expression* de la constitution, bref sa *force,* la perspective change. Elle se présente comme *l'ensemble des règles juridiques élaborées et revisées selon une procédure supérieure à celle utilisée pour la loi ordinaire.* Il suit de là, que la norme constitutionnelle est, tout à la fois, *privilégiée et protégée :* privilégiée, en ce sens qu'elle est *unique* en son genre ; protégée, dès lors qu'elle est *hors d'atteinte* des autres normes qui, par définition, lui sont inférieures. Elle relève de la *super-légalité,* en un mot. On pense à Ronsard, qui déclarait à ses disciples de la Pléiade : *Je suis votre fontaine, vous êtes mes ruisseaux.*

Il résulte de ce qui précède, que le *pouvoir constituant,* domine et prime les *pouvoirs constitués* (pouvoir législatif et pouvoir exécutif). La mise en place d'un *contrôle de constitutionnalité* des normes inférieures conforte et préserve la suprématie de la constitution. Faute de quoi, celle-ci ne serait qu'une barrière de papier et la hiérarchie des règles de droit, un trompe-l'œil.

B. LA CONFRONTATION DES CRITÈRES

En principe, les critères précités coïncident. Mais, une dissociation peut être envisagée.

1° La coïncidence des critères

Un principe veut que les critères confluent l'un vers l'autre : à savoir que les règles les plus importantes de l'État (critère matériel) bénéficient du régime juridique supérieur (critère formel). Dans cette circonstance, le contenu est à l'image du contenant (consitution américaine de 1787, ou française de 1958).

2° La dissociation des critères

Pour être rare, le cas n'est pas sans exemples. Il est, en effet, possible qu'un État soit doté d'une constitution *uniquement matérielle.* Dans le passé, cette situation se rencontrait en Italie avec *lo Statuto* de 1861 à 1946 ; de nos jours en Israël et en Grande-Bretagne. Une formule du Genevois

(5) On rappellera, pour mémoire, que ces droits sont consignés dans un document à part appelé *préambule* ou *déclaration (supra).* Leur place *en tête* de la constitution a valeur *symbolique* de la *primauté* reconnue à l'individu par rapport à la société, dans le cadre d'une société *pluraliste.* A ce propos, il a été envisagé de dresser parallèlement à celle des droits, une liste des *devoirs* des citoyens. L'art. 4 de la déclaration de la constitution de l'an III dispose : *Nul n'est bon citoyen, s'il n'est bon fils, bon père, bon frère, bon ami, bon époux.* Ces formules mièvres, qui font songer à la vie des saints, devaient disparaître par la suite, à l'exception toutefois de la constitution de 1848 (art. VII). En revanche, dans le cadre d'une société *unanimiste,* les *devoirs* du citoyen figurent en bonne place, par exemple, dans la constitution algérienne de 1976 ou celle de l'U.R.S.S. de 1977.

Jean-Louis de Lolme l'indique avec pertinence : *Le Parlement anglais peut tout faire, sauf changer un homme en femme.*

En sens inverse, on rencontre dans une constitution formelle, des dispositions marginales, ou *étrangères* au droit constitutionnel (6). A tel point qu'elles *survivent,* mais au rang *inférieur* de la loi, en cas de disparition de la constitution à laquelle elles étaient rattachées, au nom de la théorie de la *déconstitutionnalisation* (7).

§ 2 LES COMPOSANTES DE LA CONSTITUTION

De quels matériaux, une constitution est-elle faite ? Dans une mémorable conférence de presse, le 31 janvier 1964, le général de Gaulle déclarait : *une constitution, c'est un esprit, des institutions, une pratique.* Il devait ajouter, après coup : *ce qui est écrit, fût-ce sur un parchemin, ne vaut que par l'application.* Ces appréciations ont le mérite d'indiquer qu'une constitution relève d'un processus de sédimentation : elle s'analyse en un *assemblage* de règles *juridiques* posées par elle et de règles *politiques* élaborées par les pouvoirs publics, selon la vision de Pierre Avril, à laquelle on souscrit. Ce qui autorise à penser que la constitution, située au carrefour du droit et de la politique, subit en bonne logique, leur action conjuguée.

A. LES RÈGLES JURIDIQUES

Une constitution est d'abord le produit de règles écrites et non-écrites.

1° Les règles écrites

La constitution est rédigée, en bonne et due forme, en un document unique ou fragmenté (comme les lois des 24, 25 février et 16 juillet 1875, sous la IIIe République). Précédées généralement d'une déclaration des droits ou d'un préambule, ses dispositions sont ordonnées, selon une démarche *decrescendo,* en titres, articles et alinéas (8).

C'est au XVIIIe siècle que ce procédé logique a été mis en œuvre, en 1755, par Pascal Paoli lorsqu'il dota la Corse d'une constitution (9), et plus particulièrement, en 1787, par les Pères fondateurs américains réunis à Philadelphie (10).

(6) En guise d'illustration : en France, art. 173 de la constitution de l'an III (mode de calcul du traitement des titulaires de l'exécutif) ; art. 1er de la loi constitutionnelle du 16 juillet 1875 (prières publiques). L'article 25 *bis* de la constitution suisse de 1874, interdit, sur toute l'étendue du territoire, l'abattage des animaux selon le rite mosaïque, comme l'article 132 de la constitution belge vise le statut de l'Université catholique de Louvain.

(7) V. R. CARRÉ DE MALBERG : *Contribution à la théorie générale de l'État,* 1922, t. II, p. 577. On peut songer à l'art. 75 de la constitution de l'an VIII (mise en œuvre de la responsabilité des fonctionnaires) ou à l'art. 5 de la constitution de 1848 (abolition de la peine de mort en matière *politique*).

(8) V. G. CORNU, *Linguistique juridique,* 1990.

(9) V. Ch. CADOUX, *Droit constitutionnel et institutions politiques,* t. I, 3e éd., 1987, p. 131.

(10) La forme écrite n'était pas ignorée dans les cités grecques, si l'on en juge par le recueil des 158 constitutions rassemblées pour Aristote, dont seul un fragment de la constitution d'Athènes nous est parvenu.

Sans conteste, la méthode est avantageuse : la constitution renouvelle le contrat social ; la sécurité inhérente à l'écrit est enrôlée au service des libertés ; en dernier lieu, à l'opposé des *tyrans qui ne lisent pas* (Beccaria), les citoyens ressentent la nécessité d'une éducation civique : *La déclaration des droits et la constitution sont gravées sur des tables au sein du corps législatif et dans les places publiques,* proclamait l'article 124 de la constitution de l'an I.

Ceci posé, la loi fondamentale d'un État, comme il a été dit précédemment, peut *juridiquement* se présenter comme une norme supérieure (constitution de 1958) ou une simple loi (chartes de 1814 et de 1830 ; loi Rivet du 31 août 1871 ; loi de Broglie du 13 mars 1873 et loi du septennat du 20 novembre 1873 au début de la IIIe République ; statut de la monarchie italienne, jusqu'en 1946).

2° Les règles non-écrites

Quel que soit le degré de précision d'un texte, ce dernier est complété par la pratique du régime, qui n'est pas sans faire songer à la sève. Les 377 articles de la constitution de l'an III ont été emportés comme un fétu de paille, à l'opposé de la trentaine d'articles de celle de 1875 qui, vivifiés par la vie institutionnelle, ont établi le record de longévité depuis 1789.

La pratique est à l'origine de la *coutume* qui résulte de *précédents concordants auxquels les pouvoirs publics acquiescent ou se soumettent* (11). En d'autres termes, celle-ci combine l'écoulement du temps au consentement à une obligation de comportement. Elle peut être *interprétative* ou *supplétive.* On parle d'une coutume *praeter legem* ou auxiliaire de la constitution.

1) La coutume interprétative

Il se peut qu'une disposition constitutionnelle soit ambiguë. La pratique aura le mérite de lever l'incertitude. Sous la Ve République, le Conseil constitutionnel (12 janvier 1977, *Territoire français des Afars et des Issas, C.C.F.* p. 201) a consacré l'usage répété selon lequel les termes *programme et déclaration de politique générale* du Gouvernement (art. 49, al. 1er C) étaient d'une *acception analogue.*

2) La coutume supplétive

La coutume peut se glisser dans les interstices du texte et réparer quelques oublis. Les lois constitutionnelles de 1875 ignoraient l'existence du président du conseil ou le chef du Gouvernement. La pratique y a pourvu. De même, une coutume formée à cette époque veut qu'il existe une *incompatibilité* entre la fonction de chef de l'État et tout mandat public ou activité privée ; qu'un Gouvernement en place, au moment de la tenue d'élections *nationales* présente sa démission à leur issue. Dans le silence du texte de 1958, la possibilité pour les parlementaires de poser des questions *écrites* aux ministres et l'obligation pour ceux-ci d'y répondre, illustre le propos. On citera également la pratique de la *lettre rectificative,* au moyen de laquelle le Gouvernement modifie un projet de loi déposé sur le bureau d'une assemblée. Le C.C. l'a reliée au pouvoir d'initiative des lois, dont dispose le premier ministre (29 décembre 1978, *Loi de finances rectificative pour 1978, C.C.F.,* p. 285 ; 28 décembre 1990, *Loi de finances pour 1991, chr.* n° 57, p. 183).

(11) V. R. CAPITANT : La coutume constitutionnelle, *R.D.P.* 1979 p. 959 ; G. VEDEL : Le droit par la coutume, *Le Monde* 22 décembre 1968.

B. LES RÈGLES POLITIQUES

Il y a des mystères de politique comme il existe des mystères de religion, observait Chateaubriand. A cet égard, une constitution est aussi le fait de ses acteurs qui, n'étant pas des robots, disposent du pouvoir d'élaborer entre eux des règles de comportement non formalisées. *Aucune constitution n'est restée telle qu'elle a été faite. Sa marche est toujours subordonnée aux hommes et aux circonstances,* prétendait Napoléon. Ces règles, appelées par l'auteur britannique Dicey des *conventions de la constitution,* se rapportent *au mode d'exercice lato sensu* du pouvoir. On a prétendu, à juste titre, que le régime parlementaire anglais était la plus belle d'entre elles. Aucun texte n'est venu le consacrer et pourtant il est scrupuleusement respecté, au point d'être intériorisé par les protagonistes.

Au terme de l'analyse de Pierre Avril (12), la convention de la constitution se sépare de la coutume en ce que le nombre de précédents est indifférent à sa formation, dès lors qu'elle ne créé pas du droit. Ainsi, elle peut résulter soit, d'une série concordante (révocation du premier ministre en France par le chef de l'État, vote par procuration des députés) ; soit d'un seul (questions d'actualité à l'Assemblée nationale, en 1974). Au terme d'une négociation politique, une convention (ou un contrat) régit les rapports entre les pouvoirs publics. Sur cette base, le Gouvernement accepte volontairement de répondre aux questions des députés ou d'invoquer la réserve d'examen parlementaire dans le processus d'élaboration des normes communautaires. Il suit de là, que la constitution est également créée par ceux qui ont en charge de l'appliquer. Le droit communautaire n'ignore pas ce processus *volontariste* avec les *accords interinstitutionnels* élaborés à l'issue d'une conférence entre le conseil, la Commission et le Parlement européen. Celui du 25 octobre 1993 relatif au principe de subsidiarité en témoigne. Ces actes *innomés* n'en constituent moins pas une réalité politique qui s'imposent aux États membres de l'Union européenne.

A l'opposé, la *courtoisie* observée dans la vie institutionnelle entraîne *une désapprobation exclusive de tout sentiment d'obligation* en cas d'inobservation (13).

SECTION II L'ÉLABORATION DE LA CONSTITUTION

Une constitution reproduit le cycle biologique. Elle naît, se développe et meurt, à l'image des étapes de la vie. Son existence est rythmée par l'exercice du pouvoir constituant, appelé successivement *originaire* au moment de son élaboration et *dérivé* lors de sa révision, mais dont la *plénitude* ne saurait être discutée.

(12) P. Avril : *Les conventions de la constitution*, 1997 ; Y. Mény : Convention constitutionnelle, *D.C.* p. 232.

(13) La bienséance a pour illustration : la cérémonie des vœux au Palais de l'Élysée ; la présence de ministres, aux côtés du chef de l'État, lors de ses déplacements ; le portrait officiel de celui-ci dans les mairies ; le fait que les parlementaires et les ministres écoutent debout la lecture d'un message présidentiel (le 29 mai 1958, les élus communistes demeurèrent ostensiblement assis afin de marquer leur hostilité au retour du général de Gaulle). Par ailleurs, le chef de l'État assiste à la finale de la coupe de France de football ou de rugby.

Pour revenir à l'établissement de la constitution, deux circonstances propices se présentent au moment de la *fondation de l'État,* depuis le précédent américain de 1787, et plus généralement en cas de *changement de régime politique.* En ce cas, les dirigeants provisoires ou transitoires n'auront de cesse de légitimer leur autorité (14), en procédant à la rédaction d'une nouvelle constitution (15).

§ 1 LES CARACTÈRES DU POUVOIR CONSTITUANT ORIGINAIRE

Du passé faisons table rase, chante l'Internationale. Il en va de même mutatis mutandis, lorsque, pour une raison quelconque, une constitution est élaborée. Le pouvoir constituant originaire est inconditionné, à l'image de la souveraineté dont il est paré. Il se situe dans une perspective de rupture par rapport à l'ordre juridique déchu. Il est censé, en clair, se développer sur un terrain vierge.

A. LE POUVOIR D'IMPROVISATION DES CONSTITUANTS

Une constitution s'édifie, en règle générale, sur des bases juridiques *neuves,* à défaut d'être entièrement inédites au plan technique. Cependant, il importe de replacer cette démarche par rapport aux lois de l'évolution. A savoir que la nouvelle constitution s'inscrit, normalement en *réaction* par rapport à sa devancière *(plus jamais ça !).* Mais sachant qu'une constitution n'est pas synonyme, pour autant, de révolution, l'*imitation* ou la *conservation* garde sa place *(tout comme avant !),* tant il est avéré que la vie politique procède, par voie de *sédimentation* ou d'*alluvions.*

1° La réaction

En principe, la nouvelle constitution prend le contre-pied de la précédente. Bref, il n'existe pas un développement linéaire entre elles, mais au contraire *heurté* (16). Les exemples abondent. Qu'il nous suffise d'évoquer l'histoire française : la constitution de 1946 s'inscrit en faux contre celle de 1875. A son tour, elle est répudiée en 1958 : Le général de Gaulle repoussant avec force, le *système* ou le *gouvernement de brasserie.* Du reste, cette démarche n'est pas sans influence sur le mode d'*interprétation.* Tel le slogan capillaire bien connu *(avant et après),* elle facilite grandement la compréhension des institutions de la Ve République.

(14) Ce Gouvernement de fait est appelé aussi *Gouvernement provisoire.* L'histoire constitutionnelle française, en offre, plusieurs exemples (1814, 1848, 1870 et 1944). En contraste avec son caractère éphémère, ce dernier laisse, en général, une œuvre durable, au point de lier les futurs constituants : proclamation en 1848, de la République, du suffrage universel ; du droit au travail et abolition de l'esclavage ; rétablissement de la légalité républicaine en 1944, extension du droit de vote et d'éligibilité aux femmes, nationalisation d'entreprises et création, en 1945, de l'E.N.A. *etc.*

De la même façon, la décision prise en 1990, d'organiser une élection présidentielle au suffrage universel en Roumanie et en Pologne, ont pesé sur les travaux constituants ultérieurs.

(15) A titre documentaire, les constitutions, en France, après avoir été scellées par le garde des sceaux, ministre de la justice, sont conservées depuis 1996 aux Archives nationales. Précédemment, elles demeuraient à la chancellerie.

(16) A titre dérogatoire, la continuité ou le mimétisme peut se rencontrer. Incontestablement, il existe *un air de famille* entre les chartes de 1814 et de 1830, *les Trois glorieuses* ayant entraîné tout au plus un changement de branche au sein d'une même dynastie. Marcel Prélot ramenait la constitution de 1875, non sans raison, à la *troisième charte plus le suffrage universel.*

Mais, au-delà, le passé répond de l'avenir.

2° La sédimentation

En dehors de phénomènes authentiquement révolutionnaires répudiant le passé (révolutions française de 1789, russe de 1917 ou iranienne de 1979) et au-delà des apparences, le changement ultérieur de constitution intègre un certain nombre d'*acquis* devenus entre-temps *irréversibles.* Hormis la période de Vichy, la constitution *sociale* de la France est demeurée immuable, concernant la primauté accordée à l'individu (17). De façon significative, même la charte de 1814, consacre, sous la dénomination *droit public des Français,* les changements intervenus depuis 1789. De même, on retiendra le régime représentatif, à compter de 1791, le suffrage universel, à partir de 1848 ; la réception en 1946, des libertés publiques de la IIIe République (les *P.F.R.L.R.*), ou le maintien d'institutions, en 1958 (Conseil supérieur de la magistrature).

Ainsi depuis 1814, le régime parlementaire peut être regardé comme le plus petit dénominateur commun aux régimes constitutionnels, au point de ressusciter, sous la Ve République à la faveur de la *cohabitation.* De même qu'il existe, selon Montesquieu, *une allure générale des choses,* il existe dans chaque État, une tradition ou un patrimoine politique (18).

B. LES RESTRICTIONS EXCEPTIONNELLES AU POUVOIR DES CONSTITUANTS

Des situations historiques et politiques sont susceptibles de limiter la démarche du constituant. On songe aux conditions d'élaboration, en 1948-1949, de la Loi fondamentale allemande *(Grundgesetz)* par le *Conseil parlementaire,* réunissant des délégués des *Länder,* sous la tutelle des Alliés occidentaux, soucieux de diriger la rééducation démocratique ; à la constitution de l'Afrique du Sud adoptée en 1996 et censurée, en partie, par la Cour constitutionnelle (19) ; ou encore à celle de la Bosnie-Herzégovine découlant des accords de Dayton, en 1995.

§ 2 LES MODES D'EXERCICE DU POUVOIR CONSTITUANT ORIGINAIRE

Selon que les citoyens sont partie prenante, ou non, à l'opération constituante, on distingue, de manière classique, deux modes d'établissement des constitutions : les modes *autoritaires* (A), et les modes *démocratiques* (B).

(17) L'attitude du C.C. est révélatrice. En matière de libertés publiques, on le sait, la nouvelle loi doit comporter les mêmes garanties ou des garanties équivalentes à celles qui figuraient dans la loi abrogée (20 janvier 1984, *Indépendance des professeurs de l'enseignement supérieur, chr.* n° 30, p. 169 ; 18 septembre 1986, *Liberté de communication, ibid.* n° 40, p. 179). La marche en faveur des libertés ne s'effectue que dans un sens.

(18) V. A.F.D.C. : *La continuité constitutionnelle en France, de 1789 à 1989,* 1990 ; Ph. ARDANT : le contenu des constitutions : variables et constantes, *Pouvoirs* n° 50, 1989, p. 31.

(19) V. J. DE VILLE : La répartition des pouvoirs entre le gouvernement national et les gouvernements provinciaux dans la nouvelle constitution sud-africaine, *Rev. int. de droit comparé* 1997, p. 166 et 173.

A. LES MODES AUTORITAIRES D'ÉLABORATION DES CONSTITUTIONS

En l'espèce, la nation se donne moins une constitution qu'elle ne la reçoit des gouvernants. Sans qu'il soit utile d'insister, ceux-ci agiront par nécessité, le plus souvent, et non point par magnanimité. Deux techniques se présentent : l'*octroi,* d'abord, et le *contrat,* ensuite.

1° La technique de l'octroi

La constitution procède, en théorie, d'un geste *unilatéral* du *ou* des titulaires du pouvoir, contraints par l'événement. On citera, la charte de 1814 octroyée par Louis XVIII à son retour d'exil, ou la constitution accordée à la Russie par Nicolas II en 1905.

2° La technique du contrat

Selon cette méthode, la constitution résulte d'une *transaction* ou d'un *compromis* entre les forces en présence. La charte de 1830 négociée par M. Thiers au nom des parlementaires et le futur Louis-Philippe ressortit à ce schéma, de même que la constitution belge de 1831. Sous un certain rapport, les lois constitutionnelles de 1875 peuvent être mentionnées. Un *modus vivendi* a été conclu à ce moment-là, entre les modérés : les républicains soucieux de conforter la République et les monarchistes désireux de la transformer, en un tournemain, le moment propice.

Une constitution de ce type est nécessairement *évolutive* à partir de l'instant où l'équilibre à partir duquel elle avait été conçue, est rompu.

B. LES MODES DÉMOCRATIQUES D'ÉLABORATION DES CONSTITUTIONS

L'avènement d'une société, au sein de laquelle les gouvernants puisent leur autorité dans le *consentement* des gouvernés, prend ici tout son sens. En conséquence, *le principe* veut qu'une assemblée constituante soit élue, conformément à la tradition républicaine en France. *Exceptionnellement,* les citoyens s'en remettent à l'exécutif, tout en gardant le pouvoir décisionnel (20).

1° L'élection d'une assemblée constituante

Limitée par définition, dans le temps, à la mission qui lui est confiée, l'assemblée constituante se présente, sous plusieurs modalités, que l'on peut regrouper, pour la commodité de l'exposé, en tenant compte de sa *forme* et de l'*étendue* de ses pouvoirs (21).

(20) Cependant, à l'exemple du Bénin, en 1989, les États africains ont convoqué une *conférence nationale des forces vives de la nation,* formée des mouvements politiques et sociaux. Cette coordination s'est proclamée souveraine.

(21) Exceptionnellement, l'élaboration de la constitution peut être confiée à un parlement bicaméral ; à l'exemple contemporain de l'Espagne, de la Pologne ou de la Roumanie.

a) *La forme de l'assemblée constituante*

Elle se présente sous deux aspects importants : tantôt *spécifique,* tantôt *générique.* Au premier cas, on parlera d'*assemblée constituante ad hoc ;* au second, d'*assemblée constituante et législative* (22).

1) L'assemblée constituante ad hoc

Il s'agit, en l'espèce, d'une assemblée spécialement convoquée en vue de cette mission, *à l'exclusion* de toute autre. A titre d'illustration, on peut songer à la convention de Philadelphie (cette *assemblée de demi-dieux* selon Thomas Jefferson), qui élabora la constitution fédérale des États-Unis en 1787. Cette assemblée n'exerce pas le pouvoir législatif.

Ce système, qui met, de façon claire, l'accent sur le caractère de fondation de l'opération constituante, a, en outre, le mérite d'éviter une concentration de pouvoirs, qui risque parfois d'être dangereuse, entre les mains de l'assemblée.

2) L'assemblée constituante et législative

C'est une solution plus répandue que la précédente qui confie à l'assemblée, véritable maître Jacques de la nation, le soin, non seulement de rédiger la constitution, mais *parallèlement* de voter les lois ordinaires (dont le budget) et d'organiser un gouvernement. Les destinées de la nation sont concentrées entre ses mains. La solution de l'assemblée *protée* a été adoptée traditionnellement, en France, malgré les inconvénients qu'elle peut parfois entraîner : Assemblée nationale constituante en 1789, Convention de 1792. La tradition républicaine peut, dans ces conditions s'affirmer : Assemblées nationales de 1848 et de 1871 ; Assemblées nationales constituantes en 1945-1946. Récemment, cette méthode se vérifie dans les nations qui se sont libérées du fascisme (Grèce, Portugal et Espagne). Pour le surplus, l'essentiel réside, assurément, dans l'étendue des pouvoirs de l'assemblée à l'égard du texte élaboré.

b) *Les pouvoirs de l'assemblée constituante à l'égard du texte élaboré*

Selon le mode d'exercice de la souveraineté adopté, on décernera à l'assemblée, l'épithète *souveraine* ou *limitée.*

1) L'assemblée souveraine

Dans le cadre du *régime représentatif,* on le sait, les représentants sont assimilés fictivement aux citoyens. Il s'ensuit, qu'ils disposent d'une *maîtrise* au regard de la constitution : non seulement ils l'élaborent et l'approuvent, mais lui confèrent une valeur *obligatoire,* sans que les citoyens soient amenés, d'une manière ou d'une autre, à faire connaître leur opinion. Ce système a été utilisé en France, en 1791, 1848 et 1871. A l'étranger, on mentionnera : la Grèce, en 1975, l'U.R.S.S., en 1977, la Chine en 1978, ou le Gabon en 1991.

2) L'assemblée limitée

Selon la logique de la *démocratie semi-directe,* le rôle de l'assemblée est plus *technique* que politique. Elle prépare un *projet* de constitution qui est soumis, ensuite, à ratification populaire au moyen du *référendum.* En l'espèce, le pouvoir décisionnel est l'objet d'une *translation.* Cette technique

(22) Le recours à une assemblée constitutante présente l'avantage insigne de mettre à la disposition du juriste les *travaux préparatoires,* c'est-à-dire de l'*ensemble des documents retraçant les différentes phases de l'élaboration.* La compréhension et plus encore l'interprétation de la constitution en seront facilitées. A un autre titre, le caractère contradictoire et public des débats est un facteur de supériorité, à la condition de fixer une date butoir à l'assemblée constituante.

a été utilisée, en France, tour à tour, en l'an I (23), en l'an III, en 1946 (24) et de nos jours dans des États libérés de l'autoritarisme. (V. *IIe partie*).

En dehors du procédé de *droit commun*, il y a lieu de mentionner l'existence d'une méthode *dérogatoire* confiant au gouvernement la responsabilité de l'élaboration de la constitution.

2° Le peuple constituant

En certaines circonstances, le pouvoir exécutif s'attribue ou se fait reconnaître le droit de *rédiger* le texte constitutionnel. A charge de solliciter certains avis, le cas échéant et, surtout de le soumettre au peuple afin de ratification, par voie de référendum ou plus souvent de *plébiscite : ce mot latin qui veut dire oui !* selon Daumier. Inauguré, en France, par le premier consul, en l'an VIII, et conservé par l'empereur Napoléon (an X, an XII et 1815) et son neveu en 1852 et 1870, ce procédé sera remis à l'honneur, pour une part, par le général de Gaulle, le 28 septembre 1958. Dans ce cas, les constituants sont juridiquement les électeurs.

A ce propos, il n'est pas indifférent de noter que le référendum est une *votation* par laquelle les citoyens se prononcent par *oui* ou par *non* à propos d'un texte. Il participe à ce titre, au processus *décisionnel.* Quant au plébiscite (le droit de la plèbe, à l'origine), le mot revêt deux significations différentes selon qu'il est utilisé en droit international ou dans notre discipline. Dans la première hypothèse, il désigne la consultation d'une population *locale* dans le cadre du droit des peuples à disposer d'eux-mêmes (plébiscites de 1791 dans le Comtat-Venaissin ; de 1860 en Savoie et dans le comté de Nice ; en Sarre, en 1935 et 1955). Dans la seconde hypothèse, un sens *péjoratif,* cette fois, s'y attache. Le texte soumis est en fait un *prétexte.* Il s'agit beaucoup moins pour le peuple de l'approuver que de manifester à cette occasion sa confiance, mieux son *allégeance,* à l'homme qui l'incarne. En l'an VIII, selon la formule, *il y avait Bonaparte ;* en 1958, *le général de Gaulle.* Toutefois, à titre de pierre d'attente, il faut indiquer que le plébiscite est une arme à double tranchant qui peut se retourner contre le chef de l'État et provoquer son retrait de la scène politique, comme ce fut le cas pour celui-ci en avril 1969 *(infra).*

Après la naissance, la croissance de la constitution mérite attention, car elle échappe, en règle générale, aux desseins de ses auteurs.

SECTION III LA RÉVISION DE LA CONSTITUTION

Les constitutions ne sont pas des tentes dressées pour le sommeil. L'opinion de Royer-Collard a le mérite d'appeler l'attention sur le fait qu'elles subissent l'usure du temps, comme toutes choses humaines. Vivre, n'est-ce pas s'adapter ? D'où la nécessité de procéder à des modifications, afin de tenir compte de nouvelles aspirations ; la longévité de la constitution étant à ce prix (25). En

(23) L'influence de Jean-Jacques Rousseau est évidente, lorsque, le 21 septembre 1792 est votée, à l'unanimité cette résolution : *La Convention nationale déclare qu'il ne peut y avoir de constitution que lorsqu'elle est acceptée par le peuple.* Ajoutons que *le citoyen de Genève* est l'auteur de la distinction, désormais classique, entre le pouvoir constituant et le pouvoir législatif *(Considérations sur le Gouvernement de Pologne et sa réformation projetée,* 1772).

(24) Le projet de constitution (19 avril 1946) a été repoussé, pour la première fois en France, par référendum, le 5 mai suivant. Un second sera accepté (la résignation aidant), lors de la votation du 13 octobre 1946. Une naissance difficile qui laissait mal augurer de la suite (V. *IIIe partie*).

(25) Le roi Hassan II du Maroc, lors de sa réception à l'Assemblée nationale le 7 mai 1996, a développé la métaphore du vêtement à propos de la constitution : *un vêtement se dessine et se coud en fonction des formes et des mesures de celui qui devra le porter. Bien plus, celui que l'on habille ne gardera pas immuablement la même silhouette.*

conséquence, il convient de solliciter le pouvoir constituant *dérivé,* car *un peuple, est toujours maître de changer ses lois, même les meilleures* (J.-J. Rousseau).

Une question controversée consiste à s'interroger sur le point de savoir si la coutume dite *abrogative* ou *contra legem,* peut *également* réviser une constitution. D'un strict point de vue *juridique,* la réponse est négative (26). Cependant, on observe que la pratique (ou la gestion d'une constitution) peut être aussi à l'origine de révisions. Tel un *palimpseste* (M. Prélot), celle-ci peut être effacée et recouverte d'une seconde écriture (27). Mais cette vision est celle des *conventions de la constitution* qui relève d'un processus *politique* d'adaptation (*supra*).

§ 1 LES CARACTÈRES DU POUVOIR CONSTITUANT DÉRIVÉ

Le pouvoir de révision qui est une expression de la souveraineté, au même titre que le pouvoir d'élaboration, peut se résumer à travers deux caractères : il est tout à la fois *institué* et *autolimité.*

A. LE CARACTÈRE INSTITUÉ DU POUVOIR DE RÉVISION

La sagesse et l'humilité des auteurs de la constitution se vérifient, en ce sens, qu'ils organisent *à l'avance* (en dehors des chartes de 1814 et 1830), sous l'aspect d'une *clause de révision,* les conditions selon lesquelles leur œuvre (qui n'est pas un chef-d'œuvre) sera modifiée, le moment venu. En d'autres termes, la révision de la constitution entre dans la compétence du pouvoir constituant originaire. D'où la subordination de principe qui lui est inhérente.

B. LE CARACTÈRE AUTOLIMITÉ DU POUVOIR DE RÉVISION

Il résulte de ce qui précède, que la révision est, en théorie, limitée dans sa démarche, de manière à parvenir à un équilibre raisonnable, entre le souci d'adapter la constitution à de nouvelles réalités et celui, malgré tout, de préserver son identité.

(26) Carré de Malberg a tranché la question : *La caractéristique de la constitution est d'être une loi possédant une puissance renforcée. La notion de constitution ne se trouve réalisée qu'à cette condition... Il y a dès lors incompatibilité entre constitution et coutume, la coutume ne possédant pas la force supérieure qui caractérise le droit vraiment constitutionnel (Contribution à la théorie générale de l'État,* t. II, 1920-1922, p. 582). V. J. CHEVALLIER : La coutume et le droit constitutionnel, *R.D.P.* 1970, p. 1375 ; J.-Cl. MAESTRE : A propos des coutumes et des pratiques constitutionnelles : l'utilité des constitutions, *ibid,* 1973, p. 1275 ; D. LEVY : De l'idée de coutume constitutionnelle à l'esquisse d'une théorie des sources du droit constitutionnel et de leur sanction. *Mél. Ch. Eisenmann,* 1975, p. 81 ; S. RIALS : Réflexions sur la notion de coutume constitutionnelle, *R.A.* 1979, p. 265 et M. TROPER : Réflexions sur la coutume constitutionnelle, *Mél. Charlier, 1981, p. 309.*

(27) A preuve, les constitutions françaises de 1875, 1946 et 1958 (V. *IIIe partie*).

Il est utile cependant de s'arrêter sur cet aspect des choses afin d'en souligner la *relativité.*

1° La relativité

Ainsi que l'observe avec pertinence le doyen Vedel, *le pouvoir constituant dérivé n'est pas un pouvoir d'une autre nature que le pouvoir initial : la constitution lui donne sa procédure..., elle ne borne point son étendue* (28). Une procédure à laquelle il peut, du reste, déroger, à l'image des lois constitutionnelles des 10 juillet 1940 et 3 juin 1958 (29). Dans ces conditions, une révision constitutionnelle ne saurait être anticonstitutionnelle. La question a été tranchée par le Conseil constitutionnel : *le pouvoir constituant est souverain ; il lui est loisible d'abroger, de modifier ou de compléter des dispositions de valeur constitutionnelle dans la forme qu'il estime appropriée* (2 septembre 1992, *Traité sur l'Union européenne, chr.* n° 64 p. 191).

2° L'exemple de la constitution de 1958

L'art. 89 C décrit la procédure selon laquelle la révision s'opère : *l'initiative,* partagée entre le président de la République, sur proposition du premier ministre (*projet* de révision), et les parlementaires (*proposition* de révision) ; puis vote en *termes identiques* par les deux assemblées (bicamérisme parfait) et enfin *ratification.* Concernant le projet, le chef de l'État peut choisir, à ce propos, entre la voie du *Congrès du Parlement* (réunion des députés et sénateurs) et celle du référendum. En revanche, la proposition ne peut emprunter que cette dernière voie.

De surcroît, *l'objet* de la révision n'est pas libre. Certains principes jugés essentiels sont proclamés *intangibles* et donc soustraits à toute modification. A ce titre, la démocratie en France : *la forme républicaine du Gouvernement ne peut faire l'objet d'une révision* (art. 89 *in fine*). De même, certaines circonstances réputées critiques ou dangereuses neutralisent la révision : l'intérim de la présidence de la République (art. 7 *in fine* C) ; l'atteinte à l'intégrité du territoire (art. 89, al. 4) et en cas de recours aux pouvoirs exceptionnels de l'article 16 (C.C., 2 septembre 1992).

On aura garde d'oublier que la révision de la constitution peut également emprunter la voie de l'article 11 C (recours direct au peuple au moyen du référendum) et qu'elle peut se présenter comme le préalable nécessaire à la ratification d'un engagement international (art. 54 C) (30).

Mais ces clauses d'interdiction ressortissent à une logique plus *politique* que juridique. Simples *barrières de papier* (Joseph-Barthélémy), elles ne sont aucunement affranchies de la révision, comme en 1940 et 1958. Ici s'impose l'opinion du doyen Georges Vedel : *Le pouvoir constituant étant le pouvoir suprême de l'État, ne peut être lié, même par lui* (31). A l'image de la souveraineté, qu'il exprime, il ne saurait être bridé. En un mot, il n'existe pas de principes supra-constitutionnels (32) (V. *IIIe partie*).

(28) G. VEDEL : Schengen et Maastricht, *R.F.D.A.* 1992 p. 179.

(29) Ce qui peut apparaître le comble (une clause de révision faisant l'objet d'une révision) apparaît comme une manifestation banale de la souveraineté du pouvoir constituant.

(30) A titre d'exemple, la ratification du traité de Maastricht a été précédée de la révision de la constitution (L.C. du 25 juin 1992) après que le C.C. (9 avril 1992, *Traité sur l'Union européenne, chr.* n° 62 p.180) eut constaté la contrariété de certaines dispositions à la constitution (création de l'*euro*, notamment).

(31) Par suite, la querelle née du recours à l'article 11 C en 1962 est devenue sans objet. V. R. BADINTER : Le C.C. et le pouvoir constituant, *Mél. Jacques Robert,* 1998, p. 217.

(32) *Contra :* L. FAVOREU, *Pouvoirs* n° 67, 1993, p. 71.

§ 2 LES MODES D'EXERCICE DU POUVOIR CONSTITUANT DÉRIVÉ

La mise en œuvre du pouvoir de révision est conditionnée par la nature même de la constitution. De ce point de vue, on distingue traditionnellement les constitutions *rigides* et *souples.*

A. LA DISTINCTION ENTRE LES CONSTITUTIONS RIGIDES ET SOUPLES

Au seuil de ces développements, il importe de préciser que les adjectifs précités sont retenus dans leur sens *technique* et non *politique,* à la manière des stratégies élaborées au *café du commerce.*

Une constitution est dite *rigide,* lorsque sa révision s'opère selon une *procédure supérieure à celle utilisée pour la loi.* De là, résulte la *différenciation* entre le pouvoir constituant et le pouvoir législatif. En conséquence, une constitution *rigide* s'identifie à une constitution *formelle,* telle la constitution de 1958 (33).

A l'inverse, la constitution *souple* est celle dont la révision s'effectue selon *une procédure identique à celle utilisée pour la loi.* Dans l'État considéré, la *confusion* entre le pouvoir constituant et le pouvoir législatif permet d'assimiler une constitution *souple* à une constitution *matérielle :* le statut albertin, en Italie, avant 1946 ou la constitution britannique actuelle ; les chartes de 1814 et de 1830 ; les lois Rivet et de Broglie au début de la IIIe République, en fournissant autant d'illustrations.

B. LES PROCÉDURES

Au nom du parallélisme des procédures, la révision d'une constitution peut être confiée, soit à une assemblée législative ordinaire, soit à une assemblée constituante *ad hoc* ou enfin, au peuple, par voie de référendum.

1° L'assemblée législative ordinaire

Sans autre formalisme que celui afférent à une loi simple, l'assemblée peut modifier une constitution *souple.* Un adage revient instinctivement à l'esprit, s'agissant du Royaume-Uni, celui de Jean-Louis de Lolme : *le Parlement anglais peut tout faire, sauf changer une femme en homme.*

2° L'assemblée constituante ad hoc

La révision d'une constitution *rigide,* en revanche, est confiée à une assemblée *spécialement* convoquée à cet effet. Elle se présente, sous deux modalités, selon qu'elle est *indépendante* ou *différente* des assemblées ordinaires.

La première modalité, lourde à manier, est peu usitée. L'élection d'une assemblée de révision avait été, cependant, retenue par les constitutions françaises de 1791 et de 1848, à l'image d'une

(33) La procédure constitutionnelle s'oppose théoriquement à la procédure législative par les traits suivants : le président de la République dispose de l'initiative, dans un cas (art. 89 C), non dans l'autre (art. 39) ; les pouvoirs des assemblées varient : égalité en matière constitutionnelle, inégalité en matière législative lorsque le Gouvernement donne le dernier mot aux députés (art. 45 *in fine*), enfin le vote du Parlement confère valeur juridique à la loi, en revanche, la révision implique la phase *supplémentaire* de la ratification.

des solutions américaines (34). La seconde modalité, consiste à réunir momentanément les assemblées qui, en temps ordinaires, siègent séparément : *Assemblée nationale* sous la IIIe République (35), *Congrès du Parlement* sous la Ve République.

3° Le référendum

Cette votation est susceptible d'intervenir à la diligence des représentants ou des représentés. Dans le cadre d'un régime représentatif, le référendum est insolite. Il n'est guère étonnant qu'il y fasse figure, tout au plus, de *concession* du libéralisme à la démocratie, à titre, soit *supplétif,* la majorité parlementaire qualifiée n'ayant pas été atteinte (art. 90 de la constitution de 1946) ; soit *facultatif,* le chef de l'État optant en ce sens (art. 89 C).

En revanche, la démocratie semi-directe constitue la terre d'élection du référendum. En Suisse, tant au plan fédéral que cantonal, il est loisible aux citoyens de déclencher une procédure de révision de la constitution.

SECTION IV L'ABROGATION DE LA CONSTITUTION

La nation a le droit imprescriptible de changer sa constitution, déclare celle de 1791. *Une génération ne peut assujettir à ses lois les générations futures,* proclame-t-on en 1793. Deux causes mettent fin à une constitution : un *acte* ou d'un *fait* juridique contraire. De ce point de vue, la disparition ne saurait être confondue avec la *suspension* de la constitution, qui est une cessation provisoire de son application ou une mise entre parenthèses, tel le recours à l'article 16 C.

§ 1 L'ACTE JURIDIQUE CONTRAIRE

Une manifestation de volonté abroge la constitution : la loi du 10 juillet 1940 s'analyse ainsi à l'égard de la constitution de 1875, au même titre que celle du 3 juin 1958, s'agissant de celle de 1946.

§ 2 LE FAIT JURIDIQUE CONTRAIRE

Un fait matériel auquel des conséquences juridiques sont attachées peut provoquer la fin d'une constitution. On songe à une révolution consécutive à un soulèvement populaire

(34) Aux États-Unis, la révision peut être effectuée soit par une convention spécialement élue à cet effet, soit par le Congrès à la majorité des deux tiers. En fait, c'est ce second procédé qui a, ce jour, été employé.

(35) A cet égard, il ne faut pas tomber dans le piège de la formule qui, du point de vue du Parlement, désigne le *tout* sous la IIIe République (Chambre des députés *et* Sénat) et une *partie* seulement depuis 1946. Au surplus, l'Assemblée nationale, sous le régime de 1875, présentait un autre aspect, celui du *collège électoral* chargé d'élire le chef de l'État. En Belgique, ce sont les deux chambres qui sont qualifiées pour déclarer la révision (art. 195 de la constitution du 17 février 1994). Elles sont dissoutes de plein droit et renouvelées. La révision est acquise à la majorité des deux tiers.

(1830, 1848) ; à un coup d'État, acte d'une autorité constituée (en l'an VIII, *au coup de charte,* selon La Fayette, perpétré par Charles X en 1830), ou à une défaite militaire, en 1814 ou 1870 (36).

L'article 146 de la Loi fondamentale de la R.F.A. disposait, à l'origine, que celle-ci cesserait d'exister au moment de l'entrée en vigueur d'une constitution *adoptée par le peuple allemand libre de ses décisions.* Cependant, le traité d'union signée, à Berlin, par la R.F.A. et la R.D.A., le 31 août 1990, l'a maintenue et étendue à la partie orientale de l'Allemagne.

Cette évocation incite à deux remarques. La non-application d'une disposition constitutionnelle n'emporte pas sa désuétude (37). La révolution qui *détruit des principes,* (A. Camus), entraîne seulement la fin de l'ordre constitutionnel : *le droit public passe, mais le droit privé demeure,* observait Portalis ainsi, qu'en règle générale, les libertés fondamentales. Mais, au moment où une constitution achève son existence, une autre, tel Lazare s'annonce, et le cycle se reproduit, afin de répondre au besoin de légitimation du pouvoir.

SECTION V — LA PROTECTION DE LA CONSTITUTION

Symbole de l'État de droit, la constitution mérite aide et protection car, à défaut, elle serait une *œuvre morte* (Tocqueville) (38). A cet égard, il est indubitable que, si *toutes* les constitutions peuvent se réclamer d'une *protection politique* (§ 1er), *certaines* d'elles, selon une tendance contemporaine, peuvent s'autoriser, *de surcroît,* d'une *protection juridique (§ 2).* A ce compte, la constitution est une réalité au milieu des citoyens. Si Georges Burdeau s'interrogeait autrefois sur sa *survivance,* il importe de prendre en compte sa *résurrection* en tant que norme suprême et saluer l'établissement du *gouvernement de la constitution* (Georges Vedel). Il faut se rendre à la justesse de cette appréciation, à l'origine du *renouveau* du droit constitutionnel.

§ 1 LA PROTECTION POLITIQUE DE LA CONSTITUTION

Il s'agit de sauvegarder l'ordre constitutionnel *lato sensu.*

A. LA DÉFENSE DES INSTITUTIONS

Au nom de la légitime défense de l'ordre constitutionnel, face à un péril, à une entreprise de destabilisation, le chef de l'État, le Gouvernement, ainsi que les citoyens, se mobilisent.

(36) L'abrogation peut aussi varier en intensité, au point d'être partielle : la L.C. du 4 août 1995 a supprimé les dispositions obsolètes de la constitution de 1958 en matière de décolonisation. Une abrogation peut être également implicite (C.C. 2 septembre 1992, *Traité sur l'Union européenne, Rec.*, p. 76).

(37) C'est ainsi que la demande d'une nouvelle délibération de la loi (art. 10 al. 2 C) a été utilisée, pour la première fois sous la Ve République, par le président Mitterrand, en juillet 1983 (*chr.*, n° 29, p. 175).

(38) On n'envisage ici que les seules règles *juridiques* qui composent la constitution à l'exclusion des *règles politiques* (les conventions de la constitution) qui n'étant que des règles politiques, pour user de la tautologie, obéissent à un régime spécifique, celui de la sanction politique en cas de manquement.

Le président de la République veille au respect de la constitution (art. 5 C). A ce titre, il lui incombe de préserver la République (art. 16) ou de déclencher le feu nucléaire (art. 15). De son côté, le Gouvernement dispose d'une panoplie de moyens exceptionnels pour relever un défi à la démocratie (39). Pour leur part, les citoyens ne peuvent demeurer attentistes : *La résistance à l'oppression* (art. 2 de la Déclaration de 1789) figure parmi leurs *droits naturels et imprescriptibles. Ce ne sont pas les pierres, mais les hommes qui constituent le véritable rempart des cités,* notait Platon, à ce propos.

B. LA DÉFENSE DE L'ÉQUILIBRE POLITIQUE

Dans leurs relations quotidiennes, le contrôle mutuel auquel se livrent les pouvoirs publics vérifie cette idée. A titre d'illustration, aux *irrecevabilités* que peut soulever le Gouvernement à l'encontre d'une proposition de loi ou d'un amendement d'origine parlementaire *(modification apportée à un texte en discussion)* (art. 40 et 41 C), l'opposition peut rétorquer, entre autres, par un *rappel au règlement* (art. 58 R.A.N.) ou déposer une *motion de procédure* (exception d'irrecevabilité) (art. 91 R.A.N.) au motif que le texte de loi serait entaché, en tout ou partie, d'inconstitutionnalité. De toute façon, l'assemblée saisie est appelée à trancher (40). D'où le caractère *aléatoire* de ce contrôle qui, relève de l'*autolimitation*, ainsi que l'atteste la pratique des IIIe et IVe Républiques. La souveraineté parlementaire débouchait sur la *mise... en tutelle* de la constitution ou l'*État de droit relatif* (J.-P. Machelon). C'est ainsi qu'après examen par le Comité constitutionnel, la loi contraire l'emportait sur cette dernière (art. 93 de la constitution de 1946). Il n'y a pas lieu d'insister sur l'ironie qui consiste à protéger la constitution au point de l'étouffer mais songer à un recours *effectif*, c'est-à-dire juridique. C'est à cette condition que l'État de droit peut s'épanouir.

§ 2 LA PROTECTION JURIDIQUE DE LA CONSTITUTION

Outre la protection politique, dont on vient de prendre la mesure, *certaines* constitutions peuvent se réclamer d'une protection renforcée. Il s'agit, en l'occurrence, des constitutions *formelles* ou *rigides*. La super-légalité dont elles relèvent donne naissance à un contrôle approprié, appelé *le contrôle de constitutionnalité.* A l'opposé, une constitution matérielle ou *souple* ne peut y prétendre : *en Angleterre, le Parlement peut tout faire sauf changer un homme en femme* (J.-L. de Lolme). Cependant, en ce cas, il n'est pas interdit au juge, à l'exemple de la Cour suprême d'Israël, de se mobiliser en vue d'accorder aux droits de l'homme un *statut juridique préférentiel* (A. Barak) (41).

(39) Dans cet ordre d'idées, le Gouvernement est puissamment armé. Il peut à titre énonciatif, disposer de pouvoirs exceptionnels (état de siège, état de crise) ou décider, sur la base de la loi du 10 janvier 1936, la dissolution de partis extrémistes. L'art. 21 de la Loi Fondamentale allemande procède d'une même inspiration : celle de la légitime défense de l'ordre constitutionnel.

(40) V. J.-L. AUTIN : Les exceptions d'irrecevabilités soulevées par les parlementaires français, *R.D.P.* 1983, p. 687 ; M. CHENEVOY : L'utilisation de la procédure du rappel au règlement à l'Assemblée nationale sous la Ve République, *Ann. Clermont-I* 1977, p. 287 et Y. PIMONT : La question préalable, *R.D.P.* 1970, p. 351 et *D.P.* p. 145. En pratique, l'exception d'irrecevabilité préfigure le plus souvent une saisine du C.C. V. S. BARRÉ-AIVAZZADEH : *L'exception d'irrecevabilité pour inconstitutionnalité devant les assemblées parlementaires françaises,* thèse, Dijon 1994.

(41) V. A. BARAK : La révolution constitutionnelle : la protection des droits fondamentaux, *Pouvoirs* n° 72, 1994, p. 17 et F. DREYFUS, La Cour suprême : l'audace du juge, *ibid.*, p. 61.

Pour revenir à notre préoccupation, ce contrôle se présente comme la sanction attachée à la hiérarchie des normes ; le *révélateur* de l'État de droit, en un mot. Cette idée prend tout son relief, en France, où depuis 1958, il a été mis un terme à la primauté parlementaire et donc à celle de la loi. En rupture avec la tradition, les assemblées sont passées, à cet instant, *de la condition des souverains assurés de l'immunité à celle des justiciables.* Cet admirable raccourci de Léo Hamon est une invitation à étudier le principe (A) et les modalités d'exercice (B) du contrôle de constitutionnalité.

A. LE PRINCIPE DU CONTRÔLE DE CONSTITUTIONNALITÉ

1° La définition

Il s'agit de *la garantie de la constitution* ou *l'ensemble des moyens juridiques destinés à assurer la conformité des règles de droit à celle-ci.* La conformité ou la régularité ainsi entendue est susceptible de deux acceptions : *interne* et *externe ;* en d'autres termes, *matérielle* et *formelle.* Au premier cas, la référence se rapporte au *contenu* de la constitution ou si l'on préfère aux matières engrangées. Au second, la conformité s'attache aux procédures d'élaboration des règles de droit édictées par la constitution. A cette fin, le Conseil constitutionnel exerce sur la loi un contrôle *maximal* (art. 61 C) portant sur le *fond* (16 juillet 1971, *Liberté d'association, G.D.* p. 249) et la *forme* (23 juillet 1975, *Taxe professionnelle,* p. 24).

2° Le champ d'application

Au plan national, l'opération se réduit à une *collation* entre la *norme de référence,* ou *de constitutionnalité* c'est-à-dire la constitution (préambule inclus), et les normes contrôlées : les règlements (actes de l'exécutif) et surtout les lois (actes du Parlement). Face au droit international, un contrôle spécifique (le *contrôle de contrariété)* est mis en place (art.54 C). Il s'opère *a priori*, avant l'incorporation du traité dans le droit interne (C.C., 2 septembre 1992, *Traité sur l'Union européenne, chr.* n° 64, p. 188) (V. *III*[e] *partie*).

a) *Le contrôle des règlements*

Ce contrôle ne pose guère de difficultés, en ce sens qu'il est assumé, traditionnellement par les juridictions *ordinaires* (42). En France, c'est le lot exemplaire des juridictions administratives d'accueillir la requête d'un administré, dirigé contre un acte lui faisant grief, au moyen de ce qu'on appelle, selon une détermination significative, *le recours pour excès de pouvoir ;* c'est l'honneur du Conseil d'État, d'avoir rendu l'arrêt *Barel,* en 1954 *(G.A.* p. 513) en vue de sauvegarder le principe

(42) Le contrôle des actes de l'administration, qui, tel le dieu Janus, n'est, que l'autre aspect de l'exécutif, est quasi absolu. Seules deux catégories résiduelles bénéficient encore de l'*immunité juridictionnelle :* celle des *mesures d'ordre intérieur* et celle des *actes de Gouvernement.* Cette dernière se présente comme la survivance de la raison d'État. Elle recouvre les relations entre les pouvoirs publics (dépôt d'un projet de loi, dissolution, recours à l'art. 16 C, nomination des membres du C.C. *etc.),* ainsi que les relations internationales, en temps de paix et de guerre. V. G. VEDEL et P. DELVOLVÉ : *Le système français de protection des administrés contre l'administration* 1991.

de l'égale admissibilité de tous aux emplois publics, sans autre distinction que celle des *vertus* et des *talents* des candidats (art. 6 de la Déclaration des droits de 1789).

b) *Le contrôle des lois*

La loi n'est plus *l'arche sainte,* qu'elle était au siècle dernier. Désacralisée, elle se présente comme la technique de réalisation du programme de la majorité. En ce sens, elle est faillible. Par suite, sa soumission à la constitution relève d'une contradiction selon que l'on se place du point de vue de la logique *juridique* ou *politique*.

1. *La logique juridique* plaide, assurément, en faveur de la soumission de la loi à la règle supérieure. Imaginer le contraire, aboutirait à ruiner le principe de la hiérarchie des normes et à occulter l'État de droit. Dans l'intérêt des citoyens, confrontés à une loi oppressive ou liberticide, il importe de les protéger face au Parlement, en clair, à la majorité. Car *le pouvoir de tout faire n'en donne pas pour autant le droit,* osait prétendre Talleyrand. De ce point de vue, Mussolini, Hitler, Pétain ne sont-ils pas parvenus au pouvoir par la voie légale ? L'objectif est d'autant plus aisé à réaliser, que le juge peut déplacer, tout à loisir son contrôle, en forgeant, en tant que besoin, des principes de valeur constitutionnelle. Cette méfiance à l'égard de la loi qui est à l'origine de l'État de droit, est d'essence *libérale,* à l'opposé de la conception démocratique.

2. De cette vision, *la logique politique* ne peut être satisfaite, puisque son identité est défaite. En effet, la loi ne saurait être banalisée et limitée, à partir de l'instant où elle est l'œuvre des représentants du peuple. Le pouvoir d'une majorité s'exprime par elle. Dès lors, le droit d'essence populaire, issu de la conception de Rousseau, récuse le droit aristocratique ou jurisprudentiel qui avait la faveur de Montesquieu. Le gouvernement du peuple ne peut être celui des juges. Autrement dit, la loi porte la marque *indélébile* de la souveraineté : elle est *l'expression de la volonté générale* (art. 6 de la Déclaration de 1789). A son image, elle est *absolue* et *infaillible.* En écho à cette idée, le général de Gaulle proclamait encore, en 1948 : *Le meilleur arbitre, la meilleure cour suprême, c'est le peuple.*

A partir de l'instant où ce dernier est le souverain (en personne ou par ses représentants) aucune autorité ne peut prétendre avoir raison contre lui ; aucun *sur-pouvoir* (R. de Lacharrière) n'est concevable ; aucune légitimité, en dehors de la sienne ne peut-être acceptée. Au plan des principes, le contrôle de constitutionnalité affecte donc la démocratie et tend à lui substituer une *nomocratie* (43).

Cependant, le heurt frontal est évité, en temps ordinaire, à l'exemple du Conseil constitutionnel qui entend, dans un même mouvement, respecter la souveraineté du peuple, en déclinant sa compétence à l'égard des lois référendaires (6 novembre 1962, *Élection du président de la République, Rec.* p. 27) et préserver le *pouvoir d'appréciation et de décision du Parlement* (15 janvier 1975, *I.V.G.,* p. 19), en statuant en constitutionnalité et non en opportunité. D'où la brillante synthèse : *La loi n'exprime la volonté générale que dans le respect de la constitution* (23 août 1985, *Nouvelle-Calédonie,* p. 70). Ce qui signifie que le juge doit se borner à réguler le cours législatif sans prétendre se substituer aux représentants du peuple. C'est ainsi que peut s'opérer la conciliation entre l'État de droit et la démocratie. Mais la confrontation ne peut être exclue à l'exemple du droit d'asile. La décision *Maîtrise de l'immigration,* rendue par le C.C. le 13 août 1993 (*chr.* n° 68, p. 158) a été

(43) V. Léo HAMON : Quand les assemblées parlementaires ont des juges, *D.* 1959, p. 253 et René de LACHARRIÈRE : Opinion dissidente, *Pouvoirs*, n° 13, 1980, p. 133.

brisée, *pour la première fois, par* le pouvoir constituant, qui a tenu un *lit de justice* (G. Vedel) (art. 53-1 C) (44) (V. *IIIe partie*).

B. LES MODALITÉS D'EXERCICE DU CONTRÔLE DE CONSTITUTIONNALITÉ

1° La finalité du contrôle

A qui profite le contrôle ? Une double réponse s'impose, selon que les intérêts de l'exécutif ou des citoyens sont pris en considération.

a) *Le contrôle dans l'intérêt de l'exécutif*

En pareille occurrence, l'examen de la régularité de la loi s'inscrit dans une perspective de *régulation* du jeu politique. Plus précisément, il consiste à préserver l'autonomie de l'exécutif face aux débordements des assemblées et d'une manière générale, à respecter la volonté du pouvoir constituant originaire, sachant que *toute souveraineté déléguée est contrôlable* (45). En conséquence, une autorité *politique* reçoit mission de sauvegarder l'équilibre institutionnel. Cependant, une affaire de princes peut s'effacer devant celles des citoyens.

b) *Le contrôle dans l'intérêt des citoyens*

Dans cette éventualité, le contrôle prend de la hauteur. Il participe de la défense de la *constitution sociale* face aux entreprises du parlement ou du pouvoir. Cette mission est dévolue, en bonne logique, aux juridictions.

2° La mise en œuvre du contrôle

Qui juge la loi ? Cette mission peut être confiée, tantôt à une autorité *politique,* tantôt à une autorité *juridictionnelle.*

a) *Le contrôle assumé par une autorité politique*

1) Les caractères

Un organe distinct du Parlement, veille au respect du principe de constitutionnalité. En vue d'une mission politique, ses membres sont recrutés, selon un critère politique, celui de l'*intuitu personae.* Ce contrôle est sans doute concevable dans son principe, mais il s'avère contestable dans sa pratique. Pourquoi en est-il ainsi ?

(44) Aux États-Unis, 7 amendements sur les 27 apportés à la constitution de 1787 obéissent à une même finalité. V. G. SCOFFONI : La Cour suprême et le Congrès des États-Unis, *R.F.D.C.* 1993, p. 675.

Dans le même ordre d'idées, le Parlement, en Pologne ou en Roumanie, peut neutraliser une décision du juge constitutionnel par un vote à la majorité qualifiée. V. I. MURARU et M. CONSTANTINESCU : *Curtea constitutionalà a Românieni,* Bucarest, 1997.

(45) D'où le principe de *l'interdiction des délégations de compétences* entre les pouvoirs publics. En droit public, les compétences s'exercent par le titulaire, elles ne se délèguent pas, en principe. Agir à l'opposé, aboutirait à ignorer le pouvoir constituant. Cependant, des exceptions sont apparues, notamment avec les ordonnances (art. 38 C). V. A.-M. LE BOS : *Les substitutions de compétences en droit public français,* thèse, Paris-I, 1985.

En raison d'une communauté d'origine, le Parlement, à défaut de l'approuver, peut en escompter une certaine compréhension. De surcroît, il libère les juges *ordinaires* d'un souci. Ces derniers, si l'on se réfère au cas français, sont normalement les *serviteurs de la loi* et nullement ses censeurs. Songeraient-ils à se comporter différemment qu'ils s'exposeraient, le moment venu, à la vindicte des assemblées. Selon une jurisprudence constante, ils *déclinent* leur compétence à l'égard de la loi (Cass., 11 mai 1833, *journal Le National* et C.E., 6 novembre 1936, *Arrighi et Coudert,* D. 1938, 3, p. 1, note Ch. Eisenmann) (46).

Mais, au-delà, l'impression change et les griefs s'accumulent : grief d'*incompétence et dépendance* des personnes appelées à vérifier l'harmonie entre la loi et la constitution. La collation des normes implique un minimum de connaissances techniques. Or, le mode de recrutement (*le compérage,* selon Benoît Jeanneau) n'apporte pas de garanties. La compétence peut se décliner en complaisance. Quant au grief d'*hégémonie,* il consiste à s'interroger à la manière des Écritures : *Qui contrôlera le contrôleur ?* L'autorité dont il s'agit, ne s'érigera-t-elle pas en *sur-pouvoir ?* A Siéyès qui, sous la Convention, en l'an III, proposait la création d'une *jurie constitutionnaire,* Thibaudeau répliquait avec force : *Ce pouvoir monstrueux serait tout dans l'État et en voulant donner un gardien aux pouvoirs publics, on leur donnerait un maître qui les enchaînerait pour les garder plus facilement.* Son appréciation conserve toute sa sagacité. Reste un dernier grief, tiré de son aspect *unilatéral.* Cette modalité s'analyse en une sorte de procès d'intention fait aux assemblées. De fait, elle est accordée aux régimes favorables au pouvoir exécutif.

2) Les applications

En réaction à la souveraineté de la loi (ou le légicentrisme) et conformément à la prévention nourrie à l'égard du juge (47), les Sénats impériaux (art. 15 de la constitution de l'an VIII, art. 19 de la constitution de 1852) contrôlaient la constitutionnalité des lois adoptées par le Corps législatif, en se souciant principalement de ne pas déplaire à l'empereur. Leur domestication donne la mesure de la perversion de leur mission (48).

Originairement, le Conseil constitutionnel (art. 56 C) se rangeait sous cette rubrique, dès lors que sa mission consistait, en vue d'asseoir *le nouvel ordre juridique* mis en place, à brider la loi (art. 34 C), afin de favoriser l'essor du décret autonome (art. 37) (49). Ce fleuron du parlementarisme rationalisé, ou ce chien de garde de l'exécutif, allait toutefois connaître une évolution rapide, autant qu'inattendue, au cours de la décennie

(46) Cependant, au titre du contrôle de *conventionnalité* (relation traité-loi), le juge ordinaire n'hésite plus désormais (C.E., 20 octobre 1989, *Nicolo,* chr. n° 53 p. 175), à neutraliser celle-ci en cas de contradiction avec celui-là. V. Jean FOYER : Le mépris de la loi par le juge, *La vie judiciaire,* 5-19 février 1990 (V. *IIIe partie).*

(47) Les prétentions des parlements (ou corps judiciaires de l'Ancien Régime) ont provoqué l'hostilité des révolutionnaires à l'endroit des juges. La loi Thouret des 16-24 août 1790 soustrait le contentieux administratif à l'autorité judiciaire ; l'art. 4 du code civil interdit le déni de justice ; l'art. 5, les arrêts de règlement. Le référé législatif autorise seul le Parlement à interpréter la loi, à partir de 1791.

(48) *Quid* du Comité constitutionnel de 1946 ? Il s'agissait d'un organe de conciliation entre les assemblées et plus encore de protection du Conseil de la République. Il était composé du chef de l'État, des présidents des chambres et de 10 parlementaires (art. 91). Il résumait le conflit des deux logiques : en cas de contradiction entre la loi et la constitution, celle-ci s'inclinait : *monde à l'envers* du point de vue de la logique juridique, mais *monde à l'endroit,* concernant la logique démocratique. Ce Comité ne devait se réunir qu'une seule fois en 1948. Mais, il devait nourrir la réflexion des rédacteurs de la constitution de 1958 à propos du Conseil constitutionnel (V. *T.P.* II, p. 72).

(49) Présentant le projet de constitution de 1958 au Conseil d'État, Michel Debré déclare le 27 août 1958 : *La création du Conseil constitutionnel manifeste la volonté de subordonner la loi... à la règle supérieure édictée par la constitution. Il n'est... (pas) dans la tradition française, de donner à la justice, c'est-à-dire à chaque justiciable, le droit d'examiner la valeur de la loi. Le projet a donc imaginé une institution particulière... La constitution crée ainsi une arme contre la déviation du régime parlementaire.*

1970 (50). A l'image du Conseil d'État, le Conseil constitutionnel, préoccupé des risques découlant pour les liberté de la mise en place d'un régime présidentialiste, devait se démarquer des gouvernants pour se ranger aux côtés des gouvernés au point d'effacer avec superbe la frontière normative, dont il avait reçu la garde (30 juillet 1982, *Blocage des prix et des revenus, C.C.F.* p. 276). *La greffe a réussi :* le Conseil s'est transmué en une *juridiction constitutionnelle* (C.E.D.H., 21 octobre 1997, *Pierre-Bloch ; France, chr.* n° 85, p. 163).

b) *Le contrôle assumé par une autorité juridictionnelle*

Il n'y a juridiction que là où il y a un litige organisé en la forme, opinait Maurice Hauriou. Au sens étymologique, celle-ci *dit le droit* avec la force de la vérité légale, (l'autorité de chose jugée) au terme d'une procédure contradictoire. A l'opposé de la solution précédente, l'intervention du juge représente, sans conteste, une avancée significative.

1) Les caractères

Cette modalité est supérieure à la précédente, en raison de sa sollicitude pour les libertés publiques, même si elle n'est pas exempte de tout danger.

L'office du juge est accordé à sa mission habituelle, qui consiste à arbitrer entre les prétentions opposées des plaideurs ; à trancher leur conflit avec l'égalité des armes. Au surplus, il possède les connaissances techniques idoines par sa formation et son expérience.

Quant aux dangers encourus, ils sont de deux sortes. Il faut tenir compte, tout d'abord, du caractère généralement *conservateur* du juge, qui, par inclination, a tendance à privilégier *la lettre* de la constitution sur son esprit, ou si l'on veut à la figer. L'attitude de la Cour suprême américaine, qui refusa initialement l'interventionnisme économique, est topique. Pour l'emporter, Roosevelt dut en appeler au pays en 1936. Une loi du genre, ensuite, conduit à redouter l'hégémonie, sous l'aspect du *gouvernement des juges,* selon l'expression d'Edouard Lambert. Le juge, sous couvert de dire le droit, aura tendance, selon une pente naturelle, à le créer et, en définitive, à se substituer aux pouvoirs publics investis de la *légitimité* démocratique. *Gouverner ou juger* (G. Timsit) : ce dilemme peut-il être surmonté ?

2) Les applications

Devant quelle juridiction et selon quel contentieux, un litige peut-il être intenté à la loi ?

α) La nature de la juridiction constitutionnelle

Historiquement, on peut parler avec Louis Favoreu, d'un modèle *américain* puis *européen.* A cet effet, il résulte de l'arrêt rendu, en 1803, par la Cour suprême des États-Unis *(Marbury v. Madison)* que *l'ensemble des juridictions ordinaires* sont compétentes

(50) V. L. NOËL (premier président du C.C. de 1959 à 1965) : *De Gaulle et les débuts de la Ve République,* 1976 ; L. HAMON : *Les juges de la loi,* 1987 ; P. AVRIL et J. GICQUEL : *Le Conseil constitutionnel,* 4e éd., 1998. V. J. RIVERO : rapport de synthèse du colloque d'Aix-en-Provence : *Le domaine de la loi et du règlement,* 1978, p. 272 et G. DRUESNE : l'influence de la constitution sur le droit public français, *Soc. de législation comparée,* 1981, p. 439.

pour apprécier la conformité de la loi à la constitution (51). A l'opposé, selon le précédent autrichien de 1920, *seule une juridiction spécialisée,* appelée selon un terme générique une cour constitutionnelle est apte (52). Le Conseil constitutionnel français illustre ce *modus operandi* (53) qui tend à devenir une tradition commune aux autres États de l'Union européenne (54).

β) *La nature du contentieux constitutionnel*

Deux types de contentieux se présentent selon qu'il revêt un caractère *subjectif* ou *objectif,* ou si l'on préfère, *concret* ou *abstrait.*

Au titre du contentieux subjectif, le contrôle de constitutionnalité s'analyse en un moyen de *défense* imaginé par un plaideur à l'occasion d'un litige. Il s'agit du système américain. Autrement dit, un justiciable conteste l'application d'une loi invoquée par son adversaire en soulevant une *exception d'inconstitutionnalité.* Cet incident de procédure, procès dans le procès, met ainsi en cause *a posteriori* une loi qui, par définition, est déjà entrée en vigueur. Il appartient, en conséquence au juge saisi au fond (le juge de l'action étant le juge de l'exception) de se prononcer sur son caractère sérieux pour couper court au juridisme ou à la chicane. La décision rendue est revêtue de l'autorité *relative* de la chose jugée, car elle ne vise que les seules parties au litige. Le juge statue *inter partes,* en d'autres termes. D'où la relativité de sa décision : *vérité en deçà, erreur au-delà,* pour parodier Pascal. La loi contestée est neutralisée aux faits de l'espèce, mais elle demeure dans l'ordonnancement juridique.

En dehors du caractère aléatoire de ce type de contrôle, laissé à l'initiative du plaideur ou de son conseil, la contrariété de jurisprudence peut être palliée par l'existence d'une *question préjudicielle.* Le juge du fond surseoit à statuer et renvoie l'examen de la question à la cour constitutionnelle, à l'exemple de l'Italie et de l'Allemagne.

Le contentieux *objectif* se ramène à un procès fait à la loi en tant que *norme* par des autorités politiques, en principe, selon la démarche initiée par l'Autriche. Il s'opère *a priori,* c'est-à-dire avant la naissance de la loi, par voie d'*action,* soit l'attaque frontale, selon la terminologie militaire. La décision du juge a l'autorité *absolue* de chose jugée. Elle s'impose à *tous (erga omnes).* La loi incriminée disparaît,

(51) John Marshall, président de la Cour suprême pendant 34 ans, de 1801 à 1835, est appelé depuis lors aux États-Unis, *le second fondateur de la constitution.* Les États de l'Amérique latine se sont ralliés, par la suite, à ce procédé de contrôle.

(52) *Une cour constitutionnelle est une juridiction créée pour connaître spécialement et exclusivement du contentieux constitutionnel,* selon la définition de Louis Favoreu *(Les cours constitutionnelles,* 1986, p. 3). Ce modèle juridictionnel, inventé par Hans Kelsen (La garantie juridictionnelle de la constitution. La justice constitutionnelle, *R.D.P.* 1928, p. 197) se caractérise par le fait que ses membres ne sont pas des magistrats de carrière (ils sont nommés par des autorités politiques) et que cette cour est autonome par rapport à la hiérarchie juridictionnelle, à la différence d'une cour suprême, dans l'acception technique du terme, comme aux États-Unis *(op. cit.,* p. 18 et 23).

(53) V. M. Fromont : *La justice constitutionnelle dans le monde,* 1996 ; Ch. Eisenmann : *La justice constitutionnelle et la Haute Cour constitutionnelle d'Autriche,* thèse Paris, 1928 (rééd. 1986).

(54) V. J.-C. Beguin : *Le contrôle de la constitutionnalité des lois en R.F.A.,* 1982 ; P. Bon, Le Tribunal constitutionnel espagnol, *C.C.C.* n° 2, 1997, p. 38 ; avec F. Moderne et M. Miranda : *La justice constitutionnelle au Portugal,* 1989 ; R. Ricci : *Le procès constitutionnel en Italie* 1996 ; *La justice constitutionnelle en Italie,* Cahiers du centre de droit et politique comparés Jean-Claude Escarras, Université de Toulon, 1997 ; et F. Delperée et A. Rasson-Roland, *La Cour d'arbitrage,* Bruxelles, 1996. D'une manière générale, on se reportera à *l'Annuaire international de jurisprudence constitutionnelle* (A.I.J.C.), publié sous la direction de Louis Favoreu depuis 1987.

en tout ou partie, de l'ordonnancement juridique, selon la portée de la censure opérée (art. 62 C).

Il reste à observer, que ce dernier type de contrôle favorise la sécurité juridique ; de la même façon que son caractère préventif encourage la dissuasion en cours d'élaboration de la loi. En dernière analyse, les variétés de contentieux peuvent coexister, à l'instar de l'Allemagne, en dépit de l'échec, en France, du projet Badinter relatif à l'exception d'inconstitutionnalité, en 1990 et 1993 (V. *IIIe partie*).

Au final, le contrôle de constututionnalité de la loi s'avère être, tout à la fois, un concept politique (le gouvernement de la constitution s'imposant à celui de la majorité) et une technique juridique à travers des contentieux diversifiés. Mais, le juge de la constitution ne saurait se parer de la souveraineté de celle-ci. En tout état de cause, il demeure l'obligé du pouvoir constituant, qui dispose du dernier mot. A ce compte, le gouvernement des juges relève du fantasme.

Bibliographie

P. AVRIL : Les conventions de la constitution, 1997 ; P. BASTID : *L'idée de constitution,* 1985 ; G. BURDEAU : *Essai sur la révision des lois constitutionnelles,* 1930, Une survivance : la notion de constitution, *Mélanges Mestre,* 1956, p. 53 ; R. CAPITANT : La coutume constitutionnelle, *R.D.P.,* 1979, p. 959 ; P. DUEZ : Le contrôle juridictionnel de la constitutionnalité des lois en France, *Mélanges Hauriou,* 1929, p. 213 ; Cl. ÉMERI et Chr. BIDEGARAY : *Les constitutions en France de 1789 à nos jours,* 1997 ; L. FAVOREU ; Les *Cours consitutionnelles,* 1986 ; *Cours constitutionnelles et droits fondamentaux,* 1982 (sous la direction de), avec J.-A. JOLOWICZ : *Le contrôle juridictionnel des lois,* 1986 ; M. FROMONT : *La justice constitutionnelle dans le monde* 1996 ; L. HAMON : *Les juges de la loi,* 1987 ; F. HAMON et C. WIENER : *La loi sous surveillance,* 1999 ; H. KELSEN : La garantie juridictionnelle de la constitution. La justice constitutionnelle. *R.D.P.,* 1928, p. 197 ; J. LAFERRIÈRE : La coutume constitutionnelle, *R.D.P.,* 1944, p. 20 ; E. LAMBERT : *Le gouvernement des juges,* 1921 ; J.-P. M.ACHELON : Parlementarisme absolu, État de droit relatif, *Revue administrative,* 1995, p. 628 ; A. PIZZORUSSO : La Cour constitutionnelle italienne, *CCC* n° 6, 1999, p. 22 ; R. PINTO : *Des juges qui ne gouvernent pas,* 1934 ; D. ROUSSEAU : *La justice constitutionnelle en Europe,* 3e éd., 1998 ; Carl SCHMITT : *Théorie de la constitution,* trad. 1993 ; P. VIALLE : *La Cour suprême et la représentation politique aux États-Unis : nouvelle essai sur le gouvernement des juges,* 1972.

On se reportera aussi à *Pouvoirs :* Le C.C., n° 13 ; La *Cour suprême* n° 59 ; à l'*A.I.J.C. ;* F. HAMON et C. WIENER : Le contrôle de constitutionnalité, *DF,* 1987 ; A. PENA-GAÏA : *La justice constitutionnelle,* D.F., 1998 ; et *L'exception d'inconstitutionnalité,* (Paris-I), 1991.

CHAPITRE VI
LA DÉMOCRATIE

La démocratie, est l'un de ces mots qui chante, pour parler comme Paul Valéry. Le thème étant inépuisable (1), on bornera les investigations à l'étude respective de sa notion et de son fondement. L'instant présent est d'autant plus propice, à la réflexion, que cette figure emblématique de la civilisation occidentale naguère encore vouée aux gémonies communistes, tend à devenir, au lendemain de la *révolution des peuples* de 1989, le nouvel universalisme. En ce sens, mondialisation économique et mondialisation politique seraient vouées à s'harmoniser.

La prodigieuse aventure de la *déesse Démocratie* (en souvenir de la statue édifiée place Tien Anmen par les étudiants chinois, en 1989) a d'ores et déjà initié le processus de recomposition, en dépit de la difficulté inhérente à toute transition. Édifier une démocratie s'avère, en vérité, une chose aisée, tant les recettes sont connues. Mais ce qui est malaisée, c'est d'y adhérer ; c'est de *croire* dans le droit qui la sous-tend. L'enracinement psychologique sera l'affaire du temps. La période mêlée qui s'ouvre aura permis un changement décisif de légitimité, en Europe orientale et en Afrique, dès lors que la volonté populaire a supplanté l'arbitraire partisan. La *révolution antitotalitaire* (E. Morin) est le meilleur chemin qui ouvre celui de la démocratie, en tant que système de *valeurs* (2).

SECTION I LA NOTION DE DÉMOCRATIE

Le mouvement constitutionnel occidental pousse, lorsqu'il est conduit à son terme, à la démocratie ou, en tout cas, à une certaine forme.

On sait, à cet égard, qu'il existe *un synchronisme* notoire entre l'effort de libération nationale que représentent un mouvement constitutionnel et la marche à la démocratie.

Cette coïncidence est, à vrai dire, explicable. Politiquement, l'action qui est entreprise par des citoyens pour limiter le pouvoir des gouvernants (création d'assemblées représentatives, distribution

(1) Lorsqu'on aborde l'étude de la démocratie, *l'humilité,* dans la recherche et surtout dans les conclusions, doit guider la démarche. Il faut méditer, à ce propos, la réflexion d'Alain : *Je connais un certain nombre de bons esprits qui essaient de définir la démocratie. J'y ai travaillé souvent et sans arriver à dire autre chose que des pauvretés qui bien plus ne résistent pas à une sévère critique.*

(2) V. E. Todd : *La chute finale ;* 2e éd., 1990 ; E. Morin : La révolution antitotalitaire, *Libération* 19-21 février 1990 ; Chr. Gouaud : Recherches sur le phénomène de transition démocratique. *R.D.P.*, 1991, p. 81.

et contrôle réciproque des pouvoirs, généralisation des élections, *etc.*) tend à se poursuivre, par l'effet d'une sorte de loi de *dynamique sociale,* jusqu'à ce qu'il y ait *confusion* entre les gouvernés et les gouvernants, ou plus exactement *dédoublement.* Sous ce rapport, au plan théorique, on ne saurait se dissimuler, en attendant ce moment (l'âge d'or, assurément), que la démocratie, sans être un miroir aux alouettes, relève certainement d'un *abus de mots* et comporte une bonne part de croyance, ou d'artifice. A preuve, la théorie du régime représentatif qui *assimile* le libéralisme à la démocratie. Jean-Jacques Rousseau a écrit, à cet égard, des phrases ô combien célèbres et désabusées, dans le *Contrat social* (livre 3, chap. IV) : *A prendre le terme dans la rigueur de l'acception, il n'a jamais existé de véritable démocratie, et il n'en existera jamais. Il est contre l'ordre naturel que le grand nombre gouverne et le petit soit gouverné... S'il y avait un peuple de Dieux, il se gouvernerait démocratiquement. Un gouvernement si parfait ne convient pas à des hommes.*

Juridiquement, la démocratie s'identifie au droit d'origine *populaire,* c'est-à-dire à la loi. On ne doit donc pas s'étonner que les divers États qui ont participé au mouvement constitutionnel se proclament des démocraties. Il convient, cependant, de remarquer qu'ils ne sont pas les seuls et que les pays qui se réclamaient ou se réclament encore (Chine, Corée du Nord) de l'idéologie marxiste affirment, également, que leur régime politique est démocratique. On doit même dire qu'à l'heure actuelle, il existe peu de pays qui ne fassent référence, non sans vergogne parfois, à la démocratie (3).

§ 1 LA DÉFINITION DE LA DÉMOCRATIE

Par commodité, on prendra comme point de départ la définition d'Abraham Lincoln, qui a valeur officielle, en France (art. 2 C) : *La démocratie, c'est le gouvernement du peuple, par le peuple et pour le peuple* (4). Cette définition, qui est la plus courante, revient à dire qu'un pays est en démocratie, lorsque le peuple dispose de la souveraineté, que les gouvernés sont leurs propres gouvernants, en un mot, que le pouvoir est attribué à l'universalité des citoyens, conformément aux principes de l'égalité juridique et des droits individuels (5). La Cour constitutionnelle allemande (décision du 23 octobre 1952) l'a parfaitement résumée en ces termes : l'ordre démocratique est celui *du pouvoir d'un État de droit, fondé sur l'autodétermination du peuple selon la volonté de la majorité, sur la liberté et l'égalité, à l'exclusion de tout pouvoir violent et arbitraire* (6). Ce qui revient à dire, que l'individu en obéissant au pouvoir ne fait qu'obéir à lui-même ; la volonté du souverain étant le souverain en personne.

(3) L'Espagne franquiste se qualifiait de *démocratie organique ;* ou *démocratie en rut* (G. Bernanos).

(4) Définition la plus fameuse et, sans doute, la plus heureuse dans sa formulation, prononcée lors du discours de Gettysburg, le 19 novembre 1863. Sans verser dans le florilège, on rapprochera de cette dernière, les visions de Montesquieu et de Rousseau. Pour le premier : *Lorsque, dans la République, le peuple en corps a la souveraine puissance, c'est la démocratie,* tandis que pour le second, la démocratie désigne un aménagement institutionnel spécifique : *constitution où le pouvoir exécutif est joint au législatif,* bref le peuple *qui fait les lois les exécute.*

(5) *La démocratie est sans doute une structure gouvernementale,* mais cela ne saurait nous faire oublier qu'elle se présente d'abord et peut-être surtout, comme une structure *sociale :* placée sous le signe de l'égalité, du *nivellement* cher à Tocqueville, hostile à tous les privilèges, à toutes prédestinations. Sous ce rapport, la démocratie serait moins le pouvoir du peuple que l'*amour* du peuple (des *petits :* maître-mot dans le vocabulaire de la gauche). Du reste, Albert Thibaudet suggérait le terme de *démophilie* pour rendre compte de ce phénomène. Il est juste d'observer, par ailleurs, que la démocratie est assimilée, en Occident, par exemple, au progrès. La sécurité sociale prend à cet égard, valeur d'exemple. On aura garde d'oublier que la démocratie est inséparable de l'éducation dispensée au peuple : la *démopédie,* selon le mot forgé par Proudhon. V. G. LAVAU et O. DUHAMEL : la démocratie *in* M. GRAWITZ et J. LECA, *Traité de science politique* t. II, 1985, p. 31.

(6) V. Ph. LAUVAUX : *Les grandes démocraties contemporaines,* 2e éd. 1997.

Cependant, cette conception a été, pendant plus d'un demi-siècle contestée par les régimes marxistes-léninistes qui prétendait bâtir sur un autre fondement une autres démocratie, une démocratie plus authentique. Le verdict de l'histoire a démontré l'imposture lorsque cette démocratie populaire a été renversée par le peuple, lors de la chute du mur de Berlin.

La thèse des *deux démocraties* (7) s'énonce, sous forme d'un dilemme : de la *liberté* ou de *l'égalité,* quel doit en être le ressort ? En 1789, *les Français ont cru qu'ils pouvaient être égaux dans la liberté* opinait Tocqueville. En un mot, dans une société vouée à l'égalité existe-t-il une place pour la liberté ?

§ 2 LA CONSTRUCTION DE LA DÉMOCRATIE

En associant la liberté à l'égalité, la société occidentale a relevé, avec panache, le défi lancé par la société communiste.

A. LA LIBERTÉ, PRINCIPE ORGANISATEUR DE LA DÉMOCRATIE

La démocratie *classique,* ou libérale (8) est une forme de régime dans laquelle la *liberté* est considérée comme la valeur *initiale* et primordiale. Dans cette conception, le gouvernement *pour le peuple* est entendu au sens de gouvernement *pour le libre développement du peuple* et pour la liberté de chacun des individus qui le composent. C'est la *liberté* qui, pense-t-on, permet, par son jeu, à toutes les aspirations, dont celle à l'égalité de se réaliser. Pour les libéraux, *l'égalité juridique* n'est au fond qu'une sorte de liberté supplémentaire permettant, si elle est bien utilisée, d'obtenir sinon la parité de fait entre les individus, du moins une égalisation des situations, malgré la prévention à l'égard de la loi de nivellement de la démocratie, dégagée par Tocqueville, à l'issue de son voyage en Amérique. Il n'en reste pas moins que c'est la liberté qui doit être au maximum protégée tant du point de vue institutionnel que personnel. Le respect de l'oppositon et de l'individu sont les vertus cardinales de la démocratie occidentale.

1° Le respect de l'opposition

Sur le plan de l'action politique, on admet que le jeu de la liberté doit permettre la diversité des opinions, en ce qui concerne la conduite des affaires publiques (9). D'où l'existence de formations

(7) V. G. VEDEL : *Droit constitutionnel,* 1949 (rééd. 1984, p. 240. Cependant, Raymond Aron déniait aux régimes communistes l'épithète démocratique *(Démocratie et totalitarisme,* 1965).

(8) On éprouve quelques répugnances à placer sur un même plan deux notions *antagonistes* originairement. Cependant, le retour au *fanatisme politique,* auquel on a assisté au XXe siècle, rend la rencontre possible. C'est, du reste, Mussolini qui, singulièrement, devait forger l'expression *demo-libéralisme.* V. R. de LACHARRIÈRE : *Études sur la théorie démocratique,* 1963.

(9) A ce propos, il y a lieu de distinguer, ici, entre la démocratie occidentale et ce qui apparaît sa *contrefaçon,* à savoir la démocratie dite *plébiscitaire,* ou *césarienne* ou *populiste.* Dans cette dernière éventualité, on est en présence d'un régime qui, démocratique dans son inspiration, est autoritaire dans ses applications. En un mot, le peuple *délégue* son pouvoir à un homme, sans esprit de retour, qui se détache des institutions. Le pouvoir cesse d'être un concept pour devenir *un visage.* Les régimes napoléoniens d'une part, le régime gaulliste, d'autre part, en donnent l'exemple. L'image sécurisante du père serait, à ce compte, une contribution de la psychanalyse au droit constitutionnel.

politiques appelées à se succéder au pouvoir. La démocratie se ramène à la vision du *gouvernement de la majorité* et du *contrôle de l'opposition.*

Dès lors que la majorité se présente, provisoirement comme *l'organe de la souveraineté nationale* (Esmein), elle pourrait être tentée de dominer la minorité et de la réduire à l'impuissance.

Mais il n'en est rien : la démocratie est libérale, parce que *tolérante.* La majorité doit surmonter sa victoire et se montrer magnanime, dans son intérêt bien compris. Car, l'opposition d'aujourd'hui a *vocation* naturelle à devenir le pouvoir de demain, de par la volonté des électeurs. La majorité respecte les droits de la minorité par l'organisation d'élections sincères, l'institution des immunités parlementaires, le respect du droit de parole, et plus généralement de la libre communication audiovisuelle, entre autres. Selon le principe de proportionnalité, l'opposition est présente dans les instances parlementaires de direction (bureau, conférence des présidents) et de travail (commissions législatives). Elle participe à la vie des assemblées, par le jeu des questions (écrites et orales), le dépôt de motion de censure, et l'exercice de procédures dans le cadre du processus de formation de la loi (motions de procédure, rappel au règlement, demande de suspension de la séance, vérification du quorum, dépôt d'amendements, *etc.*). De plus en plus, l'opposition se voit reconnaître le droit de déférer au juge constitutionnel les lois et les traités. Elle bénéficie aussi des aides publiques (financement du parti et des élections). Le point d'orgue est atteint, avec l'élaboration d'une politique bipartisane, pour laquelle on demande son accord à l'opposition (10).

A défaut d'être des adversaires admiratifs, le gouvernement et l'opposition sont donc des *partenaires compréhensifs, à la manière d'un couple.* Dans une vision synthétique, leur code de bonne conduite s'établit aux trois principes suivants : la *concurrence en vue de la conquête du pouvoir,* la *tolérance dans son exercice* et enfin *l'alternance,* c'est-à-dire *le changement d'une majorité politique par une autre, au moyen du droit de vote, concernant sa dévolution* (11). Sont étrangers, par voie de conséquence, au génie de la démocratie occidentale, sans verser, pour autant, dans un optimisme béat : le sectarisme, le dogmatisme et l'ostracisme (12). En définitive, la fonction de contrôle exercée par l'opposition rejoint l'opinion d'Alain : *L'exécutif est monarchique nécessairement. Le législatif est oligarchique nécessairement. Où est donc la démocratie, sinon dans ce troisième pouvoir que j'appelle le Contrôleur. La démocratie serait à ce compte un effort perpétuel des gouvernés contre les abus du pouvoir* (*Propos,* 12 juillet 1910).

2° Le respect de l'individu

Sur le plan des rapports entre gouvernants et gouvernés, ce respect de la liberté se manifeste fondamentalement par l'affirmation et la garantie juridictionnelle des droits individuels (refuge et symbole du *consensus* ou de l'éthique commune), auxquels le gouvernement ne portera pas atteinte, quelle que soit la majorité qui l'anime, et qui viendront préserver la zone d'indépendance propre aux individus (13). C'est en celà qu'à l'époque contemporaine, la démocratie est tout autant *continue* (D. Rousseau) que contenue par la montée de l'État de droit (V. *chapitre V*).

(10) *Les démocraties,* affirmait Raymond Aron, *sont des régimes dans lesquels existe une organisation constitutionnelle de la concurrence pacifique pour l'exercice du pouvoir (Démocratie et totalitarisme,* 1965, p. 76). V. la démocratie majoritaire, *Pouvoirs* n° 85, 1998.

(11) L'alternance (l'entrelacement régulier des rimes féminines et masculines, en poésie) est l'indice de la *bonne santé* d'un régime (F. Goguel), qui, par une remise en cause périodique, transforme sa faiblesse en force. On sait, depuis Plutarque, que *l'ingratitude est la marque des peuples forts.* La France de la Ve République a pris la bonne habitude de s'y conformer depuis 1981, V. J.-L. QUERMONNE : *L'alternance au pouvoir,* 1988.

(12) *La condition de l'opposition,* estime à bon droit André Mathiot, est le critère le plus sûr, auquel on reconnaît un régime démocratique, V. S. GIULJ : *Le statut de l'opposition en Europe,* D.F., 1980.

(13) On connaît, à ce propos, le mot prêté à Winston Churchill : *Quand on frappe le matin à la porte, c'est le laitier, non le policier.* Le respect de l'individu, se manifeste, avec une particulière acuité, à l'occasion d'un procès qui lui est intenté ; *les droits de la défense* prennent, à cet égard, valeur de symbole. Personne n'a oublié les procès préfabriqués, ni les arrestations pour *délit d'opinion,* pratiqués dans certains régimes qui font bon marché de la dignité humaine. V. A. LONDON : *L'aveu,* 1968.

Au final, la démocratie occidentale fait confiance à l'individu, à ses *libertés nécessaires* (A. Thiers) *(supra),* bref à la diversité. Dès lors, elle peut se parer de la *légitimité,* autrement dit la croyance selon laquelle le pouvoir est exercé en accord avec la volonté populaire.

B. L'ÉGALITÉ, PRINCIPE ORGANISATEUR DE LA DÉMOCRATIE

Selon la conception marxiste, la quête de l'égalité *réelle,* au-delà de l'égalité *formelle* de 1789 (art. 1er de la Déclaration), c'est-à-dire celle des conditions d'existence, est le seul critère auquel la démocratie s'identifie, fût-ce au détriment de la liberté. Autrement dit, l'effort doit se concentrer sur la réalisation d'une démocratie *économique et sociale.* Il s'ensuit l'abolition de la propriété privée, source de toutes les alinéations, et l'appropriation collective des moyens de production et d'échanges. Cette démarche aboutit à la mise en place d'une société *unanime,* avec la disparition des classes sociales (14).

Dès lors, la démocratie politique est non seulement délaissée, mais pis encore, sacrifiée. Le parti unique ; la police politique (la moitié de la population surveille l'autre ; parler devient un acte de courage) ; les élections d'adhésion et non de compétition ; la cooptation des dirigeants affranchis de tout contrôle ; les prisonniers d'opinion accueillis au goulag, ont été autant de manifestations de la dictature exercée sur le prolétariat, au nom de l'égalité, par une minorité politique privilégiée *(la nomenklatura).*

L'échec consommé de l'idéocratie marxiste laisse le champ libre à la démocratie occidentale : *le pire des régimes, après tous les autres,* selon le mot fameux de Churchill.

SECTION II LE FONDEMENT DE LA DÉMOCRATIE

Dans la perspective ouverte par Bodin au XVIe siècle, la conceptualisation en matière de souveraineté a trouvé, en France, son terrain d'élection, au point d'être un terme *qui n'a point son équivalent dans les autres langues* (Carré de Malberg) (15).

La lutte toujours recommencée entre le libéralisme et la démocratie, s'est traduite par l'énoncé de la doctrine de la *souveraineté nationale,* due à Siéyès (*Qu'est-ce que le Tiers-Etat ?* en 1789) et celle de la *souveraineté populaire,* formulée dès 1762, par Jean-Jacques Rousseau, dans le *Contrat social.* La souveraineté, est-elle, en d'autres termes, attribuée à une personne morale appelée *la nation* ou à la totalité des citoyens ? Double démarche, double machine de guerre contre la souveraineté royale, qui, cependant, ont conflué l'une vers l'autre à l'époque actuelle au point de mélanger leurs eaux : *La souveraineté nationale appartient au peuple qui l'exerce par ses représentants et par voie du référendum.* (art. 3 C)

(14) La révolution, annoncée par Marx et Engels est originale, à tout prendre : elle doit être le fait de l'immense majorité du peuple, alors que les précédentes étaient celles de minorités ; elle doit être la dernière de l'humanité ; le marxisme étant une *philosophie terminale* (J.-P. Sartre).

(15) Cette démarche est un des témoignages les plus évidents de cette tendance à l'organisation *logique,* à la *rationalisation* et à la justification des faits ou des évolutions par des conceptions théoriques, qui marque *l'apport* de notre pays dans l'édification du droit constitutionnel classique. Il est notable, par exemple, que la Grande-Bretagne qui, cependant, pratique de façon indiscutable la démocratie, n'ait pas éprouvé le besoin de la justifier. V. La souveraineté, *Pouvoirs* n° 67, 1993.

La théorie de la souveraineté se propose, au point de départ théorique, de donner une réponse à cette question : à qui appartient *dans* l'État, la *souveraineté,* c'est-à-dire le pouvoir suprême de commander et de contraindre ? On sait que la réponse traditionnelle, tout au moins jusqu'à la fin du XVIIIe siècle, est que la souveraineté est royale. Le monarque tient son pouvoir de Dieu, mais lorsqu'il l'a reçu, ce pouvoir lui appartient ; il en est le détenteur et, pour ainsi dire, le propriétaire. C'est cette doctrine patrimoniale qui sera dénoncée, désacralisée et laïcisée, à partir du XVIIIe siècle. La souveraineté, selon *l'Esprit du Siècle,* n'a pu prendre naissance que par un acte, le *contrat social.* Dès lors, elle appartient nécessairement et originairement aux signataires dudit pacte, c'est-à-dire aux individus qui composent la nation.

§ 1 LA THÉORIE DE LA SOUVERAINETÉ NATIONALE OU DE LA NATION-PERSONNE

Selon une première approche, la nation est titulaire de la souveraineté. Quel en est le *fondement* (A) et quelles en sont les *conséquences* ? (B).

A. LE FONDEMENT DE LA SOUVERAINETÉ NATIONALE

Dans cette première perspective, la souveraineté appartient à la *nation* en tant qu'entité, c'est-à-dire en tant que conçue comme personne morale, *distincte* des individus qui la composent. La *nation-personne* ne se confond pas, en effet, avec la somme des citoyens vivant à un moment donné sur le territoire national, car elle englobe, le passé, le présent et l'avenir. Elle est faite non seulement des vivants, mais des morts, comme aussi de ceux qui naîtront. Au-delà de son aspect sophistiqué, cette construction dissimule le fort appétit de pouvoir de la bourgeoisie triomphante.

C'est cette façon de comprendre la souveraineté, comme appartenant à la *nation-personne,* qui, reprise par Siéyès, a été adoptée au début de la Révolution française. On la trouve dès l'article 3 de la Déclaration de 1789 : *Le principe de toute souveraineté réside essentiellement dans la nation. Nul corps, nul individu ne peut exercer d'autorité qui n'en émane expressément.* De même, la constitution du 14 septembre 1791 (la fille de Montesquieu), proclame dans son titre III, aux accents triomphalistes : *La souveraineté est une, indivisible, inaliénable et imprescriptible. Elle appartient à la nation, aucune section du peuple, ni aucun individu, ne peut s'en attribuer l'exercice. La nation, de qui seule émanent tous les pouvoirs.*

B. LES EFFETS DE LA SOUVERAINETÉ NATIONALE

Trois propositions en résument la portée : l'indivisibilité et l'inaliénabilité de la souveraineté ; la transposition de la souveraineté nationale en souveraineté parlementaire et la notion d'électorat-fonction.

1° L'indivisibilité et l'inaliénabilité de la souveraineté nationale

Une personne morale, ou un être de droit, ne peut avoir qu'une seule volonté. La souveraineté, qui en est l'expression, ne peut, par suite, être divisible en éléments qui risqueraient d'être contradictoires.

Par ailleurs, la volonté de cette personne ne peut se céder. Elle est *inaliénable*, en dehors d'une manifestation de volonté contraire (16).

2° La transposition de la souveraineté nationale en souveraineté parlementaire

Étant la volonté d'une personne morale privée de tout substratum physique ; indépendante au surplus des individus qui la composent (17), la souveraineté de la nation-personne ne peut s'exprimer elle-même. Elle doit nécessairement recourir au service d'*interprètes* ou de *porte-paroles qualifiés.* Ce rôle ne peut être assumé que par des êtres physiques, c'est-à-dire les *représentants* du peuple (18). Il découle, par suite d'un tour habile, que la souveraineté nationale se confond avec celle des élus ou des *parlementaires.* Le droit constitutionnel français, jusqu'à l'avènement de la Ve République, tient en cette formule. Comme on l'a déjà étudié, le représentant n'est pas lié aux électeurs par un mandat impératif. Lorsqu'il a été élu pour représenter la nation et exprimer sa souveraineté, il doit disposer de la liberté nécessaire, pour interpréter la volonté dont il est le porte-parole et l'adapter aux événements (19). En conséquence, le vote *résume et épuise* la mission des électeurs.

3° La notion d'électorat-fonction

Cette conception pousse logiquement, comme on sait, au *suffrage restreint.* Du moment que voter est accomplir une fonction, celle-ci doit être réservée aux *plus dignes* et surtout aux *plus aptes.* De fait, pendant la première partie de la Révolution, particulièrement dans le cadre de la constitution de 1791, le suffrage sera *censitaire,* c'est-à-dire *élitiste.*

Il faut noter, enfin, que la théorie de la souveraineté appartenant à la *nation-personne,* combinée avec l'idée de représentation, ne conduit pas nécessairement à un régime républicain. L'exercice de la souveraineté peut fort bien être confié, en tout ou en partie, à un monarque ou même à un césar, dans le cadre d'une démocratie plébiscitaire (an VIII).

De fait, la constitution précitée affirmait que le roi était, avec l'Assemblée, un des deux *représentants* de la nation, au même titre, plus tard que l'empereur (20).

(16) A cet égard, l'Union européenne représente un double défi : pour la première fois, la souveraineté est projetée au plan supra-national ; au surplus, en cas *d'une violation grave et persistante* du principe de la démocratie, le Conseil européen peut, à la majorité qualifiée, suspendre un Etat membre de certains des droits découlant du traité d'Amsterdam (art. F.1) (V. *IIIe partie).*

(17) *Réalités insaisissables ; fluide épars,* commente Paul Bastid *(Siéyès et sa pensée,* 1939).

(18) On se reportera aux actes du colloque de l'Association française de science politique (Grenoble janvier 1984) : *Modalités anciennes et nouvelles de la représentation.*

(19) Le doyen Georges Vedel observe, de façon pittoresque, que les représentants, réunis en assemblée, ressemblent un peu à la Sibylle traduisant les décrets de dieu. La *nation-dieu* est muette, mais elle s'exprime par l'*Assemblée-Sibylle,* à Delphes. Au reste, lorsqu'il y a désaccord entre le dieu et la Sibylle, c'est-à-dire entre la nation qui tente de s'exprimer spontanément par des initiatives ou des remous de l'opinion publique, et l'assemblée des représentants, c'est l'assemblée que l'on croit.

(20) Napoléon déclare, le 1er janvier 1814, au Corps législatif : *Il y a de représentant, en France, que moi.* Cette formule a pour écho, 150 ans plus tard, l'affirmation du général de Gaulle, au cours de sa conférence de presse du 31 janvier 1964 : *L'autorité indivisible de l'État est confiée tout entière au président par le peuple qui l'a élu, qu'il existe aucune autre, ni ministérielle, ni civile, ni militaire, ni judiciaire, qui ne soit conférée et maintenue par lui.* Cette affirmation monarchique, au sens littéral, est en contradiction manifeste avec l'article 3 C selon lequel : *Aucune section du peuple ni aucun individu ne peut s'en attribuer l'exercice.*

§ 2 LA THÉORIE DE LA SOUVERAINETÉ POPULAIRE

On reprendra une démarche identique.

A. LE FONDEMENT DE LA SOUVERAINETÉ POPULAIRE

La théorie de Siéyès parle peu aux esprits, tant qu'elle n'est pas décodée. En revanche, celle prônée par Rousseau (21) puise sa logique dans un instinct élémentaire d'égalité. Elle consiste à admettre que le pouvoir de commander réside d'une façon *directe* dans l'*universalité des citoyens.* C'est elle qui a été adoptée, en France, en l'an I (1793) et en l'an III (1795), avant de triompher, de façon *irréversible,* à partir de 1848, avec la proclamation du suffrage universel.

Le passage de la souveraineté nationale à la souveraineté populaire se marque dans la constitution du 24 juin 1793, dont les articles 25 et 26 déclarent : *La souveraineté réside dans le peuple... Aucune portion du peuple ne peut exercer la puissance du peuple entier ; mais chaque section du souverain assemblée doit jouir de son droit d'exprimer sa volonté avec une entière liberté.* Il trouve aussi sa traduction dans la constitution du 5 fructidor, an III, article 2, et d'une façon à la fois plus simple et plus nette : *L'universalité des citoyens français est le souverain.* Dans ces conditions, la démocratie peut s'avancer.

B. LES EFFETS DE LA SOUVERAINETÉ POPULAIRE

La translation de la souveraineté nationale à la souveraineté populaire est importante. Il existe entre les deux systèmes des différences importantes ; l'électorat devient un *droit ;* la souveraineté populaire implique un *régime républicain* et tend à la *démocratie semi-directe.*

1° La notion d'électorat-droit

Puisque chacun possède une portion de souveraineté, on ne peut dénier à un individu, ayant l'âge requis et la capacité mentale nécessaire, le droit de voter. En conséquence, la constitution de 1793 institue le suffrage universel. Du reste, le suffrage universel avait été mis en vigueur, pour les élections de 1792, avant le vote de la constitution et d'une façon particulièrement généreuse puisque la Convention comprenait des députés étrangers, ce qui est exceptionnel. Seules les circonstances dramatiques du moment ne permirent pas sa consolidation.

2° L'admission du régime républicain

La théorie de la souveraineté nationale est parfaitement conciliable avec le principe monarchique. Avec la souveraineté populaire, en revanche, qui traduit la volonté momentanée, mais nullement mythique, des citoyens vivants, il faut que le peuple puisse l'exercer à tout moment. Pareille précarité de la fonction royale est évidemment *incompatible* avec le principe monarchique.

(21) Au chapitre premier du livre 3 du *Contrat social,* l'auteur déclare, en effet : *Supposons que l'État soit composé de dix mille citoyens. Le souverain ne peut être considéré que collectivement et en corps. Mais chaque particulier, en qualité de sujet, est considéré comme individu. Ainsi le souverain est au sujet comme dix mille est à un : c'est-à-dire que chaque membre de l'État n'a pour sa part que la dix millième partie de l'autorité souveraine, quoiqu'il lui soit soumis tout entier.*

3° L'organisation de la démocratie semi-directe

Dans la pensée de Rousseau, la *volonté générale,* expression de la souveraineté populaire, doit être exercée directement par le peuple lui-même. La loi, qui est la concrétisation de cette volonté générale, doit donc, elle aussi, être établie par le peuple en personne. Sans doute, dans les États de quelque importance, n'est-il pas possible de faire *discuter* la loi par l'ensemble des citoyens ; mais le peuple peut encore, à tout le moins, *la ratifier.* C'est le système du *référendum* largement adopté par la constitution de 1793. Le peuple français délègue la délibération des lois à une assemblée. Mais, les mesures législatives les plus importantes devront être ratifiées par le peuple. On aboutit ainsi à la démocratie semi-directe, qui ressuscitera en 1958 (art. 3) (22).

***

En résumé, le principe selon lequel la souveraineté réside dans le peuple a pour corollaire naturel, celui de *l'égalité devant la loi de tous les citoyens sans distinction d'origine, de race ou de religion (art. 1er C).* Le C.C. (9 mai 1991, *Collectivité territoriale de Corse, chr.* n° 59) a censuré, sur ce fondement, l'existence *d'un peuple corse, composante du peuple français* (23).

Tout en se gardant de tout triomphalisme, la démocratie est parvenue à concilier la liberté et l'égalité et à favoriser, dans un même élan, le développement économique et politique. Sa remise en cause permanente, à travers notamment les élections disputées et la loi du marché, sans oublier la concurrence de naguère des régimes marxistes, ont contribué à son succès. La fin de l'adversité ouvre peut-être une nouvelle étape de cette belle aventure humaine (24).

Bibliographie

R. ARON : *Démocratie et totalitarisme,* 1965 ; J. BAECHLER : *Démocratie,* 1985 ; A. de BAECQUE (sous la direction de) : *Une histoire de la démocratie en Europe,* 1991 ; G. BURDEAU : *La démocratie, essai synthétique,* 1956 ; R. CAPITANT : *Démocratie et participation politique,* 1973 ; R. CARRÉ DE MALBERG : *La loi, expression de la volonté générale,* 1931 et Considérations théoriques sur la question de la combinaison du référendum avec le parlementarisme, *R.D.P.,* 1931, p. 243 ; J.-J. CHEVALIER : *Recherches sur la naissance et le développement de l'idée démocratique,* Paris, Doctorat, 1960-1961 ; M. DUVERGER : *Janus, les deux faces de l'Occident,* 1972 ; P. FABRE : *La décision de la majorité,* 1976 ; G. FRIEDRICH : *La démocratie constitutionnelle,* trad. franç., 1958 ; S. GIULJ : *Le statut de l'opposition en Europe,* D.F., 1980 ; B. DE JOUVENEL : *De la Souveraineté,* 1955 ; H. KELSEN : *La démocratie,* trad., 1932 ; R. DE LACHARRIÈRE : *Etudes sur la théorie démocratique,* 1963 ; G. LAVAU et O. DUHAMEL : La démocratie *in* M. GRAWITZ et J. LECA ; *op. cit.* t. II, 1985, p. 29 ; Ph. LAUVAUX ; *Les grandes démocraties contemporaines,* 2e éd., 1997 ; Cl. LECLERCQ : *Le principe de la majorité,* 1971 ; R. MEDVEDEV : *De la démocratie socialiste,* 1972 ; Y. MÉNY : *Politique comparée. Les démocraties,* 5e éd., 1997 ; R. RÉMOND et autres : *La démocratie à refaire,* 1963 ; D. ROUSSEAU (sous la direction) : *La démocratie continue,* 1995. J. ROVAN : *Une idée neuve : la démocratie,* 1961 ; G. SARTORI : *Théorie de la démocratie,* 1973 ; J.-L. SEURIN et autres : *La démocratie pluraliste,* 1981 ; L. SFEZ : *L'égalité,* 1988 ; J.-L. TALMON : *Les origines de la démocratie totalitaire,* trad., 1966 ; E. TODD : *La chute finale,* 2e éd., 1990 ; A. TOURAINE : *Qu'est-ce que la démocratie ?,* 1994 ; A.-J. TUDESQ : *La démocratie en France depuis 1815,* 1971 ; J. ZYLBERBERG et Cl. ÉMERI (sous la direction de) *La démocratie dans tous ses États,* Québec, 1993 ; La démocratie majoritaire, *Pouvoirs* n° 85, 1998.

(22) V. R. CAPITANT : *Démocratie et participation politique,* 1973 ; R. CARRÉ DE MALBERG : Considérations théoriques sur la question de la combinaison du référendum avec le parlementarisme, *R.D.P.,* 1931, p. 243.

(23) Sauf volonté contraire exprimée par le pouvoir constituant, s'agissant de la Nouvelle-Calédonie (art. 77 C) (V. *IIIe partie*).

(24) V. P. BRUCKNER : *La mélancolie démocratique,* 1990.

TITRE 2
LES INSTITUTIONS POLITIQUES DES PRINCIPAUX ÉTATS REPRÉSENTATIFS DU DROIT CONSTITUTIONNEL CLASSIQUE *

* *Pour des raisons évidentes, les institutions politiques françaises font l'objet de la troisième partie du manuel.*

CHAPITRE I
LES INSTITUTIONS POLITIQUES DE LA GRANDE-BRETAGNE

Mère du libéralisme, la Grande-Bretagne peut être regardée comme le *chef de file* ou la *référence* des pays fondateurs du droit constitutionnel (1). Elle nous a légué, sans éprouver le besoin, cependant, de les conceptualiser : le *régime représentatif,* en tant que mode d'exercice de la souveraineté ; *le régime parlementaire,* mode de relations entre les pouvoirs constitués ; *l'Act d'habeas corpus,* régime protecteur de la liberté d'aller et venir, sans oublier la *tolérance politique,* symbole du respect de l'opposition et de l'humilité démocratique.

Toutefois, il convient maintenant d'entrer dans le détail du *modèle original de Westminster* qui repose, pour l'essentiel, sur une constitution formée de règles politiques *(les conventions de la constitution)* et incarne un exemple remarquable de démocratie. Mais, il importe au préalable de s'interroger sur les raisons de sa réussite exceptionnelle (2). L'insularité, jusqu'en mai 1994, a favorisé sa cohésion (3), mais plus encore son empirisme qui combine, de manière harmonieuse la tradition à l'innovation.

La force de la tradition s'est vérifiée avec la reconstruction à l'identique de la Chambre des Communes détruite par un bombardement, en mai 1941. En dépit de son caractère exigüe (elle n'offre de places que pour deux tiers des députés) et de son absence de confort pour ceux-ci, sa disposition en rectangle a été préférée à celle d'un hémicycle, car parfaitement accordée au tête à tête entre la majorité et l'opposition.

Cependant la Grande-Bretagne cultive l'innovation (4). *Notre révolution est calme, mais c'est une révolution* a affirmé, à cet égard, Tony Blair, le 30 juin 1998, en annonçant un vaste programme

(1) V. J. Leruez : *Gouvernement et politique en Grande-Bretagne,* 1989 ; Ph. Lauvaux : *Les grandes démocraties contemporaines,* 2e éd. 1997.

(2) La Grande-Bretagne est par vocation *exportatrice de modèles* en tout genre, pourrait-on dire : modèle politique ; modèle économique (la société industrielle y est née à la fin du XVIIIe siècle) ; modèle social (*l'État Providence* à partir de 1945) ; modèle religieux (l'ordination sacerdotale des femmes par l'Église anglicane, en février 1994) ; modèle dans le domaine sportif et, d'un certain point de vue, en ce qui concerne les mœurs (la société permissive dans les années *60*). En un mot, elle constitue bien l'atelier du monde, mais sous bénéfice d'inventaire.

(3) La Grande-Bretagne se présente comme l'union de trois nations : l'Angleterre, l'Ecosse, le Pays de Galles, en dehors de la situation particulière de l'Irlande du Nord (Ulster) séparée de la République d'Irlande depuis 1922..

(4) D'une manière ponctuelle, la Grande-Bretagne a été la première à plafonner les dépenses électorales en 1883 ; à accorder le droit de vote aux femmes en 1918 et aux citoyens du Commonwealth en 1983, sans oublier l'abaissement de la majorité civile et électorale fixée à 18 ans, en 1969. V. R. Brazier, *Constitutionnel Reform*, Oxford, 1998.

de réformes constitutionnelles : la *dévolution* (ou décentralisation) en faveur de l'Écosse, marquée par le rétablissement de son Parlement, aboli en 1707, et le Pays de Galles ; les élections s'y sont déroulées le 6 mai 1999, dans l'attente de la réforme de la Chambre des Lords. Plus symbolique encore se présente le vote en 1998 du *Human Rights Act* qui, par l'incorporation de la Convention européenne des droits de l'homme, au droit britannique renforce la protection des droits fondamentaux de la personne.

SECTION I — LES ÉLÉMENTS DU RÉGIME POLITIQUE BRITANNIQUE

Qu'est-ce que la constitution du Royaume-Uni ? Un jeu de l'esprit, raisonnable sans être rationnelle, a-t-on dit. D'un point de vue théorique, elle est diversifiée, en ce qu'elle combine des éléments formalisés et non-formalisés. Au premier cas, des lois essaimées à travers les siècles forment une constitution *matérielle* ou *souple :* la *Magna carta* (1215) ; l'*Act d'Habeas Corpus* (1679) ; le *Bill of Rights* (1689) consécutif à la *Glorieuse Révolution* de 1688, acte de naissance du droit constitutionnel identifié à la souveraineté parlementaire ; le *Reform Act* (1832) qui ouvre la marche du suffrage universel ; le *Settlement Act* (1701) concernant la Couronne ;les *Parliaments Acts* (1911 et 1949) en matière de bicamérisme ; *l'European Communities Act* (1972) qui incorpore le droit communautaire et met un terme à la souveraineté parlementaire (V. *Les Constitutions des Etats de l'Union européenne* 1999, p. 438). Au second cas, des règles politiques appelées des *conventions de la constitution (supra)* sont à l'origine du régime parlementaire et de l'institution du premier ministre. Mais le charme britannique ne se limite pas à ce seul aspect.

D'un point de vue pratique, la constitution cultive la simplicité et se résume au *two party system :* soit au gouvernement d'un parti sous le contrôle d'un autre et l'arbitrage des électeurs. Cette constitution donne naissance à un régime politique qui, à bien des aspects, ne correspond pas à l'idée que l'on s'en fait. En vérité, il s'agit d'une *collection de paradoxes* (G. Vedel).

§ 1 LE CORPS ÉLECTORAL

On qualifie le Royaume-Uni de *gouvernement d'opinion.* Le pouvoir de suffrage (A) y est accordé au mode de scrutin, fidèlement conservé depuis 1265 (B).

A. LE RÔLE FONDAMENTAL DU POUVOIR DE SUFFRAGE

La démocratie repose sur des élections disputées. Or, la portée du mécanisme électoral paraît, à première vue, relativement réduite en Grande-Bretagne. En effet, d'une part, ni les fonctionnaires, ni les magistrats, astreints au loyalisme, ne sont éligibles à la Chambre des Communes, et, d'autre part, parmi les institutions, une des deux chambres (celle des

Lords) est encore composée de membres héréditaires ou nommés à vie, tandis que le chef de l'État est un monarque héréditaire. En dehors de la vie locale, le rôle du corps électoral se borne à la désignation des membres de la Chambre des Communes, à l'exclusion de la procédure référendaire (5), et peut, dès lors, paraître faible. La réalité est toute autre.

1° L'expression du Gouvernement d'opinion

Un certain nombre de faits l'attestent. Les organes politiques héréditaires n'ont qu'une influence limitée : le monarque n'a pratiquement plus d'attributions qui lui soient propres ; quant à la Chambre des Lords, elle a subi un effacement progressif.

A l'opposé, la dissolution de la Chambre des Communes est une pratique courante. Elle intervient lorsque des signes d'usure se manifestent en cours de législature (chiffre important de *rebelles)* ou, plus généralement, au contraire, lorsque le premier ministre veut assurer, en choisissant le *meilleur moment,* une réélection confortable aux parlementaires de son parti (6). Il s'agit d'une dissolution tactique dont il escompte des effets bénéfiques, en d'autres termes. Celle-ci est généralement décidée, au cours de la cinquième année, mais parfois plus tôt (7). A l'évidence, le retour prématuré devant les électeurs s'imposera en cas de majorité étriquée (8) ou dissipée (9).

Dans ces conditions, la signification des élections, au Royaume-Uni, dépasse de beaucoup celle qui s'attache à la simple désignation de députés. Lorsqu'il se rend aux urnes, en particulier à l'occasion d'élections générales, le peuple britannique se prononce, en fait, sur la *politique* qui devra être suivie pendant la législature. En même temps, il confie le pouvoir à un parti, choisit le premier ministre (10) et son Gouvernement. Avec ce suffrage

(5) Un seul référendum national s'est tenu le 5 juin 1975 sur le maintien dans la Communauté européenne. En revanche, au plan local, 7 référendums ont été organisés : en Irlande du Nord (8 mars 1973 et 22 mai 1998) ; les projets de *dévolution* (ou de décentralisation) après avoir été repoussés, le 1er mars 1979, en Écosse et au Pays de Galles, seront approuvés respectivement, les 11 et 18 septembre 1997. Enfin, les Londoniens se sont prononcés, le 7 mai 1998, pour le retour à la démocratie locale. V. J. BELL, Royaume Uni, *R.F.D.C.* 1999, p. 178.

(6) En fait, le meilleur référendum est le bipartisme. Encore faut-il, afin que le loyalisme de la majorité parlementaire soit récompensé, que le premier ministre ne commette pas une erreur d'appréciation. Pour avoir accordé pleine confiance aux sondages d'opinion, Sir Harold Wilson a conduit ses troupes à l'échec, en juin 1970. La victoire est acquise, en effet, au soir de la consultation, et non par anticipation. Nul doute que les sondages ont produit *un effet de neutralisation* à l'égard des électeurs travaillistes. V. M. CHARLOT, Les sondages et les élections britanniques, *R.F.S.P.* 1970, p. 951.

(7) En règle générale, le premier ministre dispose du choix du moment, en matière de dissolution. Cependant Edward Heath en février 1974, a eu la main forcée, incontestablement, du fait de la grève des mineurs. Les élections locales, comme en 1983 et 1987, peuvent être regardées comme une répétition ou un tremplin.

(8) Par suite d'un phénomène de réfraction *(infra)* aucune majorité n'existait à la Chambre des Communes, à l'issue des élections du 28 février 1974. De ce fait, cette dernière avait vocation à être dissoute, dans la mesure où le bipartisme veut que chaque parti gouverne *à son tour.* Son existence a été la plus brève enregistrée, au siècle actuel : sept mois. Les élections du 10 octobre suivant ont restauré dans sa simplicité et son efficacité le *two-party system,* un instant grippé. On relèvera au passage, à titre de pierre d'attente, qu'à la différence de la France, aucune limite temporelle n'est apportée à l'exercice de la dissolution (art. 12 C). V. J. LERUEZ, L'année des deux élections, *Universalia,* 1975, p. 291.

(9) Le Gouvernement travailliste de James Callaghan (1976-1979) a vu sa majorité s'effilocher au point qu'une motion de censure de l'opposition a été adoptée le 28 mars 1979. De la même façon, le Gouvernement conservateur de John Major (1990-1997) n'a dû son salut au cours de sa dernière année d'existence qu'à la voix de son leader.

(10) En fait, il serait plus juste de dire que le peuple *entérine* le choix du premier ministre opéré préalablement par le groupe parlementaire, ou toute autre instance partisane *(infra).* Ceci, du reste, apparaît clairement lorsqu'*en cours* de législature, on assiste, au sein de la majorité, à une *relève de leader.*

combiné au bipartisme, qui propose à l'électeur un choix clair, un élément de *démocratie directe,* au sens classique du terme, se trouve, en fait, réintroduit dans le système représentatif. En un mot, la consultation est, à la limite, un prétexte à l'organisation d'un *référendum* sur le programme des partis et d'un *plébiscite* à propos du *leader* le plus apte à exercer les fonctions de chef de Gouvernement (11).

On peut donc dire qu'en Grande-Bretagne, les élections générales, non seulement donnent *l'impulsion* à la vie politique, mais déterminent réellement, pour la durée de la *législature* (durée du mandat collectif de l'assemblée), toutes les *caractéristiques* de celle-ci. Cependant, une pareille solution est le fruit de l'histoire, au cours de laquelle la priorité a été accordée aux solutions pragmatiques et plus encore aux compromis, que l'on pratique ici, avec *génie,* selon le mot de Gladstone.

2° L'extension progressive du droit de suffrage

L'élargissement du corps électoral, commencé avec la loi du 17 juin 1832, votée à l'instigation de Lord Grey, aboutit au suffrage universel des hommes et des femmes, respectivement, en 1918 et 1928. Il a ainsi fallu près d'un siècle à la Grande-Bretagne pour passer d'un suffrage inégal au suffrage universel (*supra*). Cette évolution s'est faite *sans à-coups* à la différence de la France, en 1848, sans que la souveraineté du peuple ait été jamais proclamée, nonobstant le combat mené par le *mouvement chartiste* (mouvement ouvrier) dans les années 1840 (12). Mais, par tempérament, les Anglais préfèrent l'innovation à la conceptualisation (13).

B. LE RÔLE CAPITAL DU MODE DE SCRUTIN

Véritable *moule* de la vie politique insulaire, tel se présente *le scrutin majoritaire uninominal à un seul tour,* appelé aussi *scrutin à la pluralité des voix* (14).

1° Les caractéristiques du scrutin

Ce scrutin naturel, auquel on songe instinctivement, se déroule un jour de la semaine, non chômé, le jeudi en principe, dans des circonscriptions par définition petites, puisqu'il n'y a qu'un seul siège à pourvoir. Cependant, celles-ci sont redistribuées *périodiquement* afin de tenir compte des mouvements démographiques (15). Au surplus, le candidat qui a obtenu aussitôt le plus grand nombre de voix est élu, quelle que soit, au demeurant,

(11) La personnalisation de la consultation en Grande-Bretagne est apparue en 1983 avec Margaret Thatcher. Le parti travailliste y a succombé, à son tour, avec Tony Blair en 1997.

(12) L'époque du suffrage restreint a survécu à travers la pratique du *canvassing* (c'est-à-dire du porte à porte) par laquelle chaque candidat s'efforce de rencontrer les électeurs. Cl. JOURNÈS : *L'État britannique,* 1985.

(13) La Grande-Bretagne a montré l'exemple à d'autres grandes puissances occidentales, à l'exception de l'Inde et d'Israël, en confiant, pour la première fois, en mai 1979, la fonction du premier ministre à une femme..

(14) Pour la première fois, toutefois, la représentation proportionnelle s'est appliquée, dans le cadre de 11 circonscriptions, à l'occasion des élections européennes de juin 1999.

(15) Le redécoupage des circonscriptions est confié en Angleterre, Écosse, Pays de Galles et en Irlande du Nord, à des commissions indépendantes *(boundary commissions)* placées sous l'autorité du *Speaker* de la Chambre des Communes (*Redistribution of the Seats Act* de 1958). Leurs recommandations, qui obéissent, au rythme décennal, sont ensuite entérinées par cette dernière.

son avance sur ses concurrents. Enfin, si dans une circonscription déterminée, un candidat n'a aucun compétiteur, il est proclamé élu sans scrutin (16).

2° Les incidences du scrutin

Le scrutin majoritaire provoque une *stylisation* de la vie politique. Il permet de dégager une majorité gouvernementale, en raison d'une nette déformation de la représentation. Toutefois, il n'est pas exclu qu'il débouche sur des résultats surprenants pour un continental.

a) *La formation d'une majorité gouvernementale*

On sait que l'élection à la pluralité des voix ne peut pas, à elle seule, *provoquer* le partage de l'opinion publique en deux partis, surtout lorsque la multiplicité de ceux-ci est justifiée par des raisons profondes. Toutefois, ce qui est vrai, c'est que le scrutin uninominal à un seul tour tend à *maintenir* le partage de l'opinion en deux partis et, par conséquent à dégager, non seulement une majorité *parlementaire,* mais surtout une majorité *gouvernementale,* ce qui est fondamental.

Sans doute, de 1922 à 1935, la Grande-Bretagne a-t-elle connu le *tripartisme,* et son corollaire, les Gouvernements de coalition, alors que le parti travailliste prenait progressivement la place du parti libéral. Mais, dès que celui-là a tenu la tête, celui-ci, sous-représenté, n'a pratiquement plus eu d'influence parlementaire (17).

Le *two-party system* est donc une réalité incontournable. Dans ces conditions, la perspective tentante d'un Gouvernement de coalition (18), ou affligeante d'un Gouvernement de tractation (19), est étrangère à la mentalité britannique. Le triomphe des conservateurs en 1979, puis les *plébiscites* en faveur de Margaret Thatcher en 1983 et 1987, en donnent la mesure, tout comme le raz-de-marée travailliste avec Tony Blair en 1997.

(16) Cette règle s'applique traditionnellement en faveur du *Speaker* sortant de la Chambre des Communes qui n'affronte, en principe, aucun adversaire.

(17) Pour s'en tenir à un exemple, aux dernières élections, du 1er mai 1997, les libéraux-démocrates *(lib-dem)* de Paddy Ashdown ont obtenu 16,7 % des voix et 46 sièges. Ce qui exclut qu'ils puissent se poser en situation d'arbitre.

(18) Seules les circonstances éminemment critiques, tels les conflits mondiaux, suspendent l'alternance : Gouvernements Lloyd George (1916-1922) et Winston Churchill (1940-1945).

(19) On songe à l'agonie du Gouvernement Callaghan, bénéficiant du soutien à *éclipses* des libéraux et des nationalistes, et se maintenant au pouvoir en vertu du principe... italien de la *non-défiance.* La *Chambre introuvable,* dont a disposé Margaret Thatcher de 1983 à 1990 a reposé, en dehors de la popularité que lui procura la victoire militaire des Malouines, en 1982, sur la division de ses adversaires, *majoritaires* dans le pays, et sur l'absence du *vote-tactique* (ou vote-sanction) chez les électeurs. Après la radicalisation de la décennie *80,* le parti travailliste a opéré un repositionnement centriste, sous la direction de Tony Blair, en vue de regagner la confiance des classes moyennes. Sous le signe du réalisme, le *New Labour* incarne désormais le *centrisme radical.* Sa victoire, le 1er mai 1997 a mis un terme au règne des conservateurs et restauré l'alternance bloquée depuis 18 ans.

Tout bien considéré, les variations électorales enregistrées traduisent, de manière mécanique, le phénomène de *refoulement* inhérent au mode de scrutin. Le *Labour,* extrapolation politique du *Trade Union Congress* (T.U.C.) (20), créé en 1900, franchira le barrage, trente ans après seulement. La mise à l'épreuve, que constitue le mode électoral, implique une solide implantation.

En clair, une bonne organisation (tant d'un point de vue local que national) se révèle être une exigence minimale. En ce sens que le scrutin se déroulant en une seule fois, il importe de faire *sur-le-champ* le plein des voix et attirer, essentiellement les *électeurs flottants (the floating vote)* qui, en définitive, font le plus souvent la décision. Il demande aussi, du côté des électeurs, un sens de la discipline évident. L'électeur doit savoir se détourner des partis, non crédibles, qui n'aboutissent qu'à lui faire perdre sa voix. Le *vote utile,* sorte de *loi* psychologique, s'impose, à l'évidence, en dehors d'un geste de protestation (21).

b) *La déformation de la représentation parlementaire*

Le mode de scrutin a cette caractéristique d'*accuser* l'amplitude des mouvements du corps électoral. La *prime à gouverner,* (le *bonus)* apparaît clairement et, du reste, elle constitue le but recherché, à travers la conversion de suffrage exprimés en sièges (22).

En revanche, outre le *malus* qui affecte le second élément du *two-party system,* c'est *l'anéantissement* ou peu s'en faut, du *tiers-parti,* laissé pour compte et à ce titre, pénalisé gravement et laminé injustement. L'exemple du parti libéral-démocrate est topique.

Dans ces conditions, ce scrutin peut être comparé à une avalanche, si l'on entend rendre compte de son effet de déformation. Mais, une démarche plus rigoureuse, sous la forme d'une loi mathématique, la *loi du cube,* dégagée par Kendall et Stuart, offre plus de ressources (23).

Cette loi veut que, si dans le pays le rapport du nombre des voix entre les deux principaux partis est de $\frac{a}{b}$ le rapport des sièges obtenus par chacun des deux partis à la Chambre des Communes soit de $\frac{a3}{b3}$. Autrement dit, si l'un des partis obtient les 3/5 des voix dans le pays et l'autre les 2/5, le rapport des sièges à la Chambre des Communes ne sera pas de 3 sur 2 mais de $\frac{27}{8}$, ce qui assure évidemment un sérieux avantage au parti majoritaire.

c) *La divagation du scrutin majoritaire*

Il se peut, en effet que le parti *majoritaire* dans le pays, du point de vue de *suffrages exprimés* se trouve *minoritaire* à la Chambre des Communes, en nombre de *sièges.* Deux exemples de *réfraction* sont à citer : en octobre 1951, les conservateurs obtiennent certes 48 % des voix contre 48,8 % aux travaillistes, mais en sièges, ils les devancent : 321 au

(20) On rappellera ici la clause de l'affiliation obligatoire aux syndicats des salariés d'une entreprise *(the closed shop).* L'efficacité du T.U.C. en découle directement. Le parti travailliste a pu être qualifié, dans ces conditions, de *parti indirect* (M. Duverger).

(21) En dehors du vote démocrate-libéral, au scrutin de 1997, les divers nationalistes (écossais, gallois et irlandais) ou protestataires ont conquis 29 sièges. Par ailleurs les conservateurs ont été éliminés des circonscriptions d'Écosse et du Pays de Galles.

(22) Aux élections de 1979 et de 1997, les conservateurs et les travaillistes recueillent respectivement 43,9 et 43,1 % des suffrages et disposent de 53,3 et 63,5 % des sièges aux Communes.

(23) V. M. G. KENDALL et A. STUART : La loi du cube dans les élections britanniques, *R.F.S.P.* 1952, p. 26 ; Cl. ÉMERI, Loi du cube, *D.C.,* p. 603.

lieu de 295. Toutefois, ces derniers prennent leur revanche, en février 1974 : avec 37,1 % des voix par rapport à 37,9 % chez les conservateurs ; ils détiennent 301 sièges, et leurs adversaires 297.

Comment un tel résultat peut-il se produire ? Le vainqueur l'emporte, parce que son électorat est réparti judicieusement sur l'*ensemble* des circonscriptions. L'*utilisation marginale* des voix veut (à l'instar de la plus belle fille du monde qui ne peut donner plus qu'elle n'a) que des majorités écrasantes dans une circonscription, ne procurent pas plus de sièges supplémentaires que des majorités étroites ; la circonscription, en tout état de cause, n'élisant qu'*un seul* candidat. Les voix *inutilisées* dans les fiefs sont perdues, une fois pour toute. En France, une situation de ce type ferait crier au scandale. En Grande-Bretagne, on s'en accommode par souci de réalisme.

Ce système comporte du fait même de sa *simplicité* (ou de sa brutalité, l'hésitation est possible) une forte dose d'injustice. Mais, il est accepté, jusqu'à présent, sans trop de récriminations. Son efficacité est son excuse ; la *complicité objective* des conservateurs et des travaillistes, qui s'entendent comme larrons en foire, son refuge (24). Par suite, la frustration ne constitue pas une composante de la vie politique britannique.

Au surplus, le plus marquant est que ce scrutin *transparent,* donne lieu à un *combat clair,* pour l'électeur, parce que binaire, et permet de dégager une *majorité gouvernementale*. Mais, à bien y réfléchir, ce sont les indécis qui feront la décision : de l'inconstance surgira l'alternance.

A cet égard, pour chaque parti, il existe des circonscriptions stables et, d'une façon générale, une masse d'électeurs stables. Mais, en contrepartie, ils sont confrontés à des *électeurs indécis ou flottants,* de l'ordre de 10 à 20 %, c'est-à-dire ceux qui votent tantôt pour un parti et tantôt pour l'autre. Ces derniers ne sont pas nécessairement les citoyens les plus éclairés, ce sont plutôt des *inconstants,* ceux qui hésitent toujours entre la droite et la gauche et qui, par suite, se trouvent exactement au centre (25).

(24) Cependant, Tony Blair a convié, en juillet 1997, le chef des libéraux-démocrates à siéger au sein du comité chargé d'étudier les réformes constitutionnelles et électorales. La participation du second parti d'opposition à un groupe de réflexion est inédite.

(25) Pour une vue d'ensemble des résultats électoraux : V. J. LERUEZ, *Les institutions du Royaume-Uni,* Doc. d'études, D.F., 1999, p. 44.

Représentation des partis à la Chambre des Communes depuis 1970				
Dates des élections	Partis	Nombre de sièges	% de sièges	% des suffrages exprimés
28 février 1974	conservateur travailliste libéral	297 301 14	46,7 47,4 2,2	37,9 37,1 19,3
10 octobre 1974	conservateur travailliste libéral	277 319 13	43,6 50,2 2	35,8 39,2 18,3
3 mai 1979	conservateur travailliste libéral	339 269 11	53,3 42,3 1,7	43,9 36,9 13,8
9 juin 1983	conservateur travailliste libéral-démocrate	397 209 23	61 32 3,5	42,4 27,6 25,4
11 juin 1987	conservateur travailliste libéral-démocrate	376 229 22	57,8 35,2 3,3	42,3 30,8 22,5
9 avril 1992	conservateur travailliste libéral-démocrate	336 271 20	51,6 41,6 3,1	41,9 34,4 17,8
1er mai 1997	conservateur travailliste libéral-démocrate	165 419 46	25 63,5 7	30,6 43,1 16,7

Ce qui autorise les contempteurs du scrutin britannique à affirmer que le sort de la nation se trouve, en fait, dans les mains d'éléments les moins valables. Chaque formation essaie nécessairement de les gagner à sa cause et par suite, chassant sur les mêmes terres, aux confins des classes moyennes, elles inclinent inéluctablement et normalement au mimétisme et au conformisme (26). On décèle ici la logique du *parti de rassemblement* ou du *catch-all-party* qui favorise objectivement l'alternance.

Le système électoral est lié, d'une manière intime autant que nécessaire, au régime politique britannique : le modifier serait affecter ce dernier dans ses œuvres vives.

(26) Le recentrage du *New Labour* de Tony Blair a été à l'origine de sa victoire en 1997. Le mélange du libéralisme économique et de la protection sociale a séduit, à nouveau, les classes moyennes. Tel le S.P.D. allemand, à Bad Godesberg en 1959, les travaillistes avaient renoncé, en 1995, à la fameuse clause IV des statuts relative aux nationalisations et limité le pouvoir des syndicats en leur sein.

§ 2 LE TWO-PARTY SYSTEM

La véritable constitution britannique, c'est le *bipartisme* (27). La formule mérite, en effet, examen. Le régime anglais est généralement défini comme un *gouvernement de cabinet,* ce qui est exact. Mais, il serait tout aussi juste de dire, que c'est un *gouvernement de parti,* en ce sens que, pendant une *législature,* c'est le parti qui a remporté les élections, dont le comité directeur gouverne (28).

Tout ce qui a trait au déroulement des élections, à la formation et à la vie du cabinet, à l'activité du Parlement est donc sous la dépendance, mieux *l'emprise* des partis et, plus précisément, du parti vainqueur. Cependant, la compétition demeure courtoise (29). On s'attachera à l'origine des partis (A), à leurs relations (B) et à leur rôle (C).

A. L'ORIGINE DES PARTIS POLITIQUES

On admet généralement que la division de l'opinion anglaise en deux tendances remonte au milieu du XVIIe siècle, lorsque après la révolution de 1648 et la restauration de la monarchie par Monk, Charles II monte sur le trône, en 1660. Mais, en réalité, la division est la suite de la Réforme, et tient surtout à des oppositions de caractères *religieux : Les puritains* attaquent l'église anglicane et la survivance des habitudes romaines qu'on y reconnaît. Ils s'opposent, en même temps, à *l'absolutisme* monarchique et défendent le règne de la loi.

Les partisans du roi soutiennent l'église anglicane et défendent la prérogative royale contre le Parlement. Au cours des siècles, ces positions resteront celles des *whigs* et des *tories.* C'est pendant la guerre civile, c'est-à-dire les années troubles, entre 1648 et 1688, que les deux premiers partis reçoivent leurs dénominations qui ne sont guère flatteuses. Que l'on en juge : Les cavaliers qui défendent le roi sont surnommés *tories,* du nom de brigands irlandais qui attaquaient des colons protestants et, cela, pour marquer qu'ils n'étaient que des catholiques camouflés, aristocrates et propriétaires fonciers, défendant le roi et l'église. De l'autre côté, les têtes rondes de Cromwell, qui protègent le Parlement contre le roi, les libertés civiques et la liberté religieuse (sauf toutefois pour les papistes), comprennent certains nobles, des propriétaires, des hommes d'affaires, des marchands de Londres. Ils sont surnommés, en mauvaise part, *wiggamores* ou *whigs,* du nom d'un groupe de paysans presbytériens de l'ouest de l'Écosse.

Deux autres causes ont favorisé le bipartisme : l'extension du droit de suffrage à partir de 1832 et l'utilisation du scrutin majoritaire à un tour.

B. LES RELATIONS PRIVILEGIÉES ENTRE LES PARTIS POLITIQUES

Le Royaume-Uni se ramène au *gouvernement d'un parti sous le contrôle de l'opposition et l'arbitrage de l'électeur.* Dans ce raccourci s'inscrit le *two-party system,* à rebours du principe de séparation des pouvoirs.

(27) Sir Ivor Jennings disait : *Une étude réaliste de la constitution anglaise d'aujourd'hui doit commencer par les partis, finir par eux... après en avoir discuté de long en large.*

(28) La Grande-Bretagne a enrichi la famille parlementaire d'une variété incomparable : le parlementarisme *majoritaire* qui combine la stabilité, et l'autorité dans le respect des libertés *(supra)* V. J.-Cl. COLLIARD : *Les régimes parlementaires contemporains,* 1978.

(29) En fait, les partis anglais sont *rivaux et associés.* Ils se donnent la main pour que le jeu politique soit correctement joué. On se souvient de la formule d'Harold Laski : *Nous avons un seul parti divisé en deux branches.* Par suite, le tiers-parti est un danger contre lequel une attitude s'impose : *l'inertie* en matière électorale.

C'est un fait que, depuis le XVIIe siècle, le Royaume-Uni, sauf à de brèves périodes, n'a connu que deux partis importants alternant au pouvoir : jusqu'en 1906, les conservateurs et les libéraux, successeurs des *tories* et des *whigs ;* depuis 1935, les conservateurs et les travaillistes. La période de 1922 et 1935, pendant laquelle le parti travailliste a supplanté le parti libéral, étant, à ce jour, la seule période de tripartisme et de gouvernements de coalition, c'est-à-dire de troubles, que la Grande-Bretagne ait connue dans le développement de son régime représentatif (30).

1° Les raisons de l'établissement du bipartisme

En simplifiant, on visera l'histoire et d'heureuses coïncidences.

a) *L'histoire*

Les divers facteurs qui, en d'autres pays, ont entraîné la création de plusieurs frontières au sein de l'opinion publique, n'ont provoqué dans les îles que l'apparition d'une *seule* ligne de clivage. Les deux premiers courants qui se sont manifestés ont pris naissance à propos de divergences *religieuses.* Mais, il s'est trouvé que les tenants de la tradition catholique, même amendée par l'anglicanisme, ont été en même temps des partisans de la prérogative royale et, par la suite, des conservateurs sociaux, tandis que les puritains ont été de fervents défenseurs de l'autorité du Parlement et, plus tard, ont su prendre, dans le domaine social, des attitudes plus progressistes que les tenants de l'anglicanisme.

b) *La chance*

Il s'est trouvé qu'au cours des siècles, les grands problèmes se sont souvent posés en Grande-Bretagne (peut-être à cause de son insularité, à moins que ce ne soit son *esprit sportif ?*) en termes *binaires,* comme la fameuse leçon d'agrégation en droit. Au XVIIe siècle, le choix se présente entre le maintien de l'autorité royale, appuyé alors par la France, ou le développement des prérogatives du Parlement. A la fin du XVIIIe siècle, l'Angleterre doit choisir entre la lutte contre les idées révolutionnaires qui viennent encore de France, ou, au contraire, un accueil bienveillant. Au XIXe siècle, l'option est le libre-échange ou le protectionnisme. A l'heure actuelle, le choix est entre l'intégration ou la coopération au sein de l'Union européenne.

2° Les raisons du maintien du bipartisme

Elles se rattachent à la conception du parti de Gouvernement.

a) *La mission du parti*

Le fait qu'un parti est conçu en Grande-Bretagne comme un organisme destiné, par priorité, à exercer le pouvoir, a contribué, sans aucun doute, au maintien du système. Chacun d'entre eux a, en effet, intérêt à avoir le moins de concurrents possible pour l'exercice du pouvoir. Son avantage est également d'exercer le pouvoir *seul,* ce qui devient irréalisable en période de tripartisme où la majorité est presque nécessairement une majorité de coalition. A partir du moment où le parti libéral a été en perte de vitesse, conservateurs et travaillistes ont objectivement uni leurs efforts pour le dépecer.

En sens contraire, une formation qui veut s'imposer et se transformer en *parti de Gouvernement* doit accomplir des efforts gigantesques sur une longue période pour mieux s'enraciner. *Faites vos preuves !,* serait-on tenté de lui conseiller. La difficile percée du *Labour,* même adossé au puissant *Trade Union Congress,* l'atteste.

(30) V. A. DEMICHEL et P. LALUMIÈRE : *Les régimes parlementaires européens,* 2e éd. 1978, p. 219 et D. BUTLER : Le système des partis, *Pouvoirs* n° 37, 1986, p. 23.

Détail significatif, chaque parti, dans sa représentation parlementaire, est organisé selon une *structure gouvernementale :* le parti majoritaire, cela va sans dire, mais symboliquement *l'opposition* autour du cabinet fantôme *(Shadow Cabinet)* (31). La relève est prête, les responsabilités partagées, dans l'attente du prochain verdict électoral.

b) *L'organisation du parti*

Il faut signaler, à cet égard, les efforts constants qui sont faits à l'intérieur de chaque parti pour réduire les dissidences. Un parti qui accepte de voir des adhérents ou militants se séparer de lui, surtout lorsqu'il sont nombreux, est un parti qui cesse d'être crédible. Dès lors, il est voué de manière inexorable à la disparition. C'est parce qu'ils ont affronté divisés, les élections de 1922, que les libéraux ont été éliminés de la vie politique.

Si le parti ressemble à une puissante machine, copiée sur les structures de l'État au demeurant, c'est que le poids de *l'appareil* y est réel, que la *discipline,* maître-mot en l'occurrence, y règne. Les partis britanniques constituent de petits chefs-d'œuvre.

c) *La représentation du parti*

C'est le mode de scrutin qui, par la prime énorme accordée aux partis *de Gouvernement* assure la *solidité* du système et sa *pérennité.* Il en constitue, à la vérité, la *clé de voûte.* Le parti libéral-démocrate qui a pu paraître, à certains moments, comme une sorte de *recours,* au jeu quelque peu stérile, pour d'aucuns, entre les conservateurs et les travaillistes est condamné à jouer les utilités. C'est le lourd tribut (l'injuste tribut, pour un continental) infligé au tiers-parti, par le système électoral du *first past the post.*

Le choix binaire de l'électorat permet ainsi un classement entre les partis à *vocation gouvernementale,* et ceux de *protestation locale ou sociale* (partis nationalistes ou communiste).

3° Les effets du bipartisme

Un jugement de valeur nuancé doit être exprimé.

a) *Les avantages du bipartisme*

Le principal est de permettre au corps électoral de choisir, d'une façon *directe,* le Gouvernement et de lui confier, en conséquence, la *légitimité* et l'efficacité. Le bipartisme démocratise le parlementarisme. Il évite, dans toute la mesure du possible, qu'il ne dégénère en système oligarchique. Il constitue *le meilleur des référendums.*

Il procure ainsi, un exécutif stable, au gré de l'alternance (32). Dès lors que celui-ci dispose de la majorité à la Chambre des Communes, leur durée coïncide. On parle, en conséquence, d'un *Gouvernement de législature.* Il est exceptionnel dans ces conditions, qu'un premier ministre change en cours de mandat (33), ou qu'un cabinet minoritaire demeure au pouvoir (34).

(31) V. J. Leruez : Le cabinet fantôme : l'opposition institutionnalisée en Grande-Bretagne, *Pouvoirs* n° 12, 1980, p. 165.

(32) Le cabinet de Tony Blair est le 56e depuis celui formé en 1801 par William Pitt. Concernant la France en partant de... 1875, les chiffres sont éloquents : 108 Gouvernements sous la IIIe République, 22 sous la IVe et, à ce jour, 27 sous la Ve République.

(33) L'hypothèse se réalise soit, pour *convenances personnelles,* ainsi Sir Harold Wilson arguant de l'âge de la retraite en mars 1976 ; soit, de manière plus grave, à la suite de *revers politique* susceptible de rejaillir sur le parti lui-même (*crises sèches*) : Anthony Eden, en mars 1957, sera contraint par ses *amis* à se retirer après l'échec de l'expédition de Suez, au même titre que Margaret Thatcher, en novembre 1990 (impopularité de la *poll tax,* échec de la politique économique). V. G. W. Jones, Mais qui a tué Maggie ?, *Pouvoirs,* n° 58, p. 113.

(34) Harold Wilson provoquera de nouvelles élections, en octobre 1974, à la différence de son successeur qui y avait été acculé.

Premier ministre depuis 1945	Parti politique	Durée des fonctions
1. Clement ATTLEE	travailliste	juillet 1945 - oct. 1951
2. Winston CHURCHILL	conservateur	oct. 1951 - avril 1955
3. Anthony EDEN	conservateur	avril 1955 - mars 1957
4. Harold Mac MILLAN	conservateur	mars 1957 - oct. 1963
5. Alec DOUGLAS HOME	conservateur	oct. 1963 - oct. 1964
6. Harold WILSON	travailliste	oct. 1964 - juin 1970
7. Edward HEATH	conservateur	juin 1970 - mars 1974
8. Harold WILSON	travailliste	mars 1974 - avril 1976
9. James CALLAGHAN	travailliste	avril 1976 - mai 1979
10. Margaret THATCHER	conservateur	mai 1979 - nov. 1990
11. John MAJOR	conservateur	nov. 1990 - mai 1997
12. Tony BLAIR	travailliste	mai 1997 - ------------

b) *Les défauts du bipartisme*

Il comporte, tout d'abord, une certaine dose *d'injustice,* en ce sens que le système électoral, qui est nécessaire pour le maintenir, est cruel pour le *tiers-parti.* S'agissant des libéraux-démocrates, il faut noter qu'en approchant la barre des 20 % des suffrages exprimés, un seuil de tolérance à la pénalisation est atteint. Au plan politique, si on peut faire grief au bipartisme de constituer un système un peu *élémentaire* de représentation de l'opinion, sa transparence renforce son efficacité et le consensus (35).

C. LE RÔLE DES PARTIS POLITIQUES

Les formations britanniques assument, avec efficacité, *l'encadrement* des gouvernés au moment de la consultation électorale, et par la suite, celui de leurs représentants.

1° L'encadrement des gouvernés

Les partis sont, d'une façon quasi absolue, maîtres de la présentation des candidats. Les candidatures indépendantes deviennent pratiquement impossibles en raison des frais qu'elles entraînent et de leur peu d'attrait auprès des électeurs.

Les partis choisissent les circonscriptions où se présenteront les candidats agréés par eux. L'expérience prouve que la discipline des électeurs est telle que, dans bon nombre de circonscriptions, le remplacement d'un candidat par un autre candidat n'a pas d'importance, le chiffre des voix obtenues par le parti restant, à peu de chose près, le même.

2° L'encadrement des représentants

Selon André Mathiot, les partis sont *les organes de formation du Gouvernement.* Le premier ministre est, théoriquement, choisi par le monarque. Toutefois, ce dernier a le devoir d'appeler le *leader* du parti qui a remporté la victoire aux élections. La seule

(35) Le Gouvernement au centre devient dans ces conditions un objectif politique prioritaire. Ce qui limite d'autant le jeu de l'alternance.

exception, au cours de ce siècle s'est produite en 1923, lorsque Stanley Baldwin fut préféré à Lord Curzon par George V. La décision fut prise parce que celui-ci, n'appartenant pas à la Chambre des Communes, n'y avait pas accès de ce fait. Il y aurait eu, dès lors, échec, à la prééminence incontestée depuis 1911, de la chambre issue du suffrage universel. Mais, comme à la suite de cette décision, les partis choisissent désormais pour *leader* un membre des Communes, le devoir du monarque d'appeler le chef victorieux d'une élection générale ne souffre plus d'exception.

On avait pu penser, en 1957, au moment de la démission d'Anthony Eden et de la préférence accordée à MacMillan et non à Butler, que si le *leader* devenu premier ministre venait à quitter le pouvoir *en cours* de législature, le souverain retrouvait la faculté de choisir effectivement son successeur. Cependant, on sait maintenant que ce sont les *dirigeants* du parti conservateur (le *cercle magique* selon l'expression) qui ont écarté Butler, une première fois, en 1957 et une seconde, en 1963 au profit de Sir Alec Douglas Home. Toutefois, les remous suscités à cette occasion, amèneront les conservateurs à confier cette responsabilité à leur groupe parlementaire (36).

Au total, le premier ministre *désigné* par le *groupe parlementaire* ou par un autre collège électoral (37), après sélection, sera ultérieurement *confirmé* par les électeurs. Il en va de même si, exceptionnellement, une relève s'opère en cours de législature (avril 1976, novembre 1990).

Au surplus, chaque parti veille sur ses élus à la Chambre des Communes et le rappelle constamment à cette vertu cardinale : *la discipline.* Il faut signaler, à cet égard, le rôle pittoresque, mais irremplaçable, des *whips* (expression topique, empruntée à la vénerie, qui, en anglais, signifie fouet ou piqueur) qui, tels des serre-file, participent à l'organisation des débats, informent de façon constante, les *backbenchers* (c'est-à-dire les députés de la base), et s'assurent, en particulier, de leur présence et de leur discipline de vote (38). En effet, seul le vote *personnel* est admis.

(36) La domination du *cercle magique* sur la vie intérieure du parti conservateur a pris fin après la défaite de Sir Alec aux élections de 1964. Edward Heat a été élu *leader* de l'opposition au scrutin secret, par le groupe parlementaire, le 28 juillet 1965, avant d'accéder aux responsabilités de premier ministre, en juin 1970. A son tour, il sera remplacé par Margaret Thatcher, le 11 février 1975, celle-ci sera écartée, par la suite, le 20 novembre 1990. Ce qui tend à prouver que le chef du Gouvernement est une victime expiatoire, en cas de défaite électorale ou de risque d'échec. V. A. MATHIOT : La désignation du leader du parti conservateur en Grande-Bretagne, *Mél. Jean-Jacques Chevallier,* 1977, p. 185.

(37) Le mode de désignation du *leader* du *Labour* incombe à un collège électoral composé des syndicats (qui en sont à l'origine), du groupe parlementaire travailliste et des sections locales. La règle qui réservait depuis 1981 aux syndicats 40 % des voix a été abandonnée en juillet 1993. A l'avenir, l'élection se fera sur la base d'un *membre, une voix.*

(38) A cet effet, chaque vendredi, le *Chief-whip* (qui occupe un rang ministériel, l'équivalent français du ministre chargé des relations avec le Parlement) envoie à tous les membres du groupe le programme des travaux de la semaine *(documentary whip).* Lorsqu'une question n'est soulignée que d'un trait, la présence est facultative. Si elle est marquée de deux traits, le parlementaire peut s'absenter à la condition de s'entendre avec un député de l'opposition pour que celui-ci s'abstienne également. Ce système du *pairing* ou de la *pondération des absents* s'est appliqué également au Parlement suédois (le *Riksdag*) entre 1973 et 1976. Le Gouvernement d'Olof Palme et l'opposition détenant exactement le même nombre de sièges, on a utilisé le tirage au sort en cas de partage des voix (*Gouvernement à la courte paille,* a-t-on pu dire). Pour revenir, maintenant au *documentary whip,* la présence de trois traits entraîne la présence *obligatoire* sous peine de sanctions. Le *three-line whip* est utilisé systématiquement, à quelques réserves près, en cas de majorité restreinte.

§ 3 LE PARLEMENT

Selon la formule classique de Dicey, le Parlement a *le droit de faire ou de ne pas faire une loi quelconque.* Elle dissimule, cependant, un *faux ami* du point de vue sémantique. L'expression est ici retenue dans un sens *spécifique.* A l'image de la formule féodale : *the king in parliament* (le roi en son conseil), elle désigne *l'ensemble* formé par le roi et ses ministres, d'une part, *et* les deux chambres (les Communes et les Lords) qui siègent séparément depuis le XIVe siècle, au palais de Westminster, d'autre part, ou si l'on veut, le faisceau des institutions représentatives. Ces dernières, en harmonie avec la majorité électorale, exercent un pouvoir en théorie illimité (39). Ce qui justifie pleinement le principe, posé à partir de la révolution de 1688, selon lequel le droit constitutionnel britannique s'identifie à la *souveraineté* du Parlement, sous la réserve du droit communautaire depuis 1972.

L'examen du bicamérisme, invention britannique au même titre que le régime représentatif (V. *1re partie*), doit retenir l'attention.

A. LA CHAMBRE DES COMMUNES (HOUSE OF COMMONS)

On examinera, de manière classique, successivement sa composition, son organisation et ses attributions.

1° La composition

Les sujets britanniques âgés de 18 ans, depuis 1969, ainsi que les nationaux irlandais et les citoyens du Commonwealth, depuis 1981 *(Representation of the People Act)* résidents, participent à l'élection des membres des Communes, qui se déroule traditionnellement un jeudi. Forte de 659 membres, représentant 44 millions d'électeurs, celle-ci donne de la nation une image approximative, en raison de la déformation inhérente au mode de scrutin. Il y a lieu de préciser que les fonctionnaires sont, en principe, *inéligibles ;* que le *contentieux* des élections, suite à une réforme introduite par Disraëli en 1868, est confié à un tribunal *ad hoc* dans le cadre de chaque circonscription. Le *Speaker* est saisi de ses conclusions. En cas de vacance d'un siège, une élection *partielle* est organisée. Une redistribution de ceux-ci intervient, en principe, chaque décennie. Enfin, les élus prêtent serment d'allégeance à la Couronne (40).

(39) Toutefois, la discipline partisane n'exclut pas l'existence de *rebelles* au sein de la majorité parlementaire. Cette situation est fréquente dans les rangs travaillistes, en raison d'une aile gauche active. Sir Harold Wilson désireux de mettre un terme aux grèves *sauvages* a été contraint, en 1969, de battre en retraite. De façon plus spectaculaire encore, le référendum européen du 5 juin 1975 a été organisé, afin de masquer l'opposition entre travaillistes. Chez les conservateurs, le phénomène existe aussi. A trois reprises, au moins, un premier ministre a été contraint d'engager la responsabilité du Gouvernement afin de mettre au pas les rebelles : Edward Heath, le 28 octobre 1971, à propos de l'adhésion à la Communauté européenne et John Major, le 23 juillet 1993, pour la ratification du traité de Maastricht et le 29 novembre 1994 concernant la participation au budget communautaire. *L'option thermonucléaire* (ou la dissuasion née de la menace de dissolution) a eu raison des anti-européens.

(40) V. J. BEAUTÉ : Le règlement intérieur de la Chambre des Communes britannique d'hier à aujourd'hui *R.D.P.* 1996, p. 1555 ; J. LERUEZ, Fin de « règne » conservateur au Royaume Uni : les élections générales du 1er mai 1997, *Pouvoirs* n° 83, p. 165.

2° L'organisation

Toute l'organisation des Communes reflète cette idée que, juridiquement indépendante et souveraine, à la suite de sa victoire en 1688 sur l'absolutisme royal, elle est cependant détournée, par la volonté populaire, dont elle est la *servante,* d'utiliser cette indépendance contre le gouvernement.

La durée de la législature, fixée initialement à sept ans, par le *Septennial Act* de 1715, a été ramenée à cinq ans par le *Parliament Act* de 1911. Encore la Chambre est-elle habituellement dissoute au cours de la dernière année de son mandat. La mesure, qui ressortit à la compétence *personnelle* du premier ministre *(Sa Majesté s'est fait une joie gracieuse de signifier qu'elle se pliera à cette demande,* selon la formule traditionnelle rédigée en français), présente un aspect *fonctionnel* accusé.

Pendant l'intervalle des élections générales, les Communes peuvent théoriquement siéger en permanence, en tout cas régler elles-mêmes leurs sessions, réserve faite de l'ouverture annuelle du Parlement par le monarque. Mais, en fait, c'est le cabinet qui règle la durée des sessions.

a) *Les droits et privilèges des Communes*

Ceux-ci sont fort étendus : inviolabilité, liberté d'expression ; droit d'accès auprès du roi par l'intermédiaire du *Speaker ;* droit de règler la procédure des débats ; d'admettre ou de ne pas admettre le public dans les tribunes ; droit de s'opposer à la publication des débats (il n'a pas été utilisé depuis 1762) ; droit de faire comparaître et d'admonester toute personne ayant manqué de respect à la Chambre *(contempt of Parliament),* comme cela est arrivé, le 25 janvier 1957, à un rédacteur du *Sunday Express,* coupable d'avoir accusé les députés de recevoir une allocation exagérée d'essence, *etc.* Somme toute, la chambre dispose de toutes les commodités qui, de proche en proche, ont constitué le droit parlementaire *commun* des sociétés pluralistes.

b) *Le rôle insigne du Speaker*

Le Speaker, qui exerce ses fonctions en robe et perruque et ne se déplace dans l'enceinte des Communes que précédé de la masse portée par le sergent d'armes, est, peut-on dire, une institution qui, comme le Parlement, remonte au Moyen-Age, sans qu'on en puisse exactement préciser l'origine. Une sanction disciplinaire sera infligée, en 1988, à un député, qui, dans un geste de colère, après s'être emparé de la masse d'armes, la jeta à terre. Une femme, issue des rangs de l'opposition (Betty Boothroyd) a accédé, pour la première fois, à cette fonction enviable, en 1992.

Le *Speaker* est le porte-parole et le *défenseur* des privilèges des Communes. Il est chargé d'en diriger les débats. Il exerce le pouvoir disciplinaire sur ses membres. Il désigne les présidents des commissions permanentes (41).

L'autorité du *Speaker* sur ses collègues vient d'abord de son *impartialité,* celle-ci étant rendue plus aisée par un certain nombre de précautions : Il est généralement élu sans opposition, à la suite d'un accord entre les deux partis. Le cérémonial veut qu'au début d'un nouveau Parlement, le *clerk of the House,* qui correspond un peu à notre secrétaire général, pointe son index vers un membre de la majorité, puis vers un membre de l'opposition susceptible de proposer le nom d'un candidat. C'est généralement le même nom qui est donné et l'élection a lieu d'un commun accord. Le *Speaker* s'abstient dans les votes, sauf en cas de partage ; ce qui est naturellement très rare (42).

(41) Lorsqu'il est assis dans sa chaire, la masse posée sur la table, il est le maître des débats. Personne n'entre ni ne sort sans le saluer. Tous les discours s'adressent *à lui,* ce qui est un moyen d'éviter qu'ils ne prennent un caractère excessif. C'est lui qui donne la parole, veille à ce que les interventions ne s'éloigne pas de la question traitée, et, d'une façon générale, assure la liberté, la loyauté et la courtoisie des débats.

(42) Le Speaker dispose, par ailleurs, dans le cadre de la procédure législative du pouvoir de *sélectionner* les amendements, en écartant ceux qui présentent un caractère dilatoire ou démagogique (prérogative appelée le système du *kangourou*).

3° Les attributions

Investi, en théorie, de la souveraineté, le Parlement la met en fait, à la *disposition* du cabinet, en vertu de la solidarité partisane qui les unit, qu'il s'agisse du pouvoir législatif ou de contrôle.

a) *Le pouvoir législatif*

En un moment où le droit écrit tend à l'emporter sur le droit coutumier *(common law),* en raison des changements dans les rapports économiques et sociaux, il n'est pas indifférent de relever ce nouveau paradoxe britannique.

Bien que les membres de la Chambre des Communes possèdent l'initiative en matière législative *(private member's bills),* la plupart des lois sont d'origine *gouvernementale (governement's bills).* Ceci s'explique par le fait que la procédure favorise les projets de l'exécutif, mais essentiellement parce que, s'il s'agit d'un projet de la *majorité,* il sera tout naturellement présenté par le gouvernement qui en est l'animateur, et qu'à l'opposé, une proposition de l'opposition restera à l'état de pétition de principe (43). Qu'ils soient d'origine gouvernementale ou parlementaire, les *bills* sont soumis à trois lectures : la première étant *préalable,* à la *différence* de la procédure française, au renvoi en commission. Ils bénéficient de la *suprématie (rule of law)* en l'absence d'une hiérarchie des normes.

1) Les commissions

Les membres des Communes (MPs) sont naturellement appelés à siéger en commissions, mais suivant un système assez particulier. Il convient de distinguer trois types de commissions : la commission de la Chambre entière (*Committee of the Whole House*) les commissions permanentes et les autres.

α) La commission de la Chambre entière

Composée de tous les membres des Communes, elle est présidée, non pas par le Speaker, mais le *chairman* des voies et moyens. Elle est compétente pour les lois de finances ; les lois importantes en matière constitutionnellle, notamment (ratification du traité de Maastricht en 1922) et les lois controversées.

β) Les commissions permanentes

Sous leur forme actuelle, les *Standing committees* remontent à 1882. Chaque commission comprend 50 membres (20 permanents et éventuellement 30 temporaires), désignés par le Comité de choix *(Committee of Selection),* de façon à ce que leur composition reflète exactement celle de la Chambre. Ces commissions sont normalement au nombre de dix, y compris deux commissions spécialisées pour les affaires écossaises.

A part les commissions écossaise, elles ont une compétence *indifférenciée* (à l'opposé de la France et des États-Unis). Au nombre de huit, elles sont désignées par les lettres allant de *A* à *H.* Grâce

(43) L'exécutif est devenu, selon la tendance contemporaine, *l'atelier législatif.* La loi est une technique de mise en forme du programme électoral ; le budget, pour sa part, étant sa traduction chiffrée. A cet égard, il existe en Grande-Bretagne, des fonctionnaires spécialisés dans la rédaction des lois *(Parliamentary Drafsters)* regroupés, depuis 1869 dans un organisme interministériel appelé le *Parliamentary Counsel Office* (P.C.O.). V. N. LENOIR : L'élaboration des textes législatifs et réglementaire en Grande-Bretagne, *E.D.C.E.* 1986, p. 221.

à cette précaution, elles ne sont pas davantages tentées que la commission de la Chambre entière de contrôler avec indiscrétion l'action de tel ou tel ministre (44).

A l'issue de ses travaux, chaque commission produit un texte, mais à l'opposé du système français, sans que ce dernier soit accompagné d'un rapport explicatif.

γ) *Les autres commissions*

Il s'agit de commissions présentant une importance moindre et ne possédant qu'un nombre réduit de membres. On mentionnera, à cet égard : les *Select committees :* commissions spéciales nommées à l'occasion d'un *bill* de caractère technique ou d'une enquête ; les *Joint committees* ou commission *mixtes* sont composées de membres de la Chambre des Communes et de celle des Lords et chargés d'examiner des projets d'intérêt commun aux deux assemblées, mais n'ayant cependant pas un caractère politique marqué et les *Sessional committees :* commissions désignées au début de chaque session, d'où leur nom, pour régler des questions de procédure ou de méthode (45). Une mention particulière doit être réservée à la commission chargée de la législation communautaire *(Select committee on European Legislation)* créee en 1974, au même moment qu'à la Chambre des Lords. Elle est dotée d'une compétence *horizontale* qui s'étend à l'ensemble des projets soumis au Conseil de l'Union européenne. Elle dispose d'un pouvoir d'orientation de la politique gouvernementale.

2) *La conduite des débats aux Communes*

En principe, les débats n'ont lieu que si un nombre suffisant de membres sont présents. Ce nombre est actuellement fixé à quarante, y compris le *Speaker.* En fait, en raison de la tradition, de l'institution du vote personnel et du contrôle des *whips,* l'assiduité des MPs est honorable.

Les débats se décomposent en trois lectures (*readings*).

α) *La présentation d'une motion*

Elle est défendue brièvement par celui l'a déposée et généralement par un autre membre ; s'il s'agit d'un projet ou d'une proposition de loi ; c'est le président de la commission qui l'a examinée qui, en séance publique, en fait la présentation.

β) *La mise en question de la motion*

Le *Speaker* invite la chambre à se prononcer en lui proposant une *question,* qui reprend sous une forme interrogative les termes de la motion. C'est à ce moment que la chambre se décide sur la prise en considération et que le projet ou la proposition peut être amendé. Mais toutes les novations à la motion primitive *(substantive motion)* s'opèrent selon le même processus : motion en vue de faire modifier les termes de la question *(subsidiary motions),* questions, décisions.

La parole ne peut être prise que si elle a été accordée par le *Speaker ;* les MPs parlent de leur banc, il n'y a pas de tribune et, en principe, sans notes ; ils doivent s'adresser, on le sait, non à la chambre ou à un ministre, mais au *Speaker* lui-même. Par ailleurs, ce dernier a le droit d'éliminer les *amendements* (modifications de forme ou de fond apportées au texte en discussion) qui lui paraissent inutiles ou dilatoires (procédé dit du *kangourou*), qui n'est pas sous analogie avec le système français du *vote unique* (art. 44, al. 3 C) ; il est également largement maître de la clôture des débats (système dit de la *guillotine*) afin de mettre un terme à l'obstruction ou *filibustering* (flibuste en français).

(44) Dans le souci de soumettre l'administration au contrôle parlementaire, 16 *Select committees* ont été créés en 1979. Leur rôle, au cours de la législature, consiste à examiner les dépenses, l'administration et la politique des principaux départements ministériels et organismes publics associés. Ces commissions demeurées modestes, en vérité, se rattachent au pouvoir de contrôle de la Chambre des Communes.

(45) V. E. TAYLOR : *The House of Commons at work,* Londres, 6e éd., 1965. S'agissant, en général, du droit parlementaire (invention britannique), on consultera : Th. ERSKINE MAY : *Parliamentary Practice,* Londres, 20e éd., 1983 (la première édition date de 1844).

γ) *La décision*

Le terme de la procédure est, en effet, la décision : une fois le débat achevé, le *Speaker* pose définitivement la question telle qu'elle a été amendée ou, en tout cas discutée, et la Chambre se prononce.

Cette procédure, lorsqu'on en suit pour la première fois le déroulement, peut paraître compliquée. En fait, elle interdit tout chevauchement de discussions et aussi les longueurs ; le *Speaker* intervenant de façon constante pour faire le point du débat.

Le vote peut avoir lieu par *oui* ou *non,* la décision étant prise d'après le volume des voix favorables à l'une ou l'autre branche de l'alternative, par assis et levé ou par *division.* Le vote par division est employé pour tous les scrutins importants : les membres de la chambre quittent leurs places et se séparent en deux fractions, celle des *oui* et celle des *non ;* les *oui* sont comptés quand ils rentrent dans la salle des séances par le couloir à droite de la chaire du *Speaker,* les *non* par le couloir à gauche de la même chaire (46).

b) *Le pouvoir de contrôle*

A l'occasion de l'examen de la genèse du régime parlementaire, on a indiqué que la responsabilité politique des ministres procédait de la procédure pénale de *l'impeachment* (47) (*supra*). Observons seulement qu'à l'heure actuelle, en raison du bipartisme et de la stricte discipline de vote, en dehors des problèmes relevant de la conscience individuelle (peine capitale, avortement, homosexualité ou... indemnités parlementaires), la mise en cause de la responsabilité politique du Gouvernement est, à l'heure actuelle, *rarissime.* Au cours de ce siècle, on a noté, à ce jour, deux cas concernant un cabinet travailliste : celui de Reginald Mac Donald désavoué, en juin 1924 et celui de James Callaghan, renversé le 28 mars 1979 à une voix de majorité. Mais, à dire vrai, la logique du parlementarisme majoritaire aboutit à *inverser* le schéma traditionnel. A partir du moment où il est, en définitive, *responsable devant le corps électoral,* c'est plutôt le Gouvernement qui contrôle les Communes, par l'intermédiaire de sa majorité. Ce sont, en effet, des relations de *chef à troupes,* (G. Vedel). Aussi, on note que la *dissolution*est maniée par le premier ministre comme un instrument de *discipline,* à l'exemple de la ratification du traité de Maastricht, en 1993 (48). En temps normal, la dissolution (l'autodissolution ?) change de signification. Loin de la punition infligée, elle sera la *récompense* de la loyauté des députés au Gouvernement.

Cependant, la formule précédente mérite d'être nuancée. Le système britannique sait toujours utiliser la vocation de *contrôleur* du Parlement pour obliger le Gouvernement à sortir d'une situation fâcheuse, ou le tenir en haleine. On songe aux pratiques diversifiées de la *crise sèche* intra-majoritaire ; des questions orales ou celle du mandat de négociation en matière communautaire.

1) *Les crises sèches ou intra-majoritaires*

Un premier ministre est condamné à réussir car il est responsable devant son parti. Lorsqu'il apparaît insuffisant, subit un échec ou est atteint par un scandale, sans que la majorité au pouvoir

(46) A la différence du droit français (art. 21 C), le Gouvernement en Grande-Bretagne n'est pas investi du pouvoir d'exécution des lois, en vue d'assurer leur application. Les règlements *(Statutory instruments)* sont élaborés par les services du ministre compétent et soumis par approbation au Parlement. Le silence observé, en règle générale pendant une durée de 40 jours, par une chambre, vaut approbation. Il y a lieu d'observer, par ailleurs, qu'à titre exceptionnel, une loi de 1972 a accordé au Gouvernement le pouvoir de mise en œuvre des normes communautaires, par un effet de mimétisme, à l'utilisation des ordonnances, en France (art. 38 C).

(47) V. Y. DEMEER : L'impeachment dans les institutions anglaises et américaines, *Mél. Jacques Teneur* (Lille) 1977, p. 1.

(48) En déposant, le 23 juillet 1993, une motion de confiance, John Major a tablé sur la dissuasion, avec succès. Il devait réitérer, le 29 novembre 1994, s'agissant de la participation au budget communautaire.

ne se divise, cette dernière peut le contraindre à se retirer. En 1940, Neville Chamberlain est obligé de céder la place à Winston Churchill ; en 1957, Anthony Eden, au lendemain de l'équipée de Suez, doit s'effacer au profit d'Harold Mac Millan. A son tour, celui-ci est contraint à se retirer, en 1963, à la suite de l'affaire Profumo. La révolte des contribuables, due à la *poll tax* et à l'échec économique de Margaret Thachter ont mis fin à son pouvoir, en 1990. John Major n'a pas hésité à démissionner de la présidence du parti conservateur, le 22 juin 1995, afin de mettre au pied du mur ses adversaires (*les eurosceptiques*) et ses détracteurs après l'échec subi aux élections locales, le mois précédent. Son mandat devait lui être renouvelé, le 4 juillet suivant par le groupe parlementaire.

On vérifie par ce procédé intra-majoritaire, que le premier ministre est, en règle générale, *l'obligé* de son parti, et non l'opposé, au point qu'il sera à proprement parler sacrifié, de crainte d'altérer les chances de ce dernier (49).

2) Les questions orales

Après les prières, au début de chaque séance, sauf le vendredi, une heure est réservée aux questions des MPs *(question-time)*. A la séance à l'ordre du jour de laquelle la question figure, le *Speaker* appelle le membre qui l'a posée. Celui-ci indique le numéro de sa question, le ministre auquel elle s'adresse et se rassied (50). Le ministre en cause se lève et répond, parfois d'une façon laconique, en disant : *yes Sir* ou *no Sir*. La réponse est, cependant, généralement moins brève, tout en étant courte. Le député qui a posé la question a la faculté de reprendre la parole pour demander, éventuellement, une précision supplémentaire.

Ce système de questions très largement organisé, environ 10 000 par an, a le grand mérite d'obliger d'une façon constante le gouvernement à se disculper ou, en tout cas, à s'expliquer. Il aide, du reste, ce dernier à être en contact, pour ainsi dire quotidien, avec l'opinion publique.

3) Le mandat de négociation

Au terme d'une convention de la constitution négociée en 1974, les chambres disposent, à l'égal du *Folketing* danois, d'un pouvoir d'orientation de la politique gouvernementale en matière communautaire. Le ministre ne peut agir que dans les limites du mandat qu'il a reçu. Il est tenu d'en rendre compte après la réunion du Conseil européen. De la même façon, le Gouvernement s'engage à refuser d'adopter en Conseil de l'Union européenne une proposition en instance d'examen devant une chambre, sauf circonstances exceptionnelles (pratique dite de la *réserve parlementaire*).

B. LA CHAMBRE DES LORDS (HOUSE OF LORDS)

L'héritière du *Magnum concilium* est une chambre *et* une juridiction suprême.

1° La composition

La Chambre des Lords, *pleine de dignité* (W. Bagehot), apparaît en cette fin de siècle comme un anachronisme ou, si l'on préfère, *le grand conservatoire des rites anglais* (M. Bouissou) (51).

(49) Ce mécanisme *interne* à la majorité de mise en cause du Gouvernement est spécifique du parlementarisme majoritaire. On en trouve, une illustration en Allemagne, lorsque le chancelier Erhard est évincé, en novembre 1966, par ses amis et remplacé par K. G. Kiesinger. La révocation de Jacques Chaban-Delmas, en juillet 1972, se rattache à cette tendance. On le constate, le chef du Gouvernement dans ce système est à *l'intérieur* de la majorité, alors que le président en régime présidentialiste, sous la Ve République, est *au-dessus* d'elle.

(50) La *question-time* est à l'origine de l'initiative prise par le président Giscard d'Estaing, en 1974, d'inviter les députés à poser des questions au Gouvernement ayant trait à l'actualité. (V. *IIIe partie*).

(51) La réforme, voire l'abolition, de la Chambre des Lords a été souvent annoncée, par les travaillistes. Après l'échec du projet d'Harold Wilson en 1969, Tony Blair s'est prononcé, à son tour, en novembre 1998, pour la suppression des Lords héréditaires. V. F. MARX, La Chambre des Lords, *R.D.P.* 1968, p. 334 ; A. LACOUDRE ; L'ultime bataille de la Chambre des Lords, *P.A.* 19 avril 1999.

Présidée par le Lord Chancelier, elle est protocolairement la première, puisque c'est dans sa salle des séances qu'est approuvée la nomination du *Speaker* des Communes, qu'a lieu la cérémonie de l'assentiment royal aux lois votées, ainsi que le discours du trône.

Elle a, par ailleurs, gardé une allure largement féodale. On y trouve, tout d'abord, 800 pairs héréditaires (*les pairs éternels*) créés par le roi. L'attribution de la pairie sert à récompenser des hommes éminents et n'est plus réservée, depuis longtemps, à l'aristocratie féodale et terrienne. A côté de ces derniers siègent les pairs représentant l'Écosse ; des pairs d'Irlande, en voie d'extinction ; enfin, depuis le *Life Peerage Act* de 1958, des pairs *à vie*, nommés par la couronne (c'est-à-dire par le premier ministre) : ils sont actuellement 540. Il faut ajouter à cet ensemble les 12 Lords d'Appel, hauts magistrats nommés à vie et les 26 Lords spirituels, qui sont des archevêques et évêques anglicans. Les femmes peuvent y siéger depuis 1958. Elles sont actuellement une cinquantaine : Lady Thatcher étant la plus célèbre, depuis que la pairie viagère lui a été conférée, en 1992 (52).

La Chambre des Lords est, dans sa majorité, conservatrice. Sur un ensemble d'environ 1 200 membres, il n'y a guère que 200 pairs travaillistes.

Chacun s'accorde cependant à estimer que la pairie à vie a rajeunie la chambre et que la participation à ses délibérations en a été accrue. Une *nouvelle race politique* (J. Leruez) s'y rencontre : celle du pair actif *(Working peer)*. Les pairs ne perçoivent pas d'indemnité parlementaire.

Cette chambre est aussi la plus haute juridiction du royaume : *l'Appellate Committee,* formée des 12 *Law Lords,* est compétente en matière civile et criminelle (53).

2° Le rôle de la Chambre des Lords dans la vie politique britannique

Le problème que pose la Chambre des Lords est celui de l'*utilité* ou de l'*inutilité* du bicamérisme pour le fonctionnement du régime parlementairedans le cadre d'un État unitaire.

Tant que le suffrage n'est pas universel et que, par conséquent, le pouvoir réside, en fait, dans une classe (aristocratie terrienne ou bourgeoise d'affaires), la chambre haute concrétise et protège la vocation politique de la classe privilégiée. Elle est, à certains égards, le pivot du régime (54). C'est bien là le rôle que la Chambre des Lords a assumé pendant fort longtemps. Présentement, elle est en porte-à-faux.

a) *La Chambre des Lords et la constitutionnalisation du pouvoir*

Le régime parlementaire anglais est né dans un climat libéral ou élitiste, puisque les électeurs à la Chambre des Communes ne représentaient, jusqu'en 1832, que 4 % environ de la population. A cette époque, c'est la Chambre des Lords qui, dans une large mesure, mène le jeu et accapare le pouvoir.

Maîtres de la Chambre des Communes, les lords le sont aussi du ministère. Celui-ci est présidé par un des leurs, et les membres des Communes y sont toujours en minorité. Bien plus, le contrôle politique du cabinet appartient, en réalité, de façon indirecte mais sûre, à la chambre haute (55).

(52) Le *Peerage Act* de 1963 autorise les pairs héréditaires à renoncer à leur titre, s'ils entendent jouer un rôle politique actif. Une dizaine d'entre eux, à ce jour, en ont réclamé le bénéfice, dont Sir Alec Douglas Home, lorsqu'il a succédé au *10 Downing Street* à Mac Millan en octobre 1963. En effet, seuls peuvent pénétrer aux Communes les membres de cette dernière. Ce qui a conduit le nouveau premier ministre à s'y faire élire, à l'occasion d'une élection partielle. Par ailleurs, la tradition veut qu'un ancien premier ministre soit anobli et nommé à la Chambre des Lords, par son successeur.

(53) Les juges Lords se sont prononcés, par exemple, sur la demande d'extradition concernant le général Pinochet (oct. 1998 et mars 1999) V. N. Lenoir : La Chambre des Lords à propos des projets actuels de réforme constitutionnelle, *C.C.C.* n° 3, 1997, p. 37.

(54) *Chambre qui possède la majeure partie des terres du royaume et dont la Chambre élective* [la Chambre basse] *n'est qu'une sorte de branche ou d'écoulement.* Dira en écho Chateaubriand, en 1823, de la Chambre des pairs en France.

(55) C'est l'instant de se souvenir du caractère initial de la procédure de l'*impeachment.* Technique de la dissuasion, cette dernière pouvait être mise en cause si le cabinet n'avait pas la sagesse de démissionner en temps utile.

Mais le zénith allait incliner au nadir, à partir de la réforme électorale introduite par... Lord Grey en 1832.

b) *La Chambre des Lords et la démocratisation du pouvoir*

C'est cette dernière loi qui marque le *commencement de la fin* des lords. Par touches successives, le rôle des PMs grandit. Le régime parlementaire s'organise progressivement comme un *tête-à-tête* entre le cabinet et la chambre populaire. Le premier ministre en provient de plus en plus. Lord Salisbury, en 1902, sera le dernier d'entre eux venant de la chambre haute. La règle sera définitivement fixée, en ce sens, lorsque Stanley Baldwin, en 1923, s'imposera face à Lord Curzon. La majorité des ministres est également prise dans la chambre basse. Enfin, les lords voient progressivement s'amenuiser leurs attributions législatives, au point de devenir un abcès de fixation, au début de ce siècle. Un bicaméralisme égalitaire s'était établi, au fil des ans, sauf en matière financière, où les MPs, représentant les contribuables, avaient de manière consensuelle imposé leurs vues aux lords. Ceux-ci avaient rejeté en bloc un budget pour la dernière fois en 1861.

Sur ces entrefaites, le premier ministre libéral (Lloyd George) présente en 1909 *the People's Budget* marquée par une réforme fiscale. Les lords s'y opposèrent. Dans ces conditions, à cette date, après dissolution et de nouvelles élections favorables au parti libéral, les MPs votèrent, outre les *bills* financiers, un texte amputant les pouvoirs des lords.

Ce dernier ayant été repoussé, une nouvelle dissolution s'ensuivit (56). Lloyd George triomphant, ses adversaires durent s'incliner et accepter le *Parliament Act* de 1911, l'une des rares dispositions écrites de la constitution britannique.

L'économie de ce texte peut se résumer ainsi : en matière *financière*, les *money bills* ne peuvent pas être amendés par les lords. Ceux-ci ont la possibilité de les accepter ou de les récuser.

Pour les autres domaines, les lords disposent d'un *droit de veto* temporaire, limité à deux ans. En 1949, la majorité travailliste a voté un second *Parliament Act* ramenant à un *an* cette durée (57).

c) *Les raisons du maintien de la Chambre des Lords*

Il est bien certain, tout d'abord, que le traditionnalisme joue un rôle important. La chambre haute a beau être une institution dépassée par les événements, elle fait partie du décor du parlementarisme anglais. Le projet de Tony Blair, présenté par la reine en novembre 1998, tend à la moderniser en la rendant plus représentative.

Sur ses bancs siègent en assez grand nombre des personnalités (anciens députés, ministres, avocats ou juges) ; les interventions sont rares, mais elles sont généralement élevées (58). Déchargées de la plupart des sujetions politiques ces *has been*, toute révérence gardée, exercent un *magistère moral* et veillent au respect du consensus national. Ainsi, le projet de loi portant suppression du *local government* londonien *(G.L.C.)*, en 1984, a amené les *nobles seigneuries* à exercer leur *faculté de retarder* au point de l'emporter. De même, ils ont repoussé, en 1998, le projet introduisant la R.P. pour la désignation des députés européens, obligeant le Gouvernement à recourir au *Parliament Act.* Au surplus, le rôle *juridictionnel* des Lords ne cessent de s'affirmer dans le domaine privilégié des droits fondamentaux, à la manière d'une cour suprême ou constitutionnelle (59).

(56) Pour vaincre la résistance des Lords, le cabinet aurait pu songer à demander au souverain qu'il procède à une *fournée de pairs*. En fait, cette procédure était tombée depuis longtemps en désuétude. Elle n'a été utilisée, en effet, dans l'histoire, qu'à deux reprises : en 1713 pour favoriser la ratification du traité d'Utrech et en 1832, et cette date ne se présente pas fortuitement, pour imposer le *Reform* Act.

(57) Le Parliament Act de 1911 a ramené, par ailleurs, la durée de la législature de 7 à 5 ans. V. J. CADART : Le Parliament Act de 1949, *R.D.P.* 1952, p. 681.

(58) On ne peut oublier aussi que la sagesse politique veut qu'un régime comporte une *institution inutile,* selon Jules Romains.

(59) V. N. LENOIR : art. précité, *C.C.C.* n° 3, 1997, p. 37 ; P. DOOKHY et R. DOOKHY : Le développement du contentieux de la loi en Angleterre, *R.F.D.A.* 1999, p. 159.

§ 4 LE GOUVERNEMENT

Le régime parlementaire a été conçu originairement pour réaliser un *équilibre* entre le Parlement et le cabinet.Selon les pays où il se développe, selon également les circonstances qui entourent sa croissance, ce régime évolue soit, vers la prédominance du législatif soit, vers celle de l'exécutif.

A l'opposé de la France, le parlementarisme britannique a pris une orientation contrastée, en ce sens qu'il est demeuré un *Gouvernement*. Adossé à sa majorité, agissant en théorie au nom du roi ou de la reine, c'est le cabinet qui exerce la fonction dirigeante. Il est juste, toutefois de rappeler, qu'en raison de son mode d'élection, le cabinet, et plus particulièrement son *leader,* peut se réclamer de l'investiture populaire et donc de la légitimité démocratique. Par suite, la définition classique de Bagehot (*The British Constitution*, 1867) s'impose : *un comité de liaison, un trait d'union qui joint, une boucle qui fixe la partie législative de l'État à la partie exécutive de l'État. Par son origine, il appartient à l'une, par ses fonctions, il appartient à l'autre*.

Cependant, cette situation est le résultat d'une évolution qu'il importe de retracer. Elle a empruntée deux étapes : *l'héritier* du roi est devenu celui du peuple : du service de Sa Majesté, il a été promu à celui de ses sujets.

A. LE GOUVERNEMENT EST L'HÉRITIER DU MONARQUE

C'est en Grande-Bretagne que le ministère est devenu, pour la première fois, en tant que tel, *l'héritier* des pouvoirs du roi, à la suite des révolutions de 1640 et de 1688. Selon le sens inné du compromis, qui caractérise le peuple anglais, le roi ne pouvant rien faire, ne peut mal faire *(the king can do not wrong)* (60). Seuls les ministres sont responsables d'une politique arrêtée et menée en son nom.

1° L'organisation du Gouvernement

A l'origine, on trouve auprès du roi, un conseil privé *(Privacy council)*, qui ressemble beaucoup à celui dont s'entoure, à la même époque, le roi de France. C'est de ce conseil qu'est sorti, par une longue évolution, l'actuel cabinet ministériel. Il comprend plusieurs centaines de membres qui portent le titre de *right honourable*. Outre sa fonction juridictionnelle, à l'égard d'anciens dominions (Nouvelle-Zélande, Maurice, *etc.*), il proclame le successeur au trône, après le décès ou l'abdication du roi. Il proclame la convocation, l'ajournement ou la dissolution de la Chambre des Communes. A vrai dire, cette proclamation équivaut à une publication. Il procède aux déclarations de guerre. Enfin, il édicte les *ordres en conseil* qui sont la forme britannique de la législation *déléguée*. Le cabinet, bien qu'ayant actuellement une origine purement parlementaire, demeure toujours, en théorie,

(60) Le contexte dans lequel le régime parlementaire est né, en Grande-Bretagne, l'a marqué longtemps de son empreinte. Au XIXe siècle, on l'a considéré comme lié d'une manière intime, sinon indissoluble au système monarchique. Ainsi, la France en fait l'apprentissage, sous la monarchie constitutionnelle de 1814 à 1848. Il faut attendre 1875 pour qu'il soit associé au régime républicain. Encore faut-il souligner qu'il s'agissait de préserver l'avenir, en attendant *le retour... du lys* selon le mauvais jeu de mots, que l'on faisait à l'époque. Pour revenir à la Grande-Bretagne, il faut rappeler que, l'avènement de la dynastie de Hanovre, en 1714, a précipité la translation de l'autorité. Lorsque George III (1760-1820) voulut la reprendre, sa folie l'en empêcha.

un *comité* émanant du conseil privé et, du reste, les ministres sont, en même temps, obligatoirement membres de ce dernier.

Pour en revenir à la composition actuelle du gouvernement, celle-ci admet une distinction fondamentale entre *ministère* et *cabinet*. Sur le continent, l'habitude de considérer les deux termes comme équivalents. Toutefois, en Grande-Bretagne, ils se présentent à la manière de *cercles concentriques* (61).

a) *Le ministère*

C'est l'organisme gouvernemental *lato sensu*. Il comprend, suivant la formule des auteurs anglais, toutes les personnes qui, unies par les liens de la solidarité du parti, sont collectivement responsables devant le Parlement de la politique décidée par la majorité. Le ministère est une formation nombreuse, il se compose souvent d'une centaine de personnes, entre ministres, secrétaires d'État, sous-secrétaires d'État et secrétaires parlementaires privés.

b) *Le cabinet*

Au sein du ministère, le cabinet est la *partie efficace* (Bagehot) ou le noyau dur de tout le mécanisme exécutif. A l'opposé du Gouvernement, il ne comprend qu'un *petit nombre* de ministres, choisis *intuitu personae* par le premier ministre. On y trouve, en général, aux côtés de celui-ci : le *Lord Chancelier* (ministre de la justice) ; le *Chancelier de l'Échiquier* (ministre des finances) ; le *secrétaire au Foreign Office* (ministre des affaires étrangères) ; les ministres chargés de l'intérieur ; de la défense ; de l'éducation ; du commerce et de l'industrie ; de l'agriculture ; des affaires d'Écosse ; du Pays de Galles ; d'Irlande du Nord ; des affaires sociales, et de l'emploi, ainsi que les *leaders (Chief Whips)* des Communes et de la Chambre des Lords, qui ont rang ministériel. Le cabinet comprend donc, en général, une vingtaine de membres, mais la liste des titulaires n'est pas fixée *ne varietur* (62).

En période exceptionnelle, à l'occasion de laquelle une politique *bipartisane* est appliquée, le nombre des membres du cabinet est très fortement restreint. Le cabinet de guerre de 1914-1918 dirigé par Lloyd George ne comprenait que cinq membres. En 1940 et 1945, sous l'autorité de Churchill, le chiffre selon les circonstances, a varié de cinq à huit. La guerre du Golfe, en 1991 a été gérée par un cabinet de crise, composé de John Major et des responsables des affaires étrangères et de la défense.

Tous les membres du cabinet, comme ceux du ministère, sont choisis personnellement par le premier ministre. Bien que gardant, théoriquement, le pouvoir de nommer, le monarque ne peut, en réalité, refuser son agrément, *a fortiori*, a-t-il renoncé au pouvoir de révoquer (63).

(61) Une dissociation qui présente des analogies, en France, avec le précédent créé, en mars 1983, lors de la nomination du 3e Gouvernement Mauroy. Pour la première fois, la qualité de ministre a été liée à celle de participant au conseil des ministres. Les secrétaires d'État en sont normalement exclus *V. IIIe partie*.

(62) Le cabinet reflète les différentes tendances du parti majoritaire, unies par le lien de solidarité. Toutefois, sous Margaret Thatcher, à partir de 1983, seuls ses fidèles, les durs *(dries)* y ont été appelés. A l'opposé, les mous *(wets)* en ont été écartés. John Major a renoué avec la tradition en y accueillant Michael Heseltine à l'origine de la chute de la *Dame de fer,* en 1990, et les eurosceptiques adversaires de l'Union européenne. Le cabinet accueille 22 titulaires sous Tony Blair. Il comporte un vice-premier ministre (John Prescott), ministre des transports et des régions.

(63) Le renvoi en 1834, de Lord Melbourne par Guillaume IV est le dernier exemple de la volonté royale, en ce domaine. Le parlementarisme *dualiste* s'effacera au profit du parlementarisme *moniste.*

2° Le fonctionnement du Gouvernement

En droit, le Gouvernement est toujours la réunion, à peine officielle, des collaborateurs du monarque. C'est peut-être ce caractère discret, tout au moins au regard des textes constitutionnels, qui a fait que, jusqu'à la première guerre mondiale, le ministère malgré toute son autorité ne disposait d'aucune organisation. Aucun secrétariat permanent n'était prévu ; il n'était tenu aucun procès-verbal ; la procédure suivie, pour les convocations et les discussions, dépendait uniquement du premier ministre et changeait avec lui. Par la suite, la collégialité s'est organisée autour et pour ce dernier.

a) *Le premier ministre et l'organisation du Gouvernement*

Depuis qu'en 1923, Baldwin fut choisi de préférence à Lord Curzon, le premier ministre est toujours un membre de la Chambre des Communes. Un pair ayant, toutefois, la possibilité de renoncer à son titre, depuis 1963. A l'origine, *primus inter pares*, celui-ci n'a cessé depuis William Pitt *(the Younger)*, qui a modelé l'institution pendant 20 ans (de 1783 à 1801, puis de 1804 à 1806), de conforter son autorité en raison de son investiture populaire (64). Sans céder à l'hyperbole, l'ascendant personnel de Margaret Thatcher qui a gouverné sans partage le pays et son parti, 11 ans, en porte témoignage. En remportant de façon consécutive, trois victoires électorales, ce qui est sans précédent, celle-ci aura profondément innové (65). En un mot, le Gouvernement de cabinet *(Cabinet Government)* qui implique un processus décisionnel collégial a été, en pratique, supplanté, par la volonté de puissance du premier ministre, consécutive à l'instrumentalisation des ministres et à la multiplication des comités restreints. Le Gouvernement par le premier ministre *(Prime ministerial Government)* s'est résorbé depuis lors. Mais une logique de situation conduit à accueillir au 10 *Downing Street*, un *monarque élu ou temporaire* : Tony Blair en témoigne.

1) Les prérogatives du premier ministre

La formation du cabinet, sa convocation (en principe, chaque jeudi) autant que sa disparition sont entre ses mains. Non seulement, c'est lui qui en nomme les membres, mais il peut le modifier, demander à l'un de ses ministres de démissionner ou de changer d'attributions (66). Il peut également résilier ses fonctions, porter au roi la démission de son Gouvernement et annoncer la dissolution des Communes.

Le premier ministre assure *seul* la liaison entre le gouvernement et le monarque. C'est lui, tout d'abord, qui se rend auprès de ce dernier, lequel depuis le règne de George Ier (1714-1727) n'assiste plus aux délibérations du cabinet. Par ailleurs, les ministres n'ont pas directement accès auprès du roi ou de la reine. Ils doivent demander au premier ministre de leur obtenir une audience et celui-ci, généralement, assistera à l'entretien.

(64) Sir Robert Walpole a préfiguré ce rôle pendant 23 ans (de 1715 à 1717, puis de 1721 à 1742). La fonction de premier ministre, la plus belle convention constitutionnelle, a-t-on prétendu, a été consacrée indirectement par le *ministers of the Crown Act* de 1937. V. A. CASTEL : Le premier britannique. Naissance d'une institution conventionnelle, *Revue hist. de droit français et étranger,* 1981, p. 199.

(65) Au XIXe siècle, Lord Liverpool avait créé un précédent entre 1812 et 1827. Mais les élections se déroulaient au suffrage restreint. Margaret Thatcher a établi le record de longévité gouvernementale, avec 11 ans et 6 mois (mai 1979-novembre 1990).

(66) En juillet 1962, Mac Millan n'hésita pas à se séparer d'un tiers des membres de son cabinet. Quant à Margaret Thatcher, elle parvint à ce résultat, après la démission de Sir Geoffrey Howe (début novembre 1990) à demeurer le... seul membre constant des cabinets qu'elle avait formés depuis son accession au pouvoir, en 1979. L'idée d'une *dictature élective* a été avancée (V. J. LERUEZ, *op. cit.* p. 9).

Il contrôle la politique de ses subordonnés, n'hésitant pas à intervenir dans leur département respectif, et, tout particulièrement, concernant la politique étrangère. On peut dire qu'en l'espèce, le secrétaire au *Foreign Office* est un exécutant, quand il n'est placé devant le fait accompli. Sans remonter à William Pitt, luttant contre la France révolutionnaire et impériale, on citera des exemples saisissants : Neville Chamberlain a conduit *personnellement* la politique d'apaisement vis-à-vis de l'Allemagne national-socialiste et provoqué, en 1938, la démission d'Anthony Eden ; Edward Health, le seul *européen* du royaume, comme il aimait à le dire, est à l'origine de l'adhésion de son pays à la Communauté européenne en 1972 ; Margaret Thatcher s'est entourée d'exécutants et a dirigé *seule*, en 1982, la reconquête des Malouines, sans dévier, par ailleurs de ses objectifs en matière économique et communautaire (67) ; John Major a remporté la bataille de la ratification du traité de Maastricht, en 1993 et Tony Blair a imposé la fin de l'Etat-providence en 1998. Mais la Roche Tarpéienne est près du Capitole : le premier ministre est *en permanence responsable* devant son parti et les électeurs, comme il a été indiqué. Son anoblissement sera son lot de consolation en cas d'échec.

2) L'organisation du cabinet

Elle repose essentiellement sur deux éléments : le cabinet du premier ministre *(Prime Minister's Office)* et le *Cabinet Office* créé en 1916, sans omettre les comités, le groupe de conseillers qui assistent le premier ministre.

Le secrétariat ou *cabinet office* est chargé de la préparation de l'ordre du jour, des convocations, de la tenue des procès-verbaux, *etc.* Mais, le premier ministre a toujours le droit, comme on dit en Grande-Bretagne, de *modifier l'agenda*, c'est-à-dire de changer la date de la convocation, l'ordre du jour, entre autres (68).

Ces comités sont, en temps ordinaire, le lieu privilégié de la *coordination* ministérielle et de la *négociation.* Ceux-ci réunissent seulement les ministres (membres ou non du cabinet) intéressés à l'étude d'une question. Le Chancelier de l'Échiquier, ainsi que le *Chief Whip,* y sont naturellement conviés. C'est en leur sein que sont utilisés les sous-secrétaires d'État et secrétaires parlementaires, qui apprennent ainsi à faire leurs premières armes. Le premier ministre peut toujours présider chacun de ces comités ou s'y faire représenter par un membre du cabinet (69).

b) *Les attributions du Gouvernement*

Ce sont, *grosso modo*, les anciennes prérogatives royales. Le cabinet les exerce sous sa propre responsabilité ; laquelle joue à l'occasion des élections aux Communes, en raison de la logique majoritaire.

Par ailleurs, le premier ministre a en charge le *projet politique* sur lequel il a été élu, simultanément, avec sa majorité. De manière ponctuelle, il exerce *personnellement* divers pouvoirs : le droit de dissolution des Communes, le droit de grâce, le patronage (l'octroi des titres et honneurs), sans omettre la rédaction du discours du trône qui sera lu par le monarque, entre autres.

(67) On connaît, à ce propos, le surnom qui lui a été attribué : *T.I.N.A. (There is no alternative)* et les réactions, en 1986, du chanteur Renaud, ... dans *Miss Maggie.*

(68) Le *Prime Minister's Office* est l'équivalent du cabinet du premier ministre français, le *Cabinet Office* est le pendant du secrétariat général du gouvernement (S.G.G.) en France. V. J.-L. QUERMONNE : *L'appareil administratif de l'État,* 1991, p. 34.

(69) Le *Downing Street* est le centre nerveux du pouvoir : Au 10, est installé le premier ministre ; au 11, le Chancelier de l'Échiquier et au 12, le *Chief Whip* de la majorité. V. M. CHARLOT, *Le pouvoir politique en Grande-Bretagne,* 1990, p. 431.

1) La détermination de la politique nationale

Sous l'autorité du premier ministre, le cabinet arrête, avec une grande indépendance, les lignes générales de la politique intérieure et extérieure du pays, en raison, d'une part, du mandat que le pays lui a conféré et, d'autre part, de la discipline de sa majorité.

2) La direction de l'administration

La seconde tâche du cabinet est d'animer et de contrôler l'administration (*Whitehall*, comme on dit). En Grande-Bretagne, ce contrôle est réel. Sa réalité tient à la durée de l'équipe ministérielle, à son importance et aussi aux traditions de loyalisme du remarquable *Civil Service*, qui applique, avec efficacité, avec honnêteté, la politique de l'équipe au pouvoir, tout en cultivant, au sens noble, le dilettantisme et le scepticisme.

3) L'initiative financière

Il dispose de l'initiative financière et domine toute la vie de l'État. Le fait est d'autant plus notable que le Parlement anglais a, jadis, conquis son pouvoir politique, grâce essentiellement aux prérogatives financières qu'il avait su se faire connaître et par lesquelles, il a pu se rendre *indispensable :* l'impôt ou la taxe n'étant consenti que pour une brève période. Il a renoncé en 1713 à son pouvoir d'initiative au profit du Gouvernement (70). Depuis 1994, l'année budgétaire est assimilée à l'année civile.

4) La maîtrise du processus législatif

Grâce au relais de sa majorité, le cabinet dispose de la *prééminence*. A ce propos, il appartient à une commission, formée en son sein, par les présidents des chambres et le *Chief Whip* de préparer le programme de chaque session. Le gouvernement organise les débats, en règle générale *(allocation of time orders)* selon le procédé dit de la *guillotine*.

Mais il est utile de revenir sur le personnage central du *Whip*, car la sémantique est particulièrement éclairante. Emprunté à la vénérie, le terme signifie littéralement *piqueur* c'est-à-dire, celui qui armé d'un fouet est chargé de rameuter les chiens qui poursuivent la bête dans la chasse à courre. Toute révérence gardée, le *Whip* est donc chargé de rameuter la majorité ; de lui imposer une discipline de fer, en tant que de besoin ; bref, de jouer le rôle du serre-file. Le *Chief Whip* est assisté d'une vingtaine d'adjoints (*Governement whips,* dit-on) ce qui contribue à un strict encadrement des MPs, d'autant plus nécessaire que le droit de vote est *personnel*. Un dernier détail aura le mérite de consacrer le rôle irremplaçable du *Chief Whip* : depuis 1945, celui qui symbolise l'opposition, perçoit, à ce titre, une rémunération sur fonds public.

Les lois sont d'origine gouvernementale ; les MPs n'intervenant qu'à concurrence de 10 à 15 %. Ce qui constitue le principe dans les démocraties en dehors des États-Unis. Au surplus, le cabinet peut prétendre, en dehors des périodes de crise (*Emergency Powers Act* de 1939, *Northern Ireland Act* de 1974), bénéficier d'une *habilitation législative*, appelée aussi *législation déléguée*. Le droit d'édicter des dispositions, au lieu et place des assemblées, a été accordé ici au Gouvernement plus tôt qu'en France. Cette pratique des *Statutory instruments* implique que le Parlement autorise ce dernier à agir, à la manière du régime français des ordonnances (art. 38 C). A l'époque contemporaine, l'introduction du droit communautaire dans le droit britannique s'est opérée sur cette base *(European Communities Act de 1972)* (71).

(70) V. J. Molinier : *La procédure budgétaire en Grande-Bretagne,* thèse Paris 1969 et J. Beauté : *art. précité R.D.P.* 1996, p. 1581.

(71) V. J. Laferrière : La législation déléguée en Angleterre et le contrôle de son exercice par le Parlement, *Mélanges Mestre,* 1956, p. 331 ; J. Bell, Les ordonnances (au Royaume-Uni), *R.F.D.A.,* 1987, p. 750.

B. LE GOUVERNEMENT EST LE MANDATAIRE DU PEUPLE

Le fait qu'il a hérité les pouvoirs du roi ne suffit pas à expliquer l'autorité exceptionnelle dont jouit l'exécutif. A vrai dire, la source la plus grande ou, en tout cas, la plus actuelle de cette autorité, se trouve dans le dialogue *direct* que le cabinet, ou de nos jours, le premier ministre, entretient avec le peuple. Sans doute, celui-ci n'est-il pas quotidien, tout au moins dans ses formes officielles, mais il peut être repris autant de fois et dès qu'il est nécessaire. En ce sens, et par-delà les apparences, le premier ministre, à l'imitation des présidents américain et français, procède du peuple. Par voie de corollaire, le régime représentatif incorpore en fait un élément de démocratie semi-directe.

1° Un Gouvernement désigné par le peuple

En théorie, l'électeur du Royaume-Uni désigne, on le sait, un candidat dans sa circonscription. En fait, par l'intermédiaire du bipartisme et l'inhérence de la discipline, d'une part, et de l'obligation où le monarque se trouve d'entériner, à la manière d'un officier ministériel, la volonté majoritaire, d'autre part, l'électeur choisit tout à la fois, *un député*, et plus encore *un chef de Gouvernement, une équipe et un programme gouvernemental*.

En effet, si le ministère au pouvoir, au moment d'élections générales, les remportent, il sera reconduit dans sa formation générale, à quelques exceptions près. Si, c'est, au contraire, l'opposition qui en sort victorieuse, le *Shadow Cabinet* (cabinet fantôme), élu à chaque session parlementaire, assure la relève sur-le-champ (72).

2° Un programme gouvernemental approuvé par le peuple

Le *two-party system* place l'électeur devant un choix binaire, donc clair, en dehors d'un vote protestataire. Par la suite, les sondages d'opinion et les élections partielles permettent au Gouvernement de demeurer en contact avec le pays. Il reste que, si une initiative du premier ministre a manifestement échoué, celui-ci démissionnera pour éviter que son parti ne soit affecté. En se retirant, en 1957, au lendemain de l'affaire de Suez, Anthony Eden entendait ainsi le préserver. Les conservateurs ont pris les devants, en 1990, face à l'hostilité croissante de la politique de Margaret Thatcher.

3° Un Gouvernement révoqué par le peuple

En raison de la *logique majoritaire* et du phénomène *d'osmose* entre MPs et Gouvernement, la responsabilité politique de celui-ci et de son *leader*, a cessé d'être parlementaire pour devenir *électorale*, selon une loi du genre (73). C'est donc, à l'issue de la législature que le peuple jugera l'action de l'équipe dirigeante. Dans la pratique et, conformément à la logique du *two-party system*, un cabinet ne peut pas, en principe, être mis en minorité aux Communes. Toute autre attitude serait suicidaire.

(72) La même remarque vaut pour le Gouvernement en Allemagne. En revanche, à la démarche *partisane*, les États-Unis et la France ont préféré une démarche *institutionnelle*.

(73) Le vote-sanction a atteint, en 1979, les travaillistes et en 1997, les conservateurs.

Cependant, des circonstances exceptionnelles anticipent sur l'événement, en cas de majorité *évanescente* ou, pis encore, de *scission* au sein du parti au pouvoir (74). Dans ces conditions, une seule solution s'impose : le recours prématuré devant le pays, au moyen de la dissolution des Communes.

§ 5 LA COURONNE

La monarchie est, sans aucun doute, l'élément le plus ancien des institutions politiques britanniques. La reine Elizabeth II est, malgré quelques détours, la descendante du roi Egebert, qui unifia l'Angleterre en 829.

La couronne est, par suite, un facteur important de continuité et de stabilité dans la vie nationale, comme dans les autres monarchies européennes. Elle exprime et résume le *consensus*, en un moment où celui-ci a été affecté, notamment par le thatchérisme. Cette situation exceptionnelle est la rançon de sa transformation.

C'est grâce à une distinction entre *gouvernement* et *règne*, imposée aux monarques anglais, que cette évolution s'est accomplie. Cette distinction, qui se résume en la formule : *le roi règne, mais ne gouverne pas,* est à la fois, politique et juridique. Elle correspond, en d'autres termes, à la séparation entre la nation et l'appareil politique qui l'encadre. A certains égards, le règne est la *représentation* de la nation. *Tout est royal, en Grande-Bretagne, seule la dette est nationale,* remarquait Marx.

La couronne est un *lien vivant* entre la nation et son gouvernement et à ce titre respectée depuis le règne de Victoria (1837-1901). Toutefois, des événements récents, liés aux frasques de membres de la famille royale (divorce du prince de Galles, notamment en 1996), ont affaibli l'institution monarchique et provoqué, pour la première fois, dans l'opinion publique, une interrogation sur son rôle, voire son utilité (75). La reine devait modifier son comportement après le décès de la princesse de Galles, en 1997, et l'émotion soulevée à cette occasion.

A LE MONARQUE EST UNE INCARNATION VIVANTE DES SENTIMENTS DE LOYALISME ET DE PATRIOTISME DU PEUPLE BRITANNIQUE

Un certain nombre de règles constitutionnelles s'expliquent par l'importance du souverain, envisagé comme le symbole physique de la nation britannique. Ce sont d'abord les règles d'accession au trône. La couronne se transmet suivant le droit commun successoral dans la famille de Hanovre, qui a pris, pendant la première guerre mondiale, le nom de Windsor, puis en 1959, celui de Windsor-Mountbatten, sans exclusion des femmes, d'abord aux héritiers mâles par ordre de primogéniture, puis aux femmes. Elizabeth II est la septième reine de la Grande-Bretagne. Les Écossais nous pardonneront difficilement cette inexactitude. L'accession au trône n'est possible à aucune personne

(74) Cette hypothèse qui n'est pas sans exemple (Gladstone en 1886) tend à se raréfier de nos jours, en raison de la discipline de vote et de la dissuasion consécutive à la dissolution. Les dissensions au sein du Gouvernement Major relatives à la construction européenne n'ont pas provoqué son éclatement.

(75) Pour le 40e anniversaire de son accession au trône, en 1992, les dieux n'avaient pas rendez-vous avec la reine Elizabeth. Outre les démêlés conjugaux de ses enfants, le château de Windsor a été la proie des flammes. *Annus horribilis,* se bornera-t-elle à observer. Afin de couper court à des critiques, la souveraine a renoncé le 25 novembre 1992 au privilège d'exemption fiscale et décidé d'ouvrir au public sa résidence de Buckingham Palace, en mai 1993, pour aider à la restauration du château de Windsor. V. Ch. HARGROVE : *La reine, le mythe et la réalité,* 1994 ; M. CHARLOT : La monarchie et l'opinion publique en Grande-Bretagne, *Pouvoirs* n° 78, 1996, p. 73.

de religion catholique. Le roi et la reine doivent, l'un et l'autre, être membres de l'Église d'Angleterre, en vertu du *Settlement Act* de 1701.

Le monarque est protégé par la maxime : *Le roi ne peut mal faire.* Il ne dispose pas du droit de grâce. Il lui est reconnu, tout au plus, le pouvoir d'attribuer des titres aux membres de sa famille. Il en résulte qu'il est irresponsable, ou, si l'on préfère, que sa personne est inviolable (76). Bref il ne peut être poursuivi, soit pénalement, soit même civilement devant les tribunaux du royaume (77). La revendication d'un droit par un particulier à l'encontre du souverain, suppose l'utilisation du droit de pétition ou de supplique, et le monarque est toujours censé accorder gracieusement une compensation.

En résumé, on peut marquer sa condition par trois ordres de faits : il s'exprime, par l'entremise du premier ministre. Le traditionnel discours du trône par lequel le monarque ouvre la session du Parlement est rédigé par le chef du Gouvernement. De la même façon, la reine n'est pas libre de ses mouvements. Margareth Thatcher s'est opposée à sa visite à Moscou en 1988 et 1989. A l'opposé, John Major a encouragé Elizabeth II a plaider la cause du traité de Maastricht en se rendant au Parlement européen, en 1992. Reste que le monarque n'est pas libre, en dernière analyse, de ses sentiments : le premier ministre Baldwin a contraint Édouard VIII à abdiquer, en 1936, au moment où celui-ci songeait à épouser Wallis Simpson, déjà divorcée deux fois.

B. LE MONARQUE EST UN LIEN ENTRE LA COMMUNAUTÉ NATIONALE ET LE GOUVERNEMENT

Le roi ou la reine est le garant du jeu institutionnel à la manière d'un arbitre au sens sportif du terme. Il entérine la volonté populaire au moment d'appeler une personnalité aux fonctions de premier ministre (78). Il promulgue les lois, quand bien même il demeure théoriquement investi du pouvoir de sanction. Mais, depuis 1707, date à laquelle la reine Ann refusa son assentiment à un *bill (Scottish Militia Bill)*, la sanction se présente à la manière d'une clause de style. A ce propos, Walter Bagehot observait, avec pertinence que *si le Parlement votait un jour l'exécution de la souveraine, la loi devait être contresignée par elle, sans possibilité de refus.* Cependant, ce *non-pouvoir* n'exclut nullement la persuasion.

C. LE MONARQUE EXERCE UNE MAGISTRATURE DE PERSUASION

A cette fin, le roi ou la reine est particulièrement au fait de la vie nationale. Informé, il est susceptible d'exercer une influence.

(76) La reine Elizabeth, pour la première fois, est intervenue, en tant que personne privée, auprès des tribunaux, en février 1983, pour que cesse la publication par le quotidien *the Sun*, d'articles méconnaissant la vie privée de la famille royale. Elle devait obtenir gain de cause.

(77) W. Bagehot en concluait : *Si le roi tue un ministre, le premier est responsable, si le roi tue le premier ministre, personne n'est responsable.*

(78) En dehors du précédent de la reine Victoria qui en 1894 avait préféré parmi les candidats libéraux, Lord Rosebury, cette liberté s'est présentée lorsque l'Angleterre est sortie du bipartisme initial *(tories et whigs)* entre 1906 et 1924, le roi a pu, à l'occasion de cette turbulence, choisir le chef de la coalition, en écartant les membres de la Chambre des Lords, par surcroît. Par exemple, en 1923, le cabinet Baldwin qui s'appuyait uniquement sur le parti conservateur, lequel ne possédait pas la majorité absolue aux Communes, fut mis en minorité à l'occasion du vote sur l'adresse. En pareille circonstance, George V se trouvait dès lors en mesure d'exercer un choix. Il pouvait en particulier, appeler soit Asquith, *leader* libéral, soit Mac Donald, *leader* travailliste. Il jeta son dévolu sur celui-ci. Une situation analogue se retrouva, en 1932, qui lui permit, à nouveau, d'exercer son pouvoir d'arbitrage.

Cependant, avec le rétablissement du bipartisme (conservateur - travailliste), sa compétence est redevenue *liée*, à la façon d'un automate ; fût-ce lorsque le premier ministre démissionne en laissant sa majorité au pouvoir. En ce cas, le collège idoine choisit un successeur comme ce fut le cas, en avril 1976, pour James Callaghan en remplacement d'Harold Wilson et en novembre 1990, lorsque John Major a succédé à Margaret Thatcher.

1° L'information du monarque

S'il ne préside plus les réunions ministérielles depuis le début du XVIIIe siècle, le souverain est parfaitement renseigné. Sous cet aspect, il reçoit en audience, tout d'abord, chaque semaine, le mardi après-midi, du premier ministre, le compte rendu, oral mais complet, des délibérations du cabinet. Aucune publicité n'est donnée à ces rencontres. Il se voit ensuite adresser tous les documents destinés à ce dernier et diffusés par le *Cabinet Office* et les départements ministériels. On lui communique également toutes les dépêches diplomatiques et les dépêches d'agences, ainsi que les procès-verbaux analytiques des séances du Parlement. Il a, enfin, des *contacts personnels* avec les ambassadeurs ou les hauts commissaires qui le représentent auprès des États membres du Commonwealth, les gouverneurs des dernières colonies, les ambassadeurs britanniques dans les principaux États du monde. Il s'ensuit que le roi est l'une des personnes les mieux informées des affaires publiques (79).

2° L'influence personnelle du monarque

On prétend que l'influence de la reine Elizabeth se mesure à ses sourires. Elle donne des avis, jamais des ordres, sans que son opinion ne soit divulguée, à l'exception de sa succession. On sait qu'elle a demandé, en décembre 1995, avec l'accord du premier ministre, au prince et à la princesse de Galles de divorcer.

Sans se départir du respect des règles constitutionnelles, le monarque exerce une magistrature d'influence (80), à l'état diffus, dans le domaine des affaires étrangères et tout particulièrement dans celui des relations avec le Commonwealth.

A cet égard, il n'est pas douteux, que la reine Victoria a certainement contribué à éviter un conflit avec la Prusse, en 1856, et un autre avec la France, en 1859. Édouard VII a pris une part importante à la naissance de l'*Entente cordiale,* en 1904. Le refus de Margaret Thatcher d'infliger des sanctions à l'Afrique du Sud a suscité, en juillet 1986, l'inquiétude (selon un euphémisme) de la reine Elizabeth devant la menace d'éclatement du Commonwealth (81). La monarchie, dit-on, représente un coût, mais elle est sans prix, en tant qu'incarnation de la nation, tout particulièrement, lorsque celle-ci est confrontée à une crise d'identité.

(79) Le cinquantième anniversaire de la reine Elizabeth, en avril 1976, et les fêtes du jubilé, en juin 1977, ont été le prétexte à une réflexion sur l'institution monarchique. Les témoignages, ceux de Sir Harold Wilson en particulier, ont confirmé que la souveraine, non seulement était parfaitement respectueuse des choix populaires, mais qu'elle était, à n'en pas douter, la personne la mieux éclairée du Royaume. L'ancien premier ministre confessait même qu'il avait eu le sentiment de subir un véritable examen de passage en se rendant, pour la première fois, au Palais de Buckingham. Pour l'un de ses successeurs (Edward Heath) l'entrevue hebdomadaire équivalait, toute révérence gardée, à une visite chez le psychanalyste, pour emprunter l'exemple à Jacques Leruez.

(80) Dès 1867, Walter Bagehot affirmait : *Le roi a le droit d'être consulté, d'encourager et de mettre en garde*.

(81) Le prince consort, lui-même, peut parfois jouer un rôle, à travers des *gaffes orientées*. En 1970, au cours d'un voyage aux États-Unis, le duc d'Édimbourg expose, sur le mode plaisant, les difficultés financières de la famille royale ; en décembre 1971, les Communes augmentent la liste royale. De même, il n'a pas hésité à prendre parti publiquement contre l'entrée de la Grande-Bretagne dans la Communauté européenne. Quant au prince de Galles, au mépris de l'obligation de neutralité des membres de la famille royale, il a manifesté, sa sollicitude aux laissés-pour-compte de la politique néo-libérale, mis en cause des projets architecturaux, critiqué le système éducatif, et, plus encore, marqué sa préférence, en matière électorale, pour la représentation proportionnelle et, en définitive, pour une monarchie plus modeste. La publication de sa *biographie autorisée* en 1994, a brisé un tabou et contribué à l'affaiblissement de l'institution.

SECTION II L'ESPRIT DU SYSTÈME POLITIQUE BRITANNIQUE

On vient de décrire les divers pouvoirs publics dont l'ensemble constitue les institutions politiques de la Grande-Bretagne. Mais, cet effort n'est pas suffisant pour saisir le sens profond d'un régime, paré de toutes les séductions, y compris celle de l'illusion, pour un continental. On connaît, à cet égard, le vibrant hommage que lui rendit le général de Gaulle, à Westminster Hall, le 7 avril 1960 : *Vous pratiquez, dans la liberté, un régime solide et stable... Votre Gouvernement est tout naturellement doté de cohésion et de durée, votre Parlement a, au long de chaque législature, une majorité assurée ; ce Gouvernement et cette majorité sont accordés en permanence... Ainsi, dépourvus de textes constitutionnels minutieusement agencés, mais en vertu d'un irrécusable consentement général, trouvez-vous le moyen d'assurer, en chaque occasion, le bon rendement de la démocratie* (82).

Ceci étant, il subsiste, en particulier, un problème qu'on a évoqué à diverses reprises : en quelle institution réside, l'essentiel du pouvoir politique ? Autrement dit, qui gouverne la Grande-Bretagne ?

§ 1 LA LOCALISATION DU POUVOIR POLITIQUE

Parmi les réponses concevables, une seule s'impose à la réflexion : le Royaume-Uni est dirigé par *le premier ministre arc-bouté à sa majorité parlementaire.*

A. LES SOLUTIONS AVANCÉES

Le pouvoir résiderait-il dans les Communes, le cabinet ou mieux le peuple ? (83).

1° La Chambre des Communes

Au nom de la souveraineté juridique, dont peut se prévaloir le Parlement, certains auteurs (tel Walter Bagehot) au siècle passé, pensent que l'essentiel de l'autorité politique réside dans les Communes et que le cabinet n'est en définitive qu'un *comité* de celles-ci ; le nommant et le destituant,

(82) Depuis Montesquieu l'anglomanie est une constante dans la réflexion constitutionnelle française. Les constituants de 1958 s'y rattachent. Dans sa réfutation du régime d'assemblée de la IVe République, Michel Debré n'avait de passion que pour le régime parlementaire d'outre-Manche qui, par le simple jeu des élections, parvient automatiquement à dégager une majorité électorale et gouvernementale. D'où sa volonté, au moyen d'un parlementarisme rationalisé, de le démarquer à défaut de l'imiter : *Parce qu'en France la stabilité gouvernementale ne peut résulter d'abord de la loi électorale, il faut qu'elle résulte du moins en partie de la réglementation constitutionnelle et voilà qui donne* [à la constitution] *son explication décisive et sa justification théorique* (discours devant le Conseil d'État, 27 août 1958, R.F.S.P. 1959, p. 17). L'avènement du fait majoritaire, en 1962 et, plus encore, la cohabitation, ont opéré un rapprochement entre les deux régimes jusque-là situés aux antipodes.

(83) V. B. SEDGEMORE : *The secret Constitution*, Londres, 1980 ; F. MARX : La Grande-Bretagne vit-elle sous un régime présidentiel ? *R.D.P.* 1969, p. 57.

en tant que de besoin. On peut, du reste, remarquer, en faveur d'une telle opinion, que tous les pouvoirs que le cabinet détient, à l'heure actuelle, ont été ôtés au roi par les Communes, ce qui lui donne un crédit supplémentaire. Toutefois, cette position ne correspond plus à la réalité actuelle, dans la mesure où la chambre fait figure, pour l'essentiel, de *tribune* de l'opposition.

2° Le cabinet

C'est la réponse qu'il est le plus tentant de faire, et celle que l'on rencontre le plus souvent. Le cabinet dispose, en effet, d'une autorité et d'une stabilité exceptionnelles. En un mot, il détient le pouvoir décisionnel et se comporte, par affinité partisane, en supérieur hiérarchique des P.M. A telle enseigne que pour Lawrence Lowell, la cause est entendue : *Le cabinet est la clef de voûte de l'édifice britannique.* C'est, également, souvent l'opinion de l'homme de la rue qui se plaint de la *dictature du cabinet.*

3° Le corps électoral

On pourrait, à certains égards, être tenté de donner à cette question une réponse affirmative, surtout depuis que le régime parlementaire s'empreigne de démocratie directe. Le premier ministre est, en définitive, la personne choisie par la majorité du corps électoral. Son programme est approuvé par la majorité des électeurs. C'est au suffrage universel qu'on a recours lorsqu'un problème grave se pose pour le pays.

Dans une pareille perspective, à l'image de propylées majestueux, on pourrait être tenté d'estimer que le régime parlementaire établit d'abord un *équilibre* entre le cabinet et le Parlement ; cet équilibre étant arbitré, le cas échéant, par le corps électoral.

Toutefois, cette dernière explication n'est pas, elle non plus, satisfaisante parce qu'elle tendrait à faire croire que, dans le régime politique anglais actuel, cabinet et Parlement peuvent être considérés comme des forces antagonistes. La solidarité partisane qui les étreint, la symbiose qui les unit, nous en détourne et nous oriente vers l'explication recherchée.

B. L'EXPLICATION RECHERCHÉE

C'est dans la perspective du régime *parlementaire majoritaire,* que gît semble-t-il la réponse : *le premier ministre, adossé à la majorité des Communes, gouverne le royaume.* On parle volontiers, à cet effet, du *Prime ministerial government,* de préférence au *Cabinet government.* On a même évoqué le *pouvoir autocratique* du premier ministre (84). Au nom du parti majoritaire et, conformément à la volonté populaire, celui-ci dirige les destinées nationales. Sous Margaret Thatcher, un tournant a été pris avec la *présidentialisation* du pouvoir. Celle-ci a délibérément opté pour ses convictions personnelles de préférence à l'esprit de solidarité et la recherche du consensus. Son goût prononcé pour les réunions informelles avec ses conseillers a autorisé à parler du *kitchen Cabinet* (G. W. Jones). Mais ses successeurs (John Major et Tony Blair) ont rompu avec cette méthode : la délibération collective précède à nouveau la décision personnelle.

(84) V. R. H. CROSSMAN, préface (1963) à W. BAGEHOT : *The English Constitution*, 1867 ; G. W. JONES : Mme Thatcher et le Gouvernement, *Pouvoirs,* n° 53, 1990, p. 151.

§ 2 LA LIMITATION DU POUVOIR POLITIQUE

Elle résulte, certes, de l'encadrement réalisé par les institutions, mais plus encore d'un subtil équilibre entre la majorité et l'opposition.

A. L'ENCADREMENT PAR LES INSTITUTIONS

Ce sont, d'un certain point de vue, les excès du thatchérisme notamment en matière de libertés (la grève des mineurs qui dura un an, en 1985 affecta le secret des communications), qui ont rappelé la force attachée à la culture politique insulaire. A cet égard, si le pouvoir de la majorité ne dégénère pas en dictature, c'est qu'il est encadré par des institutions dont le tempérament traditionnaliste a su assurer le maintien : la couronne, la Chambre des Lords, le pouvoir judiciaire et l'*ombudsman.* De manière topique, une tendance se dessine depuis 1979 avec la création des *Select committees,* au moyen desquels les MPs, et tout particulièrement les *backbenchers*, s'emploient à contrôler directement l'administration et plus particulièrement, la technocratie. On aura garde d'oublier, ce qui est ici, à proprement parler révolutionnaire, la mise en œuvre du contrôle juridictionnel, au titre du droit communautaire et de la protection des libertés. A cet égard, la Chambre des Lords, voire la C.E.D.H., peut être regardée comme une juridiction constitutionnelle, au lendemain du vote du *Human Rights Act,* en 1998.

B. L'ÉQUILIBRE ENTRE LA MAJORITÉ ET L'OPPOSITION

La logique partisane, dont se nourrit le royaume, s'apprécie en termes internes et externes. *A fortiori,* une défaite électorale entraîne la démission du premier.

1° Le respect des intérêts partisans

Nul ne peut avoir raison contre le parti. De ce point de vue, la révocation de Margaret Thatcher par ses pairs, en novembre 1990, prend valeur d'exemple. Chaque année, le parti majoritaire, selon une procédure appropriée, reconduit son *leader*. Il s'agit, tout au plus, d'une procédure académique, en temps normal, qui se déroule par acclamations. Mais la menace sur l'avenir du parti change la perspective : une compétition est alors organisée. C'est ainsi qu'à cette date, Michael Heseltine a mis en ballottage le premier ministre, avant de se désister, en faveur de John Major (85).

Il est toujours loisible par ailleurs à un premier ministre contesté de jouer son va-tout en démissionnant de la présidence de son parti. Ce dernier devait agir de la sorte, le 22 juin 1995 et relever victorieusement le défi de ses adversaires. *A fortiori,* une défaite électorale entraîne un changement à la tête du parti. William Hague a succédé à John Major, en juin 1997, après la débâcle conservatrice.

(85) V. G. W. Jones : Mais qui a tué Maggie ?, *Pouvoirs,* n° 58, 1991, p. 113.

2° Le respect de l'opposition

Cette situation définit, non seulement, le caractère libéral des institutions, l'équilibre majeur du régime, mais aussi son *mystère*. Un *mystère* qui tient dans une formule de Gladstone : *La confiance mutuelle entre les deux partis.*

L'opposition au Royaume-Uni n'est pas un simple fait, c'est une *institution*, dont le rôle est non seulement accepté mais consacré de façon officielle dans l'exercice quotidien de la démocratie, telle la fixation de l'ordre du jour des Communes. On se prend à rêver à la France, où jusqu'en 1981, la politique a longtemps relevé, pour une part, du *manichéisme*.

Le chef du parti minoritaire aux Communes reçoit à la fois le titre de *leader de l'opposition de Sa Majesté* et une indemnité spécifique, depuis 1937, ainsi que le *Chief Whip*. Il est consulté par le premier ministre, au point d'être son *interlocuteur privilégié*, dans les cas difficiles, ceux en particulier, où il est souhaitable qu'une sorte d'*unanimité* s'établisse dans le pays. Pour citer divers exemples, lorsque la Grande-Bretagne a décidé de se retirer des Indes, en 1947, Clement Attlee a eu, à cet égard, des entretiens avec Winston Churchill et ils sont tombés d'accord, l'un et l'autre, que les décisions à prendre dans ce domaine devaient faire l'objet d'une politique *bipartisane*. Des entretiens ont eu lieu, entre Harold Wilson et Edward Heath, au lendemain de la proclamation d'indépendance de la Rhodésie, en novembre 1965 ; entre Margaret Thatcher et Michael Foot, au moment de l'invasion des Malouines, en avril 1982.

De la même façon, à la Commission de l'Union européenne, un commissaire britannique est désigné par le Gouvernement et le second par l'opposition. Cette situation *éminente* faite à cette dernière, tient probablement à deux ordres de raisons : Le partage presque égal de l'opinion publique entre deux partis, ainsi que l'alternance, en dépit d'un blocage récent (1979-1997), des conservateurs et des travaillistes au pouvoir, qui ressemble à la relève de la garde, ou au changement de camp qui se produit au cours d'un match de football.

La *démocratie britannique reste un admirable exemple,* selon André Mathiot, *malheureusement inimitable.* A ceci près, que tout modèle est surfait, pour une part. Le Royaume-Uni n'échappe pas à cette tendance. Des zones d'ombre s'y présentent : une guerre de religions anachronique en Irlande du Nord (l'Ulster) qui est en voie d'apaisement après un quart de siècle, au lendemain de l'accord du vendredi saint de 1998 ; une menace sur les libertés consécutive aux abus du thatchérisme, qui a été arrêtée avec l'adoption, en 1998, du *Human Rights Act.*

Au final, le Royaume Uni reste fidèle à lui-même : la continuité dans le changement institutionnel.

Bibliographie

W. Bagehot : *La constitution anglaise*, trad. franç., 1869 (réed, 1963, avec une préface de R. H. Crossman) ; F. W. Benemy : *The elected monarch : the development of the power of the prime minister,* Londres 1966 ; H. Berkeley : *The power of the prime minister,* Londres 1968 : M. Bouissou : *La Chambre des Lords au XXe siècle 1957* ; M. Charlot : *Le système politique britannique,* 2e édit., 1984, et *Le pouvoir politique en Grande-Bretagne,* 1990 ; J.-Cl. Colliard : *La désignation du premier ministre en régime parlementaire,* Mél. *Georges Burdeau,* 1977, p. 87 ; R. David : *Le droit anglais* 1965 ; P. Dookhy et R. Dookhy : Le développement du contenteux de la loi en Angleterre, *R.F.D.A., 1999, p. 159 ;* S. Dubourg-Lavroff : *Pour une constitutionnalisation des droits et libertés en Grande-Bretagne ?, RFDC* 1993, p. 479 ; J. Dutheil de La Rochière : *Le Royaume-Uni,* 1979 ; I. Jennings : Cabinet government 1951 et *Party Politics,* Londres, 1960-1962 ; Cl. Journès : *L'État britannique,* 2e éd., 1994 ; A. King : *The British Prime Minister,* Londres, 2e édit., 1985 ; J. Larché : *Les institutions de la Grande-Bretagne* 1965 ; H. Laski : *Le gouvernement parlementaire en Angleterre*, trad. franç. 1950 ; J. Leruez : *Gouvernement et politique en Grande-Bretagne*, 1989 et *Le système politique britannique depuis 1945,* 1994 ; A. Mabileau : *Le parti libéral britannique* 1953 et avec M. Merle : *Les partis politiques en Grande-Bretagne,* 1965 ; F. Marx : *Naissance et triomphe de la démocratie britannique* (1815-1918), 1973 et *Lexique historique de la Grande-Bretagne*, 1976 ; A. MATHIOT : *Le régime politique britannique,* 1955 ; Ph. NORTON (sous la direction de) *Parliament in the 1980's.* Oxford, 1985 ; P. PACTET : *Les institutions politiques de Grande-Bretagne,* 2e édit. 1971 ; M. RUSH : *Parliamentary Government in Britain,* 1981, Londres ; H. WILSON : *The Government of Britain,* Londres, 1977.

On consultera aussi : La Grande-Bretagne, *Pouvoirs* n° 37, 1986 ; J. LERUEZ : *Les institutions de la Grande-Bretagne,* Doc. d'études, droit constitutionnel, DF, 1999.

Pour vivre avec son temps

Serveur du Gouvernement	: *http//w.w.w.open.gov.UK*
Serveur du Parlement	: *htt//w.w.parliament UK*

CHAPITRE II
LES INSTITUTIONS POLITIQUES DES ÉTATS-UNIS D'AMÉRIQUE

Bouture de l'Europe, les États-Unis ont favorisé grandement l'avènement du droit constitutionnel, à ce point que Gladstone, parlant de leur constitution de 1787, n'hésitait pas à la qualifier de *l'œuvre humaine la plus admirable qui soit jamais sortie du cerveau humain.* En faisant la part de l'exagération, celle-ci n'en demeure pas moins une œuvre impressionnante qui a défié le temps et surmonté la crise de gouvernementalité en 1974. C'est la raison pour laquelle, il importe de prendre la mesure du *modèle de Washington,* en examinant ses composantes et l'esprit qui l'anime. Toutefois, on ne peut se défendre de souligner l'opposition entre le système politique isolé et le mode de vie généralisé qu'il a engendré, à travers les séries télévisées (le *jean,* le *jogging* et le *coca-cola)* et *Internet*, d'une part, et la fausse perception qui s'attache au régime présidentiel, d'autre part.

SECTION I LA FORMATION DES INSTITUTIONS AMÉRICAINES

Il importe de commémorer dignement une bicentenaire (1). A cet égard, la constitution du 17 septembre 1787, jouit d'un immense prestige, et bénéficie d'un respect profond, voire religieux. N'a-t-on pas parlé précisément de *sacrilège* lors du scandale du *Watergate* en 1974 ? Ce symbole de l'*american way of life*, représente la plus ancienne constitution écrite de l'époque moderne (2). Elle a, par ailleurs, assuré le passage, avec quelques modifications de détails, d'un ensemble comprenant 13 anciennes colonies, à économie surtout agricole, groupant 3 millions et demi d'habitants, à un État de 266 millions d'habitants (dont 31 en Californie) qui domine le monde. Une réussite remarquée, certes mais *isolée,* selon le thème de

(1) V. M.-F. TOINET : *Le système politique des États-Unis*, 1987 ; J.-M. DUFFAU : Le bicentenaire de la constitution américaine, *Revue administrative,* 1987, p. 375.

(2) Du point de vue européen, la constitution la plus ancienne est celle de la Belgique adoptée en 1831. La constitution suédoise de 1809 a été remplacée le 1er janvier 1975. V. R. RÉMOND : *Histoire des États-Unis*, 5e éd., 1968.

la *solitude,* cher au peintre Edward Hopper (§ 1er). On voudrait s'y attacher, avant de retracer la marche à l'indépendance (§ 2), puis à l'unité (§ 3) qu'elle sous-tend.

§ 1 LA RÉUSSITE SOLITAIRE

La constitution de 1787 est un objet légitime de fierté pour les citoyens américains, au point qu'en toute modestie, ils la considèrent comme la meilleure au monde (3). Cependant, à l'opposé des institutions britanniques, elle a échoué dans son expansion. Au total, une réussite *remarquée* (A), dissimule, en fait, une réussite *contrariée* (B).

A. UNE RÉUSSITE REMARQUÉE

Le texte de 1787 est parvenu à concilier, de façon heureuse, la liberté des individus et des États membres ; l'autorité de l'exécutif et le respect de la volonté populaire.

De fait, la constitution des États-Unis a été souvent imitée. Elle a servi de modèle à l'Amérique latine. En Europe, les constitutions françaises de 1791, 1795 et de 1848 s'inspirent largement de la République de Washington. Cependant lorsqu'on essaie de transplanter ce régime en dehors de son pays d'origine (4), l'échec est consommé, à la suite, soit d'un coup d'État, soit de l'abrogation de la Constitution. Les précédents latino-américains et français ont discrédit le régime, identifié à un *risque* d'*aventure institutionnelle* (J. Chirac) (5).

B. UNE RÉUSSITE CONTRARIÉE

Elle peut semble-t-il s'expliquer par la *prospérité matérielle* et la *complexité constitutionnelle.*

1° La prospérité matérielle

Ce qui incite, généralement, à éprouver des sentiments d'admiration pour la constitution américaine, c'est surtout la très grande réussite *matérielle* qui caractérise cet État.

(3) L'attitude des citoyens de base serait plutôt passive, mais l'affection pour la démocratie et les institutions croît avec l'instruction. Il ne faut cependant pas oublier que la guerre du Vietnam, jusqu'au retour à la paix en 1973, et la persistance douloureuse du problème noir ainsi que celle des zones de pauvreté ont désespéré beaucoup de jeunes, surtout dans les milieux étudiants : Berkeley a été le point de départ du *dissent* ou de la contestation ; en un mot, d'une révolte étudiante qui a essaimé dans le monde entier. V. J.-F. REVEL : *Ni Marx, ni Jésus*, 1970 et S. HURTIG : Les Américains et leur régime, *R.F.S.P.* 1969, p. 337.

(4) Sans compter les modifications apportées par les États fédérés au schéma initial V. P. JUILLARD : Le mythe de la stabilité constitutionnelle aux États-Unis, *Pouvoirs* n° 29, 1984, p. 5.

(5) Au lendemain du coup d'État du 2 décembre 1851, on a assimilé, en France, la démocratie politique au régime parlementaire, à l'exclusion de tout autre système. C'est Léon Blum qui, le premier, a récusé cette vision et amorcé la réhabilitation du régime présidentiel (*A l'échelle humaine*, 1945). La doctrine contemporaine (M. Duverger et G. Vedel) a relancé le débat à partir de 1956. Si les institutions de la Ve République, telle la chauve-souris du fabuliste, font une part respective aux deux systèmes, il n'en demeure pas moins vrai que les préventions entourant l'invention américaine n'ont pas disparu. V. G. POMPIDOU, *Le nœud gordien*, 1974, p. 65.

Le premier facteur de la prospérité américaine a été la marche vers l'ouest, qui a commencé, dès la fin du XVIIIe siècle et qui a permis d'incorporer aux 13 États, des terres nouvelles et plus encore des richesses.

En outre, les dimensions du pays et l'importance de sa population permettent dans d'excellentes conditions la production en série et, par suite, une production de qualité à bon marché.

Enfin, et, peut-être surtout, les États-Unis, forts de leur puissance politique et économique ont mis en coupe réglée l'Amérique latine, véritable chasse gardée, et plus généralement, les nations à économie arriérée, pour s'assurer des débouchés et se procurer des matières premières à bon marché. Si l'Amérique a secoué le colonialisme politique, en 1776, elle pratique au XXe siècle, même si elle n'est pas la seule, le *néo-colonialisme,* à base de domination *économique* (6). Le dollar fleure bon l'impérialisme.

2° La complexité constitutionnelle

Le texte de 1787 s'articule en deux éléments : un pacte fédéral entre les 13 anciennes colonies anglaises, qui a été établi pour sauver celles-ci de l'anarchie résultant d'une confédération débile (7), et une constitution *stricto sensu.* Le pacte fédéral a entièrement réussi. En revanche, s'agissant de l'aménagement des pouvoirs publics de l'Union, la réussite est plus douteuse. Mais, une des raisons qui explique que la constitution fonctionne aux États-Unis, dans des conditions acceptables, est probablement qu'il est impossible de la désolidariser du pacte fédéral, parallèlement à un localisme accentué et un système partisan original. Le fait doit être retenu, dès à présent.

§ 2 LA MARCHE À L'INDÉPENDANCE

4 juillet 1776 : Rien d'important ce jour, note dans son journal, le roi George III. Et pourtant, la décolonisation vient de naître, avec la proclamation d'indépendance des États-Unis.

A. LA RUPTURE AVEC LA GRANDE-BRETAGNE

Les 13 colonies américaines bordaient, entre le Canada et le Mexique, un front de mer, sensiblement orienté nord-sud, de 1600 km. Elles étaient différentes les unes des autres sur les plans géographique, ethnographique, religieux, économique et même juridique. Certaines étaient des colonies à charte, d'autres des possessions de la couronne. Cependant, ces établissements anglais avaient vu naître entre eux des liens de solidarité, à l'occasion de la lutte menée contre les Français du Canada. Par ailleurs, il existait chez eux, une unité linguistique et une prépondérance marquée des traditions anglaises.

Les causes occasionnelles de la révolte des possessions américaines ont été des mesures fiscales considérées par les colons comme inacceptables.

1° Les motifs politiques

La guerre avec les Français établis au Canada s'étant terminée victorieusement, en 1763, grâce à l'aide que les colons américains avaient apportée aux troupes anglaises, la solidarité avec la

(6) V. Ph. ARDANT : Le néo-colonialisme, *R.F.S.P.* 1965, p. 837 ; Cl. JULIEN : *L'Empire américain,* 1968 ; T. MENDE : *De l'aide à la recolonisation,* 1972 et R. ARON : *République impériale,* 1973.

(7) La confédération, ce corps sans tête, *apte ni à la guerre, ni à la paix,* selon Alexander Hamilton.

métropole s'atténue, une fois le danger disparu, en même temps que s'accroît, chez les colons, le sentiment de leur propre importance.

2° Les motifs économiques

A la fin du XVIIIe siècle, les colonies du Nord, accèdent, non pas exactement au stade industriel, mais, en tout cas, à celui de la fabrique. Or, à cette époque, la doctrine coloniale anglaise en est encore au *mercantilisme,* c'est-à-dire à cette conception d'après laquelle les colonies fournissent à la métropole des matières premières, mais dépendent étroitement de cette dernière pour les produits manufacturés et le frêt, afin d'offrir à la production métropolitaine un débouché aussi vaste que possible (8).

Les tensions commencent en 1764 et 1765 avec le *Sugar Act* et le *Stamp Act,* les colons américains rappelant en l'espèce à la métropole son droit public, selon lequel l'imposition va de pair avec la représentation (9). Elles deviennent aiguës avec les *cinq lois intolérables*, votées par le Parlement britannique en avril 1774. Le conflit armé éclate au printemps de 1775, avec la bataille de Lexington qui oppose, près de Boston, des milices coloniales rebelles aux troupes anglaises régulières. La guerre d'Indépendance se prolongera pendant six ans, jusqu'à la prise d'Yorktown, en octobre 1781, et se terminera, grâce en partie à l'aide française en volontaires et en troupes régulières, par une victoire complète des Américains. Le traité de Paris et celui de Versailles du 3 septembre 1783 reconnaissent l'indépendance des anciennes colonies.

La rupture, toutefois, avait été consommée, dès 1776, d'un point de vue *idéologique*, avec la Déclaration d'indépendance, directement inspirée par le libéralisme de John Locke.

B. LA DÉCLARATION D'INDÉPENDANCE DU 4 JUILLET 1776

Rédigée par Thomas Jefferson, avec l'aide de John Adams (10) et, votée par le Congrès continental, qui était l'organisme de liaison chargé, pour l'ensemble des colonies révoltées, de la conduite de la guerre, elle marque le triomphe des idées libérales et de l'esprit de *self government.* Ce document est fort intéressant à consulter, car il est très révélateur de la psychologie américaine. Il se présente, au surplus, comme un résumé de la doctrine du droit naturel.

(8) En somme, si l'on s'efforce de généraliser le propos, on peut, semble-t-il, observer que les colonies se présentaient, du point de vue économique, comme étant, tout à la fois, un *réservoir* de matières premières et un *déversoir* en ce qui concerne les produits manufacturés de la métropole. Au plan politique, les territoires ultra-marins servaient, en même temps, d'*exutoire* au nationalisme et de *dépotoir*, à l'égard, par exemple, des condamnés politiques et de droit commun. En un mot, cette logique était incompatible avec le développement industriel de la colonie. D'où le retard des sociétés tiers-mondistes par rapport aux sociétés développées.

(9) Il faut ici rappeler quelques traits du tempérament américain qui s'expriment dans sa culture politique : les colons sont tous, par définition, des indépendants ou des non-conformistes, fuyant l'intolérance, à la quête de la liberté. Les puritains du *Mayflower* en 1620 abordant le cap Cod (Mass.) en témoignent. A l'image des vastes espaces du Nouveau-Monde, une société plus égalitaire se constitue, où la réussite matérielle est regardée comme une bénédiction divine. Enfin, l'organisation même des colonies les incline à l'habitude du droit écrit, par opposition à la tradition anglaise des règles coutumières, et à la collation entre le droit de la couronne et celui de la charte octroyée. Le *contrôle de constitutionnalité* découlera de ce comportement.

(10) Non seulement ils seront l'un et l'autre président des États-Unis, mais coïncidence exceptionnelle, ils décèderont le même jour, le 4 juillet 1826, soit 50 ans après ladite Déclaration.

D'une manière plus précise, il affirme, avec force : *Tous les hommes sont nés égaux* (11) ; *ils sont dotés par leur Créateur de certains droits inaliénables ; parmi ces droits se trouvent la vie, la liberté et la recherche du bonheur. Les gouvernements sont établis par les hommes pour garantir ces droits et leur juste pouvoir émane du consentement des gouvernés. Toutes les fois qu'une forme de gouvernement devient destructive de ce but, le peuple a le droit de la changer ou de l'abolir.* Ce libéralisme optimiste est, du reste, mélangé d'un déisme typiquement anglo-américain.

L'indépendance, *en ordre dispersé,* en 1776, était dangereuse. Tant et si bien, que la recherche de l'unité devait s'imposer aux 13 États, non seulement pour des raisons stratégiques (le Royaume-Uni ne sera vaincu qu'en 1781), mais aussi politiques. La bourgeoisie nationale entendait, en d'autres termes, conserver la *maîtrise* du processus révolutionnaire qu'elle avait déclenché.

§ 3 LA MARCHE À L'UNITÉ

Après une prise de conscience, les États-Unis se sont engagés dans un processus d'intégration.

A. LA PRISE DE CONSCIENCE

Au lendemain de l'indépendance, la classe bourgeoise entend s'opposer au *radicalisme*, par lequel le peuple entend, lui aussi, s'affirmer. Le nouveau continent voit, à son tour, s'affronter le libéralisme et la démocratie (12). De surcroît, afin d'éviter des guerres commerciales entre États, les bases d'une coopération sont aménagées.

B. LE PROCESSUS D'INTÉGRATION

Il emprunte, selon une démarche qui allait s'avérer péremptoire, deux formes : la confédération débouchant, la décennie suivante, sur une fédération.

1° La confédération

Le 14 novembre 1777, un *traité* établit une confédération entre les États souverains. Il les constitue en *ligue d'amitié*. Le seul organe est un *Congrès*, c'est-à-dire une assemblée de diplomates, au sein de laquelle, en vertu du principe d'*égalité,* chacun dispose d'une voix. Quant aux finances, elles sont rudimentaires. Elles découlent, non pas d'impositions sur les individus mais de contributions versées par les États (13).

(11) Il faut, cependant, relever que la société américaine est demeurée esclavagiste, en droit, jusqu'à la fin de la guerre de Sécession en 1865. La question ayant été écartée des délibérations de la convention de Philadelphie. Toutefois, ce problème n'a pas été évacué, d'un point de vue sociologique, de nos jours.

(12) L'élection du président à deux degrés, destinée à *filtrer,* pour utiliser un euphémisme, la volonté populaire est topique à cet égard. Tout *pour* le peuple, mais *le moins possible* par le peuple, cette formule pourrait servir de définition à la philosophie politique des *Pères fondateurs*, qui, incontestablement, se situent dans la mouvance libérale *(supra).*

(13) La seule conquête durable de la période confédérale est une dénomination : celle des *États-Unis d'Amérique*.

On comprend sans peine que ce pacte présentait de graves faiblesses, *en l'absence* d'un pouvoir exécutif. La nécessité d'une centralisation, afin de préserver les intérêts de la bourgeoisie nationale, allait très tôt s'imposer. Une fédération sera décidée, *en vue de former une union plus parfaite,* selon le propos liminaire de la constitution de 1787.

2° La fédération

Une convention constitutionnelle se réunit, à cet effet, à Philadelphie, le 14 mai 1787, afin de remédier à l'acéphalie de l'alliance. Mais, sous la pression des grands États (Massachusetts, Pennsylvanie et Virginie), elle s'orienta rapidement vers un système beaucoup plus centralisateur, que les petits États (New-York, New-Jersey, Maryland et Delaware) finirent par accepter, grâce à un certain nombre de concessions, dont la plus substantielle, au point d'en sauver les travaux, fut celle relative au bicamérisme, que l'histoire a retenue, depuis lors, sous le nom de *compromis du Connecticut (infra).*

Le projet de *constitution fédérale* (encore que l'adjectif ne soit pas employé, pour des raisons tactiques) (14) fut signé le 17 septembre 1787 par les délégués et ratifié, non sans difficultés du reste, par les États au cours de l'année 1788. La constitution est entrée en vigueur, le 1er janvier 1789.

SECTION II L'ENVIRONNEMENT JURIDIQUE DES INSTITUTIONS AMÉRICAINES

L'étude de la constitution et du fédéralisme répond à ce souci de mise en perspective des institutions.

§ 1 LA CONSTITUTION DE 1787

Les États-Unis sont, pour une part, importante, à l'origine du droit constitutionnel (15), lorsqu'ils se sont dotés, à la fin du XVIIIe siècle, d'une constitution *écrite* et *rigide* (16).

(14) *La constitution de 1787*, affirme John Quincy Adams (président de 1825 à 1829), *fut extorquée sous l'empire de la nécessité pressante à une nation récalcitrante*. On peut aisément s'en convaincre à la lecture du *Fédéraliste* (réédité en 1957). Il s'agit, en l'espèce, de l'ensemble des articles rédigés par Hamilton, Madison et Jay à l'occasion de la campagne de ratification de la constitution dans le cadre de l'État de New-York.

(15) A la fin du XIXe siècle, les États-Unis apporteront une contribution capitale à la connaissance du phénomène politique, avec la naissance de la science politique, qui se présente dès lors sous les apparences de *la belle américaine* somme toute ! Terre nourricière (avec Ch. Merriam, W. Wilson, J. Bryce), les États-Unis le sont, sans conteste.

(16) V. M. FARRAND : *The records of the Federal Convention of 1787*, New Haven, 1966 ; R. BORK et autres : 200 years of the American Constitution, *Society*, novembre 1986, p. 5 ; R. MORRIS : *« Nous peuple des États-Unis », Hamilton, Madison, Jay et la constitution*, 1987 ; G. WOOD : *La création de la République américaine*, 1992.

A. L'INVENTION DE LA NOTION DE CONSTITUTION

En écho à la conception *consensuelle* du gouvernement des hommes, visée par la Déclaration d'Indépendance de 1776, les apports du texte de 1787 sont aussi nombreux que variés. Que l'on en juge : inventions de l'État fédéral ; du régime dit *présidentiel* ; de l'exécutif *stabilisé* sur lequel pèse une responsabilité *électorale* (vision contemporaine, s'il en est) enfin, et surtout, la notion qui a donné son nom à notre discipline (17), à propos de laquelle diverses précisions sont utiles.

Ce changement qualitatif, mieux révolutionnaire à l'époque, tient à trois ordres de faits : le précédent des *chartes coloniales* ; la volonté de conclure, dans l'esprit des philosophes, un contrat politique et, enfin, la logique fédérale qui postule la nécessité d'opérer un *ajustement* entre les droits conservés par les États membres et ceux délégués à l'État fédéral et d'organiser le règlement des différends entre eux.

Selon une démarche conséquente, la constitution de 1787 met en œuvre une procédure *renforcée* relative à sa protection et à sa révision.

B. LA PROTECTION DE LA CONSTITUTION

La constitution reposant, pour l'essentiel, sur un contrat entre les États membres, elle est regardée comme la règle supérieure de la fédération. Son respect a été assuré, tour à tour par le procédé de la *nullification* et, de façon permanente, au moyen du *contrôle de constitutionnalité.*

1° La théorie de la nullification

Initialement, l'idée a été soutenue, selon laquelle, les États membres, en raison de leur rôle essentiel, seraient juges, par l'entremise de leur organe législatif, des violations du pacte fédéral.

Cette théorie, connue sous le nom de *droit de nullification* à laquelle John Calhoun a attaché son nom (18), veut que chaque État ait le droit de constater la nullité d'une disposition contraire à la constitution et de ne pas en tenir compte. Elle subsistera, avec des fortunes diverses, jusqu'à la guerre de Sécession, qui établira d'une façon claire que ce qui est fondamental dans l'Union américaine, c'est l'État fédéral.

(17) Au surplus, il y a lieu de mentionner une autre innovation. Jusque-là, une corrélation était établie, dans l'esprit des auteurs, sinon des gouvernants, entre la *nature* du régime politique d'un État et l'*étendue* de son territoire (une fois n'est pas coutume, Montesquieu et Rousseau communient sur ce point). A une superficie exiguë correspondait la république ; à une superficie moyenne, la monarchie et à une superficie étendue, le despotisme ou la tyrannie. Pour la première fois, en 1776, une grande république apparaît sans antinomie dans les termes. Ce qui amène néanmoins Joseph de Maistre, dans ses *Considérations sur la France* (1797), à la conclusion hâtive suivante : *On ne saurait réunir plus de symptôme de faiblesse et de caducité !*

(18) En l'espèce, l'adresse de Fort-Hill (26 juillet 1831) et la proclamation au peuple de la Caroline du Sud (10 décembre 1832) sont caractéristiques de l'opinion de ce vice-président des États-Unis de 1825 à 1832 (V. R. MORRIS, et autres : *Histoire des États-Unis*, t. I, 1968, p. 487). Il affirmait par ailleurs ne vouloir sur sa tombe qu'un seul mot, celui de *nullification.*

2° La théorie du contrôle de constitutionnalité

En 1803, la Cour suprême des États-Unis (c'est-à-dire l'organe *judiciaire* suprême) (19) avait posé, sous l'influence du *Chief Justice* John Marshall, un principe évident mais capital dans l'affaire *Marbury v. Madison.* A savoir : conformément au concept de la hiérarchie des normes, lorsque deux d'entre elles se contredisent, la norme supérieure doit l'emporter sur la norme inférieure. En conséquence, le juge du fond saisi d'une exception d'inconstitutionnalité *(supra)*, devra écarter la loi, au cas particulier, pour respecter la constitution (20).

Par ce raisonnement irréfutable, la Cour suprême a *déduit* (on dit ici *construit*) du caractère *rigide* ou *formel* de la constitution de 1787, le contrôle de constitutionnalité, traité par prétérition à Philadelphie (21).

Par suite, la Cour suprême a fait preuve *d'activisme :* au soutien d'un libéralisme étriqué, en s'opposant au *New Deal* de Franklin Roosevelt ; puis, d'une manière plus satisfaisante, sous l'inspiration du *Chief Justice* Earl Warren (*Brown v. Board of education,* 1954) au service des libertés publiques. En s'attachant à donner leur plein sens aux dix premiers amendements à la constitution, qui tiennent lieu, aux États-Unis, de *déclaration des droits* et au principe de *l'égale protection des lois,* formulé par le XIVe, celle-ci a, dans une certaine mesure, *remodelé* la constitution *sociale* américaine, en favorisant la déségrégation. Mieux, elle a joué un rôle décisif, dans l'affaire du *Watergate* en faisant triompher l'État de droit (*United States v. Richard Nixon,* 24 juillet 1974) (22).

Ceci posé, la protection de la constitution n'est pas incompatible avec sa révision (23).

C. LA RÉVISION DE LA CONSTITUTION

Il faut s'attacher à la procédure et aux révisions, appelées outre-Atlantique, des *amendements* (24).

1° La procédure de révision

Le caractère *rigide* ou *formel* de la constitution de 1787 prend ici toute sa signification, sans omettre le caractère fédéral de l'union qui doit se concilier, on le sait, avec le pouvoir d'auto-organisation des États fédérés. La révision se décompose en deux phases : *l'élaboration* et la *ratification* du texte de révision (art. V de la constitution).

(19) Ce contrôle est bien à l'origine une *idée anglaise* (M. Fromont), car à l'époque coloniale, la collation était opérée entre le droit de la Couronne et celui concédé à la colonie.

(20) Principe renforcé aux États-Unis, par *la clause de suprématie* (art. VI de la constitution de 1787).

(21) En principe, la décision du juge est revêtue de l'autorité *relative* de la chose jugée, mais aux États-Unis, étant donné que la plupart des affaires, où l'inconstitutionnalité d'une loi est soulevée et surtout reconnue, vont jusqu'à la Cour suprême ; étant donné l'importance du *précédent* dans le système juridique anglo-américain, le résultat est *réputé* être identique à celui d'une annulation. Une loi qui a été reconnue inconstitutionnelle par la Cour suprême ne sera appliquée par aucune juridiction, et la situation de fait, est la même que si elle avait été formellement annulée.

(22) V. M. EINAUDI : *Rossevelt et la révolution du New Deal*, 1961 et A. MATHIOT : La Cour suprême des États-Unis à la fin de l'administration Johnson, *R.F.S.P.* 1969, p. 270 et La Cour suprême de Warren à Burger (1953-1983), *Pouvoirs* n° 29, p. 59.

(23) La jurisprudence constitutionnelle, aux États-Unis, comme en France, tout en favorisant le jeu de l'alternance politique, a permis l'adaptation de la constitution.

(24) La procédure de l'amendement peut être utilisée comme une arme du Congrès destinée à neutraliser une interprétation de la Cour suprême. V. G. SCOFFONI, Le Congrès des États-Unis et la remise en cause des interprétations constitutionnelles de la Cour suprême, *R.F.D.C.* 1993, p. 675.

a) *L'élaboration du texte de révision*

Elle peut se faire, soit à l'initiative du Congrès fédéral, soit à celle des législatures locales (parlements fédérés). De deux choses l'une, alors : si c'est le Congrès qui établit le texte de l'amendement, celui-ci doit être voté par chacune des deux chambres à la majorité des deux tiers ; si ce sont les législatures qui prennent l'initiative, la procédure est plus compliquée. Une proposition de révision doit être votée par les deux tiers desdites législatures ; puis, une convention nationale *ad hoc*, est convoquée, qui rédige le texte (25).

b) *La ratification*

Elle offre elle-même une *option*. Que le texte ait été rédigé par le Congrès ou par une convention fédérale, celui-ci doit être ratifié, soit par les législatures, soit par des conventions d'États, le choix du système étant laissé au Congrès. Par ailleurs, aucun amendement ne peut entrer en vigueur s'il n'a été ratifié, dans le délai de sept ans suivant sa transmission, sauf prorogation votée par le Congrès, par les trois quarts au moins des États membres (soit 38, à l'époque actuelle) (26). Reste qu'une ratification ne peut pas être rapportée.

Ce mécanisme, compliqué dans ses détails est cependant, simple, dans son principe. Il est compliqué, en ce sens, que la constitution prévoit quatre solutions possibles (deux pour l'élaboration et deux pour la ratification). Il est, cependant, simple en son principe, parce que l'idée générale est que l'élaboration du contenu intellectuel de l'amendement incombe à un organisme *fédéral*, puisqu'il s'agit d'une modification à la constitution fédérale ; mais que la ratification doit appartenir aux *unités fédérées,* puisqu'il s'agit d'une novation au pacte auquel elles avaient primitivement souscrit, conformément à la *loi de participation.*

Il faut dire, que la seule procédure suivie, à l'heure actuelle, en pratique, est la plus simple : élaboration de l'amendement par le Congrès et ratification par les législatures locales (27). D'où la lenteur de la procédure : à preuve, l'échec de l'*E.R.A. (Equal rights amendement)* (28).

2° Les amendements à la constitution de 1787

A l'heure actuelle, 27 amendements à la constitution de 1787 ont été promulgués, ce qui est relativement peu, pour un texte bicentenaire. Ils se rapportent à la condition des personnes et à l'organisation des pouvoirs publics.

a) *Les amendements relatifs à la condition des personnes*

A cet égard, on distinguera les droits de l'individu et ceux du citoyen.

1) Les droits de l'individu

La première utilisation de la procédure de révision, fait significatif, eut lieu dès le lendemain même de la ratification de la constitution fédérale, pour voter et ratifier les dix premiers amendements,

(25) Dans la brèche ouverte, en 1978, par les contribuables de Californie (adoption de la *proposition* 13), un mouvement plus ample s'était esquissé. Au début de l'année 1979, 22 législatures sur 38 s'étaient prononcées en faveur de la réunion d'une *convention* dont la mission consisterait à rédiger un amendement imposant l'équilibre au budget fédéral. La démarche a fait long feu.

(26) Afin d'accélérer le processus, le Congrès a introduit pour la première fois, en 1917, à propos du XVIIIe amendement relatif à la prohibition, un *délai* de ratification. La Cour suprême (*Dillon v. Gloss*, 1921) a accepté le précédent devenu, par suite, une *coutume supplétive*. Cependant le XXVIIe amendement proposé en 1789... a été ratifié, le 7 mai 1992. V. M.-F. TOINET, *R.F.D.C.* 1994, p. 609.

(27) Toutefois, le recours à la convention a été utilisé, une fois à ce jour, à propos du XXIe amendement abolissant la prohibition des boissons alcoolisées en 1933.

(28) Devant les lenteurs à ratifier l'amendement interdisant toutes discriminations à raison du *sexe* des personnes, voté en 1972, le Congrès a décidé de proroger la date limite de 1979 à 1982. En vain : il manquait à cette date l'approbation de trois États. Le 15 novembre 1983, la Chambre des Représentants devait le repousser, une fois de plus. V. P. JUILLARD : Vers un new deal en matière constitutionnelle aux États-Unis, *Pouvoirs,* n° 9, 1979, p. 183.

en 1791. Cette procédure était, du reste, nécessaire, car un certain nombre d'États n'avaient consenti à ratifier la constitution qu'à la condition qu'elle fût immédiatement amendée. On appelle, assez souvent, ces derniers, *la déclaration des droits* de l'État fédéral *(Bill of rights).*

Ces amendements, qui comportent néanmoins des garanties sérieuses pour les libertés individuelles, ont déjà été complétés par le XIIIe amendement de 1865, abolissant l'esclavage et, principalement, le XIVe de 1868, établissant les conditions du droit à la citoyenneté et l'étendue des garanties juridictionnelles dont peut bénéficier chaque citoyen, placé sous *l'égale protection des lois :* une notion capitale, à la portée quasi illimitée.

A ce groupe, on peut rattacher le XVIIIe amendement, qui a établi, en 1919, la prohibition de l'alcool et le XXIe de 1933 qui l'a supprimé.

2) Les droits du citoyen

Ces amendements consacrent une *extension* progressive du pouvoir de suffrage. Il s'agit du XVe amendement (1870) qui interdit de refuser le droit de suffrage pour des raisons tenant à la race ou à un état de servitude antérieur ; du XIXe amendement, qui a établi, en 1920, le suffrage des femmes ; du XXIIIe amendement (1961) qui accorde le droit de vote aux habitants du district de Columbia (siège de la capitale fédérale) qui, jusqu'alors, en étaient privés (29) ; du XXIVe amendement (1964) qui supprime les *poll-taxes* qui avaient, en fait, pour objet d'écarter des urnes les personnes de couleur ; enfin du XXVIe amendement (1971) qui abaisse de 21 à 18 ans, l'âge de la majorité électorale.

b) ***Les amendements relatifs à l'organisation des pouvoirs publics***

On peut ranger sous cette rubrique, le XIIe amendement de 1804 qui prévoit la *différenciation* entre les élections du président et du vice-président des États-Unis (30) ; le XVIIe de 1913 qui dispose que les sénateurs seront désormais élus au *suffrage universel direct* ; le XXe de 1933 qui décide d'accélérer l'entrée en fonction du président nouvellement élu, afin d'éviter tout hiatus, en ramenant le *temps mort* au 20 janvier suivant l'élection et non plus fin mars comme auparavant (31) ; le XXIIe de 1951 qui interdit au président d'être réélu plus d'une fois (32) et le XXVe amendement de 1967, qui organise, d'une part, la *suppléance* du président en cas d'empêchement et prévoit, d'autre part, le remplacement du vice-président (33). Enfin, le XXVIIe amendement, adopté en 1992, relatif à l'indemnité des membres du Congrès. En revanche, le projet imposant l'équilibre budgétaire, symbole du *Contract with America* du parti républicain, a échoué à ce jour.

D. L'ORIENTATION DE LA CONSTITUTION

Les constituants de Philadelphie n'avaient d'yeux que pour Montesquieu, *l'oracle toujours consulté et cité,* selon Madison. La conciliation recherchée entre la liberté et l'autorité,

(29) Un amendement *complémentaire*, a été vainement présenté, en novembre 1993, consistant à transformer le District de Columbia en 51[e]État de l'Union, avec pour corollaire la représentation de ses habitants, au nombre d'un million, au Congrès. Déjà à trois reprises dans le passé (1965, 1969 et 1978) l'idée avait été repoussée. Washington revêt l'allure d'une colonie fédérale, à certains aspects.

(30) Cet amendement, victoire posthume d'Alexander Hamilton, est la conséquence de l'opposition entre Thomas Jefferson et Aaron Burr, élus respectivement président et vice-président, en 1801, par la Chambre des Représentants, par suite d'un ballottage au sein du collège des électeurs présidentiels. Mais, une réforme fondamentale de nos jours, voudrait que l'on supprimât ce collège. Véritable *serpent de mer*, le projet a échoué devant le Sénat, gardien des droits des États, en 1970 et 1979.

(31) Le système dit du *canard boîteux* se présente, avec une certaine acuité, lorsque le président sortant est battu par son adversaire, ce qui a été le cas en 1932, 1980 et 1992. Au surplus, le second mandat du président incline normalement à sa désacralisation. *A fortiori*, si le sort lui est défavorable, comme au temps de l'*Irangate* sous la présidence Reagan.

(32) L'amendement consacre la coutume constitutionnelle forgée à partir du précédent de George Washington, que les trois réélections de Franklin Roosevelt, en 1936, 1940 et 1944, neutralisaient.

(33) L'utilité du XXVe amendement n'est plus à démontrer après les péripéties de la *présidence impériale*. Après la démission de Spiro Agnew, Gerald Ford sera le premier vice-président *coopté* en 1973, avant de devenir l'année suivante aussi le premier président *coopté* de l'histoire américaine. Par une ironie du sort, la légitimité démocratique ne sera pas au rendez-vous historique du bicentenaire de l'indépendance.

au moyen de la *distribution tranchée* des pouvoirs est à l'origine d'un régime politique appelé abusivement (il n'est pas nécessaire d'y revenir) *régime présidentiel*. Certains de ses aspects sont à méditer.

1° Les sources intellectuelles de la constitution

Le texte de 1787 se veut une *transposition,* dans le cadre républicain, des institutions britanniques, tout du moins, telles que les constituants américains pensaient les avoir interprétées. Le *mimétisme* versera dans le mirage (34). Est-ce en raison de la lenteur des communications ? Est-ce en raison d'une erreur manifeste d'interprétation ou simplement l'incompréhension ? Toujours est-il que le régime présidentiel est né d'une confusion et, pour tout dire, d'une *erreur.* A Philadelphie, la référence a été la monarchie *limitée* de l'ancienne métropole, alors que celle-ci venait d'aborder, en 1782 (en liaison, au demeurant avec la guerre d'Indépendance) la phase de la monarchie *parlementaire.* Ce qui n'est pas du pareil au même (35). Le juriste français Esmein était donc autorisé à affirmer : *Leur président, c'est simplement une réplique du roi d'Angleterre.* Sous ce rapport, le président des États-Unis prend la place du roi d'Angleterre (36) et le vice-président, celle du prince de Galles ; la Chambre des Représentants et le Sénat se substituant aux M.P.s. et aux Lords.

Au-delà, les *Pères fondateurs* se sont préoccupés d'assurer le triomphe du *libéralisme*, par une *neutralisation* réciproque des pouvoirs publics.

2° Les desseins des Pères fondateurs

Les Américains ont longtemps affirmé, selon la célèbre formule de Thomas Jefferson, que *le meilleur gouvernement est celui qui gouverne le moins* (37). En réalité, les constituants gagnés à la cause *libérale,* se méfiaient de tous les pouvoirs. Ils avaient eu à se plaindre du parlement de Londres dont les maladresses et les *lois intolérables* avaient provoqué la guerre d'Indépendance. Ils avaient vu également, d'un très mauvais œil, les tentatives démagogiques prises par les législatures des États, pendant la période confédérale. Ils étaient, par conséquent, particulièrement réservés à l'égard du législatif. Mais, ils se méfiaient également du pouvoir exécutif, car les gouverneurs coloniaux, représentants du roi, avaient laissé de mauvais souvenirs et, du reste, George III, au temps de sa lucidité, avait été partisan de maintenir par la force les colons américains dans l'obédience britannique.

Il est, dès lors, normal que les constituants aient cherché un *équilibre* (maître-mot) aussi complet que possible, entre les divers pouvoirs, permettant de les limiter l'un par l'autre, afin de préserver la liberté des individus, et des États membres, autant que faire se peut. C'est la théorie des *checks and balances* qui est célèbre aux États-Unis.

En 1814, John Adams en comptera pas moins de huit dans la constitution : d'abord les *balances fédérales* : États particuliers et gouvernement central ; législatures des États et Sénat fédéral ; ensuite les

(34) Le mimétisme, en tant que technique de diffusion du droit constitutionnel dans la relation *décolonisateur-décolonisé*, a été également créé par les États-Unis, avant que les régimes tiers-mondistes au XXe siècle ne le redécouvre. V. J.-Cl. ESCARRAS : Introduction à une recherche sur le phénomène d'imitation. *Ann. Toulon,* 1972, p. 65.

(35) On le rappelle pour mémoire, la monarchie *limitée* coïncide avec la constitutionnalisation du pouvoir. C'est un système dans lequel le pouvoir politique, après avoir été longtemps concentré entre les mains du monarque, doit être *partagé* avec un parlement. Le roi et ses ministres gouvernent. Le parlement vote les lois, lesquelles devront être sanctionnées par le roi. L'exécutif et le législatif se limitent ainsi réciproquement sans qu'un organe de liaison, qui dans la tradition parlementaire est le cabinet, ait encore été établi ou, en tout cas, ait reçu cette fonction d'intermédiaire.

(36) L'assimilation est d'autant plus évidente qu'à la séance de la convention du 18 juin 1787, Hamilton avait proposé que la couronne fut attribuée à George Washington. Par conviction républicaine, celui-ci déclina l'offre. V. M. FARRAND : *op. cit.* t. III, p. 617 ; M. WHITE : *The Philosophy of the American Revolution*, New York, 1978.

(37) V. G. SCOFFONI : Le droit naturel et l'établissement de la démocratie américaine, la contribution théorique de Thomas Jefferson, *R.D.P.* 1989, p. 853.

balances dans l'organisation du suffrage : peuple et électeurs secondaires ; électeurs et représentants et enfin les *balances dans l'organisation des pouvoirs publics :* Chambre des Représentants et Sénat ; exécutif et législatif ; Sénat et président ; pouvoir judiciaire et autres pouvoirs (38).

Si Montesquieu a été sollicité, il a été largement dénaturé, en ce sens que les constituants n'ont retenu de sa pensée que ce qui s'accordait à leur finalité, c'est-à-dire *la faculté de neutralisation* réciproque. En d'autres termes, ceux-ci ont conçu la distribution des pouvoirs *ex abrupto* comme correspondant à une *séparation des fonctions* : au parlement, le soin de légiférer ; au président, le soin d'exécuter les lois et de gouverner et au pouvoir judiciaire, le soin de trancher les différends. Ils se sont détournés, en revanche de l'idée que le philosophe appelait de ses vœux : à savoir la nécessité pour les organes de l'État d'*aller de concert.*

§ 2 LE FÉDÉRALISME

Formule *inédite*, en 1787, le fédéralisme américain a connu une évolution classique, en dépit d'éléments spécifiques. Dans ces conditions, l'*État-Uni* ne relève plus de la simple provocation verbale : à la centralisation financière, s'ajoute, une centralisation politique et pour couronner le tout, une centralisation juridique, découlant *l'égale protection des lois,* posée par le XIVe amendement (39).

A. LES CARACTÈRES INITIAUX DU FÉDÉRALISME

Le but poursuivi à Philadelphie, en 1787, était l'établissement d'un *pacte fédéral,* c'est-à-dire l'organisation d'un système plus centralisé que celui découlant de la confédération qui, cependant, ménageât l'autonomie des États membres. La technique fédérale se situe au point de rencontre de ces tendances. A l'issue de *négociations,* au cours desquelles *les Pères fondateurs* (Washington, Franklin, Hamilton, gouverneur Morris) mirent toute leur autorité, cette solution de *compromis* fut acceptée par les petits États qui redoutaient de passer sous la domination des grands (40). Ceci mérite une brève vérification.

Le fédéralisme est d'abord *limité,* en ce sens que la *compétence de droit commun* est accordée aux États membres (art. Ier, section 8). En outre, il est *aménagé,* au moyen de la loi de participation (élection présidentielle rapportée à chaque État, représentation égalitaire dans le cadre du Sénat, au terme du *compromis* précité). Enfin, il a été *accepté,* à la suite d'une ratification par les États concernés. Jusqu'à la guerre de Sécession, les États du Sud développeront, à cet effet, la thèse du *contrat,* avec la précarité inhérente. Lincoln, à l'opposé, fera reconnaître le caractère *indestructible* de l'Union.

(38) Ce libéralisme politique est, au surplus prolongé par le libéralisme économique, dont se soucie la constitution (garanties accordées à la propriété, à l'équilibre dans les contrats) sans qu'il soit expédient de citer, à nouveau, la sollicitude du pouvoir judiciaire, jusque dans les années 1930.

(39) Le président serait-il à ce compte *le fossoyeur du fédéralisme ?* s'interroge M.-F. TOINET *(La présidence américaine*, 1991, p. 125) ; L'auteur considére que le nombre des domaines *annexés* au gouvernement central a triplé depuis 1787 (p. 40).

(40) Les aspects économiques n'y ont pas échappé, en raison du clivage entre les États du nord tournés vers l'industrie et le commerce, hostiles à l'esclavage, et les États du sud, dont l'activité agricole, impliquait une importante main-d'œuvre. Dans une lettre adressée à Thomas Jefferson, le 6 janvier 1816, Germaine de Staël écrit, à ce propos : *Si vous parvenez à détruire l'esclavage dans le Sud, il y aurait au moins dans le monde un gouvernement aussi parfait que la raison humaine peut le concevoir.* V. D. EPSTEIN : *The Political Theory of the Federalist*, Chicago, 1984.

B. L'ÉVOLUTION DU FÉDÉRALISME

Sous la pression conjuguée de diverses causes, le pacte de 1787 s'est progressivement transformé et l'autonomie des États fédérés, amenuisée. Ce qui provoque de nos jours, un choc en retour contre le *Big Government.*

1° La transformation de l'Union

Des causes, tant *structurelles* que *conjoncturelles* militent en ce sens.

a) *Les causes structurelles*

Si l'on accepte au départ, l'idée d'une opération consensuelle, pour l'établissement de la fédération, ce pacte s'était rapidement transformé en une *institution,* c'est-à-dire en une organisation maintenue, à la fois, par sa *logique interne* et par des mécanismes appropriés, que la volonté particulière d'un État ne pouvait plus, désormais, altérer. En bonne logique, la *primauté* et l'*immédiateté* du droit fédéral a relégué, au nom de la *clause de suprématie* (41), le droit fédéré dans une condition subordonnée. Brochant sur le tout, la guerre de Sécession devait apporter la démonstration décisive.

b) *Les causes conjoncturelles*

La guerre de Sécession, d'une part, et les responsabilités économiques et sociales, à partir du *New Deal,* dans les années 1930, d'autre part, accélèrent le processus de centralisation.

1) La guerre de Sécession (1861-1865)

C'est la question de l'esclavage qui a provoqué la guerre civile, au lendemain de l'élection d'Abraham Lincoln, en 1860 (42). Le *Deep South* craignant un bouleversement de sa condition économique et politique, fera sécession, à l'imitation de la Caroline du Sud. Il se constituera en une *confédération* distincte de l'Union.

La lutte entre les *Dixies* et les *Yankees*, outre ses atrocités, marquera profondément la vie américaine : *l'égalité de droit* entre tous les citoyens est proclamée par le XIIIe amendement, en 1865, et réitérée par le XIVe, en 1868, qui invoque *l'égale protection des lois* (43). Par ailleurs, le fédéralisme cesse d'être volontaire. C'est dorénavant un *fait indestructible,* selon la terminologie de l'époque. En dernière analyse, la démocratie des États, cède le pas à celle des *citoyens* (44), appelés à jouer de façon *immédiate,* et non plus par le truchement de ces derniers, un rôle sur la scène politique. C'est ainsi que le suffrage deviendra universel et le *Chief Executive* l'élu du peuple.

(41) La non-utilisation remarquée de l'expression *fédération* est largement compensée par sa manifestation la plus authentique. L'article VI de la constitution de 1787 dispose, à cet effet : *La présente constitution, ainsi que les lois des États-Unis qui en découleront et tous les traités déjà conclus, ou qui le seront, sous l'autorité des États-Unis, seront la loi suprême du pays ; et les juges dans chaque État seront liés par les susdits, nonobstant toute disposition contraire de la constitution ou des lois de l'un quelconque des États*. Il est utile de noter à ce propos l'unité de conception, voire de rédaction, qui unit cette disposition à l'arrêt *Simmenthal*, rendu en 1978 par la C.J.C.E. (V. *IIIe partie*).

(42) V. L. DE VILLEFOSSE : *Lincoln*, 1965.

(43) Cependant le XVe amendement de 1870 prohibant toute discrimination raciale en matière électorale a été tardivement appliqué *(supra)*. V. D. GAXIE : *Le cens caché*, 1978 et W. MENDELSON : *Discrimination*, N.Y., 1964.

(44) Celle-ci avait été annoncée par Andrew Jackson (président de 1833 à 1837), qui affirmait : *Le président est le représentant direct du peuple américain*, et s'écriait : *Que le peuple règne !*

2) *Le New Deal (1933-1935)*

En dehors d'événements extérieurs, ce sont les conséquences de la *grande dépression* de 1929 qui ont accéléré le cours des événements. Avec le *New Deal*, un changement de société s'opère. L'interventionnisme économique et social de l'Union s'étale. Partant de l'impôt fédéral sur le revenu, créé, en 1913, les prélèvements obligatoires s'élèvent de 2 % du P.N.B. en 1880, à 23 % cent ans plus tard. En dépit de la volonté affichée par Ronald Reagan, la révolution conservatrice de la décennie *80* ne s'est pas réalisée (45). Le *new federalism* est demeuré un slogan (46).

Au final, sous la poussée du *Welfare State,* l'autonomie des États se réduit à la manière d'une peau de chagrin. *L'égale protection des lois,* confiée à la Cour suprême, achève ce processus de démantèlement, contre lequel une nouvelle contestation s'élève depuis le triomphe républicain au Congrès en 1994. Le *Contrat avec l'Amérique* nourrit une sous-culture antifédérale, dont l'attentat d'Oklahoma City, en avril 1995, porte la marque. Le débat sur le fédéralisme est désormais ouvert.

2° Le pouvoir d'auto-organisation des États fédérés

Le patriotisme d'État est un fait certain. Le chauvinisme des Texans est bien connu, mais il n'est pas le seul. L'Américain se sent citoyen des États-Unis, mais d'abord, membre d'un État particulier. On peut dire, à cet égard, que le *localisme* reste un des traits *marquants* de la vie politique américaine. La dimension géographique (les cinq fuseaux horaires aux États-Unis) sont à l'image d'un sous-continent. *The State,* c'est essentiellement pour le citoyen *son* État, l'Indiana avant toute autre chose ; l'Union ou Washington est une notion à peine ressentie. Quant à l'étranger, mieux vaut ne pas en parler.

Chacun État possède une constitution qu'il établit, en principe, librement. Cependant, d'après le statut de 1787, l'État fédéral a le droit de veiller au caractère démocratique et républicain de celle-ci (art. IV, section 4). Ces constitutions présentent un intérêt relatif. La raison en est qu'il existe une grande méfiance à l'égard des législatures, et que l'habitude s'est prise d'insérer dans la constitution, véritable *fourre-tout* (P. Juillard), tout ce que l'on ne veut pas voir modifier, à la légère, par les assemblées locales, privées en règle générale, de toute crédibilité (47).

Sauf le Nebraska, tous les États possèdent deux chambres, un Sénat et une Chambre des Représentants, à l'imitation de la constitution fédérale, bien que, dans un cadre où le fédéralisme ne joue pas, un Sénat ait peu de raison d'être. Les législatures d'État siègent peu. Elles ont, en général, deux courtes sessions par an. Le niveau de leurs débats et de leur production législative est généralement très faible.

Le pouvoir exécutif est confié à un gouverneur élu en même temps que la législature et qui correspond, *mutatis mutandis*, au sein de l'État, au président des États-Unis, dans le cadre fédéral ; de même rencontre-t-on une réplique de la Cour suprême. Cependant, mention doit être faite d'un élément d'*originalité* ; à savoir : l'adoption de procédures de *démocratie semi-directe* (48).

Un inventaire représentatif, révèle que dans certains d'entre eux, et tout particulièrement en Californie, *le nouveau Nouveau Monde* (A. Max), avec le système des *propositions* (49), fonctionne,

(45) V. M.-F. Toinet (sous la direction de), *L'État en Amérique,* 1989.

(46) V. M.-F. Toinet : L'intervention des pouvoirs publics aux États-Unis : la déréglementation ou le désengagement impossible ? *Pouvoirs* n° 29, 1984, p. 21 ; G. Sorman : *La révolution conservatrice américaine*, 1983 et G. Brown : Le nouveau fédéralisme aux États-Unis, *Revue int. de droit comparé,* 1983, p. 497.

(47) Il s'ensuit une instabilité réelle. P. Juillard donne des exemples saisissants : la Louisiane a connu 10 constitutions ; la Géorgie 8 ; la Virginie 6 ; le Texas et New York 5, *etc.* (Le mythe de la stabilité constitutionnelle, *Pouvoirs* n° 29, 1984, p. 15).

(48) V. A. Auer : *Le référendum et l'initiative populaires aux États-Unis*, 1991 ; D. Nedjar, Initiative et référendums aux États-Unis, *R.D.P.* 1993, p. 1585.

(49) Elles émanent dans cet *État pilote* à bien des égards, tantôt de la législature, tantôt des *citoyens.* Dans cette dernière éventualité, la *proposition* peut avoir pour objet (le nombre des signatures exigé étant atteint) une révision constitutionnelle ou l'adoption d'une loi. En tout état de cause, une consultation populaire est organisée sur-le-champ. La majorité simple tranchera. C'est ainsi qu'en 1972, les électeurs du *Golden State* se sont prononcés en faveur du rétablissement de la peine capitale, puis en 1996, contre les quotas éthniques ou la discrimination positive (*affirmative action*), en faveur des minorités.

en matière législative, le droit d'*initiative populaire*. Une pétition rédigée en forme de proposition de loi et, comportant un certain nombre de signatures, doit être prise en considération par la législature de l'État. Si cette dernière la repousse, le texte revient généralement devant le peuple qui peut, malgré la résistance de son parlement, l'adopter par voie de référendum. Ce dernier peut aussi se présenter comme tel (50).

Enfin, une autre institution originale et d'intention démocratique consiste dans le droit de *recall,* c'est-à-dire de révocation, qui peut être mis en jeu, dans certains États, à l'encontre des élus, ce terme englobant les fonctionnaires désignés à l'élection, qui sont censés avoir démérité. La procédure introduite dans l'Ogeron, en 1908, est du même ordre que dans le cas de l'initiative populaire et du référendum : une pétition réunissant un certain nombre de voix provoque un scrutin par lequel l'intéressé est, soit révoqué, soit confirmé dans ses fonctions. Mais cette procédure est peu usitée (51).

SECTION III LES COMPOSANTES DU RÉGIME POLITIQUE AMÉRICAIN

Dans le cadre d'un régime présidentiel (V. *Ire partie*), on étudiera successivement le corps électoral, le Congrès, le président des États-Unis et le pouvoir judiciaire.

§ 1 LE CORPS ÉLECTORAL

L'intérêt se portera respectivement sur le système électoral, d'une part, et les partis politiques, d'autre part.

A. LE SYSTÈME ÉLECTORAL

L'électorat, ou la condition *d'électeur,* relève de la compétence des États fédérés, même en vue du Congrès fédéral. Seule *l'éligibilité* (statut du *candidat*) est réglée par la constitution de 1787 (art. 1er, sections 2 et 3).

Dès lors, la qualité d'électeur peut sensiblement varier d'un État à un autre, en dépit d'une tendance au nivellement. Parallèlement à la jurisprudence de la Cour suprême, s'appuyant sur le XIVe amendement, il importe de rappeler que depuis le XVe amendement, le droit de vote ne peut être refusé en raison de la race ou de la couleur ; ni, depuis le XIXe, du sexe ; ni, après le XXIVe, du fait du non-acquittement d'une taxe électorale. En outre, il est abaissé, pour *toutes* les élections, à 18 ans (XXVIe amendement de 1971).

(50) En novembre 1986, les Californiens ont adopté la proposition 63 faisant de l'anglais, la langue officielle de l'État. En 1992, les électeurs de l'Oregon ont repoussé une proposition visant à l'imiter les droits des homosexuels ainsi que leur accès à certaines professions.La légalisation de la marijuana à des fins médicales a été approuvée, en 1998 dans 4 États (Colorado, Nevada, Arizona et Washington). Au même moment, l'euthanasie médicalement assistée était autorisée dans l'Oregon et repoussée dans le Michigan.

(51) V. Y. Meny : *Politique comparée*, 4e éd., 1995, p. 198.

Mais, des différences subsistent, pour que l'on puisse parler d'un système *imparfait* et *inégalitaire* (52).

1° Le caractère imparfait du suffrage

Sont désormais électeurs, les citoyens âgés de 18 ans révolus, non condamnés à des peines de prison et qui peuvent prouver une résidence d'État de six mois à deux ans, exigence lourde dans un pays où la mobilité de la population est grande. Au total, le corps électoral s'élève à 149 millions de personnes, en 1996.

Mais il faut garder à l'esprit l'existence, jusqu'en 1965, de la procédure discriminatoire du *literacy test* à l'encontre des personnes de couleur (53). L'accès à la dignité politique peut-il cependant s'accomoder d'une infériorité économique ? (54).

Par ailleurs, l'inscription sur les listes électorales, qui doit être renouvelée périodiquement, laisse beaucoup à désirer, soit du fait des intéressés, ce qui se produit souvent chez les jeunes, soit du fait des autorités, dont le *mauvais vouloir* à l'égard des personnes de couleur est réel. Outre un faible taux de participation, le découpage *arbitraire* de circonscriptions électorales *(gerrymandering)* est à relever (55). Au nom du principe égalitaire, *one man, one vote* (56), la Cour suprême a condamné ce détournement de suffrage (1962, *Baker v. Carr*).

(52) Si, comme on l'a relevé précédemment, le droit de vote à l'élection présidentielle a été reconnu aux habitants du district de Columbia en 1961, il n'a pas été étendu à la population des territoires autonomes ou dépendances extérieures (Porto-Rico, îles Vierges et Micronésie).

(53) V. P. MUTIGNON : La loi fédérale du 6 août 1965, relative à la discrimination raciale en matière de droit de vote, *R.D.P.* 1966, p. 738. (V. *titre I*)

(54) La communauté noire (12,8 % de la population) est la plus touchée par la pauvreté, qui a été accusée par l'ultra-libéralisme des présidences Reagan et Bush. On estime qu'une famille noire moyenne dispose de 58 % du revenu d'une famille blanche moyenne. Une certaine radicalisation est perceptible au lendemain de la marche protestataire organisée par Louis Farrakhan (dirigeant de la nation de l'islam) à Washington, le 16 octobre 1996, trente-deux ans après celle de Martin Luther King. La communauté hispanique (10,8 % de la population en progression constante) connaît une condition comparable à la différence de la communauté asiatique (3,5 % de la population) mieux intégrée.

La représentation des citoyens de couleur est manifestement minorée (1,2 % de l'ensemble des postes électifs) en dépit de quelques percées spectaculaires. Pour la première fois, un homme de couleur a été élu maire de New York, un autre gouverneur de la Virginie, aux élections de 1989, tandis qu'une femme devenait sénateur de l'Illinois, en 1992. Cette communauté dispose à la Chambre des Représentants, sur les bancs démocrates, d'une vingtaine de sièges. Cependant, aux termes d'une loi fédérale de 1983, le 3e lundi de janvier est devenu un jour férié en hommage à Martin Luther King, artisan des droits civiques, assassiné en 1968. Seuls avant lui, George Washington et Christophe Colomb avaient été ainsi honorés.

(55) Ce procédé, dont l'exemple type est fourni par la 69e circonscription de Californie (V. M.-F. TOINET, *Le système politique des États-Unis,* 1987, p. 422), dégage des relents de cuisine malodorante. Il est destiné à séparer le bon grain de l'ivraie. Il a été inventé au début du XIXe siècle par le gouverneur Gerry du Massachusetts. Depuis lors la terminologie est ainsi fixée : un *gerrymander* désigne la circonscription à l'allure parfois d'une bête monstrueuse et le *gerrymandering* le procédé de découpage ou de dépeçage. La technique a fait école en France, jusqu'à l'intervention du C.C. (8 août 1985, *Nouvelle-Calédonie, chr.* n° 36, p. 182) *(V. IIIe partie).*

(56) La Cour suprême a confirmé sa jurisprudence, en matière de discrimination électorale, en 1977, à propos du découpage de Brooklyn *(United Jewish Organizations of Williamsburg v. Carey)* et de la législature du Mississippi *(Connor v. Finch)*. Par ailleurs, elle a donné une portée générale au XXIVe amendement, en l'étendant aux élections fédérées, en 1966 *(South Carolina v. Katzenbach).*

2° Le caractère inégal du suffrage

A la Chambre des Représentants, on observe une relative sous-représentation des grands États et, par voie de corollaire, une sur-représentation des petits. Cependant, loin d'être figée, l'attribution des sièges est, au contraire, l'objet d'une modification au lendemain d'un recensement général de la population *(census)*. Cette opération se renouvelle à chaque décennie, afin de tenir compte de l'évolution démographique qui, à l'heure actuelle, s'oriente vers le *Sun Belt* au détriment du Nord-Est (57). En revanche, le phénomène est saisissant au Sénat, où chaque État, dispose de la *même représentation*, par définition. C'est ainsi que les deux sénateurs de l'État de Californie représentent 31 millions d'habitants, et ceux de l'Alaska, 400 000. On ne saurait mieux dire (58).

B. LES PARTIS POLITIQUES

Le bipartisme américain ne possède, à aucun titre, la cohésion et l'autorité du bipartisme britannique, dont il usurpe, à bien des aspects, la dénomination, et plus encore la logique. Car, il s'apparente, tel le bernard-l'ermite, à un cadre vide, à bien des aspects. La *crise* des partis d'outre-Atlantique atteint une telle acuité, qu'ils s'offrent aux plus audacieux. On se propose de le vérifier.

1° La spécificité du bipartisme américain

Les États-Unis connaissent *apparemment*, à la manière de la Grande-Bretagne, le système des deux partis : le parti républicain et le parti démocrate. Mais, ce système bipartisan a des bases et une signification bien différentes dans les deux pays (59).

a) *Le localisme des partis*

La superficie du territoire national fait que les partis américains ont une assiette *locale* extrêmement importante. Plutôt que d'un parti républicain et d'un parti démocrate, certains estiment qu'il serait plus exact de parler d'une *juxtaposition* de 50 partis républicains ou de 50 partis démocrates, quasi indépendants les uns par rapport aux autres ; encore que, le niveau essentiel du pouvoir politique des partis se situerait plutôt dans les villes ou les comtés que dans les États.

Ces remarques ne sont pas totalement inexactes. Il est vrai que le *comité national*, placé à la tête de chaque parti, n'a, en fait, que peu de pouvoirs réels. Il est vrai aussi, que la convention nationale, qui réunit tous les quatre ans les délégués du parti, ressemble à une assemblée de féodaux, où chacun discute d'égal à égal.

(57) Depuis 1969, 3 présidents sur 6 (Nixon, Reagan et Bush) viennent du *Sun Belt.* En 1972, la Californie a ravi la première place à New York. Le *Golden State* devient le moteur économique des États-Unis et le cadre politique décisif pour le scrutin présidentiel.

(58) V. M.-F. TOINET : La concurrence électorale imparfaite aux États-Unis, *R.F.S.P.* 1976, p. 899.

(59) C'est certainement par dérision, qu'un animal symbolise les partis : l'âne pour les démocrates ; l'éléphant pour les républicains. V. J. BECQUART-LECLERCQ : Les partis politiques aux États-Unis, *R.D.P.* 1982, p. 689 ; J. CEASER : Les partis américains dans les années 1980 : déclin ou renouveau, *in La présidence en France et aux États-Unis*, 1986, p. 143 ; J.-P. LASSALE : *Les partis politiques aux États-Unis*, 1987 ; J.-L. SEURIN Partis américains, *D.C.,* p. 735.

Mais, il faut nuancer ce point de vue et insister, sur le fait que, d'une part, le président des États-Unis fait figure de *leader* du parti au pouvoir, dès qu'il dispose d'une autorité personnelle suffisante pour exercer effectivement ce rôle et, d'autre part, qu'à l'occasion de son élection qui est, il ne faut pas l'oublier le *seul* moment de la vie nationale, où chacun des partis se retrouve, tous les quatre ans, vraiment *un*. Il n'y a jamais parmi les candidats crédibles, qu'un démocrate et un républicain proposés aux électeurs. De sorte qu'il est excessif, à ce propos, de parler d'un multipartisme américain aussi accentué que le multipartisme français, antérieur à 1958, par exemple. Toutefois, le *localisme* des partis est peu de chose comparé à leur *indiscipline*.

b) *L'indiscipline des partis*

Au plan national, à Washington, les formations étalent, avec une certaine complaisance, leurs différences *internes*. A cet égard, une ligne frontière invisible les traverse et répartit leurs membres en *libéraux* et *conservateurs*. L'exemple du parti démocrate est particulièrement significatif. Son existence a résulté traditionnellement de la rencontre entre, d'une part, une aile *nordiste*, symbolisée par l'intellectuel de la Nouvelle-Angleterre et une aile *sudiste*, incarnée par le petit blanc, profondément conservateur et, d'autre part, une coalition des minorités (60).

Est-il besoin de conclure à l'opposition de ces tempéraments ? Si bien, que les majorités de rencontre, ou *à saute-mouton*, réunissent les *libéraux* démocrates et républicains et demain les *conservateurs* des deux bords. Sous couvert de bipartisme, une sorte de *quadripartisme* caractérise, en fait, la vie du Congrès, et rend possible la *coexistence pacifique* avec un président de tendance opposée, comme sous Nixon, Reagan, Bush ou Clinton. Il assure, en définitive, de manière inattendue, la *sauvegarde* du régime. Mais, pour faire bonne mesure, la domination de son parti ne confère point au *Chief Executive*, une liberté de manœuvre, dans la mesure où, sur fond de séparation des pouvoirs, les *congressmen* ne lui doivent pas leur mandat. L'élection présidentielle ne produit pas un effet d'entraînement. En dépit de la réélection aisée de Bill Clinton, en 1996, les démocrates demeurent minoritaires au Congrès. On saisit, sur ce point fondamental, le *divorce* entre les systèmes présidentiel et présidentialiste : le président américain dirige un *no-party system* (P. Avril) tandis que son homologue français est, selon la règle d'or, le chef de la majorité parlementaire. *Occupez-vous de mes ennemis, je m'occupe de mes amis.* La formule célèbre demeure d'actualité à Washington. Au surplus, l'indiscipline des partis est accordée à leur unité idéologique.

c) *Le pragmatisme des partis*

Reposant, par priorité, sur une organisation locale (61) les partis politiques américains sont, pour l'essentiel, des *machines* de *placement électoral*. En d'autres termes, à la différence de l'Europe, ils ne se soucient guère de l'idéologie et se bornent à gérer la société capitaliste, confondue de plus

(60) De manière symbolique, Jimmy Carter (le premier sudiste élu à la Maison Blanche, en 1976, depuis la guerre de Sécession), a signé le 17 octobre 1978 la loi restituant, à titre posthume, la citoyenneté à Jefferson Davis, président de la confédération du Sud.

(61) Malgré ce caractère fragmenté et local, les partis sont très fortement organisés. Ils ne sont pas basés, en principe, sur l'adhésion individuelle de membres aussi nombreux que possible, mais sur la force des comités et de l'organisation. Pour employer un vocabulaire européen, il s'agit, non pas de *partis de masse*, mais de *partis de cadres*. A l'échelon local, l'action du parti se fait, tout d'abord, sentir dans des *precints*, circonscriptions électorales minuscules, de 400 électeurs en moyenne, dans lesquelles le parti est aux mains d'un *captain*, souvent appointé, qui doit connaître personnellement les électeurs et guider leurs votes. Au-dessus du *precint*, à chaque circonscription électorale, correspond un comité du parti, avec une hiérarchisation jusqu'au cadre de l'État. L'ensemble de ces comités, qui constituent *la machine* du parti, détient un pouvoir politique considérable.

en plus avec le conservatisme. Il n'est pas surprenant, à cet égard, que la théorie du *catch-all-party* ait pris naissance outre-Atlantique.

Certes, au départ, à la fin du XVIIIe siècle il y a bien une certaine opposition idéologique entre les *fédéralistes* (Washington, Hamilton, gouverneur Morris), qui sont les ancêtres des républicains et les *antifédéralistes* (Jefferson), qui deviendront les démocrates. La démocratie se manifeste, en effet, surtout à cette époque, dans le cadre des États particuliers, et le fédéralisme, ayant pour objet de diminuer les pouvoirs des États, les démocrates apparaissent, par voie de conséquence, plus progressistes que les républicains. Mais, avec le temps, ces caractères se sont, dans une certaine mesure, atténués. Toutefois, de nos jours, les démocrates demeurent, dans l'ensemble, ouverts à des idées de progrès social, d'intervention de l'État dans le domaine économique ou de coopération internationale et les républicains fidèles, à la conception de la *libre entreprise* et isolationnistes (62). Roosevelt et Reagan symbolisent ces deux projets politiques.

Par ailleurs, aucun parti n'est un *parti de classe*, au sens européen du terme (encore que le *montant des revenus* y joue un rôle), mais, en principe, de la *collectivité tout entière*. Cependant, chacun a son électorat traditionnel et les élections nationales démontrent que ces caractéristiques économiques et sociologiques se maintiennent. Les démocrates ont gardé dans les villes, les minorités ethniques *récentes*, à revenu généralement modeste, sinon pauvre (Communautés noire, hispanique et nouveaux immigrants européens), ainsi que, d'une façon générale, les intellectuels, la classe moyenne, les ouvriers, les juifs et les catholiques. C'est ce qu'on appelle depuis Roosevelt, la *grande coalition*. Les républicains drainent, en revanche, les voix des Américains plus aisés et de souches anciennes (anglo-saxonne, allemande ou nordique) généralement protestants ou W.A.S.P. *(White Anglo-Saxon-Protestant)*, le plus souvent implantés dans les campagnes et les banlieues suburbaines. Alliant le conservatisme au populisme, leur projet de *Contrat avec l'Amérique,* adopté en 1994, s'analyse en une réaction tout à la fois contre les programmes sociaux, le pouvoir fédéral, l'aide et l'intervention à l'étranger. Mais ce sont précisément ces excès qui devaient permettre à Bill Clinton de camper sur des positions centristes au point de l'emporter en 1996 et de résister au scandale provoqué par ses relations extra-conjugales, en 1998 (63).

Quant au rythme de l'alternance, Arthur Schlesinger estime qu'il se produit tous les 30 ans, au moment de la relève d'une génération par une autre. Pour les républicains : Eisenhower élu en 1952 a eu pour successeurs Nixon, Reagan et Bush ; pour les démocrates : Roosevelt élu en 1932, a transmis le relais à Kennedy, Johnson et Clinton.

Au total, la comparaison entre les bipartismes américain et anglais tourne aisément à l'opposition, à l'image des régimes présidentiel et parlementaire, qui reposent respectivement sur la *défectuosité* et la *perfectibilité* de leurs partis. Or, aux États-Unis, ceux-ci déclinent, à telle enseigne, qu'on les compare au *moteur d'un véhicule sans direction* (Y. Mény). Les groupes de pression les ont supplantés dans les faits.

2° Le rôle électoral des partis

La fonction d'une formation américaine ne consiste pas à réaliser un projet politique. Elle se cantonne en dehors de la défense des intérêts privés, dans un rôle moins glorieux, mais à la vérité, très efficace : assurer l'élection (on dit aux États-Unis la *nomination*) de ses candidats aux divers postes officiels et fructifier ce capital. A ce titre, par exemple, les démocrates et républicains siègent à parité au *Federal Election commission* (F.E.C.) qui gère et contrôle, depuis 1974, le financement public des consultations nationales.

Les méthodes et les règles concernant les partis ont une importance capitale. Car, à partir du moment où un postulant a été désigné comme candidat officiel du parti, sa nomination est d'avance assurée. Les règles de *sélection* des candidats qui, aux États-Unis, s'appliquent en vue de *toutes les*

(62) V. S. HURTIG : art. précité, *R.F.S.P.* 1969, p. 337 et Y. MÉNY : L'affaiblissement des partis, *Pouvoirs,* n° 29, 1984, p. 111.

(63) Toutefois, le président Clinton a signé, le 22 août 1996, la loi relative à la réforme de l'aide sociale adoptée par la majorité républicaine du Congrès. Cette dernière marque le démantèlement de l'État-providence de Roosevelt.

élections (fédérales, fédérées et locales) s'ordonnent, à titre principal, autour de deux systèmes : celui des *caucus* et des *primaries* ou élections primaires. Il reste, cependant, à mentionner que les États autorisent un candidat à entrer en lice, dès lors qu'une *pétition* a été recueillie en sa faveur. Ross Perot a pu participer, ainsi en 1992, à l'élection présidentielle.

a) *Le système des caucus*

Le choix du candidat incombe à une réunion *(caucus)* de délégués ou militants du parti à l'échelon municipal, ou du comté ou de l'État. En raison de son caractère *oligarchique*, ce procédé est concourrencé par celui des élections primaires (64).

Traditionnellement, en vue de l'élection présidentielle, l'Iowa rassemble le premier *caucus* en janvier, et le New-Hampshire, le mois suivant, ouvre la série des *primaries* qui s'échelonnent jusqu'en juin.

b) *Le système des primaires*

Cette procédure *spécifiquement américaine,* aussi mystérieuse que le base-ball pour un étranger, a été inventée en 1904, par le Wisconsin, en vue de briser l'oligarchie des dirigeants professionnels. Elle s'analyse en un procédé de *sélection* des candidats d'un même parti par les *électeurs*. Faisant d'une pierre deux coups, ceux-ci en choisissant les délégués à la *convention* du parti (ou assemblée de délégués) départagent les concurrents. Cette épreuve *éliminatoire*, dont l'organisation relève de la compétence des États, se présente selon l'ordre décroissant d'importance, en trois catégories : *fermées, ouvertes* ou *non partisanes* (65).

1) Les primaires fermées (Closed primaries)

Ce sont celles dans lesquelles, en principe, les électeurs doivent déclarer officiellement le parti auquel ils appartiennent. Chaque électeur démocrate ou républicain reçoit alors un *ballot* ou bulletin de son parti, comportant une liste des candidats pour chaque poste à pourvoir. En outre, au moment des élections, les citoyens américains sont invités à procéder, au moyen de machines à voter, en même temps, à un nombre parfois impressionnant (66) de nominations (représentants, gouverneur, magistrats, officiers de police, *etc.*). Chaque électeur met, dès lors, une croix devant le nom du candidat de son choix, pour chacun des postes à pourvoir. Ceux qui réunissent le plus grand nombre de voix sont les candidats officiels du parti.

(64) A l'heure actuelle, une trentaine de *caucus* se tiennent pour l'élection présidentielle tant chez les démocrates que les républicains.

(65) 35 élections primaires ont été organisées dans les deux camps en vue de l'élection présidentielle de 1992. V. M.-F. TOINET : *La présidence américaine*, 1991, p. 17 ; C. SICARD : *Les primaires présidentielles de 1980 aux États-Unis*, thèse Paris II, 1989.

Dans cet ordre d'idées, un *faux ami* se présente avec l'utilisation faite, en France, de ce terme. Celui-ci a fait son apparition, sous la Ve République, en liaison avec le phénomène de bipolarisation, pour désigner, à l'issue du premier tour de scrutin, le candidat *unique* de gauche ou de droite. En ce sens, on prétend que le premier tour de l'élection présidentielle est la meilleure élection primaire. Mais, ici, l'intervention des électeurs se situe en *aval* ; les partis ayant désigné *eux-mêmes* leur candidat, tandis qu'aux États-Unis, elle se manifeste en *amont. Illusion* du langage, en somme.

(66) A l'opposé de la France, le plus grand nombre de *fonctionnaires* locaux sont recrutés, non par concours, mais par *élection.* De manière amusante, mais parfaitement exacte, on a pu dire que dans un procès, seul l'accusé n'est pas élu. Le bulletin remis à l'électeur peut, dans ces conditions, comporter une centaine de rubriques, du candidat à la présidence des États-Unis à celui au poste modeste de... préposé à un escalier mécanique d'une gare, comme l'indique R. V. Denenberg (*Introduction au système politique des États-Unis*, 1979, p. 115). Dans l'État de l'Oregon, le bulletin est appelé, en conséquence, le *drap de lit*.

2) *Les primaires ouvertes (Open primaries)*

Elles ne comportent pas d'affiliation publique à l'un ou l'autre parti. L'électeur reçoit deux bulletins, un républicain et un démocrate, et il utilise l'un d'entre eux, comme précédemment. Ce procédé est exceptionnel (Michigan, Vermont, Wisconsin) (67).

3) *Les primaires non partisanes*

Dans l'indifférence partisane, chaque électeur reçoit une liste générale sur laquelle se trouvent les noms de *tous* les candidats, sans indication d'affiliation politique. C'est à l'électeur de retrouver les siens et de choisir parmi eux. Cette technique tend à disparaître de nos jours, en dehors du Minnesota et du Nebraska.

Le système des *primaires,* si l'on s'efforce de porter un jugement de valeur, mobilise une *étroite minorité* (20 % *grosso modo*), en dépit d'une tendance au regroupement (68), les électeurs étant à la limite de la saturation en ce domaine. Au surplus, il est parvenu, conformément au but assigné, à limiter l'emprise partisane, en un mot, à *déprofessionnaliser* la politique et à l'ouvrir aux femmes, en particulier. Que la Californie ait élu deux d'entre elles au Sénat, en 1992, a valeur significative. En effet, le savoir-faire et les ressources financières d'un candidat constituent les éléments essentiels de la réussite (69). La chance peut ainsi sourire à un *amateur* au plan local et plus encore, au plan *national,* si l'on songe aux précédents Carter et Clinton. Ce qui ne va pas sans poser quelques difficultés. D'une façon plus générale, cette aventure individuelle est de nature à favoriser un renouvellement du personnel politique. Il s'ensuit une *atomisation* de la vie politique qui se révèle, par la suite, nocive au Congrès des États-Unis.

Au total, l'effort méritoire de *démocratisation* du recrutement des candidats, en dehors de réussites spectaculaires, telle celle de John Kennedy qui, en 1960, a pu surmonter les handicaps de l'âge et du catholicisme, demeure sujet à caution. Le remède serait-il pire que le mal ?

Une dernière observation, à propos des partis. Lorsque l'un de ses membres est parvenu à ses fins, il installe avec lui toute une équipe, sur la base du *spoil system* ou système des *dépouilles,* qui fonctionne encore dans les États et surtout à l'échelon local, et qui permet de faire place nette parmi les fonctionnaires, afin d'y mettre ses amis (70). L'ensemble constitue un système de *patronage* très puissant. C'est ce que les Américains appellent une *machine locale,* dont le maire, ou le premier magistrat du comté, est le *boss.*

(67) Il y a lieu de préciser que les primaires ouvertes sont appelées aussi *cross over primaries,* dans la mesure où tous les électeurs peuvent participer au vote, sans distinction des primaires fermées. Dans ce dernier cas, les sans-parti ne peuvent interférer, en franchissant la ligne de démarcation *(cross over)* entre les démocrates et les républicains.

(68) A l'initiative des démocrates, des États acceptent depuis 1988 d'organiser le même jour (le *super-mardi*) des élections primaires. Cette démarche offre l'avantage à un candidat de se détacher, en tablant ensuite sur le panurgisme.

(69) Le financement *public* retenu par le *Federal elections compaing Act* de 1974 est applicable, depuis 1976, aux *primaries,* à la condition de respecter un plafond des dépenses.

(70) Au plan *national,* le principe *the spoil to the victor* a longtemps été appliqué, jusqu'au moment où en 1881, le président James Garfield fut mortellement agressé par un mécontent. Dans ces conditions, le procédé a été abandonné au profit du *merit system* à la suite du *Pendleton Act* de 1883.

§ 2 LE CONGRÈS DES ÉTATS-UNIS

Le parlement fédéral s'appelle *le Congrès des États-Unis.* En application de l'article premier, section I de la constitution de 1787, il se compose de deux chambres, selon l'idée développée par Benjamin Franklin : *la Chambre des Représentants* et surtout *le Sénat,* compte tenu de son rôle et de son prestige. Après un certain relâchement, le Congrès a repris, depuis l'affaire du *Watergate*, la mission que les Pères fondateurs lui avaient assignée : celle d'un *authentique pouvoir* limitant ou neutralisant le président, le cas échéant.

A cette fin, et à l'opposé de la tendance observée à l'étranger, le Congrès a recouvré une authentique puissance avec laquelle le président doit compter. Au risque d'être désavoué, celui-ci est condamné, à négocier ou à s'effacer. Seule l'hégémonie américaine, au plan international, est parvenue, à ce jour, à dissimuler le mythe du régime présidentiel (71).

A. L'ORGANISATION ET LE FONCTIONNEMENT DU CONGRÈS

1° L'organisation du Congrès

La logique du fédéralisme est à l'origine d'un recrutement *différencié* des représentants et des sénateurs, qui siègent au *Capitole* à Washington (D.C.). D'une façon générale, les élections au Congrès suscitent un faible taux de participation, inférieur à 40 % des inscrits.

a) *La Chambre des Représentants (House of Representatives)*

Elle comprend 435 membres, élus pour un mandat de deux ans (72), au scrutin majoritaire uninominal à un tour, proportionnellement, ou peu s'en faut, au nombre des habitants. Au reste, l'attribution des sièges entre les États fait l'objet de modifications (73). La durée du mandat est, à l'évidence, trop courte ; un mandat bref entraînant presque nécessairement les élus à se livrer à la démagogie. On a coutume de dire, que le *congressman* emploie la première année de son mandat à faire oublier ses promesses inconsidérées et... la seconde année à en formuler de nouvelles.

(71) V. R. ROSE : *The Postmodern President. The White House Meets the World,* 1988 et l'analyse de Pierre AVRIL, *Commentaire,* n° 49, 1990, p. 181 ; *Théorie et pratique du gouvernement constitutionnel : la France et les États-Unis,* actes du colloque de Paris-X-Nanterre, 1992.

(72) Ce mandat, qui ne peut être abrégé, comme celui du Sénat, en *l'absence du droit de dissolution,* coïncidence avec la *législature* aux États-Unis, appelé *un* Congrès. Chacun d'entre eux porte depuis 1789, un numéro d'identification. Compte tenu du calendrier, le renouvellement de la Chambre des Représentants, en totalité et du tiers du Sénat, se présente au *milieu* du mandat présidentiel. D'où l'expression de *mid-term elections.* Une loi du genre veut que le parti représenté à la Maison Blanche perde ce scrutin. Le Congrès sortant *(Lime-duck Congress)* continue à siéger entre ces élections organisées en novembre et l'entrée en fonction du nouveau, en janvier.

D'une manière générale, les démocrates ont dominé le Congrès de l'après-guerre jusqu'à leur déroute de 1994. En dépit de la réélection du président Clinton, en 1996, les républicains demeurent majoritaires à la Chambre et au Sénat, pour la première fois respectivement depuis 1955 et 1986.

(73) La redistribution des sièges est opérée au lendemain du recensement général de la population. En conséquence, la Californie a ravi, en 1972, la première place à New York. Enfin, il y a lieu de préciser que Porto-Rico dispose d'un *délégué permanent* à la Chambre des Représentants, tandis qu'en revanche, le District de Columbia, la Micronésie (Guam en particulier) et les Iles Vierges n'y sont pas représentés.

Pour être éligible à la Chambre des Représentants, il faut être âgé d'au moins 25 ans, être citoyen des États-Unis depuis 7 ans et résider dans l'État dans lequel on brigue les suffrages (art. Ier, section 2) (74). Mais, le couronnement du *cursus* se situe au Sénat, la chambre aux allures aristocratiques.

b) *Le Sénat (Senate)*

Le club le plus fermé du monde, selon John Kennedy, dont le *prestige* est intact, à l'inverse des autres secondes chambres, est composé de deux membres par État (soit 100) élus selon le scrutin précité, par les *citoyens* depuis le XVIIe amendement de 1913, pour six ans et renouvelables par tiers, tous les deux ans au moment où ont lieu les élections à la Chambre des Représentants. A l'origine, la désignation incombait à la législature de l'État (art. Ier, section 3).

Pour être éligible, au Sénat, il faut avoir 30 ans d'âge, posséder la nationalité américaine depuis neuf ans, et habiter l'État où l'on se porte candidat (art. Ier, section 3) (75).

De surcroît, on soulignera que les fonctionnaires sont inéligibles au Congrès et que le contentieux des élections ressortit à la compétence de chaque assemblée (art. Ier, section 5). Enfin, concernant le financement de la campagne électorale, l'adoption, en 1974, du *Federal elections compaign Act,* avait limité les dépenses électorales. Toutefois, l'arrêt *Buckley v. Valeo* de la Cour suprême du 30 janvier 1976, a supprimé les *plafonds,* considérant qu'ils étaient contraires à la *liberté d'expression,* protégée par le premier amendement de la constitution (76).

Les parlementaires américains bénéficient des immunités qui sont normalement accordées aux membres de tous les parlements modernes ; ils jouissent d'un traitement confortable, auquel il faut ajouter une somme pour les frais généraux exposés, exonérée d'impôt et, une autre, pour les frais de secrétariat. Par ailleurs, leurs conditions de travail sont particulièrement enviables, comparées à celles de certains de leurs collègues étrangers.

2° Le fonctionnement du Congrès

Le Congrès tient une session annuelle, qui commence le 3 janvier et doit se terminer au plus tard le 31 juillet. Pendant la durée de la session, chaque chambre peut s'ajourner. Mais, elle ne peut pas se reporter à plus de trois jours, afin d'éviter que l'une d'entre elles puisse faire obstruction à l'autre (77).

Les débats, dans l'une et l'autre assemblée, sont nettement moins organisés qu'à la Chambre des Communes, sans parler du Parlement français, conformément, à l'intention des constituants de laisser débattre les *congressmen.* En outre, et ceci est déterminant, l'absence de toute organisation des partis accentue la tendance à l'individualisme, à l'*irresponsabilité* (voire à la médiocrité) de ses membres (78). Dans ces conditions, le Congrès s'est érigé *en forteresse inexpugnable,* ou en camp retranché. La procédure

(74) Si la société américaine incline au matriarcat, les femmes demeurent sous-représentées au Congrès (10 % des effectifs) ainsi que les minorités ethniques, en dépit du *Civil rights act* de 1964.

(75) Porto Rico ne dispose pas d'une représentation au Sénat. Par référendum, ses électeurs se sont prononcés, à deux reprises, en 1993 et 1998, pour le *statu quo* : un État libre associé aux États-Unis.

(76) V. P. AVRIL : La législation fédérale sur le financement des campagnes électorales et la jurisprudence de la Cour suprême des États-Unis, *in Campagnes électorales, principe d'égalité et transparence financière (A.F.D.C.),* 1989, p. 43.

(77) V. B. BROWN : *L'État et la politique aux États-Unis,* 1994, p. 183.

(78) L'investiture par le parti ne présente aucun intérêt en raison, d'une part, du système des élections *primaires,* et d'autre part, des groupes de pression promus au rang de bailleurs de fonds. L'indépendance de l'élu, tout particulièrement au Sénat, conduit chacun d'eux à se comporter en *souverain* législatif.

législative qui est *sa chose* devient alors, pour l'exécutif, une véritable aventure, exposée aux dangers de toute sorte (79). L'inefficacité est un mot bien faible, pour rendre compte de l'activité du Congrès. Il est plus judicieux de le comparer à un *cimetière législatif* (M.-F. Toinet).

Parler, dans ces conditions, d'un *contre-pouvoir* ne relève nullement de la commodité de langage. Quelques aspects saillants le soulignent avec force.

Le *Speaker* de la Chambre des Représentants est loin de posséder l'impartialité de son homologue britannique. C'est à l'opposé un partisan. Le président du Sénat est, de droit, le vice-président des États-Unis (art. Ier, section 3). Il est généralement assez insignifiant (80) et impuissant à endiguer l'obstruction *(filibustering)* (81), qui confère à chaque sénateur, une sorte de *liberum veto,* comme à la Diète polonaise avant le XVIIIe siècle.

Le Congrès américain pratique, au surplus, le système redoutable des commissions *permanentes,* à l'instar de la France. Chacun d'entre elles est véritablement souveraine dans son domaine (82) ; son président, désigné au sein du parti de la majorité, selon *la règle de l'ancienneté* y règne sans partage, et même parfois de façon tyrannique. Il est loisible à ces dernières de procéder, à tout instant, à des auditions publiques *(hearings).*

Enfin, chaque assemblée peut décider librement la création de *commissions d'enquête* qui ont qualité pour ordonner la comparution de toute personne, en dehors du président et du vice-président des États-Unis, susceptible de l'informer. En cas de refus, un mandat d'amener peut être délivré (83).

Ce fut le cas jadis, au Sénat au temps de la chasse aux sorcières dans les années 1950 avec la commission des activités anti-américaines, présidée par le fameux Joseph McCarthy. Non moins retentissantes, seront ultérieurement les commissions Church qui apporteront des révélations étonnantes, concernant les activités, en 1973, des sociétés multinationales américaines à l'étranger (84) et, en 1975, on a peine à l'imaginer, sur celles... de la C.I.A. La commission Erwin, en 1973 joua un rôle décisif dans l'affaire du *Watergate.* En dépit de la nomination d'un procureur indépendant, en janvier 1994, le Sénat a constitué une commission en mai 1995, chargée d'enquêter sur le scandale immobilier du *Whitewater*, dans lequel le couple présidentiel est impliqué, pour des faits remontant à l'époque où Bill Clinton était gouverneur de l'Arkansas. Des collaborateurs de la Maison Blanche ont démissionné ou ont été condamnés.

Ainsi entendu, le pouvoir de contrôle de ces commissions qui, de surcroît, bénéficie de la plus large audience, par l'intermédiaire des médias, constitue sans aucun doute, un échec au principe de l'équilibre aménagé par les Pères fondateurs, autrement dit à la séparation entre le législatif et

(79) De sorte que le rôle des *whips,* institution importée de Grande-Bretagne, se révèle aléatoire.

(80) Le vice-président, *étranger* imposé au Sénat, contrairement au principe selon lequel une assemblée élective choisit son président, sans perdre de vue celui de la séparation des pouvoirs, renonce à cette sinécure au profit d'un sénateur appelé président *pro tempore.* Il dispose, cependant, de la voix prépondérante, en cas de partage.

(81) L'obstruction a été souvent le fait de sénateurs sudistes hostiles à la politique des droits civiques. L'un d'entre eux, Strom Thurmond détient le record du *one-man filibuster* pour avoir occupé, en 1957, la tribune sans interruption pendant 24 heures et 18 minutes, en lisant la Bible ou l'annuaire du téléphone. Toutefois, afin d'éviter qu'un projet ne soit *enterré* de la sorte, le règlement du Sénat, depuis l'adoption en 1917 de la fameuse règle XXII, peut décider de la clôture d'un débat, à la majorité des deux tiers et depuis la réforme de 1975, à celle des trois cinquièmes. Cette règle a été utilisée, une dizaine de fois.

(82) Ceci caractérise plus précisément la commission du règlement *(Rules committee)* qui, tel un poste d'aiguillage, ouvre le passage à un texte de loi, l'arrête ou le renvoie sur une voie de garage, de façon quasi discrétionnaire. La présidence de cette commission est au sens exact, une position *stratégique* en manière de procédure législative. Il faut signaler aussi la puissance, souvent d'inertie, de la commission du budget, cheval de Troie, à la limite, de groupes de pression influents.

(83) Cette manifestation du pouvoir de contrôle peut être regardée comme un symbole du renouveau des parlements qui, en dehors des États-Unis, ont abandonné le pouvoir législatif à l'exécutif (V. *IIIe partie*).

(84) V. J.-M. CROUZATIER : Le rôle des commissions d'enquête du Congrès des États-Unis, *R.D.P.* 1975, p. 997.

l'exécutif, sinon avec le judiciaire. Mais, il s'avère utile à la compréhension de la place occupée par le Congrès, dans le système politique américain (85).

B. LES POUVOIRS DU CONGRÈS

Le Congrès est investi d'attributions imposantes. Certes, des circonstances politiques comme celles liées à la *présidence impériale* ont pu, un moment, masquer la réalité découlant de la *séparation accentuée* entre les pouvoirs constitués, le *credo* américain, à bien des aspects. Mais la montée des assemblées, auquel on assiste depuis peu, à la manière d'un retour aux sources, révélée par le scandale du *Watergate* ne permet guère de douter de leur influence déterminante. Il suit de là, que la *crise d'autorité* qui affecte l'exécutif, laisse percer, de manière inattendue mais logique à la réflexion, une manière d'esprit *conventionnel*. Il est un fait certain que l'*enchaînement* des pouvoirs peut déboucher sur leur paralysie, comme l'atteste la crise budgétaire de 1995-1996. La liberté est sans doute gagnante, mais, du point de vue de l'efficacité, on peut toutefois s'interroger, sur sa compatibilité avec les responsabilités mondiales assumées par les États-Unis. Une fois encore, il convient d'indiquer que le prétendu régime présidentiel organise la *compétition* entre les pouvoirs ; autrement dit la *diffusion* de l'autorité politique entre les organes de l'État.

A la lumière de ces observations, il importe d'examiner les pouvoirs propres au Congrès et ceux *particuliers* au Sénat (art. 1er, section 8) (86).

1° Le pouvoir législatif et budgétaire du Congrès

En application de l'article Ier, section 7, et de la *spécialisation fonctionnelle* qui s'ensuit, le Congrès vote la loi et le budget, *en toute autonomie,* même s'il n'est pas indifférent aux suggestions présidentielles. Ces prérogatives sont exercées concurremment et à parité par les deux chambres, sauf en matière d'impôt, où l'initiative appartient à la Chambre des Représentants. En fait, cependant, les textes de lois proviennent de cette dernière, sous la pression notamment des *lobbies.* Ils sont examinés par des commissions *permanentes (Standing Committees).* Cependant leur sort dépend de la commission du règlement *(Rules Committee),* et du *leader* de la majorité, pour leur inscription à l'ordre du jour.

Si, au cours de procédure parlementaire, les deux assemblées sont en désaccord, le procédé mis en œuvre pour obtenir une entente n'est pas celui de la navette, souvent utilisé en France (c'est-à-dire l'aller et retour du projet entre les deux chambres jusqu'à ce qu'un accord ait pu s'établir), mais bien celui d'une sorte de *commission de conciliation*

(85) Le président est en temps ordinaire désarmé face au Congrès. Cependant, il peut s'adosser à l'opinion publique pour lui forcer la main ou utiliser le droit de message, qui lui permet à défaut d'initiative, de *souffler* des projets à ses amis. Il peut aussi dépêcher son vice-président, pour se concilier les grâces des membres influents (les présidents des commissions en particulier), à charge de faire une bonne manière ultérieurement. Avec ce *président-négociateur,* qui peut être condamné à l'impuissance lorsque le Congrès échappe à son parti, ce qui est le cas de Bill Clinton depuis 1995, nonobstant sa réélection l'année suivante, on se situe aux antipodes du *président-législateur français* qui dispose, en temps ordinaire, de manière *cumulée* des avantages du parlementarisme rationalisé et de l'allégeance d'une majorité.

(86) Au-delà des pouvoirs expressément mentionnés, on reconnaît, de façon classique, au Congrès, l'exercice de pouvoirs implicites *(implied powers) en vue de pourvoir à la défense commune et au bien-être général des États-Unis.* V. M.-F. TOINET : *Le système politique des États-Unis,* 1987, p. 151.

(Conference Committee) réunissant des élus des deux assemblées, qui s'efforcent d'élaborer un texte unique ; lequel sera ensuite entériné par la Chambre des Représentants et le Sénat. Si cette commission ne parvient pas à un accord, le projet est purement et simplement abandonné. Il est loisible, par ailleurs, au Congrès, de créer des commissions conjointes *(Joint Committees)* sur des questions communes aux deux chambres.

L'extension de la législation, en liaison avec la centralisation, ne mériterait pas le détour d'une nouvelle explication, si elle n'avait donné lieu à une déviation constitutionnelle, à laquelle la Cour suprême, dans un arrêt retentissant du 23 juin 1983 *(Immigration and Naturalization Service v. Chadha)* a mis un terme. Il s'agit de la pratique *du veto législatif* (87). Depuis les années 1930, le Congrès avait pris l'habitude d'autoriser le président à édicter les règlements d'application d'une loi (ce qui juridiquement s'analysait en une *délégation* législative non prévue par la constitution) mais en se réservant, le moment venu, de les annuler, à la majorité simple. L'opposition d'*une* chambre suffisait, au demeurant, au mépris de l'exigence bicamérale posée en 1787. Au nom de la séparation des pouvoirs, la décision *Chadha* restitue au Congrès la *plénitude* du pouvoir législatif, en lui signifiant par ailleurs de ne plus s'immiscer dans la sphère exécutive, afin de desserrer l'étreinte des *pressure groups.* Ce dernier aspect compte autant que le premier, à la limite, car *donner et retenir ne vaut.* Dans les faits, la Cour suprême ne semble pas avoir été entendue.

Quant au *pouvoir budgétaire,* le Congrès en assure la maîtrise, ce qui donne la mesure de son *emprise* sur le président réduit à imiter les bourgeois de Calais. Depuis les années *80,* la réduction du déficit budgétaire est devenue le nouveau rocher de Sisyphe. En dépit de leur majorité, les républicains ne sont pas parvenus, à ce jour, à adopter l'amendement d'équilibre budgétaire. En réaction contre la pratique de l'*impoundment* (Richard Nixon refusait, par un veto sélectif, d'exécuter certaines dépenses publiques), le *Budget control Act* a été voté, en 1974 (88). A l'avenir, *seul* le Congrès pourra en autoriser le gel, en tout ou partie, ainsi que les changements d'affectation des deniers publics.

En outre un *Congressional Budget office* (C.B.O.) a été créé. Ce support logistique ruine l'argument d'autorité derrière lequel l'administration se retranchait. L'égalité, en matière d'information et de son *traitement,* rend toute sa signification à la fonction de contrôle des parlements passablement terni en Occident où le rituel budgétaire tourne, sans conteste, à la litanie. Le résultat ne s'est pas fait attendre : le *Chief Executive* a été acculé à se rallier aux choix des *congressmen,* après avoir épuisé les ressources de la négociation. En détenant les cordons de la bourse *(power of the purse),* le Congrès se réserve le moment venu, de mettre l'exécutif en tutelle (89). Ronald Reagan a subi quelques humiliations en matière de défense ou de soutien à des régimes centraméricains.

Pis encore, la tension entre les pouvoirs devait culminer, lorsque Bill Clinton a opposé son veto, le 6 décembre 1995, aux propositions votées par les républicains. L'administration fédérale s'est retrouvée en cessation de paiement tandis que des fonctionnaires étaient renvoyés dans leur foyer. A l'issue de longues négociations, un compromis a été conclu le 25 avril 1996, sous la forme des *douzièmes provisoires,* de fâcheuse mémoire, en usage sous la IVe République. Un accord en vue de parvenir à l'équilibre des finances publiques d'ici à 2002 a été adopté, le 2 mai 1997.

(87) V. P. JUILLARD : A propos d'un arrêt de la Cour suprême : mort du veto legislatif aux États-Unis, *Pouvoirs* n° 29, 1984, p. 75 ; M.-F. TOINET : Puissance et faiblesse de la Cour suprême, *ibid* n° 59, 1991 p. 28.

(88) Au regard du budget, le principe de la séparation des pouvoirs s'est longtemps appliqué avec vigueur. C'est ainsi que, de 1787 à 1921, le Congrès a été seul compétent, non seulement en ce qui concerne son adoption, mais aussi sa préparation. La procédure budgétaire se présente comme une course de fond, entre février et septembre. Le début de l'année budgétaire est fixé au 1er octobre, à l'opposé de la France qui préfère la date du 1er janvier. V. H. KEMPF : Les procédures budgétaires fédérales, *Pouvoirs* n° 29, p. 89.

(89) En vue de résorber le déficit du budget fédéral, le *Gramm-Rudman-Hollings Act* de 1985 avait prévu qu'en l'absence d'un accord portant sur l'ampleur des réductions entre le Congrès et le président, des coupes automatiques seraient apportées par un haut fonctionnaire (le contrôleur général) dépendant du Congrès. Au nom du principe de la séparation des pouvoirs, la Cour suprême a censuré, dans un arrêt du 7 juillet 1986, cette disposition qui donnait une compétence de nature exécutive à un agent de la branche législative.

2° Le pouvoir constituant du Congrès

Sur le fondement de l'article V de la constitution, le Congrès exerce le pouvoir constituant *dérivé,* au moyen d'*amendements (supra).*

3° Le pouvoir électoral supplétif du Congrès

L'intervention du Congrès est susceptible de se manifester, selon des modalités variées, dans deux séries d'hypothèses. A l'occasion, tout d'abord, de l'élection du président et du vice-président des États-Unis, si un *ballottage* se produit au sein du collège électoral. Il appartient alors à la Chambre des Représentants de désigner le président, et au Sénat, le vice-président. Mais, on doit dire que, depuis l'adoption du XIIe amendement en 1804, et l'établissement, à cette occasion, du bipartisme, une majorité se dégage toujours, si bien que cette éventualité n'a guère eu l'occasion de se présenter, qu'à deux reprises : en 1825, pour le président John Quincy Adams et en 1837, pour le vice-président Richard Johnson. Le pouvoir électoral du Congrès peut se déployer ensuite, au cas de *vacance* de la vice-présidence. En application du XXVe amendement de 1967, après le choix d'un nouveau *Veep* par le président, les *deux* chambres sont appelées à confirmer la nomination. Gerald Ford a inauguré en 1973, cette procédure, suite à la démission de Spiro Agnew (90).

En cas d'empêchement momentané du président, il appartient au Congrès d'arbitrer le différend éventuel entre ce dernier et le vice-président (XXVe amendement) *(infra).*

4° Les autres fonctions du Congrès

Outre la composition de la Cour suprême (loi de 1869), le Congrès dispose de pouvoirs de *supervision* sur le fonctionnement des services publics et les fonctionnaires fédéraux.

Il intervient, dans le domaine des relations internationales, en déclarant la guerre (art. Ier, section 8). Cette compétence a été exercée avec une extrême parcimonie : la participation au conflit du Golfe, en janvier 1991 est le cinquième exemple dans l'histoire américaine (91). Il est vrai qu'à l'époque contemporaine, il a été, le plus souvent, placé devant le fait accompli, par le président. En présence de certaines initiatives intempestives de Richard Nixon, au Cambodge en 1970, les *congressmen* ont réagi, en adoptant, le 7 novembre 1973, le *War powers Act,* afin de conjurer cette véritable obsession d'un nouveau Vietnam. Désormais, le *Chief Executive* ne peut engager, au-delà de 60 jours, des troupes américaines sur un théâtre d'opérations étranger, sans avoir obtenu au préalable l'accord des Chambres (92).

En revanche, des actions ponctuelles relèvent de la seule autorité exécutive (Ronald Reagan est intervenu, en 1983 au Liban et à Grenade ; George Bush au Panama en 1990, et Bill Clinton en Irak, en 1993). Sans se faire l'avocat du diable, on peut aisément imaginer que le président s'efforce

(90) En l'espèce, comme ultérieurement à propos de Nelson Rockefeller en 1974, les assemblées se sont livrées à un examen sérieux, sinon tâtillon, de la candidature . La démarche tranche par rapport à la légèreté, avec laquelle en un temps normal, le candidat à la présidence choisit, d'un point de vue strictement utilitaire, son colistier. V. M.-P. BAUDOUIN : Le XXVe amendement à la constitution des États-Unis, *Revue int. de droit comparé,* 1967, p. 463.

(91) Au préalable, le Congrès avait déclaré la guerre au Royaume-Uni (1812) ; au Mexique (1846) ; à l'Espagne (1898) et au Japon (1941).

(92) V. F. HAMON : La loi du 7 novembre 1973 sur les pouvoirs de guerre du président et du Congrès des États-Unis, *Mél. Georges Burdeau,* 1977, p. 539.

de contourner ces contraintes institutionnelles au risque de se ridiculiser comme l'atteste l'affaire de l'*Irangate* (93).

Enfin, sur le fondement de la procédure d'*impeachment,* il appartient respectivement à la Chambre des Représentants de voter la mise en accusation d'une personne et au Sénat (présidé par le *Chief Justice* de la Cour suprême) de la juger. La culpabilité sera votée à la majorité des deux tiers (art. Ier, section 2).

5° Les pouvoirs particuliers du Sénat

En application de l'article II, section 2 de la constitution de 1787, le Sénat possède des pouvoirs spécifiques en matière de *confirmation des fonctionnaires* et dans le domaine de la *politique étrangère,* au moyen desquels, au mépris du principe de la séparation des pouvoirs, il interfère dans la sphère exécutive.

A cet égard, les constituants de 1787 ont envisagé la chambre des États sous un double aspect : celui d'une assemblée certes, mais aussi, ceci expliquant cela, d'un conseil de l'exécutif, entourant et éclairant, le cas échéant, le président. Au surplus, le petit nombre de sénateurs (26 à l'époque) renforce cette interprétation.

a) *Le pouvoir de confirmation des nominations aux emplois fédéraux*

Le *Chief Executive* doit obtenir l'accord du Sénat, pour la nomination des ministres ; des juges à la Cour suprême ; des hauts fonctionnaires (ambassadeurs) ; du chef d'état-major interarmées ; des membres des instances de régulation : F.E.D. *(Federal Election Commission),* F.C.C. *(Federal Communications Commission),* S.E.C. *(Securities and Exchange Commission),* entre autres et, d'une manière générale, de ceux dont la désignation n'a pas été réglementée autrement, par les lois en vigueur. En fait, le Sénat est appelé à donner son agrément pour des nominations dont le chiffre varie dans le temps : de 85 en 1796 à 60 000 de nos jours. Mais, il est rare que celui-ci fasse objection à une nomination décidée par le président, au terme d'une investigation poussée, tant au plan individuel que professionnel et médiatisée. On se souvient, à ce propos, de la confirmation du juge Clarence Thomas à la Cour suprême, accusé d'harcèlement sexuel, en 1991.

(93) A rebours du discours officiel, des ventes d'armes clandestines ont été effectuées par l'administration Reagan, à l'Iran à partir de 1985, selon les révélations du *Washington Post.* Leur produit a été détourné au profit des *contras,* adversaires du régime sandiniste du Nicaragua, à l'insu et contre la volonté du Congrès. Ce dernier avait refusé depuis 1984, de leur accorder une aide militaire. Les rapports présentés successivement, en 1987, par la commission Tower, mise en place par le président et celles du Congrès (Inouye au Sénat et Hamilton à la Chambre) sont accablantes pour l'exécutif accusé de dissimulation et d'amateurisme. Cependant, privilège du *Chief Executive,* Ronald Reagan n'a pas été appelé à témoigner au procès intenté à des membres du Conseil national de sécurité impliqués dans cette affaire.
V. Chr. GOUAUD : A propos du l'Irangate, réflexions sur le système politique américain, *R.D.P.,* 1989, p. 1351.

Cependant, la *courtoisie sénatoriale* n'est pas illimitée. A diverses reprises, des nominations à la Cour suprême et à des postes ministériels ont été repoussées, de façon significative (94).

b) ***L'avis et le consentement aux traités***

Dans le domaine diplomatique, les traités sont négociés et conclus par le président, mais ils doivent être acceptés par le Sénat, à la majorité des *deux tiers,* ce qui constitue, en la circonstance, un obstacle redoutable.

On se souvient, à cet égard, de la mésaventure de Woodrow Wilson à propos du traité de Versailles, en 1920. Le président, après le refus du Sénat, a dû signer un traité séparé avec l'Allemagne, de telle sorte que le pacte de la S.D.N., qui avait été rédigé en grande partie à son instigation et se trouvait en tête du traité de Versailles, n'a jamais été ratifié par les États-Unis. En 1978, le Sénat a, sans doute, approuvé le traité relatif au nouveau statut du canal de Panama... de l'an 2000, conclu par Jimmy Carter. Mais à quel prix ! Un certain nombre de ses membres se sont rendus sur place pour y recueillir les points de vue intéressés ; deux amendements, deux réserves et onze interprétations l'ont dénaturé. En revanche, le traité I.N.F. portant réduction des missiles intermédiaires et inspection sur place, signé en 1987, par Ronald Reagan et Mikhaïl Gorbatchev, a été autorisé par le Sénat, après une brève opération de retardement *(amendement Mickey Mouse).*

Pour atténuer les inconvénients de ces dispositions constitutionnelles et les tourner, dans toute la mesure du possible, le président a pris l'habitude, de nos jours, de signer avec les puissances étrangères, tout au moins pour les problèmes réputés mineurs (délicat euphémisme), des *executive agreements,* qui ne sont pas soumis au Sénat, mais auxquels la Cour Suprême reconnaît cependant les mêmes effets qu'aux traités. En dépit de l'échec de l'*amendement Bricker* en 1954 (95), le *Case-Zablocki Act* de 1972 oblige toutefois le président à communiquer pour *information* au Congrès, l'ensemble des *executive agreements* conclus (96). Poursuivant son offensive (97), le Sénat a décidé, le 8 juin 1979, que son approbation serait désormais nécessaire pour autoriser le président à rompre tout accord de défense mutuelle entre les États-Unis et un pays tiers.

Qu'en définitive le Congrès soit redevenu un lieu privilégié de pouvoir ne saurait être nié. Mais, il ne faut pas en être abusé. Car, sa face cachée est celle du champ clos des intérêts privés qui, en l'absence d'une armature partisane, sont appelés à y

(94) Le Sénat n'a pas confirmé, jusqu'à présent 4 *Chiefs Justice :* John Rutlege, en 1795 ; George Williams, en 1873 ; Caleb Cushing, en 1874, et Abe Fortas, en 1968. Une même attitude a été adoptée à l'égard de deux juges présentés par Richard Nixon (Clement Haynsworth, en 1969, et George Carlswell, en 1970). A son tour Ronald Reagan a essuyé un refus, en 1987, s'agissant de la candidature de Robert Bork. C'est seulement au terme de 13 mois de procédure, que le Sénat devait, en février 1985, confirmer Edwin Meese, dans ses fonctions de secrétaire à la justice du président Reagan.

Des refus de confirmation de ministres sont à viser : sous George Bush, John Tower secrétaire à la défense et William Lucas, *attorney general* adjoint, en 1989. Quant à Bill Clinton, il a essuyé plusieurs échecs : ses candidats renonçant en 1993 au poste d'*attorney general* (deux femmes, en l'espèce), en 1995 et 1997 à celui de directeur de la C.I.A. On a parlé de la malédiction des nominations. On pourra se reporter utilement, en guise d'illustration, au roman d'Allen Drury : *Advise and consent,* qu'Otto Preminger devait porter à l'écran sous le titre : *Tempête à Washington.*

(95) La réaction sénatoriale s'est concrétisée par l'amendement Bricker en 1954 aux termes duquel tout accord international devait être désormais soumis à l'autorisation des deux chambres, aux fins de ratification. L'amendement a échoué, faute d'une voix. V. J. WHITTON : L'amendement Bricker, *R.D.P.* 1954, p. 714.

(96) V. J.-M. CROUZATIER : *Le contrôle de la politique étrangère par le Congrès,* thèse, Toulouse, 1977.

(97) A l'occasion du conflit indochinois, le Sénat avait rappelé, dès 1969, que selon la *tradition constitutionnelle,* il doit être associé, au-delà des pouvoirs propres qui lui sont reconnus, à la conduite des affaires étrangères, au même titre, du reste, que la Chambre des Représentants. On comprend son amertume lorsqu'il s'aperçu qu'il avait été circonvenu par Lyndon Johnson en 1964, après le prétendu incident du golfe du Tonkin. A cette date celui-ci entama la politique de l'escalade au Vietnam qui culmina avec le bombardement d'Hanoï, à Noël, en 1972.

jouer un rôle décuplé. A telle enseigne que l'on en vient à s'inquiéter de l'authenticité de la démocratie. L'Amérique n'est-elle pas devenue un *comité de lobbies* avec des professionnels de l'influence ayant pignon sur rue ? Pour l'essentiel, ceux-ci sont à l'origine de l'élection des parlementaires.

C. LA PRESSION DES INTÉRÊTS SUR LE CONGRÈS

En 1992, le candidat Bill Clinton avait inscrit la réforme du système de santé au centre de son programme. En septembre 1994, le président échoue face à la mobilisation des groupes d'intérêts au Congrès. En revanche, il obtient un succès contre la puissante *National Rifle Association* (NRA) avec le vote de la loi Brady, en 1993, qui réglemente, pour la première fois, au plan fédéral, la vente des armes à feu. Mais c'était sans compter avec l'attentat d'Oklahoma City (avril 1995) et le massacre de lycéens à Littleton (avril 1999). La bataille avec le pouvoir politique est engagée.

La présence de ces organismes corporatifs au sein de l'État n'est pas une originalité américaine (98). Ce n'est pas en vain que le terme *lobby* leur a été décerné ; le *couloir* étant un lieu privilégié d'action. Toutefois leur rôle y est accusé, au point de supplanter les partis politiques.

On connaît l'importance du *complexe militaro-industriel* dénoncé par Eisenhower en 1960 ; la phrase célèbre de l'un de ses ministres *(ce qui est bon pour la General Motors est bon pour les États-Unis)* au point de justifier la théorie de *subgovernment* développée par Richard Rose *(infra)*. Les entrelacs du pouvoir institutionnel et du pouvoir économique résument, pour l'essentiel, la réalité politique américaine.

§ 3 LE PRÉSIDENT DES ÉTATS-UNIS

L'article II, section Ier de la constitution proclame : *Le pouvoir exécutif sera confié à un président des États-Unis d'Amérique.*

Ce pouvoir *monocéphale* (les ministres appelés ici *secrétaires* n'étant que ses subordonnés) confond dans la personne de son titulaire les fonctions de chef d'État *et* de Gouvernement. A bon droit, cet élément distinctif au sein des démocraties pluralistes pourrait justifier le qualificatif de régime présidentiel. A la vérité, si le *Chief Executive* anime le système américain, il ne le domine ni le maîtrise, à la différence de son homologue français, en régime présidentialiste (99). Si l'on estime, à cet égard, que gouverner, c'est légiférer et dépenser, ces attributs du pouvoir sont dans les mains du Congrès, au point de faire rêver notre Parlement.

Bref, on en vient à penser que la félicité de l'hôte de l'Élysée est, sans conteste, enviable. Ce qui accuse la disparité entre les deux présidences.

(98) Pour citer un autre exemple, au moment de la négociation sur le GATT, en 1993, Hollywood s'est opposé à l'exception culturelle française. L'*American Society of Lobbysts* compte 13 500 membres déclarés à Washington à l'heure présente. V. Les groupes d'intérêt, *Pouvoirs*, n° 79, 1996.

(99) La présidence, aux États-Unis, hormis quelques ombres, est un sujet de fierté. C'est ainsi que Gutzon Borglum a sculpté, à partir de 1927, les têtes colossales de George Washington, Thomas Jefferson, Abraham Lincoln et Theodore Roosevelt, dans le granit du Mont Rushmore (Dakota du Sud) qui, depuis lors, est devenu un lieu de pélerinage. Ajoutons, et ceci n'est pas simplement une pure coïncidence, que les premières images retransmises, en Europe, par satellite (mondiovision), le 10 juillet 1962, ont été celles du Mont Rushmore.

A. LE STATUT DU PRÉSIDENT DES ÉTATS-UNIS

La chronologie commande le plan : l'entrée en fonction, leur durée et leur cessation.

1° L'entrée en fonction du président

Le président et le vice-président, qui fait équipe avec lui (on parle d'un *ticket*), sont élus par le peuple des États-Unis, privilège *insigne* et *unique,* par l'intermédiaire d'un système électoral apparemment compliqué et suranné, qui s'articule en deux temps : celui de la *sélection* des candidats des partis, d'une part, et celui de leur *compétition* d'autre part. L'élection du président est le grand moment de la vie politique des États-Unis, car si en théorie il est choisi au suffrage indirect, dans les faits, il est désigné par les citoyens. Lorsque le *Chief Executive* en exercice ne peut être réélu et qu'il y a lieu, en conséquence, de désigner une nouvelle personnalité, l'incertitude dure parfois près de deux ans. Cette situation est redoutable, dès lors qu'elle équivaut à la *mort politique* du président en place, plutôt qu'à l'exercice normal de ses prérogatives (100).

a) *La sélection des candidats des partis*

Cette phase qui, il faut le souligner, résulte essentiellement de la *pratique,* se subdivise elle-même en deux moments successifs. Les délégués de chaque parti sont choisis, d'abord, selon ses règles particulières (101), dans le cadre de l'État (102), au moyen des *caucus* et des *primaries (supra).* Ces délégués se réunissent, ensuite, en *convention,* pour désigner leur candidat (103). Le chemin qui y mène est long (104), onéreux et aventureux, en raison de la diversité des procédés, par lesquels le tri entre les prétendants démocrates et républicains est opéré. Cependant, un candidat indépendant, tel Ross Perot en 1992 et 1996, peut contourner le système partisan, par le dépôt de *pétitions* dans le cadre des États.

Pour revenir aux élections primaires, nonobstant leur faible mobilisation populaire (20 % en moyenne) et leur caractère facultatif, elles retiennent la sollicitude des postulants du parti qui ne détient pas la Maison Blanche. En revanche, le président sortant (rééligible une fois) est normalement dispensé de cette campagne, en dehors du précédent de Gerald

(100) V. N. Polsby et A. Wildavsky : *Les élections présidentielles aux États-Unis,* éd. française, 1980.
(101) Dans la désignation des délégués à la convention nationale, des différences existent entre les deux partis. Au-delà du calendrier, les démocrates exigent que la délégation de l'État soit composée à égalité de femmes et d'hommes, qu'elle soit proportionnelle, chez les républicains. Ceux-ci permettent à tout électeur de participer à la désignation des délégués, à l'inverse des démocrates, *etc.*
(102) Toutefois les conventions démocrates et républicaines admettent des délégués des Iles Vierges, de Guam, Samoa et de Porto-Rico, bien que les habitants de ces territoires soient privés du droit d'élire le magistrat suprême. De même, les démocrates organisent une primaire des Américains de l'étranger. V. A. Mathiot : Sur les conventions nationales, *Pouvoirs* n° 45, p. 141.
(103) Cette grande fête est due à l'initiative des démocrates qui la réunirent pour la première fois, à Baltimore, en 1832. Ils désignèrent en cette circonstance, le *ticket* Andrew Jackson - Martin Van Buren. Les républicains les imitèrent, en 1856, à Philadelphie. V. A. Mathiot : Le rôle de la convention nationale de parti dans la désignation du candidat à la présidence des États-Unis, *in La présidence en France et aux États-Unis,* 1986, p. 51.
(104) La campagne commence, en principe, en janvier, avec les *caucus* de l'Iowa et en février, dans le New-Hampshire, (*l'État-test*) pour les *primaries.* Une victoire y est généralement de bon augure. Elle s'achève, en mai-juin par celles, hautement représentatives, de Californie et de New-York. Entre-temps, le *super-Tuesday,* à l'occasion duquel des primaires groupées se déroulent dans une dizaine d'États, aura précipité la désignation des délégués (dans la proportion d'un tiers).

Ford qui, en 1976, en raison de sa cooptation, ne bénéficiait pas de l'autorité requise. On note, cependant, que George Bush en 1992 a fait campagne afin de ne laisser le champ libre au parti adverse.

Au terme de cette course éliminatoire, les délégués qui, selon les cas, sont liés à un candidat ou non, entérinent ou choisissent, dans le cadre festif de la convention, transformée pour la circonstance en *écho sonore*, leur candidat à la présidence. La procédure de sélection s'achève lorsque celui-ci y prononce son *discours d'acceptation,* à l'occasion duquel il lance sa campagne et annonce le choix de son vice-président, aussitôt ratifié par la convention.

L'éligibilité à la présidence est subordonnée aux conditions ci-après : être citoyen américain de naissance ; être âgé d'au moins 35 ans et résider depuis au moins 14 ans aux États-Unis (art. II, section 1re de la constitution). Quant au vice-président, en dehors du fait qu'il ne doit pas habiter le même État que le candidat à la présidence (XIIe amendement de 1804), il se présente généralement sous les traits d'un adversaire malheureux à l'investiture. En vue de rétablir l'unité du parti, la vice-présidence s'analyse, en une sorte de fiche de consolation. En 1980, Ronald Reagan s'est conformé à la tradition, en fixant son choix sur George Bush, qu'il avait vaincu lors des primaires (105).

b) *La compétition entre les candidats des partis*

Originairement les assemblées des États (ou législatures) élisaient des personnes, appelées *grands électeurs,* qui, à leur tour, désignaient le président et le vice-président. Cette démarche des constituants *(compromis d'Hamilton)* se rattachait au libéralisme ambiant. Elle a succombé devant la logique démocratique. Au cours du XIXe siècle, les États ont attribué à leurs *citoyens* le droit de choisir les grands électeurs (la Caroline du Sud, en 1868, sera le dernière), dans le même instant où le clivage bipartisan apparaissait. Tant et si bien que l'élection présidentielle se réduit, dans les faits, à *un seul degré.* Ce qui a pour effet, de conférer à son bénéficiaire l'investiture *directe* de la nation américaine. Sous des dehors complexes, le scrutin est donc simple, à l'unisson des autres démocraties occidentales.

1) L'élection du président

Toutes les années bissextiles, le mardi qui suit le premier lundi de novembre, le peuple américain désigne théoriquement au scrutin de liste majoritaire à un tour (106), dans le

(105) Conformément au XIIe amendement, les conventions s'adonnent à la pratique du *balancing ticket :* complémentarité des deux candidats aussi poussée que possible (localisation, opinions, condition et confession). En définitive, le candidat à la vice-présidence apparaît comme le *cliché négatif* du postulant à la Maison Blanche, son pôle opposé. Cette formule qui consiste, en définitive, à additionner les contraires, ne plaide pas, assurément en faveur de la solution de la succession, retenue aux États-Unis, afin d'assurer la nécessaire continuité de l'exécutif. En effet, le choix du *Veep* obéit à des considérations strictement *utilitaires :* trouver une personne, cultivant l'abnégation, qui apporte, en guise de dot, des mandats électoraux. D'où le nom de *vote getter* qui lui est attribué. Johnson a joué ce rôle pour Kennedy en 1960.

Cependant, Bill Clinton devait récuser cette pratique du dosage, en 1992 et 1996, en faisant choix de son *double,* Albert Gore : génération des *baby-boomers,* sudistes (Arkansas-Tennessee) et centristes. Pour la première fois, en 1984, une femme (Geraldine Ferraro) a été désignée, par la convention démocrate, comme colistière de Walter Mondale. Il est vrai qu'à l'unisson des autres démocraties occidentales, le corps électoral est à 51,4 % féminin et à 48,6 % masculin. V. J.-P. LASSALE : La campagne présidentielle de 1984 aux États-Unis, *R.D.P.* 1986, p. 87.

(106) La représentation de chaque État, qui, on le rappelle, est susceptible de varier au lendemain du recensement décennal de la population de l'Union, est donc unicolore, en application de l'adage : *The first past the post* (le gagnant ramasse tout : le perdant ne ramasse rien). Les caractères du scrutin à la pluralité des voix se retrouvent naturellement. Toutefois, fait unique, l'État du Maine a choisi la représentation proportionnelle en vue de l'attribution de ses mandats électoraux.

cadre des États, les *grands électeurs,* dont le nombre, pour chacun d'entre eux, est égal à celui de ses *congressmen* à Washington (art. II, section 1re). Par suite, le collège formé par les grands électeurs, au plan national, comprend 538 membres, compte tenu du XXIIIe amendement de 1961, qui attribue trois grands électeurs au District de Columbia, par référence aux 435 représentants et aux 100 sénateurs. Est élu ce jour (107) président, le candidat ayant atteint, selon un mode de décompte particulier, la majorité absolue des mandats des États *(les mandats électoraux),* soit 270, et non celle des voix populaires (108). Ce qui rend donc possible, sous cet aspect, l'élection d'un président *minoritaire.* A preuve, Bill Clinton, en 1992, n'a recueilli que 43 % des voix des électeurs (109) (V. tableau ci-après).

Le choix du vice-président s'opère dans des conditions identiques. D'une manière générale, la participation électorale est modeste. Elle est de l'ordre de 50 % en contraste avec la France, où elle dépasse 80 %.

(107) Les candidats au fonction de grand électeur (simple *prête-nom* des champions investis par les conventions des partis) qui détiennent, en théorie, les *mandats électoraux* des États, sont *déclarés,* bien que la constitution ne leur en fasse pas obligation. En d'autres termes, ils indiquent *par avance,* qu'en cas de succès, ils voteront pour le candidat démocrate ou républicain. Ainsi, le résultat est acquis, dès cet instant, en raison de leur compétence *liée.*

La Cour Suprême, par une décision *Ray v. Blair* (1952) a reconnu la validité du caractère impératif de l'engagement des électeurs présidentiels. Cependant, il se peut, au moment de la proclamation officielle des résultats, que l'un d'entre eux se ravise. Pour être exceptionnel, le fait n'est pas sans précédent. En 1969, un électeur de la Caroline du Sud a renoncé à voter pour Richard Nixon au profit de George Wallace. Le Congrès, juge du contentieux électoral, a validé néanmoins ce vote. Mais, pour l'essentiel, la formule du président Benjamin Harrisson demeure vraie : *un électeur qui ne voterait pas pour le candidat de son parti, s'exposerait à être lynché.*

Le dernier aspect du calendrier électoral, qui se déroule dans l'indifférence générale, consiste dans la réunion académique, courant décembre dans le cadre de chaque État, des grands électeurs afin qu'ils procèdent à l'élection du président et du vice-président.

(108) Les grands États exercent une influence considérable sur le scrutin, puisque, pour l'essentiel, leur nombre d'électeurs présidentiels est proportionnel à celui de leur population. C'est ainsi que 12 d'entre eux totalisent 282 mandats électoraux *(Electoral Votes)* (la majorité absolue étant fixée à 270). A savoir, depuis le recensement général de la population de 1990 : Californie (54, ou l'État-clef de l'élection avec un dixième des mandats) ; New York (33) ; Texas (32) ; Floride (25) ; Pennsylvanie (23) ; Illinois (22) ; Ohio (21) ; Michigan (18) ; New-Jersey (15) ; Massachussets (12) ; Caroline du Nord (14) et Géorgie (13).

En outre, on constate, dans ce même ordre d'idées, que si deux États (Ohio et New York) ont fourni, depuis un siècle, 11 des 18 présidents des États-Unis, le tropisme joue désormais en faveur de la Californie depuis 1969 et du nouveau Sud (Texas). V. N. POLSBY et A. WILDAVSKY : *Presidential Elections : Strategies of American Electoral Politics,* New York, 1980.

(109) Un président sur trois est minoritaire. Qui plus est, le scrutin majoritaire à un tour a été, à l'origine, au XIXe siècle, de deux résultats étonnants : deux *Chiefs Executive,* Rutherford Hayes en 1876 et Benjamin Harrisson en 1888, ont été élus, ayant atteint la majorité absolue des *mandats électoraux,* tandis que leurs adversaires malchanceux, Samuel Tilden et Grover Cleveland recueillaient une majorité de *voix populaires* (50,9 % contre 48 dans un cas, et 48,6 % contre 47,8 dans l'autre). On a déjà mentionné ce phénomène de *réfraction* à propos de la Grande-Bretagne *(supra).*

Années	Candidats	Mandats *électoraux*	Pourcentages des suffrages *populaires* exprimés
1960	J. KENNEDY (D.) R. NIXON (R.)	303 219	49,7 49,5
1964	L. JOHNSON (D.) B. GOLDWATER (R.)	486 52	61,1 38,5
1968	R. NIXON (R.) H. HUMPHREY (D.) G. WALLACE (I.)	301 191 46	43,4 42,7 13,5
1972	R. NIXON (R.) G. MCGOVERN (D.)	521 17	61 38
1976	J. CARTER (D.) G. FORD (R.)	297 241	50,1 48
1980	R. REAGAN (R.) J. CARTER (D.)	489 49	51 41
1984	R. REAGAN (R.) W. MONDALE (D.)	525 13	59 41
1988	G. BUSH (R.) M. DUKAKIS (D.)	426 112	54 46
1992	B. CLINTON (D.) G. BUSH (R.) R. PEROT (I)	370 168 —	43 38 19
1996	B. CLINTON (D.) R. DOLE (R.) R. PEROT (I)	379 159 —	50 42 8

Exceptionnellement, on relève trois *triangulaires :* en 1968, G. Wallace réalise le meilleur score en *mandats électoraux* et en 1992, R. Perot, en *suffrages populaires.*

Ross Perot a créé en 1995 le Parti de la réforme. Mais, il n'a pas participé, en 1996, aux débats télévisés avec les candidats démocrate et républicain.

2) La proclamation de l'élection du président et du vice-président

Le 6 janvier suivant, en présence des deux chambres du Congrès (à qui le contentieux est confié) le vice-président sortant, pris en sa qualité de président du Sénat, proclame officiellement les résultats, au vu des listes qui lui ont été adressées. Le 20 courant, se déroule *l'inauguration* du mandat du *Chief Executive,* depuis l'entrée en vigueur du XXe amendement de 1933, qui a ramené le temps mort séparant la date des élections à celle du début des fonctions (prévue initialement le 4 mars) à un délai raisonnable.

Quelques brèves observations pour conclure : la complexité apparente de l'élection présidentielle est liée à sa vétusté, et plus précisément à la présence des *grands électeurs,* véritables *polichinelles à sonnerie* (W. Wilson). Du reste, il importe de préciser que ceux-ci ont perdu toute liberté d'appréciation depuis la troisième consultation qui, en 1797, mit en présence John Adams et Thomas Jefferson. Il suit de là, que dans la moitié des États aujourd'hui, les bulletins de vote ne comportent seulement que les noms des candidats à la présidence et à la vice-présidence.

En bonne logique, différents projets de réformes ont été présentés, en vain, tendant à supprimer ces fantômes, ou ces *rangées de zéros* (F. Ogg et P. Ray) et à admettre *officiellement* l'élection aux citoyens. Mais les États y demeurent attachés.

On rappelle pour mémoire que dans l'éventualité d'un *ballottage* au sein du collège électoral, le Congrès est appelé à départager les candidats en application du XIIe amendement de 1804 (110).

Au-delà des confrontations télévisées, entre les candidats, inaugurées en 1960 par John Kennedy et Richard Nixon, le principe du financement *public,* donc transparent, a été adopté par le *Federal Elections Campaign Act* du 15 octobre 1974, modifié par la loi du 11 mai 1976, afin de mettre fin aux abus de la campagne de 1972. Sous le contrôle du *Federal Election Commission* (F.E.C.), le candidat doit constituer un comité unique chargé de gérer les fonds de sa campagne et un dossier accessible à toute personne.

A ce titre, à condition qu'il ait atteint lors des *primaires* un seuil de représentativité (10 % dans deux primaires) et de générosité (5.000 $ par État), l'administration fédérale intervient, à concurrence d'une somme forfaitaire ; le *plafonnement* étant la contrepartie du financement public (111). En revanche, les candidats indépendants ne bénéficient pas de la manne budgétaire.

2° La durée des fonctions du président

Le président est élu pour un mandat de quatre ans, renouvelable une fois. En cas d'interruption, il est remplacé par le vice-président *(V.P.)* (art. II, section 1 de la constitution).

a) *La durée du mandat présidentiel*

A l'origine, le président était rééligible immédiatement et indéfiniment. Mais, George Washington avait refusé une seconde réélection, en 1797, et cette décision, empreinte d'une grande sagesse, était réputée depuis lors comme un précédent impossible à transgresser. Cependant, Franklin Roosevelt, investi du pouvoir exécutif en 1932, reconduit, en 1936, prit, en 1940, la responsabilité d'enfreindre la règle, compte tenu des circonstances exceptionnelles dans lesquelles se trouvaient alors les États-Unis. Qui plus est, il bénéficiera même d'un quatrième mandat en 1944. Cependant, le XXIIe amende-

(110) Ce pouvoir est ainsi organisé : *La Chambre des Représentants* se prononce entre les trois candidats arrivés en tête ; le vote a lieu *par État* et chaque État a *une* voix. Seul, au lendemain de l'adoption du XIIe amendement, en 1804, John Quincy Adams a été désigné selon cette procédure archaïque, en février 1825, bien que son rival, Andrew Jackson, fut arrivé en tête du ballottage des mandats électoraux et des voix populaires ; ce qui explique aisément le ressentiment de celui-ci. *Le Sénat* choisit au poste de vice-président, à la majorité absolue entre les deux candidats de tête. Ici encore, un seul exemple, celui de Richard Johnson, désigné en février 1837. Mais, à cette occasion, le Sénat respecta le vote populaire en nommant le candidat ayant obtenu le plus grand nombre de suffrages.

(111) Cependant, le financement de la campagne de Bill Clinton en 1996 est l'objet d'une polémique.

ment à la constitution de 1951 limite la durée de la fonction présidentielle à deux mandats (112). Ce qui est parfaitement raisonnable, comparé au septenat renouvelable, en France (113).

Président	Parti	Élection et réélection	Durée du mandat	Vice-président
John KENNEDY	D	1960	janv. 1961 - nov. 1963	Lyndon JOHNSON
Lyndon JOHNSON	D	1964	nov. 1963 - janv. 1965 janv. 1965 - janv. 1969	Hubert HUMPHREY
Richard NIXON	R	1968 1972	janv. 1969 - janv. 1973 janv. 1973 - août 1974	Spiro AGNEW Spiro AGNEW Gerald FORD (déc. 1973)
Gerald FORD	R		août 1974 - janv. 1977	Nelson ROCKEFELLER (août 1974)
Jimmy CARTER	D	1976	janv. 1977 - janv. 1981	Walter MONDALE
Ronald REAGAN	R	1980 1984	janv. 1981 - janv. 1985 janv. 1985 - janv. 1989	George BUSH George BUSH
George BUSH	R	1988	janv. 1989 - janv. 1993	Dan QUAYLE
Bill CLINTON	D	1992 1996	janv. 1993 - janv. 1997 janv. 1997...	Albert GORE Albert GORE

(112) Toutefois, à la règle des deux mandats de quatre ans, il existe une dérogation. Elle concerne l'hypothèse du vice-président qui succède, au sens plein du terme, au président, pour une cause quelconque. Devenu *Chief Executive,* celui-là achève le mandat de celui-ci, et, si cette période n'est pas supérieure à deux ans, il lui sera loisible de solliciter, par la suite, deux mandats, *à part entière,* pourrait-on dire. Ainsi, dans cette éventualité, une même personne peut exercer la magistrature suprême, au maximum une décennie. Le cas de Lyondon Johnson est intéressant à rappeler, à cet égard. Vice-président de John Kennedy, il le remplace le 22 novembre 1963, jusqu'au terme de ses fonctions, fixé au 20 janvier 1965. A ce moment-là, il est élu président, pour son propre compte, et s'il n'avait pas renoncé à se présenter en 1968, il aurait pu se succéder à lui-même pour une nouvelle période de quatre ans. En revanche Gerald Ford, qui a pris la relève Richard Nixon, le 9 août 1974, a terminé son mandat le 20 janvier 1977 et a eu la possibilité d'en solliciter un nouveau à cette date.

(113) Le président sortant à vocation à être son successeur. Mais au XXe siècle, William Taft (1912), Herbert Hoover (1932), Gerald Ford (1976), Jimmy Carter (1980) et George Bush (1992) ont été victimes d'un vote-sanction, à l'issue de leur premier mandat.

Par ailleurs, à partir de 1840, une coïncidence (voire une malédiction pour d'aucuns) voulait qu'un président élu une année se terminant par zéro, n'achevât pas son mandat ; ce qui fut le cas de John Kennedy, désigné en 1960 et assassiné en 1963. Ronald Reagan a désormais exorcisé cette situation, en échappant, de surcroît, à un attentat, en 1981 et en surmontant de nombreuses interventions chirurgicales.

b) *La continuité de la fonction présidentielle*

En cas de *vacance* de la présidence américaine, consécutive à l'absence de son titulaire (114) ou lorsque celui-ci est *empêché définitivement,* par suite d'une incapacité, il est remplacé par le vice-président qui achève le mandat commencé, dans la plénitude de ses attributions (art. II, section 1 de la constitution). *Son Excellence superflue :* l'expression de Benjamin Franklin est excessive, à cet égard.

L'entreprise n'est pas sans péril, car non seulement le *Veep* est choisi d'une manière hasardeuse, mais, du vivant du *Chief Executive* (en dehors de la présidence du Sénat, à laquelle il peut renoncer, au demeurant) il n'est constitutionnellement, ni associé à la direction des affaires publiques, ni même, à la limite, informé. Ce qui, à tout le moins, est curieux ou dangereux, eu égard à son rôle de *doublure* (115). Comble d'ironie, celui-ci subit l'usure du pouvoir sans l'exercer, selon une loi du genre. Seul, à l'époque contemporaine, George Bush (vice-président en exercice) est parvenu au faîte des responsabilités, dans le sillage d'un président populaire en 1988. Il faut remonter à Martin Van Buren, en 1836, pour trouver un précédent. John Adams, premier vice-président, a parfaitement résumé cette contradiction en affirmant : *Aujourd'hui, je ne suis rien ; demain, je peux être tout.* Le statut du vice-président a été modifié en 1967 avec le XXVe amendement.

1) L'empêchement momentané du président

Jusqu'à présent, la constitution était incomplète en cas de survenance d'une maladie. Le président Wilson, frappé de paralysie à la fin de son mandat, sa femme exerça, comme on l'a dit, *la régence* entre 1920 et 1921. En 1955, c'est le secrétaire personnel d'Eisenhower qui exerça *de facto* l'autorité exécutive. En revanche, pendant les deux hospitalisations de Lyndon Johnson en 1965 et 1966, sa suppléance avait été assumée par le vice-président, H. Humphrey.

Désormais, deux cas sont à distinguer, selon que le président organise ou non sa suppléance.

Dans le premier cas, le président transmet une déclaration écrite au président *pro tempore* du Sénat et au *speaker* de la Chambre des Représentants, dans laquelle il indique son incapacité future et s'en remet, en conséquence au vice-président du soin d'exercer, provisoirement, ses fonctions. Quand les circonstances qui avaient motivé son incapacité ont cessé, le président adresse, à nouveau, une déclaration écrite aux autorités précitées, les informant qu'il reprend l'exercice de sa charge.

Dans le second cas, l'initiative de la suppléance échoit soit, au vice-président et à la majorité des secrétaires qui composent le cabinet, soit à la majorité des membres du Congrès, qui transmettent une déclaration écrite aux présidents des assemblées constatant l'incapacité présidentielle. Le vice-président est alors habilité à assumer immédiatement les pouvoirs du président. Mais, dans ce cas, le président dessaisi peut faire appel, estimant la suppléance injustifiée ; auquel cas, c'est le Congrès qui, à la majorité des deux tiers dans chacune des deux chambres, tranchera le conflit, en maintenant la suppléance ou en la faisant cesser. Pour la première fois, il a été fait application du XXVe amendement, lors de l'intervention chirurgicale du président Reagan, le 13 juillet 1985. Le vice-président Bush a été investi de la fonction exécutive le temps de l'opération (116).

2) La vacance de la vice-présidence

Le XXVe amendement prévoit aussi cette hypothèse : depuis 1787, huit décès, une démission et neuf successions ont été enregistrés. Abrogeant l'*Act* de 1947, l'amendement dispose que c'est

(114) 8 présidents sont décédés dans l'exercice de leur fonction, dont 4 de mort violente (Lincoln, 1865 ; Garfield, 1881 ; Mc Kinley, 1901 et Kennedy, 1963) ; un seul à démissionné : Richard Nixon, en 1974, à l'occasion du scandale du Watergate *(infra).*

(115) On rappellera à cet égard, que le vice-président Harry Truman ignorait l'existence de la bombe atomique jusqu'au moment où il a succédé au pied levé à Franklin Roosevelt au cours de la seconde guerre mondiale, en avril 1945.

(116) Cependant, lors de l'attentat dirigé contre Ronald Reagan, le 30 mars 1981, cette disposition n'a pas été mise en œuvre. Après une déclaration, à tout le moins intempestive du secrétaire d'État, Alexander Haig, par laquelle il se déclarait en chargé des affaires du pays *(I'm in control !),* la suppléance a été assumée, *de facto,* par un triumvirat formé par Georges Bush (V.P.), James Baker (secrétaire général de la Maison Blanche) et Edwin Meese (conseiller du président).

désormais le président qui choisit un *nouveau* vice-président, lequel ne pourra, cependant, entrer en fonctions qu'après approbation de sa désignation à la majorité absolue par le Congrès.

Cette procédure, mise en œuvre au lendemain du retrait de Spiro Agnew, en 1973, préserve la *continuité* de la fonction présidentielle aux États-Unis. Le dénouement de l'affaire du *Watergate* l'a prouvé sans conteste (117). Toutefois, pour important que soit cet amendement, il ne remédie pas à l'effacement politique du vice-président (118).

3) La cessation des fonctions

Le mandat s'achève à son terme normal. Cependant, il peut être écourté par des causes naturelles (décès, empêchement définitif) ou provoquées (démission, destitution en cas de manquements *graves* selon la procédure de l'*impeachment, infra*). Toutefois, seul le peuple peut révoquer le président à l'issue de son premier mandat en ne lui renouvelant pas sa confiance (Précédents de Ford, Carter et Bush). En dernière analyse, le président ne bénéficie pas d'un privilège de juridiction, à l'opposé de son homologue français (Cour suprême, *Clinton v. Jones,* 27 mai 1997) (119).

B. LES ATTRIBUTIONS DU PRÉSIDENT DES ÉTATS-UNIS

Le président des États-Unis est un homme aux pouvoirs extraordinaires qu'il exerce dans des limites extraordinaires, prétendait John Kennedy, en raison de la distribution des pouvoirs opérée par la constitution. Titulaire de la puissance exécutive et d'elle seule, en principe, il l'exerce avec l'aide de ministres ou *secrétaires*. La notion d'exécutif *unifié* ou remembré *(one man show !),* à l'image de celle de la monarchie limitée qui, jadis lui servit de modèle, lui confère, selon le mot de Theodore Roosevelt, l'autorité d'un roi et d'un premier ministre, à laquelle il convient d'ajouter, celle du prince de l'univers, compte tenu des responsabilités internationales des États-Unis.

Cependant, à l'opposé du schéma présidentialiste, les pouvoirs du *Chief Executive,* pour importants qu'ils soient, ne sont pas exorbitants (120). Le coup décisif porté à *la présidence déchaînée* (Arthur Schlesinger), depuis l'affaire du *Watergate,* a mis un terme à cet *égarement.* Pour tout dire, la fonction présidentielle est *limitée,* parce que *concurrencée,* et ne peut, en aucune façon, s'identifier au régime politique. Le tête à tête entre Bill Clinton

(117) L'affaire du *Watergate* peut être comparée aux chaises musicales : de manière inédite, l'exécutif a été, tour à tour, privé de son titulaire *réel* (la démission de Richard Nixon, le 9 août 1974, était à ce jour sans précédent) et de son titulaire *virtuel,* le vice-président Spiro Agnew, le 10 octobre 1973. Dans ces conditions, Gerald Ford, premier vice-président *nommé* et *confirmé* par le Congrès, en octobre et décembre 1973, est aussi le premier président des États-Unis *coopté. En sa qualité de Chief Executive,* il lui a appartenu de nommer un nouveau *veep* en la personne de Nelson Rockefeller, le 20 août 1974.

(118) Les différents titulaires de la vice-présidence ont été confrontés au néant, ou peu s'en faut. *C'est la fonction la plus insignifiante que l'invention de l'homme ait jamais créée ou que son imagination ait conçue,* affirmera John Adams, le premier d'entre eux. Ses successeurs ne le démentiront guère : pour Theodore Roosevelt, c'est *le marchepied pour l'oubli* et pour Charles Dawes, *le métier le plus facile du monde* qui consiste à *s'asseoir pour écouter parler les sénateurs et à s'informer, dans les journaux du matin, de la santé du président. Veep* n'est pas encore synonyme... de *V.I.P.* V. Y. DEMEER : *La Vice-Présidence des États-Unis d'Amérique,* 1977 ; A. MATHIOT : La continuité de la fonction présidentielle aux États-Unis, *Mélanges Trotabas,* 1970, p. 354 et P. JUILLARD : La continuité du pouvoir exécutif, *Mélanges Georges Burdeau,* 1977, p. 159.

(119) V. J.-P. LASSALE, Le Président et ses juges : réflexions sur la notion d'immunité présidentielle aux États-Unis, *Mélanges Ph. Ardant,* 1999, p. 77.

(120) V. *La présidence en France et aux États-Unis,* actes du colloque de Bordeaux, 1986 ; P. GÉRARD : *Le président des États-Unis,* 1991. V. R. NEUSTADT : *Les pouvoirs de la Maison Blanche,* trad. française, 1980 ; R. ROSE : *The Post-modern President,* New Jersey, 1988.

et le Congrès républicain *(GOP Congress)* incline à l'idée d'un contre-gouvernement au Capitole.

1° La fonction présidentielle

En sa qualité de chef d'État *et* de Gouvernement, le président dispose des divers attributs du pouvoir exécutif. En conséquence, selon le tempérament de l'hôte de la Maison Blanche, l'exercice de ce dernier est susceptible de varier en intensité, entre le pôle *maximal,* sous John Kennedy et Richard Nixon, et le pôle *minimal,* avec Dwight Eisenhower et Ronald Reagan, pour simplifier. Mais, à tout prendre, dans cette dernière éventualité, la qualité d'un homme d'État ne se mesure-t-elle pas à sa capacité à bien s'entourer ?

a) *Le détenteur du pouvoir réglementaire*

Le président exerce le pouvoir réglementaire (art. II, section 3) qui se concrétise en des *executives orders* et des proclamations. On sait, toutefois, que la législation déléguée, au sens habituel du terme en Europe, n'est pas autorisée par la Cour suprême, même en période exceptionnelle, car selon sa formule, *crise ne crée pas pouvoir.* Par ailleurs, la condamnation théorique du *veto législatif* lui ôte le pouvoir d'exécution des lois. Dans cette perspective, il reste au président, à promulguer celles-ci, après avoir utilisé son *veto,* le cas échéant. Cette *faculté d'empêcher,* dans l'esprit de Montesquieu, prend toute sa signification dans les rapports qu'il entretient avec le Congrès. (*infra*).

b) *Le chef de l'administration fédérale*

A ce titre, il actionne les services publics et contrôle leur fonctionnement. Il nomme également tous les fonctionnaires fédéraux. Cependant, on sait que, pour un nombre élevé de nominations importantes, il est obligé d'obtenir la *confirmation,* c'est-à-dire l'*avis conforme* du Sénat. Toutefois, il peut révoquer tous les fonctionnaires, dans la mesure ou selon les formalités prévues par les règles du *Civil Service,* sans l'avis de ce dernier.

Cette attribution présidentielle a entraîné, pendant longtemps, une extrême politisation de la fonction publique, en ce sens qu'à chaque changement de majorité, dont un président nouveau était l'expression, celui-ci n'hésitait pas à licencier la plupart des fonctionnaires en place, afin de les remplacer par des amis politiques. C'était la pratique du *spoil system,* mise en honneur par Andrew Jackson, au début du XIXe siècle. Mais les excès du système des *dépouilles,* qui tournait le dos à la notion de *carrière,* a entraîné, à partir de 1883, avec l'adoption du *Pendleton Act,* son remplacement par le *merit system* (recrutement par *concours*). Une loi de 1978 *(Senior Executive Service)* est venue l'actualiser. En revanche, comme il se doit, les emplois supérieurs demeurent à la *discrétion* de la nouvelle administration (121).

c) *Le responsable de la politique étrangère*

Le *Chief Executive* détermine la politique extérieure des États-Unis, qui a de profondes répercussions sur la vie des autres nations. La décision unilatérale prise en 1971 par Richard Nixon, de rompre avec le système monétaire mis en place à Bretton-Woods, en 1944, est à l'origine du dérèglement de l'économie mondiale. Dans sa mission, le président

(121) Aux États-Unis, l'expression *administration* est synonyme de pouvoir exécutif. V. G. CONAC : *Le problème de la fonction publique aux États-Unis,* 1958 ; N. GAIN : La réforme de la haute fonction publique, aux États-Unis, le Senior Executive Service, *R.D.P.* 1981, p. 1581.

est assisté d'un *secrétaire d'État,* (le ministre des affaires étrangères) (122), simple exécutant de sa volonté. A ce titre, il peut, à tout instant, se substituer à lui et, parfois, mettre en œuvre une politique suggérée par un membre de son entourage immédiat, appelé *assistant spécial* (123), dont le rôle est souvent incomparable.

Les attributions du président, dans ce domaine, impliquent le droit de conduire des négociations diplomatiques, de nommer des ambassadeurs, de signer les traités, *etc.* Mais l'affaire bosniaque, en 1995, aura été le révélateur du conflit de *leadership* qui l'oppose désormais au Congrès.

d) *Le commandant en chef des forces armées*

Le président dispose de l'armée et possède, à ce titre l'initiative et la conduite des opérations militaires (art. II, section 2). Ces dernières décennies, ce pouvoir s'est traduit à diverses reprises, par des décisions d'une extrême importance.

On citera : la fabrication des bombes *A et H,* l'envoi de troupes en Corée en 1950 ; la révocation du général McArthur de son commandement en Corée, en 1951 par Truman ; le blocus de Cuba par Kennedy en 1962 ; l'agression du Vietnam et du Cambodge de 1965 à 1969 par Johnson et Nixon ; en dehors de frappes ponctuelles (Libye, Irak, Soudan) l'envoi de troupes en Bosnie-Herzégovine, en 1995 et le déclenchement de la guerre contre la Serbie (sous couvert de l'Otan) en 1999, par Bill Clinton. Sans doute, le Congrès est habilité à déclarer la guerre, comme ce fut le cas, en 1991, contre l'Irak. Néanmoins, ainsi qu'on l'a mentionné, la désinvolture de la présidence impériale (124) sera à l'origine de la loi de 1973 qui limite l'action du *Chief Executive,* sans pour autant l'annihiler.

En temps de guerre, le président reçoit, au surplus, des pouvoirs *dictatoriaux* (au sens romain du terme), lui permettant, pour les besoins de la défense nationale, de réquisitionner les services et les biens, et même, si besoin est, d'interner les personnes dont la présence constitue, en soi, une menace. C'est ainsi qu'au lendemain de l'attaque contre Pearl Harbour, Franklin Roosevelt n'a pas hésité à procéder à l'arrestation des japonais, naturalisés ou non, habitant les États-Unis.

Fort de l'appui de la Cour suprême, un certain nombre de ces pouvoirs de crise *(emergency)* qui étaient, par nature, essentiellement temporaires, sont demeurés acquis au chef de l'exécutif. Il peut, à ce titre, réquisitionner, en tant que de besoin, la Garde nationale qui, en temps normal, relève du gouverneur de l'État, comme le fit Eisenhower, en 1957, à Little Rock (Arkansas) pour mettre un terme à une mesure de ségrégation scolaire.

e) *Le droit de grâce*

Au plan fédéral, le président dispose du droit de grâce (125). Gerard Ford a accordé, à son prédécesseur, Richard Nixon, en 1974, une grâce *complète, absolue* dans des conditions critiqua-

(122) Le département d'État *(State Department)* est l'un des postes les plus enviés, après la présidence. Pour la première fois, en 1997, avec Madeleine Albright, une femme y a été nommée. En effet, aux attributions classiques d'un ministère des affaires étrangères, est jointe la charge de conserver les archives et celle de publier les lois. Sous ce rapport, le secrétaire d'État est l'intermédiaire obligé entre le président et la nation (Henry Kissinger a reçu, à ce titre la démission de Richard Nixon, en 1974) le Congrès, et les autorités fédérées.

(123) L'essentiel de la politique étrangère de Richard Nixon a été, de 1969 à 1973, l'œuvre de son conseiller particulier (Henry Kissinger) et non du secrétaire d'État en titre, jusqu'au moment où celui-là remplacera celui-ci.

(124) A bon droit Arthur Schlesinger observe : *La présidence impériale fut essentiellement le fruit de la politique étrangère.* Lincoln, au cours de la guerre de Sécession et Theodore Roosevelt, au début du siècle, avaient, à cet égard, montré le chemin à leurs successeurs.

(125) Au plan fédéré, la compétence ressortit au gouverneur de l'État.

bles (126). George Bush, devait l'imiter, en 1992, au profit notamment de l'ancien secrétaire à la défense inculpé dans l'affaire de la vente d'armes secrètes à l'Iran. On a parlé, en cette circonstance, d'une *auto-amnistie.*

A l'évidence, ce faisceau de compétences implique la présence aux côtés du président de nombreux collaborateurs. Sinon, la présidence serait un *killing job* (Edward Corwin).

2° Les collaborateurs du président

Le service du président échoit d'abord aux ministres *(secrétaires),* et ensuite à des *conseillers* rassemblés au sein de la Maison Blanche, en un puissant *Executive office of the President* (127).

a) *Les secrétaires*

Actuellement, au nombre de quinze, ce qui donne la mesure de la centralisation opérée par le gouvernement national (the *big Government,* pour ses détracteurs) (128), ils *assistent* le président dans l'exercice de ses fonctions. Nommés par celui-ci, avec l'accord du Sénat (accord donné traditionnellement), ils sont placés sous sa dépendance immédiate et révocables *ad nutum.* Jimmy Carter a procédé, fait sans précédent, le 17 juillet 1979, à un remaniement complet de son équipe. Le président Reagan s'est séparé, en juillet 1982, du secrétaire d'État, Alexander Haig, par suite de désaccords. Les secrétaires, à l'opposé de leurs homologues parlementaires, sont *juxtaposés* les uns aux autres, et ne forment pas, en conséquence, un organe distinct et autonome par rapport au président. Certes, l'expression *cabinet* est utilisée aux États-Unis, dans un sens *technique* et nullement politique. En d'autres termes, seule la personnalité ou la volonté du président compte : le pouvoir décisionnel demeure son apanage. On cite, à cet égard, la phrase révélatrice de Lincoln qui, ayant été seul de son avis contre son cabinet, déclare sereinement : *Sept oui, un non : les non l'emportent !* L'opinion de Lord Bryce, selon laquelle, le *cabinet du président est une partie de lui-même* demeure pleinement valable (129).

(126) Dans le scandale du *Watergate,* Richard Nixon sera le seul bénéficiaire de l'impunité. En démissionnant préventivement, la grâce demeurait possible. En revanche, en cas de destitution, elle aurait été neutralisée.

(127) V. Th. CRONIN et S. GREENBERG : *The Presidential Advisory system,* 1969, et Th. SORENSEN : *Decision Making in the White House,* 1964.

(128) A savoir : les départements d'État ; du trésor ; de la défense ; de la justice (dont le titulaire porte le nom d'*Attorney General*) ; de l'intérieur ; de l'agriculture ; du commerce ; du travail et ceux de la santé, de l'éducation et du bien-être social (1953) ; du logement et de l'urbanisme (1965) ; des transports (1966) de l'énergie (1977), de l'éducation (1979), des anciens combattants (1988) et de l'environnement (1990). L'ambassadeur à l'O.N.U. a par ailleurs rang ministériel. C'est la loi qui crée les ministères pour les plus récents. En revanche, les postes *(U.S. Postal Service)* ne constituent plus depuis 1970 un département ministériel, mais une *corporation fédérale.*

(129) Le cabinet ne se réunit pas en *plenum.* Selon le sujet abordé, les ministres intéressés se retrouvent. En janvier 1993, le président a innové en confiant à son conjoint Hillary Rodham Clinton une mission sur la réforme du système de santé, thème éminemment politique, en l'autorisant à participer à certaines réunions du cabinet. Celle-ci s'est installée avec un groupe d'experts dans l'aile est de la Maison Blanche. Elle devait défendre en vain ce projet devant les commissions du Congrès, avec talent et autorité, en octobre 1993. Pour la première fois, l'épouse d'un président a été appelée, en janvier 1996, a déposer devant un grand jury fédéral à propos du scandale immobilier du *Whitewater* avant que la commission d'enquête sénatoriale ne la mette directement en cause quelque mois plus tard. La *First Lady* envisage d'être candidate au Sénat.

b) *L'Executive Office du président*

Sous cette dénomination figurent, en premier lieu, le cabinet du président *(The White House Office)* et, en second lieu, l'ensemble des conseils destinés à l'éclairer. Au cours des dernières décennies, les effectifs de l'*E.O.P.* se sont gonflés, au point d'accueillir 6 000 personnes, environ.

1) Le cabinet du président

Créée, en 1939, par Franklin Roosevelt et largement développée par ses successeurs, la *maison* du président, se compose, sous l'autorité d'un secrétaire général, qui peut incliner au *maire du palais,* d'une équipe de collaborateurs immédiats, choisis *intuitu personae* et liés à sa fortune politique. Ils portent, au moins pour les principaux d'entre eux, le nom de *conseillers spéciaux,* ou plus modestement d'*assistants* ou *consultants.*

Investis de la *confiance* présidentielle, ceux-ci sont chargés, en règle générale, encore qu'en l'espèce la mobilité soit de principe, de coordonner l'activité au sein de l'exécutif, de superviser ses relations avec le Congrès, et, ce faisant, d'informer et de préparer les décisions incombant au *Chief Executive.*

Il suit de là, que, sous une formule pudique, se dissimulent, en réalité, les détenteurs d'un pouvoir authentique, illustrés par Sherman Adams, sous Dwight Eisenhower ; Theodore Sorensen à l'époque de John Kennedy ; Edwin Meese, James Baker, et Donald Regan aux côtés du président Reagan. Des clans se sont ainsi constitués : *les Prussiens* (John Ehrlichman, Robert Haldeman) sous l'administration Nixon ; les *Californiens* avec Ronald Reagan. En revanche, sous George Bush, le secrétaire d'État (James Baker) a joué un rôle essentiel, tel un *alter ego.*

Dans ces hypothèses, les membres du *staff* présidentiel, dont le nombre est de l'ordre de 700, n'hésitent pas à marcher sur les brisées des ministres. En un mot, tout le pouvoir est ramené à la Maison Blanche, transformée ainsi en monde clos.

2) Les conseils du président

Au surplus, la multiplication des tâches du *Chief Executive* à l'époque moderne a atteint un rare degré de complexité. C'est la raison pour laquelle, il est désormais entouré d'un véritable réseau de *conseils* et *bureaux,* appelés *agences gouvernementales,* dont le nombre a plus que doublé au cours des dernières années. Pour l'essentiel il s'agit d'organismes consultatifs, ou pour emprunter une formule, d'*assemblages de lumières,* destinés à *éclairer* le président, en dégageant et évaluant plusieurs solutions à un problème donné. A ce titre, ils sont dépourvus, en théorie, de pouvoir décisionnel.

Authentiques cellules de travail, les plus importants d'entre eux sont les suivants : l'*Office of Management and Budget,* dont la création remonte en 1939, si, entre-temps, sa dénomination a évolué, est chargé, de la politique budgétaire et fiscale, parallèlement à l'action du *Federal Reserve Board* (banque centrale) ; le *Council of Economic Advisers,* créé en 1946, sorte de *brain trust* économique, assiste le président dans la préparation de ses rapports ; le *National Security Council,* de 1947, est une véritable plaque tournante, chargé officiellement d'apprécier les décisions de l'administration en matière de politique étrangère vis-à-vis du potentiel économique et militaire des États-Unis. Le scandale de l'*Irangate* a révélé, cependant, qu'il ne dédaignait pas l'action. Enfin, l'*Energy Security office,* créé en 1979, et destiné à développer l'utilisation de nouvelles ressources (130).

On prétend que la fonction crée le président (131). Il serait séant d'ajouter que la présidence est ce que le président entend en faire. Autrement dit, si telle est sa

(130) V. Éd. ORBAN : *La présidence moderne aux États-Unis,* Montréal, 1987.
(131) V. M.-F. TOINET : *La présidence américaine,* 1991 p. 38 et s.

volonté ou plus modestement sa capacité, son autorité au sein de l'exécutif est réelle. Mais, au-delà, elle se heurte à la puissance congressionnelle, au point de composer avec elle, dans la meilleure interprétation. C'est toute la différence entre la présidence française, ressort de la chaîne institutionnelle et la présidence américaine, simple maillon.

C. LES RAPPORTS DU PRÉSIDENT ET DU CONGRÈS

Une invitation à la lutte : La formule de Bernard Brown est saisissante. La constitution génère, en effet, *un rapport de forces,* à l'image de la crise budgétaire de 1995-1996 ou de la tentative d'élimination du président en raison de sa vie privée (le *Monicagate*) en 1998. Le Congrès ne peut obliger ce dernier, ni ses *secrétaires,* à démissionner. Ceux-ci n'ont pas droit d'accès et de participation aux chambres. De son côté, le président ne peut dissoudre le Congrès. Chacun paraît *enfermé* dans sa fonction et *isolé* dans un rôle. La présidence est *une autorité fragmentée dans un système de pouvoirs séparés* (P. Avril). La transposition de ce système en France serait grosse de difficultés, en raison de son inefficacité et de sa dangerosité, en l'absence d'un mode de gestion des conflits. Ce serait une régression. Le système américain repose, en définitive, sur une sorte de miracle, résultant de la combinaison du fédéralisme, de l'indiscipline partisane et de l'attachement civique.

Toutefois, la constitution a préservé quelques points de rencontre entre les pouvoirs, que la pratique a favorisés. *Le parlementarisme de couloirs,* évoqué par Wilson, trouve ici sa justification. En somme, les pouvoirs sont reliés par un *isthme,* qui subit leur pression conjuguée (132).

1° Les moyens d'action du président sur le Congrès

En dehors de la *négociation* et de la persuasion (Ronald Reagan était passé maître en matière de communication), on en dénombre, pour l'essentiel, quatre : à savoir, le droit de veto à l'égard des lois votées par le Congrès ; la participation à l'initiative des lois ; la préparation du budget, enfin le recours au patronage.

a) *Le droit de veto à l'égard des lois votées par le Congrès*

Aux termes de l'article premier, section 7, de la constitution, il est loisible au président de renvoyer un texte de loi, avec ses objections. Cependant, le veto peut être brisé par un vote à la majorité des deux tiers dans chacune des chambres.

Au début du XIXe siècle, le président n'avait que, rarement, l'occasion d'utiliser cette prérogative. Mais, le développement de la démagogie, provoqué par la pression croissante des *lobbies,* a obligé notamment les derniers présidents à en user. Durant son passage au pouvoir (il est vrai, douze ans), Franklin Roosevelt a opposé 635 vetos (soit une moyenne de 50 fois par an) et cet obstacle n'a pu

(132) Dans l'arrêt fondamental du 24 juillet 1974 (*U.S. v. Richard Nixon, president of the United States),* la Cour suprême le rappelle avec force : *en définissant la structure de notre gouvernement* [l'État] *et en divisant le pouvoir souverain par une répartition entre trois branches égales, les Fondateurs de la constitution ont cherché à définir un système d'ensemble, mais il n'était pas dans leur intention que les pouvoirs séparés opèrent dans une indépendance absolue. .*

être levé que 9 fois. En dehors de la dissuasion, ses successeurs en feront, en revanche, un usage plus raisonnable : Eisenhower (181 fois) ; Ford (72) ; Nixon (42) et Kennedy (21). Ronald Reagan en a usé 78 fois, et essuyé 9 échecs. Il a subi, à cet égard, une avanie, en octobre 1986, lorsque le Congrès a surmonté son refus, à propos de sanctions économiques contre l'Afrique du Sud et, en mars 1988, en matière de droits civiques. George Bush a opposé 27 fois son veto mais, il n'a connu qu'une défaite, en octobre 1992, bien que dépourvu de majorité au Congrès. Quant à Bill Clinton, sur la défensive face au Congrès républicain, il en a fait usage une dizaine de fois, notamment en 1995 (loi sur la réforme sociale et surtout loi budgétaire) au point de provoquer une crise institutionnelle (133).

Le veto ne peut porter que sur l'*intégralité* de la loi. La Cour suprême devait le rappeler, le 25 juin 1998 (*Clinton v. New York),* en s'opposant à une loi de 1996 qui, en matière financière, autorisait le veto sélectif *(item veto).* Bill Clinton avait usé de ce pouvoir, le 11 août 1997, en annulant des dispositions favorables à des groupes de pression. Par ailleurs, la pratique du régime est à l'origine du *veto de poche (pocket veto).* Le président ne promulgue pas la loi, au moment où s'achève la session parlementaire, sans révéler pour autant ses raisons. Par voie de conséquence, le Congrès ne peut répliquer sur-le-champ. Il doit attendre l'ouverture de la prochaine session et reprendre, si telle est sa volonté, l'ensemble de la procédure législative. Tout bien considéré, le veto officieux se révèle, à l'examen, pour les assemblées, plus redoutable que le veto officiel, qui n'a concerné depuis 1787, qu'environ 6 % des lois.

Toutefois, la *faculté d'empêcher* du président ne peut occulter sa *faculté d'initier* dans le domaine législatif, dont il est théoriquement *extérieur,* conformément au principe de la séparation des pouvoirs.

b) *La participation à l'initiative des lois*

Sachant que l'on ne gouverne que par la loi, le *Chief Executive* n'aura de cesse de réaliser son programme (le *New Deal* de Roosevelt ou le *Civil Rights act* de Johnson). L'intervention peut être soit, indirecte (le président demande à un *congressman* de lui rendre le service de déposer un texte de loi élaboré par l'administration) ; soit, directe. Il s'agit, en ce cas, de projets annexés aux messages délivrés au Congrès (message sur *l'état de l'Union)* (134) qui constituent désormais d'authentiques *programmes d'action* législative et qui peuvent être complétés en cours d'année. Certes, le président ne les impose pas au Congrès, mais il lui suggère de les mettre en œuvre, en prenant appui sur l'opinion publique. *On n'y est bien traité que pendant un an,* observait Johnson, tant que le président est *en phase* avec ses compatriotes. Mais la qualité de *Chief Legislator* est éphémère. La *logique institutionnelle* reprend vite le pas sur la logique partisane. Cette politique du *chacun pour soi* s'avère périlleuse, lorsque le président peut tabler sur une majorité ; Bill Clinton en a fait l'amère expérience, en 1994, avec l'échec de la réforme du système de santé. Mais, elle devient à proprement parler calamiteuse lorsque ses adversaires triomphent au Congrès. Le programme républicain *(Contract with America)* adopté par les électeurs, en novembre 1994, tendait à exclure le président du champ législatif et diplomatique. La pratique fut, cependant, différente à l'image des accords de Dayton qui ont mis fin, en 1995, au conflit en Bosnie-Herzégovine.

(133) V. B. Brown : *L'État et la politique aux États-Unis,* 1994, p. 237 ; P. Gaulmin, Le droit de veto présidentiel aux États-Unis, *R.F.D.C.* 1998, p. 251.

(134) Le message sur l'état de l'Union (art. II section 3) est prononcé au début de la session, en janvier, devant les deux chambres réunies à cet effet. Il s'agit de la transposition du discours du trône au Royaume-Uni.

En outre, pratiquant les vertus de la concertation, une tradition inaugurée à partir de 1936 par Roosevelt, veut qu'il convie régulièrement, à la Maison Blanche, les *Quatre Grands* (le vice-président, le *speaker* et les *leaders* de la majorité et de l'opposition) afin d'aplanir les différends.

c) *La préparation du budget*

Jusqu'en 1921, en application du principe de la séparation des pouvoirs, le budget était préparé par deux comités du Congrès, celui des voies et moyens (recettes) et celui des appropriations (dépenses). Les inconvénients du système étant devenus éclatants pendant la guerre de 1914-1918, une importante réforme est intervenue en 1921. La préparation du budget fédéral incombe désormais au *Chief Executive,* par l'intermédiaire du puissant *Office of Management and Budget.* Cependant, la réforme de 1974 en marque la limite.

C'est à ce niveau que l'on peut déceler la présence des *lobbies (supra)* dans le processus décisionnel. Richard Rose qui a développé la thèse du *subgovernment* (135) démontre avec pertinence que le président n'est pas maître chez lui. Un comble ! Par cette expression, l'auteur désigne le mode de régulation politique d'un secteur déterminé de l'action fédérale. Les parties prenantes en sont les départements ministériels (ou les agences fédérales), les commissions du Congrès et les groupes d'intérêt. L'attrait de la dotation budgétaire tend à ce que les départements intéressés soient plus sensibles à leurs partenaires qu'au président, à la limite.

d) *La pratique du patronage*

Le président, qui est aussi un chef de parti, recourt au *patronage* (terme pudique pour désigner le *clientélisme*) qui consiste en l'attribution de postes, administratifs, notamment, aux amis de la majorité en échange de leurs bons services. C'est, au fond, une forme atténuée du *spoil system,* mise en œuvre progressivement, de façon à tenir en haleine les *congressmen.* Par ailleurs, l'implantation de services fédéraux dans la circonscription de l'élu compréhensif, est utilisé comme moyen de pression par l'exécutif.

Ces divers pouvoirs dont dispose le président sont *majorés* par l'appui de l'opinion publique, dont il bénéfice habituellement beaucoup plus que les parlementaires. Les représentants sont rarement réélus. Il est juste d'observer que la brièveté de leur mandat n'est pas de nature à les faire connaître et surtout apprécier du peuple, à l'inverse de leurs collègues du Sénat qui jouissent d'une réelle audience locale, sinon nationale, pour un certain nombre d'entre eux (136).

En un mot, le président inspire normalement confiance à ses compatriotes, au cours de son premier mandat et pèse sur le cours de la législation. Mais, c'est ici que la bât blesse. Privé du relais inestimable d'une majorité parlementaire instrumentalisée, à l'opposé de son homologue français, il est voué aux tractations avec le Congrès. Le prince de l'univers est chez lui une sorte d'*infirme politique*.

2° Les moyens d'action du Congrès sur le président

A l'inverse de l'évolution contemporaine qui marginalise les assemblées, le Congrès demeure une puissance, dans toute l'acception du terme, à laquelle se mesure le chef de l'exécutif. *Quand je me trouve ici,* reconnaissait John Kennedy, le *Congrès me paraît plus puissant que lorsque j'y siégeais.* La réflexion est saisissante. D'une manière indubitable, elle démontre que le président américain dispose d'une bien moindre liberté d'allure

(135) R. ROSE : *The Post-modern President,* New Jersey, 1988.

(136) De fait, les électeurs américains opèrent une distiction révélatrice entre le président et les candidats de son parti, à l'opposé de ce que l'on observe généralement dans les démocraties occidentales pratiquant le parlementarisme majoritaire. Par ailleurs, le financement public de l'élection présidentielle porte atteinte au patronage. L'élu n'a plus à récompenser ses généreux mécènes sous forme, par exemple, d'une ambassade comme jadis.

que le chef de l'État français. Contrairement à de fâcheuses interprétations, le régime présidentiel ne fait point litière des attributions du parlement ; pas plus, qu'il ne confère une position altière au magistrat suprême. Certes, les comportements ont pu donner le sentiment contraire. Mais aux États-Unis, un pouvoir valorisé n'est pas pour autant libéré, car il peut être concurrencé. A ce titre, le Congrès dispose d'un faisceau de compétences lui permettant de conditionner la politique du président, voire de le destituer, en cas de manquement grave. Seul, en effet, le peuple peut le révoquer à l'issue de son premier mandat.

a) *Le pouvoir d'autorisation*

Il n'est pas indifférent de mentionner, pour mémoire, le pouvoir d'autorisation du Congrès en matière d'engagement de troupes à l'étranger et les attributs spécifiques du Sénat *(supra).*

b) *Le pouvoir législatif et financier*

Que le président intervienne dans la fonction législative, au point d'être qualifié de *Chief Legislator,* est indéniable. Mais, il y a loin de l'invitation à l'acceptation. Le Congrès, à cet égard, fait songer à un véritable camp retranché : procédure parlementaire imperméable à l'action présidentielle, notamment concernant l'inscription à l'ordre du jour ; manœuvres dilatoires ou d'obstruction pure et simple, sans perdre de vue l'essentiel : l'*absence* d'une discipline majoritaire.

John Kennedy s'est heurté, par exemple, à cette gigantesque force d'inertie, au mieux, de résistance, au pire. Un quart seulement de ses propositions ont été finalement acceptées. On sait, par ailleurs, que jusqu'à la décision de la Cour suprême *Chadha* de 1983, la pratique du veto legislatif accusait encore la domination du Congrès sur le processus normatif.

A fortiori, ce dernier, par le contrôle strict qu'il exerce en matière budgétaire, prend en compte les intérêts des *lobbies.* Il dispose du pouvoir d'annihiler des programmes et de faire passer le président sous ses fourches caudines. A cet égard, au cours des dernières années, la négociation budgétaire s'est révélée particulièrement périlleuse pour son autorité. Qui plus est, le *syndrome indochinois* est à l'origine de nombre refus d'aides à des opposants (les *contras* du Nicaragua) ou à des gouvernements étrangers. De sorte, le Congrès *contrôle* efficacement la politique, tant intérieure qu'extérieure, des États-Unis. C'est du reste, en vue de s'y soustraire que l'affaire de l'*Irangate* a été montée par l'exécutif, à partir de 1985, avant de se retourner contre lui.

c) *Le pouvoir judiciaire des commissions*

On a, chemin faisant, signalé le développement des prérogatives judiciaires des diverses commissions (législatives ou d'enquête) du Congrès. En maintes occasions, ces procédures mettent à la disposition de celles-ci de puissants moyens d'action (137). Au surplus, le support médiatique, dont elles bénéficient, favorise la transparence de la démocratie, autant que le civisme.

d) *Le pouvoir de destituer le président (the impeachment)*

L'*impeachment* est la procédure au terme de laquelle le Congrès a la possibilité de mettre en cause la responsabilité du président, en le destituant, lorsque, dans l'exercice de ses fonctions, il est reconnu coupable de *trahison, concussion ou autres crimes ou délits graves* (section 4 de l'art. II de la constitution). Aux États-Unis, les auteurs continuent

(137) Le refus de déférer à une réquisition a été considéré, par la commission judiciaire de la Chambre des Représentants, le 30 juillet 1974, comme un motif valable d'accusation du président Nixon.

de s'interroger sur la nature de la responsabilité mise en cause. Sans trancher la question, on conviendra qu'il s'agit d'une responsabilité ambiguë : *politico-judiciaire* (138).

Dans cette circonstance, il appartient respectivement à la Chambre des Représentants, sur recommandation de sa commission judiciaire, d'accuser, à la majorité simple, le *Chief Executive* et au Sénat, de le juger en se prononçant sur sa culpabilité, à la majorité des deux tiers de ses membres (139) ; ce qui exclut un vote partisan.

Le Sénat s'érige en tribunal sous la présidence du *Chief Justice* de la Cour suprême, à la place du vice-président dont l'impartialité pourrait être contestée. Il prête serment et fait prêter serment aux sénateurs. A cent trente ans de différence, deux présidents (Andrew Johnson et Bill Clinton) ont été poursuivis en 1868 et 1998. Richard Nixon a démissionné préventivement en 1974.

Andrew Johnson, vice-président d'Abraham Lincoln, auquel il succéda en 1865, devait entrer en conflit avec les chambres, deux ans plus tard, pour avoir révoqué son secrétaire à la défense (Stanton), sans avoir obtenu le consentement du Sénat, selon le droit applicable *(Tenure of Office Act)*. La Chambre des Représentants présenta, en février 1868, onze chefs d'accusation. Il lui était reproché, entre autres, d'avoir diffamé le Congrès, devenu un objet d'irrespect pour le peuple. A une voix près, celle d'Edmund Ross, le Sénat l'acquitta, au cours de l'été. On a prétendu, qu'en l'occurrence, c'est moins le président que le régime qui fut préservé de la dénaturation ou, si l'on veut, de la parlementarisation rampante.

Quant à Bill Clinton, ses relations extra-conjugales avec Monica Lewinsky, stagiaire à la Maison-Blanche, seront à l'origine d'une double accusation de parjure (faux témoignage sous serment) et d'obstruction à la justice, votée par la Chambre des Représentants, le 19 décembre 1998 (140). Sous la présidence de William Rehnquist, le procès en destitution ouvert le 7 janvier 1999, l'accusation étant portée par des membres républicains de la commission judiciaire de la Chambre des Représentants, s'est achevé le 12 février suivant par l'acquittement du président (141). Entre temps, l'idée avancée d'une sanction morale sous forme d'un vote de censure avait été écartée car la constitution ne connaît qu'une seule sanction politique (142). Cette recherche d'un compromis était loin d'être innocente. Elle constituait, à terme, un nouveau moyen de pression du Congrès sur le président. Au surplus, l'absence de proportionnalité entre les frasques de la vie privée et l'exercice de la fonction exécutive a été regardée comme l'équivalent d'*un coup d'État légal*. La banalisation de l'*impeachment*, débouchant sur une sorte de responsabilité politique du

(138) Au lendemain de l'échec de l'invasion de Cuba (épisode de la baie des cochons) en avril 1961, John Kennedy affirmait : *En régime parlementaire, je serais amené à démissionner*. V. R. Burger : Impeachment : The constitutionnal problems, Cambridge (Mass.), 1973, et Y. Demeer : L'impeachment dans les institutions anglaises et américaines, *Mél. Jacques Teneur,* Lille, 1977, p. 1.

(139) La procédure est également applicable au vice-président, aux fonctionnaires fédéraux (secrétaires, juges). A ce jour, 14 procès donnant lieu à 7 condamnations, se sont déroulés (*Pouvoirs*, n° 89, p. 171).

(140) V. J.-P. Lassale : La puissance et la fragilité : chronique d'une destitution annoncée, *R.D.P.* 1999, p. 535.

(141) L'accusation de parjure a été rejetée par 55 sénateurs dont 10 républicains ; celle d'obstruction à la justice par 50 d'entre eux, dont 5 républicains. La majorité pour la destitution était de 67 voix.

(142) En revanche, le président a été condamné, le 29 juillet 1999, par un juge fédéral à une amende pour outrage à la justice dans l'affaire d'harcèlement sexuel qui l'opposait à Paula Jones, à l'époque où il était gouverneur de l'Arkansas, et qui s'était terminée par un arrangement financier.

président devant le Congrès, représente une menace de déstabilisation du régime (143). Pour les républicains, *le Monicagate* n'a pas été la revanche du *Watergate* à l'origine du départ de Richard Nixon, en 1974.

Le cambriolage du quartier général du parti démocrate dans l'immeuble du *Watergate* à Washington, opéré par les fameux *plombiers* de la Maison Blanche, à l'occasion de l'élection présidentielle de 1972, a valeur exemplaire, tant au point de vue de l'État de droit que de la démocratie, face à l'arrogance et à l'intolérance de la *présidence impériale* (144). Au nom de la raison d'État, dissimulée derrière *le privilège de l'exécutif* (145). Richard Nixon s'est initialement dérobé à ses responsabilités, jusqu'au moment où le journal *Washington Post* l'a confondu.

Prenant le relais de la commission Erwin du Sénat, créée en 1973, la commission judiciaire de la Chambre des Représentants a mis en branle, en mai 1974, la procédure de l'*impeachment* et voté, fin juillet, trois chefs d'accusation contre le président (146). Simultanément la Cour suprême, le 24 juillet, avait rappelé le règne de la loi. Devançant l'événement, le président, après avoir reconnu ses mensonges, renonçait à ses fonctions, le 9 août 1974. La démocratie américaine bafouée dans ses principes méritait bien une cérémonie expiatoire.

Au total, les relations entre le Congrès et le président sont plus nuancées qu'une vision tranchée des choses ne le laisse supposer. Cet enchaînement mutuel des forces, pour parler comme Montesquieu, débouche, le plus clair du temps, sur des *compromis* dont la garantie réside en fin de compte, dans un troisième pouvoir : le *pouvoir judiciaire.*

§ 4 LE POUVOIR JUDICIAIRE

Votre honneur : La formule traditionnelle, par laquelle on s'adresse au juge, est représentative de son autorité et de son prestige dans la société américaine, ce véritable *empire du droit* (A. Tunc).

(143) La radicalisation du parti républicain, l'acharnement du procureur indépendant Kenneth Starr et la pression médiatique ont objectivement favorisé la cause du président. En revanche, l'opinion publique lui est demeurée fidèle en distinguant entre sa vie privée et son rôle officiel. V. E. SULEIMAN : La procédure de destitution de Bill Clinton : une revanche de la droite, *Le Monde,* 29 décembre 1998.

(144) V. M. MYERSON : *Watergate, Crime in the suites,* N.Y., 1973 ; Cl. KROËS : *Watergate,* 1974 ; N. SUTTON : *Watergate story,* 1974 ; C. BERNSTEIN et R. WOODWARD : *Watergate : les fous du Président,* 1974 ; Th. WHITE : *Forfaiture à la Maison Blanche,* 1976 et l'interprétation psychanalytique de M. MC CARTHY, *Watergate,* 1974.

(145) Le privilège de l'exécutif permet, en temps ordinaire, et de manière normale, au président de ne pas répondre à des questions relevant de la sécurité nationale *lato sensu.* En l'espèce, Richard Nixon refusait de livrer à la justice des bandes magnétiques sur lesquelles étaient enregistrées ses conversations avec des agents subalternes. La Cour suprême, dans sa décision du 24 juillet 1974 *(United States V. Richard Nixon)* a pourfendu cette interprétation arbitraire. V. P. JUILLARD : *Le privilège de l'exécutif aux États-Unis,* Pouvoirs nº 4, 1978, p. 168.

(146) La commission judiciaire a estimé qu'en refusant de communiquer des pièces à conviction. Richard Nixon avait bloqué l'administration de la justice.

Sans entrer dans la complexité de l'organisation du pouvoir judiciaire aux États-Unis (147), on se bornera à la Cour suprême, dont le pouvoir n'a d'égal que sa magnificence.

A. LA COMPOSITION DE LA COUR SUPRÊME

A titre principal, *le pouvoir judiciaire des États-Unis est dévolu à une Cour suprême,* (art. III, section 1re). Celle-ci est composée, selon une loi de 1869, de neuf juges inamovibles *(the nine old men),* recrutés, en pratique, sur un critère socio-professionnel et nommés à vie (dont le *Chief Justice*) par le président des États-Unis, après consultation officieuse de l'*American Bar Association,* la puissante corporation des *lawyers* (avocats) et confirmation du Sénat. En règle générale, les *Justices,* sans renier leurs convictions, s'atttachent à cultiver *la passion de l'ingratitude,* par rapport à l'autorité de nomination, pour la plus grande satisfaction de l'État de droit. L'itinéraire politique n'est pas un gage de comportement juridictionnel. Le président Eisenhower confessait, dit-on, que sa plus grande erreur s'appelait Warren, du nom de ce *Chief Justice* conservateur qui allait engager la Cour dans la voie progressiste (148).

Cependant, il arrive, que certains juges démissionnent vers l'âge de 70 ans. Mais, un dicton américain prétend, que les membres de la Cour suprême *font partie de ces hommes qui meurent rarement et ne démissionnent jamais* (149). Le *Chief Justice* (William Rehnquist, depuis 1986 est le 16e de l'histoire), est le *second* personnage de l'État. Il prend rang avant le vice-président, les secrétaires, le *speaker* de la Chambre des Représentants, et reçoit, détail caractéristique, traditionnellement, le serment du président, le jour de l'inauguration de son mandat.

(147) Le système judiciaire des États-Unis est à l'image de la structure fédérale. Il existe des juridictions propres aux États fédérés et à l'État fédéral. Au prix d'une simplification, on rencontre aux deux niveaux des *cours de district,* assez comparables à nos T.G.I., des *cours de circuit,* qui jouent le rôle de nos cours d'appel, enfin la *Cour suprême.* Si on se souvient de la diversité du droit privé et public et de la facilité avec laquelle les meilleurs amis du monde s'intentent des procès, on en vient naturellement à penser que cette *société contentieuse* est la terre d'élection des juristes. V. B. SCHWARTZ : *Le droit aux États-Unis, une création permanente,* 1979 ; R. DWORKIN : *L'Empire du droit,* 1994.

A titre de comparaison, la Cour suprême se présente comme la somme du Conseil constitutionnel, de la Cour de cassation et du Conseil d'État, en France. Ceci a pour effets principaux, compte tenu du nombre limité de ses membres (9) : une surcharge de travail, une préparation des dossiers laissée à leurs collaborateurs, un contentieux étriqué par rapport au nombre des affaires pendantes. V. La Cour suprême, *Pouvoirs,* n° 59, 1991 ; E. ZOLLER, Présentation de la Cour suprême des États-Unis, *C.C.C.,* n° 5, 1998, p. 34.

(148) M.-T. TOINET : Puissance et faiblesse de la Cour suprême, *Pouvoirs* n° 59, 1991, p. 23.

(149) Une autre tradition veut que les différentes minorités soient représentées à la Cour. Toutefois, il faut attendre 1925 pour qu'un juge de confession juive y accède ; 1967 pour l'arrivée d'une personne de couleur et seulement 1981, pour qu'une femme (Sandra O'Connor) brise le privilège de masculinité, dans une société réputée pourtant matriarcale.

Toutefois William Douglas s'est retiré, en 1975, au terme d'un mandat inégalé de 36 ans. William Douglas, en 1990 et Harry Blackmun en 1994, devaient l'imiter après avoir siégé chacun 34 ans, et Byron White seulement, après 31 ans de présence en 1993.

Justices	Dates de naissance	Dates de nomination	Autorité de nomination
W. REHNQUIST *(Chief Justice)*	1924	1971	R. NIXON (R)
J. STEVENS	1916	1975	G. FORD (R)
Sandra O'CONNOR	1930	1981	R. REAGAN (R)
A. SCALIA	1936	1986	R. REAGAN (R)
A. KENNEDY	1936	1988	R. REAGAN (R)
D. SOUTER	1939	1990	G. BUSH (R)
C. THOMAS	1948	1991	G. BUSH (R)
Ruth GINSBURG	1933	1993	B. CLINTON (D)
S. BREYER	1939	1994	B. CLINTON (D)

B. LA CONDITION DE LA COUR SUPRÊME

Les *Justices* doivent être confirmés par le Sénat ; ils prêtent ensuite serment devant la Cour. A ce propos, ce dernier a infligé deux camouflets au président Nixon en refusant les nominations de Haynsworth, en 1969 et Carswell, l'année suivante. Pour sa dernière nomination, en 1987, Ronald Reagan s'y est repris à trois reprises : il essuie un refus s'agissant de la candidature jugée trop conservatrice de Robert Bork ; il sollicite, en vain, Douglas Ginsburg, qui renonce après avoir confessé s'être adonné à la drogue, avant de jeter son dévolu sur un conservateur modéré Anthony Kennedy. Mais, il reste qu'il a marqué de son empreinte conservatrice la Cour, en y nommant le plus grand nombre de membres ; George Bush achèvera sa démarche. Tout bien considéré, le reaganisme survit à son auteur. Pour la première fois, depuis 1962, un président démocrate a pu entamer le processus de recentrage de l'institution, avec le choix de Ruth Ginsburg, en 1993. Dans le conservatisme ambiant, né du *Contrat pour l'Amérique* des républicains, la Cour n'éprouve certainement pas le sentiment de l'isolement. L'alternance de demain sera mesurée à son aune (150).

C. LA COMPÉTENCE DE LA COUR SUPRÊME

A l'opposé du Conseil constitutionnel, juge d'attribution, la Cour suprême dispose d'une compétence de *droit commun* ou *générale,* qui se manifeste, au-delà de l'interprétation de la constitution, tant en ce qui concerne la *recevabilité* de la requête, au moyen de la procédure du *writ of certiorari*, que de son examen au fond. La seule limite réside, dit-on, dans sa modestie *(self-restraint).* Afin de ne pas succomber sous la confiance des justiciables, la Cour filtre, de manière discrétionnaire, les affaires, en ne retenant sa compétence que lorsqu'une *importante* question fédérale lui est déférée *(substantial federal*

(150) La Cour s'installe, d'autant plus dans la durée, que l'on observe un abaissement de l'âge de nomination de ses membres. C'est ainsi que le nouveau juge de couleur, Clarence Thomas, nommé en 1991, à l'âge de 43 ans, peut espérer siéger autant qu'il a vécu, à ce jour... La nomination à vie était concevable en 1789, mais l'espérance de vie actuelle la remet, sans aucun doute, en cause. La périodicité des fonctions est l'essence même de la démocratie. La bonne mesure est celle de la France (9 ans) ou de l'Allemagne (12 ans) pour les juges constitutionnels.

question) (151). Par ailleurs, il faut noter, qu'à l'opposé de la Cour de cassation française, cette dernière est tout à la fois *juge du fait et du droit.* Ce qui lui permet, à l'évidence une maîtrise plus grande sur la jurisprudence et ce, d'autant plus, qu'en l'absence de juridictions administratives, aux États-Unis comme dans l'ensemble des pays anglo-américains, elle connaît de l'*ensemble* des litiges privés et publics. Outre le décompte des voix rendu public une dernière particularité mérite d'être signalée : une *opinion dissidente* peut être soutenue par un ou plusieurs juges de la minorité, afin de justifier un désaccord.

La Cour est garante du fédéralisme et du principe de constitutionnalité. Ses arrêts sont revêtus de l'autorité *absolue* de la chose jugée. Mais par un retournement inattendu de la séparation des pouvoirs, leur exécution est subordonnée à la bonne volonté du président et du Congrès. A cet égard, la condamnation du veto législatif (*Chadha*, 23 juin 1983) demeure formelle.

1° La Cour : garante du fédéralisme

Il s'agit de faire respecter, soit par l'État fédéral, soit par les États particuliers, mais plus précisément par les législatures de ces derniers, la répartition des compétences, établie par la constitution de 1787, entre l'État central et les États particuliers.

On se souvient, que ce contrôle de fédéralisme n'est pas prévu par la constitution. Il a pris la naissance à la suite d'une initiative du *Chief Justice* John Marshall, en 1803, dans l'affaire *Marbury v. Madison.* Il s'agit donc d'une *construction* jurisprudentielle qui est son œuvre.

Cette audace intellectuelle a été facilitée, d'une part, par la conception contractuelle du statut fédéral, qui prévalait au début du XIXe siècle et, d'autre part, par la nature même des choses. La constitution de 1787 n'avait pas prévu de mécanisme pour réprimer les atteintes au fédéralisme. Il fallait bien en élaborer un et tout le monde a été d'accord pour accepter que le contrôle du système fédéral fût pris en main par le pouvoir judiciaire, en général, et la Cour suprême des États-Unis, en particulier.

Ce contrôle de fédéralisme se traduit, pratiquement, par une supervision des arrêts des cours d'État, qui est effectuée par la Cour fédérale. Il s'agit de vérifier si les cours d'État prennent soin d'arrêter les lois des États particuliers, qui seraient en contradiction avec la constitution fédérale. En d'autres termes, elles se demandent si la répartition des compétences a été respectée, au même titre que la *clause de suprématie (supra).*

Cependant, l'intensité du contrôle est variable, selon la *politique jurisprudentielle.* A l'époque contemporaine, la *Cour Warren* (1953-1969) a développé son contrôle, dans le souci d'une meilleure protection des libertés et des droits. En revanche, la *Cour Burger* (1969-1986) est moins sensible au *centralisme judiciaire* de la précédente et s'est souciée plus des droits des États (théorie du *judicial restraint* ou la *déférence législative*).

(151) La Cour a la possibilité, en outre d'écarter une requête en estimant qu'elle pose une *question politique* et non pas une *question justiciable,* qui rappelle le *distinguo* du juge administratif français entre l'*acte de gouvernement* et l'acte administratif ordinaire. Chaque année, elle est saisie d'environ 8 000 requêtes, parmi lesquelles une centaine (un peu plus de 1 %) sont acceptées en raison de leur importance. V. F. MORTON : La rédaction des opinions de la Cour suprême, *Pouvoirs* n° 59, 1991, p. 46 ; E. ZOLLER : Le pouvoir discrétionnaire de juger de la Cour suprême, *Pouvoirs*, n° 84, 1998, p. 163.

2° La Cour : garante du principe de constitutionnalité

Le contrôle de la constitutionnalité des lois *(judicial review)* se ramène, à la collation classique entre la norme inférieure (loi ou règlement) et la norme supérieure (la constitution). Il reste à mentionner que cette dernière englobe le *Bill of rights,* les 10 premiers amendements de 1791, ainsi que le XIVe de 1868, qui consacre *le principe de l'égale protection des lois.*

A cet égard, le juge américain emploie diverses techniques. Il recourt à une *interprétation constructive* de la loi, votée par une législature ou le Congrès, dans le sens individualiste de la *common law.* Cette interprétation ne tient aucun compte de la volonté du législateur et des formes de la loi pour la plier à ce que les juges estiment être la légitimité constitutionnelle. C'est ainsi que la loi Sherman contre les trusts, adoptée en 1890, a été, jadis, par une habile construction, entièrement neutralisée et que, la jurisprudence a retourné contre les coalitions ouvrières, l'arme forgée contre les coalitions capitalistes.

Toutefois, lorsque la loi contraire à la lettre de la constitution ou aux principes constitutionnels ne peut vraiment pas y être ramenée par une interprétation constructive, le juge se décide à déclarer son inconstitutionnalité (152). Cette affirmation lie, non seulement les juridictions subordonnées, mais la Cour elle-même pour l'avenir. En outre, les pouvoirs d'équité des cours américaines les autorisent à adresser des injonctions, à la fois aux particuliers et aux fonctionnaires publics et, par ce moyen, elles empêchent également l'application extra-judiciaire de la loi. Selon une expression consacrée dans la théorie de notre recours pour excès de pouvoir, il existe quatre *ouvertures* à l'inconstitutionnalité de la loi, c'est-à-dire quatre sortes de raisons que l'on peut invoquer pour obtenir une déclaration d'inconstitutionnalité.

La due process clause, dont le sens élastique est que doit être condamnée toute procédure ou organisation légale, qui n'est pas conforme aux principes fondamentaux de la constitution, qui sont ceux de la *common law.*

La deprivation of liberty, étendue à toute entrave au libre exercice de l'activité économique. *La deprivation of property,* entendue aussi dans son sens le plus compréhensif et enfin l'*impairing the obligation of contracts,* c'est-à-dire l'intervention législative dans le jeu des contrats pour en modifier les effets.

Une dernière méthode est celle des *advisory opinions.* Ce sont des avis officieux demandés aux cours de justice par le législateur lui-même sur les chances d'enregistrement définitif de la loi qu'il prépare ; ou encore des jugements déclaratoires, procédure *préventive* où le demandeur éventuel requiert du juge une décision sur ses droits, tels qu'ils paraissent ressortir de la législation suspecte, par une sorte d'arbitrage judiciaire avant tout litige.

Au surplus, une tendance au rapprochement s'esquisse entre le *modèle américain* et le *modèle européen,* sur le thème de contrôle. Aux États-Unis, le pouvoir exécutif n'hésite pas à saisir la Cour en interprétation de la constitutionnalité d'une loi, afin d'éviter le long cheminement d'une exception, qui ne sera peut être jamais soulevée, du reste. Dans un mouvement convergent, l'exception d'inconstitutionnalité se développe sur le Vieux continent *(supra)* (153).

(152) En pratique, la Cour a annulé quelques lois fédérales en deux siècles, et une centaine de lois fédérées. V. P. JUILLIARD *in L'exception d'inconstitutionnalité* (Centre de recherche de droit constitutionnel de Paris-I), 1989, p. 37 ; A. AUER : *The supreme law of the land. Éléments du droit constitutionnel des États-Unis,* 1990.

(153) V. P. JUILLIARD : art. précité, p. 39 ; D. CUSTOS : La recevabilité du recours constitutionnel devant la Cour suprême américaine, *R.D.P.,* 1991, p. 1017.

D. L'ÉVOLUTION DE LA COUR SUPRÊME

Malgré certaines dénégations, la Cour suprême a toujours joué un rôle politique. Comme le constatait avec pertinence, en 1908, Charles Hughes, gouverneur de New York et futur *Chief Justice : Nous sommes régis par une constitution, mais cette constitution est ce que les juges disent qu'elle est.* De même, le juge Holmes déclarait en 1917 : *Je reconnais sans hésitation que les juges légifèrent et doivent légiférer (Southern Pacific co v. Jensen).* De même encore, *Justice* Jackson comparaît, sans ambages, en 1941, *la Cour suprême à une convention constitutionnelle permanente qui, sans soumettre ses propositions à aucune ratification, peut modifier la Loi fondamentale.*

Ce rôle politique présente, cependant, des périodes d'activité plus ou moins intenses et il peut s'exercer soit dans un sens progressiste, soit dans un sens conservateur. A cet égard, et, au prix d'une réduction, quatre périodes intéressantes doivent être mises en relief de John Marshall à William Rehnquist.

1° La Cour fondatrice de John Marshall (1801-1835)

C'est celle qui, pendant le premier tiers du XIXe siècle, sous l'impulsion du *Chief Justice* Marshall, *inaugure* le contrôle de fédéralisme puis celui de la constitutionnalité des lois. Elle s'affirme comme un des pouvoirs publics et comme le *régulateur* de la vie constitutionnelle. Compte tenu de sa jurisprudence progressiste à cette époque, la Cour est très vivement attaquée par les jeffersoniens, qui lui reprochent de manquer de *self-restraint,* c'est-à-dire de ne pas pratiquer une suffisante autolimitation.

2° La Cour conservatrice (1835-1936)

La seconde période, qui va de la fin du XIXe siècle au *New-Deal,* est marquée, en revanche, par un activisme *conservateur.*

C'est surtout contre la législation du travail que les cours judiciaires engagent la lutte, à partir de 1880, sous couleur de sauvegarder le vieux principe de la liberté des contrats.

Mais, à cette époque, le contrôle de constitutionnalité ne se borne pas aux lois des législatures ou du Congrès. Il est étendu ou, en tout cas, il a paru devoir s'étendre, à un moment donné, jusqu'aux amendements à la constitution. En cette occasion, le juge américain se place *au-dessus* du pouvoir constituant et, prétend le juger parce que, pour lui, il existe au-dessus un ensemble de principes supérieurs de droit naturel, formant une *éthique,* à laquelle la constitution elle-même doit se conformer, au nom d'une *supra-constitutionnalité.*

En ramassant tous ces traits, on comprend aisément la forte expression du *gouvernement des juges,* forgée par Édouard Lambert. Incontestablement, les législatures et le Congrès ont été bridés par le pouvoir judiciaire ; des réformes sociales, sinon arrêtées, du moins longtemps retardées. Une des dernières manifestations de cette tendance et fournie par la décision *Schechter Poultry Corporation v. United States* (1935) déclarant le *New Recoverty Act* voté, à la demande de Franklin Roosevelt, contraire à la constitution (154).

Mais, à ce moment, celui-ci a réagi vigoureusement. Adossé à l'opinion publique, usant de son extraordinaire popularité au lendemain de sa brillante réélection de 1936, il menaça la Cour d'une profonde réforme, accula à la démission deux des neuf juges parmi les plus irréductibles et profitant de surcroît, d'un décès (on a parlé à l'époque d'un miracle), il parvint, en définitive, à modifier, par ses nominations, la composition de la Cour et à opérer, par la suite, un revirement jurisprudentiel.

(154) La Cour a développé notamment l'argument selon lequel l'état de crise *(emergency)* ne donne pas à l'exécutif des pouvoirs plus importants que ceux qu'il possède en temps normal.

3° La Cour émancipatrice d'Earl Warren et de Warren Burger (1953-1986)

Une nouvelle période d'activisme progressiste, s'est ouverte en 1953, avec la nomination du *Chief Justice* Earl Warren, que l'on compare volontiers, en raison de son rôle décisif, à John Marshall. Son successeur, Warren Burger (1969-1986), en dépit des préventions de conservatisme qui l'avaient accueilli, s'est montré fidèle, dans l'ensemble, à son héritage.

Dans le même temps où la Cour imposait l'État de droit à la *présidence impériale (U.S. v. Richard Nixon,* 24 juillet 1974) et le respect de la constitution au Congrès (*Chadha,* 23 juin 1983) et au président, à propos du droit de veto (*Clinton v. New York,* 25 juin 1998) elle s'est rangée résolument aux côtés des libertés et a participé activement à la déségrégation.

Le point de départ de cet *extraordinaire renouvellement constitutionnel* (155), est l'arrêt *Brown v. Board of Education of Topeka* de 1954, en matière de discrimination scolaire. Celui-ci condamne la fameuse et pernicieuse doctrine *séparés mais égaux* qui faisait la loi depuis l'arrêt *Plessy v. Ferguson* de 1896, et se traduisait par la séparation des noirs et des blancs dans les écoles, les transports publics, les restaurants, *etc.* La séparation, en elle-même, est désormais considérée, à juste titre, comme une atteinte à l'égalité, ou plus particulièrement, à la clause de *l'égale protection des lois,* proclamée en 1868, par le XIVe amendement, aux virtualités illimitées puisque, selon une heureuse formule, *seul le ciel en constitue la limite* (156).Par suite, les formes de discrimination *privée* (157) et, plus encore, *publique* ont été condamnées par la Cour.

A ce propos, celle-ci n'a pas hésité, de manière *prétorienne* à dénoncer les découpages électoraux *arbitraires (gerrymandering)* dans un arrêt *Baker v. Carr* de 1962. Au nom du principe *one man, one vote,* la Cour a imposé la proportionnalité à la Chambre des Représentants (*Wesberry v. Sanders,* 1964), mais, aussi et surtout, aux législatures des États (*Reynolds v. Sims,* 1964). A l'occasion d'une décision du 26 mai 1987 *(Majid Ghaidan Al Khazraji),* les juges ont étendu la protection, due à la minorité noire, en vertu des lois de 1866 et 1964, à d'autres groupes ethniques, en vue de prévenir la discrimination.

En d'autres domaines, la Cour Warren s'est attachée à conforter les droits individuels. En application du VIe amendement qui reconnaît *le droit d'être jugé promptement et publiquement,* l'arrêt *Miranda v. Arizona,* en 1966, ouvre à l'inculpé la possibilité d'être assisté par un avocat au cours de l'interrogatoire de police. De même, le droit à la régulation des naissances a été proclamé en 1965 *(Griswold v.*

(155) V. Ch. CADOUX : Le pouvoir judiciaire aux États-Unis depuis l'élection de Richard Nixon, *R.D.P.* 1978, p. 41 ; A. MATHIOT : La Cour suprême des États-Unis à la fin de l'administration Johnson, *R.F.S.P.* 1969, p. 270 ; La Cour suprême de Waren à Burger (1953-1983), *Pouvoirs* n° 29, p. 59 ; M.-F. TOINET : *La Cour suprême : les grands arrêts,* 1989.

(156) La Cour dans une décision du 15 juin 1982, a estimé, sur ce fondement, que la constitution garantissait les *mêmes droits* aux étrangers résidant illégalement aux États-Unis qu'aux immigrés légaux et aux citoyens américains.

(157) Dans un arrêt *Bakke,* du 29 juin 1978, la Cour a condamné la discrimination positive ou à rebours *(affirmative action)* dont un étudiant blanc était victime, s'agissant de son admission dans une université. De la même façon, elle a censuré la discrimination en matière immobilière *(Jones v. Mayer)* en 1968, précédant de quelques mois le législateur *(open housing Act).* V. G. CALVÈS, *L'« affirmative action » dans la jurisprudence de la Cour suprême des États-Unis,* 1998 ; P. BOURETZ : L'*affirmative action* ou les infortunes de l'égalité, *Pouvoirs* n° 59, 1991, p. 115 ; C. VROOM : Principe d'égalité et « affirmative action » aux États-Unis, *R.F.D.C.* 1995, p. 805.

Connecticut). Dans le même mouvement, elle a accepté le droit à l'avortement, malgré la contestation conservatrice (*Roe v. Wade,* 1973) et contrôlé l'adéquation entre la peine infligée (la peine capitale, en l'espèce), et les faits incriminés (*Furman v. Georgia,* 1972).

L'égalité des sexes, à défaut de la ratification de l'*E.R.A.*, est largement compensée par sa jurisprudence, en matière d'emploi (*Califano v. Goldfarb,* 2 mars 1977) ; de rénumération (*Corning Glass Works v. Brennan,* 3 juin 1974), ou de promotion (*Joyce v. Johnson,* 25 mars 1987). De même, au nom du principe de la séparation de l'État et des églises et de la liberté de conscience (1er amendement), la Cour est demeurée fidèle à sa décision de principe de 1947 *(Everson v. Board of Education of Ewing)* en s'opposant, le 4 juin 1985, à l'organisation de prières dans les écoles publiques, soutenue par l'administration Reagan.

A l'égard des homosexuels, la jurisprudence est là moins assurée ; s'ils peuvent revendiquer la liberté de parole (1er amendement) en organisant une marche (décision du 9 mars 1987), ils ne peuvent se réclamer d'un droit fondamental pour pratiquer la sodomie ou la fellation (30 juin 1986).

S'agissant de la liberté d'aller et venir, l'arrêt *Delaware v. Prouse* du 27 mars 1979, a condamné une arrestation consécutive à un contrôle d'identité. Quant à la liberté de la presse qui avait été mise en cause à propos de l'engagement vietnamien *(Pentagon Papers),* elle a été solennellement réaffirmée, le 30 juin 1971 *(New York Times v. US and US v. Washington Post).* Par ailleurs, la liberté de communication autorise l'enregistrement au moyen d'un magnétoscope d'émissions télévisées, ont estimé *les Justices,* le 17 janvier 1984.

Mais le reflux s'annonce depuis peu : la révolution des droits civiques est en butte à une orientation réductrice.

4° La Cour réductrice de William Rehnquist depuis 1986

La présence d'une majorité conservatrice depuis le reaganisme, est à l'origine d'une politique jurisprudentielle qui, sans attaquer de front les droits et libertés acquis s'emploient à en limiter la portée, en se livrant à un strict examen. En dehors de décisions qui s'inspirent du libéralisme (la liberté d'expression s'étend au réseau *Internet* par la censure de la loi sur la décence, 26 juin 1997, *Reno v. ACLU,* et permet la profanation du drapeau national, 21 juin 1989, *Texas v. Lee Johnson ;* le principe de séparation des pouvoirs autorise le système des procureurs indépendants, 29 juin 1988 ; celui de l'égalité interdit des discriminations à l'égard de la communauté homosexuelle, 20 mai 1996) (158), la Cour adopte une attitude restrictive dans les matières sensibles.

Ainsi, elle s'est prononcée, le 26 juin 1989, en faveur du maintien de la peine capitale pour les mineurs au moment du crime *(Missouri v. Wilkins)* ou les handicapés mentaux *(Texas v. Penry)* parallèlement à la réduction des possibilités d'appel pour les condamnés à la peine capitale (16 avril 1991). De même, elle s'oppose, le 26 juin 1997, au suicide médicalement assisté ou le droit à la mort, en l'absence d'un fondement constitutionnel sur recours des États de New York et de Washington. En outre, elle a estimé conforme, le 3 juillet 1989, une loi du Missouri interdidant toute contribution publique aux interruptions volontaires de grossesse. Le 23 mai 1991, le Cour a interdit aux centres fédéraux de planning familial, toute discussion sur l'avortement avec des femmes enceintes. Fidèle à sa démarche, elle devait réaffirmer, le 29 juin 1992 ce droit *(Planned Parenthood v. Casey)* tout

(158) Après le scandale du *Watergate,* une loi de 1978 sur l'éthique gouvernementale permet à un tribunal de nommer, au lieu et place du ministre de la justice, un procureur indépendant en vue d'enquêter sur des sujets sensibles. Les excès de Kenneth Starr à propos de l'affaire Monica Lewinsky a sonné le glas de l'institution.

en le restreignant. La Cour suprême se trouve désormais au centre de la crise éthique de la société américaine : *le Vietnam des années 90* (159).

Par une décision légalisant le rapt judiciaire, qualifiée de *monstrueuse,* par les juges de la minorité, la Cour n'a pas hésité le 15 juin 1992 à bafouer le droit international en reconnaissant que le Gouvernement américain avait le droit d'enlever à l'étranger, une personne accusée de crime aux États-Unis *(U.S. v. Humberto Alvarez-Machain),* tandis que le 21 juin 1993, elle justifiait l'expulsion d'étrangers entrés illégalement sur le territoire national *(Sale v. Haitian centers council).* De manière topique, l'*affirmative action* recule : dès le 23 janvier 1989 *(City of Richmond),* la discrimination contre les blancs était mise en cause. Le traitement préférentiel en faveur des minorités ethniques (construction et programmes scolaires) devait être censuré le 12 juin 1995, en écho à la dénonciation par les républicains des *quotas* ou de la *préférence raciale.* Au-delà, la Cour n'a pas hésité à opérer un *revirement* de jurisprudence, en restreignant la compétence du Congrès, en matière de commerce entre les États, s'agissant du port d'armes autour des établissements scolaires (26 avril 1995, *U.S. v. Lopez)* ou du contrôle de leur vente (27 juin 1997, *U.S. v. Print)*). En intervenant dans le débat sur le fédéralisme, la Cour entend protéger les droits des États et aborde, ainsi, une nouvelle étape de sa vie (160).

Cette montée du conservantisme allié à la durée des juges pourrait menacer à terme le jeu démocratique, si l'on n'y prend pas garde. Pour l'heure, la Cour demeure encore perçue comme *la vivante incarnation de la constitution.*

SECTION IV **L'ESPRIT DES INSTITUTIONS POLITIQUES AMÉRICAINES**

Au terme de cette analyse, une question se pose : qui gouverne effectivement les États-Unis ? Pourquoi le régime encourt-il la critique d'être fallacieux et dangereux, à la manière d'un anti-modèle ?

En dehors du peuple, à l'évidence, trois réponses peuvent être avancées : *Le gouvernement congressionnel, le gouvernement des juges et le gouvernement présidentiel.* Quelle est l'expression qui correspond le mieux à la réalité ? Si l'une ou l'autre de ces trois qualifications a pu, selon les époques, traduire la réalité politique, la déstabilisation des institutions, consécutive au *Watergate,* conduit à penser que c'est dans la direction du gouvernement *mixte*, c'est-à-dire modéré, qu'il faut s'orienter.

§ 1 LE GOUVERNEMENT CONGRESSIONNEL

Cette opinion a été soutenue, au siècle dernier, en 1884, dans un livre fameux, portant ce titre, par un professeur de droit de l'Université de Princeton qui, en 1912, sera élu président des États-Unis : Woodrow Wilson. L'auteur y développe la thèse selon laquelle le système des freins

(159) V. R. PINTO : La mort devant la Cour suprême - Peine capitale et avortement, *Pouvoirs* n° 59, 1991, p. 101 ; F. MODERNE : La Cour suprême des États-Unis et l'interruption volontaire de grossesse, *R.F.D.C.* 1992, p. 583 ; D. CUSTOS : La Cour suprême américaine et la liberté d'avortement *R.D.P.* 1995, p. 1119.

(160) V. P.-H. PRÉLOT et M. ROGOFF : Le fédéralisme devant la Cour suprême des États-Unis, *R.D.P.* 1996, p. 759.

et contrepoids établi par la constitution de 1787, ne fonctionne plus et que le Congrès est devenu le pouvoir prédominant. Plus exactement, l'autorité politique a été accaparée par les comités de la Chambre des Représentants et, plus précisément encore, par les présidents placés à la tête de ceux-ci. En bonne logique, Wilson donne du régime américain la définition suivante : un *gouvernement par les comités permanents du Congrès.*Ce dernier, disait-il *dispose de tous les pouvoirs, mais, en fait, c'est un infirme parce qu'il n'a pas un cabinet à lui pour exécuter avec docilité ses décisions.* Que faut-il penser d'une pareille analyse du système américain ?

Au XIXe siècle, après l'époque des Pères fondateurs, la magistrature suprême ne brille pas d'un éclat incomparable, c'est le moins que l'on puisse affirmer, sauf pendant les mandats d'Andrew Jackson (1829-1837) et d'Abraham Lincoln (1861-1865) (161). Les partis politiques, qui ont *un faible pour l'heureuse médiocrité,* selon une formule, recherchant des bustes ou de glorieuses épées. *Pourquoi les grands hommes,* s'interroge Lord Bryce, en 1900, ne sont-ils pas *choisis présidents ?* Sous ce rapport, il n'est guère surprenant que ceux-ci, appelés *dark horses,* abdiquent en fait devant un Congrès, qui, à plusieurs reprises, sera tenté de détourner à son profit de procédure de l'*impeachment,* en mettant en jeu leur responsabilité *politique.* Il faut attendre l'accession à la Maison Blanche de Theodore Roosevelt, *(le maudit cow-boy)* en 1901, pour que la fonction présidentielle recouvre un certain prestige.

A l'époque où Wilson écrivait, les États-Unis n'avaient pas encore eu l'occasion de prendre des responsabilités mondiales et, par conséquent, l'importance des fonctions du président n'était pas apparue avec la clarté qu'elle a reçue du fait de la guerre de 1914-1918.

§ 2 LE GOUVERNEMENT DES JUGES

Il n'est pas douteux que les corps judiciaires, dans leur ensemble, mais surtout la Cour suprême, constituent un authentique pouvoir qui ne peut être qualifié de gouvernemental, car il ne représente qu'une *faculté d'empêcher.* Il contribue à équilibrer le moteur principal, ou à rétablir, comme en 1974, *l'équilibre* du régime constitutionnel.

§ 3 LE GOUVERNEMENT PRÉSIDENTIEL

C'est là sans aucun doute, l'essentiel de la réalité politique qui, de Roosevelt à Nixon, sous la pression conjuguée de la crise économique de 1929 et, plus encore, de la crise internationale permanente, née du second conflit mondial, devait générer une *présidence impériale* (A. Schlesinger). En outre, le capital de confiance dont jouit normalement le *Chief Executive* accentue la tendance à la personnalisation du pouvoir ; au *leadership* de la Maison Blanche, en un mot.

Le coup d'arrêt donné à cette *excroissance,* en 1974, a été salutaire autant qu'exemplaire. On devait assister, par la suite, avec les présidents Ford et Carter au retour à une vision plus compatible avec celle des Pères fondateurs : la théorie des *checks and balances* qui, à défaut de conciliation, peut déboucher le cas échéant, sur la

(161) Rappelons, à ce propos, pour mémoire, que l'expression malencontreuse de *régime présidentiel,* a été inventée par Walter Bagehot, au vu, de l'expérience d'Abraham Lincoln au cours de la guerre de Sécession. V. E. ZOLLER, Splendeurs et misères du constitutionnalisme. Les enseignements de l'expérience américaine, *R.D.P.* 1994, p. 157.

neutralisation réciproque des pouvoirs (162). La remontée récente du Congrès est à l'origine d'un nouvel équilibre avec une présidence abaissée et surveillée.

Sous Ronald Reagan, ce nouvel et fragile équilibre a été rompu : symbole du retour de l'Amérique, après avoir été plébiscité en 1984, il a été précipité dans la commisération par l'*Irangate*, à partir de 1987 (163). Par-delà sa popularité personnelle, sa capacité institutionnelle à diriger les États-Unis a été mise à mal. Son successeur, George Bush a adopté une attitude de conciliation avec le Congrès, demeuré la place forte des démocrates et bénéficié d'une réelle popularité avec la fin de la guerre froide et le succès du conflit du Golfe, en 1991. Mais, pour avoir négligé la crise économique et la montée de la pauvreté, il sera sanctionné, l'année suivante, par le suffrage universel, tant il est vrai que l'*on ne gouverne pas les États-Unis par la politique étrangère* (M.-F. Toinet). En ce qui concerne Bill Clinton, les excès du Congrès républicain et la reprise économique seront ses meilleurs alliés au point d'être réélu aisément en 1996 et d'éviter la déroute des démocrates aux élections législatives de 1998. Acquitté à l'issue du procès en destitution, en 1999, il n'en laisse pas moins une fonction dévalorisée, *sous surveillance* (J.-P. Lassale). La banalisation de *l'impeachment* pourrait être demain à l'origine d'une mise en cause politique du président par le Congrès, à l'opposé de la logique de la séparation des pouvoirs.

Somme toute, l'autorité du *Chief Executive,* pour réelle qu'elle soit à l'extérieur, à l'image de la seule super-puissance, ne saurait faire illusion, à l'intérieur : il n'existe pas aux États-Unis, d'autorité qui ne soit équilibrée par la liberté ; de pouvoir isolé qui ne soit limité par l'autre.

Il résulte de ce qui précède que, dans le cadre de l'État de droit, incarné par la Cour suprême, *le couple d'associés-rivaux* formé par le président et le Congrès dirige les destinées des États-Unis. A Washington, c'est donc à la *collégialité* du pouvoir que l'on s'abandonne et non point à l'unicité du commandement comme en France. A y réfléchir, n'est-ce pas ce gouvernement équilibré que Montesquieu aurait salué comme un *chef d'œuvre de législation,* à la condition d'y intégrer le *mystère ?*

Bibliographie

B. ACKERMAN : *Au nom du peuple. Les fondements de la démocratie américaine*, 1998 ; A. AUER : *Le référendum et l'initiative populaires aux États-Unis,* 1989 et *The supreme law of the land. Éléments du droit constitutionnel des États-Unis,* 1990 ; J. BECQUART-LECLERCQ : *La démocratie locale à l'américaine,* 1988 ; B. BROWN : *L'État et la politique aux États-Unis,* trad., 1994 ; N.Y. ; R. DENENBERG : *Introduction au système politique des États-Unis,* 1979 ; R. DWORKIN, *L'Empire du droit,* trad., 1994 ; P. GÉRARD, *Le président des États-Unis,* 1991 ; B. GILSON : *La découverte du régime présidentiel,* 1968 ; A. HAMILTON, J. JAY et G. MADISON : *Le Fédéraliste,* nouv. édit., 1957 ; P. JULLIARD : *La politique d'auto-limitation de la Cour suprême aux États-Unis,* 1966 ; A. KASPI : *Les États-Unis d'aujourd'hui,* 1999 ; E. LAMBERT : *Le gouvernement des juges,* 1921 ; J.-P. LASSALE : *La démocratie américaine,* 1991 et La puissance et la fragilité : chronique d'une destitution annoncée, *R.D.P.* 1999, p. 535 ; Chr. LERAT : *La Cour suprême des États-Unis* , 1987 ; A. MATHIOT ; *l'évolution récente du système politique américain. Les relations entre le président et le Congrès des États-Unis depuis la présidence de Lyndon B. Johnson,* Ass. franç. de Science politique, 1976 ; R. E. NEUSTADT : *Les pouvoirs de la Maison Blanche,* 1980 ; F. OGG et P. RAY : *Le Gouvernement des États-*

(162) Dans ces *Cahiers,* Montesquieu écrit : *Pour faire un gouvernement modéré, il faut combiner les puissances, les tempérer, les faire agir et les régler ; donner pour ainsi dire un lest à l'une, pour la mettre en état de résister à l'autre.* N'est-ce pas par anticipation ce que les constituants de Philadelphie ont tenté de réaliser ? Par une curieuse coïncidence, les bicentenaires de l'indépendance et de la constitution, en 1976 et 1987, devaient constituer une épreuve d'humilité pour la présidence de Gerald Ford et de Ronald Reagan.

(163) V. J. BEAUTÉ : *La présidence Reagan (second mandat 1985-1989),* 1991, p. 87.

Unis d'Amérique, 1958 ; Ed. ORBAN : *Le système politique des États-Unis,* Montréal, 1987 ; R. ROSE : *The Postmodern President. The White House Meets the World,* N.J., 1988 ; A. SCHLESINGER : *La présidence impériale,* 1976 ; Th. SORENSEN : *Decision Making in the White House,* N.Y., 1964 ; M.-F. TOINET : *Le système politique des États-Unis,* 1987. *La Cour suprême : les grands arrêts,* 1989 et *La présidence américaine,* 1991, A. et S. TUNC : *Le système constitutionnel des États-Unis d'Amérique,* 1954 ; P. VIALLE : *La Cour suprême et la représentation politique aux États-Unis,* 1972 ; W. WILSON : *Le gouvernement congressionnel,* 1900 ; E. ZOLLER : Le pouvoir discrétionnaire de juger de la Cour suprême, *Pouvoirs,* n° 84, 1998, p. 163 et Présentation de la Cour suprême des États-Unis, *C.C.C.* n° 5, 1998, p. 34.

V. aussi, les États-Unis, *Pouvoirs,* n° 29, 1984 et La Cour suprême, n° 59, 1991 ; les *chr.* de l'A.I.J.C. ; J.-J. LAVENUE : *Dictionnaire de la vie politique et du droit constitutionnel américains,* 1995.

Pour vivre avec son temps.

Serveurs :	Chambre des Représentants	*http*	*//*	*www.House.Gov.*
	Sénat	*http*	*//*	*www.Senate.Gov.*

CHAPITRE III

LES ÉLÉMENTS D'UN DROIT CONSTITUTIONNEL EUROPÉEN

Par son action éducatrice, l'Europe occidentale a bien mérité du droit constitutionnel. En dehors de ses pays fondateurs (Grande-Bretagne et France), ce dernier y a connu une application qui, pour être diversifiée, n'en est pas moins aisément réductible à l'unité d'inspiration. C'est ce dont on doit s'attacher, en examinant successivement les cas spécifiques de la Suisse et de l'Allemagne, ce pays *inconnu* (Joseph Rovan), avant de procéder à l'inventaire du *patrimoine commun*, selon la belle formule empruntée à la Convention européenne des droits de l'homme de 1950.

SECTION I LES INSTITUTIONS POLITIQUES DE LA SUISSE

Malgré ses dimensions modestes, la Confédération helvétique, qui a commémoré, en 1991, son septième centenaire, constitue un *type isolé* de démocratie occidentale particulièrement digne d'intérêt, pour cette raison que s'y trouvent réunies, de façon originale, trois catégories d'institutions : un système fédéral ; l'emploi courant des procédures de démocratie semi-directe, voire directe, enfin un exécutif collégial fonctionnant théoriquement sous la dépendance d'un parlement, à l'origine d'un *régime d'assemblée*, appelé ici régime *directorial* (constitution du 29 mai 1874, remplacée par celle du 18 avril 1999).

On retiendra ici ces trois aspects caractéristiques (le fédéralisme, la démocratie semi-directe et le régime directorial) reliés entre eux par la neutralité, vertu cardinale helvétique.

§ 1 LE FÉDÉRALISME SUISSE

A l'image de sa diversité linguistique et religieuse, l'histoire de la nation suisse a débouché, en bonne logique, sur une structure fédérale.

A. LES ÉTAPES DE LA FORMATION DU FÉDÉRALISME

Pour bien comprendre l'organisation actuelle, il convient d'en retracer, à larges traits, les origines et l'évolution (1).

La Suisse se présente, comme un carrefour de nations, de religions, de langues. La géographie a, cependant, conduit ces populations différentes à tant de points de vue, à vivre côte à côte dans les vallées alpestres qui sont leur habitat. Toutefois, les frontières linguistiques ou religieuses ne coïncident pas avec les frontières géographiques, et cet accident heureux a permis l'institution de liens fédéraux au lieu de l'organisation de petits États, complètement indépendant les uns des autres.

Malgré tout, cet ensemble de conditions favorables n'a abouti au *fédéralisme* qu'en 1848, en passant par la phase des alliances et celle de la *confédération.*

1° La phase des alliances

A l'origine, c'est-à-dire dès le Moyen-Age, on constate l'existence d'alliances conclues entre elles par des communautés qu'on appelle, très vite, *cantons.* Celles-ci avaient été englobées, lors de sa formation, dans le Saint Empire romain germanique. Pour s'en libérer, les cantons conclurent entre eux des alliances, afin de bien marquer l'originalité de leur groupement au sein du Saint Empire. L'origine de la Confédération helvétique est généralement considérée comme apparaissant avec l'alliance d'Uri, en 1291, renouvelée à Bonden, en 1315.

2° La phase de la confédération

De la fin du Moyen-Age à la Révolution française, le système des alliances cède la place à un système confédéral, avec une *diète,* dans laquelle les décisions devaient être prises à l'unanimité. C'est là un système fragile, qui a souvent échoué dans d'autres pays, mais qui, ici, a longtemps réussi en raison de l'existence de liens d'intérêts, sociaux ou religieux, rapprochant des catégories d'individus réparties dans des cantons différents.

La Suisse est envahie en 1798 par les armées du Directoire. Un système unitaire, à l'imitation de la République française lui est imposé. Cependant, par l'*acte de médiation*, Napoléon rétablit en partie le système confédéral, en 1803, dans le même temps, où il s'en proclame le protecteur. En 1815, le passé devait ressusciter, tout du moins, provisoirement.

3° La phase de la fédération

Au XIXe siècle, deux tendances s'affrontent : centralisation ou autonomie des cantons ; les expériences qui se sont succédées, entre 1798 et 1815, ayant fait apercevoir à beaucoup l'intérêt d'un système plus cohérent. Cette lutte de tendances, longtemps pacifique, aboutira à un conflit sanglant, en 1846, anticipant sur la guerre de Sécession aux États-Unis. Les cantons hostiles au resserrement de l'Union prennent l'initiative et forment une ligue, le *Sonderbund,* qui est vaincue. Cette victoire des fédéralistes ouvre la voie à un système plus moderne, consacré par la constitution du 12 septembre 1848. Ce système demeure, dans la rédaction successive des constitutions du 29 mai 1874 et du 18 avril 1999. Il met en place une *fédération,* en dépit du maintien de la dénomination officielle de Confédération helvétique.

Au surplus, il convient de noter, d'une part, le développement progressif de la procédure du référendum législatif, en 1874, du droit d'initiative constitutionnelle, en 1891, du référendum en matière de traités internationaux, en 1920, et d'autre part, après une longue résistance des autorités de Berne, la création par référendum, le 24 septembre 1978, du vingt-troisième canton du Jura

(1) V. Ch. GILLIARD : *Histoire de la Suisse*, 9e éd., 1987 ; B. KNAPP : Étapes du fédéralisme suisse *in* R. E. GERMANN et E. WEIBEL : *Manuel. Système politique de la Suisse*, t. III, Berne, 1986, p. 31 ; J.-F. AUBERT : La formation du régime politique suisse, *Pouvoirs* n° 43, 1987, p. 5.

francophone. L'événement a été salué comme la preuve de la *vitalité* du fédéralisme à surmonter les difficultés (2).

B. L'ORGANISATION ACTUELLE DU FÉDÉRALISME

La Suisse reproduit, pour l'essentiel, le schéma classique.

1° La participation des cantons à la vie fédérale

Le *Conseil des États,* composé de 46 membres, représente ceux-ci, à raison de deux députés et un député par demi-canton, quel que soit le chiffre de la population cantonale (art. 150 de la constitution de 1999). Les députés de Zurich (un million d'habitants) sont à égaux à ceux d'Uri (3600 habitants). Des vestiges de l'ancienne organisation confédérale se manifestent, en ce sens que les députés perçoivent leur indemnité de leur canton.

Les cantons peuvent conclure des traités avec l'étranger dans les matières relevant de leur compétence. La Confédération est informée (art. 56 de la constitution (3).

Ils bénéficient aussi d'une certaine autonomie constitutionnelle. Chaque canton est doté d'une constitution, mais le statut fédéral impose certaines règles : celle-ci doit être démocratique ; elle doit, après son établissement, être approuvée par le peuple du canton ; elle doit prévoir une possibilité de révision à la demande de la majorité des citoyens (art. 51 de la constitution). En contrepartie, la Confédération protège leur existence, leur statut ainsi que leur territoire (art. 53).

2° La tendance à la centralisation

Cette marche à la centralisation, selon la loi du genre observée, a eu lieu, ici comme ailleurs, sous l'influence des deux guerres mondiales, dont la Suisse a subi le contrecoup. Les organes fédéraux ont reçu de très larges pouvoirs de 1914 à 1921 et de 1939 à 1945, qui ont entraîné des extensions de compétence de l'État fédéral, surtout dans les domaines économique et social. Ces dernières ont été consolidées, en 1947, par une révision de la constitution.

Le seul point où des résistances se sont longtemps manifestées à la politique de centralisation concernait le système fiscal de la fédération. Son budget ne dispose de ressources directes que depuis 1981. La création de la TVA a été décidée, par référendum en 1993, dans la perspective d'une harmonisation avec l'Union européenne (art. 128 à 135 de la constitution de 1999).

(2) V. J. ROHR : *La démocratie en Suisse*, 1987 ; B. KNAPP, Confédérations et cantons, *Pouvoirs* n° 43 ; A. AUER : La belle et la bête : les deux constitutions de la Suisse, *Mél. J.-F. Aubert,* Bâle, 1996, p. 3.

(3) Y. LEJEUNE : *Le statut international des collectivités fédéres à la lumière de l'expérience suisse,* 1974.

§ 2 LES INSTITUTIONS DE DÉMOCRATIE SEMI-DIRECTE

La Suisse se présente comme la terre d'élection de la démocratie semi-directe. On y trouve même des survivances de démocratie directe, au sens descriptif de l'expression. A la vérité, Jean-Jacques Rousseau n'était-il pas *citoyen de Genève ?* (4)

A. LA DÉMOCRATIE DIRECTE

Dans trois cantons, Unterwald, Glaris et Appenzell dits *primitifs* (en raison de leur ancienneté), fonctionnent encore des *Landsgemeinden*. Mais elles sont menacées de dépérissement à terme, en raison du caractère non secret du vote. L'assemblée du Nidwald (demi-canton d'Unterwald) a été supprimée par les électeurs, le 1er décembre 1996. Il s'agit, à titre essentiel, pour les citoyens d'entériner les projets préparés par un conseil cantonal élu et le *Landamman* (chef du Gouvernement) (5).

B. LA DÉMOCRATIE SEMI-DIRECTE

A part cette exception de démocratie directe, des institutions de démocratie semi-directe sont largement établies à l'échelon fédéral, ainsi qu'à celui des cantons, mais avec une volonté récente d'*encadrement*, destinée à éviter tout débordement. Au demeurant, la participation des citoyens est relativement modeste (40 % *grosso modo*).

1° L'échelon fédéral

Le référendum est *obligatoire,* pour le peuple *et* les cantons en matière de révision de la constitution et d'adhésion à des organisations de sécurité collectives (O.N.U.) ou à des communautés supranationales (U.E.). Une double majorité est requise. Les initiatives populaires tendant à la révision totale de la constitution sont soumises au seul vote du peuple (art. 140 de la constitution). En revanche, le référendum est *facultatif,* à la demande de 50 000 citoyens ou de huit cantons, s'agissant des lois fédérales, d'arrêtés fédéraux et de certains traités (art. 141).

L'*initiative populaire* existe, par ailleurs, en matière de révision totale de la constitution. Elle doit émaner de 100 000 citoyens. Cette proposition est soumise au vote du peuple (art. 138). L'initiative peut aussi viser une révision partielle de la constitution (art. 139) (6).

2° L'échelon cantonal

Les solutions sont analogues *en matière constitutionnelle*. On trouve dans tous les cantons, une possibilité d'initiative populaire et l'obligation du référendum.

(4) V. E. Grisel : *Initiative et référendum populaires. Traité de la démocratie semi-directe en droit suisse*, Lausanne, 1987 ; J. D. Delley : *La démocratie directe*, Pouvoirs n° 43, p. 101 ; J. F. Aubert, Leçons suisses, *ibid.* n° 77, 1995, p. 123.

(5) Cependant, les femmes ne participent à la *Landsgemeinde* d'Appenzell (Rhodes-extérieures) que depuis 1989 et celles de l'autre demi-canton (Rhodes-intérieures), au lendemain de la décision prise par le Tribunal fédéral, le 27 novembre 1990. V. P.-M. Gaudemet : Les Landsgemeinden : survivance de la démocratie directe, *Pouvoirs* n° 51, 1990, p. 127 ; M. Guillaume-Hofnung : *Le référendum*, 1987, p. 67 ; A. Auer : Le référendum populaire en Suisse et aux États-Unis, *R.F.D.C.* 1991, p. 378 ; Ch.-A. Morand, Suffrage féminin en Appenzell, *ibid.*, p. 556.

(6) V. F. Dunand : *Le modèle suisse*, 1991 ; J.-F. Flauss : La constitution suisse face à l'espace économique européen, *R.D.P.* 1993, p. 1501.

Pour les lois ordinaires, l'institution de l'initiative populaire est générale. Le référendum est, lui aussi, largement prévu ; dans de nombreux cantons, il est obligatoire ; dans d'autres simplement facultatif. Mais, le budget cantonal est toujours soustrait au référendum.

Il existe, enfin, dans certains cantons, un droit de révocation populaire, analogue au *recall* américain. Les parlements cantonaux peuvent être dissous à la suite d'un scrutin provoqué par un nombre minimal de citoyens à Berne, Lucerne, Bâle-campagne, *etc.* Les gouvernements cantonaux peuvent également être destitués par le peuple, par un vote intervenant à la demande d'un certain nombre de citoyens dans quatre cantons, mais ces droits ne sont guère exercés *(abberufungsrecht).*

On pourrait être tenté, *a priori,* d'accorder un préjugé favorable à l'intervention des citoyens dans la législation. Or, c'est plutôt l'inverse qui se produit. En règle générale, ces consultations marquées par une forte abstention, de l'ordre de 50 %, encouragent les tendances conservatrices.

Au plan fédéral, la constitution a été révisée : droit de vote des femmes (1971) ; abaissement de la majorité électorale (1991) ; égalité des sexes (1985) et refondue (1999). En revanche, l'assouplissement de la naturalisation des étrangers devait être repoussé en 1994. En matière législative, la levée du secret bancaire est repoussée, à l'évidence, en 1984 ; le droit à l'avortement l'année suivante et la protection génétique, qui visait à interdire les biotechnologies en 1998. Des initiatives en faveur des étrangers subissent ce sort, en 1995, en matière d'acquisitions immobilières. La restriction du droit d'asile est adoptée en juin 1999.

Les citoyens redoutent les changements, à l'inverse de leurs dirigeants et des groupes économiques. On parle d'une *démocratie en panne* ou en mal d'identité. A preuve, la valse-hésitation (ou *le complexe du hérisson*) à l'égard de l'Union européenne. Après que successivement, le Conseil fédéral eut présenté une demande d'adhésion, en mai 1992 et l'Assemblée fédérale approuvé le traité sur l'E.E.E. (Espace économique européen), qui en constitue l'étape préliminaire, le 6 décembre suivant, par référendum, 50,3 % des électeurs et 16 cantons sur 23 le repoussèrent.

La démocratie directe apparaît, de la sorte, un obstacle difficilement franchissable. On en vient à ce paradoxe, que la Suisse qui a rejeté massivement, en 1986, son entrée à l'O.N.U., accueille le plus grand nombre de ses organisations spécialisées, dont l'O.I.T. Nonobstant son statut de neutralité, la Confédération s'est associée, aux sanctions décidées par l'O.N.U. à l'encontre de l'Irak en 1990 et de la Serbie, en 1992, tout en repoussant la mise à la disposition de l'O.N.U. d'un contingent de casques bleus en vue d'opérations de maintien de la paix (7).

§ 3 LE RÉGIME DIRECTORIAL

Le système suisse est calqué sur celui de la constitution française de l'an III qui est à l'origine du *Directoire (V. IIIe partie). Au surplus, toute ressemblance serait déplacée.*

A la tête de la fédération, sont placés, sous le contrôle du peuple et des cantons, deux organes : l'Assemblée fédérale, parlement bicaméral comme la tradition le veut, et le Conseil fédéral, organe exécutif collégial.

On aura garde d'oublier l'existence du Tribunal fédéral, autorité judiciaire suprême (art. 188 de la constitution), dont les 30 juges sont élus par l'Assemblée fédérale, qui connaît des réclamations pour violation des droits fondamentaux, des conflits de

(7) Carla Del Ponte, procureur de la Confédération, est devenue, en août 1999, procureur près le tribunal pénal international de la Haye, créé par l'O.N.U. Elle aura en charge d'instruire le dossier de Slobodan Milosevic, premier chef d'Etat inculpé de crimes contre l'humanité au Kosovo.

compétence et statue sur la constitutionnalité des seules lois *cantonales*. Il s'agit d'une cour suprême, au sens technique du terme. La découverte, en 1990, par une commission parlementaire du fichage des personnes par la police, sans base légale, a suscité une profonde émotion.

A. L'ASSEMBLÉE FÉDÉRALE

Sous réserve des droits du peuple et des cantons, elle est *l'autorité suprême* de la Confédération. Elle se compose de deux chambres : le *Conseil national* et le *Conseil des États* (art. 148 de la constitution) qui siègent à Berne.

1° La composition

Le Conseil national, qui représente le peuple helvétique, est composé de 200 députés, élus par les citoyens (8) dans le cadre du canton, à la représentation proportionnelle, pour un mandat de quatre ans. Les sièges sont répartis entre les cantons au *prorata* de leur population. Le Conseil national se renouvelle en bloc (art. 149 de la constitution de 1999). *Le Conseil des États* comprend 46 députés des cantons. Le mode de scrutin ressortit à la compétence de ceux-ci (représentation proportionnelle dans le Jura, scrutin majoritaire avec des variantes, ailleurs) (art. 150) *(supra)*. D'une manière générale, les partis ont une existence cantonale.

2° Les attributions

Les Conseils siègent, habituellement, pendant quatre courtes sessions par an. Leurs pouvoirs sont égaux et concernent la législation fédérale et la législation d'urgence (art. 164 et 165 de la constitution). Ils prennent normalement leurs décisions séparément. Cependant, ils délibèrent en commun pour l'accomplissement de certaines fonctions électives (9) et en vue d'apporter une solution à un conflit de compétences entre les autorités. Le bicamérisme *parfait* trouve ici une illustration.

Concernant le processus de formation des lois, la Suisse pratique ce qui est appelé le *corporatisme,* c'est-à-dire l'intégration des groupes d'intérêt à la procédure. Le Parlement se borne à entériner les choix de ces derniers, en y apportant des modifications mineures, le cas échéant. Cependant, une prise de conscience récente, en faveur d'une *rationalisation* du processus se manifeste par la présence de juristes auprès des conseils (10). A ce titre, l'Assemblée fédérale veille à l'efficacité des mesures prises par la Confédération en vue d'une évaluation (art. 170 de la constitution).

Un parlementaire, un groupe ou une commission charge le Conseil fédéral de l'examen d'un texte ou l'invite à prendre une mesure (système dit du *postulat*). Le Conseil est tenu alors de présenter un rapport. De la même façon, les parlementaires peuvent interpeller ce dernier. Deux fois par session, au Conseil national, les questions d'actualité sont examinées.

Il y a lieu par ailleurs, de mentionner que les deux conseils élisent pour 4 ans des commissions permanentes (par exemple, la conférence des présidents de groupe du Conseil national et du bureau

(8) L'égalité des sexes a triomphé tardivement, en matière électorale, en 1971, au plan fédéral, et en 1990, au plan fédéré, avec l'élimination de l'ultime réduit misogyne, lorsque le Tribunal fédéral a fait prévaloir, le 27 novembre 1990, l'égalité entre les sexes (art. 8 de la constitution) sur l'autonomie des cantons en matière civique (art. 74) au profit des femmes du demi-canton d'Appenzell-Rhodes intérieures. V. J.-F. FLAUSS : Le suffrage féminin en Appenzell, *PA*, 25 décembre 1989.

(9) Il en va ainsi de l'élection des membres du Conseil fédéral, du président et du chancelier de la Confédération, de la désignation des membres du Tribunal fédéral de Lausanne, et du général en chef (art. 168 de la constitution).

(10) V. Ch.-A. MORAND : La formation et la mise en œuvre du droit, *Pouvoirs* n° 43, p. 72.

du Conseil des États établit le programme de travail et de la session). Ils leur est loisible, au surplus, de créer des commissions spéciales, et des commissions d'enquête.

B. LE CONSEIL FÉDÉRAL

Il s'agit de *l'autorité directoriale* (ou collégiale) *et exécutive suprême de la Confédération* (art. 174 de la constitution) (11).

1° La composition

Le pouvoir exécutif est aux mains d'un Conseil fédéral de sept membres (la *formule magique*, selon une expression suisse) élus à la majorité absolue par l'Assemblée fédérale, après chaque renouvellement intégral du Conseil national, soit tous les quatre ans (art. 175). De ce point de vue, la Suisse préfère la *concordance* à l'alternance.

Aucun canton ne peut avoir plus d'un membre au Conseil fédéral (art. 175 *in fine*). L'un de ses membres assure, pour un an, la présidence de la Confédération (art. 176). Un vice-président est désigné dans les mêmes conditions. Le président fait fonction de chef de l'Etat, mais il ne dispose que de pouvoirs honorifiques. Pour la première fois, en décembre 1998, une femme (Ruth Dreifuss) a été élue à ce poste. Le président ne dispose pas d'une autorité particulière sur ses collègues. Il n'est que le *primus inter pares*.

2° Les prérogatives

Le Conseil fédéral exerce *collégialement* l'autorité gouvernementale (art. 177 de la constitution). Il ne peut siéger que si quatre de ses membres au moins sont en séance. Une répartition des fonctions existe entre les membres du Conseil : chacun est placé à la tête d'un département ministériel (12) et sur un strict pied d'égalité.

Une *chancellerie fédérale* est à la disposition du Conseil fédéral. Elle constitue son *état-major* (art. 179). Elle assiste, par surcroît, le président de la confédération. Elle assure les relations avec le Parlement.

(11) Le Conseil est un Gouvernement de coalition, mieux un système de *partis associés* (G. Burdeau). Toute formation acceptant l'ordre constitutionnel, a non seulement vocation, mais le *droit* de participer aux responsabilités exécutives, au plan fédéral et cantonal. Depuis 1960, la *formule magique* associe les quatre principaux partis aux responsabilités (socialiste, démocrate-chrétien, radical et démocrate du centre). En octobre 1984, une femme (Elisabeth Kopp) a été élue pour la première fois au poste de la justice et de la police. A l'heure actuelle, le Conseil comprend deux femmes : Ruth Dreifuss (diplomatie) et Ruth Metzler (justice), désignées respectivement en 1993 et 1999. V. Th. FLEINER-GERSTER : Le Conseil fédéral : Directoire de la Confédération, *Pouvoirs,* n° 43, 1987, p. 49 ; D.-L. SEILER, Enjeux et partis politiques en Suisse, *ibid* p. 115.

(12) Les sept départements se répartissent comme suit : Justice et police ; intérieur ; affaires étrangères ; finances ; économie publique ; département militaire et transports, communications et énergie. Par référendum, les électeurs ont repoussé, le 9 juin 1996, une réforme tendant à créer des postes de secrétaires d'État en vue de seconder leur titulaire.

C. LES RELATIONS ENTRE LES POUVOIRS

Les relations entre les pouvoirs publics fédéraux constituent l'une des originalités essentielles du système suisse. Le Conseil fédéral est juridiquement subordonné à l'Assemblée qui, on le sait, *exerce l'autorité suprême de la Confédération, sous réserve des droits du peuple et des cantons*. A ce titre, l'Assemblée fédérale exerca *la haute surveillance* sur le Conseil fédéral et l'administration fédérale (art. 169 de la constitution).

1° Les moyens d'action du Parlement sur le Gouvernement

Il convient, à cet égard, de rappeler, tout d'abord, que les membres du gouvernement sont élus par l'Assemblée fédérale et ne reçoivent, par suite, aucune investiture populaire.

Par ailleurs, le gouvernement doit présenter, chaque année, un *rapport de gestion* aux chambres, ainsi que des rapports spéciaux chaque fois que celles-ci en réclament. Le parlement peut, en outre, on le sait, adresser au Conseil des interpellations, *postulats* et *motions*, pour infléchir sa politique, ou l'inviter à étudier une question ou à préparer un projet de loi.

2° Les moyens d'action du Gouvernement sur le Parlement

De son côté, le gouvernement n'est pas totalement dépourvu de moyens juridiques d'action : il a l'initiative des lois (concurremment avec les députés) ; il donne son avis sur les propositions de lois qui lui sont adressées par les assemblées ; ses membres ont accès aux assemblées et participent à leurs débats. Toutefois, il ne peut pas dissoudre les chambres et n'a aucun pouvoir sur leurs sessions, soit pour les convoquer, soit pour les ajourner. Il ne peut pas non plus poser la question de confiance, et menacer de démissionner.

3° Le règlement des conflits entre les chambres et le Conseil fédéral

Si les chambres ne sont pas d'accord avec le Conseil fédéral, elles lui manifestent leur défiance, à la suite d'une interpellation, *mais le Conseil ne démissionne pas* à la manière d'un *commis*. Il reste au pouvoir, en modifiant sa politique dans le sens indiqué par le parlement. S'il ne le faisait pas, l'assemblée aurait, dans le refus des crédits budgétaires et, parfois, dans le vote des lois, tous les moyens nécessaires pour le contraindre à s'incliner.

Apparemment, si l'on synthétise ces différents éléments, on se trouve confronté à un *régime d'assemblée,* par *antiphrase,* à l'opposé du système français des IIIe et IVe Républiques.

L'Assemblée fédérale siège de façon intermittente, et laisse au Conseil fédéral le soin de diriger les affaires. Celui-ci jouit au demeurant d'une *légendaire stabilité.* Ses membres sont élus normalement pour quatre ans. En fait ils sont indéfiniment réélus, pour une durée moyenne de dix ans.

Cette permanence et aussi le fait que le Conseil fédéral dispose de l'administration, donc de la compétence technique, assurent à ses membres une autorité considérable en face des assemblées. Un auteur suisse (William Rappart), a pu écrire : *On a toujours l'impression que le Conseil fédéral, quand il défend sa politique devant l'Assemblée fédérale, est dans la situation d'une équipe professionnelle, devant une collection d'amateurs.* On se prend à songer... à un conseil d'administration d'autant plus, qu'en Suisse, la politique incline, tel l'industrialisme de Saint-Simon, à se confondre avec l'économie (13).

En définitive, la Suisse, à l'abri des tourmentes, a créé un système politique *spécifique* qui confère à l'exécutif collégial un rôle dirigeant. Son régime de neutralité (même la cuisine dit-on) en fait cependant, un pays *à responsabilité limitée ;* seul l'Uruguay a été tenté de l'imiter entre 1951 et 1966. Un mouvement contestataire remet en cause depuis peu, ce modèle quelque peu *aseptisé.* L'opposition entre les romands et les alémaniques, révélée par la votation sur l'E.E.E., en 1992, vient renforcer cette tendance. A la longue, la voie solitaire (l'*Alleingang*) n'est-elle pas suicidaire ? *En panne de destin* (P. Hazan), la Suisse peut être comparée à une enclave au sein de l'Union européenne mais elle peut être regardée aussi comme une référence pour la construction de celle-ci.

SECTION II — LES INSTITUTIONS POLITIQUES DE L'ALLEMAGNE

La présente Loi fondamentale, l'unité et la liberté de l'Allemagne ayant été parachevées, vaut pour le peuple tout entier. L'article 146 de la constitution du 23 mai 1949, dans sa rédaction issue du traité d'union signé à Berlin, le 31 août 1990, entre la R.F.A. et la R.D.A. met un terme au problème allemand, né de la seconde guerre mondiale, et consacre la victoire de la démocratie et de l'État de droit. La République fédérale d'Allemagne a absorbé, le 3 octobre 1990, le territoire de l'ex-R.D.A. *Deutschland einig Vaterland* (l'Allemagne, une seule patrie) : le slogan des manifestants de Leipzig, au lendemain de la chute du mur de Berlin, le 9 novembre 1989, est devenu la réalité.

La commémoration du 50e anniversaire de sa *Loi fondamentale*, une décennie plus tard, devait coïncider avec le transfert de ses institutions de Bonn à Berlin et au retour sur la scène internationale, avec sa participation au conflit du Kosovo. La parenthèse historique est définitivement refermée : l'Allemagne a retrouvé ses racines et intériorisé son acquis démocratique (14).

§ 1 — LA QUÊTE DE L'UNITÉ ET DE LA LIBERTÉ

Ce thème récurrent de l'histoire allemande (15) a été d'autant plus affirmé qu'il a été longtemps contrarié.

A. LE CONSTITUTIONNALISME ALLEMAND

Les préludes, qui sont multipliés, rendent plus éclatant son essor contemporain.

(13) L'attitude ambigüe de la Suisse pendant la seconde guerre mondiale, révélée depuis peu, affecte son image, voire le modèle. V. P. Hazan, *Le mal suisse,* 1998, J. Ziegler : *la Suisse, l'or et les morts,* 1998 ; B. Lempen : *Un modèle de crise,* Lausanne, 1986.

(14) V. J. Hummel *Le constitutionnalisme allemand (1815-1918) : le modèle allemand de la monarchie limitée,* thèse Paris-II, 1998 ; A. Le Divellec, *Le parlementarisme allemand,* thèse Paris-II, 1999 ; M. Fromont, Le constitutionnalisme allemand, *Pouvoirs* n° 66, 1993, p. 5.

(15) V. F.-G. Dreyfus : *L'Allemagne contemporaine*, 1991 ; D. Vernet : *La renaissance de l'Allemagne*, 1992 ; A.-M. Le Gloannec (sous la direction) : *L'état de l'Allemagne,* 1995 ; J. Rovan : *Histoire de l'Allemagne,* 1993 ; A. Bleckmann : Le processus d'unification de l'Allemagne, *Pouvoirs* n° 66, 1993, p. 21.

1° L'incertitude du constitutionnalisme

L'Allemagne se présente comme une nation longtemps en *retard* par rapport aux pays fondateurs du droit constitutionnel classique. La chute de la féodalité sous l'action de la Révolution française et de Napoléon entre autres, n'a pas créé, pour autant, les conditions d'une percée de la bourgeoisie nationale. L'échec de l'assemblée constituante élue au suffrage universel et réunie dans la *Paulskirche* de Francfort, et du *Vormärz* en 1848 l'atteste. Dans ces conditions, la constitutionnalisation du pouvoir, laissée au gré des princes a été latente. L'Empire de 1871 à 1918 marque le début de la monarchie *limitée*, sans aboutir, cependant à un véritable parlementarisme *dualiste*, à l'image de l'autoritarisme de Guillaume II à l'égard de ses chanceliers, après la révocation de Bismarck, en 1890. Le suffrage universel masculin avait été, toutefois proclamé en 1869, avant d'être étendu aux femmes, par la constitution de Weimar du 11 août 1919.

Cette dernière franchit le pas décisif en dotant pour la première fois, l'Allemagne de *tout le confort moderne constitutionnel* (J.-J. Chevallier), au moyen de procédés de démocratie directe et plus encore du régime parlementaire *rationalisé*, élaboré en cette circonstance. Cette contribution germanique au droit constitutionnel était, cependant, mâtiné de régime présidentiel (élection populaire du *Reichspräsident*) (16). Mais, en l'absence de tradition démocratique et au milieu d'une crise sans précédent, la République est engloutie par un système totalitaire, à partir du 30 janvier 1933.

La dictature du parti national-socialiste s'établit rapidement outre-Rhin à la faveur de la crise économique et plus encore *d'identité,* au lendemain du *diktat* de Versailles : nommé chancelier le 30 janvier 1933, Hitler dissout le Reichstag. Il n'obtient, aux élections du 5 mars, que 44 % des voix, en dépit d'une intense propagande et des intimidations, après l'incendie du Reichstag. Mais le nouveau Reichstag accepte de voter l'élimination de 81 communistes, ce qui donne au parti nazi la majorité absolue et permet de voter la loi du 24 mars 1933. Celle-ci confie l'exercice du pouvoir législatif et constituant au gouvernement pour une durée de 4 ans, afin de surmonter *la détresse du peuple allemand.* Le parti social-démocrate est dissous, à son tour, en juin ; les autres s'effacent. Le 14 juillet 1933, le parti national-socialiste est proclamé seul parti de l'État.

A la mort du président Hindenburg, en août 1934, Hitler cumule les fonctions de chef de l'État, de chancelier et de *Führer.* Le Reichstag est maintenu. Il est cependant réduit à un simple rôle d'approbation, en même temps que l'élection par le système des candidats uniques lui ôte tout caractère représentatif (17). La défaite de 1945 brise l'État autant que la nation, à l'intérieur de nouvelles frontières orientales *(ligne Oder-Neisse).*

2° L'essor du constitutionnalisme

A partir du *point zéro*, les Alliés s'emploient à créer les conditions d'une *bonne Allemagne.* C'est en pleine connaissance de cause que les Occidentaux ont pratiqué une *greffe*, en convoquant en septembre 1948, un *Conseil parlementaire (Parlementarische Rat)* composé de 65 députés élus par les *Landtage* (assemblées des *Länder* reconstitués) (18). Sous leur autorité (les Alliés se mobilisèrent pour le fédéralisme) le Conseil

(16) A ce compte, la constitution de Weimar est *la grand-mère indigne* de celle de la Ve République (P. Avril) *(V. IIIe partie).*

(17) Dans la conception dynamique du nazisme, l'État est considéré comme un *instrument* entre les mains du *Führer.* Il est, pour ainsi dire, vidé de sa substance au profit de la communauté raciale *(Volk).*

Sur ce point s'opère une césure avec le fascisme italien (1922-1945) qui communie avec l'État, au point d'en cultiver l'idolâtrie. Pie XI parlera même de la *stalolâtrie.* V. H. ARENDT : *Le système totalitaire*, 1972 ; R. BONNARD : *Le droit et l'État dans la doctrine national-socialiste*, 1936 ; W. SHIRER : *Le Troisième Reich*, 1961.

(18) Les *Länder* redessinés ou créés par les Alliés (Brême, Hambourg) ont perdu en dehors de la Bavière, leurs particularismes, en raison, notamment de l'accueil d'un nombre important de réfugiés (*Volksdeutsch* ou Allemands ethniques), estimés à environ 12 millions en trois vagues successives : 1945 (Prusse orientale, Poméranie, Silésie), 1950-1961 (R.D.A.) et depuis 1980 (minorités d'U.R.S.S., Tchécoslovaquie, Pologne, Roumanie). Cependant, la restructuration a abouti, en 1951, à la fusion des *Länder* de Bade et de Wurtemberg. En revanche, les électeurs devaient repousser, en 1996, celle relative aux *Länder* de Berlin et de Brandebourg. V. W. MÜNCH : Anatomie d'un *Land, Pouvoirs* n° 66, 1993, p. 67.

adopta le projet de constitution, le 8 mai 1949 (jour anniversaire de la capitulation). Tour à tour, les Alliés et les *Landtage* (à l'exception de celui de la Bavière) l'approuvèrent. Le 23 mai 1949, la Loi fondamentale *(Grundgesetz)* était promulguée, à l'instant même où naissait la République fédérale d'Allemagne *(Bundesrepublik Deutschland)*. Pour la première fois, outre-Rhin, le régime parlementaire s'est ancré, simultanément à la protection des droits fondamentaux de la personne, confiée à la juridiction constitutionnelle. La Loi fondamentale est devenue ultérieurement celle de la *Groβdeutschland,* à la suite de l'effondrement de l'idéocratie communiste. La cérémonie de l'unification, organisée le 3 octobre 1990 à Berlin, devant le Reichstag, jadis incendié par les nazis, est symbolique des retrouvailles de la démocratie et de la nation allemande. Cette date est devenue celle de la fête nationale, organisée par chaque *Land,* à tour de rôle (19).

B. L'ÉTAT ALLEMAND

La *nation orpheline* (A.-M. Le Gloannec) a durablement cherché un État auquel elle pourrait s'identifier : du traité de Verdun en 843, à la proclamation de l'Empire, en 1871, en schématisant. Véritable mosaïque, le Saint Empire romain germanique disparaît en 1806, au profit d'une confédération *avec* l'Autriche, puis à partir de 1866, *sans* l'Autriche. La Prusse de Bismarck réalise sous une forme *fédérale* l'unité, qui sera maintenue par la République de Weimar ; tandis que le IIIe Reich dans sa folie *totalitaire*, achève le processus en dotant l'Allemagne d'une structure *centralisée.*

La défaite de 1945, entraîne l'occupation de l'Allemagne par les puissances alliées. La rupture entre elles, dont le blocus de Berlin (juin 1948-mai 1949) constitua l'abcès de fixation, débouche sur la partition de l'Allemagne. La chute du mur de Berlin met un terme à la guerre froide, en 1989, et provoque la marche à l'unification.

1° La partition de l'Allemagne

Sur le territoire amputé, *trois Allemagnes* sont appelées à cohabiter à partir de 1949 : à l'ouest, la République fédérale d'Allemagne (R.F.A.) ; à l'est, la République démocratique allemande (R.D.A.) *(Deutsche Demokratische Republik)* créée le 7 octobre 1949, sur le modèle soviétique, en réplique à la politique occidentale et, enclavée dans cette dernière, l'entité de Berlin, qui relève du statut d'occupation des quatre Alliés de 1945 (20).

Pendant près d'un demi-siècle, tout opposera les contre-modèles : l'idéologie, l'économie, et la symbolique (drapeau, hymne, fête nationale). Un seul lien subsistera (en dehors du sentiment d'appartenir à la nation allemande) la langue, soit comme aurait dit Bernard Shaw, deux pays séparés par une même langue ! Cependant, les deux États devaient se reconnaître mutuellement par le traité du

(19) V. M. Fromont : L'union de l'Allemagne dans la liberté, *R.D.P.* 1991, p. 121 ; H. Menudier ; 1990, l'année de l'unité, *Universalia* 1991, p. 198 ; Réunification de l'Allemagne et constitution, *RFDC* 1991, p. 579.

(20) L'ancienne capitale disposait d'un statut juridique particulier en raison des pouvoirs spécifiques exercés par les Alliés. A ce titre, ils y autorisaient les partis politiques et prenaient des mesures à l'égard des étrangers. Le bourgmestre-régnant de Berlin-Ouest, après sa prise de fonction, rendait visite aux chefs d'État des trois pays occidentaux responsables du statut de la ville. Après la mort de Rudolf Hess, en 1987, la destruction de la prison de Spandau qui l'abritait, a marqué la fin du statut quadripartite mis en place en 1945, avec les soviétiques. Les liaisons aériennes étaient réservées aux trois compagnies occidentales, à l'exclusion de celle de la R.F.A. La Bundeswehr n'avait pas droit d'y être présente. De la même façon, les représentants berlinois au Bundestag et au Parlement européen n'étaient pas élus directement par les électeurs, mais désignés par le Sénat de Berlin. Leur statut était consultatif, pour l'essentiel.

L'érection du mur, le 13 août 1961, a meurtri la ville, enjeu de la compétition allemande et internationale. La R.F.A. regardait Berlin-Ouest, comme un Land ; tandis que la R.D.A. érigeait Berlin-Est, en capitale. L'unité de la ville était réduite à la personne du cardinal-archevêque. Tout un symbole.

21 décembre 1972. En septembre 1987, le dirigeant est-allemand Erich Honecker se rendait en R.F.A., pour la première fois. En compensation d'*allègements humanitaires,* selon l'euphémisme de l'époque, la R.F.A. aidait l'économie de la R.D.A. dont la seule raison d'être demeurait l'idéologie. La fameuse police politique (la *Stasi*) comptait officiellement plus de membres que l'armée populaire.

2° L'unification de l'Allemagne

La R.D.A. a été emportée par le vent de la *perestroïka,* dans les jours qui ont suivi la commémoration de son quarantième anniversaire. La révolution pacifique initiée, les semaines suivantes, à Leipzig *(Wir sind das Volk)* (le peuple, c'est nous) a provoqué, le 9 novembre 1989, l'ouverture du mur de Berlin, puis le 20 décembre, celle de la porte de Brandebourg.

Au terme d'une accélération exceptionnelle de l'histoire, la R.D.A. s'est délitée et a été absorbée par la R.F.A., le 3 octobre 1990 (21).

Au prix d'une simplification, on peut marquer les principales étapes du processus d'*unification* (le terme *réunification* a été écarté afin d'éviter tout rapprochement avec un IVe Reich).

a) *Les traités entre la R.F.A. et la R.D.A.*

Après l'élimination d'Erich Honeker et la renonciation, par le S.E.D. (parti communiste) de son rôle dirigeant, les premières élections disputées se sont déroulées en R.D.A., le 18 mars 1990. Elles ont été remportées par la coalition conservatrice de *l'Alliance pour l'Allemagne* (A.C.) composée à titre principal, par la C.D.U. (chrétiens-démocrates du chancelier Kohl) (48,1 % des suffrages exprimés), contre 21,8 % au S.P.D. (sociaux-démocrates) et 16,3 % au P.D.S. (parti du socialisme démocratique, ex-S.E.D.). Le nationalisme et le consumérisme ont eu raison du communisme.

Fort de la légitimité populaire, le gouvernement, dirigé par Lothar de Maizière (C.D.U.), a entrepris une négociation avec celui de la R.F.A., en vue d'opérer l'union. Un premier traité de Bonn, signé le 18 mai 1990, réalise l'union monétaire, économique et sociale entre les deux États allemands, sous le signe de la parité monétaire et de l'économie de marché. Il entrera en vigueur, après sa ratification, le 1er juillet suivant.

Le second traité du 31 août 1990, signé à Berlin, achève l'unité politique de l'Allemagne (*R.F.D.C.* 1991, p. 71). En application de l'article 23 de la Loi fondamentale (L.F.) et suivant le précédent de la Sarre, en 1957, les 5 *Länder* de la R.D.A. reconstitués entre-temps (ils avaient été supprimés en 1952) et les 23 arrondissements de Berlin, érigés en Land, adhèrent à la R.F.A. (art. 1er). Le droit fédéral, ainsi que le droit communautaire entrent en vigueur dans ces territoires (art. 8 et 10). Néanmoins des dispositions législatives de l'ancienne R.D.A. demeurent applicables (art. 9), notamment dans le domaine sensible de l'avortement. La Loi fondamentale de 1949 maintenue, devient la constitution de l'Allemagne unie. Quelques modifications lui sont apportées (composition du Bundesrat, suppression de l'art. 23, entre autres) (art. 4). Ce traité a pris effet, le 3 octobre 1990.

b) *La légitimation démocratique*

Les élections panallemandes du 2 décembre 1990, organisées pour la première fois depuis 1932, ont été remportées par le C.D.U. et son allié libéral (F.D.P.). Le XIIe Bundestag a tenu symboliquement sa séance constitutive dans les locaux du Reichstag, le 20 décembre. Entré dans l'histoire comme le chancelier de l'unité, Helmut Kohl a formé le premier Gouvernement panallemand, le 17 janvier 1991. En dernière analyse, le Bundestag a choisi le 20 juin 1991, Berlin comme capitale de la nouvelle Allemagne, qui se conjugue ainsi pleinement au *singulier* (A. Grosser).

Il reste que l'unité réalisée, au terme d'une démarche volontariste est allée de pair avec la souveraineté recouvrée. Aux termes du traité de Moscou, daté du 12 septembre 1990, les puissances victorieuses de 1945, renoncent à leurs droits et responsabilité : *l'Allemagne unie jouira, en consé-*

(21) Après l'acceptation de la frontière germano-polonaise, le 21 juin 1990, par les deux Parlements de la R.F.A. et de la R.D.A., l'article 23 a été abrogé par le traité d'union (art. 4) de manière à couper court à l'irrédentisme.

quence de la pleine souveraineté sur ses affaires intérieures et extérieures (22). Somme toute, heureux comme Dieu en Allemagne, pour parodier le proverbe.

Las ! A l'enchantement des retrouvailles allait succéder les lendemains amers du financement de l'unification, dont le coût avait été manifestement sous-estimé, et pis encore, l'incompréhension. Ce qui autorise à opiner qu'un *mur* a pu se reconstituer dans les esprits, en dépit d'une intégration en cours. Plus sensibles à leur niveau de vie qu'au sens de l'histoire, les électeurs des *Länder* orientaux provoqueront, en 1998, la chute du chancelier Kohl (23).

§ 2 LE PEUPLE SOUVERAIN

A la source du pouvoir et, sous la protection de l'État de droit, telle se résume, la condition du peuple allemand : *Tout pouvoir émane du peuple. Celui-ci l'exerce par des élections et des votations, et par l'intermédiaire d'organes spéciaux investis des pouvoirs législatif, exécutif et judiciaire.* L'article 20 de la Loi fondamentale (L.F.) marque le retour au droit commun occidental, tout en l'enrichissant de solutions originales, en matière de scrutin et d'organisation des partis politiques. Dans un même mouvement, un profond légalisme, appelé *le patriotisme de la constitution,* s'exprime (24).

L'État de droit *(Rechtsstaat)*, terme forgé par les juristes allemands Bähr et Gneist, au XIXe siècle, est accordé à l'anthropocentrisme. Il est proclamé, en termes d'autant plus impérieux que le totalitarisme nazi l'avait anéanti : *La dignité de l'homme est intangible. Tout pouvoir public est tenu de la respecter et de la protéger. En conséquence, le peuple allemand reconnaît à l'homme des droits inviolables et imprescriptibles...* [Ces] *droits fondamentaux... lient le pouvoir législatif, le pouvoir exécutif et le pouvoir judiciaire à titre de droit directement applicable* (art. 1er L.F.). Ils sont placés sous le contrôle du juge constitutionnel, à telle enseigne que l'Allemagne *avant d'être une démocratie et un État fédéral est d'abord un État de droit* (M. Fromont).

A. LE DROIT DE SUFFRAGE

Le suffrage universel résulte d'une évolution marquée par les deux étapes suivantes : proclamation du suffrage masculin en 1869, extension au vote féminin par la constitution de Weimar en 1919. Fixée initialement à 21 ans, en 1949, la majorité électorale a été ramenée à 18 ans, en 1970 (art. 38 L.F.). Jusqu'à l'unification, la R.F.A. avait posé le

(22) L'Allemagne renonce aux armes atomiques, biologiques et chimiques. En application de l'accord du Caucase, signé le 16 juillet 1990, les troupes russes ont quitté définitivement le territoire allemand le 31 août 1994, tandis que les soldats occidentaux se retiraient de Berlin, le 8 septembre suivant.

(23) Le passage sans transition de l'économie de plan à celle du marché, dans l'ex.-R.D.A. a provoqué initialement une coupure psychologique entre Allemands. On estime à deux décennies, le délai nécessaire à la partie orientale pour parvenir à la parité du niveau de vie de la partie occidentale. Mais il n'est pas d'obstacle qui ne soit insurmontable au volontarisme et au perfectionnisme allemands. V. P. SCHNEIDER, *L'Allemagne dans tous ses états*, 1992 ; L. ROSENZWEIG, L'Allemagne désunie, *Le Monde*, 9-13 février 1993.

(24) V. Chr. AUTEXIER, *Introduction au droit public allemand,* 1997 ; M. FROMONT : *les institutions de la République fédérale d'Allemagne* D.F., 1999.

principe de l'unicité de la nationalité allemande. Par voie de corollaire, tout réfugié *(Volksdeutsch)* avait la qualité d'électeur.

Dans le cadre d'un régime purement représentatif, en opposition avec celui de la République de Weimar, érigé par les constituants en *repoussoir,* le corps électoral de l'Allemagne s'élève, en 1998, à 60,7 millions de citoyens.

En raisonnant sur l'exemple de la loi électorale relative à l'élection des membres du *Bundestag* (l'assemblée du peuple) qui, de proche en proche, est devenue la *référence* outre-Rhin (les *Landtage* ou diètes locales s'y réfèrent), on en vient à rechercher la finalité poursuivie, tant par les puissances occidentales qui ont guidé la démarche que le législateur allemand. Dans leur volonté d'offrir une chance réelle à la démocratie, ceux-ci ont élaboré une *R.P. personnalisée* qui associe, de manière heureuse, en vue de favoriser l'alternance, la représentativité à l'efficacité (loi du 7 juin 1956). La leçon de Weimar n'a pas été oubliée (en novembre 1932, 10 partis étaient représentés) : l'atomisation de la représentation nationale a contribué à sa chute, assurément.

1° Les modalités

La loi électorale répartit, sur une base égalitaire les membres du Bundestag, en deux catégories : dans le cadre de 328 circonscriptions du territoire fédéral, ceux-ci sont élus au scrutin majoritaire à un tour, et dans le cadre du *Land,* ils sont désignés à la R.P., selon le système d'Hondt. En conséquence, l'électeur dispose de *deux voix.* Au vu du bulletin de vote qui lui est remis, il porte successivement son choix sur un candidat (sièges dits *directs* ou de circonscription) et sur une liste d'un parti (sièges de *Land*). Mais ce dernier choix est déterminant : en effet, l'attribution *totale* des sièges au parti est calculée par référence aux sièges de *Land.* Il s'ensuit qu'à l'intérieur de cette dotation, une modification dans la répartition entre les deux catégories de sièges peut se produire. Tout bien considéré, le scrutin allemand est proportionnel, par suite de cette *interdépendance* (A. Le Divellec), au-delà d'une apparente mixité.

A cet égard, en dehors de l'identité de vote qui prévaut, on ne saurait oublier la stratégie ou la tactique qui peut se manifester en cette occasion. La *seconde voix* exprime en règle générale, la tendance *modérée* à laquelle l'électorat allemand s'identifie. En transférant cette voix sur un petit parti (le parti libéral, à titre essentiel), il favorise le gouvernement par une *coalition* et non un parti (25). D'autant plus que, pour lutter contre le fractionnement, un *seuil de représentativité* a été institué. Une formation ne peut prétendre participer à l'attribution des sièges, si elle n'a pas obtenu, au minimum, 5 % des suffrages exprimés à l'échelon fédéral ou 3 sièges directs (26).

Cependant, la loi électorale du 29 août 1990, résultant du 3e traité avec la R.D.A. conclu le 3 août 1990 a été modifiée, sur ce dernier point, par celle du 3 octobre, par suite du jugement d'annulation rendu par la Cour constitutionnelle, le 29 septembre précédent. Cette dernière ayant considéré que la barre serait injustement éliminatoire pour les petits partis nés de la révolution tranquille dans la partie orientale. En conséquence, la clause des 5 % a été appliquée, de façon séparée, entre les territoires électoraux, formés respectivement par la R.F.A. initiale et l'ex-R.D.A.

(25) V. R. Hrbek : Le système électoral en République fédérale d'Allemagne, *Pouvoirs* n° 32, 1985, p. 67 ; M. Robin : Le système électoral de la République fédérale allemande, *R.F.S.P.* 1957, p. 825.

(26) A ce compte, l'électorat chrétien-démocrate a joué de cette possibilité afin d'assurer la survie du parti libéral, qui le couvre sur son flanc gauche, et contrebalancer, de la sorte, la démarche droitière de sa branche bavaroise longtemps identifiée à Franz-Josef Strauss. La seconde voix peut aussi freiner le S.P.D. V. F. Hartweg : Le système des partis, *Pouvoirs* n° 22, 1982, p. 71.

2° Les effets

Éloge de la R.P. ! Tel pourrait se résumer le sentiment au vu des scrutins au Bundestag qui se sont succédés depuis 1949, car le résultat a été à la mesure des espérances. Non seulement, l'extrémisme qui jadis renversa la démocratie a été recusé, mais la marche au bipartisme a, sans conteste, triomphé : en 1949, le Bundestag accueille les élus de 10 partis ; tandis que de 1961 à 1983, trois seulement y demeurent : le parti démocrate-chrétien *(Christliche Demokratische Union Deutschlands)* (C.D.U.) et sa branche bavaroise *(Christlich-Soziale Union in Bayern)* (C.S.U.), en voie de résorption, après le décès de son dirigeant Franz-Josef Strauss en 1988 ; le parti social-démocrate *(Sozialdemokratische Partei Deutschlands)* (S.P.D.) et le parti libéral *(Freie Demokratische Partei)* (F.D.P.). En 1983, une nouvelle formation se présente avec les Verts (*Die Grünen*). Quant au parti des communistes réformateurs (P.D.S.) (*Partei des demokratischen Sozialismus*) il est créé en 1990. Ce *quintette* se décline comme suit : deux partis de Gouvernement (C.D.U.-C.D.U. et S.P.D.) ; deux partis d'appoint (Les Verts et le F.D.P.) et un parti protestataire ou nostalgique (P.D.S.).

L'expérience est riche d'enseignements : la R.P. a strictement limité le multipartisme, neutralisé l'extrémisme (27) et favorisé la constitution de majorités constantes, dans le respect de l'alternance. Mais, au rebours de la Grande-Bretagne ou de la France, et en réaction contre le parti-État du IIIe Reich, l'Allemagne se détourne du Gouvernement confié à un parti, fût-il le plus démocratique. A nouveau, la R.P. a rendu un service inestimable à la démocratie de Bonn en faisant en sorte qu'aucune formation ne dispose à elle seule de la majorité absolue des sièges au Bundestag. Le Gouvernement de coalition, en dépit du rôle disproportionné conféré au parti d'appoint (le F.D.P. d'hier) se présente comme le rempart à un abus de pouvoir.

B. LES PARTIS POLITIQUES

Le souvenir obsédant du parti totalitaire qui asservit l'État et les personnes, au point de provoquer le naufrage en 1945, a hanté le constituant allemand. Si les formations politiques sont inséparables de la démocratie pluraliste, au point d'en être le *fondement,* elles sont tenues d'en respecter les principes.

1° La condition des partis politiques

L'article 21 L.F. autorise, tout d'abord, le gouvernement ou le parlement fédéral à saisir la Cour constitutionnelle, de la conformité d'une formation politique à ses buts. A ce titre, deux d'entre elles qui cherchaient à porter atteinte à l'ordre constitutionnel ont été interdites, l'une, en 1952, le S.R.P. de tendance national-socialiste ; l'autre, en 1956, le K.P.D. (parti communiste) au moment où il allait mourir de sa belle mort, en raison de la défection des électeurs.

En revanche, les partis qui se conforment à l'idéal démocratique ont bénéficié, ensuite, de la sollicitude du législateur. Fruit de la *grande coalition* C.D.U.-C.S.U.-S.P.D., la loi du 24 juillet 1967 adopte le principe du financement *public* des élections nationales, après décision de la Cour

(27) L'extrême droite a été écartée du Bundestag, qu'il s'agisse du N.P.D., du R.E.P. *(les Républicains)* ou de la D.V.U. Cette dernière a cependant réalisé une percée aux élections régionales de Saxe-Anhalt (ex-R.D.A.), en avril 1998, avec 12,9 % des voix.

constitutionnelle, sous forme d'une *subvention* allouée en fonction des résultats obtenus à la précédente consultation. Il y a lieu d'ajouter, que les partis non représentés au *Bundestag* peuvent prétendre à la même facilité, à la condition de franchir le seuil fixé à 10 % des voix, au plan d'une circonscription ou, après un arrêt de la Cour constitutionnelle du 3 décembre 1968, à 0,5 % au plan du Land (28).

2° Les relations entre les partis politiques

Les partis allemands exercent une fonction constitutionnelle essentielle. A ce titre, ce sont des *institutions*.

Si l'on garde à l'esprit que l'assainissement du système partisan, a favorisé le *consensus* et donc l'alternance des coalitions, les partis se présentent essentiellement comme des formations de *rassemblement* : la C.D.U.-C.S.U. est un parti *interconfessionnel* ; le S.P.D. a renoncé à être un parti de classe en 1959, lors du congrès de Bad Godesberg (29).

a) *La C.D.U.-C.S.U.*

Sous l'autorité de Konrad Adenauer, le parti démocrate-chrétien a été, à l'origine, le parti *dominant* de la R.F.A., de 1949 à 1966, au point de s'identifier au pouvoir, à l'aide des libéraux (système de la *petite coalition*), ou seul, exceptionnellement, au cours de la législature 1957-1961. Mais, dès 1966, le reflux s'annonce. A l'issue d'une crise sans précédent, il doit partager les responsabilités avec le S.P.D. (ou la *grande coalition*) avant de les lui abandonner en 1969. Avec Helmut Kohl, la C.D.U.-C.S.U. renoue avec le pouvoir de 1982 à 1998. Elle incarne l'aspiration historique de la nation allemande à l'unité en 1990, avant de subir l'usure de son *leader*. En 1994, elle recueille 48,4 % des suffrages avant de s'effondrer, en 1998 avec 35,1 %, à la suite d'un vote-sanction. Pour la première fois, l'alternance se manifeste outre-Rhin. Wolfgang Schäuble a été élu à la tête de la C.D.U.

b) *Le S.P.D.*

Le parti le plus ancien et le plus prestigieux en Allemagne, fondé par Ferdinand Lassalle, en 1863, a connu initialement, sous l'autorité de Kurt Schumacher, une *longue traversée du désert,* compensée, il est vrai, par l'exercice de responsabilités locales à Wiesbaden, Berlin-Ouest et à Hambourg. Cependant, le tournant *réformiste* pris en 1959, lui ouvrira le chemin du pouvoir, en 1966, avec Willy Brandt et Helmut Schmidt. Il le quittera seize ans plus tard, victime de la défection de son allié libéral. Après une série d'échecs, le S.P.D. trouve son point d'équilibre au centre *(Die neue Mitte),* tel le *New Labour* de Tony Blair. Avec Gerhard Schröder, il remporte les élections de 1998, avec 40,9 % des suffrages, contre 36,4 en 1994. Une nouvelle période s'ouvre, animée entre autres par une génération de l'après-guerre décomplexée, et l'avènement de la *République de Berlin,* l'année suivante.

c) *Les Verts*

Après l'erreur d'appréciation de 1990, ce parti est devenu la troisième force du pays. Au scrutin de 1994, avec 7,3 % des voix, il supplante pour la première fois, le *F.D.P.*, avant d'accéder aux responsbilités gouvernementales, en 1998 (6,7 % des suffrages) aux côtés du S.P.D. (coalitions *rouge-verte*). Le conflit du Kosovo en 1999, l'un des leurs, Joschka Fischer, étant ministre des affaires étrangères, a été à l'origine de la métamorphose des *Grünen.* Ils sont passés du radicalisme et du neutralisme au réalisme ; à la culture de pouvoir, en un mot. Au préalable, ils participaient avec le

(28) V. M. Fromont : R.F.A. : la jurisprudence constitutionnelle, *R.D.P.* 1995, p. 344 et Les partis politiques et le droit public, *Revue d'Allemagne*, avril 1994, p. 375 ; G. Ress : Constitution et partis politiques, *A.I.J.C.* t. IX, 1995, p. 205.

(29) V. F. Guérard : *L'évolution des forces politiques en Allemagne,* D.F. 1996.

S.P.D. à la direction de deux *Länder :* Schleswig-Holstein et surtout Rhénanie-du-Nord-Westphalie, le *Land* le plus peuplé d'Allemagne.

d) *Le F.D.P.*

Le parti girouette *(Umfallpartei),* qui se donne au plus offrant des deux grands, a longtemps été menacé dans sa représentation par la barre éliminatoire des 5 %. Mais il était regardé comme incontournable, c'est-à-dire utile pour son allié. Or, depuis les élections de 1990, il est frappé d'évanescence : de 11 % des voix, il a été ramené à 6,9 % en 1994 et à 6,2 en 1998. Il est pratiquement écarté à l'est (3,3 % des voix), et dans de nombreux *Länder.* Dans le passé, ce parti charnière avait provoqué le départ d'Adenauer en 1963 et l'alternance en 1982.

e) *Le P.D.S.*

Les communistes réformateurs représentent un parti local, qui a recueilli au scrutin de 1994, 4,4 % des voix, et franchi la barre symbolique avec 5,1 % en 1998 (dont seulement 1,2 % à l'ouest) (30).

§ 3 LE PARLEMENT FÉDÉRAL

D'une manière classique, le Parlement de Berlin rend compte des retrouvailles avec le fédéralisme qui constitue un élément fondamental de la culture politique allemande. Il se compose du *Bundestag* qui représente le peuple, et du *Bundesrat* qui représente les unités fédérées *(Länder).* Au nom de la séparation des pouvoirs, les assemblées jouissant de l'autonomie, tant dans leur organisation que dans leurs missions. Cependant, depuis la constitution de Waimar, celles-ci sont encadrées ou *rationalisées,* à l'exemple du fameux art. 67 LF. La vie politique en introduisant d'emblée, en 1949, la *logique majoritaire* a bouleversé, au bon sens du terme, ce plan. Ce que le Bundestag a perdu en autorité, la démocratie l'a gagné en crédibilité. C'est en cela que réside, sans conteste, le *miracle* politique allemand.

A. LA COMPOSITION ET L'ORGANISATION DU PARLEMENT

Les assemblées ont siégé initialement à Bonn, à partir de 1949. Ce choix s'expliquait par la volonté de Konrad Adenauer, en dehors de commodités personnelles, de souligner le caractère provisoire des institutions. Depuis septembre 1999, le Bundestag s'est installé à Berlin, dans l'immeuble rénové de l'ancien Reichstag, à proximité du Bundesrat (31).

(30) Toutefois, pour la première fois depuis l'unification, le P.D.S. participe avec le S.P.D. au gouvernement régional de Mecklembourg-Poméranie occidentale, après les élections d'octobre 1998.

(31) Le transfert a été voté le 20 juin 1991. L'inauguration du Reichstag restauré, sa coupole de verre symbolisant la *transparence démocratique vécue, vivante* selon le chancelier Schröder, a eu lieu le 19 avril 1999. Le 23 mai suivant, jour du 50e anniversaire de la Loi fondamentale, le président fédéral, Johannes Rau, y a été élu symboliquement. V. A. Le Divellec, thèse précitée.

1° La composition

Conformément à la logique fédérale, le recrutement des chambres assure la représentation respective du peuple et des 16 *Länder* de l'Allemagne.

a) *Le Bundestag*

A l'issue des élections de septembre 1998, le XIVe Bundestag se compose de 669 sièges qui se répartissent ainsi : S.P.D. : 298 ; Verts : 47 ; C.D.U.-C.S.U. : 245 ; F.D.P. 43 et P.D.S. : 36. Le taux de féminisation y est de 31 %.

De manière classique, les députés bénéficient des immunités, en vue de favoriser l'exercice de leur mandat (art. 38 L.F.). La législature est fixée à 4 ans (art. 39 L.F.), sauf dissolution prononcée par le président, en cas d'impossibilité pour les députés de désigner un chancelier (art. 63 *in fine*), ou suite, à un refus de confiance essuyé par ce dernier (art. 68). En règle générale, et à l'inverse de la tradition britannique, le Bundestag est renouvelé au terme de son mandat. Cette condition est à la mesure de la condamnation de la pratique des dissolutions à *jet continu*, proche du rythme des saisons, que pratiqua, sous la République de Weimar, le maréchal von Hindenburg. Au-delà de ce fâcheux précédent, on considère que le respect du calendrier est destiné à assurer l'égalité de traitement entre les partis.

Il suit de là, qu'une rupture de la majorité, en cours de législature, comme cela se produisit en novembre 1966, n'entraîne pas un retour prématuré devant les électeurs. Cependant, il en est allé différemment, dans deux circonstances particulières : en 1972, sous le Gouvernement Willy Brandt, lorsqu'au *comble* du parlementarisme rationalisé, la majorité et l'opposition se sont retrouvées à égalité de sièges et, en 1982, au moment où les libéraux ont changé de camp en rejoignant les chrétiens-démocrates d'Helmut Kohl (32).

Dans ces conditions, il ne restait plus au chancelier, au prix d'un détournement de procédure, que la ressource de devenir son propre *naufrageur* : il a posé, à cet effet, la question de confiance, en priant ses amis de la lui refuser, de manière à ouvrir la voie de la dissolution (art. 68 précité). Toutefois, le président Carstens s'est interrogé sur la régularité du procédé, jusqu'au moment où, la Cour constitutionnelle (arrêt du 16 février 1983) s'y est ralliée, en estimant qu'elle permettait au chancelier d'obtenir une majorité gouvernementale. Cette attitude réaliste limite la portée de la motion de censure *constructive* (art. 67 L.F.) et souligne que l'alternance est le fait, désormais, des *électeurs* et non des partis. Le vote-sanction de 1998 en apportera une démonstration éclatante.

Par ailleurs, le contentieux des élections appartient à la chambre et en dernier ressort à la Cour constitutionnelle fédérale (art. 41-1). Le Bundestag se présente comme l'école ou le vivier naturel de la classe dirigeante (33).

b) *Le Bundesrat*

Il est l'incarnation vivante du fédéralisme dont les racines remontent au Saint-Empire romain-germanique. Cette identité allemande, à l'exception de la dictature national-socialiste, a été à l'origine de la division du pouvoir, tant au plan horizontal que vertical.

(32) Le chancelier Kohl avait été élu, le 1er octobre 1982, par suite d'un changement d'alliance. Il a estimé, néanmoins, au prix de cette contorsion, tenir sa légitimité du peuple, en organisant des élections, le 6 mars 1983. En Allemagne, on estime que la démocratie parlementaire cède le pas à une démocratie *plébiscitaire*, sans que ce dernier terme soit péjoratif. En se plaçant d'un point de vue prospectif, on pourrait songer à modifier la Loi fondamentale en autorisant *l'auto-dissolution* du Bundestag, en cas de majorité étriquée ou de menace de blocage des institutions.

(33) Exceptionnellement, le chancelier actuel n'est pas issu de ses rangs.

L'assemblée *spécifique* des *Länder* est composée au *prorata* de leur population, et non, selon le principe égalitaire qui prévaut au Sénat des États-Unis. Conformément à l'article 51, alinéa 2 L.F. (rédaction du traité d'union du 31 août 1990), chaque *Land* dispose au moins de 3 voix ; pour une population supérieure respectivement à 2,6 et 7 millions d'habitants, le nombre respectif de sièges est de 4,5 et 6. Il y a lieu d'observer que sur un total de 69 voix, une minorité de blocage reste possible aux 4 grands (Bade-Wurtemberg, Bavière, Basse-Saxe et Rhénanie du Nord-Westphalie). D'autant plus qu'une formation minoritaire au Bundestag peut, en revanche, être majoritaire au Bundesrat, comme ce fut le cas pour le C.D.U.-C.S.U. dans les années 70, sous le chancelier Schmidt, le S.P.D. vis-à-vis d'Helmut Kohl entre 1991 et 1998, et à l'heure actuelle, la C.D.U.-C.S.U. face à Gerhard Schröder. Il s'agit, en un certain sens, d'une *cohabitation à l'allemande* (34).

Chaque Land s'exprime *globalement* au Bundesrat. Chacun d'entre eux y délègue ses *ministres,* véritables spécialistes, ce qui confère un débat de haute tenue, redouté par les interlocuteurs. Enfin, chaque Land assume, pour un an, la présidence de cette chambre.

En temps ordinaire le Bundesrat dipose d'un veto suspensif ou absolu, selon la matière législative (art. 77 L.F.). Reste l'hypothèse exceptionnelle d'un gouvernement minoritaire s'appuyant sur le Bundesrat au nom de l'état de nécessité législative (art. 81). Mais le Bundestag peut, à tout instant y mettre un terme en élisant un nouveau chancelier (art. 67) (35).

Bade-Wurtemberg	6	Basse-Saxe	6
Bavière	6	Rhénanie du Nord-Westphalie	6
Berlin	4	Rhénanie-Palatinat	4
Brandebourg	4	Sarre	3
Brême	3	Saxe	4
Hambourg	3	Saxe-Anhalt	4
Hesse	5	Schleswig-Holstein	4
Mecklembourg-Poméranie occidentale	3	Thuringe	4

2° L'organisation

Les députés du Bundestag, qui bénéficient des immunités parlementaires traditionnelles (art. 46 L.F.), à l'inverse des membres du Bundesrat, *ministres en exercice des Länder*, se répartissent entre les organes *directeurs* et les organes de *travail.*

Au premier cas, figure le bureau, dirigé par le président du Bundestag qui, à l'inverse du *Speaker* britannique demeure à son poste un partisan et le Conseil des anciens *(Aeltestenrat)*, sorte de conférence des présidents, à la française, d'avant 1958. Ce dernier se compose du président et des vice-présidents de l'assemblée, des représentants des groupes parlementaires au prorata de leur importance, et d'un membre du gouvernement. Ses compétences sont importantes : fixation de l'ordre du jour, distribution des députés entre les commissions et désignation des présidents de celles-ci.

Au seconde cas, se rencontrent les groupes et surtout les commissions parlementaires. Un groupe parlementaire est constitué, au minimum par 34 députés (soit 5 % des effectifs de Bundestag). Le

(34) V. A. KIMMEL : la cohabitation à l'allemande, *Pouvoirs* n° 84, 1998 p. 177.

(35) Le fédéralisme allemand, en dépit de la sollicitude des constituants, n'a pas échappé à la loi de centralisation observée, malgré les larges compétences reconnues aux *Länder* (enseignement, justice, communication audiovisuelle, fiscalité). Cependant, en vue d'éviter un glissement de la compétence, l'habitude s'est prise de réunir des ministres fédérés : une convention politique est conclue entre eux, à charge pour leur *Land* respectif de la ratifier. V. C. GREWE : *Le fédéralisme coopératif en République fédérale d'Allemagne*, 1981. Dans le même ordre d'idées, les *Länder*, après avoir été associés par le gouvernement fédéral à l'élaboration du traité de Maastricht, ont obtenu des garanties. Aux termes de l'article 50 LF (rédaction de la loi constitutionnelle du 20 décembre 1992), *par l'intermédiaire du Bundesrat* [ils] *participent à la législation et à l'administration de la fédération et aux affaires de l'Union européenne*. En un mot, il s'agit d'une procédure de codécision *(Ire partie)*.

président du groupe veille à la discipline de vote, et concernant la majorité, au maintien de la collaboration avec le chancelier. En outre, il appartient au groupe (ou au parti, pour le S.P.D.) de désigner, en vue des élections ou en cas de changement de gouvernement en cours de législature, son candidat à la chancellerie.

Quant aux commissions parlementaires, qui doublent pratiquement les ministères fédéraux, elles jouent ici un rôle essentiel, selon la tendance générale observée, dans le cadre de la procédure législative. Le Bundestag a adopté le principe de commissions permanentes et spécialisées, comprenant de 13 à 33 membres désignés à la proportionnelle des groupes. Ajoutons que celles-ci organisent des auditions publiques et accueillent les experts des groupes. Des commissions d'investigation peuvent être constituées, en tant que de besoin. Pour sa part, le Bundesrat s'attache aux mêmes principes.

B. LES FONCTIONS DU PARLEMENT

Le régime représentatif de Berlin confère, en théorie, au Bundestag un rôle essentiel, au point de faire figure d'*organe central de l'agencement institutionnel* (A. Le Divellec). Cependant, la force conjuguée de la démocratie majoritaire et de l'État de droit le place sous l'autorité du Gouvernement et de la Cour constitutionnelle (36).

1° Le pouvoir législatif

Selon la vision de Michel Fromont : *Le Gouvernement fédéral propose, le Bundestag dispose et le Bundesrat approuve ou s'oppose*, au terme de la procédure législative.

a) *L'initiative de la loi*

L'initiative de la loi appartient concurremment aux groupes, à 5 % des députés et au Gouvernement (art. 76.1 L.F.). Le Bundesrat, en tant qu'assemblée, dispose également de ce droit.

Deux tiers des lois sont d'origine gouvernementale. Elles sont soumises au Bundesrat qui se prononce, en principe, dans le délai de six semaines. Ensuite elles sont transmises au Bundestag, avec la proposition du Bundesrat (art. 76.1) (37).

Dans le même ordre d'idées, les propositions de loi émanant du Bundesrat, démarche *exceptionnelle* à dire vrai (5 % des textes présentés contre 40 % aux membres du Bundestag) sont transmises au Gouvernement qui doit les adresser à ce dernier, dans le délai de trois mois (art. 76.3). On le constate, l'exécutif joue le rôle *d'intermédiaire* entre les assemblées, avant que la discussion *stricto sensu* ne s'ouvre devant le Bundestag, vers lequel confluent les textes de loi.

b) *La discussion de la loi*

La discussion devant le Bundestag se déroule selon le principe des *trois lectures*. La première lecture se décompose en deux temps : d'abord, l'examen en *plenum*, à la manière britannique, de la philosophie du texte, de son opportunité, *etc.* ; ensuite, moment capital, le renvoi à une commission qui, à l'issue d'une discussion approfondie, propose une nouvelle rédaction, en cas de besoin.

La seconde lecture s'ouvre sur les conclusions de la commission. Chaque article est discuté et adopté séparément. Le droit d'amendement demeure ouvert.

(36) La fonction de président de Bundestag (le second personnage de l'Allemagne) est particulièrement exposée : Rainer Barzel et Philipp Jenninger ont été acculés à la démission, respectivement en 1984 et 1988, par suite d'implications dans le scandale Flick (financement occulte des partis) et de propos ambigus à propos de la commémoration de la *nuit de cristal*. Wolfgang Thierse (Allemand de l'est) a été élu à ce poste, en 1998. Le P.D.S. a obtenu à cette date, une vice-présidence, pour la première fois au plan fédéral.

(37) M. FROMONT : La procédure législative en République fédérale d'Allemagne, *Pouvoirs* n° 16, 1981, p. 143. V. Chr. AUTEXIER, *op. cit.* p. 56.

Enfin, la troisième lecture reprend la discussion dans son ensemble et procède au vote relatif au texte (38). Le droit d'amendement est réglementé à ce niveau. Seule peut être prise en considération, la modification déposée par au moins 26 députés. La procédure semble compliquée inutilement. En fait, le rôle insigne des commissions, d'une part, et de la discipline majoritaire exercée par les groupes, d'autre part, assurent, tout à la fois, la célérité et l'efficacité du travail parlementaire (39).

c) *L'approbation de la loi*

Le vote du Bundestag ne clôt pas la procédure législature. En effet, le Bundesrat dispose soit d'un veto suspensif pour les lois simples, soit d'un veto absolu pour les lois concernant les *Länder (Zustimmungsgesetz)* (art. 77 L.F.), c'est-à-dire les lois constitutionnelles, relatives à l'Union européenne, modifiant leurs attributions ou leurs ressources. Cette seconde catégorie représente 60 % de la législation fédérale.

S'agissant d'une loi simple, l'approbation du Bundesrat n'est pas requise. Cependant, il peut prendre position et saisir la commission de conciliation *(Vermittlungsauschuss)* (art. 77.2) composée de 16 députés choisis à la proportionnelle et de 16 délégués des *Länder*. En ce cas, faute d'un texte de compromis, le veto du Bundesrat peut être brisé, selon la *même* majorité par le Bundestag. A preuve, l'adoption de la loi emblématique portant réforme de la nationalité (reconnaissance du droit du sol) en 1999. Concernant la loi impliquant l'approbation du Bundesrat, la même procédure est applicable. Si la commission de conciliation propose une modification, le Bundestag doit prendre une nouvelle décision. Cette procédure s'avère efficace, en règle générale en dehors d'une cinquantaine de cas depuis 1949.

d) *La promulgation de la loi*

Au terme du processus, la loi est promulguée par le président fédéral. Un contrôle de constitutionnalité est susceptible d'intervenir devant la Cour constitutionnelle fédérale *(infra)*.

2° Le pouvoir constituant

L'article 79 L.F. attribue le pouvoir de révision aux assemblées, à la majorité des *deux tiers*, dans chacune d'entre elles. Une quarantaine de modifications sont intervenues.

3° Le pouvoir électoral et de contrôle

Le Bundestag participe à l'élection du président fédéral et des membres de la Cour constitutionnelle (art. 54 et 94 L.F.). En début de législature, il entérine le choix populaire ou plus exactement *le contrat de coalition* signé entre les partis, au terme de leur négociation, en procédant à l'investiture du chancelier (art. 63). Il procède, le moment venu, au retrait de confiance, au moyen d'une motion de censure constructive, en lui élisant un successeur (art. 67). Il est à remarquer que son autorité peut ainsi *primer* celle du président ou neutraliser la dissolution annoncée par le chancelier (art. 68). Cependant, les virtualités *conventionnelles* de la Loi fondamentale ont été utilement compensées par l'efficacité du principe majoritaire.

(38) En revanche, le projet de budget est présenté *simultanément* aux chambres. V. A. MOSTER : *Finances publiques et fédéralisme en République fédérale d'Allemagne*, thèse, Strasbourg, 1970 ; Ph. WAGUET : *Le Bundesrat, in* J. MASTIAS et J. GRANGÉ, *op. cit.*, p. 103.

(39) Le vote a lieu à main levée, en principe. Toutefois, en cas de contestation, on procède au décompte des voix *(hammelsprung)* de la manière suivante : les députés quittent la salle de séance et y rentrent en empruntant l'une des trois portes marquées par *oui, non* et *abstention*. V. O. JOUANJAN : L'élaboration de la loi en République fédérale d'Allemagne, *Pouvoirs* n° 66, 1993, p. 81.

A la requête d'un quart de ses membres (art. 44 L.F.), le Bundestag peut nommer aussi une commission d'enquête chargée de recueillir les preuves nécessaires, en séance publique. Une vingtaine ont été créées : affaire Flick (financement occulte des partis politiques) en 1983 ; suicide du ministre-président du Schleswig-Holstein, Uwe Barschel, accusé d'avoir fait espionner son concurrent, lors des élections régionales, en 1988 ; scandale du sang contaminé, en 1993.

De surcroît, le Bundestag organise depuis 1983, deux séances hebdomadaires consacrées aux questions orales. Il est loisible à un groupe parlementaire de demander un débat d'actualité. L'assemblée accueille, au surplus, les pétitions émanant des citoyens ou des militaires (art. 45 b L.F.) et, par l'intermédiaire du commissaire à la défense, veille au respect des droits fondamentaux. Elle peut, enfin, introduire un recours devant la Cour constitutionnelle (art. 93).

Cependant, la solidarité partisane qui unit le Bundestag au Gouvernement restreint ses prérogatives. Un détail significatif le prouve : dans la salle des séances à l'opposé de la solution française, les ministres sont placés sur une estrade et font face aux députés.

§ 4 L'EXÉCUTIF FÉDÉRAL

Conformément au schéma parlementaire classique, le pouvoir exécutif est distribué, entre deux autorités : le président et le Gouvernement, symbolisé par le chancelier. A la discrétion du premier, a correspondu la valorisation du second. Au-delà de toutes gloses, le slogan de la C.D.U. aux élections de 1969 : *Auf den Kanzler kommt es an* (Tout dépend du chancelier) ou en 1990 : *Kanzler für Deutschland* (un chancelier pour l'Allemagne) résume le sentiment commun (40). En un mot, les élections au Bundestag sont celles du chancelier *(Kanzlerwahlen).*

A. LE PRÉSIDENT FÉDÉRAL

L'ombre du *Reichspräsident* de la République de Weimar, élu au suffrage universel direct, pour un mandat de sept ans et disposant de pouvoirs étendus, notamment en période de crise (art. 48 de la constitution de 1919), planait sur le Conseil parlementaire. Dans ces conditions, le *Bundespräsident* a été ravalé à la condition modeste d'une magistrature *morale*. Que le choix se soit porté, en 1994, sur Roman Herzog, président de la Cour constitutionnelle est hautement symbolique. La présidence a été transférée au château de Bellevue, à Berlin, à cette date.

1° Le statut du Bundespräsident

Le président ne dispose plus d'une investiture populaire, mais de la seule confiance, des élus, à l'instar de son homologue français des IIIe et IVe Républiques (41).

(40) V. H. Soell : La démocratie du chancelier, *Pouvoirs* n° 22, 1982, p. 85 ; K. Niclauss, Le Gouvernement fédéral, *ibid.* n° 66, 1993, p. 99. Au plan fédéré, l'exécutif est en revanche monocéphale. Il s'exprime à travers le *ministre-président* du *Land*.

(41) V. R. Arnold : L'élection et les compétences du président fédéral allemand, *R.D.P.* 1995, p. 303.

a) *La désignation*

En application de l'article 54 L.F., l'éligibilité à la magistrature suprême est subordonnée à trois conditions ordinaires : la nationalité allemande, la qualité d'électeur et l'âge de 40 ans. Il appartient en pratique, au chancelier, de désigner le candidat de la coalition. La décision appartient à un collège, appelé l'Assemblée fédérale *(Bundesversammlung)*, réunie au Reichstag, à Berlin, qui se compose d'une part, des membres du Bundestag, et d'autre part, d'un nombre égal d'élus, à la R.P., par les diètes locales, soit un effectif total de 1 338, à l'heure actuelle. La majorité absolue est requise pour les deux premiers tours et la majorité simple au troisième. En règle générale, l'entente entre les partis de la coalition favorise une élection rapide dès le premier tour (en dehors d'une réélection) pour Walter Scheel (F.D.P.) en 1974, Karl Carstens (C.D.U.-C.S.U.) en 1979, Richard von Weizsäcker (C.D.U.-C.S.U.) en 1984 et Johannes Rau (S.P.D.) en 1999 ; sinon, au second tour : Theodor Heuss (F.D.P.) en 1949, Heinrich Lübke (C.D.U.-C.S.U.) en 1959. A ce jour, seuls Gustav Heinemann (S.P.D.), en 1969, et Roman Herzog (C.D.U.-C.S.U.), en 1994 ont été élus au troisième tour. L'élection présidentielle, pour symbolique qu'elle soit, anticipe parfois l'avenir politique en jetant les bases d'une nouvelle coalition gouvernementale. L'élection de 1969 a ouvert la voie de l'alternance. Le président prête serment (art. 56 L.F.).

b) *La durée des fonctions*

Le mandat présidentiel est de cinq ans (art. 54.2), soit un an de plus que la législature. Il est incompatible avec tout autre mandat public (art. 55). Il ne peut être par ailleurs renouvelé qu'une seule fois consécutivement. Theodor Heuss, Heinrich Lübke et Richard von Weizsäcker seront reconduits, respectivement, en 1954, 1964 et 1989.

Exceptionnellement, le mandat sera écourté, soit par démission, pour convenances personnelles, soit par déchéance prononcée par la Cour constitutionnelle fédérale, après sa mise en accusation par le parlement, pour *violation volontaire de la Loi fondamentale ou d'une autre loi fédérale* (art. 61). Dans ces hypothèses, l'intérim est assuré par la président du Bundesrat (art. 57). A dire vrai, la modestie de la fonction rend guère plausible une sanction de ce type.

2° La fonction du Bundespräsident

Pour l'essentiel, le président est cantonné dans une fonction de *représentation* de l'État, accordée à l'irresponsabilité dont il bénéficie (art. 60 L.F. *in fine*), en dépit d'une lecture complaisante de la constitution, présentée en 1959, afin d'y attirer le chancelier Konrad Adenauer. De surcroît, l'efficacité du système partisan accentue cette tendance.

Sous ce rapport, gardien de la légalité constitutionnelle, à la manière d'un officier ministériel, le président dispose des pouvoirs *symboliques* du chef de l'État parlementaire : la promulgation des lois (art. 82) ; la nomination et la révocation des fonctionnaires fédéraux (art. 60.1) et des ministres fédéraux, sur proposition du chancelier (art. 64.1) ; la ratification des traités (art. 59), l'exercice du droit de grâce (art. 60.2) et de la dissolution (art. 68). On sait, à ce propos les scrupules juridiques du président Carstens, en 1983 relatifs au recours à la dissolution du Bundestag. Il ne préside pas le conseil des ministres.

En définitive, le président n'est que le *fondé de pouvoirs* du chancelier et de sa majorité parlementaire. C'est la raison pour laquelle, ses actes sont revêtus du *contreseing* ministériel (art. 58), hormis quelques hypothèses : la dissolution du Bundestag (art. 63) (42) ; la demande d'expédition des affaires courantes présentée par le chancelier démissionnaire (art. 69) ; la nomination et la révocation de celui-ci (art. 63 et 67). Ce dernier cas appelle une précision.

(42) La dissolution du Bundestag prévue, dans cette éventualité, au lendemain de son renouvellement, aurait la signification d'une sanction infligée aux députés, incapables de désigner le nouveau chancelier. La loi électorale et le bipartisme approché rendent guère plausible le scénario imaginé par la Loi fondamentale. Du reste, après négociations parfois difficiles (1961, 1966), le Bundestag a élu jusqu'à présent, dès le premier tour, le chef du Gouvernement.

En effet, le président recouvre une certaine liberté de manœuvre, tout du moins en théorie, en proposant au Bundestag, un candidat au poste chancelier, au lendemain des élections (art. 63.1). Mais, il est loisible à la chambre de lui imposer sa volonté en élisant un autre à la majorité absolue de ses membres (art. 63.3). Le dernier mot appartient dans les mêmes conditions à celle-ci en cas de recours par le président à *l'état de nécessité législative* (art. 81 L.F.). En l'espèce, à la demande du Gouvernement et en accord avec le Bundesrat, le blocage, dû au refus de vote d'une loi par le Bundestag et, en l'absence de sa dissolution, peut être provisoirement surmonté. Le souvenir obsédant de Weimar rend de la sorte impossible la formation d'un gouvernement présidentiel. Cette précaution s'est révélée superfétatoire, en raison de l'existence d'une majorité parlementaire constante. A l'instar du monarque britannique, le président fédéral enregistre, tout au plus, la volonté populaire, ou plus exactement l'accord des partis décidés à gouverner ensemble. Certes, il peut manifester *in petto* ses préférences et encourager la formation d'une *petite ou d'une grande coalition,* comme ce fut le cas pour Heinrich Lübke en 1966.

Au-dessus des partis, mais d'une manière ni neutre, ni silencieuse (R. von Weizsäcker), le *Bundespräsident* exerce en fait le ministère de la parole. Ce dernier est intervenu publiquement à propos du processus d'unification, en faveur de la reconnaissance de la frontière orientale (Oder-Neisse) et du transfert de la capitale à Berlin, et, plus encore, pour flétrir les violences xénophobes. Roman Herzog s'est prononcé pour l'octroi de la double nationalité aux immigrés turcs et contre la reprise des essais nucléaires français.

B. LE GOUVERNEMENT FÉDÉRAL

A coup sûr, le Gouvernement et le chancelier, constituent la pièce maîtresse de l'Allemagne. Dans ces conditions, il est banal d'affirmer que son régime est une *Kanzlerdemokratie* (*Präsidialdemokratie,* pour d'aucuns) tant il s'identifie à l'autorité de ce dernier. La logique du parlementarisme *majoritaire,* conjuguée à l'exceptionnelle personnalité de Konrad Adenauer, véritable créateur de l'institution, qui restitua à son pays sa crédibilité et d'Helmut Kohl, qui réalisa son unité et œuvra pour l'Union européenne, sont à l'origine de ce phénomène.

1° La formation du Gouvernement

Le parlementarisme germanique est le cadre *formel* de l'activité des partis politiques, ou plus précisément, des alliances nouées entre eux.

a) *L'entrée en fonction*

Fort de son investiture populaire, le chancelier est élu sans discussion, au début de la législature, par le Bundestag à la majorité absolue de ses membres, sur proposition du président (art. 63.1 L.F.). Il y prête serment (art. 64 L.F.) à l'unisson des ministres qui l'entourent, conformément au *contrat de coalition* signé avec le partenaire de la *C.D.U.-C.S.U.* ou du S.P.D. La loi électorale fait qu'aucun *de ces deux grands partis* ne peut détenir la majorité absolue des sièges, hormis le cas du troisième cabinet Adenauer (C.D.U.-C.S.U.) de 1957 à 1961.

L'Allemagne cultive, par suite, la formule traditionnelle dite de la *petite coalition* (C.D.U.-C.S.U.-F.D.P. : 1949-1957 ; 1961-1966 ; 1982-1998) ou (S.P.D.-F.D.P. 1969-1982) et depuis 1998 (S.P.D.-Verts), comme si dans son inconscient collectif, depuis l'aventure totalitaire, elle refusait de s'en remettre à un seul parti, fût-il le plus démocratique (43). Exceptionnellement, la *grande coalition* unit les deux grandes formations : (C.D.U.-C.S.U.-S.P.D.) entre 1966 et 1969. Mais, le partage du pouvoir entre le *Bund* et les *Länder* tend à une coalition de ce type (44).

b) *La durée des fonctions*

En bonne logique, la vie gouvernementale est liée au rythme de la vie parlementaire, expression *unique* de la souveraineté nationale, à l'inverse de la solution arrêtée sous Weimar. L'article 69-2 L.F. impose, de manière révélatrice, la démission du chancelier au lendemain d'une consultation nationale. *Le Gouvernement de législature* est solidement implanté autant que le *Gouvernement de la majorité.*

CHANCELIERS DE LA R.F.A.
1. Konrad ADENAUER (C.D.U.) : sept. 1949-oct. 1963 (1)
2. Ludwig ERHARD (C.D.U.-C.S.U.) : oct. 1963-nov. 1966 (2)
3. Kurt-Georg KIESINGER (C.D.U.-C.S.U.) : déc. 1966-oct. 1969
4. Willy BRANDT (S.P.D.) : oct. 1969-mai 1974 (2)
5. Helmut SCHMIDT (S.P.D.) : mai 1974-oct. 1982 (3)
6. Helmut KOHL (C.D.U.-C.S.U.) : oct. 1982-janv. 1991.
CHANCELIERS DE L'ALLEMAGNE
1. Helmut KOHL (C.D.U.-C.S.U.) janv. 1991-oct. 1998 (4).
2. Gerhard SCHRÖDER (S.P.D.) : oct. 1998- .
(1) 18 gouvernements se sont succédé à Bonn : Adenauer (5) ; Erhard (2) ; Kiesinger (1) ; Brandt (2) ; Schmidt (3) ; Kohl (4) et Schröder (1). (2) Retrait volontaire en cours de législature. (3) Retrait consécutif à une motion de censure constructive. (art. 67 L.F.). (4) Helmut Kohl détient le record de longévité à la chancellerie (16 ans). Lien de causalité, pour la première fois un Gouvernement sortant a été éliminé par le corps électoral en 1998.

Cependant, à titre exceptionnel, l'existence du Gouvernement fédéral peut être abrégée. Sur ce point, la constitution a mis en place un mécanisme célèbre autant qu'ingénieux, celui de la *motion de censure constructive* (art. 67) : *Le Bundestag ne peut exprimer sa défiance au chancelier qu'en lui élisant un successeur à la majorité de ses membres et en invitant le président fédéral à le relever de ses fonctions.* En clair, le Gouvernement bénéficie d'une *présomption de confiance*. En cas contraire, il appartient à l'opposition de renverser le fardeau de la preuve en démontrant qu'il ne possède plus la majorité. Cependant, instruits par les précédents fâcheux qui, sous Weimar, permettaient à une majorité *négative* de renverser un cabinet, par la conjonc-

(43) Traditionnellement le *parti d'appoint* (F.D.P. ou les Verts), dispose du portefeuille des affaires étrangères (Hans Dietrich Genscher a occupé ce poste 18 ans de 1974 à 1992). En outre, son titulaire reçoit le titre de vice-chancelier. Le F.D.P. a provoqué un renversement d'alliance en 1969 au profit du S.P.D. et en 1982, pour le C.D.U.-C.S.U.

(44) La coalition au plan fédéral ne se prolonge pas nécessairement au plan fédéré, où les situations les plus variées se rencontrent : gouvernement *monocolore :* Bavière (C.S.U.), Saxe (C.D.U.), Brandebourg, Basse-Saxe et Sarre (S.P.D.) ; *grande coalition* (Berlin, Brême, Thuringe) ; *petite coalition* (C.D.U.-F.D.P. : Bade-Wurtemberg, Hesse ; S.P.D.-les Verts : Rhénanie-du-Nord-Westphalie ; Schleswig-Holstein ; S.P.D.-P.D.S. ; Mecklembourg-Poméranie occidentale).

tion, par exemple, des voix communistes et national-socialistes, les constituants de Bonn, à l'instigation du professeur Hans Nawiasky, autorisent uniquement une majorité *positive* ou *créatrice* à se manifester, en l'obligeant à s'unir sur le nom d'un remplaçant.

Cette procédure, qui a fait école (45), a été utilisée jusqu'à présent, à deux reprises. En avançant, le 27 avril 1972, le nom de son *leader*, Rainer Barzel, la C.D.U.-C.S.U. voulait manifester son hostilité à l'*Ostpolitik* du chancelier Brandt. Cependant, elle devait échouer dans son dessein, faute de deux voix (46). Il faut attendre, le 1er octobre 1982, pour assister, de façon inédite, à la *relève* du chancelier Helmut Schmidt (S.P.D.) par Helmut Kohl (C.D.U.-C.S.U.). Par suite d'un désaccord économique, les libéraux ont joint leurs voix à celles des chrétiens-démocrates. Toutefois, on le sait, la logique démocratique ne sera pleinement satisfaisante qu'à partir du moment où les électeurs consultés, en mars 1983, entérineront l'alternance. Ce précédent s'imposera, de toute évidence, à l'avenir, et limitera d'autant la portée de cette disposition fameuse.

Enfin, il y a lieu de recenser d'autres causes de retrait. Pour des raisons personnelles, le grand âge de Konrad Adenauer l'amène à se retirer des affaires, en octobre 1963, après un *règne* de près de quatorze ans ; une affaire d'espionnage contraint Willy Brandt à résilier ses fonctions en mai 1974. Enfin, une rupture au sein de la majorité gouvernementale, par suite de la défection du F.D.P., provoque la mise à l'écart de Ludwig Erhard et l'expérience unique de la *grande coalition*, en novembre 1966. Autant d'exceptions à la pérennité : l'Allemagne, en un demi-siècle, a connu 7 chanceliers et 18 Gouvernements.

2° La mission du Gouvernement

Le Gouvernement siège à Berlin depuis août 1999 et agit sous l'autorité du chancelier dépositaire de la confiance de la nation. On parle du *principe du chancelier* qui se décline en termes ordinaires et extraordinaires.

a) *Les pouvoirs ordinaires du Gouvernement*

A ce propos, l'article 65 L.F. énonce : *Le chancelier fédéral fixe les lignes directrices de la politique et en assume la responsabilité*. De ce fait, il détermine les objectifs de la politique et choisit les moyens appropriés pour y parvenir. Il dispose du support administratif constitué par son cabinet *(Bundeskanzleramt)* et les services de la chancellerie fédérale. Sous l'autorité du chancelier, le Gouvernement possède les attributs normaux du pouvoir exécutif et, au moyen du relais incomparable que constitue sa majorité au Bundestag, dispose largement du pouvoir législatif et financier, conformément à la tendance générale. Depuis 1949, 80 % des lois promulguées l'ont été à son initiative, tandis que les membres du Bundestag intervenaient pour moins de 20 % et ceux du Bundesrat pour moins de 2 %. Le bilan de la *soudure organique* entre le Gouvernement et la majorité parlementaire est éloquent. Par ailleurs, celui-là peut saisir la Cour constitutionnelle fédérale, en certaines circonstances *(infra)*.

(45) Outre les constitutions des *Länder*, cette disposition a été une source d'inspiration pour les constituants français (art. 49 C), grec et espagnol. La loi du 13 mai 1991 l'applique même à la collectivité territoriale de Corse (art. 37) dans la relation entre l'assemblée et le conseil exécutif.

(46) Nullement découragée, l'opposition entreprit le débauchage des députés libéraux dont le *cours* augmenta régulièrement, jusqu'au moment où Willy Brandt reprit l'initiative en provoquant, par sa démission, des élections anticipées *(supra)*.

b) *Les pouvoirs extraordinaires du Gouvernement*

Le Gouvernement fédéral peut bénéficier d'une délégation de pouvoir législatif : *La loi doit préciser le contenu, le but et l'étendue de l'autorisation donnée* (art. 80 L.F.).

En dehors de l'hypothèse, peu plausible, d'un Gouvernement minoritaire recourant à la procédure *de l'état de nécessité législative (supra)*, la révision constitutionnelle du 24 juin 1968 (art. 115 a L.F.), relative aux pouvoirs de crise *(Notstand)* confère au Gouvernement, dans le cadre de *l'état de défense, en accord avec* les chambres, des pouvoirs accrus. Cependant, ils se trouvent *en deçà* de ceux attribués par l'article 48 de la constitution de Weimar ou de l'article 16 C (47).

§ 5 LA COUR CONSTITUTIONNELLE FÉDÉRALE

Rarement la politique n'aura été autant subordonnée au droit qu'outre-Rhin. On dit volontiers que le *gouvernement* ou l'*État des juges (Richterstaat)* y a élu domicile. Mais loin de s'en offusquer, l'opinion générale s'en félicite, en réaction contre la dictature du passé. Chacun s'accorde à reconnaître au *Bundesverfassungsgericht* une autorité juridictionnelle inégalée. Il s'agit d'une cour suprême, dans tout le sens du terme, disposant de la compétence de droit commun (art. 93 L.F.) (48).

A. L'ORGANISATION DE LA COUR CONSTITUTIONNELLE

Siégeant à Karlsruhe, la Cour constitutionnelle se compose de 16 juges répartis en deux chambres *distinctes*, sorte de juridictions jumelles *(Zwillingsgerichte)*, appelées *Senate* (49). En application de l'article 94 L.F. et de la loi du 3 février 1971, ses membres sont choisis sur le fondement d'un critère *socio-professionnel*, comme aux États-Unis et en Espagne, dans les conditions suivantes : six parmi les juges fédéraux et les dix autres entre les personnes âgées de plus de 40 ans disposant des diplômes requis pour entrer dans la magistrature. Ils sont élus, pour moitié par le Bundestag et pour moitié par le Bundesrat, à la majorité des deux tiers, ce qui a pour effet de favoriser, en théorie, un choix consensuel et non partisan. Dans les faits, on assiste à une répartition du droit de nomination entre les partis. Le mandat des juges est de douze ans. Ils ne peuvent être ni révoqués, ni renouvelés. Par ailleurs, une limite d'âge est fixée à 68 ans, au moment de la nomination. La fonction de juge constitutionnel est incompatible avec une activité privée ou une autre fonction publique. Le président de la Cour est élu dans les mêmes conditions. Pour la première fois, une femme (Jutta Limbach) a accédé à cette responsabilité en septembre 1994, en remplacement de Roman Herzog devenu *Bundespräsident*. Compte tenu des précautions prises, les choix opérés, à ce jour, par les chambres, n'ont pas fait l'objet de critiques décisives, car à tous égards, ce mode de désignation des juges offre le mérite de respecter *le principe de proportionnalité*, tant du point de vue politique que géographique, que des compétences techniques et de la répartition des sexes.

(47) V. M. FROMONT : Le problème de l'état de crise, *R.D.P.* 1969, p. 197 ; Chr. AUTEXIER : Les ordonnances et les délégations législatives, *R.F.D.A.* 1987, p. 748.

(48) V. Ch. EISENMANN : La justice constitutionnelle dans la République fédérale d'Allemagne, Mél. Léo Hamon, 1982, p. 195 ; J.-Cl. BEGUIN : *Le contrôle de la constitutionnalité des lois en R.F.A.*, 1982.

(49) La Cour siège, de manière exceptionnelle, en *plenum*, lorsqu'une chambre entend procéder à un revirement de jurisprudence. Notons que chaque *Land* dispose d'une cour constitutionnelle propre selon la logique fédérale. Les juristes sont particulièrement sollicités outre Rhin, les procès aussi, d'autant qu'on prétend que l'allemand est la langue juridique par excellence.

B. LES COMPÉTENCES DE LA COUR CONSTITUTIONNELLE

La Cour a grandement favorisé le règne du droit, achevant sur ce point capital, une tendance qui s'esquissait déjà sous Weimar à *juridiciser* les problèmes politiques. Au prix d'une simplification, ses chefs de compétence s'articulent autour de la défense respective de l'ordre constitutionnel, de la répartition des compétences au sein de la fédération et du principe de constitutionnalité. Autant dire que la Cour est en prise permanente avec l'exercice du pouvoir. Elle y est parfaitement intégrée, à la vérité.

1° La défense de l'ordre constitutionnel

La déchéance de l'individu sous le régime totalitaire est à l'origine d'une promotion remarquée et d'une protection renforcée des libertés. La Loi fondamentale s'ouvre par l'énoncé des *droits fondamentaux (Grundrechte)* qui lient les pouvoirs publics, *à titre de droit directement applicable* (art. 1er L.F.). En cas de violation, toute personne dispose d'une voie de droit prisée, au point d'accabler les juges, appelée le *recours constitutionnel (Verfassungsbeschwerde,* art. 93, al. 4). Cette procédure peut viser aussi bien un traité (12 octobre 1993, Traité de Maastricht), une loi, un acte administratif ou un jugement.

Dans cet ordre d'idées, on rappellera que la Cour constitutionnelle est appelée à statuer, le cas échéant, à la demande d'un pouvoir public fédéral, sur le caractère constitutionnel de certains partis politiques (art. 21 *in fine*) ou de l'utilisation du droit de dissolution, comme en 1983. Enfin, il lui appartient, en sa qualité de cour suprême, de statuer sur l'*interprétation* de la constitution en cas de litige entre les pouvoirs publics (art. 93 *in limine*). C'est ainsi que sur recours du F.D.P. (qui contestait une décision du chancelier Kohl) et du S.P.D., la Cour a jugé, le 8 avril 1993 et le 12 juillet 1994 que la *Bundeswehr* pouvait participer à des missions internationales de maintien de la paix, indépendamment d'une intervention humanitaire (arrêt du 23 juin 1993).

2° La défense de la répartition des compétences entre les pouvoirs publics

Le tribunal de Karlsruhe est juge de la puissance d'État. Il arbitre les différends qui peuvent y surgir. Plusieurs cas de figures se présentent : conflit entre la fédération et un *Land,* notamment en matière de télévision (arrêt du 22 mars 1995), entre deux *Länder*, ou bien litige entre organes fédéraux (art. 93) ou examen du contentieux des élections au Bundestag.

3° La défense du principe de constitutionnalité

Sans qu'il soit expédient de revenir sur la théorie générale, la Loi fondamentale distingue deux types de contrôle, l'un appelé *le contrôle concret des normes* (art. 100) ; l'autre, le contrôle *abstrait* (art. 93). Il n'est que trop aisé de remarquer la perfection du système allemand qui allie le contrôle par voie d'*exception* à celui par voie d'*action*.

Le premier se situe dans le cadre d'un *procès* devant une juridiction : lorsque la constitutionnalité d'une loi, dont dépend son issue, est mise en cause par le juge, celui-ci renvoie l'examen de la question préjudicielle au juge constitutionnel. D'un point de vue quantitatif, il s'agit du mode de saisine le plus fréquent. Le second vise une loi, en tant que telle, qui est déférée à l'instance constitutionnelle, par le Gouvernement fédéral, un Gouvernement local ou l'opposition (c'est-à-dire un tiers des membres du Bundestag).

L'autorité de la constitution est affirmée, au point de subordonner la loi, la démocratie majoritaire en clair, à ses vues. La technique de l'injonction adressée au Bundestag est révélatrice, à cet égard. Tel un contre-législateur, ou un tuteur, le juge est intervenu dans des domaines sensibles : en s'opposant, à deux reprises, à la libéralisation de l'avortement en janvier 1975 et en mai 1993 ; en suspendant les opérations légales du recensement de la population, en avril 1983, au motif que les droits des citoyens n'étaient pas suffisamment protégés ; en novembre 1986, au nom de la liberté d'expression, elle s'est souciée de préserver le pluralisme audiovisuel. Tout en limitant le droit d'asile (14 mai 1996), la Cour s'est employée à faire respecter le principe de l'égalité devant l'impôt (22 juin 1995) et plus encore, au point de provoquer un tollé, la liberté religieuse et de conscience, en s'opposant à la présence de crucifix dans les écoles (16 mai 1995). De la même manière, elle n'a pas hésité, le 10 novembre 1998, à provoquer un séisme fiscal en subordonnant l'impôt sur le revenu à un aménagement familier (soit un manque de 32 milliards de francs). Mais, au préalable, la Cour avait approuvé, le 12 juillet 1994, l'envoi d'éléments de la *Bundeswehr* dans le cadre de l'OTAN en Bosnie-Herzégovine (50).

Au final, la nouvelle Allemagne a connu une destinée exceptionnelle, en raison d'un essor économique et monétaire érigé en modèle et d'un enracinement civique, forgé à l'épreuve des faits. Pour la première fois de son histoire, elle a créé *une tradition* et, plus encore, une *conscience démocratiques*. Que cette identité soit mise à la disposition des droits de l'homme, lors du conflit du Kosovo, en 1999, prouve qu'elle est désormais du *bon côté*.

SECTION III — LE PATRIMOINE COMMUN OU LA DÉMOCRATIE EUROPÉENNE

Les nations libres de l'Occident présentent, notait Esmein, au début du siècle, *dans leurs institutions politiques à la fois un air de famille et des traits individuels*. Cette opinion demeure d'une étonnante actualité. Que l'on en juge : *Nous nous engageons à édifier, consolider et raffermir la démocratie comme seul système de gouvernement de nos nations... La démocratie est fondée sur le respect de la personne humaine et de l'État de droit.* La charte de Paris, signée le 21 novembre 1990, dans le cadre de la Conférence sur la sécurité et la coopération en Europe (C.S.C.E.) est le témoignage d'une identité de culture politique.

Ces passions partagées se révèlent dans toute leur intensité au sein de l'Union européenne, qui devient la référence, pour les anciens régimes communistes au moment où ils *rentrent en Europe* (51). Les *traditions constitutionnelles communes aux États*

(50) V. C. GREWE et A. WEBER : L'arrêt de la Cour constitutionnelle allemande du 16 mai 1995 relatif au crucifix, *R.F.D.C.* 1996, p. 183 ; A. KIMMEL : Une crise de la Cour constitutionnelle fédérale ? *Pouvoirs,* n° 79, 1996, p. 147. R. RAINER : Chronique de jurisprudence allemande, *A.J.D.A.* 1997, p. 333 ; M. FROMONT, *chr., R.D.P.* 1999, p. 501.

(51) V. G. DUPRAT (sous la direction) *L'Union européenne. Droit, politique, démocratie,* 1997 ; Y. GUCHET (sous la direction de) : *Les systèmes politiques des pays de l'Union européenne*, 1994 ; C. GREWE et M. H. RUIZ FABRI : *Les droits constitutionnels européens*, 1995 ; H. PORTELLI : *Les régimes politiques européens,* 1994 ; J.-F. FLAUSS (sous la direction) : Vers un droit constitutionnel européen. Quel droit constitutionnel européen ? *Rev. universelle des droits de l'homme,* 29 déc. 1995, vol. 7, p. 357.

membres (art. F du traité de Maastricht du 7 février 1992) ont été consacrées par l'avénement d'une *citoyenneté européenne* (art. 8), et d'une monnaie commune : l'*euro* (V. *III*[e] *partie*). On se propose d'évoquer ce fonds commun, à savoir : l'attachement à la démocratie parlementaire et à l'État de droit. Miroir, en somme, de la régulation juridictionnelle de la démocratie.

§ 1 LE RÉGIME PARLEMENTAIRE

Au-delà de la variété des formes de l'État (État fédéral en Allemagne, Autriche et Belgique ; unitaire, avec des variantes, ailleurs) et de l'origine populaire du pouvoir, à la suite d'élections disputées, selon une périodicité raisonnable, le régime parlementaire, avec son corrolaire l'alternance (52), se présente comme la *norme politique européenne*. La *cohabitation* met fin à l'exception française du régime présidentialiste (V. *III*[e] *partie*).

De ce point de vue, les constitutions reflètent l'évolution du parlementarisme : celle de la Belgique de 1831 (la plus ancienne, hormis le particularisme britannique) élaborée selon la conception *dualiste* et appliquée en termes *monistes* ; la Loi fondamentale de l'Allemagne empreinte de *rationalisation* découvre les bienfaits de la logique *majoritaire*. Le cas de la constitution italienne de 1947 est original : calquée sur celle de la IVe République française, elle n'a pas versé, cependant dans le régime d'assemblée, à l'image sans doute de la tour de Pise.

A. LE CHEF D'ÉTAT ET LE GOUVERNEMENT

Les États de l'Union, en dehors de la France en période présidentialiste, ont opté pour un pouvoir exécutif bicéphale au sein duquel le cabinet occupe la place centrale et assume le rôle dirigeant.

1° Le chef de l'État

Selon la loi du genre, le chef de l'État n'est pas le chef *dans* l'État : monarque ou président, il accomplit les gestes du pouvoir sans les assumer. A l'exception de cinq pays (Autriche, Irlande, Finlande, France et Portugal), il ne procède pas de la nation mais des assemblées ou de l'hérédité. De ce fait, il assume une fonction de représentation et non de décision. Mais ce lien de causalité ne saurait faire illusion. Hormis en effet le cas national, le président ou le monarque personnifie la nation. La généralisation de la règle du contreseing ministériel en porte témoignage. Cette *fatalité de l'effacement*, selon une expression, n'est pas exclusive cependant d'un pouvoir d'influence.

Outre-Quiévrain, on prétend que le seul belge est le roi. Un rôle qui s'avère d'autant plus nécessaire que l'État fédéral est devenue une réalité, en 1993. La fonction d'authentification des normes juridiques à laquelle Baudouin était confiné, n'a pu aller à l'encontre de sa conscience. En avril 1990, le roi

(52) En 1996, l'alternance s'est manifestée au Portugal, en Espagne et, pour la première fois, en Italie ; en 1997, en Grande-Bretagne France, et en Allemagne, l'année suivante.

s'est mis temporairement dans l'impossibilité de régner afin de ne pas promulguer la loi dépénalisant l'avortement (53). Albert II n'a pas hésité à intervenir, en 1996 dans la crise institutionnelle consécutive aux affaires de pédophilie. Autre exemple, le président italien Sandro Pertini, au cours de son mandat (1978-1985) a rompu avec la tradition d'effacement de ses prédécesseurs, en se comportant en *ombudsman du peuple* (A. Manzella) et de manière topique, en encourageant l'alternance contre le monopole démocrate-chrétien, par le choix à la tête du Gouvernement, d'un républicain (G. Spadolini), en 1981 et d'un socialiste (B. Craxi) en 1983.

Francesco Cossiga (1985-1992), appelé *le grand perturbateur*, a repris ce rôle *d'aiguillon* de la classe politique. Renonçant à son rôle de neutralité, il s'est prononcé pour *une révolution démocratique* impliquant une refonte institutionnelle, le 26 juin 1991 ; sujet réputé tabou, jusqu'alors. *Je ne serai plus le président qui se contente de garantir la correction du jeu entre les partis,* avait-il confié peu de temps auparavant. Son successeur au Quirinal, Oscar Luigi Scalfaro (1992-1999) a bénéficié d'une autorité morale et politique, lui permettant, depuis la rupture avec la partitocratie, en 1993, de favoriser la transition institutionnelle. La formation du Gouvernement d'Alema, dirigé par un ex-communiste, en octobre 1998, en donne la mesure.

De même, l'intervention télévisée du roi Juan Carlos, en février 1981, a sauvé la jeune démocratie espagnole d'une tentative de *pronunciamento*. On a rappelé qu'en Allemagne, Richard von Weizsäcker prit résolument position à partir de 1989 sur la frontière orientale, au moment où, selon le proverbe allemand, le chancelier dansait autour des œufs.

2° Le Gouvernement ou le ministère

A l'issue d'une négociation entre les partis, le Gouvernement se présente à l'investiture de la chambre (Grèce) ou des chambres (Belgique, Italie), devant qui, sa responsabilité peut être mise en cause, soit simplement (Belgique, Italie, Luxembourg), soit au terme d'une procédure rationalisée d'inspiration allemande (Espagne, Grèce, Portugal). Au Danemark, le cabinet n'est pas tenu d'obtenir l'investiture, ce qui permet la constitution de gouvernement minoritaire ou de non-défiance.

En contrepartie, le chef du Gouvernement dispose du droit de dissolution du Parlement, en tout ou partie. Mais, sachant qu'en dehors de la Grande-Bretagne, la représentation proportionnelle (invention belge) est le scrutin de *référence* communautaire, la dissolution est, pour une part importante, privée d'effets.

Le cours des choses est celui d'un *Gouvernement de législature* adossé à une majorité constante, en dehors du cas particulier de l'Italie qui s'est longtemps identifié à un régime en trompe-l'œil en voie de recomposition depuis 1993. On a prétendu initialement que la IVe République française y avait fait école. La crise ministérielle était la norme : 50 cabinets en 50 ans d'existence, pour faire bonne mesure.

Mais cette réalité était trompeuse. A l'image de la compétitivité de son économie immergée, le système transalpin a longtemps fait apparaître dans les faits une stabilité insoupçonnée, en raison d'une part, du *parti dominant* de la démocratie-chrétienne (en ce cas, un changement de Gouvernement traduisait une modification du rapport de force entre ses composantes ou/et avec les partis coalisés) et, d'autre part, de l'existence d'un *sottogoverno*. Ce concept se définit comme *l'espace de pouvoir politique qu'occupent les organismes publics ou d'intérêts publics par lesquels se réalise une grande partie de la politique économique du pays* (N. Bobbio). En un mot, on pouvait prétendre que *le pays n'avait pas besoin d'être gouverné, puisqu'il était sous-gouverné* (54).

En 1993 un séisme politique s'est produit par suite de la conjonction de la volonté du peuple et des juges. Le référendum des 18 et 19 avril 1993 et l'opération *mani pulite* (mains propres) destinée

(53) V. F. Delpérée : La fonction de roi, *Pouvoirs* n° 78, 1996, p. 43.
(54) V. N. Bobbio : La crise permanente, *Pouvoirs* n° 18, 1981.

à lutter contre la corruption, a atteint la partitocratie dans ses œuvres vives. En conséquence, la loi électorale a été bouleversée : à la R.P. succède le scrutin majoritaire à un tour avec un correctif proportionnel, pour 25 % des sièges. Un référendum destiné à éliminer ce reliquat échouera en janvier 1999. L'alternance est devenue une réalité sur ces entrefaites : une coalition de centre droit (*le pôle des libertés* animé par Silvio Berlusconi) triomphe au scrutin de mars 1994 avant de s'incliner devant la coalition de centre gauche, celle de l'*Olivier* dirigée par Romano Prodi) aux élections d'avril 1996. Le P.D.S. (parti démocratique de la gauche) (ex. P.C.I.) de Massino d'Alema entre au Gouvernement avec 9 ministres. L'Italie est confrontée à la modernisation de l'État (le fédéralisme apparaît la solution d'avenir) et d'une manière plus générale à la réforme institutionnelle. Le 30 juin 1997, la commission bicamérale du Parlement a achevé ses travaux. Dans la perspective du présidentialisme à la française, elle s'est prononcée, entre autres, pour l'élection du président de la République au suffrage universel, pour un mandat de six ans. Mais ce projet sera mort-né, le 2 juin 1998, à la suite du refus de l'opposition de Silvio Berlusconi. La seconde République reste à créer (55).

B. LE PARLEMENT

En principe, la démarche communautaire s'identifie au bicamérisme : Congrès des députés et Sénat en Espagne ; États généraux (première et seconde chambres) aux Pays-Bas, entre autres. Néanmoins, le monocamérisme a droit de cité dans cinq États (Danemark, Finlande, Grèce, Portugal et Suède). Le cas du Luxembourg est discuté. Les chambres procèdent de l'élection, en dehors du Sénat irlandais *(Seanad Eireann)* composé de 60 membres désignés, à raison de 11 par le premier ministre, 43 par les organisations socio-professionnelles et 6 élus par les universités.

Pour revenir au bicamérisme, l'égalité y est consacrée en Italie, à l'opposé de l'Espagne. En outre, les parlementaires, bénéficient d'immunités, en vue de l'accomplissement de leur mandat.

Mais, pour assuré qu'il soit, le régime représentatif n'est pas sans failles. La loi peut se révéler être une *norme partagée*. C'est ainsi qu'en Italie, l'article 117 de la constitution confère aux régions à statut spécial (Sardaigne, Sicile, Val d'Aoste, Trentin-Haut-Adige) ainsi qu'aux régions de droit commun, des compétences à caractère législatif (56) ; une même situation se rencontre, en Espagne, avec les communautés autonomes (Catalogne, Pays basque, *etc.*) (art. 148 de la constitution) qui, de surcroît, disposent du pouvoir d'initiative au plan national (art. 87) (57).

La loi, se présente aussi comme une norme partagée avec le peuple. Il s'agit du *référendum abrogatif* de la loi, qui peut être déclenché, soit par la minorité parlementaire (Danemark, Irlande), soit par une initiative populaire (Italie). En ce dernier cas, à l'exclusion des lois de finances, d'amnistie ou autorisant la ratification d'un engagement international, le référendum est soumis à l'initiative de 500 000 électeurs ou de 5 conseils régionaux. Après vérification de la Cour de cassation, la décision d'organiser la votation est prise, après examen de conformité, par la Cour constitutionnelle (art. 75 de la constitution et

(55) V. G. Bibes : L'Italie en 1993. La rupture avec le passé, *in Les pays d'Europe occidentale,* (D.F.), 1994, p. 69 ; B. Gaudillère : *Le régime politique italien,* 1999 ; I. Diamanti et M. Lazar, *Politique à l'italienne,* 1997 ; S. Carmeli : La révision de la constitution, *R.F.D.C.* 1999, p. 385.

(56) V. M. Baudrez : *Les actes législatifs du gouvernement en Italie*, 1994.

(57) V. F. Moderne et P. Bon : *Les autonomies régionales dans la constitution espagnole*, 1981 et L. Aguiar de Luque : Le système institutionnel espagnol *in Les systèmes politiques de l'Union européenne,* 1994, p. 111.

loi du 15 mai 1970). Un taux de participation minimale (la moitié des électeurs inscrits) est exigé. Faute de quoi, le référendum est annulé. Lorsqu'en revanche, il conclut à l'abrogation de la loi incriminée, le président de la République clôt la procédure au moyen de la promulgation (58).

L'Espagne, reprenant une disposition de la constitution républicaine de 1931, admet dans des conditions similaires, l'initiative populaire (art. 87 de la constitution et loi organique du 26 mars 1984).

§ 2 LA PROTECTION DES DROITS FONDAMENTAUX

L'Europe du droit existe. Avec Robert Badinter, on ne peut que se féliciter de l'existence d'un *corpus* juridique transnational, en un mot d'une *communauté de droit* (C.J.C.E., 23 avril 1986, *Les Verts c. Parlement européen*) (59).

La répétition n'est pas seulement pédagogique, elle peut se parer d'une vertu civique, celle de l'État de droit. La matière sensible des droits et libertés des personnes en fournit un exemple édifiant (V. *Ire partie*).

L'Europe se présente comme le champ d'application d'un modèle de justice constitutionnelle, appelé par Louis Favoreu, *les cours constitutionnelles*. Il est hautement symbolique que l'Autriche, où ce précédent a été créé, ait intégré l'Union européenne en 1995. Sans doute certains de ses membres (Royaume-Uni, Pays-Bas en particulier) n'ont-ils pas encore formellement franchi le pas. Mais c'est oublier que la C.E.D.H. et la Cour de justice de l'Union tiennent lieu de juridiction constitutionnelle à leur égard.

L'*air de famille* juridictionnel est aisément discernable du point de vue de la composition et des attributions dévolues. De façon significative, les cours constitutionnelles se rencontrent périodiquement pour confronter leur jurisprudence.

A. LA CRÉATION D'UNE JURIDICTION CONSTITUTIONNELLE

L'un des critères d'identification du modèle européen, par rapport au modèle américain, réside, en dehors de la *spécialisation* contentieuse, dans la nomination des juges constitutionnels par des autorités politiques.

(58) Sur les 13 propositions de référendum abrogatif présentées à la Cour italienne, celle-ci en a retenu dix qui seront approuvés par le peuple, les 18 et 19 avril 1993 : changement de mode de scrutin pour les sénateurs ; financement des partis politiques ; abolition du ministère des participations d'État ; nominations à la tête des caisses d'épargne, entre autres. Autant de condamnations de la partitocratie et plus particulièrement de la *lotizzazione* ou la règle du partage du secteur public entre les partis politiques. Ceci étant, depuis le premier référendum sur le divorce en 1974, onze scrutins pour un total de 45 référendums ont été organisés. La lassitude s'est manifestée le 15 juin 1997, avec l'échec de 7 référendums, pour manque de quorum, ainsi qu'en janvier 1999, en matière électorale.

(59) V. A. von BRÜNNECK : Le contrôle de constitutionnalité et le législateur dans les démocraties occidentales, *A.I.J.C.* t. IV, 1988, p. 15 ; La justice constitutionnelle dans le cadre des pouvoirs de l'État (VIIe conférence des cours constitutionnelles européennes), *ibid.*, t. III, 1987, p. 15.

Les membres de la Cour constitutionnelle sont élus, en Allemagne, par le Bundestag et le Bundesrat ; désignés, en Italie, par tiers, par le président de la République, le parlement et par les juridictions suprêmes (judiciaire et administrative). Le Tribunal constitutionnel, en Espagne, est constitué, sur nomination du roi, au vu des propositions présentées par le Congrès des députés, le Sénat, le Gouvernement et le conseil général du pouvoir judiciaire. Au Portugal, les membres sont élus par le parlement, avant de procéder à une cooptation. La Cour d'arbitrage belge, dans le strict respect de l'égalité linguistique entre les communautés française et flamande, est composée par le roi, à partir d'une liste présentée par le Sénat. Le Conseil constitutionnel français s'inscrit dans cette logique : en sus des anciens présidents de la République, membres de droit et à vie, les autorités de nomination sont, à parité : le président de la République le président du Sénat et le président de l'Assemblée nationale (art. 56 C) (60).

D'une manière générale, le mandat de juge constitutionnel n'est pas renouvelable, en vue d'assurer sa liberté de comportement ; il est inamovible ; enfin, à la différence de la Cour suprême américaine, limité dans le temps : entre 12 ans en Allemagne et 6 au Portugal, la France a choisi une solution médiane : 9 ans.

B. L'ORGANISATION DE VOIES DE RECOURS

Selon les procédures différentes, les juridictions constitutionnelles européennes se sont mobilisées, sur recours des personnes, parallèlement aux conflits d'attribution entre les organes de l'État, pour la sauvegarde des droits fondamentaux énoncés par les constitutions nationales et la Convention européenne des droits de l'homme, véritable *constitution européenne* des libertés (61).

On mentionnera l'aménagement d'un recours *direct* devant le juge constitutionnel, en Allemagne (recours dit *constitutionnel*) ; en Espagne (recours *d'amparo*) et, en Belgique, depuis une loi du 16 janvier 1989 ou, au moyen d'une question préjudicielle, consécutive à une exception d'inconstitutionnalité (Italie, Allemagne, Portugal) (V. *chr. A.I.J.C.*). Il faut formuler l'espoir que la France renonce au plus vite à son isolement, en accueillant cette dernière modalité de contrôle (V. *IIIe partie*).

La montée en force du pouvoir juridictionnel arrive à point nommé pour équilibrer celle du pouvoir exécutif. Le génie occidental a toujours su, en effet, contenir le pouvoir par un contre-pouvoir.

Au terme de cette présentation, il est aisé d'affirmer que l'Europe occidentale appartient au club des *États constitutionnels développés* (F. Delpérée) et que l'*Union européenne*, décidée par le traité de Maastricht, en 1992, en est la conclusion logique. Qui plus est, son *patrimoine commun* tend à devenir le dénominateur commun, à la suite de ralliement

(60) V. Ch. EISENMANN : *La justice constitutionnelle et la Haute Cour constitutionnelle d'Autriche*, 1928, préface de Kelsen, rééd. 1986 ; F. DELPÉRÉE (sous la direction de) : *Le recours des particuliers devant le juge constitutionnel*, 1991 ; D. ROUSSEAU, *La justice constitutionnelle en Europe*, 3e éd. 1998.

(61) Par une déclaration commune du 5 avril 1977, les autorités de la Communauté européenne ont déclaré leur attachement à ces droits fondamentaux et leur volonté de les respecter. L'article F du traité de Maastricht, signé le 7 février 1992 y fait écho.

des régimes qui, jusqu'en 1989, lui étaient hostiles (62). La fin du *droit-alibi* et de la vie politique schizophrénique, peut désormais être envisagée dans les *mondes convertis* au droit constitutionnel occidental.

Bibliographie

I. *La Suisse :*

J.-F. AUBERT : *Traité de droit constitutionnel suisse*, 1967 ; A. AUER, *La juridiction constitutionnelle en Suisse*, Genève, 1983 ; E. CLARET : *Les partis politiques en Suisse*, Vevey, 1975 ; A. FAVRE : *Droit constitutionnel suisse*, Fribourg, 1966 ; Th. DE FELICE : *Institutions de la Suisse*, 1985 ; C.-J. GIGNOUX : *La Suisse*, 1960 ; P. HAZAN : *Le mal suisse*, 1998 ; W. RAPPARD : *La constitution fédérale suisse de 1848 à 1948*, 1948 ; L. REBEAUD : *La Suisse, une démocratie en panne*, Lausanne, 1970 ; J. ROHR : *La Suisse contemporaine*, 1972 ; Cl. ROUILLIER : Le contrôle de constitutionnalité des lois par le Tribunal fédéral suisse, *Pouvoirs* n° 54, 1990, p. 147 ; R. RUFFIEUX et autres : *La démocratie référendaire en Suisse au XX*e *siècle*, Fribourg, 1972 ; A. SIEGFRIED : *La Suisse, démocratie témoin*, 1948.

V. aussi *La Suisse*, Pouvoirs n° 43, 1987 ; *De la constitution,* Mél. J.-F. Aubert, Bâle 1996.

II. *L'Allemagne :*

J. AMPHOUX : *Le chancelier dans le régime constitutionnel de la République fédérale d'Allemagne*, 1962 ; Chr. AUTEXIER : *Introduction au droit public allemand,* 1997 ; J.-Cl. BEGUIN : *Le contrôle de la constitutionnalité des lois en R.F.A.*, 1982 ; P.-A. BOIS : *Les institutions allemandes*, 1971 ; Ch. EISENMANN : *Bonn et Weimar : Deux constitutions de l'Allemagne*, D.F., 1950 ; G. ESTIEVENART : *Les partis politiques en Allemagne fédérale*, 1973 ; M. FROMONT et A. RIEG : *Introduction au droit allemand*, 1977-1984 ; C. GREWE : *Le système politique ouest-allemand*, 1986 ; A. GROSSER : *La R.F.A.*, 8e édit., 1988 ; avec H. MENUDIER : *La vie politique en Allemagne fédérale*, 3e édit., 1978 ; Cl. LASSALE : *Le fédéralisme dans la loi fondamentale de la République fédérale allemande*, 1954, Ph. LAUVAUX et J. ZILLER : Trente-cinq ans de parlementarisme rationalisé en République fédérale d'Allemagne, *R.D.P.* 1985, p. 1023 ; A. LE DIVELLEC : *Le parlementarisme allemand,* thèse, Paris-II, 1999 ; A.-M. LE GLOANNEC : *La nation orpheline*, 1989 et *l'état de l'Allemagne* (sous direction), 1995 ; G. PEISER : *L'institutionnalisation des partis politiques dans la République fédérale allemande*, R.D.P., 1959, p. 639 ; J. ROVAN : *Histoire de l'Allemagne*, 1993.

V. également : L'Allemagne, *Pouvoirs* n° 66, 1993 ; M. FROMONT : *chr.* à la *R.D.P.* et à l'*A.I.J.C.* et *les institutions de la République fédérale d'Allemagne,* D.F. 1999.

III. *Le patrimoine commun ou la démocratie européenne :*

A. DE BAECQUE (sous la direction de) : *Une histoire de la démocratie en Europe*, 1991 ; F. DELPERÉE : La nouvelle constitution belge, *R.F.D.C.* 1994, p. 3 ; B. GAUDILLÈRE, *Le régime politique*

(62) Dans le passé, la logique occidentale avait triomphé du fascisme. Ces sociétés s'analysaient en un phénomène de crispation, comme le choc en retour de l'établissement, en Russie, d'un régime marxiste-léniniste. Par ailleurs, en l'absence d'une tradition démocratique et en présence d'une crise économique, la bourgeoisie nationale a refusé d'être prolétarisée et a préféré sceller son sort à celui d'un sauveur : Mussolini en Italie (1922-1945), Hitler en Allemagne (1933-1945), Salazar au Portugal (1926-1974), Franco en Espagne (1936-1975), sans omettre les colonels grecs de 1967 à 1974. Ces *régimes en rut*, pour parler comme Bernanos, tout en singeant les régimes marxistes (parti unique, militarisation de la société civile, démarche collectiviste) prétendaient, dans le même temps, non sans vergogne, incarner les valeurs de l'Occident. Assurément, il s'agit d'une escroquerie intellectuelle, face à la subordination de l'individu ; à l'arbitraire en lieu et place de l'État de droit ; au conformisme pesant et au panurgisme obsédant et la condamnation de la raison. *La destruction* de celle-ci, relève le philosophe Lukacs, *prépare le terrain idéologique du fascisme*. Ce dernier est donc bien le *mépris*, dont parlait Camus ou *l'insulte à la nature humaine*, selon Montesquieu, puisqu'il s'adresse plus à des troupeaux qu'à des personnes responsables.

italien, 1999 ; J. GEORGEL : *L'Italie au XXe siècle, D.F.,* 1996 ; Y. GUCHET (sous la direction) : *Les systèmes politiques des pays de l'Union européenne*, 1994 ; C. GREWE et M. H. RUIZ FABRI : *Les droits constitutionnels européens*, 1995 ; P. LALUMIÈRE et A. DEMICHEL ; *Les régimes parlementaires européens*, 2e éd. 1978 ; Ph. LAUVAUX : *Les grandes démocraties contemporaires*, 2e éd., 1998 ; Y. MÉNY : *Politique comparée*, 4e édit., 1995 ; A. PIZZORUSSO : *Sistema istituzionale del diritto publico italiano,* Naples, 2e éd., 1992 ; H. PORTELLI : *Les régimes politiques européens,* 1994 ; J.-L. QUERMONNE : *Les régimes politiques occidentaux*, 1986 ; J. RIDEAU (sous la direction) *Les États membres de l'Union européenne,* 1997 ; D. ROUSSEAU : *La justice constitutionnelle en Europe*, 3e éd., 1998. G. SOULIER, *L'Europe,* 1994 ; G. ZAGREBELSY : *Dirrito costituzionale*, Turin, 1987.

On consultera : l'Espagne, Pouvoirs no 8, rééd., 1984 ; *Italie* no 18, 1981 et *la Belgique* no 54, 1990, les *chr. A.I.J.C.* et *Les constitutions des États de l'Union Européenne,* D.F., 1999.

SECONDE PARTIE
LES MONDES EN VOIE DE DÉMOCRATISATION *

(*) Le caractère particulièrement mouvant des transformations constitutionnelles et politiques qui affectent depuis 1989 l'ex-U.R.S.S. et les autres États post-communistes, d'une part et des pays du tiers-monde, d'autre part, rend malaisé la synthèse. C'est donc avec modestie et conscient des fluctuations à venir que cette partie a été abordée.

TITRE 1

LE DROIT CONSTITUTIONNEL DE L'EX-U.R.S.S., DE LA RUSSIE ET DES ÉTATS POST-COMMUNISTES *

* Le doyen Patrice GÉLARD s'est chargé de l'actualisation de ce titre.

CHAPITRE I
DU MARXISME-LÉNINISME A LA TRANSITION DÉMOCRATIQUE

Les États qui se réclament du marxisme-léninisme sont actuellement en voie de disparition (1). Depuis la révolution de l'automne 1989 qui a vu successivement s'effondrer les régimes est-allemand, bulgare, tchécoslovaque et roumain, entraînés après la Pologne et la Hongrie, dans la rénovation démocratique, les événements se sont précipités : accélération du processus de transformation et d'éclatement de l'U.R.S.S., disparition du rôle dirigeant du Parti tant en U.R.S.S. qu'en Europe de l'Est, élections libres et mise en place ici et là de Gouvernements non-communistes, enfin dissolution de l'U.R.S.S., en 1991. Simultanément, les États auparavant soutenus par l'Union soviétique sont en crise ou évoluent vers le libéralisme (Éthiopie, Afghanistan, Angola, Mozambique, Yémen, Nicaragua) ; le Vietnam et la Chine se tournent vers l'économie libérale. La Corée du Nord traverse une crise sans précédents et Cuba recherche une solution de synthèse entre socialisme et libéralisme. A terme, il ne restera vraisemblablement plus que deux types de systèmes politiques : d'une part les démocraties et d'autre part les totalitarismes dont la justification idéologique ne suffira plus pour camoufler les atteintes inacceptables aux droits de l'homme.

SECTION I — LA REMISE EN CAUSE DES PRINCIPES MARXISTES-LÉNINISTES

L'U.R.S.S. et les autres États marxistes-léninistes reposaient sur quatre principes essentiels : une idéologie, un système économique, un système de relations internationales et des institutions politiques spécifiques. Ces quatre principes ont été totalement remis en cause au cours des années 1989-1991.

(1) V. J. Baechler : *La grande parenthèse (1914-1991). Essai sur un accident de l'histoire,* 1993. F. Furet : *Le passé d'une illusion,* 1994.

§ 1 L'EFFONDREMENT DE L'IDÉOLOGIE

Les bouleversements de l'année 1989 ont eu pour conséquence directe l'effondrement de l'idéologie marxiste-léniniste : suppression du rôle dirigeant du Parti (U.R.S.S. Mongolie extérieure et toute l'Europe de l'est), reconnaissance du multipartisme, renaissance des religions et développement de la liberté d'expression. Le marxisme-léninisme n'est plus qu'une idéologie parmi d'autres, directement contestée et attaquée pour ses erreurs, son inefficacité économique et ses atteintes aux droits de l'homme. Cela ne signifie pas cependant que tout le contenu idéologique du marxisme-léninisme soit définitivement mort ; la lutte contre les inégalités sociales, le développement des droits sociaux, une certaine conception de l'homme doivent se maintenir sous une forme ou une autre. Mais, le marxisme-léninisme en tant que *science du développement des sociétés* a vécu.

§ 2 LA FIN DE L'ÉCONOMIE SOCIALISÉE

L'une des conséquences essentielles des transformations politiques de l'U.R.S.S. et de l'Europe de l'est a été l'abandon des trois principes dirigeants de l'économie des États socialistes c'est-à-dire la propriété collective des biens de production, la planification intégrale de l'économie et la direction par l'État des entreprises.

Certes, dans la plupart des pays d'Europe de l'est, l'économie restera en partie socialisée notamment en ce qui concerne les services publics, mais les fondements économiques de ces pays n'ont plus de différences essentielles avec ceux des États à économie libérale. Notons, en outre, que des États encore marxistes-léninistes se sont engagés dans un processus économique similaire ; c'est le cas de la Chine depuis 1980 et du Vietnam depuis 1990.

§ 3 LA DISPARITION DU CAMP SOCIALISTE

Les bouleversements politiques ont détruit les institutions permanentes du camp socialiste comme le pacte de Varsovie ou le Conseil d'aide économique mutuelle. L'unification de l'Allemagne condamnait, en fait, ce pacte et le COMECON, alors que la Hongrie, la Pologne et la Tchécoslovaquie programmaient le départ des troupes soviétiques de leur territoire. En fait, les seules structures qui subsistent sont celles des traités bilatéraux et l'Organisation de sécurité et de coopération en Europe (O.S.C.E.).

§ 4 L'ABANDON DU MODÈLE CONSTITUTIONNEL STALINO-BREJNÉVIEN

Le modèle constitutionnel stalino-brejnévien reposait sur trois principes : l'État était né de la révolution, il était animé par un Parti communiste, force qui dirige et oriente la société et l'État, et il disposait d'institutions spécifiques par rapport à celles du monde occidental (confusion des pouvoirs, centralisme démocratique, légalité socialiste). L'abandon du rôle dirigeant et unique du Parti a ouvert la voie au multipartisme et donc au processus démocratique.

SECTION II — L'EFFONDREMENT DU SYSTÈME ET LA TRANSITION DÉMOCRATIQUE

La *perestroïka* sera la cause de la révolution des peuples à partir de 1989.

§ 1 LA PERESTROÏKA SOVIÉTIQUE : POINT DE DÉPART DU CHANGEMENT

Le système marxiste-léniniste semblait immuable. Son extraordinaire cohérence découlait de ce que le Parti communiste, gardien et dépositaire de l'idéologie qui le légitimait, contrôlait et dirigeait tout à la fois le système politique, le système économique et le système international.

A. LA LOGIQUE DU SYSTÈME

Ce système clos conduisait inéluctablement au conservatisme ; en effet, les réformes ne pouvaient pas aboutir, car elles risquaient de conduire à la remise en cause de l'un de ses éléments essentiels ; l'absence d'alternance et l'inexistence de tendances au sein du Parti empêchaient l'émergence de nouveaux programmes ou de nouvelles idées.

Dans les pays du camp socialiste, la marge de manœuvre était tout aussi étroite. Les crises successives de Berlin en 1953, de Pologne et de Hongrie en 1956, de Tchécoslovaquie en 1968 puis à nouveau de Pologne en 1970, 1974 et 1980 démontraient que le pouvoir soviétique n'était pas prêt à accepter des réformes de structures et qu'il préférait *normaliser*, soit directement, soit par les forces du pacte de Varsovie ou par l'armée nationale. Tout au plus, l'Union soviétique choisissait de rompre avec les dissidents yougoslaves ou chinois plutôt que de reconnaître le bien-fondé d'une remise en cause du système politique.

B. L'IMPOSSIBLE SAUVETAGE

L'expérience soviétique antérieure des réformes économiques *sans* réformes politiques démontrait que cette voie était vouée à l'échec. Il fallait donc réformer pour sauver la totalité du système. M. Gorbatchev va tenter, au nom de la *perestroïka,* de mener de front réformes économiques et réformes politiques en préservant l'essentiel du système marxiste-léniniste, c'est-à-dire le rôle dirigeant du Parti et le maintien du camp socialiste. Le cours des événements va lui faire perdre le contrôle du processus et engager l'ensemble du monde socialiste dans la voie de la transition démocratique.

Ainsi, comme le pressentait Khrouchtchev, mettant fin à l'insurrection de Budapest de 1956, ou Brejnev, interrompant brutalement en 1968 le printemps de Prague, la remise en cause de l'un des éléments du système marxiste-léniniste conduisait obligatoirement à son effondrement. Elle ouvrait la boîte de Pandore de la contestation en dévoilant le vrai visage de l'héritage stalino-brejnévien, c'est-à-dire celui de la dictature.

§ 2 LA TRANSITION DÉMOCRATIQUE EN EUROPE CENTRALE ET ORIENTALE

Il est utile d'indiquer les grandes étapes du processus (2).

A. LE CHANGEMENT DE RÉGIME

Le changement de régime s'est pratiqué selon trois modèles différents : l'évanescence, l'effondrement immédiat ou l'implosion.

1° L'évanescence

Ce premier schéma concerne la Pologne, la Hongrie et plus tardivement l'Albanie.

En Pologne, le Parti ouvrier unifié polonais s'avéra incapable de calmer l'agitation permanente, entretenue par Solidarnosc et de remédier à la dégradation économique et politique du pays. Le Parti sera contraint, le 5 avril 1989, à l'issue d'une table ronde pouvoir-opposition, de signer une plateforme d'accord acceptant une importance révision constitutionnelle, l'adoption d'une loi électorale nouvelle et l'organisation d'élections presque libres qui devaient voir la victoire de Solidarnosc, aux élections des 4 et 18 juin 1989.

En Hongrie, le développement spontané de groupements et de partis politiques d'opposition vont conduire le Parti socialiste ouvrier hongrois à mettre fin, le 2 mai 1988, à la domination de Janos Kadar. La réorganisation du Parti à l'issue du plénum du 23 et du 24 juin 1989 va accélérer le processus de décomposition du système et conduire le Parti à s'autodissoudre lors du XIVe Congrès extraordinaire du 5 au 7 octobre 1989 et à se transformer en Parti socialiste hongrois.

En Albanie, ce ne sera qu'en 1991, après les tentatives d'évasion vers l'étranger de nombreuses personnes et de manifestations de rue que le pouvoir sera contraint d'accepter des réformes, le pluripartisme, l'organisation d'élections libres qui verront cependant la victoire du Parti du travail albanais. Mais, la contestation croissante conduira l'Albanie à la mise en place d'un gouvernement d'union nationale, puis à la victoire de l'opposition démocratique.

2° L'effondrement immédiat

Ce deuxième schéma a été celui de la Bulgarie, de la R.D.A. et de la Tchécoslovaquie.

En Bulgarie, l'élimination par le Parti communiste de Todor Jivkov, le 10 novembre 1989, et son remplacement à la tête du Parti et de l'État par Petar Mladenov, ancien ministre des affaires étrangères, va marquer le point de départ de l'effondrement du régime. Petar Mladenov sera à son tour éliminé le 6 juillet 1990 et le processus de démocratisation ira alors en s'amplifiant.

En R.D.A., la vague considérable d'émigration d'allemands de l'Est pendant l'été 1989 était la marque d'un profond malaise. Après la destitution d'Eric Honecker par le Parti socialiste unifié, en quelques semaines, le Parti va complètement se décomposer avant de laisser le pouvoir, le 8 novembre 1989, devant la pression de multiples manifestations de rue à Leipzig et Berlin, notamment.

En Tchécoslovaquie, les manifestations de Prague du 17 au 21 novembre vont contraindre les dirigeants du Parti et de l'État à la démission, le 6 décembre 1989.

(2) V. F. Fejto et E. Kulesza-Mietkowski : *La fin des démocraties populaires, le chemin du post-communisme,* 1991 ; P. Gélard : *Les textes constitutionnels soviétiques,* 1991 ; J. Gueit (sous la direction de) : *Les années Gorbatchev. L'U.R.S.S. de 1985 à 1991,* (DF) 1993.

Dans les trois cas qui précèdent, certains membres du Parti étaient partisans du recours à la force pour éviter ce processus de décomposition. Ce fut le cas de Mladenov en Bulgarie, du général Vacek en Tchécoslovaquie et de Honecker en R.D.A.

3° L'implosion du système

Ce troisième schéma est celui de la Roumanie. Après la répression des manifestations de Timisoara, le suicide du ministre de la défense et le rassemblement du 21 décembre 1989 qui se transforme en manifestation contre Ceausescu, c'est la fuite de ce dernier, son arrestation, son jugement et son exécution, le 25 décembre. L'armée et le Front de salut national s'emparent du pouvoir dans des circonstances qui laissent supposer qu'elles ont été préalablement organisées par des membres du Parti communiste roumain.

B. LES PREMIÈRES RÉFORMES

1° L'organisation d'élections libres

Les États intéressés ont tous organisé des élections libres (ou presque libres) après l'effondrement du système antérieur.

Tous les parlements élus, après les élections libres, ont été constituants et tous les pays concernés ont élaboré des constitutions nouvelles ou bouleversé les constitutions en place.

Diverses réformes ont, cependant, partout été adoptées : suppression du rôle dirigeant du Parti communiste sans exception ; cette suppression s'accompagne parfois de la dissolution des cellules d'entreprise et de la confiscation des biens du Parti. Suppression de toute référence dans la constitution au marxisme-léninisme, au communisme ou au socialisme ; dissolution des forces de sécurité ; privatisation et instauration de l'économie de marché.

2° L'onde de choc

La libéralisation de l'Europe de l'est à abouti à l'effondrement de la Yougoslavie, à partir de 1991, par suite du déclenchement de guerres ethniques. Dans le même temps, les régimes sous-développés assistés par l'U.R.S.S. s'effondraient (Éthiopie, Nicaragua). Seule la Chine, à côté de Cuba, du Vietnam et de la Corée du Nord, ont résisté, le plus souvent en se transformant face au mouvement destructeur.

Bibliographie

I. *Le marxisme :*

Marx et le droit moderne, 1967 ; H. BARTOLI : *La doctrine économique et sociale de Karl Marx,* 1950 ; J.-Y. CALVEZ : *La pensée de Karl Marx,* 1956 ; H. CARRÈRE D'ENCAUSSE et S. SCHRAM : *Le marxisme et l'Asie,* 1964 ; R. DAVID : *Les grands systèmes de droit contemporain,* 1967 ; H. LEFEBVRE : *Le marxisme,* 1969 ; J. MARCHAL : *Deux essais sur le marxisme,* 1955 ; B. MIRKINE-GUETZEVITCH : *La théorie générale de l'État soviétique,* 1928 ; K. PAPAIOANNOU : *Marx et les marxistes,* 1972 ; A. PIETTRE : *Marx et marxisme,* 3e édit., 1962 ; J. ROUX : *Précis historique et théorique de marxisme-léninisme,* 1969.

II. *Les spécificités politiques :*

R. CHARVIN : *Les États socialistes européens,* 1985 ; P. GÉLARD : *Les sysèmes politiques des États socialistes,* 1975 ; M. LESAGE : *Les régimes politiques de l'U.R.S.S. et de l'Europe de l'Est,* 1971, et *Le système politique de l'U.R.S.S.,* 1987 ; T. DRAGANU : *Structures et institutions constitutionnelles des pays socialistes européens,* 1981.

III. *La transition démocratique*

S. MILACIC : *La démocratie constitutionnelle à l'Est ? Essai sur la transition démocratique.* Université de Bordeaux-I, 1991-1992.

CHAPITRE II
L'U.R.S.S., LA RUSSIE ET LES RÉPUBLIQUES INDÉPENDANTES

Entre 1989 et 1991, un phénomène prodigieux se produit : la disparition pacifique du dernier empire au monde. Un processus de démocratisation se met en place depuis.

SECTION I ÉVOLUTION ET DISPARITION DU DROIT CONSTITUTIONNEL SOVIÉTIQUE

Le droit constitutionnel classique subissait dans les sociétés marxistes des déformations nombreuses et importantes. Mais, celles-ci se saisissaient plus facilement dans la réalité de la vie politique quotidienne que par la lecture des textes constitutionnels.

En effet, lorsqu'on aborde l'étude des institutions et de la vie politique des sociétés marxistes et particulièrement de l'U.R.S.S., on ne peut manquer d'être frappé par le caractère *paradoxal* de la situation que l'on rencontre. Tout se passe comme si les règles constitutionnelles inscrites dans les textes et la pratique politique quotidienne se développaient sur deux plans différents.

Les institutions politiques de ces pays se réclamaient de la démocratie et elles étaient même affirmées, par les hommes politiques et les commentateurs officiels, plus démocratiques que celles de l'Occident. La vie politique était, malgré des différences de pays à pays, celle d'États dictatoriaux, avec concentration du pouvoir entre les mains de quelques-uns se renouvelant par cooptation, avec des restrictions considérables aux libertés individuelles.

Ce manque de concordance et même cette contradiction provenaient, pour l'essentiel, de ce que les pays marxistes avaient, pour une large part, emprunté des institutions mises au point en vue de l'organisation politique de sociétés pluralistes, alors que l'U.R.S.S. et les démocraties populaires s'efforçaient de réaliser des sociétés *unanimistes*.

§ 1 LES PRINCIPES CONSTITUTIONNELS SOVIÉTIQUES

C'est l'originalité, pour ne pas dire la singularité, du constitutionnalisme et du fédéralisme soviétiques qu'il importe de rappeler.

A. L'ÉVOLUTION DES INSTITUTIONS SOVIÉTIQUES

Depuis la révolution de 1917, l'Union soviétique a connu trois constitutions, quatre même en comptant la constitution russe de 1918. Selon la conception soviétique, chaque constitution était le reflet des changements intervenus dans la société : à chaque fois que la société connaissait une mutation profonde, il fallait harmoniser le texte constitutionnel avec les transformations intervenues, en vue de la marche vers le socialisme et le communisme. En d'autres termes, le texte constitutionnel se présentait comme le *bilan* des acquisitions du socialisme et non un programme d'action pour l'avenir.

1° La constitution russe du 10 juillet 1918

Elle est celle d'un régime transitoire de dictature du prolétariat. S'il n'est pas encore question du Parti et si tous les pouvoirs appartiennent théoriquement aux soviets, le système électoral mis en place à l'époque est restreint, inégalitaire, indirect et public. Si l'organe fondamental est théoriquement le Congrès des soviets, puis son Comité exécutif central et son présidium, l'effectivité du pouvoir revient au conseil des commissaires du peuple, investi du droit d'adopter toutes les mesures rendues nécessaires par les circonstances.

2° La constitution soviétique du 31 janvier 1924

Celle-ci est la prise en considération du pacte du 30 décembre 1922 qui avait créé l'U.R.S.S. par la fusion de la Russie, de l'Ukraine, de la Biélorussie et de la Transcaucasie. Cette constitution qui reprend l'ensemble des dispositions de celle de 1918, instaure pour la première fois le fédéralisme et transforme le Comité exécutif central en organe bicaméral, composé du Soviet de l'Union et du Soviet des Nationalités. Elle établit au sein du gouvernement la distinction entre ministères fédéraux (qui dirigent directement une administration sur tout le territoire) et fédéraux-républicains (qui dirigent une administration par l'intermédiaire des organes des républiques fédérées).

3° La constitution soviétique du 5 décembre 1936

C'est la constitution de la victoire du socialisme : L'économie, intégralement socialisée est maintenant planifiée, l'agriculture est intégralement collectivisée et le rôle du Parti et de son chef, Staline n'est plus remis en cause, grâce notamment à l'élimination de tous les opposants par les purges, et les grands procès. Mais cette constitution est particulièrement intéressante à plus d'un titre. Elle est tout d'abord le modèle qui va influencer toutes les autres constitutions des États socialistes, y compris actuellement. Elle est la première constitution qui affirme, à l'article 126 le rôle *dirigeant* du Parti, noyau dirigeant de toutes les organisations tant sociales que d'État. Elle est aussi une constitution qui se veut démocratique avec la restauration du droit de vote universel, égal, direct et secret et avec la place considérable faite aux droits et libertés du citoyen en mettant l'accent sur les moyens matériels de leur réalisation. Quant aux institutions, elles se rapprochent du schéma occidental. L'organe suprême du pouvoir n'est plus le congrès des soviets (organe pléthorique, épisodique et élu selon des modalités discutables) mais le Soviet suprême de l'U.R.S.S., composé de deux chambres, l'une représentant la population (le Soviet de l'Union), l'autres les collectivités fédérées et autonomes (le Soviet des nationalités). Cet organe détient seul, en principe le pouvoir constituant et législatif et procède à l'élection de tous les autres organes : le Présidium (à la fois exécutif collégial et organe législatif permanent par délégation du Soviet Suprême), le conseil des commissaires du peuple (devenu en 1946 conseil des ministres), le Tribunal suprême et le procureur général (1).

Le XXIIe Congrès du P.C.U.S. et le IIIe Programme du Parti, constituent une approche théorique du problème constitutionnel particulièrement intéressante. Dès le XXIe Congrès (1959), Khrouchtchev estimait qu'il fallait changer de constitution. Au XXIIe Congrès où sera adopté le IIIe programme du Parti (1961), une conception nouvelle de la société et de l'État est élaborée. L'Union soviétique, selon Khrouchtchev n'est plus l'État de la dictature du prolétariat, ni même celui de la majorité du peuple mais celui du *peuple tout entier*. Dès lors, la société socialiste doit changer de formes : l'État doit être transformé en *auto-administration sociale et communiste* où les citoyens dans leurs organisations sociales, au sein des collectivités locales et des soviets locaux doivent autogérer des services publics de plus en plus nombreux alors que l'État va prendre en charge des besoins accrus (gratuité totale des soins, gratuité des transports urbains, suppression des impôts directs, *etc.*). Ce gigantesque programme ne sera pratiquement pas réalisé. Mais il prévoyait l'adoption d'une nouvelle constitution dont la mise en chantier débuta en 1962 et fut arrêté en 1964, lors de l'élimination de Khrouchtchev.

4° La constitution du 7 octobre 1977

Elle est la dernière constitution de l'U.R.S.S. Annoncée depuis 1959, mise en chantier en 1962, abandonnée jusqu'en 1972, remise en chantier à cette date, son avant-projet sera rendu public à l'issue de la réunion du Comité central du P.C.U.S. du 24 mai 1977 et diffusé dans toute la presse soviétique, le 4 juin 1977. Le projet modifié par une centaine d'amendements, proposés par les députés ou au cours de la discussion publique, sera approuvé par le Soviet suprême de l'U.R.S.S., le 7 octobre 1977. La constitution nouvelle qui présentait l'indiscutable mérite d'être intégralement conforme à la réalité politique est en fait un compromis entre les idées de 1936 et de celles de 1961, entre le stalinisme et le khrouchtchévisme, en qualifiant le stade actuel du développement de la société soviétique de *socialisme avancé*.

B. LA RÉVISION CONSTITUTIONNELLE DU 1er DÉCEMBRE 1988

C'est la XIXe Conférence du P.C.U.S., en juin 1988, qui a décidé de réviser la constitution de 1977. Après une courte discussion publique qui suivit la publication de l'avant-projet, le 22 octobre 1988, le Soviet suprême de l'U.R.S.S. adoptait la modification de 55 articles (sur 174). Il s'agit donc d'une révision particulièrement rapide, mais aussi partielle puisque seules les institutions centrales du pouvoir et le système électoral sont modifiés en profondeur ; la révision constitutionnelle portait sur la structure de l'État et le fédéralisme est renvoyée à une date ultérieure. Cette révision qui fut adoptée à une large majorité, mais non à l'unanimité comme naguère, bouleverse les institutions soviétiques dans trois domaines : la mise en place de la pluralité des candidatures aux élections avec vote secret ; l'instauration d'un véritable parlement permanent avec le Soviet suprême, élu par le Congrès des députés du peuple, appelé à siéger de 6 à 8 mois par an (au lieu de 4 jours auparavant) ; la création d'un Comité de contrôle constitutionnel, pièce maîtresse de la volonté de mettre en place un État de droit.

(1) Cette constitution a été occultée dans les faits. De 1936 à 1956, les élections ne furent que de pure forme et les organes constitutionnels n'ont joué qu'un rôle mineur. Après 1956, les violations de la constitution demeurèrent courantes en ce qui concerne les attributions du Soviet suprême, du Présidium et du conseil des ministres. Quant aux droits et libertés, ils relevèrent beaucoup plus de la déclaration de principe que de la réalité ; il faudra attendre 1956 pour que les droits prennent peu à peu substance et que la conception des libertés, essentiellement au service du socialisme, se développent ainsi que le rôle et la mission des organisations sociales.

Un processus d'adaptation se déroule, après que le rôle dirigeant du P.C.U.S. eût été supprimé, le 14 mars 1990. Parmi les réformes, celle opérée le 26 décembre 1990 est importante (2). Elle modifie 37 articles de la constitution et bouleverse l'équilibre constitutionnel antérieur. La philosophie essentielle de cette révision consiste à *présidentialiser* un peu plus les institutions soviétiques.

Sur ces entrefaites, la tentative de putsch des conservateurs, le 19 août 1991, agissant à la manière d'un catalyseur, devait précipiter les événements, au point d'aboutir à la suppression du P.C.U.S. et de l'U.R.S.S. elle-même.

§ 2 L'IMPOSSIBLE RÉFORME DU FÉDÉRALISME SOVIÉTIQUE

Le pseudo-fédéralisme a débouché sur l'éclatement de l'U.R.S.S. en 1991

A. LE FÉDÉRALISME STALINO-BREJNÉVIEN

L'Union soviétique était théoriquement depuis 1922 un État fédéral. Les constitutions successives de 1936 et de 1977 ont à cet égard respecté les grandes règles du fédéralisme comme la *loi de la participation* ou la *loi de l'autonomie.* Ainsi en ce qui concerne la participation, les républiques étaient représentées au sein de la plupart des organes fédéraux du pouvoir (Soviet Suprême, Présidium, conseil des ministres et Tribunal suprême). Les réformes constitutionnelles de Gorbatchev ont maintenu cette participation ; ainsi, un tiers des députés du Congrès représentait les collectivités fédérées et autonomes qui conservaient en outre leur représentation au sein du Soviet des nationalités, du conseil des ministres et du Tribunal suprême. En revanche, la procurature et le Comité de contrôle constitutionnel obéissaient à d'autres règles qui n'excluaient cependant pas une certaine association des collectivités fédérées ou autonomes.

En ce qui concerne l'autonomie, officiellement reconnue par les textes constitutionnels, elle apparaissait considérable avec le droit de sécession prévu à l'article 72 et le droit d'entrer en relations avec les États étrangers, de conclure des traités ou de participer aux organisations internationales (article 80).

Mais, dans la pratique le fédéralisme et les autonomismes soviétiques s'apparentaient beaucoup plus à un centralisme renforcé plutôt qu'à un véritable fédéralisme. En effet, le fédéralisme était tout d'abord incompatible avec le système du rôle dirigeant du Parti unique qui fonctionnait selon les règles du *centralisme démocratique,* interdisant ainsi tout particularisme local. Le droit de sécession comme celui d'avoir une personnalité internationale pour les républiques fédérées étaient purement théorique. La répartition des compétences entre la fédération et les collectivités fédérées ou autonomes était, dans le texte constitutionnel, particulièrement floue et en fait n'établissait aucune limite aux compétences fédérales.

B. A LA RECHERCHE D'UN NOUVEAU FÉDÉRALISME

1° Le fédéralisme et les révisions constitutionnelles

Le schéma initial du fédéralisme soviétique n'a pas été profondément modifié par les révisions constitutionnelles de 1988, 1989 et 1990. Néanmoins, quelques réformes ont permis de mieux préciser

(2) Au préalable, la constitution avait été révisée successivement : le 20 décembre 1989 (modalités électorales ; fonctionnement du Congrès des députés au peuple et du Soviet suprême) ; le 23 décembre 1989 (Comité du contrôle constitutionnel) et le 14 mars 1990 (suppression du rôle dirigeant du Parti communiste, nouvelle définition du droit de propriété et création du poste de président de l'U.R.S.S.).

les droits des républiques fédérées et des républiques autonomes. La révision constitutionnelle de 1989 a autorisé les républiques à se doter librement d'institutions de leur choix dans le respect de la constitution fédérale, permettant ainsi une certaine diversité d'une république à l'autre. La création du Conseil de la fédération en 1990 a permis d'associer les présidents des républiques à la fonction présidentielle soviétique (3).

2° Les déclarations de souveraineté et d'indépendance

Dans l'éventualité d'une renégociation du pacte fédéral, la quasi totalité des républiques fédérées ont proclamé leur souveraineté afin de se placer en situation de force et d'obliger le pouvoir central à consentir des concessions. Ces déclarations vont parfois fort loin en refusant, par exemple, les expériences nucléaires, en s'arrogeant la propriété des ressources naturelles, en refusant le service militaire en dehors de la république ou en affirmant leur souveraineté internationale.

Les déclarations de souveraineté

Arménie	24 août 1990	Moldavie	23 juin 1990
Azerbaïdjan	23 septembre 1990	Russie	2 juin 1990
Biélorussie	27 juillet 1990	Ouzbekistan	23 août 1990
Géorgie	23 août 1990	Tadjikistan	24 août 1990
Kazakhstan	26 septembre 1990	Turkmenistan	22 août 1990
Kirghizstan	2 décembre 1990	Ukraine	16 juillet 1990

Mais les trois États baltes qui estimaient que leur annexion à l'U.R.S.S., en 1940, était contraire aux règles du droit international ont d'emblée proclamé leur indépendance, bientôt suivie par les proclamations d'autres républiques.

Les déclarations d'indépendance

Arménie	21 septembre 1991	Lettonie	4 mai 1990
Azerbaïdjan	30 août 1991	Lituanie	11 mars 1990
Biélorussie	26 août 1991	Moldavie	25 juin 1991
Estonie	30 mars 1990	Ouzbekistan	31 août 1991
Géorgie	9 avril 1991	Tadjikistan	9 septembre 1991
Kazakhstan	16 décembre 1991	Turkmenistan	27 octobre 1991
Kirghizstan	31 août 1991	Ukraine	24 août 1991

(3) V. M. LESAGE : *La crise du fédéralisme soviétique*, D.F., 1990.

§ 3 LE COUP D'ÉTAT DU 19 AOÛT 1991 ET LA DISSOLUTION DE L'UNION SOVIÉTIQUE

A. L'ORGANISATION ET LE DÉROULEMENT DU COUP D'ÉTAT

Le coup d'État du 19 août 1991 était programmé depuis l'automne 1990 par les éléments les plus conservateurs du Parti et des gouvernements. Il a été organisé par un petit groupe de huit personnes, représentatives du complexe militaro-industriel. Profitant des vacances du président Gorbatchev, le vice-président de l'U.R.S.S. décide d'assurer l'intérim du chef de l'État, déclaré malade, instaure l'État d'urgence et constitue un *comité d'État sur la situation exceptionnelle.*

Ce coup d'État a échoué en raison certes de son impréparation mais aussi en raison du courage des uns (comme Eltsine) ou de la passivité des autres. De surcroît, l'armée et la police, comme l'administration et la société étaient devenues pluralistes du fait de la *perestroïka* et devaient perdre leurs habitudes de soumission au pouvoir bureaucratique.

L'échec du coup d'État entraîne la liquidation du Parti communiste dès le 24 août 1991, la suspension de la constitution et la mise en place d'un régime provisoire, l'indépendance des trois États baltes, reconnue le 6 septembre 1991, et la montée en puissance d'Eltsine au détriment de Gorbatchev.

B. LA DISSOLUTION DE L'U.R.S.S.

Dans l'immédiat, le Soviet suprême de l'U.R.S.S. réuni en session extraordinaire a, non seulement suspendu le Parti communiste, le 30 août 1991, mais aussi décidé de s'autodissoudre en retirant au président Gorbatchev les pleins pouvoirs économiques qui étaient les siens. Puis, le Congrès des députés du peuple, par trois textes adoptés le 5 septembre 1991 a mis en place le régime transitoire et *suspendu* la constitution soviétique de 1977 modifiée *(supra).*

A partir de cet instant, l'U.R.S.S. devait se déliter. Il importe d'en rappeler les étapes.

1° La conférence de Minsk du 8 décembre 1991

La conférence de Minsk du 8 décembre 1991 a réuni les présidents et les chefs de gouvernement de Russie, Ukraine et Biélorussie. Cette conférence s'est conclue par une déclaration constatant que *l'U.R.S.S. en tant que sujet de droit international et réalité géopolitique a cessé d'exister.* Les trois États reconnaissent leur indépendance mutuelle, et décident de coopérer entre eux et de respecter les droits de l'homme et les règles du droit international. Ils décident de créer une *Communauté des États indépendants* (C.E.I.) ouvertes aux autres républiques, membres de l'ex-U.R.S.S.

2° La conférence d'Alma-Ata du 21 décembre 1991

Mises devant le fait accompli, les autres républiques, membres de l'U.R.S.S. ne pouvaient rester à l'écart. Ce fut chose faite à Alma-Ata où les trois signataires de l'accord de Minsk seront rejoints par toutes les autres républiques, à l'exclusion des trois États baltes (indépendants depuis le 6 septembre 1991) et de la Géorgie. Toutes ces républiques deviennent donc indépendantes et membres de la C.E.I.

3° La fin de l'Union soviétique

Le président Gorbatchev démissionnera le 25 décembre 1991. La Russie remplacera l'U.R.S.S. dans toutes les instances internationales y compris au Conseil de sécurité des Nations unies, en succédant à l'Union défunte, par accord de tous les États membres de la C.E.I., qui seront progressivement reconnus par la communauté internationale et admis au sein de l'O.N.U.

SECTION II LE DROIT CONSTITUTIONNEL DE LA RUSSIE

La Russie est donc redevenue un État indépendant. La vie constitutionnelle y est particulièrement tourmentée. Longtemps soumise à la constitution brejnévienne de 1978, considérablement amendée depuis 1989, la Russie vit dans l'instabilité politique. La constitution était devenu un *monstre juridique*, formée de strates successives brejnéviennes, gorbatchéviennes et eltsiniennes, incompatibles les unes avec les autres. Sa rigidité rendait de plus impossible une refonte (4).

§ 1 LA CRISE CONSTITUTIONNELLE RUSSE (1991-1993)

A. LES CAUSES

Depuis l'indépendance de la Russie, en 1991, les institutions fonctionnaient particulièrement mal du fait du conflit permanent qui opposait le président au Parlement.

Ce conflit était d'abord, *un conflit de légitimité*. Boris Eltsine, fort de son élection au suffrage universel direct de juin 1991 et des résultats du référendum-plébiscite du 25 avril 1993 où 58,7 % des votants lui avaient attribué la confiance, supportait mal le Congrès et le Soviet suprême qui paralysaient ses initiatives et le contredisaient. Il est vrai que le Congrès, élu en 1990, n'étant guère représentatif de la société russe et se composait d'une majorité des deux tiers, nostalgique de l'ancien régime.

C'était aussi un conflit de *répartition des compétences* entre pouvoir exécutif et pouvoir législatif. La constitution sur ce point était si mal rédigée qu'il était impossible d'identifier clairement leur domaine respectif : les ordonnances adoptées par le président étaient réfutées par des lois adoptées par le Parlement et inversement. De plus, pour contrer les députés, le président Eltsine avait attribué, en marge de la constitution, des compétences considérables aux collectivités locales, ce qui conduisait à une grave instabilité juridique.

L'absence d'une administration efficace, l'existence de contrôles juridictionnels inopérants et la désorganisation économique due à la succession des réformes imparfaites et incomplètes, provoquaient en fait la paralysie des institutions fédérales.

(4) V. D. Colas : *Les constitutions de l'U.R.S.S. et de la Russie,* 1997.

B. LES PRÉMICES

Depuis 1991, la Russie a tenté d'élaborer une nouvelle constitution. Mais, le mandat du Parlement ne prennait fin qu'en 1995 et celui du président en 1996. Or, l'adoption de toute constitution nouvelle impliquait l'abrégement des mandats électifs. De plus, seul le Congrès disposait du pouvoir constituant et ses objectifs étaient incompatibles avec ceux du président qui disposait d'une minorité de blocage au sein du Parlement.

Après le référendum du 25 avril 1993 qui a conforté la légitimité présidentielle, la réforme de la constitution sembla connaître un nouveau départ.

Deux projets ont été publié, l'un le 24 avril 1993, l'autre le 8 mai 1993. Le premier projet était celui du président Eltsine et de ses collaborateurs. Il proposait un régime fortement présidentialiste, inspiré tout à la fois de la constitution des États-Unis et de celle de la France. Le président dispose de pouvoirs particulièrement étendus qui font de lui le chef exclusif de l'exécutif ; le gouvernement est d'ailleurs intégralement placé sous son autorité.

Le second projet était celui du Parlement. Il créait un régime présidentiel où le parlement dispose de la plénitude du pouvoir législatif et ne peut pas être dissous.

Certes, les deux projets avaient des points communs (structure du pouvoir, déclaration des droits et des libertés, conception du fédéralisme) mais ils se séparaient en ce qui concerne les attributs du président. Dans le premier cas, ses pouvoirs sont à la fois ceux d'un chef d'État parlementaire et présidentialiste. Dans le second cas, le modèle américain prédomine.

Depuis le 5 juin 1993, le Conseil de la Fédération, élargi au conseil des chefs d'administration locale, aux représentants des groupes parlementaires et des organisations sociales et religieuses, avait été convoqué par le président Eltsine qui considérait cette assemblée comme une quasi-constituante. Cette *conférence constitutionnelle* avait finalement approuvé un projet de constitution, sur la base des propositions du président Eltsine, le 12 juillet 1993. Mais pour autant la situation constitutionnelle n'était pas débloquée en raison de la nécessité de l'acceptation incontournable du parlement toujours hostile. Tout au long de l'été, la guérilla entre le président et le parlement va s'intensifier.

C. LE DÉNOUEMENT

Le 21 septembre 1993, Boris Eltsine dissout par ordonnance le Parlement, décide l'organisation d'élections législatives anticipées et modifie unilatéralement la constitution en renforçant les pouvoirs présidentiels. Face à ce coup de force constitutionnel, le parlement réagit en prononçant la destitution du président, alors que le vice-président Routskoï s'auto-proclame président ; mais la réaction parlementaire et celle du vice-président sont tout autant inconstitutionnelle. Alors que les députés se retranchent dans la Maison Blanche, siège du Parlement, les forces de l'ordre instaurent un blocus autour de l'édifice. Après que les partisans du parlement se soient emparés de la mairie de Moscou et aient tenté d'investir l'immeuble de la télévision, l'armée intervient le 4 octobre et s'empare de la Maison Blanche, alors que les *mutins* conduits par le président du Parlement Khazboulatov et le vice-président Routskoï sont faits prisonniers.

Dès le 7 octobre, Boris Eltsine, seul maître du jeu, dissout les conseils locaux, suspend la cour constitutionnelle. Une ordonnance du 11 octobre annonce que les élections législatives auront lieu le 12 décembre 1993 ; le 13 octobre celui-ci annonce que les élections seront doublées d'un référendum constituant.

D. LES ÉLECTIONS DU 12 DÉCEMBRE 1993

Les électeurs devaient se livrer à quatre scrutins distincts à cette date : vote sur le projet de constitution, élection au scrutin proportionnel de la moitié des députés de la Douma, élection au scrutin majoritaire de l'autre moitié des députés de la Douma et élections, enfin, de deux conseillers du Conseil de la Fédération au scrutin majoritaire. A l'issue d'une campagne électorale assez morne, le vote s'est déroulé sans incident et en présence d'observateurs de la C.S.C.E. et de l'Union européenne.

Le référendum constituant a donné les résultats suivants : votants : 54,8 % des inscrits ; pour : 58,4 % des votants ; contre : 41,6 % des votants. Le référendum approche tout juste de la barre fatidique des 50 % de votants nécessaires à son approbation.

§ 2 LES INSTITUTIONS RUSSES

La constitution du 12 décembre 1993, précédée d'un court préambule, comprend 137 articles et dispose d'un titre second réservé aux dispositions finales et transitoires. Les dispositions concernant les principes fondamentaux sont tout à la fois classiques et démocratiques : La Russie est un État de droit, démocratique, républicain, laïc, social et pluraliste ; elle fonctionne selon les règles de la séparation des pouvoirs, de la souveraineté populaire et du respect des droits et des libertés. La Russie est en outre un État fédéral.

Le second chapitre de la constitution est consacré aux droits et aux libertés de l'homme et du citoyen et correspond parfaitement à la conception universelle des droits de l'homme telle qu'elle découle de la déclaration universelle et des pactes qui la complètent.

A. LES INSTITUTIONS FÉDÉRALES

1° Le président de la Fédération russe

a) *Statut du président*

Il est élu pour quatre ans au suffrage universel direct et n'est rééligible qu'une seule fois. A titre transitoire, Boris Eltsine, élu en 1991 ira jusqu'à la fin de son mandat en 1996. Il sera réélu, le 3 juillet 1996, au second tour avec 53,82 % des suffrages contre 40,29 % à G. Ziouganov, candidat communiste. Le président est inviolable et ne peut être destitué qu'en cas de haute trahison ou pour infraction pénale selon une procédure imitée de celle de l'*impeachment* américain. L'intérim est assuré par le président du gouvernement ; en cas d'empêchement définitif, des élections se dérouleront dans un délai de trois mois.

b) *Pouvoirs du président*

Ils sont considérables puisque le président de la Russie dispose tout à la fois des pouvoirs d'un chef d'État présidentiel et d'un chef d'État parlementaire et de certains pouvoirs hérités de la tradition russe.

En ce qui concerne les pouvoirs régaliens, il est chef des armées et chef de la diplomatie, il exerce le droit de grâce et attribue les décorations et les médailles.

Selon le modèle américain, il nomme et révoque les membres du gouvernement et les hauts fonctionnaires ; il nomme les juges ; il préside le conseil de sécurité ; il dispose du droit de véto sur les lois et adresse au Parlement un message annuel sur la politique de la nation.

Selon le modèle français, il nomme le chef du Gouvernement et sur sa proposition les autres membres du Gouvernement, il dispose du référendum et de la dissolution de la Douma et peut recourir aux pleins pouvoirs en temps de crise. Il a l'initiative des lois et est le garant de la souveraineté, de l'indépendance et de l'intégrité de l'État.

Selon la tradition russe et soviétique, il accorde l'asile, il suspend les actes administratifs contraires à la constitution et aux lois, il accorde et retire la citoyenneté et dispose du droit de légiférer par voie d'ordonnance (en l'absence de lois ou pour compléter la loi).

c) *Le Gouvernement*

Le Gouvernement est constamment responsable devant le président qui peut à tout moment le modifier ou le révoquer et devant la Douma qui peut le censurer. Mais comme la détermination de la politique de la nation appartient au président, le rôle du Gouvernement et de son président (premier ministre) ne peut être qu'un rôle d'exécutant.

2° Le Parlement fédéral

a) *Les chambres*

Elles sont au nombre de deux : La Douma d'État et le Conseil de la Fédération. La Douma d'État est élue pour quatre ans au scrutin mixte (moitié des députés élus à la proportionnelle, moitié des députés élus au scrutin majoritaire à un tour) ; elle compte 450 membres. Le Conseil de la Fédération représente les collectivités fédérées à raison de deux représentants pour chacune d'entre elles (le chef de l'exécutif local et le président du parlement local) ; à titre transitoire les 178 conseillers avaient été élus au suffrage universel pour deux ans.

b) *Les pouvoirs des chambres*

Les chambres disposent de pouvoirs séparés et de pouvoirs communs.

Le Conseil de la Fédération vote la destitution du président, approuve la nomination des juges, le recours à l'usage de la force armée hors des frontières et l'approbation de l'état de guerre ou de l'état d'urgence.

La Douma d'État approuve le choix du président du Gouvernement, accorde ou refuse la confiance à celui-ci, met en accusation le président, vote l'amnistie et désigne le délégué aux droits de l'homme.

Les deux chambres votent la loi. Pour être adoptée, elle doit être approuvée à la majorité absolue par la Douma d'État et par le Conseil de la Fédération à moins que ce dernier ne l'ait pas examinée dans un délai de 14 jours (ce qui constitue alors une approbation tacite). En cas de conflit entre les chambres, la Douma peut passer outre à l'opposition du Conseil de la Fédération par un vote à la majorité des deux tiers ; il en est d'ailleurs de même en ce qui concerne le véto présidentiel selon le modèle américain. A côté des lois ordinaires, la constitution a prévu l'existence de lois organiques (lois constitutionnelles fédérales) qui ne peuvent être adoptées qu'à la majorité des trois quarts du Conseil de la Fédération et des deux tiers de la Douma.

c) *La dissolution de la Douma*

La Douma d'État ne peut être dissoute que dans deux cas : refus d'approuver trois fois de suite le choix du président du Gouvernement (art. 111) ou vote de défiance deux fois de suite dans un délai de trois mois à l'encontre du gouvernement, à condition qu'un an se soit écoulé depuis l'élection de la Douma (art. 117).

d) *La révision constitutionnelle*

La constitution de 1993 est rigide et prévoit trois formes possibles de révision. Une révision simplifiée pour l'admission de nouvelles composantes de la Fédération, la scission de composantes existantes ou le changement de nom de celles-ci.

Les révisions constitutionnelles normales concernent toute la constitution, à l'exclusion des principes fondamentaux, des droits et des libertés et du mode de révision constitutionnelle. Elles doivent être approuvées comme les lois organiques (majorité des 3/4 du Conseil de la Fédération et des 2/3 de la Douma) mais elles ne deviennent applicables qu'après approbation par au moins les deux tiers des composantes de la Fédération.

Les révisions constitutionnelles fondamentales concernent les principes fondamentaux, les droits et les libertés et le mode de révision de la constitution. Elles doivent être approuvées à la majorité des trois cinquièmes de chacune des chambres puis elles sont soumises à l'approbation d'une assemblée constituante qui soit, approuve le projet à la majorité des deux tiers, soit le soumet à référendum, soit le refuse.

3° Les autres institutions

a) *Les autorités judiciaires*

La constitution prévoit trois juridictions suprêmes : la Cour constitutionnelle, la Cour suprême (civil, pénal et administratif) et la Cour suprême d'arbitrages (conflits économiques). Les juges de ces juridictions sont nommés par le Conseil de la Fédération sur proposition du président ; ils sont inamovibles. Les autres juges des juridictions inférieures sont nommés par le président.

La Cour constitutionnelle comprend 19 juges dont un président, un vice-président et un juge secrétaire, nommés pour 12 ans avec l'âge limite de 70 ans. Ses pouvoirs ont été limités par rapport à la précédente constitution où la Cour, conduite à l'époque par Zorkine, avait connu des dérapages contestables sur le plan juridique. Elle est juge de la constitutionnalité des actes normatifs et des traités (non encore entrés en vigueur), elle résoud les conflits de compétence entre organes, elle veille au respect des droits constitutionnels des citoyens (exception d'inconstitutionnalité) et peut interpréter la constitution. Sous la présidence du professeur Toumanov, la nouvelle Cour qui a déjà rendu plusieurs arrêts, semble faire preuve de qualités (5).

L'institution du procureur subsiste et continue de fonctionner selon les mêmes règles hiérarchiques qu'à l'époque soviétique, dès lors que le procureur général désigne tous les autres procureurs.

La constitution prévoit également la mise en place d'une chambre des comptes, placée sous l'autorité du parlement et l'institution d'un délégué aux droits de l'homme, désigné par la Douma.

(5) V. M. LESAGE : La Cour constitutionnelle de la Fédération de Russie, *C.C.C.* n° 1, 1996, p. 41.

b) *L'administration locale*

La constitution demeure laconique sur l'administration locale. Elle prévoit l'autonomie (autogestion) des collectivités locales tant en ce qui concerne le fonctionnement que les compétences et le financement. Dans l'attente des lois relatives à l'autonomie locale, il est actuellement impossible de délimiter l'étendue de la décentralisation bien que les exécutifs, locaux (présidents, maires ou gouverneurs) et les parlements locaux aient été régulièrement renouvelés en 1995 et 1997.

B. LE FÉDÉRALISME RUSSE

La Russie à l'époque soviétique était déjà une *fédération* comportant en son sein un certain nombre de collectivités autonomes (16 républiques, 5 régions, 10 districts). Ces autonomies étaient essentiellement culturelles et permettaient à des minorités nationales, enclavées dans le territoire russe de conserver l'usage de leur langue.

La Russie comporte selon la constitution : 21 républiques, 6 territoires, 49 régions, deux villes d'importance fédérale (Moscou et Saint-Petersbourg), une région autonome et 10 districts autonomes, soit 89 *sujets* de la Fédération.

Le fédéralisme est égalitaire puisque les différentes composantes disposent des mêmes prérogatives. Toutefois les républiques jouissent de deux prérogatives particulières : le droit à une constitution alors que les autres sujets n'ont que des statuts et celui de disposer d'une langue nationale à égalité avec la langue russe. Sur le plan de la répartition des compétences entre Fédération et sujets, la constitution n'est pas toujours très claire et permet une extension considérable des pouvoirs centraux. Il est cependant possible d'envisager une évolution plus positive du fédéralisme russe. Déjà la Fédération a su négocier avec certaines républiques frondeuses comme le Tatarstan ou le Bachkortostan des accords qui concèdent une grande liberté à ces derniers. En revanche, la constitution exclut la sécession et les autorités fédérales n'ont pas hésité à recourir à la force, en 1994, pour ramener dans l'ensemble russe la république dissidente de Tchétchénie. Mais l'accord de paix en Tchétchénie n'exclue pas pour l'avenir, l'autodétermination de cette république.

C. L'AVENIR DE LA FÉDÉRATION DE RUSSIE

La nouvelle constitution du 12 décembre 1993 n'a pas encore fait suffisamment ses preuves pour que l'on puisse affirmer que la Russie est maintenant une démocratie à part entière. Ce texte qui instaure un régime inclassable tenant tout à la fois du régime présidentiel, du présidentialisme à la française et du parlementarisme *orléaniste* protège de façon excessive les prérogatives présidentielles et rappelle en fait le régime impérial russe qui fonctionna entre 1906 et 1914 (6). A ce jour, en l'*absence* de partis politiques, les députés assument seuls leur destin. La menace de dissolution de la Douma est dissuasive.

(6) La traduction du texte de la constitution russe a été publiée à la *R.F.D.C.*, 1994, p. 195.

SECTION III — LES AUTRES ÉTATS ISSUS DE L'U.R.S.S.

La dissolution de l'U.R.S.S. a donné naissance, outre la Russie, à quatorze États qui étaient tous à l'époque soviétique des républiques fédérées. La situation de ces États est variable au point que certains d'entre eux font songer aux *protectorats* d'antan.

Les trois États baltes ont, dès leur indépendance, restauré le régime parlementaire et se sont délibérément imposés dans l'Europe occidentale (adhésion au Conseil de l'Europe, demande d'entrée dans l'Union européenne et dans l'OTAN) malgré l'importance des minorités slaves sur le territoire de deux d'entre eux (38,6 % en Estonie et 48,2 % en Lettonie). Les autres États issus de l'ex-U.R.S.S. ont pris une direction différente.

Pour l'essentiel les onze autres républiques (Asie centrale, Caucase, Moldavie, Biélorussie et Ukraine) ont mis tous en place des régimes présidentialistes à forte tendance autoritaire avec des élections souvent contestées et des violations fréquentes des droits de l'opposition. Alors que la Biélorussie qui souhaite fusionner avec la Russie est tombé dans l'autoritarisme le Tadjikistan est toujours en guerre civile et trois républiques (Moldavie, Géorgie et Azerbaïdjan) sont incapables de s'imposer sur l'intégralité de leur territoire du fait de sécessions locales. Partout, la Russie est présente, soit avec le stationnement de troupes russes, soit en raison de son poids économique. En réalité, la démocratie doit encore faire ses preuves, dans la plupart des États issus de l'ex-U.R.S.S.

Bibliographie

I. La Révolution de 1917 et les institutions soviétiques :

F. X. Coquin : *La Révolution russe,* 1967 ; M. Ferro : *La Révolution de 1917,* 1967 ; E. H. Carr : *La formation de l'U.R.S.S.,* 1969 ; M. Heller et A. Nekrich : *L'utopie au pouvoir, Histoire de l'U.R.S.S. de 1917 à nos jours,* 1982 ; A. Zinoviev : *Le communisme comme réalité,* 1983 ; *L'État soviétique et le Droit,* Moscou, 1971 ; *M. Kroutogolov : Libertés et institutions en U.R.S.S.,* 1983 et *Qu'est-ce que la démocratie soviétique ?,* 1978.

II. La constitution soviétique de 1977 et ses révisions ultérieures :

D. Colas : *Les constitutions de l'U.R.S.S. et de la Russie (1905-1995),* 1997 ; M. Lesage : *La Constitution de l'U.R.S.S. (7 octobre 1977) ;* D.F., 1978 et *Les institutions de la Russie,* D.F., 1998 ; P. et M. Lavigne : *Regards sur la Constitution soviétique de 1977,* 1979 ; D. G. Lavroff et F. Conte : *La Constitution soviétique du 7 octobre 1977, R.D.P.,* 1978 ; P. Gélard : *La nouvelle constitution soviétique,* D.F., 1977, et *Pouvoirs* 1977, n° 3 et 1978, n° 5 ; M. Lesage et P. Gélard : *R.D.P.,* 1989 ; 1978, P. Gélard : *Les institutions de l'U.R.S.S.,* D.F., 1989 ; M. Lesage : *La crise du fédéralisme soviétique,* D.F., 1989 ; *La crise du pouvoir et les libertés en U.R.S.S.,* D.F., 1991 ; P. Gélard : *La constitution de l'U.R.S.S.,* 1991.

III. *La transition démocratique*

S. Milacic : A l'Est, l'État de droit pour induire la démocratie ?, *Revue d'études comparatives Est-Ouest,* déc. 1992 ; T. Schreiber et E. Lhomel : *Les pays d'Europe centrale et orientale,* D.F., 1992 ; A. Sobtchak : *Chronique d'une chute annoncée,* 1991 ; *La C.E.I.,* D.F., mars 1995 ; *Le droit en construction, idem* ; D. Colas : *Les constitutions de l'U.R.S.S. et de la Russie,* 1997 ; *l'Europe centrale et orientale,* coll. D.F.

La *R.F.D.C.* consacre dans chacun de ses numéros une chronique aux transformations constitutionnelles en Russie et dans les autres États anciennement communistes.

CHAPITRE III
LES INSTITUTIONS POLITIQUES DE L'EUROPE CENTRALE ET ORIENTALE ET DES ÉTATS MARXISTES-LÉNINISTES

Si le concept idéologique d'*Europe de l'est* a vécu, le marxisme a survécu en revanche en Chine, au Vietnam, en Corée du Nord et à Cuba.

SECTION I LA REDÉCOUVERTE DU DROIT CONSTITUTIONNEL OCCIDENTAL EN EUROPE CENTRALE ET ORIENTALE

Les huit États de l'Europe de l'est (Albanie, Bulgarie, Hongrie, Pologne, R.D.A., Roumanie, Tchécoslovaquie et Yougoslavie) et les trois États baltes, ont tous abandonné le modèle soviétique de droit constitutionnel au cours des années 1989 à 1991 et se sont référés aux schémas classiques du droit constitutionnel occidental pour réaliser leur démocratisation.

Rappelons que le schéma constitutionnel commun à tous les pays du bloc socialiste était le suivant : tous les pouvoirs appartenaient à une assemblée, généralement monocamérale (à l'exception de la Tchécoslovaquie et de la Yougoslavie qui, en tant qu'États fédéraux, avaient mis en place le bicamérisme) ; cette assemblée était élue au suffrage direct (sauf en Yougoslavie où le suffrage était indirect) soit au scrutin majoritaire uninominal à deux tours, soit au scrutin majoritaire plurinominal (Pologne et R.D.A.) ; ces élections qui toléraient une certaine liberté de choix aux électeurs garantissaient au Parti communiste et aux partis qui lui étaient associés la majorité absolue au sein de l'assemblée.

Cette dernière qui se réunissait fort peu (de quelques jours à quelques semaines par an) avait pour mission essentielle de désigner les autres organes du pouvoir constamment responsables devant elle. Il s'agissait du Conseil d'État (présidence, présidium ou comité permanent) tout à la fois chef d'État collégial et organe législatif permanent, du conseil des ministres, du tribunal suprême et du procureur général. Certains États avaient institué un président de la République (Tchécoslovaquie, Roumanie et pendant certaines périodes Pologne, R.D.A. et Yougoslavie) qui dans ce cas bénéficiait des attributions exécutives du Conseil d'État (ou de son homologue). Ultérieurement, certains s'étaient dotés d'une cour constitutionnelle : Yougoslavie depuis 1963, Tchécoslovaquie en 1968, mais elle ne fonctionnait pas, Hongrie (1984) et Pologne (1985).

§ 1 L'EUROPE CENTRALE ET ORIENTALE

Il importe de recenser les principales manifestations du constitutionnalisme naissant, à l'aide des tableaux ci-après, en contraste avec l'ex-Yougoslavie dépecée et ravagée par la guerre ethnique (1).

A. LE NOUVEAU DROIT ÉLECTORAL

Ces États ont généralement mis en place un système électoral en rupture avec celui en vigueur à l'époque soviétique permettant d'assurer l'alternance et le multipartisme. Le scrutin majoritaire a pratiquement disparu et presque partout le scrutin proportionnel, avec seuil de représentativité à 3, 4 ou 5 % a été instauré, à moins que les États n'aient préféré un scrutin mixte, souvent inspiré du modèle allemand (Hongrie, Lituanie, Estonie, Albanie). Les élections se déroulent régulièrement, rendant ainsi possible l'alternance politique (Pologne, Lituanie, Hongrie, Bulgarie, Roumanie, Albanie).

B. LES NOUVEAUX PARLEMENTS

En règle générale, les nouveaux Parlements sont monocaméraux, à l'exception de la Pologne, de la Roumanie et de la République tchèque qui disposent d'un Sénat ; les États issus de l'ex-Yougoslavie ont également souvent conservé un Parlement bicaméral justifié par le fédéralisme (nouvelle Yougoslavie ou Bosnie-Herzégovine) ou par la tradition (Croatie et Slovénie).

Ces assemblées fonctionnent comme leurs homologues occidentaux : adoption de nombreuses lois, contrôle actif de l'activité gouvernementale avec recours à la motion de censure mais le pluralisme, issu du scrutin proportionnel, rend parfois difficile la stabilité des majorités.

C. LE PRÉSIDENT DE LA RÉPUBLIQUE

Les nouveaux régimes ont mis en place des régimes parlementaires, souvent inspirés de la tradition constitutionnelle française de la IIIe République, même si parfois, certains présidents disposent de pouvoirs théoriquement étendus. La tendance est cependant au déclin du rôle de chef de l'État, même s'ils sont élus au suffrage universel direct et à la revalorisation du rôle du premier ministre.

(1) En bonne logique, avec la fin de la guerre froide, marquée par la signature de l'Acte fondateur des relations OTAN-Russie, le 27 mai 1997, la Hongrie, la Pologne et la République tchèque sont devenus le 8 juillet suivant, membres de l'organisation atlantique, dans l'attente de leur entrée au sein de l'Union européenne. D'autres États devraient les rejoindre..

PARLEMENTS

État	Mode d'élection	Composition du Parlement	Élections
Albanie	mixte (depuis 1996)	Assemblée du peuple : 155 députés	1991, 1992, 1996 et 29 juin 1997
Bosnie-Herzégovine	proportionnel (depuis 1996) indirect pour la chambre des peubles	Chambre des représentants : 42 députés Chambre des peuples : 15 députés	1990, 1996 et 12 et 13 septembre 1998
Bulgarie	proportionnel (depuis 1994) avec seuil à 5 %	Assemblée nationale : 240 députés	1990, 1991, 1994 et 19 avril 1997
Croatie	scrutin mixte proportionnel	Chambre des représentants : 137 députés Chambre des comitats : 60 députés	1990, 1992 29 octobre 1995
Estonie	scrutin proportionnel	Parlement : 101 députés	1992, 1995 et 7 mai 1999
Hongrie	scrutin mixte	Assemblée nationale : 386 députés	1990, 1994 et 10 et 24 mai 1998
Lettonie	proportionnel	Diète : 100 députés	1990, 1993 1995 et 3 octobre 1998
Lituanie	scrutin mixte	Diète : 137 députés	1990, 1992 20 octobre et 10 novembre 1996
Macédoine	majoritaire 2 tours	Assemblée : 120 députés	1990, 1994 et 18 octobre et 1er novembre 1998
Pologne	proportionnel (5 %)	Diète : 460 députés Sénat : 100 sénateurs	1991, 1993 et 21 septembre 1997

Rep. tchèque	proportionnel (5 %) majoritaire à 2 tours	Chambre des députés : 200 députés Sénat : 80 sénateurs	1992 et 28 juin 1996 1996, 1998
Roumanie	proportionnel (3 %)	Chambre des députés : 317 députés Sénat : 154 sénateurs	1990, 1992 et 3 novembre 1996
Slovaquie	proportionnel (5 %)	Conseil national : 150 députés	1992, 1994 et 25 et 26 septembre 1998
Slovénie	proportionnel (5 %)	Assemblée nationale : 90 députés Conseil national : 40 conseillers	1990, 1992 et 10 novembre 1996
Yougoslavie	scrutin mixte scrutin indirect	Chambre des citoyens : 138 députés Chambre des républiques : 40 députés	1992 et 3 novembre 1996

ÉLECTIONS DES PRÉSIDENTS

PRÉSIDENTS ÉLUS PAR LE PARLEMENT

Albanie	Rexhep Mejdani	élu le 24 juillet 1997
Estonie (2e tour)	Lennart Meri	réelu le 20 septembre 1996
Hongrie	Arpad Gonsz	réelu en août 1995
Lettonie	Vaira Vike-Freiberga (1)	élue le 18 juin 1999
République tchèque	Vaclav Havel	réelu le 20 janvier 1998
Yougoslavie	Slobodan Milocevic	élu en juillet 1997

(1) Première femme chef d'État en Europe orientale, elle succède à Guntis Ulmanis élu depuis l'accession à l'indépendance.

La Slovaquie a changé le mode d'élection présidentiel en 1999 et adopté le suffrage universel direct après plus de six tours de scrutin infructueux par le parlement.

PRÉSIDENTS ÉLUS AU SUFFRAGE UNIVERSEL DIRECT (SCRUTIN MAJORITAIRE À DEUX TOURS)	
Bosnie-Herzégorine	Alija Izetbegovic, réelu, 1er tour, 14 septembre 1996
Bulgarie	Petar Stoïanov, élu, 2e tour, 3 novembre 1996
Croatie	Franjo Tudjman, réelu, er tour, 15 juin 1997
Estonie	seulement si un candidat obtient la majorité absolue au 1er tour
Lituanie	Valdas Adamkus, élu, 2e tour, 4 janvier 1998
Macédoine	Kiro Gligorov, réelu, 1er tour, 16 octobre 1994
Pologne	Alexandre Kwasniewski, élu 2e tour, 19 novembre 1995
Roumanie	Emil Constantinescu, élu 2e tour, 17 novembre 1996
Slovaquie (depuis 1999)	Rudolf Schuster, élu 2e tour, 29 mai 1999
Slovénie	Milan Kucan, réélu, 1er tour, 23 novembre 1997
Les présidents Walesa (Pologne) et Iliescu (Roumanie) ont été battus par leurs challangers ; les présidents sortants Jelev (Bulgarie) et Landsbergis (Lituanie) ne se représentaient pas.	

D. AUTRES PARTICULARITÉS CONSTITUTIONNELLES

1° La généralisation des cours constitutionnelles

Les États post-communistes se sont dotés d'une cour constitutionnelle dont le mode de fonctionnement, la désignation des membres et l'étendue des compétences est d'inspiration tout à la fois française, américaine et allemande. V. tableau ci-après.

Afin de mieux protéger les droits et les libertés de l'homme et du citoyen, certains États se sont dotés de protecteur des droits de l'homme (*ombudsman* ou médiateur) ou ont instauré un conseil supérieur de la magistrature pour sauvegarder l'indépendance des magistrats.

2° La décentralisation

La décentralisation n'est que communale. La plupart des États ont institué le système des préfets au niveau des départements ou des régions. Plusieurs États ont assuré la représentation des collectivités locales dans la seconde chambre du parlement ; certains ont mis en place des dispositions garantissant les droits des minorités nationales.

Attributions des cours constitutionnelles

	Interp. const. (1)	Actes régl. (2)	Excep. inc. (3)	Élections législ. (4)	Élections prés. (5)	Référ. (7)	Partis politiques (8)	Respons. Président (9)
Bulgarie	X	X		X	X	X	X	X
Croatie		X		X	X	X	X	X
Hongrie	X		X			X		X
Lituanie		X		X	X			
Macédoine		X		Avis	Incomp. (6)		X	X
Pologne		X	X		Incomp. (6)		X	
Roumanie		X	X		X	X	X	Avis
Slovaquie	X			X			X	X
Slovénie		X		X	Incomp. (6)	X	X	X
R. tchèque				X			X	X

(1) Interprétation de la constitution
(2) Examen de la constitutionnalité des actes réglementaires
(3) Exception d'inconstitutionnalité
(4) Contentieux des élections législatives
(5) Contentieux des élections présidentielles
(6) Compétence pour se prononcer sur les incompatibilités de la fonction présidentielle
(7) Contentieux en matière de scrutin référendaire
(8) Constitutionnalité des partis politiques
(9) Responsabilité du président de la République

Source : Michel Lesage, *Constitutions d'Europe centrale, orientale et balte* (DF), 1995, p. 20.

E. LES NOUVELLES CONSTITUTIONS

Les États intéressés se sont dotés d'une nouvelle constitution. A cet égard, la Pologne qui avait initié le processus de récusation du communisme, dès 1980, sera la dernière, en 1997, à en disposer. La Hongrie conserve toujours sa constitution de 1949. Mais il ne reste plus qu'un seul article inchangé : *La capitale de la République de Hongrie est Budapest* (art. 74). Ces constitutions sont toutes parlementaires et rationalisées. Elles ont été influencées par l'expérience de l'Europe occidentale, notamment française, sans négliger quelques emprunts au droit constitutionnel espagnol ou allemand ou à la pratique nationale de l'entre deux-guerres (v. tableau).

1. — *CONSTITUTIONS NOUVELLES*		
Albanie	22.11.1998	adoptée par référendum
Bosnie-Herzégovine	21.11.1995	adoptée par voie diplomatique
Fédération croato-bosniaque		— *id.* —
Bulgarie	12. 7.1991	adoptée par Parlement
Croatie	21.12.1990	— *id.* —
Estonie	28. 6.1992	adoptée par réfeéendum
Lituanie	25.10.1992	— *id.* —
Macédoine	19.11.1991	adoptée par Parlement
Pologne	25. 5.1997	adoptée par référendum
République tchèque	16.12.1992	adoptée par Parlement
Roumanie	8.12.1991	adoptée par référendum
Slovaquie	1er. 9.1992	adoptée par Parlement
Slovénie	25. 6.1991	— *id.* —
Yougoslavie	27. 4.1992	— *id.* —
2. — *CONSTITUTION ANCIENNE PROFONDÉMENT REMANIÉE*		
Hongrie (une nouvelle constitution est en cours d'élaboration).	20. 8.1949	constitution totalement remaniée à l'exception d'un article le 23.10.1989 ainsi qu'entre 1990 et 1994.
3. — *CONSTITUTION ANCIENNE RESTAURÉE*		
Lettonie	15. 2.1922	constitution restaurée par la loi du 21.8.1991.

§ 2 LA YOUGOSLAVIE DÉMEMBRÉE

La Yougoslavie originaire a maintenant éclaté en cinq républiques distinctes. Longtemps on avait pu croire que l'autogestion et le fédéralisme mis en place par Tito étaient une réussite. Mais la crise des nationalités, doublée d'une grave crise économique, a balayé le système constitutionnel, particulièrement complexe, mis en place en 1974. Si la Slovénie bénéficie d'une indépendance réelle et d'une démocratie indiscutable, chacune des autres républiques est confrontée à des problèmes le plus souvent insolubles.

La Croatie, qui a refait son unité, manifeste un certain autoritarisme sous la direction du président Tudjman ; la Macédoine, longtemps mise en quarantaine de l'Europe, tente de sortir de son sous-développement ; la Yougoslavie (Serbie et Monténégro) demeure toujours communiste et n'arrive pas à mettre en place un système réellement démocratique, elle a de plus perdu, en juin 1999, le contrôle de la province du Kosovo qui, majoritairement peuplée d'Albanais, est devenue de fait un *protectorat de l'O.N.U. ;* quant à la Bosnie-Herzégovine, elle n'est plus réellement en État mais une vague confédération où chaque communauté refuse l'intégration. Tout au plus peut-on s'interroger sur les conséquences lointaines du traité de Versailles qui a donné naissance à des États souvent artificiels (rétrospectivement, l'Autriche-Hongrie serait regardée avec nostalgie), sans réellement respecter le droit des peuples à disposer d'eux-mêmes. Mais là, en Yougoslavie, comme en Tchécoslovaquie et en U.R.S.S., le communisme n'a pu que camoufler le problème des nationalités sans le résoudre. Il ne reste plus qu'à souhaiter que les armes laissent la place à la négociation et que l'on cesse de vouloir faire le bonheur des hommes sans leur consentement.

SECTION II LES SOCIALISMES MARXISTES DU SOUS-DÉVELOPPEMENT

L'exportation du marxisme-léninisme lui a permis, à ce jour de résister.

§ 1 LE TIERS-MONDE SOCIALISTE

Les États *socialistes* du tiers-monde (Chine, Corée du Nord, Vietnam et Cuba) n'ont été que fort peu touchés par la vague de démocratisation qui a bouleversé les régimes communistes européens. C'est qu'en fait le régime politique mis en place et inspiré du marxisme-léninisme n'avait que fort peu d'éléments communs avec ces derniers. Il s'agit, avant tout, de mettre en place des régimes nationalistes, armés pour lutter contre le sous-développement. L'idéologie n'est alors bien souvent qu'un prétexte pour justifier l'autoritarisme.

§ 2 LA CHINE

A prendre la mesure des choses, la Chine pourrait semble-t-il se ramener à la vision suivante :

A. UNE ÉVOLUTION POLITIQUE MOUVEMENTÉE

Depuis la prise du pouvoir par les communistes en 1949, la Chine a connu une évolution politique particulièrement mouvementée : Grandes campagnes jusqu'aux *cent fleurs* en 1956, Le *grand bond en avant* et les communes populaires en 1958, les années calamiteuses et le conflit sino-soviétique, la *Grande révolution culturelle prolétarienne* qui de 1965 à 1976 désorganisera l'ensemble de la vie politique. La disparition en 1976 de Zhou Enlai puis de Mao Zedong laissera la place aux tenants de la ligne dure (ceux que l'on appelera par la suite *la Bande des quatre*), puis à des éléments plus modérés, à cette date, avant que les fidèles de Deng Xioping, réintégré au sein du Parti en 1977, ne reprennent le pouvoir. Les révolutionnaires seront éliminés en 1981 à l'issue d'un vaste procès (2).

(2) V. La Chine après Deng, *Pouvoirs* n° 81, 1997.

B. QUATRE CONSTITUTIONS EN QUARANTE ANS

Pendant cette période mouvementée, la Chine a connu quatre constitutions. La première celle de 1954 reprenait très largement les dispositions de la constitution soviétique de 1936. La constitution de 1975 était celle de la fusion complète du Parti et de l'État et de la victoire de la ligne révolutionnaire. Celle de 1978 reprenait pour l'essentiel les dispositions de 1954. La dernière constitution du 4 décembre 1982 qui contient diverses dispositions originales mérite de retenir l'attention. Ce texte de 138 articles rétablit la présidence de la République, interdit la réélection plus de deux fois de suite d'un certain nombre de hauts fonctionnaires (président du tribunal suprême, procureur général, président de la commission militaire centrale).

La Chine devient une *dictature démocratique populaire* (retour à la conception de 1954). La constitution prévoit deux sortes de propriétés socialistes : *la propriété socialiste d'État et la propriété collective des masses laborieuses* (visiblement inspirée de la propriété sociale yougoslave). L'article 18 autorise les sociétés d'économie mixte constituée de capitaux chinois et étrangers. En ce qui concerne les droits et les libertés des citoyens (art. 33 à 56) quelques dispositions originales méritent d'être mentionnées ; aucune limitation à la liberté religieuse n'est prévue, si ce n'est l'interdiction de se servir de la religion contre l'État et l'affirmation que les affaires religieuses sont indépendantes de tout contrôle de l'étranger (ce qui vise l'Église catholique). Une disposition particulièrement originale est prévue à l'article 38 qui proclame le droit à la dignité personnelle des citoyens alors que l'article 49 interdit de maltraiter les vieillards, les femmes et les enfants. Une revision constitutionnelle, adoptée en mars 1999, s'efforce de garantir une meilleure sécurité juridique aux citoyens et conforte le système économique tout à la fois libéral et socialiste.

C. OÙ VA LA CHINE ?

A partir de 1980, la Chine s'est engagée dans la voie des réformes économiques (suppression des communes populaires, restauration de l'agriculture privée, reconnaissance des activités économiques privées, des sociétés à capitaux mixtes, des sociétés par action, des sociétés étrangères, ouverture du commerce extérieur, *etc.*). En d'autres termes, près de 10 ans avant l'Union soviétique, la Chine s'est engagée, sous l'impulsion de Deng Xiaping *(le petit timonier), dans une véritable révolution économique mais sans révolution politique.* La rétrocession de Hong Kong, le 1er juillet 1997, en témoigne. Le Parti refuse la libéralisation politique en 1986 et limoge en 1987 son secrétaire général Hu Yaobang, soupçonné de faiblesse à l'égard des manifestations étudiantes de l'automne 1986. Deux ans plus tard, le décès de Hu Yaobang est l'occasion de nouvelles manifestations qui prennent de plus en plus d'ampleur et qui amenèrent, le 5 juin 1989, le Comité central du Parti à faire appel à l'armée pour écraser les étudiants de la place Tien Anmen. Libéralisme économique et autoritarisme politique, telle est la voie que la Chine a choisie. Perpétuellement confrontée aux exigences de la modernisation et à la fidélité tant aux idéaux révolutionnaires qu'au poids de la tradition confucéenne, l'histoire de la Chine, devenue conservatrice est loin d'être close, surtout à la suite de la disparition de Deng Xiaoping qui, en 1997, implique, à terme, un renouvellement des élites chinoises. Jiang Zemin est devenu chef de l'État, le poste essentiel de premier ministre est maintenant détenu par Zhu Rongji.

Bibliographie

I. Ouvrages généraux :

J. BAECHLER : *La grande parenthèse* (1914-1991) 1993 ; H. BOGDAN : *Histoire des pays de l'Est, des origines à nos jours,* 1990 ; R. CHARVIN : *Les États socialistes européens,* 1985 ; T. DRAGANU : *Structures et institutions constitutionnelles des pays socialistes européens,* 1981 ; F. FEJTO : *Histoire des Démocraties populaires,* 1969 ; P. GÉLARD : *Les systèmes politiques des États socialistes,* 1975, Les constitutions socialistes asiatiques, *Revue d'études comparatives Est-Ouest,* n° 4, 1977 et : *Les nouvelles constitutions des États socialistes, Annuaire de législation française et étrangère,* t. XXIV, 1975 ; J.-P. MASSIAS : *Justice constitutionnelle et transition démocratique en Europe de l'Est,* 1998 ; S. MILACIC (sous la direction) : *La démocratie constitutionnelle en Europe centrale et orientale,*

1998 ; M. LAVIGNE : *Les économies socialistes soviétique et européenne,* 1979 ; B. OWEN : *Les effets du mode de scrutin et les élections de l'Europe* de l'Est, 1991 ; G. VEDEL : *Démocraties soviétique et populaire.* I.E.P., Paris, 1965-1966 ; G. MARTINET : *Les cinq communismes,* Le Seuil, Paris, 1971.

II. *Chine :*

C. BETTELHEIM, J. CHARRIÈRE et H. MARCHISIO : *La construction du socialisme en Chine,* 1966 ; R. GUILLERMAZ : *La Chine populaire,* 1968 ; *Le Parti communiste chinois,* 1971 ; R. GUILLAIN : *Dans trente ans, la Chine,* 1965 ; S. SCHRAM : *Mao Tsé-Toung,* 1963 ; *Citations du Président Mao Tsé-Toung,* Pékin, Édit. en langues étrangères, 1966 ; *Le régime et les institutions de la République populaire de Chine,* Bruxelles, Institut Solvay, 1960 ; M. ENGELBORGS-BERTELS et R. DEKKERS : *La République populaire en Chine, cadre institutionnel et réalisations,* Bruxelles, Institut Solvay, 1963 ; M. LESAGE : *Les institutions chinoises,* 1978 ; F. LUCHAIRE : Les institutions politiques des États d'Asie, Cours de doctorat multigraphiés, *Les cours de droit,* 1964-1966 ; TSIEN-TCHE-HAO : *La République populaire de Chine, droit constitutionnel et institutions,* 1970 ; TSIEN-TCHE-HAO : *La Chine,* 1976 ; *Les Institution chinoises et la constitution de 1978,* N.E.D., 1979 ; TSIEN-TCHE-HAO : *Le Droit chinois,* 1982 ; TSIEN-TCHE-HAO : *L'empire du milieu retrouvé,* 1979 ; Qui gouverne la Chine ?, *Pouvoirs* n° 3, 1977 ; C.-L. AUBERT, L. BIANCO, C.-L. CADART et J.-L. DOMENACH : *Regards froids sur la Chine,* 1976 ; K. S. KAROL : *La deuxième Révolution chinoise,* 1973 ; A. PEYREFITTE : *Quand la Chine s'éveillera,* 1973 ; CHENG-MSIANG et C.-L. CADART : *Les deux morts de Mao Tsé-toung,* 1977 ; *La justice en Chine, des cent fleurs aux cent codes,* 1979 ; J. ISAÏA : *La justice en Chine,* 1980 ; J.-L. DOMENACH et P. RICHER : *La Chine, 1949-1985,* 1987 ; la Chine après Deng, *Pouvoirs* n° 81, 1997.

TITRE 2

LE DROIT CONSTITUTIONNEL DES SOCIÉTÉS TIERS-MONDISTES

CHAPITRE I
LES CARACTÈRES GÉNÉRAUX DES SOCIÉTÉS TIERS-MONDISTES

Le tiers-monde se compose de 145 États, dont l'Inde, qui peut se parer du titre enviable de la plus grande démocratie pluraliste du monde (1). Longtemps, aux antipodes du droit constitutionnel classique, avec lequel ils ont été en rapport de domination, à l'occasion du phénomène colonial à partir du XIXe siècle, pour l'essentiel, ces pays présentent de très nombreuses différences, dont deux surtout méritent d'être notées, sur-le-champ, car elles sont fondamentales. Si nombre d'entre eux ne constituent pas encore des nations, tous, en revanche, sont affectés, à des degrés divers, par le phénomène du sous-développement économique. Tout en renvoyant, au surplus, au *droit du développement* (2), il est utile de s'attacher aux spécificités essentielles des *nations prolétaires* (R. Moussa).

SECTION I LA NATION EN VOIE DE FORMATION

Tandis qu'en Occident, la formation de la nation a très généralement, précédé celle de l'État, il n'en va pas de même dans le tiers-monde. André Hauriou parlait d'un *Etat-clefs en main*. De nombreux obstacles ont retardé la forma-

(1) Ces derniers sont ainsi répartis : Afrique (56), Amérique latine (38), Asie (27), Moyen-Orient (14) et Océanie (10). V. E. Comarin (sous la direction de) : *L'état du tiers-monde,* 1987, p. 14. En outre, aucun des termes employés jusqu'ici pour dénommer les pays qui ne font pas partie ni de l'Occident, ni du camp ex-socialiste n'est pleinement satisfaisant : *(pays sous-développés, en voie de développement, pays du tiers-monde, nations prolétaires, sociétés hors du développement)* chacune de ces formules a ses avantages et ses inconvénients. Toutefois, l'expression *tiers-monde,* forgée à l'image de celle du *tiers-état* français par Alfred Sauvy, en 1952 (*op. cit.,* p. 44), même si Tibor Mende en réclame la paternité (en raison de ses initiales ?) présente intrinsèquement l'avantage de mettre l'accent sur la *spécificité* de ces sociétés. Des sociétés *autres* par rapport à celles de l'Occident capitaliste ou ex-marxiste.

(2) Au prix d'une simplification, on s'accorde, généralement, à admettre qu'un pays économiquement sous-développé est un pays dans lequel, faute d'investissements en capital et en moyens techniques, on ne fait pas un plein emploi des ressources en hommes et en matières premières que l'état actuel des connaissances autoriserait ou, selon un autre point de vue, un État dans lequel il existe *une distorsion manifeste entre la croissance démographique et la stagnation économique.*

Le tiers-monde est aussi le monde de la faim et celui du non-transfert technologique. V. G. Feuer et H. Cassan : *Droit international du développement,* 1986.

tion de la collectivité nationale, même si les manifestations du nationalisme sont fréquentes, justifiant, on le sait, la formule du *nationalisme sans nation* de Jean Buchmann.

§ 1 LES OBSTACLES GÉOGRAPHIQUES

La formation spontanée d'une nation implique, on le sait, la continuité territoriale ou, tout au moins, une grande proximité géographique.

Parmi les États qui ont accédé à l'indépendance, après la seconde guerre mondiale, l'Indonésie est un de ceux qui souffrent le plus de la discontinuité. Le centre de cette dernière est l'île de Java, avec Djakarta comme capitale. Mais, elle comprend encore Sumatra, Bornéo, Timor, les Célèbes, les Moluques, l'Irian occidental et des milliers d'îles réparties sur un espace qui correspond à peu près au cinquième de l'Océan pacifique : du nord-est de Sumatra à l'est des Moluques, il y a, en ligne droite, un peu plus de quatre mille kilomètres.

Mais, l'éloignement géographique a surtout été fatal au Pakistan, dont les deux ailes, en leur point le plus rapproché, étaient distantes de 2 400 km, séparées l'une de l'autre par toute la largeur de l'Inde. Après une guerre civile et l'intervention armée de celle-ci, le Pakistan oriental est devenu indépendant, en décembre 1971, sous le nom de Bangladesh (3). D'une manière générale, l'État connaît une crise existentielle, du fait du sous-développement économique et politique, au point d'être deliquescent, sinon absent, (Libéria, Rwanda, Somalie, Congo-Kinshasa).

§2 L'ABSENCE DE PARENTÉ ETHNIQUE LINGUISTIQUE ET RELIGIEUSE

Si, dans les pays sous-développés, il existe généralement une unité religieuse (Islam en Afrique du Nord, au Moyen-Orient, au Pakistan, au Bangladesh et en Indonésie ; boudhisme au Sri-Lanka) (4), ou, en tout cas, une religion largement dominante (Islam en Afrique noire, hindouisme en Inde, boudhisme en Asie du Sud-Est), sans ignorer le phénomène des sectes, l'unité ethnique ou linguistique fait souvent défaut.

(3) En Afrique, le caractère artificiel des frontières (sinon surréaliste, si l'on songe à la Gambie) remonte à la conférence de Berlin, en 1885. *Nous nous sommes distribués des montagnes, des rivières et des lacs sans savoir où ils se trouvaient,* confessa Lord Salisbury. Par la suite, les États indépendants ont posé, en 1963 (charte d'Addis-Abeba constitutive de l'O.U.A.) le principe de l'*intangibilité* des frontières héritées de la colonisation. Ce principe de sagesse et de raison a été respecté, fût-ce au prix de massacres, au Biafra et au Katanga, jusqu'à une date récente. L'Érythrée a recouvré son indépendance en 1993 par rapport à l'Éthiopie, qui avait procédé à son annexion, en 1952. Une solution juridictionnelle a été donnée au conflit qui a opposé pendant vingt ans la Lybie au Tchad à propos de la bande d'Aozou. La Cour internationale de justice a tranché, le 3 février 1994, en faveur de ce dernier.

(4) Ceylan a adopté cetté dénomination, en mai 1972, conformément à une tendance inaugurée, à beaucoup d'égards, par le Ghana en 1957. Il s'agit de répondre à un besoin d'*identification* ou d'authenticité de la personne collective, en renouant avec les racines *pré-coloniales.* Le Soudan (ex-français) est devenu le Mali, en 1960 ; le Congo (ex-belge) le Zaïre, en 1971, avant d'être débaptisé en 1997, tandis que la Haute-Volta s'appelait en 1984, Burkina-Faso *(la patrie des hommes dignes).* V. C. Coquery-Vidrovitch : *Afrique noire,* 1985, p. 88.

L'Inde, par exemple, qui est une véritable mosaïque peuplée d'environ 970 millions d'habitants (soit 16 % de la population mondiale), manque d'unité raciale, religieuse et linguistique. La langue anglaise demeure la langue véhiculaire (5).

Dans certains cas, la rivalité entre groupes ethniques dégénère en massacres. Le Burundi a été le théâtre de violents affrontements entre tutsis et hutus, en 1972 et 1988, qui ont dégénéré en génocide au Rwanda en 1994.

§3 LE CARACTÈRE ARCHAÏQUE DE LA SOCIÉTÉ

Dans le cadre du *village* en Afrique noire, autosubsistant (la ville est, à cet égard, une création du colonisateur, étrangère à la mentalité indigène) (6), la forme spontanée du pouvoir est purement locale et tribale : le chef traditionnel y dispose d'une autorité à la fois politique, sociale et religieuse, qui n'aide pas à la formation de sociétés plus larges. Les conséquences sont, qu'à l'heure actuelle, les rivalités tribales contrarient souvent l'unification du pays. Dès lors, le passage brutal du village à l'État, de la *chefferie* à la puissance d'État, est artificiel, pour l'essentiel. De sorte que les personnes se sentent moins membre de l'État (concept abstrait) que de leur caste ou tribu qui relève du *vécu* (7).

SECTION II **LE DIALOGUE MALAISÉ ENTRE LES GOUVERNANTS ET LES GOUVERNÉS**

Le phénomène du sous-développement ne prédispose pas au dialogue, même si la palabre est usitée.

§ 1 LA CONDITION PARTICULIÈRE DES GOUVERNÉS

En règle générale, le peuple ne possède pas et ne peut acquérir rapidement la conscience d'être le détenteur *originaire* du pouvoir. Par ailleurs, il ne dispose encore moins des moyens de contrôler les gouvernants. Il faut, tout d'abord, indiquer, à cet égard, que la tradition, dans la quasi-totalité, sinon dans l'ensemble des pays sous-développés, est en faveur du pouvoir *absolu.* La puissance coloniale prétendait généralement exercer une autorité sans partage. Mais, dans la période précoloniale, déjà les pouvoirs locaux étaient autoritaires, en principe.

(5) V. T. MENDE : *L'Inde devant l'orage,* 1950 ; Ph. DECRAENE : *Vieille Afrique et jeunes nations,* 1982 et *Les pouvoirs africains,* Pouvoirs, 1983, n° 25.

(6) A cet égard, et de manière symbolique, après la Tanzanie, la Côte-d'Ivoire a transféré, en 1983, sa capitale d'Abidjan à Yamoussoukro. Une décision de principe a été arrêtée en ce sens en Libye, en janvier 1987. La translation s'opérerait à Al-Jofor.

(7) L'absence d'une conscience nationale est grosse de conséquences : le loyalisme se rapporte à l'ethnie, non à la nation, concept non assimilé, même si un certain nombre de progrès ont été enregistrés. C'est ainsi, qu'en 1987, le règlement du problème tamoul au Sri-Lanka a été confié à l'Inde. Dans ces conditions, compte tenu du fait que l'engagement politique est moins celui de l'individu que du groupe auquel il appartient, le pluralisme, au même titre, du reste, que le fédéralisme sont malaisés, car synonyme de sécession ou d'irrédentisme. V. G. NICOLAS : Crise de l'État et affirmation ethnique en Afrique noire contemporaine, *R.F.S.P.,* 1972, p. 1017.

Par ailleurs, la formation d'une opinion publique, c'est-à-dire la traduction d'une culture politique sans laquelle la démocratie n'est qu'un mot, est difficile à obtenir dans ces pays, du fait, d'une part, de l'analphabétisme et, d'autre part, de la détention par le gouvernement des moyens coercitifs et audiovisuels. La hantise de la faim obnubile et occulte le sens civique, en définitive (8) .

§ 2 LE COMPORTEMENT DES GOUVERNANTS

Les gouvernants ne souhaitent pas être placés sous l'autorité de la nation et contrôlés par ses représentants. En un mot, ils cultivent volontiers un élitisme fermé où la condescendance et l'arrogance se mêlent intimement. Tibor Mende y voyait, à la limite, des *colonisateurs internes.*

La majorité des États d'Afrique et d'Asie sont relativement pauvres en élites politico-administratives. Or, c'est un fait d'expérience que les régimes se réclamant de la démocratie pluraliste ont besoin pour fonctionner, dans de bonnes conditions, d'un personnel politique et même administratif nombreux. L'éventualité de l'alternance au pouvoir implique, en effet, une diversité d'équipes. Or, la rareté en dirigeants politiques est une sorte de règle dans le tiers-monde sauf exception (Sénégal, Bénin), au même titre qu'une classe moyenne (9).

La conséquence principale de cette situation, c'est que la classe politique en place ou l'ethnie gouvernante en Afrique n'a d'autre finalité que de demeurer au pouvoir, source de tous les privilèges. On parle d'une conception *patrimoniale* du pouvoir. La crispation, sous la forme du parti unique, en sera le point d'orgue (10). Autant d'éléments qui détournent du dialogue inhérent au droit constitutionnel occidental.

Bibliographie

J. ALIBERT (sous la direction de) *Afrique contemporaine. 30 années d'Afrique (DF),* 1992 ; J. AUSTRUY : *Le scandale du développement,* 1965 ; P. BAIROCH : *Le Tiers-Monde dans l'impasse,* 1971 ; G. BALANDIER : *Sociologie actuelle de l'Afrique noire,* 3e édit., 1971 ; J.-Y. CALVEZ : *Aspects politiques et sociaux des pays en voie de développement,* 1971 ; J. DE CASTRO : *Géopolitique de la faim,* 2e éd., 1971, B. CHANTEBOUT : *Le tiers-monde,* 2e éd., 1989 ; E. COMARIN (sous la direction de) : *L'état du tiers-monde,* 1987 ; C. COQUERY-VIDROVITCH : *Afrique noire,* 1985 ; Ph. DECRAENE : *Vieille Afrique et jeunes nations,* 1982 ; R. DUMONT : *L'Afrique noire est mal partie,* 1969 ; avec B. ROSIER : *Nous allons à la famine,* 1966 ; avec M. Mazoyer : *Développement et socialisme,* 1969 ; T. MENDE : *De l'aide à la recolonisation,* 1972 ; M. PENOUIL : *Économie du développement,* 1972 ; Les pouvoirs africains, *Pouvoirs* n° 25, 1983.

(8) Le P.N.U.D. (programme des Nations unies pour le développement) publie depuis 1989 *un rapport mondial sur le développement humain* destiné à apprécier la qualité de vie des personnes. En 1993, il estime à moins de 10 %, celles qui participent aux institutions politiques, économiques et socioculturelles de leur État.

(9) A beaucoup d'égards, on peut soutenir que la classe moyenne se présente comme *l'épine dorsale de la démocratie occidentale.* C'est la raison pour laquelle Marx considérait que la révolution serait inéluctable à partir de l'instant où elle aurait été ruinée. On comprend, de ce fait, son hostilité à Proudhon, qui dans ses *Confessions* déclare avoir rêvé à *l'universalisation de la classe moyenne.* La difficulté des institutions politiques d'inspiration occidentale, dans le tiers-monde et plus précisément en Afrique, trouve son explication, d'une certaine manière, dans l'absence d'une couche sociale intermédiaire entre l'opulence et le dénuement.

(10) Le *continuisme,* (c'est-à-dire la confusion entre l'exercice et la conquête du pouvoir), a pu se généraliser dans le tiers-monde. Toutefois, la dévolution normale du pouvoir, c'est-à-dire *constitutionnelle,* n'est pas sans exemples : En 1967, au Gabon, le vice-président Bongo succède au président M' Ba décédé ; en 1993, à la mort de Houphouët-Boigny, le président de l'Assemblée nationale, Henri Konan-Bedié le remplace.Le président du Sénégal, Léopold Senghor s'est retiré volontairement en janvier 1981. Il sera imité par les présidents Ahidjo (Cameroun), Nyèrere (Tanzanie), respectivement en novembre 1982 et octobre 1985. Ce comportement des Pères fondateurs n'est pas sans faire songer au départ de George Washington.

CHAPITRE II
L'ÉVOLUTION DES INSTITUTIONS POLITIQUES DANS LES SOCIÉTÉS TIERS-MONDISTES

Le tiers-monde participe à la recomposition du monde actuel. S'il fallait retenir un seul exemple, celui de l'Afrique du Sud, décolonisée et démocratisée, depuis l'abolition de l'*apartheid* en 1991, s'imposerait à l'évidence : Nelson Mandela, figure emblématique autant que la commission *Vérité et réconciliation* (1). Mais, auparavent il avait appartenu au Bénin d'initier le processus pluraliste. Ce vent de démocratie se présente, d'un certain point de vue, comme le retour aux origines, lorsque les premières institutions inspirées par celles de l'ancienne métropole ont été rapidement écartées, à partir de 1963, au bénéfice du *modèle algérien* du parti unique ou du *parti-État.* Sans doute, une constitution ne vaut que par son application, et l'on ne saurait dissiper le risque de résurgence d'une constitution implicite ; en un mot d'un habillage. Mais, en liant désormais l'aide au développement à la pédagogie de la démocratie, une garantie est offerte, d'autant que ces pays ont cessé d'être un enjeu entre les régimes libéraux et communistes (2).

La liberté, ce sera votre meilleure amie, affirmait François Mitterrand, le 20 juin 1990, au sommet franco-africain de La Baule. Mais, serait-elle dangereuse au point de provoquer le *cancer* (Hassan II) ? Rien n'est moins certain. L'histoire démontre, que *la démocratie s'est imposée comme ultime remède à la crise de l'État et de la société* (Yadh Ben Achour). La liberté est, à tout prendre, le meilleur antidote à l'autoritarisme (3).

(1) Les premières élections pluralistes et multiraciales se sont déroulées en avril 1994. Nelson Mandela a été élu président par le Parlement le 10 mai suivant. Un sentiment national s'éveille : à preuve la symbolique du drapeau (un *Y* couché). La nouvelle constitution a été adoptée le 10 décembre 1996. A l'issue du scrutin général, de juin 1999, Thabo Mbeki a succédé au père de la nation multiculturelle.

(2) V. R. OTAYEK : Bénin. La démocratie retrouvée. *Universalia*, 1991, p. 219 ; G. CONAC : Le processus de démocratisation en Afrique in *L'Afrique en transition vers le pluralisme politique*, 1993, p. 11.

(3) En Algérie, l'armée a interrompu, en janvier 1992, le processus pluraliste face à la montée en puissance du fondamentalisme incarné par le F.I.S. (*Front islamique du salut*). Depuis lors, la guerre civile fait rage. V. O. BENDOUROU : La crise de la démocratie en Algérie, Oujda 1992 ; M. CHÉRIF : *in Les nouvelles constitutions africaines : la transition démocratique*, IEP Toulouse, 1993, p. 41.

Ce cycle fait apparaître une constante : la référence du tiers-monde aux institutions occidentales : tour à tour, acceptées, répudiées et en passe d'être réhabilitées, à l'heure actuelle.

SECTION I LA RÉCEPTION DU CONSTITUTIONNALISME OCCIDENTAL

Le mimétisme a caractérisé la première génération des constitutions tiers-mondistes. En faisant abstraction d'un choix originaire pour le marxisme (la Guinée de Sekou Touré en 1958) et des régimes latino-américains qui ont accédé à la souveraineté dès le XIXe siècle, il s'agit, ici, de prendre en compte, à titre principal, les premières d'entre elles qui ont vu le jour, soit au cours du processus de décolonisation qui a suivi le second après-guerre, soit *principalement* au cours de la décennie 1960 dans les pays anciennement colonisés par la Grande-Bretagne (4) et la France (5) entre autres. En règle générale, tous ces États d'Afrique ou d'Asie ont commencé par adopter les institutions de type *parlementaire*. Mais, seule l'Inde est parvenue à les acclimater (6).

§ 1 L'IMPORTANCE POLITIQUE DE L'INDE

L'Inde se présente comme *la plus grande démocratie du monde,* avec plus de 600 millions d'électeurs. Depuis son indépendance, en 1947, celle-ci a connu, dans le respect de l'alternance, pratiquement un seul parti gouvernemental *(le parti du Congrès)* et neuf premiers ministres, dont trois issus des liens familiaux : Nehru (1947 à 1964) ; sa fille, Indira Gandhi (1966-1977, puis de 1980 à 1984) et son petit-fils Rajiv Gandhi de 1984 à 1989 (7).

(4) La Grande-Bretagne, dont on sait pourtant l'attachement à la politique d'autonomie, a exporté a travers le monde décolonisé le modèle de Westminster. V. F. Doré : *Les régimes politiques en Asie,* 1973 et P. Isoart : *Les États de l'Asie du Sud-Est,* 1979.

(5) La constitution de 1958 a fait figure de *constitution-mère* en Afrique francophone.

(6) L'île Maurice (ancienne *île de France*) indépendante depuis 1968, pratique, elle aussi, le régime parlementaire, tout en préservant les droits de la minorité franco-mauricienne face à la majorité indienne. (V. L. Favoreu : *L'île Maurice,* 1970 ; X. Philippe, rapport au 2e congrès français de droit constitutionnel, Bordeaux, mai 1993). Au-delà de la tradition du *Makhzen,* on citera le Maroc (constitution du 10 mars 1972). Depuis une révision de 1996, la Chambre des représentants est entièrement élue ; une seconde chambre, celle des conseillers, a été créee à cette occasion. Le parlementarisme dualiste confère la prééminence au roi, qui possède de surcroît, l'autorité découlant de sa qualité de commandeur des croyants. L'opposition ayant remporté les élections législatives en novembre 1997, le roi a accepté le principe de l'alternance. Abderrahmane Youssoufi (dirigeant socialiste) a été appelé à former le Gouvernement, en mars suivant. L'alternance consolide le régime et légitime la monarchie. V. G. Vedel (sous la présentation de) : *Édification d'un État moderne, le Maroc d'Hassan II,* 1986 ; O. Bendourou : *Le pouvoir exécutif au Maroc depuis l'indépendance,* 1986.

(7) V. I. Milbert : *L'Inde,* D.F., 1981 ; M. J. Zins : *Histoire politique de l'Inde indépendante,* 1992 ; Chr. Jaffrelot (sous la direction) : *L'Inde contemporaine : de 1950 à nos jours,* 1996.

Pour ces raisons, il n'est pas négligeable pour l'Occident que des institutions politiques directement inspirées de la démocratie britannique y fonctionnent, en dehors de la parenthèse *autoritaire* d'Indira Gandhi de 1975 à 1977 (8), malgré les difficultés propres à ce sous-coutinent.

§ 2 LE CADRE INSTITUTIONNEL DE L'INDE

Au prix d'une simplification, on envisagera sa structure et sa pratique.

1° Les institutions politiques

La constitution du 26 janvier 1950 se présente comme une copie conforme du modèle de Westminster : un parlement bicaméral : la chambre du peuple *(Lok Sabha)* élu au scrutin majoritaire à un tour, pour un mandat de cinq ans et la chambre des États *(Rajya Sabha),* dont les membres sont élus, par les assemblées des 23 États, au prorata de leur population ; un exécutif bicéphale avec un président de la République, élu pour cinq ans par un collègue formé des membres du Parlement de l'Union et de ceux des assemblées des États, au rôle honorifique, et un premier ministre, investi, en fait, par le peuple. Il existe, une cour suprême qui, outre la défense de la structure fédérale, veille aussi au respect de la constitution. En bref, un régime au sein duquel la majorité et l'opposition s'exposent au choix populaire.

2° La pratique institutionnelle

Ce régime a été mis à profit par Nehru, le successeur de Gandhi, le père de l'indépendance. Celui-là a été, un *leader* d'une autorité exceptionnelle sur la scène internationale, en même temps que le symbole de l'unité nationale. On peut même dire que, par son ascendant personnel et par l'efficacité de ses vertus persuasives, il a permis d'éviter, en bien des circonstances, le recours à la force, tout en se démontrant un *éducateur politique* d'une grande autorité. Sa mort, en 1964, a laissé un grand vide, mais il avait duré assez longtemps pour n'être pas irremplaçable. Toutefois, son successeur, à partir de 1966, Indira Gandhi, *la dernière impératrice des Indes* (A. Fontaine), a préservé, en dehors d'une brève fuite en avant, son héritage.

Par ailleurs, l'existence d'un parti *dominant* (le parti du Congrès), a grandement favorisé ensuite, au départ, l'enracinement du régime, au même titre, qu'une classe de fonctionnaires léguée par la Grande-Bretagne, assez nombreuse et compétente pour administrer le pays.

Cependant, après une scission intervenue dans ses rangs en 1995, le parti du Congrès a essuyé une défaite aux élections, l'année suivante. Depuis lors, des gouvernements de coalition se sont succédés. En avril 1999, la dissolution du Parlement a été décidée. La décomposition du système partisan menace, à terme, la stabilité du régime.

(8) Cédant au vertige de l'autorité, le premier ministre a proclamé l'état d'urgence, le 26 juin 1975, supprimé les libertés politiques (internements administratifs) et individuelles (stérilisation forcée, notamment). Toutefois, le corps électoral lui infligera, en mars 1977, une cinglante défaite avant de lui redonner sa confiance, en janvier 1980. V. Ch. PASBECQ : L'Inde, d'une urgence à l'autre, *R.D.P.*, 1977, p. 1253.

SECTION II LA RÉPUDIATION DU CONSTITUTIONNALISME OCCIDENTAL

En réaction au libéralisme, la quête de l'authenticité ou de la spécificité est à l'origine d'une seconde génération ordonnée autour du parti unique, selon la conception léniniste (9). Il a appartenu à l'Algérie, en 1963, d'inaugurer cette démarche.

§ 1 LA JUSTIFICATION DU MONOPARTISME

Le *développementalisme* est à l'origine de cette conception du pouvoir.

A. L'ARGUMENT POLITIQUE

Dans cet ordre d'idées, le *parti-institution,* au sens de Maurice Hauriou, qui a mené, sous l'autorité de son *leader,* le territoire à l'indépendance politique bénéficie de la légitimité historique. A ce titre, il s'estime tenu de parachever l'œuvre entreprise en détruisant, après le cadre colonial, la structure tribale. La construction de la nation est désormais sa mission. Dans cette œuvre de longue haleine, le parti (son chef, dans la pratique) domine l'État et s'identifie à la constitution. En somme, on serait enclin à dire : *Au début était le parti.* Au congrès de l'Union progressiste sénégalaise (U.P.S.), en 1960, le président Léopold Senghor affirmait avec force : *Le rôle du parti est de conception, d'organisation et de contrôle. C'est dire sa primauté sur les autres organismes (parlement, gouvernement) dont le rôle est essentiellement d'étude, d'élaboration et de gestion. Ceux-ci mettent en forme et en pratique la doctrine et le programme du parti.* Bref, l'autorité est indivisible. Elle est personnelle à l'image de la chefferie traditionnelle : *La démocratie en Afrique depuis des millénaires est une démocratie avec un seul bonnet sur un seul crâne* (L. S. Senghor).

B. L'ARGUMENT ÉCONOMIQUE

Le monopartisme est présenté comme l'agent de la modernisation, dès lors qu'il s'identifie au peuple, à la *nation prolétaire* selon une expression.

Cette analyse ne correspond en aucune façon au vécu, marqué, au contraire, par une profonde césure entre ce qu'il est convenu d'appeler la bourgeoisie locale et la masse des déshérités. On se souvient, à cet égard, de la diatribe de Frantz Fanon dénonçant l'abandon du projet révolutionnaire chez les nantis *(les nègres blancs),* au profit de la conservation de leurs privilèges, et plaçant sa confiance dans les démunis des campagnes, de préférence aux villes.

Sous une ambition nationale, le parti dissimule la mainmise d'une ethnie sur l'État, mis en coupe réglée, conformément à la logique patrimoniale du pouvoir.

(9) V. pour la génération constitutionnelle intermédiaire : G. CONAC (sous la direction de) : *Les institutions constitutionnelles des États d'Afrique francophone et de la République malgache,* 1979 ; D.-G. LAVROFF : *Les systèmes constitutionnels en Afrique noire. Les États francophones,* 1976 et M.-P. ROY : *Les régimes politiques du Tiers-Monde,* 1977.

§ 2 L'INSTITUTIONNALISATION DU MONOPARTISME

A partir du précédent algérien, le monopartisme a rayonné en Afrique, à telle enseigne que l'on y a vu *une sorte de fatalité* (D.-G. Lavroff).

Le système du *parti-État* a été consacré par la constitution algérienne du 8 septembre 1963, qui a été formellement abrogée, après la prise du pouvoir par le colonel Boumédienne, le 19 juin 1965. Mais sa logique mécanique, à la limite, lui survivra tant que le Front de libération nationale assumera le rôle dirigeant (10).

Dans ce texte d'avant-garde de 1963, tout pouvoir émane du F.L.N. : il est établi au centre de la vie politique (préambule, art. 23 et 26) ; l'Assemblée nationale vote la loi et contrôle le gouvernement ; mais les candidats aux élections législatives, c'est-à-dire, en fait, les membres de l'Assemblée nationale (puisqu'il n'y a qu'une seule liste), sont désignés par le parti (art. 27, 28, 29) ; il en va de même pour le président de la République, secrétaire général du parti. D'une façon générale, on peut dire qu'en Algérie, le présidentialisme fonctionnait *en circuit fermé :* le président de la République, secrétaire général du parti unique, était responsable, politiquement devant l'Assemblée nationale, mais les membres de celle-ci étaient nommés par le parti, dont le président de la République était le secrétaire général, *etc.* (11).

Dans la réalité des choses, le F.L.N. occupera, cependant, une place discrète comparé au rôle prééminent du président, à l'avenant des exemples qu'il devait susciter. Ceci pour dire que le monopartisme génère le *sur-pouvoir* de son chef : Précepteur de la nation, inspirateur du parti et tuteur de l'assemblée, son autorité quasi exclusive fait songer à *l'arbre tropical dont l'ombre interdit autour la vie* (J. Lacouture) (12).

SECTION III **LA MISE EN ŒUVRE DU PROCESSUS DE RÉHABILITATION DU CONSTITUTIONNALISME OCCIDENTAL**

Un *mouvement sismique* (G. Conac) parcourt le continent africain depuis 1989. La démocratie pluraliste et tolérante y est de retour, après le détour infructeux du parti unique. Au terme d'un processus pacifique de transition, initié par le Bénin, le nouveau cours constitutionnel prend consistance (13).

§ 1 LE PROCESSUS AFRICAIN DE DÉMOCRATISATION OU LE MODÈLE BÉNINOIS

De manière empirique, le Bénin a innové, en 1989, en se dotant d'un régime pluraliste et en se réclamant de l'État de droit.

(10) V. A. MAHIOU : *L'avènement du parti unique en Afrique noire,* 1969.

(11) V. J. ROBERT : La constitution de la République algérienne, *R.D.P.,* 1964, p. 380 ; J. HABAS : *La fonction législative en Algérie,* thèse Montpellier-I, 1980 ; J. LECA et J.-Cl. VATIN : *L'Algérie politique,* 1975.

(12) L'Afrique subsaharienne a, par la suite, imité ce modèle. La constitution camerounaise du 2 juin 1972 en témoigne. V. J.-F. BAYART : *L'État au Cameroun,* 1980 ; P.-F. NGAYAP : *Cameroun, qui gouverne ?* 1983 ; J. GICQUEL : Le présidentialisme négro-africain, *Mél. Georges Burdeau,* 1977, p. 701.

(13) V. G. CONAC (sous la direction de) *L'Afrique en transition vers le pluralisme politique,* 1993 ; et H. ROUSSILLON (sous la direction de) *les nouvelles constitutions africaines : la transition démocratique* Toulouse, 1993.

A. LA SORTIE DU MONOPARTISME

C'est à Cotonou, que le renouveau démocratique s'éveille, après le bilan désastreux de deux décennies de *socialisme scientifique* du président Kérékou. Le risque d'une explosion sociale, liée à l'acceptation des conditions draconiennes posées par le F.M.I. au sauvetage de l'économie, a enclenché un scénario original de sortie de crise, qui n'est pas sans faire songer à celui élaboré à l'issue de la table ronde polonaise.

En septembre 1989, sous la pression des événements, le chef de l'État béninois après avoir renoncé à l'idéologie marxiste-léniniste et à son instrument, le parti unique, a décidé la création d'un poste de premier ministre et convoqué une *conférence des forces vives de la nation.* Un gouvernement de transition sera mis en place. Réunie en février 1990, cette conférence nationale, représentative de l'ensemble des opinions politiques et des activités économiques et sociales, a assumé le pouvoir, à la manière d'une assemblée constituante. Après avoir abrogé la constitution unanimiste de 1977, la conférence a élaboré un projet pluraliste soumis à la décision du peuple, le 2 décembre suivant.

B. LA CONSTITUTION DU 10 DÉCEMBRE 1990

Cette constitution (la septième depuis l'indépendance) s'abreuve à la conception occidentale d'un pouvoir d'État équilibré par des contre-pouvoirs. L'abus de l'autorité n'a pas abouti, comme on aurait pu le redouter, à sa négation, conformément à la loi de réaction de l'histoire.

De façon caractéristique, le texte s'ouvre par l'énoncé des droits et devoirs de la personne humaine, par l'*incorporation* au droit béninois de la charte africaine des droits de l'homme et des peuples adoptée par l'O.U.A. à Nairobi, en 1981 (art. 7).

Le président de la République est élu au suffrage universel, pour un mandat de cinq ans, renouvelable une fois (art. 42). Il est le détenteur du pouvoir exécutif et à ce titre le chef du Gouvernement, dont il nomme et révoque les membres (art. 54). Cependant, ses actes sont contresignés par les ministres *(idem).* De la même façon, il peut leur déléguer certains de ses pouvoirs (art. 70). Le Parlement est constitué par une assemblée unique, élue au suffrage universel direct pour un mandat de quatre ans (art. 79). Celle-ci vote la loi, consent l'impôt (art. 96) et contrôle le gouvernement (art. 113). Une Cour constitutionnelle garante de l'État de droit, selon le modèle européen, est créée (art. 114). Elle statue en matière électorale et contrôle la conformité des lois, sur recours d'autorités publiques ou des citoyens (art. 121 et 122). Elle est juge des conflits d'attribution entre les institutions de l'État (art. 117). Une loi organique du 4 mars 1991 en explicite l'organisation, le fonctionnement et les attributions. La sauvegarde de la liberté de communication est confiée, en dernier lieu, à une haute autorité de l'audio-visuel et de la communication (art. 142).

La période transitoire s'achèvera à l'issue de la tenue d'élections législatives en février 1991 et d'une élection présidentielle, le mois suivant, à l'issue de laquelle le premier ministre (Nicéphore Soglo) l'emportera sur le président sortant (14). Mais, en 1996, il devait s'incliner face à son adversaire. Ainsi va l'alternance.

(14) Ce même scénario devait se répéter, en 1991 (Cap Vert ; Zambie) ; 1992 (Congo, Mali) et en 1993 (Niger, Burundi et R.C.A.). A l'opposé, le président sortant devait être reconduit dans ses fonctions, en 1990 (Côte-d'Ivoire) ; 1991 (Burkina Faso) ; 1992 (Kenya, Ghana, Cameroun) ; 1993 (Djibouti, Sénégal, Togo, Mozambique, Gabon, Guinée) ; 1994 (Malawi) et 1995 (Zimbabwe). Reste à méditer le cas du Niger. Le processus de démocratisation y a été arrêté à la suite d'un coup d'État militaire perpétré le 27 janvier 1996. Après avoir suspendu son aide, la France a persuadé les nouveaux dirigeants à renouer avec le cours naturel de l'évolution politique. Une nouvelle constitution a été adoptée par le peuple en mai suivant et une élection pluraliste organisée en juillet. A son issue, le général Maïnassara a été proclamé élu. A ce compte, le putsch serait-il le chemin le plus court conduisant à la démocratie, à moins de céder au réalisme de la légitimation du pouvoir ? V. P.-F. GONIDEC, *Les systèmes politiques africains. Les nouvelles démocraties,* 3e éd., 1997.

Le *schéma béninois* (conférence nationale + changement de constitution avec création d'un premier ministre et d'une cour constitutionnelle + élections disputées) a créé un précédent et plus encore, une dynamique qui, de proche en proche, renouvelle le paysage africain (15).

§ 2 LE REGAIN CONSTITUTIONNEL AFRICAIN

L'évocation de cas de figures et l'exemple d'une constitution de référence aideront à fixer les idées.

A. LES RELATIONS ENTRE LE POUVOIR ET L'OPPOSITION

A partir de 1991, des régimes militaires, tels ceux du Burkina Faso et de Mauritanie, restituent au peuple sa souveraineté, en se dotant, par référendum, de constitution inspirée de celle de la France. Les régimes civils sont appelés de manière *crescendo* à concéder le multipartisme (Angola, Congo, Côte d'Ivoire, Mali, Nigeria, R.C.A., Rwanda, Zaïre) ; à négocier avec l'opposition la tenue d'une conférence nationale (Cameroun, Congo, Togo) ; à l'inviter à partager le pouvoir, dans un exercice de cohabitation (Sénégal) ou à l'associer au renouveau démocratique, à l'image du Gabon.

B. LA CONSTITUTION GABONAISE DU 26 MARS 1991

Le mouvement de contestation, né de la multiplication des grèves, a conduit le président Bongo à convoquer, en mars 1990, une conférence nationale, forte de 77 associations politiques. La loi du 28 mai 1990 portant révision de la constitution consacre ses décisions : reconnaissance du multipartisme ; charte nationale des libertés et création d'un conseil national de la démocratie chargé du suivi. Les élections à l'Assemblée nationale qui se sont déroulées, en septembre et octobre, au scrutin majoritaire unonimal à deux tours, ont été marquées par la victoire du parti démocratique gabonais (P.-D.G.), l'ancien parti unique, qui a obtenu la majorité absolue des sièges. Toutefois, 7 partis d'opposition sont représentés.

1° La démocratie constitutionnelle

Le texte rééquilibre les institutions, dans la perspective béninoise. Autrement dit, au terme d'une démarche qui fleure bon l'orléanisme d'antan, un *régime parlementaire sans souveraineté présidentielle* est mis en place.

Le chef de l'État demeure un élu du peuple, pour un mandat de 5 ans, renouvelable une fois (art. 9). *Il est le détenteur suprême du pouvoir exécutif qu'il partage avec le premier ministre* (art. 8). A l'image de la Côte d'Ivoire (révision du 6 novembre 1990), ce dernier est appelé à jour un rôle décisif dans le nouveau constitutionnalisme africain. Il est investi par l'Assemblée nationale. Il est responsable devant cette dernière et le président (art. 15).

Les relations entre le Gouvernement et le Parlement (16) sont rationalisées, s'agissant des amendements (art. 53) ; de l'ordre du jour prioritaire du Gouvernement (art. 57) de l'adoption d'un texte de loi après dépôt d'une question de confiance (art. 63), notamment.

(15) V. pour l'actuelle génération constitutionnelle : J. du BOIS de GAUDUSSON, G. CONAC et Chr. DESOUCHES : *Les constitutions africaines publiées en langue française,* D.F., 1997 et 1998.

(16) Le Parlement est devenu bicaméral (révision de 1997). Le Sénat représente les collectivités locales.

Un Conseil national de la communication est mis en place. Il a pour mission de *veiller au respect de l'expression de la démocratie* (art. 94).

2° L'État de droit

Au sommet de l'édifice, se dresse une imposante Cour constitutionnelle, composée de 9 membres, nommés respectivement par le président de la République, le président de l'Assemblée nationale et le Conseil supérieur de la magistrature, parmi les juristes et les personnalités qualifiées ayant honoré le service de l'État (art. 89).

Ses compétences sont impressionnantes : contrôle obligatoire de la constitutionnalité des lois organiques et des lois avant leur promulgation (art. 84) ; examen de l'exception d'inconstitutionnalité soulevée par un justiciable à l'occasion d'un procès à l'encontre d'une loi ou d'un acte qui méconnaîtrait ses droits fondamentaux (art. 86) ; juge des élections et des opérations de référendum, ainsi que des conflits d'attributions entre les institutions de l'État (art. 84). La Cour statue également sur les règlements de l'Assemblée nationale, du Conseil national de la communication et du Conseil économique et social *(idem)*. Elle est appelée, par ailleurs à se prononcer sur la conformité des engagements internationaux à la constitution (art. 87). Elle dispose, enfin, du pouvoir d'interprétation de cette dernière, à la demande d'une autorité politique ou d'un dixième des députés (art. 88). De la même manière, la Cour statue obligatoirement sur *les actes réglementaires censés porter atteinte aux droits fondamentaux de la personne* (art. 84). Le circuit démocratique s'est s'achevé, en 1993 et 1995, avec la tenue respective d'une élection présidentielle concurrentielle et d'un référendum sur les relations entre le pouvoir et l'opposition (17).

Au final, l'Afrique subsaharienne est devenue un vaste chantier constitutionnel, à l'image des régimes post-communistes. A l'évidence, l'apprentissage démocratique demande du temps au temps. Des blocages subsistent : refus de l'alternance au Togo ; changement de régime autoritaire en 1997 en R.D.C. (République démocratique du Congo) (ex-Zaïre). Mais, dans le même temps, des progrès significatifs ont été enregistrés dans les deux États les plus importants : l'Afrique du Sud, du point de vue économique à partir de 1994 et le Nigéria, du point de vue démographique. Dans ce dernier, l'armée a abandonné le pouvoir, en mai 1999, après que l'ex-général Obasanjo eut remporté l'élection présidentielle, en février.

Le processus africain de démocratisation doit désormais aborder une seconde phase, celle de la *consolidation* (17). Une aide économique massive liée à la généralisation de l'éducation, en conditionnant la réussite, car on ne peut faire tenir debout un sac vide, prétend un proverbe sénégalais.

(17) V. A. AMOR : L'émergence démocratique dans les pays du tiers-monde : le cas des États africains *in L'Afrique en transition vers le pluralisme politique,* 1993, p. 55 ; F. MELEDJE-DJEDJIRO : La révision des constitutions dans les États africains francophones, *R.D.P.* 1992, p. 11.

§ 3 LES AUTRES LIEUX DU PROCESSUS DE DÉMOCRATISATION

Après le détour par la Grande Ile, les Amériques sont à citer.

A. MADAGASCAR

Le tournant africain a fait école à Madagascar. La contestation du régime marxiste mis en place en 1975, a abouti, à une crispation en 1991, proche de la guerre civile. Une constitution du 18 septembre 1992, de type parlementaire avec un premier ministre, chef de Gouvernement, a permis de l'éviter. A l'élection présidentielle de février 1993, le professeur Albert Zafy, candidat de l'opposition l'a emporté sur le président sortant Didier Ratsiraka, avant que celui-ci ne prenne revanche, en 1996, au nom de l'alternance (18). Le président Zafy avait été destitué préalablement, par l'Assemblée nationale.

B. L'AMÉRIQUE LATINE

L'Amérique latine, de son côté mérite réflexion. A cet égard, si les anciennes colonies espagnoles et portugaise se sont tournées initialement vers le modèle américain, ils l'ont largement adapté à leurs besoins. La tradition latino-américaine autoritaire, conformément aux intérêts de l'oligarchie, s'abrite volontiers sous une épée (phénomène du *caudillismo*). Dans ces conditions, la compétition entre l'État *militaire* (19) ou populiste et l'État civil ponctue l'histoire de cet hémisphère, à la façon des contagions.

La période actuelle a vu refluer la dictature : le Chili a choisi, en décembre 1989, un opposant plutôt que le général Pinochet ; de la même façon qu'au Nicaragua, Violetta Chamorro l'emportait en février 1990, sur le président sandiniste Daniel Ortega. A son tour, l'île d'Hispaniola retrouve le chemin de la normalité : pour la première fois depuis 1804 en Haïti, le président élu Aristide qui avait été rétabli dans sa fonction à la suite d'une intervention américaine en 1994, a transmis, en février 1996, ses pouvoirs à son successeur, René Préval, qui avait remporté l'élection en décembre. En République dominicaine, Leonel Fernandez a été désigné, à l'issue du scrutin de ballottage, présentant des garanties de sincérité, le 30 juin 1996. Un terme pacifique à été mis à l'ère Balaguer. Seul Cuba demeure un cas isolé, pour le moment (20).

(18) L'apprentissage de la démocratie au quotidien doit bien évidemment tenir compte des mentalités et du fait qu'*il n'existe pas un modèle préétabli de démocratie* (déclaration de Libreville du 6 octobre 1994 des pays A.C.P. — Afrique, Caraïbe, Pacifique — liés à l'Union européenne). Le Gouvernement par un parti n'est pas toutefois exclusif d'autres solutions : système de la *cohabitation* à la française, après la victoire de l'opposition aux élections législatives (Togo, 1994 ; Bénin, 1995) ; formule du Gouvernement *d'union nationale* avec l'entrée de l'opposition (Gabon, 1994 ; Sénégal, 1995, Angola, 1997) ou création d'un poste de vice-président de la République adjoint du chef de l'État confié à un opposant (Gabon, révision de 1997) V. J. du Bois de Gaudusson : les solutions constitutionnelles des conflits politiques *in l'Afrique face aux conflits,* D.F., 1997, p. 250.

(19) V. F. Julien-Laferrière : Les institutions de la IIIe République malgache, *R.D.P.,* 1994, p. 635 ; *Madagascar, dossier politique,* D.F., 1997.

(20) V. A. Rouquié : *L'État militaire en Amérique latine,* 1982 : J. Lambert et A. Gandolfi : *Le système politique de l'Amérique latine,* 1987, p. 363.

Les 20 Amériques (21) ont aménagé, par référence aux États-Unis, appelés à jouer le rôle d'une métropole *de facto,* une *modalité particulière de régime présidentiel* (J. Lambert et A. Gandolfi).

Élu par le peuple, le chef de l'État dispose, à côté des pouvoirs traditionnels, de pouvoirs spécifiques : le droit de dissolution en Uruguay ; le droit d'en appeler au peuple par la voie du référendum (Équateur), mais essentiellement la possibilité *de jure* d'intervenir dans la fonction législative (Argentine, Brésil) et même de bénéficier, au Pérou comme au Brésil, en tant que de besoin, d'une habilitation législative. Le parlement, appelé Congrès, en règle générale joue un rôle effacé par rapport à celui de Washington. La justice constitutionnelle se met en place (Costa Rica, Guatemela).

Cependant l'essentiel réside, moins dans l'agencement institutionnel, que dans le multipartisme et la compétition, à laquelle se livrent, à l'ombre des intérêts de la classe dirigeante et les épées, les conservateurs et les démocrates-chrétiens. Le principe de *l'alternance* qui en découle, permet ainsi de relier les démocraties latino-américaines à la mouvance des pays occidentaux, même si, du point de vue économique et social, elles se rattachent du schéma tiers-mondiste. La condition des populations indiennes suffit à le démontrer. L'attribution du prix Nobel de la paix à Rigoberta Menchú, l'année du 500e anniversaire de la découverte de l'Amérique, est symbolique, au même titre que l'insurrection zapatiste au Mexique depuis 1994.

On observe, depuis peu, une évolution significative dans le comportement des acteurs politiques. Outre le procédé de la négociation avec la rebellion, à l'image du Guatémala, en 1996, après 35 ans de guerre-civile (22), la gestion des crises tend à s'orienter vers la *régulation constitutionnelle* plutôt que la solution militaire. Au Vénézuéla, l'auteur d'un coup d'État manqué en février 1992, le colonel Hugo Chavez a remporté l'élection présidentielle, en décembre 1998, avec l'appui de la gauche. Une assemblée constituante a été élue, en juillet suivant. Au Brésil, le président Fernando Collor a été destitué, pour corruption, par le Parlement, en 1992, au terme d'une procédure d'*impeachment* et pour la première fois depuis 1964, Fernando Cardoso a été réélu dans ses fonctions, en 1998. Autant de précédents qui plaident en faveur de la normalisation du cours de la politique, au moment même, où l'ancien dictateur chilien, le général Pinochet, est rattrapé par la justice.

Bibliographie

J. Buchmann : *L'Afrique noire indépendante,* 1962 ; B. Chantebout : *Le tiers-monde,* 2e éd., 1989 ; G. Conac (sous la direction de) : *L'Afrique en transition vers le pluralisme politique,* 1993 ; O. Dabène : *L'Amérique latine au XXe siècle,* 1994 avec J. du Bois de Gaudusson et Chr. Desouches : *Les constitutions africaines publiées en langue française,* D.F., 1997 en 1998 ; P.-F. Gonidec *Les systèmes politiques africains. Les nouvelles démocraties,* 3e éd., 1997 : M. Kamto : *Pouvoir et droit en Afrique noire,* 1987 ; J. Lambert et A. Gandolfi : *Le système politique d'Amérique latine,* 1987 ; D.-G. Lavroff : *Les systèmes constitutionnels en Afrique noire. Les États francophones,* 1976 ; A. Mahiou : *L'avènement du parti unique en Afrique noire,* 1969 ; G. Pambou-Tchivounda : *Essai sur l'État africain post-colonial,* 1982, H. Roussillon (sous la direction de) *Les nouvelles constitutions africaines : la transition démocratique,* 1993 ; M.-P. Roy : *Les régimes politiques du Tiers-Monde,* 1977.

V. également, Les pouvoirs africains, *Pouvoirs* n° 25, 1983.

(21) Au Mexique, le P.R.I. (Parti révolutionnaire institutionnel) a monopolisé le pouvoir de 1929 à 1997. A cette date, un multipartisme de fait s'est mis en place. L'opposition a remporté la mairie de Mexico et la majorité à la Chambre des députés.

(22) La violence demeure, à l'image de la prise d'otages à l'ambassade du Japon au Pérou par des guérillos, en décembre 1996, laquelle dura 126 jours.

TROISIÈME PARTIE
LES INSTITUTIONS POLITIQUES DE LA FRANCE

TITRE 1
L'HISTOIRE CONSTITUTIONNELLE DE LA FRANCE

CHAPITRE I
L'ANCIEN RÉGIME

Les événements politiques survenus depuis 1789, ne peuvent se comprendre si on n'en connaît le point de départ, c'est-à-dire l'Ancien Régime ; d'autant que celui-ci a eu une durée et une stabilité exceptionnelles, puisqu'il s'est maintenu pendant près de dix siècles.

Sans doute, pendant ce millénaire, de nombreuses évolutions se sont-elles produites. Pour ne prendre qu'un exemple, la monarchie administrative des XVIIe et XVIIIe siècles est profondément différente de celle des Capétiens ou même des Valois. Toutefois, les caractères généraux demeurent largement les mêmes, à travers un remarquable effort de continuité : l'Ancien Régime peut se définir dans son ensemble comme *une monarchie héréditaire à confusion des pouvoirs* (1).

SECTION I — LE POUVOIR ROYAL

Le roi de France est un monarque héréditaire et absolu. Mais ces deux caractères n'ont pas été attachés, dès le début, à la couronne. La monarchie a dû lutter longuement pour les conquérir.

§ 1 LE PRINCIPE D'HÉRÉDITÉ

L'hérédité monarchique peut être considérée comme acquise en France dès le début du XIIIe siècle ; mais le principe ne s'en est pas imposé sans difficultés.

Au moment de la conquête de la Gaule par les Francs, l'hérédité joue déjà notre pays un rôle important comme mode de nomination des administrateurs et même des gouvernants.

(1) Le légiste Guy Coquille affirmera au XVIe siècle : *Le roi est monarque et n'a point de compagnon en sa majesté royale.* Cette formule éveille certains échos, sous la Ve République. V. J.-L. HAROUEL, J. BARBEY, E. BOURNAZEL, J. THIBAUT-PAYEN : *Histoire des institutions de l'époque franque à la Révolution,* 2e édit., 1989 ; Ph. SUEUR : *Histoire du droit public français,* 1989 ; R. MOUSNIER : *Les institutions de la France sous la monarchie absolue,* t. I, 1990 ; R. SZRAMKIEWICZ et J. BOUINEAU : *Histoire des institutions (1750-1914),* 1989 ; L. BÉLY (sous la direction) : *Dictionnaire de l'Ancien Régime,* 1996.

Chez les Francs, l'hérédité existait aussi, mais elle était combinée avec l'élection. Le roi était élu par l'assemblée des guerriers, parmi les membres d'une famille considérée comme divine, celle des Mérovingiens. Après la conquête, ces derniers s'affranchissent assez aisément de l'ingérence de l'assemblée des guerriers et établissent, à la mode gallo-romaine, une succession héréditaire.

Cette réforme, réalisée surtout par Clovis, ne devait cependant par survivre à la dynastie des Mérovingiens. Pépin le Bref, fondateur de la dynastie des Carolingiens, est élu par une assemblée du peuple, convoquée en 751 à Soissons. Il en sera ainsi pour Louis le Bègue, Louis le Gros, Eudes, *etc.*

L'avènement d'Hugues Capet, en 987, il y a plus de mille ans, paraît le triomphe de l'élection, le duc de l'Ile-de-France ayant été, après discussion, désigné par ses pairs. Du reste, le président de l'assemblée des grands, l'archevêque de Reims, déclare, à cette occasion, qu'en France le trône ne s'acquiert pas par droit héréditaire, mais bien à l'élection.

La désignation d'Hugues Capet devait cependant, marquer le point de départ du retour au système héréditaire. Le moyen employé par Hugues et ses successeurs, pour établir le principe héréditaire, est classique et efficace : le roi associe de son vivant son fils au trône, après l'avoir fait sacrer (2).

§ 2 LE CARACTÈRE ABSOLU DU POUVOIR

A. LES ÉTAPES DE L'ÉVOLUTION

La monarchie franque, prenant la suite de l'autorité impériale, cumule rapidement les pouvoirs. Mais cette marche vers l'absolutisme va être interrompue, pour longtemps, par la féodalité.

Au moment où Hugues Capet montre sur le trône, l'autorité royale est réduite à sa plus simple expression. Dans le duché de l'Ile-de-France, le roi peut exercer directement les pouvoirs qu'il détient en qualité de seigneur féodal, mais sur les terres de ses feudataires son autorité est bien lointaine. Les Capétiens vont cependant user avec beaucoup d'habileté et de tenacité du principe féodal pour affermir leur autorité. Dans ce système, très fortement hiérarchisé, le roi est, pour ainsi dire, placé à la pointe de la pyramide ; il est le suzerain du royaume, tous les seigneurs étant médiatement ou immédiatement ses vassaux. A ce titre, le roi va contrôler les justices seigneuriales et établir sa justice propre comme recours suprême ; il superposera ses édits et ses ordonnances aux *établissements* seigneuriaux ; il ajoutera les services publics royaux aux services seigneuriaux et s'attachera à fondre ces derniers dans les siens : l'armée d'abord, les finances ensuite ; le reste suivra.

La renaissance du droit romain, au XIVe siècle, viendra réconforter l'entreprise royale. Les *légistes du roi,* nous dirions à l'heure actuelle, ses juristes, retrouvent, ou croient retrouver, dans les *Institutes* de Justinien et les autres monuments du droit romain, l'idée de *souveraineté*, de pouvoir inconditionnel et ils vont s'attacher à la dégager, à la défendre et à la développer au bénéfice du roi et de son autorité. Sous Louis XIV encore, Colbert, pour affermir l'autorité royale, fera rédiger par ses juristes toute une série de mémoires, afin de défendre ou d'accroître l'autorité du roi car *il n'est pas possible d'avoir en la monarchie, pair et compagnon,* selon le dicton.

Ainsi, progressivement, le roi absolu prend la place du roi féodal, par une évolution dans laquelle il est fortement aidé par le peuple lui-même, qui demande à être *immédiatisé,* afin d'échapper à l'autorité seigneuriale, laquelle étant plus proche, paraît plus lourde que celle du roi.

(2) On distinguait, à cet égard, jusqu'à Philippe-Auguste, le *rex coronatus* et le *rex désignatus.* On a relevé, à ce propos, une coïncidence surprenante : c'est le 14 juillet 1223 que Louis VIII succéda à son père Philippe-Auguste, sans avoir été préalablement associé. *La monarchie capétienne est née le 14 juillet* (D. AMSON, *Le Monde,* 13 juillet 1989). V. L. THEIS : 3 juillet 987. *L'avènement d'Hugues Capet,* 1984.

B. LA THÉORIE DE L'ABSOLUTISME ROYAL

Elle peut se résumer en deux formules : le roi possède tous les pouvoirs ; dans l'exercice de chacun d'entre eux, le roi ne connaît point de limites, en théorie.

1° La confusion des pouvoirs

Au roi seul appartient la puissance souveraine dans son royaume, déclare le chancelier Lamoignon, en 1787. De fait, le monarque retient entre ses mains tous les attributs de l'État. En un mot, il est *lege solutus,* c'est-à-dire affranchi de l'observation des lois.

Le pouvoir législatif est exercé par voie d'ordonnances. A l'origine, hors du domaine royal, le roi était obligé d'obtenir l'assentiment des seigneurs ; mais assez vite, une consultation suffira qui s'opérera, au bout d'un certain temps, en *conseil du roi,* organisme qui est censé représenter les divers barons intéressés. Avec le temps, le pouvoir législatif du roi se développera de façon notable. Louis XIV promulguera, sous forme d'ordonnance, de véritables codes : ordonnance de 1667 sur la réforme de la justice ; ordonnance sur les eaux et forêts de 1669 ; ordonnance sur la procédure criminelle de 1670, *etc.* (3).

Le pouvoir exécutif et administratif est également entre les mains du roi, qui s'attache à l'exercer sans partage. Il faut rappeler, à cet égard, l'effort continu de centralisation, qui a été celui de la monarchie française. On a tendance à croire que la centralisation administrative remonte à Bonaparte ; c'est partiellement vrai, mais ce dernier n'a fait que réaliser le programme des rois de France ; les 36 intendants répartis sur le territoire à la veille de la Révolution française et soumis étroitement à l'autorité royale ont déjà largement travaillé à absorber les pouvoirs locaux ; ce sont, du reste, les ancêtres directs des préfets.

Le pouvoir judiciaire est confié assez tôt à des tribunaux appelés *parlements,* mais quelle que soit leur indépendance, du fait de la vénalité et de l'hérédité des charges, ceux-ci ne peuvent rendre la justice qu'au nom du roi. Par ailleurs, le monarque peut intervenir à tout moment, dans n'importe quel procès : il a *un pouvoir d'évocation* qui lui permet d'appeler devant son conseil n'importe quelle cause ; il détient aussi le droit de grâce et la possibilité par une lettre de cachet, de se substituer à la justice (4).

2° Le caractère souverain du pouvoir royal

Devant le parlement de Paris en 1766, Louis XV affirme : *C'est en ma personne que réside l'autorité souveraine, dont le caractère propre est l'esprit de conseil, de justice et de raison. C'est à moi seul qu'appartient le pouvoir législatif sans dépendance et sans partage. L'ordre public tout entier émane de moi.*

Le roi est, tout d'abord, libre de toute sujétion extérieure. Il a toujours affirmé son indépendance vis-à-vis de l'empereur et il a réussi à la faire admettre. Il a su également éviter les ingérences de la papauté dans les affaires du royaume.

A l'intérieur et au regard de ses sujets, le roi ne souffre aucune limite dans l'exercice de son autorité. Les libertés individuelles ne sont pas reconnues sous l'Ancien Régime ; la pratique des lettres de cachet, bien qu'elle tende, avec le temps, à tomber en désuétude, montre que la liberté physique elle-même n'est pas à l'abri du bon plaisir du roi (5).

(3) D'où le brocard : *Si veut le roi, si veut la loi.* V. F. BLUCHE : *Louis XIV,* 1986.
(4) On aura l'occasion, *mutatis mutandis,* de parler à nouveau du *pouvoir d'évocation,* à propos de l'exercice du pouvoir réglementaire par le chef de l'État, sous la Ve République (art. 13 C).
(5) La quête de la sûreté n'était donc pas vaine en 1789.

Ce caractère illimité du pouvoir royal, sous l'Ancien Régime, est, dans une certaine mesure, la conséquence du sacre. Ayant reçu des mains de l'évêque de Reims, ce que certains considèrent comme un huitième sacrement, le don miraculeux de guérir les écrouelles, le roi est regardé comme le représentant de Dieu sur terre ; il doit compte de ses actes à la divinité, mais ses sujets lui doivent, tant qu'il est sur le trône, la même obéissance qu'à Dieu lui-même.

C. LES CONDITIONS D'EXERCICE DU POUVOIR ROYAL

La confusion des pouvoirs, se révèle cependant, quelque peu limitée, en pratique. Le pouvoir judiciaire, tout d'abord, était, en fait, séparé du roi et largement indépendant de son autorité pour la raison que l'on sait.

La confusion du pouvoir exécutif et du pouvoir législatif était, certes, beaucoup plus grande ; elle n'était cependant pas absolue, en ce sens que les *conseils* jouaient, pour l'établissement des ordonnances, un rôle plus important que pour la préparation des simples décisions. Il n'y avait pas, sous l'Ancien Régime, de distinction possible entre organe législatif et organe exécutif, mais il existait une certaine différence entre pouvoir de décision et pouvoir consultatif.

Les auxiliaires du roi sont les ministres et les conseils. Les ministres sont généralement, à l'époque de la monarchie administrative, au nombre de six : le chancelier, ancêtre du ministre de la justice, le contrôleur général des finances, les secrétaires d'État aux affaires étrangères, à la guerre, à la marine et à la maison du roi, ce dernier ayant, avec beaucoup d'autres, les attributions d'un ministre de l'intérieur. Théoriquement, ces ministres ne sont que des *secrétaires,* c'est-à-dire des auxiliaires du roi, chargés seulement de préparer, puis d'exécuter ses décisions. Cependant, les ministres du roi ont, en fait, de grands pouvoirs, surtout lorsque l'un d'eux est *premier ministre* ou *principal ministre,* tels Richelieu, Mazarin, le cardinal Dubois, Choiseul, (6). Les conseils, au nombre de quatre, forment le Conseil du roi : *Conseil des parties,* qui est, dans une certaine mesure, l'ancêtre de notre Cour de cassation, *Conseil des finances,* dont la Cour des comptes est le sucesseur, *Conseil d'en haut et Conseil des dépêches,* qui, à eux deux, jouaient un peu le rôle tenu, à l'heure actuelle à la fois par le Conseil d'État et le conseil des ministres.

D. LES LIMITATIONS AU POUVOIR ROYAL

Sans prétendre, comme Charles Maurras, que la monarchie était hérissée de libertés, force est de relever qu'absolu en son principe, le pouvoir royal était tempéré, en pratique. Il était préservé de l'arbitraire par les Lois fondamentales du royaume et un certain nombre de limitations de fait, qui rendaient plus légère que certains ne l'ont cru, l'autorité royale.

1° Les Lois fondamentales du royaume

Ces coutumes étaient relatives surtout à la dévolution du pouvoir, à l'inaliénabilité du domaine de la couronne, aux franchises gallicanes et à la nécessité pour le roi d'être de religion catholique. La plus importante de ces règles était la prétendue loi salique : la couronne de France se transmettait de mâle en mâle par ordre de primogéniture (7). S'y ajoutaient un certain nombre de pratiques, relatives aux attributions des secrétaires d'État, ainsi qu'à l'institution et aux attributions du Conseil du roi. Ces lois fondamentales s'imposaient au roi : Henri IV sera contraint d'abjurer la religion

(6) On connaît le jugement de Louis XIV : *Je résolus en toutes choses de ne point prendre de premier ministre, et si vous m'en croyez, le nom en sera jamais aboli en France : rien n'étant plus indigne que de voir d'un côté toute la fonction, et de l'autre le seul titre de roi.* Cité par J. MASSOT : *Chef de l'État et chef de Gouvernement,* 1993, p. 21.

(7) Un adage affirmait : *Le roi est dans l'heureuse impuissance de violer les Lois fondamentales du royaume.*

protestante, le testament de Louis XIV qui modifiait l'ordre de succession au profit de ses enfants adultérins sera cassé par le parlement de Paris en 1715. Mais, ces lois ne peuvent être comparées à une constitution, car il faut être deux. Elles étaient tout au plus le statut de la couronne de France, et non point celui de la nation française.

2° Les limitations de fait

Les *corps intermédiaires* (8), au premier rang desquels figurent la noblesse et le clergé, venaient limiter et amortir l'exercice du pouvoir du roi. Au surplus, de nombreuses provinces et villes étaient dotées de franchises ; les marchands, les artisans, les industriels avaient des privilèges.

SECTION II LES INSTITUTIONS PSEUDO-REPRÉSENTATIVES

Il n'y a pas de régime politique qui puisse subsister s'il est isolé de la nation. Or, ses *droits et devoirs sont nécessairement unis avec les miens et ne reposent qu'en mes mains,* affirme Louis XV, en 1766.

La monarchie française, n'a pas échappé à cette loi politique. Malheureusement pour elle, le contact entre le gouvernement et la nation était mal organisé, discontinu, ce qui lui a enlevé des possibilités d'évolution (9).

§ 1 LES ÉTATS GÉNÉRAUX

Les États généraux qui, au moment de la guerre de Cent ans, ont failli devenir des corps véritablement représentatifs, trouvent leur origine dans la *Curia regis.* Leur première réunion remonte à 1302, sous Philippe le Bel (10).

A. LE SYSTÈME ÉLECTORAL

Le mode d'élection aux États généraux a naturellement beaucoup varié selon les époques ; mais il est intéressant de rappeler qu'au XIVe siècle, il est assez libéral. Il sera restreint au XVIe siècle, avec les débuts de la monarchie absolue, mais il redeviendra libéral pour les États généraux de 1789. A cette date, sont électeurs du Tiers tous les habitants nés Français ou naturalisés, âgés de vingt-cinq ans et compris au rôle des contributions, quel que soit du reste, le montant de l'impôt payé par le contribuable ; il n'y a pas, à proprement parler, de cens qui soit encore institué. L'élection est à un seul degré pour la noblesse et le clergé ; à deux ou trois degrés pour le tiers-état, mais il est à noter que le suffrage féminin n'est pas complètement exclu : la femme titulaire de fiefs possède le droit de vote.

(8) On se souvient de la formule de Montesquieu : *ces canaux moyens par où coule la puissance.*
(9) Il serait également utile de viser *les assemblées de notables,* dont les membres sont nommés par le roi. Celles-ci ont tantôt achevé des réformes adoptées par les États généraux ; tantôt précédé la convocation de ceux-ci, comme en 1787 et 1788.
(10) V. P. BASTID : *Le gouvernement d'assemblée,* 1956.

B. LE FONCTIONNEMENT

Les députés aux États généraux reçoivent un *mandat impératif.* Dès le XVe siècle, l'habitude se prit, surtout pour les élections des députés du Tiers, de rédiger des *cahiers de doléances.* Le député devait s'en tenir aux positions prises dans le cahier, sans quoi, il pouvait être révoqué par ses mandants, d'autant que ces derniers, payant les frais de déplacement et de séjour des députés, entendaient être strictement obéis.

A part les séances solennelles, les ordres siègent séparément et cette coutume sera suivie jusqu'à la Révolution.

C. LES POUVOIRS

Ces États n'ont, en général, que des pouvoirs consultatifs. Ils donnent des avis au roi, que celui-ci est libre de suivre ou de ne pas suivre ; ils formulent des remontrances que l'on peut écouter ou laisser sans effet. Il y a cependant, des cas où l'on admet que les États ont pouvoir de décision : en cas de vacance du trône, pour désigner le nouveau roi ; dans le cas d'une modification à apporter aux Lois fondamentales du royaume ; enfin, en matière financière. Théoriquement, aucun impôt nouveau ne doit être établi sans le consentement des États et c'est du reste pour cette raison que, très généralement, ces derniers sont convoqués. Mais la royauté parviendra à s'en affranchir (11).

En outre, les pouvoirs des États généraux sont *intermittents,* sauf au début de la guerre de Cent ans, ceux-ci n'ont jamais pu fonctionner avec une périodicité régulière. Après 1614, ils ne seront plus réunis jusqu'en 1789 (12).

D. LES RAISONS DE L'ECHEC

On peut, semble-t-il, donner de ce fait les explications suivantes : à la suite de la centralisation politique et administrative que la monarchie française avait dû entreprendre pour mener à bonne fin la guerre de Cent ans, le pouvoir royal s'est démontré aux XIVe et XVe siècles, plus robuste et efficace en France qu'en Angleterre. Il a, dès lors, su mieux résister aux efforts entrepris par les États généraux pour le contrôler.

Cependant, ceux-ci sont les grands responsables de leur propre effacement. A certaines périodes de notre histoire, en particulier, entre 1355 et 1358, la monarchie française a failli s'orienter dans le même sens que la monarchie anglaise. Mais si cette direction, finalement, n'a pas été prise, c'est, en partie, en raison du mandat impératif imposé aux députés, en partie aussi du fait de leur division en trois ordres, au final, parce que l'opinion publique a été lassée par le désordre et l'impuissance dont les États ont, à de trop nombreuses reprises, fait la démonstration.

§ 2 LES PARLEMENTS JUDICIAIRES

Les parlements étaient essentiellement des *tribunaux*, mais le pouvoir royal étant sorti, pour une bonne part, de l'exercice de la justice ; ceux-ci, qui avaient hérité les attributions judiciaires du roi, prétendirent bénéficier, dans un régime qui ne connaissait pas la séparation des pouvoirs, de prérogatives politiques. Il leur était, en effet, reconnu : le droit d'enregistrer les ordonnances et édits royaux ; droit qui correspondait, dans une certaine mesure, au pouvoir de promulgation

(11) Toutefois, cette facilité de la monarchie française, si on la compare à son homologue britannique, se retournera contre elle. Le désordre financier l'emportera, en 1789, comme on sait.

(12) A cette date, l'institution est tombée dans l'oubli tel, qu'un arrêt du Conseil du 5 juillet 1788 ordonne une enquête, en vue de sa prochaine formation.

que détient, à l'heure actuelle, le président de la République ; au même titre que celui d'adresser au roi des *remontrances,* c'est-à-dire des observations sur la teneur des ordonnances et édits soumis à enregistrement.

Le roi pouvait surmonter les résistances des parlements, d'abord par des *lettres de jussion,* c'est-à-dire un ordre écrit d'enregistrer ; ensuite, si les parlements résistaient encore, en tenant un *lit de justice,* où il requérait personnellement d'enregistrer l'ordonnance. Toutefois, ces prérogatives donnaient aux parlements un pouvoir politique appréciable.

Ce pouvoir aurait pu devenir l'expression d'une véritable institution représentative si les parlements avaient su parler au nom de la nation. Mais on doit bien constater que, dans toutes leurs démarches, ils ont toujours été animés par un esprit de classe dont rend compte, pour une part, l'expression passée à la postérité : *Dieu nous garde de l'équité des parlements !* On peut dire que par leur action, ils ont largement contribué à la chute de l'Ancien Régime. Le chancelier de Maupéou l'avait bien compris, qui voulut mettre bon ordre aux prétentions des corps judiciaires en supprimant les parlements, et en les remplaçant par des conseils strictement enfermés dans une fonction juridictionnelle. Mais, Louis XVI commit la lourde faute de rétablir les parlements dans leurs anciennes prérogatives, et on sait que l'agitation qu'ils entretinrent, pendant les années 1787 et 1788, a directement préparé la Révolution (13).

SECTION III **LA STRUCTURE SOCIALE DE L'ANCIEN RÉGIME**

La Révolution de 1789 a certes été, au principal, une révolution *politique,* mais elle a été aussi et surtout, dans une large mesure, une révolution *sociale,* en ce sens qu'elle a fait succéder, tout au moins sur le plan juridique, une société égalitaire à une société inégalitaire. Jusqu'en 1789, la société française est, en effet, hiérarchisée en trois ordres ayant chacun un statut juridique particulier : le clergé, la noblesse et le tiers-état (14).

(13) Pendant la minorité de Louis XIV et le gouvernement de Mazarin, l'épisode de la Fronde (1648-1652) est révélateur de l'action de ces parlements. A l'instigation de Gondi (le futur cardinal de Retz) et de Broussel, le parlement de Paris se réunit, le 13 mai 1648, avec six autres, dont celui de Bordeaux. En invoquant les droits de la nation, ils rédigèrent une déclaration de 27 articles, le 15 juin suivant, en réclamant la suppression des intendants (symbole en province de la politique royale de centralisation) et le droit de consentir à l'impôt. L'hostilité de la monarchie, une fois rétablie leur restera acquise, de même que celle des révolutionnaires en 1789. Au préalable, un projet avait été élaboré, par la Ligue, en 1588. V. S. RIALS : Aux origines de constitutionnalisme écrit, *Revue d'histoire des Facultés de droit et de la science juridique,* 1989, n° 8, p. 189.

A cet égard, il faut viser une loi capitale, celle des 16-24 août 1790, qui interdit au juge judiciaire de s'immiscer dans le fonctionnement de l'administration. Le principe de la séparation des autorités administrative et judiciaire est à l'origine de la dualité juridictionnelle et par voie de corollaire du droit administratif. V. J. LAFERRIÈRE : *Les raisons de la proclamation de la règle de la séparation des autorités administrative et judiciaire par l'Assemblée constituante,* Mélanges Négulesco, 1935.

(14) Les deux premiers ordres sont privilégiés, c'est-à-dire que leurs membres bénéficient de prérogatives honorifiques et matérielles, dont le tiers est exclu. Ce fait ne signifie pas, cependant, que les ordres de l'Ancien Régime puissent être considérés comme des classes, au sens que le marxisme a donné à ce mot. La division d'une société en classes traduit des inégalités de fait, résultant de différences de situation dans le processus économique. La division en ordres, marque seulement des distinctions dans les prestiges sociaux et les statuts juridiques. Il y a, cependant, quelques rapports entre classes et ordres ; sous l'Ancien Régime, la noblesse, en même temps qu'un ordre privilégié, était essentiellement une classe terrienne, en ce que ses membres tiraient l'essentiel de leurs ressources de la possession de la terre. Ils ne pouvaient s'adonner sans déroger au commerce ou à l'industrie. Le clergé, de son côté, ne se livrait à aucune activité économique, alors que le tiers jouait un rôle déterminant dans la production. Mais ce dernier ordre mêlait dans ses rangs, avant 1789, bourgeoisie, ouvriers, paysannerie qui, plus tard, se manifesteront comme des classes sociales distinctes. V. F. OLIVIER-MARTIN : *L'organisation corporative de la France d'Ancien Régime,* 1938.

§ 1 LE CLERGÉ

Le clergé est l'ordre le plus haut en dignité ; il a le pas, non seulement sur le tiers, mais sur la noblesse ; il comprend environ 130 000 membres. Il dispose de privilèges.

Le clergé bénéficie tout d'abord d'un privilège de juridiction, ses membres n'étant justiciables que des tribunaux ecclésiastiques ; par ailleurs, les clercs sont exonérés de la contrainte par corps. Le clergé est en outre exempté d'impôts ; sans doute, paie-t-il annuellement une contribution au gouvernement du roi, mais il en fixe lui-même le montant, qui est largement inférieur à la dîme qu'il perçoit sur les fidèles.

En contrepartie, le clergé rend à la population un certain nombre de services, que nous considérons, à l'heure actuelle, comme des services pulics, mais que l'État, sous l'Ancien Régime, ne prend pas à sa charge ; il en est ainsi de l'assistance publique, de l'état civil et de l'instruction. Le clergé se répartissait, en outre, entre le *haut clergé* et *le bas clergé,* lequel fera cause commune, en 1789, avec les députés du tiers-état.

§ 2 LA NOBLESSE

Cet ordre privilégié comprend environ 400 000 personnes, groupées en 80 000 familles. Ces dernières descendent, en principe, de la féodalité, mais beaucoup d'entre elles bénéficient d'anoblissements récents, telle la noblesse de robe titulaire de charges judiciaires.

Le fait d'appartenir à la noblesse donne, tout d'abord, droit aux titres à une sorte de préséance générale sur tous les gens du Tiers. On dirait, à l'heure actuelle, que les membres de la noblesse étaient prioritaires dans tous les domaines : Barnave deviendra révolutionnaire le jour où sa mère est expulsée, par un membre de l'aristocratie, de la loge qu'elle occupait au théâtre de Grenoble.

En dehors de ce droit aux titres et aux préséances, les membres de la noblesse bénéficient de quelques menus privilèges, tels que le droit de chasse, de garenne, de colombier, qui, eux-mêmes, ne sont pas très graves, mais sont considérés par les paysans comme des vexations et des brimades injustifiées. Ajoutons que les membres de la noblesse bénéficient normalement, lorsqu'ils sont propriétaires terriens, de redevances féodales, qui seront âprement exigées à la fin du XVIIIe siècle, et qu'ils sont exempts de la taille, des corvées, *etc.* (15)

Jadis, tous ces droits et privilèges étaient la contrepartie d'une mission, parfois fort lourde, qui incombait aux seigneurs féodaux : assurer la sécurité des populations rurales contre les entreprises guerrières, les pillages, maintenir certains chemins ou ponts en état, *etc.* Mais à la fin du XVIIIe siècle, il y a longtemps que la police du roi fait régner l'ordre sans l'aide des membres de la noblesse, et chacun se rend compte que ceux-ci bénéficient de privilèges notamment fiscaux sans contrepartie.

§ 3 LE TIERS-ÉTAT

L'importance de son rôle sociologique est à la mesure de sa dimension historique à la fin du XVIIIe siècle.

A. LE RÉSUMÉ DE LA NATION

Qu'est-ce que le tiers-état ? s'interroge Sieyès, au début de l'année 1789. On connaît sa réponse : *Tout.* Et de poursuivre le soliloque : *Qu'a-t-il été jusqu'à présent dans l'ordre politique ? Rien. Que*

(15) Pour mieux séparer la monarchie du despotisme, Montesquieu opinait : *Point de monarque, point de noblesse ; point de noblesse, point de monarque, mais on a un despote.*

demande-t-il ? A y devenir quelque chose ! Ce manifeste est celui de la bourgeoisie qui allait triompher d'une société multiséculaire, qui n'était pas parvenue à se réformer en temps utile.

Il est un fait certain que le tiers-état représentait, en 1789, 97 à 98 % de la population, c'est-à-dire 23 millions cinq cent mille sur 24 millions d'habitants. Mais il était loin de constituer une classe, au sens propre du terme. On y pouvait distinguer, en effet, les éléments suivants : *une grande bourgeoisie,* composée de financiers, d'armateurs et de grands négociants ; *une bourgeoisie moyenne,* où se trouvaient mêlés les membres des professions libérales et du moyen négoce, et *une petite bourgeoisie* composée d'artisans et de petits commerçants ; enfin, le *peuple,* c'est-à-dire essentiellement la masse paysanne. Il y a peu d'ouvriers, en effet, à la fin du XVIIIe siècle, car il n'y a que quelques manufactures ; les travailleurs manuels qui ne sont pas à la terre sont les compagnons ou les apprentis d'artisans, mais ils vivent dans la famille du patron et ne peuvent pas être considérés comme un prolétariat, au sens moderne du terme (16). Cependant, malgré cette variété dans ses éléments constitutifs, le tiers, dans son ensemble, et même dans sa partie la plus riche, était privé des prérogatives et privilèges dont bénéficiaient la noblesse et le clergé.

Cette structure hiérarchisée de la société, sous l'Ancien Régime, s'était atténuée, à un moment donné et, chose curieuse, sous le règne de Louis XIV. Le *Roi-Soleil* travaille, en effet, volontiers avec de grands commis sortis du tiers : Colbert, Louvois, *etc. ;* il ouvre ses conseils et les charges d'intendants à des roturiers ; il domestique la noblesse d'épée à Versailles ; il domine la noblesse de robe par l'autorité qu'il exerce sur les parlements. Louis XIV veut que son autorité soit obéie de la même façon par tous les sujets et, si les préséances demeurent, une certaine égalité politique est, à un moment donné, esquissée. On trouve, du reste, des échos irrités de cette politique royale dans les mémoires de Saint-Simon.

Mais, après la mort de Louis XIV, on assiste à un retour en force des ordres privilégiés qui, exaspérés par leur éloignement du pouvoir et le déplacement des fortunes dont ils sont les victimes, se ruent vers les places ou les prébendes. Dès la seconde moitié du XVIIIe siècle, tous les ministres seront nobles, à part Necker, et encore ce dernier cherchera-t-il à se faire anoblir. Il en est de même pour les intendants, les officiers, le haut clergé, etc. Les intrigues de la cour font et défont les ministères. Les droits féodaux, qui tombaient en désuétude, sont réclamés avec âpreté par un clergé et une noblesse dont les revenus diminuent.

Cette contre-évolution, que la monarchie n'a pas su freiner, se démontrera une des causes parmi les plus importantes de la Révolution.

B. LE LEVAIN RÉVOLUTIONNAIRE

Le tiers-état, sous lequel la bourgeoisie s'abrite, sera le *porte-parole du peuple* en ouvrant *l'ère constitutionnelle* de la France, en 1789 (17).

Des *dates symboliques* en jalonnent le processus : le 5 mai 1789, ouverture à Versailles, des États généraux, en vue de *la régénération de l'État ;* le 17 juin, le tournant irréversible est pris : sur proposition de Siéyès, le tiers se proclame *Assemblée nationale,* à la suite du refus des ordres privilégiés de le rejoindre ; sur-le-champ, celle-ci se reconnaît le pouvoir de consentir l'impôt, qui donne la mesure de l'autorité politique ; le 20 juin, les

(16) Parler de socialisme et de communisme, à propos des idées du curé Meslier, de Campanella, de Morelly, de Mably, et, à la limite, de Babeuf, est une formulation excessive. Il s'agit, tout au plus, en l'absence d'une structure économique de type capitaliste, de pures spéculations intellectuelles. Le socialisme est lié, en effet, de façon nécessaire à la révolution industrielle qui se manifeste à partir de la Monarchie de juillet, avant de culminer sous le Second Empire.

(17) L'avènement de la classe bourgeoise provoque une triple révolution économique, politique et *psychologique.* S'agissant de cette dernière, Marx et Engels notent : *Partout où elle a conquis le pouvoir, elle a foulé aux pieds les relations féodales, patriarcales et idylliques. Tous les liens complexes et variés qui unissent l'homme féodal à ses supérieurs naturels, elle les a brisés sans pitié, pour en laisser subsister d'autre lien, entre l'homme et l'homme, que le froid intérêt, les dures exigences du paiement au comptant* (*Manifeste du Parti communiste,* 1848).

membres de l'Assemblée nationale prêtent le *serment du Jeu de paume,* de ne pas se séparer sans avoir donné une constitution à la France ; le 9 juillet, l'Assemblée nationale se transforme, en conséquence, en *Assemblée nationale constituante ;* le 14 juillet, le peuple parisien s'empare de la prison de la Bastille, promue au rang de symbole de l'arbitraire, tandis que l'Assemblée (coïncidence extraordinaire) décide que la future constitution contiendra une Déclaration des droits de l'homme et du citoyen ; le 4 août, l'Assemblée décrète l'abolition des privilèges et donc de la féodalité, l'égalité des impôts et l'admission de tous les citoyens aux emplois publics ; le 26 août, la *Déclaration des droits de l'homme et du citoyen* est votée ; le 3 septembre 1791, l'Assemblée adopte la première constitution de la France ; le 14 septembre, le roi l'accepte. Après avoir émancipé les juifs (décret du 27 septembre 1791), la constituante se sépare trois jours plus tard (18).

Bibliographie

P. BASTID : *Sieyès et sa pensée,* 1939 ; L. BÉLY (sous la direction) : *Dictionnaire de l'Ancien Régime,* 1996 ; D. BREDIN : *Sieyès,* 1988 ; A. CASTALDO : *Les méthodes de travail de la constituante* (1789-1791), 1989 ; E. FAURE : *La disgrâce de Turgot,* 1961 ; F. FURET : *La Révolution (1770-1789)* 1989 ; P. HAZARD : *La crise de la conscience européenne,* 1935, et *La pensée européenne au XVIIIe siècle de Montesquieu à Lessing,* 1946 ; H. DE JOUVENEL : *Huit cents ans de Révolution française* (987-1789), 1932 ; R. MANDROU : *La France aux XVIIe et XVIIIe siècles,* 1967 ; E. LE ROY LADURIE : *L'Ancien Régime (1610-1770)* 1991 ; D. MORNET : *Les origines intellectuelles de la Révolution française* (1715-1787), 5e édit., 1954 ; F. OLIVIER-MARTIN : *Histoire du droit français,* 1948, *L'organisation corporative de la France d'Ancien Régime,* 1938, et *L'absolutisme français,* Doctorat, Paris, 1950-1951 : SIEYÈS : *L'essai sur les privilèges,* 1788, et *Qu'est-ce que le Tiers-État ?,* 1789 ; A. DE TOCQUEVILLE : *L'Ancien Régime et la Révolution,* 1856.

(18) Le 29 août 1789 mérite également d'être mentionné. Ce jour, l'Assemblée se divise à propos de la question du veto royal : le roi doit-il intervenir dans la formation de la loi ? Celle-ci doit-elle être, au contraire, l'œuvre exclusive des parlementaires ? Un compromis est adopté sous la forme d'un veto suspensif. Mais, à cette occasion, les députés se sont opposés, et se sont répartis, par rapport au président de séance, *à gauche* (adversaires du veto), et *à droite* (partisans du veto). La distinction incontournable selon laquelle se répartit depuis l'esprit public français est née.

V. actes du colloque : *1789 et l'invention de la constitution,* Paris, 1989, Association française de science politique.

CHAPITRE II

LES CARACTÈRES GÉNÉRAUX DU MOUVEMENT CONSTITUTIONNEL FRANÇAIS

A l'inverse de la tradition anglo-américaine, la France peut être comparée à un *laboratoire constitutionnel,* dont le dernier exemple est fourni par la *cohabitation* sous la Ve République. L'histoire du *peuple héraut et moniteur des Révolutions* (P.-J. Proudhon) est particulièrement riche d'enseignements, par delà les péripéties.

SECTION I — L'INSTABILITÉ POLITIQUE

La Révolution de 1789, a été, pour notre pays, un ébranlement prodigieux, dont les conséquences ne sont pas encore amorties. En quelques années, la plupart des bases de la vie nationale ont été remises en cause, avec une rapidité telle que la nation n'a pas pu suivre, dans son ensemble, le rythme de l'évolution. De ce point de vue, le préambule de la constitution de 1791, où revient telle une antienne, *il n'y a plus (il n'y a plus ni noblesse, ni pairie, ni distinctions d'ordres, ni régime féodal...),* est extraordinaire (1). *On a l'impression,* observe finement Marcel Waline, *d'être pris dans une tourmente, dans un ouragan, d'entendre un vent de tempête déraciner des chênes séculaires.* La conséquence en a été une longue période d'instabilité politique qui, cependant, a été atténuée par la combinaison de diverses constantes.

De fait, la France a connu une quinzaine de régimes politiques différents et souvent opposés ; quatre révolutions ; trois coups d'État, trois interventions de l'étranger. D'où la pertinente observation de Prévost-Paradol : *La France a fondé une société, elle cherche encore son gouvernement.* Il semble toutefois qu'elle ait trouvé le repos en deux circonstances particulières : en 1875, sous la IIIe République et depuis 1958,

(1) En conséquence, l'Assemblée nationale *abolit irrévocablement les institutions qui blessaient la liberté et l'égalité des droits.*

dans le cadre de la Ve République. Ce sont, du reste, ces régimes qui ont bénéficié de la plus grande longévité depuis deux siècles.

Cette instabilité, comparée à la pérennité anglo-américaine, s'explique par un certain nombre de désaccords profonds qui ont partagé la nation, et n'ont été que difficilement et peut-être partiellement surmontés : désaccord sur le fondement de l'autorité légitime ; désaccord sur la hiérarchie des pouvoirs, dans la perspective de l'action politique, et, enfin, désaccord sur les rapports du temporel et du spirituel dans le cadre de l'État (2).

§ 1 LE DÉSACCORD SUR LE FONDEMENT DE L'AUTORITÉ LÉGITIME

Sur le plan politique, la Révolution de 1789 a été, au premier chef, un effort violent pour *substituer* une légitimité à une autre, au nom de la raison.

La France avait connu près de mille ans de souveraineté et de légitimité monarchiques de droit divin. A cette croyance constitutionnelle, qui faisait partie des bases implicites mais fondamentales de la mentalité, la Révolution a substitué brusquement le principe de la souveraineté et de la légitimité nationales (3).

Ce changement ne sera pas accepté par ceux qui étaient les bénéficiaires de l'Ancien Régime, c'est-à-dire les ordres privilégiés ou ceux qui auraient souhaité en faire partie. Il ne sera pas accepté non plus par tous ceux qui sont sensibles à la foi monarchique, c'est-à-dire à la mystique d'un chef consacré par la divinité, et se refusent par suite, à penser que le pouvoir puisse sortir de la masse.

Il en résultera, dès ce moment, une coupure toujours présente de l'esprit public, entre deux tempéraments, le *mouvement* et la *résistance,* selon la vision de François Goguel ; deux familles, la gauche et la droite, qui a rythmé, à ce jour, les grands événements : révolutions de 1830 et de 1848, sans oublier les journées de juin ; la Commune de Paris de 1871 ; la crise du 16 mai 1877 ; l'aventure boulangiste de 1886 ; *l'affaire Dreyfus* où s'opposent, selon Daniel Halévy, *la fureur patriotique* de la droite et *la fureur humanitaire* de la gauche, et la *Révolution nationale* de 1940, pour ne citer que les plus significatifs (4).

Cette évolution explique qu'après une longue période agitée (*Je me demande,* s'interroge Tocqueville, *si notre destinée n'est pas plutôt de battre éternellement la mer*), la France ait fait une pause, en 1875 et en 1958. A ce compte, selon la vision de François Furet, la Ve République serait parvenue à la synthèse entre les légitimités monarchique et démocratique.

(2) Cl. ÉMERI et Chr. BIGÉGARAY : *La constitution en France, de 1789 à nos jours,* 1997.

(3) Pour Hegel, la Révolution française *est le spectacle le plus prodigieux... La tentative de recommencer entièrement la constitution d'un État... en s'appuyant sur la pensée afin de donner pour fondement à cet État ce que l'on supposait être rationnel.*

(4) D'un point de vue sociologique, le XIXe siècle est marqué par la lutte entre aristocrate foncière et clergé, d'une part, bourgeoisie industrielle ou commerçante, d'autre part, à l'occasion de laquelle le peuple, c'est-à-dire surtout la masse paysanne, se solidarisera tantôt avec les uns et tantôt avec les autres. A partir de la seconde moitié du XIXe siècle, l'opposition se transposera, car un prolétariat ouvrier se développe, qui compliquera le problème, en repoussant une partie de la bourgeoisie vers la noblesse et le clergé. Cependant, sur la distance, grâce à la pratique du suffrage universel, établi en 1848, c'est la légitimité démocratique qui l'emportera.

§ 2 LE DÉSACCORD SUR LA HIÉRARCHIE DES POUVOIRS POLITIQUES

A certains égards, la Révolution de 1789 est survenue deux siècles trop tard, c'est-à-dire après que les griefs de la nation à l'encontre des gouvernants aient eu le temps de se cristalliser, non pas contre le pouvoir en général, mais contre *le seul* pouvoir exécutif (5). Ce phénomène s'est trouvé, du reste, renforcé par la passion idéologique qu'a entraînée une brusque substitution de la légitimité démocratique à la légitimité monarchique. Si toute souveraineté réside dans le peuple, pourquoi ne pas admettre avec Jean-Jacques Rousseau, que celui-ci doit l'exercer le plus directement possible, soit en assemblée populaire, soit tout au moins par une assemblée de représentants élus qui sera souveraine. Dans cette perspective, l'exécutif apparaît naturellement comme le pouvoir politique le plus éloigné de la souveraineté nationale, surtout lorsqu'il s'incarne en la personne du roi, et il doit être tenu dans une méfiance extrême. C'est là l'origine de la doctrine révolutionnaire du gouvernement d'assemblée, qui a fourni l'essentiel de la mystique jacobine et conventionnelle, et qui a entraîné, par une sorte de réaction inéluctable, la dictature de l'exécutif.

§ 3 LE DÉSACCORD SUR LES RAPPORTS ENTRE LE SPIRITUEL ET LE TEMPOREL DANS LE CADRE DE L'ÉTAT

L'Ancien Régime se présente, à part la période des guerres de religion, comme une longue époque d'unité du temporel et du spirituel dans le cadre de l'État. Le catholicisme était *religion d'État* et le roi sacré, par l'archevêque de Reims, se présentait, non pas sans doute comme le chef d'une Église nationale, mais comme l'oint du seigneur et le dépositaire sur terre de l'autorité et de la majesté de Dieu (6). Par ailleurs, tout en étant rattachée à Rome, l'Église catholique bénéficiait d'une assez large indépendance connue sous le nom de *franchises de l'Église gallicane,* qui contribuait à subordonner le clergé au roi de France, au moins autant qu'au Saint-Siège. On peut dire que, sous l'Ancien Régime, réserve faite des guerres de religion et du mouvement philosophique du XVIIIe siècle, il y avait convergence des préoccupations temporelles et spirituelles pour la majorité de la nation.

L'importance, pour la conduite d'un grand pays, de ce problème de la rencontre dans le cadre de l'État des préoccupations temporelles et spirituelles des citoyens, ne saurait être sous-estimée (7).

L'unité du temporel et du spirituel, qui existait sous l'Ancien Régime, s'est trouvée rompue brusquement à la Révolution, probablement du fait de la tentative un peu improvisée et mal présentée de constitution civile du clergé. Dès lors, depuis cette époque, une ligne de clivage profonde existe, sur ce point, entre les Français. Il existe une partie de la nation qui est partisane d'une séparation tranchée entre le spirituel et le temporel, et qui souhaite que la laïcité, *la plus grande conquête des temps modernes,* selon Guizot, soit profondément acceptée, les problèmes spirituels et, par conséquent,

(5) Saint-Just déclare à la Convention, en 1793 : *Le peuple n'a qu'un ennemi dangereux, c'est son gouvernement.* Cette obsession du pouvoir exécutif, on la retrouve exprimée plus tard, par Joseph Caillaux : *La constitution de 1875 permettra à peu près tout, sauf le gouvernement personnel.* V. J.-P. VALETTE : *Le pouvoir exécutif en France. De 1789 à nos jours,* 1999.

(6) Sur son lit de mort, Louis XIV déclare à son successeur : *C'est à Dieu que vous devez ce que vous êtes.*

(7) V. A. HAURIOU : *Vie politique en France et à l'étranger. Démocratie et forces religieuses,* Doctorat, Paris, 1957-1958.

les divergences qui s'y manifestent, devant rester strictement individuels. Mais, une autre partie de la nation demande que soient maintenus ou rétablis des liens entre l'État et l'Église catholique, afin de retrouver une unanimité nationale dans une nouvelle alliance entre l'État et un idéal spirituel animé par l'Église catholique (8). On sait déjà que c'est surtout dans le complexe, formé par les partis du centre, que se manifeste cette ligne de clivage qui ne coïncide pas nécessairement avec celle qui s'établit sur le plan économique et social.

§ 4 L'ATTÉNUATION DE L'INSTABILITÉ CONSTITUTIONNELLE

Le prurit a été, en fait, tempéré par la permanence de trois éléments : la constitution *sociale* et administrative ; le personnel politique et la manière institutionnelle. Autant d'acquis, en bref.

On s'est déjà expliqué sur la pérennité de la conception *individualiste* et de la constitution administrative de l'an VIII à 1982. Dans un milieu marqué par la mobilité, l'administration demeure un point fixe qui compense efficacement l'effervescence. On peut estimer raisonnablement que la France, privée de cette armature incomparable, serait allée, sans aucun doute, à vau-l'eau (9).

La permanence du personnel politique s'entend, d'un point de vue humain et social. Il importe de souligner, à ce propos, la longévité de la carrière de certaines générations d'hommes politiques qui ont traversé, sans encombres, les divers régimes. De nombreux thermidoriens demeurent, jusqu'à la Monarchie de juillet, et l'un d'entre eux, Dupont de l'Eure, sera même président du Gouvernement provisoire en 1848. Par ailleurs, les IIIe et IVe Républiques ont, incontestablement, disposé d'un fonds de ministrables (10) ; ce qui autorisait Georges Clemenceau, réputé pour sa pugnacité, à répliquer à ses adversaires ; *Je n'ai jamais renversé, en fait, qu'un seul Gouvernement !* (11). Au surplus, la classe politique jusqu'à la fin du XIXe siècle est d'origine bourgeoise, et non populaire. Certes, ses représentants s'opposent mais seulement en ce qui concerne les superstructures (nature du régime, rapports entre l'État et la religion). En revanche, ils sont en profonde harmonie, s'agissant de l'infrastructure économique et sociale sur laquelle repose la société de leurs temps (12). Sous ce rapport, l'élection à la magistrature suprême, en juin 1894, de Jean Casimir-Périer est topique. On pourrait multiplier les exemples à l'envi (13).

Enfin, la permanence de la manière gouvernementale n'est pas étrangère à la stabilisation, dont nous nous préoccupons. Refusant d'emprunter la ligne des crêtes, les divers régimes politiques ont préféré une ligne moyenne : celle du juste milieu. *Ni réaction, ni révolution,* cette double négation est tenue pour une vertu cardinale.

Il suit de là que le gouvernement par les centres, *l'hygiène de la République,* selon Jacques Bainville, est apparu non seulement comme une formule acceptable, mais aussi et surtout comme la seule viable, compte tenu de la division régnante.

(8) V. P. BASTID : *La notion de laïcité.* Doctorat, Paris, 1960-1961, 1961-1962 ; et A. LATREILLE : *L'Église et la Révolution française,* 1946, 1950.

(9) V. G. VEDEL : Discontinuité du droit constitutionnel et continuité du droit administratif, *Mél. M. Waline,* 1974, p. 778

(10) J. OLLÉ-LAPRUNE : *La stabilité des ministres sous la IIIe République,* thèse, Paris, 1960.

(11) Pour prendre un exemple topique, Henri Queuille, élu de Corrèze (Ussel) de 1914 à 1958, a été 30 fois ministre et trois fois président du conseil.

(12) C'est l'époque où Robert de Jouvenel écrit : *La France est une terre heureuse... La politique est le goût des individus, elle n'est pas la condition de leur vie.*

(13) Dans un discours prononcé à Bordeaux, en 1885, Jules Ferry lance, à l'adresse des partisans de l'intervention de l'État dans le domaine économique et social, l'apostrophe révélatrice : *Je ne vous connais pas !*

Autant d'éléments concrétisés par le *régime parlementaire* qui depuis 1814 s'est posé en référence ou en *résumé* de l'*identité* institutionnelle de la France. D'autres éléments de continuité viennent à l'esprit : le régime représentatif ou la conception organique de la loi (14).

SECTION II LES CYCLES CONSTITUTIONNELS FRANÇAIS

En contraste avec la *constance* de la tradition du libéralisme et de l'individualisme, inaugurée par la Déclaration des droits de l'homme et du citoyen de 1789, comment prendre *la mesure de la patience française,* selon le mot de Chateaubriand ?

Le trouble profond, qu'a entraîné dans la nation, la Révolution, et les désaccords qui en sont nés, n'ont pas eu pour seule conséquence une longue instabilité *politique.* Ceux-ci ont imprimé à notre mouvement constitutionnel, une sorte de démarche *dialectique,* comportant thèse, antithèse, et synthèse, qui s'est insérée dans les faits, à deux reprises différentes, entre 1789 et 1958.

Sans entrer, à ce niveau, dans la chronologie, on peut distinguer, selon la théorie classique du doyen Maurice Hauriou, dans l'histoire politique française, deux cycles constitutionnels : le premier se déroule de 1789 à 1848 ; le second commence en 1848 et peut être considéré comme se terminant en 1940, voire 1958. *Vers un troisième cycle ?* L'idée peut être avancée, à partir de 1945 : avec l'adoption par voie référendaire de la pré-constitution : période d'exaltation du pouvoir législatif sous la IVe République (1945-1958) ; période de réaction en faveur de l'exécutif, avec l'avènement et l'enracinement de la Ve République, et une manière de synthèse s'opère sous les cohabitations (1986 ; 1993 et plus encore 1997), avec le reflux de l'autorité présidentielle à la faveur d'un *rééquilibrage* des institutions *(infra).* Dans chacun de ces cycles, apparaissent trois périodes : la primauté des assemblées ; la réaction exécutive et la collaboration des pouvoirs.

§ 1 LA PRIMAUTÉ DES ASSEMBLÉES

Une période d'affirmation de la légitimité démocratique, qui est, en même temps, presque toujours, une période de dictature d'assemblée et de recherche de l'unité psychologique de la nation par une séparation du spirituel et du temporel se met en place (1791-1795) (1848-1851).

§ 2 LA RÉACTION EXÉCUTIVE

Une période de dictature de l'exécutif, au cours de laquelle le chef du gouvernement cherche à établir notamment une nouvelle légitimité de type monarchique, à l'image de la

(14) C'est la raison pour laquelle le régime parlementaire a longtemps été identifié à la démocratie. Il est vrai que le régime présidentiel, par ses échecs successifs, notamment sous la Seconde République, en 1851, a contribué à cette valorisation.

V. Ch. BIDEGARAY et P. ISOART (sous la direction de) : *Des Républiques françaises,* 1988 ; *La continuité constitutionnelle en France depuis 1789,* A.F.D.C., 1990. Ph. ARDANT, Le contenu des constitutions : Variables et constantes, *Pouvoirs* n° 50, 1989, p. 31 ; J.-L. QUERMONNE. L'instabilité constitutionnelle de la République en France, *Revue Philosophie politique,* 1993, p. 119.

famille des Bonaparte et, à restaurer l'unité psychologique de la nation par une nouvelle alliance du temporel et du spirituel autour de la traditon catholique (1795-1814) (1851-1870).

§ 3 LA COLLABORATION DES POUVOIRS

Après l'affrontement, vient la période de *reconciliation ;* en un mot *l'équilibre* entre l'exécutif et le législatif. D'où la *longévité* de la monarchie constitutionnelle (1814-1848) et de la république parlementaire (1875-1940).

Enfin, au cours de ce dernier stade, l'équilibre psychologique de la nation tend à s'établir autour de formules transactionnelles diverses, touchant les rapports du temporel et du spirituel (concordat pendant la première période ; séparation des églises et de l'État au cours de la seconde).

Chacun de ces cycles aboutissant, à travers une série de péripéties, à une période de synthèse.

Le moment est venu d'examiner, avec quelques détails, les deux cycles selon lesquels les régimes politiques se distribuent (15). Le *tableau* ci-après des constitutions françaises aidera à leur compréhension.

Bibliographie
(en dehors de la *bibliographie générale*)

Association française des constitutionnalistes (A.F.D.C.) : *La continuité constitutionnelle française de 1789 à 1989,* 1990 ; F. BLUCHE et S. RIALS (sous la direction de) : *Les Révolutions françaises,* 1989 ; M. DESLANDRES : *Histoire constitutionnelle de la France, 1932-1937 (réed.) ;* L. DUGUIT : *Notices historiques, in Les constitutions de la France,* 4e édit., 1925 ; Cl. ÉMERI et Chr. BIGÉGARAY : *La constitution en France, de 1789 à nos jours,* 1997 ; Y. GUCHET : *Histoire constitutionnelle française (1789-1958),* 2e édit., 1990 ; F. DE LA SAUSSAY : *L'héritage institutionnel français (1789-1958),* 1992 ; D. LINOTTE : *Les constitutions françaises,* 2e éd., 1992 ; Cl. NICOLET : *L'idée républicaine en France, 1982 ;* R. RÉMOND : *La vie politique en France (1789-1879),* 1965-1969 ; J. ROBERT (sous la direction) : Le bicentenaire de la Révolution française, *R.D.P.* 1989, p. 607 ; G. VEDEL : Le hasard et la nécessité, *Pouvoirs* n° 50, 1989, p. 15. V. aussi : La représentation, *Droits* n° 6, 1789-1989, Histoire constitutionnelle, *Pouvoirs* n° 50, 1989.

(15) Par commodité, on peut se référer au *Que sais-je ?* de S. RIALS : *Textes constitutionnels français,* n° 2022 et aux constitutions de la France de 1789 à 1870 ; *Documents d'études,* (DF).

PRÉSENTATION ÉLÉMENTAIRE DES CONSTITUTIONS DE LA FRANCE

Régime	Constitution	Durée	Caractéristiques principales
MONARCHIE	I. 14 septembre 1791	1791-1792	– Régime représentatif – Suffrage restreint (censitaire) – Séparation accentuée des pouvoirs (type *présidentiel*) – Souveraineté nationale – Déclaration des droits de l'homme et du citoyen
Ire RÉPUBLIQUE *(Convention, Directoire et Consultat)*	II. De l'an I (24 juin 1793)	*Non appliquée en raison des circonstances* (1792-1795 : *Gouvernement révolutionnaire)*	– Confusion des pouvoirs (régime d'assemblée) – Souveraineté populaire – Proclamation du suffrage universel et de la démocratie – Introduction du référendum – Adoption par le peuple
	III. De l'an III (5 fructidor) (22 août 1795)	1795-1799	– Séparation accentuée des pouvoirs (type *présidentiel*) – Suffrage restreint – Souveraineté nationale – Bicamérisme
	IV. De l'an VIII (22 frimaire) (13 déc. 1799) et sénatus-consulte du 14 thermidor an X (2 août 1802)	1799-1804	– Confusion des pouvoirs au profit du premier consul (à vie en l'an X) – Contrôle de constitutionnalité des lois
Ier EMPIRE	V. De l'an XII (sénatus-consulte du 28 floréal) (18 mai 1804)	1804-1814	– Confusion des pouvoirs au profit de l'empereur (césarisme)
	VI. Acte additionnel aux constitutions de l'Empire du 22 avril 1815	avril-juin 1815 *(Les cent jours)*	– Régime de collaboration des pouvoirs d'inspiration parlementaire, sur le modèle de la charte de 1814
MONARCHIE *(Restauration et Monarchie de juillet)*	VII. Charte constitutionnelle du 4 juin 1814 (1)	1814-1815 1815-1830 *(première et seconde Restaurations)*	– Régime de collaboration des pouvoirs favorisant l'acclimatation du régime parlementaire dualiste ou *orléaniste* – Suffrage restreint (censitaire) – Souveraineté *royale*, en 1814, devenue *nationale* en 1830 – Constitutions *souples*
	VIII. Charte du 14 août 1830	1830-1848	
SECONDE RÉPUBLIQUE	IX. 4 novembre 1848	1848-1851	– Proclamation du suffrage universel masculin – Abolition de l'esclavage – Séparation accentuée entre les pouvoirs (type *présidentiel*) – Élection populaire du président de la République

Régime	Constitution	Durée	Caractéristiques principales
SECOND EMPIRE	X. 14 janvier 1852 (modifié par le sénatus-consulte du 7 nov. 1852 qui rétablit la dignité impériale)	1852-1870	– Confusion des pouvoirs (césarisme) – Contrôle de constitutionnalité des lois – Appel au peuple
	XI. 21 mai 1870	mai-septembre 1870	– Retour au régime parlementaire
IIIᵉ RÉPUBLIQUE	XII. Régime provisoire (résolution du 17 février 1871 ; constitutions Rivet, 1871 ; de Broglie et loi du septennat, 1873)	1871-1875	– Régime d'assemblée – Constitutions souples
	XIII. Lois constitutionnelles des 24-25 février et 16 juillet 1875	1875-1940	– Régime parlementaire orléaniste (1875-1879) – Régime parlementaire moniste camouflant un *régime d'assemblée* à partir de 1879 *(constitution Grévy)*
ÉTAT FRANÇAIS	XIV. Actes constitutionnels de 1940 à 1944	11 juillet 1940 9 août 1944	– Régime de *non-droit*, frappé d'inexistence par l'ord. du 9 août 1944. Négation des principes républicains
FRANCE LIBRE ET GOUVERNEMENT PROVISOIRE DE LA RÉPUBLIQUE FRANÇAISE	XV. Appel du 18 juin 1940 et constitution provisoire du 2 novembre 1945	18 juin 1940 1945-1946	– *Dictature de salut public* du général de Gaulle – Régime d'assemblée – Extension du droit de vote et d'éligibilité aux femmes
IVᵉ RÉPUBLIQUE	XVI. 27 octobre 1946	1946-1958	– Régime parlementaire moniste camouflant un régime d'assemblée – Tentative de rationalisation de l'activité des pouvoirs publics – Proclamation des *droits sociaux*
Vᵉ RÉPUBLIQUE	XVII. 4 octobre 1958	1958...	– Régime parlementaire rationalisé en 1958 – Inversion de la hiérarchie entre les pouvoirs publics au profit de l'exécutif et contrôle de constitutionnalité des lois (CC) – Régime présidentialiste sauf en période parlementaire de *cohabitation* (1986-1988 ; 1993-1995 ; 1997...)

CHAPITRE III
LE PREMIER CYCLE DE L'HISTOIRE CONSTITUTIONNELLE FRANÇAISE : 1789-1848

Le premier cycle commence en 1789 et se termine avec le règne de Louis-Philippe, en 1848, après avoir duré 60 ans.

Des régimes de types conventionnel y remplissent les six premières années de la Révolution, pendant lesquelles le pouvoir politique a été, en fait, dans sa presque totalité, aux mains d'une assemblée unique : Assemblée constituante (juin 1789 - octobre 1791), Assemblée législative (octore 1791 - septembre 1792), et Convention (septembre 1792 - octobre 1795). En l'an III, la réaction du pouvoir exécutif commence, avec la constitution directoriale ; elle s'accentue et culmine avec la constitution consulaire, en l'an VIII (1799) jusqu'en 1814. La dictature impériale s'effondre, à la suite des revers provoqués par ses propres excès, et la France fatiguée de la double expérience qu'elle a faite du gouvernement conventionnel et de la dictature exécutive, se réfugie dans la monarchie constitutionnelle, qui tente d'équilibrer, par une *initiation au régime parlementaire,* les deux courants et les deux pouvoirs.

SECTION I — LA PÉRIODE DE GOUVERNEMENT CONVENTIONNEL OU D'ASSEMBLÉE (1789-1795)

S'inspirant tour à tour des idées de Montesquieu et de Rousseau, c'est la période révolutionnaire par excellence (1). Elle s'étend du 17 juin 1789,

(1) V. G. Ferrero : *Les deux Révolutions françaises,* 1951 ; M. Vovelle (sous la direction de) : *L'état de la France pendant la Révolution (1789-1799),* 1988 ; M. Verpeaux : *Textes constitutionnels révolutionnaires,* 1997.

date où naît l'Assemblée constituante, jusqu'au 26 octobre 1795, date où expire la Convention.

Dès le début, tout en conservant la forme monarchique, la Constituante a la volonté de subordonner le pouvoir exécutif royal au pouvoir législatif qu'elle représente : la Législative, le 10 août 1792, suspend Louis XVI de ses fonctions ; la Convention, dès sa réunion, décrète l'abolition de la royauté et proclame la *République une et indivisible* (décrets des 22 et 25 septembre 1792).

Une seule constitution a été appliquée pendant cette période, celle du 14 septembre 1791, longuement préparée depuis 1789, et qui est restée en vigueur jusqu'au vote de celle du 24 juin 1793. D'autres ont été élaborées ; la constitution girondine, qui n'a pas été votée (premiers mois de 1793), et la constitution montagnarde du 24 juin 1793, qui a été votée, mais non appliquée, ayant été immédiatement suspendue par la proclamation du gouvernement révolutionnaire (décret du 10 octobre 1793).

§ 1 LA CONSTITUTION DU 14 SEPTEMBRE 1791

Elle porte comme préambule la célèbre Déclaration des droits de l'homme, votée le 26 août 1789 (v. *Ire partie*) et correspond à l'établissement de la monarchie *limitée,* dans le même esprit que le régime américain qui vient de naître (2). Du reste, la présentation formelle est calquée sur celle de la constitution de Philadelphie.

A. L'ORGANISATION DES POUVOIRS

La constitution (titre III) commence par poser le principe de la souveraineté nationale et celui du caractère représentatif des institutions ; il y a deux *représentants* au sens juridique du terme : le Corps législatif et le roi (titre III, art. 2). Cet ordre d'énumération signifie, dès le début, la suprématie de l'Assemblée (3). Encore, n'est-ce point sans contestation que la qualité de représentant est reconnue au roi, chef du pouvoir exécutif. Rœderer a énoncé, le 10 août 1791, la doctrine jacobine : *Le pouvoir législatif seul est représentatif, le pouvoir exécutif est commis... D'ailleurs, représentation nationale et hérédité sont deux idées contradictoires.* Le roi porte désormais le titre de *roi des Français* et non plus de *roi de France.*

En face de lui, il trouve une assemblée unique, l'Assemblée nationale législative, élue pour deux ans. Cette dernière siège en permanence, c'est-à-dire qu'elle n'est pas astreinte à ne se réunir que pendant des sessions prévues par la constitution ; elle ne peut pas être dissoute par le roi ; le renouvellement du corps législatif se fait de plein droit, la convocation des assemblées primaires d'électeurs dépendant du corps législatif lui-même.

(2) La constitution de 1791 complète la Déclaration de 1789, au titre des *garanties,* en prévoyant la création d'un établissement de *secours publics* pour les indigents, les enfants abandonnés et procurant du travail à ceux qui en sont privés ; de même qu'une *instruction publique, commune à tous les citoyens, gratuite à l'égard des parties d'enseignement indispensables pour tous les hommes* (titre Ier).

(3) Une disposition capitale, ou la définition du *légicentrisme* figure à l'article 3 de la section I, du chapitre II : *Il n'y a point en France d'autorité supérieure celle de la loi. Le roi ne règne que par elle, et ce n'est qu'au nom de la loi qu'il peut exiger l'obéissance.* V. M. TROPER : La constitution de 1791 aujourd'hui, *R.F.D.C.* 1992, p. 3.

Il n'existe, ni suffrage universel, ni suffrage direct. Un cens électoral de la valeur de trois journées de travail, comme on sait, est exigé par la participation aux assemblées primaires, mais ce sont celles-ci qui désignent les électeurs, pour lesquels existent des conditions de cens beaucoup plus lourdes : ils doivent, en général, payer un cens équivalent à deux cents journées de travail ; enfin ces derniers, réunis au chef-lieu du département, élisent les représentants au scrutin de liste.

Les citoyens *actifs* étaient, en 1791, 4,3 millions, sur un total de 24 millions d'habitants environ. Il semble que deux millions environ de citoyens *passifs* se trouvaient écartés, au premier degré, du droit de vote. Par ailleurs, au second degré, le cens étant beaucoup plus élevé, la prépondérance de la bourgeoisie se trouvait fortement assurée. Une conséquence normale du *libéralisme* de Montesquieu.

B. L'ORIENTATION VERS UN SYSTÈME PRÉSIDENTIEL

La séparation des pouvoirs entre le législatif et l'exécutif est quasi absolue, selon la référence américaine. En conséquence, les ministres choisis et nommés par le roi, ne sont responsables que devant lui ; ils ne peuvent être membres du Parlement (rejet de la proposition Mirabeau, le 7 novembre 1789). Toutefois, ils y ont leur entrée, et y sont entendus dès qu'ils le demandent. Autant d'éléments d'attraction vers les États-Unis et de répulsion à l'égard du Royaume-Uni (4).

Dans la confection de la loi, le roi dispose d'un *veto suspensif :* un décret de l'Assemblée, non signé par celui-ci, ne peut prendre force de loi que lorsqu'il a été voté par trois législatures successives.

Dans son ensemble, la constitution de 1791 établissait donc un régime politique de type *présidentiel,* avec un roi comme chef de l'exécutif et une seule assemblée. Cependant, si le texte de 1791 avait été appliquée d'une façon durable, il est possible qu'elle eût évolué vers le régime parlementaire par transformation de la responsabilité pénale des ministres en responsabilité politique, à l'instar de ce qui s'est produit en Grande-Bretagne.

Le 10 mars 1791, les Girondins obtiennent un décret d'accusation de l'Assemblée nationale contre Delessert, ministres des affaires étrangères, dont la politique pacifique et la longanimité vis-à-vis de l'Autriche leur déplaisaient. Brissot déclare à cette occasion : *Je sais bien qu'il sera absous, mais nous aurons gagné notre objet en l'éloignant du ministère.* De fait, le roi dut se résigner à renvoyer non seulement Delessert, mais l'ensemble de ses ministres et à les remplacer par des hommes pris dans le parti girondin.

Cette tentative d'évolution vers un régime parlementaire fut interrompue par les événements d'août 1792, qui marquent la volonté de s'acheminer vers la *démocratie.*

§ 2 LA PREMIÈRE RÉPUBLIQUE

Le 10 août 1792, le roi oppose son veto à deux décrets de l'Assemblée sur les émigrés et les prêtres réfractaires. Ce veto était parfaitement légal, mais la patrie venait d'être proclamée en danger, le roi était suspect d'intelligence avec l'ennemi ; il est suspendu de ses fonctions. L'Assemblée législative prend en main

(4) *Le pouvoir exécutif suprême réside dans la main du roi,* énonce la constitution, mais *aucun ordre du roi ne pourra être exécuté, s'il n'est pas... contresigné par le ministre.* V. P. BASTID : *L'Assemblée nationale de 1789-1791,* Doctorat, Paris, 1964-1965 ; F. FURET et R. HALEVI : *La monarchie républicaine. La constitution de 1791,* 1996 ; F. BURDEAU et M. MORABITO : Les expériences étrangères et la première constitution française, *Pouvoirs,* n° 50, 1989, p. 97.

tous les pouvoirs, avec l'aide d'un Conseil exécutif provisoire et convoque une *Convention,* expression empruntée à la terminologie américaine et qui désigne une assemblée spécialement chargée de rédiger ou de réviser une constitution.

Le premier acte de la Convention, qui se réunit le 20 septembre, est la suppression de la monarchie et l'établissement de la République. Le 21 septembre 1792, commence l'an I de la République. L'Assemblée se décide également à mettre en chantier une constitution consacrant le système républicain. Après de longues délibérations, celle-ci sera votée, le 24 juin 1793.

A. LA CONSTITUTION DU 24 JUIN 1793 OU DE L'AN I

Cette constitution de la *démocratie*, connue sous le nom de *constitution montagnarde* ou de l'an I, ne fut jamais appliquée, le Gouvernement ayant été déclaré *révolutionnaire,* après sa ratification par le peuple. Elle est cependant importante à connaître, d'une part, parce qu'elle traduit complètement la mystique révolutionnaire du gouvernement d'assemblée, et d'autre part, parce qu'elle a, à ce titre, gardé, jusqu'à nos jours, un très grand prestige. Après Thermidor, l'extrême gauche, et, sous le Directoire, Gracchus, Babeuf en exigent l'application (5). En 1848, elle hante les souvenirs de certains révolutionnaires ; en 1945 encore, les communistes s'en réclament au cours des discussions à la Constituante.

La constitution montagnarde débute par une Déclaration des droits qui, par son allure sociale, tranche avec celle de 1789 : elle reconnaît le droit au travail et aux secours publics, le droit à l'instruction, le droit et le devoir d'insurrection en cas d'oppression.

Elle établit, ensuite, le suffrage universel, ce qui marque, en principe, une victoire populaire sur les éléments bourgeois qui avaient imposé leurs vues dans la constitution de 1791. Mais le vote est public, au sein des assemblées primaires, sauf si on réclame le scrutin, ce qui lui enlève beaucoup de sincérité ou, en tout cas, de liberté. Au référendum sur la constitution, il y eut cinq millions d'abstentions, sur sept millions d'électeurs.

Dans l'esprit de Rousseau, la constitution de 1793 apporte dans l'organisation des pouvoirs publics des nouveautés importantes :

1° Elle prévoit, plutôt qu'une séparation, une organisation *pyramidale* des pouvoirs, aboutissant à une assemblée unique : le *Corps législatif.* Par là, du reste, la constitution de 1793 se présente, pour une part, comme un modèle, dont se sont inspirés ultérieurement les constituants soviétiques.

2° Le *Corps législatif* élit un Conseil exécutif *collégial* de 24 membres, qui constitue, selon le vocabulaire de l'époque, un *pouvoir commis,* bien que les membres doivent en être choisis sur une liste de 85 noms, présentés par les électeurs, à raison d'un par département. Ce Conseil exécutif a cependant sous son autorité des ministres, qu'il nomme et révoque (6).

3° Enfin, par opposition au régime représentatif, la constitution introduit dans le jeu politique, le *référendum.* Les lois votées par le Corps législatif n'entrent en

(5) V. F. Buonarotti : *Histoire de la conspiration pour l'Égalité dite de Babeuf,* 1828.
(6) Il y a aussi quelques ressemblances entre le *Conseil exécutif* de la constitution de 1793 et le *Présidium* de la constitution soviétique de 1977.

vigueur qu'après un délai de 40 jours (art. 59) (7). Pendant ce délai, il suffit que le dixième des assemblées primaires, dans la moitié des départements plus un, fasse opposition pour qu'un référendum national soit organisé.

La discussion de la constitution montagnarde avait été précédée d'un projet de *constitution girondine,* présenté à l'Assemblée les 15 et 16 février 1793. Ce projet se distinguait de la constitution montagnarde en ce qu'il établissait une dépendance moins étroite de l'exécutif vis-à-vis de l'Assemblée et, aussi, en ce qu'il organisait un système complexe de sectionnement des communes, destiné à briser l'influence de la Commune de Paris.

C'est, du reste, pour cette raison que le parti girondin, qui détenait la majorité à la Convention, fut chassé du pouvoir par une émeute parisienne, puis décimé (31 mai 1793).

B. LE GOUVERNEMENT RÉVOLUTIONNAIRE

Le 10 octobre 1793, la Convention déclare : *Le Gouvernement sera révolutionnaire jusqu'à la paix.* Il gardera ce caractère jusqu'à la mise en application de la constitution du 5 fructidor an III, le 26 octobre 1795. Mais, depuis la fin de la royauté, l'Assemblée législative, puis la Convention avaient gouverné seules. La constitution de l'an I étant *suspendue,* cette dernière s'identifia au pouvoir, au cours de trois phases :

1° Dans une première phase, la Législative, puis la Convention exercent directement le pouvoir. Le *Conseil exécutif provisoire,* nommé sous la Législative, est maintenu par la Convention, mais il est étroitement soumis à l'Assemblée. Pendant cette période, le désordre s'accroît à l'intérieur et les défaites à l'extérieur.

2° Après la chute des Girondins, le 31 mai 1793, une seconde étape, s'ouvre. *Le Comité de salut public* créé quelques jours auparavant, le 6 avril 1793, est investi des plus larges pouvoirs. On assiste à un glissement de l'autorité, qui passe de la Convention au Comité et du Comité à Robespierre, assisté de Couthon et de Saint-Just.

Théoriquement, le Comité est entre les mains de la Convention qui a pris la précaution de soumettre ses membres à une réélection mensuelle et qui n'a pas prévu qu'il y aurait parmi eux un président. Pratiquement, cependant, la Convention réélit sans discussion les membres du Comité et Robespierre, appuyé sur le club des Jacobins, les clubs populaires locaux et la Commune de Paris, exerce, en fait, le pouvoir d'une façon dictatoriale.

Ce régime, qui est connu dans l'histoire sous le nom de *Terreur,* en raison de la brutalité avec laquelle il liquidait ses adversaires, a cependant eu le mérite incontestable de faire régner l'ordre à l'intérieur, et de donner la victoire aux armées françaises.

3° Le 9 thermidor de l'an II (27 juillet 1794), le péril extérieur étant passé, la Convention, lasse de la Terreur, exécute Robespierre et ses adjoints et brise la puissance du Comité de salut public par l'éparpillement entre plusieurs comités de ses attributions et l'obligation du renouvellement périodique de ses membres. On voit, dès lors, renaître le régime d'assemblée à l'état pur, en même temps, du reste, que le désordre.

Dans l'histoire de la Révolution, c'est le Comité de salut public qui tient généralement la première place. Napoléon, en particulier, l'a qualifié de *véritable et énergique Gouvernement de la France.* Certains auteurs (Aulard, Mirkine-Guetzevitch) ont même cherché à le comparer à un *cabinet parlementaire,* fonctionnant sous le contrôle de l'Assemblée ; il y aurait eu, à leurs dires, d'abord un cabinet Danton, puis un cabinet Robespierre. Cette conception est bien évidemment erronée, ne serait-ce que

(7) Le Corps législatif prend également, sur les problèmes mineurs, des *décrets* qui ne sont pas soumis au référendum.

pour la raison qu'il y a une distance importante entre le jeu de la responsabilité politique, et celui de la guillotine. En définitive, le Comité du salut public se présente comme une exception imposée par les circonstances : *Salus populi, suprema lex esto !*.

La véritable théorie révolutionnaire est, en effet, celle de l'exercice du pouvoir par l'Assemblée elle-même et non point par un Comité exécutif tout puissant. Il est caractéristique, à cet égard, que sitôt le danger passé, la Convention ait démantelé ce Comité, afin de reprendre, entre ses mains, l'autorité. Par suite, la *collégialité de l'exécutif* en découle. Il faudra attendre la Seconde République, en 1848, pour que l'idée soit évacuée (8).

SECTION II — LA PÉRIODE DE RÉACTION ET DE DICTATURE DE L'EXÉCUTIF (1795-1814)

Cette période commence théoriquement avec la constitution du 5 fructidor an III, mais son point de départ réel est plutôt le refus par la Convention, le 1er prairial an III (20 mai 1795) de mettre en application la constitution montagnarde du 24 juin 1793, même amendée, c'est-à-dire la volonté de mettre fin au système de la dictature d'assemblée.

§ 1 — LA CONSTITUTION DU 5 FRUCTIDOR AN III (22 AOÛT 1795)

Cette *constitution de la peur,* selon l'expression de Pierre Gaxotte, n'établit pas encore une dictature de l'exécutif ; elle se présente comme une simple réaction de l'exécutif, mais elle met fin à la dictature de la Convention.

Les traits principaux de la constitution de l'an III peuvent se résumer ainsi :

A. UNE CONSTITUTION ABONDANTE

La constitution de l'an III ne comprend pas moins de 377 articles, qui traitent respectivement : des droits individuels (9), de la division du territoire en départements, de l'organisation du corps

(8) A la manière d'un *chef d'État collectif,* le Conseil exécutif de l'an I se compose de 24 membres ; le Directoire, de l'an III, de 5 membres, et le Consulat, de l'an VIII, de trois membres. L'idée est conservée, de nos jours, en Suisse, après avoir été adoptée par les régimes marxistes avant 1989. V. B. MIRKINE-GUETZEVITCH : *Le parlementarisme sous la Convention nationale,* 1936 ; et R. VILLERS : La Convention pratiqua-t-elle le gouvernement parlementaire ? *R.D.P.* 1951, p. 375.

(9) Parallèlement, la constitution dressait la liste des *devoirs* des citoyens, à l'aide de formules particulièrement mièvres (V. *1ère partie).*

électoral, du pouvoir exécutif et du pouvoir législatif, des corps administratifs et judiciaires, de l'instruction publique, des finances, *etc.*

B. UNE CONSTITUTION QUI ORGANISE LE CORPS ÉLECTORAL EN POUVOIR POLITIQUE

Avec la constitution de l'an III, apparaît une nouvelle trilogie des pouvoirs, dans laquelle le pouvoir de suffrage remplace le pouvoir judiciaire. Dans la constitution de 1791, le corps électoral était traité en annexe ; seuls l'assemblée et le gouvernement faisaient figure de pouvoirs politiques. En l'an III, le pouvoir de suffrage est mis à la première place, celle qui lui revient, dans la perspective révolutionnaire de la souveraineté nationale.

C. UNE CONSTITUTION BICAMÉRALE

L'institution de deux assemblées constitue en l'an III une *nouveauté* constitutionnelle. Les assemblées révolutionnaires (Constituante, Législative, Convention) étaient des assemblées uniques ; c'est, du reste, une des raisons pour lesquelles elles ont tout de suite tendu à la dictature. Afin d'éviter le retour de pareils errements, la constitution de l'an III organise deux chambres : une chambre basse *(Le Conseil des Cinq-Cents)* et une chambre haute *(le Conseil des Anciens),* sénat électif de deux cent cinquante membres. Mais ces deux chambres ne sont pas dotées de pouvoirs égaux : les projets de lois sont votés par le Conseil des Cinq-Cents ; le Conseil des Anciens peut seulement approuver ou rejeter les lois votées par la chambre basse sans les amender (10).

D. UNE CONSTITUTION SOUCIEUSE DE L'EXÉCUTIF

Le chef du pouvoir exécutif n'est pas un président de la République, mais bien un *organe collégial,* appelé Directoire, composé de cinq membres. Il est renouvelé partiellement par l'élection d'un nouveau membre chaque année ; il est présidé à tour de rôle, tous les trois mois, par chacun des directeurs. Cet organisme a, au-dessous de lui, des ministres, qui sont nommés et révoqués par les Directeurs. Ces ministres ne sont pas politiquement responsables devant le parlement, la constitution de l'an III n'est pas parlementaire. La séparation des pouvoirs est rigoureuse, *quasi schizophrénique* (Ph. Lauvaux), entre les conseils et l'exécutif ; à preuve, l'institution originale des *messagers d'État* (art. 124). Les Conseils se convoquent et s'ajournent eux-mêmes, ils ne peuvent être dissous par les directeurs. En revanche, ni les directeurs, ni leurs ministres ne peuvent être interpelés ou révoqués par les Conseils, ces derniers ont seulement le droit de mettre les directeurs en accusation devant la Haute Cour de justice, en cas de crimes ou de délits commis par eux dans l'exercice de leurs fonctions.

Le Gouvernement du Directoire fonctionna pendant cinq ans, de l'an III à l'an VIII, dans de mauvaises conditions. On se trouva, en effet, rapidement dans cette situation paradoxale que les organes gouvernementaux (Directoire et Assemblées) étaient restés plus révolutionnaires que le pays. Les conventionnels s'étaient, en effet, assurés les deux tiers des sièges dans les deux assemblées. Jusqu'en l'an V, le Directoire et les assemblées gouvernèrent ensemble contre le pays. Mais les élections de l'an V envoyèrent au Conseil des Cinq-Cents une majorité modérée. Le drame commence aussitôt. Le Directoire épure les assemblées, les assemblées épurent à leur tour le Directoire. Il en résulte une série de conflits dans lesquels le Gouvernement se dissout progressivement. En l'an VIII, le régime était mûr pour un coup d'État.

(10) La philosophie du bicamérisme est énoncée, à cette date, par Boissy d'Anglas : les Cinq-Cents sont *l'imagination de la République* et les Anciens, *la raison de la République*. La distinction a conservé toute son autorité sous la Ve République (*infra*). V. A.F.D.C. : *Le bicamérisme,* 1997 ; R. DUPUY et M. MORABITO (sous la direction) : 1795 : *Pour une République sans Révolution,* 1996.

Il fut réalisé, le 18 brumaire an VIII, par Bonaparte que ses victoires en Italie avaient rendu célèbre. Avec la complicité des personnes en place, celui-ci supprime le Conseil des Cinq-Cents et le Conseil des Anciens et établit un consulat provisoire dont les trois membres sont : Bonaparte, Siéyès et Roger Ducos. Ce consulat provisoire, qui dure un mois et demi, élabore une nouvelle constitution celle du 22 frimaire an VIII (13 décembre 1799). *Le monde ordonné commençait à renaître* (Chateaubriand) (11).

§ 2 LA CONSTITUTION DU 22 FRIMAIRE AN VIII (13 DÉCEMBRE 1799) ET LA DICTATURE NAPOLÉONIENNE

Il ne s'agit plus, dans cette période, d'une réaction de l'exécutif, mais bien d'une véritable dictature exécutive, qui est le fait d'un homme : Napoléon Bonaparte. Celui-ci essaiera, cependant, de sortir des formes proprement dictatoriales et de rétablir à son profit une légitimité monarchique, mais il ne pourra pas y parvenir. Il sera, à certains égards, plus efficace dans son entreprise tendant à rétablir au profit de l'État une nouvelle alliance entre le temporel et le spirituel : le concordat de 1801 durera jusqu'à la loi du 9 décembre 1905. Il subsiste de nos jours en Alsace et en Moselle.

La constitution du 22 frimaire an VIII, qui domine cette période, mais qui a été modifiée par de nombreux sénatus-consultes, établit une dictature de l'exécutif, tout en laissant subsister, surtout au début, une façade d'institutions démocratiques. Elle présente les caractères suivants :

A. UNE CONSTITUTION BRÈVE

Elle ne comprend que 95 articles et n'est pas précédée par une déclaration des droits. Toutefois, elle comporte l'énoncé *des droits de cité.*

B. UNE CONSTITUTION MÉFIANTE À L'ÉGARD DU POUVOIR DE SUFFRAGE

Elle le transforme d'une façon telle, qu'elle aboutit à le confisquer au bénéfice du pouvoir exécutif. Un des rédacteurs de la constitution, Siéyès, avait coutume de dire : *La confiance vient d'en bas, l'autorité vient d'en haut.* En conséquence, le corps électoral est appelé seulement à manifester, de façon plus ou moins directe, sa confiance au pouvoir exécutif.

Les électeurs sont appelés périodiquement à établir des *listes de confiance,* comprenant des notabilités parmi lesquelles le gouvernement et le Sénat choisissent, les législateurs, le tribuns, les consuls, les conseillers d'État, les ministres, les administrateurs, *etc.* En outre, le corps électoral est appelé à plébisciter, à intervalles irréguliers, les décisions importantes du gouvernement.

(11) D'où la proclamation des consuls du 24 frimaire an VIII relative à la constitution : *Les pouvoirs qu'elle institue seront forts et stables, tels qu'ils doivent être pour garantir les droits des citoyens et les intérêts de l'État. Citoyens, la Révolution est fixée aux principes qui l'ont commencée : elle est finie.*

Ce système, tout en paraissant respecter le principe des élections, supprimait pratiquement toute participation des citoyens au gouvernement et impliquait la négation de fait de la souveraineté nationale (12).

C. UNE CONSTITUTION HOSTILE AU POUVOIR LÉGISLATIF

Les assemblées législatives sont, par nature, un théâtre de discussions. Le pouvoir législatif de l'an VIII est seulement une machine à faire des lois. Cette machine est, du reste, complexe et comprend plusieurs organes : le Corps législatif, composé de 300 membres, le Tribunat, composé de 100 membres auxquels il convient d'ajouter le Conseil d'État, qui jouait un rôle législatif important.

Le Gouvernement à l'initiative des lois qu'il prépare avec le Conseil d'État (13) ; le Tribunat et le Corps législatif votent l'adoption ou le rejet du projet, mais ne possèdent ni l'un ni l'autre le droit d'amendement (14).

D. UNE CONSTITUTION VALORISANTE POUR L'EXÉCUTIF

Il va exercer une véritable dictature. Le Gouvernement est confié, par la constitution, à trois consuls (Bonaparte, Cambacérès et Lebrun), nommés pour dix ans et rééligibles. Mais le premier consul a toute la réalité du pouvoir. C'est lui, et lui seul, qui gouverne, avec l'aide de ses ministres, de son Conseil d'État et du Sénat conservateur.

Le Sénat conservateur est une curieuse institution de la constitution de l'an VIII. Il est chargé de veiller au respect des lois constitutionnelles et, le cas échéant, de les modifier. Par ailleurs, c'est le Sénat qui choisit, sur les listes de présentation, les membres des assemblées législatives et, par conséquent, tient sous sa dépendance le Corps législatif et le Tribunat. En fait, le Sénat conservateur a servi les intérêts de Napoléon, tant que celui-ci a été tout-puissant ; il l'a abandonné au moment de la défaite. C'est lui qui, le 3 avril 1814, déclarera Napoléon déchu et l'hérédité abolie dans sa famille.

La dictature exécutive, établie en l'an VIII, bien que modifiée par divers sénatus-consultes, dont les plus importants sont celui du 14 thermidor de l'an X nommant Bonaparte, consul à vie (2 août 1802), et celui du 28 floréal de l'an XII (18 mai 1804), instituant l'Empire, s'est avérée défectueuse. L'appel au peuple était mal organisé en tant que moyen de consulter l'opinion publique et l'hérédité monarchique n'a pas eu le temps de s'implanter. Bonaparte s'était, cependant, efforcé de jouer à fond le jeu dynastique en reconstituant une nouvelle aristocratie héréditaire et en faisant appel, par le sacre, à la théorie du droit divin. Malgré ses efforts, par lesquels il essaie d'intégrer les partisans de l'Ancien Régime afin de réconcilier les Français, la dictature de Napoléon ne peut résister à la défaite : elle prend fin le 1er avril 1814.

(12) Le régime consulaire a donné naissance, en France, à la démocratie plébiscitaire. V. Ch. ZORGBIBE : Bonaparte, Premier Consul, *Annales Faculté Droit de Clermont,* 1965, p. 59.

(13) Le Conseil d'État, outre sa fonction consultative, qu'il possède encore à l'époque contemporaine, exerce une fonction juridictionnelle, en préparant les décisions du premier consul, puis de l'empereur, en matière administrative dans le cadre de la justice retenue. La justice déléguée lui sera attribuée par la loi du 24 mai 1872. V. Le Conseil d'État (1799-1974) (1974) et T. SAUVEL : L'Empereur et le Conseil d'État statuant au contentieux, R.D.P. 1973, p. 1389 et La justice retenue de 1806 à 1872, *ibid.,* 1970, p. 237.

(14) La constitution de l'an VIII comporte trois nouveautés : l'attribution du pouvoir réglementaire au Gouvernement concernant *l'exécution des lois* (art. 44) ; ce principe prendra dès ce moment un caractère définitif ; l'organisation, dans des conditions défectueuses, certes, d'un contrôle de la constitutionnalité des lois (art. 37) ; enfin, les pouvoirs de crise (art. 92), préfiguration de l'article 16 C. V. M. VERPEAUX : *La naissance du pouvoir réglementaire,* 1991.

SECTION III LA PÉRIODE D'ÉQUILIBRE ENTRE LES POUVOIRS : L'ÉTABLISSEMENT DU RÉGIME PARLEMENTAIRE SOUS LA MONARCHIE CONSTITUTIONNELLE (1814-1848)

Une période féconde s'ouvre en 1814 : elle voit l'apparition, puis la consolidation du régime *représentatif,* sous la forme *parlementaire* (15). Cependant, l'effort pour favoriser un équilibre ne sera pas aisé. En particulier, l'année qui s'écoule entre le 1er avril 1814 et le 3 juillet 1815 est fertile en événements. En ces temps troublés, se succèdent la première Restauration, les Cent jours et la seconde Restauration. Mais, l'orientation constitutionnelle ne sera pas remise en cause, au point de provoquer la Révolution en 1830.

La succession des événements se présente de la façon suivante : Le 1er avril 1814, la déchéance de Napoléon est proclamée. Le 6 avril, le Sénat rappelle la *monarchie légitime* et vote la constitution dite *sénatoriale* ou *constitution des rentes* (16). Mais Louis XVIII n'accepte pas cette *effronterie sordide* (Chateaubriand) et, le 2 mai, pose, dans la déclaration de Saint-Ouen, les bases d'une restauration monarchique.

Le 4 juin 1814, la charte constitutionnelle est promulguée et présente ce double caractère d'être une charte octroyée mais communiquée au Corps législatif. Le 1er mars 1815, Napoléon débarque au golfe Juan. Le 13 mars, il dissout la Chambre des députés et la Chambre des pairs, tandis que Louis XVIII s'enfuit à l'étranger. Le 22 avril 1815, l'empereur promulgue *l'acte additionnel aux constitutions de l'Empire,* qui est plébiscité le 1er juin. Mais ce statut constitutionnel ne s'appliquera que jusqu'au 8 juillet, car le 18 juin, Napoléon subit, à Waterloo, une défaite décisive.

Le 29 juin, la Chambre des représentants établit un nouveau projet de constitution impériale. Mais, le 6 juillet 1815, Louis XVIII rentre à Paris et remet en vigueur la charte du 4 juin 1814.

Pendant cette courte période, quatre textes ont donc vu le jour : la constitution sénatoriale, la charte constitutionnelle, l'acte additionnel aux constitutions de l'Empire et la constitution impériale. Nous parlerons seulement de la charte et de l'acte additionnel, mais ces divers textes méritent quelques observations communes. A part la charte de 1814, ces nombreuses constitutions sont l'œuvre du même personnel politique ; et encore faut-il noter que le texte de la charte a été mis sous les yeux du Corps législatif, qui a ainsi pu faire ses observations.

Dans tous ces textes constitutionnels, l'œuvre de la Révolution est, en grande partie, respectée : les droits féodaux demeurent supprimés ; les libertés individuelles, proclamées par la Déclaration des droits, sont maintenues sous le nom de *droits publics des Français,* l'organisation de la société civile établie par le code Napoléon est inchangée ; de même, l'organisation administrative établie par la loi du 28 pluviôse an VIII et le statut des cultes prévu par le concordat.

Ces divers textes sont tous orientés vers la liberté politique. Le régime parlementaire n'y est pas explicitement établi, mais il est, dans chacun d'entre eux, permis et

(15) De façon empirique, le parlementarisme allait s'imposer avec les chartes de 1814 et de 1830, avant d'être consacré officiellement et pour la première fois, sous la IIIe République : *Les ministres sont solidairement responsables devant les Chambres de la politique générale du Gouvernement, et individuellement de leurs actes personnels* (art. 6 de la loi constitutionnelle du 25 février 1875).

(16) V. J. de Soto : La constitution sénatoriale du 6 avril 1814, *Revue int. d'histoire politique et constitutionnelle,* 1953, p. 268.

suivi (17). C'est en cela que, contre toute attente, le régime de la Restauration *innove.* A bien des aspects, le droit public actuel est redevable à la monarchie constitutionnelle, tant du point de vue du droit constitutionnel, avec le régime parlementaire qui fait figure, jusqu'à l'heure présente, de *référence ;* du droit parlementaire (droit de précédents) ; et du droit financier. C'est sous la Restauration, que les grands principes budgétaires ont été posés, s'agissant de la confection du budget (annualité, unité et universalité) ce qui donne tout son sens au consentement à l'impôt et au contrôle des élus de la nation.

§ 1 LA CHARTE CONSTITUTIONNELLE DU 4 JUIN 1814

Ce texte mérite d'être examiné, en raison du *changement de cap* institutionnel qu'il opère, au moment même où le principe de la *souveraineté royale* est replacé au cœur des institutions.

A. UNE CHARTE OCTROYÉE

Ce caractère appelle les réflexions suivantes : les constitutions nationales se présentent comme des statuts de l'État, établis avec la participation, ou, tout au moins le consentement de la nation. Une charge octroyée est un statut établi par le gouvernement *seul,* en qui est affirmé résider tout le pouvoir politique. L'octroi d'une charte implique donc la négation du principe de la souveraineté nationale. C'est surtout en ce fait, qu'en 1814, la souveraineté est réputée redevenir royale, que réside la Restauration.

Il convient, en effet, de dire qu'à part cette prise de position sur l'origine du pouvoir, le régime inauguré en 1814 ne marque pas un retour à la monarchie absolue d'avant 1789. Sur le plan social, les conquêtes de la Révolution sont maintenues. Sur le plan politique, la charte offre une nouvelle chance à la monarchie constitutionnelle, après l'échec de 1791.

B. UNE CHARTE RÉALISTE

Ce texte de 76 articles consacre, le nouveau statut juridique et social des Français et ouvre la voie au régime parlementaire, selon lequel *on ne gouverne point hors la majorité* (Chateaubriand).

1° Le droit public des Français

Sous cette rubrique, sont maintenues les principales conquêtes de la Révolution : égalité civile ; libertés individuelles (c'est-à-dire liberté d'aller et venir) ; liberté religieuse ; liberté de la presse ; libre détention des biens nationaux. Bien entendu, la liberté de réunion et la liberté d'association, qui ont été déniées par la Révolution elle-même, ne sont pas reconnues par la charte.

(17) V. CHATEAUBRIAND : *De la monarchie selon la Charte,* 1816, rééd. 1993 (Imprimerie nationale) ; JOSEPH-BARTHÉLEMY : *Introduction du régime parlementaire en France, sous Louis XVIII et Charles X,* 1904, et P. BASTID : *Les institutions politiques de la monarchie parlementaire française,* 1954.

2° L'acclimatation du régime parlementaire

La connaissance des rouages du régime parlementaire acquise par le futur Louis XVIII, lors de son exil en Grande-Bretagne, a largement influencé l'orientation du texte de 1814. Le pragmatisme a été préféré à la démarche théorique qui avait inspiré la démarche constitutionnelle des révolutionnaires.

La charte dispose des éléments nécessaires au fonctionnement du gouvernement de cabinet : un pouvoir exécutif scindé entre le roi et les ministres, face à une assemblée élective et une assemblée héréditaire. La pratique confortera cette logique : *Le ministère,* selon Chateaubriand, *doit sortir de la majorité de la chambre des députés puisque les députés sont les principaux organes de l'opinion publique.* Battu aux élections, Villèle se retirera, en 1828, par exemple (18).

a) *Le roi*

Le principe de la souveraineté *royale* est clairement affirmé dans la charte. Mais, il résulte des formes du gouvernement du roi, que la couronne n'a que la *jouissance,* et non *l'exercice* de la souveraineté. Voici, de façon plus précise, les dispositions prévues par la charte : le roi est *inviolable* (c'est-à-dire irresponsable). *Ses ministres sont responsables* (art. 13). Il possède toutes les attributions d'un chef d'État parlementaire : il nomme et révoque les ministres, ainsi que les fonctionnaires de l'État ; il reçoit et accrédite les envoyés diplomatiques ; il dispose de la force armée (art. 14). Seul, il propose la loi (art. 16). Il la sanctionne et la promulgue (art. 22). Il convoque les deux *chambres et peut dissoudre* celle des députés (art. 50). Enfin, en cas de nécessité, il *peut prendre les ordonnances en vue d'assurer la sûreté de l'État* (art. 14). On sait que Charles X, en 1830, en y recourant précipita la chute du régime.

b) *Les ministres*

Les ministres peuvent être membres de la Chambre des pairs ou de la Chambre des députés ; ils ont droit d'entrée aux deux assemblées ; ils doivent être entendus par elles lorsqu'ils le demandent (art. 54). En ce qui concerne leur responsabilité, seule la *responsabilité pénale* est organisée (art. 56), mais la responsabilité *politique* est possible, à la faveur de la pratique, à l'instar du Royaume-Uni.

c) *Les chambres*

La *Chambre des pairs* (art. 24 à 34), à la différence du Sénat impérial, qui était un corps constitutionnel et électoral, mais ne participait pas à la confection des lois, est une véritable *chambre législative.* Toutefois, elle n'est pas d'origine élective ; les membres sont nommés par le roi, à vie, ou avec transmission héréditaire. Ses séances ne sont pas publiques. Celle-ci peut être, le cas échéant, érigée en Haute Cour pour statuer sur les crimes de haute trahison ou les attentats contre la sûreté de l'État (art. 24).

Quant à la *Chambre des députés des départements* (art. 35), elle est élue pour cinq ans et renouvelable chaque année par cinquième. Mais, une loi du 9 juin 1824 établira le renouvellement intégral, tous les sept ans. Ses membres bénéficient d'immunités dans l'exercice de leurs fonctions (art. 51 et 52).

La chambre procède du suffrage censitaire et le cens exigé, tant pour être électeur que pour être éligible, est fort élevé : pour être électeur il faut avoir 30 ans d'âge et payer 300 francs d'impôts

(18) La hauteur prise par Louis XVIII par rapport aux contingences politiques se rattache à son souci de réconcilier les Français, après la tourmente révolutionnaire : *Je ne veux être le roi de deux peuples,* confessait-il Tradition oblige chez les Bourbons : le roi Juan Carlos, en Espagne, à partir de 1975, agira de la même façon à l'égard des républicains et des franquistes.

Le rôle institutionnel du monarque a été théorisé par Benjamin Constant qui, en 1815, distingue *le pouvoir ministériel* et le *pouvoir royal :* Ce dernier est *un pouvoir neutre. Celui des ministres est un pouvoir actif.* Au-dessus des pouvoirs, le roi se situe *dans une sphère inviolable de sécurité, de majesté, d'impartialité, qui permet* [aux] *dissentiments de se développer sans péril* [et] *y met un terme par les moyens légaux, constitutionnels et dégagés de tout arbitraire.* La théorie du *pouvoir neutre* ressuscitera sous la forme du pouvoir d'*arbitrage,* avec le général de Gaulle, à Bayeux, en 1946, avant d'être consacrée en 1958 (art. 5 C).

directs. Pour être éligible, il faut avoir 40 ans et payer au moins 1000 francs de contributions directes. Ces conditions très restrictives limitent à 90000 environ le nombre des électeurs et à 15000 celui des éligibles. Encore la loi électorale du 29 juin 1820 accusera-t-elle, à cet égard, le caractère oligarchique de la charte, en permettant aux électeurs les plus imposés de voter *deux* fois.

Avec les pairs, la chambre vote la loi et consent l'impôt (art. 45 et 48). En un mot, elle a le moyen de *se faire respecter* (Chateaubriand).

Elle peut être enfin dissoute, mais le roi est tenu de convoquer les collèges électoraux dans le délai de trois mois (art. 50) (19). Un règlement du 28 juin 1814 organise la communication entre le roi et les chambres, au moyen de la *proclamation* et du vote de l'*adresse*. Implicitement, la chambre en refusant le vote de la loi dispose d'un moyen de pression sur le ministère. Devant son hostilité, Decazes et Martignac démissionneront en 1824 et 1829 (20).

Un an s'est à peine écoulé que l'empereur est de retour de l'île d'Elbe. Il ne peut guère se montrer moins libéral que le roi réfugié à l'étranger *(notre père... de Gand).*

§ 2 L'ACTE ADDITIONNEL AUX CONSTITUTIONS DE L'EMPIRE DU 22 AVRIL 1815

Cette constitution fut hâtivement rédigée par Benjamin Constant (d'où son nom de *Benjamine*), réconcilié avec Napoléon. Dans l'ensemble, elle est aussi libérale que la charte de 1814, dont elle est fortement inspirée. L'empereur s'y révèle aussi généreux que le roi Louis XVIII. En un mot, c'est l'*empire selon la charte*.

L'acte additionnel prévoit une Chambre des pairs et une Chambre des représentants, qui sont, l'une et l'autre, des assemblées législatives. Pour les élections, on revient au système du sénatus-consulte du 16 thermidor an X, qui organisait le vote à deux degrés ; mais les collèges électoraux ont, cette fois, un droit d'élection. La responsabilité ministérielle est fortement organisée au point de vue pénal ; la responsabilité politique est moins nette, mais esquissée en des termes comparables à ceux de la charte.

L'acte additionnel ne fut appliqué que quelques jours : la charte de 1814 resta en vigueur pendant 16 ans. Le régime aurait pu durer plus longtemps, si Charles X avait fait preuve du même esprit politique que son frère aîné. Louis XVIII avait compris qu'un roi constitutionnel doit régner sans gouverner. Du reste, il était porté à cette attitude par son tempérament. Disgracieux physiquement, il était doté, en revanche, d'une belle intelligence politique. Charles X, qui monte sur le trône en 1824, voulait participer au gouvernement, mais par malheur, n'avait aucun sens politique au point,

(19) Sous la Restauration, 6 dissolutions sont décidées. Le cabinet se retire si la majorité électorale lui est défavorable (ministères Talleyrand-Fouché, 1815 ; Richelieu, 1824 ; Villèle, 1828. Pour ne pas s'y plier, en 1829, Polignac puis Charles X déclencheront la révolution en 1830. *Les Trois Glorieuses* seront la revanche du parlementarisme (*infra*).

(20) Une ordonnance du 9 juillet 1815 crée une présidence du conseil, dont le premier titulaire sera Talleyrand. Ce titre de chef du Gouvernement demeurera jusqu'en 1958 (art. 21 C). Villèle en charge de cette fonction de 1821 à 1828 a crée l'institution, à bien des égards.

selon son expression, de préférer *scier du bois plutôt que de gouverner à l'anglaise* (21). Il ne fit ni l'un, ni l'autre et prit le chemin de l'exil en 1830. De plus, il était entre les mains d'un parti résolument réactionnaire, les *ultras,* qui n'avaient comme souci que de rétablir progressivement l'état politique antérieur à 1789.

Le divorce entre la nation et la monarchie légitimiste devait être prononcé lors des *Trois Glorieuses.* Le régime parlementaire en sera l'enjeu.

§ 3 LA RÉVOLUTION PARLEMENTAIRE DE 1830

Au début de 1830, Polignac, qui avait été appelé par Charles X, l'année précédente, pour faire sa politique, dissout la Chambre des députés (22). Les élections, qui ont lieu au mois de juin, renvoient les opposants, augmentés de 49 députés. Si le roi avait, à ce moment, correctement pratiqué le régime parlementaire, il se serait incliné.

C'est l'attitude contraire qu'il adopta. Le 25 juillet 1830 furent publiées les ordonnances de Saint-Cloud comportant les dispositions suivantes : la première suspendait la liberté de la presse ; la seconde portait, *à nouveau,* dissolution de la Chambre des députés (23) ; la troisième modifiait le régime électoral, en fait, restreignait gravement le nombre des électeurs en faisant entrer en ligne de compte le seul impôt foncier pour le calcul du cens, ce qui éliminait la bourgeoisie et, enfin, la quatrième convoquait les collèges électoraux pour septembre.

Ces ordonnances étaient, apparemment, fondées sur l'article 14 de la charte, autorisant le roi à édicter des ordonnances *pour la sûreté de l'État.* En fait, celles-ci constituaient une manière de *coup d'État* (24) (*un coup de charte* dira La Fayette). Car, la sûreté de l'État n'était pas en cause : il s'agissait d'un simple changement de majorité, contraire, sans doute, aux désirs du roi, mais parfaitement normal dans un pays pratiquant le parlementarisme. Du reste, le peuple ne s'y trompa pas. Des soulèvements éclatèrent immédiatement à Paris, et en trois jours, la révolution victorieuse força Charles X à s'exiler. Le 29 juillet, un Gouvernement provisoire est formé, qui confie la lieutenance générale du royaume au duc d'Orléans, chef de la branche cadette des Bourbons. Le personnel politique, M. Thiers en tête, qui ne veut pas de la République, mais seulement *le régime parlementaire,* confisque la Révolution pour organiser, avec un nouveau prétendant, un régime libéral. L'attitude de La Fayette, présentant le duc d'Orléans comme *la meilleure des Républiques,* dont le *baiser républicain fit un roi* (Chateaubriand) est significative.

(21) De manière prémonitoire, Louis XVIII portait ce jugement de valeur : *Vous vous plaigniez d'un roi sans jambes, vous verrez ce que c'est un roi sans tête.* En revanche, la construction du Trianon de Bagatelle à Paris, avant la Révolution, peut être mise à l'actif de Charles X. Qui le lui reprocherait ?

(22) L'adresse des 221, votée par la Chambre des députés, le 2 mars 1830, se réclame de la logique parlementaire : *La charte fait du concours permanent des vues politiques de votre Gouvernement avec les vœux de votre peuple, la condition indispensable de la marche régulière des affaires.*

(23) C'est de ce précédent fâcheux, du point de vue parlementaire, que date l'adage selon lequel : *dissolution sur dissolution ne vaut,* aujourd'hui consacré (art. 12 *in fine* C). Cependant, à la différence de ce qui se produira, après 1877, la dissolution demeurera d'un usage courant sous la Monarchie de juillet, au point qu'aucune chambre ne parviendra au terme de son mandat. On comptera, en 18 ans, 6 élections générales anticipées (1831, 1834, 1837, 1839, 1842 et 1846).

(24) Cette disposition, présentée comme l'une des sources de l'article 16 C, se rattache au principe, selon lequel *nécessité n'a point de loi.* Ce qui signifie, qu'en cas d'atteinte à l'ordre constitutionnel, les gouvernants sont autorisés (ou plus exactement s'autorisent) au nom de l'intérêt supérieur de l'État *(la raison d'État)* à prendre toutes mesures appropriées, fussent à l'*encontre* du droit. La théorie de la nécessité, ainsi comprise permet à l'État de se soustraire à l'empire de la norme juridique ; en un mot à la violer. Il en résulte une *incompatibilité* entre cette théorie et celle de l'État de droit. Une démocratie confrontée à l'adversité ne peut que se renier à agir de la sorte. C'est pourquoi il existe une *législation* ou des *pouvoirs de crise* prévus à l'avance (V. *titre II*).

La Chambre des pairs et celle des députés préparent hâtivement quelques modifications à la charte et, le 9 août, le duc d'Orléans, qui a accepté les modifications, accède au trône sous le nom de Louis-Philippe Ier, roi des Français.

§ 4 LA CHARTE CONSTITUTIONNELLE DU 14 AOÛT 1830

Ce texte ne constitue pas une nouveauté. C'est une seconde édition, revue et corrigée de celle de 1814. Cependant, si les modifications sont peu nombreuses, la perspective est nettement différente.

La charte n'est pas octroyée ; le nouveau statut politique est établi à la suite d'un accord entre le roi et le parlement. On a déjà mentionné que ce texte pouvait être considéré comme un bon exemple de contrat politique.

Louis-Philippe prend le nom de *roi des Français,* et accepte le drapeau tricolore à la place du drapeau blanc fleurdelysé de la Restauration : *La France reprend ses couleurs* (art. 67). Ces modifications, pour légères qu'elles soient, impliquent un déplacement de la souveraineté ; celle-ci, de royale qu'elle était sous la Restauration redevient *nationale* (25). Le roi règne, non plus en vertu d'un droit propre, mais d'une délégation de la nation.

Le gouvernement de Louis-Philippe dura 18 ans, pendant lesquels la France continua de se reposer des années tourmentées vécues entre 1789 et 1815, s'enrichit, et s'habitua à la liberté politique, et pour tout dire au régime parlementaire. Ce dernier, appelé *orléaniste,* repose sur un partage de la puissance d'État entre les chambres et le roi (26). Selon Guizot, *le roi peut avoir une politique à la condition d'avoir un premier ministre qui prenne la responsabilité de cette politique et une chambre qui approuve le premier ministre et la politique.*

A. LE PARLEMENTARISME AFFERMI

Appelé à former le ministère, en 1831, Casimir-Périer se comporte en véritable chef de gouvernement. Il exclut des délibérations ministérielles le prince héritier ; il réunit ses collaborateurs, en dehors de la présence du roi ; toutes les dépêches diplomatiques lui sont transmises en premier lieu. Il imprime une direction à son cabinet, contraint ses ministres au respect de la solidarité. Il défend sa politique devant les chambres. Il inaugure, à ce propos, la pratique de la *question de confiance.* Il n'hésite pas, en présence d'une majorité incertaine, à demander la dissolution de la chambre. Cet exemple sera imité par Broglie, Thiers et Guizot.

Dans le même temps, le contrôle parlementaire s'affirme avec l'invention de l'*interpellation* (précédent Mauguin de novembre 1830) qui allait se révéler comme une arme particulièrement redoutable. Dans le silence de la charte de 1830, la responsabilité politique des

(25) Les autres changements à la charte de 1814 sont les suivants : Dans les articles consacrés au droit public des Français, deux modifications apparaissent : la liberté de la presse est garantie, la religion catholique n'est plus religion d'État, elle devient religion de la majorité des Français. Dans la partie de la charte traitant du gouvernement du roi, la couronne renonce au droit d'édicter des ordonnances pour la sûreté de l'État et reconnaît aux chambres le droit d'initiative en matière de législation ; enfin, dans celle relative aux assemblées, les pairs héréditaires sont supprimés, et le cens électoral est abaissé pour la Chambre des députés à 200 francs pour être électeur, et à 500 pour être éligible.

(26) La Monarchie de juillet a inventé, a beaucoup d'égards, la candidature officielle lors des élections législatives ; accepté la corruption et fabriqué des majorités parlementaires grâce au principe de la comptabilité entre les fonctions de député et celles de fonctionnaire.

ministres a pu jouer *de facto* devant la Chambre des députés : 6 gouvernements sur un total de 16 se sont, en effet, retirés devant son hostilité, provoquant le recours à la dissolution.

B. LE PERSONNALISME ROYAL

La charte sera une réalité, avait annoncé Louis-Philipe, en 1830. Il devait, tout au long de son règne, tirer profit de son ambiguïté et demeurer la clé de voûte du régime. Il s'emploie à miner l'autorité du président du conseil par le procédé de la *polycéphalie* ministérielle, en dotant le gouvernement d'un chef *nominal* (Soult, Mortier), qui regroupe des ministres opposés (Thiers, Guizot, Broglie), afin de mieux les neutraliser. Il congédie des ministères (Laffitte, 1831 ; Thiers, 1836 et 1840). Les affaires étrangères sont l'apanage du roi *(Quand il s'agit de la sécurité nationale, je porte avec moi la responsabilité de la France),* et les affaires militaires, celui des princes royaux (27).

Mais le régime disparut parce qu'il ne sut pas obéir à sa logique interne. Le développement du régime représentatif et la pratique du régime parlementaire impliquaient, non seulement la reconnaissance, mais la traduction dans les faits de la souveraineté nationale. Cependant, le peuple resta pratiquement écarté des affaires politiques. Malgré l'abaissement du cens, le pays légal, c'est-à-dire l'ensemble des électeurs, demeure restreint : il y a 300 000 électeurs en 1830, 450 000 à la fin de la Monarchie de juillet, mais l'homme du peuple ne vote pas, l'intellectuel non plus.

La tension entre le peuple et le gouvernement s'accusa, à partir de 1847, à l'occasion de la campagne des banquets, en raison de l'obstination de Guizot, alors président du conseil, d'accepter un abaissement du cens à cent francs, et *l'adjonction des capacités.* Ce qui, dans le jargon politique de l'époque, signifiait l'octroi du droit de vote aux intellectuels, sans condition de cens.

Les réunions publiques étant soumises à autorisation, les partisans du suffrage des intellectuels organisèrent une campagne de banquets. L'interdiction de cette campagne, la crise économique qui éclate, provoqua la Révolution du 24 février 1848.

Cette crise révolutionnaire est plus importante que celle de 1830, car elle embrase l'Europe, mais surtout, pose, pour la première fois, la question *sociale,* en liaison avec l'essor du capitalisme (28).

Bibliographie
(en dehors de la *bibliographie générale*)

J. BARBEY : *Le conseil des ministres sous la Restauration,* 1936 ; P. BASTID : *Le gouvernement d'assemblée,* 1956 et *Les institutions politiques de la monarchie parlementaire française (1814-1848),* 1954 ; J. BOURDON : *La Constitution de l'an VIII,* 1942 ; A. CASTALDO : *Les méthodes de travail de la constituante (1789-1791),* 1989 ; J.-J. CHEVALLIER : *La pensée politique des doctrinaires*

(27) La Monarchie de juillet n'est pas sans analogie avec la Ve République en période de cohabitation, particulièrement. L'article 19 C attribue au président des pouvoirs propres ou autonomes *(infra).*

(28) Une autre rupture se produit également, d'ordre épistémologique, avec la publication par Marx et Engels du *Manifeste du parti communiste.* La nouvelle *révolution copernicienne* est, dès lors, en route, avec l'invention du socialisme scientifique.

de la Restauration, E.D.C.E., 1964, p. 13 ; R. DUPUY et M. MORABITO (sous la direction) 1795 : *Pour une République sans Révolution,* 1996 ; P. DUVERGIER DE HAURANNE : *Histoire du gouvernement parlementaire en France (1814-1848),* 2e édit., 1870-1871 ; F. FURET et R. HALEVI : *La monarchie républicaine. La constitution de 1791,* 1996 ; P. GAXOTTE : *Histoire de la Révolution française,* rééd., 1962 ; J. GODECHOT : *Les institutions de la France sous la Révolution et l'Empire,* 1950 ; R. HAYEM : *Le conseil des ministres sous Louis-Philippe,* 1939 ; A. JARDIN et A.-J. TUDESQ : *La France des notables 1815-1848,* 1973 ; JOSEPH-BARTHÉLEMY : *Introduction du régime parlementaire en France, sous Louis XVIII et Charles X,* 1904 ; J. LUCAS-DUBRETON : *La royauté bourgeoise, 1830,* 1930 ; A. MATHIEZ : *La Révolution française,* 1939-1954 ; J. PETOT : *Les grandes étapes du régime républicain français,* 1970.

CHAPITRE IV
LE SECOND CYCLE DE L'HISTOIRE CONSTITUTIONNELLE FRANÇAISE : 1848-1958

Il se déroule en trois temps : l'établissement d'un régime de séparation des pouvoirs, favorable à l'Assemblée (1848-1851), suscite en réaction, la poussée de l'exécutif, qui culmine avec la constitution de 1852, et s'achève par le *compromis parlementaire,* à partir de 1875.

SECTION I LA SÉPARATION DES POUVOIRS ET LA MONTÉE DU POUVOIR LÉGISLATIF (1848-1851)

Une curieuse République qui devait déboucher sur le césarisme.

§ 1 LA RÉVOLUTION DE 1848 ET LA SECONDE RÉPUBLIQUE

Elle est, à beaucoup d'égard, un rebondissement de celle de 1789. On y retrouve la même poussée idéologique, la même tendance au caractère universel, la même propension au régime d'assemblée.

Cependant, des différences profondes séparent 1789 et 1848. La première révolution était bourgeoise, celle de 1848 est prolétarienne. Par ailleurs, le suffrage universel, proclamé dès l'origine et appliqué avec sincérité, va briser la prépondérance de Paris qui, sous la Convention, avait, en fait, conduit la Révolution. C'est cette intervention de la *province* dans le jeu politique, dès les élections du 23 avril, qui mettra un terme très rapide à la période révolutionnaire proprement dite (1).

A. LE GOUVERNEMENT PROVISOIRE

Un Gouvernement provisoire, présidé par Dupont de l'Eure, est immédiatement constitué avec Arago, Garnier-Pagès, Louis Blanc, Ledru-Rollin. Ce dernier prépara l'élection d'une assemblée, qui se réunit dès le 4 mai 1848. Mais, fondamentalement, il prit deux décisions qui honorent la République en proclamant le *suffrage universel* (décret du 5 mars 1848) et en abolissant l'esclavage dans les possessions françaises (décret Victor Schœlcher du 27 avril 1848) (2).

Cette assemblée est, pour une large part, la fille authentique de la première Révolution. C'est une assemblée unique et, tout de suite, elle va reprendre les traditions de la Convention et nommer une Commission exécutive, qui sera chargée, sous son autorité, d'assurer l'exécution de ses décisions. Toutefois, sur 900 membres, elle ne comprend que 200 républicains avancés ; il y a, par contre, 50 légitimistes, 200 orléanistes avoués et 450 républicains modérés et même très modérés.

B. LES JOURNÉES DE JUIN

Cette seconde expérience révolutionnaire sera traversée par des événements graves, les insurrections de juin, de caractère socialiste, provoquées, du reste, par les mesures réactionnaires prises par la majorité conservatrice de l'assemblée constituante. L'assemblée se hâte alors d'organiser un pouvoir exécutif (confié au général Cavaignac, qui reçoit une véritable autorité dictatoriale) et de voter une constitution. C'est la constitution du 4 novembre 1848, qui établit, dans son ensemble, un *régime présidentiel,* inspiré des États-Unis. L'assemblée se sépare le 25 mai 1849, après avoir voté la loi électorale du 15 mars 1849 et assuré les élections à l'assemblée législative.

De mai 1849 à décembre 1851, fonctionne la constitution de la Seconde République, marquée par la séparation des pouvoirs. Mais, le 10 décembre 1848, le prince Louis-Napoléon Bonaparte est élu par le *peuple* président de la République et il profitera de la première occasion favorable pour établir, à son profit, une dictature exécutive.

§ 2 LA CONSTITUTION DU 4 NOVEMBRE 1848 OU LA CONSTITUTION DE LA SECONDE RÉPUBLIQUE

Sur le modèle américain, la constitution votée par l'Assemblée nationale était pleine de contradictions. Établie par des hommes qui n'avaient aucun sens de l'art politique, elle devait fatalement aboutir à une crise, en se réclamant comme en 1791 et en l'an III, d'une conception quasi absolutiste du principe de la séparation des pouvoirs, *première condition d'un gouvernement libre* (art. 19).

(1) V. P. Bastid : *Doctrines et institutions politiques de la Seconde République,* 1945 ; M. Agulhon : *1848 ou l'apprentissage de la République,* 1973 ; Ph. Vigier : *1848, Les Français et la République,* 1998.
(2) La Seconde République a légué, outre le timbre-poste (la célèbre *Cérès*), le *sceau* républicain. Il n'est pas étonnant que *Miss Liberty* (la statue de la liberté) édifiée à New-York en 1886, par Bartholdi ou sa réplique du pont de Grenelle à Paris, ait emprunté son aspect.

En l'absence du droit de dissolution (art. 68), le vice majeur du texte était de dresser, l'un contre l'autre, un pouvoir exécutif et un pouvoir législatif, également puissants, dans un pays fortement centralisé et où, par conséquent, le fédéralisme ne jouait pas le rôle d'amortisseur.

Après l'énoncé de *droits et devoirs antérieurs et supérieurs aux lois positives,* dans la perspective du droit naturel, parmi lesquels figure pour la première fois, *le droit au travail* (art. VII), la constitution traite des représentants du peuple (députés et président de la République).

A. LE POUVOIR LÉGISLATIF

Il était exercé par une assemblée unique de 750 membres, élus, pour 3 ans, au suffrage universel et au scrutin de liste par département, les électeurs allant voter au chef-lieu de canton. Un strict régime d'incompatibilités est établie, par opposition à la Monarchie de juillet : *Toute fonction publique rétribuée est incompatible avec le mandat de représentant du peuple* (art. 28). Enfin, conséquence naturelle découlant de l'avènement du suffrage universel, et de l'idée d'égalité qu'il implique, les députés perçoivent une *indemnité,* alors que précédemment le mandat n'était pas rétribué, en bonne logique, dans un régime censitaire, c'est-à-dire de possédants.

B. LE POUVOIR EXÉCUTIF

Il était confié à *un président de la République,* élu directement par le peuple, à la suite d'une intervention fameuse de Lamartine, pour une durée de quatre ans et rééligible seulement après quatre ans de mise à l'écart du pouvoir (art. 45) (3).

Les seules conditions exigées pour se présenter à la présidence de la République étaient d'être né français, de n'avoir jamais perdu cette qualité et d'être âgé de 30 ans. Un vice-président (*intérimaire* sans plus) était désigné par l'Assemblée nationale sur présentation de trois candidats par le président (art. 70) (4).

Les ministres étaient nommés et révoqués par le président de la République (art. 64), mais responsables devant l'Assemblée (art. 68), ce qui mâtinait de parlementarisme le schéma présidentiel, comme plus tard la constitution de 1958.

En outre, la constitution prévoyait une réorganisation du Conseil d'État (art. 71) dont les membres, nommés pour six ans par l'Assemblée nationale, étaient renouvelables par moitié, tous les six ans.

Ce corps qui, par sa nomination, était entièrement aux mains de l'Assemblée, était destiné à exercer, à l'égard des administrations publiques, d'importants pouvoirs de contrôle qui lui étaient déférés par la loi. Il constituait, par là, un instrument de mainmise de l'Assemblée sur le pouvoir exécutif qui était, par son intermédiaire, étroitement surveillé par le parlement. Cette disposition était évidemment maladroite, du fait qu'elle s'adressait à un exécutif rendu très puissant par l'investiture populaire donnée au président de la République.

(3) La République est désormais personnifiée par un magistrat unique. La collégialité révolutionnaire est abandonnée. V. F. LUCHAIRE : *Naissance d'une constitution : 1848,* 1998.

(4) Le titulaire unique, à ce jour, en France, a été Boulay de la Meurthe. V. P. LAPORTE : *Le vice-président de la République dans la Constitution de 1848, Annales Faculté de Droit de Clermont,* 1964, p. 61.

La constitution du 4 novembre 1848 avait joué la difficulté. Elle avait accouplé le régime présidentiel américain avec un rudiment de régime parlementaire. De plus, au lieu d'un parlement composé de deux chambres, elle n'avait organisé qu'une seule chambre. Enfin, instituant un président de la République élu par le peuple, elle n'avait su barrer la route au prétendant bonapartiste en le rendant inéligible. Grave faute : le prétendant avait été élu président à une majorité énorme qui rendait dérisoire la perspective d'une mise à l'écart du pouvoir au bout de quatre années d'exercice. Par ailleurs, l'Assemblée législative, élue en mai 1849, avait une majorité monarchiste. Le coup d'État était inévitable, d'autant que les craintes de révolution sociale n'étaient point calmées. On se demandait seulement s'il serait monarchiste avec l'Assemblée et Changarnier, ou bonapartiste avec le Prince-président. C'est celui-ci qui prit les devants (5).

SECTION II LA RÉACTION DE L'EXÉCUTIF (1851-1870)

Le coup d'État perpétré, le 2 décembre 1851, met un terme à la Seconde République et ouvre la voie au césarisme, par l'adoption le 14 janvier 1852, d'une nouvelle constitution bonapartiste. Cependant, cette dernière devait décliner et renouer, au dernier moment, avec le parlementarisme, à l'opposé de l'évolution de la constitution de l'an VIII.

§ 1 LE COUP D'ÉTAT DU 2 DÉCEMBRE 1851

La crise éclata après une longue série de conflits entre le prince-président et l'Assemblée. Le prétexte immédiat en fut une loi du 31 mai 1850, restrictive du suffrage universel destinée à écarter *la vie multitude* des urnes (M. Thiers) en ce qu'elle exigeait des électeurs un domicile fixe de trois ans. En novembre 1851, le gouvernement demanda l'abrogation de cette loi, mais la chambre refusa. Le président se posa immédiatement en défenseur du suffrage universel et saisit, sans hésiter, l'excellente occasion politique qui lui était offerte pour renverser le régime.

A. LA RUPTURE DE LA LÉGALITÉ RÉPUBLICAINE

Dans la nuit du 1er au 2 décembre 1851, des affiches sont apposées sur les murs de la capitale et des principales villes de France, portant dissolution de l'Assemblée et du Conseil d'État, convocation du peuple pour un plébiscite, ainsi qu'une proclamation dans laquelle le prince-président exposait ses intentions. Grâce aux mesures de police prises par le duc de Morny, le coup d'État réussit parfaitement. Le peuple appelé à se prononcer sur le plébiscite suivant : *le peuple français veut le maintien de l'autorité de Louis-Napoléon Bonaparte et lui délègue les pouvoirs nécessaires pour faire une constitution sur les bases proposées dans la proclamation du 2 décembre,* approuve l'attitude du président par 7 439 210 *oui* contre 640 757 *non.*

(5) V. A. DANSETTE : *Deuxième République et Second Empire,* 1942 ; et M. BLANCHARD : *Le Second Empire,* 1957.

B. L'AVAL POPULAIRE

Les bases de la réforme constitutionnelle posées dans la proclamation étaient les suivantes : un chef d'État responsable, nommé pour 10 ans ; des ministres dépendant du pouvoir exécutif seul ; un Conseil d'État chargé de préparer les lois et d'exercer des attributions administratives ; un corps législatif, élu au suffrage universel, chargé de discuter et de voter les lois et une seconde assemblée ayant un rôle de pouvoir pondérateur.

C'est sur ces bases que fut rédigée la constitution du 14 janvier 1852. La constitution est encore républicaine, mais un sénatus-consulte du 7 novembre de la même année rétablit la dignité impériale et cette décision est, sans difficultés, homologuée par un plébiscite.

§ 2 LA CONSTITUTION DU 14 JANVIER 1852

Retour à l'autocratie, la constitution de 1852 démarque celle de l'an VIII : le neveu imite l'oncle. Il y a, cependant, entre les deux textes, un certain nombre de différences ; une évolution contrastée, vers le césarisme et le parlementarisme ; un seul chef de l'exécutif au lieu de trois consuls ; un pouvoir législatif simplifié et le suffrage universel restauré. La constitution de 1852 débute par une confirmation et une garantie des principes de 1789, *qui sont la base du droit public des Français* (art. 1er).

A. LE PRÉSIDENT DE LA RÉPUBLIQUE

Selon une formule caractéristique, *il gouverne au moyen de ses ministres, du Conseil d'État, du Sénat et du Corps législatif* (art. 2). Au surplus, *la puissance législative s'exerce collectivement par le président de la République, le Sénat et le Corps législatif* (art. 4). En bref, le président est l'expression de la puissance d'État. Toutefois, conformément à la tradition bonapartiste du plébiscite, il est responsable devant le peuple, auquel il a toujours le droit de faire appel (art. 5). Par ailleurs, le président est le chef de l'État et des armées ; il nomme à tous les emplois ; fait les traités de paix, d'alliance et de commerce (art. 6). Il possède seul l'initiative des lois, qu'il sanctionne et promulgue (art. 8 et 10). Enfin, il prend les décrets nécessaires à leur exécution (art. 6). Un sénatus-consulte du 7 novembre 1852 rétablira et conférera à Louis-Napoléon Bonaparte, la dignité impériale.

B. LE SÉNAT

Cette chambre haute est composée de notabilités choisies par le pouvoir exécutif (art. 20). L'étude de ses prérogatives est intéressante, à plus d'un titre. Le Sénat est *le gardien du pacte fondamental et des libertés publiques* (art. 25). En conséquence, *aucune loi ne peut être promulguée avant de lui avoir été soumise*. Dès lors, il est chargé du contrôle de constitutionnalité (art. 26) (6). Il règle, enfin, par *sénatus-consulte tout ce qui n'a pas été prévu par la constitution et qui est nécessaire à sa marche* et il fixe *le sens des articles*

(6) V. A. ASHWORTH : Le contrôle de constitutionnalité des lois par le Sénat du Second Empire, *R.D.P.* 1994, p. 45.

de la constitution qui donnent lieu à différentes interprétations (art. 27). En dernier lieu, il peut proposer des modifications à la constitution (art. 31). C'est, somme toute, un pouvoir constituant permanent à la disposition du chef de l'État.

C. LE CORPS LÉGISLATIF

La chambre basse se compose d'un député par 350 000 électeurs (261 membres) : elle est élue au scrutin d'arrondissement. Elle a pour mission de discuter et de voter les lois ; le droit d'amendement lui est accordé, mais dans des conditions telles que ce droit est illusoire. Les ministres ne peuvent en être membres (art. 44). Enfin, le président de la République la convoque, l'ajourne, la proroge ou la dissout. Dans cette dernière éventualité, les élections doivent se dérouler dans le délai de six mois (art. 46).

D. LE CONSEIL D'ÉTAT

Présidé par le chef de l'État (selon une tradition qui remonte au Conseil du roi de l'Ancien Régime), ses membres, nommés par ce dernier (art. 48), sont chargés de rédiger les projets de loi (art. 50). Le Conseil d'État soutient, au nom du gouvernement, la discussion desdits projets devant le Sénat et le Corps législatif (art. 51).

Ayant troqué la prospérité contre la liberté (7), le régime du Second Empire souffrait, en dépit d'un appui populaire, du même défaut d'équilibre interne que celui de l'an VIII. Le suffrage universel, encore qu'il eût été théoriquement maintenu, n'était qu'une *institution de façade :* le Corps législatif n'avait aucune part au gouvernement. Une opposition qui grandissait chaque jour réclamait la liberté des débats parlementaires, la liberté de la presse, la participation des chambres au gouvernement, pour tout dire, la liberté politique : le régime était contraint d'évoluer.

Progressivement l'autoritarisme devait s'effacer au profit du *parlementarisme* ressuscité. Un certain assouplissement se manifeste à partir de 1860 : discussion de l'adresse avec des commissaires du gouvernement, participation de ministres sans portefeuille aux discussions du Corps législatif, publicité des débats parlementaires, accroissement de la spécialité budgétaire. En 1867-1869, le mouvement s'accentue : les droits d'interpellation, d'initiative et d'amendement sont reconnus aux députés.

Enfin, le 2 janvier 1870, Napoléon III appelle au pouvoir Émile Ollivier, avec l'intention de lui permettre d'accentuer et de codifier les réformes demandées par l'opinion publique. Sous l'impulsion du nouveau président du conseil, fut alors préparé et voté un statut constitutionnel de type *libéral et parlementaire* qui fut promulgué le 21 mai 1870. Mais deux mois après le plébiscite ratifiant la constitution, éclatait la guerre de 1870 qui devait, en quelques jours, balayer le Second Empire.

§ 3 LA CONSTITUTION DU 21 MAI 1870

La constitution préparée par Émile Ollivier représente une tentative pour combiner un pouvoir exécutif fort avec le régime parlementaire. Le pouvoir exécutif garde une grande autorité politique, d'une part, parce qu'il est héréditaire, d'autre part, parce qu'il continue à s'appuyer sur le peuple par la pratique du plébiscite. Mais, cette forte autorité politique est réservée au chef de l'État seul, c'est-à-dire à l'empereur. Les ministres sont responsables politiquement devant les chambres et au cas où ils sont l'objet d'un vote de défiance, doivent démissionner.

(7) C'est ce régime qui a doté la France d'une économie capitaliste, avec la contrepartie des inégalités économiques et sociales. Il est topique de rappeler que l'organisation des sociétés anonymes remonte à une loi de 1867. De même, le réseau ferroviaire a été constitué à cette époque.

Le pouvoir législatif est modifié dans le sens parlementaire, du fait que le Sénat devient une seconde chambre législative (art. 30). Enfin, le pouvoir constituant est confié à l'empereur et, conjointement, au peuple, par voie de plébiscite (art. 44).

La constitution de 1870 a été mal jugée par les contemporains, qui ont rendu Émile Ollivier et le régime qu'il avait préparé, responsable du désastre de 1870. Toutefois, l'évolution qu'elle amorçait a été, pour une bonne part, continuée par les constituants de 1875.

On ne peut, par ailleurs, s'empêcher de noter de curieuses ressemblances (réserve faite de l'hérédité) entre la constitution de 1870 et celle de 1958 (8).

SECTION III LA RÉPUBLIQUE PARLEMENTAIRE (1870-1940)

Au lendemain de la défaite militaire de 1871, la République s'établit au rythme de Pénélope, avant de s'enraciner dans la conscience collective. Le régime parlementaire s'évanouira rapidement, toutefois pour laisser place à un *régime d'assemblée,* en 1879, avec la *constitution Grévy* (M. Prélot).

§ 1 LA PRÉPARATION DE LA CONSTITUTION DE 1875

Proclamée, le 4 septembre 1870, la République, après avoir été menacée par la restauration de la monarchie, sera finalement consacrée le 30 janvier 1875, par le vote, à une voix de majorité, de l'amendement Wallon.

A. LE GOUVERNEMENT DE LA DÉFENSE NATIONALE

La guerre de 1870, défavorable au mois d'août pour les armées françaises, tourna au désastre au début de septembre. Le 2 septembre, Napoléon III, cerné à Sedan, dut capituler et se livrer lui-même avec 80 000 hommes. L'impératrice Eugénie essaya d'organiser une régence avec l'aide du Corps législatif. Mais ces tentatives furent vite dépassées par les événements. Dès le 4 septembre, un gouvernement provisoire se constitue, composé de députés parisiens. Présidé par le général Trochu, il proclame la République.

Ce Gouvernement (de *défection nationale,* selon ses adversaires) présentait le double caractère d'être un Gouvernement parisien et un Gouvernement de fait. Toutefois, en l'absence de tout autre autorité, ce dernier constitua pendant quelques mois le seul pouvoir politique qui subsistât. Il ne pouvait, cependant, ni signer avec l'ennemi un traité de paix définitif, ni donner à la France une nouvelle constitution. C'est pour cela, du reste que, dès le 8 septembre 1870, le Gouvernement provisoire avait pris l'initiative de convoquer les électeurs pour le 16 octobre, à l'effet d'élire une assemblée constituante. Mais l'invasion rapide du territoire par l'ennemi ne permit pas à ces élections d'avoir lieu. C'est seulement après l'armistice du 28 janvier 1871 que les circonstances redevinrent favorables. Conformément au souhait exprimé par Bismark soucieux de négocier avec des interlocuteurs autorités, une Assemblée nationale fut élue le 8 février 1871. Elle se réunit à Bordeaux le 12 février et, à cette date, les pouvoirs du Gouvernement de la défense nationale prirent fin.

(8) V. M. Prélot : La signification constitutionnelle du Second Empire, *R.F.S.P.* 1953, p. 31 ; H. Berton : *L'évolution constitutionnelle du Second Empire,* 1900.

B. L'ASSEMBLÉE NATIONALE ET LE RÉGIME D'ASSEMBLÉE

L'Assemblée nationale avait été élue sur le problème de la paix. La convention d'armistice du 28 janvier 1871 prévoyait, en effet : *une Assemblée sera librement élue qui se prononcera sur la question de savoir si la guerre doit être continuée ou dans quelles conditions la paix doit être faite.* Le pays se déclara massivement partisan de la paix et il se prononça, en même temps, en faveur d'une majorité monarchiste. Les républicains étaient décidés à la guerre à outrance et les monarchistes à une paix immédiate. Cette majorité monarchiste était, du reste, divisée en légitimistes et orléanistes et, par ailleurs, les partis républicains repoussaient tout pouvoir constituant (9).

Pour ces diverses raisons, l'Assemblée ajourna tout d'abord sa vocation constituante. Elle se consacra uniquement à la conclusion de la paix (qui devait aboutir au traité de Francfort, en mai 1871, à la perte de l'Alsace et de la Moselle) et au relèvement de la France. L'Assemblée se trouva donc dans l'obligation d'organiser un gouvernement.

Par une *résolution,* le 17 février 1871, l'Assemblée nationale nomma M. Thiers chef du pouvoir exécutif, chargé de gouverner *sous l'autorité de l'Assemblée,* mais avec des ministres choisis par lui et qu'il présidera. Ce gouvernement était d'un type très particulier. On ne pouvait pas le qualifier de conventionnel, car M. Thiers et ses ministres n'étaient pas uniquement un comité exécutif parlementaire, En tant que chef du pouvoir exécutif, celui-ci n'était pas irresponsable politiquement devant l'Assemblée. En fait, on se trouvait en présence d'un régime de confusion des pouvoirs, atténué par le prestige personnel d'un homme.

Le 20 mars 1871, l'Assemblée nationale quitte Bordeaux pour Versailles, juste au moment où éclate l'insurrection de la Commune, bientôt suivie d'une sauvage répression (10).

Puis, en vue de préserver les chances d'une restauration de la monarchie, l'Assemblée organisa un régime provisoire à l'aide de trois lois ou constitutions successives : la loi Rivet ; la loi de Broglie et celle dite du *septennat* (11).

1° La loi ou la constitution Rivet du 31 août 1871

Du nom de son instigateur, ce texte prévoit les dispositions suivantes : le chef du pouvoir exécutif prend le titre de *président de la République ;* ses pouvoirs dureront autant que ceux de l'Assemblée ; le conseil des ministres fonctionnera désormais sous l'autorité d'un vice-président du conseil, responsable devant l'Assemblée ; enfin, le président de la République agit lui aussi sous l'autorité de l'Assemblée et est également responsable devant elle.

Sans rien changer au fond des choses, selon ses propres termes, cette loi entendait continuer l'*essai loyal* commencé à Bordeaux, en orientant le gouvernement vers le type parlementaire. Mais, elle aboutissait, en fait, à une monstruosité, en ce sens que le chef de l'exécutif était, lui aussi, politiquement responsable devant l'Assemblée. Il n'est que juste de dire que cette hérésie avait été voulue par M. Thiers lui-même, qui prétendait continuer d'imposer à l'Assemblée son autorité et ses discours.

2° La loi ou la constitution de Broglie du 13 mars 1873

Par ce texte, l'Assemblée manifeste sa mauvaise humeur à l'égard de M. Thiers et s'efforce, en conséquence, de canaliser ses interventions et ses discours. Celui-ci ne pourra monter à la tribune

(9) V. D. Halévy : *La République des ducs,* 1937 ; J.-P. Machelon, IIIe République, *DC* p. 1047.

(10) V. P. O. Lissagaray : *Histoire de la Commune de Paris,* rééd., 1970 ; Ch. Rihs : *La Commune de Paris,* 1973 ; P. Boisseau : *La Commune de Paris de 1871 à l'épreuve du droit constitutionnel,* thèse Tours, 1998.

(11) Redoutant un coup de force de M. Thiers, la loi du 15 février 1872 (*loi Tréveneuc*) organise la suppléance de l'Assemblée nationale ou de *celles qui lui succéderont,* par une assemblée des délégués des conseils généraux, au cas où celles-ci seraient *illégalement dissoutes ou empêchées de se réunir.* Sa survie peut prêter à discussion en raison de l'article 16 C.

qu'à l'occasion des débats touchant à la politique extérieure. Pour ceux relatifs à la politique intérieure, le chef de l'État ne pourra prendre la parole que si, au préalable, le conseil des ministres a pris une délibération déclarant que les questions soulevées se rattachent à la politique générale du gouvernement, et engageant la responsabilité du président de la République.

En outre, un cérémonial particulier (qualifié par M. Thiers de *cérémonial chinois*) était prévu pour toutes les interventions du chef de l'État. Lorsque celui-ci voulait prendre la parole, il devait adresser, au préalable, un message à l'Assemblée. Celle-ci suspendait ses travaux, écoutait M. Thiers sans pouvoir l'interrompre, et renvoyait la suite des débats au lendemain. Cette procédure était destinée à éviter des frictions entre M. Thiers et l'Assemblée ; elle constituait, par ailleurs, une étape vers le régime parlementaire (V. art. 18 C).

Mais M. Thiers, malgré les précautions prises continue à jouer de sa responsabilité devant l'Assemblée. Il en joua tellement que, le 24 mai 1873, celle-ci finit par accepter sa démission. Les raisons pour lesquelles l'Assemblée se sépara de lui sont multiples : les circonstances étaient moins graves (le territoire était libéré et la Commune vaincue) et il exerçait une dictature (celle de la *persuasion*), insupportable à beaucoup de députés. Enfin, il était rendu responsable du succès de nombreux candidats *républicains* aux élections partielles, notamment celui de Barodet à Paris. L'Assemblée monarchiste le remplaça immédiatement par le maréchal de Mac-Mahon, duc de Magenta, auquel réservait le rôle d'un régent, dans la perspective d'une restauration à laquelle elle n'avait jamais cessé de penser.

3° La loi du septennat du 20 novembre 1873

Après la chute de M. Thiers, eut lieu effectivement une tentative de retour... du lys. Deux prétendants sérieux étaient en présence : le comte de Chambord, représentant de la branche aînée, et le comte de Paris, représentant de la branche cadette. Une première difficulté fut vaincue par la soumission de la branche cadette à la branche aînée, entente rendue facile par le fait que le comte de Chambord n'avait pas d'enfants, et qu'à sa mort, le trône devait revenir à la branche cadette.

A ce moment, tout le monde crut que la restauration allait s'opérer. Elle échoua cependant, en raison du refus du prétendant légitimiste d'accepter le trône des mains de l'Assemblée, avec une constitution rédigée par elle. L'attitude du comte de Chambord se concrétisa dans le refus du drapeau tricolore, considéré par lui comme représentant l'ordre nouveau qu'il ne voulait pas reconnaître.

Devant l'impossibilité momentanée d'une restauration, l'Assemblée se résigna à gagner du temps, en organisant une sorte de régence *(une présidence personnelle)* pour le maréchal de Mac-Mahon, et décida, le 20 novembre 1873 : *Le pouvoir exécutif est confié pour sept ans au maréchal de Mac-Mahon, duc de Magenta.* L'Assemblée s'était donné le moyen de transformer, le moment venu, en un tournemain, la République en monarchie parlementaire (12). La querelle devait rebondir, cent ans plus tard, lorsque le président Pompidou proposa de ramener à cinq ans la durée du mandat présidentiel (V. *IIIe partie*).

C. L'AMENDEMENT WALLON DU 30 JANVIER 1875

En même temps qu'elle confiait *intuitu personae,* pour sept ans, le pouvoir exécutif à Mac-Mahon, la loi du 20 novembre 1873 (art. 2) avait décidé la nomination d'une commission de trente membres, pour l'examen des lois constitutionnelles. Cette commission entreprit de longues études et, en particulier, examina soigneusement les constitutions anglaise et américaine. Toutefois, au bout d'un an et demi, il fallut bien passer à la discussion du projet établi par la commission. C'est au cours de cette discussion que, le 30 janvier 1875, un amendement proposé par Henri Wallon, fixa les destins de la constitution en transforma le septennat *personnel* du maréchal en septennat *impersonnel : Le président de la République est élu à la majorité absolue des suffrages par le Sénat et la Chambre des députés réunis en Assemblée nationale.*

(12) V. G. HANOTAUX : *L'échec de la monarchie et la fondation de la République,* 1926.

Cet amendement fut adopté à *une voix de majorité,* par 353 voix contre 352. A partir de ce moment, la cause de la forme républicaine était gagnée, la majorité ne fit qu'augmenter. La République fut fondée, en 1875, par les modérés, tant monarchistes que républicains, qui plaçaient leurs espoirs dans l'écoulement du temps.

D. LES TROIS LOIS CONSTITUTIONNELLES DE 1875 OU LA CONSTITUTION DE LA IIIe RÉPUBLIQUE

A la suite de négociations et transactions, la constitution de 1875 se compose, en définitive, de trois lois, dont la chronologie est topique : loi du 24 février 1875, relative à l'organisation du Sénat ; loi du 25 février 1875, concernant l'organisation des pouvoirs publics et loi du 16 juillet 1875, sur les rapports des pouvoirs publics.

En outre, deux lois organiques, relatives aux élections parlementaires, complètent ces textes constitutionnels : celle du 2 août pour les sénateurs et celle du 30 novembre 1875 pour les députés. Une loi du 30 décembre 1875 vient enfin décider : *Le Sénat et la Chambre des députés se réuniront le mercredi 8 mars 1876. Les pouvoirs de l'Assemblée nationale prendront fin le jour de cette réunion.* La constitution de 1875 commençait de fonctionner.

Conçue pour le provisoire, elle allait durer 65 ans cependant, jusqu'à la défaite militaire de 1940, avant de ressusciter, d'un certain point de vue sous la IVe République (13).

§ 2. LE RÉGIME ÉTABLI PAR LA CONSTITUTION DE 1875

Dans le mouvement constitutionnel, l'année 1875 représente un moment aussi important que 1789 et demain, 1958 : la France change de pente et s'imprègne de la culture républicaine (14).

A. L'IMPORTANCE DE LA CONSTITUTION DE 1875 DANS LA VIE POLITIQUE FRANÇAISE

La constitution de 1875 présente cette caractéristique remarquable de mettre fin pour longtemps à l'instabilité politique, ou plus exactement constitutionnelle, inaugurée par la Révolution de 1789. De 1789 à 1870, près de quinze régimes se sont succédés, dont les plus durables (Monarchie de juillet ou Second Empire) n'ont pas dépassé 18 ans. Après 1870, un seul régime, la Troisième République, dure pendant 65 ans. Encore, seules la

(13) Parmi les sources intellectuelles des lois de 1875, il y a lieu de citer : V. DE BROGLIE : *Vues sur le Gouvernement de la France,* 1870 ; A. PRÉVOST-PARADOL : *La France nouvelle,* 1868 ; et P. DUVERGIER DE HAURANNE : *Histoire du Gouvernement parlementaire en France,* 1870-1871.

(14) V. S. BERSTEIN et O. RUDELLE (sous la direction de) : *Le modèle républicain,* 1992. M. AGULHON : *La République de Jules Ferry à François Mitterrand,* 1990.

défaite et l'occupation, permettront-elles l'épisode de Vichy qui, avec le recul, prend le caractère d'un funeste entracte imposé par les faits (15).

Les institutions et le style politique inaugurés en 1875 ne doivent pas nous faire oublier que, malgré leurs défauts (déséquilibre des pouvoirs publics en faveur du parlement, instabilité ministérielle, inadaptation relative aux impératifs d'une société industrielle moderne), les IIIe et IVe Républiques ont exprimé, pour une bonne part, des constantes du tempérament politique français et accompli de grandes œuvres.

B. LES CARACTÈRES GÉNÉRAUX DE LA CONSTITUTION DE 1875

On doit signaler, à cet égard, sa brièveté, sa simplicité, son empirisme, l'esprit de transaction et de compromis qui l'anime, enfin le révisionnisme latent dont elle a été affectée.

1° La brièveté et la simplicité de la constitution de 1875

La constitution de 1875 est d'abord un statut constituant concis. Au départ, les trois lois des 24, 25 février et 16 juillet 1875 comprenaient, au total, 34 articles. Mais, après les révisions de 1879 et de 1884, elles sont devenues particulièrement courtes. En 1940, la loi du 24 février ne comprenait plus que deux articles ; la loi du 25 février, 9 ; et celle du 16 juillet, 14 articles, soit en tout 25 articles ; ce qui est, évidemment, un minimum.

Ces textes établissaient les mécanismes parlementaires parfaitement rodés depuis la monarchie constitutionnelle de 1814 à 1848 : deux chambres ; un président de la République irresponsable, et des ministres responsables devant le parlement.

Des deux chambres, l'une, la Chambre des députés, est élue au suffrage universel direct ; l'autre, le Sénat, au suffrage universel indirect, avec prépondérance des électeurs ruraux. Les deux chambres ont des pouvoirs comparables, avec un prestige incontestable pour le Sénat.

Le président de la République, élu pour sept ans par les deux chambres réunies en *Assemblée nationale,* est irresponsable politiquement et pénalement, sauf le cas de haute trahison. Il ne peut gouverner que par l'intermédiaire et avec le contreseing des ministres responsables devant *les* chambres (16).

Tel est, dans les lignes générales, le système simple établi en 1875. Mais, étant donné sa simplicité même et surtout le brièveté des lois qui l'organisent, il aura besoin, pour fonctionner, d'être complété par des règles politiques, qui, à certains égards, seront aussi importantes, sinon plus, que les textes eux-mêmes. Du reste, Marcel Prélot en forgeant l'expression *la constitution Grévy,* rend compte de ce phénomène.

(15) Après la libération du territoire, la République parlementaire est rétablie, dans le cadre d'une constitution nouvelle, mais avec des institutions qui ressemblent largement à celles de la IIIe République et dont la pratique, du reste, surtout après la révision de 1954, se rapprochera chaque jour davantage du modèle de 1875. Il faudra que surviennent les événements de 1958 et 1962 pour que ce type de République établi, en 1875, prenne fin.

(16) Il faut relever que c'est l'article 6 de la loi constitutionnelle du 25 février 1875 qui, pour la première fois, dans notre pays, consacre la responsabilité *politique* des ministres devant *les* chambres (le pluriel sera à l'origine d'une querelle fameuse, en 1896, entre Duguit à Esmein, à propos du rôle du Sénat). Auparavant, comme on sait, si l'on écarte la coutume constitutionnelle, la charte de 1814 (art. 56) ainsi que celle de 1830 (art. 47) ne mentionnaient que la responsabilité *pénale* des membres du Gouvernement.

2° Le caractère empirique de la constitution de 1875

Les premières constitutions nationales, celles de 1791, de 1793, et de l'an III, ont un caractère dogmatique marqué. Elles partent d'un certain nombre de principes (souveraineté nationale, séparation des pouvoirs, *etc.*) et elles en déduisent avec rigueur les conséquences.

La constitution de 1875 ne pose aucun principe. Elle ne vise aucun droit, aucune liberté. Elle se borne à décrire certaines institutions et leur fonctionnement politique. C'est à peine si, au détour d'un article, une incidente consacre le suffrage universel comme un principe constitutionnel, pour l'élection de la Chambre des députés (17).

Il n'y a, du reste, aucune méthode dans l'exposé des règles constitutionnelles. Les mêmes questions sont traitées, à diverses reprises, et sans ordre, dans les trois lois de 1875. Il est vrai que son caractère largement empirique et quelque peu désordonné est, pour une bonne mesure, la conséquence de nombreuses transactions qu'il a fallu opérer pour aboutir à ce qu'une majorité vote les textes.

3° L'esprit de transaction de la constitution de 1875

Œuvre commune des républicains et des monarchistes modérés, la constitution n'a pu être votée qu'à la suite de concessions réciproques. Cet esprit de *compromis* se retrouve tout au long du texte. En voici quelques exemples :

Républicains et monarchistes ont, tout d'abord, fait chacun une grande concession de principe. Les premiers ont accepté d'abandonner les traditions de la première et de la seconde Républiques ; ils ont renoncé à la Déclaration des droits, à la chambre unique, *etc.* On peut dire, en effet, que le modèle général que les constituants ont eu sous les yeux a été non pas la constitution de 1791, ou même celle de 1848, mais la charte de 1830 et l'exemple du Gouvernement de juillet (18).

Mais les seconds, de leur côté, ont fait un grand sacrifice, car dans ce cadre, de style Louis-Philippe, se trouve installé, non pas un roi, mais un président de la République. Par ailleurs, les mêmes monarchistes ont été obligés d'accepter le maintien du suffrage universel. Au parlement censitaire de 1830, succède un parlementarisme républicain et démocratique, ce qui impliquait, de la part des orléanistes, un large esprit de concession.

En dehors de cette transaction majeure, on en peut signaler d'autres de moindre importance mais aussi nettes et, par exemple, celle portant sur l'exercice du droit de dissolution. Il s'agit là d'un vestige de la tradition monarchique, selon laquelle le roi convoquait et renvoyait à volonté les assemblées dont il entendait être assisté.

Pour cette raison, les républicains voyaient dans cette institution une sorte d'attentat de l'exécutif contre la représentation nationale et le principe de la souveraineté populaire. Ils y étaient, par suite, fortement opposés.

La transaction a consisté à reconnaître au président de la République l'exercice du droit de dissolution, mais à subordonner sa mise en œuvre à l'avis *conforme* du Sénat, c'est-à-dire de la plus élevée en dignité des deux chambres. Cette condition a, du reste, rendu inutilisable, en fait, le droit de dissolution.

(17) Les constituants se sont compris à demi-mot. Édouard Laboulaye, rapporteur de la troisième loi constitutionnelle, déclarait à ce propos : les dispositions *donneront à la République des garanties de la monarchie constitutionnelle, telle que nous l'avons pratiquée pendant plus de trente ans.*

(18) Laboulaye dira : *Une constitution archaïque, qui emmaillotte une jeune République dans de vieilles institutions monarchiques.* D'où le raccourci de Marcel Prélot : *la charte sans la monarchie, mais avec le suffrage universel.*

4° Le révisionnisme latent de la constitution de 1875

Bien qu'avant 1940, il n'y ait eu que formellement deux révisions constitutionnelles, en 1879 et en 1884, des efforts nombreux furent faits pour modifier la constitution (19).

Au départ, personne n'était satisfait du régime institué en 1875. Les monarchistes le considéraient comme un pis-aller, permettant d'attendre une restauration. Les républicains le tenaient pour un expédient, acceptable pour fonder la République, mais qu'il faudrait rapidement réformer de fond en comble, afin d'établir un régime véritablement républicain, par la suppression du Sénat et même celle du président de la République.

Ces diverses tentatives auraient dû, semble-t-il, aboutir très aisément, car la procédure de révision établie par les lois constitutionnelles, était particulièrement facile à mettre en œuvre.

Il suffisait que le Sénat et la Chambre des députés, siégeant séparément et à la majorité absolue, émissent un vœu de révision identique. Après quoi, la révision était opérée à la majorité absolue par l'Assemblée nationale, c'est-à-dire par la réunion des chambres, siégeant à Versailles, sous l'autorité du président et du bureau du Sénat.

Or, chose curieuse, il n'a été fait de cette procédure de révision, simple et commode, qu'un usage très modéré. Les raisons en sont les suivantes :

Pour la première période, les monarchistes furent, tout d'abord, rapidement mis hors de jeu par les élections de 1876, qui envoyèrent sur les bancs de la Chambre des députés une forte majorité républicaine. En ce qui concerne les répulicains, ils se rendirent assez rapidement compte, après être devenus prépondérants, que les institutions établies en 1875 pouvaient être utilisées dans un sens démocratique. En particulier, il se démontra, au bout de quelques années, qu'un Sénat républicain pouvait heureusement contrebalancer une chambre réactionnaire, de telle sorte que des hommes politiques, comme Georges Clemenceau, qui avaient combattu l'institution de la chambre haute, sollicitèrent *l'honneur* (car il s'agissait bien de celà) de siéger au Palais du Luxembourg (20).

En ce qui concerne les tentatives de révision, qui virent le jour après 1919 et qui avaient pour objet de remédier à l'instabilité ministérielle et de restaurer l'autorité de l'exécutif, elles se heurtèrent toutes au développement de l'oligarchie parlementaire et ne purent pas en triompher (projet Doumergue de 1934) (21). Cependant, la coutume constitutionnelle eut la possibilité de se manifester (présidence du conseil, délégation législative, entre autres).

§ 3 LA STRUCTURE DES POUVOIRS PUBLICS DANS LA CONSTITUTION DE 1875

A l'origine, un schéma simple se présente à l'analyste : celui du régime parlementaire.

A. LES CHAMBRES

Les deux chambres sont recrutées à l'élection, l'une au suffrage direct, l'autre au suffrage indirect. Cependant, leurs pouvoirs sont égaux. On parlera, en conséquence, du bicamérisme *parfait* ou *intégral* de la IIIe République.

(19) Toutefois, il convient de mentionner deux autres révisions d'un type particulier : loi du 10 août 1926 portant création de la Caisse autonome d'amortissement et celle du 10 juillet 1940 (révision-abrogation).

(20) L'utilisation de termes déférents rend compte de la prééminence reconnue à cette assemblée, non seulement dans le domaine protocolaire (décret de 1906), mais aussi politique : *La Haute Assemblée dans sa sagesse, MM. les sénateurs* et non *mes chers collègues.* De même, la formule de promulgation des lois place le Sénat avant la Chambre des députés, *etc.* V. A. SIEGFRIED : *De la IIIe République, à la IVe République* 1956.

(21) V. J. GICQUEL, *Le problème de la réforme de l'État en France en 1934,* 1965.

1° La Chambre des députés et son recrutement

La constitution consacre le principe du suffrage universel pour les élections à la Chambre des députés.

Le mode de scrutin qui a été en vigueur pendant presque toute la durée de la IIIe République est le scrutin majoritaire uninominal à deux tours, dit *scrutin d'arrondissement,* dont on connaît les caractéristiques. Toutefois, ce mode de scrutin a connu deux exceptions : le scrutin de liste pur et simple, de 1885 à 1889, et un soutien de proportionnelle bâtarde, de 1919 à 1927.

Le scrutin d'arrondissement n'était pas considéré, au début de la IIIe République, comme un scrutin républicain. Il avait été, au milieu du siècle, le scrutin de la monarchie constitutionnelle et celui, surtout, du Second Empire. Il était, par suite, réputé sensible aux pressions gouvernementales, à la candidature officielle, *etc.*

Aussi n'est-il pas étonnant qu'une fois arrivés au pouvoir, les républicains aient modifié la loi votée par l'Assemblée nationale et adopté le scrutin de liste départemental à deux tours, sans listes bloquées, c'est-à-dire avec la possibilité pour l'électeur de pratiquer le panachage.

Mais, dès 1889, devant l'alarme boulangiste, la majorité républicaine revient d'elle-même au scrutin uninominal pour faire échec aux tentatives de prise du pouvoir qui s'organisaient autour du général Boulanger. Le scrutin d'arrondissement rendait, en effet, beaucoup plus difficile à celui-ci la mise en place de ses candidats. Car il lui était malaisé de faire pénétrer ses porte-parole dans 600 circonscriptions locales, biens tenues en main par les notables républicains, appuyés par l'administration préfectorale. En même temps, du reste, la majorité républicaine procéda à l'interdiction des candidatures multiples et rétablit, toujours afin de faire échec à l'entreprise boulangiste, la déclaration de candidature inaugurée sous le Second Empire. Par une curieuse ironie du sort, les républicains se trouvaient contraints, pour la défense du régime, de rétablir eux-mêmes des institutions qu'ils avaient, quelques années auparavant, vigoureusement combattues.

Une seconde infidélité au scrutin d'arrondissement survint après la victoire de 1918. La loi du 12 juillet 1919 combina dans ses articles le principe majoritaire et la proportionnelle, dans le cadre d'un scrutin de liste, selon les règles suivantes : toute liste qui obtient la majorité absolue est élue en entier, d'une part ; si aucune liste n'obtient cette majorité absolue, on ne procède pas à un second tour et les sièges sont attribués aux listes en présence, au prorata du nombre de voix obtenues par chacune d'elles, d'autre part.

Le système de 1919 a eu pour résultat d'avantager, de façon notable, les listes de concentration, susceptibles d'obtenir au premier tour la majorité absolue. Aux élections du 16 novembre 1919, la concentration politique appelée *Bloc national* obtint 338 mandats, alors qu'un système proportionnel intégral ne lui aurait permis d'en obtenir que 275. Aux élections du 16 mai 1924, la concentration politique appelée *Cartel des gauches* obtint 266 mandats, alors qu'avec la représentation proportionnelle intégrale, elle n'en aurait obtenu que 217.

Toutefois, ce système étant considéré comme compliqué par les électeurs et comme gênant par les notables politiques locaux, on en revint, pour les élections de 1928, au scrutin d'arrondissement.

L'âge de l'égibilité à la Chambre était de 25 ans. Le nombre des députés varia de 500 à 600. Le mandat était de 4 ans. En cas de vacance d'un siège, des élections partielles avaient lieu pour y pourvoir.

2° Le Sénat et son recrutement

Le Sénat est la condition mise par les monarchistes à l'acceptation de la République. D'où la vision du *contrepoids de la loi du nombre* et du *gardien des intérêts conservateurs* (22).

(22) Lefèvre-Pontalis, rapporteur de la première loi constitutionnelle de 1875 relative au Sénat. La chronologie de ces lois est édifiante.

Au début, la composition du Sénat n'était pas homogène : à côté de 225 sénateurs élus et soumis périodiquement à la réélection, la Haute Assemblée comprenait 75 sénateurs *inamovibles.* La loi du 9 décembre 1884 supprima, pour l'avenir, ces derniers qui disparurent progressivement, par décès, le dernier, Emile de Marcère en avril 1918 (23).

Les sénateurs (314 après 1918) étaient élus au scrutin de liste, dans le cadre du département, par un suffrage à plusieurs degrés. Le collège électoral était composé des députés, des conseillers généraux, des conseillers d'arrondissement, et principalement de délégués élus par les conseils municipaux. Le mandat était de neuf ans ; le Sénat se renouvelant par tiers tous les trois ans. A ce titre, Gambetta pouvait parler du *Grand conseil des communes françaises* (22 avril 1875). Une formule qui reste largement valable de nos jours.

3° Le bicamérisme parfait

Les lois de 1875 traduisent la volonté des constituants de donner au Sénat une place *éminente* par rapport à celle de la Chambre des députés.

Le Sénat possède, tout d'abord, la *plénitude de la compétence législative.* Pour pouvoir être promulguée, une loi doit être votée dans des *termes identiques* par la Chambre des députés et le Sénat, ce qui implique que celui-ci n'est obligé de céder, à aucun moment, devant la volonté des députés. La conséquence en est que, pour la plupart des textes, fonctionne le système de la *navette,* c'est-à-dire que le projet va de l'une à l'autre chambre, jusqu'à ce qu'une entente complète ait été réalisée et que, du reste, nombre de projets n'ont jamais été acceptés par le Sénat (le vote féminin).

Celui-ci possède des pouvoirs égaux à ceux de la Chambre des députés en ce qui concerne *le contrôle politique du cabinet.* Cette règle était sans doute contraire à la tradition parlementaire, mais elle découlait de l'article 6 de la loi du 25 février 1875, et par ailleurs, du principe de l'égalité absolue établie dans le domaine législatif : le refus par le Sénat de voter les crédits et le budget, obligeait nécessairement le ministère à démissionner. C'est en 1896, à l'encontre d'un cabinet présidé par Léon Bourgeois, que le Sénat établit, par le refus de collaborer avec un ministère auquel il avait manifesté sa défiance, son droit de sanctionner, par la mise en jeu de la responsabilité politique, son contrôle du Gouvernement (24).

Cette égalité des pouvoirs n'était pas absolue : la Chambre bénéficiait d'une priorité dans le domaine financier, en ce sens que le budget et les lois de finances devaient être déposés d'abord sur son bureau. En revanche, le Sénat ne pouvait être dissous, mais il intervenait dans la procédure de dissolution de la Chambre des députés pour émettre un avis conforme (art. 5 de la loi du 25 février 1875). En outre, le président du Sénat était le second personnage de l'État ; le bureau et le président du Sénat dirigeaient les débats de l'Assemblée nationale. Enfin, la prééminence du Sénat se manifestait par son rôle de juridiction politique : il pouvait être constitué en *Cour de justice.* A ce titre, il était juge du chef de l'Etat et des ministres (art. 9). Bref, Dufaure était fondé à proclamer que cette République *était un Sénat.*

B. LE PRÉSIDENT DE LA RÉPUBLIQUE

Le président de la République est élu par l'*Assemblée nationale* (c'est-à-dire par la réunion en un *seul* corps des députés et des sénateurs). Il doit être désigné à la majorité

(23) V. J.-M. PAYEUR et A. CORBIN (sous la direction) : *Les immortels du Sénat (1875-1918), 1995.*

(24) Le Sénat est le gardien vigilant du gouvernement par les centres. Ainsi, lorsque le balancier politique se déplace trop, soit vers la gauche, soit vers la droite, la Haute Assemblée renverse le ministère : Briand (1913), Herriot (1925), Blum (1937 et 1938) ou Tardieu (1930), Laval (1932).

absolue, et on doit procéder à autant de tours qu'il est nécessaire, pour qu'un candidat obtienne cette majorité. Il est élu pour sept ans, il est rééligible.

Le chef de l'État est pénalement et politiquement irresponsable, sauf le cas de haute trahison, c'est-à-dire de violation grave des devoirs de sa charge. Cependant, cette irresponsabilité politique ne pouvait être respectée qu'autant que le président s'abstenait d'entrer dans le jeu politique. La Chambre a toujours forcé un président de la République à démissionner, lorsqu'elle estimait qu'il était politiquement compromis.

En 1887, Jules Grévy, qui venait d'être réélu l'année précédente, se trouva indirectement mêlé au scandale des décorations, dont son gendre, Wilson, faisait trafic à l'Élysée. La Chambre des députés refusa d'entrer en contact avec aucun ministère tant que le président de la République n'aurait pas démissionné et cette attitude, bien que, constitutionnellement discutable, se montra très efficace. Jean Casimir-Perier ne demeura président guère plus de six mois (juin 1894-janvier 1895). De même, en 1924, Alexandre Millerand qui, par un discours prononcé à Évreux, en octobre 1923, avait défini, pour le président de la République, un rôle en contradiction très nette avec la tradition d'effacement qui avait prévalu dès les débuts du régime, se vit contraint, par le même procédé, à démissionner, quelques semaines après l'élection du Cartel des Gauches (25).

C. LE CABINET

Selon la lettre de la constitution, les ministres sont nommés par le président de la République et égaux entre eux. En effet, l'institution de la présidence du conseil n'est pas prévue par la constitution et, théoriquement, rien n'empêche, dans les lois de 1875, que les ministres soient les collaborateurs directs du président de la République. Raymond Poincaré avait même songé, en 1917, avant d'appeler Clemenceau au pouvoir, à devenir son propre président du conseil. Car, en bon juriste qu'il était, il avait constaté que la constitution, dans sa lettre, n'y faisait pas obstacle.

A partir de 1879, le président de la République choisit la personnalité chargée de former le ministère. Il s'agit politiquement de sa fonction essentielle : le choix de Pétain en 1940 le rappelle, comme plus tard, en 1958, celui de De Gaulle. Il entérine, par la suite, les nominations faites par le président du conseil, parfois avec de discrètes réserves, mais sans jamais faire obstacle à sa volonté. Cependant, selon la formule de Vincent Auriol, *le président de la République a un pouvoir d'action sans se découvrir,* par suite de l'indiscipline des partis et de l'absence d'un *leader.* Grâce à la technique du *coup de pouce,* ce dernier inventa Antoine Pinay en 1952, comme jadis Jules Grévy avait dressé *barrage* à Gambetta. Léon Blum dénonçait dans ces conditions, la *préférence arbitraire* du président de la République. En matière de politique étrangère, le chef de l'État a joué un rôle : Grévy a réglé un différend avec l'Allemagne (affaire Schnoebele) ; Poincaré a été taxé de bellicisme en 1914. Le domaine colonial était également largement ouvert à l'influence présidentielle.

Les ministres sont, conformément aux règles du gouvernement de cabinet, solidairement responsables devant les chambres, de la politique générale du gouvernement et individuellement de leurs actes personnels (article 6 de la loi du 25 février 1875).

(25) Les personnalités sont systématiquement écartées de la présidence de la République : Carnot est préféré à Ferry ; Faure à Waldeck-Rousseau ; Deschanel à Clemenceau ; Doumergue à Painlevé ; Doumer à Briand. On prête à Clemenceau ce mot cruel, à la veille d'une élection présidentielle ; *Je vote pour le plus bête !. Je ne me résigne pas à comparer le poids des responsabiltiés morales qui pèsent sur moi et l'impuissance à laquelle je suis condamné,* déclare Casimir-Perier, en démissionnant, le 16 janvier 1895. V. J. GICQUEL : Président de la République *in Dictionnaire historique, op. cit.,* 1995, p. 835.

§ 4 L'APPLICATION DE LA CONSTITUTION DE 1875

La crise du 16 mai 1877 change la nature des institutions qui se confondent désormais avec la souveraineté des chambres.

A. LA DÉFINITION DU PARLEMENTARISME ET L'INSTALLATION DE LA RÉPUBLIQUE

Les constituants de 1875, tout en marquant de façon claire leur volonté d'organiser un régime parlementaire, avaient omis de préciser de quel régime parlementaire il s'agissait. Or, au moment où ils délibéraient, on pouvait hésiter entre deux formules assez différentes l'une de l'autre : le parlementarisme *dualiste* ou orléaniste et le parlementarisme *moniste* (V. *Ire partie*). Les événements, de 1876 à 1879, vont trancher le débat, en donnant la victoire aux républicains, ce qui entraînera l'échec du parlementarisme *orléaniste* et son remplacement, sous couvert de parlementarisme *moniste,* par un *régime d'assemblée.*

B. LA TENTATIVE ORLÉANISTE DE MAC-MAHON OU LA CRISE DU 16 MAI 1877

Le maréchal de Mac-Mahon avait été élu en 1873 à la présidence par la majorité monarchiste de l'Assemblée nationale, sachant que ses convictions royalistes le porteraient à s'effacer immédiatement, en cas de restauration. Celle-ci ayant échoué et la République étant proclamée, le maréchal entendait sans doute être loyal vis-à-vis du régime, mais il prétendait user de toutes les possibilités que lui donnait la constitution et, en particulier, n'appeler au gouvernement que des ministres qui eussent sa confiance (26).

1° Le déroulement de la crise

Toutefois, dès 1876, il se trouva placé, à cet égard, dans une situation difficile. Les élections générales des 20 février et 5 mars 1876 s'étaient, en effet, traduites par une nette victoire des républicains, amenant ainsi au pouvoir des hommes, dont les idées étaient à l'opposé de celles du maréchal. La règle du jeu parlementaire aurait voulu que, sans aller jusqu'à l'extrême-gauche, représentée alors par Gambetta, le président confiât le pouvoir à un représentant authentique de cette majorité républicaine. Mais Mac-Mahon appelle Dufaure, homme de droite, qui est mal accueilli par la Chambre et qui, après divers votes hostiles, est obligé de démissionner. Le chef de l'État s'adresse alors à Jules Simon, homme habile, qui essaie de se concilier à la fois les faveurs de la gauche pour conserver sa majorité, et celles de la droite pour garder la confiance du président. Dans sa déclaration ministérielle, il disait, tourné vers la gauche : *Je suis profondément républicain* et tourné vers la droite : *mais profondément conservateur.*

Malgré tout, ces habiletés ne purent pas durer longtemps. Une agitation ultramontaine de l'épiscopat fut l'occasion d'une interpellation de Gambetta, le 5 mai 1877, qui fut close par un ordre du jour blâmant les menées catholiques.

Jules Simon qui avait été obligé d'accepter cet ordre du jour, reçut, le 16 mai, du maréchal de Mac-Mahon, une lettre le désavouant, à la suite de laquelle il se trouva contraint de démissionner (27).

(26) V. F. PISANI-FERRY : *Le coup d'État manqué du 16 mai 1877,* 1965.

(27) La lettre de Mac-Mahon à Jules Simon, qui n'est pas contresignée, comme l'exige la constitution pour tous les actes écrits du président de la République, se présente comme un acte personnel du maréchal.

Dans cette lettre, le chef de l'État ne se contentait pas, du reste, de marquer son opposition à la politique suivie par Jules Simon, il lui déclarait : *Si je ne suis pas, comme vous, responsable devant le parlement, j'ai une responsabilité envers la France.* C'était affirmer que le président de la République, selon les principes du parlementarisme *dualiste*, devait jouer un rôle politique actif, en l'occurrence à l'égard du parlement. Le 19 mai, Mac-Mahon fait appel au duc de Broglie pour former un ministère qui ait sa confiance personnelle et, usant de la faculté que lui donne la constitution, il proroge les chambres pour un mois.

C'est alors que la majorité républicaine rédige la déclaration connue sous le nom de *manifeste des 363,* dans laquelle il est à nouveau affirmé que le cabinet doit, avant tout, jouir de la confiance de l'assemblée, selon les principes du parlementarisme moniste.

Le 19 juin, à la rentrée des chambres, le ministère de Broglie est mis en minorité. Mac-Mahon décide alors de recourir à la dissolution. Cette démarche n'était certes pas inconstitutionnelles, puisque la constitution ne mettait à l'exercice du droit de dissolution qu'une condition : l'avis conforme du Sénat et cette condition avait été respectée. Mais elle posait en clair le problème de la position politique du président de la République. Devant les électeurs, les deux thèses vont s'affronter : le cabinet doit-il traduire seulement la volonté de la majorité du parlement, ou doit-il également tenir compte de la position politique du président de la République, qui représentait ainsi une volonté de l'exécutif, *indépendante* de celle émanant de la souveraineté nationale ?

Les conservateurs et le clergé, avec Mgr Dupanloup, font un gros effort pour persuader le corps électoral de faire confiance au maréchal (28). Gambetta, de son côté, avertit le président de la République que, lorsque le corps électoral aura parlé, il lui faudra *ou se soumettre ou se démettre* (discours de Lille du 15 août). C'est celui-ci qui devait avoir raison ; la majorité républicaine est réélue le 14 octobre, grossie, du reste au lendemain des élections, par de nombreuses invalidations de députés appartenant à la droite.

2° L'issue de la crise

Mac-Mahon ne comprit pas cependant tout de suite la situation et commença par former un cabinet personnel présidé par le général de Rochebouët. Mais les chambres ayant refusé d'entrer en rapport avec ce dernier, le président dut s'incliner et il appela, à nouveau, Dufaure au pouvoir. C'était reconnaître que les ministres devaient gouverner avec la confiance de l'assemblée, sans que le chef de l'État puisse lui imposer ses directives.

Mac-Mahon devait après s'être incliné, se démettre. En 1879, les républicains obtiennent la majorité au Sénat. A partir de ce moment, le chef de l'État, qui n'a plus aucun appui au Parlement, se sent complètement isolé. Aussi, le 30 janvier 1879, prenant prétexte des divergences portant sur la nomination de chefs militaires, il démissionne et est aussitôt remplacé par Jules Grévy qui, en 1848, avait proposé, dans un amendement, la suppression de la fonction... de président de la République. Ainsi prenait fin une tentative de parlementarisme dualiste, impliquant un pouvoir politique *propre* du chef de l'État. Désormais, il sera entendu que le cabinet ne doit tenir compte, pour gouverner, que de la majorité du Parlement. L'exécutif ne se relèvera de sa défaite qu'en 1962, mais échouera en 1997. (*infra*).

C. L'INSTALLATION DE LA RÉPUBLIQUE ET L'ÉVOLUTION CONSTITUTIONNELLE

A partir de 1879, la *République des ducs* (D. Halévy) s'efface au profit de la *République des républicains.*

(28) Le ministre de l'intérieur, Fourtou, procède à 1 385 révocations et 4 779 déplacements de fonctionnaires. En outre, 1 743 maires sont révoqués et 631 conseils municipaux dissous. Ce souvenir hantera les auteurs de la constitution de 1946, au point de faire figurer à l'article 52, cette disposition : *En cas de dissolution, le cabinet, à l'exception du président du conseil et du ministre de l'intérieur, reste en fonction pour expédier les affaires courantes.*

On aurait, dès lors, pu s'attendre à ce que les républicains, désormais majoritaires au Sénat comme à la Chambre, modifiassent de façon profonde la constitution de 1875. En réalité, les transformations formelles par voie de révision, furent très limitées, les plus importantes s'établissant par la voie politique de *conventions de la constitution* (P. Avril).

Celles-ci ont pour origine le message adressé aux chambres, le 6 février 1879, par le président Grévy qui, faute de se supprimer, saborde l'institution en déclarant : *Je n'entrerai jamais en lutte contre la volonté nationale* (29). Ceci équivaut à la subordination de l'exécutif et à l'abandon du droit de dissolution, marqué d'opprobre. Tout se passe comme si, à partir de cet instant, la constitution était vidée de son contenu parlementaire. En bref, la *souveraineté parlementaire* est proclamée en même temps que le *régime d'assemblée.* Leur règne ne devait cesser qu'en 1958, lors de l'avènement de la Ve République. En attendant, *les chambres sont le gouvernement lui-même* (E. Pierre).

Sous le bénéfice de cette mise en perspective, si l'on met à part la modification de 1940, qui est une révolution ou, en tout cas, une mise à l'écart du régime, et celle de 1926, qui ne touche pas à des problèmes constitutionnels (dette publique) il reste deux révisions, celle de 1879 et celle de 1884.

1° La révision de 1879

Bien que postérieure à la victoire des républicains, cette révision n'a qu'une portée très minime ; elle abroge l'article 9 de la loi constitutionnelle du 25 février 1875 qui, en souvenir de la Commune de Paris et par méfiance de la capitale, fixait à Versailles le siège des pouvoirs publics. En conséquence, la loi du 22 juillet transfère ce dernier à Paris, reconciliée ainsi avec la République.

2° La révision de 1884

Elle consacre la victoire des républicains. Elle se compose de quatre touches d'inégale importance : les institutions sont laïcisées avec la suppression des prières publiques relatives aux travaux des assemblées ; la forme républicaine du gouvernement ne peut pas faire l'objet d'une révision (30) ; le délai des élections consécutives à une dissolution est raccourci, enfin le Sénat est démocratisé (suppression à l'avenir des sénateurs inamovibles, et modification du collège électoral) (31).

3° L'hégémonie parlementaire

La IIIe République, en domestiquant l'exécutif, a donné naissance au *régime d'assemblée* ou au *parlementarisme absolu* (R. Carré de Malberg).

La victoire des républicains, qui se développe de 1876 à 1885, avec les deux étapes principales qu'on a signalées (16 mai 1877 et révision de 1884) se concrétise, en réalité, en une victoire du parlement, qui a triomphé des épreuves de force qui lui avaient été imposées.

(29) Jules Grévy en dissociant les qualités de chef de gouvernement et de chef de la majorité *(le dualisme négatif)* devait encore accuser la dépendance de l'exécutif. On ne peut s'empêcher d'opposer ce message à celui adressé, le 8 juillet 1981, par le président François Mitterrand dans lequel s'affirme avec vigueur le régime *présidentialiste.* (*IIIe partie*).

(30) Afin de ne pas renouveler l'erreur de 1848, la révision frappe d'inéligibilité à la présidence de la République les membres des familles ayant régné sur la France. Cette disposition reprise en 1946 (art. 44 de la constitution) sera abandonnée en 1958.

En outre, une loi du 22 juin 1886 frappe ces personnes d'exil, généralise l'inéligibilité et leur ferme l'accès à la fonction publique. Ces mesures ont été abrogées par la loi du 24 juin 1950.

(31) Initialement chaque commune était représentée par *un seul délégué* (Victor Hugo eut l'insigne honneur d'être celui de Paris). Avec la réforme de 1884, une certaine proportionnalité est établie avec le chiffre de la population de la commune.

On sait les moyens par lesquels, à partir de la crise de 1877, celui-ci a établi sa prépondérance juridique et politique : abandon du droit de dissolution (32), maîtrise complète des assemblées sur leur ordre du jour, action des grandes commissions auxquelles était reconnu le droit de remanier et même de démanteler les projets du gouvernement ; le tout majoré par la *transposition* de la souveraineté nationale en souveraineté parlementaire, ainsi que par le phénomène de l'extrémisme, qui entraînait à gouverner avec un centre divisé lui-même en de nombreux partis, en raison de l'existence de plusieurs lignes de clivage entre centre droit et centre gauche.

Il faut ajouter que, sous la IIIe République, le dialogue gouvernement-parlement était encore compliqué par cette circonstance que le Sénat avait les mêmes pouvoirs que la Chambre des députés, en ce qui concerne le vote des lois et le contrôle politique des ministres. De ce fait, *l'assujettissement* du cabinet était encore plus net.

Après avoir surmonté ultérieurement *la crise boulangiste* (1886-1889), du nom du général Boulanger (33) qui cultivait le mimétisme bonapartiste (34) et la *révolution dreyfusienne* (D. Halévy) (35), la IIIe République devait connaître une relative stabilité ministérielle de 1899 à 1914 (36). Elle parviendra au zénith avec la victoire du 11 novembre 1918, avant de connaître une longue agonie.

D. LA TENDANCE AU RENFORCEMENT DE L'EXÉCUTIF

Les défauts du régime sont si évidents qu'on essaie, à diverses reprises, d'amorcer un mouvement *révisionniste* appelé le *mouvement de la réforme de l'État* (37). Mais ces tentatives échoueront, même celle tentée par le ministère Doumergue, en 1934.

Seules, deux évolutions viendront remédier, dans une certaine mesure, aux défauts de la prépondérance juridique du parlement, telle que celle-ci s'était développée sous la IIIe République : l'organisation de la présidence du conseil et la pratique des décrets-lois.

1° L'organisation de la présidence du conseil

En 1871, l'Assemblée nationale avait créé un poste de vice-président du conseil et, sous ce titre, le duc de Broglie joua le rôle d'un véritable chef du gouvernement, surtout après la démission de M. Thiers. Dufaure, le 9 mars 1876, acheva l'évolution en s'attribuant la désignation, en même temps, que la fonction (38).

Toutefois, l'autorité du président du conseil dépendait essentiellement de sa personnalité, et aussi de la solidité de la coalition à la tête de laquelle il se trouvait placé. Si, de 1899 à 1913, période de majorités solides, la fonction est souvent tenue par des personnalités fortes (Waldeck-Rousseau,

(32) V. P. COUZINET : Dissolution des assemblées parlementaires et la démocratie parlementaire, *R.D.P.* 1933, p. 495.

(33) Le programme révisionniste se ramenait à trois idées : *dissolution, constituante, révision.*

(34) Le général Boulanger déposait sa candidature aux élections législatives, dans plusieurs circonscriptions à la fois. A ce propos, Henri Wallon déclarait : *Quand on se présente dans 50 collèges, on ne cherche pas à entrer dans la Chambre des députés, on cherche à se mettre au-dessus d'elle, on veut s'imposer au pays par les moyens que la constitution réprouve.* La loi du 17 juillet 1889 a prohibé les candidatures multiples (art. L. 156 du code électoral).

(35) V. Ch. SEIGNOBOS : *L'évolution de la IIIe République, 1921.*

(36) Waldeck-Rousseau établit le record de longévité (1899-1902). Seul Michel Debré, sous la Ve République, fera mieux (1959-1962).

(37) Il n'est pas jusqu'au président de la République Alexandre Millerand (1920-1924) qui ne se prononce en faveur de la restauration de l'exécutif (discours d'Évreux, 14 octobre 1923). Ce courant d'idées devait être consacré en 1958 (V. *IIIe partie*).

(38) On se souvient que les constituants de 1875 avait traité par prétérition le chef du ministère. Le président Poincaré, en 1917, avait pensé, un instant, en prendre lui-même la tête estimant que la constitution l'y autorisait.

Clemenceau, Briand, Poincaré, *etc.*), à d'autres époques, où les majorités sont beaucoup moins cohérentes, on est obligé de rechercher des *conciliateurs* plutôt que des chefs et le président du conseil n'a que peu d'autorité sur ses propres collaborateurs. On voit des ministres faire une politique personnelle et même prendre position dans des scrutins publics, contre lui. Du reste, à cette époque, la chose ne paraît pas scandaleuse car, juridiquement, d'après la lettre de la constitution il n'est qu'un ministre comme les autres, dépourvu de prérogatives particulières.

Les choses vont cependant changer au cours de la première guerre mondiale, qui permet de toucher du doigt l'importance du rôle de l'exécutif pour la direction du pays. Dès 1914, on commence d'organiser administrativement la présidence du conseil, avec un chef de cabinet, d'abord, un secrétaire général, ensuite, un sous-secrétaire d'État, dans le ministère Clemenceau enfin. En conclusion de ces efforts, l'article 23 de la loi des finances du 24 décembre 1934 reconnaît, pour la première fois, l'existence d'un *ministre chargé de la présidence du conseil* et lui attribue des services administratifs distincts (décret du 31 janvier 1935). Désormais, ce dernier n'aura plus besoin de prendre un portefeuille spécialisé ; d'autre part, il bénéficiera de services pour assurer sa mission de coordination ; enfin, il lui sera attribué un local particulier, affecté au service de la présidence : l'hôtel de Matignon. Toutefois, il ne disposera d'aucune autorité de droit sur ses collègues. Il demeurera un *primus inter pares.* Il faudra attendre la constitution de 1946 pour qu'il soit mis en position de chef réel de l'exécutif.

2° Les décrets-lois

Pendant la guerre de 1914-1918, les chambres avaient été amenées, à titre exceptionnel, à autoriser le gouvernement à prendre des décrets ayant *force de loi,* c'est-à-dire susceptibles de modifier les lois en vigueur. La loi de 1918 sur le ravitaillement, ou celle de 1919 introduisant la législation française dans les départements recouvrés d'Alsace et de Moselle inaugurent cette technique.

Après la guerre, et en raison des graves difficultés financières consécutives à l'effort accompli entre 1914 et 1918, comme à la politique de reconstruction, une loi du 24 mars 1924 accorde au cabinet Poincaré, la faculté de procéder par décrets-lois, afin de réaliser des économies. Les élections de 1924 entraînant un changement de majorité, et, par suite, la démission de ce dernier, ne permettent pas l'application du texte. Mais, en 1926, Poincaré est rappelé au pouvoir, à la suite de l'urgence de la situation financière, et fait voter la loi du 3 août, qui lui donne des pouvoirs analogues (39). De proche en proche, le procédé devient classique.

En 1934, Doumergue est, à son tour, autorisé à agir par voie de décrets-lois, ainsi que Laval en 1935. L'usage de cette procédure est refusé à Léon Blum, au début de l'année 1937, mais la même majorité accorde les pleins pouvoirs à Chautemps, le 30 juin 1937, puis à Daladier, à trois reprises différentes. Enfin, la loi du 8 décembre 1939 fait des décrets-lois un procédé normal de gouvernement du pays pendant la durée de la guerre. En fait, la plupart des grandes réformes effectuées entre 1934 et 1940, l'ont été par cette voie *conventionnelle* ou politique.

Des institutions inadaptées, malgré un fort courant de pensée révisionniste (40), étaient à la merci d'un choc. L'effondrement militaire de 1940, cette *divine surprise,* pour d'aucuns, allait les ruiner.

(39) V. D. Rusu : *Les décrets-lois dans le régime constitutionel de 1875,* thèse, Bordeaux, 1942.

(40) V. R. Capitant : *La réforme du parlementarisme,* 1934 ; et Joseph-Barthélemy : *La crise de la démocratie contemporaine,* 1931, et *Valeur de la liberté et adaptation de la République,* 1935.

§ 5 LA FIN DE LA IIIe RÉPUBLIQUE ET LA SITUATION POLITIQUE DE 1940 À 1944

C'est la défaite de 1940 qui devait emporter la IIIe République. De juin 1940 à août 1944 s'ouvre une période complexe, au cours de laquelle s'affrontent deux Gouvernements (celui de l'*État français* et celui de la *France libre*) à l'image de l'illégitimité et de la légitimité, qu'ils incarnent respectivement.

A. LA FIN DE LA IIIe RÉPUBLIQUE

Devant la situation militaire désastreuse qui suit l'offensive allemande de mai 1940, les ministres du cabinet Paul Reynaud, alors en fonctions, se divisent. Les uns veulent continuer la lutte outre-mer et proposent que le gouvernement se transporte en Afrique du Nord ; les autres exigent un armistice immédiat. Les seconds étant en majorité, le cabinet Paul Reynaud démissionne et est remplacé par un cabinet Pétain, qui demande et obtient l'armistice (16 juin 1940).

Quelques jours plus tard, la Chambre des députés et le Sénat engagent, à la demande du Gouvernement, une procédure de révision de la constitution, qui aboutit, dans des formes juridiques, apparemment régulières, à la loi constitutionnelle du 10 juillet 1940, investissant le maréchal Pétain du pouvoir constituant. La nouvelle constitution à établir par le maréchal devait être soumise à la ratification des assemblées prévues à cet effet.

En réalité, si divers *actes constitutionnels* interviennent, ils ne visent qu'à assurer provisoirement le gouvernement de la France, sous l'autorité du maréchal Pétain, qui s'est nommé lui-même, en vertu des pouvoirs conférés par la réforme du 10 juillet 1940, chef de l'État. Malgré quelques tentatives, aucun texte constitutionnel de caractère définitif ne verra le jour (41) .

Il convient de noter que, malgré sa régularité formelle, la loi du 10 juillet 1940 consacre une véritable révolution. Elle est, du reste, en contradiction avec l'interdiction faite en 1884 de porter atteinte à la forme républicaine du gouvernement. Si politiquement la IIIe République est morte à cette date, il faut attendre le référendum du 21 octobre 1945, pour que démocratiquement son acte de décès soit dressé.

B. LE GOUVERNEMENT DE L'ÉTAT FRANÇAIS OU DE VICHY

La période 1940-1944, dite aussi de la *Révolution nationale,* doit être considérée comme une période de dictature de l'exécutif et, plus encore, de *négation* de l'État de droit et du libéralisme, en raison de sa politique raciste et antisémite. Cet État vassal, placé sous le protectorat allemand devait être frappé *d'inexistence* à la Libération, en dehors de ses actes qui *n'eussent pas été désavoués par le régime républicain.* Il s'agit donc d'une *autorité de fait* (art. 7 de l'ord. du 9 août 1944 relative au rétablissement de la légalité républicaine) (42).

(41) Seuls 80 parlementaires empruntèrent, le 10 juillet 1940, le *chemin de l'honneur,* en s'opposant à la fin de la République. Le dernier d'entre eux, Maurice Montel, député du Cantal est décédé en mai 1996. Un projet de constitution de la Révolution nationale de 1944 a été publié dans les *constitutions de la France,* 7e éd. par G. BERLIA, 1952, p. 386. V. R. BONNARD : *Les actes constitutionnels de 1940 à 1942,* 1942 ; J. LAFFERIÈRE : *Le nouveau Gouvernement de la France,* 1942 ; G. BERLIA : La loi constitutionnelle du 10 juillet 1940, *R.D.P.* 1944, p. 45.

(42) La *désincarnation* de la France (J. Giraudoux) est illustrée par la législation raciste de 1940 ; la loi pénale rétroactive du 14 août 1941 porte création d'une juridiction spéciale *(sections spéciales).* Un décret du 3 février 1993 a institué, le 16 juillet, journée nationale commémorative des persécutions racistes et antisémites. V. *Le droit antisémite de Vichy,* actes du colloque de Dijon, 1996.

Jusqu'au 18 avril 1942, le chef de l'État retient entre ses mains tous les pouvoirs. Il possède le pouvoir constituant, en vertu de la loi du 10 juillet 1940. Il détient également le pouvoir législatif et le pouvoir exécutif, en vertu de l'acte constitutionnel n° II. Il participe, enfin, personnellement, à l'exercice du pouvoir judiciaire, tout au moins à l'égard des ministres ou des hauts fonctionnaires en fonctions ou ayant quitté leurs fonctions depuis moins de dix ans en vertu de l'acte constitutionnel n° VII.

Mais, l'acte constitutionnel n° XI du 18 avril 1942, pris sous la pression des autorités occupantes, qui désiraient le retour au pouvoir de Pierre Laval, crée un poste de *chef du gouvernement,* chargé de la direction de la politique intérieure et extérieure de la France, sous l'autorité du chef de l'État. Ainsi appuyé sur les dispositions dudit acte, Pierre Laval supplante peu à peu Pétain ; l'acte consitutionnel n° XII lui confère directement le pouvoir législatif, conjointement au maréchal, et, à partir de 1943, l'essentiel de l'action législative sera son fait.

A côté de Pétain et de Laval se trouvent des ministres et secrétaires d'État, avec une hiérarchie établie au bénéfice des premiers. Le maréchal Pétain décide également la création d'un Conseil national, par lequel il semble que l'on ait voulu organiser un embryon de représentation. Mais cet organisme ne siègera pratiquement pas.

C. LA FRANCE LIBRE ET LE GOUVERNEMENT PROVISOIRE DE LA RÉPUBLIQUE FRANÇAISE

Dépositaires de la légitimité républicaine et de l'honneur de la France (*Jamais la France ne crût que l'ennemi ne fût point l'ennemi et que le salut fût ailleurs que du côté des armes de la liberté,* selon le général de Gaulle) la France libre et le G.P.R.F. se sont mis en place parallèlement à l'organisation de Vichy (43).

1° Le Comité national français

Cet organisme est constitué à Londres, le 24 novembre 1941, par le général de Gaulle qui, depuis le 18 juin 1940, exerçait une dictature salvatrice au nom de la légitime défense de la République (ou *dictature de salut public*).

Le 28 juin 1940 le gouvernement anglais reconnaît en lui le chef des Français libres et l'habilité à organiser une force militaire autonome qui continuera le combat, au nom de la France, aux côtés des Alliés.

2° Le G.P.R.F.

Le 3 juin 1943, avec l'aide des Alliés, un accord est établi entre les généraux Giraud et de Gaulle, d'où résulte, par fusion du Comité national français et du Commandement civil et militaire, le Comité français de la Libération nationale.

Cet organisme, qui fonctionne d'abord sous la direction conjointe des deux généraux, passe, à la fin de 1943, sous la seule autorité du général de Gaulle, qui adjoint à son gouvernement une Assemblée consultative provisoire composée de représentants des mouvements de la Résistance. Le 24 avril 1944, à la veille du débarquement des Alliés en France , le Comité français de la Libération nationale prend le titre de *Gouvernement provisoire de la République française*.

(43) *La légitimité (du G.P.R.F.) est d'ores et déjà non seulement une légitimité de fait, non seulement une légitimité de droit, mais une légitimité de valeur, c'est-à-dire reconnue par l'adhésion de l'ensemble de la nation qui salue en lui celui qui est resté fidèle à l'idéal national. Le signe indubitable en est la joie de la nation délivrée et la reconnaissance pour l'action menée.* G. FESSARD, consultation du 8 septembre 1944, pour Mgr Théas, *Commentaire* n° 67, 1994, p. 569.

Au fur et à mesure de la libération du territoire métropolitain, le G.P.R.F. substitue son autorité à celui de Vichy. Le général de Gaulle et ses ministres s'installent à Paris, ainsi que l'Assemblée consultative, au mois d'août 1944.

§ 6 L'ÉLABORATION DE LA CONSTITUTION DU 27 OCTOBRE 1946

Devant la complexité des problèmes posés par la loi constitutionnelle du 10 juillet 1940 et le fait de l'*État français,* en considération du vigoureux désir de renouveau qui se manifeste à la Libération (44), mais aussi en réfléchissant aux inconvénients ou dangers qui peuvent naître de l'élection d'une Assemblée constituante à pouvoirs illimités, le G.P.R.F. décide d'inviter le peuple à choisir, par voie de référendum, entre trois solutions : retour à la constitution de 1875 ; élection d'une constituante à pouvoirs illimités ; élection d'une constituante dont les pouvoirs seraient, à l'avance, *limités.* Cette dernière sera choisie.

A. LE RÉFÉRENDUM DU 21 OCTOBRE 1945

A l'occasion de ce référendum auquel, pour la première fois, les françaises étaient conviées, deux questions étaient posées :

La première était la suivante : *Voulez-vous que l'Assemblée élue à ce jour soit constituante ?* Cette question permettait à l'électeur de décider s'il préférait le retour à la constitution de 1875 ou l'établissement d'un régime nouveau. En effet, en cas de réponse négative, l'Assemblée élue le 21 octobre 1945 devait former la Chambre des députés de la constitution de 1875 ; un Sénat serait élu par la suite et les institutions arrêtées en 1940 seraient ainsi remises en route. Par contre, en cas de réponse positive, le régime de 1875 était considéré comme définitivement aboli, le corps électoral conférait le caractère constituant à l'Assemblée élue et on s'orientait vers l'établissement d'un régime nouveau. La seconde question était ainsi conçue : *Si le corps électoral a répondu oui à la première question, approuvez-vous que les pouvoirs publics soient, jusqu'à la mise en vigueur de la nouvelle constitution, organisés conformément au projet de loi ci-contre ?* Une réponse négative faisait de la constituante une assemblée souveraine ; une réponse positive, un corps constituant à pouvoirs limités par les dispositions inscrites sur le bulletin de vote lui-même.

La bataille se livra surtout sur la seconde question. Le général de Gaulle demandait aux électeurs de répondre *oui* et *oui* aux deux questions, c'est-à-dire de se prononcer en faveur d'institutions nouvelles, mais établies par une constituante dont les pouvoirs seraient, à l'avance, limités. Il était suivi, dans cette façon de voir, par les socialistes et les démocrates-chrétiens (MRP). Les communistes, se posant en héritiers de la tradition révolutionnaire, demandaient de répondre *oui, non,* c'est-à-dire de se prononcer pour un régime nouveau à établir par une assemblée constituante, à pouvoirs illimités. La droite demandait à ses fidèles de répondre : *non, oui,* c'est-à-dire de se prononcer par priorité, en faveur d'un retour aux institutions de 1875 ; mais au cas où ce retour ne serait pas accepté par la majorité du corps électoral, de se déclarer en faveur d'une constituante à pouvoirs limités.

(44) V. A. HAURIOU : L'expérience d'Alger. *Les cahiers politiques,* avril 1945, p. 31 ; Y. M. DANAN : *La vie politique à Alger de 1940 à 1944,* 1963 ; H. MICHEL et B. MIRKINE-GUETZEVITCH : *Les idées politiques et sociales de la Résistance,* 1954 ; et J. DE SOTO, G. BERLIA, G. MORANGE et autres : *Refaites une constitution,* 1946.

Le 21 octobre 1945, les électeurs repoussent le retour aux institutions de 1875 à la quasi-unanimité. Les chiffres sont de 18 584 764 *oui* contre 699 136 *non.* En revanche, la limitation des pouvoirs de l'Assemblée constituante n'est obtenue que par une majorité des deux tiers : 12 794 945 *oui* contre 6 449 206 *non.*

B. LES ÉLECTIONS à L'ASSEMBLÉE CONSTITUANTE

Elles ont lieu le même jour que le référendum avec un régime électoral largement modifié par rapport à la constitution de 1875 : les femmes reçoivent, pour la première fois, en vertu de l'ordonnance du 21 avril 1944, le droit de vote, que la Chambre des députés avait souvent désiré leur voir accorder, avant 1940, mais auquel le Sénat s'était toujours opposé ; les militaires de carrière (ordonnance du 17 août 1945) peuvent également prendre part au scrutin ; les territoires d'outre-mer, enfin, envoient des représentants à l'Assemblée constituante, même ceux qui ne possèdent pas le statut de département.

Par ailleurs, le mode de scrutin adopté pour ces élections est le scrutin de liste à la proportionnelle (sans panachage, sans vote préférentiel et à la plus forte moyenne). Les élections donnent l'assemblée la plus à gauche que la France ait jamais connue : socialistes et communistes y groupent à eux seuls plus de 51 % des suffrages exprimés et plus de la moitié des sièges.

C. LA CONSTITUTION PROVISOIRE DU 2 NOVEMBRE 1945

Le projet réglementant la constituante, accepté par le référendum du 21 octobre, devient la loi du 2 novembre 1945. De novembre 1945 à octobre 1946, la France vit sous le régime constitutionnel établi par elle.

La loi du 2 novembre 1945 organise en gros, pour le gouvernement provisoire du pays, un régime parlementaire de type spécial avec une seule assemblée et confusion, en une même personne, du chef de l'État et du président du conseil. Par ailleurs, les divers pouvoirs de l'assemblée sont minutieusement réglementés.

1° Le pouvoir constituant

Il est confié à la nation. L'Assemblée a seule le droit d'initiative ; c'est elle qui propose le contenu intellectuel de la future constitution, mais celle-ci doit être soumise à l'acceptation du corps électoral par voie de référendum, dans le délai d'un mois. Si la constitution est rejetée par le peuple, une nouvelle constituante doit être élue et cette procédure doit être suivie jusqu'à ce qu'intervienne l'approbation par référendum. Par ailleurs, chaque constituante n'a que sept mois pour accomplir son travail ; si dans ce délai elle n'a pas pu aboutir, elle doit être renvoyée devant les électeurs.

2° Le pouvoir législatif et budgétaire

L'Assemblée possède le pouvoir législatif mais, toutefois, avec une importance restriction, elle n'a pas l'initiative en matière de dépenses. *L'organe exécutif* n'est, à proprement parler, ni un cabinet parlementaire, ni un comité placé sous la dépendance étroite de l'Assemblée nationale, mais il tient un peu des deux. Il se compose d'un président du gouvernement et de ministres. Le président est élu directement par l'Assemblée, au scrutin public, à la majorité absolue des membres la composant. Une fois élu, il constitue son ministère et le soumet à l'approbation de l'Assemblée, en même temps du reste, que son programme de gouvernement. Le cabinet ainsi composé est responsable devant l'Assemblée. Mais le simple rejet d'un texte ou d'un crédit n'oblige pas le gouvernement à démissionner. Pour qu'il en soit autrement, il faut que soit adoptée, à la majorité absolue des membres composant l'Assemblée et par un scrutin public à la tribune, une motion de censure, déposée au moins deux jours plus tôt sur le bureau de l'Assemblée.

D. LE PROJET DE CONSTITUTION DU 19 AVRIL 1946 ET SON REJET PAR LE REFÉRENDUM DU 5 MAI 1946

La constituante, élue le 21 octobre 1945, mit six mois à élaborer un projet de constitution, qui ne fut adopté en séance publique que par 309 voix contre 249. Seuls, les communistes et les socialistes votèrent pour le projet, le M.R.P. s'étant, après de longues discussions, séparé des partenaires avec lesquels il gouvernait et rangé dans le camp des opposants (45). Tout en innovant sur beaucoup de points (une déclaration des droits, notamment économiques V. *1re partie*), on peut dire que le projet d'avril 1946 tendait à perpétuer, dans ses lignes générales, le système établi par la pré-constitution de 1945. *Le pouvoir législatif* ne comprend qu'une seule assemblée (l'Assemblée nationale) élue pour cinq ans au suffrage universel direct. Ce sera l'une des raisons majeures de l'échec référendaire, même si deux organes consultatifs l'escortent. *Le Conseil de l'Union française,* composé de membres élus par les conseils généraux de la métropole et les assemblées territoriales des territoires d'outre-mer. *Le Conseil économique,* qui examine pour avis, dans un délai de trois jours, les projets et propositions de loi à caractère économique, déposés sur le bureau de l'Assemblée nationale, avant que celle-ci délibère elle-même.

Le pouvoir exécutif est représenté, tout d'abord, par un président de la République élu par l'Assemblée nationale seule et qui ne doit avoir, dans la conception des premiers constituants, qu'un rôle purement honorifique : il ne participe même pas à la désignation du président du conseil.

Le véritable chef de l'exécutif est le président du conseil, élu par l'Assemblée nationale, au scrutin public, à la majorité absolue des membres la composant. Le chef du gouvernement choisit lui-même ses ministres. Cependant, la structure, la composition et le programme du cabinet doivent être soumis à l'Assemblée nationale pour qu'elle accorde ou refuse sa confiance.

Les ministres sont collectivement responsables devant celle-ci. Cette responsabilité est mise en jeu, soit par la question de confiance posée par le président du conseil, après délibération du conseil des ministres, soit par le dépôt d'une motion de censure.

Dans les deux cas, et afin d'éliminer les causes d'instabilité ministérielle, le vote doit avoir lieu au scrutin public, à la majorité absolue des députés et à l'expiration d'un certain délai. Ce délai est d'un jour, lorsque c'est le cabinet qui pose la question de confiance et de deux, si la responsabilité est mise en cause à la suite du dépôt d'une motion de censure.

L'Assemblée peut décider, à la majorité des deux tiers, sa propre dissolution. Elle peut également être dissoute par décision du conseil des ministres, si deux crises ministérielles sont intervenues au cours d'une session annuelle dans la seconde moitié de la législature.

Ce projet organisait, en fait, un régime d'assemblée : l'Assemblée nationale est unique, le président de la République et le président du conseil procèdent directement d'elle ; elle approuve les nominations des ministres ; la magistrature elle-même, dirigée par un Conseil supérieur de la magistrature, dans lequel les membres de l'Assemblée ont la majorité, est indirectement sous l'autorité de cette dernière. Par un référendum en date du 5 mai 1946, le corps électoral repousse le projet (10 584 359 *non ;* 9 454 034 *oui ;* 5 262 043 abstentions).

Une seconde assemblée constituante est élue le 2 juin 1946. Elle modifie sensiblement les institutions proposées dans le sens souhaité par le M.R.P., établit un nouveau projet, qui est ratifié par le corps électoral, le 13 octobre 1946 (9 297 470 *oui ;* 8 165 459 *non ;* 8 519 835 abstentions). La constitution

(45) V. G. BERLIA : Le projet de constitution du 19 avril 1946, *R.D.P.* 1946, p. 209 ; J. RIVERO : Incertitudes de la constitution d'avril, *Études,* 1946, p. 356 et Ph. DUJARDIN : *Le discours constituant du 7 mars au 19 avril 1946,* thèse Lyon-II, 1977.

est promulguée le 27 octobre 1946. Les discours *anti-constitution* prononcés sucessivement par le général de Gaulle, à Bayeux et à Épinal, les 16 juin et 29 septembre précédents, furent sans portée dans l'immédiat.

Après des années de tumultes, *on sortait du provisoire pour entrer dans le précaire,* pour reprendre une formule de Léon Blum.

§ 7 LA CONSTITUTION DU 27 OCTOBRE 1946 OU LA CONSTITUTION DE LA IVe RÉPUBLIQUE

Précédée d'un préambule, à l'occasion duquel la Déclaration des droits de l'homme et du citoyen est restaurée dans le même temps où les *droits sociaux,* sont appelés à la compléter (V. *Ire partie*), la constitution du 27 octobre 1946, dans sa volonté de s'opposer à celle de 1875, devait succomber au *mimétisme.* La souveraineté parlementaire s'y affirme autant que le *régime d'assemblée,* en dépit d'une tentative de *rationalisation* de l'activité des pouvoirs publics.

A. L'ORGANISATION DES POUVOIRS PUBLICS

Malgré de considérables différences de vocabulaire et de présentation, la constitution de 1946 est proche de celle de 1875. La parenté sera, du reste, accentuée par la réforme du 7 décembre 1954. Toutefois, une différence importante est à noter : en 1946, on passe du bicamérisme intégral de 1875 à un bicamérisme partiel, le Conseil de la République ayant beaucoup moins de pouvoirs que le Sénat (46).

1° Le Parlement

Il se compose de deux assemblées : l'Assemblée nationale, qui prend la suite de la Chambre des députés, et le Conseil de la République, qui succède au Sénat.

a) *L'Assemblée nationale*

Elle est élue à la R.P. (avec répartition des restes à la plus forte moyenne) au suffrage universel direct. Toutefois, par la suite, afin de résister à la double poussée des communistes et des gaullistes, qui, à partir de 1947, constitue une menace pour le régime, la loi du 9 mai 1951 insère un élément majoritaire : les listes *apparentées* dans un département, enlèvent tous les sièges si elles obtiennent ensemble la majorité absolue, quitte, ensuite, à se partager ces sièges au prorata des suffrages obtenus par chacune. Ce système permet à la *troisième force,* coalition centriste, composée des socialistes, du M.R.P. et des radicaux, de gagner les élections de 1951. Il sera, à nouveau, appliqué à l'occasion du scrutin de 1956. C'est entre les mains de l'Assemblée que se trouvent tous les pouvoirs du Parlement.

(46) V. G. BURDEAU : *Le régime des pouvoirs publics dans la constitution du 27 octobre 1946,* R.D.P. 1946, p. 545 ; P. AVRIL : IV^{e}République, *DC* p. 844, avec J. GICQUEL, La IVe entre deux Républiques, *Pouvoirs* n° 76, 1996, p. 27.

La maîtrise des députés se manifestait surtout dans les domaines suivants : pour la réglementation des sessions, les constituants de 1946 avaient adopté un système proche de la permanence des assemblées, réglé dans son fonctionnement par la Chambre élue au suffrage universel. La session ordinaire s'ouvrait toujours le second mardi de janvier, mais elle ne se fermait désormais que par la volonté de l'Assemblée nationale. Encore, celle-ci n'avait-elle pas le droit d'interrompre les travaux du parlement pendant plus de quatre mois ; tout ajournement de séance supérieure à dix jours étant considéré comme une interruption. Mais la réforme du 7 décembre 1954 revient au système de la session ordinaire qui peut être close, au bout de sept mois par le gouvernement.

L'Assemblée a la maîtrise de la loi. Enfin, seule, elle peut renverser le gouvernement, en lui refusant la confiance ou en votant la censure.

b) *Le Conseil de la République*

Il était primitivement désigné, selon la loi du 27 octobre 1946, par un système complexe qui, pour le principal, adjoignait dans les moyennes et grandes villes, des *grands électeurs* aux représentants des conseils municipaux. Toutefois, cette méthode, si elle était moins simple que celle de 1875, avait l'avantage de donner aux centres urbains une représentation comparable à celle des campagnes. La loi du 23 septembre 1948 rétablit le système électoral du Sénat de la IIIe République, qui favorise considérablement les campagnes (47).

Le Conseil de la République participe au choix d'un chef de l'État et à la désignation des membres d'un certain nombre de grands corps (Comité constitutionnel, Assemblée de l'Union française, Conseil supérieur de la magistrature, *etc.*). Mais il ne possède plus le contrôle politique du gouvernement (en 1948, cependant, André Marie posera la question de confiance au Luxembourg), et dans le domaine législatif, il n'a plus que les pouvoirs d'une *chambre de réflexion,* selon Léon Blum, c'est-à-dire un rôle *consultatif.*

c) *La procédure législative*

Le Parlement élabore, en toute indépendance, la loi (48). Jusqu'en 1954, la procédure législative est la suivante : le Conseil examine les projets ou propositions de loi, qui doivent être, tout d'abord, adoptés par l'Assemblée nationale, et il formule son avis par un vote, précédé d'un débat au cours duquel il peut amender le projet. Mais l'Assemblée n'est pas liée par les modifications du Conseil et ce qu'elle vote en seconde lecture devient la loi. Toutefois, lorsque le Conseil de la République a voté une modification au scrutin public et à la majorité absolue de ses membres, l'Assemblée ne peut passer outre qu'à la suite d'un vote acquis dans les mêmes formes.

La réforme du 7 décembre 1954 modifie cette procédure. Le système de la *navette* entre les deux assemblées est rétabli, mais limité à cent jours, après l'adoption du texte en deuxième lecture à l'Assemblée nationale ; au terme de ce délai, c'est la volonté de cette dernière qui prévaut. En contrepartie, le Conseil perd son droit de bloquer un texte par la procédure du vote à la majorité absolue (49).

2° L'exécutif

Il demeure bicéphale : président de la République, d'une part et président du conseil et ministres, d'autre part. La *constitution Grévy* est consacrée, en un mot.

Le président de la République est toujours élu pour sept ans, mais n'est plus rééligible qu'une fois. Il perd, au bénéfice du président du conseil, bon nombre de prérogatives

(47) J. LASSAIGNE : *Le régime électoral du Conseil de la République,* 1948.

(48) La procédure, haut-lieu du régime d'assemblée, se situe aux antipodes de celle de la constitution de 1958. V. G. GALICHON : *Aspects de la procédure législative en France,* R.F.S.P. 1954, p. 793 et F. GOGUEL : *Les méthodes du travail parlementaire,* ibid., p. 674.

(49) Toutefois, le Comité constitutionnel (art. 92) avait pour mission de protéger le Conseil de la République. Il ne tint qu'une seule réunion, le 17 juin 1948.

que la constitution de 1875 lui reconnaissait, mais dont il n'avait pas, en fait, la disposition. En contrepartie, il préside le Conseil supérieur de la magistrature et l'Union française.

Le président du conseil devient juridiquement le véritable chef de l'exécutif, tout au moins dans le domaine de l'action politique (50). C'est un des éléments de l'effort de rationalisation du parlementarisme, entrepris en 1946 et sur lequel il convient maintenant de dire quelques mots.

B. LA TENTATIVE DE RATIONALISATION DU PARLEMENTARISME

En réalité, en 1946, deux mouvements contradictoires sont amorcés par les constituants : institutionnaliser la souveraineté parlementaire, d'une part, et lutter contre l'instabilité ministérielle, d'autre part.

1° L'institutionnalisation de la souveraineté parlementaire

Elle se traduit d'abord dans la hiérarchie des pouvoirs établie par la constitution. L'organisation du Parlement est décrite avant celle du gouvernement. Elle est surtout consacrée par l'article 3 de la constitution : en toutes matières autres que constitutionnelles (où un référendum peut intervenir), le peuple exerce sa souveraineté par ses députés à l'Assemblée nationale, élus au suffrage universel, égal, direct et secret.

Cette affirmation claire et nette de la *transposition* de la souveraineté nationale en *souveraineté parlementaire* (au bénéfice de la seule Assemblée) résulte, en 1946, de deux ordres de raisons : Un *revival* très net de la tradition révolutionnaire, reprise par les communistes et aussi bien qu'à un moindre degré, par les socialistes, et le désir d'établir des institutions rendant très difficile, sinon impossible, le retour du général de Gaulle. Celui-ci a quitté le pouvoir, le 20 janvier 1946, parce qu'il n'admet pas que la politique du gouvernement puisse être définie par l'Assemblée constituante et, par conséquent, par des partis politiques. Pour lui, du reste, il n'est même pas concevable que le gouvernement, dans les nouvelles institutions, puisse procéder du Parlement. Il l'exprime avec force à Bayeux, le 16 juin 1946 (51). Dès lors, si la souveraineté parlementaire est affirmée sans ambages et anime l'ensemble des institutions, les portes du pouvoir seront fermées à un homme qui apparaît à la classe politique qui s'installe en 1946, désireux d'établir un régime *personnel*. De fait, le général de Gaulle ne composera jamais avec le système politique établi en 1946 ; lorsqu'il reviendra au pouvoir, son premier soin sera de le récuser.

Mais, en même temps, les constituants de 1946 se rendent compte qu'il faut s'efforcer de lutter contre l'instabilité ministérielle et procéder à une indispensable *rationalisation* du système politique. Des efforts seront faits, dans ce sens, mais sans succès.

(50) P. Coste-Floret, rapporteur du second projet de constitution déclare : *Le président du conseil des ministres devient... au sens anglais du terme « le premier ministre ». La constitution lui donne tous les pouvoirs nécessaires à l'accomplissement de cette haute mission* (*Pouvoirs* n° 76, 1996, p. 17).

(51) *C'est donc du chef de l'État, placé au-dessus des partis, élu par un collège qui englobe le Parlement, mais beaucoup plus large et composé de manière à faire de lui le président de l'Union française en même temps que celui de la République, que doit procéder le pouvoir exécutif. Au chef de l'État, la charge d'accorder l'intérêt général quant au choix des hommes, avec l'orientation qui se dégage du Parlement. A lui, la mission de nommer les ministres et d'abord, bien entendu, le premier, qui devra diriger la politique et le travail du Gouvernement,* V. F. GOGUEL : Les circonstances politiques du discours, actes du colloque de Bayeux, 1990 : *Le discours de Bayeux, Hier et aujourd'hui,* 1991, p. 29, et J. GICQUEL : *L'analyse littérale du discours* p. 37.

2° L'effort de systématisation

On peut signaler, en ce sens, les dispositions suivantes :

a) *La suppression du contrôle politique de la seconde chambre sur le Gouvernement*

Sous la IIIe République, une partie des crises ministérielles à été le fait du Sénat. Il n'en ira plus de même sous la IVe où le Conseil de la République ne peut plus mettre en cause la responsabilité politique du gouvernement.

b) *L'établissement d'une solidarité quasi contractuelle entre le président du conseil et l'Assemblée nationale*

Initialement, le président de la République *désigne* le président du conseil, mais celui-ci doit être *investi* par un vote de l'Assemblée à la majorité absolue des membres la composant (art. 49). C'est seulement après cette marque de confiance *personnelle,* accordée après l'exposé par le président du conseil désigné de son programme, que celui-ci choisit ses ministres. Mais, à la suite du précédent Paul Ramadier de 1947, sollicitant une fois le ministère constitué, une seconde investiture *collective,* cette procédure sera abandonnée lors de la réforme de 1954, qui revient, sur ce point, aux usages de 1875 : la confiance est accordée ou refusée au cabinet *tout entier* après sa formation et par vote à la majorité simple (52).

c) *La systématisation de la mise en cause de la responsabilité politique*

Sous le régime de 1875, la question de confiance pouvait être posée par n'importe quel ministre devant chaque assemblée, à n'importe quel moment, le vote intervenant aussitôt, sans procédure spéciale. Dans le cadre de la constitution de 1946, la question de confiance *personnelle* disparaît : *seul* le président du conseil peut la poser, après y avoir été autorisé par le conseil des ministres ; le vote ne peut intervenir qu'un jour franc après que la question ait été posée ; il a lieu au scrutin public et la confiance ne peut être refusée qu'à la majorité *absolue* des membres composant l'Assemblée. Si une motion de censure est déposée par un député, le vote a lieu dans les mêmes conditions (art. 49 et 50) (53).

d) *L'assouplissement relatif du droit de dissolution*

Le président de la République dissout l'Assemblée nationale, si le président du conseil le lui demande, après délibération du conseil des ministres et avis des présidents des assemblées. Mais cette demande n'est possible que dans certaines conditions : tout d'abord, aucune dissolution n'est prononcée pendant les dix-huit premiers mois de la législature. Passé ce délai, deux conditions doivent se trouver réunies : il faut qu'au cours d'une seconde période de dix-huit mois consécutifs, deux crises ministérielles soient intervenues. Mais, et la restriction est d'importance, seules les crises ministérielles intervenant dans les conditions prévues aux articles 49 et 50, c'est-à-dire avec un refus de confiance manifesté à la majorité *absolue,* entrent en ligne de compte.

C. L'APPLICATION DE LA CONSTITUTION DE 1946

En l'absence d'une logique majoritaire et de la paralysie de la dissolution, la IVe République a connu un sort comparable à sa devancière.

(52) V. M.-H. FABRE : Un échec constitutionnel : l'investiture du président du conseil des ministres, *R.D.P.* 1951, p. 182.
(53) La constitution de 1958 (art. 49) devait parachever ce processus de rationalisation avec la création du Conseil constitutionnel. V. P. AVRIL et J. GICQUEL : art. précité, *Pouvoirs* n° 76, 1996, p. 27.

1° L'instabilité gouvernementale

En douze ans d'existence, la IVe République a connu vingt-deux cabinets, en comptant le dernier, présidé par le général de Gaulle. Le record de l'éphémère appartient à un gouvernement Queuille avec 10 jours en juillet 1950 et celui de la longévité à Guy Mollet : un an et quatre mois (février 1956-juin 1957). L'échec est donc patent : l'instabilité ministérielle est aussi grave que pendant la seconde période de la IIIe République, c'est-à-dire entre 1918 et 1940.

Les causes principales sont au nombre de deux : la première est que les cabinets se retirent dès qu'ils sont mis en minorité, sans attendre que la confiance leur soit refusée, à la majorité *absolue.* Le premier cabinet, présidé par Paul Ramadier, donne l'exemple. L'Assemblée organisera, dès lors, la pratique des *votes calibrés* (A. Hauriou), afin de provoquer des crises ministérielles à la majorité *simple*, en vue de neutraliser le droit de dissolution (54). Ce n'est qu'à la suite d'une *erreur de tir,* entraînant à dépasser la majorité absolue, qu'Edgar Faure pourra le 1er décembre 1955, exercer, pour la première et la dernière fois, le droit de dissolution : Pierre Mendès-France ayant été renversé, dans des conditions semblables, au mois de février précédant (55). Coup d'éclat, a-t-on dit, et non coup d'État !

La seconde raison, qui est déterminante, est que la constitution de 1946 avait été prévue pour fonctionner avec des majorités de coalition solides. On assiste, en effet, en 1945-1946, à un effort de *structuration* des partis, le M.R.P. suivant, à cet égard, l'exemple des partis communiste et socialiste. Par ailleurs, ces partis qui se sont engagés le plus directement dans la Résistance affirment en 1946, leur volonté de gouverner ensemble. Mais le *tripartisme* sera rompu, dès mai 1947, par le départ des communistes, consécutif aux premiers désaccords entre les alliés occidentaux et l'U.R.S.S. A partir de ce moment, la logique partisane vole en éclats.

Au tripartisme succède alors la *troisième force,* qui inclut les radicaux et les modérés. Mais cette formation, dans laquelle les nouveaux venus ont la nostalgie de la IIIe République et cultivent l'indiscipline, est, en outre, menacée, dès ses débuts, par le R.P.F. *(Rassemblement du peuple français)* créé par le général de Gaulle en 1947 et qui repousse les institutions. Cependant, elle résistera jusqu'aux élections de 1951 et même les gagnera. Mais la querelle des subventions aux écoles privées, soulevées par le R.P.F., la fera éclater ; le M.R.P. se désolidarisant, à cet égard, des socialistes (S.F.I.O.). Il faudra, dès lors, à travers de nombreuses crises ministérielles, désarticuler le R.P.F. pour en incorporer des morceaux dans la majorité gouvernementale (56).

Après la dissolution de 1955 et les élections de 1956, le *Front républicain* (S.F.I.O. et radicaux) ne constituera pas une majorité et il faudra, à nouveau, rechercher l'appui des modérés (57).

2° Les remèdes à l'instabilité gouvernementale

Un nouveau révisionnisme se manifeste, dont la Ve République recueillera les fruits.

En dehors de l'instabilité ministérielle, la faiblesse des majorités de coalition entraîne la renaissance de la législation déléguée *(décret-loi),* malgré l'article 13 de la constitution qui l'interdit expressément. Une loi du 17 août 1948 (dite *loi André Marie*), invente, pour

(54) V. C.-A. COLLIARD : La pratique de la question de confiance sous la IVe République, *R.D.P.* 1948, p. 231.

(55) Il y a lieu de relever cependant qu'aucune législature de la IVe République n'est parvenue à son terme : la première, élue en 1946, a abrégé son mandat (loi du 12 mai 1951) ; la seconde a été prématurément écourtée par la dissolution du 1er décembre 1955. Quant à la troisième, élue en janvier 1956, elle a pris fin avec l'avènement de la constitution de 1958 (art. 90 C). V. J. GEORGEL : *La dissolution du 2 décembre 1955,* 1958.

(56) Le groupe parlementaire gaulliste se brisera, en mars 1952, lors du vote d'investiture demandé par Antoine Pinay. Le général en tirera les conséquences en sabordant son mouvement, le 6 mai suivant (V. *Discours et messages,* t. II, p. 607).

(57) V. J. FAUVET : *La IVe République,* 2e édit., 1964 ; F. GOGUEL : *Le régime politique français,* 1955 ; J. BARSALOU : *La Mal-aimée, Histoire de la IVe République,* 1964 ; G. ELGEY : *La République des illusions,* 1965. *La République des contradictions,* 1968, et la *République des tourmentes* 1992 et 1997 ; P. AVRIL et G. VINCENT, *La IVe République,* 1988.

éviter de heurter de front cet article, le procédé de la *loi-cadre* et celui de l'extension du pouvoir par *délégalisation* de certaines lois. Toutefois, ces procédés sont eux-mêmes insuffisants et, à partir de 1953, on revient, à diverses reprises, à la pratique des décrets-lois (58). Dans le même mouvement, on se tourne vers une nouvelle tentative de rationalisation.

La réforme de 1954 avait été, en gros, un retour à la IIIe République sous la pression des radicaux et des modérés. Les projets de révisions constitutionnelle de janvier et mai 1958, dits *projets Gaillard et Pflimlin* (59), étaient une tentative sérieuse d'orientation vers le gouvernement de législature : suppression de l'initiative parlementaire en matière de dépenses et surtout modification du mécanisme du vote de défiance. Lorsque le président du conseil pose la question de confiance sur un texte ou un projet, si aucune motion de défiance ne lui est opposée, le projet est adopté *sans aucun vote.* La législation déléguée est consacrée, par ailleurs le droit de dissolution est modifié. La nouveauté la plus importante, à cet égard, est que, si le gouvernement est renversé à la suite d'une motion de censure ou d'une motion de défiance, dans les deux ans de l'investiture, la dissolution est automatique, si le président du conseil a prévenu, avant le vote, que le refus de la confiance aurait cette conséquence.

La IVe République serait probablement arrivée à se réformer si, elle avait pu mener à bien la décolonisation de l'Algérie. Son échec sur ce point, prévisible dès la guere d'Indochine, a entraîné sa perte. Mais, il ne faut pas oublier que ce régime au milieu de périls de toutes sortes, a, cependant opéré la reconstruction du pays, donné une vigoureuse impulsion à la construction européenne (traités de Paris et de Rome) et réalisé une œuvre économique et sociale importante.

En définitive, la *version française* du parlementarisme a débouché sur la mise en place, à partir de 1879, d'un régime d'assemblée. La primauté du Parlement s'explique par deux causes principales, l'une juridique : le régime représentatif et l'autre politique : l'identification des assemblées à la démocratie.

On en connaît les conséquences. Au premier cas, l'exaltation de la loi et par voie de conséquence, la soumission de la constitution ; au second, la relégation de l'exécutif, en raison notamment de la disparition *de facto* de la dissolution, et la domination du pouvoir de suffrage.

Brutalement, la *souveraineté parlementaire* est récusée en 1958. Les nouvelles institutions se présentent comme une *réaction.* Dans ces conditions, la constitution du 4 octobre 1958 se veut une sorte d'*antithèse* aux règles constitutionnelles et aux pratiques politiques qui étaient celles des IIIe et IVe Républiques.

A bien des égards, trois années (1789, 1875 et 1958) auront marqué de leur empreinte indélébile la vie nationale.

Bibliographie
(en dehors de la *bibliographie générale*)

M. AGULHON : *La République de Jules Ferry à François Mitterrand (de 1880 à nos jours),* 1990 ; S. ARNÉ : *Le président du conseil des ministres sous la IVe République,* 1962 ; V. AURIOL : *Journal du septennat, 1970 ;* P. AVRIL et G. VINCENT : *La IVe République, 1988 ;* P. AVRIL et H. PORTELLI : *Personnel politique français, 1870-1988,* 1989 ; J. BAINVILLE : *La Troisième République,* 1935 ; J. BARALE : *La constitution de la IVe République à l'épreuve de la guerre,* 1964 ; P. BASTID : *Doctrines et institutions politiques de la Seconde République,* 1945 ; M. BAUMONT : *La IIIe République,* 1968 : M. BLANCHARD : *Le Second Empire,* 1957 ; L. BLUM : *La Réforme gouvernementale,* 1936 ; G. et

(58) V. A. DE LAUBADÈRE : Des pleins pouvoirs aux demi-décrets-lois, D. 1952, p. 38 et J. SOUBEYROL : *Les décrets-lois sous la IVe République,* 1955.

(59) V. La IVe République, *Pouvoirs* n° 76, 1996, p. 129 et 137.

E. BONNEFOUS : *Histoire politique de la Troisième République,* 1956-1962 ; J. CHASTENET : *Histoire de la Troisième République,* 7 vol., 1952-1963 ; A. DANSETTE : *Deuxième République et Second Empire,* 1942 ; J. DESLANDRE : *La constitution de 1875,* 1937 ; Cl. ÉMERI et Chr. BIDÉGARAY : *La Constitution en France, de 1789 à nos jours,* 1997 ; J. FAUVET : *La IV*e *République,* 2e édit., 1964 ; Ch. DE GAULLE : *Mémoires de guerre,* 1954-1959 ; J. GEORGEL : *Critiques et réforme des constitutions de la République,* 1960 ; J. GICQUEL et L. SFEZ : *Problèmes de la réforme de l'État en France depuis 1934,* 1965 ; F. GOGUEL : *La politique des partis sous la III*e *République,* 3e édit., 1958 ; P. GUIRAL et G. THUILLIER : *La vie quotidienne des députés en France de 1871 à 1914,* 1980 ; D. HALEVY : *La fin des notables,* 1930 et *La République des ducs,* 1937 ; G. HANOTEAUX : *Histoire de la fondation de la III*e *République,* 1925 ; A. HAURIOU : *Le socialisme humaniste,* 1944 et *l'Expérience politique d'Alger, Les cahiers politiques,* avril 1945, p. 31 ; JOSEPH-BARTHÉLEMY : *Essai sur le travail parlementaire et les commissions,* 1934 ; R. DE JOUVENEL : *La République des camarades,* 1924 ; J. JULLIARD : *La Quatrième République,* 1968 ; J. LAFERRIÈRE : *Le nouveau Gouvernement de la France,* 1942 ; F. LUCHAIRE, *Naissance d'une Constitution : 1848,* 1998 ; J.-P. MACHELON, IIIe République, *DC,* p. 1047 ; R. PAXTON : *La France de Vichy,* 1973 ; M. RECLUS : *La Troisième République,* 1945 ; R. RÉMOND : *La vie politique en France depuis 1789,* 1965, 1969 ; J.-P. RIOUX : *La France de la Quatrième République,* 1980-1983 ; O. RUDELLE : *La République absolue : 1870-1889,* 1982 ; M. SIBERT : *La constitution de la France du 4 septembre 1870 au 9 août 1944,* 1946 ; A. SIEGFRIED : *De la III*e *à la IV*e *République,* 1956 ; A. SOULIER : *L'instabilité ministérielle sous la III*e *République,* 1939 ; Ph. WILLIAMS : *La vie politique sous la IV*e *République,* 1971 ; M. WINOCK : *La République se meurt,* 1978 et Ph. WOODLAND : *La crise du 16 mai 1877 et la doctrine du droit public français,* 1977.

V. aussi les actes du colloque de Rennes : *Le centenaire de la III*e *République,* 1975 ; de Nice : *Naissance et mort des Républiques en France,* 1985, de Bayeux : *Le discours de Bayeux. Hier et aujourd'hui,* 1990 ; d'Épinal, *Le rétablissement de la légalité républicaine,* 1997 ; *1789-1989.* Histoire constitutionnelle, *Pouvoirs* no 50, 1989 ; La *IV*e *République ibid n*o *76, 1996.*

TITRE 2

LES INSTITUTIONS POLITIQUES CONTEMPORAINES DE LA FRANCE

CHAPITRE I

LES CARACTÈRES GÉNÉRAUX DE LA CONSTITUTION DU 4 OCTOBRE 1958

L'avènement de la constitution de la Ve République, en 1958, a fait figure d'événement, dans la mesure où elle s'inscrit dans une perspective de *rupture* par rapport aux régimes précédents (1). A ce titre, elle a suscité l'intérêt renouvelé des juristes et des politistes. Cet attrait est fondé, tout à la fois, sur sa *perennité,* sa *singularité* et sa *dualité.*

On a commémoré son quarantième anniversaire, ce qui en soi est *exceptionnel.* Aussi, prend-elle rang de *vice-doyenne* (D. Maus), dans nos institutions depuis 1789, après la IIIe République (2). Et pourtant, chacun soulignait en 1958, sa précarité. N'était-elle pas liée, en effet, à la solution du problème algérien, en vue de laquelle le général de Gaulle avait été rappelé ? Mais, accordée à la modernité en raison, d'une part, de *la primauté* conférée à l'exécutif et ralliant, d'autre part, les mentalités politiques, elle devait surmonter, avec panache, les trois défis auxquels elle a été confrontée : celui de la normalisation en 1962 ; celui de la civilisation en 1968 et en particulier, celui de la succession, en 1981. L'épreuve du feu, qu'a représenté la première alternance marque, non seulement le ralliement de la gauche à sa cause (3), mais plus encore son *enracinement.* François Mitterrand a pratiqué, pour l'essentiel, le mimétisme : *Les institutions n'étaient pas faites à mon intention, mais elles sont bien faites pour moi* (4). Mieux, pendant 14 ans, elles devaient lui aller comme un gant, au point que l'on se prend à parodier Horace : *La Ve République conquise, conquit son rude vainqueur.*

L'alternance, qui s'est manifestée cinq fois depuis 1981, permet de délivrer un certificat de *bonne santé* aux institutions (F. Goguel). Ainsi, la constitution de 1958

(1) L'année 1958 est aussi placée sous le signe de la rupture, avec l'entrée en vigueur du traité de Rome, créant la Communauté européenne. V. les 40 ans de la Ve République, n° spécial *R.D.P.* 1998, p. 1253.

(2) V. O. DUHAMEL et J.-L. PARODI (sous la direction de) : *La constitution de la Cinquième République,* 1985 ; G. VEDEL : Ve République, *DC* p. 128 ; Qui gouverne la France ?, *Pouvoirs,* n° 68, 1994.

(3) V. O. DUHAMEL : *La gauche et la Ve République,* 1980 ; J-M. COLOMBANI et H. PORTELLI : *Le double septennat de François Mitterrand,* 1995.

(4) F. MITTERRAND : Entretien au *Monde,* 2 juillet 1981. Que de chemin parcouru par l'auteur du *Coup d'État permanent* qui, en 1964, stigmatisait le régime : *Il n'y a d'opposition qu'inconditionnelle dès lors qu'il s'agit de substituer un système de gouvernement à un autre. Retoucher, aménager le pouvoir absolu, c'est déjà composer avec lui.*

a démontré, une fois de plus, son aptitude à épouser le mouvement démocratique et à résister à la crise économique et sociale, justifiant l'appréciation prémonitoire du général de Gaulle qui, dès 1967, prétendait qu'elle était devenue *la seconde nature des Français* (5).

Lors donc, la constitution de 1958 s'inscrit dans le paysage national, avec un éclat de façade qui contraste avec la grisaille d'antan. Au terme d'une dynamique exceptionnelle, elle s'est avérée réfractaire à la typologie traditionnelle au point de l'enrichir et de devenir un modèle à elle seule (V. *I*re *partie*). Le régime parlementaire restauré à cette date, s'effacera d'entrée de jeu au profit d'un régime *présidentialiste, inédit et insolite* au sein des démocraties, avant de ressusciter en période de *cohabitation.* La *dissociation* qui s'est opérée alors, entre les qualités de chef d'État et de la majorité parlementaire, a été à l'origine d'une *novation* institutionnelle. La République a évolué, comme la collation des messages adressés aux assemblées par François Mitterrand, le vérifie.

Le régime présidentialiste est énoncé, avec autorité, le 8 juillet 1981 : *J'ai dit... que mes engagements constitueraient la charte de l'action gouvernementale. J'ajouterai, puisque le suffrage universel s'est prononcé une deuxième fois, qu'ils sont devenus la charte de votre action législative.* Tandis que le 8 avril 1986, le régime parlementaire retrouve droit de cité. Au chef de l'État : *Fonctionnement régulier des pouvoirs publics, continuité de l'État, indépendance nationale, intégrité du territoire, respect des traités... à quoi s'ajoute l'obligation pour lui de garantir l'indépendance de la justice et de veiller aux droits et libertés définis par la Déclaration de 1789 et le préambule de la constitution de 1946.* Le Gouvernement a pour charge, aux termes de l'article 20 C : *de déterminer et de conduire la politique de la nation. Il assume, sous réserve des prérogatives du président de la République et de la confiance de l'Assemblée, la mise en œuvre des décisions qui l'engagent devant les Français. Cette responsabilité est la sienne* (6).

Le passage de l'unité du pouvoir d'État à son *partage* entre le président et le Gouvernement s'analyse dans celui d'une *monarchie,* fût-elle républicaine, à une *dyarchie.* Somme toute, une *constitution, deux régimes,* au gré du suffrage universel !

En dernière analyse, une *constitution-gigogne,* bref à *droits variables,* d'un point de vue *temporel,* en ce que l'on y distingue celle des jours ordinaires et celle des jours de crise (art. 16 C), mais plus encore *matériel,* en raison de l'incorporation du droit communautaire. De ce point de vue, on peut désormais déceler une constitution *européenne* (art. 88-1 C) superposée à la constitution *nationale* (art. 1er C).

De la précarité à la pérennité ; de l'infidélité à son origine au retour à ses premières amours ; de l'unicité de sa condition à sa dualité, le régime de la Ve République (7) n'a cessé d'étaler son originalité et sa plasticité.

(5) Pour une analyse de chaque article : V. *CFR* ; Th. Renoux et M. de Villiers : *Code constitutionnel* 1995 ; G. Carcassonne : *La constitution,* 1996.

(6) V. F. Luchaire et G. Conac : *Le droit constitutionnel de la cohabitation,* 1989 ; M.-A. Cohendet : *La cohabitation. Leçons d'une expérience,* 1993 ; P. Avril : Fin de la constitution gaulliste ?, *in La France en politique,* 1988, p. 39 et *Une revanche du droit constitutionnel ?, Pouvoirs* n° 49, p. 5 ; J. Gicquel : *De la cohabitation, ibid.,* p. 69.

(7) L'étude de la constitution *sociale* de la Ve République (c'est-à-dire du préambule) a été examinée dans la première partie du manuel (*supra*).

SECTION I LA PLACE DES INSTITUTIONS DE 1958 DANS LE MOUVEMENT CONSTITUTIONNEL NATIONAL

La constitution de la Ve République, affirmait Raymond Aron, est une *réaction,* en ce qu'elle établit un *régime parlementaire sans souveraineté parlementaire* (F. Goguel) (8). En clair, elle s'inscrit en faux contre le régime d'assemblée des Républiques précédentes, ravalé au rôle de *repoussoir* ou de *faire-valoir.* Ce que l'on peut résumer, à la manière du slogan des lotions capillaires : *avant et après 1958 !* En un mot, tout se passe, comme si, l'on assistait à cet instant à la relève de la *république des députés* (R. Priouret) par la *monarchie républicaine* (M. Debré) ; en un mot à une *révolution copernicienne.*

Mais, si le régime détonne, sa pratique étonne plus encore, dans la mesure où quittant son lit constitutionnel, elle devait l'acheminer vers des terres nouvelles. Sous cet aspect, on envisagera respectivement les nouveautés de la constitution (§ 1) et la fécondité de sa pratique (§ 2).

§ 1 LES NOUVEAUTÉS DE LA CONSTITUTION DE 1958

Nous voulons donner un pouvoir à la République. La formule de Michel Debré, devant le Conseil d'État, le 27 août 1958, résume l'ambition et l'économie de la nouvelle constitution. En conséquence, une démarche *finalisée,* prenant le contre-pied de celles de 1875 et de 1946, tend au dépassement du régime représentatif, consacre la primauté du pouvoir exécutif et provoque la relégation du Parlement.

A. LE DÉPASSEMENT DU RÉGIME REPRÉSENTATIF

Dans l'esprit des constituants, les maux dont la République a souffert précédemment, réside dans le régime représentatif (ou le gouvernement du peuple par ses élus) qui débouche, en bonne logique, sur la *transposition* de la souveraineté populaire en souveraineté parlementaire et *l'identification* des assemblées à la démocratie elle-même.

La Ve République entend briser cette équation et restituer aux citoyens, entre deux consultations, une part de pouvoir décisionnel. Dans cet ordre d'idées, la redécouverte du référendum, en dépit de la prévention bonapartiste, prend toute sa signification : *La souveraineté nationale appartient au peuple qui l'exerce par ses représentants et par la voie du référendum* (art. 3 C). Cette quête de la démocratie semi-directe qui, détournée ultérieurement ne devait pas répondre, cependant, aux espoirs que l'on avait placés en elle, se concrétise, en dehors du pouvoir constituant (art. 89), par la possibilité

(8) M. Debré affirme devant le Conseil d'État, en 1958 : *Le Gouvernement a voulu rénover le régime parlementaire. Je serai même tenté de dire qu'il veut l'établir, car pour de nombreuses raisons, la République n'a jamais réussi à l'instaurer.*

offerte au peuple de voter lui-même, sous certaines conditions, une loi, en lieu et place des parlementaires (art. 11) (9).

Pour faire bonne mesure, le passage d'une démocratie d'adhésion à une démocratie de participation (10) se marquera ultérieurement par *l'avancée* du suffrage universel en 1962, avec le principe de l'élection populaire du chef de l'État. L'exécutif promu au rang de *pouvoir majoritaire,* dispose dorénavant d'une légitimité *propre*, ce qui couronne la démarche entreprise en sa faveur.

B. LA PRIMAUTÉ DU POUVOIR EXÉCUTIF

Le trait capital de la constitution consiste à *renverser* la hiérarchie traditionnelle entre les pouvoirs constitués, au profit de l'exécutif mutilé et dominé sous le régime d'assemblée ; en un mot à *restaurer l'État* (G. Burdeau), et à le *préserver* en cas de crise majeure (art. 16 C). Pour s'en convaincre, il n'est que de comparer la présentation formelle des constitutions de 1946 et de 1958, qui n'est point innocente (11) ou de songer à l'identité de la métaphore architecturale sollicitée à ces dates, par Pierre Cot et Michel Debré : *La clef de voûte des institutions est l'Assemblée nationale,* affirme le premier ; *le président de la République,* répond en écho, le second.

Ce changement de pente a frappé par sa soudaineté (un remède de cheval, a-t-on dit), encore que des efforts isolés et désordonnés aient été tentés. Mais, avec le recul du temps et la sérénité qu'il procure, il importe de le relativiser. La démarche est banale, en cette fin de siècle, qui confie à l'exécutif, la fonction dirigeante et au Parlement, celle de contrôle. Tout compte fait, la France disposait jusqu'en 1958 des institutions qui correspondaient à ses habitudes. Elle possède désormais celles de ses besoins, en s'ouvrant à la modernité, à l'unisson des grandes démocraties. A cette fin, le pouvoir exécutif, *tout entier,* est métamorphosé (12).

1° La condition renouvelée du président de la République

Je n'ai pas de prédécesseur, aimait dire le général de Gaulle. De fait, une conception *inédite* de la magistrature suprême s'ébauche. L'autonomie ou le désengagement de l'exécutif par rapport aux assemblées, se marque, en ce que le chef de l'État est, à l'origine, l'élu d'un *collège élargi* (art. 6 et 7 C) aux 80 000 citoyens détenteurs d'un mandat électif, et non plus limité aux seuls parlementaires, comme jadis. En outre, il redevient un *acteur* politique, sous les traits d'un *arbitre,* recevant en charge, aux termes de l'article 5, *le respect de la constitution* et *le fonctionnement régulier des pouvoirs publics ainsi que la continuité de l'État* (13). A cette fin, sa volonté propre peut s'exprimer

(9) Le champ d'application du référendum devait être étendu ultérieurement par la L.C. du 4 août 1995, conformément à l'engagement de Jacques Chirac. Une première tentative sous François Mitterrand qui visait les libertés publiques avait échoué en juillet 1984 (*chr.* n° 32, p. 188).

(10) En dehors de la constitution de l'an I demeurée à l'état de pétition de principe, le *référendum législatif* se présente comme une invention de la Ve République.

(11) Après le titre premier consacré à la souveraineté, le titre second accueille, de manière révélatrice, en 1946, le Parlement, et en 1958, le président de la République.

(12) A titre de pierre d'attente, il n'est pas indifférent de relever que l'ordre protocolaire de la Ve République, cette *mise en forme de l'ordre politique* (Y. Déloye), accorde la préséance aux titulaires du pouvoir exécutif : 1° le président de la République ; 2° le premier ministre ; 3° le président du Sénat ; 4° le président de l'Assemblée nationale.

(13) L'article 5, considéré comme la matrice du pouvoir présidentiel, a été résumé, en 1958, par M. Debré termes : *Le président n'a d'autre pouvoir que celui de solliciter un autre pouvoir.* V. Ph. ARDANT : 5 et la fonction présidentielle, *Pouvoirs* n° 41, 1987, p. 37.

par des compétences propres ou dispensées de l'obligation du contreseing ministériel (art. 19 C) (14). Le sanctuaire aménagé, dans l'esprit du parlementarisme *orléaniste,* est impressionnant : nomination du premier ministre (art. 8, al. 1er) ; référendum législatif (art. 11) ; dissolution de l'Assemblée nationale (art. 12) ; recours aux pouvoirs extraordinaires (art. 16) ; droit de message aux assemblées (art. 18) ; nomination de membres du Conseil constitutionnel (art. 56) et saisine de ce dernier, à propos d'un traité (art. 54) ou d'une loi (art. 61). On le constate, le pouvoir présidentiel est en germe, dès cet instant. A ce compte, la Ve est une *IIIe République qui aurait réussi,* si la crise du 16 mai 1877 ne l'avait dévoyée. Le changement de mode d'élection du président en 1962 ne fera que consacrer cette tendance.

2° La condition renouvelée du Gouvernement

Outre la restauration terminologique à laquelle on assiste (15), le texte de 1958 entend donner de l'expression, son exacte traduction, dans le cadre du parlementarisme *rénové* ou *rationalisé.* La vérification est aisée, au regard tant de son statut que de ses prérogatives.

a) *Le nouveau statut gouvernemental*

En vertu de l'article 8 C, le Gouvernement change de maître et *procède* désormais du chef de l'État. En conséquence, la procédure de l'*investiture,* au terme de laquelle, sous les Républiques précédentes, le cabinet était mis en place par les députés disparaît.

Parallèlement à la création d'une *incompatibilité* entre la fonction ministérielle et le mandat parlementaire (art. 23 C), le *cordon ombilical* est coupé avec l'Assemblée nationale. Celle-ci n'est plus appelée à participer à la formation du Gouvernement. Il lui sera, tout au plus, possible d'y acquiescer, à l'occasion d'un vote de confiance (art. 49, al. 1er) ou d'y opposer un refus, par le vote d'une motion de censure (al. 2). La responsabilité ministérielle est désormais strictement réglementée en application du *parlementarisme rationalisé* qui, en 1958, participe de la panacée. Elle ne peut, en effet, intervenir qu'à l'issue d'un refus de confiance ou de l'adoption d'une motion de censure (art. 49). Mais, il est vraisemblable que la victoire des députés sera sans lendemain, car la mort civile rôde autour d'eux. A ce propos, on est frappé par la *dissymétrie* entre la difficulté de la mise en œuvre de la défiance (l'article 49 étant littéralement hérissé des contraintes) et la facilité avec laquelle, à l'opposé, la dissolution peut être utilisée à tout instant et pour tout motif (art. 12). La dissolution *libérée* sonne le glas du régime d'assemblée.

b) *Les nouvelles prérogatives gouvernementales*

Sous l'autorité du premier ministre, selon la logique parlementaire de 1958, le Gouvernement exerce la réalité du pouvoir exécutif. Il est bien certain, en effet, que la fonction arbitrale dévolue, à cet instant, au président de la République, ne peut être que *sporadique* à l'occasion d'un dérèglement des rapports entre les pouvoirs publics, à la manière du *pouvoir neutre* de Benjamin Constant *(supra).*

A cette fin, la renaissance, teintée de revanche, se marque d'un point de vue politique et juridique. Le pouvoir décisionnel est ôté aux assemblées et conféré à l'exécutif. L'article 20 C rompt avec le passé, lorsqu'il énonce : *Le Gouvernement détermine et conduit la politique de la nation.* Pour ce faire, il est assuré de la maîtrise du processus normatif, dès lors que pour la première fois depuis 1789, il dispose d'un domaine *propre,* dans lequel il agit au moyen de règlements dits *autonomes* (art. 37), par comparaison avec les règlements traditionnels, appelés *dérivés,* pris en application et

(14) Contresigner s'analyse matériellement comme le fait d'apposer sa signature après celle de l'auteur de l'acte. Politiquement, le contreseing signifie que les ministres endossent la responsabilité des actes du chef de l'État ; ce dernier agissant à la manière d'un automate. L'article 19 C tourne le dos à cette notion classique, tout en faisant bénéficier le président d'une irresponsabilité de principe (art. 68 C). En clair, le contreseing est le critère de la participation du chef de l'État au pouvoir.

(15) Depuis la constitution de l'an VIII, l'expression avait été abandonnée et remplacée par celles de *cabinet,* ou de *ministère.* Seul, de manière incidente, l'article 6 de la loi constitutionnelle du 25 février 1875 mentionnait *la politique générale du Gouvernement.*

pour l'exécution de la loi (art. 21). Toutefois, la véritable mutation se situe ailleurs. Le Gouvernement devient le *directeur* du travail parlementaire et le *responsable* des relations entre les assemblées. En d'autres termes, la procédure législative, hier lieu privilégié du régime d'assemblée, est désormais placée sous sa responsabilité : qu'il s'agisse de l'initiative financière (art. 40), de la fixation de l'ordre du jour (art. 48) ; des amendements (art. 44) ; de l'adoption de la loi (art. 45 et 49) et, véritable point d'orgue, du contrôle de constitutionnalité (art. 61). Il peut par ailleurs, être habilité à se substituer aux assemblées, par voie d'ordonnances (art. 38 et 47). C'est une véritable révolution. Le Parlement conquis subit, de la sorte, une *capitis diminutio.* C'est le moment de s'en persuader.

C. LA RELÉGATION DU PARLEMENT

Le refoulement de la puissance parlementaire résulte en 1958 de la *rationalisation* de son activité, c'est-à-dire de sa limitation. Marcel Prélot évoquera le caractère *orthopédique* de la constitution. Autrement dit, ce que la cohérence des partis politiques a réalisé spontanément en Grande-Bretagne, *la réglementation constitutionnelle* (M. Debré), doit y pourvoir (16).

1° La fonction législative

A titre de pierre d'attente, la loi connaît une transformation radicale, en 1958 : pour la première fois, elle est *limitée* dans son domaine aux matières énumérées à l'article 34 (17) ; *surveillée* dans son élaboration, par l'existence des *règles tutélaires* précitées ; *adoptée* exceptionnellement sans vote (art. 49, al. 3) ; *supplantée,* en dehors du droit communautaire (art. 189 traité C.E.E.), le cas échéant par le Gouvernement (art. 38 C) et le peuple (art. 11) et, couronnant le tout, susceptible d'être *contestée* devant le Conseil constitutionnel (art. 61). Avec la fin de la souveraineté parlementaire, l'État de droit progresse en soumettant la loi à son empire. Désormais cette dernière peut mal faire. Elle perd, en conséquence, son *infaillibilité* ou son *incontestabilité* d'antan. Une dernière mention doit être présentée à propos de la loi de finances, dont la discussion est maintenant enfermée dans un délai de 70 jours, avec la possibilité pour le Gouvernement de la mettre en vigueur, par ordonnance, en cas de carence parlementaire (art. 47).

2° La fonction de contrôle

Les constituants de 1958 ont fait preuve, en l'espèce, d'une extrême vigilance. Une réaction salutaire s'avérait nécessaire, afin que notre pays cesse d'être l'homme malade de l'Occident. La crise ministérielle qui sévissait à l'état endémique était, sans conteste, la tare des régimes précédents (108 ministères sous la IIIe République et 22 sous la IVe). *Au malgoverno,* un seul remède : la *rationalisation* ou la discipline. L'article 49 C, par le jeu de la question de confiance et de la motion de censure, en donne pleinement la mesure. La vision antiparlementaire de 1958 participe du pessimisme, même si elle peut se réclamer du réalisme, au vu des expériences de 1875 et de 1946. Cependant, contre toute attente, elle devait être dissipée, à partir de 1962, lorsqu'à la suite

(16) Le 27 août 1958, devant le Conseil d'État, il déclare : *Ah ! si nous avions la possibilité de faire surgir demain une majorité nette et constante... Parce qu'en France, la stabilité gouvernementale ne peut résulter de la loi électorale, il faut qu'elle résulte... de la réglementation constitutionnelle et voilà qui donne* [à la constitution] *son explication décisive et sa justification théorique.* A titre de comparaison, la doctrine traditionnelle avait été résumée par Léon Blum en 1946 : *Sur le principe qui est tout bonnement républicain, il n'y a ni compromis, ni conciliation possible : le premier et le dernier mot doivent appartenir à l'assemblée élue au suffrage universel direct.*

(17) Mais, en pratique, il en fut autrement (C.C., 30 juillet 1982, *Blocage des prix et des revenus, C.C.F.*, p. 276) (V. *chapitre IV*).

d'un miracle électoral, *le fait majoritaire,* ou l'*identité* entre les majorités parlementaire et présidentielle, s'installe au Palais Bourbon et soude le Gouvernement à sa majorité, au point de remodeler le visage de la Ve République.

En définitive, le régime parlementaire restauré en 1958 offre un aspect diversifié, tour à tour *orléaniste, moniste* et *rationalisé,* selon que l'on envisage le chef de l'État, le Gouvernement et les assemblées (18).

§ 2 LA FÉCONDITÉ DE LA PRATIQUE DE LA CONSTITUTION DE 1958

Des intentions à la réalité, qu'est-il advenu de cette *démocratie bien ordonnée ?* (R. Aron) Pour l'essentiel, elle a échappé aux prévisions de ses auteurs. Rarement, en effet, un régime sera à ce point infidèle à sa constitution, au point de la récuser initialement. La doctrine ne s'y est guère trompée, lorsqu'elle évoque une *constitution buissonnière* ou *caméléon*. Selon une démarche *crescendo,* la dynamique de la Ve République est à l'origine d'une série de *découvertes :* la consolidation des institutions ; la recomposition du système partisan ; la diversification du régime politique et la promotion de l'État de droit.

A. LA CONSOLIDATION DES INSTITUTIONS

La Ve République a conféré la durée aux institutions. En cédant à une énumération à la Prévert, la France a connu, à ce jour, 5 chefs d'État (en faisant abstraction du président intérimaire, Alain Poher en 1969 et 1974) ; 15 premiers ministres, 27 Gouvernements et *aucune* crise ministérielle, au sens strict de l'expression (19). La Ve République a établi, par voie de corollaire, des performances inégalées : celle de la longévité pour un président (François Mitterrand, 14 ans) ; un Gouvernement (celui de Michel Debré : 3 ans, 3 mois : janvier 1959 à avril 1962) et un premier ministre : Georges Pompidou est demeuré sans discontinuité à Matignon, 6 ans et 3 mois avant d'être *mis en réserve de la République* (avril 1962-juillet 1968). Une stabilité rehaussée, par l'exercice régulier de l'alternance (6 fois entre 1981 et 1997), aucune majorité parlementaire n'ayant été reconduite. C'est ainsi que, pour la première fois, la gauche a pu accéder au pouvoir et plus encore y demeurer une décennie avec François Mitterrand avant d'y revenir en 1997. *La France se gouverne enfin raisonnablement* (F. Mauriac).

La pérennité du régime est le fruit d'une démarche *institutionnelle* et *partisane.* Le recours simultané à l'arbitrage présidentiel et au parlementarisme rationalisé, en 1958, a répondu à cette première logique, largement occultée par la personnalité du général de Gaulle ; *l'homme-constitution* (J. Fauvet). Depuis 1962, les partis politiques ont pris avantageusement le relais, dans le cadre d'une logique *bipolaire* (droite-gauche), ou d'un bipartisme à la française (R.P.R.-U.D.F./P.S.), en donnant naissance à un *système majoritaire.* A l'usage, celui-ci se révèle être le meilleur garant du régime. Une autre

(18) V. D. Turpin : *Le régime parlementaire,* 1997, p. 25.

(19) Sans doute, en apparence, une motion de censure a atteint, le 5 octobre 1962, le Gouvernement Georges Pompidou. Mais à dire vrai, recourant à la politique du bouc émissaire, les députés entendaient s'opposer au référendum relatif à l'élection populaire du chef de l'État, en visant à travers ce dernier, le général de Gaulle lui-même. Au reste, son nom figurait *expressément* dans ladite motion. Par ailleurs, à l'instar de la Grande-Bretagne, on note l'existence de crise *intra-majoritaire* ou crise sèche. Le manifeste des présidents gaullistes des commissions de l'Assemblée nationale, le 12 juillet 1971, sera à l'origine, l'année suivante du remplacement de Jacques Chaban-Delmas, à Matignon, par Pierre Messmer.

explication a été avancée par François Furet : la Ve République serait la synthèse opérée entre les tempéraments monarchique et démocratique entre lesquels les Français étaient écartelés jusque-là. Pourquoi ne pas saluer, en effet, la *démonarchie* ? (J. Georgel) (20).

B. LA RECOMPOSITION DU SYSTÈME DES PARTIS POLITIQUES

Hostile aux partis, la Ve République ne les a pas moins favorisés. Dans une vision anachronique, ces *féodaux des temps modernes*, selon le général de Gaulle, devaient être marginalisés. L'élection populaire du président de la République, décidée en 1962, poursuivait cette finalité. On demeure confondu devant cette interprétation qui devait aboutir exactement au résultat inverse. En se rendant maître de cet incomparable levier, les partis ont été transfigurés. Cependant, l'effet *structurant* (art. 7 C) et *entraînant* de l'élection présidentielle serait incomplet, sinon défait, s'il ne s'accompagnait pas, en vue des élections législatives, du scrutin majoritaire, dont on connaît, l'efficacité et la contrainte. La France offre l'exemple rare d'un pays ayant remodelé, en quelques années, son système partisan, au moyen de ce *combinatoire* (J.-L. Parodi). La bipolarisation est, sans conteste, l'une des conquêtes majeures du régime. Elle présente, au surplus, l'avantage d'offrir un choix clair aux électeurs. Il a appartenu, enfin, pour la première fois, à la Ve République, de consacrer le rôle des partis (art. 4 C) et de financer leurs activités (loi du 11 mars 1988).

C. LA DIVERSIFICATION DU RÉGIME POLITIQUE

Un souverain, deux pouvoirs (21). En effet, le dualisme qui caractérise la Ve République peut être ramené à un conflit de précellence, selon que les majorités présidentielle et parlementaire s'harmonisent ou se contredisent. Au premier cas, il s'identifie à la prééminence présidentielle ; au second, à la prédominance gouvernementale. Cette *indétermination*, liée à l'expression de la volonté populaire, est à l'origine, soit d'un régime présidentialiste (*vrai-faux* régime présidentiel, en vérité), soit d'un régime parlementaire dans le cadre de la *cohabitation*.

C'est la raison pour laquelle, il est utile de se référer aux *jeux alternatifs* du régime, ou aux *deux lectures* qui en font le charme. Cependant, une *constance* est venue atténuer la portée de ce phénomène gigogne : le Parlement demeure sous la dépendance de l'exécutif, au même moment où le Conseil constitutionnel installe le *gouvernement de la constitution* (G. Vedel) face au bloc du pouvoir.

D. LA PROMOTION DE L'ÉTAT DE DROIT

Par une nouvelle ruse de l'histoire, le Conseil constitutionnel, après s'être émancipé du pouvoir exécutif, le 16 juillet 1971 (*Liberté d'association, G.D.*, p. 244) en vue d'assurer

(20) Le mimétisme au plan municipal est manifeste : *c'est ainsi que la République locale a maintenu sans anachronismes des formes monarchiques,* observe A. Mabileau : De la monarchie municipale à la française, *Pouvoirs* n° 73, 1995, p. 17.

(21) G. Burdeau : La conception du pouvoir selon la constitution du 4 octobre 1958, *R.F.S.P.* 1959, p. 94.

le service des libertés est devenu un *contre-pouvoir,* à l'issue de l'élargissement de sa saisine (L.C. du 29 octobre 1974) et de l'alternance. L'importance de cette mutation autorise à parler de *la fin de la préhistoire* de la Ve République (P. Avril).

Simultanément à l'affermissement du *contrôle de constitutionnalité* de la loi (art. 61 C) et de celui de *contrariété* du traité (art. 54 C) (CC, 2 septembre 1992, *Traité sur l'Union européenne, chr.* n° 64, p. 195), les juges ordinaires se reconnaissent désormais compétents pour statuer sur la *conventionnalité* de la loi, en cas d'opposition, avec un engagement international ou communautaire (art. 55 C) (Cass., 24 mai 1975, *Société des cafés Jacques Vabre, A.J.D.A.,* 1975-II, p. 567, note, J. Boulouis ; C.E., 20 octobre 1989, *Nicolo, chr.,* n° 53, p. 175). L'État de droit est donc bien une idée nouvelle en France, d'autant plus que depuis 1981, les justiciables disposent du droit de recours devant la C.E.D.H., après épuisement des procédures internes (*C.C.F.* p. 171).

Au final, la réussite de la Ve République s'impose à la réflexion. Par une ironie du sort, celle-ci a mis un terme à *l'exception française,* selon la formule de François Furet, en réhabilitant tour à tour le pouvoir gouvernemental et celui des juges. La supériorité principielle de l'exécutif s'allie désormais à la passion du droit. Dans le même temps, elle démontrait avec brio son aptitude à maîtriser les situations politiques les plus opposées, nées de l'identité, de la contrariété ou de la relativité (1988-1993) entre les majorités présidentielle et parlementaire. S'il est vrai que l'on juge un arbre à ses fruits, le régime actuel peut prétendre, en toute humilité, être érigé en référence ou en bon modèle d'exportation. L'adhésion de la Russie, après l'Afrique francophone, en apporte une preuve éclatante.

Il est expédient, dans ces conditions, de remonter aux *sources* de la constitution, en observant que, tout bien considéré, elle a moins innové que consacré un courant d'idées qui se prononçait depuis des décennies pour une nouvelle culture politique.

SECTION II — LES ORIGINES DE LA CONSTITUTION DE 1958

Dans cette perspective, la Ve République se situe au point de rencontre d'une cause *conjoncturelle* (la crise de la décolonisation) et d'une cause *structurelle* (la crise des institutions).

§ 1 LA CRISE DE LA DÉCOLONISATION

La IVe République est morte du mal de la décolonisation en Algérie, qu'elle n'a pu prévenir ni guérir. La rupture, qui se produit à Alger, le 13 mai 1958, à la suite d'un coup d'État militaire, débouche sur le retour au pouvoir du général de Gaulle, le 1er juin. Élaborée sous sa direction et approuvée par la nation, la nouvelle constitution est promulguée le 4 octobre 1958 (22).

(22) Instruit par les précédents de Gaston Doumergue, en 1934, et de Pierre Mendès France, vingt ans plus tard, le général a posé d'emblée le *préalable* constitutionnel. V. J. GICQUEL : Les visions des auteurs du texte, *in La constitution de la Cinquième République,* p. 55.

A. LA GUERRE D'ALGÉRIE

Le mouvement nationaliste algérien, incarné par le F.L.N. déclenche l'épreuve de force, le 1er novembre 1954, dans les Aurès et en Kabylie. Rapidement, l'armée française, se détournant des leçons de Clausewitz pour celles de Mao Zedong, prend fait et cause pour la population européenne, et place le pouvoir civil, devant le fait accompli.

1° La rébellion de l'armée

Survenant après l'arraisonnement, en octobre 1956, d'un avion marocain qui transportait des chefs historiques de la rébellion, c'est le bombardement du village tunisien de Sakiet-Sidi-Youssef, en février 1958, qui est la cause directe de la chute de la IVe République. Le cabinet Félix Gaillard est renversé, le 15 avril, à la suite d'une interpellation de Jacques Soustelle, pour avoir accepté les conclusions d'une médiation anglo-américaine, en vue de la reprise des relations diplomatiques avec la Tunisie et engagé, par voie de conséquence, un processus d'internationalisation du conflit. Après de vaines tentatives de dénouement, la crise ministérielle se transmue en crise institutionnelle, au soir du 13 mai. A Alger, l'armée met en place un comité de salut public, tandis qu'à Paris, Pierre Pflimlin, qui parle un langage libéral à l'égard du F.L.N., est investi président du conseil. *Deux gouvernements* s'installent, l'un légal, l'autre insurrectionnel, dans l'attente d'un recours (23).

2° L'appel au général de Gaulle

L'armée, noyautée par les gaullistes, fait pression sur le ministère. Sur ces entrefaites, le général de Gaulle pour hâter les événements, se décide à rompre, le 15 mai, le silence de trappiste dans lequel il s'était enfermé depuis des années. Dans un communiqué remis à la presse, il se déclare *prêt à assumer les pouvoirs de la République*. Mais le cabinet ne cède pas encore et, pendant une période de quinze jours, on assiste à une campagne d'intoxication, en particulier, au *putsch miniature* de la Corse puis à une intervention de René Coty, président de la République, qui se tourne, le 29 mai, vers le général de Gaulle et lui propose la présidence du conseil. Il avertit l'Assemblée nationale qu'il démissionnera s'il est désavoué par elle.

Après d'ultimes entretiens, le général de Gaulle, dans le respect des institutions, accepte de solliciter l'investiture de l'Assemblée nationale. Celle-ci lui est accordée, le 1er juin, par 329 voix contre 224. La IVe République a vécu. Le nouveau Gouvernement obtient sur-le-champ une délégation de pouvoir législatif et surtout *constituant*. A cet égard, la loi constitutionnelle du 3 juin 1958 est la *base légale* à partir de laquelle les nouvelles institutions vont être édifiées (24).

B. LA MISE EN PLACE DE LA CONSTITUTION DE 1958

Obsédé par son personnage historique (l'homme du 18 juin et de la Libération) et, tenant compte du rapport de forces, le général de Gaulle accepte d'être guidé dans son action. Au terme d'une démarche *transactionnelle* avec la classe politique, l'opération constituante est menée, avec célérité, au cours de l'été et achevée à l'automne.

(23) V. J.-M. DENQUIN : *Genèse de la Ve République,* 1988 ; F. ROUVILLOIS : *Les origines de la Ve République,* 1998.

(24) Officiellement, cette loi se présente comme une révision de la clause de révision (ô ironie !), de la constitution de 1946 (art. 90), à l'image de la *souveraineté* du pouvoir constituant. Du reste, la procédure avait été engagée, en 1955, avec l'adoption d'une *résolution.* En fait, sous couvert de révision, on assiste, comme en 1940, à une *révision-abrogation.* Enfin, on remarquera que pour la première fois dans notre histoire, le passage d'un régime à un autre s'opère dans la légalité, sans répudiation brutale.

1° Les dispositions de la loi constitutionnelle du 3 juin 1958

De prime abord, cette loi est *étrange*. Elle *lie*, de manière inattendue, le pouvoir constituant originaire, tant au fond qu'en la forme, afin d'éviter tout rapprochement fâcheux avec le blanc-seing accordé par le Parlement, le 10 juillet 1940, au maréchal Pétain (25).

a) *Les conditions de fond*

Le Gouvernement investi s'engageait à mettre en œuvre cinq principes, appelés bientôt les *cinq bases*, ci-après :

Il est entendu que, *seul, le suffrage universel est la source du pouvoir. C'est du suffrage universel ou des instances élues par lui que dérivent le pouvoir législatif et le pouvoir exécutif.* Le 19 mai 1958, le général de Gaulle avait rappelé : *La République ! Il fut un temps où elle était reniée, trahie par les partis eux-mêmes. Alors moi, j'ai redressé, ses armes, ses lois, son nom... Croit-on, qu'à 67 ans, je vais commencer une carrière de dictateur ?*.

La seconde *base* énonce : *Le pouvoir exécutif et le pouvoir législatif doivent être effectivement séparés, de façon que le Gouvernement et le Parlement assument, chacun pour sa part et sous sa responsabilité, la plénitude de leurs attributions.* On notera l'appel insistant à la séparation des pouvoirs, technique avérée de refoulement de la puissance législative afin de libérer la puissance exécutive.

Le Gouvernement doit être responsable devant le Parlement. Cette condition révélatrice implique la mise en œuvre d'un *régime parlementaire,* à *l'exclusion* de tout autre (26).

L'autorité judiciaire doit demeurer indépendante pour être à même d'assurer le respect des libertés essentielles, telles qu'elles sont définies par le préambule de la constitution de 1946 et par la Déclaration des droits de l'homme à laquelle celui-ci se réfère. Mais il faudra attendre la L.C. du 27 juillet 1993 pour y tendre (V. Conseil supérieur de la magistrature, *chapitre* III).

Enfin, *la constitution doit permettre d'organiser les rapports de la République avec les peuples qui lui sont associés.* Dans la perspective ouverte par la loi-cadre Defferre du 23 juin 1956, la Communauté franco-africaine et malgache mise en place achèvera le processus de décolonisation *pacifique* et la marche à l'indépendance, deux ans plus tard. Seule la Guinée refusera d'y entrer, en 1958.

b) *Les conditions de forme*

La loi du 3 juin 1958 fixe également la procédure *dérogatoire* selon laquelle la nouvelle constitution doit être établie : le Gouvernement élabore un avant-projet ; recueille les *avis d'un organe ad hoc,* le Comité consultatif constitutionnel (C.C.C.), composé de deux tiers de parlementaires désignés par leurs pairs (27) et du Conseil d'État, dans l'exercice de sa fonction consultative (28) ; adopte le projet et le soumet au peuple, pour ratification, afin de satisfaire la logique démocratique.

(25) V. S. ARNÉ : La prise du pouvoir par le maréchal Pétain (1940) et le général de Gaulle (1958), *R.D.P.* 1969, p. 48.

(26) Dès ce moment, résulte une tension, sinon une contradiction entre la seconde et la troisième *bases.* L'une, en effet, pousse à une séparation réelle des pouvoirs, dans le sens présidentiel, tandis que l'autre s'en détourne, au profit du régime parlementaire. Deux pas en avant, un pas en arrière, somme toute, à la manière de la célèbre procession d'Echternach. V. J. GEORGEL : *Critiques et réformes des constitutions de la République,* 1960 ; G. BERLIA : La crise constitutionnelle de mai-juin 1958, *R.D.P.* 1958, p. 918 et L'élaboration et l'interprétation de la constitution de 1958, *ibid.,* 1973, p. 485.

(27) Présidé par Paul Reynaud, le C.C.C. a donné son aval aux nouvelles institutions. Ce qui ne manque pas de saveur compte tenu de sa composition.

(28) V. J.-L. PEZANT : in *L'écriture de la constitution de 1958,* 1992, p. 509.

2° L'élaboration de la constitution

Le cadre et la procédure étant ainsi fixés, le Gouvernement du général de Gaulle se met immédiatement à l'ouvrage. Un groupe de travail, présidé par Michel Debré, garde des sceaux, trace l'ébauche de la nouvelle constitution ; un *comité interministériel* en arrête les grandes lignes (29) et le conseil des ministres adopte l'avant-projet, le 29 juillet. Celui-ci est transmis au C.C.C., qui y adhère, en dehors de quelques modifications concernant la décolonisation, ainsi que les futurs articles 16 et 23 (*T.P.* II, 1988), tandis que le Conseil d'État, intimement associé à l'entreprise, peaufine la rédaction, tout en se livrant à une bataille d'arrière-garde, en ce qui concerne la nouvelle répartition entre les domaines de la loi et du règlement (art. 34 et 37) (30). En tenant compte de certains avis émis, le Gouvernement apporte des retouches à son texte et le soumet à la décision du peuple, par référendum, le 28 septembre 1958. Dans un climat consensuel, seuls le P.C.F. et des personnalités (Pierre Mendès France, François Mitterrand) se prononcent pour le non, la constitution est *joyeusement approuvée* par 80 % de oui, comme le général de Gaulle l'avait appelé de ses vœux, douze ans plutôt à Bayeux : une constitution parlementaire rénovée comportant une présidence arbitrale. Le 4 octobre, le président de la République (René Coty) la promulgue (31). La prophétie gaullienne vient de s'accomplir sur ces entrefaites.

§ 2 LA CRISE DES INSTITUTIONS

La constitution de 1958 répond, certes, aux souhaits d'une personnalité exceptionnelle (*constitution sur mesure* et non en prêt-à-porter, opinera le doyen Vedel), mais, à titre principal, à la *logique,* longtemps contrariée, d'une société moderne, conformément au mot d'ordre lancé par Jules Ferry, à Bordeaux, dès 1885 : *La République doit être un Gouvernement.* En d'autres termes, contrairement à l'opinion reçue, la constitution de 1958 ne relève point d'un phénomène de génération spontanée. Elle consacre, par un effort spectaculaire de synthèse, une tendance, appelée le *mouvement de la réforme de l'État* ou le *révisionnisme* qui, dès les années 1930, contestait le régime d'assemblée et se prononçait pour la restauration de l'autorité exécutive. En bref, la Ve République est une *héritière* ou *un point d'aboutissement* ainsi que l'atteste ses origines (32).

(29) Présidé par le général de Gaulle, et animé par Michel Debré, ce comité a été la cheville ouvrière. Son rôle a été déterminant. Les ministres d'État (Guy Mollet, Pierre Pflimlin, Louis Jacquinot et Félix Houphouët-Boigny) et le vice-président du Conseil d'État (René Cassin) y ont siégé du 13 juin au 1er septembre 1958. V. M. DEBRÉ : *Mémoires* (t. II, *Trois Républiques pour la France*), 1988, p. 349 ; G. MOLLET : *Quinze ans après...,* 1973, p. 12 ; *T.P.*, I, p. 245.

(30) Un décret du 8 juin 1984 a créé, sous l'autorité du premier ministre, un comité national chargé de la publication des travaux préparatoires de la constitution. Trois volumes ont été publiés en 1987 : l'avant-projet du 29 juillet 1958 ; en 1988, l'avis émis par le C.C.C. et en 1991, celui formulé par le Conseil d'État. La valeur historique, à défaut d'être officielle de ces documents (seule une assemblée peut être à l'origine, au sens strict du terme, de travaux préparatoires) constitue un instrument incomparable ; un prodigieux gisement intellectuel.

(31) En dehors du combat d'arrière-pensées, l'accord a été réalisé sans difficultés sur le thème du parlementarisme rénové. En contre-partie, la célérité est à l'origine de nombreuses malfaçons rédactionnelles. René Capitant affirmera que la constitution de 1958 *est la plus mal rédigée de notre histoire. La forme restera une cause d'humiliation permanente pour ceux qui ont tenu la plume* (préface à L. HAMON : *De Gaulle et la République,* 1958, p. 14).

(32) V. N. WALH : Aux origines de la nouvelle constitution, *R.F.S.P.* 1959, p. 30 ; M. WALINE : Le mouvement des idées constitutionnelles dans les facultés de droit françaises au cours du premier tiers du XXe siècle, *Mél. Jean-Jacques Chevallier,* 1977, p. 259 ; D. MAUS : *Études sur la constitution de la Ve République,* 1990.

A. LES SOURCES IMMÉDIATES

La constitution de 1958 procède de *trois sources* (A. Siegfried) différentes, mais convergentes, émanant du général de Gaulle, de Michel Debré et des ministres d'État.

1° L'apport du général de Gaulle

Dans un discours flamboyant prononcé à Bayeux, le 16 juin 1946, le général de Gaulle énonce sa conception de l'État et des institutions (33). Il se réclame des principes organisateurs de la *souveraineté populaire, de la séparation des pouvoirs,* en vue de briser l'absolutisme parlementaire et, de celui, inédit, d'un *arbitrage national* confié au président de la République, *qui au-dessus des contingences [puisse] fasse valoir la continuité au milieu des combinaisons.* (34)

Dans un régime parlementaire, le chef de l'État, élu par un *collège élargi* englobant et débordant le Parlement, nomme les ministres et le premier d'entre eux, en vue de préserver *ces choses sacrées, que sont l'unité, la cohérence et la discipline intérieure du Gouvernement.* Au titre de l'arbitrage, il lui appartient de prononcer la dissolution de l'Assemblée et, en cas de péril de la patrie, de se porter à son secours (préfiguration de l'article 16 C). Cet *autoportrait* (J. Lacouture) se poursuit par le choix en faveur d'un Parlement bicaméral, comprenant une Assemblée nationale et un Sénat composé d'élus et de représentants des groupes d'intérêts.

En résumé, le discours de Bayeux s'analyse, tout à la fois, en une *anti-constitution*, au moment où il est prononcé *(supra)* et une *pré-constitution* en annonçant celle de 1958. On a prétendu qu'il en constituait le *brouillon.* En effet, tout s'y trouve annoncé (à l'exception du référendum, traité par prétérition et du contrôle de constitutionnalité de la loi) jusqu'à y compris la réforme de 1962 et la tentative de révision de 1969, qui devait entraîner la démission du général (*infra*). Restent que le souvenir de 1940 et le problème algérien justifient la volonté manifestée, en 1958, par celui-ci de redresser l'État et de conférer à son chef, l'autorité nécessaire.

2° L'apport de Michel Debré

Il concerne, en premier lieu, la *rationalisation* du régime parlementaire et, en particulier, l'organisation du travail des assemblées sous direction gouvernementale (art. 39 C et s.) et, en second lieu, la remise en ordre du domaine *normatif,* par une distinction nouvelle entre le domaine de la loi et celui du règlement (art. 34 et 37), à laquelle il a pensé, dès 1943 (*Mémoires,* t. II, p. 377), et sa protection, confiée au Conseil constitutionnel (art. 56 et 61).

3° L'apport des ministres d'État

Les anciens présidents du conseil de la IVᵉ République, devenus les ministres du général de Gaulle (Guy Mollet et Pierre Pflimlin) se sont évertués à mettre en œuvre la formule du *Gouvernement de législature* en reprenant à leur compte les *ultimes* efforts du régime défunt en faveur de l'exécutif (art. 49 C, al. 2 : renversement du *fardeau de la preuve* concernant la motion de censure selon le projet Gaillard de janvier 1958 ; art. 38 : constitutionnalisation de la législation déléguée et art. 49, al. 3 : adoption *implicite* de la loi au cas où aucune motion de censure n'est déposée dans les 24 heures en réplique à la question de confiance, d'après le projet Pflimlin, en mai 1958) (*Pouvoirs* nº 76, 1996, p. 129 et 137) (35).

(33) V. F. GOGUEL : Les circonstances politiques du discours *in Le discours de Bayeux.* Hier et aujourd'hui, actes du colloque de Bayeux, 1991, p. 29 ; J. GICQUEL : L'analyse littérale, *ibid.*, p. 37.

(34) Le discours prononcé à Épinal, le 29 septembre 1946 s'inscrit dans cette perspective. V. *Le discours d'Épinal, Rebâtir la République,* 1997.

(35) V. J. GICQUEL : Le rôle des ministres d'État ; *in L'écriture de la constitution de 1958,* 1992 p. 777 ; R. LECOURT : L'origine mouvementée de l'article 49, alinéa 3 C, *France-Forum,* 1992, p. 777.

Au-delà, la constitution de 1958 puise son inspiration dans un mouvement ancien, appelé *le révisionnisme* ou *la réforme de l'État.*

B. LES SOURCES MÉDIATES

Le régime de 1958 recueille l'héritage des Républiques précédentes, dont le dérèglement devait *susciter le désir de la guérison* (Charles de Gaulle).

1° L'héritage révisionniste de la IIIe République

Le régime de 1875 présente deux versants : celui de la République triomphante, puis déclinante dans l'entre-deux-guerres. La transformation du rôle de l'État et d'une manière générale, de l'environnement socio-économique, consécutif à la *grande dépression,* provoque en réaction, une condamnation du régime d'assemblée (36).

a) *Les préoccupations révisionnistes*

Le désarroi institutionnel des années 1930 ne pouvait laisser indifférent, ni les juristes, ni certains acteurs politiques.

La doctrine constitutionnaliste (37) se soucie de remédier à la faiblesse de l'exécutif en s'attaquant à la souveraineté parlementaire : Joseph-Barthélémy se déclare partisan de la rationalisation de la procédure législative, par une refonte du *règlement* des assemblées. De son côté, Raymond Carré de Malberg, propose l'introduction du référendum et du contrôle de constitutionnalité des lois, comme remèdes aux excès du régime représentatif (38). Quant au doyen Maurice Hauriou, il présente avec une belle audace intellectuelle la thèse de *la primauté du pouvoir exécutif,* préconisant à son tour l'établissement d'un contrôle de constitutionnalité des lois et plus encore l'idée de l'élection *populaire* du chef de l'État (39). Autant de pères spirituels de la Ve République.

Pour leur part, les acteurs politiques apportent une utile contribution au débat d'idées. A gauche, Léon Blum, en publiant la *réforme gouvernementale,* en 1936, entend réserver au chef du gouvernement un rôle *essentiel*, celui d'animateur et de coordonnateur de l'activité ministérielle, d'une part et de directeur du travail parlementaire, d'autre part. En 1945, il se prononce pour le régime présidentiel *(A l'échelle humaine).* A droite, André Tardieu, dans des ouvrages, au titre incisif (*L'heure de la décision,* 1934, *le Souverain captif,* 1936) poursuit une préoccupation analogue. En dehors de la renaissance du droit de dissolution, son véritable cheval de bataille, celui-ci se prononce en faveur de l'introduction du droit de vote et l'éligibilité des femmes ; du référendum et de la limitation stricte du pouvoir des parlementaires, en matière budgétaire. Ses idées seront à l'origine d'une tentative de révision de la constitution, en 1934.

b) *Les réalisations révisionnistes*

Après l'expérience du président Millerand, entre 1920 et 1924, à laquelle mis fin le Parlement, Gaston Doumergue présente, au lendemain des événements du 6 février 1934, un projet de révision,

(36) V. J. GEORGEL : *Critiques et réforme des constitutions de la République,* 1959-1960.

(37) V. J. GICQUEL : *Le problème de la réforme de l'État, en France, en 1934,* 1965.

(38) Le maître de Strasbourg a été influencé par la constitution allemande de 1919, la *grand-mère indigne* (P. Avril), dans sa volonté de restituer la souveraineté au peuple souverain. D'où sa vision du monisme au sommet de l'État et du dualisme à la base : le Parlement et l'Exécutif, issus de la volonté populaire et responsables devant elle, sont érigés en *foyers de volonté* distincts (Considérations théoriques sur la question de la combinaison du référendum avec le parlementarisme, *R.D.P.* 1931, p. 225). V. A. LE DIVELLEC : Parlementarisme dualiste : Entre Weimar et Bayeux, *R.F.D.C.* 1994, p. 747.

(39) L'élection du président par le peuple sera *le contrepoids à l'oligarchie parlementaire* précise-t-il, suivant l'exemple allemand de 1919 (*Droit constitutionnel,* 1923, p. 388). La thèse de la primauté est systématisée en 1929 (2e éd., p. 383).

centré sur le droit de dissolution. Effrayés, les députés provoquent sa chute. Cependant, dans la pratique, une transformation se dessine en faveur de l'exécutif. Le système des *décrets-lois* devient à cette époque un procédé régulier de gouvernement. En 1940, le Parlement renonce même, à l'exercice du pouvoir constituant et le délègue au maréchal Pétain. Le révisionnisme devait, du reste, achever son parcours à Vichy. Le projet de constitution de 1944 (40) possède, à cet égard, un certain air de famille (en dehors des hommes et des circonstances) avec le texte de 1958, dès lors qu'ils s'abreuvent à une même source. Toutefois, la restauration du *parlementarisme absolu* sous la IVe République allait susciter, à nouveau, la contestation révisionniste à partir des années 1950.

2° L'héritage révisionniste de la IVe République

Il est aisé de récuser le régime de 1946. Toutefois à la réflexion, il ne mérite pas cette indignité. Car, au milieu de graves difficultés, il ne s'est pas abandonné à la facilité.

a) *Les préoccupations révisionnistes*

Selon une démarche parallèle, penseurs et acteurs conjuguent leurs efforts.

La doctrine envisage le *rééquilibrage* des institutions, soit dans le cadre *rénové* du parlementarisme rationalisé, André Hauriou préconisant à cette fin la formule du *Gouvernement de législature* (41), soit dans le cadre *transformé* de l'élection *populaire* du titulaire de l'exécutif. Le doyen Georges Vedel se prononce, à ce titre, pour un régime présidentiel tandis que Maurice Duverger se réclame du néo-parlementarisme (42).

Au plan politique, le gaullisme lance un assaut contre le *système,* terme méprisant, s'il en est. Le général et ses compagnons n'auront, dès lors, de cesse de le combattre à partir du discours de Bayeux, en 1946, par le verbe, et au moyen du *Rassemblement du peuple français* (R.P.F.), véritable fer de lance, l'année suivante, avant de l'abattre à la faveur des circonstances propices de 1958 (43).

Cependant, il serait injuste de ne pas mentionner l'effort méritoire, même s'il n'a pas été toujours couronné de succès, de la classe politique de la IVe République, consciente de l'imperfection de l'outil institutionnel.

b) *Les réalisations révisionnistes*

En octobre 1946, au moment où le peuple était appelé derechef à se prononcer sur le projet de constitution *(supra),* le M.R.P. qui assumait la responsabilité principale, adoptait un slogan révélateur : *Votez la constitution afin de la réformer.*

Cette préoccupation constante d'*adaptation* des institutions à la modernité sous la IVe République a emprunté une démarche, tantôt *empirique,* tantôt *systématique*. On voudrait le marquer, en quelques mots. En dépit de l'interdiction formulée à l'article 13 de la constitution de 1946, la *législation déléguée* renaîtra avec la loi André Marie du 17 août 1948. Qui plus est, cette dernière prépare la *révolution juridique* de 1958, en esquissant, pour la première fois (44), une répartition des matières entre le domaine de la loi et celui du règlement (futurs articles 34 et 37 C).

(40) V. *Les constitutions et les principales lois politiques de la France,* 7e éd., 1952 (par G. Berlia), 1952, p. 386.

(41) A. HAURIOU : La réforme des institutions politiques, *Les cahiers de la République,* 1956, p. 88 ; et F. GOGUEL : Comment réformer les institutions politiques françaises ? *Rev. int. d'histoire politique et const.,* 1954, p. 174.

(42) G. VEDEL : *Le régime présidentiel,* communication à l'Académie des sciences morales et politiques, 1957, p. 260. V. au surplus, H. TAŸ : *Le régime présidentiel en France,* 1968.

(43) V. également M. DEBRÉ : *La mort de l'État républicain,* 1947, *Ces princes qui nous gouvernent,* 1957 et Trois caractéristiques du système parlementaire français, *R.F.S.P.* 1955, p. 21. En outre, l'auteur, à l'unisson de René Capitant, réclame l'instauration du scrutin majoritaire, en vue des élections parlementaires.

(44) La procédure laisse toutefois, à ce moment, au Parlement la possibilité de revenir en arrière, ce qu'il n'est plus à même de faire depuis 1958 V. P. AVRIL et J. GICQUEL : La IVe entre deux Républiques, *Pouvoirs* n° 76 p. 27.

Dans le même ordre d'idées, le cabinet recouvre une liberté d'allure concernant le projet du budget sur la base du décret du 19 juin 1956, qui, pour une part importante, servira de référence à l'article 47 C et à l'ordonnance du 2 janvier 1959.

En outre, la révision constitutionnelle a œuvré dans le même sens : celle tout d'abord, de 1954, qualifiée hâtivement de *réformette* est significative avec le rétablissement des sessions parlementaires (ce qui procure un *répit* au ministère) et l'assouplissement des procédures d'investiture et de dissolution ; les projets Gaillard et Pflimlin ensuite, adoptés en conseil des ministres en janvier et mai 1958, anticipent directement l'œuvre de la Ve République (*T.P.*, I, p. 213 et 225). Au premier cas, il s'agit, en effet, du renversement du fardeau de la preuve, en vue de favoriser la stabilité gouvernementale (actuel art. 49, al. 2) ; au second, de la constitutionnalisation de la pratique des décrets-lois (actuel art. 38) et de l'adoption d'une procédure originale d'adoption de la loi par les députés *sans vote* (actuel art. 49, al. 3).

Il résulte de ce qui précède, que la mutation de 1958 a été soigneusement préparée ; ce qui n'est guère surprenant, au demeurant, lorsque l'on veut bien se souvenir que le fait précède généralement le droit.

SECTION III **L'APPLICATION DE LA CONSTITUTION DE 1958**

Immuable et changeante : L'appréciation de Raymond Aron est pleinement justifiée. Aux termes de la loi du 3 juin 1958, la constitution met en place un régime parlementaire *rénové* (M. Debré). Cependant, en raison d'un rapport de forces défavorable, celui-ci s'est délité au contact des réalités, au lendemain de la révision opérée en 1962 (art. 6 et 7 C). Il a été alors supplanté par un régime *présidentialiste* identifié à l'autorité du chef de l'État. La logique majoritaire, tel un palimpseste, a effacé la constitution. Sans doute, le parlementarisme devait-il refleurir, en même temps que celle-ci, lors des brèves cohabitations de 1986 et 1993, mais pour mieux s'évanouir à leur issue. Mais qu'en adviendra-t-il au terme de la cohabitation de longue durée ouverte en 1997 ? L'inconstance dans la constance, ou la constitution *vaporeuse* (G. Vedel), en quelque sorte. Autrement dit, la *cohérence* du pouvoir l'a emporté sur la coexistence des pouvoirs. Dès lors, il importe de garder à l'esprit qu'à ce jour le présidentialisme est l'expression normale de la Ve République et le parlementarisme, son exception (45).

§ 1 L'INSTAURATION DU RÉGIME PRÉSIDENTIALISTE

Selon une démarche où le *pragmatisme* le dispute au volontarisme, c'est le général de Gaulle, élu chef de l'État le 21 décembre 1958, qui confronté à

(45) V. N. WAHL et J.-L. QUERMONNE (sous la direction) : *La France présidentielle,* 1995 ; P. AVRIL : *La Ve République. Histoire politique et constitutionnelle,* 2e éd., 1994 ; P. AUVRET : La revanche du régime parlementaire, *R.D.P.* 1997, p. 1231 ; J. MASSOT : La Ve République est-elle soluble dans la cohabitation ?, *Mél. Ph. Ardant,* 1999, p. 163.

la guerre d'Algérie est l'initiateur d'une pratique paradoxale. Au mépris du parlementarisme décidé par les constituants, celle-ci débouche sur un présidentialisme, *personnel* (le régime du *principat,* selon Pierre Avril) puis *impersonnel,* à partir de Georges Pompidou en 1969.

A. LA MARCHE AU PRÉSIDENTIALISME AVEC LE GÉNÉRAL DE GAULLE (1959-1969)

En systématisant, on peut avancer l'idée que le général de Gaulle a donné deux versions de ses options, à travers ce qu'il est convenu d'appeler successivement, la *constitution de 1962* et celle, découlant de sa mémorable conférence de presse, du 31 janvier 1964. En un mot, la constitution adoptée en 1958, était un *régime d'attente,* nonobstant les professions de foi parlementaires (46). C'est la guerre d'Algérie qui sera à l'origine de la déviation présidentialiste. En effet, dès *l'affaire des barricades,* en janvier 1960, le général de Gaulle prend en mains les destinées nationales et remplace la constitution par *la conduite du peuple par son guide* (47), terme par lequel on désigne le régime du recours ou du *sauveur.* Investi d'un mandat historique, le général est lié, tout au plus, par une *obligation de résultat* et nullement de moyens. Il rapporte à lui, tout le pouvoir, ou peu s'en faut, en vertu d'un incontestable *consensus* de l'opinion, tant publique que parlementaire. Mais *l'anesthésie politique* (J. Lacouture) sous laquelle la France était placée depuis 1958 s'achève, avec le retour de la paix en Algérie, au lendemain de la signature des accords d'Évian en 1962. La *crise de la normalisation* éclate alors entre le général et la plus grande partie de la classe politique, qui ne l'avait accepté, que comme un mal nécessaire. De cet affrontement, résultera une constitution gaulliste, non plus par résignation, mais par *inclination.*

1° La « constitution de 1962 » ou la constitution de Bayeux

L'avènement du présidentialisme date de 1962, en raison de la concomitance, entre l'élection populaire du chef de l'État décidée à cet instant, et l'arrivée d'une majorité de députés dévoués à sa cause.

La réforme constitutionnelle du 6 novembre 1962, qui décide que le chef de l'État sera désormais élu au suffrage universel direct, modifie moins l'équilibre de la constitution de 1958, qu'elle ne le *bouleverse* (48). Elle la pousse vers le *présidentialisme,* dès lors qu'elle fait du président de la République un *délégataire* et *dépositaire* de la souveraineté nationale, au sens de l'article 3 C, sans que, pour autant, soient supprimés les moyens d'action puissants dont il dispose à l'égard du Parlement (droit de dissolution ; possibilité d'en appeler au peuple par la voie du référendum, *etc.*). Ce qui correspond exactement à la conception exposée dès 1946 et que Léon Blum avait magistralement

(46) Pendant longtemps, la commisération a prévalu à l'égard de la constitution : une *pauvrette* (J. Fauvet), un *règlement d'atelier* ou une *enveloppe* (Ch. de Gaulle). V. F. GIRAUDET : *La Ve République : les années d'apprentissage (1958-1962),* thèse Paris-X, 1990.

(47) Interrogé, le 8 août 1958, devant le C.C.C., sur la question de savoir si le président de la République pourrait révoquer le premier ministre, le général de Gaulle répond : *Non. Car s'il en était ainsi, il ne pourrait pas effectivement gouverner. Le premier ministre est responsable devant le Parlement et non pas devant le chef de l'État en ce qui concerne la conjoncture politique* (*T.P.* II, p. 300). V. P. AVRIL : *Le régime politique de la Ve République,* 4e édit., 1979 ; J. GICQUEL : *Essai sur la pratique de la Ve République,* 2e édit., 1977.

(48) Pour inciter le corps électoral à voter *oui* au référendum, le général de Gaulle, dans son allocution télévisée du 20 septembre 1962, avait déclaré que *ni les droits respectifs, ni les rapports des pouvoirs ne sont modifiés du fait de l'élection du chef de l'État au suffrage universel.* Mais il est bien évident que cette interprétation ne correspond pas à la réalité. Sous couvert d'une modification, il s'agit, en fait, d'une *révision-fondation.*

résumée, de manière prophétique, à cet instant : *Le discours de Bayeux se déduit tout entier du principe de la séparation des pouvoirs, c'est-à-dire du partage de la souveraineté entre un exécutif et un législatif également délégataires du peuple, bien qu'à des titres différents. Dans ce système, le président de la République sera le chef effectif du Gouvernement et de l'administration, le président du conseil se trouvant, par contre, réduit au rôle d'un fondé de pouvoir, d'un homme de confiance, d'un porte-parole vis-à-vis du Parlement. J'ajoute que, pour le chef de l'exécutif ainsi conçu, l'élargissement du collège électoral ne saurait suffire. Toute souveraineté émanant nécessairement du peuple, il faudrait descendre jusqu'à la source de la souveraineté, c'est-à-dire remettre l'élection du chef de l'exécutif au suffrage universel. Là est la conclusion logique du système* (49).

En conséquence, la manière dont le général de Gaulle avait dirigé les affaires nationales au cours de la guerre d'Algérie, loin d'être exceptionnelle, sera demain habituelle, dès lors que le président, élu sur un programme, a la charge de le mettre en œuvre. Dans cette perspective, à l'appel du général de Gaulle, les élections législatives de novembre 1962 tournent au *miracle* : ses partisans triomphent et mettent en place le système ou le fait majoritaire (50) qui s'analyse en un mécanisme de *dévolution* de l'autorité au chef de l'État. En clair, à partir de cet instant, ce dernier ajoute à ses attributions constitutionnelles, des pouvoirs *politiques* découlant de sa qualité de *leader* de la majorité parlementaire. La *République nouvelle qui a pour origine, pour base et pour ressort, l'accord direct du peuple et de son guide* (51) est née. Il ne reste plus qu'à la systématiser. La conférence de presse prononcée, le 31 janvier 1964, en sera l'occasion.

2° La « constitution de 1964 » ou la constitution présidentialiste

A cette date, le général de Gaulle exprime le fond de sa pensée, lorsqu'il tient une conférence *constituante,* si l'on ose dire. Avec netteté, il établit le régime présidentialiste. Avec majesté, il justifie la *monarchie républicaine* que Michel Debré, dès 1944, appelait de ses vœux. Relisons les passages caractéristiques :

Il est normal... que le président de la République et le premier ministre ne soient pas un seul et même homme. Certes, on ne saurait accepter qu'une dyarchie existât au sommet de l'État. Mais justement il n'en est rien. Le président de la République, qui est l'homme de la nation, mis en place par elle-même pour répondre à son destin, qui choisit le premier ministre, qui le nomme, ainsi que les autres membres du Gouvernement, qui a la faculté de le changer, soit que se trouve accomplie la tâche qu'il lui destinait et qu'il veuille s'en faire une réserve, en vue d'une phase ultérieure, soit parce qu'il ne l'approuverait plus ; le président qui arrête les décisions prises dans les conseils, promulgue les lois, négocie et signe les traités, décrète ou non les mesures qui lui sont proposées, est le chef des armées, nomme aux emplois publics ; le président qui, en cas de péril, doit prendre sur lui de faire tout ce qu'il faut ; le président est évidemment seul à détenir l'autorité de l'État... Il doit être évidemment entendu que l'autorité indivisible de l'État est confiée tout entière au président par le peuple qui l'a élu, qu'il n'en existe aucune autre, ni ministérielle, ni civile, ni militaire, ni judiciaire qui ne soit conférée et maintenue par lui (52).

(49) V. L. Blum : *Le Populaire,* 21 juin 1946, et *Œuvres,* t. IV, p. 218.

(50) Le groupe gaulliste *(Union pour la nouvelle République)* (U.N.R.) frôle la majorité absolue qu'il atteint avec l'apport des républicains-indépendants, formation créée à cette date. V. A. Lancelot : *Les élections sous la Ve République*, 1983, p. 31.

(51) Ch. de Gaulle : Message à l'Assemblée nationale, 9 décembre 1962 (*Discours et messages,* t. IV, p. 48).

(52) V. G. Berlia : La conférence de presse du président de la République du 31 janvier 1964, *R.D.P.* 1964, p. 126.

Il résulte de cet entretien, que tout pouvoir procède du chef de l'État, car le peuple lui délègue sa souveraineté ; que le pouvoir décisionnel est rapporté à sa personne et les pouvoirs constitués ravalés au rang d'instruments de sa volonté. En se plaçant du point de vue du général de Gaulle, comment ne pas souscrire à son appréciation laudative, selon laquelle la France possède *les meilleures institutions de l'Occident.* Le régime présidentiel américain est loin du compte, face à *l'exercice solitaire du pouvoir,* selon l'accusation lancée par Valéry Giscard d'Estaing en 1967.

Le Parlement écarté du pouvoir, est réduit, en fait, à un rôle consultatif, telle jadis l'assemblée d'Alger, à l'époque de la Résistance, que le général supportait déjà à peine. Toutefois, cette ligne de conduite lui sera fatale : en 1968, la rue sera l'exécutoire du mécontentement en lieu et place des assemblées et, lorsque, le 27 avril 1969, il voudra anéantir, sous couvert de recrépir le Sénat, il se heurtera à la volonté souveraine du peuple.

B. LE MAINTIEN DU PRÉSIDENTIALISME

Je maintiendrai. Si elle n'était la devise de la Maison d'Orange, la formule conviendrait, semble-t-il, parfaitement pour caractériser l'action, sinon l'ambition de Georges Pompidou. Son mérite, et, en l'occurrence, il n'est pas mince, aura été d'*enraciner* et de *banaliser* le présidentialisme, que beaucoup estimaient lié d'une manière nécessaire au général de Gaulle ; en un mot, d'assurer le *retour à la normale,* selon son expression (53). A ce titre, il doit être regardé comme le *cofondateur* de nos institutions (G. Vedel). La concordance des majorités présidentielle et parlementaire ne se démentira pas ultérieurement.

1° Le présidentialisme confirmé sous Georges Pompidou (1969-1974)

Le général de Gaulle se prévalait volontiers de sa légitimité personnelle ou historique ; son successeur ne se réclamera que de la légitimité constitutionnelle ou démocratique. Mais, il en tirera toutes les conséquences, en s'appuyant ultérieurement sur le peuple, tour à tour au moyen du référendum du 23 avril 1972 (54) et des élections législatives de 1973.

Une vision simple et ample, tout à la fois, résume sa présidence : la *prééminence* du chef de l'État, reposant, tels des propylées majestueux, sur l'investiture populaire et un constant soutien parlementaire. D'où une structure *hiérarchisée* des pouvoirs : une autorité présidentielle sans partage, décidant de tout, supervisant tout et ne déléguant rien ou si peu, à l'inverse du général de Gaulle. *Il inclinait* observe Jacques Chaban-Delmas, *à suivre de près les affaires, quand il ne les précédait*

(53) V. G. POMPIDOU : *Le nœud gordien,* 1974 ; P. ROUANET : *Pompidou,* 1969 ; F. DECAUMONT : *La présidence de Georges Pompidou,* 1979 ; E. ROUSSEL : *Pompidou,* 2e éd., 1994 ; *Georges Pompidou, hier et aujourd'hui,* actes du colloque de Paris, 1990 ; *La contribution de la présidence de Georges Pompidou à la Ve Républiques,* actes du colloque d'Aurillac, 1995.

(54) Officiellement, l'objet était l'entrée de la Grande Bretagne dans la Communauté européenne. En pratique, il s'agissait pour le président de vérifier son autorité. Le P.S. dénonça cette manœuvre de politique interne. V. R. PIASTRA : Le référendum sous Georges Pompidou *in* colloque d'Aurillac, 1995, p. 273.

pas. En somme, une conception impérieuse autant qu'ombrageuse (55) : le premier ministre ne peut être que l'exécuteur de ses volontés. Si Jacques Chaban-Delmas s'est trompé de République, en revanche, à partir de 1972, Pierre Messmer s'y conformera. Du reste, dès sa première conférence de presse, le 10 juillet 1969, Georges Pompidou avait donné le ton en récusant l'interprétation parlementaire de la Ve République : *La primauté du chef de l'État lui vient de son mandat national. A la fois chef suprême de l'exécutif, gardien et garant de la constitution, le président est, à ce double titre, chargé de donner les impulsions fondamentales, de définir les directions essentielles, d'assurer et de contrôler le fonctionnement des pouvoirs publics ; il est à la fois, arbitre et premier responsable national.* Le 5 avril 1972, le propos se fera plus net lorsqu'il distingue, afin de mieux les opposer, *les élus du peuple* et *l'élu du peuple tout entier* (message au Parlement). En un mot, ce *que le général de Gaulle aura légué de meilleur à la France, c'est la prééminence du président. Je ne serai ni Mac-Mahon ni Jules Grévy. Je maintiendrai.* Tout est dit et bien dit (56).

Enfin, il a veillé, par personnes interposées à demeurer le chef de la majorité parlementaire, en choisissant les présidents des groupes gaullistes des assemblées ; distribuant les investitures en vue du scrutin de 1973 (57) et en se comportant en tuteur du parti dominant, dont il nomme pareillement les dirigeants.

Toutefois, la maladie allait contrarier le dessein de Georges Pompidou. Le projet de quinquennat, déposé à l'automne 1973, loin d'affaiblir l'autorité présidentielle poursuit le but opposé de l'affermir face aux députés, en faisant *coïncider* l'instant où la légitimité s'exprime. Ce projet sera, certes adopté, en application de l'article 89 C, par les deux assemblées, mais le chef de l'État en différera la ratification par le Congrès. Il décède le 2 avril 1974 et Valéry Giscard d'Estaing lui succède.

2° Le présidentialisme préservé sous Valéry Giscard d'Estaing (1974-1981)

C'est à l'instant où l'expression est consacrée (conférence de presse de 25 juillet 1974), que le présidentialisme a pu paraître affecté (58).

L'ère nouvelle de la politique française, selon le président, ne saurait faire illusion, malgré un changement de style et une volonté de *décontraction* avec l'opposition, dont les chefs sont consultés à partir de 1978. Issu du courant *minoritaire* de la majorité, Valéry Giscard d'Estaing demeurera prisonnier de sa condition. Pour la première fois, en l'absence d'une authentique masse de manœuvre, un président ne dispose pas en fait des moyens parlementaires de sa politique (59). En effet, la démission de Jacques Chirac de ses fonctions de premier ministre, le 25 août 1976, consacre la rupture entre la droite centriste et néo-gaulliste. Dès lors, le régime entre en crise larvée, seule la menace de la dissolution empêchera les députés R.P.R. de franchir le Rubicon. Les Gouvernements Raymond Barre se satisfont, à la mode italienne, de la *non-défiance,* par l'usage du parlementarisme rationalisé, occulté depuis 1962 par le fait majoritaire (recours à l'article 49, alinéa 3 C et, de façon significative, au Sénat). Mais, il n'est pas jusqu'à la primauté présidentielle qui ne soit altérée.

(55) *Le chef de l'État, investi directement de la confiance de la nation, est et doit être le chef incontesté de l'exécutif,* note Georges Pompidou (*Le nœud gordien*, p. 63)... *Le premier ministre, comme son nom l'indique, n'est que le premier des ministres. Le rôle de coordination qu'il joue dans le Gouvernement, la responsabilité qu'il exerce et engage vis-à-vis de l'Assemblée, ne peuvent effacer cette subordination fondamentale.* La formule ne saurait être plus tranchée. Le discours du 16 septembre 1969 sur la *nouvelle société* n'ayant pas été transmis préalablement au président par le premier ministre, la révocation de celui-ci était dès lors inscrite dans la nature des choses. Elle se produira le 5 juillet 1972.

(56) V. G. VEDEL, préface aux actes du colloque d'Aurillac 1995, p. V et J. GICQUEL, rapport de synthèse, p. 387.

(57) Par ailleurs, il n'hésite pas, au mépris du franc jeu, à préfacer et à clôturer la campagne électorale de la majorité. Dans ces conditions, rien d'étonnant à ce que ses candidats proclament : *Une majorité pour le président.*

(58) V. Ch. DEBBASCH : *L'Elysée dévoilée,* 1982 ; A. DUHAMEL : *La République giscardienne,* 1980 ; J. Chr. PETITFILS : *La démocratie giscardienne,* 1981 et *Le giscardisme, Pouvoirs* n° 9, 1979.

(59) Le président fédérera la droite centriste à partir de 1978 autour de l'U.D.F. *(Union pour la démocratie française).*

A Verdun-sur-le-Doubs, le 27 janvier 1978, en indiquant *le bon choix,* le président rompt ouvertement avec l'interprétation *maximaliste* qui avait prévalu jusque-là, en estimant possible, selon un mot promis à la postérité, la *cohabitation raisonnable* avec l'opposition de gauche : *Vous pouvez choisir l'application du programme commun. C'est votre droit. Mais, si vous le choisissez, il sera appliqué. Ne croyez pas que le président de la République ait dans la constitution les moyens de s'y opposer.* Cette vision nouvelle de la Ve République s'accompagne, au demeurant de la mise en sommeil de la procédure référendaire, alliée au refus de se doter d'un véritable parti présidentiel. Tout à l'opposé, sera sa sollicitude pour l'État de droit (60) avec l'élargissement de la saisine du Conseil constitutionnel à l'opposition parlementaire (art. 61 C, L.C. du 29 octobre 1974).

§ 2 LES HÉSITATIONS DU RÉGIME PRÉSIDENTIALISTE

Chacun des mandats de François Mitterrand a été *alterné,* selon le rythme *5 + 2* (G. Vedel) : au présidentialisme affirmé a succédé, en fin de parcours, le parlementarisme ressuscité au cours d'un interlude, appelé la *cohabitation.* Toute autre se présente la condition de son successeur. Sous Jacques Chirac, le présidentialisme a été écarté par les électeurs deux ans après son entrée en fonction. Avec une cohabitation pérennisée, un cas de figure institutionnel inédit se présente. Le *tempo : 2 + 5* est-il viable ? (61)

A. LE PRÉSIDENTIALISME ALTERNÉ DE FRANÇOIS MITTERRAND (1981-1988)

1° Le premier septennat (1981-1988)

D'une manière dialectique, l'autorité présidentielle a été refoulée par la restauration de l'autorité gouvernementale, en 1986, car la dernière expression du suffrage supplante la plus ancienne, en démocratie.

a) *L'affirmation de l'autorité présidentielle (1981-1986)*

La politique de la France, je l'ai moi-même définie et [...] elle est conduite sous mon autorité. Je ne surprendrai personne [...] en ajoutant que le chef de l'État ne peut dépendre que de l'idée qu'il a de l'intérêt public et des suffrages du peuple qui l'a élu (62). L'affirmation péremptoire de François Mitterrand ne laisse planer aucun doute, sur sa volonté de se situer, en dépit de préventions personnelles, dans la logique présidentialiste (63). Au reste, le message adressé au Parlement, le 8

(60) Dans le même ordre d'idées, il a appartenu au président Giscard d'Estaing d'introduire dans le vocabulaire politique le terme *État de droit* (discours du 8 novembre 1977 au C.C.) V. *Vingt ans de saisine parlementaire du C.C.,* A.F.D.C., 1995, p. 176.

(61) V. J. MASSOT : *Alternance et cohabitaton sous la Ve République,* 1997.

(62) Entretien à *Libération,* 10 mai 1984. Préalablement, à Franceville au Gabon, le 18 janvier 1983, il avait affirmé avec force : *Il n'est pas concevable qu'une politique soit mise en œuvre sans mon accord, plus exactement sans mon impulsion.*

(63) Le programme commun de la gauche, en 1972, se situait dans une démarche d'inspiration parlementaire, tout en conservant l'élection populaire du président : V. J.-Cl. COLLIARD : Régime d'assemblée ou régime parlementaire ? *Le Monde,* 8 juillet 1977 ; et G. MASSON : Démocratiser les institutions nationales, *Les cahiers du communisme,* juillet 1977, p. 56.

juillet 1981, est digne de figurer dans une anthologie constitutionnelle (V. p. 478). En résumé, le chef de l'État peut s'exclamer, en 1983 : *C'est à moi de décider, ce qu'il convient de décider.*

En effet, *l'état de grâce* est à l'origine de la plus belle victoire électorale à laquelle un président puisse prétendre : son parti obtient *à lui seul,* au scrutin des 14 et 21 juin 1981, la majorité absolue des sièges au Palais-Bourbon. Par la suite, la rupture de l'union de la gauche opérée par le retrait des communistes, en juillet 1984, sera sans incidences au plan parlementaire. De sorte que son Gouvernement et sa majorité parlementaire, s'abritant derrière ses *engagements (les 110 propositions pour la France)* n'auront d'autre ambition que de le servir. Il s'ensuivra, en particulier, la pratique du *président-législateur,* dont le veto opposé au projet Savary sur l'enseignement privé, le 12 juillet 1984, donne toute la portée. *J'ai eu des pouvoirs exorbitants... C'était trop, mais bien agréable.* Sans nier cette volupté du pouvoir, François Mitterrand s'est évertué, cependant, à en limiter la portée. Cette politique de *décélération* s'est manifestée avec la formation, en 1984, du Gouvernement Fabius (64), parallèlement à la tradition de dialogue et de proposition au sein du P.S. et du groupe parlementaire.

b) *La résurrection de l'autorité gouvernementale ou la première cohabitation (1986-1988)*

Le régime parlementaire ou l'insolite sous la Ve République, est-on tenté d'affirmer. Un exercice aussi vain que gratuit a consisté, pendant plusieurs décennies, à spéculer sur le point de savoir, ce qu'il adviendrait le jour où un président de la République ne disposerait plus d'une majorité à l'Assemblée. Loin de la divination ou des inclinations personnelles, la volonté du suffrage universel a imposé à ses représentants, en 1986, la solution de la *cohabitation* (appelée aussi *coexistence*). A la mesure du changement de rôle des acteurs, la pièce a été renouvelée : le régime présidentialiste s'est effacé ; le régime parlementaire *orléaniste* au terme d'une longue éclipse, s'y est substitué. De manière inédite sous la Ve République, le Gouvernement, adossé à sa majorité parlementaire est rentré en possession du pouvoir (art. 20 C), tandis que François Mitterrand tout en demeurant présent et vigilant (*Je ne serai pas inerte. Je ne serai pas un président au rabais*) opérait un repli (art. 5 C).

Le succès remporté, le 16 mars 1986, par l'opposition de droite (R.P.R.-U.D.F.) aux élections législatives marque le retour à la constitution et la mise en place d'une *dyarchie* ou d'une codirection (65).

α) *La revanche de la constitution*

Dans un État de droit, le code de bonne conduite est déterminé par la constitution. Selon une approche consensuelle, le chef de l'État et le premier ministre se sont retrouvés sur la nouvelle *ligne alexandrine* (66). Dès sa prise de fonction, le 20 mars 1986, Jacques Chirac déclare : *Les règles de notre constitution et la volonté du peuple Français doivent être respectées. Les prérogatives et les compétences du président de la République, telles qu'elles sont définies par la constitution sont intangibles. Le Gouvernement dirigé par le premier ministre détermine et conduit la politique de*

(64) Le pouvoir a reflué vers l'Élysée, à la manière d'un plan incliné, en raison notamment de l'inexpérience des membres du gouvernement Mauroy, en dehors de Gaston Defferre et d'Alain Savary. V. Th. PFISTER : *La vie quotidienne à Matignon au temps de l'union de la gauche, 1985.*

(65) La cohabitation a failli se produire en 1978. Valéry Giscard d'Estaing, à qui l'on doit la paternité de l'expression, se serait retiré au château de Rambouillet, dans un premier temps. V. M.-A. COHENDET : *La cohabitation. Leçon d'une expérience,* 1993 ; F. LUCHAIRE et G. CONAC : *Le droit constitutionnel de la cohabitation,* 1989 ; J. LE GALL : *Les institutions de la Ve République à l'épreuve de l'alternance : la présidence de François Mitterrand,* 1997 ; J. GICQUEL : De la cohabitation, Pouvoirs n° 49, p. 69. Sur le vécu : F. MITTERRAND : *Lettre à tous les Français,* 1988 ; E. BALLADUR : *Passion et longueur du temps,* 1989 ; S. JULY : *La drôle d'année,* 1987.

(66) Lors de la découverte du Nouveau Monde, le pape Alexandre VI, par la bulle *Inter caetera,* en 1493, répartit les territoires entre l'Espagne et le Portugal.

la nation (67). En un mot, le président ne peut plus invoquer sa qualité de chef de la majorité : François Mitterrand a pris pour *fil d'Ariane : la constitution, rien que la constitution, toute la constitution* (message du 8 avril 1986). Ce qui devait lui conférer, pour une part importante, la *faculté d'empêcher* (faculté de nuisance, en terme d'adversité), faute de disposer de la *faculté de statuer,* selon la terminologie de Montesquieu.

β) *La dyarchie ou la codirection*

A la manière des *partages polonais* d'antan, le pouvoir d'État a été écartelé entre les deux pôles de l'exécutif. Le Parlement s'est borné à changer de maître et à cultiver les mérites du bicamérisme parfait. En faisant la part de la dissuasion, de la négociation, de la tension, en bref de la théâtralité, le rapport de forces a favorisé, dans l'ordre interne, le Gouvernement et valorisé le président, dans l'ordre externe.

1. *Je suis un chef de Gouvernement heureux,* déclare Jacques Chirac, en juillet 1986, libéré de la tutelle élyséenne au plan interne. Le chef de l'État devenu entre-temps, un *juge-arbitre* selon son expression, n'a pas cherché à entraver l'action du Gouvernement. Mais il s'est préoccupé de survivre politiquement. A cet égard, tout en agréant le choix des ministres (art. 8, al. 2 C), il a manifesté sa volonté de travailler *en harmonie* avec ceux d'entre eux relevant du sanctuaire. D'où le veto opposé à certains choix (Jean Lecanuet, Pierre Méhaignerie aux affaires étrangères, François Léotard à la défense). De même, il n'a pas refusé d'inscrire à l'ordre du jour du conseil des ministres, les projets de loi ou d'ordonnance souhaités par Jacques Chirac, en saisissant l'opportunité d'y manifester son droit à la différence. Il coule de source que le changement de hauts fonctionnaires (art. 13 C) s'est opéré. Cependant, François Mitterrand s'est évertué à en freiner le cours, en liant le reclassement honorable du partant à l'agrément de l'arrivant (68). Au final, le Gouvernement a été à même de réaliser son programme. Le refus du président de signer des projets d'ordonnance a pu être surmonté par le retour à la voie parlementaire.

2. En revanche, la prérogative présidentielle a été préservée au plan externe. Le chef de l'État a placé, sous sa responsabilité, les intérêts supérieurs de la nation (art. 5). Au cours de cette expérience, selon la formule, si la France s'est exprimée par plusieurs bouches, elle a pu parler d'une *seule voix.*

En matière militaire, le président a déterminé les choix fondamentaux au moment de l'élaboration de la loi de programmation (69). Il a géré diverses crises. En résumé, la pérennité de la diplomatie a été assurée, en dépit de la présence du premier ministre à ses côtés (*le tandem,* selon Valéry Giscard d'Estaing). Cette première cohabitation ne peut donc être comparée au *S.I.D.A. des institutions* (J. Foyer). Tout au contraire, elle a été salutaire à la constitution, *revisitée* et *repensée.* Celle-ci est devenue, momentanément, une réalité. Mais, d'un point de vue politique, sa conclusion fut un échec, lorsqu'en 1988, François Mitterrand et Jacques Chirac s'affrontèrent à l'élection présidentielle.

(67) Dans un entretien à T.F. 1, le 29 mars 1987, le chef de l'État développera le thème de ses *trois responsabilités :* assurer la continuité de l'État, assurer le fonctionnement régulier des pouvoirs publics (art. 5 C) et veiller à l'application des grands principes sur lesquels se fonde la République (art. 2 C). V. Cl.-A. COLLIARD : Les pouvoirs du président de la République en cas de coexistence institutionnelle, *R.D.P.* 1989, p. 1565.

(68) En dehors de l'exemple rarissime de célérité (le choix de Marceau Long au poste de vice-président du Conseil d'État en février 1987), une course de lenteur a été bien souvent organisée (le changement du directeur de la police nationale s'est effectué au terme de 7 mois de discussions). La cohabitation devait, de ce point de vue, enrichir le droit positif, avec la loi du 31 décembre 1987, dite *loi Paolini.* Celle-ci prévoit que les hauts fonctionnaires qui atteignent la limite d'âge dans les 3 mois précédant la fin du mandat présidentiel peuvent être maintenus en fonctions, avec leur accord, par une décision prise dans les mêmes formes que leur nomination. La seconde cohabitation a été à l'origine d'une clarification jurisprudentielle favorable au pouvoir présidentiel, s'agissant des décrets délibérés en conseil des ministres (art. 13 C) (C.E., 10 septembre 1992, *Meyet*) (V. *chapitre III*).

(69) Au camp du Caylus, le 13 octobre 1986, le président avait affirmé avec force : *Dans ce domaine-là, l'autorité appartient au président de la République. J'espère que cela est bien compris. C'est un point sur lequel j'engage l'autorité que requiert ma fonction* (*chr.* n° 41, p. 217).

2° Le second septennat (1988-1995)

Mimétisme aidant, la cohabitation serait-elle la meilleure alliée du présidentialisme ? Il faut, en effet, relever qu'à son issue, en 1988, le suffrage universel a restitué à la République sa cohérence politique, quitte, à nouveau, à s'en éloigner.

a) *Une présidence toute relative*

Une présidence en retrait, qui ne cesse pas, pour autant, d'être active, tel peut s'énoncer le nouvel axiome miterrandien, à partir de 1988 (70). Au-delà de la conduite de la guerre du Golfe (1990-1991), le chef de l'État entend limiter son action à l'impulsion de la politique et aux nominations aux emplois supérieurs. Le rôle du Gouvernement Rocard (1988-1991) s'affirme dans la gestion quotidienne des problèmes, celui de la Nouvelle-Calédonie, entre autres.

C'est donc sans surprise que le président résume sa conception au *guide et à l'arbitre :* celui qui *décide les grands choix ;* celui qui *tente d'organiser le dialogue* entre les Français (entretien à T.F. 1, 12 février 1989). A Antenne 2, le 10 décembre 1989, il reconnaît : *mon rôle à moi, c'est de faire des incitations... Je suis l'aiguillon dans tous les domaines... Mon rôle est d'être à l'écoute de tous les Français... Je me mêle de tout.* Ainsi *le président est demeuré un opposant fût-ce à son propre Gouvernement* (J.-P. Huchon).

Pour sa part, le premier ministre a souscrit à cette interprétation : le chef de l'État est *l'homme chargé de donner des grandes orientations et je m'honore de lui obéir, tout simplement* (3 décembre 1989). Dans le même temps où Michel Rocard se livrait, avec brio, à l'art de l'intermittence, en surmontant l'absence d'une majorité absolue à l'Assemblée, il ne parvint pas néanmoins à conserver la confiance du chef de l'État. La constitution peut être *rude à vivre,* observait-il, au demeurant, le 3 mai 1991, et le partage des compétences au sein de l'exécutif, *un jeu d'équilibre parfois compliqué.* Le président lui en donna acte, le 15 mai, en le relevant de ses fonctions *(A l'heure où il me faut vous présenter la démission de ce Gouvernement).*

Après que le chef d'État eut convié ses compatriotes à entrer dans l'Union européenne, en décidant la tenue d'un référendum, le 20 septembre 1992, il s'est soucié d'ouvrir un chantier constitutionnel, en vue de l'instauration d'une *République moderne et libre,* estimant que les institutions de la Vᵉ République étaient dangereuses avant son accession au pouvoir et qu'elles le redeviendraient après.

b) *La seconde cohabitation (1993-1995)*

Si la première fut crispée, celle-ci fut apaisée, en raison de la maladie du chef de l'État et du *devoir d'État* auquel ses protagonistes se soumirent.

Le président Mitterrand a pris acte, le 28 mars 1993, du triomphe électoral de l'opposition R.P.R.-U.D.F. et nommé Édouard Balladur, premier ministre et les autres membres du Gouvernement (71).

Dans une vision *féline* les choses (*Les griffes rentrées ou sorties, sont toujours là,* selon le chef de l'État), la cohabitation s'est mise en place, conformément à la répartition des responsabilités explicitée par Édouard Balladur, le 2 juin 1993 à France 3 : *l'ensemble de la politique économique, sociale, intérieure, dans tous les domaines du pays, est de la responsabilité du Gouvernement et de la nouvelle majorité. Dans le domaine de la politique extérieure et de la politique de défense, notre*

(70) Dans sa *Lettre à tous les Français* (7 avril 1988) François Mitterrand se prononce pour le *ni-ni institutionnel : Ni... président absolu des débuts de la Vᵉ République, maître en fait de tous les pouvoirs, ni président soliveau de la IVᵉ République qui n'en avait aucun...* Il doit être *à la fois responsable et arbitre.* Dans cette perspective, il a souhaité, le 10 novembre 1991, un rééquilibrage des institutions, le Parlement étant *étouffé,* sans y parvenir cependant. V. X. VANDENDRIESSCHE : L'apport du président Mitterrand au droit constitutionnel de la Vᵉ République, *R.D.P.* 1996 p. 637.

(71) Par un juste retour des choses, Édouard Balladur a expérimenté, la cohabitation dont il avait été naguère le théoricien (Ambivalence de la constitution, *Le Monde* 16 septembre 1983). Sur son expérience : *Deux ans à Matignon* 1995 ; N. BAZIRE : *Journal de Matignon,* 1996.

constitution, un peu compliquée à appliquer... institue une sorte de partage ; c'est ce qu'on appelle le pouvoir partagé... Le président de la République a le droit d'être informé de tout, le premier ministre aussi, et lorsqu'il y a des questions importantes, ils décident ensemble, et rien d'important ne peut être décidé sans l'un ou sans l'autre ou contre l'un ou contre l'autre.

α) *La cohabitation interne*

Quand bien même celle-ci n'est pas *une harmonie préalable et instinctive* (E. Balladur), elle aura permis au Gouvernement de réaliser son programme, fût-ce aux dépens du Conseil constitutionnel. On sait que la décision *Maîtrise de l'immigration* (chr. n° 68, p. 158) a été surmontée par l'appel au pouvoir constituant (nouvel art. 53-1 C). La président a estimé que sa compétence était liée, tel *le notaire de la République : Lorsque le Parlement vote une loi..., dans le délai qui m'est imparti, je dois signer,... sans quoi je serais en situation de forfaiture* (déclaration du 14 juillet 1993). La leçon des ordonnances a été entendue. Le premier ministre a assuré, par ailleurs, la suppléance du chef de l'État, en juillet 1994 (art. 21 C).

Mais des turbulences ont traversé le ciel exécutif. Outre la négociation en matière de révision constitutionnelle (L.C. des 27 juillet et 25 novembre 1993), François Mitterrand a refusé, le 30 juin 1993, d'inscrire à l'ordre du jour de la session extraordinaire du Parlement, une proposition de révision de la loi Falloux relative à l'enseignement privé.

β) *La cohabitation externe*

C'est en ce domaine que la seconde cohabitation a innové par suite de l'avancée du pouvoir gouvernemental. Édouard Balladur a manifesté le souci de ne pas affaiblir le rang de la France en arrêtant une *position commune* avec le chef de l'État. Celui-ci devait réagir. À propos de la gestion de l'opération humanitaire au Rwanda, François Mitterrand a réaffirmé, le 31 août 1994, son rôle : *Les affaires étrangères sont, parmi les fonctions qui sont les miennes, parmi les plus importantes et les plus clairement définies par la constitution. J'entends préserver exactement les différentes répartitions des tâches de l'exécutif.* D'un raccourci, il tranchera : *Il ne peut pas y avoir deux présidents à la fois. Et il n'y en a qu'un* (entretien au *Figaro,* 8 septembre 1994). Au préalable, un *point de désaccord majeur* selon son appréciation, l'avait opposé au Gouvernement concernant le moratoire nucléaire : *la décision de l'usage de la bombe atomique appartient au président de la République* (conférence de presse du 10 mai 1994).

B. LE PRÉSIDENTIALISME BRISÉ DE JACQUES CHIRAC

Elu à la présidence, le 7 mai 1995, Jacques Chirac a bénéficié d'abord du confort politique du présidentialisme. Cependant, il devait innover, à ses dépens, en s'abstenant de dissoudre immédiatement l'Assemblée nationale. Lorsqu'il s'y résout, deux ans plus tard, il subit un revers. La résurgence de la cohabitation est sans doute accordée à la quête de l'équilibre institutionnel des électeurs. La Ve République aborde une nouvelle époque.

1° Le présidentialisme ordinaire (1995-1997)

Un président à l'unisson de la majorité parlementaire ne pouvait que restaurer, en bonne logique, le régime présidentialiste, nonobstant la condamnation de la dérive monarchique des institutions lors de sa campagne électorale.

De fait, le chef de l'État ne cesse d'imprimer sa marque. Le président-législateur, autant que le domaine réservé, sont de retour. Au plan interne, ses décisions se succèdent : réduction des déficits publics, en sa qualité de *garant de l'indépendance nationale* (26 octobre 1995), un changement de Gouvernement s'ensuivra ; réforme de l'école (7 mars 1996) ; politique de la ville (25 avril 1996) et de manière topique, suppression de l'armée de conscription (22 février 1996) plaçant la représentation nationale devant le fait accompli. Tandis que l'U.D.F. exprimait, à cet égard, des réserves, Lionel Jospin, au nom du P.S., accusait le chef de l'État de *dérive solitaire* pour s'être arrogé un pouvoir qui n'appartient qu'au seul Parlement (art. 34 C). En un mot, ce dernier n'est pas redevenu *le lieu privilégié du débat politique,* comme le président s'y était engagé naguère. La soumission du Gouvernement et de la majorité parlementaire aux vues présidentielles est manifeste. À preuve, cette affirmation relative aux restructurations militaires, le 14 juillet 1996 : *c'est ma volonté que celà se passe ainsi et donc je ferai en sorte que le Gouvernement le fasse ainsi* (72).

Au plan externe, Jacques Chirac assume personnellement la conduite de la défense (campagne de tirs nucléaires) et celle de la diplomatie (conflits de l'ex-Yougoslavie et du Liban). Bref, la prérogative présidentielle est restaurée à cet instant.

2° Le parlementarisme ordinaire

a) *La cohabitation inédite*

En accédant, le 21 avril 1997, à la demande de dissolution de l'Assemblée nationale présentée par le premier ministre, le chef de l'État a précipité le retour de la cohabitation, au point d'affecter, cette fois-ci, la Ve République dans ses œuvres vives. *Rome n'est plus Rome !* De fait, l'alternance se produit en début de mandat et non plus en fin comme précédemment, ce qui ouvre au régime parlementaire la perspective d'une durée de cinq ans, soit le temps d'une législature. Par suite, la cohabitation change de nature. Elle cesse d'être comme naguère la veillée d'armes de l'élection présidentielle, un intermède ou un contre-emploi, pour s'inscrire dans la durée et devenir une *composante* de la Ve République ; soit le retour aux sources de 1958. La réforme de 1962 est comme neutralisée (73). Il n'est pas douteux que le chef de l'État y entre, cette fois-ci, très affaibli : juridiquement, il est ramené pour l'essentiel, à une fonction arbitrale, mais plus encore politiquement, il est atteint de plein fouet par la défaite électorale de son camp, le 1er juin. À la manière d'un *nouveau 16 mai 1877,* Jacques Chirac a décidé, a échoué et est demeuré en place (74). Un septennat... de deux ans ? Pour avoir procédé à une dissolution à l'anglaise, le président est voué à régner à l'anglaise. Mince gageure ! Cette vision s'avère en contradiction manifeste avec la nature de la Ve République. Que peut-il en subsister lorsque, selon la conception du général de Gaulle, *la clef de voûte qui couvre et soude l'édifice de nos institutions* est affaisée ? *Cette République nous empêcherait-elle de jouir de la meilleur des monarchies ?* pour parler comme Stendhal (75).

b) *La répartition des compétences*

Selon une démarche convenue, les cohabitants ont partagé le pouvoir d'État. Après avoir repoussé les concepts de domaine *réservé* ou *partagé,* Jacques Chirac a estimé, le 14 juillet 1997 que *la*

(72) À l'égard du premier ministre, le président se réclame la convention de la constitution : *Si je considérais que le premier ministre et le Gouvernement ne faisaient pas leur travail dans une période difficile aussi bien qu'il est possible, j'en aurais naturellement tiré les conclusions. Car c'est ma responsabilité* (déclaration du 14 juillet 1996). Mais, dans le même temps, il ne cesse de faire montre de sollicitude à son égard, au plus fort de son impopularité au point d'y être précipité à son tour (*chr.* : n° 81 p. 198). Pour Alain Juppé, le président est *très attentif à tout, il suit tous les problèmes... Mais il laisse le Gouvernement gouverner. Je le sens présent mais pas interventionniste* (*Le Figaro,* 17 janvier 1996). En un mot, *il y a entre nous une étroite symbiose, une grande harmonie* (*Le Point,* 27 avril 1996). V. Jacques Chirac, un an après, *Le Monde* 7 mai 1996.

(73) Le président Chirac a pris acte de la volonté populaire en nommant Lionel Jospin, premier ministre (décret du 2 juin 1997) et en acceptant les membres de son Gouvernement (décret du 4 juin 1997). Mais, pour le surplus, cette cohabitation se présente *à fronts renversés :* la gauche au Gouvenement et à l'Assemblée nationale ; la droite à la présidence de la République et au Sénat, sous l'arbitrage du Conseil constitutionnel.

(74) Une *cohabitation de législature* favorise le rééquilibrage institutionnel, au point de conforter l'idée d'une 3e cycle constitutionnel, au sens du doyen Hauriou (V. p. 417). V. G. VEDEL : six scénarios en quête d'acteurs, *Le Monde* 24 mai 1997 et Opinions doctrinales, *R.D.P.* 1997 p. 607.

(75) J. MASSOT : Les risques d'une 3e cohabitation à la lumière des enseignements des deux premières, *P.A.* 19 mai 1997 ; G. VEDEL, Variations et cohabitations *Pouvoirs* n° 83, 1997, p. 101.

constitution prévoit des choses et ces choses donnent notamment, une prééminence et je dirais donne un peu le dernier mot au président de la République. Selon une interprétation large, celui-ci s'impose comme le *gardien dans le domaine de la vigilance.*

Les *domaines essentiels* sont au nombre de quatre : *tout ce qui touche à la place de la France dans le monde... non seulement son rang, sa sécurité et sa défense, mais aussi ses parts de marché ;... tout ce qui concerne l'acquis européen ;... il y a tout ce qui touche à la modernisation* (enseignement, recherche) *et tout ce qui tient à la mise en œuvre des hautes technologies* et enfin... *tout ce qui touche à l'équilibre de notre société : sa protection sociale, ses acquis sociaux tout ce qui touche à la solidarité.* Au total, il s'agit *des grands principes sur lesquels sont fondés ceux de la République.*

Cette interprétation a été récusée par Lionel Jospin, au conseil des ministres, le 16 juillet suivant. Il s'est borné au rappel littéral des prérogatives institutionnelles respectives du chef de l'État et du Gouvernement (art. 5 et 20 C) et repoussé le principe du *dernier mot.* Dans la logique des choses, le chef de l'État ne dispose plus des moyens juridiques et politiques de son action.

c) *L'exercice de la cohabitation*

Codifiée, celle-ci reproduit le schéma traditionnel. À défaut d'être le partage *des agréments de la vie commune* (P. Avril), elle se révèle une indifférence, mieux une concurrence et une vigilance entre les deux têtes de l'exécutif. La cohabitation est, d'abord et avant tout, une *compétition,* sur fond de respect mutuel des attributions, et non l'union nationale à laquelle l'opinion l'identifie, en règle générale.

Au plan interne, hormis le consensus national créé par la victoire de l'équipe de France de football, le 12 juillet 1998 (Jacques Chirac se comparant à Barthez, *l'homme du dernier recours* et Lionel Jospin à un *entraîneur-joueur, un mélange de Jacquet et de Zidane*), le président est demeuré sur la défensive, et ce d'autant plus, que son camp subissait deux nouvelles défaites aux élections locales et européennes, en 1998 et 1999 (76).

Selon une gamme éprouvée, le chef de l'État a formulé, en 1998, des réserves concernant des projets de loi (les allocations familiales, les 35 heures) ; exprimé ses craintes à propos de la réforme du scrutin sénatorial, en janvier 1999 ; mis en garde le Gouvernement, après l'incendie d'une paillote corse contre les dysfonctionnements de l'État, en mai suivant ; négocié les nominations des hauts fonctionnaires ; retardé la procédure de révision de la constitution relative au Conseil supérieur de la magistrature, sans mettre en échec, pour autant, la politique gouvernementale.

Toutefois, il y est parvenu en opposant son *veto* en matière constitutionnelle (art. 89 C) : faute d'accord, les incompatibilités gouvernementales sont demeurées, en l'état, en 1998 ; de la même façon, après la décision du Conseil constitutionnel relative aux langues régionales et minoritaires, en juin 1999, il a refusé de prendre l'initiative d'une révision. Mais, s'étant prononcé, entre-temps, pour le dépôt d'une loi-programme, en l'espèce, il devait s'attirer la réplique suivant laquelle *toute initiative à caractère législatif est du domaine du Gouvernement et du Parlement,* le 7 juillet suivant.

Ainsi va la cohabitation, jusques et y compris pour le devoir de mémoire.

Tout à l'opposé, se situe le plan externe, placé sous le mode *consensuel.* De manière inédite en cohabitation, le conflit du Kosovo (mars-juin 1999) a été marqué par la cohérence sans failles entre les autorités. Une cogestion, basée sur des informations réciproques et permanentes et une répartition harmonieuse des responsabilités, s'est mise en place (*chr.* n° 90). Un même comportement a prévalu en matière communautaire (saisine conjointe du Conseil constitutionnel, en 1997, à propos du traité d'Amsterdam ; passage à l'*euro* au Conseil européen de Bruxelles, en mai 1998), ou dans celui de la coopération (établissement de la *zone de solidarité prioritaire* en 1999). Le domaine *partagé,* qui n'exclut pas une position éminente du président de la République, est devenu une réalité institutionnelle.

La cérémonie des vœux au Palais de l'Élysée, le 2 janvier 1998, résume à bien des égards cette cohabitation *constructive* (J. Chirac), *courtoise* et *cordiale* (L. Jospin).

Le premier ministre a déclaré : *L'esprit de la République veut que ses institutions fonctionnent conformément à la volonté de nos concitoyens* et a assuré au chef de l'État que le Gouvernement

(76) Président de tous les Français, certes, il n'a pas hésité à affirmer, le 14 juillet 1998 : *Il est nécessaire d'avoir une harmonie complète entre l'opposition et le président de la République issu de ses rangs. Comme il doit y avoir harmonie entre la majorité et le président de la République quand il est issu de ses rangs* (*chr.* n° 88, p. 176).

s'y attachera pleinement. En particulier son attitude et son action seront scrupuleusement attentives à vos prérogatives constitutionnelles éminentes et aussi authentiquement respectueuses de votre personne. Jacques Chirac a répondu : *Vous conduisez avec l'appui de votre majorité la politique que vous avez déterminée et je remplis mes fonctions d'autorité et d'arbitrage en veillant comme vous au respect de la Constitution,* ajoutant : *Mandaté par les Français, j'ai le devoir d'exprimer ce que je crois être l'intérêt supérieur du pays* (*chr.* n° 86, p. 200).

Les électeurs ont souhaité la cohabitation en 1997, au point de l'adopter. Pour la majorité d'entre eux, loin d'être la parenthèse de naguère, elle devrait perdurer au point d'imposer durablement sa marque aux institutions : une présidence relative ; un *Gouvernement de long cours* actif, adossé à sa majorité, autant d'éléments en faveur du retour en grâce du régime parlementaire, à ce jour délaissé. Au surplus, l'accoutumance à la cohabitation rend, chaque jour, plus vaine la querelle de la durée du mandat présidentiel. À quoi bon, en effet, aller à l'encontre du sentiment public ? Le quinquennat serait, en effet, une *grave erreur* (J. Chirac).

Comme il eut été amusant de gouverner avec la constitution ! Cette remarque prêtée au général de Gaulle est devenue une réalité avec la cohabitation normalisée. Pour la première fois, le temps et le rapport des forces sont, semble-t-il, du côté du premier ministre.

SECTION IV — LA RÉVISION DE LA CONSTITUTION DE 1958

La vitalité d'une constitution se mesure à sa capacité d'adaptabilité. De ce point de vue, le texte de 1958 a fait l'objet de 14 révisions, indépendamment de la démarche *politique* observée par les pouvoirs publics, génératrice de *conventions de la constitution* (*supra*) (77). L'étude du pouvoir constituant conduit à envisager respectivement sa procédure et son objet.

§ 1 — LA PROCÉDURE DE RÉVISION

Le régime de 1958 distingue une procédure *normale* (art. 89 C) et une procédure *exceptionnelle* ou *concurrente,* (art. 11), différentes de la procédure législative. La *rigidité* de la constitution est accordée à sa *supériorité* (V. *1re partie*) (78).

A. LA PROCÉDURE NORMALE DE RÉVISION

Elle résulte des énonciations de l'article 89 C et se déroule en trois phases agencées dans le temps, à savoir : l'*initiative,* l'*approbation parlementaire* et la *ratification,* ou l'*approbation définitive*.

(77) V. P. Avril et G. Conac : *La constitution de la République française. Textes et révisions,* 1996 ; Chr. Bigaut : *Les révisions de la constitution de 1958,* D.F. 1996.

(78) V. D. Gaxie, *C.R.F.* p. 1325.

1° L'initiative

L'origine de la révision est *partagée* concurremment entre, d'une part, le président de la République sur *proposition* du premier ministre et, d'autre part, les parlementaires (al. 1er). Selon une terminologie classique, mais qui ne relève point de la rhétorique, on sera en présence respectivement d'un *projet* ou d'une *proposition* de révision. C'est la première fois depuis la IIIe République (art. 8 de la L.C. du 25 février 1875) qu'un *partage* est effectué entre les puissances exécutive et législative.

On observe, par ailleurs, fait unique en droit positif, que le chef de l'État est investi, en l'espèce, du pouvoir d'initiative, à l'opposé de la loi ordinaire qui ressortit à la compétence du premier ministre (art. 39 C). Mais, selon que l'on évolue en régime parlementariste ou présidentialiste, la différence de condition est réelle : au premier cas, la proposition du premier ministre lie le président, mais à charge de revanche, l'acceptation du président lie le premier ministre : Jacques Chirac a opposé une fin de non-recevoir à Lionel Jospin, en juin 1999, concernant les langues régionales et minoritaires (79). En revanche, au second cas, le premier ministre se borne à exécuter la volonté présidentielle (80). Au surplus, l'intervention des parlementaires, à titre individuel ou collectif ne peut pas prétendre à l'égalité avec l'exécutif. Il ne faut pas oublier, en effet, que le Gouvernement dispose de la maîtrise de l'ordre du jour des assemblées (art. 48 C). Dans ces conditions, une proposition, même issue des rangs de la majorité, a besoin d'être épaulée par ce dernier. A telle enseigne, que seules d'eux d'entre elles ont pu, à ce jour, aborder la discussion publique au Sénat, sans aboutir pour autant, en 1967 à propos des incompatibilités parlementaires et en 1975, en ce qui concerne le régime des sessions (81).

2° L'approbation parlementaire

Au bénéfice de particularités, la procédure législative ordinaire est applicable, notamment s'agissant du sort réservé aux amendements (art. 44, al. 3 C) (V. *chapitre IV*).

Le projet de révision, après avis du Conseil d'État (art. 39 C), est déposé, sur le bureau de l'une ou l'autre assemblée, à l'opposé de la proposition liée à son auteur. Le texte doit être voté en *termes identiques* (art. 89, al. 2 C). Ce qui entraîne trois conséquences : l'abandon, à l'Assemblée, de l'article 49, alinéa 3 C, qui aboutit à ce qu'un texte y soit considéré *comme adopté* par suite de l'écoulement du temps, en l'absence de vote au

(79) Lors de la réunion du Congrès du Parlement à Versailles, le 19 juillet 1993, Édouard Balladur s'est opposé à l'idée lancée par François Mitterrand d'une nouvelle révision relative aux compétences du Parlement : cette révison n'entre pas dans la *hiérarchie des urgences,* devait-il affirmer, en neutralisant le pouvoir d'initiative présidentielle. Mais quelques mois plus tard, à propos du droit d'asile, un cas de figure inverse s'est présenté. La proposition du premier ministre a été soumise à l'agrément de l'Élysée, V. F. LUCHAIRE : Le droit d'asile et la révision de la constitution, *R.D.P.* 1994, p. 5.

(80) Il est loisible au chef de l'État de recueillir des *avis*, à toutes fins utiles, avant de formaliser sa volonté. Un décret du 2 décembre 1992 a créé, un comité consultatif pour la révision de la constitution, présidé par le doyen Vedel. A l'opposé du C.C.C. de 1958, mis en place par le pouvoir constituant, ce dernier s'analyse en fait en une commission de réflexion (*chr.* n° 65, p. 218). V. *Propositions pour une révision de la constitution* (D.F.) 15 février 1993. Pour la première fois, en 1993, le Conseil d'État a été consulté sur la nécessité même d'une révision en matière de droit d'asile. Par un avis rendu public le 23 septembre, il a conclu positivement (*chr.* n° 68, p. 164).

(81) La révision de la constitution se présente aussi comme *le préalable nécessaire* à la ratification d'un engagement international, en cas de contrariété avec la constitution, relevée par le Conseil constitutionnel (art. 54 C) : L.C. des 25 juin 1992 et 25 janvier 1999 relatives aux traités de Maastricht et d'Amsterdam. Mais, en cas de désaccord entre les autorités, les choses demeurent en l'état : la charte européenne des langues régionales et minoritaires n'a pas été ratifiée par la France après la censure partielle du C.C., le 15 juin 1999.

sens matériel ; la mise à l'écart de la procédure d'habilitation législative (art. 38 C) réservée aux *seules* lois ordinaires (C.C., 5 janvier 1982, *Loi d'orientation, Rec.* p. 15) et, enfin, l'impossibilité pour le premier ministre de convoquer une commission mixte parlementaire (art. 45 C) (82).

Le vote est acquis à la majorité *simple* des présents. En l'espèce, la solution retenue est donc celle du bicamérisme *parfait*. Le Sénat devenu *l'égal* de l'Assemblée dispose d'un *droit de veto,* au point de s'opposer à la révision en 1984 et 1990, autant que de celui de s'imposer, comme en 1992, à propos du traité de Maastricht.

3° La ratification ou l'approbation définitive

Elle emprunte un cheminement différent, selon l'origine du texte.

a) *Le projet de révision*

Le chef de l'État a la faculté d'*opter,* par un décret contresigné par le premier ministre, en soumettant le projet soit, au peuple par voie référendaire (al. 2) soit, aux députés et sénateurs réunis en *Congrès du Parlement* (al. 3). En ce cas, une majorité des trois cinquièmes des suffrages exprimés est requise (83). Le président promulgue la loi, au terme du processus. Le juge constitutionnel peut-il l'apprécier ? A la réflexion, une réponse négative, au fond, s'impose, car à l'opposé du pouvoir législatif, limité par nature, le pouvoir constituant est *souverain* (C.C., 2 septembre 1992, *Traité sur l'Union européenne, chr.* n° 64, p. 191). Selon la tradition,le ministre de la justice scelle la loi constitutionnelle en y apposant le grand sceau de la République.

Le Congrès siège au château de Versailles, par commodités matérielles (art. 2 de l'ord. du 17 novembre 1958) et œuvre, sous l'autorité du bureau de l'Assemblée nationale (art. 89, al. 3 C), en concertation politique avec celui du Sénat, dans la pratique.

Le droit d'amendement ne s'y exerce pas, à la différence d'une assemblée législative, car il s'agit d'approuver ou non le projet de révision. En revanche, à la différence d'un collège électoral, le Congrès délibère sur un ordre du jour arrêté par le président de la République. Celui-ci dispose d'un *pouvoir d'appréciation,* tant à l'égard du *texte* que du *moment* de la réunion, en l'absence de tout délai : en 1963, trois ans se sont écoulés après que les assemblées eurent approuvé le changement des dates des sessions parlementaires (art. 28 C). Autrement dit, le renouvellement d'une assemblée entre-temps est sans influence sur la procédure de révision. Le vote demeure acquis, en vertu du principe de *non-caducité. A fortiori,* le président peut surseoir à la convocation du Congrès, à l'exemple de Georges Pompidou, en 1973, à propos du quinquennat et de Jacques Chirac qui,

(82) Toutefois une *négociation politique,* un arbitrage au sein de la majorité, est concevable. Il peut être le fait du premier ministre (Édouard Balladur, en 1993 à propos du Conseil supérieur de la magistrature et de la Cour de justice de la République) ou des présidents des assemblées, en présence du garde des sceaux (en 1995, pour la session unique). De la même façon, un accord en amont peut être opéré par les rapporteurs de chaque assemblée (1998 : Nouvelle-Calédonie).

(83) Le choix d'une branche de l'alternative est normalement *exclusive* de l'autre. L'option se justifie par des considérations de célérité ou de technicité. Jusqu'à présent, le Congrès a été préféré, dans le cadre de l'article 89, au référendum. Au terme d'une interprétation contestable, le C.C. s'est reconnu compétent pour apprécier la conformité à la constitution (art. 61 C) du règlement du Congrès, lequel est une *assemblée constituante* et non législative (20 décembre 1963, *Rec.* p. 16 ; 28 juin 1999, *chr.* n° 91). V. P. AVRIL et J. GICQUEL : *Droit parlementaire,* 2e éd., 1996, p. 203.

à deux reprises en 1998 et 1999, a différé le vote relatif au Conseil supérieur de la magistrature.

Dans le même ordre de fait, le chef de l'État peut décider le retrait d'un projet adopté par les assemblées : la réforme de la suppléance parlementaire (art. 25 C) n'a pas été soumise au Congrès, en 1974. Il lui est loisible de regrouper des projets : Cour pénale internationale (art. 53-2) et égalité entre les femmes et les hommes (art. 3), en 1999.

b) *La proposition de révision*

Elle ne peut être soumise qu'au *référendum*, à l'exclusion de toute autre procédure (art. 89, al. 3 C). La différence de traitement, par rapport au *projet* de révision, se rattache à la volonté des constituants de 1958 d'enfermer le Parlement dans un cadre limité. Mais en contrepartie de cette logique de *verrouillage,* le chef de l'Etat est ici tenu de donner la parole au peuple. Cette voie n'a pas encore été utilisée. Il serait sans doute expédient à l'avenir d'ouvrir l'accès du Congrès à la proposition de révision.

4° Les restrictions politiques apportées à la révision

En théorie (v. *Ire partie*), la révision est limitée dans son objet : *la forme républicaine du Gouvernement* (la démocratie en clair) y est soustraite (art. 89 *in fine* C). De même, elle est neutralisée en certaines circonstances : atteinte à l'intégrité du territoire (art. 89, al. 4) ; intérim de la présidence de la République (art. 7 *in fine*) et, par suite d'une interprétation prétorienne du C.C., en cas de recours à l'article 16 C (2 septembre 1992, *Traité sur l'Union européenne, chr.* n° 64, p. 191). Mais, sachant que *le pouvoir constituant est souverain, il lui est loisible d'abroger, de modifier ou de compléter des dispositions de valeur constitutionnelle dans la forme qu'il estime appropriée (idem).*

Autrement dit, les barrières dressées devant le pouvoir constituant ne le limite que dans la mesure où il y souscrit. En termes dénués de toute ambiguïté, le Conseil indique, dans la décision précitée, que ce dernier peut *introduire des dispositions nouvelles qui dérogent à une règle ou à un principe de valeur constitutionnelle ; que cette dérogation peut être aussi bien expresse qu'implicite.* Politiquement, tout est permis au pouvoir constituant, au point d'écarter des principes constitutionnels (art. 77 C, L.C. du 20 juillet 1998 relative à la Nouvelle-Calédonie, *chr.* n° 88, p. 177), ou de tenir *un lit de justice* (G. Vedel) en brisant une décision du Conseil constitutionnel (art. 53-1, L.C. du 25 novembre 1993, à propos du droit d'asile ; *ibid.* n° 68, p. 166 ; art. 3, L.C. du 8 juillet 1999 concernant l'égalité entre les femmes et les hommes, n° 91). Sauf à verser dans l'impérialisme juridique, aucun principe supra-constitutionnel ne lui est opposable, en l'absence d'une hiérarchie parmi les normes constitutionnelles (V. *Ire partie*) (84).

B. LA PROCÉDURE CONCURRENTE DE RÉVISION

Par dérogation à la procédure prévue à l'article 89, les dispositions relatives à la Communauté franco-africaine et malgache (structure juridique d'attente, en matière de décolonisation (1958-1960), relevaient, aux termes de l'article 85 C, d'une procédure particulière : vote de la loi en mêmes termes par le Parlement français et le Sénat de la Communauté (85).

Cette *branche morte* de nos institutions, supprimée tardivement en 1995, ne présenterait aucun intérêt, si elle ne cachait une autre procédure de révision imaginée, en 1962, par le général de Gaulle s'agissant de l'élection du chef de l'État (art. 6 et 7 C) : le *référendum* de l'article 11 C, c'est-à-dire le recours *direct* devant le peuple ; le Parlement étant contourné après qu'il eut, en la matière, censuré le Gouvernement. A cet égard, le général a estimé que *l'organisation des pouvoirs publics,*

(84) V. G. Vedel-L. Favoreu : Souveraineté et supra-constitutionnalité, *Pouvoirs* n° 67, 1993, p. 71.
(85) Cette procédure a permis aux États africains et malgache d'accéder, dans l'amitié avec la France, à la souveraineté internationale (L.C. du 4 juin 1960, modifiant les articles 85 et 86).

objet d'une votation, incluait leur révision. Cette appréciation a nourri une ample contestation. Cependant, le Conseil constitutionnel (6 novembre 1962, *Élection du président de la République, Rec.* p. 27) devait décliner sa compétence, motif pris de ce que le référendum est une expression directe de la souveraineté nationale (art. 3 C). En conséquence, si, à l'origine, la procédure a pu être jugée contestable, l'adhésion populaire lui a conféré un caractère *irrécusable,* en ce sens qu'elle a purgé le vice qui était de nature à l'entacher. Car, selon Siéyès, *de quelque manière qu'une nation veuille, il suffit qu'elle veuille : toutes les formes sont bonnes et sa volonté est toujours la loi suprême.* En 1969, cette procédure sera, à nouveau, sollicitée, mais elle se soldera par un échec.

Tant et si bien que le président Mitterrand a estimé, en avril 1988, que *l'usage, établi et approuvé par le peuple français, peut désormais être considéré comme l'une des voies de la révision concurremment avec l'article 89. Mais l'article 11 doit être utilisé avec précaution, à propos de textes peu nombreux et simples dans leur rédaction. Sinon, il serait préférable que la consultation des Français fût éclairée par un large débat parlementaire* (Entretien à *Pouvoirs* n° 45, p. 138). Procédure concurrente, mieux procédure *combinée,* devait-il estimer, en 1992, lors de la révision relative au traité de Maastricht, en considérant qu'un refus du Parlement (art. 89) pouvait ouvrir la voie du référendum (art. 11) (86). A l'opposé, son prédécesseur avait émis l'opinion contraire, lors de sa visite au Conseil constitutionnel, le 8 novembre 1977, en récusant le recours à l'article 11.

Cependant, après que le juge constitutionnel eut décidé, le 2 septembre 1992, que la fin justifie les moyens utilisés par le pouvoir constituant, la controverse ne revêt plus d'intérêt, hormis son caractère rétrospectif (87).

§ 2 LES RÉVISIONS CONSTITUTIONNELLES

La constitution a fait l'objet de 14 modifications d'inégale importance. Si l'on se détourne de celle afférente à la décolonisation, en 1960, on les répartira selon que leur objet visé l'ordre interne ou l'ordre international. La procédure parlementaire (art. 89 C) s'est imposée par rapport à la procédure référendaire (art. 11), utilisée avec un éclat tout particulier en 1962 (88).

A. LES RÉVISIONS RELATIVES À L'ORDRE INTERNE

Il s'agit chronologiquement des 10 L.C. ci-après : 6 novembre 1962 (art. 6 et 7 C) : élection au suffrage universel du président de la République ; 30 décembre 1963 (art. 28) : dates des sessions parlementaires ; 29 octobre 1974 (art. 61) : élargissement de la saisine du C.C. ; 18 juin 1976 (art. 7) : décès ou empêchement d'un candidat à l'élection présidentielle ; 27 juillet 1993 (art. 65 et 68-1) : Conseil supérieur de la magistrature et Cour de justice de la République ; 25 novembre 1993 (art. 53-1) droit d'asile ; 4 août 1995 (art. 28) : session unique du Parlement ; 22 février 1996 (art. 47-1) : loi de financement de la sécurité sociale ; 20 juillet 1998 (art. 76 et 77 : Nouvelle-Calédonie) et 8 juillet 1999 (art. 3) : égalité des femmes et des hommes.

(86) V. P. Avril et J. Gicquel : L'apport de la révision à la procédure parlementaire, *R.F.D.C.* 1992, p. 440 ; R. Badinter : Le Conseil constitutionnel et le pouvoir constituant, *Mél. Jacques Robert* 1998, p. 217.

(87) La L.C. adoptée par voie référendaire peut être modifiée, de manière subséquente, par la voie parlementaire : la loi du 6 novembre 1962 (art. 6 et 7 C) l'a été par celle du 18 juin 1976. Le C.C. s'est prononcé en ce sens (9 janvier 1990, *Amnistie en Nouvelle-Calédonie, chr.* n° 54, p. 199). V. J. Gicquel : Brèves réflexions sur un binôme, *P.A.* 4 mai 1992.

(88) V. G. Conac : *Les révisions constitutionnelles, C.R.F.*, p. 47 ; J. Petot : *Faut-il réviser la constitution de 1958 ? R.D.P.* 1985, p. 1441 ; S. Pierré-Caps : Les révisions de la constitution de la Ve République : temps, conflits et stratégies *R.D.P.* 1998, p. 409.

B. LES RÉVISIONS RELATIVES À L'ORDRE INTERNATIONAL

La constitution européenne y trouve, pour l'essentiel, son expression normative : L.C. du 25 juin 1992 (art. 88-1 à 88-4) : incorporation du traité de Maastricht ; 25 janvier 1999 (art. 88-2 et 88-4) : traité d'Amsterdam ; 8 juillet 1999 : (art. 53-2) : traité de Rome créant une Cour pénale internationale (89).

Pour conclure, on notera : à ce jour, trois révisions ont échoué : le 27 avril 1969, le peuple a repoussé, par référendum (art. 11 C), le projet de rénovation du Sénat et de création des régions ; le 5 septembre 1984, le Sénat a rejeté le projet tendant à élargir le champ d'application du référendum législatif *aux garanties fondamentales des libertés publiques* (art. 11). De même, il devait s'opposer en juin 1990, à l'exception d'inconstitutionnalité au profit des justiciables devant le Conseil constitutionnel (art. 61) (90).

A l'opposé, trois projets demeurent en l'état, faute d'avoir été retirés officiellement de l'ordre du jour des assemblées. Il s'agit de la réforme respective du septennat (art. 6) déposée en 1973 ; de la suppléance parlementaire (art. 25), en 1974, et d'une manière plus large, en 1993, de l'organisation des pouvoirs publics, qui reprenait les propositions du comité Vedel, à l'exception notable de l'article 16. Quant à la réforme du Conseil supérieur de la magistrature, votée en 1998, par les assemblées, elle n'a pas encore été soumise au Congrès.

SECTION V — L'INTERPRÉTATION DE LA CONSTITUTION DE 1958

Être juriste consiste à interpréter les règles de droit. La discipline est d'autant plus sollicitée, qu'elle domine dorénavant le paysage normatif. Or, en l'espèce, l'absence de travaux préparatoires *stricto sensu* a favorisé autant la jurisprudence que le clair-obscur politique. Il a fallu, à bien des égards, attendre la cohabitation (n'est-elle pas, à la vérité, la *revanche* de la constitution ?) pour s'interroger sur l'autorité habilitée à lever, en tant que de besoin, une ambiguïté.

En dehors du pouvoir constituant, *interprète ultime* (Y. Aguila), de la mission juridictionnelle du Conseil constitutionnel et de la *théorie de l'acte clair*, au terme de laquelle *les règles constitutionnelles claires et précises n'appellent aucune interprétation* (C.C., 23 août 1985, *Nouvelle-Calédonie, chr.* n° 36, p. 180), il résulte des énonciations de l'article 5 C, que ce rôle incombe au *chef de l'État,* qui *veille au respect de la constitution et assure par son arbitrage le fonctionnement régulier des pouvoirs publics ainsi que la continuité de l'État* (91).

Ainsi, à l'opposé de solutions étrangères qui confient ce rôle à une cour suprême (États-Unis, Allemagne), ou en France, à un organe politique (le Sénat de la constitution de 1852), cette prérogative *excède* la compétence d'*attribution* du Conseil constitutionnel. Tout au plus, celui-ci peut-il être amené à émettre un *avis,* entendu de façon *stricte* (14 septembre 1961, *G.D.*, p. 150), à la demande du chef de l'État, au titre

(89) On note depuis peu une accélération, voire une banalisation, des révisions. *Harcèlement constitutionnel !* (R. Badinter) V. Chr. BIGAUT : *Les révisions de la constitution de 1958,* D.F. 1996.

(90) V. L. FAVOREU : L'élargissement de la saisine du C.C. aux juridictions administratives et judiciaires, *R.F.D.C.* 1990, p. 581 ; P. AVRIL et J. GICQUEL : L'apport de la révision à la procédure parlementaire, *ibid.*, p. 619.

(91) V. R. ROMI : Le président de la République interprète de la constitution, *R.D.P.* 1987, p. 1265 ; *contra :* J. MASSOT : *L'arbitre et le capitaine,* 1987, p. 253.

de l'article 16 C ou du Gouvernement, à propos de l'organisation de l'élection présidentielle ou de la tenue d'un référendum national (art. 11 et 89 C) (C.E., 30 octobre 1998, *Sarran, chr.* n° 89, p. 178) (92).

Il suit de là, que seul le Conseil d'État, investi de la compétence consultative de *droit commun* (ord. du 31 juillet 1945), peut éclairer le chef de l'État (C.C. 18 novembre 1986, *Circonscriptions électorales de l'Assemblée nationale, Rec.* p. 170).

C'est, du reste, l'attitude adoptée par François Mitterrand, lorsqu'il sollicita en septembre 1993 l'avis de ce conseiller juridique de l'exécutif, sur la nécessité d'une révision relative au droit d'asile (art. 53-1 C). Il y a lieu, par ailleurs, d'invoquer au soutien de la thèse de l'interprétation présidentielle, des précédents concordants. Le fondateur du régime, auquel il était malaisé de refuser le pouvoir d'expliciter son œuvre, a invoqué sa mission arbitrale à diverses reprises (93). De même, François Mitterrand a estimé, en juillet 1986, qu'il disposait d'un pouvoir discrétionnaire, en matière d'ordonnances, l'autorisant à refuser sa signature (art. 13 C). Après avoir regimbé, à propos de la privatisation d'entreprises nationales, le Gouvernement Jacques Chirac s'est incliné, lors du second veto opposé, en octobre suivant, au découpage des circonscriptions électorales de l'Assemblée nationale.

SECTION VI — LA PROTECTION DE LA CONSTITUTION DE 1958

La constitution se situe au point d'intersection de trois ordres juridiques : international, communautaire et interne. Il importe, dans ces conditions, d'envisager la protection dont elle peut se prévaloir. En dehors de l'attachement des citoyens et de la vigilance des pouvoirs publics, en général, et du président de la République, en particulier, qui *veille à son respect* (art. 5 C), la sauvegarde de la constitution est confiée à l'ensemble des juges internes, dont ils *tiennent leur compétence et leur existence* (R. Abraham). La hiérarchie des normes étant fixée par la constitution, ceux-ci ne peuvent que l'appliquer.

§ 1 — LA CONSTITUTION ET LES TRAITÉS OU ENGAGEMENTS INTERNATIONAUX

Un traité ou un engagement international s'analyse en un acte international conclu par la France avec un ou plusieurs États ou une organisation

(92) Le C.C. a décliné sa compétence à une demande d'interprétation présentée respectivement par le premier ministre (14 mai 1980, *Rec.* p. 64) ; un député (16 avril 1986, *chr.* n° 38, p. 165) ou des requérants (24 juillet 1981, *D.O.E.F.* n° 60, p. 204). En un mot, l'interprétation est limitée à *ce qui est nécessaire à l'appréciation de la conformité du texte (idem).* V. G. VEDEL : Le C.C. n'est pas compétent, *Le Monde,* 14 septembre 1961 ; F. LUCHAIRE, La matière ou la forme ? *R.F.D.C.* 1995, p. 3 ; Y. AGUILA, Cinq questions sur l'interprétation constitutionnelle, *ibid.* p. 9.

(93) Le général de Gaulle refusera, à ce titre, de convoquer le Parlement en session extraordinaire, le 18 mars 1960. Il interprétera l'article 16 C (lettre du 31 août 1961 à M. Debré), et l'article 11 C, le 20 septembre 1962, à propos du collège électoral du président de la République.

internationale. C'est à l'occasion de son *incorporation* dans l'ordre juridique interne que sa régularité à l'égard de la constitution peut être appelée à se poser.

A. L'INCORPORATION DU TRAITÉ À L'ORDRE JURIDIQUE NATIONAL

La procédure de conclusion d'un engagement international, au sens de la convention de Vienne du 23 mai 1969, associe le pouvoir exécutif et le Parlement. Il appartient au président de la République de négocier et de ratifier les traités (art. 52 C). Il est informé de toute négociation tendant à la conclusion d'un accord en forme simplifiée soumis à la signature du ministre des affaires étrangères. Cependant, les traités dont l'objet est énuméré à l'article 53 C (les plus importants) ou qui sont susceptibles *d'avoir des incidences sur le fonctionnement des institutions* (art. 11 C), tel le traité de Maastricht, doivent être *autorisés* au préalable, par le Parlement ou le peuple. L'incorporation est réalisée avec la publication du décret de ratification et de l'engagement au *Journal officiel* (décret du 14 mars 1953). Le traité acquiert, à cet instant, une *valeur supérieure à celle des lois,* de toutes les lois, sous réserve de réciprocité (art. 55 C) (94).

Cette dernière condition est écartée, cependant, en droit humanitaire (C.C., 22 janvier 1999, *Cour pénale internationale, R.D.P.* 1999, p. 37, note F. Luchaire) ainsi qu'en droit communautaire. A l'opposé, en l'absence de ratification, la coutume internationale ne saurait prévaloir sur la loi (C.E., 6 juin 1997, *Aquarone, R.F.D.A.* 1997, concl. G. Bachelier, p. 1068).

Au final, *la suprématie ainsi conférés aux engagements internationaux ne s'applique pas dans l'ordre interne aux dispositions de nature constitutionnelle* (C.E., 30 octobre 1998, *Sarran, R.F.D.A.* 1999, p. 57, note L. Dubouis) (V. *chapitre IV*).

B. LE CONTRÔLE DE CONTRARIÉTÉ À LA CONSTITUTION

Un traité en instance de ratification peut être déféré au Conseil constitutionnel, à l'occasion du contrôle dit de *contrariété* (art. 54 C). La saisine est ouverte au président de la République, au premier ministre, à chaque président d'assemblée parlementaire et, depuis la révision constitutionnelle du 25 juin 1992, à 60 députés ou 60 sénateurs. A l'opposé de la IVe République, qui s'en remettait à une solution politique, à cet égard l'affaire de la C.E.D. pris en 1954 l'allure d'une affaire Dreyfus, la Ve République a préféré la régulation juridictionnelle (95).

Le juge constitutionnel, à la faveur de la première saisine parlementaire (2 septembre 1992, *Traité sur l'Union européenne, chr.* n° 64, p. 188) a précisé les contours de ce contrôle *préventif,* spécifique à la France. Il doit être présenté après la signature du traité et avant que n'intervienne la loi autorisant

(94) Le juge administratif contrôle dorénavant cette condition de régularité des traités (C.E., 18 décembre 1998, *Aéroport de Bâle-Mulhouse, E.D.C.E.* 1999, p. 32. V. A. PELLET : *C.R.F.* p. 1005 ; P. GAÏA : *Le C.C. et l'insertion des engagements internationaux dans l'ordre juridique interne,* 1991, et E. ZOLLER : *Droit des relations extérieures,* 1992.

(95) Le C.C. devait constater ultérieurement la contrariété partielle du traité d'Amsterdam (31 décembre 1997, *chr.* n° 85, p. 169) et de la charte européenne des langues régionales et minoritaires (15 juin 1999, *chr.* n° 91). Sous le bénéfice d'une révision préalable de la constitution, ce traité sera incorporé à l'ordre interne, à la différence de la charte (*supra*).

sa ratification ; la saisine n'étant *en aucune façon tributaire du processus de ratification* dans les autres États signataires. Le Conseil qui statue dans le délai d'un mois (22 janvier 1999, *Cour pénale internationale, chr.* n° 90) examine au terme d'un contrôle maximal (il peut soulever tout moyen d'office) si le traité comporte ou non une clause contraire à la constitution. Dans l'affirmative, l'autorisation de le ratifier doit être précédée d'une révision de la constitution. De façon inédite, le juge en a ainsi décidé, à l'initiative du chef de l'État, le 9 avril 1992 (*Traité sur l'Union européenne, chr.* n° 62, p. 180), s'agissant notamment de la création d'une citoyenneté européenne et de l'euro (96). La L.C. du 25 juin 1992 devait en tirer les conséquences. Ceci indiqué, le Conseil décline sa compétence pour apprécier la conformité de *la loi au traité* (15 janvier 1975, *I.V.G., Rec.* p. 215). Il appartient aux juges *ordinaires* de mettre en œuvre le contrôle dit de *conventionnalité* (V. *chapitre IV*).

§ 2 LA CONSTITUTION ET LES NORMES COMMUNAUTAIRES

Au terme d'une démarche fédérale, l'ordre juridique communautaire est *intégré au système des États membres* (C.J.C.E., 15 juillet 1964, *Costa c. E.N.E.L.).* De cet état de choses, il résulte que le droit communautaire entre dans le *patrimoine juridique* des États membres à titre d'effet direct (C.J.C.E., 5 février 1963, *Van Gend et Loos*) au moyen principal de deux normes : le *règlement* et la *directive* (art. 189 du traité de Rome). Autrement dit, ce droit *prime* le droit national.

Le règlement est directement applicable dans chacun des États, à la manière d'une règle de *substitution* (matière agricole). A supposer pour se livrer à une démarche théorique, que le législateur communautaire (le conseil des ministres) statue en non-conformité avec la constitution, il appartiendrait à la France d'introduire devant la Cour de justice un *recours en annulation* (art. 173).

S'agissant de la directive, qui poursuit le but d'harmoniser les législations dans le cadre du marché unique, elle impose, en théorie, aux États une obligation de résultat (97). En revanche, ceux-ci choisissent la norme en vue de sa *transposition* dans leur ordre interne. La protection de la constitution sera, dès lors, confiée au juge constitutionnel (3 août 1994, *Protection sociale des salariés, chr.* n° 72, p. 180) si l'option a été exercée en faveur de la loi et au juge administratif au cas contraire. Il reste à relever, par surcroît, que chaque étape de la construction européenne implique la conclusion d'un nouveau *traité.* Ce qui ramène au contrôle de contrariété.

En résumé, la constitution tient en respect le droit communautaire, tout comme le droit international (98).

(96) Le traité d'Amsterdam et celui de Rome créant la C.P.I. ont fait l'objet, en 1997 et 1998 d'une *saisine conjointe* du C.C. par le président et le premier ministre.

(97) Il y a lieu par ailleurs de mentionner les *résolutions* votées par chaque assemblée (art. 88-4 C) *en amont* du processus de formation de la norme communautaire V. *l'art. 88-4 C*, actes du colloque de Toulouse, 1995 (V. *chapitre IV).*

(98) En revanche, le droit communautaire s'impose aux normes nationales *infra-constitutionnelles.* (contrôle de conventionnalité.) V.J.-L. Sauron : *L'application du droit de l'Union européenne en France,* D.F. 1995 ; P. Mazeaud : *Droit communautaire et constitutions nationales,* A.N. rapport n° 2630, 1996 ; Droit communautaire dérivé et droit constitutionnel, *C.C.C.* n° 4, 1998, p. 51.

§ 3 LA CONSTITUTION ET LES NORMES INTERNES

On se limitera à un renvoi à l'étude du *contrôle de constitutionnalité* mis en œuvre par le Conseil constitutionnel (art. 61 C), à l'encontre de la loi d'origine parlementaire, à l'exclusion de la loi constitutionnelle (2 septembre 1992, *Traité sur l'Union européenne, chr* n° 64 p. 191) ou référendaire, expression directe de la souveraineté nationale (6 novembre 1962, *Élection du président de la République, Rec.* p. 27 ; 23 septembre 1992, *Traité sur l'Union européenne, chr.* n° 64, p. 188) (V. *chapitre IV*).

SECTION VII **LA CONSTITUTION DE LA RÉPUBLIQUE**

La constitution de 1958 est, enfin et surtout, celle de la *République.* Au-delà de l'exclusion du principe héréditaire, le concept doit être retenu comme synonyme de démocratie. Il est utile de dresser un état des lieux en examinant la condition de la République en France et dans l'Union européenne. Ce qui débouche sur la vision d'une *constitution-gigogne : nationale et européenne (art. 1er et 88-1 C)* (99).

§ 1 LA RÉPUBLIQUE EN FRANCE

Devenue la forme *définitive* du régime politique de notre pays, en 1884, (art. 89 C), la République présente diverses caractéristiques qui unissent le droit à la symbolique.

A. **LES PRINCIPES RÉPUBLICAINS**

Ils sont énoncés à l'article 1er C (rédaction de la L.C. du 4 août 1995) : *la France est une République indivisible, laïque, démocratique et sociale.* Qu'il soit permis d'évoquer ce *pacte.*

L'*indivisibilité* est la marque de l'État centralisé et souverain (V. *Ire partie*). Elle s'oppose au *syndrome belge :* l'existence d'aires géographiques pour des locuteurs de langues régionales (C.C., 15 juin 1999, *Charte européenne, chr.* n° 91). En revanche, l'indivisibilité ne fait pas obstacle à des transferts de compétence (art. 88-2 C) (9 avril 1992, *Traité sur l'Union européenne, Rec.* p. 55), et se concilie avec le principe de libre administration des collectivités territoriales (art. 72 C). Elle autorise une modification de l'assiette territoriale, en la subordonnant au consentement des populations intéressées (art. 53 *in fine* C) (C.C., 30 décembre 1975, *Iles des Comores, Rec.* p. 26).

La *laïcité,* conséquence de la loi de séparation des églises et de l'État de 1905, implique une attitude de *neutralité* de ce dernier par rapport à la religion. Bref, il est *areligieux* (A. Briand). Par voie de conséquence, la République, tout en entretenant des relations diplomatiques avec l'État du Vatican, n'est plus liée à lui par un concordat. Seules des vicissitudes historiques ont maintenu celui de 1801 dans les départements rhénans et mosellan.

(99) Au surplus, la constitution de la République coexiste avec la *constitution* de la Nouvelle-Calédonie (art. 77 C) en attendant celle de la Polynésie (V. *chapitre V*).

La *démocratie* implique par essence, *l'égalité devant la loi de tous les citoyens sans distinction d'origine, de race ou de religion* (art. 1er C). Ce qui emporte la négation, sauf manifestation de volonté contraire du pouvoir constituant (art. 77 C, rédaction de la L.C. du 20 juillet 1998 relative à la Nouvelle-Calédonie), d'un *peuple corse composante du peuple français* (C.C., 9 mai 1991, *Collectivité territoriale de Corse, Rec.* p. 50), tout autant que le rejet de faire dépendre les libertés de la composition politique des assemblées locales (CC, 9 avril 1996, *Staut d'autonomie de la Polynésie française,* chr. nº 78, p. 291). Il suit de là, que seul le peuple a la qualité de souverain (art. 3 C). D'où l'emprunt à Lincoln : le principe républicain est *le Gouvernement du peuple, par le peuple et pour le peuple* (art. 2 C). Quant au caractère *social,* il se rattache à la volonté affirmée depuis 1946 de lutter contre les inégalités économiques, et plus particulièrement, à l'époque actuelle, contre le phénomène d'exclusion.

A ces principes énoncés, il importe de rattacher ceux de la *séparation des pouvoirs,* réactif même de la constitution (art. 16 de la Déclaration de 1789) (C.C., 22 juillet 1980, *Validation législative, C.C.F.*, p. 465) et de la libre formation et activité des partis et groupements politiques (art. 4 C) (C.C., 17-18 et 24 juin 1959, *R.A.N., Rec.* p. 58).

B. LA TRADITION RÉPUBLICAINE

Outre les règles politiques observées par les pouvoirs publics (démission du Gouvernement à l'issue d'élections générales ; vote d'une loi d'amnistie consécutive à l'élection du chef de l'État ; inscription d'office des dotations des pouvoirs publics aux *charges communes* du budget et adoption sans discussions par le Parlement), la formule désigne *lato sensu* les libertés publiques héritées de la IIIe République, bref *les principes fondamentaux reconnus par les lois de la République (P.F.R.L.R.)* (V. *Ire partie*) (100).

C. LES DEVOIRS RÉPUBLICAINS

Le Conseil constitutionnel a systématisé, en ces termes, le *devoir d'État* ou, si l'on veut, les *conditions essentielles* auxquelles la souveraineté s'identifie : *le respect des institutions, la continuité de la vie de la nation et la garantie des droits et libertés des citoyens* (22 mai 1985, *Abolition de la peine de mort, chr.* nº 35, p. 184) et, plus particulièrement, *la sauvegarde de la dignité humaine, contre toute forme d'asservissement et de dégradation* (22 janvier 1999, *Cour pénale internationale, ibid.*, nº 90). Au surplus, l'État, est tenu d'*assurer le respect des principes généraux du droit public international* (l'application des conventions ou la règle *Pacta sunt servanda)* (3 septembre 1986, *Entrée et séjour des étrangers, Rec.* p. 175 ; 22 janvier 1999, *Cour pénale internationale*).

D. LES SYMBOLES RÉPUBLICAINS

En dehors de la fête nationale traitée par prétérition, les symboles sont consacrés : l'emblème, l'hymne, la devise et, depuis la révision de 1992, la langue (art. 2 C). De ce point de vue, l'*unicité du peuple français et l'indivisibilité de la République* imposent, selon la jurisprudence du C.C. (15 juin 1999, *Langues régionales et minoritaires, chr.* nº 91), l'usage du français dans la sphère publique (justice, autorités administratives et services publics) ; à l'opposé, la pratique desdites langues

(100) V. CL. NICOLET : *La République en France,* 1992 ; S. BERSTEIN et O. RUDELLE (sous la direction de) : *Le modèle républicain,* 1992 ; O. IHL : *La fête républicaine,* 1996 ; Chr. VIMBERT : *La tradition républicaine en droit public français,* 1992, et la tradition politique, *Pouvoirs* nº 42, 1987.

étant pratiquée, voire encouragée, dans la sphère privée. En dernier lieu, le décret du 13 septembre 1989 a fixé le protocole républicain (101).

§ 2. LA RÉPUBLIQUE DANS L'UNION EUROPÉENNE

Fruit de la réconciliation franco-allemande, la construction européenne représente l'un des desseins les plus prometteurs de ce siècle. Prenant le relais du traité de Paris qui, en 1951, avait institué le C.E.C.A. *(Communauté européenne du charbon et de l'acier)*, celui de Rome a créé, en 1957, une *organisation internationale* appelée la C.E.E. (*Communauté économique européenne*), en vue d'atteindre l'objectif ambitieux de réaliser une politique agricole commune et un marché unique de la libre circulation des personnes, des services, des capitaux et des biens. Il suit de là, que ces traités, dont les organes exécutifs devaient fusionner en 1965, étaient incorporés dans l'ordre juridique national au moment où la constitution de 1958 a été promulguée. Ce n'est donc qu'à la faveur du franchissement de la nouvelle étape de l'Union européenne, à Maastricht, le 7 février 1992, qu'une *régularisation juridique* devait être opérée par la L.C. du 25 juin 1992, après que le Conseil constitutionnel eut constaté la contrariété de certaines dispositions du traité à la constitution (9 avril 1992, *Traité sur l'Union européenne, R.F.D.A.* 1992, p. 373, note B. Genevois). Un traité ultérieur, signé à Amsterdam, le 2 octobre 1997, devait le compléter.

Selon l'article 88-1 C, *la République participe aux Communautés européennes et à l'Union européenne, constituées d'États qui ont choisi librement... d'exercer en commun certaines de leurs compétences.* Outre la référence à la terminologie de Scelle, cette disposition valide, de façon solennelle, l'existence de l'ordre juridique communautaire *superposé* à l'ordre national. Par voie de corollaire, l'article 88-2 C dispose que, *sous réserve de réciprocité, la France consent aux transferts de compétences nécessaires à l'établissement de l'Union.*

C'est à l'étude de cette *constitution européenne* (ou le droit communautaire dérivé) qu'il importe de s'arrêter, en ayant à l'esprit qu'elle illustre une démarche finalisée au service du fédéralisme. En d'autres termes, à un objectif assigné correspond un cadre institutionnel approprié.

A. LE NOUVEL OBJECTIF COMMUNAUTAIRE

Le traité de Maastricht, modifié par celui d'Amsterdam en 1997, crée l'Union européenne (102). Celle-ci s'analyse en une union *politique,* d'une part et *économique* et

(101) L'ordre protocolaire est fixé comme suit :

A Paris, à l'occasion d'une cérémonie publique organisée : 1° le président de la République ; 2° le premier ministre ; 3° le président du Sénat ; 4° le président de l'Assemblée nationale ; 5° les anciens présidents de la République, selon l'ordre d'ancienneté de leur prise de fonctions ; 6° le Gouvernement ; 7° les anciens présidents du conseil des ministres et les anciens premiers ministres, selon l'ordre d'ancienneté de leur prise de fonctions ; 8° le président du Conseil constitutionnel ; 9° le vice-président du Conseil d'État ; 10° le président du Conseil économique et social ; 11° les députés ; 12° les sénateurs ; ... 23° les représentants du Parlement européen, *etc.* Il y a lieu d'observer que, pour la première fois, un rang est réservé aux anciens chefs de l'État, ainsi qu'aux anciens chefs de Gouvernement.

Dans les *départements,* l'ordre est : 1° le préfet ; 2° les députés ; 3° les sénateurs ; 4° le président du conseil régional ; 5° le président du conseil général ; 6° le maire de la commune dans laquelle se déroule la cérémonie ; 7° les représentants du Parlement européen, *etc.*

(102) La procédure parlementaire en vue de la ratification du traité a été suivie par la majorité des États. Seuls trois d'entre eux (l'Irlande, le Danemark, après un premier échec et la France) ont préféré la voie référendaire. La loi française du 23 septembre 1992 autorise, en conséquence, le chef de l'État à procéder à la ratification. Celle-ci a résulté d'un décret du 18 janvier 1994 (*chr.* n° 70, p. 198). V. Th. de BERRANGER : *Constitutions nationales et construction communautaire,* 1995 ; *Les constitutions nationales à l'épreuve de l'Europe,* DF, 1993 ; Europe, de la Communauté à l'Union, *Pouvoirs* n° 69, 1994.

monétaire, d'autre part, dans *le respect de l'identité nationale (de ses membres) et des droits fondamentaux, tels qu'ils sont garantis par la convention européenne de sauvegarde des droits et leurs traditions constitutionnelles communes* (art. F du traité de Maastricht). Dans l'attente de son élargissement à l'Europe centrale et orientale, l'Union comprend 15 États depuis l'entrée de l'Autriche, de la Finlande et de la Suède, le 1er janvier 1995.

1° L'union politique

La création de la *citoyenneté européenne* doit être regardée comme la pierre de fondation de la démocratie européenne. Elle consiste dans la reconnaissance du droit de vote et d'éligibilité, en vue des élections municipales et du Parlement européen, aux citoyens de l'Union dans l'État membre où ils résident *dans les mêmes conditions que les ressortissants de cet État* (art. 8 B du traité). La *dissociation,* ainsi opérée, pour la première fois, en France, entre la nationalité et la citoyenneté (art. 3 *in fine* C) devait être à l'origine du nouvel article 88-3 C. En la circonstance, le constituant français s'est évertué à concilier l'objectif communautaire avec la spécificité nationale ; le collège électoral des sénateurs étant formé à 87 % par des délégués des conseils municipaux. D'où les limitations apportées : *Ces citoyens ne peuvent exercer les fonctions de maire ou d'adjoint ni participer à la désignation des électeurs sénatoriaux et à l'élection des sénateurs* (V. *Chapitre IV*).

Outre le droit de circulation et de séjour, le traité de Maastricht accorde au surplus, la protection diplomatique et consulaire aux ressortissants communautaires par tout État membre de l'Union dans un pays tiers à partir de l'instant où l'État dont ils relèvent n'est pas représenté (art. 8 C). A l'avenir, il sera loisible auxdits citoyens d'exercer également un droit de pétition devant le Parlement européen s'agissant de l'application du droit communautaire, indépendamment des actions contentieuses (art. 8 D). Reste le droit de saisine du médiateur nommé par le Parlement européen (art. 138 E) pour instruire leurs plaintes. En dernière analyse, le traité sur l'Union consacre l'existence de partis politiques européens (art. 138 A).

L'union politique se donne, ensuite, pour objectif *d'affirmer son identité sur la scène internationale notamment par la mise en œuvre d'une politique étrangère et de sécurité commune* (P.E.S.C.) (art. B et J 1) et d'ouvrir de nouveaux champs d'action (éducation, recherche, culture, environnement, réseaux transeuropéens, entre autres).

En dernière analyse, la coopération intergouvernementale initiale dans le domaine de la justice et des affaires intérieures *(JAI)* (politique des visas, de l'asile et de l'immigration) (art. 73 J et 73 K) a été *communautarisée* par le traité d'Amsterdam. La République a accepté, en conséquence, un transfert de compétences (art. 88-2 C), rédaction des L.C. des 25 juin 1992 et 25 janvier 1999), après déclaration de contrariété à la constitution (C.C., 9 avril 1992 et 31 décembre 1997) (103).

2° L'union économique et monétaire

En vue de maîtriser l'inflation et le déficit budgétaire, une politique commune est mise en place, dans le respect du principe d'une économie de marché (art. 102 A du traité d'Union), au terme d'un processus se déroulant en trois phases, d'ici la fin du siècle. Au prix d'une simplification, la maîtrise d'œuvre appartiendra à un *système européen de banques centrales* (S.E.B.C.) coiffé par une *banque centrale européenne* (B.C.E.), *indépendantes* des autorités politiques, à l'image de la *Bundesbank* allemande (art. 106 et 107). Une monnaie et un taux de changes uniques ont été prévues au vu de *critères de convergence,* au final (art. 109 J). Le passage à l'*euro* a été décidé par le Conseil européen,

(103) L'habitude s'est prise de parler successivement des *trois piliers :* civique, économique et monétaire ; politique étrangère et sécurité commune *(P.E.S.C.)* et justice et affaires intérieures *(J.A.I.).* Cependant les traités opèrent une distinction fondamentale entre ceux-ci, selon qu'ils relèvent du droit communautaire ou de l'intégration *(1er et 3e piliers)* ou du droit international ou de la coopération *(2e pilier)* V. L. DUBOUIS : (sous la direction) *L'Union européenne,* D.F., 1999 ; J.-Cl. GAUTRON : Une Europe à droits variables, *Pouvoirs,* n° 69, 1994, p. 77 ; Y. DOUTRIAUX et Chr. LEQUESNE : *Les institutions de l'Union européenne,* DF, 1995 (V. *chapitre IV*).

réuni à Bruxelles, le 2 mai 1998. Depuis le 1er janvier 1999, un € vaut 6,55957 F. La fin de la souveraineté monétaire des États membres est la marque du fédéralisme.

De cette présentation cursive, il ressort, en définitive, que le traité de Maastricht repose sur une tension entre l'union politique accordée au pouvoir démocratique et l'union économique et monétaire confiée au pouvoir technocratique, en dépit du fait que l'impulsion émanera du Conseil européen.

B. LE NOUVEAU CADRE INSTITUTIONNEL

Tout en maintenant les *acquis communautaires,* selon la loi observée, la nouvelle phase d'intégration, décidée à Maastricht, adapte l'armature aux fins poursuivies (104).

L'Union européenne, bien qu'étant juridiquement une organisation internationale spécifique, agissant *dans les limites des compétences qui lui sont conférées et des objectifs qui lui sont assignés* (art. 3 B), n'en cultive pas moins du point de vue institutionnel le *mimétisme* avec l'État fédéral, au-delà des symboles (drapeau, fête, hymne).

À cet égard, le traité de Rome modifié *n'est que formellement un traité, matériellement c'est une constitution, davantage soumis à une vision constitutionnelle qu'à une vision internationale* (105). En d'autres termes, il s'agit d'une *charte constitutionnelle* à l'origine d'une *Communauté de droit* (C.J.C.E., 23 avril 1986, *Les Verts c. Parlement européen*).

Sous ce rapport, il est utile d'examiner la répartition des compétences entre l'Union européenne (U.E.) et les États membres, avant d'envisager les institutions communautaires.

1° La répartition des compétences entre l'Union européenne et les États

En schématisant trois niveaux de compétences s'y rencontrent, ce qui n'est pas sans analogie avec la démarche allemande (V. *Ire partie*) : les compétences *exclusives* de l'U.E. (politique agricole commune, commerce) d'interprétation stricte en application du principe de *spécialité* (art. 3 B, al. premier du traité de Maastricht) ; les compétences exclusives des États membres (expressions de leur souveraineté) d'interprétation large et, entre les deux, les compétences *concurrentes* régies par le principe de *subsidiarité* (art. 3 B, al. 2) dont la célébrité n'a d'égale que l'ambiguïté (106). L'U.E. dispose ainsi du pouvoir d'intervenir *en lieu et place* des États, en raison de son caractère optimal ou d'une meilleure adéquation entre le niveau de compétence et le but poursuivi, dans des matières sur lesquelles les États ont pu intervenir (éducation, formation professionnelle et jeunesse ; protection de la santé humaine ; réseaux transeuropéens dans les secteurs des infrastructures, *etc.*) (107). Le principe de subsidiarité a donné lieu à l'accord interinstitutionnel du 25 octobre 1993 entre les instances communautaires en vue d'en fixer des modalités. Sous couvert de refréner l'ardeur législative

(104) En dehors des manuels de droit communautaire : V. J.-L. QUERMONNE : *Le système politique européen,* 1993 ; J. DE LA GUÉRIVIÈRE : *Voyage à l'intérieur de l'eurocratie,* 1992 ; Ch. ZORGBIBE : *Histoire de la construction européenne,* 1993 ; *L'Europe des Communautés* (D.F.), 1992 ; *Les nouvelles frontières de l'Europe,* Fondation Robert-Schuman, 1993 et Europe 1993, *Pouvoirs* n° 48, 1989.

(105) J. BOULOUIS, *in La constitution et l'Europe,* 1992, p. 219. V. J.-P. JACQUÉ : La constitution de la Communauté européenne *in* Vers un droit constitutionnel européen. Quel droit constitutionnel européen ? *Revue universelle des droits de l'homme,* 29 déc. 1995, p. 397.

(106) V. V. CONSTANTINESCO : Le principe de subsidiarité : un passage obligé vers l'Union européenne ? *Mél. Jean Boulouis,* 1991, p. 35 ; J. CHARPENTIER : Quelle subsidiarité ? *Pouvoirs,* n° 69, 1994, p. 53 ; J.-L. SAURON : *L'application du droit de l'Union européenne en France,* DF, 1995, p. 19.

(107) L'article 3 B énonce à cet effet : *Dans les domaines qui ne relèvent pas de sa compétence exclusive, la Communauté n'intervient, conformément au principe de subsidiarité, que si et dans la mesure où les objectifs de l'action envisagée ne peuvent pas être réalisés de manière suffisante par les États membres et peuvent donc, en raison des dimensions ou des effets de l'action envisagée être mieux réalisés au niveau communautaire.*

de la Commission de Bruxelles, on ne peut se défaire, pour autant de l'image du cheval de Troie fédéral. Mais dans le même temps, il incite les États à renforcer leur contrôle juridique et politique sur l'Union.

2° Les institutions de l'Union européenne

Les institutions communautaires font songer à un *pentagone* ou à un assemblage ingénieux de techniques confédérales et fédérales. A savoir : le Conseil européen ; la Commission européenne ; le conseil des ministres ; le Parlement européen et la Cour de justice (108).

a) *Le Conseil européen*

Le Conseil est formé des chefs d'État ou de Gouvernement des États membres ainsi que du président de la Commission. Il se réunit chaque semestre, sous la présidence tournante d'un État. Ce collège *donne à l'Union les impulsions nécessaires à son développement et en définit les orientations politiques* (art. D du traité de Maastricht).

b) *La Commission européenne*

Installée à Bruxelles, elle se compose de 20 membres nommés d'un commun accord par les États, agissant de manière indépendante de ceux-ci (art. 126 du traité). Elle incarne l'intérêt communautaire. A ce titre, tel un gouvernement adossé à une administration (109), la Commission est, en permanence, une instance d'initiative et d'exécution du droit communautaire. Elle assure la représentation de l'Union européenne.

c) *Le conseil des ministres*

Il est formé des représentants des États membres. Cet organe intergouvernemental, expression de leur intérêt propre, a la qualité de *législateur communautaire* (art. 189 du traité originaire). Selon les matières inscrites à son ordre du jour, il se réunit en formations spécifiques (agriculture, pêche, transport, monnaie, *etc.*). Une fois par mois, les ministres des affaires étrangères siègent en conseil, dit des *affaires générales*.

La délibération y est acquise, en principe, à la majorité *qualifiée* (art. 148) et non à l'unanimité (indice du glissement de la confédération à la fédération), car le vote des États y est affecté d'un *coefficient de pondération* (la fourchette est comprise entre 10 voix respectives pour l'Allemagne, la France, l'Italie et la Grande-Bretagne ; 3 au Danemark et à l'Irlande et 2 au Luxembourg). Une décision est prise par 62 voix, soit 70 %. La minorité de blocage est fixée à 26 voix, au terme du compromis de Ioannina (mars 1994). Chacune des réunions du conseil est préparée, au plan national, par l'ambassade particulière appelée la *R.P.* (représentation permanente de chaque État auprès de la

(108) Il existe aussi une Cour des comptes (traité du 22 juillet 1975) et deux comités consultatifs : le Comité économique et social et le Comité des régions (art. 198 A du traité de Maastricht). Ce dernier, qui emprunte ses membres aux collectivités locales des États membres, s'identifie au niveau régional de l'U.E. et se présente comme un lieu d'expression du principe de subsidiarité. Sous l'impulsion des *Länder* allemands et des Communautés autonomes espagnoles, il est appelé à connaître un essor. V. Y. DOUTRIAUX et Chr. LEQUESNE : *Les institutions de l'Union européenne, D.F.* 2e éd., 1998.

(109) Dans le vocabulaire communautaire, la *comitologie* désigne les divers comités qui assistent la Commission (ou l'assaillent si l'on songe aux groupes de pression) dans la préparation et l'exécution de ses décisions. V. Chr. LEQUESNE : *Paris-Bruxelles : comment se fait la politique européenne de la France,* 1993.

Communauté européenne) et, au plan communautaire, par le *C.O.R.E.P.E.R.* (comité des représentants permanents) dont le rôle s'avère chaque jour plus important.

d) *Le Parlement européen*

Le Parlement qui siège à Strasbourg est l'expression directe de la légitimité démocratique. Depuis 1979, en application de l'article 138 du traité initial, les représentants des peuples sont élus par les citoyens. Ce qui représente un exemple unique au sein d'une organisation internationale. Il s'est constitué à la manière d'une assemblée parlementaire, même s'il n'en possède pas pleinement les compétences ordinaires. Cependant le passage à l'Union européenne les accroît, à l'image du jeu interinstitutionnel de la *codécision*.

α) *Les élections au Parlement européen*

Dans l'attente d'une réglementation uniforme (art. 138 du traité), les modalités du scrutin relèvent, pour partie de la norme *communautaire* et pour partie, de la norme *nationale*.

Les sièges, dont le nombre a été porté à la faveur du dernier élargissement à 626, sont répartis proportionnellement à la population des États membres, comme suit : Allemagne (99) ; France, Grande-Bretagne, Italie, chacun d'entre eux (87) ; Espagne (64) ; Pays-Bas (31) ; Belgique, Grèce, Portugal (25) respectivement ; Suède (22) ; Autriche (21) ; Danemark, Finlande (16) chacun ; Irlande (15) et Luxembourg (6).

Les députés qui ne disposent pas d'un statut unique, sont élus pour une période de cinq ans par les nationaux et les ressortissants communautaires domiciliés dans un État de l'Union (art. 8 B du traité (110). Leur mandat est *représentatif*. Ils bénéficient à ce titre, des privilèges et immunités traditionnels. Si le mandat est *compatible* avec celui de parlementaires d'un État membre (principe du *double mandat*), en revanche, il est *incompatible* avec toute activité communautaire, sous réserve d'autres incompatibilités nationales. Les députés européens se réunissent en groupes *idéologiques*, et non étatiques.

La loi française du 7 juillet 1977, complétée par le décret du 28 février 1979, a retenu, afin de préserver *l'indivisibilité* de la République (art. 2 C), la représentation proportionnelle, suivant la règle de la plus forte moyenne, sans panachage, ni vote préférentiel (art. 3), en conformité de celles des autres États membres. En d'autres termes, les listes *nationales* bloquées s'affrontent dans le cadre d'une circonscription *unique* ; l'attribution des sièges est subordonnée au franchissement du seuil de représentativité, destiné à éviter un éparpillement excessif des voix, fixé à 5 % des suffrages exprimés. Au surplus, le législateur renvoie au *droit commun* (art. 5), à l'exception toutefois du *remplacement* et du *contentieux* de l'élection des représentants. L'article 24 de la loi française applique la règle, selon laquelle le *premier non élu* de la liste remplace le titulaire du siège devenu vacant. Toutefois, il est loisible, à ce dernier, en cas de démission ou de décès du remplaçant, de reprendre l'exercice de son mandat dans un délai d'un mois (art. 24 *in fine*). La *spécificité* de l'ordre juridique communautaire justifie, la solution écartée au plan national (C.C., 5 juillet 1977, *C.C.F.*, p. 333) (V. *chapitre IV*).

Concernant le contentieux, il est confié au Conseil d'État qui statue sur requête de tout électeur, dans le délai de dix jours qui suit la proclamation des résultats par *la commission nationale de recensement général des votes* (art. 25) (17 février 1995, *Conjard, R.F.D.A.* 1995, p. 432). Au surplus le financement de la campagne est aligné sur le régime de droit commun : le plafond des dépenses est fixé à 56 millions de francs par liste (art. 19-1, rédaction de la loi du 19 janvier 1995). Il relève de la C.C.F.P. (V. *chapitre II*).

(110) A ce jour, ces élections sont marquées par une forte abstention (de l'ordre de 50 % des électeurs) et les enjeux nationaux. La pédagogie favoriserait sans contredit le civisme.

β) *Les attributions du Parlement européen*

Jusqu'à ce jour, l'assemblée de Strasbourg a fait figure de forum, toute révérence gardée, en dehors des pouvoirs de contrôle de la Commission (questions et motion de censure), d'approbation partielle et de contrôle de l'exécution du budget communautaire et de saisine de la Cour de justice. A ce titre, le Parlement sera à l'origine, en mars 1999, de la démission de la Commission Santer. En revanche, il ne disposait que d'un pouvoir limité en matière normative. Le *rééquilibrage* de l'U.E. décidée à Maastricht devrait en transformer le rôle et combler le déficit démocratique.

Concernant le processus politique, le Parlement est étroitement associé à la mise en place de la Commission, au terme d'une procédure qui n'est pas sans analogie avec celle de la *double investiture*, pratiquée sous la IVe République. D'autant plus que le mandat des commissaires, porté à cinq ans (art. 158 du traité), coïncide avec celui des parlementaires. De là, à envisager un *Gouvernement de législature*, la tentation est aisée. Après avoir été consulté et confirmé le choix du président de la Commission (art. 158, al. 2), le Parlement européen procède à un vote sur celle-ci, en tant que collège, à l'issue de l'audition de ses membres. La Commission présidée par Jacques Santer a inauguré cette procédure à partir de juillet 1994. La désignation de ses membres a été acquise de justesse, à l'opposé de la règle du consensus qui prévalait jusqu'alors, le 18 janvier suivant. Sans doute, le mot n'est pas mentionné *expressis verbis,* mais la chose est présente. Du reste, la création des partis politiques européens emporte en soi la structuration de l'opinion européenne.

S'agissant du processus de formation des normes juridiques, le traité de Maastricht réalise une percée au moyen de la procédure de la *codécision*, dont la portée a été généralisée aux politiques communautaires (en dehors de l'union économique et monétaire) par celui d'Amsterdam (art. 189 B). On mesure ainsi *la montée en puissance* du Parlement, promu au rang de *colégislateur.* Cette codécision, véritable *labyrinthe décisionnel* (J-P Jacqué), peut se ramener à cette vision : une position commune arrêtée par le conseil, sur proposition de la Commission, est transmise au Parlement. Dans le délai de trois mois, ce dernier peut arrêter l'une des trois décisions suivantes : approuver cette position, de manière explicite ou implicite ; la repousser ou l'amender (art. 189 B, al. 2). Cette dernière éventualité qui sera naturellement la plus fréquente, débouchera sur la mise en place d'un comité de conciliation, composé à parité, à l'image de la commission mixte en France (art. 45 C) des 15 membres du conseil et de 15 représentants (al. 3), en vue de parvenir à un texte transactionnel (111).

e) *La Cour de justice des Communautés européennes*

La juridiction qui siège à Luxembourg est composée de 15 juges, nommés d'un commun accord, pour 6 ans, par les États membres, et de 9 avocats généraux (à l'imitation des commissaires du gouvernement devant le Conseil d'État français) dont le rôle consiste à présenter en toute indépendance des conclusions motivées sur l'affaire soumise à la Cour (art. 165 et 166 du traité).

La Cour a pour mission d'assurer le respect du droit communautaire dans l'interprétation et l'application du traité (art. 164) ; en un mot d'édifier une *Communauté de droit (112).*

D'une manière simplifiée, le contrôle juridictionnel se compose de divers recours : *le recours sur renvoi préjudiciel* d'une juridiction nationale à propos d'une question d'interprétation du traité ou

(111) Au surplus, le Parlement européen a désormais le pouvoir de créer des commissions d'enquête, en matière de manquement dans l'application du droit communautaire (art. 138 C du traité) ; il est habilité aussi à recevoir les pétitions des citoyens européens ; il nomme un médiateur et la Cour des comptes, promue au rang d'institution communautaire à part entière (art. 188 A), l'assiste dans l'exercice de ses fonctions de contrôle de l'exécution du budget (art. 188 C *in fine*).

(112) V. R. DEHOUSSE : *La Cour de justice des Communautés européennes,* 1994 ; J.-L. SAURON : *L'application du droit communautaire en France,* DF, 1995 ; J. RIDEAU : *Le droit des Communautés européennes,* 1995 ; D. SIMON : *Le système juridique communautaire* 1997 ; J.-L. SAURON : *Droit et pratique du contentieux communautaire,* D.F., 1997.

de validité d'actes pris par les institutions communautaires (art. 177) ; le *recours en annulation,* bâti sur le modèle français du recours pour excès de pouvoir, dirigé principalement contre les actes adoptés conjointement par le Parlement européen et le conseil ; les actes du conseil, de la Commission et de la B.C.E. (art. 173, rédaction du traité de Maastricht) ; le *recours en carence* lorsqu'une institution communautaire s'abstient de statuer, en violation du traité (art. 175) et, en dernier lieu, *le recours en manquement.* Révélateur de la logique fédérale qui nourrit toute la construction européenne, cette procédure est destinée à contraindre un État à exécuter une obligation, née du traité, à laquelle il s'était soustrait, à la requête, soit de la Commission, soit d'un autre État membre (art. 171, rédaction du traité de Maastricht). La transposition des directives dans les droits nationaux en fournit un exemple privilégié. En cas d'inexécution de l'arrêt de la Cour, celle-ci, peut infliger à l'État le paiement d'une somme forfaitaire ou d'une astreinte *(idem).*

On souligne volontiers l'allant de la Cour, la puissance d'entraînement de sa jurisprudence vers la *fédéralisation* de la Communauté. Deux exemples significatifs peuvent être cités. En vue de favoriser l'applicabilité uniforme du droit communautaire, la Cour est parvenue à transformer la *nature* de la directive en un règlement *innomé* (art. 189 traité C.E.E.) et à limiter, en conséquence, la compétence des États à une simple mission d'exécution ou de mise en conformité. A ce titre, celle-ci se reconnaît le pouvoir de contrôler la forme et les moyens retenus par l'État au moment de la transposition de la directive (6 mai 1980, *Commission c. Belgique*) ainsi que le choix de la norme opéré (15 mai 1983, *Commission c. Italie*). Dans cet esprit, un particulier peut désormais invoquer une directive contre l'État en raison de l'*effet direct* qui en découle (26 février 1986, *Marshall*).

Dans le même ordre d'idées, l'arrêt *Simmenthal* (9 mars 1978, *A.J.D.A.* 1978, p. 323, note J. Boulouis) peut être visé. Avec une particulière solennité, qui n'est pas sans faire songer à la *clause de suprématie* inhérente au droit fédéral américain, la Cour de justice a invité fermement les juges nationaux à faire prévaloir, en cas de conflit, la norme communautaire sur la norme nationale postérieure. L'appel sera entendu par les juges ordinaires français, qui, en rupture avec la tradition de soumission à la loi, n'hésitent plus dorénavant à la *neutraliser* (V. *contrôle de conventionnalité, chapitre IV*).

L'Europe des juges supplanterait-elle l'Europe des citoyens ? A la réflexion, il apparaît plus judicieux d'opiner que l'État de droit ouvre le chemin à la démocratie. De ce point de vue, la profonde transformation du droit de la République, on parle désormais de sa *communautarisation* croissante, n'est jamais que l'expression de la volonté souveraine du peuple français de bâtir, avec les autres peuples européens, une société sans pareille : *la société supranationale démocratique.* De sorte que *si la France est notre patrie, l'Europe est notre avenir* (F. Mitterrand).

Bibliographie
(en dehors de la *bibliographie générale*)

Ph. ARDANT : *Les institutions de la Ve République,* 1991 ; S. ARNÉ : *L'esprit de la Ve République, R.D.P.,* 1971, p. 641 ; R. ARON : *Immuable et changeante, de la IVe à la Ve République,* 1959 ; P. AVRIL : *Le régime politique de la Ve République,* 4e édit., 1979, *Le Gouvernement de la France,* 1969, et *La Ve République. Histoire politique et constitutionnelle,* 2e éd., 1994 ; A. AZAR : *Genèse de la constitution du 4 octobre 1958,* 1961 ; F. DE BAECQUE : *Qui gouverne la France ?* 1976 ; G. BURDEAU : *La conception du pouvoir selon la constitution française du 4 octobre 1958, R.F.S.P.,* 1959, p. 87 ; R. CAPITANT : *L'aménagement du pouvoir exécutif et la question du chef de l'État,* Encyclopédie française, t. X, 1964, p. 142 ; B. CHANTEBOUT : *La constitution française,* 1992 ; M.-A. COHENDET : *La cohabitation. Leçon d'une expérience,* 1993 ; M. DEBRÉ : *La mort de l'État républicain,* 1947, *Refaire une démocratie, un État, un pouvoir,* 1958, *Trois caractéristiques du système parlementaire français, R.F.S.P.* 1955, p. 21, *La nouvelle constitution, ibid.,* 1959, p. 8 ; Y. DOUTRIAUX et Chr. LEQUESNE : *Les institutions de l'Union européenne,* DF, 2e éd., 1998 ; L. DUBOUIS (sous la direction) *L'Union européenne,* D.F., 1999 ; O. DUHAMEL : *La gauche et la Ve République,* 1980 ; M. DUVERGER : *La monarchie républicaine,* 1974, *Les institutions de la Ve République, R.F.S.P.* 1959 ; p. 101 ; Jean FOYER : La Ve République 1996 ; Ch. DE GAULLE : *Mémoire d'espoir,* 1970, 1971 ; J. GEORGEL : *Critiques et réformes des constitutions de la République,* 1959-1960 ; *La Cinquième République : une démonarchie,* 1990 ; J. GICQUEL : *Essai sur la pratique de la Ve République,* 2e édit., 1977, p. 352 ; F. GOGUEL : *L'élaboration des institutions de la République dans la constitution du 4 octobre 1958, R.F.S.P.* 1959, p. 67, et *Institutions politiques françaises,* I.E.P., Paris, 1969-1970 ; L. HAMON : *De Gaulle dans la République,* 1958 ; R. DE LACHARRIÈRE : *La Ve, quelle République ?,* 1983 ; J. MASSOT : *Alternance et cohabitation sous la Ve République,* 1997 ; Y. MÉNY : *Le système politique français,* 1991 ; G. POMPIDOU : *Le nœud gordien,* 1974 ; M. PRÉLOT : *Pour comprendre la nouvelle constitution,* 1958 ; et *La constitution de la Ve République,* Encyclopédie française, *op. cit.,* p. 205 ; J.-L. QUERMONNE : *Le système politique européen,* 1993 et L'adaptation de l'État à l'intégration européenne, *R.D.P.* 1999, p. 1405 ; G. VEDEL : *Droit constitutionnel,* Paris, Les Cours de droit, 1960-1961 ; Ve République, *D.C.* p. 128 ; N. WAHL : *Aux origines de la nouvelle constitution, R.F.S.P.* 1959, p. 30 avec J.-L. QUERMONNE (sous la direction) : *La France présidentielle,* 1995 ; Ch. ZORGBIBE : *Histoire de la construction européenne,* 1992.

On consultera : *La Ve République, 30 ans, Pouvoirs,* 1989, no 49 ; Les 40 ans de la Ve République, *R.D.P.* 1998, p. 1253 ; les actes du colloque du XXVe anniversaire de la Ve République : *La constitution de la Cinquième République,* 1985 ; ceux consacrés à *l'écriture de la constitution,* 1992, au *discours de Bayeux,* 1991, à celui d'*Épinal,* 1997 et à *la contribution de Georges Pompidou à la Ve République,* 1995.

On se reportera au gisement intellectuel des *Travaux préparatoires* de la constitution de 1958 (I, 1987, II, 1988 et III, 1991 ; à *l'Europe des Communautés* (D.F.), 1992, au rapport du comité consultatif pour la révision de la constitution (comité Vedel)(D.F.), 1993, en prenant garde de ne pas oublier *les petits Plantu illustrés.*

Pour vivre avec son temps
40e anniversaire de la constitution de 1958 en 20 questions
http ://www.conseilconstitutionnel.fr.quarante.

CHAPITRE II
LE PEUPLE SOUVERAIN OU LE POUVOIR DE SUFFRAGE

La logique démocratique conduit à aborder l'examen de la constitution de 1958 par l'étude du *concept juridique* de *peuple français* (C.C., 9 mai 1991, *Collectivité territoriale de Corse, chr.* n° 59, p. 221) ou le *pouvoir de suffrage* (1), siège du commandement politique : *la souveraineté nationale appartient au peuple qui l'exerce par ses représentants et par la voie du référendum. Aucune section du peuple, ni aucun individu ne peut s'en attribuer l'exercice* (art. 3 C).

Il suit de là, que la République a pour principe *le gouvernement du peuple, par le peuple et pour le peuple* (art. 2) et pour fondement *l'égalité devant la loi de tous les citoyens sans distinction d'origine, de race ou de religion* (art. 1er). En conformité avec la doctrine des fondateurs du droit public français (2), le Conseil constitutionnel a posé le principe de l'*unicité du peuple français* (15 juin 1999, *Langues régionales et minoritaires, chr.* n° 91) en liant de manière nécessaire, la souveraineté à l'égalité. Dès lors, il devait censurer la notion *d'un peuple corse, composante du peuple français* (décision précitée du 9 mai 1991) ainsi que l'existence d'aires géographiques pour locuteurs de langues régionales et minoritaires (15 juin 1999). Seul le pouvoir constituant, en sa qualité de pouvoir de souveraineté, peut y déroger (art. 77 C, rédaction de la L.C. du 20 juillet 1998 relative à la Nouvelle-Calédonie, *chr.* n° 88, p. 178).

A la lumière de ces principes, il y a lieu d'analyser maintenant le *corps électoral* et *l'opération électorale.*

(1) L'expression est empruntée au doyen Maurice Hauriou. Il estimait, qu'en France, la trilogie définie par Montesquieu (pouvoir exécutif, pouvoir législatif et pouvoir judiciaire), n'était pas reconnue : les corps judiciaires ne s'étant jamais relevés de leur abaissement au moment de la Révolution et du partage de la fonction juridictionnelle entre tribunaux judiciaires et administratifs. Mais, il pensait que, si on ne pouvait désormais parler que d'une *autorité judiciaire,* c'est du reste la formule adoptée par la constitution de 1958 (titre VIII), c'est-à-dire un *service public* particulier, certes, mais relevant du pouvoir exécutif, le corps électoral devait être considéré comme un troisième pouvoir, le *pouvoir de suffrage,* ayant son mode d'expression ou sa manifestation de volonté propre : *l'assentiment.* Cette analyse entraînait, du reste, le doyen de Toulouse à définir les deux autres pouvoirs par leur *mode d'action propre :* le pouvoir exécutif, par la *décision exécutoire* et le pouvoir délibérant (le Parlement), par la *délibération*, c'est-à-dire une décision prise après une discussion, réglée par des procédures.

(2) Pour Siéyès, *le droit de se faire représenter n'appartient aux citoyens qu'à raison des qualités qui leur sont communes et non à raison de celles qui les différencient.* V. G. Koubi : *De la citoyenneté,* 1995.

SECTION I LE CORPS ÉLECTORAL

Par delà les étapes qui ont marqué l'avènement du suffrage universel, l'étude de ce pouvoir, incarné par le *corps électoral,* pose trois questions : quelle est sa *condition,* sa *composition* et son *organisation* ?

§ 1 LA CONDITION DU CORPS ÉLECTORAL

Ce n'est pas d'aujourd'hui que le corps électoral est promu à la dignité de *pouvoir politique.* Sans évoquer l'assemblée des citoyens sur l'Agora ou le Forum, non plus que les institutions suisses et, pour nous en tenir à la France, il est bon de se souvenir que la constitution montagnarde de l'an I (24 juin 1793), il y a deux siècles, avait déjà accompli cette *promotion,* liée, pour une grande part, à l'époque, au passage de la souveraineté nationale à la souveraineté populaire, du libéralisme à la démocratie.

A. LA NAISSANCE DU POUVOIR DE SUFFRAGE

C'est ainsi que la constitution de l'an I, fille de Rousseau (la première étant celle de Montesquieu), après avoir déclaré, dans son article 7, que le peuple souverain est *l'universalité* des citoyens français, accorde à celui-ci, non seulement le droit de nommer ses députés et tous ses administrateurs locaux, mais aussi de délibérer sur les lois (3). La constitution sera, du reste, elle-même, adoptée par référendum, pour la première fois, conformément au décret du 21 septembre 1792.

La constitution de l'an III, qui renoue avec le système représentatif, on le mentionne pour mémoire, accorde cependant aux assemblées primaires le droit de décider, en dernier ressort, des révisions constitutionnelles (art. 346). Celle de l'an VIII est présentée au peuple et approuvée par lui, selon les dispositions de la loi du 23 frimaire, an VIII. Par la suite le corps électoral, consulté par plébiscite, approuve la nomination de Bonaparte comme consul à vie (sénatus-consulte du 14 thermidor, an X) et lui confère la dignité impériale à titre héréditaire (sénatus-consulte du 28 floréal, an XII).

La Restauration et la Monarchie de juillet reviennent à une tradition purement représentative et censitaire, inaugurée en 1791 et confortée par l'exemple britannique et, après la parenthèse du Second Empire, qui rétablit l'usage du plébiscite, cette tradition est longuement reprise par la constitution de 1875.

(3) *Art. 10 : Il (le peuple souverain) délibère sur les lois.*
Art. 58 : Le projet de loi (établi par le Corps législatif) est imprimé et envoyé à toutes les communes de la République sous le titre : Loi proposée.
Art. 59 : Quarante jours après l'envoi de la loi proposée, si, dans la moitié des départements plus un, le dixième des assemblées primaires de chacun d'eux, régulièrement formées, n'a pas réclamé, le projet est accepté et devient loi.
Art. 60 : S'il y a réclamation, le Corps législatif convoque les assemblées primaires.

Mais, après la Libération, la technique de la consultation directe du peuple est remise en honneur, à l'instigation du général de Gaulle (4). C'est par référendum, le 21 octobre 1945, que le corps électoral, élargi par l'octroi aux femmes du droit de vote, décide que la constitution de 1875 est abrogée et que l'assemblée constituante, chargée d'en rétablir une nouvelle, sera limitée dans ses pouvoirs. C'est par référendum, le 5 mai 1946, que le premier projet de constitution est repoussé par le corps électoral. C'est aussi le référendum qui a rythmé l'existence de la constitution de la IVe République : après un premier échec le 5 mai 1946, celle-ci naît le 13 octobre suivant et disparaît le 28 septembre 1958. Tout naturellement, la Ve République animée par le souci de *restituer* au souverain sa souveraineté, allait offrir au référendum un nouveau champ d'application, tant au plan national (art. 11, rédaction de la L.C. du 4 août 1995 et 89 C) que local (art. 53 *in fine* C et loi du 6 février 1992).

B. L'AVANCÉE DU POUVOIR DE SUFFRAGE DEPUIS 1958

On n'a jamais autant voté que sous la Ve République à l'occasion des élections *nationales* (présidentielles et parlementaires) ; *locales* (municipales, cantonales et régionales) et, pour la première fois, le 10 juin 1979, élections *communautaires ou européennes* (5), auxquelles il convient d'ajouter les votations (référendums nationaux et locaux). Au point de provoquer *une sorte d'overdose ;* en un mot de favoriser l'abstentionnisme (6).

A ce point de l'analyse, il est utile de relever la corrélation qui s'établit entre le renforcement de la légitimation du pouvoir et l'imputation de la responsabilité de la politique. A preuve, la sanction infligée par les électeurs à la majorité sortante, en 1993 et 1997.

§ 2 LA COMPOSITION DU CORPS ÉLECTORAL

Dans le cadre d'un rappel pour mémoire, on distinguera la dimension *juridique* et la localisation *géographique*.

A. LA DIMENSION JURIDIQUE

Proclamé initialement par la constitution montagnarde, en l'an I, mais écarté, en raison des circonstances, le suffrage universel *masculin* entre, à titre *définitif* (7), dans nos institutions, avec la

(4) A cet égard, par l'intermédiaire de René Capitant, le général de Gaulle a subi l'influence de Carré de Malberg, présenté comme l'un des théoriciens de la Ve République (v. *chapitre* I) : *La combinaison du référendum avec le parlementarisme aurait... pour effet... de mettre au-dessus des partis... le peuple, statuant en sa masse universelle et indépendant des affiliations à des groupes spéciaux* (*R.D.P.*, 1931, p. 225). Sous ce rapport, il n'est pas douteux que pour le général, le référendum, instrument de l'union du peuple autour de son guide, était l'expression achevée de la démocratie.

(5) V. A. LANCELOT : *Les élections sous la Ve République,* 1983 ; P. BRÉCHON : *La France aux urnes. Cinquante ans d'histoire électorale* (D.F.), 1993 ; D. CHAGNOLLAUD (sous la direction de) : *La vie politique en France,* 1993 ; R. DARNOUX : Les techniques de démocratie semi-directe sous la Ve République, *RDP* 1995, p. 413.

(6) Les années sans scrutin relèvent de la curiosité. Depuis 1958, on en dénombre, cinq, à savoir : 1975, 1987, 1990, 1991 et 1996.

(7) En dépit du principe selon lequel *on ne revient jamais sur une conquête du suffrage universel,* ce dernier sera affecté par la loi du 31 mai 1850, comme on le sait, ce qui permettra au prince-président, le 2 décembre 1851, de le rétablir ; avant d'être récusé au temps de la *Révolution nationale*, à Vichy, entre 1940 et 1944. V. R. HUARD : *Le suffrage universel en France,* 1991 et M. OFFERLÉ : *Un homme, une voix. Histoire du suffrage universel,* 1993.

Seconde République. Le décret du 5 mars 1848, en avance par rapport avec d'autres pays occidentaux, sera complété, par l'abolition de l'esclavage (décret Schoelcher du 27 avril 1848) (8), et la reconnaissance de l'électorat et de l'éligibilité des femmes par une ordonnance du Gouvernement provisoire de la République, du 26 avril 1944, conformément à l'esprit de la Résistance (9). De ce point de vue, la disparition du Sénat, misogyne de 1875, laissait désormais la route ouverte à une généralisation du suffrage. Sous la Révolution, Olympe de Gouges, auteur d'une déclaration des droits de la femme et de la citoyenne, avait hautement revendiqué ces droits, en affirmant : *Si les femmes sont capables de monter à l'échafaud, elles sont capables de monter à la tribune.*

La loi du 5 juillet 1974, en abaissant à 18 ans, la majorité électorale, réalise une extension du corps électoral qu'un large mouvement à l'étranger avait précédé (art. L. 2 du code électoral).

B. LA LOCALISATION GÉOGRAPHIQUE

Au 1er juillet 1999, le corps électoral se compose de 40,1 millions de citoyens par rapport à une population de 60 millions d'habitants.

En dehors des terres inhabitées (terres australes et antarctiques françaises ; îles Éparses de l'océan indien et îlot de Clipperton), le collège électoral se répartit, entre la métropole ; les départements d'outre-mer (les *quatre vieilles :* Guadeloupe, Guyane française, Martinique et Réunion) ; (art. 73 C) (10) ; la Nouvelle-Calédonie (art. 77 C et L.O. du 19 mars 1999 (11) dont le statut d'État fédéré *sui generis* sera étendu à la Polynésie française ; le territoire d'outre-mer des îles Wallis-et-Futuna (art. 74 C) ; et les collectivités territoriales de Corse, Mayotte et Saint-Pierre-et-Miquelon, auxquelles il convient d'ajouter les Français expatriés (12).

§ 3 L'ORGANISATION DU CORPS ÉLECTORAL

L'article 3 C (alinéas 3 et 4) dispose : *Le suffrage peut être direct ou indirect, dans les conditions prévues par la constitution. Il est toujours universel,*

(8) En fait, l'égalité concernera, jusqu'en 1939, les *vieilles colonies* (Antilles, Réunion, Sénégal, Indes françaises), à l'exclusion de l'Afrique noire et de l'Algérie. La métropole de l'époque, selon un mot prêté à Édouard Herriot, a refusé d'être colonisé par ses propres colonies. C'est seulement à la fin de la IVe République, que l'égalité de vote triomphera, avec la loi-cadre Defferre, en 1956.

(9) V. A. HAURIOU : *Vers une doctrine de la Résistance, Le socialisme humaniste,* 1944.

(10) Ce terme affectueux rend compte de l'ancienneté du rattachement de ces îles à la métropole, depuis le milieu du XVIIe siècle.

(11) De façon *spécifique,* ainsi qu'il ressort de l'alinéa second du préambule de la constitution de 1958, les T.O.M. peuvent exercer le *droit de sécession* (C.C. 2 juin 1987, *Nouvelle-Calédonie, chr.* n° 43, p. 200). Toutefois, ce droit est conditionné par la *consultation des personnes intéressées* (art. 53 *in fine* C). A ce propos, le C.C. a donné une interprétation large de cette disposition en y incluant la sécession, alors qu'elle ne vise expressément que *la cession, l'échange et l'adjonction de territoire,* (30 décembre 1975, *Iles des Comores, Rec.* p. 26). Sur ce que l'on a appelé la doctrine Capitant, V. A. PELLET, *C.R.F.*, p. 1006.

Au surplus, *la question posée aux populations intéressées doit satisfaire à la double exigence de loyauté et de clarté de la consultation* (C.C., décision précitée du 2 juin 1987). Le droit de vote est assorti, en bonne logique, d'un délai de résidence (3 ans pour Djibouti en 1977). Concernant la Nouvelle-Calédonie, ce délai est porté à 10 ans (art. 2 de la loi référendaire du 9 novembre 1988 et accord de Nouméa du 5 mai 1998) en vue du futur scrutin d'autodétermination. V. J.-Y. FABERON : La Nouvelle-Calédonie, pays à souveraineté partagée, *R.D.P.* 1998 p. 645.

(12) Pour l'essentiel, les Français de l'étranger, au nombre d'un million sept, se rencontrent en Belgique, Grande-Bretagne, Suisse, Allemagne, pour l'Europe ; au Maroc, Côte-d'Ivoire, Madagascar et Gabon, s'agissant de l'Afrique ; aux États-Unis et au Canada. A peine un dixième d'entre eux, participent aux scrutins.

égal et secret. Sont électeurs, dans les conditions déterminées par la loi, tous les nationaux français majeurs des deux sexes jouissant de leurs droits civils et politiques. En outre, l'article 34 C réserve au Parlement, *le régime électoral des assemblées parlementaires et des assemblées locales.* Les autres dispositions, législatives (L.) et réglementaires (R.), applicables sont regroupées, depuis 1964, dans le code électoral.

A la lumière de la théorie des *élections disputées* (13) ou les *garanties d'objectivité qui doivent présider à toutes consultations électorales* (C.C., 5 janvier 1988, *Élections cantonales, Rec.* p. 9), organisées à des *intervalles raisonnables* (art. 3 du 1er protocole additionnel à la convention européenne des droits de l'homme) (V. *Ire partie*), il est expédient, du point de vue du droit positif, d'en approfondir divers aspects : les caractères du pouvoir de suffrage, la condition juridique de l'électeur (ou régime de l'*électorat*) et celle du candidat à une élection (ou régime de l'*éligibilité*), qui traditionnellement sont liées.

A. LES CARACTÈRES DU POUVOIR DE SUFFRAGE

De la combinaison des dispositions précitées résultent successivement *l'universalité, la liberté* et *la périodicité* du droit de suffrage.

1° L'universalité du suffrage

Ce principe tient en deux traits : le suffrage, en France, est *égal* et *personnel* (14).

a) *Un suffrage égal*

L'égalité de tous devant la loi, proclamée par la Déclaration de 1789 (art. 6), signifie, au cas particulier, que *tout citoyen placé dans une situation identique à l'égard de la loi électorale doit être régi, selon les mêmes règles.*

En d'autres termes, selon le principe *un individu, une voix,* le pouvoir détenu par chaque électeur est semblable ; en un mot, une même force est attachée au bulletin de vote. En conséquence, la loi ne peut pas valablement écarter des urnes certaines catégories de citoyens, ni en favoriser une partie d'entre eux. C'est ainsi qu'ont été réalisées, les diverses extensions du droit de vote en France, au profit des femmes (ord. du 26 avril 1944), des militaires de carrière (ord. du 17 août 1945) et des membres des familles ayant régné en France (loi du 24 juin 1950), et rejetés les *privilèges* électoraux, tels l'existence d'un *quota féminin* (C.C., 18 novembre 1982, *Quota féminin, chr.* n° 25, p. 190), ou, plus encore, du vote plural (C.C., 17 janvier 1979, *Juridiction prud'homale, C.C.F.,* p. 87), jugé *contraire au principe d'égalité devant la loi ainsi qu'à la règle de l'égalité du suffrage* (15).

(13) V. Cl. FRANCK : *Droit des élections nationales et locales,* 1988 ; J.-Cl. MASCLET : *Droit électoral,* 1989 ; Cl. ÉMERI : *Élections et référendums, in* M. GRAWITZ et J. LECA : *Traité de science politique,* vol. 2, 1985, p 319 et *code électoral,* commenté et annoté.

(14) La L.C. du 8 juillet 1999 a brisé cette jurisprudence en posant le principe selon lequel *la loi favorise l'égal d'accès des femmes et des hommes aux mandats électoraux et fonctions électives* (nouvelle rédaction de l'art. 3 C).

(15) Sous la Restauration, une loi du 29 juin 1820 (dite du *double vote*) accordait ce privilège aux électeurs les plus imposés. Elle devait être abrogée rapidement. A l'époque contemporaine, c'est par le biais du *vote familial* (incitation à la natalité) que l'idée est réapparue. Michel Debré, par exemple à l'occasion du scrutin de 1978, s'y était déclaré favorable.

Sous ce rapport, un électeur français résidant dans un autre État de l'Union européenne ne participe pas au scrutin en France pour les élections européennes et municipales (art. 2 de la loi du 7 juillet 1977, rédaction de la loi du 5 février 1994).

De façon générale, le juge constitutionnel a posé le principe que le découpage des circonscriptions électorales, tant au plan national que local, doit s'opérer sur *des bases essentiellement démographiques,* afin d'éviter toute disparité de représentation (8 août 1985, *Nouvelle-Calédonie, chr.* n° 36, p. 182). Seule une ombre subsiste avec la représentation des Français de l'étranger *limitée* au Sénat (art. 24 *in fine* C) (16) (V. *chapitre IV*).

b) *Un suffrage personnel*

Le droit de vote se présente comme un attribut de la personne. En principe l'électeur est tenu de se déplacer jusqu'au bureau de vote, afin d'y voter. Toutefois, l'exception du *vote par procuration* est admise.

En cas d'impossibilité matérielle (et non pour commodité personnelle), *les électeurs qui établissent que des obligations dûment constatées les placent dans l'impossibilité d'être présents dans leur commune d'inscription le jour du scrutin* (art. L. 71.I du code électoral, rédaction de la loi du 6 juillet 1993) peuvent y recourir ainsi que les *électeurs qui ont quitté leur résidence habituelle pour prendre des vacances (ibid.).* En revanche, dans le souci de prévenir une utilisation frauduleuse, cette possibilité n'est plus offerte aux non-résidents (*loi Joxe* du 30 décembre 1988) (17).

Le mandataire doit jouir de ses droits électoraux et être inscrit dans la même commune que le mandant (art. L. 72). Il est toujours loisible à celui-ci de résilier sa procuration et d'en donner une nouvelle (art. L. 75). En tout état de cause, il lui appartient d'effectuer la démarche. A défaut, le juge de l'élection annule les suffrages concernés (C.C., 29 janvier 1992, *A.N., Loire-Atlantique, 8e, Rec.* p. 22).

La procuration est établie par acte dressé, en principe, devant un juge du tribunal d'instance ou un officier de police judiciaire (art. R. 72) ; exceptionnellement devant l'autorité consulaire, s'agissant de personnes se trouvant hors de France, ou le commandant du navire concernant les marins (art. R. 72-1 et 72-2).

En outre, chaque mandataire ne peut disposer de plus de deux procurations, dont une seule établie en France (art. L. 73). Le vote du mandataire est constaté, au moment du vote par l'estampillage de la procuration et par sa signature apposée à l'encre sur la liste d'émargement en face du nom du mandant (art. L. 74, rédaction de la loi du 30 décembre 1988) (V. circulaire du 23 janvier 1976, *code électoral,* éd. 1997, p. 375).

En revanche, dans un souci de *moralisation,* le vote par correspondance a été supprimé, pour les élections politiques, par la loi du 31 décembre 1975.

2° La liberté du suffrage

De ce point de vue, le suffrage, est *facultatif* et *secret.*

a) *Un suffrage facultatif*

Dans le silence de la constitution, le droit de vote relève de la conscience civique. Il est *discrétionnaire,* à l'opposé de certains États de l'Union européenne (Belgique, Luxembourg,

(16) La proposition du candidat François Mitterrand en 1981 (n° 48) d'étendre leur représentation à l'Assemblée nationale est demeurée lettre-morte. Il faut toutefois relever qu'à titre de compensation, leur nombre de sièges au Sénat a été doublé par la L.O. du 17 juin 1983 *(infra).*

(17) V. J.-P. CAMBY : Le vote par procuration, *P.A,* 17 mars 1993.

Grèce) qui ont institué, sous peine d'amende, le vote *obligatoire* (18). Toutefois, hypothèse *unique*, en droit électoral français, les membres du collège sénatorial sont tenus de prendre part au scrutin. Sauf cause légitime, une amende, d'un faible montant, il est vrai (30 F), sera infligée par le TGI (art. L. 318 du code électoral).

Le vote facultatif a pour effet, que l'inscription sur une liste électorale est laissée, à ce jour, à la libre appréciation du citoyen et, pour corollaire naturel, l'abstention, qui mérite le détour.

Hormis l'élection présidentielle, dont l'attrait demeure, en raison de son rôle décisif (18,6 % de non-participation, en 1988 et 20,3 % en 1995), les autres consultations souffrent d'un grave phénomène de désaffection, qui ne laisse d'inquiéter. A cet égard, la Ve République a établi des records saisissants : 53,2 % (élections européennes de 1999) ; 50,8 % (élections cantonales de 1988) ; 34,2 % au premier tour des élections législatives de 1988. Reste la performance absolue : 63,1 % lors du référendum calédonien de 1988 (19).

Cet écart grandissant entre la société civile et la société politique peut, semble-t-il, s'expliquer par diverses raisons : la répétition des scrutins confine à la saturation selon une loi du genre observée à l'étranger, une manifestation d'indifférence (proche de la contestation) face aux problèmes économiques et sociaux persistants ou au choix offert ; un comportement de protestation, proche du dépit amoureux, à l'égard de la formation d'allégeance. Ce *vote silencieux,* pour parler comme Proudhon, peut également se présenter lorsque les règles techniques de scrutin se limitent à un choix binaire, trop simplificateur : second tour de l'élection présidentielle (en l'absence d'un candidat de gauche, le P.C.F. donna une consigne d'abstention en 1969) (20), au référendum (attitude du P.S. en 1972 et du R.P.R. en 1988). Cette dernière modalité d'abstention *résignée*, à dire vrai, pourrait être surmontée par la reconnaissance du *bulletin blanc,* (5,9 % aux européennes de 1999) en tant que suffrage exprimé, ce qui n'est pas le cas, à l'heure actuelle (art. L. 66 du code électoral).

Les sondages ont été aussi incriminés. On peut opiner que leur réputation est tant soi peu surfaite (21). Leur principal effet consiste à renforcer, en règle générale, la tendance majoritaire. Ce qui provoque, d'une part, la *conversion,* dans les deux sens, d'un certain nombre d'indécis et, d'autre part, effet particulièrement redouté, la *démobilisation* ou la neutralisation d'une partie d'électeurs qui, considérant d'ores et déjà acquise la victoire de leur champion, auront tendance, la conscience apaisée, à déserter les urnes, tandis que les supporters relâcheront leur effort.

En revanche, les sondages sont de nature à modifier le comportement des *candidats* à la candidature (22). Leur réglementation (loi du 19 juillet 1977) s'avère inopérante. Enfin, s'il est de bonne guerre, pour les partis, de se livrer à la chasse aux abstentionnistes, à partir du moment où ils ont la possibilité d'obtenir *communication et copie de la liste électorale* (art. L. 28 du code électoral), à l'exclusion de tout usage commercial (art. R. 16), le caractère secret du suffrage est cependant perdu de vue.

En dehors du rôle qui consiste pour chaque parti à (re)mobiliser son électorat, le regroupement des consultations, à l'exemple américain, peut être une solution apportée au phénomène de la non-participation. En mars 1986, les élections législatives avaient coïncidé avec celles des conseillers régionaux. Le Conseil constitutionnel estime que la simultanéité doit s'accompagner de *modalités*

(18) Le vote obligatoire (auquel Pierre Mendès France était favorable), a été instauré dans d'autres États : Argentine, Australie, Costa Rica, Liechtenstein et, au plan *local,* partiellement, en Autriche et en Suisse. Il y a lieu de rappeler, qu'en France, les électeurs du chef de l'État (citoyens détenteurs d'un mandat électif) étaient, dans la version *initiale* de la Ve République, astreints au vote (art. 15 de l'ord. du 7 novembre 1958). V. J. GICQUEL, *C.R.F.*, p. 325.

(19) V. A. LANCELOT : *L'abstentionnisme électoral en France,* 1968 ; P. BRÉCHON : L'abstentionnisme électoral en France depuis 1988, *Regards sur l'actualité,* n° 164, 1989 (D.F.) ; J.-M. BECET et D. COLLARD : Faut-il introduire en France le vote obligatoire ? *R.D.P.* 1973, p. 155.

(20) Pour le candidat communiste (Jacques Duclos), choisir entre Georges Pompidou et Alain Poher, c'était opter entre *la peste ou le choléra.*

(21) V. J. STOETZEL et A. GIRARD : *Les sondages d'opinion publique,* 1973 ; et M. CHARLOT : *La persuasion politique,* 1971.

(22) Les sondages ont fait leur apparition au moment de l'élection présidentielle de 1965, en prévoyant la mise en ballottage du général de Gaulle. V. C. YSMAL : *Le comportement électoral des Français,* 1986.

matérielles d'organisation destinées à éviter toute confusion dans l'esprit des électeurs (6 décembre 1990, *chr.* n° 57, p. 179).

b) *Un suffrage secret*

A l'occasion de l'examen des *élections disputées,* on a souligné l'importance qui s'attache au formalisme inhérent à l'opération *matérielle* de vote, au passage par l'isoloir, caractéristique de la culture occidentale, en opposition avec le vote *public* des anciennes sociétés marxistes (23). En un mot, c'est *la garantie essentielle de la conscience des électeurs* (E. Pierre).

Sous cet aspect, la loi Joxe du 30 décembre 1988 apporte d'utiles précisions en vue de favoriser la sincérité du scrutin : désormais, le vote de chaque électeur est constaté par sa signature, en face de son nom, sur la liste d'émargement et non plus par un membre du bureau de vote (art. L. 62-1 du code électoral) ; l'urne électorale est transparente (art. L. 63) ; les enveloppes contenant les bulletins sont regroupées par paquet de 100, l'enveloppe est cachetée et signée du président du bureau de vote et d'au moins deux assesseurs représentant des listes ou candidats différents (art. L. 65). Enfin, l'utilisation des machines à voter est généralisée aux communes de plus de 3 500 habitants (art. L. 57-1) (24).

3° La périodicité du suffrage

Par référence à la norme européenne, le Conseil constitutionnel (6 décembre 1990, *Concomitance des renouvellements des conseils généraux et régionaux, chr.* n° 57, p. 179) a estimé que les électeurs doivent être *appelés à exercer selon une périodicité raisonnable leur droit de suffrage.* (25)

B. LA CONDITION JURIDIQUE DE L'ÉLECTEUR OU LE RÉGIME DE L'ÉLECTORAT

La qualité de citoyen s'exprime, d'abord, par celle d'*électeur.* A cet égard, en application de l'article 3 *in fine* C, la faculté d'exercer le droit de vote, en France, est subordonnée à une double condition, l'une de fond, c'est-à-dire attachée à la personne : *la capacité électorale ;* l'autre de forme, à la faveur d'une formalité substantielle : *l'inscription sur une liste électorale.*

(23) Dans le cadre du référendum calédonien, le C.C. a annulé le scrutin d'une commune où *l'absence d'isoloir n'a pas assuré le respect du principe constitutionnel du secret du vote* (proclamation du 9 novembre 1988, *chr.* n° 49, p. 218) ; au même titre que la méconnaissance du principe selon lequel un bureau de vote ne doit comporter qu'une seule urne (art. L. 62 du code électoral) (21 octobre 1988, *A.N., Meurthe-et-Moselle, 2e, Rec.* p. 174). L'utilisation ostensible de bulletins de vote vicie l'élection du maire (C.E., 11 novembre 1990, Chapuis et Klein : *P.A.,* 11 février 1991, note E. Bonnet). V. M.-P. ROY : La lutte contre la fraude électorale, *A.J.D.A.* 1989, p. 355.

(24) L'organisation officielle d'élections primaires à l'américaine en France tombe, semble-t-il sous le double grief inconstitutionnel de manquement à l'égalité et au secret du vote. La question demeure ouverte, en revanche, si les partis politiques en assuraient la mise en œuvre.

(25) Le délai de convocation des électeurs est *destiné à ne pas ouvrir à l'autorité administrative une possibilité de choix, telle qu'elle puisse engendrer l'arbitraire* (C.C., 5 janvier 1988, *Élections cantonales,* Rec. p. 9).

1° La capacité électorale

L'aptitude légale pour exercer le droit de vote se décompose en trois éléments : la nationalité française, la majorité électorale et la dignité morale.

a) *La nationalité française*

Traditionnellement, le droit de vote est lié à la nationalité. Il s'ensuit que seuls, en principe, les nationaux votent en France. La nationalité procède ordinairement de la *filiation* (art. 17 du code de la nationalité) ou de la *naturalisation* d'un étranger (art. 60). A compter de ce moment, *l'assimilation* avec le Français de naissance est *immédiate.*

Par voie de conséquence, l'étranger résidant en France ne participe pas aux scrutins politiques (26). A l'instar d'autres démocraties occidentales (Pays-Bas, Suède, Irlande, Grande-Bretagne), il serait équitable que ceux qui le souhaitent et dont la résidence est stable et régulière bénéficient du droit de vote et d'éligibilité aux élections locales. Mais, cette réforme implique, au préalable, une révision de la constitution (C.C., 18 novembre 1982, *Quota féminin, chr.* n° 25, p. 190) (27). Des élections de conseillers municipaux associés ont été frappées de nullité par le juge administratif (T.A. Versailles, 15 mai 1991, *Élections de Longjumeau et des Ulis, A.J.D.A.* 1991, p. 721). Seuls, on le sait, à l'heure actuelle, les ressortissants communautaires, domiciliés sur le sol national, sont désormais titulaires du droit de vote et d'éligibilité aux élections municipales (art. 88-3 C, et L.O. du 25 mai 1998) et européennes (art. 8 B du traité de Maastricht) (28).

b) *La majorité électorale*

Selon la démarche contemporaine, la loi du 5 juillet 1974 a abaissé la majorité électorale de 21 à 18 ans accomplis (art. L. 2 du code électoral).

c) *La dignité morale*

Par cette notion, le législateur tient compte du comportement normal de la personne. Sous cet aspect, des actes antisociaux sont regardés comme indignes d'un citoyen. La déchéance (définitive ou temporaire) du droit de vote complétera le dispositif répressif.

(26) Cependant, les étrangers ont la possibilité de participer à des élections professionnelles, sociales ou universitaires. Par ailleurs, leur nombre est pris en compte dans *l'évolution démographique de la population,* sur la base de laquelle les circonscriptions électorales de l'Assemblée nationale sont révisées (art. L. 125 du code électoral).

En revanche, le Danemark, la Finlande, l'Islande et la Suède accordent, au titre de réciprocité, les mêmes droits, à leurs nationaux respectifs, au titre des élections locales.

(27) Le juge a déclaré, à cet effet : *La qualité de citoyen ouvre le droit de vote et d'éligibilité dans des conditions identiques à tous ceux qui n'en sont pas exclus pour une raison d'âge, d'incapacité ou de nationalité..., que ces principes de valeur constitutionnelle s'opposent à toute division par catégorie des électeurs ou des éligibles ; qu'il en est ainsi pour tout suffrage politique, notamment pour l'élection des conseillers municipaux.* Le P.S. a renoncé en 1990, à entreprendre cette réforme, en dépit de l'attachement que lui portait François Mitterrand. La Cour constitutionnelle allemande. s'est prononcée dans le même sens, le 31 octobre 1990. V. E. PEUCHOT : Droit de vote et condition de nationalité, *R.D.P.* 1991, p. 481.

(28) Les citoyens européens, environ un million cent mille (sur 3 600 000 étrangers) participent depuis 1994 aux élections européennes (loi du 5 février 1994). Seuls une infime minorité d'entre eux (4 %) se sont inscrits sur les listes électorales. Pour les élections municipales à venir, ils ne pourront pas exercer les fonctions de maire ou d'adjoint, ni participer à la désignation des électeurs sénatoriaux et à l'élection des sénateurs (art. L.O. 227-1 et L.O. 228-1 du code électoral, rédaction de la L.O. du 25 mai 1998). V. F. DELPÉRÉE : *Les droits politiques des étrangers,* 1995 ; H. LABAYLE : Vers la citoyenneté européenne ?, *PA*, 24 juin 1992 ; G. SÉBASTIEN : La citoyenneté européenne, *RDP* 1993, p. 1263 ; C. TOURET : L'exercice du droit de suffrage des citoyens de l'Union aux élections européennes *R.F.D.C.* 1995, p. 503.

Une turpitude dans un cas, un manquement à la déontologie ou à l'éthique, dans un autre, en fournissent l'illustration. Les personnes condamnées pour crime ou certains délits (vol, escroquerie, abus de confiance, faux témoignage, faux en écriture privée, corruption, attentats aux mœurs, *etc.*) ou pour infractions à la législation électorale (art. L. 5 du code électoral) seront déchues, de surcroît, de leur qualité d'électeur. La méconnaissance de l'honorabilité vaut au failli non réhabilité, et à l'officier ministériel destitué, le même sort *(idem).*

En outre, l'innocent ou le *majeur* en tutelle qui se trouve *dans un état habituel d'imbécilité, de démence ou de fureur* (art. 489 du code civil) ne peut pas, à son corps défendant, prétendre à l'exercice du droit de vote (29). Dans des conditions plus discutables, proches du délit d'opinion, certaines personnes ont été frappées d'*indignité politique,* faute d'avoir adopté, en des périodes critiques une attitude normale (communards, en 1871 ; collaborateurs avec l'occupant et le régime de Vichy pendant la seconde guerre mondiale). Ainsi, les parlementaires ayant voté la loi du 10 juillet 1940 ont été frappés d'indignité nationale à la Libération. Une loi d'amnistie du 6 août 1953 les en a relevés.

2° L'inscription sur une liste électorale

Il s'agit d'une formalité obligatoire, en théorie, en l'absence d'une sanction (art. L. 9 du code électoral). Dès lors que le vote est libre, l'inscription l'est aussi. Elle est donc laissée à l'appréciation de l'intéressé et doit être effectuée *en mairie* et non à son *domicile* (C.E., 13 mars 1981, *Maire de Tremblay-lès-Gonesse, chr.* n° 18, p. 181), à l'exception des jeunes ayant atteint l'âge de 18 ans qui sont inscrits *d'office* sur la liste électorale de la commune de leur domicile réel (art. L. 11-1 du code électoral, rédaction de la loi du 10 novembre 1997) (30).

La liste électorale se présente à la manière d'un *fichier* ou d'un *répertoire* alphabétique des électeurs, dressé pour chaque bureau de vote, auquel est affecté un périmètre géographique (art. L. 17 du code électoral, rédaction de la loi du 30 décembre 1988). Par surcroît, la liste étant *unique,* sert *indistinctement* à toutes les consultations et votations. Elle est *permanente* et *révisable* annuellement à période fixe (art. L. 16). Il est cependant loisible au législateur, dans un but d'intérêt général, d'arrêter des modalités *spécifiques* de refonte des listes électorales (31). On envisagera son mode d'établissement et le contentieux afférent (32).

a) *L'établissement de la liste électorale*

Dans quelle commune, un électeur peut-il s'inscrire, et selon quelle procédure ?

1) Les communes de rattachement ou d'inscription

Le code distingue entre le régime de droit commun et les régimes dérogatoires.

Le régime de droit commun (art. L. 11), permet à l'électeur sur sa demande, d'*opter* et d'y être maintenu, entre l'une des trois solutions suivantes : ou la commune du *domicile réel,* notion juridique, au sens de l'article 102 du code civil, du *principal établissement ;*

(29) On estime à environ 200 000, le nombre de personnes privées de leur capacité électorale en raison d'une condamnation pénale. Chaque année environ 5 700 majeurs sont mis sous tutelle (*ibid.*, n° 54, p. 191). V. G. Soulier : Citoyenneté et condamnation pénale. L'incapacité électorale, *Rev. de science criminelle,* 1989, p. 463.

(30) V. J. Gicquel : *Sur le démarchage électoral, Projet* 1981, p. 479.

(31) Après déclaration de conformité du C.C. (9 mai 1991, *Collectivité territoriale de Corse, chr.* n° 59), l'article 85 de la loi du 13 mai 1991 dispose qu'il sera ainsi procédé dans les communes des départements de Corse.

(32) La liste électorale sert de référence, au surplus, dans le cadre du département, pour le tirage au sort des jurés de la cour d'assise (art. 261 du code de procédure pénale).

ou celle de la *résidence*, liée à la constatation d'une habitation depuis six mois au moins, en bref, qui doit revêtir, à la fois un caractère *actuel, effectif et continu* (Cass. 28 juin 1973) ; ou bien, celle d'*imposition*, celle dans laquelle la personne est inscrite au rôle *d'une* des contributions directes communales (taxe d'habitation, taxe professionnelle, taxes foncières) depuis au moins cinq ans.

Des régimes dérogatoires concernent les citoyens de l'Union européenne inscrits sur une liste électorale complémentaire (art. 2-2 de la loi du 7 juillet 1977, rédaction de la loi du 5 février 1994) dont l'identité est communiquée aux autres États de l'Union (art. 2-5) ; les mariniers rattachés à un port fluvial (art. L. 15 du code électoral) et les Français de l'étranger (33). Ceux-ci relèvent d'un régime *différent,* selon que le territoire national constitue *une* ou *plusieurs* circonscriptions électorales. Tout d'abord, s'agissant de l'élection *présidentielle,* la L.O. du 31 janvier 1976, prévoit que nos compatriotes expatriés ont désormais la possibilité de s'inscrire sur une *liste de centre,* rattachée à un *centre de vote,* créé dans les ambassades et consulats, avec l'assentiment de l'État concerné ou, à défaut, dans un département limitrophe d'un État frontalier (34). Les élections *communautaires* (art. 23 de la loi du 7 juillet 1977), ainsi que les *référendums* (art. 20 de la loi du 31 janvier 1976) obéissent, sur ce point, aux mêmes conditions, compte tenu de *l'identité* des candidats ou de la question à trancher. A l'opposé, les élections parlementaires et locales relèvent de règles particulières. L'article L. 12 du code électoral offre aux intéressés une large *gamme :* communes de la naissance, du dernier domicile, de la dernière résidence, d'inscription d'un ascendant ou d'un descendant au premier degré (35).

2) La procédure d'inscription

En dehors de l'hypothèse particulière des *listes de centre* relatives aux Français de l'étranger (décret du 14 octobre 1976), la procédure se décompose en deux phases, entrecoupée d'un détour contentieux, le cas échéant : l'établissement de la liste *spéciale,* puis de la liste *générale,* dans les communes divisées en plusieurs bureaux de vote. A Paris, Lyon et Marseille, cette liste générale est dressée par arrondissement (art. L. 17 du code électoral). Ces dispositions ont été étendues aux listes électorales propres aux citoyens de l'Union européenne (art. 2-3 de la loi du 7 juillet 1977, rédaction de la loi du 5 février 1994).

Dans le cadre de chaque *bureau de vote,* une liste est établie par une commission administrative composée de trois membres : le maire ou son représentant (président), un délégué de l'administration désigné par le préfet ou le sous-préfet et un délégué nommé par le président du tribunal de grande instance. Elle procède aux inscriptions et radiations chaque année, entre le 1er septembre et le 31 décembre (sauf réouverture exceptionnelle décidée par la loi) (36). En conséquence de quoi, cette commission dresse le *tableau rectificatif,* entre le 1er et le 9 janvier suivant, et le dépose, le lendemain au secrétariat de la mairie (art. R. 10). A cette date, le maire en assure la publicité par les moyens appropriés. Dans le même temps, il adresse une copie dudit tableau à l'autorité préfectorale (art. R. 11) et à l'I.N.S.E.E. qui détient, à Nantes, le fichier *national* des électeurs (art. L. 37), ainsi que

(33) En outre, les fonctionnaires sont inscrits dans la commune dans laquelle ils sont assujettis à résidence obligatoire (art. L. 11), les militaires de carrière sont assimilés aux autres citoyens (art. L. 13). Enfin, les forains et les personnes sans domicile fixe ont la possibilité d'être inscrits dans une commune, après trois ans de rattachement ininterrompu (art. 10 de la loi du 3 janvier 1969).

(34) V. P. AVRIL et J. GICQUEL : Les modifications relatives à l'élection du président de la République, *R.D.P.* 1976, p. 1263.

(35) L'article avait été complété par la loi du 12 juillet 1977, aux termes de laquelle, des Français expatriés avaient, en outre, la faculté de s'inscrire dans *toute* commune de leur choix, de plus de 30 000 habitants, dans la proportion de 2 % des électeurs inscrits. L'application de cette disposition aux élections législatives de 1978, a donné lieu à un détournement de procédure, sous forme d'inscriptions *en blanc,* effectuées *en bloc* par un tiers. Le C.C. (12 juillet 1978, *A.N., Paris 16e, C.C.F.,* p. 131) a annulé l'élection pour manœuvre. La loi du 19 novembre 1982 a abrogé cette possibilité.

(36) Le phénomène de non-inscription concerne, en moyenne, 10 % du corps électoral. Il est révélateur du phénomène de non-insertion, en l'absence de la fonction d'intégration exercée par la famille, l'école ou la vie professionnelle. V. P. BRÉCHON et B. CAUTRÈS : L'inscription sur les listes électorales : indicateur de socialisation ou de politisation ? *R.F.S.P.* 1987, p. 502.

les condamnations entraînant incapacité électorale ; ce qui permet de relever et de poursuivre les auteurs d'inscriptions *multiples*. Après examen du contentieux au civil, la liste *spéciale* est close, le 28 février (37).

Ce même jour, dans les communes comprenant plusieurs bureaux de vote, la liste *générale* ou *récapitulative* des électeurs est arrêtée, au vu des listes spéciales, par une commission administrative composée comme précédemment (art. L. 17). Tout électeur, tout candidat et tout parti ou groupement politique peuvent prendre communication et copie de la liste électorale (art. L. 28 du code électoral, rédaction de la loi du 11 mars 1988) (V. circulaire du 31 juillet 1969, *code électoral,* éd. 1997, p. 289).

b) *Le contentieux des inscriptions électorales*

Il s'agit, en l'espèce, d'un contentieux *original* qui relève de la compétence concurrente du juge judiciaire, administratif, voire constitutionnel.

1) La compétence du juge judiciaire

A côté de la répression *pénale* (art. L. 86), qui constitue assurément la méthode la plus appropriée, le contentieux de la régularité des *inscriptions* appartient au juge *civil.* Les décisions de la commission administrative qui sont à l'origine du *tableau rectificatif* peuvent faire l'objet d'un recours devant le *juge d'instance,* dans les dix jours suivant sa publication (soit entre le 11 et le 20 janvier) par toute personne omise sur la liste, par tout électeur de la commune demandant l'inscription ou la radiation d'un électeur omis ou indûment inscrit, ainsi que le préfet et le sous-préfet (art. L. 25). Le jugement, qui intervient dans le délai de dix jours (art. L. 26), est susceptible d'un pourvoi devant la Cour de cassation, dispensé de ministère d'avocat (art. L. 27). Cette dernière statue nécessairement, courant février.

2) La compétence du juge administratif

Selon une jurisprudence constante, le juge administratif est compétent pour apprécier la régularité de la *procédure* suivie par les commissions administratives (C.E., 15 février 1978, *Frèche, A.J.D.A.*, 1978, p. 89). En revanche, il décline sa compétence concernant la régularité des *inscriptions,* sauf à *apprécier tous les faits révélant des manœuvres ou des irrégularités susceptibles d'avoir altéré la sincérité du scrutin* (C.E., 25 juin 1972, *Élections municipales du Blanc*, concl. L. Bertrand, *R.D.P.*, 1972, p. 1545).

3) La compétence du juge constitutionnel

En principe, il n'appartient pas au Conseil de se prononcer sur la régularité des inscriptions (11 juillet 1967, *A.N. Guyane, Rec.* p. 157), sauf au cas de *manœuvres* (21 juin 1978, *A.N., Hérault* 1re, et 12 juillet 1978, *A.N., Paris 16e, C.C.F.*, p. 131) ou *d'irrégularités, consécutives à l'absence d'une mise à jour* (23 novembre 1988, *A.N., Wallis-et-Futuna, Rec.* p. 214). Il s'ensuit l'annulation du scrutin, sauf à céder au réalisme (20 février 1998, *A.N. Paris, 2e, chr.* n° 86, p. 196) (V. *chapitre III*).

C. LA CONDITION JURIDIQUE DU CANDIDAT OU LE RÉGIME DE L'ÉLIGIBILITÉ

La qualité du candidat est subordonnée à celle d'électeur (art. L. 127 du code électoral). Au-delà des conditions requises, la réalité politique révèle, en l'état, le privilège de masculinité.

(37) La majorité électorale s'apprécie à la date du *28 février suivant la clôture des inscriptions.* Au-delà, l'article L. 31 du code électoral autorise exceptionnellement sur décision du juge du tribunal d'instance, l'inscription, pour toute personne atteignant l'âge de 18 ans, 10 jours au moins avant la date du scrutin.

1° Les conditions de fond

Aux conditions communes, s'ajoutent des conditions particulières.

Les premières sont au nombre de trois : la *nationalité française* (à l'exception des électeurs communautaires, *supra*) ; la *majorité d'éligibilité,* fixée actuellement à 23 ans pour la présidence de la République, l'Assemblée nationale et le Parlement européen (art. L. 44 du code électoral) et, à 35 ans, pour le Sénat (art. L.O. 296) (38) et enfin, la *dignité morale (supra).* A défaut de satisfaire l'une d'entre elles, un cas d'inégibilité *absolue* se présente (39).

En ce qui concerne les secondes, elles visent, en matière de députation, les hauts fonctionnaires ou fonctionnaires d'autorité, dont la liste est dressée à l'article L.O. 131 du code électoral. Ils sont frappés d'une inéligibilité dite *relative* (V. *chapitre IV*).

2° Les conditions de forme

Une candidature doit satisfaire à deux formalités : une déclaration et le choix d'un mandataire financier destiné à recueillir des fonds nécessaires à la campagne (art. L. 52-4) (40). A l'issue du scrutin, un compte de campagne doit être déposé (art. L. 52-12).

3° Le privilège de masculinité

Bien que détentrices de la majorité du corps électoral (53 %), les femmes n'en connaissent pas moins une condition manifestement minorée s'agissant de l'exercice des mandats électoraux. Le taux de féminisation est particulièrement faible : au plan national (6 % au Sénat, 11 % à l'Assemblée élue en 1997) ; au plan local (26 % dans les conseils régionaux, 8 dans les conseils généraux et 21 dans les conseils municipaux), en dehors du plan communautaire (40,2 % en 1999 au Parlement européen). De mauvaises langues expliquent cette percée par... l'absence d'enjeu politique.

La France occupe, ainsi, l'avant-dernière place au sein de l'Union européenne. Afin d'y remédier, le principe d'égalité a été réaffirmé : *La loi favorise l'égal accès des femmes et des hommes aux mandats électoraux et fonctions électives* (art. 3 C, rédaction de la L.C. du 8 juillet 1999). Dans le même temps, les partis politiques *contribuent à la mise en œuvre du principe* (art. 4 C, L.C. du 8 juillet 1999), tant il est avéré que son effectivité reposera, en réalité, sur leur volonté, à l'image du P.S. aux élections législatives de 1997. Au-delà d'une incitation financière, le choix du mode de scrutin n'est pas indifférent. Il reste que le système des *quotas,* attentatoire à la dignité féminine, a été écarté (41).

(38) Concernant les élections locales, la majorité d'éligibilité est fixée à 18 ans (conseil municipal) et à 21 ans (conseil général ou régional).

(39) La L.O. du 20 décembre 1983 a abrogé l'incapacité temporaire qui frappait les Français naturalisés pendant dix ans (art. L.O. 128 du code électoral). Désormais ceux-ci sont assimilés *sur-le-champ* aux Français de naissance.

(40) Un *cautionnement,* c'est-à-dire une somme d'argent était exigé initialement. Il s'agissait de dissuader des candidatures fantaisistes. La somme versée était acquise définitivement par le Trésor public si le seuil de 5 % des suffrages exprimés n'avait pas été atteint. La loi du 19 janvier 1995 a supprimé cette condition, à l'exception des élections européennes.

(41) L. FAVOREU : Principe d'égalité et représentations politique des femmes : la France et les exemples étrangers *E.D.C.E.* 1997, p. 395. *Le piège de la parité ; arguments pour un débat,* 1999.

SECTION II L'OPÉRATION ÉLECTORALE

La multiplicité des expressions du pouvoir de suffrage se réduit aisément à l'unité de leur régime (42). A l'encadrement par les partis politiques s'ajoute la réglementation de la compétition.

§ 1 L'ENCADREMENT PARTISAN

En écho à la reconnaissance constitutionnelle des partis (art. 4 C), la loi du 11 mars 1988 détermine le régime juridique qui leur est applicable : *[Ils] se forment et exercent leur activité librement. Ils jouissent de la personnalité morale. Ils ont le droit d'ester en justice. Ils ont le droit d'acquérir à titre gratuit ou à titre onéreux des biens meubles et immeubles ; ils peuvent effectuer tous les actes conformes à leur mission et notamment créer et administrer des journaux et des instituts de formation conformément aux dispositions des lois en vigueur* (art. 7). Ils sont dorénavant subventionnés par l'État (art. 8 et 9).

En contraste absolu avec le multipartisme dévoyé de la IVe République (43), il importe de souligner, d'entrée de jeu, *la dynamique bipolaire* qui s'est emparée du régime de 1958 au point de bouleverser son système partisan. L'alternance qui couronne ce mouvement à partir de 1981 accroît l'efficacité du vote ; en un mot, donne tout son sens à la souveraineté du peuple (44).

(42) On peut distinguer selon leur *objet,* les élections et les référendums ; on peut séparer, d'un point de vue *géographique et politique* les élections nationales et les élections locales, sans perdre de vue que par l'entremise du Sénat (art. 24 C) ces dernières participent à l'exercice du pouvoir d'État. Cet aspect des choses n'a pas manqué de rejaillir à propos de la *citoyenneté européenne* (art. 88-3 C) *(supra).*

(43) Le régime de 1946 s'est soucié, à la faveur d'une mise en perspective, de construire à l'image de la Grande-Bretagne, un système de partis cohérents destinés à prendre en charge l'expression majoritaire du corps électoral. En un mot, les constituants de 1946 entendaient *institutionnaliser* le *tripartisme.* Dans cette perspective, la représentation proportionnelle prenait place naturellement. Toutefois, les événements consécutifs à la rupture entre les Alliés, en décidèrent autrement. La *guerre froide* s'est traduite, dès 1947, par le retrait des communistes du pouvoir et la mise en place de la solution de la *troisième force,* autrement dit le *gouvernement par les centres,* avec exclusion concomitante des extrêmes : P.C.F. et R.P.F. (*Rassemblement du peuple français* créé par le général de Gaulle à cette date). Dans ces conditions, le centre gauche (socialistes et radicaux) et le centre droit (républicains populaires et indépendants paysans), ont conjugué leurs efforts, non pas tant pour gouverner que pour résister aux communistes et aux gaullistes, lesquels totalisaient 47,5 % des voix aux élections législatives de 1951.

A cet égard, deux lignes de partage existaient entre les centres, au plan économique et philosophique. Les socialistes étaient progressistes, en même temps que laïcs, tandis que le M.R.P., proche de ceux-ci du point de vue économique, était confessionnel. Les radicaux étaient laïcs et conservateurs ; les indépendants confessionnels et conservateurs. Gouverner sous la IVe République relevait donc de la mission impossible.

Le tournant de 1958 consistera à remplacer, selon le raccourci de René de Lacharrière, une *oligarchie élective* par une *monarchie élective.* Mais, entre-temps, le système partisan aura été modifié de pied en cap. V. J. CHAPSAL : *La vie politique en France de 1940 à 1958,* 1984 p. 220.

(44) V. P. AVRIL : *Essais sur les partis,* 1986 ; C. YSMAL : Le comportement électoral des Français, 1986 et *Les partis politiques sous la Ve République,* 1989 ; J.-Cl. COLLIARD : La liberté des partis politiques *Mél. Jacques Robert* 1998 p. 81. Cl. ÉMERI : Les partis politiques et les institutions constitutionnelles en France, *P.A.* 19 avril 1996 ; J.-L. QUERMONNE : La présidence de la République et le système des partis, *Pouvoirs* n° 41, 1987 p. 93.

A. LA MISE EN PLACE DU SYSTÈME MAJORITAIRE

L'une des conquêtes majeures de la Ve République, consiste dans la *recomposition* du système partisan en deux constellations, incarnées respectivement, par le Parti socialiste, qui campe sur l'espace de gauche, à la suite de l'effondrement du Parti communiste français, et les formations alliées de droite : le Rassemblement pour la République (R.P.R.) et l'Union pour la démocratie française (U.D.F.). Cette bipolarisation est le fruit de l'élection présidentielle et de l'utilisation du scrutin majoritaire aux consultations législatives. La naissance d'un parti majoritaire à droite, au début de la Ve République s'est révélé être le meilleur défi, lancé et surmonté par la gauche, à partir de 1981 (45).

1° L'existence d'un parti majoritaire de droite

Le fait capital, à partir de 1958, c'est la renaissance et la croissance du mouvement gaulliste, *parti d'électeurs* (Jean Charlot), qui, de proche en proche, s'établit en situation de parti dominant (46). Allié aux républicains indépendants de Valéry Giscard d'Estaing, ce dernier domine, à partir du scrutin de 1962, et tout particulièrement après 1968, l'Assemblée nationale, au moment même où il se transforme en masse de manœuvre. C'est, à cette époque, que l'on évoque les *godillots* du général. Toutefois, dès 1974, son hégémonie est affectée. Car, non seulement le pouvoir d'État est entamé (47), mais il est concurrencé par l'U.D.F., qui regroupe les partis centristes, créée en 1978, par le président Giscard d'Estaing (48). Il n'en reste pas moins que l'U.D.F. connaîtra un destin majoritaire contrarié aux élections législatives de 1978. Pis encore, son fondateur lui infligera une suprême humiliation, en l'écartant de la campagne de 1981. A cette date, le pays change de majorité politique, car entre-temps, la gauche a parfaitement intériorisé les mécanismes majoritaires de la Ve République.

2° La réplique majoritaire de la gauche

La Ve République a recréé une gauche. On ne peut que souscrire à l'opinion d'Olivier Duhamel, en observant que l'opposition initiale au régime a fait place, à partir de l'élection présidentielle de 1965, dans le cadre de l'*union de la gauche,* à son acceptation. La reconstitution et la *présidentialisation* du parti socialiste, en 1971 à Épinay, sous l'égide

(45) V. O. DUHAMEL : *La gauche et la Ve République,* 1980 ; H. PORTELLI : La présidentialisation des partis français, *Pouvoirs* n° 14, 1980 p. 67 ; J. CHARLOT : *Les mutations du système de partis français, ibid.* n° 49, 1989 p. 27 ; J.-Cl. COLLIARD : Le système de partis ou la constitution politique de la Ve République, *R.D.P.* 1998 p. 1611 ; La démocratie majoritaire, *Pouvoirs* n° 85, 1998.

(46) Il a adopté successivement les sigles et dénominations suivants : U.N.R. (Union pour la Nouvelle République) en 1958 ; U.N.R.-U.D.T. *(Union Démocratique du Travail),* en 1962 ; U.D.-V[e] *(Union des démocrates pour la Ve République)* en 1967 ; U.D.R. *(Union des Démocrates pour la République)* en 1968 ; et R.P.R. depuis 1976. V. *Le R.P.R.,* Pouvoirs n° 28 ; R. RÉMOND : *Les droites en France,* 4e éd., 1982.

(47) Pour la première fois depuis 1958, la présidence de la République échappe aux gaullistes, au même titre que la fonction de premier ministre, après la démission de Jacques Chirac, le 25 août 1976. La reconquête ne s'effectuera qu'en 1995.

(48) A la manière d'une confédération ou d'un *club,* l'U.D.F. regroupe : le Parti radical ; Force démocrate, qui remplace depuis 1995, le Centre des Démocrates Sociaux (C.D.S.), né en 1976 et Démocratie libérale (Parti républicain jusqu'en 1997) avant que celle-ci ne s'émancipe en 1998.

de François Mitterrand, Jean-Pierre Chevènement, et Pierre Mauroy et la signature d'un *programme commun* de gouvernement, l'année suivante, avec le parti communiste et les radicaux de gauche, achèveront la mise en place du dispositif d'accès au pouvoir.

a) *L'évolution du P.S.*

Devenu, à son tour, majoritaire, présidentiel et dominant, en 1981, le P.S. a associé le P.C.F. aux responsabilités, sous les Gouvernements Mauroy (1981-1984), dont il était exclu depuis mai 1947. Après un échec honorable aux élections législatives de mars 1986, le P.S. a retrouvé le chemin du pouvoir, avec une majorité *relative,* deux ans plus tard. La politique de l'*ouverture,* en direction des centristes, a échoué, même si, symboliquement, le Gouvernement Rocard se composait d'une moitié de socialistes.

Une décennie de gestion a ôté au P.S. sa dynamique, en dépit de sa force électorale. La lutte interne des courants (on a parlé de *libanisation*) qui a atteint un degré inégalé au congrès de Rennes (mars 1990) a été alimentée par la perspective de l'échéance présidentielle (49).

b) *L'involution du P.C.F.*

Sur ces entrefaites, le P.C.F. s'achemine vers l'amenuisement, faute pour ses dirigeants de s'adapter à la société post-industrielle. Tandis que sous la IVe République, il recueillait *grosso modo* 25 % des suffrages exprimés, son déclin s'amorce aux élections législatives de 1958 (20,5 %), se précise à l'élection présidentielle de 1981 (15,3 %), s'accentue au scrutin législatif de 1986, où il se situe *en deçà* de la barre symbolique des 10 % (9,7 %), et culmine avec la candidature d'André Lajoinie à la magistrature suprême en 1988, avec 6,7 % des suffrages. Les autres consultations seront à l'avenant : en 15 ans, le P.C.F. a perdu les deux tiers de son électorat. Il se situe désormais en deçà de la barre symbolique des 10 % des suffrages exprimés (élection présidentielle de 1995 et élections législatives de 1997). Il est devenu une formation locale, tout au plus une force d'appoint. La dernière municipalité de plus de 100 000 habitants, (Le Havre), passera à l'adversaire, en juin 1995. Il devait retrouver le chemin du pouvoir, au sein de la *gauche plurielle* en juin 1997, avec 36 députés et 3 membres au Gouvernement. En dépit d'une volonté de modernisation, le parti de Robert Hue n'est pas parvenu à enrayer son déclin. Aux élections européennes, le 13 juin 1999, en recueillant 6,8 % des voix, il est devancé par les *Verts* (9 %) qui deviennent la deuxième force de la gauche.

B. LA DYNAMIQUE DU SYSTÈME MAJORITAIRE

D'un vote-sanction à un autre : celui de 1993 à l'encontre du P.S. aux élections législatives a préparé, à la faveur d'une résurrection, celui de 1997, dont le R.P.R. et l'U.D.F. ont été victimes. À chaque fois un élément du système a été menacé dans son existence.

Réduit à 29,7 % des voix et à 53 députés (soit un effectif inférieur à celui du Sénat), le P.S. laisse, en 1993, à la coalition R.P.R.-U.D.F. une position hégémonique, tant au plan national que local. Seul le C.C. fait figure de contre-pouvoir, à partir de 1995.

Mais, dès lors que la démocratie ne vit et ne se développe que par la contrainte, toutes les conditions étaient réunies pour une *recomposition* du paysage majoritaire. Après la défaite honorable de Lionel Jospin à l'élection présidentielle de 1995 (47,3 % des voix), la dynamique de la *gauche plurielle* (50) aux élections législatives des 25 mai-1er juin 1997 lui assure la majorité absolue des sièges (319) dont 250 pour le P.S.

(49) V. A. Bergounioux et G. Grunberg : *Le long remords du pouvoir. Le Parti socialiste français (1905-1992),* 1992.

(50) La logique du scrutin majoritaire a soudé le P.S., le P.C.F., le Mouvement des citoyens, le Parti radical-socialiste et les Verts de V. P. Perrineau et C. Ysmal (sous la direction). *Le vote surprise. Les élections législatives des 25 mai et 1er juin 1997,* 1998.

A son tour, l'union R.P.R.-U.D.F. a été sanctionnée, d'autant plus, que le maintien d'un candidat du Front national, au scrutin de ballottage dans 79 triangulaires, a transformé le scrutin majoritaire en *couperet.* (51)

Depuis, la droite parlementaire est entrée dans un processus d'involution, subissant coup sur coup, deux nouvelles défaites, aux élections locales et européennes, en 1998 et 1999. Quatre présidents de région seront élus avec les voix du Front national. Tel le catoplébas, l'U.D.F. a éclaté, en 1998, avec le départ de Démocratie libérale (D.L.), comme le R.P.R., l'année suivante, Charles Pasqua et Philippe de Villiers fondant le R.P.F. *(Rassemblement pour la France).* Aux élections européennes, le 13 juin 1999, la gauche plurielle l'emportera aisément avec 38,4 % des voix face à une droite atomisée : Force démocrate (9,2 %) ; R.P.R. (12,7 %) et liste Pasqua (13 %), soit 35 %. Après avoir brisé sa majorité parlementaire, en 1997, Jacques Chirac s'est privé de la force politique indispensable à la reconquête du pouvoir, ou le syndrome du *chef désarmé* (51). La droite est à *refonder.*

Quant à l'extrême droite, la rivalité entre Jean-Marie Le Pen et Bruno Megret a abouti, en janvier 1999, à la scission entre le Front national et le Mouvement national : 15 % de voix aux élections législatives de 1997, et 8,9 % aux européennes de 1999 (5,7 et 3,2 respectivement) (52). De l'arbitrage à la banalisation de ses idées où se situe le plus grave danger ?

Une fois encore, la Ve République est à la recherche d'une force d'alternative destinée à nourrir le système majoritaire. Car, l'alternance demeure bien le fruit de la *bipolarisation* (F. Borella).

C. LE FINANCEMENT DES PARTIS POLITIQUES

La loi du 11 mars 1988 modifiée détermine, de façon inédite, l'aide *publique* aux formations politiques et réglemente l'aide *privée.* La démocratie est à ce prix.

1° Le financement public

Le montant des crédits inscrits dans le projet de loi de finances de l'année, pour être affecté au financement des partis, peut faire l'objet de propositions conjointes des bureaux des assemblées au Gouvernement (art. 8 de la loi du 11 mars 1988). Ce montant est divisé en *deux fractions égales :* une première destinée au financement des partis et groupements en fonction de leurs résultats aux élections à l'Assemblée nationale ; une seconde spécifiquement destinée aux partis et groupements représentés au Parlement (rédaction de la loi du 15 janvier 1990).

Au premier cas, l'attribution est conditionnée par la présentation d'au moins 50 candidats au dernier renouvellement de l'Assemblée, sauf pour les partis n'ayant présenté de candidats que dans un ou plusieurs départements ou territoires d'outre-mer. La répartition s'effectue *au prorata* des suffrages obtenus au premier tour, défalqués des suffrages des candidats déclarés inéligibles au sens de l'article L.O. 128 du code électoral : défaut ou rejet du compte de campagne ; dépassement du plafond (art. 9, de la loi du 11 mars 1988, rédaction combinée des lois des 23 janvier 1993 et 19 janvier 1995). Au second cas, l'attribution est réservée aux partis bénéficiaires de la première proportionnellement au nombre de leurs membres *(idem).* Autrement dit, les partis présents dans les assemblées ne peuvent prétendre au financement public que s'ils ont présenté au moins 50 candidats aux élections législatives. Ce qui a pour effet de limiter le détournement de la loi par des pseudo-partis (*chr.* n° 66, p. 209). (V. C.C.F.P., rapport d'activité, 1995 p. 96).

Au surplus, le C.C. (11 janvier 1990, *Limitation des dépenses électorales, chr.,* n° 54, p. 203) a estimé, tel le juge allemand en 1968, que le seuil de représentativité de 5 % des suffrages exprimés

(51) V. P. Habert, P. Perrineau et C. Ysmal : *Le vote sanction* 1994 ; Élections législatives de 1997. *Le Monde,* Dossiers et documents, 1997. P. Bréchon : *La France aux urnes,* D.F. 1998 ; Ph. Reinhard : *Chronique d'un nauvrage programmé,* 1999.

(52) N. Mayer et P. Perrineau : *Le Front national a découvert,* 1996 ; G. Birenbaum : *Le Front nationale en politique,* 1992.

retenu par le législateur était *de nature à entraver l'expression de nouveaux courants d'idées et d'opinions*. Par voie de conséquence, le juge a censuré cette disposition qui méconnaissait *l'exigence du pluralisme... fondement de la démocratie*. Dans cet ordre d'idées, un parti qui ne bénéficie pas des dispositions précitées, reçoit de l'État une contribution forfaitaire de deux millions de francs, sous certaines conditions (art. 9-I de la loi du 11 mars 1988, rédaction de la loi du 19 janvier 1995). Les partis bénéficiaires ne sont pas soumis au contrôle de la Cour des comptes (art. 10 de la loi du 11 mars 1988).

2° Le financement privé

Les dons des entreprises et sociétés privées et d'une manière générale de toute personne morale ont été initialement autorisés (loi du 15 janvier 1990). Ils sont désormais interdits (art. 11-4 de la loi du 11 mars 1988, rédaction de la loi du 19 janvier 1995) à l'exception de ceux des personnes physiques, jusqu'à concurrence de 50 000 F par an et des partis politiques. Les fonds sont recueillis par l'intermédiaire d'un mandataire qui est agréé par la C.C.F.P. (art. 11 et 11-1).

Enfin, les partis ont l'obligation de tenir une comptabilité arrêtée, chaque année, certifiée par deux commissaires aux comptes et déposée à la C.C.F.P. Celle-ci assure la publication sommaire des comptes au *J.O.* (art. 11-7 de la loi du 11 mars 1988). En cas de manquement constaté aux obligations prévues, le parti perd le bénéfice de l'aide publique (art. 11-8).

§ 2 LA RÉGLEMENTATION DE LA CAMPAGNE ÉLECTORALE

La campagne électorale est la période légale au cours de laquelle une compétition est organisée entre les candidats qui briguent les suffrages. En dehors de la prohibition des candidatures multiples, la sincérité de la consultation est recherchée. Cette réglementation est étendue au référendum.

A. LES MOYENS AUDIOVISUELS

Il est banal de souligner, dans le cadre de l'*État-spectacle* (R.-G. Schwartzenberg), l'importance qui s'attache à la télévision. Sous le contrôle de l'instance de régulation, le C.S.A. (Conseil supérieur de l'audiovisuel, loi du 17 janvier 1989) et du juge de l'élection, *l'égalité d'audience* sur les chaînes du service public (53) est assurée entre les candidats à l'élection présidentielle (art. 12 du décret du 14 mars 1964) et les listes présentées par les partis disposant d'un groupe parlementaire aux élections communautaires (art. 19 de la loi du 7 juillet 1977) ; ainsi qu'aux formations de la majorité et de l'opposition, en vue des élections à l'Assemblée nationale (art. L. 167-1 du code électoral). Cependant, les interventions du chef de l'État, avant 1981 (on se souvient du discours sur le *bon choix* en 1978)

(53) Le respect du pluralisme figure parmi les obligations auxquelles les chaînes du secteur privé (T.F.1, M.6) ont souscrit. L'existence d'un double secteur, depuis 1986, a objectivement favorisé la confrontation des idées et des programmes.

n'étaient pas défalquées (54). Quant aux petites formations, si elles ne sont pas ignorées, elles sont réduites, cependant, à la portion congrue (55).

S'agissant du référendum, la réglementation est, certes, ponctuelle, mais la valeur du précédent ne peut être nié. Ainsi le décret du 5 octobre 1968, relatif à l'autodétermination de la Nouvelle-Calédonie, a reproduit, pour l'essentiel, les critères d'habilitation des formations *(infra)*.

B. LES SONDAGES ÉLECTORAUX

Une loi du 19 juillet 1977, complétée par un décret du 16 mai 1980, réglemente désormais, au-delà de l'autocensure, les sondages d'opinion en période électorale et référendaire (56). Dans ses lignes générales, l'économie du texte s'analyse en deux principes applicables à toutes les élections et votations : l'élaboration de règles déontologiques et l'interdiction de toute publication à la veille d'un scrutin.

1° L'élaboration des règles déontologiques

La fiabilité des sondages électoraux a été recherchée successivement par l'établissement d'une *carte d'identité* renfermant les données techniques minimales (nom de l'organisme ayant réalisé le sondage, nom et qualité de l'acheteur, nombre de personnes interrogées et date à laquelle il a été procédé au sondage) (art. 2) et la mise en place d'une autorité administrative indépendante appelée la *Commission des sondages* qui dispose de pouvoirs étendus (art. 5). A cette fin, celle-ci reçoit mission d'élaborer une sorte de code et dès lors, dispose d'un pouvoir général d'*investigation* (art. 8) et d'un droit de *rectification* en cas de publication erronée ou tronquée pouvant prendre la forme d'une mise au point radiotélévisée (art. 9). Ses décisions sont susceptibles de faire l'objet d'un recours pour excès de pouvoir devant le juge administratif (C.E., 22 décembre 1982, *François d'Orcival, D.* 1983, p. 603, note J.-M. Auby).

2° L'interdiction des sondages électoraux

L'article 11 de la loi interdit pendant la *semaine précédant* chaque tour de scrutin, ainsi que pendant son *déroulement* par quelque moyen que ce soit, la *publication,* la *diffusion* et l'*appréciation* de tout sondage. Cependant, l'interdiction ne concerne pas les mesures d'*estimation* des résultats, couramment pratiquées par les différentes stations de radio-télévision, effectuées *après* la fermeture du dernier bureau de vote en métropole (art. 11 *in fine*). L'accès au réseau *Internet* rend ces dispositions obsolètes. Les journaux s'en affranchissent. Ce changement de circonstances implique à terme une réforme législative, au moment même où une divergence d'appréciation oppose les juridictions. Le tribunal correctionnel de Paris a écarté cette loi, le 15 décembre 1998, pour méconnaissance du principe de la liberté d'expression (art. 10 de la convention européenne des droits de l'homme) (*chr.* n° 89, p. 193), à l'opposé du Conseil d'État (2 juin 1999, *Meyet*).

(54) Désormais, l'intervention du chef de l'État donne droit à une réplique de l'opposition.

(55) Dans le cadre des élections à l'Assemblée, une formation ne disposant pas d'un groupe parlementaire qui présente 75 candidats, disposera de 7 minutes au premier tour et de 5 minutes au second (art. L. 167-1 du code électoral).

(56) V. M. Brulé : *L'empire des sondages,* 1988 ; A. Lazareff : *Le droit des sondages politiques,* 1983 ; A. Lancelot et J.-P. Berzecri : *Les sondages dans la vie politique française,* Universalia, 1981, p. 144 ; Les sondages, *Pouvoirs,* n° 33, 1985.

C. LE FINANCEMENT ET LE PLAFONNEMENT DES DÉPENSES ÉLECTORALES

Le régime s'applique à *toutes* les élections, y compris communautaires, à l'exception de trois d'entre elles : les élections sénatoriales ; les élections cantonales et municipales organisées respectivement dans un canton ou dans une commune dont la population est inférieure à 9000 habitants (art. L. 52-4 du code électoral).

La législation peut se ramener aux éléments ci-après : tout candidat doit se doter d'un *mandataire financier* (art. L. 52-4) en vue de recueillir des fonds uniquement pendant l'année précédant l'élection, en dehors d'une élection anticipée ou partielle, et jusqu'au moment où elle a été acquise, sauf s'il finance sa campagne sur fonds propres (C.E., 16 décembre 1992, *Borloo, D.* 1993, p. 70) pour un *montant modeste* (C.C., 6 février 1998, *A.N., Var 1re, chr.* nº 86, p. 196). Le mandataire financier, qui peut être une association de financement électoral (art. L. 52-5) ou une personne physique, est tenu d'ouvrir un compte bancaire ou postal retraçant la totalité des opérations financières.

Par ailleurs, *un plafonnement des dépenses électorales* est institué, qui varie selon les élections. Dans le même temps, les *dons* consentis par des personnes *physiques,* à l'exclusion des personnes morales (sociétés ou entreprises) autres que les partis, sont réglementés (art. L. 52-8, rédaction de la loi du 15 janvier 1995). Ces dons sont déductibles de l'impôt sur le revenu (art. 200 *bis* du code général des impôts). À l'opposé, n'en constituent pas : la participation de personnels municipaux en congé (C.C., 13 février 1998, *A.N., Bas-Rhin 1re, Rec.* p. 147) et l'utilisation d'une salle ouverte à d'autres candidats (15 janvier 1998, *A.N., Yvelines, 8e*, p. 74). Dans le même ordre d'idées, les dons consentis par les sections et la fédération d'un parti politique, au sens de la loi du 11 mars 1998, ne sont pas proscrits en ce que ces dernières assurent la représentation locale de celui-ci (13 février 1998, *A.N., Val-d'Oise, 5e*, p. 139). Bref, une formation politique est habilitée à financer une campagne (19 mars 1998, *A.N., Nord 9e*, p. 219) (57).

Un contrôle est mis en place au moyen du *compte de campagne.* Tout candidat (ou le candidat tête de liste en cas d'élections au scrutin de liste) est tenu de l'établir (art. L. 52-12) par l'intermédiaire d'un expert-comptable. Ce compte de campagne doit retracer l'ensemble des recettes perçues et des dépenses engagées ou effectuées en vue de l'élection au cours de la période visée à l'article L. 52-4 précité. Il est déposé à la préfecture du département et transmis à une autorité administrative indépendante appelée la *C.C.F.P. (Commission nationale des comptes de campagne et des financements politiques)* composée de 9 magistrats de carrière (membres à parité du Conseil d'État, de la Cour de cassation et de la Cour des comptes) (art. L. 52-12).

Celle-ci approuve et, après une procédure contradictoire, rejette ou réforme les comptes de campagne ; elle saisit *le juge de l'élection* en cas d'absence de dépôt ou de rejet ou de dépassement du plafond des dépenses (art. L. 52-15). Ces comptes ne sont pas publiés, à l'exception de ceux afférents à l'élection présidentielle. Au reste, celle-ci relève du Conseil constitutionnel. En cas de dépassement du plafond des dépenses, la sanction encourue est *l'inéligibilité* pendant un an à compter de la décision, (sauf pour la magistrature suprême) pour le *seul* mandat brigué (CE, 23 octobre 1992, *Panizolli, R.F.D.A.* 1993, p. 469, concl. R. Abraham) (V. circulaire du 19 mars 1990, *code électoral*, éd. 1997, p. 415).

D. LA PROHIBITION DE CERTAINES FORMES DE PROPAGANDE

Outre l'interdiction de la publicité politique à la radiotélévision, tout procédé de publicité *commerciale* par voie de presse ou par tout moyen de communication audiovisuelle est interdit, pendant les 3 mois précédant le premier jour du mois d'une élection et jusqu'à la date où celle-ci est acquise (art. L. 52-1 du code électoral) ; de la même manière que l'affichage *sauvage* (art. L. 51) ou les

(57) V. Y.-M. Doublet : *L'argent et la politique en France,,* 1997 ; J.-P. Camby : *Le financement de la vie politique en France,* 1995 ; V. Marmorat, P. Cohen-Seat et J.-L. Peru : *Guide du financement électoral,* 1995 ; F. Cuvellier : *La moralisation des financements politiques depuis les lois de 1988,* thèse Paris-I, 1998.

numéros d'appel téléphonique ou télématique gratuits (art. L. 50-1). La diffusion d'un message ayant *le caractère de propagande électorale* est interdite le jour du scrutin (art. L. 49) au point de provoquer l'annulation de l'élection (28 juillet 1998, *A.N., Var, 1re chr.* n° 88, p. 164).

Bibliographie

J.-M. AUBY : *La théorie du pouvoir de suffrage,* Politique, 1958, p. 293 ; P. AVRIL : *Essais sur les partis,* 1986 ; Chr. BIDÉGARAY : « Du confessionnal au diable ». Réflexions sur le statut des partis politiques, quarante ans après la fondation de la Ve République, *R.D.P.* 1998 p. 1810 ; F. BON : *Les élections en France,* 1978 ; P. BRÉCHON : *La France aux urnes. D.F. 1998 ;* J.-P. CAMBY : *Le financement de la vie politique en France,* 1995 ; J. CHARLOT : *L'U.N.R.,* 1967, et *Le gaullisme,* 1970 ; J.-Cl. COLLIARD : *Les Républicains Indépendants, Valéry Giscard d'Estaing,* 2e édit., 1972 ; Y.-M. DOUBLET : *L'argent et la politique en France,* 1997 ; O. DUHAMEL : *La gauche et la Ve République,* 1980 ; M. DUVERGER : *Les partis politiques,* 1951 ; Cl. EMERI : *Élections et référendums, in Traité de science politique,* vol. 2, 1985, p. 319 ; J. FAUVET : *Histoire du Parti communiste français,* 1964-1965 ; Cl. FRANCK : *Droit des élections nationales et locales,* 1988 ; D. GAXIE (sous la direction de) : *L'explication du vote,* 1985 ; R. HUARD : *Le suffrage universel en France,* 1848-1946, 1991 ; G. KOUBI : *De la citoyenneté,* 1995 ; A. LANCELOT : *Les attitudes politiques,* 4e édit., 1974 et *Les élections sous la Ve République,* 1983 ; J.-Cl. MASCLET : *Droit électoral,* 1989 et *Les élections politiques,* 1992 ; V. MARMORAT, P. COHEN-SEAT et J.-L. PERU : *Guide du financement électoral,* 1995 ; J.-L. PARODI : *La Ve République et le système majoritaire,* thèse Paris-I, 1973 ; M. OFFERLÉ : *Un homme, une voix. Histoire du suffrage universel,* 1993 ; J.-Chr. PETIFILS : *La droite en France de 1789 à nos jours,* 1976 ; Th. PFISTER : *Les socialistes,* 1977 ; H. PORTELLI : *La politique en France sous la Ve République,* 1987 ; R. RÉMOND : *Les droites en France,* 4e édit., 1982 ; M. WALINE : *Les partis contre la République,* 1948 ; et C. YSMAL : *Les partis politiques sous la Ve République,* 1989.

On se reportera aux actes du colloque de Brest (Finances publiques et vie politique), *Revue franç. de finances publiques,* 1997, n° 48 ; au *code électoral, J.O.,* éd. 1997 ; au code électoral, commenté et annoté ; à L'argent des élections, *Pouvoirs* n° 70, 1994.

CHAPITRE III
LE POUVOIR EXÉCUTIF

L'étude du pouvoir exécutif, composé du président de la République et du Gouvernement, dévoile *l'intimité* du régime, au point de rythmer son évolution. A ce titre, il est utile de méditer, à la faveur d'une mise en perspective, sur le double phénomène qui l'a caractérisé : une *restauration* initiale qui servira de point d'appui à son *exaltation,* à compter de 1962.

I. La *restauration* de l'exécutif est le maître-mot des constituants de 1958. Dans leur volonté d'extirper le régime d'assemblée, ceux-ci mettent en place un régime parlementaire *rénové* et, au cas particulier, un exécutif *bicéphale,* ou si l'on veut une *dyarchie* composée du chef de l'État et du Gouvernement. Leurs relations sont placées sous le signe de *l'autonomie :* au premier, la charge de veiller, aux intérêts supérieurs de la nation, au bon fonctionnement des institutions et à la continuité de l'État (art. 5 C) ; au second, celle de gouverner, en clair de déterminer et de conduire la politique de la nation (art. 20). De toute évidence, le Gouvernement occupe le *centre de gravité* de l'exécutif. Longtemps ignorée pour les raisons susmentionnées, cette *lecture parlementaire* s'impose en période de *cohabitation* et, tout particulièrement, depuis 1997.

II. L'*exaltation* de l'exécutif porte, à l'opposé, la marque de la *lecture présidentialiste* qui a prévalu depuis trente ans. Transformé de pied en cap, ce pouvoir a été placé sous le signe de l'unité ou de la *monarchie républicaine.* Sous l'autorité du chef de l'État, devenu entre-temps un *représentant de la nation* (art. 3 C), une *hiérarchie* se met en place : le Gouvernement est réduit à un rôle *instrumental,* de la même façon que la majorité parlementaire (1). Dès lors, le pouvoir exécutif, ainsi compris, se confond avec le *pouvoir décisionnel. On ne saurait accepter qu'une dyarchie existât au sommet de l'État. Mais justement, il n'en est rien,* déclarait le général de Gaulle, le 31 janvier 1964.

Le pouvoir présidentiel en s'identifiant au *régime tout entier,* a débouché sur une répartition des tâches entre les deux têtes de l'exécutif (2). Il incombe, à cet effet, au chef de l'État, de *s'occuper de l'essentiel* (G. Pompidou) ou de représenter *la*

(1) Il n'est pas inutile de rappeler les termes édifiants du président Mitterrand dans son message aux assemblées, le 8 juillet 1981, selon lesquels ses engagements se présentaient à la manière d'une chaîne institutionnelle, comme la *charte de l'action gouvernementale* et la *charte de l'action législative.*

(2) De manière caractéristique, le général de Gaulle s'est opposé à la suppression de l'art. 20 C, au moment de la révision de 1962. V. J. Massot : *La présidence de la République en France,* 1986 ; *L'arbitre et le capitaine,* 1987 ; *Chef de l'État et chef du Gouvernement,* 1994.

permanence devant l'histoire (F. Mitterrand), tandis que la *conjoncture* absorbe le premier ministre, dont elle constitue *le lot aussi complexe et méritoire qu'essentiel* (Ch. de Gaulle) (3). En un mot, le président gouverne et le premier de ses collaborateurs administre (4). *La mission du premier ministre et du Gouvernement, c'est de mettre en œuvre les choix qui furent les miens en tant que candidat,* opinait François Mitterrand, le 14 juillet 1988.

Dans cette vision de la Ve République, l'unité de l'exécutif, implique une solidarité, mieux, pour parler comme Guizot, *une unité de dessein et de conception.* Par ailleurs, l'imbrication des rôles, en l'absence de toutes frontières, amène à penser que si, d'un point de vue politique, le Gouvernement est, sans conteste, le subordonné du président, on ne saurait ignorer, en se plaçant sous l'angle de la logistique, que le président est, pour une part, l'obligé du Gouvernement. Les services de l'Élysée, quelle que soit la valeur des femmes et des hommes appelés à y œuvrer, ne peuvent, rivaliser avec l'administration à laquelle ce dernier est adossé (5). La constitution étant *grosse de plusieurs régimes* (J. Rivero), il importe de procéder à l'étude respective du président de la République et du Gouvernement ainsi que des conseils qui les assistent.

SECTION I — LE PRÉSIDENT DE LA RÉPUBLIQUE

Mon rôle est incommunicable. L'affirmation de François Mitterrand vérifie l'idée d'une présidence *sans précédents, ni références,* à laquelle les constituants de 1958 se sont voués. En un mot, la *clé de voûte* du régime (M. Debré).

La primauté du chef de l'État (6) est le trait distinctif de la Ve République. Élu de la nation tout entière, sa représentativité conditionne son autorité. Tel se présente le monarque électif qui brille au firmament, nonobstant la *cohabitation* au cours de laquelle il se languit : chef de l'État, chef du Gouvernement, chef de la majorité parlementaire et chef de guerre, en tant que de nécessité. Comme il est révolu le temps où le général de Gaulle refusait de *présider l'impuissance dans l'impuissance !*

(3) Le rôle du président, déclare Valéry Giscard d'Estaing, *est de se préoccuper de la durée et de ce qu'il adviendra de la France. Le président de la République est celui qui veille sur le pont du navire* (21 novembre 1978), tandis que le premier ministre, selon Raymond Barre, est celui qui *rame* (5 mars 1979). Alain Juppé se voulait le *maçon* de l'*architecte* présidentiel qui *fixe le cap* (T.F. 1, 28 mai 1995).

Pour le général de Gaulle : au chef de l'État, *le destin, c'est-à-dire le lointain et le continu,* au premier ministre, *la charge seconde* [il] *mène l'action du moment et dirige les exécutants* (*Mémoires d'espoir,* t. II, 1971, p. 68). En somme, on peut estimer que la *navigation au long cours* est le rôle du président, tandis que le *cabotage* est celui de son collaborateur.

(4) Dans ces conditions, le premier ministre est appelé à jouer le rôle utilitaire autant que nécessaire à la manière d'un *paratonnerre* (P. Mauroy) ou d'un *fusible* (J. Fauvet). D'où la célèbre définition de Michel Jobert selon laquelle, en lecture présidentialiste, le premier ministre assure une *fonction de sacrifice.*

(5) Le Gouvernement a assumé, de manière constante, un rôle déterminant dans la gestion de la vie nationale. V. G. CARCASSONNE : Ce que fait Matignon, *Pouvoirs,* n° 68, 1994, p. 31.

(6) L'expression *chef de l'État,* utilisée dans toute l'acception du terme depuis 1958, n'est pas consacrée, cependant, par la constitution de 1958, à l'opposé de celle de 1852 (art. 6) et de l'acte constitutionnel n° I du 11 juillet 1940, sous le régime de Vichy. Le traité de Maastricht y fait aussi référence à propos de la composition du Conseil européen (art. D). V. Ph. ARDANT *DC,* 1992, p. 123 ; M. MORABITO : *Le chef de l'État en France,* 1995.

Au reste, pouvait-on imaginer qu'il se serait *contenté d'inaugurer les chrysanthèmes,* selon sa fameuse exclamation ?

§ 1 LA CONDITION PRÉSIDENTIELLE

La clé du système actuel repose sur l'élection du président au suffrage universel. Le ton est donné par François Mitterrand. Après avoir analysé ce scrutin, enjeu de la compétition politique, on se propose d'étudier successivement le *mandat* conféré au chef de l'État, la *responsabilité* qui peut lui échoir avant de s'interroger sur la solution adoptée en vue d'assurer la *continuité* de la fonction suprême.

A. L'ÉLECTION PRÉSIDENTIELLE

Le président de la République est élu pour sept ans au suffrage universel direct. Avec sérénité, l'article 6 C définit l'acte majeur de la vie nationale. En effet, par son mode d'élection, le chef de l'État est devenu un *représentant de la nation* (art. 3 C) ou si l'on préfère, un *délégataire* ou un *dépositaire* de la souveraineté populaire. On se propose d'en retracer le déroulement (7).

1° Le collège électoral

L'élection présidentielle donne la mesure du régime lui-même, en ce sens qu'elle est directement à l'origine de sa *mutation.* Au départ, élu par les *notables* (les citoyens détenteurs d'un mandat électif), le président est devenu, à partir de la révision de 1962, *le seul élu du peuple tout entier* (8).

a) *Le collège initial*

Reprenant à cet égard, l'opinion avancée par le général de Gaulle, à Bayeux, l'article 6, confie au départ la désignation du président à un *collège élargi.* Quatre ans plus tard, la formule sera abandonnée.

En quelques mots, on rappellera les justifications avancées et les modalités arrêtées.

Les justifications sont diverses. Sous ce rapport, la formule retenue en 1958 se situe à *mi-chemin* entre celle, traditionnelle des IIIe et IVe Républiques qui confiait l'élection aux parlementaires, et celle de la Seconde République qui, en 1848, s'en remettait au peuple. *Le rejet d'une élection parlementaire* s'explique par le principe de la *séparation des pouvoirs,* dont se nourrit la loi constitutionnelle du 3 juin 1958, condition *sine qua non* à la restauration de l'exécutif. Le créateur n'enchaîne-t-il sa créature selon l'axiome bien connu ? A cet argument juridique, s'ajoute un argument psychologique. Le général de Gaulle avait toujours manifesté une certaine incompréhension à l'égard des élus. Il ne pouvait pas accepter que son pouvoir en procède. Du reste, la question ne s'est jamais posée

(7) V. R. Christien : *L'élection du président de la Ve République,* thèse Paris-I, 1985 ; Chr. Guettier, *Le président sous la Ve République,* 1995.

(8) V. J. Gicquel : art. 6 et 7 C, *C.R.F.* p. 325.

en ces termes, dans la mesure où l'histoire lui avait conféré une légitimité *personnelle,* le 18 juin 1940.

Plus intéressant, est *le rejet d'une élection populaire.* L'argumentation développée par Michel Debré, garde des sceaux, devant le Conseil d'État, le 27 août 1958 ne manque pas d'intérêt. Il invoque, des arguments de fait : l'existence de la Communauté formée par la France et ses anciens territoires d'Afrique noire et de Madagascar (9), et par prétérition, l'argument fameux d'Édouard Herriot selon lequel *la France refuse d'être colonisée par ses propres colonies ;* la place particulière du parti communiste qui, en raison de l'importance de son électorat (25 % sous la IVe République) lui assurerait une position privilégiée d'*arbitre.* De façon pertinente, un argument de droit emporte l'adhésion. L'orateur indique, que l'élection populaire est l'une des pierres de touche du régime *présidentiel,* ce qui est opposé à la finalité *parlementaire* posée le 3 juin 1958.

En fait, le général de Gaulle n'a pas attaché d'importance à ce mode d'élection transitoire, en 1958, car dans son esprit, les faits avaient tranché. En 1962, il se bornera à indiquer qu'il n'avait pas voulu heurter *certaines susceptibilités.*

Il faut en rappeler maintenant les modalités : Le choix du chef de l'État est attribué à un collège (calqué sur celui des sénateurs), de 80 000 personnes détentrices d'un mandat électif : parlementaires, conseillers généraux, membres des assemblées des territoires d'outre-mer et surtout délégués des conseils municipaux (10). L'ordonnance du 7 novembre 1958 adopte le principe de la *présentation des candidats,* dont la liste est dressée par le Conseil constitutionnel. L'*obligation de vote,* sous peine d'amende, est retenue. Le 21 décembre 1958, le général de Gaulle est élu président de la République par 78,5 % des suffrages exprimés. Le seul intérêt de cette consultation de *confirmation,* deux mois après l'adoption de la constitution, réside dans sa réflexion : *Si remplie que soit ma carrière politique, c'est la première fois que je fais acte de candidature.*

b) *Le collège actuel*

Sous couvert de révision de la constitution, en 1962, on assiste, au prix d'une querelle juridique et politique, à la *novation* du régime ; en un mot à la naissance du *présidentialisme* (11). Après la période de transition, liée à la crise de la décolonisation, l'année 1962, véritable *précipité d'histoire* (Ch. de Gaulle), marque le vrai début de la *République nouvelle.* L'importance de l'événement, qui retentit encore aujourd'hui, doit être éclairé, par la recherche de ses causes et le rappel de la chronologie.

1) Les origines de la réforme

Pour l'essentiel, la révision s'explique par une double raison : structurelle et événementielle.

Le général de Gaulle avait l'ambition suprême de léguer des institutions stables et efficaces à la nation. Or, le régime établi en 1958 comportait une *faille* et donc un danger d'affaiblissement à terme du président, en raison de son élection *au rabais ;* en un mot, de sa *faible* représentativité par rapport à celle des députés. C'est la raison pour laquelle, dans une vision altruiste, dès 1961, celui-ci se soucie de *renforcer l'équation personnelle* de ses successeurs et de couronner la République.

Certes, le Parlement a été placé, en 1958, sous un régime de liberté surveillée. Mais, l'Assemblée nationale disposait, en puissance, d'une force *incoercible,* qui, en cas de différend, demain, avec un président ordinaire *(simple élu des élus),* qui vraisemblablement aurait été Antoine Pinay (12), lui

(9) Cette structure destinée à favoriser la décolonisation revêtait, en 1958, une allure *fédérale.* Ce qui impliquait une même citoyenneté et l'égalité des droits.

(10) La *sur-représentation* des petites communes, fait dire au doyen Georges Vedel : *Un chef de l'État qui ne sera même pas l'élu du blé et de la betterave, mais du seigle et de la châtaigne.* En revanche, les parlementaires qui étaient tout *avant* 1958, représentent moins de 1 % du collège électoral.

(11) P. BASTID et autres : Le référendum est une procédure non conforme à la constitution. *L'Aurore,* 13-14 octobre 1962 ; G. BERLIA : Le problème de la constitutionnalité du référendum du 28 octobre 1962, *R.D.P.* 1962, p. 936 ; Ch. de GAULLE : *Mémoires d'espoir,* t. II, 1971, p. 13 ; P. LAMPUÉ : Le mode d'élection du président de la République et la procédure de l'article 11, *R.D.P.* 1962, p. 931.

(12) V. l'uchronie du doyen Vedel au colloque du XXVe anniversaire de la constitution de 1958, p. 133.

permettait de l'emporter, sans coup férir (13). Somme toute, les députés pouvaient se prévaloir, à ce moment, de leur qualité d'*uniques* représentants du peuple, et restaurer à leur profit, l'autorité qui, un moment, leur avait échappé.

Pour le général de Gaulle, la cause est entendue : il faut conférer l'onction populaire au président en brisant le monopole parlementaire. Bref, il importe de *modifier la constitution pour le maintenir* (14). Grâce à ses *racines de chêne,* comme disait Parieu en 1848, à l'autorité et à la durée de son mandat, le président prend une revanche éclatante sur les députés. Il devient un *vrai chef d'État* (15), car seul de sa condition : Il n'a *point de compagnon en sa majesté royale,* selon la définition du roi donnée par Guy Coquille.

Brochant sur le tout, l'attentat perpétré contre le général au Petit-Clamart, le 22 août 1962, allait précipiter la réforme, à la manière d'un catalyseur.

2) La chronologie de la réforme

La fin du conflit d'Algérie, en mars 1962, est à l'origine d'une guerre de *position* entre le général de Gaulle et la classe politique qui n'accepte plus sa tutelle et ses conceptions en matière européenne entre autres. A l'automne, elle se transforme en guerre de *mouvement.*

Le point de départ des événements est une allocution présidentielle, en date du 20 septembre 1962. Il annonce au pays qu'il estime nécessaire que le chef de l'État soit désormais élu au suffrage universel et il indique également, qu'à ses yeux, cette modification de la constitution doit être opérée par la voie *directe* du *référendum* de l'*article 11 C* et non celle l'article 89 C.

Le 2 octobre, le président adresse un message aux assemblées, pour les avertir de ses intentions. Dans une seconde allocution au pays, deux jours plus tard, il *lie* son sort au projet de révision, en annonçant qu'il ne restera pas au pouvoir si le corps électoral ne répond pas d'une façon positive, au référendum qui lui sera soumis le 28 octobre.

Entre-temps, l'Assemblée nationale, dans l'impossibilité où elle se trouve de discuter les actes du président, interpelle le Gouvernement sur la proposition qu'il est *réputé* lui avoir faite, sur la base de l'article 11 C. A la suite d'un débat très vif (16) le 5 octobre, une motion de censure est adoptée. Le premier ministre (Georges Pompidou) présente sa démission au chef de l'État (art. 50 C). Mais, celui-ci déclare le *maintenir en fonction,* dans le cadre de la théorie de l'expédition des affaires courantes. Quatre jours plus tard, le général prononce la dissolution de l'Assemblée (art. 12 C). Le pays appelé à arbitrer le différend est à l'origine d'un *changement miraculeux.* Il se range à son opinion, en approuvant, le 28 octobre 1962, par 62 % des suffrages exprimés, la révision constitutionnelle. Saisi par le président du Sénat, le Conseil constitutionnel décline sa compétence (6 novembre, *Élection du président de la République, Rec.* p. 154). En conséquence, la loi du 6 novembre 1962 (art. 1er et 2) qui modifie les articles 6 et 7 C (17) est promulguée (18). Dans la foulée, le peuple élit, les 18 et 25 novembre 1962, à l'appel du président, une majorité de députés qui lui est favorable. On parlera, à l'époque, d'une majorité *inconditionnelle,* avec une nuance péjorative. Le fait majoritaire venait de naître. Bref, *l'Austerlitz politique* de la Ve République ou son véritable acte de naissance.

(13) On se souvient que sous la IIIe République, le Parlement a provoqué le retrait de Jules Grévy en 1887 et celui d'Alexandre Millerand en 1924.

(14) Rapporté par A. PEYREFITTE : *C'était de Gaulle,* 1994, p. 217.

(15) *Ibid.,* p. 215.

(16) On connaît à ce propos, la célèbre péroraison de Paul Reynaud à l'Assemblée : *Pour nous, Républicains, la France est ici et non ailleurs. Admettre le contraire ce serait admettre la fin de la République. Aussi, M. le premier ministre, allez dire à l'Élysée que cette assemblée n'est pas assez dégénérée pour renier la République !* Le pouvoir exécutif faisait encore peur en 1962.

(17) D'un point de vue normatif, cette loi référendaire est un véritable *pot-pourri.* Certaines de ses dispositions ont valeur constitutionnelle (art. 1er et 2) ; organique (art. 3. I) ; ordinaire (art. 3. II), et réglementaire (art. 3. V).

(18) Le cadre juridique de l'élection présidentielle a été précisé et complété, comme suit : l'article 7 C, d'une part, par la L.C. du 18 juin 1976 (décès ou empêchement d'un candidat) ; l'art. 3. I de la loi référendaire de 1962, d'autre part, par les L.O. des 18 juin 1976, 13 janvier 1988 (présentation des candidatures) 11 mars 1988 (transparence financière de la vie politique), l'art. 3. II (L.O. du 10 mai 1990, en matière de financement de la campagne) et l'art. 3.III (L.O. du 19 janvier 1995, à propos des comptes de campagne). Restent le décret du 14 mars 1964 qui fixe les modalités de l'éligibilité et la L.O. du 31 janvier 1976 concernant le vote des Français à l'étranger. Au surplus, le code électoral trouve ici son application normale.

Le décor est ainsi planté pour accueillir *le régime présidentialiste :* un chef de l'État disposant d'un investiture populaire, ou si l'on préfère d'une légitimité propre, et s'appuyant sur une majorité parlementaire constante, au cours de son mandat.

En décembre 1965, le peuple français élira, pour la première fois depuis 1848, le président de la République, selon la nouvelle procédure.

2° La période électorale

Sous le contrôle du Conseil constitutionnel, qui *veille à la régularité de l'élection* (art. 58 C), trois aspects retiendront l'attention : l'ouverture de la campagne présidentielle, ses candidats et son déroulement.

a) *L'ouverture de la campagne présidentielle*

Sur convocation du Gouvernement (art. 7, al. 2 C), le pouvoir de suffrage est réuni dans deux hypothèses : l'une *normale,* l'autre *exceptionnelle.*

1) *L'ouverture normale*

En principe, l'élection se déroule 20 *jours au moins et 35 jours au plus avant l'expiration des pouvoirs du président en exercice* (art. 7, al. 3 C). Cette disposition inspire de brèves observations. Un problème *d'interprétation* se pose tout d'abord. Le délai dont il s'agit, se rapporte-t-il au premier tour ou englobe-t-il les deux tours ? Les précédents concordants depuis 1965 sont en faveur de la première solution. Par ailleurs, le président en place, peut être candidat à sa propre succession, en raison du principe de la *rééligibilité* immédiate et indéfinie (art. 6 C *a contrario*). Cependant, afin de ne pas affaiblir son autorité, il annoncera, en bonne logique, sa candidature *in extremis* (19). Son échec (V. Giscard d'Estaing, en 1981) a la signification d'une *révocation populaire.* De sorte que le pays peut disposer momentanément de *deux présidents :* le président *en exercice* et le président *proclamé élu.* Si la dualité ne pose pas de problèmes juridiques, le président sortant disposant de la *plénitude* de ses attributions jusqu'à l'ultime instant ; en revanche, elle s'avère difficile, d'un point de vue politique, si celui-ci a été désavoué, personnellement ou par personne interposée (20). De façon significative, le hiatus qui résulte de cette situation porte aux États-Unis, le nom de *canard boiteux* (21). Il est permis de s'interroger, pour conclure, sur ce qu'il adviendrait en cas de décès du chef de l'État *désigné,* suite par exemple à la fatigue de la campagne ? En présence d'une hypothèse de *vacance* de

(19) François Mitterrand s'est conformé, à cet égard, au calendrier observé par ses prédécesseurs, en se mettant sur les rangs le 22 mars 1988, le 1er tour étant fixé le 24 avril ; le général de Gaulle s'était porté candidat le 4 novembre 1965, en vue du scrutin fixé le 5 décembre, Valéry Giscard d'Estaing, le 2 mars 1981 (après en avoir informé certains chefs d'État et de gouvernement étrangers), pour le 26 avril. Ce dernier avait déclaré, à cette occasion, qu'il ne serait *pas un président candidat, mais un citoyen candidat.* En 1988, un cas de figure inédit s'est présenté avec l'entrée en lice des deux têtes du pouvoir exécutif.

(20) La nécessaire continuité de l'État est à l'origine, dès le 12 mai 1981, d'une *antenne présidentielle,* à laquelle seront adressés les télégrammes diplomatiques et les informations relatives à la défense nationale. Dès le lendemain de son élection, Jacques Chirac a été associé par François Mitterrand aux cérémonies du 50e anniversaire de la victoire de 1945. Tel Valéry Giscard d'Estaing en 1981, celui-ci devait abréger de quelques jours son mandat.

(21) On sait que le XXe amendement à la constitution américaine de 1933, limite le *temps mort* au 20 janvier, suivant l'élection début novembre, alors qu'antérieurement l'*inauguration* était fixée au 4 mars *(supra).*

la présidence de la République, l'organisation *inopinée* d'une nouvelle élection constitue la seule réponse possible.

2) L'ouverture exceptionnelle

Deux séries de circonstances sont susceptibles, soit *d'avancer* la date à laquelle les électeurs sont conviés à se rendre aux urnes, soit à l'opposé, de la *reporter.* Il s'agit respectivement de la survenance de la *vacance* de la présidence de la République ou de *l'empêchement définitif* de son titulaire, au premier cas, et d'un *cas de force majeure,* au second cas.

α) L'élection avancée

La *vacance* de la magistrature suprême (art. 7, al. 4 C) est synonyme d'*absence physique* du titulaire, par suite de sa *démission,* situation créée par le général de Gaulle, le 28 avril 1969 ; de son *décès* (Georges Pompidou, le 2 avril 1974), ou de sa *destitution en cas de haute trahison* par la Haute Cour de justice (art. 68 C). En résumé, la vacance assimilée au *vide* au sommet de l'État est, par suite, *définitive.* Le Conseil constitutionnel (déclaration du 3 avril 1974, *G.D.* p. 295) se borne à la *constater.* Ce qui a pour effet d'ouvrir le délai de convocation des électeurs (20 jours au moins et 35 jours au plus).

A l'opposé, la notion d'*empêchement* s'avère délicate. Elle se définit comme *un obstacle à l'exercice normal de la fonction par son titulaire,* consécutive à une maladie ou à une disparition (22). L'empêchement qui entraîne l'incapacité, varie en intensité. Il peut être *momentané* (après une opération, le président reprend ses activités) (23) ou *définitif* (atteint d'un mal incurable, le président ne recouvra plus la santé) (24). En dehors de toute précipitation ou tergiversation (sans même songer à l'acharnement thérapeutique), la difficulté consiste à s'interroger sur l'autorité investie du pouvoir d'appréciation de l'empêchement lorsqu'il perdure.

(22) En janvier 1987, un président a été... pris en otage, en Equateur, par des militaires en vue de permettre la libération de certains d'entre eux incarcérés. Au Panama, le président a observé la grève de la faim, en mars 1990. Autant de situations inédites. Conscient de l'outrage des ans, le président finlandais Kekkonen a préféré démissionner, en toute lucidité, en 1981, à l'inverse de son homologue tunisien, Habib Bourguiba, en 1987. V. P. ACCOCE et P. RENTCHNICK : *Ces malades qui nous gouvernent,* 1976.

(23) L'empêchement momentané entraîne la *suppléance* du président, en vue d'assurer la continuité de l'État dont il est en charge (art. 5 C). Ce régime relève de l'appréciation de l'intéressé, hormis les cas visés par la constitution : le premier ministre est appelé à présider le conseil des ministres (art. 21 *in fine*), les conseils et comités supérieurs de la défense nationale (art. 21, al. 3) sous certaines conditions ; de son côté, le garde des sceaux peut remplacer le chef de l'État dans la présidence du Conseil supérieur de la magistrature (art. 65). Mais, pour le surplus, le président choisit l'activité qu'il entend déléguer et la personnalité appelée à l'exercer. Ainsi, le 1er août 1994, le président du Sénat a représenté François Mitterrand à une cérémonie à Varsovie. La suppléance, en d'autres termes, est ponctuelle autant que provisoire et ne fait pas l'objet d'une constatation officielle, à la différence de l'empêchement définitif ou de la vacance. V. A. MEYER-HEINE : La procédure d'empêchement temporaire du chef de l'État sous la Ve République : les imprécisions de l'art. 7 C, *PA,* 28 juillet 1995.

(24) Sous la IIIe République, Paul Deschanel, élu en janvier 1920 a démissionné de sa fonction pour troubles mentaux, huit mois plus tard, sur le conseil des médecins appelés en consultation. La transparence médicale relève, en dernier ressort, de la conscience du chef de l'État, sauf cas de déchéance caractérisée. La publication périodique de bulletins de santé peut se révéler aléatoire, à l'exemple du précédent de François Mitterrand.

En revanche, la maladie de Gorges Pompidou qui n'affectera nullement ses facultés intellectuelles (V. J. Mauriac : *Le dernier conseil des ministres,* du 27 mars 1974. *Le Monde,* 9 avril 1974) a mis en évidence une lacune possible du texte, au cas où le Gouvernement par convenances, ne s'adresserait pas au C.C. On pourrait songer, en ce cas, soit au dépôt d'une motion de censure par les députés, soit, peut-être à un élargissement de la saisine de la Haute Instance. V. D. AMSON : *Une lacune de la constitution ? ibid* 19 février 1974 ; A. BRIMO : *L'empêchement du président de la République,* 6 mars 1974 ; et A. PASSERON : *Certitudes...* 9 février 1974.

L'article 7, alinéa 4 C, confie cette mission au Conseil constitutionnel, saisi *par le Gouvernement et statuant à la majorité de ses membres* (25). En ce cas, la computation des délais de convocation des électeurs est identique à celle de la vacance. En attendant, *l'intérim* de la présidence de la République est confié au président du Sénat (art. 7, alinéa 4 C). Cependant, l'avenir n'appartenant qu'à Dieu, la nouvelle élection pourrait se dérouler en une période peu propice à la participation, au moment des congés, par exemple. Une modification est souhaitable sur ce point, en prévoyant une date fixe, à l'exemple américain (26).

β) L'élection reportée

Une circonstance extérieure serait de nature à *différer,* à des jours meilleurs, l'élection. Il s'agit de la survenance d'un *cas de force majeure,* qui présente un caractère imprévisible et irrésistible (guerre, vagues de terrorisme, calamité naturelle), après *constatation* du Conseil constitutionnel (art. 7, al. 5 C) (27).

b) *Les candidats à l'élection présidentielle*

L'éligibilité à la magistrature suprême, est subordonnée à des conditions de *fond* et de *forme* (art. 3. I de la loi du 6 novembre 1962). Le contentieux est confié au Conseil constitutionnel (art. 58 C). Mais, on ne saurait perdre de vue l'essentiel, à savoir : le soutien d'une formation politique, dont la seule raison consiste, de nos jours, à se mettre à la disposition de son champion. La *présidentialisation* des partis (H. Portelli) est accordée, en définitive, à celle du régime (28).

1) Les conditions de fond

Elles s'énoncent ainsi, pour mémoire (V. *chapitre II)* : la *nationalité française ;* la *majorité d'éligibilité* fixée à 23 ans (art. L. 44 du code électoral) et la *dignité morale* (C.C., 21 avril 1974, *André Roustan, Rec.* p. 46) (commerçant failli non réhabilité, art. L. 5 du code électoral). Par ailleurs, un militaire du contingent (art. L. 45 du code électoral) est éligible à la magistrature suprême (C.C., 17 mai 1969, *Louis Ducatel c. Alain Krivine, G.D.,* p. 218), mais non au Parlement (29).

(25) Sans ignorer le dialogue permanent des pouvoirs publics, on peut s'interroger sur la démarche du C.C. au sein duquel ne siègent pas nécessairement des sommités du monde médical. Devra-t-il les consulter ; celles-ci seront-elles déliées du secret professionnel ? Autant de questions qui se situent aux confins de la politique et de l'éthique. On remarquera, enfin, qu'à la différence des États-Unis (XXVe amendement de 1967), le président déclaré empêché définitivement ne peut le contester.

(26) Depuis 1974, le calendrier est fixé par rapport au jour du décès de Georges Pompidou. Une date fixe avait été retenue par la constitution de 1848 (art. 46), le deuxième dimanche de mai. Le comité Vedel, en 1993, a retenu celle du 15 mars.

(27) Dans cette éventualité, il se pourrait, en raisonnant par voie *d'analogie,* conformément aux dispositions de l'article 7, alinéa 10 C relatives au décès d'un candidat, que le mandat du chef de l'État en place, fut prorogé d'autant.

(28) Le R.P.R. et l'U.D.F. avaient posé le principe, le 26 juin 1990, d'une candidature commune à l'issue d'une *primaire* ouverte à leurs élus et électeurs. En dépit des efforts de Charles Pasqua, le projet est demeuré sans suite. On prétend que le premier tour est la meilleure élection primaire. De fait, on observe que les candidats de la droite depuis 1969 ont été ainsi départagés, à l'instar de Jacques Chirac et d'Édouard Balladur en 1995. A gauche, la désignation de Lionel Jospin, face à Henri Emmanuelli, par les militants du P.S., à cette date, a été présentée abusivement comme une élection primaire alors qu'il ne s'agissait que de la simple application des statuts. V. Chr. GUETTIER : Les candidats à l'élection présidentielle sous la Ve République, *R.D.P.* 1990, p. 49 ; F. GOGUEL : « Les primaires à la française », *Bilan politique de la France,* 1991, p. 191.

(29) Cet article exige, sans plus, que l'intéressé ait *commencé* son service national. Or, *toute limitation à l'exercice d'un droit civique ne peut que s'interpréter restrictivement,* a rappelé le C.C., à cette occasion. En revanche, l'article 3 de l'ordonnance du 24 octobre 1958, a propos du Parlement impose qu'il l'est *achevé.*

2) Les conditions de forme

On s'attachera à la double exigence requise, à peine de nullité, de la *présentation des candidats et du dépôt d'une déclaration de situation patrimoniale* (art. 3. I de la loi du 6 novembre 1962, rédaction combinée des L.O. des 18 juin 1976, 13 janvier et 11 mars 1988). En revanche, l'exigence initiale du versement d'un cautionnement (art. 3.V) a été supprimée par la L.O. du 10 mai 1990.

α) La présentation des candidats

Cette formalité substantielle a pour but de *filtrer* les candidatures, de manière à écarter la dérision des farfelus ou hurluberlus, et les réserver aux seuls représentants des diverses sensibilités politiques, entre lesquelles l'opinion publique se partage. Bref, l'élection présidentielle ne doit pas se transformer en *concours Lépine de la politique* (A. Sanguinetti) ou la fantaisie, s'exprimer aux dépens de la démocratie. Un premier barrage s'étant révélé inopérant (30), les règles du *parrainage* ont été réglementées de manière stricte, tant en ce qui concerne le *droit que l'acte de présentation.*

Le droit de présentation appartient aux *seuls* citoyens détenteurs d'un mandat électif. A savoir : les parlementaires, les conseillers régionaux, les membres de l'assemblée de Corse, les conseillers généraux, les conseillers de Paris, les membres des assemblées territoriales des T.O.M., les membres élus du Conseil supérieur des Français de l'étranger et les maires (à l'exclusion des maires d'arrondissement) (art. 3.I. de la loi du 6 novembre 1962, rédaction des L.O. des 13 janvier 1988 et 19 janvier 1995). Leur nombre est de l'ordre de 40 000. Tout candidat doit recueillir, au moins, 500 signatures d'élus d'au moins 30 départements ou territoires d'outre-mer, sans que plus d'un dixième d'entre eux puissent être les élus d'un même département ou territoire d'outre-mer. Cette exigence géographique est destinée à écarter une *gloire locale* et favoriser les candidatures dont l'audience est à la mesure de leur ambition nationale. Les présentations sont adressées au Conseil constitutionnel (soit par les parrains, soit par les candidats), 18 jours au moins avant la date du premier tour de l'élection en une ou plusieurs fois (31).

L'acte de présentation est rédigé sur un formulaire imprimé par les soins de l'administration, conformément au modèle arrêté par le Conseil constitutionnel (art. 3 du décret du 14 mars 1964, rédaction du décret du 21 janvier 1981). L'acte est adressé, par les soins des services préfectoraux à *tous* les présentateurs, 15 jours au moins avant la publication du décret convoquant les électeurs. Il est revêtu de la signature certifiée de leur auteur, par un membre du bureau de l'assemblée ou du conseil auquel il appartient, et dans le cas d'un maire, par l'apposition du sceau de la mairie. Il est, par ailleurs, loisible au Conseil de faire procéder à toutes vérifications utiles (art. 3-2).

Ce dernier tire au sort, dans la limite du chiffre de 500, les présentateurs, dont les noms sont ensuite publiés au *Journal officiel* (art. 3.I de la loi de 1962). L'ensemble des parrainages sont affichés au Conseil. En 1995, leur nombre a été de 13 983.

Il y a lieu de préciser, que la présentation est *unique* et qu'elle ne peut faire l'objet d'un *retrait* après son envoi ou son dépôt (art. 4 du décret du 14 mars 1964). Le Conseil constitutionnel annule, en conséquence, toutes les présentations *multiples (Robert Lafont,* 21 avril 1974, *Rec.* p. 47).

β) La déclaration de situation patrimoniale

En vue de favoriser la transparence financière de la vie politique, la L.O. du 11 mars 1988 (nouvelle rédaction de l'art. 3.I de la loi de 1962) impose aux personnes présentées de remettre au Conseil constitutionnel, qui s'est

(30) Initialement, en 1962, le parrainage était le fait de 100 élus ou membres du Conseil économique et social, relevant d'au moins 10 départements ou territoires d'outre-mer différents. Une inflation s'en est suivie : 6 candidats en 1965, 7 en 1969 et 12 en 1974. La L.O. du 18 juin 1976, en relevant la barre, est parvenue à la maîtriser (10 candidats en 1981 et 1995 et 9 en 1988). Cette réforme du parrainage avait été suggérée aux pouvoirs publics par le C.C. (déclaration du 24 mai 1974, *A.J.D.A.* 1974, p. 377). V. P. Avril et J. Gicquel : Les modifications relatives à l'élection du président de la République, *R.D.P.* 1976, p. 1263.

(31) Le nombre de candidats a pu être contenu dans des limites raisonnables. En 1995, neuf se sont mis sur les rangs, dont un inconnu, Jacques Cheminade. V. L'élection présidentielle, *Le Monde* mai 1995. A l'opposé, la candidature d'Antoine Waechter (écologiste) n'a pas été retenue car elle n'avait recueilli que 405 présentations. Un traitement automatisé des parrainages a été créé au Conseil constitutionnel.

assuré préalablement de leur consentement, sous pli scellé, une déclaration patrimoniale relative notamment à leurs biens propres, éventuellement ceux de la communauté ou leurs biens indivis (art. L.O. 135-1 du code électoral). De même, engagement est pris, en cas d'élection, de déposer dans le mois précédant la fin du mandat, une nouvelle déclaration, afin d'en apprécier les variations.

Au moment de la proclamation des résultats de l'élection, par le Conseil constitutionnel, est jointe la déclaration de situation patrimoniale du candidat élu (32).

Au terme de cette procédure, le Conseil arrête, par ordre alphabétique, la liste des candidats. Transmise au Gouvernement, celle-ci est publiée, par ses soins, au *Journal officiel,* 15 jours au moins, avant le premier tour de scrutin (art. 3.I de la loi du 6 novembre 1962) (33).

c) *Le déroulement de la campagne présidentielle*

Aux termes de l'article 7 C (rédaction des L.C. des 6 novembre 1962 et 18 juin 1976), deux hypothèses sont à envisager, selon que le déroulement de la campagne est régulier, ou, à l'opposé, perturbé, par suite notamment du décès ou de l'empêchement subit d'un candidat.

1) Le déroulement régulier de la campagne

On s'intéressera à trois aspects : la *durée* de la campagne, la *propagande électorale* et au *financement* de la campagne. Au surplus les opérations électorales relèvent du droit commun (art. 3.II de la loi du 6 novembre 1962).

α) *La durée de la campagne*

Comparée aux États-Unis, où le scrutin se déroule sur dix mois (des *caucus* et *primaries* de janvier au vote de novembre), la campagne *officielle,* en France, est courte : 15 jours en vue du premier tour et 15 jours en vue du second (art. 7, al. 1er C et art. 9 du décret du 14 mars 1964). Un ultime délai de *réflexion* est accordé aux électeurs, en ce sens que la campagne prend fin le vendredi précédant le scrutin à minuit.

β) *La propagande électorale*

Il s'agit des moyens mis en œuvre par les candidats en vue de convaincre les électeurs de voter en leur faveur. Au nom du pluralisme, *tous les candidats bénéficient de la part de l'État, des mêmes facilités pour la campagne* (art. 3.IV de la loi du 6 novembre 1962). Sous le contrôle du Conseil constitutionnel (art. 58 C), il appartient, en principe, à la *Commission nationale de contrôle* (C.N.C.) (art. 10 du décret du 14 mars 1964), de veiller au respect de la règle de

(32) François Mitterrand a publié deux déclarations en mai 1988 et mai 1995, à cette fin. En 1995, après des révélations de presse, des candidats ont rendu public l'état de leur patrimoine (Édouard Balladur, Jacques Chirac, Lionel Jospin et Jean-Marie Le Pen).

(33) L'éligibilité à la magistrature suprême est ouverte aux femmes, en vertu du principe de l'égalité des sexes posé en 1946 (Arlette Laguiller sera la première, en 1974) ; à une personne appartenant à une famille ayant régné sur la France (l'inégibilité décidée en 1884 a été abrogée en 1950) ; à un membre du Gouvernement (V. Giscard d'Estaing, J. Royer en 1974) ou au premier ministre en exercice (J. Chirac, en 1988, Édouard Balladur en 1995) ; au président de la République en place (Ch. de Gaulle, en 1965 ; V. Giscard d'Estaing, en 1981 ; F. Mitterrand, en 1988) ou au président par intérim (A. Poher, en 1969), enfin à un ancien chef de l'État. En ce cas, sa qualité de membre du droit du C.C. (art. 56 C) l'amènerait à se mettre en congé de l'institution. La pratique fait apparaître que les anciens premiers ministres, à l'instar de Georges Pompidou ou de Jacques Chirac, ont vocation naturelle à briguer la magistrature suprême. Mais, en raison d'un effet pervers de l'élection, le premier ministre n'est-il pas enclin à illustrer le principe de Maupertuis de *moindre action ?*

l'égalité de traitement entre les candidats (34). Cependant, dans le domaine de la communication audiovisuelle, ce rôle est dévolu, à l'instance de régulation, le C.S.A. (Conseil supérieur de l'audiovisuel) (art. 12 du décret du 14 mars 1964, rédaction du décret du 6 janvier 1988) (35).

De ce point de vue, l'égalité de traitement entre les candidats doit être respectée dans les programmes d'information des sociétés du secteur public ou privé. En outre, chaque candidat dispose dans les programmes des sociétés du secteur public, au premier tour de deux heures d'émission télévisée et de deux heures d'émission radiodiffusée, *en différé* (36). Des tranches horaires identiques sont allouées aux compétiteurs du second tour (art. 12 du décret précité). Il est loisible, toutefois au C.S.A., de réduire la durée de ces émissions, eu égard au nombre de candidats, ce qui est le cas depuis 1969. Au surplus, l'instance de régulation, a accédé, à partir de 1974, à la demande des concurrents du second tour, de débattre *en direct* devant les téléspectateurs. De manière symbolique, le président du Conseil constitutionnel devait accueillir, le 2 mai 1995, Jacques Chirac et Lionel Jospin. La C.N.C., qui est en relation constante avec les candidats, l'administration et le C.S.A., a favorisé objectivement la sincérité de la consultation présidentielle.

γ) *Le financement de la campagne*

Longtemps abandonné, si l'on ose dire, au *système D,* le financement, tant public que privé, de la campagne fait l'objet depuis peu, d'une réglementation (art. 3.II, III et V de la loi de 1962, rédaction combinée des L.O. des 11 mars 1988, 10 mai 1990 et 19 janvier 1995).

Le dispositif s'articule autour des éléments suivants : l'établissement d'un *compte de campagne,* le plafonnement et le remboursement forfaitaire des dépenses et la limitation des dons privés.

Chaque candidat est tenu d'établir *un compte de campagne retraçant selon leur origine l'ensemble des recettes perçues et selon leur nature, l'ensemble des dépenses effectuées en vue de son élection par lui-même ou pour son compte dans les 12 mois précédant le scrutin* (art. L. 52-12 du code électoral).

Les comptes de campagne sont adressés au C.C. par tous les candidats dans les deux mois suivant le tour de scrutin où l'élection a été acquise. Ils sont *publiés* au *J.O.* dans le mois suivant le délai du dépôt, ce qui constitue une *grande particularité* (J.-P. Camby) par rapport aux autres élections. Enfin depuis la L.O. du 19 janvier 1995, les comptes sont *jugés ;* le C.C. les approuve et après une procédure contradictoire, les rejette ou les réforme (37).

Un plafond des dépenses est fixé à 90 millions et, pour les deux candidats du ballottage, à 120 millions. Une *avance* d'un million de francs est versée par l'État à tous les candidats, lors de la publication de leur liste au premier tour, à valoir sur le remboursement forfaitaire de leur dépense de campagne. Si le montant du remboursement n'atteint pas cette somme, l'excédent fait l'objet d'un reversement (art. 3.V).

(34) La C.N.C. est composée comme suit : le vice-président du Conseil d'État (président), le premier président de la Cour de cassation, le premier président de la Cour des comptes, deux membres, en activité ou honoraires, des trois grands corps de l'État précités, désignés par les trois membres de droit. Elle est assistée par 4 personnes représentant les ministres chargés de la communication, de l'intérieur, de l'outre-mer et de la poste. Par ailleurs, une commission *locale* existe dans chaque département.

(35) Ch. DEBBASCH : Le principe d'égalité dans les médias audiovisuels et la campagne présidentielle. *A.F.C.,* 1989, p. 73.

(36) Par ce biais, en effet, la C.N.C. a établi un *contrôle préalable* sur les émissions radiotélévisées. Elle s'est réservée, à partir de 1965, *proprio motu,* le droit de demander le remplacement d'un enregistrement ou la modification de passages non conformes aux prescriptions édictées et, en cas de refus, elle s'est accordée la faculté de s'opposer à la diffusion de l'enregistrement ou de faire procéder aux coupures qu'elle estimerait nécessaires. Enfin, la C.N.C. a indiqué que c'est devant elle que les recours doivent être portés. Ces *directives* ont, sur le moment, suscité des protestations. Mais, on doit dire qu'elle s'est montrée libérale et n'a exigé, à ce jour, aucune modification des déclarations enregistrées.

(37) Le Conseil constitutionnel a été appelé, pour la première fois, a *jugé* les comptes de campagne des candidats au scrutin de 1995 (décisions du 12 octobre 1995, *chr.* nº 77 p. 246). Seul le compte de Jacques Cheminade a été rejeté pour irrégularités. Pour les autres, il a été procédé au *laser,* si l'on ose dire, à des rectifications : relèvement des dépenses de Jacques Chirac et d'Édouard Balladur, en particulier, à l'extrême limite du plafond autorisé.

Au terme de sa mission, le Conseil a présenté des *observations* publiées au *JO* (15 décembre 1995) à la faveur desquelles il a émis une critique concernant la réglementation des comptes de campagne (*chr.* nº 77 p. 246). V. O. SCHRAMECK : Le Conseil constitutionnel et l'élection présidentielle de 1995, *AJDA* 1996, p. 3 ; Y.-M. DOUBLET : Le Conseil constitutionnel et les comptes de campagne, *Pouvoirs* nº 77, 1996, p. 207.

Ce remboursement forfaitaire s'élève à 1/20e du plafond des dépenses pour tous les candidats (soit 4,5 millions) ; cette somme est portée au quart dudit plafond pour chaque candidat ayant obtenu plus de 5 % des suffrages exprimés au premier tour (soit 22,5 millions). Cependant, ce remboursement forfaitaire ne peut excéder les dépenses retracées par le compte de campagne. Il n'est pas versé, aux candidats qui n'ont pas respecté le plafond des dépenses, ni déposés en temps utile leur compte de campagne, ou dont le compte a été rejeté.

Concernant les recettes, l'article L. 52-8 du code électoral (rédaction à la loi du 19 janvier 1995) limite les dons consentis par une personne physique dûment identifiée à 30 000 F ; tout don de plus de 1 000 F devant être versé par chèque. Un régime d'exonération fiscale est prévu pour les donateurs (art. 9-2 du décret du 14 mars 1964, rédaction du décret du 8 août 1994). A l'exception des partis ou groupements politiques, les personnes morales (c'est-à-dire les entreprises) ne peuvent plus, depuis 1995, participer au financement de la campagne présidentielle (art. L. 52-8, al. 2). Aucun candidat ne peut recevoir par ailleurs des contributions ou aides matérielles d'un État étranger ou d'une personne morale de droit étranger (al. 5). Aucun plafond n'est imposé aux partis politiques, conformément au principe de libre activité (art. 4 C).

Quant aux *sanctions* encourues en cas d'inobservation, elles sont de deux sortes : *pécuniaires* et *pénales.* En premier lieu, en cas de dépassement de plafond des dépenses, le candidat est tenu de verser au Trésor public une somme égale au montant du dépassement (art. L. 52-15 du code électoral) ; de la même façon le droit au remboursement forfaitaire est perdu dans les cas précités. En second lieu, le C.C. peut transmettre le dossier d'un candidat au parquet lorsqu'il a relevé des irrégularités (al. 4). En revanche, la sanction électorale de l'inéligibilité n'est pas applicable à l'élection présidentielle (38).

2) Le déroulement perturbé de la campagne

A l'occasion du scrutin de 1974, le Conseil constitutionnel (déclaration du 24 mai, A.J.D.A. 1974, p. 377, note Loïc Philip) a appelé l'attention des pouvoirs publics sur une lacune fâcheuse, pour le cas, où un candidat viendrait brutalement *à décéder* ou à être *empêché,* à la suite d'une maladie, d'un attentat, par exemple. Des précédents étrangers ne pouvaient laisser indifférent (39). La réforme a été opérée par la L.C. du 18 juin 1976, complétant l'article 7 C.

Obéissant au rythme binaire de la leçon d'agrégation, cette dernière confie au juge constitutionnel, le soin de sauvegarder le caractère *disputé* de l'élection, selon le moment où le fait générateur se produit.

α) Le fait générateur se produit avant le premier tour

Avant le premier tour, l'article 7 (alinéas 6 et 7) se situe respectivement *à la veille de la clôture des candidatures et du scrutin.*

Au premier cas, c'est-à-dire dans les 7 jours précédant la date limite du dépôt des présentations de candidatures, une personne (simple *prétendant,* selon Pierre Avril) ayant, moins de 30 jours avant cette date, annoncé publiquement sa décision de briguer les suffrages, décède ou se trouve empêchée, le juge saisi, dans des conditions *spécifiques* (40), après avoir constaté la mort ou apprécié le degré de l'empêchement, décide, de façon *discrétionnaire* s'il y a lieu, ou non, de *reporter* la consultation.

Au second cas, période comprise entre le jour de la clôture des présentations et celui de l'élection, la compétence du Conseil, en revanche, est *liée.* Il prononce, cette fois le *report* du scrutin. Le processus

(38) Un traitement automatisé des comptes de campagne et de la gestion des reçus délivrés aux personnes physiques ou morales ayant apporté leur soutien financier aux candidats a été créé au C.C. (arrêtés du 15 février 1995). V. J.-P. CAMBY : *Le financement de la vie politique en France,* 1995 ; l'argent des élections, *Pouvoirs,* n° 70, 1994 ; *la vie politique : financement et contrôle,* J.O., *brochure n° 1662,* 1995.

(39) Aux élections américaines de 1968, un candidat sera assassiné (Robert Kennedy) ; un second agressé (George Wallace). Au Portugal, l'amiral de Azevedo sera frappé d'une crise cardiaque à la veille du scrutin, en 1976. Le 16 avril 1981, une bombe explosera à l'aéroport d'Ajaccio, au moment où Valéry Giscard d'Estaing atterrissait.

(40) Dans toutes les hypothèses visées par la L.C. du 18 juin 1976, la *saisine* du C.C. est largement ouverte. Elle s'opère, sans que pour autant un délai soit mentionné, tantôt, en application de l'article 61, alinéa 2 C, à la diligence du président de la République, du premier ministre, du président de chacune des assemblées parlementaires, ou de 60 députés ou 60 sénateurs ; tantôt sur la base de la L.O. du 18 juin 1976, au bénéfice de toute personne, dont le nombre doit atteindre *500,* ayant la qualité de *présentateur* de candidat. La L.C. habilite, au surplus le Conseil à proroger les délais observés en la matière. Toufefois, le scrutin doit se dérouler, au plus tard, 35 jours après sa décision (art. 7, al. 10 C).

électoral est arrêté. Ce qui permettra à la formation politique concernée de désigner un nouveau candidat. Par suite, une nouvelle campagne débutera de manière à respecter *l'égalité d'audience.* Cette règle de bon sens devient une exigence, si le fait générateur se produit dans le cadre du scrutin de *ballottage,* circonscrit à un duel.

β) *Le fait générateur se produit avant le second tour*

Avant le second tour, en effet, l'article 7 (alinéa 8) opère un *distinguo* entre les candidats *potentiels* et *réels.* Si l'un, parmi les deux premiers arrivés en tête à l'issue du premier tour, *avant* les désistements *éventuels,* meurt ou est empêché, le Conseil déclare qu'il sera procédé, de nouveau, à l'*ensemble* des opérations électorales. En un mot, il faut recommencer *à zéro,* tout le processus électoral. *A fortiori,* en ira-t-il de même, si l'un des deux adversaires demeurés en lice, est concerné. Il n'est pas nécessaire d'insister sur *l'incompatibilité* radicale entre la logique pluraliste et une candidature unique.

Ajoutons que l'article 7 (alinéa 10) autorise, le cas échéant, le Conseil à *proroger* les délais de convocation du corps électoral pour tenir compte du temps *neutralisé,* en cas de renouvellement normal, ou non, du mandat présidentiel. Si l'élection du nouveau président se déroule *après l'expiration* des pouvoirs du chef d'État en place, celui-ci demeurera en fonction jusqu'à la proclamation de son successeur.

3° Le mode de scrutin

Ma circonscription, c'est la France, s'écriait Valéry Giscard d'Estaing, le 27 janvier 1978, à Verdun-sur-le-Doubs. A l'évidence, l'élection se déroule dans une circonscription unique, suivant les règles du scrutin majoritaire uninominal à deux tours, à partir du moment où la France a renoncé, depuis, 1848, au principe de la *collégialité* de la présidence et a refusé, le système américain du *ticket* (41).

a) *Le premier tour de l'élection présidentielle*

L'article 7, alinéa 1er C dispose : *le président de la République est élu à la majorité absolue des suffrages exprimés.* La règle est claire, mais difficile à satisfaire, en l'état actuel du système partisan. Hormis le cas particulier de Louis-Napoléon Bonaparte, sous la Seconde République, élu le 10 décembre 1848, par 74 % des voix, aucun candidat contemporain fût-il un héros historique, n'a pu franchir l'obstacle. Sauf circonstance particulières, la décision interviendra normalement à l'issue du scrutin de ballottage (42).

b) *Le second tour de l'élection présidentielle*

L'article précité, présente deux particularités dignes d'intérêt. La consultation se déroule d'une part, *le second dimanche* suivant (délai inaccoutumé), et, d'autre part, se limite à *deux candidats.* Quels sont-ils ? D'une analyse littérale, il ressort qu'un compétiteur de la *onzième heure,* n'est pas recevable (43). Force est donc, de se limiter à ceux du premier tour. Dans ces conditions, deux procédés *éliminatoires* étaient concevables : l'un objectif, tel le couperet (les deux premiers arrivés en tête à l'issue du premier tour) ; l'autre subjectif, en accord avec la logique du scrutin

(41) La tradition républicaine *ab initio* se prononçait en ce sens. En 1848, Jules Grévy, dans un célèbre amendement s'y référa. Au début de la IIIe République, Georges Clemenceau affirme encore : *il existe deux choses inutiles en France, la prostate et la présidence de la République.*

(42) Au premier tour, des résultats significatifs sont a relever : 44,6 % des suffrages pour Ch. de Gaulle (1965) ; 25,8 % en 1981 et 34 % en 1988 (F. Mitterrand) et 20,8 % en 1995 (J. Chirac).

(43) A l'élection présidentielle de 1925, en Allemagne,le maréchal von Hindenburg entra en lice, en vue du *second* tour, le 26 avril, afin de barrer la route au candidat du bloc des gauches, le catholique Marx.

qui autorise les *désistements,* le moment venu (44). C'est finalement ce dernier critère qui a été consacré : *Seuls peuvent s'y présenter les deux candidats qui, le cas échéant après retrait de candidats plus favorisés, se trouvent avoir recueilli le plus grand nombre de suffrages au premier tour* (45). A l'issue de la compétition, qui emprunte un aspect référendaire (droite-gauche), le candidat arrive en tête triomphe certes, mais avec quelle majorité ? Il ne peut s'agir, en l'occurrence, compte tenu de la réglementation, que de la majorité *absolue* des suffrages exprimés, si l'on se détourne de l'hypothèse de science politique fiction d'un partage des voix (46).

Au terme d'une démarche *crescendo,* cette disposition est capitale, tant pour l'élu, les partis politiques que le régime lui-même. Le but recherché, en 1962, a été pleinement réalisé : le président dispose d'une investiture *majoritaire.* Il est un délégataire à part entière de la souveraineté nationale. L'effet structurant de l'élection a favorisé ensuite la mise en place du système majoritaire de la Ve République en contraignant chaque famille politique à s'unir autour d'un candidat. Concernant le régime, l'élection doit être regardée comme un *commencement* (V. Giscard d'Estaing), au point de provoquer dans la foulée des élections législatives anticipées. Car, à temporiser, le président encourt le danger, à terme, d'être désavoué, à l'image de Jacques Chirac. *Les noces de la légitimité* (A. Camus) sont à ce prix : ses expressions sont équivalentes certes, mais aussi *concurrentes* : vaincu en 1995, Lionel Jospin sera vainqueur en 1997. Ce que vérifie le *théorème vedelien :* 5 + 2 n'est pas égale à 2 + 5 (47) !

4° Le contentieux de l'élection présidentielle

Il appartient au Conseil constitutionnel qui *examine les réclamations et proclame les résultats du scrutin* (art. 58 C), à l'exclusion de toute autre juridiction. Le Conseil d'État décline, en conséquence, sa compétence (6 mai 1966, *Dame Chaix, A.J.D.A.* 1966.II, p. 500). A ce titre, le Conseil est chargé, en dehors du *jugement* des comptes de campagne *(supra),* du contentieux des opérations préliminaires (l'examen des réclamations relatives à l'établissement de la liste des candidats) et de celui des opérations électorales. Il statue sans délai. En vue de faciliter l'accomplissement de sa mission, ce dernier dispose de *concours extérieurs.* Il désigne, à cet effet, des *délégués* choisis parmi les magistrats de l'ordre administratif ou judiciaire (au nombre environ de 1.500) chargés de suivre sur place les opérations électorales, d'une part et des rapporteurs adjoints choisis parmi les maîtres des requêtes du Conseil d'État et les conseillers référendaires de la Cour des comptes, pour l'examen des comptes de campagne, d'autre part (art. 3.III de la loi du 6 novembre 1962, rédaction de la L.O. du 19 janvier 1995).

a) *L'examen des réclamations relatives à l'établissement de la liste des candidats*

En vertu de l'article 7 du décret du 14 mars 1964, le Conseil est le juge du contentieux de *l'éligibilité.* Toute personne, dont la candidature n'a pas été retenue, peut présenter une réclamation (11 avril 1981, *Le*

(44) Aucun exemple n'est à mentionner, à ce jour. L'hypothèse aurait pu se produire, en 1965, lorsqu'après sa mise en ballottage, le général de Gaulle songea à se retirer de la compétition.

(45) Dans cette éventualité, *le* ou *les* retraits sont portés à la connaissance du C.C. par les candidats, au plus tard à minuit le jeudi suivant le premier tour (art. 8 du décret du 14 mars 1964).

(46) En ce cas, on pourrait raisonner, par voie d'analogie, avec les autres élections nationales ou locales, en tranchant pour le candidat le plus âgé (art. L. 126 et 262 du code électoral) ; le tirage au sort (à la courte paille ?) concevable en théorie, ou, dernière solution à la répartition du mandat en deux parties égales, à l'instar de la solution de la *rotatzia* retenue en Israël en 1984. On sait qu'en cette éventualité, les travaillistes de Shimon Pérés et le Likoud d'Yitzhak Shamir se relayèrent au Gouvernement en 1986.

(47) G. Vedel : 7, 5 + 2, 2 + 5... *Le Monde* 23 avril 1997.

Pen, Rec. p. 75). En revanche, la requête est frappée d'irrecevabilité si elle ne peut se prévaloir d'aucune présentation (11 avril 1981, *Scherne,* p. 74) ; ou si elle a été présentée avant la publication des candidats (5 avril 1995, *Guegan, chr* n° 74 p. 209). Mais, d'une manière générale, le décret du 14 mars 1964, qui a fixé les modalités d'application de la loi référendaire du 6 novembre 1962 (art. 3 V) échappe à toute contestation, car l'accessoire suit le principal (9 avril 1995 *Gisèle Néron ; ibid. (infra).*

b) *L'examen des réclamations relatives aux opérations électorales*

En application de l'article 28 du décret du 14 mars 1964, la réclamation est le fait de tout électeur, qui doit faire porter au procès-verbal des opérations de vote, mention de sa contestation ; de tout candidat, pour tout ou partie, des opérations, et du préfet ou chef de territoire, à propos du déroulement du scrutin dans sa circonscription. Le recours est enfermé dans le délai de 48 heures à l'issue du scrutin. Après avoir opéré traditionnellement des rectifications d'erreurs matérielles, procédé à des redressements, le juge annule, en cas de manquements à la sincérité, les suffrages exprimés de certains bureaux de vote (48).

En fin de compte, le Conseil proclame les résultats de l'élection du président de la République (art. 58 C) (49). A l'issue de la passation des pouvoirs (la première s'est déroulée le 21 mai 1981 dans une ambiance tendue, à l'opposé de la civilité dont fut empreinte la seconde, le 17 mai 1995) une cérémonie d'installation dépouillée se déroule à l'Élysée en présence des corps constitués. Le président du Conseil constitutionnel y accueillie le nouveau chef de l'État, lequel prononce une allocution. Mais, la prestation de serment n'existe plus depuis 1848 (50).

RÉSULTATS DES ÉLECTIONS PRÉSIDENTIELLES
EN POURCENTAGE DES SUFFRAGES EXPRIMÉS

I. *19 décembre 1965*	III. *19 mai 1974*	V. *8 mai 1988*
Ch. de Gaulle : 55,2	V. Giscard d'Estaing : 50,8	F. Mitterrand : 54
F. Mitterrand : 44,8	F. Mitterrand : 49,1	J. Chirac : 45,9
II. *15 juin 1969*	IV. *10 mai 1981*	VI. *7 mai 1995*
G. Pompidou : 58,2	F. Mitterrand : 51,7	J. Chirac : 52,6
A. Poher : 41,7	V. Giscard d'Estaing : 48,2	L. Jospin : 47,3

NB. L'élection présidentielle du 21 décembre 1958 s'est déroulée au scrutin universel *indirect.* A l'heure actuelle, les élections ont été acquises au second tour. Celles de 1969 et de 1974 ont été avancées par suite de la survenance d'un cas de vacance de la présidence. L'élection de 1969 est atypique, par suite de l'absence d'un candidat de gauche.

(48) Le C.C. a proclamé le 27 avril 1995 les résultats de l'élection du premier tour après avoir annulé des opérations de vote dans certains bureaux pour irrégularités : urne non transparente à Villers-Bocage (Calvados) ; défaut de contrôle d'identité des électeurs à Issoudun (Indre) ; de même les 11 et 12 mai, pour le second tour : deux urnes pour le même bureau aux Riceys (Aube) ; absence de signatures sur la liste d'émargement à Chevregny, (Aisne) notamment.

(49) A la reflexion, le C.C. encadre tout le processus électoral. Outre le pouvoir juridictionnel, il dispose d'un pouvoir consultatif (art. 3 III de la loi du 6 novembre 1962), s'agissant de l'organisation des opérations électorales, des moyens officiels de propagande. Ses avis transmis au Gouvernement ne sont pas publics. Au terme de l'élection, le juge présente des observations qui seront à l'origine, le plus souvent de modifications législatives ou réglementaires (L.C. du 18 juin 1976).

(50) La tradition républicaine accorde ce jour, congé aux écoliers et lycéens ainsi que la levée des punitions dans les armées. Le président remonte les Champs-Élysées et se rend à l'hôtel de ville de Paris. Le même jour, le premier ministre lui remet la démission du Gouvernement. En cas de réélection, la cérémonie est simplifiée. V. J. MASSOT : *La présidence de la République en France,* 1986, p. 21 ; J. VIGUIER : Gestes et mots symboliques de la passation des pouvoirs, *PA,* 9 juin 1995.

B. LE MANDAT PRÉSIDENTIEL

Le chef de l'État est investi d'un mandat *représentatif* (art. 3 C), *personnel,* c'est-à-dire entier et *temporaire,* limité à sept ans (le chiffre de la perfection, dit-on) (art. 6), selon la tradition républicaine (51). Il est *rééligible* immédiatement et indéfiniment, en l'absence de toutes restrictions. Il jouit, par ailleurs de protections, dont celui du privilège de juridiction (art. 68).

1° La durée du mandat présidentiel

On s'interrogera respectivement sur son origine, son abrègement et sa mise en cause.

a) *L'origine du septennat*

C'est au début de la IIIe République (en attendant *le retour... du lys)* que la loi du 20 novembre 1873 dite *loi du septennat* a fixé la durée du mandat du chef de l'État, en fonction de considérations personnelles, à savoir : *l'espérance de vie* du prétendant légitimiste, le comte de Chambord (*Henri V* pour ses partisans) *(supra).*

On sait que devant l'intransigeance de celui-ci à remonter sur le trône de ses aïeux avec le drapeau blanc, les monarchistes ne désespèrent pas de restaurer la royauté, au prix d'un *votum mortis.* A cette fin, le maréchal de Mac-Mahon est élu président de la République, à la *manière d'un régent* en 1873, pour un septennat *personnel* (52), afin de *donner du temps au temps,* selon le duc de Broglie, ou si l'on préfère en attendant que *Dieu ouvre les yeux à Mgr le comte de Chambord ou daigne les lui fermer* (53). Par la suite, l'amendement Wallon de 1875 transforma ce *misérable expédient* (Gambetta) en un septennat *impersonnel* de la République, sans que son exercice cesse, pour autant, d'être *exceptionnel.*

En dehors de l'Allemagne de Weimar, aucune démocratie occidentale n'accorde un mandat de cette durée à un chef d'État puissant. La coutume initiée par George Washington aux États-Unis (consacrée par le XXIIe amendement de 1951), limite à deux mandats de quatre ans, la fonction du *Chief Executive.* Mais, dans les faits, on ne compte plus les septennats interrompus : *grosso modo,* une fois sur deux (54). *A fortiori,* une réélection est non seulement malaisée (55), mais réputée de mauvais augure. Seul, à ce jour, François Mitterrand l'a menée à son terme (56).

(51) En revanche, les constitutions de l'an VIII et de 1852 fixaient la durée du mandat des consuls et du président à 10 ans ; celle de 1848, d'inspiration présidentielle (art. 45) la limitait à 4 ans (art. 45), renouvelable une fois, mais pas immédiatement, ce qui fut la cause du coup d'État du 2 décembre 1851.

(52) Initialement, le projet retenait le principe du décennat. Le rapporteur à l'Assemblée étant favorable à un quinquennat, le maréchal de Mac Mahon (message du 17 novembre 1873) transigea, estimant que, compte tenu de son âge (63 ans), sept ans seraient plus en rapport avec ses forces.

(53) Petit-fils de Charles X, celui-ci est né en 1820 *(l'enfant du miracle).* Il décédera en septembre 1883, exauçant, de la sorte, le souhait de la mort... L'affaire du drapeau qui a servi d'abcès de fixation dissimulait une hostilité au principe de la souveraineté nationale. Il ne voulait pas, selon sa formule, *être le roi légitime de la Révolution.* En revanche, l'autre prétendant orléaniste, le comte de Paris *(Philippe VII),* petit-fils de Louis-Philippe, était favorable à la souveraineté nationale. Les événements en décideront autrement.

(54) Dans l'histoire de la République, 10 présidents sur 22 ont assumé un mandat *entier* [Grévy (I), Loubet, Fallières, Poincaré, Doumergue, Lebrun (I), Auriol, de Gaulle (I), V. Giscard d'Estaing et F. Mitterrand (I et II)]. Le mandat le plus bref, est celui de Jean Casimir-Périer : 7 mois (juin 1894-janvier 1895) et le plus long, est détenu par François Mitterrand, avec 14 ans (mai 1981-mai 1995), précédant désormais le général de Gaulle (janvier 1959-avril 1969 : 10 ans et 3 mois). Cependant celui-ci occupe une place à part, en raison de sa condition extraordinaire de *dictateur à la romaine* du 18 juin 1940 au 13 novembre 1945, puis de président du G.P.R.F. à cette date jusqu'au 20 janvier 1946 *(supra).*

(55) Valéry Giscard d'Estaing a échoué, en 1981, dans sa tentative.

(56) Jules Grévy réélu en 1885, quitte sa fonction, deux ans après, atteint par ricochet par le scandale de son gendre, Wilson ; Albert Lebrun reconduit en 1939 est privé d'emploi le 11 juillet 1940 ; quant au général de Gaulle, son second mandat commencé en 1966, s'achève avec sa défaite référendaire, le 28 avril 1969. *Les pauvres !* (F. Mitterrand, 14 juillet 1993).

Le mandat prend fin, normalement à l'expiration du délai septennal, après la *proclamation* de l'élection (C.C. 15 mai 1981, *C.C.F.* p. 389). Mais on peut s'interroger, avec le comité Vedel pour la révision de la constitution, s'il ne serait pas opportun d'en fixer *la date* (au 15 mars par exemple) de manière à ce que la nouvelle élection se déroule en une période *utile* de l'année (57). Le précédent américain plaide en ce sens.

b) *L'abrègement du septennat*

Dans quelles circonstances, le mandat du chef de l'État peut-il être réduit ? Deux éventualités se présentent à cet égard, selon que l'abrègement est *naturel* ou *provoqué.*

1) L'abrègement naturel

Il résulte soit du décès, soit de la démission volontaire. Dans cette dernière éventualité, le retrait peut être sans appel, ou au contraire, tactique. Rien ne s'oppose, en effet, à ce que le chef de l'État, à la manière du premier ministre britannique, provoque une élection anticipée, en s'y présentant, en un moment jugé favorable. Cette démarche pourrait également se situer en cas de dissociation des majorités présidentielle et parlementaire.

2) L'abrègement provoqué

Le chef de l'État est contraint à se retirer, en cas d'empêchement définitif, apprécié par le Conseil constitutionnel (art. 7 C) ou à la suite de la mise en cause de sa responsabilité *politique* par la Haute Cour de justice (art. 68) et, plus certainement encore, par le peuple, selon la logique présidentialiste *(infra).*

c) *La mise en cause du septennat*

Serpent de mer de la vie institutionnelle française, la discussion sur la durée du mandat présidentiel n'a cessé de se renouveler. Que reproche-t-on à la solution traditionnelle ? On s'accorde sur l'idée que la Ve République a changé la nature du septennat ; car un président gouvernant ne peut se comparer au président régnant d'antan. Mais, pour l'essentiel, un grief inattendu est formulé : le septennat s'avère, à l'expérience, une cause de faiblesse, et pour tout dire d'*infériorité politique* du président par rapport aux députés. Compte tenu, en effet, de la discordance temporelle de leur mandat respectif, un chef de l'État assiste nécessairement à l'élection d'une nouvelle Assemblée. Que celle-ci reflète une majorité différente, comme à trois reprises, aboutit à isoler l'Élysée. De fait, la dernière expression du suffrage universel prime et domine la plus ancienne. Au reste, le général de Gaulle et Georges Pompidou ont estimé nécessaire de corriger la durée jugée excessive de leur fonction. A cette fin, ils ont provoqué, en 1969 et 1972, sous couvert de référendum, une *sorte d'élection présidentielle renouvelée* selon celui-ci, en vue de prévenir tout affaiblissement de leur autorité. Le dépôt du projet de quinquennat, en 1973, en résultera (58). Pour conjurer la cohabitation, la concordance recherchée ne vaut que sous deux conditions : que l'on refuse au président le droit de... décéder ou de démissionner et qu'il renonce au droit de dissolution.

Malgré ces critiques, le septennat demeure en place et il faut rechercher une explication à cette résistance au changement. C'est à la lumière de deux idées qu'une réponse peut être avancée : la mission présidentielle, d'une part, et sa mutation politique, d'autre part. Le président a en charge *la continuité de l'État* (art. 5 C). Ce qui implique qu'il dispose *objectivement* d'un mandat plus long que celui des députés. En outre, selon les lectures de la Ve République, il résulte qu'autant le septennat introduit un élément de contradiction dans la fonction gouvernante du chef de l'État en régime présidentialiste ; autant, à l'inverse,

(57) Sous la seconde République, l'élection populaire du président se déroulait le 2e dimanche de mai (art. 46 de la constitution de 1848).

(58) *Deux fois 5, c'est mieux qu'une fois 7,* aimait à dire Georges Pompidou, en vue de faciliter une réelection. V. F. DECAUMONT : *Le quinquennat, échec d'hier, solution de demain ?, in La constitution de la Cinquième République,* 1985, p. 486.

il opère un élément de conciliation avec sa mission arbitrale en régime parlementaire. Ainsi, le quinquennat serait de nature à souder le président à *sa* majorité et le septennat, à le délier à l'égard de *toute* majorité. Dès lors que *tout arrive en France,* la sagesse recommande de ne rien changer, à l'instar du comité Vedel (59), et de laisser au chef de l'État le soin d'aviser. On ne saurait oublier qu'il lui est loisible de gérer le temps (au moyen de la dissolution de l'Assemblée ou de sa propre démission) et d'ajuster les deux manifestations du suffrage universel. Le septennat apparaît la solution la plus mauvaise, après toutes les autres, selon une formule convenue. Au reste, il ne serait pas déraisonnable de le limiter à *une seule fois,* même si la démocratie s'identifie à l'expression du peuple souverain. Roosevelt n'a-t-il pas été réélu à trois reprises (60) ? En termes politiques, le quinquennat a pu donner le sentiment de s'imposer entre 1974 et 1997 (mandats de Georges Pompidou et de François Mitterrand, hors les coexistences de 1986 et 1988). Mais l'avènement de la *cohabitation de législature* entre Jacques Chirac et Lionel Jospin, et plus encore l'adhésion des citoyens, vident, à bien des aspects, la querelle du *5 à 7.*

2° La protection du mandat présidentiel

Le président dispose des moyens fonctionnels (61) et personnels (62) nécessaires à l'accomplissement de son mandat. Ce dernier est par ailleurs réputé *incompatible,* en vertu de la tradition républicaine, avec toute fonction publique et activité privée : comme ses prédécesseurs, Jacques Chirac a renoncé à ses mandats de député de Corrèze et de maire de Paris en 1995, de même Valéry Giscard d'Estaing avait abandonné la qualité de ministre en 1974 (63). En revanche, son conjoint n'est pas concerné : de manière inédite, Bernadette Chirac demeure conseiller général de Corrèze et maire-adjoint de Sarran (Corrèze).

Le mandat est, ensuite protégé, d'un point de vue pénal, par l'existence du *délit d'offense* envers le chef du pouvoir exécutif, institué par la loi du 17 mai 1819 et conservé par celle du 29 juillet 1881 (art. 26), aujourd'hui tacitement abrogé, ainsi que celui d'*outrage à magistrat* (art. 222 du code pénal) (Cass. crim., 6 janvier 1900, S. 1902, I, 425). En outre, une sanction *disciplinaire* peut être prononcée à l'encontre d'un parlementaire qui se rend coupable d'*injures, provocations ou menaces envers le président de la République*

(59) Compte tenu de la réversibilité des arguments, aucune majorité n'a pu se dégager en son sein. V. *Rapport au président de la République,* D.F., 1993, p. 33.

(60) A rebours du premier ministre, Lionel Jospin qui exprimait le souhait, le 19 juin 1997, à l'Assemblée nationale que soient *harmonisés les mandats électifs sur une base de cinq ans*, le chef de l'État a repoussé le 14 juillet suivant, le quinquennat, au motif qu'il conduirait au régime présidentiel. Ce qui reste à démontrer.

(61) En dehors de son domicile privé où il demeure, suivant la pratique inaugurée par Georges Pompidou, la République met diverses résidences à sa disposition : le palais de l'Élysée et son annexe du palais de l'Alma à Paris ; le château de Rambouillet et le pavillon de Marly-le-Roi (Yvelines) ; le fort de Brégançon (Var) et une demeure à Souzy-la-Briche (Essonne). La présidence est prise en charge pour l'essentiel par les différents ministères. Elle est organisée librement par le chef de l'État comme sa *maison* civile et militaire.

(62) Le président dispose de collaborateurs choisis *intuitu personae* qui forment les *services de l'Élysée.* Ceux-ci s'articulent, en règle générale, en trois éléments : *Le secrétariat général de la présidence de la République,* au sein duquel sous l'autorité d'un secrétaire général, des conseillers techniques, aidés de chargés de mission, *suivent* un secteur de l'activité gouvernementale (pour utiliser un euphémisme) ; *le cabinet du président et l'état-major particulier du président.* Les attributions sont déterminées par le chef de l'État, qui n'hésite pas à confier un même dossier à plusieurs personnes. Certaines d'entre elles se situent *hors hiérarchie,* avec un titre spécifique de conseiller *auprès* du président ou de conseiller *spécial* ou officieuses. Des parlementaires, au mépris du principe de la séparation des pouvoirs, œuvrent à l'Élysée. Depuis 1981, les documents officiels de la présidence sont remis aux Archives nationales à l'issue du mandat. V. J. MASSOT : *Chef d'État et chef de Gouvernement,* 1994, p. 143 ; Th. BRÉHIER : Le style de la maison Chirac, *Le Monde,* 28 juin 1995.

(63) En revanche, le président conservera momentanément son mandat de conseiller municipal, jusqu'à son renouvellement, sans siéger pour autant : Valéry Giscard d'Estaing à Chamalières ; François Mitterrand à Château-Chinon et Jacques Chirac à Paris.

(art. 73 R.A.N.) (64). Il y a lieu de préciser, que le chef de l'État, en sa qualité de *personne privée,* peut naturellement revendiquer les droits à l'intimité de la vie privée et à l'image (art. 9 du code civil, rédaction de la loi du 17 juillet 1970).

C. LA RESPONSABILITÉ PRÉSIDENTIELLE

Envisager la responsabilité du chef de l'État, sous la Ve République, c'est évoquer un *paradoxe*. Car il est *irresponsable dans l'exercice de ses fonctions* (art. 68 C) qu'il agisse de concert avec le Gouvernement ou seul. Dans le premier cas, le premier ministre et *les ministres responsables* répondent de ses actes par le jeu de *contreseing* (art. 19 C). Mais cette responsabilité par transfert laisse ce dernier, à découvert dans le second. Aucune justification plausible ne peut être avancée, en dehors de celle du privilège, d'autant plus exorbitant qu'il se relie en temps normal au présidentialisme. De sorte que la Ve République est parvenue à dissocier l'autorité de la responsabilité, au risque de provoquer le dysfonctionnement de l'État (65). Toutefois, la commission de certains actes peut exceptionnellement mettre en cause le chef de l'État.

1° Le principe de l'irresponsabilité

Les actes imputables au chef de l'État, peu importe la date de leur commission, sont couverts par l'immunité. La fonction est *sanctuarisée,* à la mesure du caractère *représentatif* du mandat.

S'agit-il des actes accomplis *dans l'exercice de ses fonctions,* l'irresponsabilité est, tout à la fois, *absolue* et *perpétuelle.* Aucun d'entre eux ne peut engager la responsabilité civile, pénale ou politique du chef de l'État. Le Conseil constitutionnel décline sa compétence à propos d'une déclaration du chef de l'État au cours de la campagne législative (21 juin 1967, *A.N. Rhône, 4e, Rec.* p. 133). Au même titre, une commission d'enquête a été repoussée à l'Assemblée nationale en 1994 concernant les relations entre Roger-Patrice Pelat et la famille Mitterrand. L'irresponsabilité subsiste avec la fin du mandat présidentiel. En 1984, à propos de l'affaire des *avions renifleurs,* Valéry Giscard d'Estaing qui était mis en cause devait l'invoquer.

S'agit-il des actes *antérieurs* à l'entrée en fonction, le président est-il fondé à ne plus se souvenir de l'élu qu'il a été ? Sur fond d'*affaires* de la mairie de Paris, le Conseil constitutionnel a tranché la question, le 22 janvier 1999 (*Cour pénale internationale, R.D.P.* 1999, p. 457) en étendant le bénéfice de l'immunité : *Au surplus, pendant la durée de ses fonctions, sa responsabilité pénale ne peut être mise en cause que devant la Haute cour de justice.* Sur ce fondement du *privilège* de *juridiction,* le parquet près le TGI de Nanterre a requis, le 19 mars 1999, l'incompétence des juridictions de droit commun vis-à-vis du président Chirac à propos d'une enquête sur les emplois fictifs à la mairie de Paris. Le juge en charge du dossier a décliné sa compétence, le 15 avril suivant. Cependant, à l'*issue* de son mandat, Jacques Chirac, redevenu un simple citoyen sera soumis, le cas

(64) Pour avoir mis en cause l'honneur de résistant de François Mitterrand, trois députés d'opposition (F. d'Aubert, A. Madelin et J. Toubon) seront sanctionnés, pour la première fois, sous la Ve République, le 3 février 1984 (V. *chapitre IV).*

(65) L'arrivée inopinée à Paris d'un chef palestinien, en janvier 1992, a entraîné la sanction des hauts fonctionnaires, et non des ministres auprès desquels ils agissaient, avant d'être récompensés par la suite. On parle depuis du *syndrome d'Habache.*

échéant, au régime de *droit commun* pour cette catégorie d'actes. Le principe de la séparation des pouvoirs n'y fera plus obstacle, en d'autres termes (66).

Cette analyse peut être utilement éclairée par une comparaison historique.

a) *La condition du chef de l'État sous les Républiques précédentes*

La tradition parlementaire a hérité du concept de *l'inviolabilité* du monarque. Autrement dit, le président ne *pouvant rien faire, ne pouvait mal faire. Je suis un manchot constitutionnel,* avouait Raymond Poincaré. Or donc, ne bénéficiant d'aucun avantage politique, il n'était que justice que *ce dieu terne* (A. France) n'en subît aucunement le préjudice.

L'irresponsabilité emportait, du reste, deux conséquences, l'une dans le domaine *politique,* l'obligation du *contreseing ministériel,* formalité par laquelle les ministres *endossaient* la responsabilité des actes du président ; l'autre dans le domaine *pénal,* la *protection* du chef de l'État, en cas d'offense. En outre, une règle coutumière voulait que l'on ne prononçât même pas le nom de ce dernier, dans les débats parlementaires, et qu'il fût, toujours accompagné d'un ministre, dans ses déplacements. Le brusque tournant de la Ve République bouleverse cette perspective.

b) *La condition du chef de l'État sous la République actuelle*

De nos jours, l'irresponsabilité a perdu son *fondement* et, par voie de corollaire, sa justification, dès l'instant où le spectateur d'hier est devenu, en temps ordinaire, l'animateur de la vie nationale ; le gouvernant suprême, en un mot.

La règle du contreseing a été, en conséquence, *limitée* par la reconnaissance, dès 1958, de pouvoirs *propres* au chef de l'État (des pouvoirs *essentiels,* comme on l'a précisé) ; puis *neutralisée* par la logique présidentialiste à partir de 1962. Le contreseing se présente alors comme un *dû* pour les ministres. Malgré tout, jusqu'en 1974, le président de la République a continué de se réclamer de la protection pénale, en cas d'offense (67). L'apparition des *guignols de l'info* devait y mettre un terme (68).

2° La responsabilité exceptionnelle

À titre dérogatoire, la responsabilité présidentielle peut être appelée à jouer respectivement, en cas de *haute trahison* (art. 68 C), de révocation par le peuple et de crimes contre l'humanité (art. 53-2).

a) *La haute trahison*

On s'attachera à la définition de cette incrimination ainsi qu'à la procédure afférente.

1) La définition

La haute trahison se présente, en dépit d'une expression *malencontreuse*, comme un délit à caractère *politique* et donc à contenu *variable,* en l'absence de référence aux principes fondamentaux du droit pénal de la *détermination légale des infractions et des peines.* Dans ces conditions, cette notion qui n'est pas

(66) V. G. Carcassonne, Le Président de la République française et le juge pénal, *Mél. Ph. Ardant,* 1999 p. 289 ; V. Cl. Émeri : De l'irresponsabilité présidentielle, *Pouvoirs,* n° 41, 1987, p. 133 ; P. Auvret : La responsabilité du chef de l'État sous la Ve République, *R.D.P.* 1988, p. 77.

(67) Le délit d'offense au chef de l'État, prévu à l'art. 26 de la loi du 29 juillet 1881, n'a guère eu l'occasion d'être invoqué avant 1958. On ne compte, en effet, que six condamnations sous la IIIe République. A l'occasion de la crise du 16 mai 1877, l'apostrophe célèbre de Gambetta à Mac Mahon lui vaudra une poursuite ; de même un journaliste, qui commentait ainsi une image équestre du maréchal : *Le cheval à l'air intelligent, ma foi !* Trois condamnations seront prononcées sous la IVe République. V. J. Georgel : Un siècle d'offense au chef de l'État, *R.A.* 1976, p. 253.

(68) Sous le général de Gaulle, plus de 500 condamnations ont été prononcées. La Cour de cassation (*Crim.* 13 juillet 1960 et 31 mai 1965) a refusé de tenir compte de la *novation* de la fonction présidentielle. V. Giscard d'Estaing a renoncé, dès le 6 mai 1974, à se prévaloir de cette protection, comme ses successeurs.

définie par la constitution (69), peut s'analyser en *un manquement grave du chef de l'État aux devoirs de sa charge,* tels qu'ils sont énoncés à l'article 5 C, ou si l'on veut, en cas de *violation manifeste de la constitution* (par exemple, un recours arbitraire aux pouvoirs extraordinaires de l'article 16 C ou un refus de promulgation de la loi).

2) La procédure

Elle se déroule, selon deux phases successives : la *mise en accusation* par le Parlement et *le jugement* par la Haute Cour de justice (art. 67 et 68 C).

α) La mise en accusation par le Parlement

Elle résulte du vote *identique* et à la majorité absolue d'une résolution des deux assemblées (art. 68 C). Outre le bicamérisme parfait, le Parlement est investi d'un pouvoir *discrétionnaire*. À ce titre, il lui est désormais loisible, au lendemain de la décision précitée *Cour pénale internationale,* de se situer tantôt, sur le plan *politique* dans le cadre de la haute trahison, *stricto sensu* ; tantôt sur le plan pénal, en estimant que l'infraction commise par le président est scandaleuse, odieuse, en un mot. La compétence de la formation de jugement s'en trouve ainsi dédoublée.

β) La mise en jugement par la Haute Cour de justice

Sous tous les régimes, il existe un organe chargé de juger les gouvernants lorsqu'ils sont accusés de crimes exceptionnels contre la sûreté de l'État (70).

De ce point de vue, la tradition britannique (conservée aux États-Unis) veut que la chambre élue au suffrage universel direct *accuse,* tandis que la seconde chambre *juge.* Reprenant l'exemple de la monarchie constitutionnelle (1814-1848), la constitution de 1875 appliquait ces règles : la Chambre des députés accusait et le Sénat *se transformait* en Cour de justice. Toutefois, depuis 1946, cette procédure a été abandonnée. La Ve République a maintenu le principe d'une Haute Cour *distincte* des assemblée (71).

D'un examen des articles 67 et 68 C, d'une part, et de l'ordonnance du 2 janvier 1959, d'autre part, il résulte que la Haute Cour se présente comme une juridiction *politique,* si l'adjectif ne jure pas d'être accolé au substantif, en raison de sa composition et de sa mission.

Concernant sa composition, chacune des deux assemblées élit, en *son sein,* au scrutin secret et au *prorata* des groupes, 12 membres titulaires et 6 suppléants, la Cour étant composée de 24 membres. Les députés sont élus pour la durée de la législature ; les sénateurs à chaque renouvellement partiel. La Haute Cour élit elle-même son président et deux vice-présidents. En outre, ses membres prêtent serment devant leur assemblée d'origine de *se conduire en tout comme dignes et loyaux magistrats* (art. 3 de l'ordonnance du 2 janvier 1959) (72). Enfin, ils peuvent être récusés dès l'ouverture des débats (73). Il y a lieu d'indiquer,

(69) En d'autres termes, cette infraction est *distincte* de la trahison en droit pénal, c'est-à-dire l'intelligence avec l'ennemi. V. A. MOREAU : La haute trahison du président de la République sous la Ve République, *R.D.P.* 1987, p. 1341.

(70) Cas unique, l'article 68 de la constitution de 1848 proposait une définition : *Toute mesure par laquelle le président de la République dissout l'Assemblée nationale, la proroge ou met obstacle à l'exercice de son mandat est un crime de haute trahison...* Le coup d'État du 2 décembre 1851 a ramené à sa juste proportion, cette barrière de papier.

(71) V. J.-P. ROUGEAUX : La Haute Cour de justice sous la Ve République, *R.D.P.* 1978, p. 1019 ; A. MOREAU : La haute trahison du président de la République sous la Ve République, *ibid.,* 1987, p. 1341 ; J. ROSSETTO : L'introuvable faute des gouvernants, *Droits* 1987, nº 5, p. 107 ; P. BASTID : *Les grands procès politiques de l'histoire,* 1962.

(72) Le serment, qui s'analyse en un engagement solennel de comportement, est exceptionnel en droit français. En dehors de l'hypothèse visée, on l'impose au greffier en chef de la Cour de cassation, qui est de droit celui de la Haute Cour de justice (art. 14 de l'ord. du 2 janvier 1959) ; aux juges parlementaires à la Cour de justice de la République (art. 2 de la L.O. du 23 novembre 1993) ; aux membres du C.C. (art. 3 de l'ord. du 7 novembre 1958) ; aux personnes comparaissant devant une commission parlementaire de contrôle (art. 6 de l'ord. du 17 novembre 1958) ou aux témoins entendus par le rapporteur du C.C., en matière électorale (art. 42 de l'ord. du 7 novembre 1958).

(73) La récusation est possible dans les trois cas suivants : juge, parent ou allié de l'accusé, juge cité ou entendu comme témoin, enfin existence d'un motif d'inimitié capitale entre le juge et l'accusé. La Haute Cour statue sur ce point (art. 6 et 7 de l'ord. du 2 janvier 1959).

que le *ministère public* près la Haute Cour, chargé de requérir, est confié à un magistrat de carrière, le procureur général près la Cour de cassation (art. 13), assisté de deux avocats généraux. Au vu de l'incrimination retenue, la Haute Cour prononce la sanction qu'elle juge appropriée. L'arrêt rendu est insusceptible de recours (art. 35 de l'ord. précitée), si ce n'est devant le tribunal de l'Histoire.

On notera, enfin, que depuis la révision constitutionnelle du 27 juillet 1993, la compétence *ratione personae* de la Haute Cour est limitée au *seul* chef de l'État, à l'exclusion des membres du Gouvernement qui relèvent de la Cour de justice de la République (nouvel art. 68-1 C) *(infra).*

Sans qu'il soit utile d'insister sur le caractère particulier de la procédure de la haute trahison, le chef de l'État est responsable, à la vérité, devant le peuple, dont il tire son autorité, au nom du parallélisme des procédures. Cependant, à l'exception du général de Gaulle, cette responsabilité a été plus proposée qu'honorée.

b) *La révocation populaire*

Je revendique la responsabilité de ce qui a été fait... Je ne veux pas me cacher derrière un arbre. L'affirmation de François Mitterrand (74) rappelle, qu'à l'époque contemporaine, la responsabilité de l'exécutif s'apprécie devant la *nation* et non devant sa représentation, c'est-à-dire en termes *électoraux* et non parlementaires. Un président gouvernant s'expose à un revers de fortune en dirigeant la manœuvre (75). Mais cette responsabilité, liée au régime présidentialiste, est *particulière,* en ce sens qu'elle n'est pas prévue par la constitution, et plus encore, laissée à l'*appréciation* de l'intéressé. D'où l'*ambiguïté de ce circuit de responsabilité* (Cl. Émeri). La mise en cause du chef de l'État est susceptible de se produire à la faveur des *élections nationales* et des *votations.*

1) Les élections nationales

En l'occurrence, il s'agit de *l'élection présidentielle* et des *élections législatives.*

Au premier cas, la non-reconduction du président sortant équivaut à sa révocation populaire. C'est la signification de l'échec de Valéry Giscard d'Estaing, le 10 mai 1981.

Au second cas, une défaite du chef de l'État, à l'issue de la consultation, à laquelle il a été partie prenante *(Je suis un combattant* déclarait François Mitterrand) doit être appréciée, selon que le renouvellement de l'Assemblée nationale s'opère, en temps normal ou par anticipation.

Un désaveu infligé au président, quelle qu'en soit l'ampleur, en fin de législature, le contraint à se replier sur l'Aventin, à la lumière des précédents de 1986 et 1993. Autrement dit, en contraste avec le général de Gaulle qui s'appuyait sur la confiance *explicite* de la nation, au point de se remettre en cause en 1962, ses successeurs ont estimé que leur mandat devait être soustrait aux aléas électoraux : *Une élection législative, ce n'est pas une élection présidentielle... Il n'y a pas de raison de ne pas faire démissionner un député ou le président de la République s'il y a un changement de majorité dans un conseil municipal !* (F. Mitterrand).

De la même façon, une défaite consécutive à l'exercice du droit de dissolution (art. 12 C) n'est pas fatale au président, contrairement à l'aphorisme de Napoléon, selon lequel il n'y a

(74) Cette déclaration du 15 décembre 1985, fait pendant, au nom du mimétisme institutionnel, à celle de Valéry Giscard d'Estaing, le 17 septembre 1979 : *Un président de la République ne se cache pas derrière le Gouvernement... J'ai été élu pour être responsable devant les Français.*

(75) On ne peut qu'adhérer à l'interprétation de René Capitant, analyste autorisé de la Ve République, selon laquelle : *Le suffrage, et lui seul, détient la souveraineté. Admettre que le chef de l'État pourrait légitimement se maintenir au pouvoir contre la volonté du peuple... c'est commettre un attentat contre le régime... Le peuple français a le droit de renverser le président de la République au cours du septennat. Il a en outre le moyen d'exercer ce droit en envoyant à l'Assemblée une majorité hostile à la politique présidentielle* (*Écrits politiques,* 1971, p. 420).

pas de mauvaises troupes, mais seulement de mauvais chefs. Quoique très affaibli politiquement, Jacques Chirac est demeuré en place au soir du 1er juin 1997. Sauf à céder à la provocation, le *syndrome de Mac-Mahon* sera-t-il limité, à l'avenir, à une nouvelle défaite du président consécutive à une nouvelle dissolution ?

2) Les votations

Un même phénomène de *découplage* est à noter, en opposition avec la pratique gaulliste du référendum *plébiscitaire,* véritable arme à double tranchant. En posant une question de confiance au pays, le général était solidaire du *oui* qu'il appelait de ses vœux (76). En cas d'échec, tel *l'arroseur arrosé,* il ne pouvait qu'en tirer les conséquences en se retirant. Ce qu'il fit, le 28 avril 1969.

Par la suite, Georges Pompidou, en 1972 et François Mitterrand, en 1992 ont pris soin de prendre leur distance à l'égard du référendum au point de le neutraliser. La consultation relative au traité de Maastricht est à cet égard éloquente. A l'origine d'une *formidable explication,* le président devait repousser, dans un même mouvement, le plébiscite *(ce serait un abus de pouvoir, ce serait même un peu malhonnête)* et *le plébiscite à l'envers* en refusant d'annoncer, à l'avance sa démission en cas de succès. Ainsi, il n'y eut *ni vainqueur, ni vaincu.*

Au total, *le devoir d'État* commande la fidélité à la fonction, au-delà des péripéties électorales. En vérité, cette conception *monarchique de la démocratie* (J. d'Ormesson) est celle d'un *prince intouchable* (P. Avril).

c) *Les crimes contre l'humanité*

En cas de violations graves du droit international humanitaire, tel le crime de génocide, la Cour pénale internationale instituée par le traité signé à Rome, le 18 juillet 1998, est compétente à l'égard du chef de l'État qui s'en est rendu coupable. L'article 27 du statut de la Cour dispose que sa *qualité officielle... n'exonère en aucun cas* [sa] *responsabilité pénale,... pas plus qu'elle ne constitue en tant que telle un motif de réduction de la peine.* Après déclaration de contrariété rendue par le Conseil constitutionnel (22 janvier 1999, *Cour pénale internationale chr.* n° 90), l'article 53-2, rédaction de la L.C. du 8 juillet 1999) reconnaît la juridiction de la C.P.I.

D. LA CONTINUITÉ DE LA FONCTION PRÉSIDENTIELLE

Le fonctionnement sans défaillance est inhérent au pouvoir exécutif. *Le roi est mort, vive le roi,* disait-on sous la monarchie absolue. La continuité de l'État est assumée par le président (art. 5 C), selon des modalités appropriées.

Dans cet ordre d'idées, deux éventualités méritent d'être recensées, selon que la fonction présidentielle est suspendue ou interrompue. Tandis que la *suppléance* confiée au premier ministre (art. 21 *in fine C)* remédie à la première éventualité *(supra), l'intérim* exercé par le président du Sénat (art. 7 C) pallie la seconde.

(76) Pour le général de Gaulle, *si le président ne met pas son maintien à l'Élysée dans la balance, le référendum n'aura pas de nerf, dès lors qu'il n'y aurait aucun risque. Il faut que le président annonce qu'il se retirera s'il est désavoué.* Rapporté par A. PEYREFITTE : *C'était de Gaulle,* 1994, p. 454.

Conformément à la tradition (77), la constitution de 1958 a fait choix de l'intérim, c'est-à-dire d'une solution *provisoire* de remplacement du président absent, à l'opposé de celle de la succession adoptée aux États-Unis, en faveur du vice-président. On se propose de décliner l'identité de l'intérimaire et l'étendue des pouvoirs dont il est titulaire au cours de cet intermède.

1° L'identité de l'intérimaire

L'intérim échoit, au premier degré, au président du Sénat et au second degré, au Gouvernement (art. 7, al. 4 C) dans l'attente de l'élection du chef de l'État.

1) Le président du Sénat : intérimaire au premier degré

Ce choix constitue une innovation de la Ve République. Une double raison juridique et politique a milité en ce sens.

Le choix antérieur en faveur du président de l'Assemblée nationale (art. 41 de la constitution de 1946) procédait d'une démarche inconséquente. En effet, la dissolution de l'Assemblée frappe l'ensemble de ses membres, y compris son président. Si, au même instant, le chef de l'État défaille, le vide s'installe (78). Désormais, la pérennité du Sénat, soustrait à la dissolution, assure en *toutes* circonstances, la *continuité* de la fonction présidentielle.

De surcroît, l'esprit *sénatorial* qui, pour une part, anime en 1958 les constituants, se traduit par la promotion de la seconde assemblée, et par ricochet, de son président jusqu'à y compris dans l'ordre des préséances et des honneurs *(supra).*

A défaut de changer le titulaire de l'intérim (79), on s'est interrogé sur l'opportunité, notamment au lendemain de l'attentat de Dallas, en 1963, dont fut victime John Kennedy de créer une *vice-présidence.* Mais l'idée s'est heurtée à l'hostilité du général de Gaulle, qui refusait d'avoir à ses côtés son *veuf,* et principalement à la logique *présidentialiste* qui tolère un attelage, mais certainement pas une troïka.

En tout état de cause, la situation actuelle du président du Sénat n'emporte pas une pleine et entière adhésion. A rebours du principe de la séparation des pouvoirs, ce dernier revêt l'allure d'un étranger, sinon d'un intrus, au sein de l'exécutif. Il faut y ajouter une moindre représentativité ; l'absence d'informations et de participation à la marche des affaires du vivant du président, et circonstance aggravante, son désaccord politique avec l'Élysée, comme ce fut le cas en 1969 entre le général de Gaulle et Alain Poher. Certes, propulsé à la tête de l'État, l'intéressé peut s'écrier, tel Léon Blum, *un autre homme doit naître en moi.*

(77) La solution de l'intérimaire dans l'histoire constitutionnelle française n'a point varié, sauf son titulaire : *vice-président de la République* (art. 70 de la constitution de 1848) ; *conseil des ministres* (art. 7 de la loi constitutionnelle du 25 février 1875) et *président de l'Assemblée nationale* (art. 41 de la constitution de 1946). Dans cette dernière circonstance, à supposer, par ailleurs que la *dissolution* de l'Assemblée survint, ce dernier aurait assumé, en vertu de l'art. 52, le *triple* intérim du chef de l'État, du président du conseil et du ministre de l'intérieur. V. G. Liet-Veaux : L'intérim de la présidence de la République, *R.D.P.* 1951, p. 1036.

(78) Cet aspect ne devait pas échapper, du reste, à René Coty lorsqu'il signa le décret de dissolution, le 1er décembre 1955. A sa demande, un *modus vivendi* (simple accord *privé* tout au plus) fut conclu, avec le président du conseil et ceux des chambres, au terme duquel, dans une circonstance de ce genre, le président de l'Assemblée nationale, tel Lazare, ressusciterait. On pourrait, par ailleurs invoquer, l'argument supplémentaire selon lequel il existe une *communauté d'origine* entre l'autorité défaillante et l'autorité suppléante. L'idée se vérifie pleinement aux États-Unis et en France, en 1958, lorsque le président était élu par les notables à l'instar des sénateurs. A l'opposé, le principe est perdu de vue depuis 1962. V. P. Juillard : La continuité du pouvoir exécutif, *Mél. Georges Burdeau,* 1977, p. 159.

(79) Toutefois, à l'occasion de la tentative de réforme du Sénat, en avril 1969, le *premier ministre* devenait intérimaire. L'article 49 du projet de loi référendaire modifiait, en ces termes, l'article 7 C : *En cas de vacance de la présidence de la République pour quelque cause que ce soit, ou d'empêchement constaté par le Conseil constitutionnel saisi par le Gouvernement et statuant à la majorité absolue de ses membres, les fonctions du président de la République à l'exception de celles prévues aux articles 11 et 12 ci-dessous, sont provisoirement exercées par le premier ministre, ou si celui-ci en est empêché, par un des membres du Gouvernement dans l'ordre du décret qui les a nommés.*

Mais cette situation n'en provoque pas moins une tension, entre sa condition minorée et ses attributions décuplées.

2) Le Gouvernement : intérimaire au second degré

La magistrature suprême ne saurait tomber en déshérence. Comme un malheur n'arrive jamais seul, en cas d'empêchement du président du Sénat, l'intérim est confié au *Gouvernement,* au terme d'une procédure inédite. Au demeurant dès l'ouverture de l'intérim, celui-ci est entouré d'une garantie. A cet effet, les articles 49 et 50 C sont suspendus : sa responsabilité ne peut être engagée à l'Assemblée nationale (80). Les situations sont figées, en quelque sorte. Mais, en attendant, le Gouvernement conserve la *plénitude* de ses attributions.

2° L'autorité de l'intérimaire

En principe, le président intérimaire dispose, en vue d'assurer la *continuité de l'État* (art. 5 C), des *mêmes pouvoirs* que le président ordinaire (art. 7 *a contrario* C), pendant ce laps de temps. Par suite, il est habilité, entre autres, à promulguer les lois, à ratifier les traités, voire à utiliser, en cas de nécessité, les pouvoirs extraordinaires de l'article 16 C ; la sauvegarde de la patrie étant permanente, par nature.

En revanche, toute mesure tendant à mettre en œuvre *une politique personnelle* est bannie. Par voie de conséquence, trois attributions sont *exceptionnellement* soustraites au président intérimaire : le recours au référendum (art. 11 C) ; la dissolution de l'Assemblée nationale (art. 12), ainsi que la possibilité d'entamer ou d'achever une procédure de révision de la constitution (art. 89).

En somme, l'intérim aboutit à *geler* les situations acquises à l'ouverture de la vacance ou de l'empêchement définitif du président. Bref, il instaure une *trêve* entre les pouvoirs constitués.

Toutefois, les circonstances politiques sont de nature à l'altérer. Le premier intérim d'Alain Poher, en 1969 le vérifie, tandis que le second, en 1974, apporte tous apaisements (81). A condition qu'il s'ouvre en un moment utile, avec un président du Sénat en bons termes avec le Gouvernement et qui ne nourrit aucune ambition personnelle, ce régime constitue, à défaut de la panacée, un *moindre mal.* Simple *parenthèse* dans la vie constitutionnelle, la solution conservatoire de l'intérim est peut-être contestable, du point de vue de la continuité de l'exécutif. Mais elle est acceptable, au regard de la *logique démocratique,* en permettant, au plus bref, la tenue d'une nouvelle élection, à l'opposé du système de la succession. On n'a pas oublié, à ce propos, la paralysie des institutions américaines sous Gerald Ford entre 1974 et 1977.

§ 2 LE POUVOIR PRÉSIDENTIEL

Le président de la République assume la double fonction d'*arbitre et de premier responsable national* (G. Pompidou). Tel le maître souverain, l'arbitre est celui qui, loin de concilier, *décide* du destin de la France et de la République dont il est en charge. Le responsable national, *le capitaine* (J. Massot), est celui qui, en temps ordinaire,

(80) En revanche, la démission *volontaire* du Gouvernement reste possible, car l'art. 8, al. 2 C n'est pas neutralisé en cas d'intérim. A *fortiori,* un ministre peut présenter sa démission, à l'image de René Capitant, en 1969, ou de Jean Royer, en 1974.

(81) A l'adversité, consécutive au référendum du 27 avril 1969, succède en 1974, la sérénité dans les rapports entre Alain Poher et le Gouvernement. En renonçant au rôle du partisan, à cette date, pour celui du gardien vigilant de la compétition, le président du Sénat a grandement servi la cause de l'intérim. V. J. ROBERT : Les leçons d'un intérim, *Le Monde,* 26-27 mai 1974.

à l'aide d'une majorité parlementaire, *fixe l'orientation de la politique française au-dedans et au-dehors* [et] *en contrôle à mesure le développement* (Ch. de Gaulle). De cette vision des choses découle un sentiment nuancé. Que le président français occupe une place enviable par rapport à ses homologues étrangers est indéniable : il réunit, à cet effet, l'avantage du mandat le plus long à celui des pouvoirs cumulés d'un président américain et d'un premier ministre britannique. Bref, *un chef-roi sauf le nom et la durée*, selon le vœu exprimé par le duc de Broglie, au siècle dernier. Mais, on ne saurait oublier que sa condition varie en intensité, selon que le peuple souverain lui confère ou non la qualité de chef de la majorité parlementaire. Le pouvoir présidentiel est voué de la sorte à la superbe ou à l'humilité. Cette indétermination illustre la double lecture des institutions de la Ve République.

I. Si toute souveraineté procède du peuple, à la limite, toute autorité émane du chef de l'État. Objet de la sollicitude des constituants, incarnation vivante du *régime présidentialiste,* il joint à la présidence traditionnelle des solennités nationales, celle des *destinées nationales,* comme le roi franc hissé sur le pavois. Assurément, le temps n'est plus où, selon Maurras, la République était *une femme sans tête,* au moment où elle s'identifie à la présidence, comme les précédentes s'assimilèrent, tour à tour, au Sénat et à l'Assemblée nationale. Décideur, bâtisseur, pierre de fondation des institutions, le magistrat suprême mérite pleinement le titre de *monarque républicain.* Comment, ne pas entonner l'hymne présidentiel (82) ? A cet égard, sa fonction est définie, en termes de *missions* par l'article 5 C : *Le président de la République veille au respect de la constitution. Il assure par son arbitrage, le fonctionnement régulier des pouvoirs publics ainsi que la continuité de l'État. Il est le garant de l'indépendance nationale, de l'intégrité du territoire et du respect des traités.* Il est, par ailleurs, *le garant de l'indépendance de l'autorité judiciaire* (art. 64 C) et un protecteur des principes sur lesquels la République est fondée (art. 1er) (83).

Au terme d'une démarche conséquente, l'article 19 C opère une distinction *juridique* entre les actes du chef de l'État, selon qu'il agit avec le concours du Gouvernement ou seul, en raison de l'exigence ou non du contreseing (84). Outre l'imputation de la responsabilité, cette formalité s'analyse en une condition de validité de l'acte présidentiel. Mais c'est sans compter, d'un point de vue *politique* avec le caractère *vertical* ou *hiérarchique* du présidentialisme qui débouche sur l'*unité* du pouvoir d'État, explicitée par le général de Gaulle en 1964 et François Mitterrand, en 1981.

En vertu d'une solidarité partisane, teintée d'allégeance et de compagnonnage, le Gouvernement et la majorité parlementaire mettent leurs attributions à la *disposition* du chef de l'État en vue de réaliser son programme. C'est le moment de relever la parenté entre l'art politique et l'art militaire, faits d'exécution, dès lors que le chef a assigné à ses subordonnés l'objectif à réaliser. De sorte que le pouvoir présidentiel irradie *tout* l'espace politique. En ce sens, *il a autorité sur l'ensemble des problèmes*

(82) Il faut garder à l'esprit, en cette circonstance, la définition de la royauté donnée par Pellegrino Rossi, sous la Monarchie de juillet : *le centre autour duquel tous les pouvoirs viennent se coordonner pour former un seul tout.* Cité par D. TURPIN : *Le régime parlementaire,* 1997, p. 21.

(83) Toutefois, le chef de l'État a perdu, faits dignes de mention sous la Ve République, le privilège d'accorder une dispense en matière de mariage, lorsque *cela urge,* pour parler familièrement (art. 145 du code civil, rédaction de la loi du 23 décembre 1970), et d'imposer, selon un droit régalien, la barrette cardinalice au nonce apostolique en France, depuis le concile de Vatican II en 1962.

(84) V. R. PIASTRA : *Du contreseing sous la Ve République,* thèse Paris-I, 1997 ; Chr. GUETTIER : Le contrôle juridictionnel des actes du président de la République, *R.D.P.* 1998, p. 1719.

de la nation (P. Mauroy). En somme, un chef de l'État dans toute la plénitude du terme : *mon mandat, c'est une noblesse,* confessait François Mitterrand (85).

II. Après le flux, le reflux s'amorce en périodes de *cohabitation* (1986, 1993 et plus encore, 1997). Le pouvoir d'État est réparti de manière *horizontale,* cette fois-ci, entre un président réduit à ses prérogatives arbitrales et un Gouvernement investi de la fonction décisionnelle (art. 20 C), ainsi que devait le rappeler Lionel Jospin en conseil des ministres, le 16 juillet 1997, en réponse à une interprétation jugée extensive des prérogatives élyséennes *(supra)* (86).

On examinera les pouvoirs *personnels* du chef de l'État et les pouvoirs *partagés* avec le Gouvernement, en se référant à leur différence de régime et de rythme.

A. LES POUVOIRS PERSONNELS OU AUTONOMES DU CHEF DE L'ÉTAT

Ces pouvoirs qui expriment la *volonté propre* du chef de l'État (R. Janot), se rattachent à sa *fonction arbitrale* (art. 5 C) en tant qu'*instrument et le répondant de la France* (Ch. de Gaulle). Ils illustrent la *faculté de statuer,* ou *le droit d'ordonner par soi-même,* selon la terminologie de Montesquieu. Pour prendre la mesure des choses, ils se situent aux points cardinaux de l'espace politique et visent respectivement : le Gouvernement (nomination et acceptation de la démission du premier ministre (art. 8, al. 1er C) ; le Parlement (droits de message et de dissolution, art. 18 et 12) ; le Conseil constitutionnel (nomination de membres et saisine, art. 56, 54 et 61) et la nation (recours au référendum et aux pouvoirs de crise, art. 11 et 16) (87). Ces attributions irréductibles qui, cependant sont tributaires de l'environnement politique, délimitent le *sanctuaire* ou le *pré-carré* présidentiel. Leur caractère arbitral commande leur rythme *intermittent* à l'opposé des attributions partagées avec le Gouvernement exercées au *quotidien.* Une mention particulière doit être réservée au droit de dissolution de l'Assemblée nationale, en tant qu'élément du *combinatoire* de la Ve République.

1° Le président et le Gouvernement (art. 8, al. 1er C)

Selon le principe de la séparation des pouvoirs : *le président de la République nomme le premier ministre. Il met fin à ses fonctions sur la présentation par celui-ci de la démission du Gouvernement.* De cette rédaction *asymétrique*, il résulte d'un point de vue juridique, que si le chef de l'État nomme le premier ministre, il ne peut le révoquer. Seule une règle *politique* (convention de la constitution) peut en décider autrement.

(85) Selon Jacques Georgel, la Ve République est *un ensemble de satellites gravitant autour d'une étoile de première grandeur.* V. J.-Cl. COLLIARD : Que peut le président ?, *Pouvoirs,* n° 68, p. 15.

(86) V. G. CONAC, *C.R.F.*, p. 229 ; Ph. ARDANT : L'article 5 et la fonction présidentielle, *Pouvoirs* n° 41, 1987, p. 37 et Arbitrage, *DC* p. 40 ; J. FOURNIER : Politique gouvernementale : les trois leviers du président, *ibid.*, p. 63 ; B. PAYS : *L'article 5 de la constitution du 4 octobre 1958,* thèse Paris-I, 1987.

(87) Conformément à la tradition, la démission du président de la République est regardée également comme un acte personnel, dispensé à ce titre du contreseing ministériel. Avant 1958, la démission était adressée aux chambres. En avril 1969, le général de Gaulle, comblant une *lacune* des textes, a communiqué sa décision au premier ministre, lequel l'a transmise au C.C. V. G. BERLIA : L'intérim présidentiel, *R.D.P.* 1969, p. 458 ; M.-J. GUÉDON, *C.R.F.* p. 569.

a) *La nomination du premier ministre*

En rupture avec les Républiques antérieures, le choix du chef du Gouvernement, appelé désormais *premier ministre* et non plus président du conseil des ministres (88), procède de la volonté du chef de l'État, à l'*exclusion* de celle de l'Assemblée. En conséquence, *l'investiture* a été supprimée sous la Ve République. Au reste, et volontairement, le choix du premier ministre intervenait à l'origine au cours de l'intersession parlementaire (89). Il est clair qu'un Gouvernement existe, de nos jours, *indépendamment* d'une manifestation de volonté des députés. Il y a lieu d'ajouter que l'article 8 ne fait plus état de ce que la constitution de 1946 (art. 45) dénommait *les consultations d'usage,* auxquelles le président de la République procédait, auprès des présidents des groupes parlementaires. En revanche, les présidents des assemblées parlementaires le sont généralement.

On ne pose pas de conditions au président de la République, opinait François Mitterrand, en 1986. *Il nomme qui il veut, mais il doit se placer en conformité avec la volonté populaire.* En un mot, celui-ci dispose d'un pouvoir *quasi discrétionnaire,* au point de désigner un non-parlementaire à cette fonction (Georges Pompidou, 1962 ; Raymond Barre, 1976 ; Édith Cresson, 1991 ; Pierre Bérégovoy en 1992 ou Alain Juppé en 1995), tout en faisant en sorte de ne point ignorer la composition politique de l'Assemblée. En cas contraire, celle-ci pourrait s'opposer au choix présidentiel, en refusant son concours au premier ministre ou, plus certainement encore, en votant une motion de censure (art. 49, al. 2 C).

Le fait pour le premier ministre de poser ultérieurement la question de confiance aux députés (art. 49, al. 1er) ressortit à la convivialité politique, tout au plus. En avril 1978, Valéry Giscard d'Estaing a tenu à dissiper tout malentendu : *Le Gouvernement a été nommé en application de l'article 8 C et il exerce normalement ses attributions. Il ne s'agit donc pas d'investiture. Investiture,* telle la flèche du Parthe, le mot annihile toute velléité de régime d'assemblée.

En revanche, en cas d'empêchement du premier ministre, le président nomme un premier ministre par intérim, en vue d'*assurer la continuité de l'action gouvernementale* (C.C., 29 décembre 1989, *Loi de finances pour 1990, chr.,* n° 53, p. 176), le décret de nomination est contresigné par le premier ministre.

b) *L'acceptation de la démission du premier ministre*

En droit strict, il appartient au seul premier ministre de présenter la démission du Gouvernement. De sorte que le chef de l'État ne dispose pas du pouvoir de le révoquer. Cependant, *une convention de la constitution* l'y autorise en période présidentialiste.

(88) Outre la fin d'une incorrection terminologique, car au pied de la lettre, c'était traditionnellement le chef de l'État qui présidait le conseil des ministres, le changement de dénomination accuse la hiérarchie au profit du président, en indiquant que le premier ministre n'est, après tout, qu'un ministre parmi d'autres, le premier *des* ministres comme aimait à le dire le général de Gaulle. A un autre point de vue, il est mis un terme au formalisme excessif qui voulait avant 1958 que l'ancien chef du cabinet contresignât le décret de nomination de son successeur qui, bien souvent, était à l'origine de son départ... En Italie, le président du conseil nommé par décret du président de la République contresigne ce dernier (art. 92 de la constitution de 1947). V. P. Avril, *C.R.F.,* p. 369.

(89) Cette séparation est à rapprocher de la conception de Napoléon qui, en 1804, déclarait : *Le Gouvernement n'est plus comme jadis une émanation du Corps législatif : il n'a plus avec lui que des rapports éloignés.* Cependant, on relève des exceptions : nominations de Laurent Fabius en juillet 1984 (session extraordinaire du Parlement) ; d'Edith Cresson et de Pierre Bérégovoy au cours de la session ordinaire, en mai 1991 et avril 1992. Alain Juppé a été reconduit, en novembre 1995, au cours de la session unique.

1) L'interprétation présidentialiste

A l'heure où il me faut vous présenter la démission de ce Gouvernement : La formule de Michel Rocard, le 15 mai 1991, est révélatrice de la *subordination politique* du premier ministre au chef de l'État (90). A cet égard, le président est d'une essence différente de celle du premier ministre. On ne saurait, en effet, confondre l'élu du peuple avec la personne, qui ne doit son autorité qu'à sa *seule* volonté. Ce lien de subordination découle enfin et surtout de la logique partisane. Le premier ministre ne dispose d'aucune confiance de rechange, lorsque celle de l'Élysée se dérobe. Songerait-il à se livrer à un jeu de bascule, en s'appuyant sur la majorité parlementaire, qu'il lâcherait la proie pour l'ombre. Car, celle-ci n'est pas la sienne, mais la *chose* du président. Hors le soutien présidentiel, point de salut pour un premier ministre ! On connaît le célèbre propos de Jacques Chaban-Delmas en 1970 : *Que serait ce premier ministre qui s'accrocherait à son poste, qui se dresserait contre le chef de l'État ? Ce serait un triste sire !*

La règle politique est désormais fixée en ce sens : tour à tour, Michel Debré (avril 1962), Georges Pompidou (juillet 1968) et Jacques Chaban-Delmas (juillet 1972) ont été relevés de leur fonction. Le président Mitterrand n'a pas agi autrement en désavouant, en juillet 1984, Pierre Mauroy et en faisant part à Michel Rocard et à Édith Cresson de son intention de former un nouveau Gouvernement, en mai 1991 et avril 1992. Un échange épistolaire parachève le processus.

Cette dépendance fondamentale du premier ministre (*J'ai le bail locatif le plus précaire de Paris,* observait Michel Rocard) est attestée, d'une part, par la pratique de la lettre de démission en blanc signée le jour de la nomination (91) et celle, d'autre part, du rythme d'accomplissement du mandat présidentiel, soit un Gouvernement identifié à un objectif (92). Il suit de là, que la responsabilité du premier ministre est appelée à jouer normalement devant le président et non plus devant les députés *(monisme inversé),* tant que celui-ci demeure le chef de la majorité parlementaire. Faut-il rappeler qu'un seul Gouvernement a été censuré par l'Assemblée nationale, le 5 octobre 1962, précisément à un moment où le fait majoritaire n'existait pas encore.

2) L'interprétation parlementariste

Cette logique est à l'origine d'un renversement de majorité (1986, 1993 et 1997). La sémantique retrouve son autorité : le premier ministre de la cohabitation est *indéboulonna-*

(90) Selon son expression, le général de Gaulle choisissait le premier ministre *de façon à ce qu'il soit son second.* D'où la constance de l'allégeance : *Notre régime ne pourrait pas subsister,* notait Pierre Messmer, *si les premiers ministres se servaient des moyens que la constitution leur offre pour s'appuyer sur l'Assemblée nationale contre le président de la République.* Pierre Mauroy observait : *Je suis là pour servir... Je continuerai à servir... tant que le voudra le président de la République ;* à l'unisson d'Alain Juppé : *le premier ministre et sa charge sont à tout moment à la disposition du président de la République.* V. P. Avril : *Les conventions de la constitution,* 1997, p. 100.

(91) Si Michel Debré affirme n'avoir jamais signé une telle lettre (*Mémoires,* t. III, 1988, p. 17), des précédents existait sous le général de Gaulle avec Georges Pompidou, en 1967 et 1968 ; ce dernier le renouvelant en 1972 en nommant Pierre Messmer ; de la même façon Valéry Giscard d'Estaing révèle (*Le pouvoir et la vie,* t. II, 1991, p. 80) que Jacques Chirac se serait comporté, de la sorte, en 1974.

(92) Ce principe de rotation a été affirmé, avec force, par le général de Gaulle, le 31 janvier 1964 : *Le président, qui choisit le premier ministre... qui a la faculté de le changer, soit parce que se trouve accomplie la tâche qu'il lui réservait et qu'il veuille s'en faire une réserve en vue d'une phase ultérieure, soit parce qu'il ne l'approuvait plus.* Jacques Chirac partage cette interprétation : *Si je considérais que le premier ministre et le Gouvernement ne faisaient pas leur travail dans une période difficile aussi bien qu'il est possible, j'en aurais naturellement tiré les conclusions. Car c'est ma responsabilité* (déclaration du 14 juillet 1996). François Mitterrand assignait au Gouvernement une durée maximale de trois ans : *Cela correspond au temps de respiration de la démocratie* (entretien du 14 juillet 1991) avant d'ajouter : *Ça fait du bien de changer de premier ministre... !* (24 janvier 1992).

ble (V. Giscard d'Estaing). A la tête de *sa* majorité, celui-ci s'impose au président, en dehors du recours à la dissolution de l'Assemblée.

2° Le président et le Parlement (art. 18 et 12 C)

Leur relation s'exprime par l'exercice du droit respectif de *message* au Parlement et de *dissolution* de l'Assemblée nationale, ce dernier représentant le point d'orgue du pouvoir arbitral.

a) *Le droit de message au Parlement*

Il s'agit là du mode de *communication* institutionnel avec les assemblées parlementaires (art. 18 C), qui relève d'une procédure anachronique, (*le cérémonial chinois,* selon M. Thiers). Son contenu est indifférencié. Mais, on ne peut ignorer que le fait majoritaire prédispose au dialogue. A preuve, l'envoi d'un message de soutien par le président à ses amis réunis en congrès.

1) La procédure du message

Selon la tradition républicaine, qui interdit d'hémicycle le chef de l'État, depuis 1873, le message est adressé au président de chacune des assemblées. Par courtoisie et égards, les membres du Gouvernement et les parlementaires écoutent debout, la lecture qui leur en est faite. Le message ne donne lieu ni à débat, ni à une réplique des assemblées, telle jadis l'*adresse.* Celles-ci en donnent, acte au chef de l'État (93). Hors session, le Parlement est réuni spécialement à cet effet. En un temps où le président de la République a l'honneur de s'adresser aux élus du monde entier, il semblerait utile de lui accorder la réciprocité en France, au moment même où à l'initiative du Sénat, en 1993, les assemblées ont décidé d'accueillir dans l'hémicyle des chefs d'État ou de Gouvernements étrangers. Le secrétaire général de l'O.N.U. le sera, à son tour, en 1998 au Palais Bourbon.

2) Le contenu du message

A la différence des Républiques antérieures, dans le cadre desquelles le message se présentait, en raison de l'obligation du contreseing, comme un *acte gouvernemental* (94), il s'affirme sous la Ve République comme un moyen *propre* au chef de l'État qui n'engage en aucune sorte, la responsabilité ministérielle. Une coutume veut, entre autres, que le président s'adresse à la représentation nationale au moment de son entrée en fonction (il s'agissait avant 1958 d'un geste de remerciements) ; lors de la survenance d'une crise majeure (Raymond Poincaré en août 1914 à la déclaration de guerre ; Charles de Gaulle, en avril 1961 au moment du putsch d'Alger ; François Mitterrand en août 1990, après l'invasion du Koweït et en janvier 1991, lors du déclenchement de la guerre du Golfe) ; à l'occasion d'une novation constitutionnelle (l'avènement du régime d'assemblée, en 1879,

(93) Jusqu'en 1946, le message était lu par un ministre. Il peut ne concerner, exceptionnellement, qu'une seule chambre. En décembre 1962, le général de Gaulle, en indélicatesse avec le Sénat, s'est adressé à l'Assemblée nationale nouvellement élue. V. J.-Cl. MAESTRE : Les messages présidentiels en France, *R.D.P.* 1964, p. 392.

Toutefois, un *montage* avec une déclaration du gouvernement permet aux groupes de s'exprimer, comme ce fut le cas lors de la crise du Moyen-Orient, en août 1990 et janvier 1991. En outre, rien de s'oppose à ce que le président adresse un message au Congrès du Parlement.

(94) En 1924, après les élections qui ont amené au pouvoir le Cartel des gauches, le président Millerand a été obligé de constituer une sorte de cabinet fantôme, appelé ironiquement *cabinet de lecture,* présidé par François-Marsal, pour faire lire un message au Parlement. Cependant, aux derniers jours de la IVe République, le message de René Coty, le 29 mai 1958, prévenant l'Assemblée nationale qu'il démissionnerait si le général de Gaulle n'était pas investi, reflétait bien, semble-t-il, la pensée personnelle du président de la République. Toutefois, à l'occasion du centenaire du Sénat, le président Giscard d'Estaing s'y est rendu, le 27 mai 1975. Mais, au préalable, l'hémicycle avait été *déparlementarisé.*

avec Jules Grévy, ou les deux versions de la Ve République, sous François Mitterrand, en juillet 1981 et avril 1986) ou à l'annonce d'une décision importante (fin de la guerre d'Algérie, en mars 1962 ou recours au référendum).

b) *La dissolution de l'Assemblée nationale*

En vertu de l'article 12 C, la dissolution est l'acte par lequel le chef de l'État met un terme prématurément à la durée de l'Assemblée nationale (ou de la législature), et provoque des élections législatives anticipées (95). Cette procédure *d'arbitrage populaire* est destinée à protéger le régime, sans perdre de vue qu'elle préserve les députés de la démagogie, en fin de mandat. Paul Deschanel prétendait, en 1906, qu'*une chambre ne meurt bien que si elle ne sait pas quand elle doit mourir.*

1) Le cadre juridique de la dissolution

Une dissolution *présidentielle,* qui échappe au chef du Gouvernement, résume l'esprit des constituants de 1958. On entend, à la manière de Prévost-Paradol, que le président est investi d'un pouvoir *discrétionnaire* qui l'autorise à intervenir, en principe, à *tout moment* et pour *tout motif* jugés utiles. Avec la fin de la souveraineté parlementaire, la simplicité a succédé à la complexité de jadis, le volontarisme à l'immobilisme. Mais, en cas d'échec, à l'opposé de la logique parlementaire, la responsabilité présidentielle n'est pas mise en cause (précédent de Jacques Chirac en 1997).

α) Le moment de la dissolution

Le chef de l'État apprécie seul *l'opportunité* d'un recours au pays. Dès lors, la dissolution de la Ve République est *libérée* des entraves qui, jadis, en paralysaient l'exercice, jugé attentatoire à la prééminence des députés. A ce propos, il est tenu tout au plus de recueillir officiellement (par oral ou écrit) les *avis* simples des présidents des assemblées parlementaires et du premier ministre (al. 1er) et de respecter un calendrier, car *il n'est pas permis de laisser la nation sans représentants* (E. Pierre).

Les élections générales ont lieu dans un délai de 20 jours au moins et de 40 jours au plus tard, après le décret de dissolution (al. 2) (96). L'Assemblée ressuscitée se réunit de plein droit, le second jeudi, qui suit son élection. Si cette réunion a lieu en dehors de la période prévue pour la session

(95) En revanche, le Sénat est soustrait à la dissolution, à partir de l'instant où il ne peut pas mettre en cause la responsabilité du Gouvernement (art. 49 et 50 C), dont elle constitue la contre-partie normale. Mais, en cette période, la Haute Assemblée assure *constitutionnellement la permanence de la représentation nationale* (R. Monory). Elle peut, à ce titre, se réunir à tout moment en vue d'exercer son pouvoir législatif (précédent du 6 juin 1968) et de contrôle. En 1997, les commissions ont tenu 26 réunions et procédé à l'audition de deux ministres. V. *Pour mieux connaître le Sénat,* 3e éd., 1993, p. 160.

(96) Le décret présidentiel portant dissolution ressortit à la catégorie des *actes politiques* (appelée aussi *actes de gouvernement*) qui bénéficient de l'immunité juridictionnelle (C.E., 20 février 1989, *Allain, R.F.D.A.* 1989, p. 868, concl. P. Frydman). En conséquence, le C.E. (14 juin 1963, *Bellot, R.D.P.* 1963, p. 1211) et le C.C. (4 juin 1988, *Rosny Minvielle, chr.* n° 47, p. 194) déclinent leur compétence. En revanche, ce dernier la retient s'agissant du décret portant convocation des électeurs (11 juin 1981, *François Delmas, C.C.F.*, p. 97 ; *Thierry Galienne,* 4 juin 1988, *chr.* n° 47, p. 194). En l'espèce, le juge a fait prévaloir les délais de l'art. 12, al. 2, ayant valeur constitutionnelle, sur ceux visés par le code électoral (valeur législative) au moment du renouvellement normal de l'A.N. Mais, le C.C. se réserve d'apprécier si la liberté et la *sincérité* du scrutin sont respectées en raison de la brièveté du délai de dépôt des candidatures.

ordinaire, une session est ouverte de droit (étendue au Sénat, au demeurant), pour une durée maximale de quinze jours (al. 3) (97).

Toutefois, la dissolution sera *exceptionnellement* neutralisée dans trois circonstances inopportunes : intérim de la présidence de la République (art. 7, al. 4 C) ; recours aux pouvoirs extraordinaires (art. 16) et lorsqu'une *précédente* dissolution remonte à moins d'un an (art. 12, *in fine*), selon l'adage : *dissolution sur dissolution ne vaut* (98). Ce dernier signifie, en clair, que dès l'instant où le président en appelle au corps électoral, il s'engage par avance à respecter son verdict. Si l'on admettait le contraire avec le procédé des dissolutions *à jet continu,* comme en 1830, sous Charles X ou dans l'Allemagne d'Hindenburg, le chef de l'État s'érigerait en supérieur du suffrage universel, en cassant, ni plus ni moins, sa décision. Bref, ce serait dissoudre le peuple lui-même et réaliser le fantasme du dictateur, selon Brecht. Des dissolutions répétitives ne peuvent qu'être abusives. On comprend, dès lors, l'intérêt pour celui-ci, de garder les mains libres. Appelé, en d'autres termes, à gérer le temps, ce *don de Dieu* (Th. Mann), il maîtrise l'initiative politique, ce qui est déterminant dans tout régime.

Au total, la dissolution de la Ve République fleure bon l'orléanisme : elle est *présidentielle* ou *royale.* En ce sens, le chef de l'État l'exerce jalousement, compte tenu de son enjeu, en s'opposant à une initiative du premier ministre (99).

La réaction du président est prompte : le chef du Gouvernement révoqué pour *usurpation de fonction,* à la limite, et les députés conservés. Les précédents de Michel Debré, en 1962, Georges Pompidou en 1968 et Jacques Chirac, en 1976, venant après un refus essuyé en 1974, l'attestent. La dissolution se présente, comme la pomme de discorde au sein de l'exécutif. Si, en d'autres termes, le chef de l'État avait encouragé cette tendance, insensiblement, on aurait assisté à un déplacement d'autorité au sein du pouvoir exécutif au profit du premier ministre, celui-ci empochant le bénéfice de l'opération, en cas de succès, et, en définitive, à un glissement insensible du présidentialisme vers le parlementarisme.

β) *Le motif de la dissolution*

Le président apprécie et avise. Il dispose, à son gré, de la dissolution devenue entre-temps *autonome,* car elle n'est plus liée à la survenance d'une crise ministérielle, comme sous la IVe République. En contrepartie, celui-ci demeure placé devant le dilemme de

(97) Cette hypothèse, qui s'est vérifiée en 1968 et 1981, a rebondi en 1988. Élue les 5 et 12 juin, l'A.N. s'est réunie le 23, soit une semaine *avant* la clôture de la session ordinaire. L'esprit de l'art. 12, al. 3, a prévalu sur sa lettre : l'A.N. a continué à siéger de droit jusqu'au 7 juillet, de manière à ce qu'elle puisse bénéficier du délai normal d'installation de 15 jours, V. P. AVRIL, *C.R.F.,* p. 516.

(98) Mais, pendant cet intervalle de temps, le recours au référendum est parfaitement licite et certains se sont demandés, si pour surmonter les difficultés résultant de la neutralisation avec une assemblée hostile, le président ne serait pas appelé à recourir aux pouvoirs exceptionnels (art. 16 C). En présence de ce détournement de procédure, la haute trahison (art. 68) serait la seule réponse envisageable.

Cette limitation explique aussi le respect des échéances électorales, car le président souhaite conserver les mains libres. A l'opposé, on préfère dans le Royaume-Uni que la volonté du peuple s'exprime et s'affirme. Mais, à tout prendre, elle est préférable aux contorsions allemandes de l'article 68 de la Loi fondamentale. Enfin, à titre de curiosité intellectuelle, en cas de dissolution arbitraire de l'Assemblée (outre la mise en branle possible de la procédure de la haute trahison), conformément à la loi Tréveneuc du 15 février 1872, les conseils généraux seraient théoriquement appelés à en assumer la suppléance *(supra).*

(99) A l'opposé, Georges Pompidou, en mettant dans la balance le poids de sa démission, imposera son choix au général de Gaulle, le 30 mai 1968. Mais il remportera une victoire à la Pyrrhus et sera *placé en réserve de la République,* en juillet. De la même façon, Alain Juppé a pris une part déterminante dans la décision du président Chirac en 1997. V. F. DECAUMONT : *La pratique du droit de dissolution sous la Ve République,* mémoire, Caen, 1970 ; Ph. LAUVAUX : *La dissolution des assemblées parlementaires,* 1983.

Mac-Mahon, exposé par Gambetta en 1877 : *se soumettre ou se démettre.* Pour la première fois, en 1997, l'initiative du chef de l'État a été désavouée par les électeurs. Mais Jacques Chirac est demeuré en fonction.

2) L'exercice de la dissolution

La dissolution s'analyse, à titre principal en un mode de régulation d'une crise institutionnelle. Cependant, une utilisation tactique, selon la démarche britannique, pour la promotion de la majorité parlementaire s'est présentée.

α) La dissolution : mode de régulation d'une crise institutionnelle

On compare volontiers cette prérogative à la soupape de sûreté du régime, qu'il s'agisse de réduire ou de prévenir une crise, en vue de maintenir la *cohérence* du système majoritaire.

1. Les dissolutions prononcées par le général de Gaulle, le 9 octobre 1962 et le 30 mai 1968, illustrent la première finalité. Celle de 1962 est, sans doute, banale, mais sa portée a été capitale pour l'évolution du régime. En effet, au vote de la motion de censure, le 5 octobre 1962, atteignant de plein fouet le Gouvernement Georges Pompidou, le général de Gaulle réplique quatre jours plus tard, en renvoyant les députés devant leurs électeurs. Bref, une dissolution-*sanction* ou *rétorsion.* Sa portée, en revanche, est immense. Elle donne *naissance* au fait majoritaire et donc, pour l'essentiel, au régime présidentialiste ; ce fait qui, paradoxalement, la neutralisera.

La seconde dissolution, décidée le 30 mai 1968, est *originale* à tous égards. Non seulement, elle est *imposée* par le premier ministre ; non seulement, elle frappe une assemblée, qui, une semaine plus tôt, avait fait preuve de *loyauté* en repoussant une motion de censure, mais plus encore, elle tient lieu de référendum, sans en subir les contraintes (100).

2. Les dissolutions décidées par François Mitterrand se rattachent à la seconde finalité. Le recours précipité au suffrage universel, les 22 mai 1981 et 14 mai 1988, était destiné à *parachever* l'alternance ou à accorder la majorité présidentielle à la majorité parlementaire.

β) La dissolution : mode de promotion de la majorité parlementaire

A la veille d'importantes échéances européennes, Jacques Chirac a souhaité disposer, le 21 avril 1997, d'un *nouvel élan,* avec *majorité ressourcée,* en tablant sur le pari d'une embellie et d'une opposition prise en délit de quiétude. Toutes choses égales par ailleurs, il s'est agi, en l'occurrence, d'une dissolution à l'anglaise destinée à conforter la coalition parlementaire en place (101). Cette *initiative-boomerang* ou à contre-temps, ouvre une nouvelle période de la Ve République : celle de la *revanche* du régime parlementaire *(supra).* Dissoudre pour régner à l'anglaise, la condition du chef de l'État s'en trouve bouleversée, comme le régime.

(100) Le 24 mai 1968, le général avait annoncé un référendum sur la participation, qui allait se révéler impraticable, en raison des circonstances. De fait, remporter un référendum suppose la majorité *absolue* des suffrages exprimés, tandis que dans le cadre d'élections législatives, la victoire s'apprécie en *sièges,* compte tenu de la déformation inhérente au scrutin majoritaire à deux tours. En amenant, le 30 mai le chef de l'État à changer son fusil d'épaule, Georges Pompidou s'est révélé un fin manœuvrier. En effet, la majorité a obtenu près des trois quarts des sièges, avec seulement 43,5 % des suffrages exprimés.

(101) A l'origine, le président Chirac était hostile à ce type de dissolution. Il estimait, le 14 juillet 1996 qu'elle *n'a jamais été faite pour trancher une crise politique.* Sachant qu'il n'y en a pas eue au lendemain de son élection, son recours eût été *une sorte de combine tout à fait contraire à l'esprit de nos institutions,* ajoutait-il. V. R. Ferretti : La dissolution sous la Ve, *PA* 2 juillet 1997 ; Les élections législatives de 1997, *R.D.P.* 1997, p. 607.

Avec la fin de la souveraineté parlementaire, la dissolution a cessé d'être le *sabre de bois* d'antan (P. Reynaud). La Ve République est à l'origine de sa renaissance. Il s'agit en clair de la pièce maîtresse du pouvoir exécutif (102). Son rôle dissuasif a été, à cet égard, la meilleure arme de Gouvernements réduits à une majorité *relative* tout au long d'une législature (1988-1993). Toutefois, on ne saurait en ignorer les limites politiques : la cohabitation ordinaire (le prélude à l'élection présidentielle) la rend inopérante ; *a fortiori,* après un échec comme en 1997.

3° Le président et le Conseil constitutionnel (art. 56, 54 et 61 C)

Le gardien de la constitution (art. 5 C) ne peut qu'entretenir des relations privilégiées avec le garant de l'État de droit, à telle enseigne qu'il y trouvera même refuge, à l'issue de son mandat, en qualité de *membre de droit* (art. 56, al. 2) (103).

Dans l'attente de cet instant, le président y nomme des membres, de façon *discrétionnaire* (art. 56), qu'*il n'appartient pas à la juridiction administrative de connaître* (C.E., 9 avril 1999, *Dame Ba, AJDA* 1999, p. 418), et exerce un droit de saisine (art. 54 et 61).

a) *Une autorité de nomination*

A ce stade de la présentation, on se bornera à indiquer que sur les neuf membres *nommés* du Conseil constitutionnel, trois sont désignés, selon un critère *personnel,* à raison d'un tous les trois ans, par le chef de l'État, les six autres étant choisis respectivement, trois par le président du Sénat et trois par le président de l'Assemblée nationale (art. 56 C). En outre, il désigne le président de la juridiction, lequel dispose d'une voix prépondérante en cas de partage (art. 56 *in fine*). Par ailleurs, sous proposition de celui-ci, le chef de l'État nomme le secrétaire général du Conseil (art. 1er du décret du 13 novembre 1959). Il reçoit, enfin, le serment des membres nommés (art. 3 de l'ord. du 7 novembre 1958). En revanche, le principe de *l'inamovibilité,* dont les conseillers bénéficient, s'oppose à ce que l'autorité de nomination puisse mettre un terme à leur mandat, comme l'atteste le cas de Roland Dumas (*chr.* n° 89, p. 179) (V. *chapitre V*).

b) *Une autorité de saisine*

Au même titre que d'autres autorités politiques *(infra),* il est loisible au chef de l'État de déférer au Conseil, soit un engagement international en instance de ratification (art. 54 C) soit un texte de loi en instance de promulgation (art. 61). De manière inédite, le traité d'Amsterdam, en 1997 et

(102) Un Gouvernement renversé (hypothèse de 1962) est appelé *démissionnaire.* Il est chargé seulement de *l'expédition des affaires courantes,* c'est-à-dire de l'entretien de la machine administrative, étant donné qu'il est en sursis ou en survie. Si, entre-temps, la dissolution est prononcée, *quid* de ses pouvoirs ? Demeurent-ils amoindris, ou recouvrent-ils leur plénitude ? La question n'a pas été tranchée par le C.E. (19 octobre 1982, *Brocas,* R.D.P. 1962, p. 1881). On opinera en faveur de la première solution, de manière à maintenir *l'égalité* au regard de l'Assemblée nationale qui n'a fait qu'exercer un droit prévu par l'art. 49 C *(infra).*

(103) Avant 1958, l'ancien chef de l'État rentrait dans le rang. Certains d'entre eux retrouvaient un siège de sénateur (Millerand, Poincaré), ou un poste de président du conseil, en période de crise (Doumergue, Poincaré). Mais, il ne disposait pas de retraite, au point que ce dernier, par exemple, en mal d'impécuniosité, fut à l'origine de la loi du 16 juillet 1932 *accordant une dotation annuelle aux anciens présidents de la République lorsqu'une loi aura déclaré qu'ils ont bien mérité de la patrie ;* la moitié de la dotation étant réversible sur la tête de sa veuve (art. 19 de la loi de finances du 3 avril 1955). Cette situation est à l'origine, pour une part, de l'entrée des anciens présidents de la République, au C.C. (V. *Chapitre V*). Il y a lieu d'ajouter que désormais un ancien président occupe un rang dans l'ordre protocolaire de la République (le 5e). Que celle-ci met à sa disposition un bureau à Paris, avec un secrétariat et une voiture. En outre, la tradition veut qu'il emporte avec lui la moitié de la cave de l'Élysée et qu'un timbre postal commémoratif soit émis après son décès. En revanche, le conjoint du chef de l'État ne dispose d'aucun statut constitutionnel.

celui de Rome créant la Cour pénale internationale, en 1998, ont été déférés sur saisine *conjointe* du chef de l'État et du premier ministre, en période de cohabitation (*chr.* n°s 85 et 90, p. 169). Pour mémoire, le chef de l'État peut aussi saisir la Haute Instance en cas d'empêchement ou de décès d'un candidat à la présidence de la République (art. 7, al. 9 C, rédaction de la LC du 18 juin 1976) (104).

4° Le président et la nation (art. 11 et 16 C)

Le chef de l'État peut aussi provoquer *l'arbitrage* populaire à l'occasion d'un référendum (art. 11) et s'évertuer à assurer le salut de la patrie, en cas de crise majeure, en se portant à son secours (art. 16).

a) *Le référendum législatif (art. 11)*

En dehors de l'opération constituante (art. 89 C), cette votation s'analyse en une procédure exceptionnelle d'*adoption de la loi* par les citoyens, à l'invitation du chef de l'État. De façon novatrice, la démocratie semi-directe se substitue momentanément au régime représentatif (art. 3 C) : le peuple souverain décide en lieu et place du Parlement, au terme d'une procédure qui a été actualisée (L.C. du 4 août 1995) et d'une pratique longtemps contestée. La rareté du référendum, après la période gaulliste, a pu faire douter, un instant, de sa réalité (105).

1) La procédure référendaire

Plusieurs questions se posent : quelles sont les autorités publiques habilitées à provoquer un référendum ? Quel en est le champ d'application ? Quel contrôle juridictionnel s'exerce ? Enfin, quelle en est l'issue ?

α) Les autorités publiques compétentes

D'un point de vue littéral, l'article 11 procède à une *dissociation* entre les autorités investies du pouvoir d'*initiative* et de *décision ;* ce qui limite d'autant le caractère personnel de l'acte présidentiel. Selon la tendance, la logique présidentialiste l'a oblitérée ; la logique parlementaire, à l'opposé, ne peut que s'en réclamer. Enfin, des autorités *consultatives* sont associées au processus.

A l'exclusion des citoyens, ce que l'on ne peut que regretter, l'initiative est partagée entre, d'une part, le Gouvernement pendant la durée des sessions, afin de permettre, le

(104) A l'heure actuelle, le chef de l'État n'a déféré au Conseil, aucune loi, en raison de sa qualité de *président-législateur.* En périodes de cohabitation, il est intervenu, au conseil des ministres, par admonestation et dissuasion, quand bien même une loi est manifestement anticonstitutionnelle (loi du 3 juillet 1998 relative à la chasse aux oiseaux migrateurs, *chr.* n° 88, p. 172). Il a appartenu à l'opposition parlementaire de prendre en charge l'intérêt de la constitution. En revanche, le président a été présent dans le domaine international à six reprises : le C.C. n'a pas relevé de contrariété à la constitution (30 décembre 1976, *Parlement européen, C.C.F.* p. 163 ; 22 mai 1985, *Abolition de la peine de mort, chr.* n° 35, p. 184) sauf en matière européenne (9 avril 1992, *Traité de Maastricht* n° 62, p. 180 ; 31 décembre 1997, *Traité d'Amsterdam* n° 85, p. 169 ; 15 juin 1999, *Charte des langues régionales et minoritaires,* n° 91) et internationale (22 janvier 1999, *Cour pénale internationale,* n° 90).

(105) V. F. Hamon : *Le référendum* 1995 ; F. Goguel : De la conformité du référendum du 28 octobre 1962 à la constitution, *Mél. Duverger* 1987, p. 115 ; G. Conac, *C.R.F.*, p. 409 ; S. Diémert : *Textes constitutionnels sur le référendum,* 1993 ; M. Guillaume-Hofnung : *Le référendum,* 1987 ; J. Gicquel : Brèves réflexions sur un binôme (art. 11 et 89 C), in *La démocratie continue,* 1995, p. 149 ; Le référendum, *Pouvoirs* n° 77, 1996.

cas échéant au contrôle parlementaire de s'exercer, comme en octobre 1962, et, d'autre part, sur motion *conjointe* des assemblées publiée au *J.O.* (al. 1er) (106). Lorsque le référendum est organisé sur proposition du Gouvernement, celui-ci fait devant chaque assemblée une déclaration suivie d'un débat (al. 2, rédaction de la L.C. du 4 août 1995), de manière à éclairer les citoyens.

Il ne reste plus, dans ces conditions, au président de la République, sauf en période d'intérim (art. 7 *in fine* C), qu'à décider de la suite à donner à la proposition dont il est saisi. En clair, l'article 11 lui confère, en théorie, un pouvoir discrétionnaire, ou une faculté d'empêcher, à la manière d'un *veto*. Mais on peut s'interroger sur le point de savoir s'il serait en mesure de le réiterer, sans donner le sentiment de redouter le suffrage universel. La pratique présidentialiste fait apparaître que le chef de l'État s'octroie, en l'espèce, un pouvoir *entier*. Le premier ministre est mis dans la confidence *in extremis*, quand il n'est pas placé devant le fait accompli. Une régularisation formelle intervient après l'*effet d'annonce* médiatique. Mais, l'exception qui confirme la règle s'est présentée, en 1988, avec le référendum d'initiative *gouvernementale* relatif à l'autodétermination de la Nouvelle-Calédonie (107).

Le projet de loi est délibéré en conseil des ministres après avoir recueilli les *avis* du Conseil constitutionnel et du Conseil d'État. Le premier est consulté, comme, du reste, au titre de l'article 89 C, par le Gouvernement sur *l'organisation des opérations de référendum* (art. 46 de l'ord. du 7 novembre 1958). De la même façon, il peut présenter des *observations* concernant la liste des formations politiques habilitées à participer à la campagne (art. 47). La pratique suivie est riche d'enseignements. A la faveur de la démarche effectuée, l'habitude a été prise par le Gouvernement de soumettre simultanément au C.C. le *projet de loi référendaire* lui-même. Tant et si bien, que ce dernier est associé *de facto* à la mise en œuvre de la votation. Le second intervient en sa qualité de conseiller juridique du Gouvernement (art. 39 C).

β) *Le champ d'application du référendum*

Par dérogation à l'article 34 C, qui confie le vote de la loi au Parlement, l'article 11 offre aux citoyens, la possibilité d'être les *députés d'un jour* (Ch. de Gaulle), sur des sujets essentiels. *Il ne faut pas prostituer le référendum en le faisant jouer à tout propos,* estimait celui-ci. De fait, après un échec en 1984 relatif à son extension aux *garanties fondamentales des libertés publiques,* il faut attendre la L.C. du 4 août 1995 pour assister à l'élargissement de son domaine d'action. Désormais, trois catégories de projet sont concernées, qui portent respectivement sur *l'organisation des pouvoirs publics, sur des réformes relatives à la politique économique ou sociale de la nation et aux services publics qui y concourent* (ajout de 1995), *ou tendant à autoriser la ratification d'un traité*

(106) La prévention à l'égard de la démocratie semi-directe explique la rareté de la démarche parlementaire qui relève du bicamérisme parfait. Trois motions ont été adoptées par le Sénat (5 juillet 1984 sur la loi Savary en matière d'enseignement privé ; 19 juin 1985 sur la loi électorale ; 18 décembre 1997 à propos de la loi Guigou sur la nationalité) qui seront repoussées par l'Assemblée nationale. Au Danemark, un tiers des membres du Parlement *(Folketing)* peut provoquer la tenue d'un référendum. V. A. WERNER, Plaidoyer pour le référendum d'initiative populaire, *PA*, 5 juillet 1995. G. BORTOLI : *Sociologie du référendum dans la France contemporaine,* 1965 ; J.-M. GARRIGOU-LAGRANGE : Essai de rationalisation de la pratique référendaire de la Ve République, R.D.P. 1969, p. 641 ; P. AVRIL : Réferendum de la Ve République *in Dictionnaire historique,* 1995, p. 891.

(107) V. M.-L. PAVIA : Le référendum du 6 novembre 1988, *R.D.P.* 1989, p. 1697 ; J. GICQUEL : Le référendum du 6 novembre 1988, *in Le référendum, quel avenir ?* 1990, p. 89.

qui, sans être contraire à la constitution, aurait des incidences sur le fonctionnement des institutions.

Si l'on s'accorde, sur l'interprétation *restrictive* qui doit guider l'analyste, la difficulté consiste à cerner la portée de dispositions qui cultivent volontiers l'ambiguïté.

Organisation des pouvoirs publics : cette circonlocution (empruntée au libellé de la loi constitutionnelle du 25 février 1875) s'avère réfractaire à l'interprétation, au terme de deux disputes politico-juridiques, en 1962 et 1984 *(supra)*. En l'absence de travaux préparatoires destinés à départager les opinions (ce qui a pour effet d'en limiter la portée), deux thèses ont été présentées : au sens étroit, la périphrase viserait la *structure* des pouvoirs publics (par exemple, le régime électoral des assemblées, le cumul des mandats et des fonctions électives ou la réforme de la justice) ; au sens large, elle engloberait leurs *compétences* (*tout ce qui touche à l'organisation de l'État et aux responsabilités de la puissance publique* selon Michel Debré) (108). A la vérité, il faut renvoyer dos à dos les bretteurs : *le choix entre les deux appartient aux autorités habilitées à appliquer cette disposition, c'est-à-dire le chef de l'État, en dernière instance* (P. Avril). L'article 11 est ce que les pouvoirs publics souhaitent ou veulent ce qu'il soit, pour tout dire.

Concernant les réformes en matière de politique économique et sociale, l'idée se rattache à l'engagement pris par Jacques Chirac, lors de l'élection présidentielle, d'organiser une consultation sur l'éducation nationale (109). Quant à la dernière hypothèse, elle se présente, au-delà d'une rédaction ampoulée comme une modalité solennelle d'autorisation donnée au président de la République de ratifier un traité, à l'instar de celui sur l'Union européenne, le 20 septembre 1992 (110).

γ) *Le contentieux référendaire*

Outre sa compétence *consulative* exercée en amont, le Conseil constitutionnel dispose d'une compétence *juridictionnelle* en aval (C.C., 15 septembre 1992, *Michel Caldaguès ; Charles Lederman, chr.* n° 64, p. 214). A ce titre, il *veille à la régularité des opérations de référendum et en proclame les résultats* (art. 60 C).

Dans cet ordre d'idées, il désigne des délégués, parmi les magistrats judiciaires ou administratifs, chargés de suivre sur place les opérations (art. 48 de l'ord. du 7 novembre 1958). De la même façon, que le Conseil se réserve le pouvoir d'apprécier l'exigence de loyauté et de clarté de la consultation (2 juin 1987, *Nouvelle-Calédonie, chr.* n° 43, p. 213), il juge désormais recevable le recours intenté contre les décrets décidant le référendum et organisant la campagne (25 octobre 1988, *Stéphane Diémert et Cédric Bannel, chr.* n° 49, p. 216), alors qu'il ne statuait initialement qu'à *l'issue* du scrutin (23 décembre 1960, *Regroupement national, Rec.* p. 67). Simultanément, aux termes du règlement applicable pour les réclamations relatives aux opérations (décision du 5 octobre 1988, prise en application de l'art. 50 de l'ord. du 7 novembre 1958), tout électeur a le droit de contester la régularité du scrutin en faisant porter au procès-verbal des opérations, mention de sa réclamation (art. 1er). Le représentant de l'État dans les départements et territoires d'outre-mer, le ministre des affaires étrangères

(108) Au colloque d'Aix-en-Provence, en 1988, consacré à *l'écriture de la constitution,* Raymond Janot a révélé qu'en 1958, l'expression avait été retenue pour son ambiguïté en vue de la décolonisation de l'Algérie. A propos du référendum calédonien de 1988, le Conseil d'État s'est rallié à une interprétation extensive de la notion d'organisation des pouvoirs publics au motif que l'ensemble des mesures destinées au rétablissement et au maintien de la paix constituait un tout indissociable des dispositions proprement institutionnelles (*E.D.C.E* n° 40, 1989, p. 83).

(109) Le président Chirac a renoncé aussi à organiser un référendum sur la réforme du service militaire, en se rangeant à l'opinion selon laquelle la question en excèderait le champ d'application (intervention du 14 juillet 1996).

(110) Pour l'essentiel, les rédacteurs de 1958 ont tiré les enseignements de la querelle de la C.E.D. *(Communauté européenne de défense)* sous la IVe République, en permettant le recours au peuple en matière de construction européenne et la saisine du C.C., en tant que de besoin (art. 54 C). Le style alambiqué de la formule de l'art. 11 s'explique par le fait que le traité de Rome de 1957 était incorporé dans l'ordre juridique national au moment de la naissance de la Ve République. V. la querelle constitutionnelle sur la C.E.D., 1954, *Droits* n° 16, 1992, p. 101 ; F. LUCHAIRE : L'Union européenne et la constitution, *R.D.P.* 1992, p. 1387.

pour les Français expatriés, peuvent introduire un recours, dans le délai de 48 heures suivant la clôture du scrutin (art. 2 et 3) (111). Mais, le Conseil décline sa compétence à l'égard de la loi référendaire en tant qu'expression directe de la souveraineté nationale (6 novembre 1962, *Élection du président de la République, Rec.* p. 27 ; 23 septembre 1992, *Traité sur l'Union européenne, ibid.,* p. 94) *(supra).*

δ) *La promulgation de la loi référendaire*

Au terme de la campagne référendaire (il n'existe pas un texte général, mais des textes particuliers constants) (112), après que le Conseil constitutionnel eut proclamé les résultats (ce qui l'amène à procéder à des redressements, à des annulations de suffrages exprimés), le président de la République promulgue la loi (art. 10 al. 1er C).

A l'opposé de l'Italie, aucun seuil de participation n'est exigé pour sa validité. En dernière analyse, il y a lieu de mentionner que la loi référendaire occupe, dans la hiérarchie des normes, la place de la loi à laquelle elle se substitue. Dans ces conditions, il est loisible au législateur ordinaire, de manière subséquente, *de modifier, compléter ou abroger des dispositions d'une loi référendaire, sous la seule réserve qu'il ne prive pas de garanties légales des principes de valeur constitutionnelle* (C.C., 9 janvier 1990, *Amnistie en Nouvelle-Calédonie, chr.* n° 54, p. 199).

2) *La pratique référendaire*

A ce jour, 7 référendums nationaux ont été organisés ; un seul s'est soldé par un échec en 1969. La procédure a été contestée, délaissée, mais il n'est pas interdit de songer qu'elle est peut-être en voie d'être acceptée (V. *tableau* ci-après).

La contestation a été le fait de la pratique gaulliste, qui a dénaturé le référendum en *plébiscite,* avec cependant le puissant correctif de la mise en jeu de la responsabilité du chef de l'État, comme en 1969. Au nom de la tradition républicaine, Pierre Mendès France devait dénoncer cet appel au peuple : *Un plébiscite, cela ne se discute pas, cela se combat !*

La relégation du référendum pendant 16 ans (1972-1988) peut trouver une explication dans l'exceptionnelle commodité de la logique majoritaire offerte au président. Le jeu bipolaire rend superfétatoire, à la limite, la démarche référendaire. Reste l'espoir d'un vrai référendum gouvernemental, à l'image de celui de 1988, animé par le premier ministre, dédramatisé en l'absence de mise en cause du chef de l'État, quitte à provoquer l'abstentionnisme. Mais, le droit comparé ne plaide-t-il pas la banalisation du référendum ? Après la courte victoire du *oui* au traité de Maastricht, la classe politique a préféré emprunter la voie parlementaire, en 1999, pour l'autorisation de ratifier celui d'Amsterdam.

(111) Le CC subordonne la validité des décrets organisant la campagne au respect de sa compétence consultative (25 octobre 1988, décision précitée). Dans le même ordre d'idées, il a unifié le champ référendaire en étendant *proprio motu* sa compétence au référendum *local* d'autodétermination (art. 53 *in fine* C), sans être consulté, cependant, au préalable par le Gouvernement (C.E., 30 octobre 1998, *Sarran, chr.* n° 89, p. 178). Ces derniers ont été organisés à Wallis-et-Futuna (27 décembre 1959) ; en Algérie (1er juillet 1962) ; à Djibouti (19 mars 1967 et 8 mai 1977) ; à Mayotte (8 février et 11 avril 1976) et en Nouvelle-Calédonie (13 septembre 1987 ; 8 novembre 1998, en application de l'article 77 C).

Parallèlement, le C.E. examine le recours, détachable des opérations du référendum, dirigé contre le décret relatif à la participation des partis à la campagne (28 octobre 1988, *Centre national des Indépendants et Paysans,* concl. D. Levis, *R.F.D.A.* 1989, p. 897 ; 10 septembre 1992, *Meyet,* chr. n° 64, p. 214). V. J.-Cl. Maestre : L'indivisibilité de la République et l'exercice du droit d'autodétermination, *R.D.P.* 1976, p. 431 ; V. B. Genevois : Le contrôle du référendum. Le rôle du C.C., *R.F.D.A.* 1989, p. 887.

(112) Par analogie avec une campagne électorale la campagne référendaire implique l'intervention du C.S.A. en vue d'assurer le respect du pluralisme, en matière de propagande ; la participation des formations politiques (les critères d'habitation étant l'existence d'un groupe parlementaire ou le fait d'avoir obtenu au moins 5 % des suffrages exprimés au premier tour de scrutin à l'occasion du dernier renouvellement de l'A.N.) et le recours au juge constitutionnel.

RÉSULTATS DES RÉFÉRENDUMS EN POURCENTAGE DES SUFFRAGES EXPRIMÉS

I. *8 janvier 1961* autodétermination des populations algériennes. oui : 75,2	IV. *27 avril 1969* création des régions et transformation du Sénat. *non* : 53,1.	VII. *20 septembre 1992* autorisation de ratifier le traité sur l'Union européenne. oui : 51.
II. *8 avril 1962* approbation des accords d'Evian. oui : 90,7.	V. *23 avril 1972* autorisation de ratifier le traité d'élargissement de la CEE. oui : 67,7	
III. *28 octobre 1962* révision de la constitution (art. 6 et 7 C). oui : 62,2	VI. *6 novembre 1988* autodétermination de la Nouvelle-Calédonie. oui : 79,9.	

N.B. : Le recours à l'art. 11 C a été préféré à deux reprises à celui de l'art. 89, en 1962 et 1969. Le référendum calédonien de 1988, le seul d'initiative *gouvernementale* a été marqué par le taux d'abstention de 63 %, le plus élevé de la Ve République. Celui de 1972, relatif à l'adhésion de la Grande-Bretagne, entre autres, à la C.E.E. avait enregistré un taux de 40 %. Le P.S. subodorant une manœuvre de politique interne avait préconisé une telle attitude, imité par le R.P.R. en 1988.

b) *Les pouvoirs de crise ou les pouvoirs exceptionnels (art. 16 C)*

Une *dictature de salut public,* en cas de péril national, destinée à sauvegarder la démocratie, telle est la raison d'être de cette disposition fameuse.

Tout État libre où les grandes crises n'ont pas été prévues est à chaque orage en danger de péril. L'opinion délivrée, en 1772, par Jean-Jacques Rousseau, dans ses *Considérations sur le gouvernement de Pologne,* a le mérite de souligner qu'une démocratie, menacée dans ses œuvres vives, ne peut, sous peine de renoncer à son identité, que répliquer avec l'autorité attachée à l'État de droit. Une démocratie s'épanouit dans l'adversité en respectant la légalité. C'est la raison pour laquelle il existe, en vue d'assurer *la légitime défense* de l'État ou de la République, qui lui est consubstantielle, *un droit de l'anormalité* caractérisé par le double souci de la prévisibilité des crises et la juridicité des ripostes (113). C'est dans cette perspective qu'il importe d'accueillir le président de la République, devenu sur ces entrefaites, le cavalier de l'apocalypse.

(113) La théorie des pouvoirs de crise tourne le dos à celle de la *nécessité* qui avait cours au XIXe siècle. Conformément à la doctrine allemande du *Notrecht,* l'État était habilité à se soustraire, de manière *improvisée,* à l'empire de la règle de droit. La violation du droit emportait, par la suite, *absolution,* en raison de la finalité poursuivie. En conséquence, l'adage *nécessité n'a point de loi* prenait tout son sens. On connaît le propos de Louis-Napoléon Bonaparte, après le coup d'État du 2 décembre 1851 : *La France a compris que je n'étais sorti de la légalité que pour rentrer dans le droit. Plus de sept millions de suffrages viennent de m'absoudre.* V. G. CAMUS : *L'état de nécessité en démocratie,* 1965, et J. GICQUEL : *Les états de nécessité, in Droit constitutionnel et droits de l'homme,* 1987, p. 171.

Face à une crise majeure (guerre, entreprise de déstabilisation, *etc.*), que le Gouvernement n'est pas parvenu à juguler, il appartient à celui-ci en vue d'assurer *la continuité de l'État* (art. 5 C), de prendre toutes *les mesures exigées par les circonstances* (114).

L'article 16, qui a suscité bien des appréhensions, se présente comme une constitution au sein de la constitution, la constitution *des jours de tempête,* comparée à celle des *jours de miel,* pour parler comme Albert Camus. Il s'analyse, en d'autres termes, en un mode de gestion d'une crise parvenue à son *paroxysme.* A cette fin, le président incarne la dernière ligne de défense du régime, à l'image respectable du *dictateur de Rome*, en vue de rétablir la légalité républicaine compromise (115). En sorte, cette disposition est *ambitieuse :* il lui faut réussir là où tout à échoué, autant qu'*avantageuse,* car elle se situe *aux côtés* du droit et non à côté, en communion avec le poète : *C'est la nuit qu'il est beau de croire à la lumière.* Ainsi l'article 16 peut se résumer en *un remède extrême pour une crise extrême dans le respect de l'État de droit.* Il importe de l'étudier afin de mieux l'exorciser (116).

1) Les sources de l'article 16

Les sources de la dictature de salut public sont, à la fois, lointaines et contemporaines.

Les premières sont respectivement : la dictature à la romaine ; l'article 92 de la constitution de l'an VIII et l'article 14 de la charte de 1814 qui, de manière paradoxale, lors de sa mise en œuvre le 25 juillet 1830, provoqua *les Trois glorieuses* et la fin de la monarchie légitimiste *(supra).*

Les secondes se rattachent à l'article 48 de la constitution allemande de 1919 qui, permettait au *Reichspräsident* de mettre en vigueur *l'état de nécessité,* en suspendant les dispositions relatives aux libertés et principalement aux événements que la France connut en mai-juin 1940, lorsque l'État se disloqua sous les coups de l'ennemi. L'article 16, *c'est la constitutionnalisation de l'appel du 18 juin 1940* (René Capitant). De fait, le général de Gaulle a *emmené avec lui la légitimité de la République,* selon son expresssion (*TP,* II, p. 301), tel le dictateur romain. Il sera toujours hanté par la déliquescence de l'État et n'aura de cesse à partir du discours de Bayeux que, puisse survivre dans tous les cas, la République. En 1958, sa position est, en effet, que si, en 1940, le président Albert Lebrun avait eu des pouvoirs analogues à ceux inscrits dans l'article 16, il aurait eu, à la fois *la possibilité de transférer le siège des institutions et d'éviter le déchirement de la patrie.*

2) Le déclenchement de l'article 16

Conçu et rédigé en termes de *raison d'État,* cette disposition, véritable *scénario-catastrophe,* se présente comme *l'ultime remède* à la paralysie qui menace les pouvoirs publics

(114) La continuité de l'État inspire, par ailleurs, l'action présidentielle : En nommant un premier ministre par intérim, le chef de l'État prend, en application de l'article 5 C, *les dispositions nécessaires pour assurer la continuité de l'action gouvernementale* (C.C., 29 décembre 1989, *Loi de finances pour 1990, chr.* nº 53, p. 176) ; de la même façon, il charge un Gouvernement démissionnaire de l'expédition des affaires courantes dans l'attente de la nomination d'un nouveau premier ministre (art. 50 C).

(115) En songeant à Cincinnatus, qui fut deux fois dictateur à Rome, en 458 et 439 av. J.-C. avant de retourner à sa charrue, Machiavel a rendu un vibrant hommage à l'institution dans *les Discours sur la première décade de Tite-Live : les républiques qui, dans les périls imminents, ne peuvent recourir ni à un dictateur, ni à toute autre institution semblable, ne sauraient éviter leur ruine.* Jean-Jacques Rousseau n'opine pas autrement dans le *Contrat social* (livre IV, chap. VI) : *Alors on nomme un chef suprême qui fasse taire toutes les lois et suspendre un moment l'autorité souveraine ; en pareil cas, la volonté générale n'est pas douteuse, et il est évident, que la première intention du peuple est que l'État ne périsse pas.*

Il y a lieu de préciser, pour éviter toute interprétation tendancieuse, que la dictature à la romaine, à laquelle se rattache l'article 16 était *légale* et *temporaire* (six mois) à l'inverse de sa forme détestable à l'époque contemporaine, qui repose sur une usurpation de pouvoir et aspire à la pérennité.

(116) V. M. VOISSET : *L'article 16 de la constitution de 1958,* 1969 ; F. HAMON : *L'article 16 de la constitution de 1958,* DF, 1986 ; F. SAINT-BONNET : Réflexions sur l'article 16 et l'état d'exception, *R.D.P.* 1998, p. 1699.

(tant au plan *national* que *local*), après *épuisement* des moyens gouvernementaux *(infra)* (117). Sans se dissimuler la part d'artifice qu'elle inclut, car *toujours l'exceptionnel arrive* (André Maurois), la mise en œuvre de cette *dictature constitutionnelle ou légale* est subordonnée à la rencontre de deux séries de conditions, tant *factuelles* que *formelles.*

α) *Les conditions de fond*

Deux conditions *cumulatives* (et non point alternatives) qui se situent dans un rapport *causal,* doivent se trouver réunies, afin que l'article 16 puisse être invoqué.

La première, *subjective,* consiste en une *menace,* qualifiée de *grave et immédiate,* découlant d'une guerre (civile ou étrangère) ; d'une grève générale à caractère insurrectionnel ; d'une subversion militaire (à l'image du putsch d'Alger, en avril 1961) ou terroriste affectant *les institutions de la République* (118), *l'intégrité du territoire, l'indépendance de la nation ou l'exécution de ses engagements internationaux.* On le constate ces formules, qui mobilisent les ressources de la sémantique, sont imprécises, à l'exception de celle afférente à l'assiette territoriale de la République. A défaut de la divination, les constituants ont entendu laisser au chef de l'État, le pouvoir d'apprécier l'adéquation de la riposte aux faits.

En revanche, suivant une suggestion du *C.C.C.,* en 1958, la seconde condition revêt un caractère *objectif* et limite avantageusement la première. La menace, dont il s'agit, doit aboutir à un résultat *tangible : l'interruption du fonctionnement régulier des pouvoirs publics constitutionnels* (119). Ce que les événements de 1968 ont rappelé opportunément : le pouvoir y fut certes contesté, mais à aucun moment il ne fut entravé. Le général de Gaulle se rendit en Roumanie et en Allemagne pour s'assurer de la fidélité de l'armée. Quant au premier ministre, Georges Pompidou, il fit preuve d'une maîtrise exemplaire. Il convient cependant, de rappeler que l'existence de l'une et l'autre de ces conditions n'est constatée que par le président de la République.

β) *Les conditions de forme*

L'article 16 impose au chef de l'État, avant qu'il ne franchisse le pas, l'accomplissement de deux formalités. Il est tenu de consulter officiellement le premier ministre, les présidents des assemblées parlementaires ainsi que le Conseil constitutionnel (120). Mais les avis recueillis ne sauraient le lier. Il doit aussi adresser un message à la nation, ce qui implique une justification de son bon droit à agir, en vue d'emporter son adhésion. En définitive,

(117) En bonne logique, le droit de l'anormalité s'efforce de moduler la réplique en fonction de l'intensité de la crise, car il serait aventureux de brûler tous les vaisseaux. Cependant, la diversité des modes de gestion se combine avec l'unité de leur condition juridique.

(118) L'expression englobe non seulement les pouvoirs publics, mais aussi les *personnes* qui, localement, les incarnent, au plan civil (préfets) ou militaires (officiers généraux exerçant un commandement territorial). Lors du putsch d'Alger en 1961, un ministre (Robert Buron) en tournée d'inspection fut arrêté par les rebelles.

(119) On peut songer, en dehors d'une imagination débridée : à l'enlèvement du chef de l'État ou de ministres ; à l'impossibilité pour le C.C. de délibérer ; aux assemblées de se réunir ou à leur dispersion à la lumière du précédent espagnol de 1981 ; à un préfet assiégé, *etc.*

(120) L'avis formulé par le Conseil constitutionnel pourrait se révéler, dans ces circonstances, plus important qu'on ne l'imagine. En effet, l'avis doit être *motivé* et *publié* au *Journal officiel* (art. 53 de l'ord. du 7 novembre 1958). A supposer que la Haute Instance exprime des réserves ou un refus, le chef de l'État hésiterait à franchir le Rubicon, de crainte d'être considéré comme un usurpateur. Au total, sous couvert d'avis consultatif, cette dernière est *de facto* associée à la mise en œuvre de l'article 16.

il appartient au chef de l'État devant l'histoire, de trancher le nœud gordien, en recourant et en renonçant à son usage (121).

3) Les effets de l'article 16

Cet article ouvre une *parenthèse* dans la vie publique en *suspendant* la constitution. L'autorité, en tant que nécessité, est accordée, de manière *exclusive,* au président, cependant que les autres pouvoirs sont subordonnés à sa mission de sauvegarde de l'État. Le Parlement se réunit de plein droit et l'Assemblée nationale ne peut être dissoute.

α) La concentration du pouvoir en vue de la mission de sauvegarde de l'État

Tel le *deus ex machina, le président de la République prend les mesures exigées par (les) circonstances* énonce, en termes laconiques, l'article 16. En clair, il est habilité à concentrer le pouvoir entre ses mains ; en un mot à se *substituer provisoirement* au Parlement et au Gouvernement. En conséquence, agissant par une norme appelée *décision,* il intervient en lieu et place de la loi ou du décret. Toutefois, sauf à le dénaturer ou à le diaboliser, l'article 16 n'est pas synonyme d'arbitraire. Il ne confère pas les pleins pouvoirs au président. Des limites représentatives de l'État de droit se dressent sur son chemin. Il importe de les recenser.

La fin ne justifie pas tous les moyens et la force des événements ne le cède en rien à celle du droit. Par voie de conséquence, la première limite découle de la *finalité* poursuivie : *assurer aux pouvoirs publics constitutionnels... les moyens d'accomplir leur mission* (al. 3). Ce qui interdit d'envisager la *banalisation* de cette disposition.

C'est ainsi, qu'on ne saurait justifier sur ce fondement, la *révision* de la constitution, en dehors de l'article 89, car ce serait aller à l'encontre du but assigné au chef de l'État, qui consiste à briser la crise grave, afin de *remettre les institutions sur la voie,* c'est-à-dire *en l'état* (C.C., 2 septembre 1992, *Traité sur l'Union européenne, chr.* n° 64, p. 191). En revanche, il lui est loisible de *suspendre* l'application d'un article de la constitution, ainsi que des lois (122). *On ne doit jamais arrêter le pouvoir sacré des lois que quand il s'agit du salut de la patrie,* opinait Jean-Jacques Rousseau dans le *Contrat social.* Dans le même ordre d'idées, l'article 16 ne peut paralyser l'alternance (123). Ce serait une *erreur monstrueuse,* selon René Capitant ; un comble, en un mot. En termes gaulliens, ce dernier doit assurer *le salut de l'État,* et non se soucier d'une péripétie électorale.

Une seconde limite, tirée de la *durée* de la crise, vient à la rescousse. Le président est tenu de faire diligence, en agissant *dans les moindres délais* (al. 3), ce qui a pour effet de repousser *la pérennisation* de l'article 16 (124).

(121) Le général de Gaulle a spontanément adressé, de surcroît, un message au Parlement, le 25 avril 1961.

(122) A cet égard, la doctrine n'a pas contesté le droit pour le général de Gaulle, dans des décisions du 26 avril et du 17 juin 1961, de suspendre l'*inamovibilité* des magistrats du siège, en Algérie, nonobstant les dispositions de l'article 64 C.

(123) A la veille des élections législatives de 1967, cette dangereuse opinion avait été avancée par M. Debré et A. Sanguinetti, dans l'éventualité d'une victoire de l'opposition qui déboucherait sur *l'interruption du fonctionnement des pouvoirs publics.* A son tour, M. Duverger a repris cette argumentation *(Bréviaire de la constitution,* 1986, p. 65).

(124) Toutefois, en 1961, le putsch du *quarteron de généraux en retraite* à Alger, a duré cinq jours et l'application de l'article 16, cinq mois (23 avril-29 septembre). S'inspirant d'une proposition d'Étienne Dailly (*Le Monde,* 13 juillet 1974), le comité Vedel pour la révision de la constitution a proposé qu'il appartienne désormais au Conseil constitutionnel de constater, soit à l'initiative du président de la République, soit à la demande conjointe des présidents des assemblées parlementaires, que les conditions exigées pour l'application de l'article 16 n'étaient plus réunies (Rapport au président de la République, 1993 p. 37). Le pouvoir autonome du chef de l'État s'en trouverait écorné.

Une troisième limite, à caractère *procédural,* est à mentionner : chaque décision prise en cours d'application, doit recueillir au préalable *l'avis* du Conseil constitutionnel (art. 54 de l'ord. du 7 novembre 1958). Mais, cette fois-ci, l'avis demeure secret, tant que le président n'en décide pas autrement.

En dernier lieu, la face cachée de l'État de droit se dévoile avec l'existence de *contrôles.* Un contrôle *juridictionnel* est exercé par le Conseil d'État, d'un point de vue *minimum* (2 mars 1962, *Rubin de Servens, G.A.* p. 590) (125) et *normal,* s'agissant d'une mesure individuelle d'exécution (23 octobre 1964, *D'Oriano, D.* 1965.9, note D. Ruzié), à l'exclusion du Conseil constitutionnel, qui ne peut se prononcer que sur la conformité d'une loi (art. 61 C). Le contrôle *politique* subsiste, de son côté, parallèlement à la vigilance des citoyens, sur la base de la procédure de la *haute trahison* (art. 68 C). Et ce d'autant plus, que le Parlement est réuni de *plein droit,* lors de la mise en application de l'article 16 (al. 4) et que l'Assemblée nationale bénéficie d'une *garantie d'existence,* en ce qu'elle est affranchie de la dissolution (al. 5), suivant une suggestion du C.C.C. en 1958. Si d'aventure, elle avait été dissoute, elle devrait être rappelée, en bonne logique.

β) *La subordination des autres pouvoirs*

Dans le cadre des pouvoirs extraordinaires, le Gouvernement est appelé à traduire dans les faits, la volonté exprimée par le président.

Le pouvoir du Parlement est minoré, à la façon d'un témoin de moralité politique. En effet, en 1961, le général de Gaulle lui a dénié le droit de débattre sur des objets *étrangers* aux problèmes en raison desquels il avait mis en œuvre l'article 16 (lettre du 31 août au premier ministre). De son côté, le président de l'Assemblée nationale a décidé, le 12 septembre, dès lors que la dissolution était paralysée, qu'une motion de censure ne pouvait pas être déposée pendant cette période. Enfin, le premier ministre a refusé de répondre à des questions écrites l'interrogeant sur les modalités d'application de ces pouvoirs. Ces restrictions au droit de contrôle sont contestables (126).

En revanche, dans le cadre d'une session *ordinaire,* à condition que cette dernière n'interfère pas avec la mission du chef de l'État, le Parlement recouvre ses attributions législatives et de contrôle.

En d'autres termes, à la différence des pouvoirs exceptionnels confiés au Gouvernement (art. 36 C) *(infra)* et de la situation en Allemagne, la représentation nationale est ici évincée du règlement de la crise. Nul doute que cet ostracisme ne puise son origine, dans le souvenir des événements de 1940. Cependant, au-delà d'un certain seuil, le Parlement serait en mesure de mettre un terme à un usage arbitraire de l'article 16, en déclenchant la procédure susmentionnée de la *haute trahison* (art. 68 C).

(125) En conséquence, la *décision,* par laquelle le chef de l'État recourt à l'article 16, ainsi que celle par laquelle il y met fin, ressortissent à la catégorie des *actes de gouvernement* insusceptibles de donner prise au contentieux administratif ou judiciaire (CE, *Rubin de Servens,* 2 mars 1962, *G.A.* p. 590). En revanche, la décision prise *au titre* de l'article 16 *qui, en temps ordinaire,* relève de la compétence du pouvoir réglementaire, peut être déférée au juge administratif. S'il s'agit d'une mesure qui ordinairement ressortit à la compétence du législateur, par voie d'assimilation, le recours est fermé. V. G. MORANGE : Le contrôle des décisions prises au titre de l'article 16, *D.* 1962, chr. p. 109 ; G. BERLIA : Le contrôle du recours à l'article 16 et son application, *R.D.P.* 1962, p. 288 et J. LAMARQUE : Légalité constitutionnelle et contrôle juridictionnel des actes pris en vertu de l'article 16, *J.C.P.,* 1962.1, nº 1711.

(126) V. J. LAMARQUE : L'état de nécessité et l'article 16 de la constitution de 1958, *R.D.P.* 1961, p. 558 et G. BERLIA : L'application de l'article 16 de la constitution de 1958 et ses rapports entre le Parlement et le Gouvernement, *ibid.,* p. 1029.

L'intérêt de l'étude de cet *ultimum remedium* a été relancé, en mars 1993, avec le dépôt d'un projet de révision décidant son *abrogation*, en raison de son caractère dangereux pour la démocratie. A l'opposé, le comité Vedel pour la révision de la constitution s'était borné à une utile amélioration. Article dévastateur ou salvateur ? L'interrogation demeure. Mais tout bien considéré, il est préférable de le conserver dans l'arsenal juridique, en raison de son caractère dissuasif. L'article 16 ne mange pas de pain, selon la sagesse populaire. Ce serait donc une *idée saugrenue* (G. Vedel) que de l'abroger.

5° Les pouvoirs particuliers

Par analogie avec ses pouvoirs propres, le chef de l'État dispose également de *pouvoirs particuliers* dans l'ordre juridique et honorifique.

a) *Les pouvoirs particuliers dans l'ordre juridique*

Au plan interne, la tradition républicaine réserve au chef de l'État la nomination de ses collaborateurs regroupés au sein du secrétariat général de la présidence de la République. Il exerce, par ailleurs, la *justice retenue,* en période de guerre pour les prises maritimes (décret du 9 mai 1859, rédaction du décret du 2 septembre 1939). Au titre du droit local alsacien-mosellan, le président nomme, en application du concordat de 1801, suivant la bulle donnée à Rome, les archevêques et évêques. Enfin, il autorise la célébration d'un mariage *post mortem* si l'un des futurs époux avait accompli une formalité officielle marquant sans équivoque son consentement (art. 171 du code civil, rédaction de la loi du 31 décembre 1959). Dans la pratique sont assimilées à cette catégorie, les nominations de membres du C.S.A. (loi du 17 janvier 1989) et du Conseil supérieur de la magistrature (art. 65 C). La révision en cours relative à ce dernier, l'officialise.

Au plan communautaire, le président de la République est membre du Conseil européen, (art. D du traité de Maastricht).

Au plan international, depuis l'acte de paréage de 1278, le président de la République est *conjointement et de manière indivise* avec l'évêque espagnol de Seo de Urgel, le chef de l'État de la principauté d'Andorre, en qualité de *coprince* (art. 43 de la constitution andorrane du 14 mars 1993). A ce titre, les coprinces qui ont renoncé à leur pouvoir de justice, assument désormais la représentation suprême d'Andorre. Ils *arbitrent et modèrent le fonctionnement des pouvoirs publics et des institutions* (art. 44). Ils agissent, dans le cadre d'un régime parlementaire, tantôt avec le contreseing du chef du Gouvernement (art. 45), tantôt de leur propre initiative (droit de grâce, nominations de membres du tribunal constitutionnel et saisine de ce dernier (art. 46).

Les actes accomplis par le président de la République, en sa qualité de coprince d'Andorre, ont juridiquement le caractère d'*actes d'une autorité étrangère.* Il s'ensuit que les juridictions françaises sont incompétentes à leur égard (T.C., 2 février 1950, *Radio Andorre, G.A.* p. 422) (127).

b) *Les pouvoirs particuliers dans l'ordre honorifique*

En vertu d'un privilège régalien, le chef de l'État est le protecteur de l'Académie française. Il est chanoine honoraire de l'église Saint-Jean-de-Latran à Rome. Jacques Chirac s'y est rendu le 20 janvier 1996. Il est le grand maître de l'ordre national de la Légion d'honneur et de celui du Mérite. Le général de Gaulle était *intuitu personae,* grand maître de l'ordre de la Libération. En revanche, les nominations, promotions et élévations relèvent du domaine commun avec les ministres. La cohabitation a eu le mérite de le rappeler.

(127) V. J.-Cl. COLLIARD : L'État d'Andorre, *A.F.D.I.* 1993, p. 377.

B. LES POUVOIRS PARTAGÉS OU CONJOINTS DU CHEF DE L'ÉTAT AVEC LE GOUVERNEMENT

Le président de la République dispose *au quotidien* de prérogatives qui requièrent l'assistance du Gouvernement, sous la forme du *contreseing* (art. 19 C). Cette formalité est *le principe même de la responsabilité ministérielle* (R. Janot) (128). Situés au point de rencontre de leur volonté, ces pouvoirs *conjoints* peuvent être ceux des *passions partagées,* en ce sens qu'ils s'interprètent *littéralement* et reflètent le rapport de forces au sein de l'exécutif.

A la manière d'une antienne, en régime présidentialiste, la subordination du Gouvernement est à l'origine d'une mise à la disposition du chef de l'État et l'on parlera, en conséquence, de *pouvoirs concédés ;* à l'opposé, en régime parlementaire, le Gouvernement entend assumer, pour son compte, ses responsabilités et l'on évoquera alors une manière de *codécision* ou des *pouvoirs revendiqués,* en un mot *négociés.*

Il suffit d'énoncer l'idée pour se persuader de la difficulté de l'articulation qui en résulte au sein du pouvoir exécutif ; le talon d'Achille des institutions, en d'autres termes. On classera ces pouvoirs selon leur destinataire.

1° Le président et le Gouvernement

Le domaine conjoint se compose de trois éléments : la nomination et la démission des membres du Gouvernement (art. 8, al. 2 C) ; la nomination aux emplois civils et militaires de l'État (art. 13, al. 2) et la signature d'actes réglementaires (art. 13, al. 1er). Le conseil des ministres apparaît le lieu privilégié de leur rencontre (art. 9).

a) *La nomination et la démission des membres du Gouvernement*

En application de l'article 8, al. 2 C, *sur la proposition du premier ministre* (le président) *nomme les autres membres du Gouvernement et met fin à leurs fonctions.* Par-delà l'application contrastée, observée selon la phase de la Ve République, force est d'adhérer à l'opinion de Michel Rocard, selon laquelle, en droit, *la constitution d'un Gouvernement, on la fait à deux.* Cette réflexion a le mérite de souligner le nécessaire accord de volontés entre les intéressés : la proposition du premier ministre *lie* le président de la République, mais l'acceptation du président de la République *lie* le premier ministre.

1) L'interprétation présidentialiste

Le choix et l'avenir des ministres sont entre les mains du président, par suite de la subordination *politique* du premier ministre. Si bien que le service du chef de l'État est

(128) Les actes du chef de l'État sont contresignés par le *premier ministre* et par *les ministres responsables* c'est-à-dire ceux auxquels ils *incombent à titre principal, la préparation et l'application des actes du président* (circulaire Juppé du 30 janvier 1997). *L'allégeance* normale des ministres et du premier d'entre eux, au chef de l'État, ainsi qu'on l'a déjà observé, ôte toute signification, autre que formelle, à la règle du contreseing qui est un *dû.* Le refus du ministre, voire un état d'âme, entraînerait sur-le-champ sa démission. Le précédent d'Edgard Pisani, en avril 1967, plaide en faveur de cette interprétation. V. J. MASSOT : *Chef de l'État et chef du Gouvernement,* 1994, p. 116 ; M. JOBERT : Le partage du pouvoir exécutif, *Pouvoirs* n° 4, p. 7.

exaltant autant que contraignant. Être ministre implique une forte dose d'abnégation (129). Est-il nécessaire de rappeler qu'en latin, *minister* signifie serviteur ? On prête, du reste, à François Mitterrand ce jugement : *On nomme un ministre par accident, on le garde par oubli.*

En conséquence, l'Élysée arrête la composition du Gouvernement en fonction des partis regroupés au sein de la majorité *présidentielle* (130). L'entrée des communistes dans le Gouvernement Mauroy, en juin 1981 se rattache à une pratique constante. On a dit que les ministres d'Alain Juppé étaient les soutiens de Jacques Chirac au premier tour. Au surplus, les attributions des ministres sont fixées par décret délibéré en conseil des ministres, sous l'autorité du président, le Conseil d'État entendu (décret du 22 janvier 1959).

Par la suite, des ministres ont été obligés de quitter le Gouvernement, non pas parce qu'ils étaient en désaccord avec le premier ministre, mais parce qu'ils avaient manifesté une désapprobation, ou une réserve, à l'égard de la politique du chef de l'État : en 1960, Antoine Pinay, Bernard Cornut-Gentille, Jacques Soustelle ; en 1982, Jean-Pierre Cot ou en 1984, Alain Savary ont été révoqués ou désavoués.

Un ministre peut présenter sa démission. Elle doit être acceptée par le chef de l'État, après qu'elle ait été refusée, le cas échéant (Jean-Pierre Chevènement, ministre de la défense en 1991). De la même façon, le premier ministre ne peut révoquer un ministre sans l'accord du chef de l'État, en cas de manquement à la solidarité (Jean-Jacques Servan-Schreiber en 1974, Léon Schwartzenberg, en 1988, Alain Madelin en 1995) ou à la suite d'une facétie douteuse (Olivier Stirn, en 1990). Le président peut opposer une fin de non-recevoir à un remaniement demandé par le premier ministre. Faute d'obtenir le départ des *éléphants* du P.S., Edith Cresson a présenté sa démission, en avril 1992. Bref, à l'image du premier ministre, les ministres sont responsables devant le président de la République.

2) L'interprétation parlementariste

La nomination du Gouvernement de cohabitation, le 20 mars 1986, a permis au premier ministre Jacques Chirac, de faire prévaloir ses choix, sans réduire à néant, cependant, la volonté présidentielle. L'article 8, al. 2, à l'image de la constitution, est *redevenu* une réalité juridique.

François Mitterrand a manifesté sa volonté de *travailler en harmonie* avec les ministres du sanctuaire (affaires étrangères et défense) au point d'opposer son veto au choix initial des titulaires (Jean Lecanuet et François Léotard). Pareillement, et dans l'ordre des choses, il refusera, en 1986, la nomination au rang de ministre d'André Santini, secrétaire d'État aux rapatriés. L'agrément présidentiel ne s'est donc pas transformé en une clause de style ; le repli de l'Élysée n'a pas été source d'inertie. En revanche, le chef de l'État a accédé à l'ensemble des propositions présentées par Edouard Balladur, en mars 1993 et Lionel Jospin, en juin 1997.

b) *La nomination aux emplois civils et militaires de l'État*

Nouvelle illustration de l'enchaînement mutuel des autorités exécutives, le chef de l'État nomme aux *emplois* supérieurs, en concertation avec le Gouvernement ou au terme d'une véritable négociation (art. 13, al. 2 C et ord. du 28 novembre 1958).

(129) Au risque de braver l'honnêteté, Jean-Pierre Chevènement devait lancer, en 1983 : *Un ministre, ça ferme sa g... S'il l'ouvre, il quitte le Gouvernement.* Dans sa proclamation du 14 janvier 1852, le prince-président qualifiait les ministres d'*auxiliaires honorés et puissants de sa pensée.*

(130) Au moment de la formation du Gouvernement en 1959, le général de Gaulle déclare à Michel Debré (*Mémoires,* t. III, 1988, p. 13) : *Je tiens à Couve de Murville. Je vous fais la même demande pour* (les noms défilent). Avec superbe, il achève : *Et puis avez-vous des noms ?* Autrement dit, l'infériorité du premier ministre est dès cet instant *intériorisée* (J.-P. Huchon).

S'agissant des hauts fonctionnaires, la nomination est tantôt *discrétionnaire,* tantôt *obligatoire,* selon qu'il y est ou non pourvu, en conseil des ministres (V. circulaire Juppé du 30 janvier 1997).

1) Les nominations discrétionnaires

Au prix d'un *croisement de volontés* entre le chef de l'État et le premier ministre, cette éventualité vise tantôt des emplois *précaires,* tantôt des emplois *permanents.*

Selon la formule consacrée (qui ne saurait abuser pour autant), les premiers sont dits à *la décision du Gouvernement.* Ces emplois, destinés à jeter une passerelle entre le pouvoir politique et administratif, sont instables par définition. Leurs titulaires, librement choisis, sont révocables *ad nutum,* notamment en cas d'alternance. On parle, en termes politiques, de la *chasse aux sorcières,* de *l'État-P.S. ou R.P.R.* Tout nouveau pouvoir s'engage de manière récurrente à favoriser l'*État impartial* selon la formule de Raymond Barre, avant de l'oublier. Cette relève n'est pas choquante, en soi, dès lors qu'elle demeure dans des proportions raisonnables.

Ces hauts fonctionnaires, astreints au loyalisme, sont énumérés par le décret du 24 juillet 1985 : directeurs généraux et directeurs d'administration centrale des ministères ; secrétaire général du Gouvernement ; secrétaire général de la défense nationale ; délégués interministériels ; chef de mission diplomatique ayant rang d'ambassadeur ; préfet ; recteur d'académie. Ces *relais* du pouvoir d'État sont nommés en conseil des ministres. En ce qui concerne les emplois permanents, leur durée varie en intensité : il peut s'agir, tout d'abord, de celle d'un *mandat.* Le décret du 6 août 1985 dresse la liste des emplois de direction dans les établissements publics, entreprises publiques et sociétés nationales (président du conseil d'administration des banques nationalisées, d'E.D.F., de la R.A.T.P., de la S.N.C.F., d'Air France, du directeur de l'E.N.A., de l'administrateur de la Comédie française, *etc.).*

Dans une vision *optimale,* ces nominations se présentent comme un *mode d'accès* à la fonction publique ouvert à de simples particuliers ou de *promotion* pour des fonctionnaires de grade inférieur. Il s'agit du système dit du *tour extérieur,* qui permet de nommer, selon un *numerus clausus,* les amis du pouvoir, au Conseil d'État, à la Cour des comptes, à l'inspection des finances, à l'inspection générale de chaque ministère, dans le corps préfectoral, entre autres (131). Des chefs de juridiction (Conseil d'État, Cour des comptes) sont nommés en conseil des ministres ; de hauts magistrats : les procureurs généraux, le procureur général près la Cour de cassation et celui près la Cour des comptes (art. 1er de l'ord. du 28 novembre 1958, rédaction de la L.O. du 25 février 1992) *(infra).* On peut rattacher à cette catégorie, la nomination des *personnalités qualifiées :* Conseil économique et social (ord. du 29 décembre 1958) ; Conseil de la politique monétaire (loi du 4 août 1993) ou médiateur de la République (loi du 3 janvier 1973).

Mais, il est un temps, où la faveur du prince cesse devant les *capacités* des impétrants ; un temps où les mérites s'imposent aux relations (132).

(131) Cependant, pour la première fois, le C.E. a accepté de contrôler la légalité des nominations individuelles au tour extérieur, en appréciant l'adéquation entre les capacités du candidat et l'emploi auquel il a été nommé (16 décembre 1988, *Ass. générale des administrateurs civils c. Dupavillon ; Bleton c. Sarazin, A.J.D.A.* 1989, p. 102). Au surplus ces nominations ne peuvent être prononcées qu'après avis (simple, en l'espèce) du chef de juridiction ; du chef de l'inspection générale des finances ou du chef de l'inspection générale de l'administration. Le sens de l'avis sur la nomination prononcée est publiée au *J.O.* en même temps que l'acte de nomination (art. 2 de la loi du 28 juin 1994).

V. P. LALUMIÈRE : Les hauts fonctionnaires, *D. 1959, chr.* p. 241. A.-M. LE BOS : Les emplois à la discrétion, *Pouvoirs* n° 40, p. 121 ; D. LOCHAK, J. CHEVALLIER et autres : *La haute administration et la politique,* 1986.

(132) Il est, toutefois, des secteurs soustraits à l'emprise du pouvoir. Dans le domaine audiovisuel, le choix des dirigeants des sociétés publiques de radiotélévision relève depuis la loi du 29 juillet 1982 de l'instance de régulation (le C.S.A.). Mais, de manière plus convaincante, toute nomination à un emploi de professeur d'université (professeur associé pour un non-universitaire ou professeur titulaire demandant sa mutation), est subordonnée au vote de la commission de spécialistes (les professeurs de la section compétente de l'établissement) en application du principe d'indépendance (le seul luxe des universitaires !) (C.C., 20 janvier 1984, *chr.* n° 30, p. 169).

2) *Les nominations obligatoires*

En vertu de l'art. 2 de l'ord. du 28 novembre 1958, le président de la République est tenu de nommer par décret (sa compétence est dite *liée*), les membres du Conseil d'État et de la Cour des comptes, les magistrats de l'ordre judiciaire, les professeurs de l'enseignement supérieur, selon l'ordre de sortie du concours, et les officiers des trois armes, au moment de leur nomination et de la promotion de grade. Il nomme également, à leur entrée en fonction, les membres des corps dont le recrutement est assuré par l'E.N.A. et l'École polytechnique.

c) *La signature d'actes réglementaires*

Aux termes de l'article 13, al. 1er C, *le président de la République signe les ordonnances et les décrets délibérés en conseil des ministres.* Ces actes se rattachent au pouvoir réglementaire, créateur de mesures générales et impersonnelles à caractère exécutoire (133).

1) *La signature des ordonnances*

A titre principal (134), l'ordonnance, qui se relie au *décret-loi* d'antan, se définit comme un acte réglementaire, délibéré en conseil des ministres et signé par le président de la République, qui intervient, pendant un délai limité, sur habilitation du Parlement, dans le domaine de la loi (art. 38 C). A l'occasion de la privatisation d'entreprises, la cohabitation a eu le mérite, en 1986, de soulever une question qui, à ce jour, avait été occultée par la logique présidentialiste : la signature du chef de l'État est-elle obligatoire ou discrétionnaire ? La controverse a été tranchée, en ce dernier sens, par François Mitterrand (art. 5 C), auquel le Gouvernement Jacques Chirac devait acquiescer.

Au soutien du pouvoir *discrétionnaire,* divers arguments peuvent être, en effet, invoqués : l'article 38 ouvre au Gouvernement une simple faculté d'agir et non point une obligation ; l'article 13 ne prévoit aucun délai pour la signature présidentielle, à l'opposé de la promulgation de la loi à laquelle il est tenu de procéder dans le délai de 15 jours ; la qualité de représentant de la nation, dont se prévaut le chef de l'État, en raison de son mode de désignation, lui confère une autonomie décisionnelle *irréductible ;* la promulgation de la loi d'habilitation ne saurait annihiler au surplus sa liberté d'allure en ce qu'elle consiste, pour le président, à vérifier simplement la régularité *formelle* de la procédure législative et nullement à approuver son contenu. Reste à observer, qu'il se trouve même une hypothèse dans laquelle le chef de l'État, *qui veille au respect de la constitution* (art. 5 C), aurait le devoir de s'y opposer si, d'aventure, une ordonnance venait à méconnaître une disposition de valeur organique ou constitutionnelle.

En conséquence, trois projets d'ordonnance seront refusés par le chef de l'État, en matière de privatisation d'entreprises (13 juillet 1986) ; de découpage des circonscriptions de l'Assemblée nationale (2 octobre 1986) et d'aménagement du temps de travail (17 décembre 1986). Le Gouvernement répliquera, en convertissant les projets d'ordonnance en projets de loi *(infra).* Le veto suspensif *(un fusil à un coup* a-t-on dit) a été brisé.

2) *La signature des décrets délibérés en conseil des ministres*

Le président décrète ou non, les mesures qui lui sont proposées, affirmait sans ambages, le général de Gaulle, le 31 janvier 1964. De fait, celui-ci peut opposer un refus à une catégorie particulière de décrets, à savoir : ceux qui sont *délibérés en conseil des ministres.*

(133) A cet égard, le pouvoir réglementaire est partagé entre le premier ministre (art. 21 C) qui dispose de la compétence de droit commun et le président de la République (art. 13) limité à une compétence d'attribution.

(134) A titre de pierre d'attente, il convient d'indiquer qu'il en existe d'autres catégories : les ordonnances relatives à la loi de finances de l'année (art. 47 C) et à la sécurité sociale (art. 47-1), en l'absence d'un vote du Parlement en temps utile, le Gouvernement est habilité à se substituer en vertu de la constitution ; les ordonnances ayant force de loi (ancien art. 92 C) prises par le Gouvernement sur habilitation de la *constitution* au moment de la mise en place de la Ve République en 1958 et enfin les ordonnances référendaires signées par le chef de l'État, en vue de l'application des accords d'Évian, sur habilitation du *peuple* (loi référendaire du 13 avril 1962).

Il s'agit de décrets, dont on ne peut définir avec précision le champ d'application. En effet, tantôt, ils sont imposés par un texte (135), tantôt, le plus souvent, laissés à l'appréciation du chef de l'État, de manière à réaliser un judicieux *ajustement* avec le domaine d'intervention du premier ministre, titulaire normal du pouvoir réglementaire. A la faveur de ce droit d'*évocation,* le président peut attraire une question en conseil des ministres, dont il arrête l'ordre du jour au demeurant, c'est-à-dire la distraire à la compétence du chef du Gouvernement. On imagine aisément le plaisir de puissance qui en résulte dans la logique présidentialiste ou de résistance en période de cohabitation (136).

C'est la raison pour laquelle, dans un souci de clarté, sinon de *réalisme,* le Conseil d'État (10 septembre 1992, *Meyet, R.D.P.* 1992, p. 1822, note A.-M. Le Bos) a retenu un critère *tautologique : un décret délibéré en conseil des ministres est un décret délibéré en conseil des ministres.* En conséquence, dès lors qu'un décret de ce type a été signé par le président de la République, *il ne peut plus être modifié que par lui.*

Dans cet ordre d'idées, la pratique de la Ve République a complété le champ d'action présidentiel, en validant des décrets réglementaires *non délibérés en conseil des ministres.* Le Conseil d'État (27 avril 1962, *Sicard, Rec.,* p. 280) a admis que l'incompétence initiale du chef de l'État était purgée *dès lors que le premier ministre, investi du pouvoir réglementaire par l'article 21 de la constitution, y a lui-même apposé sa signature.*

d) *Le conseil des ministres*

L'institution française la plus originale et la plus clairement monarchique, selon Jean Massot, est un lieu privilégié. Elle symbolise, en effet, *l'unité* du pouvoir exécutif : le chef de l'État qui la préside et le Gouvernement (art. 9).

A cet effet, le président convoque le conseil ; fixe sa composition ; arrête son ordre du jour (ce qui signifie qu'il lui est loisible de refuser d'y inscrire un texte de loi, par exemple) ; organise son déroulement ; détermine ses choix et y manifeste ses préférences ou ses réticences, à la manière d'une *caisse de résonance* (J. Fournier).

Symbole de l'*unité* du pouvoir exécutif, le conseil des ministres apparaît, d'un point de vue fonctionnel, *la plaque tournante* de l'activité de l'État : tous les projets d'ordonnances ainsi qu'une catégorie importante de décrets (art. 13) et tous les projets de loi (art. 39) y sont délibérés et approuvés ; le plus grand nombre de nominations aux emplois supérieurs de l'État effectuées ; les mesures restrictives à l'exercice des libertés (art. 36) arrêtées et l'existence du Gouvernement discutée avant l'engagement de responsabilité devant l'Assemblée (art. 49) (137).

(135) On citera : la dissolution d'une association (loi du 10 janvier 1936) ; la proclamation de l'état de siège (art. 36 C) ou de l'état d'urgence (ord. du 15 avril 1960) ; les attributions des membres du Gouvernement (décret du 22 janvier 1959) ; la dissolution d'un conseil municipal (art. L. 121-4 du code des communes), *etc.*

(136) Le président Mitterrand a refusé, en juin 1982, de signer un décret adopté en conseil des ministres, relatif à l'organisation du ministère de la coopération (*C.C.F.* p. 399). D'une manière plus générale, on pourrait envisager, une *grève de la plume,* tel Louis-Philippe provoquant le départ de M. Thiers, en 1836 et 1840. V. P. AVRIL : Les décrets réglementaires du président de la République non délibérés en conseil des ministres, *A.J.D.A.* 1976, p. 116 ; D. POUYAUD : Les décrets réglementaires du président de la République, *RFDC* 1993, p. 55.

(137) Le conseil des ministres ne peut être assimilé à une assemblée, dont les délibérations auraient en soi une valeur juridique. Il ne prend, en théorie, que des *projets de résolution,* qui sont ensuite convertis en décisions formelles. C'est la raison pour laquelle le secrétaire général du Gouvernement qui y assiste, est chargé, en dehors de la rédaction du procès-verbal, de dresser le *relevé* des décisions du conseil. Ce relevé, signé par le président de la République, est adressé ensuite aux ministres concernés afin d'éclairer leurs services. Les *délibérations sont, par elles-mêmes, sans effet juridique direct et doivent être regardées comme une simple déclaration d'intention du Gouvernement* (C.E., 25 novembre 1977, *Compagnie des architectes en chef des bâtiments civils et palais nationaux, Rec.* p. 463). V. D. TURPIN : La présidence du conseil des ministres, *R.D.P.* 1987, p. 873.

Sans préjudice de l'étude qui en sera présentée plus loin, on vérifie l'*imbrication* qui s'opère entre le pouvoir présidentiel et le pouvoir gouvernemental.

2° Le président et le Parlement

Le chef de l'État participe à l'activité normative du Parlement, au titre du pouvoir constituant (art. 89 C) et législatif (art. 10), jusqu'à en déterminer le rythme par sa convocation en session extraordinaire (art. 30).

a) *La révision de la constitution*

Le président de la République dispose du pouvoir d'initiative et de celui du choix de la procédure de ratification concernant un projet *(supra)*.

b) *La promulgation de la loi et la demande d'une nouvelle délibération*

Le chef de l'État est théoriquement *extérieur* au processus de formation de la loi. Par suite, il n'y intervient que de façon ponctuelle, en dehors du conseil des ministres où les projets sont délibérés (art. 39 C).

1) La promulgation de la loi (art. 10, al. 1er)

A la manière du *notaire de la République,* le chef de l'État, qui est dépourvu du pouvoir d'initiative, lequel appartient au premier ministre et aux parlementaires (art. 39), se borne à entériner la volonté exprimée par ceux-ci (art. 34 C) ou le peuple (art. 11). A l'issue du vote de la loi, *la procédure législative est close par la promulgation* (C.C., 23 août 1985, *Nouvelle-Calédonie, Rec.* p. 70). A cette fin, *le président de la République promulgue les lois dans les quinze jours qui suivent la transmission au Gouvernement de la loi définitivement adoptée* (art. 10, al. 1er). La promulgation ou la naissance de la loi, peut être définie comme l'*acte par lequel le chef de l'État atteste l'existence d'une loi et donne ordre aux autorités publiques de l'observer et de la faire observer* (C.E., 8 février 1974, *Commune de Montory, Rec.* p. 93). Il s'ensuit que la loi, ainsi authentifiée, est rendue *exécutoire ;* sa publication ultérieure au *J.O.* la rend opposable aux citoyens, selon les formes arrêtées par le décret du 19 mai 1959 modifié (*chr.* n° 54, p. 199).

La portée de la promulgation doit être précisée. L'intervention du chef de l'État se limite à la *régularité formelle :* à savoir qu'il *atteste que la loi a été régulièrement délibérée et votée* (C.C., 23 août 1985, *Nouvelle-Calédonie, Rec.* p. 70) et aucunement à l'approbation de son contenu. Sous ce rapport, la promulgation s'oppose à la *sanction,* au moyen de laquelle, sous la monarchie constitutionnelle de 1791, 1814 et 1830, le roi était le *coauteur* de la loi ; en bref, disposait d'une *part* de la puissance législative. Toutefois, la logique présidentialiste et son corollaire le *président-législateur*, rappelle d'un point de vue politique, ce pouvoir de sanction d'antan.

Par ailleurs, l'acte de promulgation emprunte la forme d'un décret, dont la *date* sera celle de la loi. Enfin, le président est tenu d'agir dans le délai préfix de 15 jours, faute de démissionner ou de s'exposer à la procédure de la haute trahison.

Toutefois, il lui est loisible de *surseoir* à la promulgation, soit, en déférant la loi au Conseil constitutionnel (art. 61, al. 2 C) (138), soit en demandant au Parlement, une *nouvelle délibération* de la loi, qu'il a votée (139).

2) La nouvelle délibération de la loi (art. 10, al. 2)

Sous l'exigence du contreseing du premier ministre, la demande présentée par le président au Parlement (qui ne peut la refuser) consiste dans une nouvelle lecture du texte ou de certains de ses articles. Introduite, à l'initiative de Tocqueville dans la constitution de 1848 (art. 58), cette disposition illustre, à la manière du veto suspensif du président américain, la *faculté d'empêcher* du chef de l'État (140).

Cette demande poursuit une double finalité : ou bien remédier à une malfaçon rédactionnelle, en un mot rectifier une erreur matérielle, lorsqu'une coquille s'est glissée dans le texte, ou bien, de manière plus importante, assurer la régularité de la loi à la constitution, par suite d'une décision de non-conformité *partielle,* rendue par le Conseil constitutionnel. En cette dernière éventualité, le chef de l'État dispose d'une *option :* ou bien promulguer la loi amputée de la disposition censurée, ou bien provoquer une nouvelle délibération, selon l'article 23 de l'ordonnance du 7 novembre 1958, pris en application de l'article 10, al. 2 C (C.C., 23 août 1985, *Nouvelle-Calédonie, chr.* n° 36, p. 180). En ce cas, la nouvelle délibération ou lecture, s'analyse dans le cadre du contrôle de constitutionnalité, en une *phase complémentaire* de la procédure législative *(ibid.)* (141).

c) *La convocation du Parlement en session extraordinaire*

En dehors de la session ordinaire du Parlement (art. 28 C, rédaction de la L.C. du 4 août 1995) et des sessions de plein droit (art. 12, 16 et 18), il appartient, au chef de l'État, par décret, de le convoquer en *session extraordinaire.* De la même façon, il lui revient de clore cette dernière (art. 30). La signature du chef de l'État étant *discrétionnaire,* l'interprétation qui prévaut, lui attribue, un pouvoir d'appréciation tant sur le *contenu* de l'ordre du jour et sa modification (C.C., 27 juillet 1995, *TVA, chr.* n° 76 p. 182) que sur l'*opportunité* même de la session.

En mars 1960, les députés avaient demandé la convocation du Parlement en session extraordinaire pour débattre de problèmes agricoles. Le général de Gaulle a argué de son pouvoir discrétionnaire pour s'y refuser (142). François Mitterrand l'imitera en période de cohabitation, en s'opposant, en décembre 1987, à une demande de session qui devait être consacrée à la délibération d'un projet de loi portant modification du statut de la Régie Renault. De la même façon, en juin 1993, il distraira

■ (138) Le président Chirac s'est abstenu, toutefois, à l'égard de la loi du 3 juillet 1998 relative à la chasse aux oiseaux migrateurs qui était, à l'évidence, contraire à la constitution (*chr.* n° 88, p. 172).

■ (139) Les constitutions de 1848 (art. 57) et de 1946 (art. 36) avaient retenu une solution de substitution, en cas de refus de promulgation de la loi par le président de la République, au bénéfice du président de l'A.N. De la même façon, l'instauration d'un délai d'urgence n'a pas été retenue en 1958, à l'inverse de la solution des Républiques précédentes : 3 jours en 1848 (art. 57) et 1875 (art. 7 de la L.C. du 16 juillet), ou 5 jours en 1946 (art. 36). En moyenne, le délai de promulgation sous la Ve République est de 10 jours. V. Y. GAUDEMET : Promulgation et publication des lois, *Juris-Classeurs* 1993, fasc. 10.

■ (140) Sous la IIIe République, cette possibilité prévue à l'art. 7 de la loi constitutionnelle du 16 juillet 1875, n'a pas été utilisée, à l'opposé de la IVe République (art. 36 de la constitution de 1946). V. M. PRÉLOT : *Droit parlementaire français,* I.E.P. Paris, 1953-1954, p. 261 ; J.-Y. PLOUVIN : Le droit présidentiel de demander une nouvelle délibération, *R.D.P.* 1980, p. 1563. B. BAUFUMÉ : Le droit présidentiel de demander une nouvelle délibération de la loi : le précédent du 13 juillet 1983, *ibid.* p. 1239 ; et *D.P.* p. 201.

■ (141) A la suite de la décision du C.C. (8 août 1985, *Nouvelle-Calédonie, chr.* n° 36, p. 182) qui avait censuré une disposition relative à la représentation de la région de Nouméa, le président Mitterrand a demandé une nouvelle délibération de la loi (décret du 9 août 1985). Préalablement, par un décret du 13 juillet 1983 (*chr.* n° 29, p. 175), il avait, pour la première fois sous la Ve République, utilisé cette possibilité à propos de la loi sur l'exposition universelle. Par suite du différend politique portant sur le financement, celle-ci a été renvoyée aux calendes grecques, dès lors que le Gouvernement s'abstenait de l'inscrire à l'ordre du jour. L'usage de la nouvelle délibération s'est apparenté à un authentique *veto.*

■ (142) V. G. BERLIA : La convocation d'une session extraordinaire du Parlement et la nature du régime, *R.D.P.* 1960, p. 303.

de l'ordre du jour, l'examen d'une proposition de loi révisant la loi Falloux de 1850 relative à l'école privée (143).

3° Le président et l'autorité judiciaire

Outre le pouvoir de nomination des magistrats, en union avec le Conseil supérieur de la magistrature qui l'assiste (art. 64 C) *(infra),* le président de la République a le droit régalien de *faire grâce* (art. 17).

Bien que *garant de l'indépendance de l'autorité judiciaire* (art. 64), il peut, à cette fin, modifier les conditions d'exécution d'une peine à laquelle une personne a été condamnée, soit à la faveur de sa *commutation,* lorsque la peine capitale a été prononcée, soit de la *remise,* en tout ou partie, de sa durée. La première branche de l'alternative est devenue sans objet au lendemain de l'abolition de la peine de mort (loi du 9 octobre 1981) et de la ratification du protocole n° 6 à la convention européenne des droits de l'homme en 1985. La grâce est normalement *individuelle,* à la différence de l'amnistie, qui est *collective.* Synonyme d'*oubli,* celle-ci ressortit, au surplus, à la compétence du *législateur* (art. 34) (144) et efface l'infraction (amnistie et amnésie ont la même racine grecque). La grâce laisse subsister l'élément constitutif, ainsi que la mention de l'incrimination au casier judiciaire de l'intéressé. Cet acte de clémence qui relève, en dernier lieu, de la *conscience* du chef de l'État mériterait d'être libéré de l'obligation de contreseing (145), tout en sachant que les recours en grâce sont instruits par la *chancellerie* (ou le ministère de la justice).

4° Le président et la nation

Le magistrat suprême dispose de la *haute main* sur la défense et la diplomatie, en application de la mission générale qui lui est dévolue par l'article 5 C. Son rôle y est éminent, mais non exclusif, en raison de la compétence *concurrente* du Gouvernement, qui *détermine et conduit la politique de la nation* (art. 20), et de la responsabilité de la défense nationale assumée par le premier ministre (art. 21). La cohabitation en fournit une bonne illustration en mettant en place une *coordination,* voire une *cogestion,* entre les responsables (V. *chapitre I*). De sorte qu'il importe de bannir l'expression *domaine réservé,* simple commodité de langage, en vérité, au profit de *domaine partagé.*

(143) Dans un communiqué du 16 décembre 1987, le rappel de la prérogative présidentielle est affirmé sans détours : *Le Gouvernement ne peut... ni décider la convocation d'une session extraordinaire, ni en fixer l'ordre du jour. Ces compétences relèvent de la seule responsabilité et de la seule appréciation du président de la République.* Jacques Chirac avalisera cette interprétation (*chr.* n° 45, p. 176), et Édouard Balladur s'y ralliera à son tour, en 1993 (V. *chapitre Ier*). Toutefois, la thèse contraire a été soutenue : V. GISCARD D'ESTAING : Un glissement constitutionnel, *Le Monde,* 8 juillet 1993 et M.-A. COHENDET : D'une violation à l'autre, *ibid.,* 17 juillet 1993.

(144) De ce point de vue, la tradition républicaine depuis 1959 veut qu'en signe de *joyeux avènement,* le nouveau chef de l'État fasse déposer, un projet de loi d'*amnistie* de certaines infractions commises avant le jour de son installation à l'Élysée.

Par ailleurs, les mesures de grâce ne peuvent pas, en vertu d'une autre coutume constitutionnelle, être discutées devant les assemblées, encore que sous la IIIe République, certaines décisions de Gaston Doumergue, aient suscité des interpellations. A l'occasion de l'affaire Paul Touvier, la question orale d'André Boulloche a été écartée de l'ordre du jour à l'Assemblée nationale, le 27 juin 1972. Ultérieurement, le 30 juin 1977, à l'adresse de Raymond Forni, le garde des sceaux rappellera que *le droit de grâce ne relève que de la conscience du chef de l'État et que la tradition parlementaire veut que l'on ne discute jamais publiquement de l'exercice de ce droit.* V. X. PRÉTOT : Le pouvoir de faire grâce, *R.D.P.* 1983, p. 1525.

(145) Toutefois, en 1962, le premier ministre Georges Pompidou, appuyé par le garde des sceaux, Jean Foyer, n'a pas hésité à offrir sa démission pour imposer au chef de l'État, la grâce du général Jouhaud qui avait joué un rôle important l'année précédente à l'occasion du putsch d'Alger.

a) *Le chef des armées*

Conformément à sa mission de *garant de l'indépendance nationale et de l'intégrité du territoire* (art. 5 C), *le président de la République est le chef des armées* (en deux mots !) (art. 15 C). La politique de dissuasion, arrêtée par le général de Gaulle, est à l'origine de la *monarchie nucléaire* (décret du 12 juin 1996) (146). Seul le chef de l'État peut ordonner des essais nucléaires (Jacques Chirac a mis un terme, en juin 1995, au moratoire décidé par son prédécesseur) ou donner l'ordre d'une attaque océanique ou aérienne. *La pièce maîtresse de la dissuasion, c'est le chef de l'État, c'est moi* (F. Mitterrand). L'engagement des forces conventionnelles lui incombe *a fortiori* (147). Le premier ministre, *responsable de la défense nationale* (art. 21 C) assure l'exécution. Dans cet ordre de fait, le chef de l'État a décidé, en 1996, la suppression de l'armée de conscription en plaçant la représentation nationale (art. 34 C) devant le fait accompli.

Outre les rencontres hebdomadaires, avec les ministres chargés de la défense, et des affaires étrangères, en l'absence du premier ministre, et l'existence d'un état-major particulier, le chef de l'État *préside les conseils et comités supérieurs de la défense nationale (art. 15 C).*

Simultanément, le concours du Parlement, et celui du premier ministre lui sont nécessaires. Si, la déclaration de guerre est autorisée, par les élus (art. 35 C), la loi détermine l'organisation générale de la défense nationale, laquelle incombe au premier ministre (art. 21). A cet effet, le secrétariat général de la défense nationale *(S.G.D.N.),* rattaché à Matignon, assure la liaison avec l'Élysée et la coordination avec les ministères concernés (décret du 25 janvier 1978).

Le chef des armées, auquel la chaîne de commandement aboutit, à vocation à se transmuer en *chef de guerre,* selon les modalités afférentes aux *lectures* de la Ve République. Autant la guerre du Golfe (janvier-février 1991) fut celle du *pouvoir sans partage* (S. Cohen) de François Mitterrand (148) ; autant le conflit du Kosovo (mars-juin 1999), en période de cohabitation, fut celui d'une répartition harmonieuse des responsabilités entre Jacques Chirac et Lionel Jospin, digne de l'union nationale (149) (V. *chapitre I*).

b) *Le chef de la diplomatie*

Garant du *respect des traités* (art. 5 C), le président a pour mission d'accréditer les ambassadeurs et envoyés extraordinaires des puissances étrangères (art. 14 C). A ce titre, les ambassadeurs, selon les règles du droit international (convention de Vienne de 1961),

(146) Le décret initial du 14 janvier 1964 en matière d'engagement des forces nucléaires a été abrogé par celui du 12 juin 1996 : *L'ordre d'engagement est donné par le président de la République, chef des armées et président du conseil de défense* (art. 5). Les mesures générales d'application incombent au premier ministre (art. 2) et leur mise en œuvre au ministre de la défense (art. 3) et au chef d'état-major des armées (art. 4 et 5), à l'image de la chaîne de commandement des responsables politiques et militaires.

(147) V. B. CHANTEBOUT : *L'organisation générale de la défense nationale en France depuis la fin de la seconde guerre mondiale,* 1967 ; S. COHEN : *La monarchie nucléaire,* 1986 ; H. PAC : *Le droit de la défense nucléaire,* 1989 ; P. DABEZIES et J.-Cl. MASCLET, *C.R.F.* p. 529 ; G. CARCASSONNE : Le premier ministre et le domaine dit réservé, *Pouvoirs* n° 83, 1997, p. 65.

(148) De manière tout à fait exceptionnelle, l'amiral Jacques Lanxade (chef de l'état-major particulier du président de la République) est intervenu à la télévision, le 27 janvier 1991, au point de provoquer la démission du ministre de la défense (J.-P. Chevènement)

(149) Autre différence notable : le 16 janvier 1991, le Gouvernement a engagé sa responsabilité devant le Parlement (art. 49, al. 1er et 4 C) ; tandis qu'il se bornera à une déclaration suivi d'un débat *sans vote* les 26 mars et 27 avril 1999. Les commissions parlementaires, au prix d'une adaptation, ont auditionné les ministres intéressés. V. La France en guerre, *Pouvoirs* n° 58, 1991 ; M.-Th. VIEL : La répartition des compétences en matière militaire entre le Parlement, le président de la République et le premier ministre, *R.D.P.* 1993, p. 141.

lui remettent leurs *lettres de créance* (150). Il négocie et ratifie les traités (art. 52 C). Il est de même, *informé de toute négociation tendant à la conclusion d'un accord international non soumis à ratification* (accords dits *en forme simplifiée)*. Sous la réserve de l'*autorisation* de ratification, que lui accorde le Parlement (art. 53) ou le peuple (art. 11), ces dispositions reçoivent une interprétation modulée (150).

En période présidentialiste, à l'exemple du général de Gaulle, François Mitterand a été à l'origine de la politique étrangère de la France (gestion des crises du Golfe et de la Bosnie-Herzégovine), tout particulièrement s'agissant de l'Union européenne (traité de Maastricht) et de l'Afrique francophone (le *champ*) (151).

En période parlementariste, les autorités œuvrent de conserve, non sans esprit de compétition. *On a besoin que la France s'affirme davantage sur la scène internationale,* déclare le premier ministre (*Le Monde,* 7 janvier 1999), lequel ne cesse, par ailleurs, d'affirmer son autorité internationale (art. 20 C).

Ma mission, c'est de sculpter la statue de l'État, aimait dire le fondateur du régime. Cependant la logique du bicéphalisme ne saurait le détourner du Gouvernement qui l'entoure.

SECTION II LE GOUVERNEMENT

Second élément du pouvoir exécutif, le Gouvernement peut être défini comme *le collège dirigé par le premier ministre et formé par les ministres, à l'exclusion du chef de l'État.*

Détaché du Parlement (art. 8 C), son rôle décisionnel a pu varier en intensité, compte tenu de l'environnement constitutionnel ; en revanche, il n'a cessé d'occuper une place essentielle dans le domaine opérationnel.

I. Au risque de se répéter, la position du Gouvernement est inversement proportionnelle à celle assumée par le chef de l'État, selon la version des institutions retenue. *L'intégration* des deux éléments de l'exécutif, inhérente au régime présidentialiste, a ravalé le Gouvernement à un rôle *instrumental,* chargé d'exécuter le projet présidentiel. Bref, le *Gouvernement par reflet* (A. Mathiot) (152). L'article 20 C, selon lequel il *détermine et conduit la politique de la nation,* en clair, *détermine souverainement les buts de l'État et le dirige vers leur réalisation* d'après l'opinion du doyen Trotabas, est demeuré symbolique. On serait tenté d'opiner que les ministres sont tombés de Charybde en Scylla, à partir de 1958, avant de trouver refuge dans le hâvre de grâce, aménagé par la cohabitation.

(150) La ratification se présente juridiquement sous forme d'un décret. Elle peut être précédée d'une révision de la constitution (art. 54 C). V. *chapitre I.*

(151) *Je n'ai entendu parler du Rwanda qu'après mon départ. La situation échappait au premier ministre. Vous n'étiez pas invité à vous mêler de ce qui ne vous regardait pas. Puisque j'excluais d'influer sur la décision, je ne me suis pas informé.* Telle a été la réponse de Michel Rocard devant la mission d'information parlementaire, le 30 juin 1998, à propos des opérations au Rwanda, à partir de 1990.

(152) Résumé, à bien des aspects, du régime présidentialiste, la *lettre directive* par laquelle le président arrête le programme de travail du Gouvernement, assorti d'un échéancier, et de la publicité, à toutes fins utiles. Sous Valéry Giscard d'Estaing, la procédure était centralisée à son niveau ; sous François Mitterrand, elle a donné lieu à une délibération en conseil des ministres.

La *partition* du pouvoir d'État à ce moment-ci, transfigure le Gouvernement et donne, sous réserve des attributions présidentielles, sa pleine et entière signification à l'article 20 précité. Pour la première fois, il existe un authentique *pouvoir gouvernemental,* dirigé par le premier ministre et accordé à sa majorité parlementaire. Qui mieux que Jacques Chirac, en vérité, pouvait symboliser ce saut qualitatif ? En août 1976, il démissionne estimant ne pas disposer des moyens suffisants pour mener une politique ; en juillet 1986, il déclare être un *chef de Gouvernement heureux !* Cependant, la rupture dans l'ordre politique doit se concilier avec la permanence de l'ordre logistique.

II. De manière constante, le Gouvernement occupe une place éminente dans la gestion de la vie nationale au point d'être le *lieu de confluence* de tous les problèmes. Il se situe, en effet, au *carrefour* des autorités publiques. Qu'il s'agisse de l'autorité présidentielle, de l'autorité administrative et militaire avec laquelle il vit en osmose et de l'autorité parlementaire : en un mot, la machinerie institutionnelle converge et transite par Matignon, qui fait *tout* (G. Carcassonne) (153).

Tant et si bien, qu'au plus fort du régime présidentialiste, le Gouvernement s'est trouvé certes réduit, mais nullement anéanti, pris en sa qualité de bras séculier de l'Élysée. Que dans ces conditions, le premier ministre avise et que l'administration temporise, le pouvoir présidentiel s'enlise, de manière inéluctable. Le différend qui s'est élevé, à partir de 1970, entre Georges Pompidou et Jacques Chaban-Delmas l'atteste. Le président ne retrouvera l'initiative politique à nouveau, qu'en s'entourant d'un fidèle exécutant.

Au total, le Gouvernement de la Ve République n'a succombé ni au *misérabilisme,* ni à l'*impérialisme*. Il oscille, en tout état de cause, entre un pouvoir *influent,* au minimum, et *déterminant*, au maximum.

Ceci précisé, il y a lieu d'envisager son *organisation* (§ 1) et l'autorité dont il jouit (§ 2).

§ 1 L'ORGANISATION GOUVERNEMENTALE

L'organisation actuelle contraste avec celle des Républiques passées, sur deux points essentiels. La conception horizontale ou égalitaire est remplacée par une conception verticale ou hiérarchique. Le président du conseil de jadis (simple *primus inter pares,* en dehors de circonstances particulières) fait place désormais à un premier ministre, coordonnateur et supérieur des ministres : *Rien ne peut se faire sans que le premier ministre en ait décidé* (F. Mitterrand). Par ailleurs, l'article 23 C pose le principe de l'*incompatibilité,* c'est-à-dire de l'impossibilité de *cumuler* les fonctions gouvernementales et parlementaires. Mais, il est juste de relever que, si cette disposition a suscité de nombreuses appréhensions, la pratique du régime les a apaisées, par la suite, pour ne laisser subsister que son *byzantinisme.* D'une manière plus précise, on s'attachera à l'examen respectif de la structure et du statut gouvernemental.

(153) V. F. de BAECQUE : *Qui gouverne la France ?* 1976 ; Th. PFISTER : *La vie quotidienne à Matignon sous l'union de la gauche,* 1985 ; Qui gouverne la France ? *Pouvoirs* n° 68, 1994 ; Le premier ministre, *ibid* n° 83, 1997.

A. LA STRUCTURE GOUVERNEMENTALE

Telle la tortue romaine, le Gouvernement allie la diversité à l'unité. Il se présente autrement dit, comme un ensemble, tout à la fois, *différencié* et *coordonné.*

1° La différenciation gouvernementale

La différenciation entre les membres du Gouvernement présente trois caractères. Elle est, successivement *fonctionnelle, pragmatique* et *hiérarchique.*

a) *La différenciation fonctionnelle*

A l'inverse du système qui prévalait à la fin de l'Ancien Régime et qui consistait à diviser *géographiquement* le royaume (système des *quatre quartiers),* la répartition entre les ministres s'effectue sur la base des activités poursuivies par l'État (154). Cependant le critère géographique demeure s'agissant de l'outre-mer, des affaires étrangères et européennes. Le passage du libéralisme au dirigisme en a accru le nombre (de 10 à 40). Avec 29 membres, le Gouvernement Jospin est l'exception qui confirme la règle.

Il y a lieu de préciser que, les attributions des ministres *stricto sensu* (à l'exclusion des ministres délégués et secrétaires d'État) sont fixés par décret, après avis du Conseil d'État, le conseil des ministres entendu (décret du 22 janvier 1959).

b) *La différenciation pragmatique*

A la différence d'un État fédéral (Belgique, États-Unis), aucune disposition, à ce jour (en dehors des lois du 20 juin 1920 et du 12 juillet 1940) ne fixe la liste des portefeuilles ministériels qui est laissée à l'appréciation du chef de l'État et du premier ministre. Car, au-delà du noyau dur que constituent les activités de puissance publique et de gestion, la répartition tient compte de considérations politiques (personnalité ou dosage), conjoncturelles ou structurelles. Seul le garde des sceaux, ministre de la justice, en sa qualité de vice-président du Conseil supérieur de la magistrature, dispose d'un statut constitutionnel (art. 65 C).

c) *La différenciation hiérarchique*

En dépit du principe de l'égalité juridique entre les membres du Gouvernement, ce dernier est aménagé sur une base hiérarchique.

On rappellera pour mémoire, que sous la IIIe République, a prévalu le nivellement entre les ministres. Pendant longtemps même, l'institution d'un président du conseil a été purement coutumière. Celle-ci n'a été concrétisée que par la loi de finances du 24 décembre 1934, reconnaissant l'existence d'un *ministre chargé de la présidence du conseil* et attribuant à celui-ci des services administratifs distincts et une résidence à l'hôtel de Matignon. Mais cela n'empêchait pas que, par exemple, après comme avant 1934, la responsabilité politique du cabinet devant le Parlement pût être engagée par *tout ministre* (questions de confiance individuelle). Dans les faits, le ministre des finances exerçait la responsabilité de chef de gouvernement et de l'administration, en dehors de quelques fortes personnalités (155).

(154) C'est la raison pour laquelle le premier ministre n'assume pas en principe, de responsabilités gestionnaires. Cependant Raymond Barre a cumulé le portefeuille de l'économie et des finances (1976-1978), et Pierre Bérégovoy, ceux de la ville, en 1992, et de la défense, en 1993.

(155) En fait, le président du conseil, sous les IIIe et IVe Républiques, rappelait, selon la comparaison de M. Duverger, *le petit roi de Bourges* au milieu des grands féodaux. En d'autres termes, il s'est agi d'un conciliateur plutôt que d'un *leader,* conformément à la pratique inaugurée par Jules Grévy, qui, par hostilité à Gambetta, a *dissocié,* dans le cadre du *dualisme négatif,* les qualités de chef de Gouvernement et de la majorité parlementaire, à l'opposé de la situation en Grande-Bretagne. Il n'est pas surprenant qu'Aristide Briand ait exercé à onze reprises cette fonction, sous le régime de 1875, et Henri Queuille, trois fois, sous celui de 1946. Cependant, à titre exceptionnel, on rencontre d'*authentiques* chefs de Gouvernement à la faveur de circonstances de crise : Waldeck-Rousseau (1899-1902), Clemenceau (1906-1909) et au temps de la *peur sacrée* (1917-1920), Poincaré (1926-1929) et Pierre Mendès-France (1954-1955).

Sous la IVe République, la primauté du président du conseil est reconnue. Il est investi *seul*, à l'origine, de la confiance des députés. Il peut se séparer des ministres qui mettent en cause l'unité du cabinet (révocation des ministres communistes, en mai 1947, par Paul Ramadier). Par ailleurs, il peut poser *seul*, la question de confiance devant l'Assemblée nationale. Mais, en pratique, il en va tout autrement.

La Ve République a repris, à cet égard, cette inspiration. Cependant, l'organisation hiérarchisée du Gouvernement est à la fois plus affirmée et nuancée. Le premier ministre se voit officiellement confier, le soin de diriger l'*action* du Gouvernement (art. 21 C), mais l'évolution présidentialiste du régime a contrarié sa prééminence. Le puissant ministre de l'économie et des finances, selon une loi du genre, s'est souvent émancipé, comme les ministres *détachés* auprès du chef de l'État, en raison de leurs responsabilités (affaires étrangères, coopération, défense) et les ministres *court-circuiteurs,* qui entretiennent des relations privilégiées avec le président (Laurent Fabius entre 1981 et 1984). Par surcroît, les services de l'Élysée ont exercé une surveillance réelle, sur Matignon, au point que Georges Pompidou, en 1967, au prix d'une menace de démission, obtiendra le départ du secrétaire général qui marchait sur ses brisées. En 1972, le renvoi du premier ministre (Jacques Chaban-Delmas) marquera l'apogée de leur influence. Cependant, au cours de la guerre du Golfe, en 1991, le rôle déployé par l'amiral Lanxade a entraîné la démission du ministre de la défense (156).

Le retour au régime parlementaire à la faveur de la cohabitation a restauré l'autorité du premier ministre sur les ministres. Toutefois, le fait que ceux-ci demeurent des responsables politiques nationaux peut créer des difficultés. À l'occasion de la guerre du Kosovo, en 1999, Jean-Pierre Chevènement a usé de sa liberté de parole (157).

Sous l'expression générique de *membres du Gouvernement,* la hiérarchie entre eux n'est pas fixée par la constitution. Au reste, le terme *ministre* y est absent (sauf aux articles 57 et 65). Elle résulte simplement du *décret de nomination,* publié au *Journal officiel.* En dépit de son caractère *contingent,* le rang habituel entre ceux-ci s'établit, en général, selon le dégradé suivant : ministre d'État, ministre, ministre délégué et secrétaire d'État (158).

(156) En sens opposé, l'action conjuguée du premier ministre et du secrétaire général de la présidence de la République peut peser sur les choix présidentiels : à preuve la dissolution de l'Assemblée nationale en 1997.

(157) L'habitude s'est prise d'une rencontre hebdomadaire du chef de l'État avec les ministres du secteur partagé (affaires étrangères ; défense) en l'absence du premier ministre. Cette hypothèse concerne aussi le garde des sceaux, ministre de la justice, au titre du Conseil supérieur de la magistrature (art. 65 C).

(158) La hiérarchie entraîne divers effets : du point de vue de la préséance (manifestations officielles ; place occupée à la table du conseil des ministres) ; du traitement (les ministres sont classés hors échelle *G* dans la grille indiciaire de la fonction publique et les secrétaires d'État hors échelle *F*) et concernant l'intérim du premier ministre pour quelque cause que ce soit (indisponibilité ou déplacement à l'étranger). Les membres du Gouvernement ne bénéficient pas, en cette qualité, d'un droit à retraite, à l'instar des parlementaires. Ils cotisent dans les conditions ordinaires des personnels de l'État. La hiérarchie incline à l'alchimie, en ce qu'elle est accordée à la pratique du dosage (politique et géographique). La répartition par sexe longtemps modeste, a connu une progression spectaculaire : le Gouvernement Jospin accueille 10 femmes, soit 30 % de ses effectifs : 5 ministres, une ministre déléguée et 4 secrétaires d'État. Pour la première fois, la fonction de garde des sceaux, ministre de la justice, a été attribuée à l'une d'entre elles. V. C.E., *Structures gouvernementales et organisation administrative,* DF, 1986.

1) Le ministre d'État

Ce titre d'honneur (ou *dignité ?*) est conféré *intuitu personae.* Il se rapporte moins à la fonction exercée qu'à la personnalité désignée, à cet effet (159). Il s'agit, en d'autres termes, pour le chef de l'État et le premier ministre (en dehors d'une attention particulière), de valoriser la présence des chefs de la majorité. Le titre est donc à éclipses et varie selon les circonstances. Il y a lieu d'ajouter que si, pendant longtemps, le ministre d'État ne disposait pas d'attributions précises (on parlait alors de *ministre sans portefeuille*), la Ve République tourne le dos à cette conception. Le ministre de l'économie et des finances est souvent honoré, à cet égard.

2) Le ministre

Il s'agit de la dénomination ordinaire (160). Le nivellement ne saurait concerner le ministre de l'économie et des finances qui relève *de facto* d'un statut spécial. Outre le fait qu'il a disposé, naguère du palais du Louvre, il se comporte à la manière d'un Gouvernement au sein du Gouvernement. A ce titre, il fixe les dépenses de ses collègues, en contrôle l'exécution par l'entremise des contrôleurs financiers. Pour la rue de Bercy, les autres ministères ne sont, en définitive, que des maisons de verre. A la réflexion, seul le chef de l'État et, à un moindre degré, le premier ministre, peuvent réfréner la férocité légendaire de ce *ministre universel* et la volonté de puissance de ses services (161).

Ces ministres de *plein exercice,* sont aussi, pour certains d'entre eux, des ministres *chefs de file,* dès lors qu'ils peuvent être entourés de ministres délégués ou (et) de secrétaires d'État (162).

3) Le ministre délégué

Le titre de ministre délégué a connu une extension. Originairement, il s'agit de ministres qui, agissent par *délégation* du premier ministre (art. 21, al. 2 C), afin que celui-ci ne soit pas distrait de sa fonction de coordination et d'impulsion, par des tâches de gestion. Depuis le 2e Gouvernement Mauroy (juin 1981), la formule a été étendue aux ministres ordinaires. Au-delà du titre apprécié de *ministre* et de la considération qui en découle, les ministres délégués agissent par délégation du ministre de rattachement, lequel a le pouvoir de leur adresser des instructions. Ils peuvent contresigner *seuls* les décrets qui les concernent et ont autorité pleine et entière sur leurs services (circulaire Mauroy du 16 avril 1983) (163).

4) Le secrétaire d'État

Il s'agit du dernier degré de la hiérarchie. Le titre initial de *sous-secrétaire d'État,* dont le général de Gaulle en mai 1940 fut le plus illustre titulaire, a disparu en 1946. Il est destiné, en principe à accueillir à la manière d'une école du pouvoir, de jeunes talents qui, par délégation et sous l'autorité

(159) En conséquence, le titulaire porte un double titre, l'un *personnel,* l'autre *fonctionnel :* ministre d'État, ministre de la justice, par exemple. Dans le langage politique, on parle d'*archiministre*. Le Gouvernement Jospin n'en compte aucun. V. B. FESSART DE FOUCAULT : Les ministres d'État, *R.F.S.P.* 1972, p. 5.

(160) La dénomination de *garde des sceaux,* est accolée à celle de ministre de la justice. La tradition avant 1958 lui attribuait la qualité de vice-président du conseil des ministres. Il préside par ailleurs le Tribunal des conflits, créé par la loi du 24 mai 1872, en vue de déterminer l'ordre juridictionnel compétent en cas de contestation. Mais, il n'y siège pas, sauf pour *vider* le conflit en cas de partage. Ce vestige de justice retenue a été critiqué au point d'entraîner la démission d'un membre de cette juridiction (*chr.* n° 83, p. 185). Jusqu'en 1945, le ministre de la justice présidait le Conseil d'État.

(161) *La France est une entreprise dirigée par son caissier,* prétendait Michel Debré, en 1947 *(la mort de l'État républicain).* La formule conserve toute sa sagacité. Dans le Gouvernement Jospin, Dominique Strauss-Kahn est à la tête d'un super-ministère : ministre de l'économie, des finances et de l'industrie, il est entouré de 4 secrétaires d'État. Parler de la forteresse de Bercy ne relève donc pas de la facilité de langage. V. G. ZALMA : L'hégémonie du ministre des finances dans le droit budgétaire de l'État, *R.D.P.* 1985, p. 1653 ; Le ministère des finances, *Pouvoirs* n° 53, 1990.

(162) Depuis 1983, la hiérarchie a été rationalisée dans la pratique : La qualité de ministre, fût-ce celle de ministre délégué, est liée à celle de participant au conseil des ministres. A ce titre le décret relatif à la composition du Gouvernement vise les art. 8 et 9 C. Par suite, les secrétaires d'État ne siègent pas, en principe, au conseil des ministres, sauf *pour les affaires relevant de leurs attributions.*

(163) Des ministres délégués figurent dans le Gouvernement Jospin : affaires européennes ; coopération ; enseignement scolaire et ville.

du premier ministre ou d'un ministre, effectuent, en quelque sorte, l'apprentissage de la vie gouvernementale. La participation des secrétaires d'État au conseil des ministres, a varié dans le temps. En dehors des questions relevant de leurs attributions, ils en ont été écartés, en règle générale. Le secrétaire d'État ne peut pas contresigner seul les décrets relatifs à ses attributions ; sa signature doit être accompagnée de celle du ministre dont il relève. Enfin, le secrétaire d'État a seulement la disposition de ses services. En un mot, l'administration reste sous l'autorité du ministre délégant. Ce dernier est fondé à lui adresser des instructions (circulaire Mauroy précitée) (164). Toutefois, pour la première fois, le Gouvernement Balladur (1993-1995) n'en comptait aucun dans ses rangs.

La diversité des conditions ministérielles est, cependant, compensée par l'existence de mécanismes de coordination, de manière à mettre en œuvre leur *solidarité*.

2° La coordination gouvernementale

Comment faire en sorte que l'action d'un ministre engage le Gouvernement tout entier ? En vue de favoriser l'unité de dessein, telle qu'elle ressort du programme soumis aux électeurs, une coordination qui rime avec *centralisation* est mise en place (165). On étudiera les *acteurs* et les *lieux* de *l'interministérialité.*

a) *Les acteurs de la coordination*

Au nom de la solidarité gouvernementale, un regard appuyé s'exerce sur chaque ministre. Tour à tour, les aspects *politiques* et *techniques* de son activité seront embrassés, en vue d'éviter la cacophonie.

1) Les coordonnateurs politiques

La cohérence du projet politique est assumée, du point de vue institutionnel, tantôt par le président de la République, relayé par le premier ministre, en régime présidentialiste ; tantôt par le seul premier ministre, en régime parlementaire (art. 21 C), au moyen de leurs collaborateurs respectifs (166).

Pour s'en tenir à un exemple significatif, Matignon adresse aux ministres des *lettres de cadrage* puis des *lettres-plafonds* en matière budgétaire, assorties le moment venu de *lettres de mission* pour mieux asseoir son autorité. De sorte qu'à l'image des chevrons

(164) Parrallèlement à cette conception classique, une seconde est apparue avec les secrétaires d'État *autonomes* ou *ministricules* (R.-G. Schwartzenberg). En l'absence de tout rattachement, ils possèdent tous les attributs d'un ministre, sauf le titre. Cette catégorie, apparue en 1974, est épisodique. V. M. STAUB : Les secrétaires d'États autonomes, *R.D.P.* 1981, p. 377.

(165) A ce propos, le premier ministre Michel Rocard a innové en élaborant *un code de déontologie de l'action gouvernementale.* Une circulaire du 25 mai 1988 relative à la méthode de travail du Gouvernement en explicite les termes (*chr.* n° 47, p. 198). En l'état, cette démarche didactique résulte des circulaires Juppé et Jospin des 30 janvier et 6 juin 1997. V. L'organisation interministérielle, *Administration* 1994, p. 29.

(166) A la manière d'un *super-exécutif* (P. Viansson-Ponté), sous l'autorité du secrétaire général de la présidence de la République, les *conseillers techniques,* flanqués de chargés de mission, supervisent un secteur déterminé de l'activité gouvernementale et veillent à ce que les ministres, conformément aux directives présidentielles, suivent le cap tracé. Une même structure a été mise en place à Matignon. Le cabinet du premier ministre, depuis l'époque de Jacques Chaban-Delmas, est une miniaturisation du Gouvernement. Il exerce une mission politique réelle, qui devient essentielle en période de cohabitation, par l'entremise du directeur de cabinet (*l'alter ego* du premier ministre), des conseillers et des chargés de mission. En simplifiant, toute décision requiert le triple accord du ministre et des conseillers techniques de Matignon et de l'Élysée.

Il y a lieu de relever la différence numérique entre les collaborateurs du chef de l'État (une trentaine, en dehors des officieux) et les 5 000 fonctionnaires rattachés au premier ministre. V. Ph. ARDANT ; *Le premier ministre en France,* 1991, p. 91.

d'une célèbre marque automobile, chacun d'entre eux dispose, selon le moment envisagé, d'*honorable(s) correspondant(s)* ou, pour utiliser un langage empreint d'une plus grande sérénité, de tuteur(s).

2) Les coordonnateurs techniques

Les contraintes *juridiques* et *financières* entrent en ligne de compte. Elles sont prises en charge respectivement par le secrétariat général du Gouvernement (S.G.G.), le secrétariat général du comité interministériel pour les questions de coopération économique européenne (S.G.C.I.), et le Conseil d'État, d'une part, et le ministre de l'économie et des finances, qui dispose d'un redoutable pouvoir de *veto,* d'autre part. On rappellera, d'un mot, que le préfet, au plan local, a pour mission, dans le cadre de la procédure de *déconcentration,* de diriger l'action des services de l'État (décret du 10 mai 1982), de la même façon, que l'ambassadeur au plan international (décret du 1er juin 1979).

Pour se limiter au premier aspect, le S.G.G., dont la création remonte au décret du 31 janvier 1935, joue un rôle déterminant, mieux incontournable. Au sens propre du terme, il est la *cheville ouvrière* du pouvoir exécutif et la mémoire de l'État ou, en langage d'initiés, *la machine à bleuir* par référence à la couleur du papier sur lequel il rend compte de son activité (167). A ce titre, il escorte toute les phases et les péripéties de la procédure normative, tant légale que réglementaire, jusqu'à y compris la publication au *Journal officiel. Je suis un convoyeur de textes* prétendait, de manière pertinente, Marceau Long.

Le secrétaire général du Gouvernement, assisté d'un directeur et de chargés de mission, spécialisés dans un secteur déterminé, organise le travail gouvernemental, sous l'angle juridique. A cet égard, ce haut fonctionnaire prépare l'ordre du jour du conseil des ministres, auquel il assiste, du reste ; rédige le procès-verbal de ses délibérations et dresse, en vue de leur conversion juridique ultérieure, le *relevé* de ses décisions (168). Dans ces conditions, le S.G.G. œuvre de conserve, avec le Conseil constitutionnel et avec le Conseil d'État, dont il est l'interlocuteur unique (169).

Dans le domaine communautaire, l'intervention du S.G.C.I., *S.G.G. bis* (J.-L. Quermonne) créé par un décret du 25 juin 1948, est décisive. Point de passage obligé, il est chargé, au plan externe, de préparer et d'arrêter les instructions des représentants français, au conseil des ministres à Bruxelles, en étroite liaison avec la représentation permanente et le C.O.R.E.P.E.R. Au surplus, une circulaire Jospin du 9 novembre 1998 précise la procédure, visée à l'article 88-4 C, par laquelle les propositions d'actes communautaires sont transmises au Parlement (V. *chapitre IV*). Au plan interne, le rôle du S.G.C.I. n'en est pas moins fondamental : il est chargé de préparer la transposition des directives communautaires en normes nationales, dans les délais requis, (décret du 3 septembre 1952, modifié par celui du 20 septembre 1977). Par l'entremise du S.G.G., les textes proposés sont soumis aux ministères concernés.

Parallèlement à sa mission juridictionnelle, le Conseil d'État exerce une mission *consultative* auprès de l'exécutif (ord. du 31 juillet 1945). La section administrative compétente est saisie par le représentant du ministre (appelé le commissaire du

(167) Le S.G.G. et le S.G.C.I. font partie des *services du premier ministre,* d'un point de vue administratif, tout en étant *à cheval* sur le Gouvernement et la présidence de la République. V. M. LONG : *Les services du premier ministre,* 1981 ; R. PY : *Le secrétariat général du Gouvernement ; D.F. 1985 ;* J.-L. QUERMONNE : *L'appareil administratif de l'État, 1991 ;* F. BONINI : *L'histoire d'une institution coutumière : le secrétariat général du Gouvernement de la République française* (1934-1986), thèse I.E.P., Paris, 1987 et les circulaires Juppé du 30 janvier 1997 et Jospin du 6 juin 1997.

(168) La permanence dont jouit le secrétaire général du Gouvernement souligne son importance. Depuis la Libération, on ne compte en effet que sept titulaires : d'André Ségalat qui demeura à ce poste, tout au long de la IVe République, à Jean-Marc Sauvé nommé en mai 1995. Renaud Denoix de Saint-Marc a connu à ce poste deux cohabitations (1986, 1993). La tradition réserve cette fonction à un membre du Conseil d'État.

De plus, conformément à l'article 32 de la constitution de 1946, un procès-verbal du conseil des ministres est rédigé, dont le S.G.G. est le dépositaire, tandis qu'une copie est transmise à l'Élysée.

(169) En dehors de conversations officieuses, le S.G.G. adresse, au nom du Gouvernement, des *observations* au C.C., en réplique à la saisine parlementaire. Depuis une décision du 20 décembre 1994 (*Statut fiscal de la Corse, chr.* n° 73, 1995, p. 201), celles-ci sont publiées (v. *chapitre IV*).

Gouvernement) du projet de texte (loi, ordonnance et décret), ou d'une demande d'avis sur une question, puis l'assemblée générale délibère. En dehors d'une clarification dans la rédaction, le Conseil d'État se préoccupe du respect de la cohérence de la règle de droit, pour mieux conjurer le contentieux. Il est très rare que le Gouvernement s'écarte de ses avis (170).

b) *Les lieux de la coordination*

En dehors des rencontres informelles au sein de la majorité, de la concertation avec les partenaires sociaux, de l'utilisation du réseau téléphonique de *l'interministériel* et des ressources de la *République des camarades de promotion* (l'annuaire des anciens élèves de l'E.N.A., par exemple), comment est organisé le circuit décisionnel ?

Où va-t-on à l'*arbitrage,* pour utiliser l'expression consacrée ? Une fois encore, la réponse est conditionnée par l'environnement constitutionnel, dans lequel les acteurs se meuvent. Toutefois la diversité des étapes débouche sur le passage obligé du conseil des ministres.

1) Les étapes de l'arbitrage en logique présidentialiste

Dans quels cadres, l'arbitrage, c'est-à-dire le règlement du différend ou d'un dissentiment entre les parties intéressées, est-il rendu ? Au prix d'une simplification, et suivant les instructions diligentées par le chef de l'État et le premier ministre, le cheminement se déroule, en temps ordinaire (171), selon les étapes suivantes : la réunion interministérielle, le comité interministériel, et enfin le conseil des ministres (172). Sous ce rapport, il est loisible au président de convoquer, en tant que de besoin, un *conseil restreint.* En revanche, à l'exemple du général de Gaulle, il dénie au premier ministre le droit de réunir l'ensemble des membres du Gouvernement dans le cadre d'un *conseil de cabinet,* comme jadis sous la IVe République. A dire vrai, le chef de l'État n'est-il pas aussi le chef du Gouvernement, en temps ordinaire ?

α) La réunion interministérielle

On désigne sous ce vocable, une réunion entre les membres des ministères concernés par un projet, présidée par le membre du cabinet du premier ministre compétent. Un premier bilan des accords et des désaccords est dressé (le *bleu*) et un nouveau rendez-vous fixé.

β) Le comité interministériel

Créé par décret, il regroupe à Matignon, à intervalle régulier, sur un sujet déterminé (aménagement du territoire par exemple), sous l'autorité du premier ministre, les ministres et le cas échéant, les secrétaires d'État intéressés. Un collaborateur du chef de l'État y est convié.

Les arbitrages y sont rendus par le chef du Gouvernement, tout particulièrement en matière budgétaire, sous forme d'une *lettre-plafond ;* de la même façon qu'il formule ses recommandations. Cependant, appel peut être interjeté éventuellement de la décision par le ministre désavoué, devant le chef de l'État.

(170) V. J. MASSOT et Th. GIRARDOT : *Le Conseil d'État,* 1999, p. 52.

(171) En période de crise (guerre du Golfe en 1990-1991), les choix présidentiels ont été arrêtés, de manière inédite, à l'issue d'un conseil d'état major quotidien réunissant, sous l'autorité du chef de l'État, ses collaborateurs immédiats (secrétaire général, porte-parole de l'Élysée et chef de l'état-major particulier) ; le premier ministre ; les ministres de la défense, des affaires étrangères et de l'intérieur, le chef d'état-major des armées ; les chefs d'état-major des trois armes et le secrétaire général de la défense nationale. V. G. CARCASSONNE : Cellules de crise, *Pouvoirs* n° 58, 1991, p. 41.

(172) La terminologie usitée sous la Ve République, conformément à la volonté exprimée par le général de Gaulle, est ainsi fixée : un *comité est réuni sous l'autorité du premier ministre, un conseil sous celle du chef de l'État* par mimétisme avec le *conseil des ministres.* V. A. DELION : Les conseils et comités interministériels, *A.J.D.A.* 1975, p. 268 ; J. FOURNIER : *Le travail gouvernemental ;* 1987.

γ) *Le conseil restreint*

Le plan incliné, auquel le régime présidentialiste peut être aisément comparé, conduit tout naturellement vers l'Élysée. Le président tient, de manière *spontanée,* en dehors du domaine militaire (art. 15 C), un conseil restreint, dont la périodicité et la composition sont laissées à sa libre appréciation. La subordination du premier ministre n'emporte pas, cependant, son désaveu. Cet *assemblage de lumières,* aurait opiné Louis XVI, qui confère le *dernier mot* au chef de l'État, a connu un destin contrasté. Ce lieu privilégié de l'action présidentielle jusqu'à Valéry Giscard d'Estaing, a été délaissé par François Mitterrand à partir de 1991, en dehors de l'examen de questions sensibles (173). Ce qui a pour effet de conforter l'autorité du premier ministre en comité interministériel, car *l'Elysée n'est pas une instance d'appel des décisions prises par Matignon* (J. Chirac).

δ) *Le conseil des ministres*

On a eu l'occasion de souligner l'importance de cette formation *spécifique* à la France, qui incarne *l'unité* politique du pouvoir exécutif. *Il n'y a pas de mission plus noble que d'y sièger* (F. Mitterrand). En l'absence de toute réglementation, sa *composition* est laissée à la discrétion du chef de l'État qui le réunit et le préside, en principe, chaque mercredi (174). En cas d'empêchement, sa suppléance est confiée au premier ministre, *en vertu d'une délégation expresse et pour un ordre du jour déterminé* (art. 21 *in fine* C) *(infra).* En dehors de l'honneur insigne fait à une personnalité d'y participer (en avril 1919, pour le maréchal Foch ou en décembre 1974, pour le premier ministre québécois Robert Bourassa), la tendance a varié. Le général de Gaulle y convoquait les secrétaires d'État, à l'opposé de ses successeurs. De sorte que le conseil des ministres est, selon la tautologie, *le conseil des ministres.* Mais, en dehors de l'hypothèse rare d'un tour de table, le conseil entérine plus qu'il ne délibère, en vérité. D'où la célérité de ses travaux.

Son *ordre du jour,* proposé par le premier ministre, arrêté par le chef de l'État, adressé aux participants la veille, comprend trois parties : la *partie A* vise les projets de loi, d'ordonnance et de décret, pour lesquels il n'y a pas lieu à délibération et, encore moins à un vote, mais à une adoption par *consensus ; la partie B* est relative aux mesures individuelles (nominations des hauts fonctionnaires, officiers généraux, et des dirigeants d'entreprises publiques) ainsi que la dissolution de conseils municipaux, elle ne donne pas lieu à délibération, en principe ; enfin la *partie C* est réservée aux communications de ministres, et traditionnellement à celle du ministre des affaires étrangères. Un avant-projet de loi important, peut aussi y figurer afin de provoquer un échange de vues, avant d'être inscrit, au terme du processus, en *partie A.* La tradition veut que le dernier mot appartienne au chef de l'État. Selon le règlement intérieur des travaux du Gouvernement, adopté en février 1947, *le secret des délibérations constitue une obligation d'État qui engage l'honneur de tous ceux qui assistent aux séances du conseil des ministres.* Un communiqué remis à la presse informera l'opinion (175).

(173) V. B. Tricot : *les conseils restreints à l'Élysée, du temps du général de Gaulle,* in *L'entourage et de Gaulle,* 1979, p. 164.

(174) Le conseil des ministres se réunit à Paris. Toutefois, en dehors de la situation dramatique de juin 1940, Valéry Giscard d'Estaing a innové en le transportant à Lyon, le 11 septembre 1974, Évry le 26 février 1975 et à Lille, le 1er décembre 1976. Exceptionnellement, l'examen d'une question peut justifier deux réunions hebdomadaires (putsch d'Alger en avril 1961 ; dévaluation de la monnaie, novembre 1968 ; guerre du Golfe, janvier 1991). Le chef de l'État peut, à l'inverse, ajourner ou supprimer un conseil. V. D. Turpin, art. précité, *R.D.P.* 1987, p. 873.

En principe, si le conseil ne peut se réunir en l'absence du président, à l'opposé celle du premier ministre n'y fait pas obstacle, à partir de l'instant où il signe après-coup le décret de présentation du projet de loi, lors de son dépôt sur le bureau d'une assemblée (C.C., 12 septembre 1984, *Limite d'âge dans la fonction publique, chr.* n° 32, p. 184).

(175) A côté de la table où le président et les ministres sont réunis, siègent à part le secrétaire général du Gouvernement et celui de la présidence de la République. Ils préparent le procès-verbal de la séance et répondent, en tant que besoin, à des questions. Pour le S.G.G., le conseil est un moment privilégié pour recueillir les contreseings des ministres concernés. La tradition de la Ve République veut que le chef de l'État et le premier ministre s'entretiennent en tête-à-tête avant le début du conseil.

2) *Les étapes de l'arbitrage en logique parlementariste*

En période de cohabitation, le processus est tout à la fois, *simplifié* et *renouvelé.* Hormis les conseils de défense (art. 15 C) ou la tenue d'un conseil restreint, convoqué par le chef de l'État, celui-ci n'est plus partie prenante au processus de coordination, jusqu'à la réunion du conseil des ministres. Il n'est pas jusqu'au traditionnel relevé des décisions qui ne soit abandonné. Dans ces conditions, les arbitrages sont rendus par le premier ministre, à l'issue des comités (ou réunions) interministériels. Par suite, l'autorité des membres de son cabinet ne cesse de croître, au point de ramener l'essentiel des décisions gouvernementales à leur niveau et à se comporter, à la limite, en *super-ministres.* La crise des lycées et des universités en 1986 en apporte la preuve.

Cependant, le comité interministériel est primé, au plan *politique,* par *l'enfant* de la cohabitation appelé la *réunion de ministres.*

Sous l'autorité de Lionel Jospin, cette réunion (le secrétaire au budget étant présent) se tient deux fois par mois. L'ensemble des membres du Gouvernement (secrétaires d'État inclus) sont conviés une fois par mois à Matignon, en présence du directeur de cabinet (Olivier Schrameck) et des conseillers du premier ministre afin d'y *débattre collégialement des orientations de la politique gouvernementale,* car *une discrétion exemplaire doit être observée sur les débats interministériels qui précédent l'adoption des décisions* (circulaire relative à l'organisation du travail gouvernemental du 6 juin 1997). Tout se passe comme si le conseil de cabinet d'antan avait réssuscité. L'émancipation politique du Gouvernement par rapport au chef de l'État, en période de cohabitation, transforme le conseil des ministres, en un lieu formel (V. *chapitre I*), voire de manière inattendue, d'expression d'opinions dissidentes de ministres. L'engagement français dans la guerre du Kosovo en fut la cause, le 31 mars 1999, à telle enseigne que le sujet devait être réservé, par la suite, aux conseils restreints, selon un accord entre Jacques Chirac et Lionel Jospin (*chr.* n° 90).

B. LE STATUT DES MEMBRES DU GOUVERNEMENT

Le premier ministre et les ministres sont soumis, en principe, à un régime commun (176).

1° La nomination aux fonctions gouvernementales

a) *Le profil gouvernemental*

On se bornera à rappeler, qu'en vertu de l'article 8 C, le chef de l'État nomme le premier ministre et, sur la proposition de celui-ci, les ministres et secrétaires d'État. A l'origine, les Gouvernements comptaient, en règle générale, une proportion relativement importante de *non-parlementaires,* appelés ministres *techniciens,* à l'inverse de la règle observée jusque-là. De nos jours, l'origine parlementaire est redevenue le principe. Le Gouvernement Jospin ne compte que deux non-parlementaires. Par ailleurs, le passage par le secrétariat général de la présidence de la République représente une autre voie d'accès. Concernant le *cursus honorum* avant 1958, il était marqué par la détention de mandats électifs locaux puis nationaux, avant d'atteindre le *dernier terme de la gloire humaine* (G. Flaubert) le titre de ministre, celui de la consécration. Les débuts de la Ve République ont été marqués par une tendance inverse : on était d'abord ministre avant de devenir un élu (177).

(176) V. J. RIGAUD : Pouvoir et non pouvoir du ministre, *Pouvoirs* n° 36, 1985, p. 5.

(177) Loin de céder à l'improvisation, le chef de l'État soulignait sa préoccupation de disposer de ministres de tout repos, y compris le premier d'entre eux. Les grands commis de l'État retrouvaient paisiblement leur administration d'origine, sans soulever le problème des suppléants, qui empoisonne littéralement la vie politique, et, sans déranger le pouvoir à l'occasion d'élections législatives partielles. Toutefois, certains d'entre eux, succombèrent aux *délices et aux poisons* de la vie politique en y prenant souche. V. E. SULEIMAN : *Les hauts fonctionnaires et la politique,* 1976 et P. BIRNBAUM : *Les sommets de l'État,* 1977.

Avant 1958, la présence de *ministres techniciens* était exceptionnelle : on citera le général Picquart, ministre de la guerre dans le cabinet de Clemenceau en 1906, le maréchal Pétain, au même poste, en 1934, avec Doumergue. Dans des circonstances particulières ou graves, le ministère sera dirigé provisoirement par un *non-parlementaire* (Rochebouët en 1877, François-Marsal en 1924, Pétain en 1940, ou de Gaulle en 1958). Sous la Ve République, cinq premiers ministres se rangent dans cette catégorie : Georges Pompidou, (1962) ; Raymond Barre (1976) ; Édith Cresson (1991), Pierre Bérégovoy (1992) et Alain Juppé (1995). Mais ces trois derniers avaient exercé un mandat de député peu de temps avant.

b) *La déclaration de situation patrimoniale*

La loi du 11 mars 1988 (art. 1er, rédaction de la loi du 8 février 1995), impose à tout membre du Gouvernement, dans les deux mois suivant sa nomination une déclaration de situation patrimoniale, au sens de l'article L.O. 135-1 du code électoral, auprès du président de la commission pour la transparence financière de la vie politique (art. 3). La même obligation de moralisation est applicable dans les deux mois qui suivent la date de cessation des fonctions pour une cause autre que le décès.

La composition de cette commission est la suivante : trois membres de droit : le vice-président du Conseil d'État, président, le premier président de la Cour de cassation et le premier président de la Cour des comptes et 6 membres suppléants : 4 présidents de section ou conseillers d'État élus par l'assemblée générale du Conseil d'État, 4 présidents de chambre ou conseillers à la Cour de cassation élus par les magistrats du siège hors hiérarchie de la Cour et 4 présidents de chambre ou conseillers maîtres à la Cour des comptes, élus par la chambre du Conseil. En outre, la commission est assisté de rapporteurs pris dans les grands corps de l'État et les conseillers des tribunaux administratifs et des cours administratives d'appel (nouvelle rédaction de l'art. 3 de la loi du 11 mars 1988, rédaction de la loi du 4 janvier 1996). La commission assure le caractère confidentiel des déclarations et apprécie leur variation. Elle établit un rapport publié au *J.O.*, lorsqu'elle le juge utile et en tout état de cause, tous les 3 ans.

Dans le cas où la commission a relevé, après que l'intéressé eût été mis en mesure de présenter des observations, des évolutions de patrimoine pour lesquelles elle ne dispose pas d'explications, elle transmet le dossier au parquet (art. 3 *in fine*).

2° Les restrictions à l'activité gouvernementale ou les incompatibilités gouvernementales

On ne peut servir deux maîtres à la fois, selon le dicton. L'importance attachée à la fonction ministérielle, en raison de son caractère *national ou général* justifie le souci de la constitution de 1958, de *l'isoler* par rapport aux autres activités privées ou publiques pour prévenir tout conflit d'intérêts. En principe, leur exercice simultané est prohibé. L'article 23 C pose ainsi le principe de l'*incompatibilité*. Le refus de la détention simultanée se ramène à une *option* laissée à la discrétion de l'intéressé (178).

En prenant en considération l'origine socio-professionnelle du membre du Gouvernement, on distingue, de façon classique, deux types de relations entre une autre fonction publique, d'une part, et une activité privée ou professionnelle, d'autre part.

a) *La relation entre la fonction gouvernementale et une autre fonction publique*

Il importe pour la clarté de l'exposé, d'opérer une distinction, selon que la fonction publique est conférée par le pouvoir ou les citoyens. Au premier cas, il s'agira d'une fonction publique dite *nominative ;* au second, d'une fonction *élective.* En conséquence, des réponses opposées seront apportées, qui s'expliquent aisément par les sentiments de réticence ou de confiance qui s'expriment, en l'espèce.

1) La fonction publique nominative

Le principe de la séparation des pouvoirs est à l'origine du *non-cumul* avec la fonction gouvernementale. Il suit de là, que la qualité de ministre est *exclusive,* entre autres, de celle de membre du Conseil constitutionnel, du Conseil économique et social, du C.S.A. et plus généralement de celle

(178) Il y a lieu de rappeler qu'à l'unisson d'une inéligibilité, l'incompatibilité s'interprète *restrictivement,* dès lors qu'elle s'analyse en une restriction à l'exercice d'une activité publique. Il n'y a pas d'incompatibilité *sans texte, ni au-delà d'un texte.*

de fonctionnaire, dans l'ordre juridique français (loi du 13 juillet 1983), communautaire ou international (179).

2) *La fonction publique élective*

L'exercice de la démocratie débouche, au cas présent, sur le principe opposé du *cumul.* Cependant, ce dernier souffre de quelques dérogations.

α) *Le principe du cumul*

Un membre du Gouvernement peut, à l'heure actuelle, être investi de mandats *locaux* (conseiller municipal, général et régional), *à l'exclusion* de mandats nationaux (180). Cependant, sur la base de l'article 23 de la loi du 3 février 1992 relative aux conditions d'exercice des mandats locaux, le ministre titulaire de ces mandats ne peut percevoir pour l'ensemble de ses fonctions, un montant total de rémunérations et d'indemnités de fonction supérieur à une fois et demie le montant du traitement qu'il perçoit au titre de ses fonctions ministérielles.

β) *L'interdiction de cumul*

La fonction de ministre est incompatible respectivement avec le mandat de président de la République, en vertu de la coutume constitutionnelle ; celui de parlementaire européen (art. 6 de la décision du conseil des Communautés du 20 septembre 1976) et plus encore, de parlementaire national (art. 23 C).

Cette innovation de la Ve République mérite considérations. Un membre du Gouvernement est sans doute éligible au Parlement, mais s'il est élu, il sera tenu de choisir entre des qualités désormais *exclusives* l'une de l'autre.

L'article 23 C, à l'inverse de la tradition parlementaire, a créé la sensation en 1958. Pour l'essentiel, cette règle trouve sa justification, dans la volonté du général de Gaulle de favoriser la stabilité gouvernementale, en mettant un terme à la *course aux portefeuilles,* génératrice de crises, et, par voie de corollaire, de faciliter l'exercice des responsabilités en libérant le ministre de ses attaches partisane et locale. *On ne peut,* disait-il, *être à la fois contrôleur et contrôlé.* Ce choix se rattache à la volonté des constituants d'*émanciper* l'exécutif de la tutelle des assemblées, de manière à disposer de ministres à temps complet (181).

Toutefois, en dépit des appréhensions, la règle de l'incompatibilité a été non seulement, du point de vue juridique, *tempérée* dans sa portée, mais comme *oubliée* d'un point de vue psychologique et politique par les intéressés. La règle a été tempérée, de diverses façons : le ministre élu parlementaire et qui renonce à cette dernière qualité, sera remplacé par son suppléant, qui joue le rôle de *garde-place* (art. L.O. 176 et 319 du code électoral) (182) ; l'incompatibilité prend effet à l'expiration d'un

(179) La qualité de juré de cour d'assises (tirée au sort à partir des listes électorales) est incompatible, avec la fonction de ministre (art. 275 du code de procédure pénale).

(180) Lionel Jospin a exigé, en 1997, de ses ministres qu'ils renoncent à l'exercice de leurs responsabilités exécutives locales (maire, président de conseil général). La révision constitutionnelle envisagée, en 1998, a échoué faute d'accord entre le président et le premier ministre.

(181) La règle traditionnelle de la compatibilité avant 1958, permettait aux parlementaires de se faire plaisir, si l'on puis dire, sans encourir de risques. En provoquant la chute du ministère, ils devenaient ministres, tout en conservant un pied au Parlement, pour les mauvais jours. Par ailleurs, le dédoublement fonctionnel autorisait le mélange des genres. En avril 1947, les ministres communistes, en tant que députés votèrent contre le cabinet Ramadier dont ils faisaient partie ; en août 1954, lors du débat sur la C.E.D. des ministres de Pierre Mendès-France s'abstinrent.

(182) En outre, afin de prévenir toute ingratitude, le remplaçant est frappé par une *inéligibilité relative :* il ne peut pas faire acte de candidature contre l'ancien parlementaire *devenu ministre,* lors de l'élection suivante, dans la même circonscription (art. L.O. 135 du code électoral) (C.C., 8 juin 1993, *A.N., Oise, 5e, Rec.* p. 58).

délai d'un mois après acceptation de la fonction gouvernementale (art. L.O. 153) (183), enfin, ce qu'il est convenu d'appeler une *indemnité de licenciement* est accordée à l'ancien parlementaire, devenu entre-temps ancien ministre. Celui-ci continuera à percevoir, six mois après son départ, son traitement de ministre (art. 5 de l'ordonnance du 17 novembre 1958) dans l'attente de retrouver une activité lucrative ou de persuader son remplaçant, d'abandonner son siège, afin de provoquer une élection partielle.

Au surplus, le règle de l'incompatibilité est oubliée, en ce sens que, d'un point de vue psychologique et politique, le parlementaire devenu membre du Gouvernement se considère, et est considéré, comme l'élu de la circonscription. Il se comporte de la sorte, chaque fin de semaine et surtout au moment du renouvellement de l'assemblée dont il est issu. De manière topique, en cas de décès de son suppléant, le ministre, s'empresse de sauvegarder son siège, quitte à le rétrocéder *sur-le-champ,* tel l'apanage de jadis, à un nouveau remplaçant, à l'exemple de Jacques Chaban-Delmas, à Bordeaux, en 1970. En dépit de son inutilité ou de son byzantinisme, l'incompatibilité subsiste. La réforme envisagée a échoué (184) (V. *chapitre IV*).

A l'opposé, en l'absence d'une disposition *expressis verbis,* la fonction gouvernementale est compatible avec l'exercice de responsabilités nationales au sein d'un parti ou d'une formation politique. Mais, la pratique de la Ve République l'ignore dans les faits, sauf en périodes de cohabitation.

b) *La relation entre la fonction gouvernementale et une activité privée ou professionnelle*

En l'espèce, ces rapports sont placés sous le signe de *l'incompatibilité.* Ce régime a, tout d'abord, pour objet de mettre fin à certains abus qui se produisaient sous les régimes antérieurs, dans le cas notamment d'avocats, qui n'hésitaient pas à garder la direction de leur cabinet et à plaider devant des magistrats pendant la durée de leurs fonctions ministérielles ; ce qui, très évidemment, risquait de porter atteinte à l'indépendance de la magistrature. D'une façon générale, l'interdiction de continuer à exercer une activité professionnelle ou une fonction de représentation professionnelle à caractère national, a pour objet de limiter la pression des intérêts privés sur le Gouvernement.

En conséquence, un ministre qui jusque-là exerçait une activité privée, est tenu d'*opter* à son entrée en fonction entre deux types d'activités qui ne *s'aiment pas,* pour parodier le petit Mozart.

3° La cessation des fonctions gouvernementales

Comment cesse-t-on d'appartenir au Gouvernement ? Une double réponse peut être apportée, selon que l'on envisage la cessation *individuelle* ou *collective.*

a) *La cessation individuelle*

Elle résulte du décès, ou de la démission du titulaire.

1) Le décès

Des ministres sont décédés dans l'exercice de leurs fonctions (Robert Boulin, en 1979, Joël Le Theule en 1980)

(183) Cette *franchise* a pour souci d'éviter qu'une tentative avortée de constitution d'un Gouvernement ne pénalise incontinent et injustement ses membres éphémères. Toutefois, pendant ce laps de temps, les ministres-parlementaires sont privés du droit de vote (art. L.O. 153) ; ce qui entraîne, en cas de majorité resserrée, une formation *échelonnée* afin d'éviter tout incident de parcours. Toutefois, lors de la formation du Gouvernement Chirac, en 1986, la règle a été tournée. Les ministres-parlementaires ont démissionné, la veille du début de la législature, afin de permettre à leur suppléant de voter utilement (*chr.* n° 38, p. 179).

(184) Sous la VIIIe législature (1986-1988), la loi du 10 juillet 1985 a momentanément réglé la difficulté en substituant la R.P. au scrutin majoritaire, pour l'élection des députés. En cas de vacance, le premier non-élu de la liste était appelé à siéger. V. G. MORIN : Un exemple de résistance au changement constitutionnel : l'impossible réforme du statut des suppléants parlementaires, *R.D.P.* 1979, p. 1559.

2) *La démission*

Elle procède de causes multiples : convenances personnelles ; incompatibilité ; péripétie électorale (185) ; mise en examen au nom de la *morale républicaine* (doctrine Balladur) (186) ; désaccord politique. Sur proposition du premier ministre, le président de la République met fin aux fonctions de l'intéressé (art. 8 al. 2 C) (187).

b) *La cessation collective*

Un changement de premier ministre entraîne le retrait du Gouvernement. En dehors du décès dans l'exercice de ses fonctions, la démission peut être *volontaire* ou *obligée.*

Au premier cas, Jacques Chirac y a spontanément mis un terme le 25 août 1976 estimant qu'il ne disposait pas des moyens nécessaires à la conduite des affaires.

Au second cas, le premier ministre est relevé de ses fonctions par le chef de l'État. On sait qu'en période présidentialiste, l'hôte de Matignon côtoie constamment l'abîme *(supra).* Autres causes : un vote de défiance de l'Assemblée nationale (art. 49 C), à l'exemple de Georges Pompidou en octobre 1962 ou la tenue d'élections nationales (élections présidentielles et législatives) (188).

En ce cas, le changement de Gouvernement, qui se veut un hommage rendu au suffrage universel, s'explique par la combinaison de la tradition républicaine et l'application de la constitution. Le maintien du premier ministre aurait, en effet, pour conséquence inattendue d'empêcher le président de la République d'exercer le pouvoir de nomination (art. 8 C), pouvoir personnel, de surcroît. D'une manière inédite, Alain Juppé a annoncé sa démission, le 26 mai 1997, au lendemain du premier tour des élections législatives.

En tout état de cause, la démission du Gouvernement est remise par le premier ministre au président (art. 50 C). Cependant, celui-ci peut en *différer* l'acceptation, en le chargeant provisoirement de *l'expédition des affaires courantes.* En 1962, Georges Pompidou a présenté sa démission, le 5 octobre ; le général de Gaulle y a accédé, le 28 novembre. Avec la cérémonie de la passation des pouvoirs, qui marque la nomination d'un nouveau Gouvernement, la continuité de l'État est pleinement assurée. Les documents officiels sont versés par les ministres aux Archives nationales, dans le même ordre d'idées.

4° La responsabilité individuelle des membres du Gouvernement

Qu'est-ce que gouverner ? Sinon être responsable. L'exercice du pouvoir a pour contrepartie normale la mise en cause du ministre qui faillit à sa mission de service public.

(185) Un ministre battu à une élection nationale ou locale présente généralement sa démission au chef de l'État. Selon les circonstances, celui-ci peut l'accepter ou prier l'intéressé de la reprendre. En cas de mise en cause *personnelle* du ministre, ce dernier quitte généralement le Gouvernement pour assurer plus librement sa défense. Bernard Tapie, ministre de la ville, en 1992, a démissionné à propos d'un procès privé auquel il était partie (*chr.* n° 63, p. 175).

(186) Trois ministres ont quitté le Gouvernement en 1994 (A. Carignon, G. Longuet et M. Roussin). Dans l'affaire du bail de l'appartement privé d'Alain Juppé, la décision de classement sous condition prise par le procureur de la République près le T.G.I. de Paris, le 11 octobre 1995, a préservé non seulement l'intéressé mais aussi le Gouvernement (*chr.* n° 77 p. 259).

(187) Le record de l'éphémère est détenu par Léon Schwartzenberg, démis de ses fonctions 10 jours après sa nomination, en 1988. En 1974, Jean-Jacques Servan-Schreiber était demeuré ministre 13 jours et, en 1995, Alain Madelin, ministre de l'économie et des finances, cent jours.

(188) Avant 1958, la règle était observée après le renouvellement de la Chambre des députés ou de l'Assemblée nationale (art. 45 de la constitution de 1946). Le président du conseil présentait au nouveau chef de l'État sa démission *protocolaire.* Ce dernier s'empressait, bien entendu, de la refuser. On rappellera que la règle est consacrée, dans certains États étrangers : Allemagne (art. 69.2 L.F.), Espagne (art. 101 de la constitution de 1978).

En revanche, les élections communautaires demeurent sans influence sur l'existence du Gouvernement en place.

En dehors de la responsabilité *politique* devant l'Assemblée nationale qui, en raison du principe de solidarité gouvernementale, ne peut qu'être *collective* (art. 49 C), la responsabilité individuelle encourue par un ministre est de deux ordres : Elle est *comptable* et *pénale.*

a) *La responsabilité comptable*

En application de l'ordonnance du 14 septembre 1822, le ministre a la qualité *d'ordonnateur principal* en matière financière ou budgétaire. Il émet des ordres d'engagement des dépenses publiques, à l'opposé des *comptables* chargés du maniement des deniers publics. Cependant, en cas d'ingérence dans ce maniement, le ministre est déclaré *comptable de fait* pour la somme concernée par le Cour de comptes. Le 30 septembre 1992, Christian Nucci l'a été dans l'affaire du Carrefour de développement, nonobstant l'intervention d'une loi d'amnistie qui *n'a pas eu pour effet d'effacer l'existence matérielle des faits* (*chr* n° 66, p. 207). En revanche, un ministre n'est pas justiciable de la Cour de discipline budgétaire et financière, en cas de faute de gestion commise à l'égard de l'État ou d'une collectivité territoriale (art. L. 312-II du code des juridictions financières, rédaction de la loi du 24 juillet 1995).

b) *La responsabilité pénale*

Les membres du Gouvernement sont pénalement responsables des actes accomplis dans l'exercice de leurs fonctions et qualifiés crimes ou délits au moment où ils ont été commis. Ils sont jugés par la Cour de justice de la République (art. 68-1 C, rédaction de la L.C. du 27 juillet 1993). Autrement dit, la faute pénale engage la responsabilité des ministres. Il s'agit soit, de la faute *personnelle* (un ministre corrompu) soit, de la *faute du fait d'autrui* (celle des personnes placées sous son autorité). La pénalisation de la vie politique trouve ici son expression, à l'exemple de la Cour pénale internationale dont ils relèvent en cas de crime contre l'humanité (art. 27 du statut) (art. 53-2 C) (189).

En revanche, les ministres sont renvoyés en tant que *personnes privées,* devant une juridiction de *droit commun* en cas d'*absence de tout lien entre les faits poursuivis et la fonction ministérielle* (Cass. crim. 27 juin 1995, *Alain Carignon*). La ligne de partage a été explicitée en cette circonstance : *Les actes commis par un ministre dans l'exercice de ses fonctions sont ceux qui ont un rapport direct avec la conduite des affaires de l'État... à l'exclusion des comportements concernant la vie privée ou les mandats électifs locaux* (189).

La mise en œuvre de la responsabilité pénale des ministres relevait jusqu'en 1993 d'une procédure contestable débouchant sur un *déni de justice.* Il appartenait, en effet, aux assemblées statuant par un vote identique, à la majorité absolue des membres, de voter leur mise en accusation et à la Haute Cour de justice de les juger (art. 68, al. 2, rédaction initiale) (190).

Des considérations politiques ont été l'origine, en 1990, du vote d'une loi d'amnistie qui a éteint l'action publique à l'encontre de Christian Nucci déféré, en 1987, devant la Haute Cour à propos de l'affaire du Carrefour du développement (*chr.* n° 45, p. 181). Quant à celle du sang contaminé, impliquant Laurent Fabius, premier ministre à l'époque des faits, Georgina Dufoix et Edmond Hervé, à l'issue de péripéties diverses, elle a débouché sur leur mise en accusation, en 1992. Mais peu de temps après, la commission d'instruction de la Haute Cour, ayant constaté la prescription de l'action

(189) V. O. BEAUD et J.-M. BLANQUER (sous la direction) *La responsabilité des gouvernants* 1999 ; M. DEGOFFE : La responsabilité pénale du ministre du fait de son administration, *R.D.P.* 1998, p. 433, P. AVRIL : Trois remarques à propos des réquistiions du ministère public dans l'affaire du sang contaminé, *ibid* 1999, p. 395.

(190) Sous la IIIe République, trois ministres ont été jugés : Louis Malvy en 1918, Joseph Caillaux en 1920 (ils seront amnistiés en 1924) et Raoul Peret, qui sera acquitté en 1931. V. P. DESMOTTES : *De la responsabilité pénale des ministres en régime parlementaire français,* thèse, Caen, 1968. B. MATHIEU : La Haute Cour de justice et la responsabilité pénale des ministres, *R.F.D.C.* 1990, p. 737 et M. KAMTO : La responsabilité pénale des ministres sous la Ve République, *R.D.P.* 1991, p. 1239.

publique, les choses sont demeurées en l'état (*chr.* n°s 65 et 66, p. 208 et 199). L'impunité découlant du privilège exorbitant de juridiction, qui donnait consistance après coup à la formule de Georgina Dufoix *(responsable, mais non coupable)* a été vivement ressentie par l'opinion publique. La révision constitutionnelle du 27 juillet 1993, qui se situe dans la ligne du comité Vedel, a eu pour finalité de restaurer l'égalité devant la loi, en organisant une procédure orientée vers le droit commun, mais empreinte de spécificité. Le particularisme de la fonction gouvernementale repousse, en effet, aussi bien l'impunité de naguère que le fait d'être désigné à la vindicte populaire.

La Cour de justice de la République intervient, au moyen de formations appropriées, aux phases successives de la *poursuite,* de l'*instruction* et du *jugement :*

1) La formation de poursuite

A rebours de la solution antérieure, le verrou parlementaire est supprimé : *toute personne qui se prétend lésée par un crime ou un délit commis par un membre du Gouvernement dans l'exercice de ses fonctions peut porter plainte auprès [de la] commission des requêtes* (art. 68-2 C). Cette commission de filtrage de la Cour de justice est composée de 7 magistrats de carrière (conseillers à la Cour de cassation, conseillers d'État et conseillers-maîtres à la Cour des comptes) (art. 12 de la L.O. du 23 novembre 1993). Elle ordonne soit, le classement (si la requête est manifestement irrecevable ou infondée) soit, la transmission au procureur général près la Cour de cassation aux fins de saisine de la Cour de justice de la République. Ses actes ne sont susceptibles d'aucun recours (art. 14). En outre, il est loisible à ce dernier de saisir d'office la Cour de justice, sur avis conforme de la commission des requêtes.

2) La formation d'instruction

La *commission d'instruction* de la Cour de justice est composée de trois magistrats du siège de la Cour de cassation élus par leurs pairs (art. 11 de la L.O. du 23 novembre 1993). Elle procède à tous les actes qu'elle juge utile à la manifestation de la vérité, selon les règles du code de procédure pénale (art. 18). Elle décide du renvoi devant la Cour de justice ou constate la prescription de l'action publique (art. 18). Ses arrêts peuvent faire l'objet d'un pourvoi en cassation devant la Cour de cassation (art. 24).

3) La formation de jugement

Le jugement d'un membre du Gouvernement est le fait de la Cour de justice de la République composée de 15 juges : 12 parlementaires titulaires, et autant de suppléants, élus, en leur sein et en nombre égal par l'Assemblée nationale et le Sénat, après leur renouvellement général ou partiel et trois magistrats du siège à la Cour de cassation. Le président de la Cour de justice est l'un de ceux-ci (art. 68-2 C). Les juges parlementaires prêtent serment devant leur assemblée d'origine de se *conduire en tout comme dignes et loyaux magistrats* (art. 2 de la L.O. du 23 novembre 1993). Le procureur général près la Cour de cassation, assisté du premier avocat général et de deux avocats généraux, tient le siège du ministère public et porte l'accusation (art. 8). La Cour statue selon les termes du code de procédure pénale (art. 26). Elle est liée par le principe de la détermination légale des infractions et des peines (art. 68-1 C). Ses arrêts peuvent faire l'objet d'un pourvoi en cassation (art. 33 de la L.O. du 23 novembre 1993) (191).

Pour la première fois, sous la Ve République, la commission d'instruction de la Cour de justice a décidé, par arrêt du 17 juillet 1998, le renvoi des anciens ministres impliqués dans l'affaire du sang contaminé devant la formation de jugement pour *homicides involontaires et atteintes involontaires à l'intégrité des personnes.* Par arrêt du 9 mars 1999, la Cour a relaxé Laurent Fabius et Georgina Dufoix, tandis qu'Edmond Hervé était déclaré coupable du délit d'atteinte involontaire à la vie de deux transfusées, mais dispensé de peine (V. Dossier spécial : Le sang contaminé, *R.D.P.* 1999, p. 313).

On mentionnera, en dernier lieu qu'un ministre est considéré comme *un magistrat* (art. 222 du code pénal), en cas d'outrage (Aix-en-Provence, 6 novembre 1903, *D* 1904.2.62). Son audition,

(191) V. B. MATHIEU, Th. S. RENOUX et A. ROUX : *La Cour de justice de la République,* 1995 ; H. ANGEVIN, Cour de justice de la République, *Juris-Classeurs,* procédure pénale, 1994.

comme témoin, devant un tribunal doit être autorisée par le conseil des ministres (art. 652 du code de procédure pénale) (*chr.* n° 53, p. 171).

§ 2 LE POUVOIR GOUVERNEMENTAL

Sous l'autorité du premier ministre, *le Gouvernement détermine et conduit la politique de la nation* (art. 20 C). Sans doute les phases alternées de la Ve République sont-elles de nature à moduler son autorité décisionnelle. Mais on ne saurait perdre de vue que *l'action* demeure, en tout état de cause, sa raison d'être. Incontestablement, le cœur de l'État bat à Matignon qui dispose du pouvoir *d'agir et les moyens de faire agir ou d'empêcher d'agir* (192). Il est ainsi avéré que le Gouvernement est autant nécessaire au chef de l'État que complémentaire. Rien ne peut se faire en effet sans leur *concours*, quel que soit le degré d'autonomie ou de hiérarchie qui caractérise leurs rapports.

A l'invitation du pouvoir constituant, on étudiera les attributions collectives du Gouvernement et celles personnelles au premier ministre.

A. LES ATTRIBUTIONS COLLECTIVES DU GOUVERNEMENT

En sus des *pouvoirs partagés* avec le président de la République *(supra),* la constitution confère au Gouvernement des pouvoirs *ordinaires* et *extraordinaires ;* le temps étant la mesure de chaque chose. Ceux-ci se ramènent à l'exercice de la puissance publique ou, si l'on veut bien s'en souvenir, aux *devoirs* de l'État républicain (V. *chapitre I*).

1° Les pouvoirs ordinaires

Sous réserve des compétences transférées à l'Union européenne (193) et de celles propres au chef de l'État, le Gouvernement a la responsabilité et les moyens du pouvoir exécutif (art. 20 et 49 C). D'un point de vue politique, il met en œuvre les engagements du chef de l'État, sauf en période de cohabitation.

a) *La détermination de la politique nationale*

La logique démocratique veut que le programme de la majorité, dans sa plus récente expression (présidentielle ou parlementaire), devienne celui du Gouvernement.

(192) G. CARCASSONE : Ce que fait Matignon, *Pouvoirs,* n° 68, 1994, p. 31. Pour Raymond Barre, *Le président de la République ne peut rien faire sans Matignon : c'est le premier ministre qui met en musique la partition composée par l'Élysée.* Alain Juppé préfère, pour sa part, la comparaison entre le maçon et l'architecte. V. A. CLAISSE : *Le premier ministre de la Ve République,* 1972 ; J. MASSOT : *Le chef du Gouvernement en France,* D.F., 1979 ; S. RIALS : *Le premier ministre,* 1981.

(193) En application du traité de Maastricht, la loi du 4 août 1993 (rédaction de la loi du 31 décembre 1993) a créée un Conseil de la politique monétaire, chargé de définir la politique monétaire. Il surveille l'évolution de la masse monétaire, entre autres.

L'article 20 C, qui domine tout l'édifice institutionnel, on le sait, s'est borné à transférer la fonction décisionnelle du Parlement au Gouvernement. Déterminer la politique de la nation consiste pour ce dernier à fixer des priorités, en un mot, à *choisir* (Pierre Mendès France).

Déterminer la politique de la nation emporte surtout une attitude conséquente : prendre les mesures appropriées en vue de la concrétiser.

b) *La conduite de la politique nationale*

En dehors des responsabilités spéciales du chef de l'Etat, le Gouvernement dispose de deux incomparables leviers de commandement : l'administration et la force armée d'une part, et la majorité parlementaire qu'il dirige, dans le cadre de la procédure législative, d'autre part.

1) La disposition de l'administration et de la force armée (art. 20, al. 2 C)

Par administration, on désigne le pouvoir exécutif, ou si l'on préfère, l'autre face du Gouvernement, au sens où Jean-Jacques Rousseau parlait de la *suprême administration,* ou de la terminologie usitée aux États-Unis. De ce point de vue, tel un *agent double* (B. Chenot), un ministre participe de la qualité d'autorité politique *et* administrative. Il exerce le pouvoir hiérarchique à l'égard des services placés sous son autorité. En sa qualité de *chef de service,* il dispose du pouvoir réglementaire (C.E., 7 février 1936, *Jamart, G.A.* p. 296). Il contresigne les actes du président de la République au titre de *ministre responsable* (art. 19 C) et ceux du premier ministre en tant que *chargé de leur exécution* (art. 22 C). Autant de formules révélatrices de sa subordination. A l'opposé, il n'existe pas de contreseing de ministre à ministre (circulaire Juppé du 30 janvier 1997) (194). De façon générale, le Gouvernement est *responsable du bon fonctionnement des services publics* (C.E., 7 juillet 1950, *Dehaene, ibid.* p. 248), et plus précisément, de leur *continuité* qui conditionne la vie de la nation (C.C., 25 juillet 1979, *Droit de grève à la radio-télévision, C.C.F.* p. 238).

(194) Sauf dispositions contraires, le premier ministre dispose du pouvoir réglementaire général (art. 21 C). Toutefois, il met ce pouvoir à la disposition des ministres, dans la pratique. Par ailleurs, dans le cadre de la déconcentration, le préfet est le représentant de l'État, du Gouvernement et de chacun des ministres (décret du 10 mai 1982). Politiquement, le premier ministre est le chef des ministres, mais juridiquement, il n'a pas la qualité de supérieur hiérarchique. En ce sens, il ne peut ni réformer, ni annuler leurs décisions, ni se substituer à eux (C.E. 12 novembre 1965, *Compagnie marchande de Tunisie, A.J.D.A.*, 1966, p. 997, concl. N. Questiaux).

LISTE DES GOUVERNEMENTS DE LA Ve RÉPUBLIQUE

Présidence du général de Gaulle (1959-1969)

1er mandat

1. Michel DEBRÉ : 8 janvier 1959 - 14 avril 1962 (1) (2).
2. Georges POMPIDOU (I) : 14 avril 1962 - 28 novembre 1962.
3. Georges POMPIDOU (II) : 28 novembre 1962 - 8 janvier 1966.

2e mandat

4. Georges POMPIDOU (III) : 8 janvier 1966 - 10 avril 1967 (4).
5. Georges POMPIDOU (IV) : 10 avril 1967 - 10 juillet 1968.
6. Maurice COUVE DE MURVILLE : 10 juillet 1968 - 20 juin 1969 (3).

Présidence de Georges Pompidou (1969-1974)

7. Jacques CHABAN-DELMAS : 20 juin 1969 - 5 juillet 1972 (5).
8. Pierre MESSMER (I) : 5 juillet 1972 - 2 avril 1973.
9. Pierre MESSMER (II) : 2 avril 1973 - 27 février 1974.
10. Pierre MESSMER (III) :27 février 1974 - 27 mai 1974 (3).

Présidence de Valéry Giscard d'Estaing (1974-1981)

11. Jacques CHIRAC (I) : 27 mai 1974 - 25 août 1976.
12. Raymond BARRE (I) : 25 août 1976 - 28 mars 1977.
13. Raymond BARRE (II) : 28 mars 1977 - 3 avril 1978.
14. Raymond BARRE (III) : 3 avril 1978 - 21 mai 1981.

Présidence de François Mitterrand (1981-1995)

1er mandat

15. Pierre MAUROY (I) : 21 mai - 22 juin 1981.
16. Pierre MAUROY (II) : 22 juin 1981 - 22 mars 1983.
17. Pierre MAUROY (III) : 22 mars 1983 - 17 juillet 1984.
18. Laurent FABIUS : 17 juillet 1984 - 20 mars 1986 (3).
19. Jacques CHIRAC (II) : 20 mars 1986 - 10 mai 1988 (7).
20. Michel ROCARD (I) : 10 mai - 23 juin 1988.

2e mandat

21. Michel ROCARD (II) : 23 juin 1988 - 15 mai 1991.
22. Edith CRESSON : 15 mai 1991 - 2 avril 1992 (6).
23. Pierre BEREGOVOY : 2 avril 1992 - 29 mars 1993.
24. Edouard BALLADUR : 29 mars 1993 - 17 mai 1995 (7).

Présidence de Jacques Chirac (1995-....)

25. Alain JUPPÉ (I) : 17 mai - 7 novembre 1995.
26. Alain JUPPÉ (II) : 7 novembre 1995 - 2 juin 1997.
27. Lionel JOSPIN : 2 juin 1997 - ....(7).

(1) Modes de cessation : adoption d'une motion de censure [G. Pompidou (1)] ; démission-reconduction par accord du président et du premier ministre [P. Messmer (II) ; R. Barre (I) ; P. Mauroy (II), A. Juppé (I)] ; démission-révocation par le président [M. Debré ; J. Chaban-Delmas ; P. Mauroy (III) ; M. Rocard (II) ; E. Cresson] ; démission volontaire [J. Chirac (I)] et expressions du pouvoir de suffrage [élections *présidentielles :* G. Pompidou (II) ; M. Couve de Murville ; P. Messmer (III) ; R. Barre (III) ; J. Chirac (II) ; E. Balladur ; élections *législatives :* G. Pompidou (III et IV) ; P. Messmer (I) ; R. Barre (II) ; P. Mauroy (I) ; L. Fabius ; M. Rocard (I) ; P. Bérégovoy, A. Juppé (II)].

(2) Le Gouvernement Debré détient le record de longévité sous toutes les Républiques tandis que le Gouvernement Mauroy (I) a été, à ce jour, le plus bref, en raison de la double manifestation du suffrage universel qui a encadré son existence.

(3) Alain Poher, président du Sénat a exercé les fonctions de président de la République par intérim du 28 avril au 20 juin 1969 et du 2 avril au 27 mai 1974.

(4) Georges Pompidou détient le record de permanence à Matignon, sous les 4 Gouvernements qu'il a animés. A ce jour, il est le seul, avec Jacques Chirac, à avoir gravi les deux pentes du pouvoir exécutif.

(5) Une pratique veut que deux premiers ministres se succèdent au cours d'un septennat : le premier est un *politique,* qui a contribué au succès présidentiel : Chaban-Delmas, Chirac (I), Mauroy (I), Rocard (I) ; le second est davantage un *technicien* (Messmer, Barre, Fabius).

(6) Edith Cresson est la première femme nommée à la tête d'un Gouvernement, en France. Car, à bien y réfléchir, Jeanne d'Arc ne fut jamais qu'un chef de guerre.

(7) Gouvernement de cohabitation.

2) *La direction de la majorité parlementaire (art. 39 et s.)*

On ne gouverne que par la loi. Aussi la discipline ou la *rationalisation* de l'activité parlementaire, en 1958, confère à l'exécutif, une autorité sans pareille, dans sa procédure d'élaboration, à laquelle s'ajoute le confort de la discipline majoritaire. On en traitera tout à loisir, *(chapitre IV)* en notant que seule l'intervention du Conseil constitutionnel est de nature a en desserrer l'étreinte (24 décembre 1979, *Loi de finances pour 1980,* C.C.F. p. 228 ; 23 janvier 1987, *Amendement Séguin, chr.* n° 42, p. 169 (195).

2° Les pouvoirs exceptionnels

Selon une démarche *crescendo,* le Gouvernement peut être appelé à assumer l'intérim de la présidence de la République, à proposer le recours au peuple, à se substituer momentanément au Parlement, dans le domaine législatif et à user, enfin, de pouvoirs de crise.

a) *L'intérim de la présidence de la République (art. 7, al. 4 C)*

En cas d'empêchement prolongé du chef de l'État, le Gouvernement est habilité à saisir le Conseil constitutionnel. Dans le même ordre d'idées, la qualité d'intérimaire *au second degré* lui est attribuée, depuis la réforme de 1962, au cas où, par malchance, le président du Sénat serait empêché à son tour.

b) *La proposition de référendum (art. 11 C)*

Il appartient au Gouvernement de proposer au chef de l'État la tenue d'un référendum, pendant la durée des sessions du Parlement *(supra).*

c) *L'habilitation législative (art. 38 C)*

En application de l'article 38 C, le Gouvernement peut demander au Parlement, en vue de l'exécution de son programme, l'autorisation de prendre par ordonnances, dans les conditions de l'article 13 C, et pendant un délai limité, des mesures qui sont du domaine de la loi (196) *(supra).*

Après avis du Conseil d'État et du Conseil économique et social (art. 69 C), le cas échéant, les ordonnances sont délibérées en conseil des ministres et signées par le chef de l'État. Elles sont *publiées* (seule la loi, en effet, est promulguée) et elles deviennent caduques (c'est-à-dire privées d'effets à l'avenir) si le *projet de la loi de ratification* n'est pas déposé devant le Parlement, avant la date fixée par la loi d'habilitation (art. 38, al. 2). Ce procédé avantageux (appelée aussi *législation déléguée)* permet au Gouvernement d'agir, en principe, avec une plus grande célérité et sérénité, en déjouant les embûches de l'opposition, autant que les surenchères de sa majorité. Si, par ailleurs,

(195) A titre de pierre d'attente, on dressera un échantillon représentatif de la *maîtrise* du Gouvernement aux diverses étapes de l'élaboration de la loi : *initiative,* il peut invoquer la double *irrecevabilité* à caractère financier (art. 40 C) ou réglementaire (art. 41) susceptible d'être opposée aux parlementaires ; *discussion :* le Gouvernement détermine *l'ordre du jour* des assemblées (art. 48), et use de moyens variés pour s'opposer à l'examen d'amendements (*vote bloqué,* art. 44, al. 3) ou lie son sort à celui du texte de loi (art. 49, al. 3) ; *relations entre les assemblées :* l'Assemblée nationale peut obtenir le *dernier mot,* sur intervention du Gouvernement (art. 45 *in fine*), enfin et surtout, après la promulgation par le chef de l'État, la *publication des décrets d'application* (art. 21) conditionne l'applicabilité de la loi.

(196) On rappelle pour mémoire que l'habilitation peut être conférée directement par la *constitution,* dans le cadre des ordonnances *budgétaires* (art. 47) ou relatives au financement de la sécurité sociale (art. 47-I), afin de suppléer à la carence parlementaire, ou des ordonnances *ayant force de loi* (ancien art. 92), au moment de l'installation des pouvoirs publics, en 1958.

la dénomination empruntée à la terminologie monarchique, remplace celle de *décret-loi* usitée sous les Républiques précédentes, elle n'en recouvre pas moins une même notion *dérogatoire* par rapport au principe posé à l'article 34 C, selon lequel *la loi est votée par le Parlement,* et de manière générale à celui de *l'interdiction des délégations de compétences en droit public (supra).*

Il résulte de ce qui précède, que la procédure de l'article 38 doit s'interpréter *restrictivement,* à la lumière de la jurisprudence du Conseil constitutionnel (12 janvier 1977, *Territoire français des Afars et des Issas, C.C.F.* p. 201 ; 25-26 juin 1986, *Privatisation, chr.* n° 40, p. 173, et 1er-2 juillet 1986, *Circonscriptions électorales de l'Assemblée nationale, idem)* (197). Dès lors, la description du régime de la délégation législative repose sur l'étude chronologique de *la loi d'habilitation* et du *projet de loi de ratification,* qui enserrent et conditionnement les ordonnances.

1) La loi d'habilitation

A la demande du Gouvernement, le Parlement peut se dessaisir *momentanément* de sa compétence, sous certaines conditions.

Tout d'abord, selon la jurisprudence citée, à rebours de la loi de *pleins pouvoirs* de jadis (*la défense du franc, la réalisation d'économies),* le Gouvernement ne peut solliciter un blanc seing, mais seulement une habilitation *ponctuelle,* en indiquant avec soin au Parlement la finalité qu'il poursuit (décision précitée du 12 janvier 1977). A cet égard, à l'occasion des autorisations sollicitées par Jacques Chirac, en 1986, le Conseil constitutionnel s'est livré à un contrôle strict (aux frontières de l'opportunité), en examinant le degré de précisions apportées au soutien de sa demande, en matière économique et électorale. Ensuite, celle-ci est liée à l'*exécution du programme* du Gouvernement. Que faut-il entendre par cette expression ? Le programme, dont il s'agit, doit-il avoir été approuvé, au préalable, par l'Assemblée au sens de l'article 49, al. 1er C ? Le juge a répondu par la négative, en 1977. Enfin, s'agissant du *domaine* de l'habilitation, cette dernière est limitée à celui de la loi, certes, mais doit-on en conclure, que toutes les catégories sont concernées ou simplement l'une d'entre elles ? Sans contredit, cette dernière solution requiert l'attention. Selon l'esprit des constituants, seule la loi *ordinaire* (art. 34) peut être visée (C.C., 5 janvier 1982, *Loi d'orientation, Rec.* p. 15), y compris les mesures fiscales qui relèvent du domaine *mixte* avec la loi de finances (30 décembre 1995, *Réforme de la protection sociale, chr.* n° 77, p. 250). Ainsi que le remarque avec justesse, René Chapus, le Gouvernement ne peut prétendre disposer d'un pouvoir plus étendu que celui exercé, en temps ordinaire par les assemblées.

La loi d'autorisation, avec le *délai d'action* ouvert au Gouvernement, relève, au surplus, de la procédure de droit commun, concernant son adoption par le Parlement ou sa contestation éventuelle devant le juge constitutionnel.

En dehors du refus de signature du chef de l'État (198), le Gouvernement dispose, dès cet instant, d'une liberté d'allure. Il peut, à cet égard, s'opposer, au moyen d'une exception d'irrecevabilité

(197) Cette jurisprudence prend appui sur l'interprétation donnée par François Mitterrand, à l'occasion de son message au Parlement, le 8 avril 1986 et sur celle du C.E. (avis du 6 février 1953). V. Ch. DEBBASCH : Les ordonnances de l'article 38 de la constitution du 4 octobre 1958. *J.C.P.* 1962.I, n° 1701 ; et P. EBRARD : L'article 38 de la constitution du 4 octobre 1958 et la Ve République, *R.D.P.* 1969, p. 259 ; J. TOUSCOZ : La notion d'ordonnance, *Études de droit public,* 1964, p. 219 ; C. BOYER-MÉRENTIER : *Les ordonnances de l'article 38 de la Constitution de 1958,* 1996 ; J. FOURRÉ : Le recours aux ordonnances, *P.A.*, 10 novembre 1986.

(198) La loi du 4 février 1960 relative au maintien de l'ordre en Algérie disposait, au prix d'une redondance caractéristique, que les ordonnances seraient *signées par le général de Gaulle.* V. P. MONTANÉ DE LA ROQUE : L'article 38 de la constitution du 4 octobre 1958 et la loi de pouvoirs spéciaux du 4 février 1960, *Mélanges Maury,* t. II, 1960, p. 199.

(art. 41 C), pendant la durée de la délégation qui lui a été accordée, à une initiative parlementaire qui la méconnaîtrait (199). Il est tenu, toutefois, de présenter sur le bureau des assemblées, au terme du *second* délai mentionné dans la loi d'habilitation *(le délai de dépôt),* un projet de loi de ratification qui amorce, le retour à la normale.

2) Le projet de loi de ratification

Cette *loi du retour* impose seulement au Gouvernement, l'obligation du *dépôt* du projet à la date fixée, mais nullement qu'il l'inscrive à l'ordre du jour des assemblées (art. 48 C). Il s'ensuit, que la ratification peut présenter deux aspects, selon qu'elle est *expresse* ou *implicite.*

La ratification *expresse* (procédure rare) (200) résulte d'une loi *spécifique* votée par le Parlement qui, à cette occasion, recouvre la *plénitude* de sa compétence. Par l'adoption d'amendements, ce dernier est fondé à modifier le contenu des ordonnances, le cas échéant. Quant à la ratification *tacite,* elle résulte de *la manifestation de volonté implicitement, mais clairement exprimée du Parlement* (C.C. 29 février 1972, *A.J.D.A.* 1972.II, p. 638, note B. Toulemonde) à l'occasion du vote d'une loi ultérieure qui modifie une ordonnance (201).

La ratification représente un moment capital pour cette dernière, au point de modifier sa nature juridique.

3) La condition juridique des ordonnances

La nature des ordonnances varie dans le temps, à la manière du caméléon. En mettant en avant le critère *organique* qui préside à sa naissance, l'ordonnance s'analyse initialement, entre la loi d'habilitation et la date du dépôt du projet de ratification, comme un *acte réglementaire,* susceptible d'être déféré au *juge administratif,* selon une jurisprudence constante (C.E. 30 mai 1930, *Syndicat professionnel des épiciers en détail, Rec.* p. 583 ; 24 novembre 1961, *Syndicat de police de France et d'outre-mer,* D. 1962, p. 624 note M. Fromont).

En revanche, la ratification confère à l'ordonnance *valeur législative* et la soustrait, en bonne logique, au contrôle du Conseil d'État (9 mars 1951, *Guiolet,* D. 1951, p. 474, note J.-L. Quermonne). Autrement dit, la compétence de ce dernier est *temporaire,* selon l'opinion de Jean Fourré ; tandis que celle du Conseil constitutionnel renaît à la faveur de la *loi* portant ratification, explicite ou implicite (28 mai 1983, *Prestations de vieillesse, chr.* n° 29, p. 184 ; 23 janvier 1987, *Conseil de la concurrence, chr.* n° 42, p. 179).

Il y a lieu, par ailleurs, de préciser qu'en l'absence de dépôt en temps utile, du projet de loi de ratification, les ordonnances sont frappées de caducité. Elles cessent de produire des effets, à cette date (art. 38, al. 2 C), tout en demeurant sous le contrôle du juge, administratif (202). En cas de rejet du projet de ratification par le Parlement, les ordonnances cessent d'exister et la législation antérieure

(199) Cette irrecevabilité est *facultative :* le Gouvernement peut, en conséquence, accepter le dépôt d'une proposition de loi entrant dans le champ d'application de sa délégation. V. la proposition d'Ornano à propos du Conseil de la concurrence (C.C., 23 janvier 1987, *Conseil de la concurrence, chr.* n° 42, p. 179).

(200) Quelques exemples sont à mentionner : loi du 31 juillet 1968 (réorganisation de la sécurité sociale) ; loi du 31 mai 1983 (acquis sociaux). Du reste, pour la première fois, ce type de loi a été déférée au Conseil constitutionnel (*chr.*n° 27, p. 178).

(201) Une nouvelle définition de la ratification implicite se présente : *En principe, il n'est pas exclu que la ratification de tout ou partie des dispositions* [d'une ordonnnance] *puisse résulter d'une loi qui, sans avoir cette ratification pour objet direct, l'implique nécessairement.* (CC, 23 janvier 1987, *Conseil de la concurrence, chr.* n° 42, p. 179)

(202) En raisonnant par voie d'analogie, en l'absence de toute ratification, les ordonnances budgétaires (art. 47 C) ou celles relatives au financement de la sécurité sociale (art. 47-1) demeurent des actes réglementaires et peuvent être déférées au Conseil d'État. V. P. GAUCHER : Les ordonnances en matière budgétaire, *Annales Faculté de droit de Clermont,* 1965, p. 7 ; J.-C. BONICHOT, F. MÉLIN-SOUCRAMANIEN, Chr. MAUGÜÉ, Le contrôle juridictionnel des ordonnances, *R.F.D.A.* 1997, p. 450.

s'applique à nouveau (C.C. 1er-2 juillet 1986, *Circonscriptions électorales de l'Assemblée nationale, Rec.* p. 78) (203).

Enfin, la modification d'une ordonnance, à l'expiration du délai d'autorisation ne peut résulter que de la loi, dans les matières législatives (art. 38 *in fine* C) et d'un décret de *déclassement* ou de *délégalisation,* après intervention du Conseil constitutionnel (art. 37, al. 2 C), dans les matières réglementaires. Tel se présente, dans ses lignes générales, le régime de l'habilitation législative, auquel le premier Gouvernement de cohabitation a eu recours, en 1986 (204).

4) La querelle des ordonnances de la cohabitation

Les demandes présentées, à cette date, en matière économique et sociale, d'une part, et de délimitation des circonscriptions de l'Assemblée nationale, d'autre part, ont constitué une pierre d'achopement entre les parties intéressées. Après que le chef de l'État eut indiqué qu'il ne signerait qu'un *nombre limité* d'ordonnances, portant sur des *sujets précis,* il a refusé, par la suite, sa signature à trois projets relatifs à la privatisation d'entreprises nationales (14 juillet 1986), au découpage électoral (2 octobre 1986) et portant sur l'aménagement du temps de travail (17 décembre 1986) *(supra)* (205).

Le Conseil constitutionnel a précisé sa jurisprudence et le Gouvernement à imaginé une réplique au veto présidentiel. Tout en considérant que les lois d'habilitation susmentionnées n'étaient pas contraires à la constitution, le juge, au prix de *strictes réserves d'interprétation,* s'est livré, les 25 et 26 juin et les 1er et 2 juillet 1986, à un strict contrôle, à la limite de la *réécriture.* Dans son allant, le Conseil n'a pas hésité, selon la démarche injonctive des arrêts de règlement de jadis, à préjuger de la teneur des futures ordonnances, de manière à encadrer l'activité normative du Gouvernement, au moment où celui-ci donnait le sentiment de se soustraire à son magistère (206).

Pris en tenaille, le premier ministre décidait d'emprunter la voie législative. Les projets d'ordonnance seront convertis en projets de loi, et votés par le Parlement, après le faux pas, en décembre 1986, de *l'amendement Séguin* (207). Tout est bien qui finit bien, au regard de l'exercice de la souveraineté nationale (art. 3 C). Sans préjuger de l'utilisation future de l'habilitation législative, on peut inférer que la route des ordonnances s'est révélée, à l'expérience, particulièrement encombrée, en raison des exigences de l'État de droit et de la vigilance du chef de l'État, que le Gouvernement Chirac avait incontestablement mésestimées. Déjà, en 1979, Raymond Barre avait opiné que ce n'était pas une *méthode satisfaisante.* Il y a, dès lors, fort à parier que le Parlement, où la majorité tient garnison, retrouvera demain tout son attrait (208).

Seule la survenance d'une crise grave serait de nature à *revigorer* à l'avenir la législation déléguée car, selon la formule de Jacques Duhamel, l'article 38 C peut-être regardé comme *un article 16 bis.*

(203) Un même raisonnement a prévalu à propos des ordonnances référendaires prises par le chef de l'État en vue de l'application des accords d'Évian : C.E., 19 octobre 1962, *Canal, G.A.,* p. 599.

(204) Depuis 1958, il a été fait appel à l'article 38 C, une vingtaine de fois, dans divers domaines : l'outre-mer (Nouvelle-Calédonie, en 1982 et 1985) ; le droit communautaire (transposition de directives dans l'ordre juridique français, en 1964 et 1969) ; les acquis sociaux (réorganisation de la sécurité sociale, en 1967 et 1995 ; retraite à 60 ans, cinquième semaine de congés payés, durée hebdomadaire du travail, en 1982) ou à l'occasion du conflit algérien en 1960.

(205) En revanche, le chef de l'État a appposé sa signature à diverses ordonnances : emploi des jeunes (16 juillet 1986) ; participation des salariés aux résultats de l'entreprise et à l'actionnariat (21 octobre 1986) et, surtout, en matière de liberté des prix et de la concurrence (1er décembre 1986).

(206) La régime des ordonnances aboutit, on le sait désormais, au dessaisissement, du juge constitutionnel au profit du juge administratif. Mais la cause de l'État de droit peut justifier, en partie, la susceptibilité institutionnelle.

(207) Pressé par le temps, en décembre 1986, le Gouvernement a initialement déposé, sous forme d'un *amendement* à un projet de loi fourre-tout, le projet d'ordonnance qui avait été repoussé. Dans une décision du 23 janvier 1987, le C.C. a censuré cette méthode législative, en estimant que *l'amendement Séguin* dépassait les *limites inhérentes au droit d'amendement* (*chr.* n° 42, p. 169). Le Gouvernement a été contraint de rebrousser chemin, en reprenant la technique du projet de loi. Au terme d'une longue procédure, la loi du 19 juin 1987 a été finalement promulguée (V. *chapitre IV*).

(208) V. L. Favoreu, Ordonnance ou règlement d'administration publique ?, *R.F.D.A.* 1987, p. 686 ; B. Mathieu, Les rôles respectifs du Parlement, du président de la République et du Conseil constitutionnel dans l'édition des ordonnances, *ibid.,* p. 700.

d) *Les pouvoirs de crise*

La gestion d'une crise, c'est-à-dire lorsque le cours ordinaire des choses est *momentanément* altéré (209), incombe, en règle générale, au Gouvernement à l'exception de la dictature constitutionnelle confiée au chef de l'État (art. 16 C). Néanmoins, la guerre du Golfe en 1991 a relevé de la compétence exclusive du président Mitterrand *(supra).*

D'un point de vue théorique, la comparaison tourne aisément à l'avantage du Gouvernement, au regard de l'efficacité que de la légalité républicaine. En effet, si l'on néglige le fait que ce dernier a assuré seul, jusqu'en 1958, le service de la patrie, il dispose d'une gamme de moyens diversifiés, dont l'exercice se concilie, avec les exigences de l'État de droit, sous forme de recours contentieux, tout autant qu'avec celles du contrôle parlementaire.

Les pouvoirs de crise confèrent, au Gouvernement, des prérogatives exceptionnelles de puissance publique qui, en temps normal, ressortissent à la compétence de la représentation nationale. Ce surcroît d'autorité est destiné à faciliter les activités publiques (maintien de l'ordre et fonctionnement des services publics), au détriment passager des droits et libertés des personnes. *Il y a des cas où il faut mettre, pour un moment, un voile sur les libertés comme l'on cache les statues des dieux,* prétendait Montesquieu.

Retranché derrière un système constitué *en écailles,* le Gouvernement est puissamment armé afin de s'opposer à des crises intérieures et extérieures, en temps de paix comme de guerre. Il peut ainsi rivaliser, sans peine, avec le chef de l'État, réduit au *tigre de papier* de l'article 16 C, en mobilisant les ressources de la jurisprudence administrative, de la loi et de la constitution. Mais le recours à la négociation et l'utilisation de moyens paisibles (référendum algérien ou calédonien ou dissolution de l'Assemblée, en 1968) présentent l'avantage de ne pas céder au catastrophisme (210).

1) Les ressources jurisprudentielles

Pour s'en tenir à l'essentiel, on citera la théorie de l'*urgence* qui autorise un *chevauchement* ou un *déplacement* des compétences entre les diverses autorités administratives (T.C., 2 décembre 1902, *Société immobilière de Saint-Just,* concl. Romieu, *G.A.* p. 60) et principalement celle des *circonstances exceptionnelles,* élaborée par le Conseil d'État, à partir de la première guerre mondiale (28 juin 1918, *Heyriès, ibid,* p. 181) qui permet, sous le contrôle du juge, à l'autorité administrative d'*excéder* ses propres compétences, en empiétant, en tant que nécessité, sur le domaine réservé au législateur. Au final, avec la première théorie, on assiste à un changement de *degré* dans les prérogatives de l'administration ; avec la seconde, à un changement de *nature* (211).

(209) La crise, à la manière d'une fièvre du corps social, se définit par son caractère *temporaire* à l'opposé, du *mouvement* qui rythme l'existence ordinaire (crise ministérielle, par exemple) et de la *révolution* qui marque la fin de l'ordre constitutionnel.

(210) Georges Pompidou a délivré une leçon de stratégie, à propos des *événements* de 1968 : *J'ai fait ce que fait un général qui ne peut plus tenir une position. Je me suis retiré sur une position défendable. Et j'ai donné à cette retraite un caractère volontaire... Je n'avais plus qu'à gagner du temps, à circonscrire le mal, puis à prendre l'offensive sans douleur lorsque l'opinion en aurait assez... Une démocratie ne peut user de la force que si elle a l'opinion pour elle... Il faut céder du terrain, faire la part du feu et gagner du temps* (R. Aron : *Mémoires,* 1983, p. 476). V. P. Leroy : *L'organisation constitutionnelle et les crises,* 1966 ; Les pouvoirs de crise, *Pouvoirs n°* 10, 1979.

(211) On peut se livrer à une brève comparaison entre la théorie des circonstances exceptionnelles et l'article 16 C. En dehors d'analogies, les différences l'emportent.

L'article 16 vise tout d'abord des hypothèses plus rares et plus graves que la théorie jurisprudentielle. Il n'est pas besoin d'une constatation officielle au dernier cas ; c'est l'administration qui se détermine seule. *Toutes* les autorités administratives (nationales et locales), voire de simples particuliers, sont habilitées à prendre les mesures nécessaires au bon fonctionnement des services publics, à la différence de l'article 16 qui confère un pouvoir *exclusif* au président. Le contrôle du juge administratif demeure, alors que dans le cadre de l'article 16, il est réduit à sa plus simple expression. Enfin, les mesures prises au titre des circonstances exceptionnelles sont limitées dans le temps, tandis que les décisions de l'article 16 peuvent y survivre, selon l'interprétation donnée par le général de Gaulle, le 29 septembre 1961. Le comité Vedel pour la révision de la constitution a émis l'idée de transférer ce pouvoir d'appréciation au Conseil constitutionnel (*Rapport* p. 38).

V. A. Mathiot : La théorie des circonstances exceptionnelles, *Mél. Mestre,* 1956, p. 413 ; P.-L. Frier : *L'urgence,* 1987.

2) *Les ressources législatives*

En vue de permettre au régime de surmonter une épreuve, il est permis au Gouvernement de riposter, à l'aide des moyens suivants : la loi du 3 juillet 1877 autorise les réquisitions de biens, de service et de personne, en cas de mobilisation partielle ou totale de l'armée *(les taxis de la Marne,* en septembre 1914 sont demeurés célèbres), complétée par celle du 11 juillet 1938 et l'ordonnance du 6 janvier 1959, sur l'organisation de la nation, pour le temps de guerre et de paix. Le conflit du Golfe a ouvert ce droit, en janvier 1991, à l'égard de compagnies aériennes et maritimes (212). En outre, la loi du 10 janvier 1936, contemporaine du phénomène des ligues, habilite le conseil des ministres a procéder à la dissolution d'associations portant atteinte à l'ordre public ou à l'intégrité du territoire (mouvements autonomistes ou indépendantistes) ou qui *provoquent à des manifestations armées dans la rue.* En dernier lieu, il est permis au conseil des ministres, de proclamer *l'état d'urgence,* résultant de la loi du 3 avril 1955 et de l'ordonnance du 15 avril 1960, *en cas de péril imminent résultant d'atteintes graves à l'ordre public ou d'événement présentant... le caractère d'une calamité publique* (213). Toutefois, son maintien au-delà de douze jours ne peut résulter que de la loi (art. 2 de l'ordonnance précitée) (214). La parenté avec *l'état de siège* conduit à envisager cette ultime possibilité.

3) *Les ressources constitutionnelles*

En vertu, de l'article 36 C, l'*état de siège est décrété en conseil des ministres. Sa prorogation au-delà de douze jours ne peut être autorisée que par le Parlement.* Institué par les lois du 9 août 1849 et du 3 avril 1878 (215), ce régime est susceptible d'être mis en œuvre *en cas de péril imminent, résultant d'une guerre étrangère ou d'une insurrection à main armée.* Il a pour effets principaux d'accroître les pouvoirs de police et de donner compétence aux tribunaux militaires sur les populations civiles, pour tout ce qui a trait au maintien de l'ordre. A cet égard, l'état d'urgence diffère, en retenant la compétence des juridictions *civiles,* dans le même temps où il autorise les internements administratifs, à l'égard de personnes, dont la pensée et les convictions constituent *en soi* un danger. Bref, il s'agit de réprimer le délit d'opinion.

De cette présentation, découle l'aptitude générale du Gouvernement au commandement. Mais, à prendre la mesure des choses, il est nécessaire de la compléter en tournant les regards vers le premier ministre qui, longtemps, a été perçu comme *le parent pauvre* des institutions (F. Mitterrand).

B. LES ATTRIBUTIONS PERSONNELLES DU PREMIER MINISTRE

C'est la fonction la plus difficile de la République (E. Balladur), sans cesser d'être enviable pour autant. Le premier ministre est en effet une *contradiction vivante.* La

(212) Le Gouvernement est fondé, également depuis une ordonnance du 7 janvier 1959 à utiliser la procédure de la *mise en garde* à laquelle le général de Gaulle songea lors des *événements* de 1968. Cette institution, mal définie (sorte de prémobilisation), lui confère de très larges pouvoirs, en ce qui concerne la réquisition des personnes, des biens et des services et, même, pour appeler sous les drapeaux, à titre individuel ou collectif, des réservistes. Il est indiqué, au surplus, que le Gouvernement peut mettre en œuvre ces pouvoirs *lorsque les nécessités de la défense nationale l'exigent* (lutte contre le terrorisme international, par exemple). Mais, et ceci mérite d'être mentionné, c'est lui qui apprécie ce caractère de nécessité, tandis que le Parlement n'intervient ni, pour l'ouverture de la mise en garde, ni pour son application, sous cette réserve, bien entendu, qu'il peut, à cette occasion, mettre en cause sa responsabilité politique. V. J. Paucot : Le pouvoir d'engager les hostilités en France, *Pouvoirs, nº 10, 1979, p. 69.*

(213) L'état d'urgence, lié à la guerre d'Algérie, s'est appliqué de 1955 à 1963 et en Nouvelle-Calédonie, en 1985.

(214) Toutefois, la loi devient caduque, en cas de démission du Gouvernement ou de dissolution de l'Assemblée (art. 4 de la loi du 3 avril 1955). V. R. Drago : L'état d'urgence et les libertés publiques, *R.D.P.* 1955, p. 670.

(215) Cette législation est contemporaine des crises nées des journées de juin 1848 et de la Commune de Paris, en 1871.

constitution ne lui consacre aucun titre particulier ; pas plus qu'elle ne lui confère une légitimité personnelle en l'enfermant dans un tête-à-tête obligé et semé de dangers avec les représentants de la nation (président et Parlement). Qui plus est, elle ne lui reconnaît pas expressément la qualité de chef du Gouvernement (216). Et pourtant, ce second par nature n'est pas appelé à assumer un rôle secondaire, selon la formule consacrée. Tout au contraire, le privilège de l'interface (ou si l'on préfère le rôle de charnière entre les pouvoirs publics) lui permet de maîtriser la gestion quotidienne de l'État sans ignorer la possibilité offerte aux citoyens de réévaluer, voire métamorphoser, sa condition en période de cohabitation. *L'agencement complexe et mouvant des pouvoirs au sein de l'exécutif,* selon Jean Massot, autorise à opiner que le premier ministre est un *protée* politique, ballottée entre la frustration et la jubilation du pouvoir.

Longtemps considéré, dans la logique présidentialiste, comme l'obligé du président, son *fondé de pouvoir*, selon la formule prémonitoire de Léon Blum, il est transfiguré lors du passage au régime parlementaire. D'un rôle d'exécuteur, il est promu à celui de décideur. Le collaborateur cède le pas au compétiteur. Certes, Georges Pompidou, au moment des événements de mai-juin 1968, a donné toute la mesure de la fonction jusqu'à occulter la présidence. Mais, ce n'est que l'exception qui confirme la règle, car la constitution est *rude* pour l'intéressé (M. Rocard).

I. La pratique présidentialiste du régime réduit le premier ministre à une *mission de sacrifice* (M. Jobert) : *il ne respire que le service du président et la grandeur de l'État,* pour parodier le prince de Condé. D'où une répartition et une *hiérarchisation* des tâches entre un président gouvernant et un premier ministre exécutant. Premier *des* ministres, chargé de la mise en œuvre des choix présidentiels, *l'homme-lige* de Matignon cultive l'ambiguïté ou l'impossibilité. Que lui demande-t-on ? Tenir la gageure d'être, tout à la fois, un grand commis de l'État doublé d'un homme d'État, sans que le point d'équilibre ne soit dépassé, au risque de menacer le président de la République. Il doit, dans cette conception, se tenir en avant, pour le protéger (d'où la comparaison avec le *paratonnerre* ou le *fusible*), mais sans être devant, de crainte de l'éclipser. Ainsi que l'observe finement Pierre Avril, *s'il existe il inquiète, s'il n'existe pas il manque.* En somme, *l'être ou le néant,* pour parodier Sartre, ou la condition ontologique du premier ministre. Seul, Alain Juppé a bénéficié de la sollicitude du chef de l'État au point de le précipiter dans l'impopularité *(monisme sublimé ?).*

Cet exercice périlleux entre tous explique que la crise surgisse régulièrement, au sein du *couple,* vers la seconde année et que le premier ministre soit chargé des péchés de Moïse (217). Ce que Jacques Chaban-Delmas résume, en substance : *Tout ce qui va mal est la faute de Matignon ; tout ce qui va bien est à porter au crédit de l'Élysée.* En somme, une vision utilitaire autant que nécessaire : celle du jardinier du jardin présidentiel : *Le Gouvernement n'a qu'un seul souhait,* déclare Michel Rocard, en 1990, *continuer à travailler dans le sillon tracé par le président de la République.*

II. L'avènement de la cohabitation, et plus encore sa pérennisation depuis 1997, renverse cette tendance, en marginalisant le chef de l'État. De façon inédite, le premier ministre, en union avec la majorité parlementaire, se pare de l'autorité attachée à celle d'un *leader* national, menant en son nom, une politique structurelle qu'il a arrêtée, et dont il assume l'entière responsabilité. Jusqu'alors, son sort était intenable, brusquement il devient enviable. Le subordonné d'hier apparaît, le concurrent du président. Au-delà de sa position de *chef de la majorité,* ce sont les institutions de la Ve République, qui lui donnent la maîtrise des affaires publiques. *Ma fonction, c'est de gouverner. C'est le mandat*

(216) Le général de Gaulle lui déniait cette qualité : *Le chef du Gouvernement, c'est moi. Le premier ministre est le premier des ministres... il coordonne leur action, mais il le fait sous la responsabilité du président de la République, qui dirige l'exécutif sans partage.* Rapporté par A. PEYREFITTE : *op. cit.*, p. 117. V. Ph. ARDANT : *Le premier ministre en France,* 1991 ; le premier ministre, *Pouvoirs* n° 83, 1997.

(217) La considération n'est pas exclue pour autant. Depuis Valéry Giscard d'Estaing, le chef de l'État remet au premier ministre la grand-croix de l'ordre national du Mérite, six mois après son entrée en fonction (décret du 24 décembre 1974). Ce rite républicain demeure en période de cohabitation : à preuve, la cérémonie en l'honneur de Lionel Jospin, le 10 décembre 1997.

qui m'a été confié, affirme Lionel Jospin (8 octobre 1998, France 2). Par suite l'effectivité de son autorité est comparable à celle de ses homologues allemand et britannique.

Ce pouvoir est assumé, en *intégralité* par le premier ministre par intérim (C.C., 29 décembre 1989, *Loi de finances pour 1990, chr.* n° 53, p. 176). Au fond des choses, l'hôtel de Matignon représente la meilleure école du pouvoir, car elle se situe à son épicentre *(supra).*

1° Le premier ministre : un entrepreneur politique

Le premier ministre dirige l'action du Gouvernement (art. 21 C). Il incarne la solidarité entre ses membres et, par suite, la dynamique politique (ce que Jacques Chirac dénommait *aller au charbon),* que ce soit comme interprète de la volonté présidentielle, ou de la sienne, selon le cas de figure institutionnel. Quelle est la qualité essentielle d'un premier ministre, demandait-on à Pierre Mauroy ? *La santé,* aurait-il répondu, non sans pertinence. L'activité, l'intense activité de cette *abeille industrieuse* (E. Balladur) déployée, au cœur des institutions, se relie au rôle irremplaçable qu'il remplit à l'égard du Gouvernement et du chef de l'État.

a) *L'animateur du Gouvernement*

L'existence du Gouvernement est conditionnée par celle du premier ministre. On rappelle pour mémoire, qu'il est dégagé de la gestion d'un département ministériel (*supra*) ; qu'il propose au président, la nomination des autres membres du Gouvernement et la cessation de leurs fonctions (art. 8, al. 2 C) ; de la même façon qu'il est le *seul* à pouvoir engager l'existence du Gouvernement (art. 49 C). En sa qualité de coordonnateur, il gère *l'interministérialité* (*supra*), il impulse, arbitre et contrôle l'exécution de ses décisions par les ministres qui l'assistent au point de les marginaliser, sinon de les tétaniser (218). On a parlé des ministres *virtuels* d'Alain Juppé (219). De manière significative, c'est *sous son autorité* que le ministre des finances prépare les projets de loi de finances (art. 37 de l'ord. du 2 janvier 1959). Il fixe le montant des dotations ministérielles *(lettres-plafonds),* ce qui lui confère une autorité sans pareille accordée à sa responsabilité. *Il n'y a pas des fusibles au Gouvernement, mais un fusible et c'est le premier ministre* (E. Balladur). Il assure l'articulation entre les pouvoirs.

b) *Le chef de l'administration*

Le premier ministre a les moyens de son action (ou de son ambition) : au plan politique, il s'appuie sur son cabinet *(supra)* ; au plan opérationnel, il dispose, outre du *premier ministère,* soit *une grande administration et un département ministériel très particulier* (Ph. Ardant), de l'administration de l'État (art. 20 C). Le président de la République est annihilé, en comparaison.

c) *Le chef de la majorité parlementaire*

En bonne logique, le premier ministre dirige la majorité, au nom du président ou du sien, selon les périodes politiques de la Ve République. Il peut exercer une influence sur le chef de l'État concernant le recours à la dissolution de l'Assemblée nationale, à l'exemple de Georges Pompidou

(218) Depuis 1997, les services de Matignon s'étoffent avec la création du conseil d'analyse économique ; du conseil de sécurité intérieure et de celui de la coopération internationale, entre autres. Cohabitation rime avec compétition.

(219) *Un Gouvernement n'est pas un club de réflexion où chacun peut jouer sa petite musique. Il y a une partition, il y a un chef d'orchestre [Il y a] un pilote dans l'avion du Gouvernement* affirmait Alain Juppé, le 27 août 1995, au lendemain de la démission d'Alain Madelin, ministre de l'économie et des finances. Bref, *l'action gouvernementale n'est pas une affaire sentimentale.* Autrement dit, *si le ministre a l'éclat du verre, il en a la fragilité* (J. Rigaud). Grandeur et servitude, somme toute.

en 1968 ou d'Alain Juppé, en 1997. Il mènera le combat au moment de la consultation électorale et en assumera la responsabilité.

d) *Le collaborateur du président*

Outre le *contreseing* des actes du président de la République (art. 19 C), le premier ministre est appelé à œuvrer de conserve. C'est ainsi qu'il est chargé de sa suppléance, d'émettre des avis et des propositions.

1) La suppléance du chef de l'État (art. 21 C)

En cas d'empêchement momentané, il peut suppléer, le cas échéant, le chef de l'État dans la présidence des conseils et comités supérieurs de la défense nationale (art. 21, al. 3), ainsi que celle du conseil des ministres (art. 21 *in fine*). Au cas particulier, la réunion se tient à Matignon, *en vertu d'une délégation expresse et pour un ordre du jour déterminé* (220).

2) Les avis (art. 12 et 16 C)

Officiellement, le président de la République est tenu de recueillir l'avis de premier ministre dans le cadre de la procédure de dissolution de l'Assemblée (art. 12) et de la mise en œuvre des pouvoirs extraordinaires (art. 16).

3) Les propositions (art. 8, 29 et 89 C)

Concomitamment à celles relatives à la nomination et à la démission des ministres (art. 8 C), le premier ministre propose au chef de l'État, la tenue d'une session extraordinaire du Parlement (art. 29) et une révision de la constitution (art. 89, al. 1er).

2° Le premier ministre : un entrepreneur juridique

Dans le domaine normatif, le premier ministre occupe la place *essentielle* au sein du pouvoir exécutif. Il dispose de l'initiative de la loi (art. 39 C) ; il exerce le pouvoir réglementaire (art. 21 et 37 C), ainsi que celui de nomination (art. 21 C). Ses actes sont normalement contresignés par *les ministres chargés de leur exécution* (art. 22 C), c'est-à-dire ceux qui auront la charge de prendre les mesures juridiques d'application (circulaire Juppé du 30 janvier 1997). En un mot, il est *celui sans lequel les décisions ne peuvent être ni élaborées, ni appliquées,* (F. de Baecque). Il préside (en théorie) le Conseil d'État (ord. du 31 juillet 1945).

a) *Le titulaire du pouvoir d'initiative de la loi (art. 39 C)*

En dehors de la loi constitutionnelle, pour laquelle le chef de l'État dispose de l'initiative, assortie, il est juste de le rappeler de la proposition du premier ministre (art. 89, al. 1er C), ce dernier partage l'initiative des lois avec les parlementaires, sous forme d'un *projet de loi* ou ultérieurement d'une *lettre rectificative* (C.C., 28 décembre 1990, *Loi de finances pour 1991, chr.* n° 57, p. 183) (art. 39, al. 1er). Par suite, il interviendra dans le déroulement de la procédure législative, en convoquant une commission mixte paritaire (C.M.P.), en cas de divergence entre les assemblées (art. 45, al. 2) ou

(220) A ce jour, 5 conseils des ministres ont été tenus dans ces conditions : sous le général de Gaulle, par Georges Pompidou, le 22 avril 1964 (suite à l'hospitalisation du président) et le 30 septembre 1964 (au moment d'un long déplacement en Amérique latine). Pierre Messmer a présidé exceptionnellement un conseil des ministres au palais de l'Élysée, le 14 février 1973, en raison de l'état de santé du président Pompidou. Pierre Bérégovoy et Édouard Balladur (en période de cohabitation) ont suppléé François Mitterrand, les 16 septembre 1992 et 20 juillet 1994, après une intervention chirurgicale. En mai 1968, le général de Gaulle avait remis délégation à Georges Pompidou, au moment où il se rendait en Roumanie, en tant que de besoin. V. Ph. GODFRIN : *La suppléance du président de la République,* D. 1969, p. 167.

en engageant, après délibération du conseil des ministres, la responsabilité du Gouvernement devant l'Assemblée (art. 49). Bref, il est *l'interlocuteur* incontournable du Parlement.

b) *Le titulaire du pouvoir réglementaire (art. 21 et 37 C)*

Il résulte de la combinaison des articles 21 et 37 C, que le premier ministre dispose, en théorie, de la compétence de *droit commun* en matière réglementaire (221). Le chef de l'État exerce, pour sa part, une compétence *d'attribution* (art. 13), sous la réserve du pouvoir d'*évocation* des décrets en conseil des ministres (C.E., 10 septembre 1992, *Meyet, D.* 1993, p. 293, note O. Gohin) ou du recours aux *décisions,* en cas de crise majeure (art. 16). Par suite, plus de 90 % de la matière décrétale relève du premier ministre.

1) L'étendue du pouvoir réglementaire

A titre de pierre d'attente, il convient d'indiquer que le premier ministre intervient de manière *traditionnelle,* au titre de *l'exécution des lois* (art. 21 C) par des *décrets dérivés,* qui en déterminent les modalités d'application (v. *chapitre IV*). Certains d'entre eux sont passés à la postérité (décret du 28 juin 1992 relatif au permis à points qui entraîna la paralysie de la France ou celui du 23 février 1994 créant le *CIP* qui provoqua la révolte des jeunes). En revanche, les règlements *autonomes* (c'est-à-dire *sans* lois) (art. 37 C) ont pratiquement disparu. A ce propos, le Conseil constitutionnel (30 juillet 1982, *Blocage des prix et des revenus,* C.C.F. p. 276) a sonné le glas de la distinction entre les articles 34 et 37, en restituant à la loi son domaine classique ; ce qui réduit, en fait, à néant cette catégorie (V. *chapitre IV*).

2) La défense du pouvoir réglementaire

Le premier ministre figure parmi les protecteurs de la constitution. Il veille au respect de la répartition des compétences par la saisine du juge constitutionnel. C'est ainsi qu'il lui appartient, *en exclusivité,* de déférer *obligatoirement* les lois organiques (art. 61 al. 1er C) (C.C. 21 février 1992, *Statut de la magistrature, chr.* n° 62, p. 174). Quant aux lois ordinaires, la saisine est facultative et peut se produire à divers moments : en cours d'élaboration, en cas de désaccord, avec le président de l'assemblée considérée (art. 41), en vue de sauvegarder, notamment, une habilitation législative ; à la veille de sa promulgation (art. 61, al. 2) et enfin, il dispose *seul et à tout moment,* du pouvoir de déférer, en tout ou partie, une loi *après* sa promulgation, selon la procédure du *déclassement* ou de la *délégalisation* (art. 37, al. 2) (222).

La collaboration du Gouvernement et de la majorité parlementaire a changé, du tout au tout, la perspective conflictuelle dans laquelle les constituants de 1958 s'étaient placés : dans la pratique, l'article 41 a été délaissé et l'article 61 abandonné à l'opposition depuis la révision de 1974. Reste donc l'article 37, alinéa 2. Tout bien considéré, la seule différence avec les régimes antérieurs, consiste en ce que, sur ce fondement, le premier ministre, a désormais la possibilité de réclamer son dû et de surmonter ainsi, une inadvertance ou une défaillance passagère (*infra*).

■ (221) Au point de vue de leur *objet,* les décrets peuvent être, *individuels,* lorsqu'ils intéressent une ou plusieurs personnes nominativement désignées ou *réglementaires* lorsqu'ils contiennent des dispositions générales s'adressant à l'ensemble de la population ou à des catégories indéterminées de celle-ci. Il en est de même, lorsqu'ils précisent l'organisation d'un service. Les décrets réglementaires ne peuvent être pris que par le premier ministre.

Du point de vue de leur forme, on distingue *les décrets simples* qui comportent généralement la signature du premier ministre et, exceptionnellement celle du président de la République, avec le contreseing d'un ou plusieurs ministres ; ensuite, les *décrets en conseil des ministres* qui sont signés par le président de la République, après délibération du conseil des ministres et qui portent le contreseing de ministres. On note aussi l'existence de *décrets en Conseil d'État* qui sont pris à l'invitation du législateur. V. M.-J. GUÉDON : Décret et constitution, *Mél. Georges Dupuis,* 1997, p. 125 et circulaire Juppé du 30 janvier 1997.

■ (222) Le premier ministre est également habilité à déférer un *traité,* avant sa ratification au Conseil constitutionnel (art. 54 C : 19 juin 1970, *Ressources communautaires, Rec.* p. 15) (V. *chapitre I*).

c) *Le titulaire du pouvoir de nomination (art. 21 C)*

Réserve faite des emplois *supérieurs* (art. 13), le premier ministre nomme aux autres emplois civils et militaires de l'État. (*infra*)

⁂

Le premier ministre occupe le second rang dans l'ordre protocolaire (décret du 13 septembre 1989) et dans la commune opinion. Ceci n'est pas le fait d'une inconséquence. Politiquement et juridiquement, il tient exactement cette place. Dès lors, selon la pente naturelle, à la manière de Georges Pompidou et de Jacques Chirac, il aspire logiquement à devenir le premier magistrat du pays. Charles Debbasch le résume parfaitement, lorsqu'il réduit la relation au sein de l'exécutif au dilemme : *duo* ou *duel* (223).

SECTION III LES CONSEILS DE L'EXÉCUTIF

Dans l'exercice de leurs fonctions, les titulaires du pouvoir exécutif sont assistés, en dehors des services administratifs, par diverses *autorités* qui leur sont communes ou particulières. Au premier cas, figurent le Conseil d'État (art. 39 C) et le Conseil supérieur de la magistrature (art. 64) ; au second, le Conseil économique et social (art. 69) (224).

§ 1 LE CONSEIL D'ÉTAT

Successeur du Conseil du roi à l'époque de la monarchie absolue, le Conseil d'État, qui siège à Paris, au Palais-Royal, a été créé par la constitution de l'an VIII, il y a deux cents ans : *Sous la direction des consuls* [il] *est chargé de rédiger les projets de loi et les règlements d'administration publique et de résoudre les difficultés qui s'élèvent en matière administrative* (art. 52). Premier grand corps de l'État, cette haute juridiction, au terme d'une évolution dont l'étude excède les limites du présent ouvrage, jouit d'un grand prestige, accordé à l'importance de son rôle. On se propose d'en indiquer les caractéristiques essentielles.

Présidé par le premier ministre (ord. du 31 juillet 1945), mais dirigé, en fait par un vice-président qui, en sa qualité de chef de juridiction est le premier fonctionnaire de France, le Conseil d'État, se recrute, à titre principal, parmi les élèves issus du concours de l'E.N.A. (ceux sortis dans la *botte,* comme l'on dit) et des personnes nommées, selon le système du *tour extérieur.*

Le Conseil assume une fonction *juridictionnelle* et *consultative,* qui a participé pour une part importante, à l'édification de l'État de droit. Au titre de la justice déléguée (loi du 24 mai 1872),

(223) On se souvient à cet égard, du débat télévisé entre les deux têtes de l'exécutif, en 1988 : au *M. Mitterrand* de Jacques Chirac, répliquait un *M. le premier ministre* de François Mitterrand. V. Ch. DEBBASCH : Président de la République et premier ministre dans le système politique de la Vᵉ République, *R.D.P.* 1982, p. 1175 ; P. SERVENT, *Œdipe à Matignon ou le complexe du premier ministre,* 1989 ; J.-L. ANDREANI : La malédiction des premiers ministres, *Le Monde,* 29 mai 1997.

(224) On mentionnera aussi, pour mémoire, la Cour des comptes qui *assiste le Parlement et le Gouvernement dans le contrôle de l'exécution des lois de finances* (art. 47 C) et *des lois de financement de la sécurité sociale* (art. 47-1). V. Chr. DESCHEEMAECKER, *La Cour des comptes,* D.F. 1992 et manuels de finances publiques..

il est le juge de l'administration : il annule ses actes pris en méconnaissance du principe de légalité et statue sur sa responsabilité. Pour l'essentiel, le droit administratif qui est en œuvre, a servi de référence, par la suite, au Conseil constitutionnel.

Traditionnellement serviteur de la loi, il a cessé de l'être au titre du contrôle de *conventionnalité*. Celle-ci est désormais écartée en cas de contrariété avec un traité (art. 55 C) (C.E., 20 octobre 1989, *Nicolo, chr.* n° 53, p. 175). De ce fait, se trouve réalisée la *primauté* du droit communautaire, par la supériorité du *règlement* à une loi postérieure (24 septembre 1990 *Boisdet, R.F.D.A.* 1991, p. 172, note L. Dubouis) ainsi que celle de la *directive* (28 février 1992, *Philip Morris France, chr.* n° 62, p. 177) (V. *chapitre IV*).

Dans le même temps, la Haute Juridiction conseille l'administration en matière législative et réglementaire, et de façon générale, pour toute difficulté rencontrée par le chef de l'État, le Gouvernement ou un ministre (ord. du 31 juillet 1945 et décret du 30 juillet 1963). Par le truchement du S.G.G., les projets de loi sont soumis, pour avis au Conseil d'État (art. 39 C), ainsi que les projets d'ordonnance (art. 38) ; de texte de forme législative intervenu avant 1958 (art. 37, al. 2) et de décret, pour lesquels son intervention est prévue par des dispositions législatives (art. 23 de l'ord. du 31 juillet 1945) (225). La tradition veut que le Gouvernement reprenne à son compte les avis émis qui, en dehors d'indiscrétions, ne sont pas rendus publics. Cette fonction d'expertise a pour destinataire le pouvoir exécutif, à l'exclusion du Parlement.

En dernière analyse, le Conseil d'État est investi d'un pouvoir de *suggestion*, il peut, *proprio motu, appeler l'attention des pouvoirs publics sur les réformes d'ordre législatif, réglementaire ou administratif qui lui paraissent conformes à l'intérêt général* (art. 24 de l'ord. précitée). Une section dite du *rapport et des études* a été créée, à cette fin, en 1985.

§ 2 LE CONSEIL SUPÉRIEUR DE LA MAGISTRATURE

A l'opposé de régimes étrangers, il n'existe pas en France, un pouvoir judiciaire, mais simplement une *autorité judiciaire,* selon la *terminologie administrative* (M. Prélot) du titre VIII de la Constitution. Les membres du service public de la justice dispose de garanties d'indépendance. A l'inamovibilité traditionnelle des magistrats du siège, s'ajoute le rôle du chef de l'État, pris en sa qualité de *garant de leur indépendance*, assisté par le Conseil supérieur de la magistrature (C.S.M.) (art. 64 C). Ce dernier est une autorité constitutionnelle autonome (art. 65). En vue de favoriser l'indépendance de la magistrature, par rapport au pouvoir politique, sans céder au corporatisme, la L.C. du 27 juillet 1993 a modifié la composition et la mission du C.S.M. Ce dernier siège au palais de l'Alma à Paris, qui est une dépendance de la présidence de la République.

A. LA COMPOSITION DU C.S.M.

Avec la révision constitutionnelle de 1993, le C.S.M. fait figure de *clé de voûte de l'indépendance de l'autorité judiciaire* (H. Haenel). Il est présidé par le président de la République ; le garde des sceaux, qui peut le suppléer, en est le vice-président de droit. Au surplus, l'innovation réside dans le fait que dorénavant, le C.S.M. comprend *deux formations* distinctes pour un seul corps judiciaire : l'une compétente à l'égard des magistrats du siège (la magistrature assise) et l'autre à l'égard des magistrats du parquet (la magistrature debout) (nouvel art. 65 C). Mais dès sa première séance, le

(225) Dans le cadre de la procédure du déclassement ou de la délégalisation, le Conseil d'État émet un avis pour les textes de forme législative intervenus *avant* 1958. Enfin, à titre de curiosité juridique, c'est après avis de ce dernier que le chef de l'État statue, au titre de la *justice retenue,* sur les décisions du Conseil des prises (*supra*) V. J. MASSOT et Th. GIRARDOT, *Le Conseil d'État,* 1999 ; G. BRAIBANT : Le rôle du Conseil d'État dans l'élaboration du droit, *Mél. Chapus,* 1992, p. 91.

10 juin 1994, ses membres se sont réunis en *plénière*, en vue de déliberer sur des questions commmunes, chaque mois. Le président Mitterrand a entériné cette initiative, le 22 décembre 1994, en saisissant cette réunion d'une demande d'avis à propos du dessaisissement éventuel du juge Halphen (*chr.* n° 73, p. 202).

La formation compétente pour le siège comprend, outre le président de la République et le garde des sceaux, 10 membres : 5 magistrats du siège et un magistrat du parquet, tous *élus* par leurs pairs ; (226) et 4 membres communs : un conseiller d'État désigné par le Conseil d'État et 3 personnalités nommées respectivement par le président de la République et chacun des présidents des assemblées parlementaires (al. 3). La formation afférente au parquet est identique, à la différence près qu'y figurent 5 magistrats du parquet et un magistrat du siège (al. 4). Le mandat des membres est de quatre ans. Il ne peut être renouvelé immédiatement. Les conseillers ne peuvent détenir aucun mandat électif (L.O. du 5 février 1994).

B. LES ATTRIBUTIONS DU C.S.M.

En dehors des procureurs généraux et du procureur général près la Cour de cassation, la carrière des magistrats relèvent désormais à des titres divers du C.S.M. La tradition veut que le chef de l'État entérine les choix qui lui sont présentés.

S'agissant des magistrats du siège, la formation compétente soumet des *propositions* au chef de l'État pour les nominations des magistrats à la Cour de cassation (y compris le premier président) ; de premier président de cour d'appel et de président de tribunal de grande instance. Il s'agit d'une procédure de *codécision,* qui se déroule au palais de l'Élysée. Les autres magistrats du siège sont nommés sur son avis *conforme* (art. 65, al. 5). Par ailleurs, cette formation exerce une fonction *juridictionnelle,* en tant que *conseil de discipline* des magistrats du siège. Elle est alors présidée, au nom du principe de la séparation des pouvoirs, par le premier président de la Cour de cassation (al. 6). Selon la tradition, elle s'y transporte symboliquement.

Concernant les magistrats du parquet, qui relèvent hiérarchiquement du garde des sceaux, dans l'attente de la ratification de la révision votée par le Parlement, en 1998, qui aligne leur condition sur celle de leurs collègues du siège, la formation compétente donne un *avis simple* (al. 7) auquel il peut être passé outre, pour les nominations, à l'exception des emplois de procureur général, pourvus en conseil des ministres. Elle donne son avis pareillement lorsqu'elle statue en *formation disciplinaire,* sous la présidence du procureur général près la Cour de cassation (al. 8). La L.O. du 5 février 1994 a explicité les conditions d'application du nouvel article 65 C.

Le C.S.M. exerce, au surplus, une fonction consultative en rendant un avis à la demande du chef de l'État (art. 64 C) ou du garde des sceaux ou de sa propre autorité.

§ 3 LE CONSEIL ÉCONOMIQUE ET SOCIAL

C'est après la première guerre mondiale que l'idée d'un organisme représentant, les *forces vives de la nation* (à défaut de parler des groupes de pression) a pris naissance. Elle a été concrétisée, pour la première fois, par le Conseil économique de la constitution de Weimar,

(226) Si les procureurs généraux échappent, en l'état, au pouvoir de nomination du C.S.M., en revanche, ils relèvent de son action disciplinaire, sous forme d'un avis (al. 8). Ainsi, pour la première fois, la formation compétente a été appelée à se prononcer, en 1996, sur la poursuite intentée par le garde des sceaux à l'encontre du représentant du parquet près la cour d'appel de Besançon (*chr.* n° 79, p. 174). V. C.S.M., Rapport annuel. Année du cinquantenaire, J.O., brochure n° 4318, 1997 ; Th. S. RENOUX et A. ROUX : *L'administration de la justice en France,* 1994 ; J.-P. ROYER : *Histoire de la justice en France,* 2e éd. 1996 ; A. MARTIN, Le C.S.M. et l'indépendance des juges, *R.D.P.* 1997, p. 741 ; J. GICQUEL : Le Conseil supérieur de la magistrature : une création continue de la République, *Mél. Ph. Ardant,* 1999, p. 289 ; Les juges, *Pouvoirs* n° 74, 1995.

puis, en France, par le Conseil national économique, créé par le Cartel des gauches, en 1924 et développé par le Front populaire, en 1936. En octobre 1946, l'organisme deviendra constitutionnel. Il le demeurera en 1958 (art. 69 C). On sait que le projet référendaire du 27 avril 1969 fusionnant le Sénat et le C.E.S. a échoué. Ce dernier, qui siège au Palais d'Iéna à Paris, mériterait que les capacités, sinon les talents, de ses membres fussent mieux utilisés dans sa mission auprès du Gouvernement.

En application de l'article 7 de l'ordonnance du 29 décembre 1958 (rédaction de la L.O. du 27 juin 1984 et de celle du 7 novembre 1990), le C.E.S. comprend 231 membres, désignés par les organisations professionnelles les plus représentatives, conformément au décret du 4 juillet 1984 (227) ainsi répartis : représentants des salariés (69) ; des entreprises (72) ; des professions libérales (3) ; de la mutualité et du crédit agricole (10) ; des coopératives non agricoles (5) ; de la mutualité non agricole (4) ; des activités sociales (17) ; des activités économiques et sociales des D.O.M. et T.O.M. (9) et des Français de l'étranger (2). Enfin, un décret en conseil des ministres y désigne 40 personnalités qualifiées. Les membres du Conseil sont nommés pour un mandat de cinq ans (art. 9).

En dehors d'une inclination, le C.E.S. ne peut être comparé à une assemblée parlementaire : son règlement est approuvé par décret présidentiel et non soumis à l'appréciation du Conseil constitutionnel ; ses membres ne peuvent bénéficier des immunités traditionnelles. La *publicité* des séances publiques a été posée tardivement par la L.O. du 27 juin 1984.

A l'image du précédent de 1946, le C.E.S. actuel est un *organisme consultatif* ou, si l'on veut, une assemblée-refuge : il n'a, en aucun cas, des pouvoirs de décision.

Il est consulté par le Gouvernement de manière facultative. Toutefois, si ce dernier déclare *l'urgence,* l'avis est donné dans le délai d'un mois (art. 2 de l'ord. du 29 décembre 1958, rédaction de la L.O. du 27 juin 1984). En revanche, son avis est requis pour les projets de loi de programme et en matière de planification (art. 2 précité). Par ailleurs, il lui est loisible d'appeler l'attention du Gouvernement sur des matières ressortissant à sa compétence (228).

***

Gouverner, c'est facile, prétendait Guy Mollet. La Ve République lui en donne acte, par la conjugaison de la constitution et du fait majoritaire, sans qui rien n'eût été aussi aisé.

Bibliographie

Ph. ARDANT : *Le premier ministre en France,* 1991 ; P. AVRIL : *Un Président pour quoi faire ?* 1965 ; *La Ve République, Histoire politique et constitutionnelle,* 2e éd., 1994 ; F. DE BAECQUE : *Qui gouverne la France ?* 1976 ; G. BERLIA : Le président de la République dans la constitution de 1958, R.D.P., 1959, p. 71 et *Essai sur la Ve République, ibid.,* 1961, p. 1157 ; Ph. BRAUD : *Les crises intérieures de la Ve République,* 1970 ; Chr. BIGAUT : *Le président de la Ve République,* D.F., 1995 ; E. BURIN DES ROZIERS : *Les relations de travail avec le premier ministre* in *De Gaulle et le service de l'État,* 1977, p. 353 ; R. CAPITANT : *L'aménagement du pouvoir exécutif et la question du chef de l'État,* Encyclopédie française, t. X, 1964, p. 205 ; A. CLAISSE : *Le premier ministre de la Ve République,* 1972 ; J. FOURNIER : *Le travail gouvernemental,* 1987 ; Chr. GUETTIER : *Le président sous la Ve République,* 1995 ; M. JOBERT : *Le partage du pouvoir exécutif,* Pouvoirs no 4, 1978, p. 7 ; F. HAMON, *Le référendum,* 1995 ; Institut Charles-de-Gaulle et A.F.S.P. : *De Gaulle et ses premiers ministres,* 1990 ; B. LACROIX et J. LAGROYE (sous la direction de) : *Le président de la République.*

(227) V. G. et A. MERLOZ : Le Conseil économique et social sous la Ve République, *Droit social,* 1976, p. 413 ; J. FRAYSSINET : *Le Conseil économique et social,* D.F., 2e éd., 1996 ; R. PARANQUE : *Le Conseil économique et social,* Universalia 1987, p. 263.

(228) Il y a lieu de noter que la L.O. du 18 juin 1976 a retiré aux membres du C.E.S., la qualité du présentateur de candidat à la présidence de la République. Au surplus, la loi du 4 août 1993 portant réforme du statut de la Banque de France range le président du C.E.S. parmi les autorités chargées d'établir la liste de personnes en vue de la nomination des membres du Conseil de la politique monétaire de la Banque de France.

Usages et genèse d'une institution, 1992 ; P. LEROY : *L'organisation constitutionnelle et les crises,* 1966 ; M. LONG : *Les services du premier ministre,* 1981 ; J. MASSOT : *La présidence de la République en France,* 1986 et *Le chef du Gouvernement en France,* 1979, *Chef de l'État et chef du Gouvernement,* 1994 ; M. MORABITO : *Le chef de l'État en France,* 1995 ; R. PY : *Le Secrétaire général du Gouvernement,* D.F. 1985 ; S. RIALS : *La présidence de la République,* 1981 et *Le premier ministre,* 1981 ; M. VOISSET : *L'article 16 de la constitution du 4 octobre 1958,* 1969 ; J.-Cl. ZARKA : *Fonction présidentielle et problématique majorité présidentielle/majorité parlementaire sous la Ve République,* 1992 ; et *Le président de la Ve République,* 1994.

On se reportera aussi à : La Ve République, *Pouvoirs* n° 4 ; Les pouvoirs de crise, n° 10 ; Élire un président, n° 14 ; Le Président, n° 41, le premier ministre n° 83 et aux actes des colloques consacrés : aux régimes semi-présidentiels (Paris, 1983) ; au XXVe anniversaire de la constitution de 1958 (Paris, 1984) et aux rapports entre président de la République et premier ministre sous la Ve République (1959-1962) (Paris, 1988).

Pour vivre avec son temps
http / / www. Élysée-fr
http / / www. premier-ministre-fr

CHAPITRE IV

LE POUVOIR DÉLIBÉRANT OU LE PARLEMENT

Le choix du libellé n'est pas innocent. Il vaut mieux, en effet, utiliser la terminologie du doyen Maurice Hauriou, pour désigner le Parlement, formé par l'Assemblée nationale et le Sénat (art. 24 C), de manière à respecter la *spécificité* de son mode d'opération.

Le propre d'une chambre est de procéder à une *délibération,* c'est-à-dire une *résolution collective, prise à la majorité des voix après une discussion publique* (1). De la même façon, convient-il d'écarter le terme de *pouvoir législatif,* qui, pour être courant, n'en est pas moins inexact car, non seulement, il occulte la fonction de contrôle, mais ignore la réalité contemporaine. A cet égard, sous la pression conjugée de la rationalisation de l'activité parlementaire et de la discipline majoritaire, de manière invariante, *le Parlement est moins le législateur que le titulaire du pouvoir exécutif.* Autant dire que les assemblées mettent en forme juridique la volonté que ce dernier vient à exprimer, sous le contrôle du Conseil constitutionnel (2).

I. La *composition* du Parlement se rattache au *bicamérisme* (3), inauguré il y a deux siècles, en l'an III et intégré à la tradition républicaine, en 1875. Deux questions

(1) V. M. AMELLER : *L'Assemblée nationale,* 1994 ; P. AVRIL et J. GICQUEL : *Droit parlementaire* (D.P.), 2e éd. 1996 ; J. BOURDON : *Les assemblées parlementaires en France,* D.F., 1981 ; J.-P. CAMBY et P. SERVENT : *Le travail parlementaire sous la Ve République,* 2e éd., 1994 ; Y. GUCHET : *Droit parlementaire,* 1996 ; D. MAUS : *Le Parlement sous la Ve République,* 1985 ; *L'Assemblée,* Pouvoirs no 34, *le Sénat, ibid.,* no 44 et *le Parlement* no 64 ; *Pour mieux connaître le Sénat,* 3e éd., 1993 ; la série *Connaissance de l'Assemblée,* 1926-1997 et, référence obligée : E. PIERRE : *Traité de droit politique, électoral et parlementaire,* 5e éd., 1924 (rééd. 1989).

(2) Il est inutile d'insister à nouveau sur la signification du message de François Mitterrand le 8 juillet 1981 : *Mes engagements... sont devenus la charte de votre action législative... Le premier ministre vous demandera les moyens dont dispose la représentation nationale pour que soit fidèlement exécuté le contrat qui... nous lie au peuple français.*

(3) Le Conseil économique et social est *extérieur* au Parlement, après l'échec du référendum, en 1969. Quant au Congrès du Parlement (art. 89 C), il constitue une *assemblée constituante ad hoc,* dont le règlement a été assimilé, de façon discutable, sur la base de l'art. 61 C, à celui d'une *assemblée parlementaire* par le C.C. (20 décembre 1963, *Rec.* p. 16, 28 juin 1999 *chr.* no 91). Pour sa part, la juridiction constitutionnelle, malgré des tentatives, a toujours refusé de se comporter... à la manière d'une *troisième chambre.* Dans un fameux *obiter dictum,* elle a indiqué que l'objet du contrôle de constitutionnalité *est non de gêner ou de retarder l'exercice du pouvoir législatif mais d'assurer sa conformité à la constitution* (23 août 1985, *Nouvelle-Calédonie, chr.* no 36, p. 178). Le Parlement européen, qui relève de l'ordre communautaire (C.C., 30 décembre 1976, *Parlement européen, C.C.F.* p. 163) est désormais incorporé à l'ordre national (L.C. du 25 juin 1992).

se posent à ce propos : Quelles justifications apporte-t-on à cette solution d'émulation ? De quelles protections peut-elle se prévaloir ?

On fait valoir, de façon classique, un argument technique et politique, en faveur du bicamérisme. Outre la permanence qui la caractérise, une seconde chambre améliore la qualité du travail législatif. Le temps de la réflexion permet de mieux apprécier les tenants et les aboutissants d'une législation, au vu de l'expérience de membres qui exercent des responsabilités locales. Outre une meilleure représentativité du corps politique (les *citoyens* sont représentés à l'Assemblée et les *collectivités territoriales* au Sénat) (art. 24 C), celui-ci assure une mission générale de *modération* ou de *pondération* du jeu institutionnel et renforce la protection des libertés : *deux chambres, c'est deux chances* (R. Monory). Dans un raccourci célèbre, Boissy d'Anglas l'a parfaitement résumé, en l'an III : le Conseil des Cinq Cents sera *l'imagination de la République* et le Conseil des Anciens, *la raison.* De sorte que la seconde assemblée agissant, tel un mentor ou une digue, est destinée à calmer l'impétuosité, en tant que de besoin, de l'assemblée élue au suffrage universel direct. De là surgit, au plan des principes, la suspicion et la contestation. Au nom de l'*unité* de la souveraineté nationale, le monocamérisme s'impose. *Défense de déposer un Sénat le long des constitutions !* s'exclamait Victor Hugo. *Sus au Sénat !* proclamait la gauche, en 1938, après qu'il eut renversé le cabinet du Front populaire de Léon Blum. De son côté, en 1969, le général de Gaulle s'efforcera de le neutraliser. Est-ce pour autant une *anomalie* (L. Jospin) ou le *tout démocratique* (Chr. Poncelet) ? (4)

Mais cette interrogation n'est pas parvenue à rompre le bicamérisme (5). La protection du Sénat repose sur la constitution et, plus encore sur l'attachement que lui porte la nation. La révision de la constitution, on le sait, implique un vote *en termes identiques* des assemblées (art. 89 C), au même titre que les lois organiques qui lui sont afférentes (art. 46, al. 4 C) (6), et celle relative à la *citoyenneté européenne* (art. 88-3 C). Mais la consécration est venue du peuple lui-même qui, fait unique, à deux reprises, le 5 mai 1946 et le 27 avril 1969, a repoussé, par référendum, un projet de Parlement monocaméral.

II. La *condition* de l'institution parlementaire a été au centre des préoccupations des constituants de 1958. La *puissance de souveraineté* (Carré de Malberg) a été rabaissée à un pouvoir constitué. La rationalisation de son activité a été d'autant plus visible qu'elle était spectaculaire, à travers la procédure législative confiée au Gouvernement et le contrôle de constitutionnalité de la loi assumé par le Conseil constitutionnel. L'abaissement du Parlement est indéniable, conformément, à la ten-

(4) *Une chambre comme le Sénat avec autant de pouvoirs ou l'alternance n'est jamais possible... qui n'a même pas la caractéristique d'être une chambre fédérale, c'est une anomalie parmi les démocraties. Je la perçois comme une survivance des chambres hautes conservatrices (*entretien du premier ministre au *Monde*, 21 avril 1998, *chr.* n° 86, p. 216).

(5) V. J. MASTIAS : *Le Sénat de la Ve République,* 1980, et avec J. GRANGÉ (sous la direction de) : *Les secondes chambres du Parlement en Europe occidentale,* 1987 ; J.-P. MARICHY : *La deuxième chambre dans la vie politique française,* 1969 ; J. GRANGÉ : Bicamérisme, *D.C.* p. 74 ; A.F.D.C. : *Le bicamérisme,* 1997.

(6) Selon une décision du C.C. du 10 juillet 1985, il faut entendre *les dispositions législatives qui ont pour objet, dans les domaines réservés aux lois organiques, de poser, de modifier, ou d'abroger des règles concernant le Sénat* (*chr.* n° 35, p. 192). En revanche, en matière de loi ordinaire et budgétaire, l'Assemblée l'emporte sur le Sénat, à la condition que le Gouvernement lui donne le dernier mot (art. 45 *in fine* C). Par ailleurs, la tradition parlementaire veut qu'une assemblée respecte l'autonomie de l'autre par un *sentiment réciproque des convenances* (E. PIERRE) (loi électorale par exemple).

dance contemporaine. Cependant, il ne faudrait pas en conclure hâtivement, à sa fin. À ce propos, la pratique du régime a enregistré, moins son déclin que son regain, moins sa déchéance que sa renaissance.

En dépit d'une interrogation identitaire (7), le *renouveau* des assemblées est la résultante de trois causes : la volonté du pouvoir constituant, tout d'abord : les révisions ont successivement élargi la saisine du Conseil constitutionnel aux parlementaires (L.C. du 29 octobre 1974), favorisé l'exercice de leurs compétences dans le cadre d'une session unique et d'un ordre du jour propre (L.C. du 4 août 1995) et accru leurs attributions en matière communautaire (L.C. des 25 juin 1992 et 25 janvier 1999) et de financement de la sécurité sociale (L.C. du 22 février 1996) ; l'action du Conseil constitutionnel, ensuite, qui d'une manière paradoxale s'est révélé un allié *objectif* du Parlement en facilitant la reconquête de son domaine législatif (30 juillet 1982 *Blocage des prix et des revenus C.C.F.,* p. 276), tout en canalisant le flux des amendements (23 janvier 1987, *Amendement Séguin, chr.,* n° 42, p. 169), enfin, la logique majoritaire a permis une redistribution des rôles entre les acteurs. Une *assemblée de clones* (Ph. Séguin) s'est révélée, cependant, compatible avec une fonction originale de la majorité qui, en échange de son loyalisme et de sa discipline de vote, est désormais associée aux choix gouvernementaux. Une manière de législation *négociée* a relayé la législation décidée. Quant à l'opposition, elle a confié ses espoirs à l'État de droit et au pouvoir de suffrage, suite au jeu régulier de l'alternance, depuis 1981, ce qui a enrichi la qualité du débat.

Au total, la Ve République tend à un équilibre raisonnable qui, sans affecter la fonction dirigeante de l'exécutif, en matière législative et budgétaire, ne sacrifie pas, pour autant, la mission irréductible de contrôle du Parlement (telle la mission d'information sur le Rwanda, en 1998) qui, tout bien considéré, s'analyse comme le *réactif* de la démocratie. Au surplus, la cohabitation accentue le *retour de l'Assemblée au cœur de la vie publique* (L. Fabius). On rappelle, par ailleurs, que la première liberté politique a été celle des chambres.

Il importe dans ces conditions de les revisiter, en répartissant la matière entre trois sections consacrées respectivement à leur *recrutement,* à leur *organisation et fonctionnement* et à leurs *compétences.*

SECTION I — LE RECRUTEMENT DU PARLEMENT

Juridiquement, les parlementaires sont des *représentants de la nation* (art. 3 C) (C.C., 15 mars 1999, *Nouvelle-Calédonie, chr.* n° 90), titulaires, à ce titre, d'un *mandat représentatif* (art. 27 C). Afin de satisfaire une légitime curiosité, on posera deux questions : comment y accède-t-on ? De quelle protection, son exercice est-il entouré ?

(7) V. M. Ameller : Le progrès technique au service du législateur : l'exemple de l'Assemblée nationale, *R.S.F.P.* 1984, p. 910 et 1120 ; J. Boudant, La crise identitaire du Parlement français, *R.D.P.* 1992, p. 1321 ; J.-P. Duprat. La crise des assemblées parlementaires françaises *Mél. Auby,* 1992, p. 493 ; J. Baudouin : Pour un Parlement revalorisé, *Ouest-France,* 5 mars 1997.

§ 1 L'ACCESSION AU MANDAT PARLEMENTAIRE

Les parlementaires procèdent de l'élection, selon des modalités *différenciées,* afin de prendre en compte la logique bicamérale. En effet, une seconde chambre calquée sur la première serait, à la limite, un doublet inutile. En conséquence, l'article 24 C énonce : *Les députés à l'Assemblée nationale sont élus au suffrage direct. Le Sénat est élu au suffrage indirect. Il assure la représentation des collectivités territoriales de la République.* Cela signifie que dans un cas, la désignation incombe aux électeurs *eux-mêmes,* tandis que dans l'autre, ces derniers élisent des électeurs (appelés *grands électeurs*) qui procèdent ensuite à la désignation des élus. Le moment est ainsi propice à l'ouverture d'une chronique électorale : après un examen distinct des élections à l'Assemblée nationale (A.N.) et au Sénat (S.), on conclura par l'examen du contentieux qui leur est commun.

A LES ÉLECTIONS à L'ASSEMBLÉE NATIONALE

Les députés sont élus au scrutin majoritaire uninominal à deux tours (art. L. 123 du code électoral, rédaction de la loi du 11 juillet 1986) dans le cadre de circonscriptions *ad hoc* (art. L. 125, rédaction de la loi du 24 novembre 1986) (8). On se propose de retracer le cheminement de l'opération électorale.

1° Le collège électoral

Le collège électoral, expression par laquelle on désigne *les électeurs réunis par circonscription,* mérite examen au triple point de vue de sa composition, de sa localisation et de sa convocation.

a) *La composition du collège électoral*

En application de l'article 24 C et de l'article L. 1er du code électoral, *le suffrage est direct et universel.* Tout citoyen français ayant la qualité juridique d'électeur participe à l'élection des députés *(supra).*

(8) L'article 34 C réserve à la loi, selon la tradition, le soin de fixer *le régime électoral des assemblées parlementaires et des assemblées locales.* Toutefois, c'est une ordonnance du 13 octobre 1958 (au sens de l'art. 92 C) qui, au départ, l'a déterminé. Elle a été abrogée par la loi du 10 juillet 1985 qui, conformément aux engagements de François Mitterrand, a substitué la R.P. au scrutin majoritaire. Ce dernier a été restauré, avec le retour de la droite. La loi du 11 juillet 1986 qui met un terme à ce chassé-croisé, autorisait dans le même temps, le Gouvernement a procéder par ordonnance, à la délimitation des circonscriptions. Après un refus du chef de l'État et une nouvelle saisine du C.C., la loi du 24 novembre 1986 a été promulguée (*chr.* nº 41, p. 204 et 224). V. *connaissance de l'Assemblée.* 8. L'élection des députés, 1997.

b) *La localisation du collège électoral*

Sur la base du recensement général de la population de 1982 et de l'attribution d'un député par tranche de 108 000 *habitants* (9), les L.O. du 10 juillet 1985 (10) fixent à 577 membres, les effectifs de l'Assemblée. Ils se répartissent ainsi : 570 élus dans les départements, 5 dans les territoires d'outre-mer et 2 dans les collectivités territoriales de Mayotte et de Saint-Pierre-et-Miquelon. Conformément aux exigences de l'État de droit, explicitées par le Conseil constitutionnel, les députés sont élus, dans le cadre de circonscriptions *ad hoc* qui, à l'intérieur du département ou du territoire, ne coïncident pas avec des délimitations administratives (loi du 24 novembre 1986) (11). Sous un aspect anodin, le découpage pose, en réalité, un problème aigu, lorsqu'il est susceptible, d'affecter le principe d'égalité du suffrage (art. 3 C). Ce n'est qu'au terme d'une évolution que la Ve République devait échapper, à ce grief.

1) La délimitation initiale

Le découpage découlant de l'ordonnance du 13 octobre 1958, n'était pas exempt de critiques. Il est demeuré en vigueur, pendant un quart de siècle, en dehors de rectifications mineures relatives aux régions parisienne et lyonnaise, en 1966 et 1972. Cette *fixité* a ignoré, avec superbe, le phénomène d'urbanisation qui a remodelé le visage du pays. Dès lors, sans songer aux *bourgs pourris,* force était de constater les profondes inégalités générées (V. *Rapport Bonnemaison,* A.N., 1985, n° 2619).

Outre l'existence de *gerrymanders* (12) et d'*enclaves électorales* (13), ce découpage était devenu inacceptable après que le Sénat eut bénéficié, en 1976, d'un alignement démographique.

2) L'intervention du juge constitutionnel

L'examen par le Conseil constitutionnel, le 8 août 1985, du projet de loi de régionalisation de la Nouvelle-Calédonie (*chr.* n° 36, p. 182), a été l'occasion de dégager, au regard du principe d'égalité

(9) Sur la base de cette clé de répartition, on observe que le critère démographique d'*habitant* (qui s'écarte du critère juridique d'électeur) prend en compte les résidents étrangers, exclus du pouvoir de suffrage (art. 3 C) ; de la même façon qu'il intervient à propos du plafonnement des dépenses électorales *(infra)*. Par ailleurs, le législateur de 1985 a repris le principe selon lequel tout département dispose de deux députés au minimum. Dans ces conditions, le Nord (24 sièges) ravit la palme à Paris (21 sièges, soit 10 sièges en moins) et l'A.N. connaît un accroissement de 86 sièges, par rapport au chiffre initial de 491 députés. En conséquence, la majorité *absolue* est fixée à 289 sièges (577 ÷ 2 + 1). V. *code électoral,* éd. 1997, p. 163.

(10) Si la loi électorale relève de la loi *ordinaire* (art. 34 C), en revanche, le *nombre des membres des assemblées parlementaires,* leur indemnité, les conditions d'éligibilité, le régime des inéligibilités et des incompatibilités relèvent de la L.O. (art. 25 C). Enfin, le découpage des circonscriptions *administratives* résulte d'un décret en Conseil d'État. V. R. PONCEYRI : *Le découpage électoral,* 1988.

(11) En réaction contre les pratiques du Second Empire, le législateur républicain a posé le principe de la *coïncidence* entre les circonscriptions électorale et administrative. Le choix se portera sous la IIIe République, sur *l'arrondissement* (c'est pourquoi on assimile souvent *scrutin d'arrondissement* et *scrutin majoritaire*) et sous la IVe République, sur le *département.* La loi du 10 juillet 1985 qui instituait la R.P. avait également retenu cette dernière référence géographique.

(12) Le procédé consistant à séparer le bon grain de l'ivraie a été inventé, en 1812, par Elbrige Gerry, gouverneur du Massachusetts. En conséquence, le vocabulaire est ainsi fixé : le *gerrymander* est le nom donné à la circonscription, taillée pour les besoins de la cause, à l'allure capricieuse, sinon monstrueuse. Le *gerrymandering* est celui attribué à la technique de dépeçage. Le département de la Sarthe offre un bon exemple de lecture appuyée d'une carte électorale : Le Mans est répartie entre plusieurs circonscriptions, de même Troyes dans l'Aube. La 1re circonscription de la Mayenne (Laval) peut être qualifiée de petit chef d'œuvre, à cet égard.

(13) La VIIIe circonscription des Bouches-du-Rhône était constituée de façon *non contiguë :* certains arrondissements de Marseille, le canton de Roquevaire et la commune de Plan-de-Cuques. D'autres enclaves existaient : Meurthe-et-Moselle 1re ; Moselle 6e et Pyrénées-Orientales 1re. V. A. ROUX : Le découpage des circonscriptions administratives et électorales, A.J.D.A. 1983, p. 219 ; J.-M. COTTERET, Cl. ÉMERI et P. LALUMIÈRE : *Lois électorales et inégalités de représentation en France,* 1960 ; F. BON : *Les élections en France,* 1978.

devant le suffrage (art. 3 C), celui, selon lequel la délimitation des circonscriptions électorales doit s'opérer, pour être représentative de ses habitants, sur des *bases essentiellement démographiques.* Ce qui signifie que, sans aboutir à une stricte proportionnalité de la représentation, le législateur ne peut s'en écarter que dans *une mesure limitée,* en tenant compte *d'autres impératifs d'intérêt général.*

3) La délimitation actuelle

La loi du 24 novembre 1986 met en œuvre le *critère essentiellement démographique,* posé par celle du 11 juillet 1986 (14). Sauf en ce qui concerne les départements, dont le territoire comporte des parties insulaires ou enclavées, les circonscriptions électorales sont constituées par un *territoire continu.* Par ailleurs, dans le dessein de favoriser une cohérence sociologique, la délimitation desdites criconscriptions respecte *les limites cantonales* (sauf pour celles créées à Paris, Lyon et Marseille et les cantons de plus de 40 000 habitants). Enfin, *l'écart de population* entre les circonscriptions, destiné à atténuer la portée du critère, pour tenir compte d'impératifs d'intérêt général, est limité à 20 % de la population moyenne des circonscriptions du département. La révision des limites des circonscriptions en fonction de l'évolution démographique s'opère après le second recensement général de la population (art. L. 125 al. 2 du code électoral, rédaction de la loi du 11 juillet 1986 (15).

c) *La convocation des collèges électoraux*

On distingue entre le renouvellement *général* de l'A.N. et un renouvellement *partiel.*

1) Le renouvellement général de l'Assemblée nationale

Sur convocation du Gouvernement (art. L. 172 du code électoral) (16), l'Assemblée se renouvelle intégralement (art. L.O. 120). Ses *pouvoirs expirent le premier mardi d'avril de la cinquième année qui suit son élection* (art. L.O. 121, rédaction de la L.O. du 16 décembre 1995). Cette période porte le nom de *législature*. Les élections générales ont lieu dans les 60 jours qui précèdent l'expiration de ses pouvoirs (art. L.O. 122) (17). En cas de dissolution, la nouvelle Assemblée se réunit, de plein droit, le second jeudi qui suit son élection (art. 12 al. 3 C) *(supra)* (17).

2) Le renouvellement partiel de l'Assemblée nationale

Il résulte de la *vacance* du siège consécutive à la démission du titulaire, au décès du suppléant devenu entre-temps titulaire du siège (art. L.O. 178 du code électoral) ou à une décision du Conseil constitutionnel (annulation de l'élection, art. 59 C ; démission d'office pour incompatibilité, art. L.O. 151 du code électoral ; déchéance en cas d'inéligibilité postérieure à l'élection, art. L.O. 128 et L.O. 136).

(14) Le législateur n'a fait que se conformer à la directive interprétative délivrée par le C.C. (1er-2 juillet 1986, *Loi d'habilitation, chr.* n° 40, p. 163).

(15) La loi est ainsi à l'unisson de la tradition républicaine (l'art. 90 de la loi du 15 mars 1849 posait le principe d'une révision tous les cinq ans) et de celle observée dans les démocraties anglo-américaines.

(16) Le décret de convocation appartient à la catégorie des actes politiques (dits *actes de gouvernement*) insusceptibles d'être discutés au contentieux (C.E., 8 juin 1951, *Hirschowitz, Rec.* p. 320). Il entre immédiatement en vigueur, sans nécessiter une délibération préalable du conseil des ministres (C.C., 13 juillet 1988, *Rosny Minvielle, chr.* n° 48, p. 187).

(17) On rappelle que dans l'éventualité de la dissolution de l'A.N., les élections se déroulent 20 jours au moins et 40 jours au plus après le décret de dissolution (art. 12, al. 2 C). V. C.C. (11 juin 1981, *François Delmas,* 4 juin 1988, *Thierry Gallienne) (supra).* Par ailleurs, le scrutin se déroule le *samedi* en Polynésie française, en raison de son fractionnement territorial (art. 8 de la loi du 10 juillet 1985, rédaction de la loi du 4 janvier 1993).

Une élection *partielle* est organisée normalement, dans le délai de 3 mois, afin de pourvoir la vacance du siège (art. L.O. 178, al. 1er) sauf, d'une part, dans l'année qui précède l'expiration normale des pouvoirs de l'Assemblée (al. 2) et, d'autre part, en cas de *remplacement* du député. Cette solution est appliquée pour cause de décès, d'acceptation de fonctions gouvernementales ou de membre du Conseil constitutionnel ou de prolongation au-delà de 6 mois d'une mission temporaire confiée par le Gouvernement (art. L.O. 176-1) (18).

2° L'éligibilité à l'Assemblée nationale

Ainsi qu'il a été indiqué (V. *chapitre II*), l'éligibilité, qui *s'apprécie au moment de l'élection* (C.C., 29 novembre 1995, *S. Seine-Saint-Denis, chr.* n° 77, p. 244), est conditionnée et, le moment venu, sanctionnée par le juge (19). Ce régime est applicable aux parlementaires européens (art. 5 de la loi du 7 juillet 1977).

a) *Les conditions de l'éligibilité*

Elles sont de deux sortes : de fond et de forme.

1) Les conditions de fond

Tout citoyen qui a la qualité d'électeur peut être élu à l'Assemblée nationale (art. L.O. 127 du code électoral). Ce principe est à combiner avec des conditions *particulières* exigées de certains candidats : les hauts fonctionnaires ou fonctionnaires d'autorité.

La liste de ceux-ci est dressée aux articles L.O. 131 et 133 du code électoral (préfet, sous-préfet, recteur, magistrats des cours d'appel, des T.G.I., des tribunaux administratifs, directeur des impôts, trésorier-payeur-général, officier, commissaire de police, *etc.*), ne peuvent pas être valablement candidats dans *certaines* circonscriptions, plus précisément dans celles qu'ils administrent *présentement* ou qu'ils ont administrées récemment. Il s'agit, en d'autres termes, de protéger les électeurs contre d'éventuelles pressions, en ne permettant pas auxdits fonctionnaires d'utiliser leurs compétences officielles, afin d'assouvir leur ambition personnelle. Ceux-ci sont frappés d'inéligibilité *relative.* Cet adjectif se justifie d'un point de vue *spatial* et *temporel.* Par exemple, le préfet de la Mayenne peut être valablement candidat dans une circonscription de l'Aube dans laquelle il n'a jamais été en poste ; de même que, trois ans après avoir quitté Laval, il peut revenir, en quelque sorte, à *ses premières amours,* en briguant les suffrages de ses anciens administrés. Car entre-temps, on estime que les mérites de son successeur l'auront fait oublier : loin des yeux, loin des électeurs, serait-on tenté de conclure (20).

Il y a lieu enfin d'évoquer des cas particuliers, en se souvenant que l'éligibilité étant un principe, doit recevoir une interprétation *large,* à l'inverse de l'inéligibilité, qui porte atteinte à la liberté des candidatures, d'application *stricte.*

(18) Les hypothèses d'élections partielles ou de remplacement précitées ne concernent que les députés élus au scrutin majoritaire uninominal. En revanche, dans le cadre de la R.P. (loi applicable sous la VIIIe législature, 1986-1988), le premier non-élu de la liste devenait député.

(19) Aux élections de 1997, 6 361 candidats, dont 1 488 femmes, se sont présentés. Ce qui correspond à un accroissement de 20 % par rapport à la précédente consultation en raison d'une sorte d'effet pervers de la loi sur le financement des partis (V. p. 542) ; laquelle ne prévoit aucun seuil pour l'attribution de l'aide publique. Celle-ci s'élève chaque année à environ 11,30 F par suffrage recueilli. Des sectes ont pu être ainsi financées. V. Ph. AUGER : *La législation française sur le financement des campagnes électorales,* thèse Montpellier-I, 1997.

(20) Le *délai de retour* est de trois ans, au maximum, pour les préfets, d'un an pour les sous-préfets et de six mois pour les autres hauts fonctionnaires visés. En outre, le mode de scrutin n'est pas neutre. L'utilisation de la R.P., par exemple, rend à la limite cette précaution superfétatoire.

Ainsi, les juges consulaires, qui sont élus, ne sont pas concernés (C.C., 8 juin 1993, *A.N., Ardennes 1re, chr* n° 67, p. 179). De même, un membre du Conseil constitutionnel fût-il membre de droit (C.C., 7 novembre 1984, *A.N., Puy-de-Dôme, 2e, chr.* n° 33, p. 156), un membre du Gouvernement (C.C., 21 juin 1967, *A.N. Rhône, 4e, Rec.* p. 133) ou du Conseil économique et social (C.C., 26 mai 1993, *A.N. Paris, 21e, Rec.* p. 37) et, d'une manière générale, un fonctionnaire. En outre, un sénateur peut se porter candidat à un siège de député et *vice versa.* Dans le jargon politique, on parle alors d'un *élu amphibie.* Toutefois, en cas de succès, le cumul n'est pas autorisé (art. L.O. 137 du code électoral). Un député est fondé à se présenter à une élection en vue d'un *autre* siège de député, ce qui vaut par ailleurs pour un sénateur. L'hypothèse est rarissime, mais elle n'est pas sans exemples. A preuve, Lionel Jospin, député de Paris, élu député de Haute-Garonne, en septembre 1986 (21).

En revanche, le médiateur de la République, est frappé d'inéligibilité dans *toutes* les circonscriptions, ainsi que le *suppléant* du député, nommé membre du Gouvernement, qui ne peut cultiver l'ingratitude (22), en se portant candidat contre lui, lors de l'élection suivante (art. L.O. 135) (C.C., 8 juin 1993, *A.N., Oise 5e, Rec.* p. 58) (23).

De la même façon, un député, un sénateur ou le remplaçant d'un membre d'une assemblée parlementaire ne peut être le remplaçant d'un candidat à l'Assemblée nationale (art. L.O. 134) (C.C., 8 novembre 1988, *A.N. Seine-Saint-Denis, 9e, chr.* n° 49, p. 205) (24).

2) *La condition de forme*

Au lendemain de la suppression du dépôt d'un *cautionnement* (art. L. 158 du code électoral, rédaction de la loi du 19 janvier 1995), une seule formalité substantielle demeure. Il s'agit de la *déclaration de candidature* pour chacun des tours à la préfecture (art. L. 154 du code électoral). Elle *est remise personnellement par le candidat ou son suppléant* (art. L. 157), de manière à éviter des manœuvres en matière de financement des partis politiques. Elle comporte, en outre, le nom du *remplaçant,* ainsi que son acceptation (C.C., 9 septembre 1981, *A.N. Dordogne, 3e, Rec.* p. 138), dont le choix évoque la pratique américaine du *balancing ticket,* de manière à *ratisser large* (art. L. 155 du code électoral). Nul ne peut être candidat dans plus d'une circonscription (art. L. 156). Il est donné aux déposants un reçu provisoire de déclaration (art. L. 157), puis un récépissé définitif est délivré dans les quatre jours du dépôt de ladite déclaration (art. L. 161) (25).

Les conditions exigées du candidat doivent être simultanément satisfaites par le *remplaçant* (art. L. 155). A défaut, l'inéligibilité de celui-ci entraîne l'annulation de l'élection de celui-là (C.C.,

(21) On citera également le cas de Jean-Jacques Servan-Schreiber, député de Nancy et candidat, en septembre 1970, à Bordeaux, contre Jacques Chaban-Delmas, alors premier ministre. V. G. VEDEL : Le droit et l'élection de Bordeaux, *Le Monde*, 4 septembre 1970 ; P. CHARNAY : Sur l'évolution du pouvoir de suffrage, *R.D.P.* 1970, p. 1187 ; et Cl. EMERI et J.-Cl. GAUTRON : Vie et droit parlementaires, *ibid.*, 1971, p. 182.

(22) D'une manière contestable, le contrat-type proposé par les députés à leurs assistants parlementaires stipule que ceux-ci ne solliciteront pas de fonction élective dans la circonscription de celui-là, sans son accord écrit. Cette *inéligibilité conventionnelle,* paraît contraire à l'ordre public. Car, aux termes de l'article 25 C, seule une L.O. fixe le régime des inéligibilités (*C.C.F.* p. 332).

(23) En l'espèce, un ministre avait choisi comme suppléant, le remplaçant d'un sénateur, élu à la R.P. Le C.C. a justifié cette inéligibilité en estimant qu'elle a *pour objet d'assurer la disponibilité permanente de la personne appelée à remplacer le parlementaire dont le siège devient vacant.* En conséquence, *elle fait obstacle à ce qu'un candidat à l'A.N. puisse choisir comme remplaçant la personne qui, en cas de vacance du siège de sénateur, serait immédiatement appelée à remplacer ce dernier.* A l'opposé le C.C. a jugé que l'inéligibilité ne peut être invoquée à l'égard des personnes ayant seulement *vocation* à acquérir la qualité de suppléant du fait de leur présence sur la liste (8 novembre 1988, *A.N., Seine-Saint-Denis, 6e, chr.* n° 49, p. 205) ; V. J.-P. CHARNAY : Pouvoirs et suppléance *R.D.P.* 1967, p. 511.

(24) En revanche, les députés et les sénateurs sont éligibles aux élections municipales dans toutes les communes du département où ils ont été candidats (art. L. 229 du code électoral).

(25) Le retrait de candidature ne peut intervenir que jusqu'à la date limite fixée pour le dépôt. Il est enregistré comme la déclaration de candidature (art. R.100 du code électoral) (CC, 1er juillet 1993, *A.N. Côte-d'Or, 1re, Rec.* p. 160).

5 juillet 1973, *A.N., Landes 1re, Rec.* p. 135 ; 8 novembre 1988, *A.N., Seine-Saint-Denis, 9e*, p. 193 ; 15 décembre 1995, *S. Bas-Rhin*, p. 254) (26).

b) *Le contrôle de l'éligibilité*

Le juge de l'élection est celui de l'éligibilité. Au cas où une candidature ne satisfait pas aux conditions requises, le préfet n'est pas fondé à refuser son enregistrement (C.C., 8 juillet 1986, *A.N., Haute-Garonne, chr.* n° 40, p. 170). Il est tenu de saisir, à l'opposé, dans les 24 heures, le tribunal administratif qui statue dans le délai de 3 jours (art. L. 159 du code électoral). Le jugement rendu ne peut être contesté que devant le Conseil constitutionnel (art. 59 C).

Outre une décision d'annulation de l'élection, ce dernier prononce la *déchéance* du parlementaire (art. L.O. 136 du code électoral) dont l'inéligibilité *se révèlera après la proclamation des résultats et l'expiration du délai pendant lequel elle peut être contestée ou qui, pendant la durée de son mandat, se trouvera dans l'un des cas d'inéligibilité prévus par le présent code.*

La déchéance est *constatée* par le juge (et non plus comme avant 1958, par l'assemblée intéressée) à la requête du bureau de l'Assemblée nationale ou du garde des sceaux, ministre de la justice ou, en cas de condamnation devenue définitive, par le ministère public près la juridiction compétente.

L'inéligibilité *postérieure* à l'élection est tantôt *automatique ;* tantôt laissée à l'*appréciation* du Conseil constitutionnel. Au premier cas, il s'agira de la sanction résultant, soit d'une condamnation définitive qui entraîne la privation des droits électoraux pendant une période double de celle durant laquelle l'inscription sur une liste électorale est impossible (art L.O. 129 et 130) (27) ; soit de l'absence de déclaration de situation patrimoniale (art. LO 135-1), ou de dépôt du compte de campagne (C.C., 29 janvier 1992, *A.N. Belfort, 2e, chr.* n° 62, p. 188) ainsi qu'en cas de rejet de ce dernier pendant un an à compter de la date de la *décision* (art. L.O. 128, rédaction des L.O. des 11 mars 1988 et 19 janvier 1995) (28). Au second cas *(ibid),* le juge mesure *l'incidence sur la régularité de l'élection d'un député du dépassement par l'intéressé du plafond des dépenses électorales* (C.C., 31 juillet 1991, *A.N., Paris, 13e, chr.* n° 60, p. 206). Pour la première fois, il a estimé devoir le sanctionner (24 novembre 1993, *A.N., Paris, 19e ;* 9 décembre 1993, *A.N., Loir-et-Cher, 1re, chr.* n° 69, p. 199).

3° Le mode de scrutin

La loi électorale (art. 34 C) s'est prononcée, depuis l'ordonnance du 13 octobre 1958, en faveur du scrutin majoritaire uninominal à deux tours. Après la parenthèse ouverte par la loi du 10 juillet 1985, au profit de la représentation proportionnelle, à la plus forte

(26) L'article L. 122-24-1 du code du travail (rédaction de la loi du 2 janvier 1978) se soucie d'améliorer la *représentativité* des diverses catégories socio-professionnelles au Parlement, et plus précisément celle des salariés et des employés. Mais le résultat est décevant : 3 % *grosso modo* des effectifs de l'A.N. En revanche, la représentation féminine y a doublé en 1997 sans la transformer en gynécée, il s'en faudrait de beaucoup : avec 63 d'entre elles, le seuil des 10 % est atteint : 51 pour la *gauche plurielle,* dont 44 pour le P.S. ; 5 R.P.R. et 7 U.D.F.

(27) La Chambre des députés a voté la déchéance des députés communistes, le 16 janvier 1940. À ce jour, sous la Ve République, 10 parlementaires (7 députés et 3 sénateurs) ont été concernés. On citera le cas de Bernard Tapie, suite à l'arrêt rendu par la Cour de cassation confirmant sa liquidation judiciaire (C.C., 5 septembre 1996, *chr.* n° 80, p. 165). Un décret du 28 octobre 1996 a constaté, par suite, la fin de son mandat européen (*ibid.* n° 81, p. 196).

(28) Le Conseil d'État, juge des élections locales, qui ressortissent à ce même régime à posé le principe que l'inéligibilité d'un an ne s'applique qu'à la seule catégorie pour laquelle l'infraction a été commise (23 octobre 1992, *Panizzoli,* chr. n° 64, p. 192). Le Conseil constitutionnel a traité par prétérition cet aspect.

moyenne, celle du 11 juillet 1986 est revenue à la source. Le vote se déroule dans chaque commune (art. L. 53 du code électoral).

a) *Le premier tour*

La décision est acquise lorsque deux conditions sont réunies : la majorité *absolue* des suffrages exprimés et, du point de vue de la représentativité, un nombre de suffrages correspondant, au moins, au quart du nombre des électeurs *inscrits* (art. L. 126). A défaut, un scrutin de ballottage se déroule le dimanche suivant, sauf en Polynésie française où il a lieu le *second samedi* après le premier tour, en raison du fractionnement territorial (art. 2 de la loi du 29 décembre 1966).

Il y a lieu de préciser que n'entrent pas en compte dans le résultat du dépouillement, respectivement : les bulletins trouvés dans l'urne sans enveloppe ; écrits sur papier de couleur ou portant des signes de reconnaissance, des injures pour les candidats, ainsi que les bulletins blancs (art. L. 66). Du reste ces derniers ne sont pas mis à la disposition des électeurs (C.C., 26 mai 1993, *A.N., Seine-Maritime, 4ᵉ, Rec.* p. 46).

b) *Le second tour*

A son issue, est élu le candidat ayant atteint la majorité *relative.* En cas d'égalité de suffrages, le plus âgé l'emporte (art. L. 126). Cependant, dans un souci de simplification et aussi, il ne faut pas s'en cacher de moralisation, des désistements (certains d'entre eux ont été jadis compensés de diverses façons), la participation au scrutin de ballottage, à l'opposé de la IIIᵉ République, est désormais *réglementée.*

Pour demeurer en lice, tout candidat doit, au préalable, l'avoir été au premier tour (ce qui exclut une candidature de la *onzième heure*), et y avoir atteint le *seuil de représentativité* fixé à 12,5 % du nombre des électeurs *inscrits* (art. L. 162, al. 3).

Cette disposition *technique* a conforté la tendance à la bipolarisation. Bref avec ce *scrutin de gladiateurs* (E. Herriot), les *duels* gauche-droite se sont généralisés, et la majorité *absolue* a été atteinte. Une *triangulaire* est exceptionnelle, sauf en 1997, où l'on en a dénombré 79, à la suite du maintien d'un candidat du Front national (*Moselle, 6ᵉ ; Vaucluse, 1ʳᵉ*).

Un dernier cas de figure doit être abordé. *Quid,* si à l'issue du premier tour, *un seul* candidat a réussi à franchir la barre des 12,5 %, en raison du grand nombre de compétiteurs ou d'abstentionnistes ? Peut-on imaginer, en d'autres termes, pour utiliser une comparaison, une *élection de maréchal,* comme l'on dit à l'Académie française, c'est-à-dire *sans concurrents ?* La logique des élections *disputées* s'y oppose. L'article L. 162, al. 4 autorise, en ce cas, le candidat qui se situe immédiatement *en deçà* de la barre à se maintenir sur les rangs. *A fortiori,* cette disposition s'impose si *aucun* candidat n'a dépassé le cap. Dans ce cas, les deux candidats qui ont obtenu le plus grand nombre de voix peuvent se présenter.

De ce point de vue, si l'on retient l'éventualité d'un seul candidat ayant atteint de 12,5 %, son concurrent dispose, tout au plus, d'une *faculté* à laquelle il peut renoncer pour diverses considérations. Si l'on y ajoute, la règle des *désistements,* on observe qu'une candidature *unique* au second tour est désormais plausible. Ceci s'est vérifié dans 12 circonscriptions, en 1997 (*Isère, 2ᵉ ; Seine-Maritime, 3ᵉ*). A défaut de l'abstention, la liberté de l'électeur trouve refuge dans le bulletin blanc ou l'envelopppe vide.

En revanche, il est de jurisprudence constante, que le maintien en lice d'un second candidat n'est possible que dans l'hypothèse où un seul candidat aurait franchi la barre ci-dessus ; le désistement, à l'opposé, ne peut être interprété comme une cause de repêchage (C.C., 10 mai 1978, *A.N., Val-de-Marne 1ʳᵉ, C.C.F.* p. 82 ; 13 juillet 1988, *A.N., Val-de-Marne 9ᵉ, chr.* n° 48, p. 181). L'unicité de candidature ne contrevient pas au principe d'élections libres posé par la convention européenne des droits de l'homme (C.C., 21 octobre 1988, *A.N., Val-d'Oise, 5ᵉ, Rec.* p. 183).

4° La période électorale

Il s'agit d'un rappel pour mémoire *(V. chapitre II).*

a) *La propagande électorale*

1) La propagande écrite

Il est institué pour chaque circonscription, une commission de propagande chargée d'assurer l'envoi et la distribution de tous les documents de propagande (art. L. 166 du code électoral). En ne se limitant pas à ce rôle matériel, celle-ci outrepasse *manifestement* sa compétence (C.C., 2 décembre 1997, *A.N., Ariège, 1re Rec.* p. 277). Elle est créée par le préfet et présidée par un magistrat (art. R. 31 et R. 32) ; les candidats désignent un mandataire qui y participe, avec voix consultative.

Les décisions de la commission relatives à la diffusion des circulaires et des bulletins de vote des candidats constituent *des actes préliminaires aux opérations électorales.* Seul, le Conseil constitutionnel, juge de l'élection, est appelé à en connaître (8 juin 1993, *A.N., Yvelines, 6e, Rec.* p. 63 ; Cass., 8 mars 1996, *R.F.D.C.* 1996, rapport Dorly, p. 152).

L'affichage est réglementé : pendant les trois mois précédant le premier tour, tout affichage *sauvage* (en dehors des emplacements spéciaux) est interdit (art. L. 51 du code électoral, rédaction de la loi du 15 janvier 1990) ; de la même façon que l'affichage *commercial* par voie de presse (art. L. 52-1) et les affiches combinant les couleurs nationales (art. R. 27).

2) La propagande audiovisuelle

Outre l'interdiction le jour du scrutin d'un *message ayant le caractère de propagande électorale* (art. L. 49 du code électoral) qui peut entraîner l'annulation du scrutin (C.C., 28 juillet 1998, Var, 1re, *Rec.* p. 274), il appartient au C.S.A. (Conseil supérieur de l'audiovisuel), sous le contrôle du juge de l'élection, de veiller au respect du pluralisme (art. L. 167-1.IV du code électoral).

A cet effet, l'art. L. 167-1 (rédaction de la loi du 29 décembre 1966) opère une distinction, selon que les partis sont représentés, ou non, par des groupes parlementaires (au minimum 20 députés) dans l'Assemblée sortante.

Au premier cas, une tranche de trois heures dans le cadre du premier tour, et d'une heure trente au second sont attribuées aux formations, sur les antennes de radiodiffusion-télévision du service public. Cette durée est répartie en *deux séries égales,* l'une pour celles de la majorité, l'autre, pour celles de l'opposition. A l'intérieur de chaque tranche, à défaut d'accord amiable entre les présidents des groupes intéressés, la répartition est fixée par le *bureau* de l'assemblée sortante, à la réunion duquel ces derniers sont conviés. Au second cas, toute formation présentant au moins 75 candidats, disposera d'un temps d'antenne de sept minutes au premier tour et de cinq, en cas de ballottage.

Le C.S.A. fixe les horaires et les modalités de réalisation des émissions. Leur diffusion est *simultanée* sur les chaînes publiques. Il doit veiller au *respect du pluralisme* sur les réseaux privés. En outre, jusqu'aux élections de juin 1981, le chef de l'État préfaçait et clôturait la campagne en privant l'opposition du droit de réplique ; à preuve, le discours sur le *bon choix* de Verdun-sur-le-Doubs, en 1978. Le C.C. a décliné sa compétence (21 juin 1967, *A.N. Rhône, 4e, Rec.* p. 133), même par voie d'exception (8 juin 1967, *A.N. Sarthe, 4e,* p. 105), conformément au principe de l'irresponsabilité présidentielle (art. 68 C). Jacques Chirac est intervenu, en 1997, par un article publié dans la presse locale et une brève intervention télévisée.

b) *Le financement de la campagne*

Le régime est fixé par la loi du 11 mars 1988 modifiée (29). Il se décompose en divers éléments.

1) Le mandataire du candidat

Dans l'année précédant l'élection, le candidat ne peut recueillir de fonds destinés au financement de sa campagne que par l'intermédiaire d'*un mandataire* (association de financement électorale ou

(29) V. J.-P. CAMBY : *Le financement de la vie politique en France,* 1995 ; Y.-M. DOUBLET, *Le financement de la vie politique,* 1990 ; V. MARMORAT, P. COHEN-SEAT et J.-P. PÉRU : *Guide du financement électoral,* 1995 ; J.-Cl. MASCLET : *Le droit des élections politiques,* 1992 ; C.C.F.P., rapports d'activité, *J.O. ;* L'argent des élections, *Pouvoirs,* n° 70, 1994.

personne physique, appelée mandataire financier) astreint à des obligations de tenue de compte (art. L. 52-4 du code électoral). Ce mandataire ne peut être commun à plusieurs candidats. De même que le candidat ne saurait être membre de sa propre association (art. L. 52-4 et L. 52-5, rédaction de la loi du 19 janvier 1995). En cas d'élection anticipée ou partielle, ces dispositions ne sont applicables qu'à compter de *l'événement* qui rend cette élection nécessaire : décret de dissolution de l'Assemblée, démission d'un député (C.C., 31 juillet 1991, *A.N. Paris, 13e, chr.* n° 60, p. 206).

L'association, déclarée à la préfecture (loi du 1er juillet 1901) est limitée dans le temps. Elle est dissoute de plein droit dans les trois mois qui suivent le dépôt du compte de campagne du candidat (art. 52-5 du code électoral), car *elle est liée à une campagne électorale* et non à ce dernier (C.C.F.P., rapport d'activité 1993-1994, p. 25). A défaut, l'absence de transparence entraîne l'annulation de l'élection et l'inéligibilité de l'élu (C.C., 16 novembre 1993, *A.N. Alpes-de-Haute-Provence, 1re, chr.* n° 69, p. 199). *A fortiori,* si l'association de financement coexiste avec une association parallèle (16 décembre 1993, *A.N. Alpes-Maritimes, 2e, ibid.*).

2) Le plafonnement des dépenses électorales

Le plafond par candidat est fixé à 250 000 F majoré de 1 F par habitant de la circonscription (art. L. 52-11 du code électoral, rédaction de la loi du 29 janvier 1993). Il est actualisé tous les trois ans : le décret du 27 mars 1996 a retenu un coefficient multiplicateur de 1,05. Pour prendre un exemple, le montant du plafond dans la 1re circonscription de l'Ain qui compte 110 620 habitants s'établit ainsi :

élément fixe	250 000 F
élément variable	+ 110 620 F
Total	= 360 620 F
+ majoration (décret du 27 mars 1996) : (30).	360 620 F × 1,05
	= 378 651 F

Sont exclues, les dépenses de propagande prises en charge par l'État (coût du papier, impression des bulletins de vote, affiches apposées sur les emplacements officiels) *(ibid)* (31).

3) Le compte de campagne

Chaque candidat est tenu d'établir *un compte de campagne sincère et exhaustif* qui retrace l'ensemble des recettes perçues et l'ensemble des dépenses engagées ou effectuées par lui-même et son suppléant, au cours de l'année précédant le scrutin (art. L. 52-12), sauf en cas d'élections anticipées ou partielles. À défaut, son élection sera annulée pour manœuvre (C.C., 16 décembre 1997, *A.N., Moselle, 3e, Rec.* p. 300). Le compte, présenté par un membre de l'ordre des experts-comptables, *formalité qui revêt un caractère substantiel* est accompagné des pièces justificatives (C.C., 3 mai 1996, A.N., Corrèze, 3e, *Rec.,* p. 13). Il est est déposé à la préfecture dans les deux mois où l'élection a été acquise, par chaque candidat présent au premier tour *(ibid).* Le délai se *décompte de jour à jour* et revêt un *caractère impératif* (C.C., 3 mai 1996, *A.N. Corse du Sud, 1re, Rec.,* p. 13). Le compte et ses annexes sont transmis à la C.C.F.P. *(ibid).* Celle-ci approuve, rejette ou réforme les comptes. Elle assure leur publication dans une forme simplifiée.

(30) Source : circulaire du 22 avril 1997, *code électoral*, 1997, p. 415.

(31) La jurisprudence a précisé la notion de dépense faite *en vue de l'élection* (art. L. 52-12) avec un *grand réalisme* (J.-P. Camby) qu'il s'agisse des affichages, des brochures, des avantages directs ou indirects des prestations de service et tout particulièrement des sondages d'opinion.

A ce propos, le C.C. (31 juillet 1991, *A.N. Paris, 13e, chr.,* n° 60, p. 206) a estimé qu'*un sondage effectué en vue de déterminer les chances de succès d'éventuels candidats à une élection ne constitue pas* une dépense, dès lors que ses résultats *ne font pas ultérieurement l'objet d'une quelconque exploitation à des fins de propagande électorale.* Il a estimé, à l'opposé, est une dépense électorale, *tout sondage commandé par un candidat ou, avec son accord même tacite, par les personnes physiques ou morales, les groupements et partis qui lui apportent un soutien et servent à l'orientation de sa campagne électorale dans la circonscription.* V. P. BON : Aspects récents du contrôle des campagnes électorales en France, *R.F.D.C.* 1993, p. 59 et code électoral, annoté par B. MALIGNER, Dalloz, 1995, p. 121.

4) Les dons

Selon le principe général, les dons des personnes morales (les entreprises, en clair) ou d'un Etat étranger sont interdits à l'exception des partis ou groupements politiques (art. L. 52-8, rédaction de la loi du 19 janvier 1995) (32). Les candidats peuvent recourir à la publicité par voie de presse pour recueillir des dons de personnes physiques dûment identifiées. Ceux-ci sont plafonnés à 30 000 F. Tout don supérieur à 1 000 F doit être versé par chèque. Ces dons font l'objet d'un reçu délivré par le mandataire et dont l'un des volets est transmis à la C.C.F.P. (art. R. 39-1 et 39-2, rédaction du décret du 14 décembre 1992). Tout donateur bénéficie d'une déduction fiscale (art. 200-2 *bis* du code général des impôts).

5) Le remboursement forfaitaire des frais exposés

En application de l'art. L. 52-11-1 du code électoral (rédaction de la loi du 19 janvier 1995), le remboursement effectué par l'Etat est égal à 50 % du plafond des dépenses. Ce remboursement ne peut excéder le montant des dépenses retracées dans le compte de campagne. En revanche, le remboursement forfaitaire n'est pas versé dans divers cas : candidats ayant obtenu moins de 5 % des suffrages exprimés au premier tour ; qui ont dépassé le plafond des dépenses ou omis de déposer leur compte de campagne, dont le compte a été rejeté ou qui n'ont pas effectué une déclaration de situation patrimoniale.

6) Les sanctions

Le candidat qui a enfreint la réglementation s'expose à des sanctions multiples : *pécuniaires* (versement au Trésor public d'une somme égale au dépassement du plafond, art. L. 52-15 *in fine* du code électoral) ; *pénales* (art. L. 113-1) et *électorales,* comme il a été indiqué, en ce qu'il est frappé d'une *inéligibilité* pendant un an (art. L.O. 128) pour ne pas avoir déposé en temps utile son compte de campagne, ou en cas de rejet de son compte, *susceptible de l'être* en cas de dépassement du plafond des dépenses électorales *(ibid).*

5° La proclamation des résultats de l'élection

A l'issue du scrutin, *le recensement général des votes* est effectué, pour toute circonscription électorale, au chef-lieu du département ou du territoire, au plus tard le lundi suivant, en présence des candidats, par une commission administrative (art. L. 175 du code électoral) présidée par un magistrat (art. R. 106). Après avoir procédé, s'il y lieu, au redressement des chiffres portés sur les procès-verbaux des bureaux de vote, qui lui ont été adressés, la commission *proclame* les résultats en public (art. R. 108). L'élection est acquise dès cet instant (33). Il ne reste plus au ministre de l'intérieur et, à celui de l'outre-mer, agissant comme messagers du pouvoir de suffrage, qu'à adresser à l'Assemblée nationale, la liste de ses membres (art. LO 179). Le doyen d'âge qui préside la séance inaugurale annonce à l'Assemblée, la communication du nom des personnes élus qui lui a été faite par le Gouvernement. Il en ordonne l'affichage immédiat et la publication au J.O. *(Débats parlementaires)* (art. 2. R.A.N.).

(32) Selon une décision du C.C. *(19 janvier 1996, A.N., Bas-Rhin, 4e, chr.* n° 78) : l'art. L. 52-8 du code électoral ne fait pas obstacle à la fourniture par une personne morale de droit public de biens ou de services à un candidat *à la condition que leur évaluation ait été effectuée conformément aux prix habituellement pratiqués et qu'ils aient donné lieu à un paiement effectif.*

(33) A l'issue du 1er tour, le 5 juin 1988, de manière inédite, des commissions de recensement général des votes, ont versé dans le juridisme, en considérant non valables les bulletins de vote des candidats socialistes, sur lesquels, le nom de leur remplaçant était suivi et non précédé de la mention *suppléant,* en méconnaissance de l'art. R. 103 du code électoral. Les proclamations des députés ont été annulées par le C.C. (21 juin 1988, *A.N., Oise 1re et 2e, chr.* n° 47, p. 195).

6° Les déclarations d'installation

Deux catégories de déclarations se présentent pour le député. En premier lieu, il est tenu de déposer auprès de la commission pour la transparence financière de la vie politique *(supra)* dans les deux mois qui suivent son entrée en fonction, une déclaration certifiée sur l'honneur exacte et sincère de sa *situation patrimoniale* (art. L.O. 135-1 du code électoral, rédaction de la L.O. du 19 janvier 1995). Les biens sont évalués à la date du fait générateur de la déclaration. Le député communique en cours de mandat à la commission toutes modifications substantielles à son patrimoine chaque fois qu'il le juge utile (al. 2). Une déclaration sera déposée avant l'expiration du mandat, dans les mêmes conditions (al. 3). En cas de non-dépôt, la commission saisit le bureau de l'Assemblée et celui-ci s'adresse au Conseil constitutionnel qui constate, le cas échéant, l'inéligibilité et déclare le député démissionnaire d'office (art. L.O. 136-1, al. 2, rédaction de la L.O. du 19 janvier 1995).

La non-déclaration a pour sanction d'une part, une inéligibilité d'un an (art. L.O. 128) et d'autre part, le non-remboursement des frais de campagne électorale (art. L. 52-11-1). Le *compte de campagne* est déposé, en revanche, auprès de la C.C.F.P., par l'entremise du préfet (art. L. 52-12) *(supra)*.

En second lieu, le député désireux de conserver des activités professionnelles ou d'intérêt général, même non rémunérées, ou attestant qu'il n'en exerce aucune, doit déposer sur le bureau de l'Assemblée nationale dans les deux mois de son entrée en fonction une déclaration certifiée sur l'honneur exacte et sincère (art. L.O. 151, al. 3, rédaction de la L.O. du 19 janvier 1995). En cours de mandat, il doit déclarer dans les mêmes formes tout élément de nature à modifier sa déclaration initiale. Le bureau examine si les activités ainsi déclarées sont compatibles avec le mandat parlementaire *(infra)*. L'incompatibilité constatée par le C.C. n'entraîne pas, en ce cas, d'inéligibilité.

B. LES ÉLECTIONS AU SÉNAT

La seconde chambre assure la représentation des collectivités locales et celle des Français expatriés (art. 24 C), après que le référendum du 27 avril 1969 eut repoussé sa fusion avec le Conseil économique et social (34).

Le bicamérisme rime avec le particularisme, car, à défaut la seconde assemblée perdrait toute justification (35). Le scrutin sénatorial, défini aux articles L.O. 274 et suivants du code électoral (rédaction de l'ordonnance du 15 novembre 1958) en apporte la preuve.

1° Le collège électoral

En reprenant la précédente démarche, on relèvera ses différentes caractéristiques.

a) *La localisation du collège électoral*

Par suite de la création échelonnée de 39 sièges supplémentaires (L.O. du 16 juillet 1976), les sénateurs sont au nombre de 321, depuis le renouvellement de 1989 : soit 304 pour les départements (art. L.O. 274 du code électoral) ; 3 pour les T.O.M., 2 pour les collectivités territoriales de Mayotte et de Saint-Pierre-et-Miquelon et 12 pour les Français

(34) V. J. MASTIAS : *Le Sénat de la Ve République,* 1980 ; *Pour mieux connaître le Sénat,* 3e éd., 1993.
(35) V. J. MASTIAS et J. GRANGÉ (sous la direction de) : *Les secondes chambres du parlement en Europe occidentale,* 1987 ; Sénat : *Pour connaître le Sénat,* 2e éd., 1983 ; F. GOGUEL : Sur la réhabilitation du bicamérisme en France, *Mél. Léo Hamon*, 1982, p. 325 ; Y. WEBER : La crise du bicamérisme, *R.D.P.* 1972, p. 573.

établis hors de France (L.O. du 17 juin 1983) (36). Le critère démographique retenu s'inspire de celui fixé par la loi du 23 septembre 1948 : un siège jusqu'à 154 000 habitants et, ensuite un siège par 250 000 habitants ou fraction de 250 000.

Les sénateurs sont élus dans le cadre d'une circonscription électorale *naturelle* (département ou territoire d'outre-mer, collectivité territoriale). Ceux qui représentent les Français de l'étranger le sont, à l'intérieur de circonscriptions continentales.

b) *La composition du collège électoral*

On dit volontiers, que les sénateurs sont *les élus des élus* ou, en termes sociologiques, des *notables.* De fait, ils procèdent du suffrage universel *indirect.* Le collège, dont la composition a peu varié, depuis la IIIe République, comprend dans chaque département les membres suivants : les députés, les conseillers régionaux, les conseillers de l'assemblée de Corse, les conseillers généraux et les délégués des conseils municipaux ou leurs suppléants (art. L. 280 du code électoral) (37). Il s'ensuit que ces élections revêtent un caractère *mécanique,* en répercutant les élections locales. *Le Conseil supérieur des Français de l'étranger* (C.S.F.E.) constitue un collège pour ceux-ci : il se compose de 150 membres élus par les expatriés, pour un mandat de six ans, au suffrage universel direct (loi du 7 juin 1982, rédaction de celle du 22 juin 1992) (38).

Dès lors, l'exercice de responsabilités locales est le chemin naturel qui conduit à la Haute Assemblée. A ce compte, *le Sénat est le grand conseil des communes françaises.* Rarement cette définition de Gambetta n'aura été autant pertinente qu'avec la reconnaissance de la citoyenneté européenne (art. 88-3 C, rédaction de la L.C. du 25 juin 1992) (39). La représentation hégémonique des délégués des conseillers municipaux au sein du collège sénatorial (87 % des effectifs) est la conséquence des dispositions suivantes : un *distinguo* est établi, selon que la commune a une population de moins de 9 000 habitants ou plus (art. L. 284, rédaction de la loi du 19 novembre 1982) (40) avec un système de *pondération*

(36) En théorie, un siège doit être ajouté : celui de l'ancien territoire des Afars et des Issas devenu indépendant sous le nom de République de Djibouti en 1977, qui n'a pas été supprimé, à ce jour.

(37) Les conseillers régionaux sont désormais élus dans chaque région (art. L. 338 du code électoral, rédaction de la loi du 19 janvier 1999). En conséquence, les conseils *procèdent à la répartition de leurs membres entre les collèges chargés de l'élection des sénateurs dans les départements compris dans les limites de la région* (art. L. 293-1).

(38) Le C.S.F.E. comprend deux séries : la série *A* englobe les circonscriptions électorales d'Amérique et d'Afrique ; la série *B*, celles d'Europe, d'Asie et du Moyen-Orient. Il se renouvelle par moitié, tous les trois ans.

(39) Le *lien privilégié* entre les élections municipales et sénatoriales a conduit le Conseil constitutionnel a déclarer la citoyenneté européenne contraire à la constitution (9 avril 1992, *Traité sur l'Union européenne, chr.* n° 62, p. 183). L'article 88-3 C en a limité la portée : *les ressortissants communautaires ne peuvent participer à la désignation des électeurs sénatoriaux et à l'élection des sénateurs.* Une L.O. du 25 mai 1998 en détermine les conditions d'application : les conseillers municipaux et les conseillers de Paris qui n'ont pas la nationalité française ne peuvent être membres à un titre quelconque du collège sénatorial ni participer à l'élection à ce collège de délégués supplémentaires et de suppléants (nouvel article L.O. 286-1 du code électoral). De la même façon, le conseiller municipal qui ne possède pas la nationalité française ne peut être élu maire ou adjoint ni en exercer temporairement les fonctions (nouvel article L.O. 2122-4-1 du code général des collectivités territoriales).

(40) Il faut relever, que le choix des conseils municipaux ne peut porter ni sur un député, ni sur un conseiller général ou régional (art. L. 127 du code électoral). Dans le cas où un député est conseiller général ou régional, un remplaçant lui est désigné, sur sa présentation, par le président du conseil général ou régional (art. L. 282). La possibilité du vote plural se trouve ainsi écartée. Des dispositions spécifiques visent la désignation des délégués de l'assemblée de Corse (art. L. 293-1 et s. du code électoral).

de délégués supplémentaires. Le tableau des électeurs sénatoriaux est dressé par le préfet (art. L. 292).

En vue de favoriser une meilleure représentativité, un projet de loi a été adopté par le Sénat, le 23 juin 1999 : les communes d'au moins 9 000 habitants élisent des délégués supplémentaires par tranche de 700 habitants (Rapport Girod n° 427).

c) *La convocation du collège électoral*

Les sénateurs sont élus pour neuf ans (art. L.O. 275 du code électoral), ce qui en fait le mandat le plus long, à l'heure actuelle. Si l'on ajoute qu'il ne peut être abrégé par la dissolution, à laquelle la seconde assemblée est soustraite, on comprend aisément, au-delà des périls politiques et de l'âge, l'attirance exercée par la *sécurité de l'emploi,* si l'on ose s'exprimer ainsi (41).

A l'opposé de l'Assemblée nationale, le Sénat est une assemblée *permanente,* au point d'incarner la représentation nationale lorsqu'elle est dissoute. Il se renouvelle *partiellement,* par tiers, tous les trois ans.

L'élection a lieu dans les 60 jours qui précèdent le début du mandat (seconde quinzaine de septembre, en pratique) c'est-à-dire à l'ouverture de la session ordinaire unique (art. L.O. 278 du code électoral) (42). Sous ce rapport, ses membres sont répartis, selon l'ordre alphabétique des départements (l'outre-mer et les Français de l'étranger étant ventilés), entre trois *séries, d'importance approximativement égale,* désignées par les premières lettres de l'alphabet : *A* (Ain à Indre, dont le territoire de Belfort, Guyane française, Polynésie française, Wallis-et-Futuna, Français de l'étranger) ; *B* (Indre-et-Loire à Pyrénées-Orientales, Réunion, Nouvelle-Calédonie, Français de l'étranger) ; *C* (Bas-Rhin à Yonne, Essonne à Yvelines, Guadeloupe, Martinique, Mayotte, Saint-Pierre-et-Miquelon, Français de l'étranger) (art. L.O. 276) (43).

Ce mode particulier de renouvellement est accordé à la fonction *modératrice,* ou *régulatrice,* attribuée, en règle générale à la seconde assemblée : *Le Sénat, c'est le temps de la réflexion,* affirmait Clemenceau ; il crée une *lenteur salutaire,* prétendait Joseph-Barthélémy. La sérénité (on dit aussi volontiers le *charme raffiné)* de cette assemblée, fuit la brusquerie, au profit des transitions savamment réparties. De fait, un nouveau parti doit s'enraciner localement avant de prétendre accéder au Sénat : les députés gaullistes ont fait une entrée en force dès 1958, mais ce n'est qu'en 1986, que les sénateurs R.P.R. sont devenus le groupe le plus important et que l'un d'entre eux, Christian Poncelet, a été élu à sa présidence, en 1998. La logique majoritaire n'y a débouché qu'en 1974, voire 1981. La seconde assemblée apaise les passions électorales et s'en remet, en fin de compte, à l'expérience du temps.

On notera que les remplacements et les élections *partielles* se déroulent dans des conditions identiques à ceux de l'Assemblée nationale (art. L.O. 319 et 322 du code électoral). Toutefois, une particularité se présente, en ce qui concerne les sénateurs élus à la représentation proportionnelle. En cas de *vacance* d'un siège, il sera pourvu

(41) Cette longueur est toutefois de nature à limiter la participation au Gouvernement des sénateurs élus dans des départements à la représentation proportionnelle.

(42) Selon le système de la *noria,* les prochains renouvellement sont fixés ainsi : 2001 (série *B*) (103 sièges) ; 2004 (série *C*) (117 sièges) ; 2007 ; (série A) (102 sièges).

(43) Dans ces conditions, les nouveaux élus doivent attendre pour siéger la fin du mandat de leurs prédécesseurs. Si, à l'exemple du précédent de septembre 1968, une session extraordinaire du Parlement est convoquée, entre la date des élections sénatoriales et l'ouverture de la session ordinaire, les sénateurs non renouvelés sont, malgré tout, appelés à siéger *in extremis.*

par le *premier non-élu* de la liste (art. L.O. 320). Le recours à une élection partielle ne pourrait se produire, en ce cas, que si la *totalité* des membres de la liste avaient exercé leur mandat.

2° L'éligibilité au Sénat

Elle est alignée sur celle de l'Assemblée nationale, à la différence près que, d'une part, la majorité est fixée à 35 ans (art. L.O. 296), âge à partir duquel, dit-on, la sagesse est donnée de surcroît ; d'autre part, le dépôt d'un cautionnement fixé à 200 F est seulement exigé des candidats qui entendent bénéficier de l'envoi des documents électoraux par une commission (art. R. 159). Enfin, sont frappés d'inéligibilité, au titre des sénateurs représentant les Français expatriés, le secrétaire général du ministère des affaires étrangères, le directeur des Français de l'étranger audit ministère, les chefs de mission diplomatique, le secrétaire général du C.S.F.E. (L.O. du 17 juin 1983), tandis qu'une inéligibilité relative s'applique aux officiers exerçant un commandement (loi du 10 mai 1990).

3° Le mode de scrutin

Il présente diverses particularités. Tout d'abord, *fait unique* en droit positif, les électeurs sénatoriaux ont *l'obligation de voter,* sauf cas de force majeure, sous peine d'être condamné à une amende de 30 F par le tribunal de grande instance, sur les réquisitions du ministère public (art. L. 318). Mais en contrepartie, ils perçoivent une indemnité électorale (art. L. 317). Ensuite, le vote est *centralisé :* il se déroule au chef-lieu du département ou du territoire (art. L. 312) sous l'autorité du président du T.G.I., assisté de deux juges désignés par le premier président de la cour d'appel (art. R. 163). Enfin, le scrutin est *diversifié,* selon le nombre de sénateurs élus : le scrutin sera *majoritaire* si le département ou le territoire élit *moins* de 5 sénateurs (art. L. 294) ; *proportionnel* s'il désigne 5 sénateurs ou plus (art. L. 295) (44).

a) *Le scrutin majoritaire*

En l'occurrence, il est utilisé dans la grande majorité des départements et territoires d'outre-mer, et se déroule en une journée. Le succès au premier tour, qui se tient le matin, est subordonné aux mêmes conditions que celles relatives à la députation. A cet égard, on observera qu'il est loisible, cependant, aux candidats de se présenter à titre individuel ou, au contraire, groupés sur une liste. Au second tour, organisé l'après-midi, la majorité relative suffit. En cas de partage, le candidat le plus âgé, l'emporte (45). Il faut, par ailleurs, préciser que l'accès au second tour n'est pas réglementé. En conséquence, un parti peut changer de candidat, au milieu du gué.

b) *La représentation proportionnelle*

La R.P., avec répartition des restes, selon le système de la plus forte moyenne, est utilisée, en l'état, dans les 15 départements les plus peuplés (46), parallèlement à l'élection

(44) Par suite des aléas de l'ordre alphabétique des séries, le mixage varie, dans de fortes proportions, s'agissant de la R.P. Cette dernière concerne 15,7 % des sièges de la série *A ;* 31,4 % pour la série *B* et 53 % pour la série *C.* A cet égard, une *corrélation* peut être établie entre l'utilisation de la R.P. et l'élection de femmes.

(45) On prétend qu'un ballottage est, en particulier, apprécié par les restaurateurs du chef-lieu de département. Le C.S.F.E. se réunit au ministère des affaires étrangères.

(46) A savoir : Bouches-du-Rhône, Essonne, Gironde, Hauts-de-Seine, Loire-Atlantique, Moselle, Nord, Paris, Pas-de-Calais, Rhône, Seine-Maritime, Seine-Saint-Denis, Val-de-Marne, Val-d'Oise et Yvelines. Le projet de loi adopté par le Sénat, le 23 juin 1999, abaisse le seuil de la R.P. à 4 sénateurs, pour 9 départements (Alpes-Maritimes, Finistère, Haute-Garonne, Ille-et-Vilaine, Isère, Loire, Meurthe-et-Moselle, Bas-Rhin et Seine-et-Marne). Au total, la R.P. concernerait demain un tiers des sénateurs.

Cependant, il est procédé à une élection au scrutin majoritaire à deux tours, lorsque la liste ne comporte plus de candidats élus (art. L.O. 320 du code électoral).

des sénateurs représentants les Français de l'étranger, à partir de trois sièges à pourvoir (loi du 7 juin 1982, rédaction de celle du 10 mai 1990).

4° La campagne électorale

Elle est placée sous le signe de la *discrétion* des rencontres personnelles entre *notables.* Les frais exposés par les candidats sont pris en charge, de manière forfaitaire, pour ceux d'entre eux qui ont obtenu, au moins, 5 % des suffrages exprimés (art. R. 160). Le plafonnement des dépenses électorales est inapplicable au cas d'espèce, car il ne concerne que les *seules* élections au suffrage universel *direct.*

5° La proclamation des résultats de l'élection

A l'issue du scrutin, la commission de recensement des votes, installée à la préfecture (art. L. 175) proclame les résultats. Le ministre de l'intérieur les communique dans les conditions précitées.

6° Les déclarations d'installation

A l'égal du député, le sénateur qui entre en fonction est tenu de présenter une déclaration de situation patrimoniale (art. L.O. 135-1, rédaction de la LO du 19 janvier 1995) et le cas échéant, une déclaration de maintien d'activité professionnelle. A l'opposé, il ne lui est pas imposé le dépôt d'un compte de campagne.

C. LE CONTENTIEUX DES ÉLECTIONS PARLEMENTAIRES

Jusqu'en 1958, selon une tradition qui remontait aux États généraux de l'Ancien Régime, les assemblées validaient l'*ensemble* des élections de leurs membres, même non contestées. La *vérification des pouvoirs* était la traduction de la *souveraineté* du Parlement : *La Chambre est un jury souverain,* notait Eugène Pierre. Elle a été source d'abus. C'est ainsi qu'au cours d'une même séance, en 1951, l'Assemblée a pris, sur une même question, deux solutions opposées. Mais, le comble sera atteint, en 1956, lorsqu'au mépris du pouvoir de suffrage, 11 députés poujadistes seront invalidés et remplacés *sur-le-champ* (en l'absence donc d'élections partielles) par leurs adversaires malchanceux. Notons, cependant, que pour abusives qu'elles fussent, ces pratiques avaient l'avantage, d'un point de vue subalterne, de conforter les majorités issues des consultations électorales, lesquelles avaient tendance, à être faibles. Sous cet aspect, la constitution de 1958 a introduit une heureuse réforme, qui s'inspire de celle réalisée dès 1868, par Disraëli en Grande-Bretagne, en transférant ce contentieux au Conseil constitutionnel. Juge de droit commun, celui-ci *statue en cas de contestation sur la régularité de l'élection des députés et des sénateurs* (art. 59 C) (47).

(47) V. J.-P. Charnay : *Le contrôle de la régularité des élections parlementaires,* 1964 ; J.-P. Camby : *Le Conseil constitutionnel, juge électoral,* 1966 ; F. Delpérée : *Le contentieux électoral,* 1998 ; Ph. Ardant : Le contentieux électoral devant le C.C. et le C.E., *in C.C. et C.E.,* colloque Paris-II, 1988, p. 55 ; L. Philip : Le Conseil constitutionnel, juge électoral, *Pouvoirs n° 13, p. 67.*

En d'autres termes, le juge constitutionnel n'intervient qu'à propos des *résultats de l'élection.* Mais, *en vue de l'accomplissement de sa mission* (11 juin 1981, *François Delmas, Rec.,* p. 97), il peut exceptionnellement, afin de prévenir un déni de justice, statuer sur une élection *à venir* (48).

Par voie de corollaire, la juridiction administrative décline sa compétence, selon une jurisprudence constante (C.E., 14 juin 1963, *Bellot, Rec.* p. 369). Seuls quelques îlots subsistent (49).

Ce contentieux électoral est dépourvu de spécificités, à l'opposé de celui de la constitutionnalité des lois (art. 61 C). Il s'agit, du point de vue quantitatif, du recours le plus important. Il revêt un caractère subjectif et n'est enfermé dans aucun délai pour statuer. Il accueille, le cas échéant, les conseils des parties. En bref, un contentieux *autonome,* au point que le Conseil, juge électoral, procède à la collation entre la norme internationale et la norme nationale (21 octobre 1988, *A.N., Val-d'Oise, 5e, chr.* n° 49, p. 203), qu'il s'interdit en sa qualité de juge constitutionnel (15 janvier 1975, *I.V.G., G.D.,* p. 286) ; qu'il donne acte d'un désistement d'instance pur et simple (13 avril 1967, *A.N. Hérault 1re, Rec.,* p. 51) auquel il se refuse ailleurs (30 décembre 1996, *Amendement Malraux, chr.* n° 81, p. 182). De la même façon, il ne lui appartient pas, à l'occasion d'un recours contre l'élection d'un parlementaire, d'apprécier la conformité à la constitution de dispositions législatives, fût-ce par voie d'exception (5 mai 1959, *A.N., Algérie, 15e, Rec.* p. 215 ; 2 décembre 1980, *S. Eure,* p. 85), ce dont il s'autorise dans le contentieux de la loi (25 janvier 1985, *État d'urgence en Nouvelle-Calédonie, chr.* n° 34 p. 181).

Il reste à noter que, de manière inédite, un recours a été intenté devant le C.E.D.H. contre une décision électorale (21 octobre 1997, *Pierre-Bloch c. France, chr.* n° 85, p. 166).

1° La saisine du Conseil constitutionnel

L'élection est acquise au moment de la proclamation des résultats par la commission de recensement des votes (art. L. 175 du code électoral), le lundi soir, suivant le déroulement du scrutin. Un recours écrit et motivé, peut être présenté au secrétariat du Conseil, au préfet ou au chef du territoire, mais non au tribunal administratif (10 juillet 1997, *A.N., Pyrénées-Orientales,* 1re, *Rec,* p. 130), sans effet suspensif, dans le délai de 10 jours à partir de ce moment. Il est ouvert à tout *électeur* de la circonscription et à *tout candidat*

(48) Le C.E. avait décliné sa compétence à l'occasion d'un recours présenté contre le décret de dissolution de l'Assemblée nationale (3 juin 1981, *François Delmas*). A cette occasion, le C.C., statuant de façon *prétorienne* (11 juin 1981, *Rec.* p. 97), a accueilli ce qu'il est convenu d'appeler *le recours pour excès de pouvoir* (réservé à ce jour au C.E.) en se déclarant compétent, au motif que *les griefs allégués mettent en cause les conditions d'application de l'article 12 C et, à cet égard, la régularité de l'ensemble des opérations électorales.* V. notes Cl. Goyard, A.J.D.A., 1981, p. 357 ; F. Luchaire, D. 1981, p. 589 ; L. Favoreu, R.D.P. 1981, p. 1347.

Cette application de la théorie des pouvoirs *implicites* ou *inhérents* a pour but d'éviter *de compromettre gravement l'efficacité du contrôle par le C.C.,* en la matière, et de *porter atteinte au* fonctionnement normal des pouvoirs publics (C.C., 16-20 avril 1982, *Jacques Bernard, chr.,* n° 22, p. 182 ; 20 mars 1997, *Anne Richard, ibid.,* n° 82, p. 198). Cette jurisprudence est applicable en matière référendaire (V. *chapitre III*).

(49) A titre d'exemple on citera : le contentieux de l'inscription sur les listes électorales pour le juge judiciaire ; celui de l'éligibilité qui ressortit au T.A. (art. L. 159 et 303 du code électoral) ; de la contestation intentée contre le tableau des électeurs sénatoriaux (art. L. 292) (C.C., 9 juillet 1959, *S. Guadeloupe, Rec.* p. 247). De même, le contentieux de l'élection au C.S.F.E. est confié au Conseil d'État (art. 9 de la loi du 18 mai 1983), ainsi, on le cite pour mémoire que celui des élections au Parlement européen (art. 25 de la loi du 7 juillet 1977).

qui s'y était présenté (art. 33 et 34 de l'ord. du 7 novembre 1958), à l'exclusion du préfet (21 juin 1988, *A.N., Oise, 1re Rec.* p. 84), d'un mandataire (22 janvier 1963, *A.N., Allier, 3e*, p. 78 ; 13 juillet 1988, *A.N., Charente-Maritime 1re*, p. 97) ou d'une association (14 septembre 1995, *A.N. Savoie, 2e*, p. 217). Il appartient enfin et surtout à la C.C.F.P. de saisir le juge, en cas de non-dépôt ou de rejet d'un compte de campagne (art. L.O. 136-1 du code électoral), sans que sa position puisse préjuger sa décision (C.C., 4 mai 1990, *Financement des campagnes électorales, chr.* n° 55, p. 209).

La qualité d'électeur est retenue dans son acception juridique. Concernant la Haute Assemblée, *tout citoyen inscrit sur les listes électorales du département* est fondé à présenter un recours contre l'élection d'un sénateur, et *non les seuls membres du collège sénatorial* (15 décembre 1995, *S. Bas-Rhin, chr.* n° 77, p. 241). Par surcroît, la contestation s'entend *strictement.* Elle doit mettre en cause *l'élection du parlementaire proclamé,* en dehors des résultats du premier tour, au terme duquel aucun candidat ne l'a été (22 mars 1973, *A.N. Paris 3e, Rec.*, p. 55) ; d'une demande d'annulation partielle dans un canton (7 novembre 1968, *A.N., Rhône, 4e*, p. 114) ou une commune (10 juillet 1997, *A.N. Côte-d'Or, 3e, p. 94) ou de l'ensemble des opérations où les candidats ont utilisé le nom du chef de l'État (27 avril 1978, A.N., Marne 7e, C.C.F.*, p. 82), voire les conditions dans lesquelles la campagne s'est déroulée (13 avril 1967, *A.N., Moselle, 8e, Rec.* p. 49). De la même façon, est irrecevable, la requête qui n'apporte aucun élément précis à l'appui de ses allégations (26 mai 1993, *A.N. Manche 2e, Rec.* p. 35) ou qui se borne à une demande indemnitaire en vue du remboursement de frais exposés dans l'instance (8 juin 1993, *A.N., Bouches-du-Rhône, 5e, Rec.* p. 69), d'admission à l'aide juridictionnelle (25 novembre 1997, *A.N., Nord, 19e ibid* p. 261) ou de mises en examen (10 juillet 1997, *A.N. Bouches-du-Rhône, 16e, Rec.*, p. 143). *A fortiori,* le juge rejette les conclusions du député tendant à la condamnation des requérants aux dépens et au versement de dommages et intérêt (10 juillet 1997, *A.N., Charente-Maritime, 1re, ibid.* p. 70). Le Conseil statue sur la régularité de l'élection, tant du titulaire que du remplaçant (art. L.O. 189 du code électoral).

Le nombre relativement élevé de requêtes adressées au juge justifie, dans le souci d'une bonne gestion du temps et de la justice, une formation d'instruction appropriée (50).

2° L'organisation du Conseil constitutionnel

Afin de ne pas prolonger l'incertitude des parlementaires en cause, le Conseil forme, en son sein, en vue de l'examen du dossier, trois *sections d'instruction* composées chacune de trois membres tirés au sort, de façon *séparée,* afin de tenir compte de l'*origine* de leur nomination (par le président de la République, le président du Sénat et le président de l'Assemblée nationale) (art. 36 de l'ord. du 7 novembre 1958) (51).

(50) Une situation originale peut se présenter, dans le cas d'un *élu amphibie.* En application de l'article L.O. 137, du code électoral : *tout député élu sénateur ou tout sénateur élu député cesse de ce fait d'appartenir à la première assemblée dont il était membre. Toutefois, en cas de contestation, la vacance du siège n'est proclamée qu'après décision du Conseil constitutionnel confirmant l'élection. Il ne peut en aucun cas participer aux travaux des deux assemblées.* Bref, pour parler comme Lamartine, il siège provisoirement *au plafond.*

(51) La procédure suivie est fixée par l'ord. du 7 novembre 1958 (art. 32 et s.) et le règlement adopté par le C.C., publié au *J.O.* du 31 mai 1959 (V. *Code constitutionnel,* p. 1045).

Chacune des sections dispose de rapporteurs *adjoints,* pris parmi les maîtres des requêtes au Conseil d'État et les conseillers référendaires à la Cour des comptes, ce qui favorise le rapprochement jurisprudentiel. Ceux-ci, au nombre de dix, n'ont pas voix délibérative. Ils peuvent, en revanche, être nommés rapporteur par le président du Conseil (art. 37).

Chaque section instruit l'affaire dont elle a été chargée par le président ; informe, selon le principe du *contradictoire,* le parlementaire dont l'élection est contestée. Elle peut, ainsi que le Conseil, ordonner une enquête (8 juillet 1986, *A.N., Haute-Garonne, Rec.* p. 97 ; 25 novembre 1988, *A.N., Bouches-du-Rhône, 6ᵉ,* p. 248 ; 31 juillet 1991, *A.N., Paris, 13ᵉ, chr.* nº 60, p. 206) ; se faire communiquer tous documents et rapports ayant trait à l'élection, notamment les comptes de campagne, ainsi que l'ensemble des documents, rapports et décisions de la C.C.F.P. Le ministre de l'intérieur présente des observations. Le rapporteur peut être commis pour recevoir sous *serment* les déclarations des témoins (art. 42 de l'ord.). La section délibère, au final. Puis, son rapporteur expose ses conclusions devant le Conseil, réuni en *plenum,* qui décide (art. 38, al. 1ᵉʳ). En cette circonstance, le requérant ou l'avocat qui l'assiste peut désormais être entendu à sa demande (art. 17 du règlement électoral, rédaction du 28 juin 1995). Il en a été ainsi, pour la première fois, le 19 janvier 1996 (3 mai 1996, *S. Vaucluse, chr.* nº 78, p. 184). Mais l'oralité ne signifie pas pour autant la publicité de la séance.

Toutefois, il est permis au Conseil de procéder à un premier tri, *sans instruction préalable* (art. 38, al. 2), en repoussant les requêtes manifestement irrecevables (recours prématuré ou tardif ; objet étranger au contentieux) ou celles dont les griefs articulés n'ont pas pu, à l'évidence, exercer une influence sur les résultats de l'élection (fermeture d'un bureau de vote quelques minutes avant l'heure réglementaire (27 avril 1978, *A.N., Pyrénées-Atlantiques, 1ʳᵉ, p. 62) ;* non-participation d'un électeur (1ᵉʳ avril 1986, *A.N., Gard,* p. 29) ; mention *député sortant* figurant sur les bulletins de vote (13 juillet 1988, *A.N., Haute-Savoie, 1ʳᵉ,* p. 88) ou longueur de l'attente pour participer au scrutin (8 décembre 1992, *S. Moselle,* p. 106).

Hormis ces cas, le juge constitutionnel peut, soit annuler l'élection contestée, soit réformer la proclamation faite par la commission et proclamer élu un *autre* candidat (art. 41 de l'ord. de 1958). À ce jour, le Conseil s'est refusé à cette dernière éventualité, sans se l'interdire, à l'opposé du juge administratif. Les décisions sont revêtues de l'autorité *absolue* de chose jugée et notifiée à l'assemblée intéressée (art. L.O. 185 du code électoral). Toutefois, un recours est désormais possible devant la C.E.D.H. (21 octobre 1997, *Pierre-Bloch c. France, C.C.C.* nº 4, 1998, note J.-F. Flauss). De la même façon, le Conseil, à défaut d'y procéder lui-même (art. 21 du règlement électoral), accueille le *recours en rectification d'erreur matérielle* ou de transcription (23 octobre 1987, *Georges Salvan, chr.,* nº 45, p. 174 ; 17 décembre 1993, *A.N. Paris, 19ᵉ,* nº 69, p. 196) (52). En revanche, une demande de révision est frappée d'irrecevabilité (21 juillet 1994, *Christian Estrosi,* nº 72, p. 171).

3° La jurisprudence électorale du Conseil constitutionnel

Parallèlement au contrôle auquel il se livre en matière d'établissement des listes électorales et d'éligibilité *(supra),* le Conseil veille, moins à la régularité formelle qu'à la *sincérité*

(52) V. Jean-Éric GICQUEL : Du recours en rectification d'erreur matérielle devant le Conseil constitutionnel, *P.A.,* 20 janvier 1995.

réelle de la campagne électorale (24 janvier 1968, *A.N., Corse, 2e, G.D.* p. 210) en cas de doute sérieux jeté sur le résultat. En un mot, il s'emploie à préserver la liberté de choix des électeurs, en écartant les faits incriminés *qui n'ont pas excédé les limites normales de la polémique* (25 novembre 1988, *A.N., Essonne, 4e, Rec.* p. 238) : une diffusion de tracts ne présentant pas un caractère massif à laquelle la personne visée a pu répondre, en temps utile (15 janvier 1998, *A.N. Seine-et-Marne, 7e,* ibid p. 54) ; ou en raison de leur réciprocité (affichage : 28 novembre 1988, *A.N., Belfort, 1re,* p. 49 ; dépassement du plafond des dépenses électorales : 11 mai 1989, *A.N., Bouches-du-Rhône, 6e, chr.* n° 51, p. 180). A l'opposé, il ne lui appartient pas *d'apprécier la sincérité de l'adhésion des candidats aux idées dont ils se réclament* (8 juin 1993, *A.N., Bouches-du-Rhône, 13e, Rec.* p. 61).

a) *Le pouvoir de réformation de la proclamation*

Ce pouvoir permet au juge de rectifier le décompte des voix, en cas, par exemple, de disparité entre le nombre de bulletins et d'émargements ou autres irrégularités dans le tenue d'un bureau. Tout en pratiquant un redressement (7 juin 1978, *A.N., Paris, 29e, C.C.F.,* p. 115), le Conseil se refuse, cependant, à procéder à l'inversion du résultat lorsque les rectifications auxquelles il a procédé n'aboutissent pas à un changement de majorité (28 juin 1978, *A.N., Meurthe-et-Moselle, 1re,* p. 117). Autrement dit, le juge ne s'estime pas fondé à se substituer au collège électoral, *en dépit de la gravité des manœuvres frauduleuses ayant entaché le scrutin* (3 février 1999, *A.N. Bouches-du-Rhône, 9e, chr.* n° 90), faute de pouvoir déterminer *exactement* le nombre de suffrages qui doivent être attribués à chacun des candidats.

b) *Le pouvoir d'annulation de l'élection*

D'une manière exceptionnelle (53), le juge, ayant forgé son intime conviction, procède à l'annulation de l'élection, en combinant généralement un critère *quantitatif* (un faible écart de voix ou une élection dans un *mouchoir de poche)* avec un critère *qualitatif* (l'existence d'un comportement irrégulier à l'*influence déterminante,* constitutif d'une *manœuvre) :* propagande abusive, le jour du scrutin à laquelle le concurrent ne peut répliquer (7 juin 1978, *A.N., Seine-Saint-Denis, 9e, C.C.F.* p. 114) ; diffusion d'un message à caractère de propagande électorale (*le vrai journal de Karl Zero*) (28 juillet 1998, *A.N.,* Var, 1re, *Rec.* p. 274) ; distribution massive de tracts (3 décembre 1981, *A.N., Paris, 2e,* p. 120) et comportant des allégations particulièrement violentes et mensongères (7 juillet 1993, *A.N. Loire-Atlantique, 8e, chr.* n° 68, p. 161) ; impossibilité de circuler librement pour les électeurs autour des tables de dépouillement d'un bureau constitué illégalement (21 octobre 1988, *A.N., Meurthe-et-Moselle, 2e, Rec.* p. 174) ; établissement irrégulier de nombreuses procurations (25 novembre 1988, *A.N., Bouches-du-Rhône, 6e,* p. 246) ; disparition momentanée d'une liste d'émargement pour une élection acquise à une voix d'avance (3 mai 1996, *S. Vaucluse,* p. 69) ou pression sur les électeurs (23 octobre 1997, *A.N. Haut-Rhin, 6e* p. 199).

■ (53) Depuis 1958, les annulations sont rares : trois sénateurs et 50 députés. Mais, si l'on veut bien considérer que 11 élections générales se sont déroulées dans une moyenne de 500 circonscriptions, ce chiffre est faible. D'autant qu'en 1986, dans le cadre du scrutin de liste à la R.P., 10 députés ont été invalidés, en raison de leur solidarité. A l'opposé, dans le cadre d'un scrutin de liste majoritaire, le C.C. s'est prononcé pour la *divisibilité* (27 janvier 1972, S. *Alpes-Maritimes, Rec.* p. 41) V. J.-P. CAMBY : *Le Conseil constitutionnel, juge électoral,* 1996 et le contentieux des élections des députés : éléments pour un bilan, *C.C.C.* n° 5, 1998, p. 75.

Mais, le Conseil estime qu'une irrégularité substantielle peut faire obstacle à son contrôle de la sincérité des opérations, en raison de sa gravité : la fraude qui porte *atteinte au principe même de la démocratie* (3 février 1999, *A.N. Bouches-du-Rhône, 9e, chr.* n° 90) ; la non-participation d'une liste conduite par un député sortant, consécutive à un refus irrégulier d'enregistrement par les services préfectoraux (8 juillet 1986, *A.N.,* Haute Garonne ; n° 40, p. 170) ; la composition irrégulière de bureaux de vote (19 février 1963, *A.N., Réunion, 2e Rec.* p. 127) ; le dépouillement irrégulier (12 février 1963, *A.N., Gard, 2e,* p. 120) ; l'inéligibilité du remplaçant (5 juillet 1973, *A.N., Landes, 1re,* p.135 ; 15 décembre 1995, *S. Bas-Rhin,* p. 254) et l'absence de mise à jour des listes électorales (23 novembre 1988, *A.N., Wallis-et-Futuna,* p. 214) ou d'inscriptions irrégulières (12 juillet 1978, *A.N. Paris, 16e,* p. 215). D'autres causes d'annulation peuvent être relevées : dépassement du plafond des dépenses électorales (24 novembre 1993, A.N. Paris 19e ; 9 décembre 1993, *A.N., Loir-et-Cher, 1re, chr.* n° 69, p. 197) ; absence de transparence financière (16 novembre 1993, *A.N., Alpes-de-Haute-Provence,* 1re ; 16 décembre 1993, *A.N., Alpes-maritimes,* 2e ibid ; 6 février 1998, *A.N., Var 1re,* n° 90) ou manœuvre aboutissant à méconnaître les principes d'unicité et d'exhaustivité du compte de campagne (16 décembre 1997, *A.N., Moselle, 3e, Rec.* p. 300).

En revanche, le juge cède parfois... au réalisme. Il a fait preuve, à cet égard, d'une grande mansuétude pour des irrégularités relatives aux listes électorales de la capitale confinant à la *manœuvre* (6 février 1998, *A.N., Paris 1re* et 20 février 1998, *A.N. Paris, 2e, chr.* n° 90).

En cas d'annulation du scrutin, une élection partielle est organisée en vue de pourvoir à la vacance du siège. L'élu invalidé est éligible immédiatement. Une règle généralement observée est celle de la confirmation ou de la *prime à l'invalidé.* Toutefois, en cas de non-déclaration de situation patrimoniale (art. L.O. 135-1 du code électoral ; de non-dépôt ou de rejet du compte de campagne (art. L. 52-12) ou de dépassement du plafond des dépenses électorales (art. L. 52-11), l'invalidé est frappé d'une *inéligibilité* d'un an à compter de la décision (art. L.O. 128).

§ 2 LA PROTECTION DU MANDAT PARLEMENTAIRE

Dans le dessein de favoriser sa liberté de comportement, l'élu, pris en sa qualité de représentant de la nation (art. 3 C) est protégé, au nom de la séparation des pouvoirs, à un double titre : contre lui-même (en dehors de toute ironie) par le régime des *incompatibilités* (art. 25 C) et pour lui-même par celui des *immunités parlementaires* (art. 26 C).

A. LES INCOMPATIBILITÉS PARLEMENTAIRES (ART. 25 C)

Les règles concernant les incompatibilités ont pour finalité d'assurer la protection et l'indépendance de l'élu, à l'égard du pouvoir politique, s'il est fonctionnaire, ou du pouvoir économique, s'il dépend de lui. Car, il faut être assuré *de garantir à l'électeur l'indépendance de l'élu* (E. Pierre). L'incompatibilité ne doit pas être, cependant, confondue, on le rappelle, avec l'inéligibilité. Cette dernière *empêche* d'être candidat, tandis que l'incompatibilité permet d'être candidat, mais elle oblige *l'élu,* à l'issue du scrutin, à *faire un choix*, en vue de surmonter un conflit d'intérêts, entre le mandat parlementaire et la fonction ou la profession exercée jusque-là. Des *interdictions* complètent ce dispositif. On en vient naturellement à envisager que l'intérêt général, à l'image de la passion, est un sentiment *exclusif.* On étudiera le champ d'application des incompatibilités, et le contrôle dont elles font l'objet (54).

1° Le champ d'application des incompatibilités parlementaires

La matière qui, est d'interprétation *stricte,* en tant qu'elle se traduit par une *restriction* à l'activité civique, est réservée par l'article 25 C à la *L.O.* Une loi ordinaire ne peut pas, par voie de conséquence, instituer un nouveau cas d'incompatibilité (C.C., 30 août 1984 *Polynésie française, chr.* nº 32, p. 175). Ce régime a été étendu aux représentants du Parlement européen (art. 6 de la loi du 7 juillet 1977).

Dans l'attente du vote des textes en discussion devant le Parlement, tendant à l'exercice d'un *seul* mandat, la *République des fiefs* (Y. Mény) demeure.

a) *La relation entre le mandat parlementaire et la fonction publique*

D'une façon classique, la confrontation doit tenir compte de *l'origine* de la fonction publique, selon qu'elle est *élective* ou *nominative.* Elle est placée sous le signe de l'interdiction du cumul, en règle générale.

1) Le mandat parlementaire et la fonction publique élective

Longtemps a prévalu le régime du *cumul* des mandats ou, si l'on veut, le *frégolisme* qui constituait un particularisme français. Mais, sous la pression conjuguée de l'opinion publique et de la décentralisation qui a transféré, depuis 1982, le pouvoir exécutif à des élus, une réglementation est intervenue. Une L.O. du 30 décembre 1985 édicte une incompatibilité *générale* sous l'aspect d'une *limitation à deux mandats ou fonctions électives* (55).

Sous cet aspect, le mandat parlementaire est dorénavant incompatible avec l'exercice *de plus d'un* des mandats électoraux ou fonctions électives ci-après : représentant au Parlement européen, conseiller régional, conseiller général (56), conseiller de Paris, maire d'une commune de 20 000 habitants ou plus autre que Paris, adjoint au maire d'une

(54) V. J.-Cl. GRUFFAT : *Les incompatibiltés parlementaires en droit public français,* thèse, Lyon 1972 ; M. CEORA : *Les incompatibilités parlementaires en France et à l'étranger,* D.F., 1974 ; et F. ANCEL : *Les incompatibilités parlementaires sous la Vᵉ République,* 1975.

(55) Une loi du même jour généralise cette limitation à *l'ensemble* des élus locaux et communautaires (art. L. 46-1 du code électoral). La solution retenue de l'incompatibilité présente, toutefois l'avantage, par rapport à celle de l'inéligibilité, de laisser aux élus le *choix* entre les mandats ou fonctions électives qu'ils entendent conserver.

(56) Il y a bien de préciser que les mandats de membres des assemblées territoriales des T.O.M. et des collectivités spéciales de Corse, Mayotte et de Saint-Pierre-et-Miquelon sont assimilés à celui de conseiller général (art. L.O. 151-4). Par ailleurs, la présidence d'une communauté urbaine (loi du 31 décembre 1966) n'est pas visée par la réglementation du cumul. V J.-Cl. MASCLET : Les lois sur le cumul des mandats et fonctions électifs, *A.J.D.A.* 1986, p. 214 ; J. JULLIARD : *Contre la politique professionnelle ;* M. REYDELLET : Le cumul des mandats, *R.D.P. 1979, p. 693.*

commune de 100 000 habitants ou plus que Paris (nouvel art. L.O. 141 et L.O. 297 du code électoral (57).

Cette restriction trouve sa justification dans un curieux phénomène de réfraction. Au prix d'une *perversion* des genres, le parlementaire est regardé par la conscience collective, autant que la sienne, comme *un élu local* et non point national. Il est jugé d'abord et avant tout sur sa capacité à défendre les intérêts de sa circonscription. Les effets en seront l'absentéisme à l'Assemblée et, en cas de faiblesse, des affaires qui défraieront la chronique judiciaire. La session unique du Parlement, votée en 1995, n'a pas porté remède à cette situation. La césure *complète* entre les mandats nationaux et locaux est concevable, en théorie. Mais un élu sans racines locales serait pire, à la réflexion.

Le principe de l'incompatibilité appelle une double précision : à la limitation précitée du cumul *vertical* des mandats, s'ajoute l'interdiction classique du cumul *horizontal* des mandats de député *et* de sénateur (art. L.O. 137), ainsi que des mandats locaux ; de même, en vertu d'une règle coutumière formée à partir de Jules Grévy en 1879, le mandat parlementaire est réputé incompatible avec celui de président de la République : François Mitterrand a démissionné de son siège de député de la Nièvre en 1981, imité par Jacques Chirac, pour celui de la Corrèze, en 1995.

2) Le mandat parlementaire et la fonction publique nominative

La règle qui prévaut est celle de l'impossibilité d'une détention simultanée, car l'action du pouvoir politique est particulièrement à redouter. Le principe a été posé dès la Seconde République, en raison des abus perpétrés sous la Monarchie de juillet, où sous certaines législatures, le nombre des fonctionnaires-parlementaires approchait le tiers des membres (58). Cette commodité gouvernementale faisait litière de leur dignité. Tout en étant représentant du peuple, ils n'en demeuraient pas moins soumis au pouvoir hiérarchique du ministre.

α) Le principe du non-cumul

Le mandat est *exclusif* des qualités respectives de membre : du Gouvernement (art. L.O. 153 du code électoral) (59) ; du conseil du gouvernement d'un territoire d'outre-

(57) Le comité Vedel pour la révision de la constitution a souhaité étendre l'incompatibilité parlementaire aux fonctions de président de conseil général ou régional (Rapport, D.F., 1993, p. 65). Pour Lionel Jospin, la stricte réglementation du cumul des mandats est devenue une *priorité* en vue de la modernisation de la démocratie (déclaration de politique générale à l'A.N., le 19 juin 1997).

(58) V. F. JULIEN-LAFERRIÈRE : *Les députés fonctionnaires sous la Monarchie de juillet,* 1970.

(59) On le rappelle, le parlementaire, optant pour la fonction gouvernementale est remplacé *jusqu'au renouvellement général ou partiel* de l'assemblée à laquelle il appartenait (art. 25 C). Lorsque, pour une raison quelconque, le ministre, ancien parlementaire, cesse d'appartenir au Gouvernement, il n'est absolument pas assuré de rentrer en possession de son *bien,* s'il en exprime le désir. En effet, le suppléant devenu, entre-temps, député ou sénateur *à part entière,* est fondé juridiquement, en dehors de toutes autres considérations à prétendre : *J'y suis, j'y reste.* On imagine volontiers le caractère pénible, pour l'un et pour l'autre, d'une telle situation. Mais,il faut croire que la suppléance parlementaire est devenue *maudite*. A deux reprises, la réforme envisagée a échoué. Une première fois, en octobre 1974, un projet de révision de l'article 25 C est adopté par le Parlement, aux termes duquel, l'ancien ministre retrouve *automatiquement* son siège, six mois après avoir quitté le Gouvernement. Toutefois, Valéry Giscard d'Estaing, redoutant un échec devant le Congrès (il est vrai que le congédiement des suppléants était malaisé à accepter) a préféré la retirer de son ordre du jour. La révision demeure donc pendante (art. 89 C).

Une seconde fois, le Parlement soucieux de contourner l'obstacle *constitutionnel* a emprunté la voie *organique* visée à l'article 25 *in fine* C. Deux lois adoptées respectivement à l'Assemblée et au Sénat, en 1977, ont organisé, de façon plus modeste, *le remplacement du remplaçant,* en disposant qu'en cas de *décès* ou de *démission* de celui-ci, l'ancien titulaire du siège reprend, dans le délai d'un mois, l'exercice de son mandat parlementaire, sans qu'il soit nécessaire, en conséquence, de procéder à une élection partielle. Toutefois, le C.C. (5 juillet 1977, *C.C.F.* p. 333), les a privées d'effets, au motif qu'elles méconnaissaient, au sens de l'article 25 C, le caractère *définitif* du remplacement du député ou du sénateur jusqu'au renouvellement *général* ou *partiel* de l'assemblée à laquelle il appartenait.

En dernière analyse, le suppléant d'un parlementaire, *demeuré* parlementaire, peut être candidat contre lui ; toute personne ayant la qualité de remplaçant d'un député ou d'un sénateur perd cette qualité si elle est élue député (art. L.O. 138 du code électoral). V. Éd. JAILLARDON : *La suppléance parlementaire sous la Ve République,* thèse Lyon II, 1976, G. MORIN : Un exemple de résistance au changement constitutionnel : L'impossible réforme du statut des suppléants parlementaires, *R.D.P.* 1979, p. 1559.

mer (art. L.O. 139), du Conseil constitutionnel (art. L.O. 152) ; du Conseil économique et social (art. L.O. 139) ; du Conseil supérieur de la magistrature (L.O. 5 février 1994) ; du C.S.A. (loi du 30 septembre 1986) et du Conseil de la politique monétaire (loi du 4 août 1993).

Au surplus, cette solution est étendue aux fonctions dirigeantes, ainsi qu'à celles de conseil exercées de façon permanente, dans les entreprises nationales et établissements publics nationaux (art. L.O. 145 du code électoral) (C.C., 14 septembre 1995, *Gérard Trémège, chr.* n° 76, p. 173 ; 28 janvier 1999, Paul Natali, *ibid.* n° 90) (60) ; aux personnes exerçant une mission conférée par un État étranger ou une organisation internationale (art. L.O. 143 du code électoral) ; aux magistrats de l'ordre judiciaire (art. L.O. 140) et administratif, en dehors des juges des tribunaux de commerce (C.C., 19 décembre 1996, *André Gentien, chr.* n° 81, p. 187) et, d'une manière générale aux fonctionnaires de l'État (art. L.O. 142, al. 1er) (61). De la même façon, un parlementaire ne peut être juré de cour d'assises (art. 257 du code de procédure pénale).

β) *Les exceptions*

De manière classique, la *simultanéité* est autorisée dans plusieurs éventualités. Trois catégories de personnes (art. L.O. 142 du code électoral) peuvent s'en réclamer : les professeurs *titulaires* de l'enseignement supérieur, conformément à la tradition républicaine et à leur *indépendance* (C.C., 20 janvier 1984, *Libertés universitaires, chr.* n° 30, p. 170) attendu qu'*ils doivent leur nomination qu'à eux-mêmes* (C.E., avis du 31 octobre 1893) (62), d'une part ; les ministres des cultes et les délégués du Gouvernement aux cultes dans les départements concordataires d'Alsace et de Moselle, d'autre part (63). Ce régime vaut également pour les personnes chargées officiellement par le Gouvernement, d'une mission temporaire, dont la durée n'excède pas six mois (art. L.O. 144). Cette possibilité offerte traditionnellement aux parlementaires a contribué à l'atténuation de la rigueur de l'incompa-

(60) Le critère n'est pas celui du critère géographique depuis la décision de 1999 (chambre de commerce et d'industrie de Bastia) mais celui des *fonctions dirigeantes au sein d'établissements publics relevant de la tutelle de l'État.* À l'opposé, les fonctions exercées dans un établissement public *local* sont compatibles avec le mandat parlementaire (C.C., 8 juillet 1966, *Daniel Benoist, Rec. p. 43*) ; de la même façon que celle d'administrateur d'une société d'H.L.M., dépourvue de tout but lucratif *(15 juillet 1976, Roger Boileau, p. 71).* Il y a lieu d'ajouter que l'incompatibilité édictée ne s'applique pas aux parlementaires désignés, soit en cette qualité, soit du fait d'un mandat électoral local comme présidents ou membres du conseil d'administration d'entreprises nationales ou établissements publics nationaux (art. L.O. 145, al. 2, rédaction de la L.O. du 13 janvier 1988).

(61) A la différence de son homologue anglo-américain, le fonctionnaire en France, n'est pas un *citoyen spécial.* Il est éligible, mais il est tenu de choisir entre son mandat parlementaire et la fonction assumée jusque-là. Il est placé en position de *détachement* par arrêté du ministre dont il dépend, pendant son séjour au Parlement et bénéficie du droit à réintégration, à son issue. En outre, ses droits à une pension de retraite continuent à courir comme si son traitement lui était effectivement versé, sous réserve du versement des retenues pour pension. Ce régime éminemment protecteur explique, pour une part, l'attrait du mandat parlementaire chez les fonctionnaires. V. V. SILVERA : Le statut des fonctionnaires investis d'un mandat législatif, *A.J.D.A. 1963, I, p. 540 ;* A. PLANTEY : *Traité pratique de la fonction publique,* 3e édit., 1971, t. I, p. 113.

(62) En revanche, un maître de conférences élu au Parlement est placé dans l'obligation d'opter, même s'il peut désormais se réclamer du principe d'*indépendance de l'enseignement supérieur* (C.C., 10 janvier 1995, *Statut de la magistrature, chr.* n° 74, p. 216). Le cumul des fonctions vaut cumul des rémunérations pour nos collègues professeurs. V. B. TOULEMONDE : Le cumul des mandats parlementaires avec l'exercice de la fonction de professeur de l'enseignement supérieur en France, *R.D.P.* 1978, p. 949.

(63) Le concordat de 1801 a été abrogé en 1905, dans la France de *l'intérieur.* En 1918, lorsque les départements rhénans et mosellan ont été recouvrés, ce dernier y a été maintenu au titre du droit local (loi du 1er juin 1924). Les ministres des cultes, en dehors de leur traitement pris en charge par le budget du ministère de l'intérieur, ne sont pas juridiquement des fonctionnaires (C.E., avis du 27 août 1948). En sus, ceux de Guyane française, de Mayotte et de Polynésie peuvent prétendre, au régime du cumul, (décrets Mandel du 26 août 1939). V. J.-F. FLAUSS : Droit local alsacien-mosellan et constitution, *R.D.P.* 1992, p. 1265.

tibilité édictée à l'article 23 C) (64). Au surplus, en dépit du principe de la séparation des pouvoirs, un parlementaire peut exercer une fonction de conseiller auprès du pouvoir exécutif (chef de l'État, premier ministre ou ministre).

b) *La relation entre le mandat parlementaire et une activité privée ou professionnelle*

Abstraction faite du caractère insuffisant de la réglementation, à la clarté du jour peut succéder ici l'ombre du maquis, le principe retenu est celui du *cumul* d'activités. Exceptionnellement, il est refusé, en cas de chevauchement d'intérêts.

1) Le cumul autorisé

Un parlementaire a la possibilité, s'il le souhaite, de continuer l'activité professionnelle à laquelle il s'adonnait jusque-là : médecin, vétérinaire, pharmacien, industriel, exploitant agricole, éditeur, *etc.*

2) Le cumul refusé

On ne peut servir deux maîtres à la fois, dit-on. Un certain nombre d'activités privées sont *exceptionnellement incompatibles* avec l'exercice concomitant d'un mandat parlementaire, à partir du moment où un risque de *collusion* du pouvoir et de l'argent existe.

L'article L.O. 146 du code électoral (rédaction de la L.O. du 24 janvier 1972) vise, à cet effet, les fonctions de *direction* (en droit ou *en fait),* dans un certain nombre de sociétés ou d'entreprises. Il s'agit, 1° : de celles qui bénéficient de garanties d'intérêts, de subventions ou d'avantages assurés par l'État ou par une collectivité publique (C.C., 18 janvier 1996, *René Baumont, chr.* n° 78, p. 188) ; 2° : de celles qui font appel publiquement à l'épargne ; 3° : de celles dont l'activité consiste principalement dans l'exécution de travaux, de prestation, de fournitures ou de services pour le compte ou sous le contrôle de l'État, d'une collectivité (C.C., 6 décembre 1988, *René Garrec,* n° 49, p. 204) (65) ou d'un établissement public ou d'une entreprise nationale ou d'un État étranger ; 4° : de celles à but lucratif dont l'objet est l'achat ou la vente de terrains destinés à des constructions ou qui exercent une activité de promotion immobilière et 5° de celles des sociétés, dont plus de la moitié du capital est constitué par des participations de sociétés, entreprises ou établissements publics précités. Il reste des cas où l'option cède le pas à l'interdiction.

c) *Les interdictions parlementaires*

Le rôle joué par certains avocats-parlementaires, lors de l'affaire Stavisky, sous la IIIe République est à l'origine des interdictions édictés à l'article L.O. 149 du code électoral (rédaction de la L.O. du 19 janvier 1995) : les parlementaires inscrits au barreau ne peuvent accomplir directement ou

(64) Sous la Ve République, la pratique a pris son essor, en 1973, avec le Gouvernement Messmer : En l'absence de toute réglementation, le statut du parlementaire en mission reste à la discrétion du Gouvernement. Dès lors, la mission qui peut être *conjointe* auprès de ministres revêt plusieurs aspects : fiche de consolation à des espoirs ministériels déçus ou à venir ; étude ponctuelle d'un problème ou exercice de responsabilité. Chr. Nucci et P. Guidoni, en 1982 et 1983 ont été nommés en cette qualité, respectivement haut-commissaire de la République en Nouvelle-Calédonie et ambassadeur de France en Espagne. Reconduits dans leur fonction, ils ont résilié leur mandat. V. G. ZALMA : *Le parlementaire en mission dans les institutions françaises,* 1980.

(65) En l'espèce, le député exerçait la fonction de président du conseil d'administration d'un organisme ayant le monopole de conclure pour le compte de l'Etat, les contrats d'achat de charbon. L'article 146, 3e a reçu des applications : 7 novembre 1989, *Jean Gatel* (*chr.* n° 53, p. 173) : prestation de service à des banques agissant sous le contrôle d'une entreprise nationale ; 19 janvier 1996, *Patrick Braouezec, Charles Josselin* (n° 78, p. 188) : membres de la S.C.E.T. (société centrale pour l'équipement du territoire) qui facilite les initiatives des collectivités locales et leur apporte son concours.

indirectement par l'intermédiaire d'un associé (sauf devant la Haute Cour de justice et la Cour de justice de la République), aucun acte de leur profession à l'occasion de poursuites pénales pour crimes et délits contre la nation, l'Etat et la paix publique, ou en matière de presse ou d'atteinte au crédit ou à l'épargne (66). Pareillement, il leur est interdit de plaider ou de consulter pour le compte des sociétés, entreprises ou établissements visés aux articles L.O. 145 et L.O. 146, dont ils n'étaient pas habituellement le conseil avant leur élection ou contre l'État, les sociétés nationales, les collectivités ou établissements publics, à l'exception des actions en responsabilité des dommages causés par les véhicules et dirigées contre une personne morale de droit public, sur le fondement de la loi du 31 décembre 1957. A l'unisson, l'article L.O. 146-1 (rédaction de la L.O. du 19 janvier 1995) interdit à tout parlementaire de commencer à exercer une fonction de conseil qui n'était pas la sienne avant le début de son mandat. L'interdiction ne s'applique pas aux membres des professions libérales. En revanche, l'élu peut exercer une fonction de membre du comité de surveillance d'une société développant des activités de conseil (C.C., 14 septembre 1995, *Philippe Marini, chr.* n° 76, p. 173).

Il est également interdit à un parlementaire de faire ou de laisser figurer son nom suivi de l'indication de sa qualité dans toute publicité relative à une entreprise privée (art. L.O. 150 du code électoral) (67).

2° Le contrôle des incompatibilités parlementaires

Si jadis chaque chambre statuait souverainement, de nos jours, ce chef de compétence appartient au Conseil constitutionnel (art. L.O. 151) : *tout texte édictant une incompatibilité et qui a donc pour effet de porter atteinte à un mandat électif... ne saurait faire l'objet d'une interprétation extensive* (18 octobre 1977, *Marcel Dassault, C.C.F.,* p. 218) (68). L'incompatibilité est sanctionnée par la *démission d'office*. Elle n'entraîne pas d'inéligibilité. Deux cas de figure se présentent selon que la sanction est décidée ou appréciée.

a) *La sanction décidée*

Le parlementaire nommé au Conseil constitutionnel ou ayant accepté des responsabilités gouvernementales est *réputé* avoir opté pour cette fonction, s'il n'a pas exprimé une opinion contraire, dans le délai de huit jours, dans un cas (art. L.O. 152 du code électoral), ou d'un mois, dans l'autre (art. L.O. 153).

Si l'on se place du point de vue de la limitation du cumul des mandats électoraux et des fonctions électives, le parlementaire qui, *lors de son élection,* se trouve dans l'un des cas d'incompatibilités visés, doit, dans les deux mois qui suivent son entrée en fonction ou en cas de contestation, à la date à laquelle le jugement confirmant son élection est devenu définitif, se démettre du mandat ou de la fonction de son choix (art. L.O. 151, rédaction de la L.O. du 30 décembre 1985). A défaut, il est déclaré *démissionnaire d'office* par le Conseil constitutionnel, à la requête du bureau de l'assemblée intéressée ou du garde des sceaux, ministre de la justice (art. L.O. 151, al. 4). Cette décision n'entraîne pas d'inéligibilité. Une autre circonstance peut se présenter avec le parlementaire qui acquiert, *après son élection,* un mandat électoral ou une fonction élective propre à le placer dans une situation d'incompatibilité. Il doit régulariser sa situation dans le délai de 15 jours à compter de la date de

(66) En revanche, dans les autres procès, la parole est libre : Me Roland Dumas, député de Dordogne a plaidé, en 1987, devant la cour d'assises du Rhône, dans le cadre du procès intenté à Klaus Barbie, de la même façon, il a été choisi comme conseil de Christian Nucci, inculpé devant la Haute Cour de justice, l'année suivante.

(67) Un parlementaire ne peut faire l'objet d'une nomination ou promotion dans l'Ordre national de la Légion d'honneur ni recevoir une décoration (art. 12 de l'ord. du 7 novembre 1958).

(68) À ce titre, le C.C. a estimé que la détention d'une partie du capital d'une entreprise ne peut être assimilée à sa direction de fait (décision susvisée). De même, les fonctions de P.D.G. d'une société holding, quoique figurant au nombre des sociétés *faisant publiquement appel à l'épargne,* n'étaient pas incompatibles avec l'exercice d'un mandat parlementaire, au motif que ladite société ne poursuit pas *un objet exclusivement financier* (art.L.O. 146, 2e du code électoral), (6 mars 1990, *Bernard Tapie, chr.* n° 54, p. 194).

l'élection qui l'a mis en cette situation. En cas contraire, le mandat ou la fonction acquis *prend fin de plein droit* (art. L.O. 151-1). De façon drastique, au regard de l'*élu amphibie* (le député élu sénateur ou *vice versa)* aucune option n'existe : *Il cesse, de ce fait même, d'appartenir à la première assemblée dont il était membre* (art. L.O. 137).

b) *La sanction appréciée*

Dans les autres situations, l'article L.O. 151 (rédaction de la L.O. du 19 janvier 1995) impose à tout parlementaire, une déclaration d'activité soumise à l'appréciation du bureau de l'assemblée à laquelle il appartient et au Conseil constitutionnel, par voie d'appel (69).

1) La déclaration d'activité

Dans les deux mois qui suivent son entrée en fonction, le parlementaire doit déclarer, au bureau de l'assemblée dont il relève, toute activité *professionnelle* qu'il envisage de conserver ou, ultérieurement, toute activité nouvelle qu'il envisage d'exercer.

2) L'appréciation de la déclaration

Le bureau examine la compatibilité entre les activités *déclarées* et le mandat parlementaire (70). En cas de doute ou de contestation, le bureau, le ministre de la justice ou l'intéressé, saisit le Conseil constitutionnel qui apprécie souverainement. En revanche, un électeur n'est pas fondé à agir (C.C., 24 novembre 1984, *Pourchol, chr.* n° 45, p. 184). En cas d'incompatibilité reconnue, le parlementaire doit régulariser sa situation dans le délai de 15 jours, à compter de la notification qui lui est faite de la décision. A défaut, sur requête du bureau ou du ministre de la justice, il sera déclaré *démissionnaire d'office* par la Haute Instance. La démission d'office n'entraîne pas d'inéligibilité (art. L.O. 151 *in fine*).

B. LES IMMUNITÉS PARLEMENTAIRES (ART. 26 C)

Il s'agit d'un système de *protection* contre les menaces ou mesures d'intimidation, allant jusqu'à son arrestation, dont un parlementaire pourrait être l'objet dans le cadre de son mandat de la part, soit, du pouvoir politique, soit des citoyens, nonobstant l'interdiction de tout mandat impératif (art. 27 C). Ce régime découle du principe de la séparation des pouvoirs en vue de conforter l'*indépendance des élus.* Il ne doit pas être interprété comme un privilège d'impunité, allant à l'encontre de l'égalité de tous devant la loi (art. 6 de la Déclaration de 1789), mais simplement comme un ensemble de garanties attachées au libre exercice du mandat représentatif. *Aucun représentant du pays n'a le droit de se dépouiller, lui-même d'une garantie qui n'a pas été créée pour lui, mais pour l'assemblée tout entière* (E. Pierre). Telle est la doctrine constante lorqu'un député entend renoncer à son immunité pour assurer sa défense (71). La protection du mandat parlementaire, organisée à partir du décret du 23 juin 1789, présente les deux aspects de l'*irresponsabilité* et de l'*inviolabilité* (art. 26 C), auxquels il convient d'ajouter, en raison d'un lien de connexité, l'*indemnité* (art. 25 C et ord. du 13 décembre 1958, ayant valeur de L.O.) créée

(69) J. Robert : La querelle des incompatibilités, *R.D.P.*, 1972, p. 79 et Cl. Émeri et J.-M. Cotteret : Vie et droit parlementaires, *idem* 1972, p. 393.

(70) L'intéressé ne peut pas, par voie de conséquence, s'adresser directement au C.C., tant que le bureau ne s'est pas prononcé (20 décembre 1976, *Marcel Dassault, C.C.F.* p. 216).

(71) La protection du mandat, *mesure d'ordre public* (E. Pierre) est d'interprétation *étroite : elle ne s'applique qu'à la seule* personne du parlementaire, à l'exclusion de son conjoint, de sa famille, de ses assistants parlementaires, de son coauteur ou complice. La saisie de documents est possible à son bureau sur réquisition du juge, après autorisation du président de l'assemblée ou à son domicile.

par la constitution de 1848. Une démocratie se doit, en effet, d'assurer l'indépendance et la dignité de le représentation nationale.

En dernière analyse, les parlementaires auteurs de crimes contre l'humanité sont désormais jugés par la Cour pénale internationale (art. 27 du statut) (art. 53-2 C, rédaction de la L.C. du 8 juillet 1999).

1° L'irresponsabilité parlementaire

L'irresponsabilité s'analyse en une immunité de fond (ou *fonctionnelle)* qui protège le parlementaire pris en sa qualité d'*élu,* à raison des actes accomplis dans le cadre de son mandat. Les règles destinés à favoriser la liberté d'expression et de décision de la représentation nationale, sont énoncées, de manière classique : *Aucun membre du Parlement ne peut être poursuivi, recherché, arrêté, détenu ou jugé à l'occasion des opinions ou des votes émis par lui dans l'exercice de ses fonctions* (art. 26, al. 1er C). La portée de l'irresponsabilité est générale, sans être illimitée.

a) *La portée de l'irresponsabilité*

Cette immunité est *absolue* et *perpétuelle.* Elle est absolue, en ce qu'elle couvre tous les actes accomplis dans l'exercice du mandat législatif (propos, votes, rapports, missions confiées par l'assemblée), tant du point de vue de la responsabilité civile, pénale que politique (72). Au demeurant, elle est perpétuelle, en ce qu'elle survit à la fin du mandat (73).

b) *Les limites à l'irresponsabilité*

Les parlementaires ne sont pas, pour autant, au-dessus des lois. Les actes *détachables* de l'exercice du mandat entraînent leur responsabilité. Rentrent sous cette dénomination, en premier lieu, les actes accomplis en tant que personne privée, et, en second lieu, ceux qui sont sanctionnés, au titre de la police de l'assemblée, par des peines disciplinaires.

1°) Les actes privés

L'irresponsabilité ne saurait concerner les actes accomplis par l'élu agissant en tant que personne privée, ou *en dehors* de l'enceinte parlementaire, à l'occasion d'une réunion publique, d'une émission télévisée (indépendante d'une retransmission de séance), d'un article de presse, de la rupture du contrat de travail avec un assistant parlementaire ou d'une voie de fait commise sur un journaliste (74).

En revanche, un geste d'humeur à l'égard d'un collègue relève de la discipline parlementaire.

(72) Toutefois, le parlementaire chargé d'une mission par le Gouvernement, qui est une *activité distincte,* ne peut s'en réclamer (C.C., 7 novembre 1989, *chr.* n° 53, p. 177). Au demeurant, le décret de nomination est *un acte détachable des rapports entre le pouvoir exécutif et le pouvoir législatif* susceptible de faire l'objet d'un recours devant le juge administratif (C.E., 25 septembre 1998 *Mégret,* notes J.-É. GICQUEL *P.A.* 2 juin 1999 ; L. BAGHESTANI-PERREY et M. VERPEAUX, *R.F.D.A.* 1999, p. 345.

(73) Il a été dérogé, cependant, à l'irresponsabilité, en 1945, à l'encontre des parlementaires qui avaient voté les pleins pouvoirs au maréchal Pétain, le 10 juillet 1940. Ceux-ci ont été frappés d'inéligibilité. Une mention particulière concerne les membres du Conseil d'Etat élus au Parlement : en qualité de fonctionnaire détaché, ils sont tenus, *dans la mesure compatible avec le libre exercice de leur mandat,* de respecter les obligations découlant de leur statut (art. 3 du décret du 30 juillet 1963). A un autre titre, le Conseil d'État (28 mars 1969, *Jannès A.J.D.A.* 1969 II, note V. Silvera) a décidé qu'un fonctionnaire pris à partie au cours d'une séance publique par un parlementaire a droit à obtenir réparation du préjudice causé, fût-ce à titre symbolique, non pas de celui-ci, mais de l'*État,* en application du statut général de la fonction publique.

(74) Les relations entre l'élu et son assistant sont régies par le droit privé. V. X. PRÉTOT : Les collaborateurs des parlementaires et le droit du travail, *Droit social* 1986, p. 431).

2) *Les actes parlementaires excessifs*

C'est un axiome du gouvernement représentatif que la tribune ne relève que de la chambre. Royer-Collard énonce la règle traditionnelle, selon laquelle seule l'assemblée est compétente pour sanctionner le comportement excessif de ses membres, qui perturbe gravement le déroulement de la séance (art. 70 R.A.N., art. 92 R.S.).

Toutefois, la répression disciplinaire est empreinte de particularisme : elle concerne exclusivement *l'ordre de la séance publique.* A l'opposé, l'assemblée n'est pas juge du comportement de ses membres, en matière d'honneur ou de déontologie. La définition des fautes disciplinaires, ainsi que l'échelle des peines, sont mentionnées par le règlement de chaque assemblée (75). A ce sujet, on distingue deux catégories de peines, selon qu'elles sont prononcées par le président ou l'assemblée, sur la proposition de ce dernier.

Le président seul *rappelle à l'ordre,* tout orateur qui le trouble. Il ne peut jamais être procédé à un vote, en ce cas. S'il persiste ou adresse des injures à un collègue, il sera *rappelé à l'ordre avec inscription au procès-verbal.* Cette dernière peine comporte de droit, la privation, pendant un mois, du quart de l'indemnité parlementaire (art. 71 RAN).

L'assemblée prononce *la censure simple,* ainsi que la *censure avec exclusion temporaire,* pour les faits graves tels que : scène tumultueuse, appel à la violence, outrage envers l'assemblée ou son président ; injures ou menace envers le président de la République, les membres du Gouvernement et les assemblées prévues par la constitution (art. 73). La sanction encourue, en dehors de la mention au compte rendu de la séance au *J.O.,* sera la privation pendant un mois de l'indemnité parlementaire, qui sera portée à deux mois, en cas d'exclusion (76).

2° L'inviolabilité parlementaire

L'inviolabilité est une immunité de *procédure* garantissant le parlementaire contre des poursuites *pénales,* abusives ou vexatoires, pour crimes ou délits, qui pourraient être intentées contre lui, en raison de faits *autres* que ceux concernant l'exercice de sa fonction, c'est-à-dire *étrangers* à celle-ci (art. 26, al. 2 et 3 C, rédaction de la L.C. du 4 août 1995). Il s'agit d'éviter que le parlementaire, pris en sa qualité d'*individu,* cette fois-ci, ne puisse être l'objet d'intimidations ou d'arrestations injustifiées de la part du Gouvernement ou de ses partisans.

Autrement dit, l'inviolabilité ne consiste pas comme dans le cas précédent à supprimer l'infraction, mais à *retarder* le déroulement de l'action publique (ou pénale) à l'encontre du parlementaire, de manière à ce qu'il ne soit pas distrait de son mandat par des décisions inconsidérées ou précipitées. En clair, il ne s'agit pas pour une assemblée de soustraire l'un de ses membres au bras séculier, mais de procéder à l'examen de la matérialité des faits qui lui sont reprochés ; considérant qu'il lui est toujours loisible de suspendre, après coup, toute mesure coercitive prise à son encontre (77).

(75) Dans le cadre du droit disciplinaire de la fonction publique, la faute est laissée à l'appréciation du supérieur hiérarchique. Toutefois, le juge accepte désormais de contrôler son adéquation à la sanction, au moyen de l'erreur manifeste d'appréciation (C.E., 9 juin 1978, *Lebon,* D. 1979, p. 30, note B. Pacteau).

(76) Des expulsions *manu militari* sont demeurées célèbres dans les annales parlementaires : celle du libéral Manuel, en 1823, des communistes Doriot, en 1926, et Calas, en 1947, tandis que la censure simple était prononcée, en 1947 et 1950, contre 4 députés communistes. En dehors de quelques rappels à l'ordre, sous la Ve République, pour la première fois, l'A.N. a voté la censure simple, le 2 février 1984, à l'encontre de trois députés de l'opposition (F. d'Aubert, A. Madelin, et J. Toubon) qui avaient mis en cause l'honneur de François Mitterrand (*chr.* n° 30, p. 159).

(77) Il apparaît utile de procéder à une comparaison entre *l'irresponsabilité* et *l'inviolabilité parlementaires.* La première est une immunité de *fond ;* la seconde, une immunité de *procédure ;* l'une protège le parlementaire en tant qu'*élu,* l'autre le retient en sa qualité d'*individu ;* l'irresponsabilité concerne les actes de la *fonction* parlementaire, l'inviolabilité vise les actes qui lui sont *étrangers ;* au final, il s'agit d'une immunité *fonctionnelle* au premier cas, et d'une immunité *individuelle* au second.

a) *L'étendue de l'inviolabilité*

Traditionnellement, l'inviolabilité englobait la *poursuite* (ou l'engagement de l'action pénale) et l'*arrestation* du parlementaire. La révision constitutionnelle du 4 août 1995 la limite dorénavant à cette dernière circonstance. Ainsi, un juge d'instruction peut désormais mettre librement en examen un député, selon la procédure de droit commun. En revanche, l'arrestation ou une mesure privative ou restrictive de liberté au titre du contrôle judiciaire (art. 138 du code de procédure pénale) ne peut intervenir qu'avec l'autorisation du *bureau* de l'assemblée (78). Cette autorisation n'est pas requise cependant en cas de crime ou de délit flagrant (c'est-à-dire dont l'immédiateté ne peut être niée) ou de condamnation définitive (nouvel al. 2 de l'art. 26 C).

b) *La procédure de levée de l'immunité*

Conformément à la tradition, l'article 9 *bis* de l'ordonnance du 17 novembre 1958 (rédaction de la loi du 29 janvier 1996) prévoit que l'arrestation ou toute autre mesure privative ou restrictive de liberté prise à l'encontre d'un parlementaire doit faire, *à peine de nullité, l'objet d'une demande d'autorisation formulée par le procureur général près la cour d'appel compétente et transmise par le garde des sceaux, ministre de la justice, au président de l'assemblée intéressée.* Il appartient au bureau de cette dernière de désigner en son sein une délégation des immunités représentative des groupes. Celle-ci auditionne le parlementaire et fait rapport devant le bureau. L'autorisation donnée *ne vaut que pour les faits mentionnés dans la demande* (art. 9 *bis* de l'ord. précitée) (79).

c) *La suspension de l'action pénale*

De manière classique, une chambre peut requérir et obtenir la suspension de l'action publique : *la détention, les mesures privatives ou restrictives de liberté ou de poursuite d'un membre du Parlement sont suspendues pour la durée de la session si l'assemblée dont il fait partie le requiert* (nouvel al. 3 de l'art. 26 C). Cette disposition rompt avec la règle observée qui voulait que la suspension se prolongeât jusqu'à *la fin du mandat.* Une commission permanente est constituée, à la proportionnelle des groupes à l'Assemblée nationale (commission dite des *immunités*) et une commission *ad hoc* au Sénat, en vue de l'examen de la demande de suspension (80).

3° L'indemnité parlementaire

Elle a pour objet de mettre l'élu à l'abri du besoin et éventuellement des tentations. Elle est indispensable à partir du moment où, le suffrage universel étant institué, des citoyens appartenant aux classes les moins favorisées de la nation sont susceptibles d'être élus. En corrélation avec la proclamation du suffrage universel, l'indemnité parlementaire a été instituée sous la Seconde République (art. 38 de la constitution de 1848).

Selon l'ordonnance du 13 décembre 1958, prise en application de l'article 25 C, l'indemnité parlementaire comprend, à l'heure actuelle, deux parties : une partie fixe, appelée

(78) V. H. Isar, Immunités parlementaires ou impunités parlementaires ? *R.F.D.C.* 1994, p. 675.

(79) Le bureau autorise l'action pénale lorsqu'il estime que la demande est *sérieuse,* c'est-à-dire qu'elle repose sur des faits constitutifs de crime ou délit imputable au parlementaire, *loyale et sincère,* autrement dit dénuée d'arrière-pensées politiques (C.C., 10 juillet 1962, *R.A.N., Rec.,* p. 17).

(80) Sur rapport de Patrice Gélard, le Sénat a voté, le 10 décembre 1997, une proposition suspendant la poursuite concernant Michel Charasse à propos d'une amende infligée par un juge d'instruction à la suite de son refus d'être entendu comme témoin (*chr.* n° 85, p. 172).

indemnité principale, (ou de base) calculée par référence au traitement moyen des hauts fonctionnaires de la catégorie dite *hors échelle* de la grille indiciaire (art. 1er) (au 1er avril 1999, elle s'élevait à la somme de 32 851,08 F), d'une part, et une indemnité dite de *fonction* (art. 2) égale au quart du montant de la précédente, en vue de favoriser l'activité parlementaire (l'intention était louable) (8 459,15 F) et une indemnité de résidence (985,53 F), soit un total brut mensuel de 42 295,76 F (81).

L'indemnité parlementaire est exclusive de toute rémunération publique (art. 4), en dehors du *cumul* autorisé pour les professeurs d'université, les pensions civiles et militaires et l'exercice de mandats locaux (82). Des aides pour frais de mandat, de l'ordre de 35 000 F, sont attribuées, sur décision du bureau de l'assemblée (secrétariat, informatique).

Le régime fiscal de l'indemnité parlementaire a évolué. Traditionnellement, elle était assujettie à l'impôt sur les revenus à hauteur de 55 % ou des onze vingtièmes, en contrepartie de sujétions particulières (loi du 4 février 1938). Elle est désormais soumise au régime de droit commun, dans son intégralité, y compris l'indemnité de résidence (art. 46 de la loi de finances rectificative pour 1992 du 31 décembre 1992).

Pour les *retenues,* les parlementaires cotisent aux caisses de retraite établies par les résolutions de la Chambre des députés, le 23 décembre 1904 et du Sénat, le 28 janvier 1905. La pension de député est acquise à partir de 10 annuités. Par suite, il cotise le double pendant les 15 premières années de mandat. Quant au sénateur, sa pension est proportionnelle à la durée de son mandat. Les assemblées ont constituées, en conséquence, des réserves financières, soustraites au contrôle de la Cour des comptes, en vue de garantir les retraites de leurs élus et de leurs fonctionnaires. De surcroît, le vote d'une peine disciplinaire emporte de droit privation d'une partie d'indemnité (art. 76 R.A.N. et 97 R.S.). En dehors d'une cotisation versée à leur parti, les élus sont assujettis à la contribution *solidarité* en faveur des personnes privées d'emploi (loi du 4 novembre 1982), à la contribution sociale généralisée (loi du 31 décembre 1990) et à celle relative au remboursement de la dette sociale (loi du 30 décembre 1995), soit un *net mensuel* de 31 564,29 F.

Au nombre des *avantages* figurent : la franchise postale ; la gratuité des communications téléphoniques ; une carte de libre circulation sur le réseau ferroviaire et, en partie, aérien ; un bureau et un studio et trois assistants parlementaires depuis 1995 (83).

(81) Le montant de l'indemnité parlementaire a souvent alimenté l'antiparlementarisme (du geste de Baudin qui se fait tuer sur une barricade pour 25 francs, en décembre 1851 jusqu'à la querelle des 15 000 francs en 1906). La délibération à laquelle procédaient les assemblées était... un record de célérité. Un député de la IIIe République disait à ce propos : *Mon indignation n'a d'égale que ma satisfaction !* C'est la raison pour laquelle, pour éviter cette difficulté, la constitution de 1946 (art. 23) avait aligné le montant de l'indemnité parlementaire sur le traitement des conseillers d'État. V. M. AMELLER, *L'Assemblée nationale,* 1994, p. 26.

(82) Le parlementaire titulaire de mandats locaux ou qui siège au conseil d'administration d'un établissement public local ne peut cumuler les rémunérations et indemnités afférentes à ces mandats ou à ses fonctions avec son indemnité parlementaire de base que dans la limite d'une fois et demie le montant de cette dernière (art. 4 de l'ord. du 13 décembre 1958, rédaction de la L.O. du 25 février 1992). Au surplus, l'indemnité parlementaire, ne peut être cumulée avec celle de député au Parlement européen (loi du 6 juillet 1979).

(83) C'est en 1976, que chaque parlementaire a disposé d'un assistant choisi *intuitu personae,* dont le salaire est pris en charge par le budget de l'assemblée. V. *Connaissance de l'Assemblée,* vol. 1 : Le *statut du député,* 1992, p. 84 ; *Pour mieux connaître le Sénat, 3e éd., 1993,* p. 75 ; Th. RENOUX : Les moyens d'action de l'Assemblée nationale, *Pouvoirs,* n° 34, p. 67 ; J.-P. CAMBY, note sous C.E., 21 octobre 1992, *Couveinhes, P.A.,* 2 avril 1993.

SECTION II L'ORGANISATION ET LE FONCTIONNEMENT DU PARLEMENT

En application du principe de la séparation des pouvoirs, les assemblées parlementaires jouissent de *l'autonomie,* en vue de favoriser leur libre administration, tant du point de vue structurel que fonctionnel, ainsi que la libre activité de leurs fonctionnaires, par rapport à l'État et de chacune d'entre elles. L'ensemble des règles applicables aux assemblées forment, au sein du droit constitutionnel, ce que l'on appelle le *droit parlementaire* ou la *science protectrice des assemblées politiques* (E. Pierre) (84).

Le droit parlementaire procède de plusieurs sources : la constitution, les L.O., les lois (dont l'ordonnance du 17 novembre 1958 relative au fonctionnement des assemblées), les règlements parlementaires *(R.A.N.* et *R.S.)* les précédents et les conventions de la constitution (85). Au bénéfice de cette précision, on étudiera successivement les réunions du Parlement et son organisation.

§ 1 LES RÉUNIONS DU PARLEMENT

Depuis la révision du 21 juin 1879, qui a transféré le siège des pouvoirs publics de Versailles à Paris, le Palais Bourbon est affecté à l'Assemblée nationale ; le Palais du Luxembourg au Sénat, tandis que, le moment venu, pour des raisons pratiques, le château de Versailles accueille le Congrès du Parlement.

Toutefois, lorsque les circonstances exigent un transfert du siège dans une autre ville (on songe à celles visées à l'article 16 C) le Gouvernement prend en accord avec les présidents des assemblées, toutes mesures pour permettre au Parlement de siéger à proximité du lieu où se trouvent les titulaires du pouvoir exécutif (art. 1er de l'ord. du 17 novembre 1958).

A l'époque de la Révolution, les assemblées siégeaient en permanence, mais c'était là une mauvaise méthode. La monarchie parlementaire a introduit, à partir de 1814, le principe des *sessions,* à l'instar du Royaume-Uni. Il a été conservé depuis (86).

(84) On connaît la définition classique de Marcel Prélot : *Cette partie du droit constitutionnel qui traite des règles suivies dans l'organisation, la composition, les pouvoirs et le fonctionnement des assemblées politiques.*

(85) V. M. Ameller : *L'Assemblée nationale,* 1994 ; P. Avril et J. Gicquel : *op. cit.* ; Y. Guchet : *Le droit parlementaire,* 1996 ; M. Laflandre : *Les sources du droit parlementaire sous la Ve République,* 1996 ; L. Hamon : Une discipline juridique ancienne et nouvelle : le droit parlementaire, *D.* 1989, p. 294 ; J.-L. Pezant : Quel droit régit le Parlement ? *Pouvoirs* n° 64, 1993, p. 63 ; E. Pierre : *Traité de droit politique électoral et parlementaire,* 5e éd., 1924 (rééd.) *et Nouveaux suppléments* (1924-1945) (1946-1958) par J. Lyon 1984, 1990 ; M. Prélot : *Droit parlementaire,* I.E.P. Paris, 1953-1954 et 1957-1958 ; Chr. Guettier : *Le Conseil constitutionnel et le droit parlementaire sous la Ve République, thèse Paris-I, 1986 ; L'Assemblée, Pouvoirs* n° 34, Le Sénat n° 44. On consultera avec profit la collection de l'A.N. *Connaissance de l'Assemblée,* et *Pour mieux connaître le Sénat,* 3e éd., 1993.

(86) La tenue de sessions est révélatrice d'un régime parlementaire ; la réunion permanente coïncide avec un régime d'assemblée. V. M. Couderc, La bataille contre le temps, *R.F.S.P.* 1981, p. 85.

A. LES SESSIONS PARLEMENTAIRES

En l'absence de toute solennité, les assemblées siègent normalement selon le principe de la *simultanéité,* dans le cadre de sessions. Depuis la révision constitutionnelle du 4 août 1995, on en distingue trois sortes : la session ordinaire et les sessions extraordinaire et de plein droit.

1° La session ordinaire (art. 28 C)

La recherche de la gestion optimale du temps conjuguée à la volonté du président Philippe Séguin de renforcer le contrôle parlementaire, tant à l'égard du Gouvernement que des instances communautaires est à l'origine, en 1995 de la session *unique ou ordinaire* de neuf mois (87).

Désormais, *le Parlement se réunit de plein droit en une session ordinaire qui commence le premier jour ouvrable d'octobre et prend fin le dernier jour ouvrable de juin* (nouvel art. 28, al. 1er). *Le nombre de jours de séance que chaque assemblée peut tenir au cours de la session ordinaire ne peut excéder* 120. *Les semaines de séance sont fixées par chaque assemblée* (al. 2). Toutefois, *le premier ministre, après consultation du président de l'assemblée concernée ou de la majorité des membres de chaque assemblée, peut décider la tenue de jours supplémentaires* (al. 3) (88).

Autrement dit, à l'unisson du droit comparé (89) et plus encore du rythme universitaire, cette session revient systématiquement dans l'année, à des dates préfixes, sans autre convocation que celle du temps qui s'écoule. Rien ne saurait l'interrompre, pas même la dissolution, comme on a pu le vérifier en 1997. En revanche, la tradition parlementaire veut qu'une assemblée suspende ses travaux et s'en remette à son président du soin de la convoquer à l'occasion d'une élection présidentielle ou d'un référendum (90).

2° La session extraordinaire (art. 29 et 30 C)

En dehors de la session ordinaire, l'article 29 C autorise la tenue de sessions *extraordinaires,* qui sont ouvertes, soit à l'initiative du premier ministre, soit à celle de la majorité des membres composant l'Assemblée nationale, sur un ordre du jour déterminé, par décret du président de la République (art. 30 C). Si l'exécutif a usé largement de cette faculté, en vue de l'achèvement des travaux législatifs, en revanche, il a fallu attendre mars 1979, pour assister à la première session convoquée à la demande des députés (*C.C.F.* p. 452). En ce cas, la durée de la session est *limitée* à 12 jours (art. 29, al. 2) afin de couper court à toutes tentations de permanence. La clôture de la session résulte

(87) Initialement, la démarche anti-parlementaire des constituants en 1958 avait réduit la durée des sessions, en raison de l'accroissement du pouvoir normatif du Gouvernement (art. 37 C). L'article 28 C prévoyait que la première session commençait le premier mardi d'octobre et prenait fin le troisième vendredi de décembre ; la seconde session s'ouvrant le dernier mardi d'avril, avec une durée ne pouvant excéder trois mois. Ces dates étaient incommodes. La révision du 30 décembre 1963 avait modifié le calendrier : la première session dite *d'automne,* consacrée principalement au vote de la loi de finances, s'ouvrait le 2 octobre (sauf jour férié) et s'achevait 80 jours plus tard ; la seconde dite *de printemps,* débutait le 2 avril et se terminait 90 jours plus tard, soit 170 jours de sessions ordinaires par an ou encore 24 semaines sur 52.

(88) Cette solution aboutit, en bonne logique à une meilleure gestion du temps en supprimant les deux débuts et les deux fins de sessions actuels marqués respectivement par la lenteur et la précipitation. Cependant des *vacances* ont été prévues au sein de la session ordinaire, à l'image du rythme universitaire : fin d'année civile ; hiver et printemps.

(89) La session unique a cours dans 8 États de l'Union européenne (Belgique, Danemark, Royaume Uni, Suède, entre autres), au Canada, et aux États-Unis. V. Rapport Mazeaud, A.N. 1995, nº 2138, p. 113.

(90) La clôture de la session ordinaire est retardée de droit en matière de suspension de l'action publique à l'encontre d'un parlementaire (art. 26 *in fine* C) et de mise en jeu de la responsabilité du Gouvernement (art. 51 C, rédaction de la L.C. du 4 août 1995). En cas de dissolution de l'Assemblée, la tradition veut que le Sénat s'ajourne.

d'un décret du chef de l'État (art. 30). On sait que celui-ci dispose, en la matière, d'un pouvoir d'appréciation discrétionnaire, concernant l'ordre du jour de la session, voire son opportunité (V. *chapitre III*). Seul, le premier ministre peut demander une nouvelle session avant l'expiration du mois qui suit le décret de clôture (art. 29 *in fine*).

3° **La session ou réunion de plein droit** (art. 12, 16 et 18 C)

En application de la constitution, le Parlement se réunit automatiquement, au vu de certaines circonstances. Après dissolution, la nouvelle Assemblée se réunit de plein droit, le second jeudi, qui suit son élection. Si cette réunion a lieu *en dehors* de la période prévue pour la session ordinaire, une session est ouverte *de droit* pour une durée de quinze jours (art. 12 C). Il en irait de même, au cas où le président de la République déciderait d'exercer une dictature de salut public (art. 16 C) ou d'adresser un message hors session (art. 18 C) *(supra)*.

B. LES SÉANCES DU PARLEMENT

Si le Gouvernement détermine prioritairement l'ordre du jour des assemblées, en revanche, *les jours et les horaires des séances sont déterminés par le règlement de chaque assemblée* (art. 28 C *in fine,* rédaction de la L.C. du 4 août 1995). Ce principe traditionnel de droit parlementaire étale la semaine de travail entre le mardi et le vendredi et la partage entre les matinées réservées aux travaux des commissions et les après-midi aux délibérations plénières (art. 50 R.A.N.).

1° **La publicité des séances**

Les séances du Parlement sont publiques (art. 32 C) (91). La publicité résulte du compte rendu *in extenso* des débats au *Journal officiel,* de la présence de spectateurs, ainsi que la publication de bulletins par les assemblées *(B.A.N.* et *B.I.R.S.).* Les débats sont enregistrés. Les séances sont retransmises sur le câble, *Canal Assemblées* depuis 1993, parallèlement aux informations accessibles sur le réseau *Internet*. Chaque assemblée peut siéger, en comité secret, à la demande du premier ministre ou si elle en décide elle-même, sur proposition d'un dixième de ses membres (art. 33 C). Le dernier exemple remonte au 19 avril 1940. Les commissions organisent la publicité de leur débat par des moyens appropriées, depuis 1988. Des auditions sont organisées en présence de la presse. Il est publié un *bulletin des commissions* retraçant leurs travaux.

L'hémicycle est interdit au chef de l'État (art. 18 C). Mais, il est accessible à ses homologues et chefs de Gouvernement étrangers, suite à une initiative du président du Sénat, aux ministres, et aux *commissaires du Gouvernement* (membre du cabinet ou directeur d'administration centrale) qui les assistent dans la discussion législative (art. 31 C). Ceux-ci sont nommés par décret. Le président et le rapporteur de la commission peuvent y être entourés de fonctionnaires parlementaires (art. 53 R.A.N.). Un membre du Conseil économique et social peut venir exposer l'avis de son assemblée (art. 97). Le premier président de la Cour des comptes pénètre au Palais-Bourbon à l'occasion du dépôt du rapport de celle-ci, en préface à la discussion budgétaire.

(91) L'hémicycle a été longtemps comparé à un sanctuaire. Seul le président Wilson eut l'insigne honneur, en 1919, d'y être admis au Palais-Bourbon. A l'occasion de la commémoration de son centenaire le 27 mai 1975, le Sénat a accueilli le président Giscard d'Estaing, après que l'hémicycle eût été *déparlementarisé.* En 1993 et 1994, le chancelier Kohl et Jean Chrétien, premier ministre du Canada ont été reçus dans l'hémicycle sénatorial, tandis que le roi Juan Carlos d'Espagne et Bill Clinton, l'étaient par les députés, selon cette périodicité. Le roi Hassan II du Maroc a été invité, à son tour, au Palais-Bourbon, en 1996.

2° La fixation de l'ordre du jour

Cette notion revêt un caractère *stratégique*, en ce sens qu'aucune question ne peut être délibérée sans y figurer. Les séances du Parlement se déroulent suivant un *programme de travail* fixé à l'avance, qu'on appelle l'*ordre du jour.* Sous les IIIe et IVe Républiques, les assemblées en étaient *maîtresses,* selon la formule en usage, sous réserve du droit pour le ministère d'être entendu lorsqu'il le demandait ou d'engager son *existence.*

a) *La prérogative gouvernementale*

A la suite de la translation de la fonction décisionnelle au Gouvernement, en 1958, l'article 48 C apporte ici un changement radical, en inversant la règle traditionnelle : désormais, l'ordre du jour des assemblées comporte, *par priorité et dans l'ordre que le Gouvernement a fixé,* la discussion des projets de loi et des propositions de loi qu'il a acceptées. La fixation emporte aussi, dans les mêmes conditions, la modification subséquente par ce dernier de l'ordre du jour dit *prioritaire.*

b) *Les limites*

Elles sont de deux ordres juridique et politique.

Une *séance par semaine au moins* est réservée par priorité aux questions des parlementaires (art. 48, al. 2), de la même façon qu'une *séance par mois* est attribuée à l'ordre du jour fixé par chaque assemblée (al. 3, rédaction de la L.C. du 4 août 1995) (92). Il est loisible, au surplus, à la conférence des présidents de proposer à l'assemblée un ordre du jour dit *complémentaire* (art. 48, al. 1er, R.A.N.).

La logique majoritaire participe aussi de cette vision : le Gouvernement passe le plus clair de son temps à *négocier* le contenu de son ordre du jour prétendu prioritaire avec ses partenaires, en sauvegardant les apparences d'une retraite organisée, le moment venu (93) ; tandis que les élus renonçaient, avant la révision de 1995, à l'exercice de leur droit. Un ordre du jour complémentaire a longtemps créé l'événement à l'Assemblée, à l'opposé du Sénat enclin à l'adversité. Toutefois, depuis la IXe législature (1988-1993), une tendance inverse s'esquisse. La possibilité offerte désormais aux assemblées de voter des résolutions afférentes aux propositions d'actes communautaires (art. 88-4 C, rédaction des L.C. du 25 juin 1992 et 25 janvier 1999) est venue la renforcer.

3° Le déroulement de la séance

Les débats restent, dans l'ensemble, conformes à la tradition. Toutefois, le Gouvernement y dispose, dans le cadre de la rationalisation de l'activité parlementaire, de prérogatives importantes, en particulier lors de la discussion des textes de loi, afin d'endiguer les amendements, et, par ailleurs, la logique majoritaire leur ôte, tout élément d'incertitude ou de surprise.

(92) La séance mensuelle est appelée dans la pratique la *niche* ou la *fenêtre.* Un droit de tirage existe au profit de chaque groupe parlementaire. V. J.-É. GICQUEL : L'ordre du jour réservé aux assemblées parlementaires, *P.A.,* 7 juillet 1997 ; P. FRAISSEIX : La fenêtre parlementaire de l'article 48-3 de la constitution, *R.F.D.C.* 1998, p. 3.

(93) Sous des considérations techniques, le président de la commission ou du groupe peut s'efforcer de retarder l'examen du texte, afin de l'améliorer, sinon d'amener le Gouvernement à le retirer. V. P. HONTEBEYRIE : La fixation de l'ordre du jour prioritaire, *Pouvoirs* n° 34, 1985, p. 13 ; J.-É. GICQUEL : Vers la fin de la maîtrise gouvernementale en matière de fixation de l'ordre du jour des assemblées parlementaires ? *P.A.* 8 juillet 1999.

Par ailleurs, depuis l'examen en 1980 du projet de loi *sécurité et liberté,* la flibuste ou l'obstruction a été redécouverte, à l'occasion de la législation programmatique. Un sommet a été atteint, en 1983-1984, avec la loi Fillioud sur la presse. La discussion relative à la loi Falloux, en matière d'école privée a donné lieu, en 1993, à des débats animés. Enfin, ceux-ci se sont *juridicisés,* au cours des dernières années. L'ombre du Conseil constitutionnel est présente.

4° Les modes de votation

Le droit de vote des membres du Parlement est personnel. Il faudra attendre la Xe législature, en 1993, pour que l'article 27 C devienne enfin une réalité. Sans la détermination du président Philippe Séguin et l'existence d'une majorité hégémonique, une convention de la constitution entérinée par le Conseil constitutionnel (un comble !) (23 janvier 1987, *Diverses mesures sociales, Rec.* p. 13) autorisant le vote par procuration (*le vote par les clefs* selon M. Ameller) aurait perduré et encouragé l'antiparlementarisme (94). Toutefois, l'absentéisme subsiste dans le cadre de la session ordinaire, au point d'en affecter la portée.

Le président ouvre la séance, il peut la suspendre et la lever à tout instant. Il dirige la délibération et maintient l'ordre (art. 52 R.A.N.). Il fait procéder aux scrutins. Le vote est valable, indépendamment du nombre de parlementaires en séance, car selon un principe *l'assemblée est toujours en nombre pour délibérer et régler son ordre du jour* (art. 61). Ce n'est que dans l'hypothèse d'une demande de *vérification du quorum* (c'est-à-dire de la présence minimale de la majorité des membres) que la validité des votes peut être appréciée (art. 61, al. 2). Faute de quorum, le vote ne peut avoir lieu et la séance est levée. En conséquence, le quorum, qui fait partie de la panoplie de l'opposition, *est nécessaire pour voter, et non pour discuter* (E. Pierre).

En règle générale, c'est par *un vote à main levée* qu'une assemblée prend une décision, *en toutes matières.* En cas de doute sur le résultat, il est procédé au *vote par assis et levé* (art. 64 R.A.N.).

Cependant le vote par *scrutin public* est exigé *exceptionnellement* en certains cas : pour les nominations personnelles ; sur décision du président ou sur demande du Gouvernement ou de la commission saisie au fond d'un texte de loi ; sur demande écrite d'un président de groupe ; lorsque, enfin, la constitution exige une majorité qualifiée ou que le Gouvernement engage sa responsabilité (art. 65). Il peut être décidé de manière impromptue, au surplus, par la conférence des présidents (art. 65-1). Il est procédé au scrutin public en la forme ordinaire, par procédé électronique (art. 66 R.A.N.) (95).

En principe, les questions mises aux voix sont adoptées (sauf dispositions contraires de la constitution) à la majorité des suffrages *exprimés,* c'est-à-dire, à la *pluralité.* En cas d'égalité de suffrage, ladite question n'est pas adoptée. Le résultat de la délibération est proclamé par le président. Il ne peut pas être remis en cause. Le principe du *vote acquis* résulte du fait qu'*aucune rectification de vote n'est admise après la clôture du scrutin* (art. 68, al. 4, R.A.N.). A preuve, le précédent fameux du vote de l'amendement Wallon, le 30 janvier 1875 : *Le vote est acquis, je ne le laisserai pas discuter,* répondit le président Buffet, à une demande de rectification de vote.

(94) Grâce au vote électronique introduit à l'A.N., en 1959, l'*assemblée des serruriers* (E. Claudius-Petit) avait remplacé celle des législateurs. En laissant sa clef à la disposition de son groupe, le député votait par procuration, et disposait, par surcroît du don d'ubiquité en demeurant dans sa circonscription. *La nation donne à ses délégués des pouvoirs pour agir, non pour se réfugier dans le silence, et la plus haute parole des assemblées politiques c'est le vote,* notait E. Pierre. Il faut, toutefois, observer qu'un certain... taux d'absentéisme est une condition de bon travail législatif. V. Connaissance de l'Assemblée : 6. *La séance publique,* 1997.

(95) Au Sénat, le scrutin public ordinaire est utilisé aussi pour le vote des lois de finances, des L.O., des L.C. ou d'une proposition tendant à soumettre un projet au référendum (art. 59 R.S.). A défaut de vote électronique, dans un vote public, les sénateurs quittent l'hémicycle : à droite *(pour),* à gauche *(contre),* les autres vont au centre *(abstention)* (art. 59 R.S.). V. J.-Cl. NEMERY : Le principe du vote personnel dans la constitution de la Ve République, *R.D.P.* 1987, p. 995 ; F. ROUVILLOIS : Heurs et malheurs d'un principe : le vote personnel des députés, *ibid.* 1998, p. 781.

§ 2 L'ORGANISATION INTERNE DU PARLEMENT

Selon le principe de la séparation des pouvoirs, une assemblée arrête son organisation interne. Sur la base de la constitution et de son *règlement*, cette dernière repose sur un *distinguo* entre les *organes directeurs* et les *organes de travail.*

En outre, chaque assemblée dispose de *services législatifs et administratifs,* placés sous l'autorité du bureau (art. 15 R.A.N. et 10 R.S.), au sein desquels sont regroupés les fonctionnaires parlementaires (96).

A. LE RÈGLEMENT DE L'ASSEMBLÉE

Il s'agit d'une sorte de *loi intérieure* de l'assemblée, (E. Pierre), qui organise son fonctionnement et sa discipline. Il est pris juridiquement sous la forme d'une *résolution* qui, depuis 1958, avant sa mise en application et de toute modification subséquente, est soumise *obligatoirement* au Conseil constitutionnel (art. 61, al. 1er C). Sous un aspect apparemment anodin, le règlement s'est avéré une redoutable *machine à organiser des débats* (M. Prélot), dont la force a éclipsé la constitution dans la tradition française. Sous la Révolution, des observateurs anglais ont considéré, à juste titre, que les impulsions souvent fâcheuses de l'Assemblée législative et surtout de la Convention, comme le mauvais fonctionnement, sous le Directoire, du Conseil des Anciens et du Conseil des Cinq-Cents, étaient dus, pour une part importante, aux imperfections desdits règlements (97).

1° La maîtrise traditionnelle des assemblées sur leur règlement avant 1958

A l'image de sa souveraineté, jusqu'en 1958, chaque assemblée était *maîtresse de son règlement,* c'est-à-dire qu'elle l'établissait en toute *indépendance,* voire au mépris de la constitution. A ce propos, des institutions importantes y ont pris naissance. C'est par ce biais que la technique de l'*interpellation* a vu le jour, sous la Monarchie de juillet, au cours des années 1830-1831. C'est par une modification du règlement du Conseil de la République, due à Michel Debré, le 14 juin 1949, que la *question orale avec débat* s'est développée au palais du Luxembourg. L'Assemblée nationale s'est émue, à l'époque, de cette initiative, qu'elle considérait comme contraire à la constitution, puisqu'elle tendait à rétablir au Conseil de la République une sorte de droit d'interpellation, susceptible de mettre en cause, un jour ou l'autre, la responsabilité politique du cabinet, contrairement à la

(96) Les services législatifs dépendent du secrétaire général et de la présidence et les services administratifs du secrétaire général de la questure. Les fonctionnaires parlementaires concourent avec efficacité et disponibilité au bon fonctionnement des services. Tout en ayant la qualité de fonctionnaires de l'État (art. 72 II de la loi de finances du 23 février 1963), ils sont, au nom du principe d'autonomie du Parlement, indépendants de l'exécutif. Ils relèvent d'un statut *autonome* (art. 2 de la loi du 13 juillet 1983) et avantageux. La juridiction administrative est appelée à connaître les litiges d'ordre personnel qui les concernent (art. 8 de l'ord. du 17 novembre 1958). V. M. AMELLER, *L'Assemblée nationale,* 1994, p. 59 ; H. DESCLODURES, *Le droit administratif des assemblées parlementaires,* thèse Lille-II, 1999 ; Cl. JOURNÈS, L'administration des assemblées parlementaires sous la Cinquième République, *R.D.P.* 1978, p. 321 ; J.-S. KLEIN, Le fonctionnaire parlementaire *R.A.* 1980, p. 131 ; Cl. GIBEL et P. BAËR, les services des assemblées parlementaires, *Administration,* 1983, n° 120, p. 64.

(97) V. R. BONNARD : *Les règlements des assemblées législatives de la France depuis 1789,* 1926 ; C. BUNIET, *Les règlements des assemblées parlementaires en France depuis 1871,* thèse Paris, 1967 ; D. RUZIÉ : Le nouveau règlement de l'Assemblée nationale, *R.D.P.* 1959, p. 863.

volonté des constituants. Mais le chef de l'État, à qui le président de l'Assemblée nationale s'était plaint, ne put que prendre acte du fait. Le 27 juillet 1949, Vincent Auriol déclara à Édouard Herriot : *J'ai étudié les moyens de donner satisfaction à l'Assemblée. Malheureusement, la constitution ne prévoit absolument aucun moyen pour faire abroger les articles d'un règlement d'une assemblée parlementaire. Ni l'Assemblée nationale, ni le Gouvernement ni le président de la République ne peuvent intervenir en cette matière ; chaque assemblée est maîtresse de son règlement.*

On le constate, sous couvert de dispositions techniques, le règlement s'affranchit, à ce moment, du respect dû à la constitution, au point de disposer, dans la pratique, d'une autorité *supérieure*.

Selon la formule classique, *le règlement est un instrument redoutable aux mains des partis, il a souvent plus d'influence que la constitution elle-même sur la marche des affaires* (E. Pierre). Michel Debré a tiré de ces précédents, en 1958, d'utiles enseignements en limitant l'autonomie réglementaire des assemblées.

2° Le changement fondamental de 1958

La souveraineté du Parlement ayant été aboli, en 1958, les constituants ont souhaité, de façon significative, que les règlements des assemblées fussent obligatoirement contrôlés, avant leur entrée en application, par le Conseil constitutionnel (art. 61, al. 1er C) (98). A l'instant même où sur la base du principe de la *rationalisation* de l'activité parlementaire, des dispositions qui y figuraient ordinairement étaient *incorporées* dans la constitution (nombre des commissions, art. 43 ; exercice du droit d'amendement art. 40, 41 et 44, *etc.*) (99).

Le C.C. (17-18 et 24 juin 1959, *R.A.N., G.D.*, p. 34) devait interpréter strictement les nouvelles règles. Il s'est opposé à ce qu'une question orale avec débat s'achève par un vote, de crainte qu'elle ne dégénère, sous couvert de *proposition de résolution,* à l'interpellation de jadis. Ce faisant, le juge a eu pour souci (sinon comme réflexe) de se porter au secours de la constitution et, tout spécialement de son arsenal rationalisé, face à une tentative de débordement ou de grignotage.

La définition *stricte* donnée, à cet instant à la résolution est révélatrice. Avant 1958, l'acte de volonté d'*une* assemblée, auquel elle s'identifiait, avait un contenu *indéterminé :* il s'agissait autant de mesure d'ordre *interne* (le règlement) que de mesure d'ordre *externe* (invitation ou injonction adressée au ministère d'agir). Depuis 1958, à la lumière de l'interprétation du juge, la résolution est cantonnée à la *formulation de mesures et de décisions relevant de la compétence exclusive de l'assemblée, c'est-à-dire les mesures et les décisions d'ordre intérieur ayant trait au fonctionnement* et à la discipline de *ladite assemblée.* En résumé, une résolution qui est *propre* à chacune d'entre elles, s'identifie à une *mesure interne :* modification du règlement ; formation d'une commission d'enquête (art. 139 R.A.N.) ; demande de mise en accusation devant la Haute Cour de justice (art. 155). En revanche, la résolution ne peut tenir lieu ni, de proposition de loi, ni de mise en cause de la responsabilité du Gouvernement.

Toutefois, la L.C. du 25 juin 1992 modifiée relative au traité sur l'Union européenne étend le champ d'application des résolutions : les assemblées ont désormais la possibilité d'exprimer leur jugement sur les projets ou propositions d'actes communautaires que le Gouvernement leur soumet, dès leur transmission au Conseil de la Communauté (art. 88-4 C) (100). Est-ce la revanche de 1959 ? Non point. Au terme d'une démarche hardie, le Conseil constitutionnel est parvenu à neutraliser, pour une part importante, le pouvoir constituant en limitant la résolution à un *avis* sans portée sur les prérogatives gouvernementales (17 décembre 1992, *R.A.N., chr.* n° 65, p. 216) *(infra)* (101).

En dernière analyse, selon une jurisprudence constante (C.C., 27 juillet 1978, *Procédure pénale, Rec.* p. 31) le règlement d'une assemblée *n'a pas, en lui-même, valeur constitutionnelle.* Il relève

(98) Le règlement des assemblées est complété par une *instruction générale*, élaborée par leur bureau, qui porte application de certaines de ses dispositions et échappe au contrôle du C.C.

(99) Ch. L. VIER : Le contrôle du Conseil constitutionnel sur le règlement des assemblées, *R.D.P.* 1972, p. 165.

(100) V. P. AVRIL et J. GICQUEL : L'apport de la révision à la procédure parlementaire. *R.F.D.C.* 1992, p. 453.

(101) Toutefois, les conventions de la constitution aboutissent au *contournement* du Conseil constitutionnel : questions d'actualité ou non-invocation de l'art. 40 C au Sénat, par exemple.

d'une légalité spéciale, interne aux chambres. Son inobservation *ne saurait avoir pour effet de rendre la procédure législative contraire à la constitution* (10-11 octobre 1984, *Entreprises de presse, chr.* n° 32, p. 180).

B. LES ORGANES DIRECTEURS

Ils sont constitués respectivement par le *bureau* de l'assemblée et la *conférence des présidents*. Dans la pratique, celle-ci est appelée à jouer un rôle déterminant, en raison de la présence en son sein des présidents des groupes parlementaires.

1° Le bureau de l'assemblée

En dehors du *bureau d'âge,* composé du doyen d'âge et des six plus jeunes élus, qui préside la séance inaugurale de la législature (art. 1er R.A.N.), le bureau de l'assemblée en dirige la vie intérieure et les travaux. C'est une autorité *collégiale.* Au Palais Bourbon, comme au Palais du Luxembourg, il se compose de 22 membres : le président, 6 vice-présidents, 3 questeurs et 12 secrétaires (art. 8) (102).

Sous les IIIe et IVe Républiques, il était admis que le bureau de chaque assemblée devait être *représentatif* de l'ensemble des opinions de ses membres. Le principe a été respecté par le Sénat. Toutefois, à l'Assemblée nationale, où il est indiqué qu'il doit s'efforcer d'en reproduire la configuration politique (art. 10, al. 2), la tendance inverse a prévalu, à l'origine (103). De 1958 à 1966, le groupe communiste n'y a pas siégé, de même, il s'en exclu de 1986 à 1987, afin de protester contre l'entrée du Front national. Au Sénat, les non-inscrits y sont représentés.

En dehors du président de l'assemblée, élu au scrutin secret à la tribune, les autres membres sont choisis par accord entre les présidents de groupe. En cas de désaccord, la nomination a lieu au scrutin majoritaire (art. 10 R.A.N.). A l'issue de l'élection du bureau, le président de l'assemblée en notifie la composition au chef de l'État, au premier ministre et à son homologue. La tradition veut que le président de la République accorde audience à ce bureau. Par ailleurs, le bureau de l'Assemblée nationale forme celui du Congrès (art. 89, al. 3 C).

Le bureau exerce la *fonction dirigeante : Il a tous pouvoirs pour présider aux délibérations de l'assemblée et pour organiser et diriger tous les services* (art. 13 R.A.N.). En son sein, les attributions personnelles se combinent avec les attributions collectives.

a) *Les attributions collectives du bureau*

Le bureau exerce collégialement diverses attributions, en matière de transparence financière ; d'incompatibilités, d'immunités parlementaires *(supra).* Il détermine le statut des

(102) En cas de dissolution de l'A.N., le président et les questeurs assument les pouvoirs d'administration générale du bureau jusqu'à l'entrée en fonction de la nouvelle assemblée (arrêté du bureau du 13 décembre 1967). Ce dernier peut décider aussi la création d'un groupe de travail ou d'étude, lequel peut générer à son tour une mission d'information, selon le système du marcottage. V. M.-Cl. GREHAL et Ph. BOURASSE, Les bureaux des assemblées parlementaires, *Administration* n° 120, 1983, p. 25 ; G. CARCASSONNE, L'appareil de l'Assemblée, *Pouvoirs* n° 34, p. 31.

(103) La répartition des fonctions entre les groupes s'effectue dans la pratique, à l'A.N., sur une clé répondant aux caractéristiques suivants : l'attribution à chaque fonction d'un nombre de points (la présidence vaut 4 points ; une vice-présidence, 2 ; une questure, 2,5 ; et un poste de secrétaire, 1) ; ce total de 35,5 points fait l'objet d'une répartition au *prorata* des effectifs des groupes, en veillant à ce que la majorité parlementaire dispose de la majorité au sein du bureau.

fonctionnaires parlementaires et le fonctionnement des services auxquels ils sont nommés. De même, le bureau est compétent, à défaut d'accord entre les groupes, pour l'attribution d'un temps d'antenne dans le cadre de la campagne électorale (art. L. 167-1 du code électoral). Il complète par voie d'une *instruction générale* (I.G.B.), le règlement de l'assemblée, laquelle n'est pas déférée au Conseil constitutionnel. Il propose le montant des crédits alloués au financement des partis politiques (art. 8 de la loi du 11 mars 1988), entre autres.

b) *Les attributions personnelles des membres du bureau*

Au sein du bureau, s'impose l'autorité du président. Il est appelé à assumer d'importantes responsabilités et à exercer un pouvoir de conseil et d'influence. Tout concourt à ce qu'il ait pour mission de *veiller à la bonne application de la constitution* (R. Monory).

1) Le président de l'assemblée

Depuis 1958, le président de l'Assemblée est élu pour la durée de la législature, au cours de la première séance ; celui du Sénat, après le renouvellement triennal (art. 32 C) (104). A l'Assemblée, les autres membres du bureau sont élus, pour une année, à l'ouverture de la session ordinaire (art. 10 R.A.N.), au Sénat, ils le sont pour 3 ans (art. 3 R.S.). Le Conseil constitutionnel décline sa compétence, (16 avril 1986, *Yannick Piat, chr.* n° 38, p. 167).

Le président du Sénat réside au Petit-Luxembourg et celui de l'Assemblée nationale à l'hôtel de Lassay. Chacun d'entre eux représente l'assemblée, et prend en charge ses intérêts (105). Il dirige ses débats. Il veille à sa sûreté intérieure et extérieure. A cette fin, il fixe l'importance des forces militaires placées sous son autorité et peut aussi requérir directement la force armée et toutes les autorités dont il juge le concours nécessaire (art. 3 de l'ord. du 17 novembre 1958) (106). En accord avec le Gouvernement, les présidents peuvent décider le transfert du siège des assemblées, en cas de nécessité (art. 1er).

(104) A l'Assemblée nationale, la présidence (*le perchoir* dans le jargon politique) a eu 7 titulaires à ce jour : Jacques Chaban-Delmas (U.N.R.) (9 décembre 1958-25 juin 1969) ; Achille Peretti (U.D.R.) (25 juin 1969-2 avril 1973) ; Edgar Faure (app. U.D.R.) (2 avril 1973-2 avril 1978) ; Jacques Chaban-Delmas (R.P.R.) (2 avril 1978-22 mai 1981) ; Louis Mermaz (S.) (7 juillet 1981-1er avril 1986) ; Jacques Chaban-Delmas (R.P.R.) (2 avril 1986-14 mai 1988) ; Laurent Fabius (S.) (23-juin 1988-22 janvier 1992) ; Henri Emmanuelli (S.) (22 janvier 1992-2 avril 1993) ; Philippe Séguin (R.P.R.) (2 avril 1993-21 avril 1997) et Laurent Fabius (S.) depuis le 12 juin 1997.

Au Sénat, la continuité au *plateau* s'y exprime avec 4 titulaires : Gaston Monnerville (G.D.) (28 avril 1959-2 octobre 1968), qui précédemment avait dirigé le Conseil de la République à partir de 1947 ; Alain Poher (U.C.) (2 octobre 1968-2 octobre 1992) ; René Monory (U.C.) (2 octobre 1992 - 2 octobre 1998), et depuis cette date, Christian Poncelet (R.P.R.). Cependant, au Sénat, en cas d'intérim de la présidence de la République, le bureau fait choix d'un vice-président pour remplacer provisoirement le président (art. 3 *in fine* R.S.). André Méric, en 1969, et Étienne Dailly, en 1974, ont assumé ce rôle. V. A. MARTIN : *Le président des assemblées parlementaires sous la Ve République,* 1996 ; Y. DAUDET : *La présidence des assemblées parlementaires,* 1965 ; J.-P. AUBERT : *Le président du Sénat depuis 1875,* thèse Paris, 1970 ; F. LAFFAILLE : *Le président du Sénat depuis 1875,* thèse Paris-V, 1997 ; E. FAURE, L. MERMAZ, *C.R.F.* p. 731 ; Ph. SÉGUIN, *240 dans un fauteuil,* 1995.

(105) Fait unique sous la Ve République, par un communiqué commun, les présidents des assemblées, ont dénoncé, le 28 janvier 1987, l'atteinte portée au droit d'amendement, à la suite de la décision rendue, par le C.C. (*Amendement Séguin, Rec.* p. 13), en méconnaissance de l'autorité de la chose jugée (art. 62 C).

(106) Lors d'une manifestation dans les jardins du Luxembourg, hostile au Sénat, le président Jules Jeanneney, en mars 1938, a requis la force armée. En outre, le lieu de délibération des assemblées est inviolable. Pour la première fois, sous la Ve République, l'hémicycle du Palais du Luxembourg a été occupé, le 24 mars 1987, par des instituteurs en grève. V. D. DUTRIEUX : Les forces armées à disposition des présidents des assemblées parlementaires françaises, *P.A.,* 9 février 1996.

α) *Les compétences à l'extérieur de l'assemblée*

En premier lieu, les présidents exercent, *à titre personnel,* diverses attributions constitutionnelles : ils font part à l'assemblée, des communications qui lui sont adressées, tel un message du chef de l'État qu'ils lisent (art. 18 C) ; ils émettent un avis au moment du recours à la dissolution de l'Assemblée nationale (art. 12 C) ou des pouvoirs de crise (art. 16 C) ; ils sont consultés par le premier ministre lorsque celui-ci décide la tenue de jours supplémentaires de séance (art. 28, al. 3 C). Dans les mêmes conditions, que le président de la République, ils ont la qualité de *protecteur de la constitution* en tant qu'autorité de *nomination* et de *saisine* du Conseil constitutionnel (art. 56, 41, 54 et 61 C) (107). Le président du Sénat exerce au surplus, l'intérim de la présidence de la République, en cas de vacance ou d'empêchement définitif de son titulaire (art. 7 C), tandis que son homologue préside le Congrès du Parlement (art. 89, al. 2). Enfin, chacun d'entre eux désigne une personnalité au Conseil supérieur de la magistrature (art. 65 C, rédaction de la L.C. du 27 juillet 1993).

En second lieu, diverses lois confèrent des responsabilités aux présidents des assemblées : nomination respective de membres de la C.A.D.A. (Commission d'accès aux documents administratifs, loi du 17 janvier 1979) ; de la C.N.I.L. (Commission nationale informatique et libertés, loi du 6 janvier 1978), du C.S.A. (Conseil supérieur de l'audiovisuel, loi du 17 janvier 1989) ; du Conseil supérieur des T.A. et des cours administratives d'appel, loi du 6 janvier 1986) ; de la C.N.C.I.S. (Commission nationale de contrôle des interceptions de sécurité, loi du 10 juillet 1991) ; de la Commission consultative du secret de la défense nationale (loi du 8 juillet 1998) et de l'Autorité de régulation des télécommunications (loi du 26 juillet 1996). Enfin, ils dressent une liste, avec le président du Conseil économique et social, en vue de la désignation des membres du Conseil de la politique monétaire (loi du 4 août 1993 relatif au statut de la Banque de la France). En dernier lieu, le C.S.A. communique chaque mois aux présidents, le relevé des temps d'intervention des personnalités politiques dans les journaux et bulletins d'information (loi du 30 septembre 1986, rédaction de la loi du 1er février 1994).

Il y a lieu de noter que le président de l'Assemblée nationale n'est plus appelé à jouer, éventuellement, les rôles importants qui lui étaient dévolus par la constitution de 1946 : promulgation des lois, au cas où le président de la République n'y procéderait pas dans le délai imparti ; présidence du conseil, en cas de dissolution de l'Assemblée intervenue à la suite d'une motion de censure et intérim de la présidence de la République, en cas de vacance ou d'empêchement de son titulaire. En pratique, le rôle politique des présidents n'a cessé de s'affirmer au cours des dernières années : ils sont reçus régulièrement par le chef de l'État et notamment lors de la formation du Gouvernement ; ils accordent audience aux ministres et mettent en place une *diplomatie parlementaire.* Ils ont cogéré la révision constitutionnelle de 1995, pour citer un exemple caractéristique. Mais, ils ont été rétrogradés dans l'ordre protocolaire au profit du premier ministre, aux 3e et 4e rangs : Le président du Sénat a rang et préséance sur celui de l'Assemblée nationale, tandis qu'en sa qualité d'*institution,* l'Assemblée nationale prend l'avantage sur le Sénat (décret du 13 septembre 1989) (V. *chapitre I*).

β) *Les compétences à l'intérieur de l'assemblée*

Concernant la *conduite* des débats parlementaires, les présidents des assemblées ont reçu, depuis 1958, des pouvoirs nouveaux. Sous les Républiques antérieures, le président s'efforçait d'obtenir un déroulement normal des débats, mais il ne s'immisçait, en aucun

(107) La saisine du président Poher, en juillet 1971, est à l'origine, on le sait, de la véritable naissance du Conseil constitutionnel. Au titre de l'art. 61 C, les présidents peuvent aussi saisir le C.C. en cas d'empêchement ou de décès d'un candidat à la présidence de la République (art. 7 C, rédaction de la L.C. du 18 juin 1976). A l'Assemblée nationale, il appartient au président, après consultation de celui de la commission des finances d'apprécier la recevabilité financière d'une proposition de loi ou d'un amendement parlementaire (art. 40 C et 92 et 98 R.A.N.).Au Sénat, le président est compétent en matière de résolutions communautaires (art. 73 *bis*R.S.).

cas, dans la discussion. A l'heure actuelle, ses successeurs dirigent véritablement les délibérations. Les règlements se sont inspirés du modèle fourni par le *Speaker* britannique, pour en faire de véritables *meneurs de jeu.* A ce titre, ils ouvrent, dirigent et lèvent la séance et en assurent la police (art. 52 et 70 R.A.N.). Ils proclament le résultat des votes et constatent la clôture de la session (art. 60). Ils convoquent à leur gré la conférence des présidents en vue d'examiner l'ordre des travaux de l'assemblée (art. 48 R.A.N.). En revanche, tout problème relatif à la carrière des fonctionnaires parlementaires requiert la réunion de cette dernière. Ils réunissent régulièrement le bureau.

Aucun parlementaire ne peut parler, qu'après l'avoir demandé et obtenu du président, même s'il est autorisé par un orateur à l'interrompre. Le président donne la parole dans l'ordre d'inscription, il peut aussi la lui retirer, soit que le temps qui lui était imparti soit expiré, ou lorsqu'il lit un discours ou n'a pas obtempéré à une demande de conclure (art. 54 R.A.N.). Toutefois, les ministres et les rapporteurs des commissions obtiennent la parole, quand ils le demandent et pour la durée souhaitée (art. 56). Le président rappelle à l'ordre l'orateur qui trouble la séance (art. 71). Les questions sont déposées à la présidence (art. 133). Le président soumet à l'assemblée, les propositions de la conférence des présidents, en matière d'ordre du jour complémentaire (art. 48, al. 6) ; de la même façon qu'il initie ou s'associe aux modifications apportées au règlement de l'assemblée (108).

Enfin, une règle coutumière veut que le président de l'assemblée ou de séance (vice-présidents), ne participe pas au vote car selon l'adage, *le président n'a pas de parti quand il préside.* Cependant, en début de législature, Louis Mermaz en 1981, Jacques Chaban-Delmas, en 1986 et Laurent Fabius en 1997, ont voté la confiance au Gouvernement.

2) Les autres membres du bureau

Le bureau est complété par des *vice-présidents,* des *secrétaires* et des *questeurs.*

Les *vice-présidents* sont les suppléants du président. Ils le remplacent, avec les mêmes pouvoirs et suivant les mêmes conditions.

Les *secrétaires* ont pour fonction la surveillance de la rédaction du procès-verbal, qui doit être adopté au début de chaque séance suivante et qui, par conséquent, fait foi en ce qui concerne les décisions prises et les interventions. Ils constatent les votes à main levée, par assis et levé ou par appel nominal et le résultat du scrutin. Ils contrôlent aussi les délégations de vote (art. 52 R.A.N.).

Quant aux *questeurs,* ils sont chargés de l'administration intérieure des assemblées et de la gestion du personnel. Ils dirigent les services administratifs et financiers. Aucune dépense nouvelle ne peut être engagée, sans leur avis préalable (art. 13). Ils sont chargés de la préparation du budget de l'assemblée, qui est *entériné* ensuite par une commission (art. 7 de l'ordonnance du 17 novembre 1958) (109). Ils procèdent avec les présidents de groupe à la division de l'hémicycle en secteurs. Cette fonction est prisée, car elle présente notamment l'avantage pour ses titulaires, de disposer, tout comme le président, de deux appartements de fonctions à Paris et au château de Versailles (110).

(108) Le président Séguin a été à l'origine du respect du vote personnel. V. L. SERMET : La réforme du R.A.N., *R.F.D.C.* 1994, p. 713.

(109) La commission qui est *commune,* aux deux chambres, à l'image de la C.M.P. (art. 45 C), est présidée par un membre de la Cour des comptes. Elle se borne à enregistrer les demandes formulées. Les propositions arrêtées sont inscrites au projet de loi de finances, au titre des *charges communes.* Selon la coutume, elles ne font pas l'objet de discussions, en séance publique, au même titre que la dotation budgétaire de la présidence de la République ou du Conseil constitutionnel. L'exécution des dépenses est soustrait au contrôle financier. Le règlement du budget de l'assemblée est confié à une *commission spéciale chargée de vérifier et d'apurer les comptes* (art. 14 R.A.N.). Cette commission donne *quitus* aux questeurs de leur gestion ou rend compte à l'assemblée et publie un rapport public. La transparence des comptes de l'Assemblée est désormais assurée (Rapport d'Aubert, A.N. n° 1901, 1995). V. V. DUSSART : *L'autonomie financière des pouvoirs publics constitutionnels,* thèse Lille-II, 1995 ; J.-Cl. FORTIER, La Cinquième République et le principe de l'autonomie budgétaire des assemblées, *Rev. administrative,* 1980, p. 585 ; M. MAY : Le régime financier des assemblées parlementaires en France, *Revue française d'administration publique,* 1993, p. 537.

(110) Les questeurs du Sénat diposent aussi d'une prérogative particulière : ils exercent le pouvoir réglementaire dans le jardin du Luxembourg (arrêté du 4 juillet 1984).

2° La conférence des présidents

Instituée en 1911 à la Chambre des députés, et en 1947, au Conseil de la République (redevenu le Sénat en 1958, l'expression y sera consacrée en 1986), elle est le second organe directeur d'une assemblée, plus orientée vers les rapports entre le Gouvernement que le bureau, car son rôle concerne *l'ordre du jour.* Elle comprend : le président de l'assemblée, les vice-présidents, les présidents des commissions permanentes et des commissions spéciales, les présidents des groupes parlementaires, le rapporteur général de la commission des finances et, depuis 1992, le président de la délégation parlementaire pour l'Union européenne (art. 48 R.A.N. ; art. 29 R.S.).

Le Gouvernement y est représenté par l'un de ses membres, éventuellement, le premier ministre, s'il s'agit d'une affaire importante. La conférence des présidents qui se réunit chaque semaine est compétente pour *faire toutes propositions concernant le règlement de l'ordre du jour, en complément des discussions fixées par priorité par le Gouvernement* (art. 48, al. 1er R.A.N.). Au début de la séance suivant sa réunion, *le président soumet ses propositions à l'Assemblée, qui se prononce sur leur ensemble* (al. 7) (111).

La conférence des présidents a vu son rôle minoré, en raison de la priorité accordée à l'exécutif dans la fixation de l'ordre du jour des assemblées (art. 48 C). A telle enseigne qu'à rebours de l'adage *donner et retenir ne vaut,* celle-ci se comporte en *cheval de Troie* du Gouvernement. Les votes y sont émis, en effet, selon le principe de la pondération : *il est attribué aux présidents des groupes un nombre de voix égal au nombre des membres de leur groupe* (art. 48, al. 5 R.A.N.). Ceci étant, elle se présente aussi comme le lieu de négociation entre le Gouvernement et la majorité.

C. LES ORGANES DE TRAVAIL

Ces formations intérieures, en qui se résume l'activité parlementaire, se répartissent entre les *commissions,* les *délégations parlementaires* et les *groupes.*

1° Les commissions

En se plaçant du point de vue de la finalité poursuivie par ces formations restreintes, au sein d'une assemblée, on peut en dénombrer trois sortes : les commissions législatives appelées commissions *spéciales et permanentes* ; les commissions d'investigation, désignées sous le nom de *commissions d'enquête* et les commissions statuant sur des faits personnels ou *commissions ad hoc.* Chacune d'entre elles trouve son origine respectivement dans la constitution, la loi ou une résolution *propre à chaque assemblée.*

a) *Les commissions législatives ou commissions spéciales et permanentes* (art. 43 C)

Une organisation logique du travail dans le cadre d'une assemblée parlementaire exige, selon la tradition française, que les projets ou propositions de loi ne viennent pas immédiatement en séance publique. Il est souhaitable qu'ils soient d'abord étudiés et discutés dans des formations limitées au sein desquelles se rassembleront éventuellement des spécialistes. L'institution des commissions répond à cette nécessité, parallèlement au besoin de recueillir

(111) La conférence organise la discussion générale des textes ainsi que le débat en cas d'engagement de la responsabilité du Gouvernement (art. 152). Elle fixe la durée maximale de présentation des rapports et des avis (art. 91, al. 2, R.A.N.).

des informations. Mais, il peut arriver que, sous couvert de rationalisation du travail parlementaire, de fâcheux errements s'instaurent.

1) Une manifestation du régime d'assemblée

Sous les IIIe et IVe Républiques, les commissions, sortant de leur rôle d'organes de préparation du travail en vue de la séance publique, étaient devenues des instruments *autonomes* de contrôle politique du cabinet, plus tatillons souvent que l'assemblée en séance plénière. Il s'ensuivait, que les présidences des commissions étaient en fait d'excellentes antichambres ministérielles et le meilleur moyen d'accéder aux fonctions de ministre des finances (112).

Une vive réaction s'est produite, en 1958, contre ces pratiques, qui étaient évidemment excessives et révélatrices du régime d'assemblée. Pour démanteler cette sorte de féodalité des censeurs spécialisés, superposés au censeur normal (l'assemblée en séance publique), le principal moyen utilisé a été de supprimer la *correspondance* entre ministères et commissions permanentes. En gros, sous les IIIe et IVe Républiques, chaque ministre trouvait en face de lui une commission parlementaire, ou, plus exactement, deux : une au Palais Bourbon, l'autre au Palais du Luxembourg. Théoriquement, ce système se présentait comme un magnifique exemple de *rationalisation* du travail parlementaire. Il paraît, en effet, tout à fait logique qu'à chaque département ministériel corresponde un groupe de contrôleurs du gouvernement, qualifiés pour apprécier l'action du ministre. Mais, ce *quadrillage* s'est démontré particulièrement néfaste dans ses conséquences politiques, en ce sens que le contrôleur entravait l'action du contrôlé, souvent dans l'espoir de le supplanter.

2) La réaction de 1958

Par suite, l'article 43 C pose le principe selon lequel l'examen d'un texte de loi est confié à une commission *spécialement désignée à cet effet,* et exceptionnellement à une commission *permanente,* dont le nombre est désormais limité à 6 dans chaque assemblée, contre une vingtaine jadis. Cependant, la tradition parlementaire sera plus forte que cette prévention. Elle devait renouer avec les commissions permanentes et délaisser les commissions spéciales. On s'accorde volontiers pour louer le travail effectué par les commissions, en général, et leur rapporteur, en particulier. Ces véritables *ruches* ont longtemps cultivé l'humilité. Elles s'ouvrent désormais à la publicité et contribuent à la revalorisation de l'image de marque du Parlement dans l'opinion publique (113).

A titre de pierre d'attente, l'avenir du texte est déterminé dès son passage en commission ; ultérieurement le débat public donne le sentiment d'une répétition et se limite, pour l'essentiel, à un dialogue entre le ministre, chargé, au nom du Gouvernement, de soutenir la discussion et le rapporteur de la commission. Que ceux-ci siègent pratiquement côte à côte au bas de l'hémicyle est hautement significatif.

α) La commission spéciale

Il s'agit d'une commission *temporaire,* dont la durée est liée à la décision définitive relative au texte de loi qui est à son origine (art. 35 R.A.N.). Elle est constituée de droit

(112) *Les commissaires,* constatait dans l'entre-deux-guerres Raymond Poincaré, *sont des ministres en expectative qui dressent des embûches aux ministres en fonction. La commission est un ministère au petit pied et aux grandes prétentions.* Pour Gaston Jèze, des *coupes-gorges politiques... groupes de naufrageurs du ministère en fonctions... véritable machine infernale pour faire sauter les ministère.* V. JOSEPH-BARTHÉLÉMY : Le procès de la commission des finances, *Mélanges Carré de Malberg,* 1933, p. 241 ; et P. PACTET : Les commissions parlementaires, *R.D.P.* 1954, p. 127.

(113) V. A.N., *Connaissance de l'Assemblée : Les commissions à l'A.N.,* 1992 ; P. LOQUET : *Les commissions parlementaires permanentes sous la Ve République,* thèse Lille-II, 1980 ; M. BONNARD : Les commissions spéciales à l'Assemblée nationale, 1959-1979, *R.F.S.P.,* 1981, p. 191 ; D.-G. LAVROFF : Les commissions de l'Assemblée nationale sous la Ve République, *R.D.P.* 1971, p. 1429 ; P. CAHOUA : Les commissions, lieu du travail législatif, *Pouvoirs,* n° 34, 1985, p. 37 ; A. DELCAMP : Commissions législatives, *D.C.,* p. 177.

à l'initiative du Gouvernement (art. 43 C) ou à celle de deux commissions permanentes (art. 32 R.A.N.) ou décidée par l'assemblée sur la demande d'une commission permanente, d'un groupe ou de 30 députés (art. 31). Ses membres sont désignés à la proportionnelle des groupes. Son recours est exceptionnel : à peine plus de 1 % des textes y ont été soumis.

A l'Assemblée nationale, on citera, du nom de leur président, les commissions Neuwirth (régulation des naissances, 1966) ; Pierre Cot (introduction de la publicité commerciale à la télévision, 1967) ; Edgar Faure (commission des libertés, 1977) ; Charzat (nationalisation, 1981) ; Gouzes (administration territoriale de la République, 1990) ; Hubert (bioéthique) et Millon (développement du territoire) en 1994. Au Sénat, on mentionnera les commissions Fourcade (communication audiovisuelle) (1986), François-Poncet (développement du territoire) (1994 et 1999).

β) *La commission permanente*

Composée, de la même façon que la précédente et limitée au chiffre de 6, dans chaque assemblée, pour la durée de la législature, chacune d'entre elles est compétente dans un domaine déterminé (114). Elles attirent la quasi-totalité du travail législatif. De fait, elles siègent les matinées de chaque semaine de la session ordinaire. Hors session, elles sont convoquées, lorsque le Gouvernement le demande ou leur président, à l'initiative de leur bureau (art. 40 et 43 R.A.N.). Un député, ou un sénateur, ne peut appartenir qu'à une seule commission permanente. Il peut toutefois assister aux réunions de celles dont il n'est pas membre (art. 38). Enfin, les membres des commissions sont renouvelés, chaque année, au début de la session ordinaire (art. 37). Leur présence est normalement obligatoire. L'absentéisme y sévit aussi.

1. Si l'on veut négliger la différence résultant de l'emprise sur le temps, commission spéciale et commission permanente cultivent le *mimétisme.* Elles élisent, l'une et l'autre, au scrutin secret, un *bureau* composé d'un président, de vice-présidents et de secrétaires (art. 39 R.A.N.). Tous les groupes y sont représentés traditionnellement au Sénat (art. 13 R.S.). Mais ce n'est qu'à l'ouverture de la IXe législature, en juin 1988, que l'idée a reçu application à l'Assemblée.

Chaque commission est maîtresse de ses travaux (art. 40 R.A.N.). A cet effet, elle désigne, moment capital, un *rapporteur,* en vue de l'examen du texte de loi (art. 86 R.A.N.) ; elle procède aux auditions du ministre qui, au demeurant, y a accès à sa demande (art. 45 et 86) et de personnalités qualifées, avant de voter un rapport. Elle dispose, en outre, d'un secrétariat administratif performant, composé de fonctionnaires parlementaires.

2. Les commissions sont un point de passage obligé : *aucun texte ou propositions quelconque, ne peut être mis en discussion et aux voix, s'il n'a fait, au préalable, l'objet d'un rapport de la*

(114) A. l'A.N., les dénominations et compétences sont les suivantes : *commission des affaires culturelles, familiales et sociales* (enseignement ; jeunesse et sports, famille, santé publique, travail, sécurité sociale...) ; *commission des affaires étrangères ; commission de la défense nationale et des forces armées ; commission des finances et de l'économie générale et du plan ; commission des lois constitutionnelles, de la législation et de l'administration de la République* (lois constitutionnelles, organiques et électorales, législation civile, administrative et pénale, administration générale de la République et des collectivités locales) ; *commission de la production et des échanges* (agriculture, pêche, commerce, industrie, travaux publics...). A l'opposé, la délégation parlementaire pour l'Union européenne qui inclinerait volontiers à devenir une *septième* commission, dispose d'une compétence *générale* à l'image de celle du Sénat.

Au Sénat, on rencontre : *la commission des affaires culturelles ; la commission des affaires économiques et du plan ; la commission des affaires étrangères, de la défense et des forces armées ; la commission des affaires sociales ; la commission des finances, du contrôle budgétaire et des comptes économiques de la nation et la commission des lois constitutionnelles, de législation, de suffrage universel, du règlement et d'administration générale.*

commission compétente (art. 90) (115). Les commissions ont également le pouvoir d'adopter des *résolutions communautaires* (art. 151-1, al. 10). A chaque phase de la délibération, appelée *lecture*, elles présentent un rapport.

3. C'est au sein des commissions compétentes à l'Assemblée nationale et au Sénat que seront désignés les membres de la *commission mixte paritaire* (C.M.P.) (art. 45 C) en vue de surmonter la divergence d'appréciation relative au texte de loi. Enfin, il est loisible à une commission permanente de créer, en son sein, une *mission d'information* (art. 5.2 I.G.B.) C Intervention au Rwanda, en 1998 ; conflit du Kosovo, en 1999 à l'A.N.) au point de concurrencer les commissions d'enquête. Les commissions permanentes se réservent la possibilité de former une mission d'information *commune* (service national à l'A.N. en 1996 ; place et rôle des femmes dans la vie publique, au Sénat en 1996). Telles des poupées-gigognes, ces missions élisent un bureau, présentent un rapport au terme de leurs travaux. Elles peuvent donner naissance ensuite à une commission spéciale.

b) *Les commissions d'enquête*

En vue de procéder à des investigations, chaque assemblée peut constituer, par le vote d'une *résolution,* une commission d'enquête (art. 6 de l'ordonnance du 17 novembre 1958) (116). Mais les constituants de 1958 se sont souvenus des excès de celles qui, en particulier, ont fonctionné, en 1934, à la suite de l'affaire Stavisky et de l'émeute du 6 février. En conséquence ils ont limité leur utilisation, leur durée et leurs pouvoirs. La pratique s'est orientée, cependant, en faveur d'un *droit de tirage* pour l'opposition.

1) La création

Le vote d'une *résolution* est à l'origine d'une commission d'enquête. Ses membres sont désignés dorénavant selon le principe de *proportionnalité* des groupes, observée pour les commissions législatives (art. 6.I, al. 4, rédaction de la loi du 20 juillet 1991) et non plus au scrutin majoritaire.

La commission d'enquête est formée pour recueillir des éléments d'information, soit sur des *faits déterminés,* soit sur la *gestion des services publics ou des entreprises nationales* en vue de soumettre leurs conclusions à l'assemblée qui l'a créée.

Cependant, dans le respect de la séparation des pouvoirs, une commission d'enquête ne peut être créée sur des faits ayant donné lieu à des poursuites judiciaires. Si une commission a déjà été formée, sa mission s'achève à l'ouverture de l'information judiciaire (art. 6.I). Elle a un caractère *temporaire.* Sa mission se termine avec le dépôt de son rapport et au plus tard six mois après l'adoption de la résolution qui est à son origine *(ibid.).*

2) Les moyens d'investigation

Les auditions sont désormais publiques, sauf application du secret, selon les moyens choisis par la commission (nouvelle rédaction (art. 6.IV, rédaction de la loi du 20 juillet 1991).

A l'image du rapporteur général de la commission de finances (art. 164, IV de l'ord. portant loi de finances du 30 décembre 1958), celui d'une commission d'enquête est investi de larges pouvoirs d'investigation : il exerce sa mission *sur pièces et sur place.* Tous les renseignements et documents appropriés doivent lui être communiqués, à l'exception de ceux revêtant un caractère secret et concernant la défense nationale, les affaires étrangères, la sécurité intérieure et extérieure de l'État, et sous la réserve du principe de la séparation de l'autorité judiciaire et des autres pouvoirs (art. 6.II).

(115) Toutefois, si par suite de l'obstruction déclenchée en commission par l'opposition, cette dernière n'est pas parvenue, en temps utile à adopter un rapport, il est loisible au Gouvernement de se retrancher derrière la priorité que lui confère l'article 48 C (C.C., 10-11 octobre 1984, *Entreprises de presse, chr.* n° 32, p. 180).

(116) Cependant une concurrence est désormais possible : les commissions législatives peuvent demander à l'assemblée à laquelle elles appartiennent *pour une mission déterminée et une durée n'excédant pas six mois de leur conférer... les prérogatives attribuées aux commissions d'enquête* (art. 5 *ter* de l'ord. du 17 novembre 1958, rédaction de la loi du 14 juin 1996).

Par ailleurs, les personnes dont l'audition est jugée utile par la commission, sont tenues de déposer, sous réserve du secret professionnel (art. 378 du code pénal) après prestation de serment (117). Des sanctions pénales sont encourues, en cas de refus, au même titre qu'en cas de non-communication de documents (art. 6.II et III de l'ord. de 1958). Enfin, le rapport de la commission est rendu public, sauf vote contraire (art. 6.IV, rédaction de la loi du 19 juillet 1977).

3) Les applications

A l'Assemblée nationale, des commissions ont concerné : le mouvement des lycéens et étudiants (1986) ; le financement des campagnes et des partis depuis 1958 (1991) ; le sida (1992) ; le Crédit lyonnais (1994) ; l'activité et le fonctionnement des tribunaux de commerce (1998) ; les sectes ; le fonctionnement des forces de sécurité en Corse, après l'incendie d'une paillote (1999). Au Sénat, on mentionnera : les abattoirs de la Villette (1970) ; les écoutes téléphoniques (1973) ; les services relevant de l'autorité judiciaire et le second cycle de l'enseignement (1990) ; la S.N.C.F. (1992) ; la réduction du temps de travail (1998) ; la politique de sécurité menée par l'État en Corse (1999).

c) *Les commissions ad hoc*

Par une *résolution,* une assemblée met en place, à la majorité, et au *prorata* des groupes, une commission de ce type, en vue d'apprécier certains comportements individuels. Il s'agit, de la demande de suspension de l'action pénale à l'égard de l'un de ses membres ou d'une demande portant mise en accusation devant la Haute Cour de justice du président de la République. Cependant, au Palais Bourbon une commission *permanente* dite des *immunités* a été créée, en 1994 (art. 80 R.A.N.).

2° Les délégations parlementaires

En vue de respecter et de contourner, tout à la fois, la limitation du nombre des commissions législatives permanentes (art. 43 C), des délégations ont été créées, sur leur modèle (art. 6 *bis* de l'ord. du 17 novembre 1958, rédaction de la loi du 6 juillet 1979).

Une délégation dans chacune des assemblées a été constituée pour l'Union européenne (lois des 10 mai 1990 et 10 juin 1994) ; l'aménagement et le développement durable du territoire (loi du 25 juin 1999), et les droits des femmes et l'égalité des chances entre les hommes et les femmes (loi du 12 juillet 1999) (art. 6 *bis* ; 6 *sexies* et 6 *septies* de l'ord. du 17 novembre 1958). A l'opposé, des délégations *communes* ont été créees pour les problèmes démographiques (loi du 31 décembre 1979) et appelées *offices parlementaires,* en matière d'évaluation respective des choix scientifiques et technologiques (art. 6 *ter* de l'ord. du 17 novembre 1958, rédaction de la loi du 8 juillet 1983) ; de la législation (art. 6 *quater* de l'ord., rédaction de la loi du 14 juin 1996) et des politiques publiques (art. 6 *quinquies* de l'ord., *idem*). Leur rôle informatif relève du pouvoir de contrôle, en dépit de la tendance rentrée de celles afférentes à l'Union européenne à se comporter en commission (son président siège dorénavant à la conférence des présidents). Le Gouvernement communique à celles-ci les *actes de l'Union européenne* (art. 6 *bis*-IV, rédaction de la loi du 10 juin 1994) c'est-à-dire incluant les 2e et 3e *piliers* du traité de Maastricht (V. *chapitre I*). La délégation compétente instruit les propositions (art. 151-1, R.A.N.) et les répartit, telle une gare de triage, entre les commissions.

(117) *Privilège de l'exécutif :* à la demande de son successeur, Valéry Giscard d'Estaing n'a pas été entendu, en 1984, par la commission d'enquête de l'Assemblée nationale relative aux *avions renifleurs* au motif que l'irresponsabilité du chef de l'État est *perpétuelle* (art. 68 C). V. J. DESANDRE : La responsabilité des personnes entendues par les commissions parlementaires d'enquête, *R.D.P.* 1986, p. 731 ; et Les commissions parlementaires d'enquête ou de contrôle en droit français, N.E.D. 1976 ; M. CÉOARA : Les commissions d'enquête parlementaire sous la Ve République, Paris-I, 1972.

3° Les groupes

Jusqu'à présent, on s'est soucié du décor parlementaire, il est grand temps de songer aux metteurs en scène et acteurs au moyen desquels s'opère la jonction entre les démarches institutionnelle et politique. La constitution (art. 4) reconnaît que *les partis et groupements politiques concourent à l'expression du suffrage ; qu'ils se forment et exercent leurs activités librement,* tout en ayant le devoir de respecter les principes de la souveraineté nationale et de la démocratie. Ces derniers trouvent leur *aboutissement* dans des formations intérieures aux assemblées, appelées *groupes,* qui rassemblent des élus d'une même obédience ou *par affinités politiques* (art. 5 R.S.) (118).

A cet égard, leur reconnaissance a été tardive (1910 à la Chambre des députés et 1920 au Sénat) motif pris de ce que la *discipline de vote* qu'ils imposent à leurs membres est apparue contraire au principe du régime représentatif, selon lequel les élus se déterminent eux-mêmes. Seule la constitution de 1946 a fait référence aux groupes (art. 11 et 52).

a) *La formation et l'organisation*

L'existence des groupes est subordonnée à deux conditions : un nombre minimum de membres : 20 à l'Assemblée nationale (art. 19 R.A.N.) et 15 au Sénat (art. 6 R.S.) et la production d'une déclaration politique commune qui n'est pas contrôlée (C.C., 17, 18 et 24 juin 1959, *R.A.N., G.D.,* p. 34). Les parlementaires qui se sentent proches d'un parti, sans en approuver pour autant toutes les positions, ont la possibilité de *s'apparenter.* L'apparentement implique l'agrément du groupe, mais n'impose pas aux parlementaires apparentés la discipline de celui-ci. Les apparentés ne comptent pas dans le chiffre minimum requis. Pour des raisons de commodité, on a accepté, mais seulement au Sénat, où l'individualisme demeure, un lien encore plus faible, qui n'implique qu'un accord de tendance : *le rattachement administratif* (119). Cependant l'adhésion à un groupe est facultatif. Des élus peuvent s'y refuser, et figurer parmi les *non-inscrits.* Un député peut appartenir à un intergroupe, mais la *bigamie* est interdite (art. 19, al. 3 R.A.N.).

Chaque groupe élabore son règlement intérieur. Il dispose d'un secrétariat administratif, dont le rôle ne cesse de s'affirmer et d'un *pool* d'assistants.

b) *Les attributions*

Les groupes résument la *dynamique* parlementaire, dès lors qu'ils en sont le ressort et l'énergie (120). De surcroît, le groupe majoritaire, repoussant les tentations extrêmes du *basisme* et du *suivisme,* pour s'en tenir à un *activisme* normal, participe à l'exercice du pouvoir décisionnel. De la sorte, l'activité parlementaire est moins individualisée que *collectivisée.* Elle est devenue, en un mot,

(118) V. L. Fondraz : *Les groupes parlementaires au Sénat sous la Ve République,* thèse Paris-I, 1997 ; J. Waline : Les groupes parlementaires en France, *R.D.P.* 1961, p. 1170 ; J.-P. Duprat : Les groupes parlementaires sous la Ve République, *Mél. Montané de la Roque,* 1986, p. 109 ; J.-P. Davin : Les groupes parlementaires, *Pouvoirs* n° 34, p. 23.

(119) La XIe législature qui s'est ouverte le 12 juin 1997 comprenait 5 groupes à l'A.N. : *socialiste* (242 + 8 app.) ; *communiste* (34 + 2 app.) ; *radical, citoyen et vert* (R.C.V.) (33) ; *Rassemblement pour la République* (R.P.R.) (134 + 6 app.) et *Union pour la démocratie française* (U.D.F.) (107 + 6 app.). Cinq députés étaient non-inscrits. Depuis mai 1998, les députés de *Démocratie libérale* ont quitté l'U.D.F. et constitué un 6e groupe (40 + 1 app.). Le groupe U.D.F. est réduit à 66 membres.

Au Sénat, à l'issue du renouvellement de 1998, on dénombre 6 groupes : *communiste républicain et citoyen* (C.R.C.) (16) ; *socialiste* (75 + 3 app.) ; *Rassemblement démocratique et social européen* (R.D.S.E.) (21 + 2 ratt.) ; *Union centriste* (U.C.) (49 + 3 ratt.) ; *Union des républicains et indépendants* (U.R.E.I.) (44 + 1 app. + 2 ratt.) ; *Rassemblement pour la République* (R.P.R.) (89 + 5 app. + 5 ratt.). Il existe enfin une *réunion administrative des non-inscrits* (7) qui, en pratique, est assimilée à un groupe.

(120) Il faut souligner, par ailleurs, le rôle important dévolu au président de groupe dans la direction ou le contrôle de ses troupes et dans la conduite des débats.

l'apanage des groupes, tandis que leurs membres sont réduits, si l'on puis dire, au rôle de *groupie* (121). De façon topique, un représentant de l'Élysée ou de Matignon est présent à la réunion du groupe (ou des groupes) de la majorité.

Pour mémoire, ce sont les groupes qui, en tant que *dénominateur commun,* sont à l'origine du bureau, de la conférence des présidents, des commissions (le député qui cesse d'appartenir à un groupe cesse de plein droit de siéger dans une commission, art. 38, alinéa 3 R.A.N.), qui désignent les rapporteurs des textes de loi, déposent les propositions de loi, les amendements et les motions de censure, encadrent les débats, posent des questions orales, saisissent le Conseil constitutionnel, bénéficient du concours financier de l'État (loi du 11 mars 1988), disposent d'un temps de parole à la télévision au moment des campagnes électorales et référendaires (art. L. 167-1 du code électoral), *etc.* En un mot, *les groupes donnent vie au Parlement et le résument.* Il suit de là que toute la délibération est désormais en porte-à-faux, à la suite du passage d'une conception individualiste, à une conception grégaire : 577 députés cédant le pas au *G.5. !* (J.-Cl. Colliard). Dès la réunion des groupes à l'Assemblée et au Sénat, le mardi, tout est joué. La suite relèvera d'un processus de mécanisation.

SECTION III **LES COMPÉTENCES DU PARLEMENT**

Que fait le Parlement ? Sauf à verser dans la facilité de Victor Hugo qui prétendait qu'il *parle* et *ment,* il assume traditionnellement une double fonction inhérente au régime représentatif de *contrôle du Gouvernement* et de *vote de la loi.* L'expression de *pouvoir délibérant* utilisée par le doyen Maurice Hauriou en rend compte. Avec la fin de la souveraineté parlementaire, les compétences des assemblées ne sont plus celles qu'elles se donnent comme jadis ; ce sont à l'opposé, celles que la constitution, sous le contrôle du juge constitutionnel, leur attribue. Sous ce rapport, la rationalisation de l'activité parlementaire, alliée à la discipline majoritaire, débouche sur la prééminence exécutive, selon la tendance contemporaine. Tant et si bien que le rôle du Parlement se ramène,pour l'essentiel,*à contrôler l'activité législative du Gouvernement* (Ph. Séguin). Tout en se rendant à la justesse de cette observation, on ne manquera pas de la relativiser en référence à la négociation intra-majoritaire et plus encore au rôle du Conseil constitutionnel qui, telle la *ligne bleue des Vosges,* est présent dans les travaux du Parlement. La vigilance des élus, est un gage objectif d'action pour le Gouvernement. A ce propos, Cavour prétendait que *la pire des chambres vaut mieux encore que la meilleure des antichambres.* Les amis et les censeurs *a fortiori* osent dire la vérité que les flatteurs s'empressent de dissimuler (122).

(121) En dernière analyse, les parlementaires ne peuvent pas constituer des groupes de défense. En revanche, ils ont la possibilité de créer des groupes d'amitié avec des pays étrangers. Ils participent à de nombreux organismes extra-parlementaires (conseil d'administration des sociétés nationales et radio-télévision, par exemple).

(122) V. J.-M. Belorgey : *Le Parlement à refaire,* 1991 ; J.-M. Camby et P. Servent : *Le travail parlementaire sous la Ve République,* 3e éd. 1997 ; A. Chandernagor : *Un Parlement pour quoi faire ?* 1967 ; J.-Cl. Masclet : *Le rôle du député et ses attaches institutionnelles sous la Ve République,* 1979 ; R. Cayrol, J.-L. Parodi et C. Ysmal : *Le député français,* 1973 ; J. Foyer : *Le député dans la société d'aujourd'hui,* 1991 ; P. Avril : Le parlementarisme rationalisé, *R.D.P.* 1998, p. 1507 ; B. Chantebout : *Le contrôle parlementaire,* D.F., 1997 ; D. Hochedez : Contrôle parlementaire, *D.C.* p. 229.

§ 1 LA FONCTION DE CONTRÔLE

Le terme de contrôle est *multiforme*. Il englobe des opérations aussi variées que nombreuses allant des activités informatives à la mise en jeu de la responsabilité du Gouvernement, en passant par l'adoption par chaque assemblée de résolutions en matière communautaire (art. 88-4 C). La session continue (L.C. du 4 août 1995) favorise le *contrôle continu* du Parlement. Mais, rien ne saurait remplacer la volonté d'agir : la mission sur le Rwanda créée à l'Assemblée nationale, en 1998, en apporte la démonstration.

A. L'INFORMATION DU PARLEMENT

Le dialogue est consubstantiel à la démocratie. Mais à l'époque actuelle il est malaisé en raison d'un déséquilibre. Les parlementaires se trouvent vis-à-vis du Gouvernement dans la situation d'amateurs face à une équipe de professionnels. D'autant qu'en pratique, les ministres sont animés du souci (à la limite de l'obsession) de communiquer avant toutes choses avec l'opinion. *Gouverner c'est paraître* (J.-M. Cotteret) aux journaux télévisés. L'information des élus sera de seconde main. La démarche est irréversible. Le Parlement a cessé d'être le lieu privilégié du débat politique. On ne peut que le constater et le déplorer. Cette *médiatisation* de la vie politique contrarie, ses efforts entrepris au cours des dernières années en vue de limiter cet état de dépendance (123).

Les procédures informatives empruntent trois canaux essentiels : les déclarations du Gouvernement (1°) ; les questions des parlementaires (2°) et les commissions (3°).

1° Les déclarations du Gouvernement

En dehors de la *déclaration de politique générale,* à l'issue de laquelle le Gouvernement engage sa *responsabilité* (art. 49 C), ce dernier peut procéder à des *déclarations* sur la base du *règlement* de l'assemblée, qui ne donnent lieu à *aucun vote.*

a) *Les déclarations avec débat*

Après que la conférence des présidents eut organisé le débat, les représentants des groupes répondent au Gouvernement (art. 132 R.A.N. et 39 S.). En certaines circonstances, cette procédure à l'Assemblée peut tenir lieu de *substitut* d'engagement de responsabilité. Faute de majorité absolue sous la IXe législature (1988-1993), les Gouvernements Rocard, Cresson, Bérégovoy y ont recouru (124). Lionel Jospin s'est borné à une déclaration, les 26 mars et 27 avril 1999, sur l'engagement français au Kosovo, à l'opposé du précédent de la guerre du Golfe, en 1991 (*chr.* n° 58, p. 153). Le premier ministre fait une déclaration en cas de recours au référendum (art. 11 C, rédaction de la L.C. du 4 août 1995) et, sur toutes matières, qu'il juge utile (orientation budgétaire ; politique agricole commune).

(123) De manière topique, une mission de l'I.N.S.E.E. a été installée à l'Assemblée nationale, en juin 1999, en vue d'améliorer l'information économique des députés. V. M. AMELLER : Le progrès technique au service du législateur, *R.F.S.P.* 1984, p. 1120 ; J.-Y. FABERON : Choix scientifique et décision parlementaire, *A.J.D.A.* 1983 ; J.-F. LE MEN : *L'information du parlementaire français,* D.F. 1984 ; J.-P. DUPRAT : Le Parlement évaluateur, *Rev. int. de droit comparé,* 1998, p. 551.

(124) Au préalable, cette procédure avait été mise en œuvre par Georges Pompidou (1966 et 1967) ; Maurice Couve de Murville (1968) ; Pierre Messmer (1972, 1974) ; Raymond Barre (1976).

b) *Les autres déclarations*

Au Sénat, il est donné lecture, par un ministre, en concomitance avec les députés, du programme du Gouvernement ou de la déclaration de politique générale sur lequel celui-ci engage sa responsabilité devant l'Assemblée nationale, au sens de l'article 49, al. 1er C. Aucun débat, aucun droit de réponse ne sont autorisés (art. 39, al. 1er R.S.) (125). Mais la réplique est ouverte (art. 39, al. 3 R.S.). En dernière analyse, le président de la République peut adresser un message aux assemblées (art. 18 C) et le Gouvernement présenter une communication : ses membres *sont entendus quand ils le demandent* (art. 31 C).

2° Les questions des parlementaires

Les questions *écrites* ou *orales* constituent pour les députés et sénateurs un procédé traditionnel d'information. Les constituants de 1958 se sont efforcés de développer ces dernières qui, on le sait, constituent en Grande-Bretagne, un des moyens de dialogue les plus efficaces entre le Gouvernement et le Parlement *(question time).* Mais, pour des raisons d'organisation, peut-être des motifs tenant aux habitudes des élus français, sans compter la mauvaise volonté des gouvernants, cette tentative n'a pas été jusqu'ici, couronnée de succès. Cependant, à la faveur d'une *convention de la constitution,* une relance a été opérée avec succès, à partir de 1974.

a) *Les questions écrites*

Parallèlement aux informations obtenues auprès des services des assemblées, la question écrite, dont l'existence est purement *coutumière,* est une demande de renseignement adressée par un parlementaire à un membre du Gouvernement, qui doit répondre dans le délai d'un mois (art. 139 R.A.N.) (126).

La procédure date d'une résolution de 1909, due à l'initiative de Pressensé. Introduite d'abord à la Chambre, cette technique a été adoptée par le Sénat en 1911. Les questions écrites sont, pour les parlementaires, une source précieuse de renseignements en vue de la solution des innombrables problèmes qui leur sont soumis par leurs électeurs. C'est également, parfois, un moyen d'obtenir une consultation juridique gratuite, notamment en matière fiscale. En ce cas, l'administration est liée par sa réponse (art. L. 80 A du livre des procédures fiscales).

Les questions écrites ne doivent contenir aucune imputation d'ordre personnel à l'égard de tiers nommément désignés (art. 139 R.A.N. et 74 R.S.). Lorsqu'une question intéresse une situation individuelle, il est répondu directement au parlementaire. Par ailleurs, si dans le délai d'un mois qui suit l'insertion au *Journal officiel* de la question, le ministre n'a pas répondu, en raison, d'une part, de l'intérêt public ou d'autre part, des difficultés rencontrées pour rassembler les éléments de la réponse, un délai supplémentaire est accordé, qui ne peut excéder un mois (art. 139, al. 6 R.A.N.) (127). La réponse est signée par le ministre ou son délégataire.

b) *Les questions orales*

Le droit d'interroger le Gouvernement est inhérent au régime représentatif. Dans le cadre de la session *ordinaire, une séance par semaine au moins est réservée, par priorité,*

(125) Une modification en sens contraire du règlement du Sénat a été censurée par le C.C. (2 juin 1976, L. Favoreu et L. Philip, *chr.* R.D.P. 1977, p. 466). Le ministre dépêché au Sénat est, en principe, le second du Gouvernement, dans l'ordre hiérarchique.

(126) V. *Connaissance de l'Assemblée : 7 :* Les questions, 1997.

(127) On note, sous les dernières législatures, une forte progression des questions écrites à l'A.N., dont le nombre s'élève à environ 40 000. Les ministres qui en drainent le plus sont, en règle générale, ceux de l'économie et des finances ; des affaires sociales ; de l'éducation nationale ; de l'agriculture et de l'intérieur. Le délai de réponse est respecté dans l'ensemble. Mais, il se heurte à la pertinence de certaines questions qui entraînent des études, voire des enquêtes, avant d'y répondre. Il existe aussi des questions à caractère *didactique,* qui enrichissent la connaissance de la vie institutionnelle. V. *Connaissance de l'Assemblée, op. cit.*

aux questions des membres du Parlement et aux réponses du Gouvernement **(art. 48, al. 2 C, rédaction de la L.C. du 4 août 1995).**

Les règlements des assemblées distinguent entre les questions orales *simples* et les questions *orales avec débat* (art. 133 R.A.N. et 76 R.S.). Au premier cas, le représentant du Gouvernement répond à la question qui lui a été posée, avec faculté pour l'interrogateur de reprendre la parole, ce qui donne lieu à deux monologues parallèles, celui du questionné et celui du questionneur (128). Dans le second, un débat s'ouvre, auquel des tiers peuvent prendre part, sans qu'il puisse s'achever par un vote, comme jadis l'interpellation. Il appartient à la conférence des présidents d'inscrire les questions orales à l'ordre du jour de la séance qui leur est consacrée (art. 134 R.A.N.). L'expérience devait se révéler à l'usage décevante. Mais à l'instigation du président Giscard d'Estaing, en 1974, les *questions au Gouvernement,* dites *spontanées* ou *d'actualité,* ont permis le renouveau de la procédure.

1) Les questions d'origine constitutionnelle

Dans la pensée des constituants de 1958, et particulièrement de celle de Michel Debré, la technique des questions orales devait *compenser,* par une large information hebdomadaire des parlementaires, les restrictions au contrôle politique du Parlement sur le Gouvernement, ainsi que la maîtrise de celui-ci sur l'ordre du jour. Mais, en fait, ces efforts pour développer en France la technique des questions orales et en faire le principal élément d'un dialogue fécond entre les pouvoirs a fait long feu pour les trois raisons suivantes : *un mauvais choix :* celui de la séance fixée au vendredi après-midi, au moment même où les parlementaires préfèrent regagner leur circonscription ; *une absence de tradition,* on ne connaissait jusqu'alors que l'interpellation ; enfin, *un refus politique* du Gouvernement à se plier à l'actualité. L'inscription des questions orales étant fixée par la conférence des présidents, par l'intermédiaire de laquelle celui-ci agissait. Il réussissait ainsi à les *désactualiser* ou à les renvoyer aux calendes grecques. Ainsi pour prendre un exemple tragique, une question orale à propos de l'enlèvement de Ben Barka, déposée le 9 novembre 1965, n'est venue en discussion que le 6 mai 1966. Entre-temps, les faits avaient répondu... avant le ministre (129). Ce type de questions demeure à l'Assemblée où son examen se déroule, désormais le mardi matin, ainsi qu'au Sénat. Mais, d'une manière générale, elles ont été supplantées par les *questions d'actualité,* nées d'une convention de la constitution (130).

2) Les questions spontanées d'origine conventionnelle

Dans le dessein de traiter ces questions en temps réel, après que le Conseil constitutionnel eut censuré une tentative de réforme (21 janvier 1964, *R.A.N., Rec.* p. 23), l'Assemblée nationale devait accueillir une suggestion du président Giscard d'Estaing. Dans son message du 30 mai 1974, celui-ci se réclamant du *question time,* se prononçait pour l'examen de *questions d'actualité,* appelées aussi les *questions au Gouvernement* (Edgar Faure).

Le nouveau style, qui résulte d'une *convention* entre les pouvoirs publics, obéit aux principes suivants : en accord avec le Gouvernement, deux séances ont lieu, depuis 1995, le mardi et le mercredi, de 15 à 16 heures, y compris pendant la discussion budgétaire. La répartition entre les groupes est *grosso modo* proportionnelle. La séance est retransmise sur *France 3.* Un temps de parole est attribué aux groupes au *prorata* de leurs effectifs. Par ailleurs, le Gouvernement a accepté la suppression du dépôt préalable des thèmes des questions, seule la liste des ministres interrogés lui est communiquée. Le temps de chaque intervention est limitée à 2 minutes 30 pour l'auteur comme

(128) C'est le premier ministre qui désigne le membre du Gouvernement appelé à répondre. La notion de *ministre compétent* n'entre pas dans l'appréciation des parlementaires (C.C., 21 janvier 1964, *R.A.N. Rec.* p. 23).

(129) Il est arrivé cependant, que des dialogues importants s'engagent, exceptionnellement, à l'occasion de questions orales avec débat. Par exemple, le 24 avril 1964, Georges Pompidou, alors premier ministre, est venu répondre à un certain nombre de questions, dont l'une posée par François Mitterrand, relative aux rôles respectifs du président de la République et du premier ministre et la discussion a été, ce jour-là, d'une grande qualité, au point de figurer désormais dans les annales de la Ve République.

(130) V. M. Ameller : *Les questions, instrument du contrôle parlementaire,* 1964, et l'heure des questions au Palais Bourbon, *Mél. Georges Burdeau,* 1977, p. 355.

pour le ministre invité de façon pressante à répondre au debotté. Le président de séance se réserve, enfin, d'interrompre les intervenants qui ne respecteraient pas les délais impartis (131). Les questions peuvent être *regroupées* sur un sujet (conflit du Kosovo, en mars-avril 1999).

Le succès des questions d'actualité, depuis 1974, ne s'est pas démenti, au point que le Sénat s'en est réclamé, à partir de 1982, de manière conventionnelle, avant de les institutionnaliser en 1995. Leur examen a lieu le jeudi, deux fois par mois (art. 75 *bis* R.S.). Le temps est *proportionnel* à l'effectif des groupes (132).

3° Les commmissions parlementaires

Les commissions *permanentes* participent à l'exercice de la fonction informative, selon des formes diversifiées, en temps ordinaire ou de crise.

a) *Le rôle en temps ordinaire*

On se bornera à indiquer que les commissions permanentes *assurent l'information de l'Assemblée pour lui permettre d'exercer son contrôle sur la politique du Gouvernement* (art. 145 R.A.N.) (133), au même titre que les missions d'information créés en leur sein, le rapporteur général et les rapporteurs des commissions des finances. Ceux-ci disposent de larges pouvoirs d'investigation sur pièces et sur place (art. 164 IV de l'ord. portant loi de finances du 30 décembre 1958) (134). Les rapporteurs des projets de loi de financement de la sécurité sociale disposent de pouvoirs comparables (loi du 27 décembre 1996). Le Parlement contrôle aussi l'exécution de la loi de finances et de la loi de financement de la sécurité sociale, assisté par la Cour des comptes (art. 47 et 47-1 C) (135).

b) *Le rôle en temps de guerre*

Au cours de la guerre du Golfe, en 1991, la permanence de l'institution parlementaire a été assurée, en l'absence de la convocation d'une session extraordinaire, par les commissions. Celles-ci ont auditionné les ministres concernés, dans le cadre de la procédure inédite de *commissions ouvertes* à tous les députés (*chr.* n° 58, p. 135). Au Sénat, la commission des affaires étrangères et de la défense a invité les membres de la conférence des présidents.

Pendant le conflit du Kosovo, en 1999, les commissions compétentes de l'Assemblée ont tenu des réunions communes (*ibid* n° 90). Une mission d'information a été créée au sein de la commission de la défense.

(131) Cette règle politique paralyse la constitution qui pose le principe que *les ministres sont entendus quand ils le demandent* (art. 31 C).

(132) Au Sénat, l'examen de questions orales avec débat portant sur des sujets européens y a institué en 1991 (art. 83 *bis* R.S.). Une procédure identique se déroule à l'A.N. depuis 1994 (art. 134 R.A.N.).

(133) Une commission législative (permanente ou spéciale) peut désormais convoquer toute personne dont elle estime l'audition nécessaire, réserve faite des sujets à caractère secret et concernant la défense nationale, les affaires étrangères, la sécurité de l'Etat et du principe de la séparation de l'autorité judiciaire et des autres pouvoirs (art. 5 *bis* de l'ordonnance du 17 novembre 1958, rédaction de la loi du 14 juin 1996). En outre, chaque commission peut se faire attribuer par l'assemblée les prérogatives des commissions d'enquête pour une durée n'excédant pas 6 mois (art. 5 *ter*).

(134) V. H. LE GUERN, H. MESSAGE et A. TESSIER : Le contrôle parlementaire du budget de l'État, *Revue franç. de finances publiques* n° 22, p. 195 ; A.F.D.C. et S.F.F.P. : *L'exercice du pouvoir financier du Parlement,* 1996.

(135) La fonction de contrôle *lato sensu* emprunte d'autres formes : le droit de pétition ouvert aux citoyens (V. S.DUBOURG-LAVROFF : Le droit de pétition en France *R.D.P.*1992, p. 1733) et par extension, la saisine de la Haute Cour de justice (art. 68 C) et du médiateur de la République (loi du 3 janvier 1973). D'une manière *sui generis,* le Parlement peut voter, de manière conjointe, une proposition de référendum (art. 11 C). Il désigne les membres de la Haute Cour de justice (art. 68) et ceux à la Cour de justice de la République, (art. 68-1 C), ainsi que les représentants français à l'assemblée parlementaire du Conseil de l'Europe (loi du 23 juillet 1949) (V. *chapitre III*).

B. LA MISE EN JEU DE LA RESPONSABILITÉ DU GOUVERNEMENT À L'ASSEMBLÉE NATIONALE

Le Gouvernement est responsable politiquement devant les députés (art. 20 C) suivant les procédures *rationalisées* de la question de confiance et de la motion de censure (art. 49). *Nous vous demandons raison des actes consommés :* La formule du général Sébiastini, ministre de la guerre de Louis-Philippe, signifie que le contrôle se présente normalement comme l'examen *a posteriori* des actes accomplis par le Gouvernement. Cette appréciation est de nature à entraîner une double sanction : le retrait de confiance ou la démission de ce dernier (art. 50) et, telle l'onde de choc, la dissolution de l'Assemblée (art. 12). Pour sa part, le Sénat peut épauler le Gouvernement, mais non le désarçonner (art. 49 *in fine* C), en application du bicamérisme inégalitaire. (136).

Cependant, l'évolution de la Ve République s'impose, une fois de plus, à la réflexion. La *logique majoritaire* à laquelle elle s'abreuve depuis 1962 a *remodelé* le concept de responsabilité et donné naissance au *Gouvernement de long cours* (L. Jospin). En théorie, celui-ci est comptable de ses actes devant la *seule* Assemblée nationale, à l'exclusion du chef de l'Etat. Mais la lecture *présidentialiste* du régime renverse cette perspective (137). La responsabilité ministérielle s'y trouve, en effet, moins dédoublée qu'unifiée, à la mesure de l'expression du *monisme inversé*. Autrement dit, l'existence d'une majorité parlementaire neutralise la responsabilité devant les députés, au moment même où elle est appelée à jouer normalement devant le président de la République (138). *A l'heure où il me faut vous présenter la démission de ce Gouvernement :* la formule célèbre de Michel Rocard à l'adresse de François Mitterrand en 1991, s'impose à l'attention.

En définitive, la responsabilité exécutive est devenue *électorale,* selon la tendance contemporaine (139). En un mot, c'est devant la nation que le *quitus* sera donné ou refusé à la majorité sortante. En termes binaires, le peuple souverain est appelé à renouveler sa confiance ou à préférer l'alternance, à l'image du *vote-sanction* de 1993 et 1997. Bref, la crise ministérielle des Républiques antérieures, relève du *temps de la marine à voiles* (Ch. de Gaulle). Le Gouvernement est présentement stabilisé (140).

(136) V. J.-Cl. COLLIARD, *C.R.F.,* p. 955.

(137) Une crise *sèche* ou intra-majoritaire n'est pas à exclure pour autant, à l'image de celle dont fut victime le Gouvernement Chaban-Delmas en 1972.

(138) Le Gouvernement est formellement responsable devant les députés d'une politique qu'il n'a pas déterminée. Et cependant tous les premiers ministres, dans cette logique, ont estimé que seule la confiance du chef de l'Etat justifiait leur maintien.

(139) L'absence de responsabilité politique du Gouvernement est susceptible d'être compensée, cependant, par la mise en jeu de la responsabilité pénale des ministres. Sur cette nouvelle dialectique : V. le dossier du sang contaminé, *R.D.P.* 1999, p. 315 ; Ph. Ségur, *La responsabilité politique,* 1998 *(chapitre III).*

(140) Sous la IXe législature, les Gouvernements Rocard (1988-1991), Cresson (1991-1992) et Bérégovoy (1992-1993) ne disposant que d'une majorité *relative,* n'ont dû leur salut qu'aux techniques de *discipline* de l'activité parlementaire qui avaient été précédemment supplantées par la logique majoritaire. Le caractère dissuasif de la dissolution a parachevé le dispositif de la non-défiance. Au plan politique, l'art de l'intermittence a pu être comparé à un exercice de *marquetterie* (concours ou abstention alterné des centristes et des communistes).

1° Les procédés de mise en jeu de la responsabilité gouvernementale

En faisant abstraction qu'à ce jour, le fait majoritaire a exaucé le vœu des constituants, le texte de 1958 prévoit *exclusivement,* dans sa volonté de d'encadrement, deux procédures destinées à vérifier si le Gouvernement possède toujours la confiance de l'Assemblée nationale : la première est mise en œuvre par le premier ministre, c'est *l'engagement de la responsabilité gouvernementale,* que l'on continue de nommer, par habitude, la question de confiance (art. 49, al. 1er C) ; la seconde, laissée à l'initiative des députés, c'est la *motion de censure* (al. 2).

Il reste que, dans une démarche *dialectique,* la question de confiance et la motion de censure peuvent se combiner, à propos du *vote d'un texte de loi* (al. 3). A l'opposé, ni la procédure du vote bloqué (art. 44.3 C) ni celle de la résolution (art. 88-4 C) ne peuvent contraindre juridiquement le Gouvernement à démissionner (141).

Par ailleurs, il est expédient d'indiquer que ces mécanismes qui puisent leur inspiration dans les projets Gaillard-Pflimlin de la fin de la IVe République *(supra),* peuvent être mis en œuvre par le premier ministre intérimaire (C.C., 29 décembre 1989, *Loi de finances pour 1990, chr.* n° 53, p. 187). En revanche, ils sont *suspendus* en période d'intérim de la présidence de la République (art. 7 *in fine* C). Mais, l'interdiction signifiée par le général de Gaulle, en 1961, lorsque l'article 16 C s'appliquait, n'emporte nullement la conviction. La tenue d'une session *extraordinaire* ou de *plein droit* ne fait pas obstacle à la mise en jeu de la responsabilité gouvernementale. La clôture des sessions est de droit retardée, en cas d'application des dispositions de l'article 49 (art. 51 C).

a) *La question de confiance simple* (art. 49, al. 1er C)

A la manière de *qui m'aime me suive,* l'alinéa premier dispose : *le premier ministre, après délibération du conseil des ministres, engage devant l'Assemblée nationale la responsabilité du Gouvernement sur son programme ou éventuellement sur une déclaration de politique générale.*

C'est là, l'énoncé d'une règle constitutionnelle aussi ancienne que le parlementarisme qui, cependant, a donné matière à discussion. Après avoir sacrifié au formalisme de la délibération du conseil des ministres, le premier ministre engage l'existence de son Gouvernement, soit sur son *programme,* soit sur une *déclaration de politique générale,* ces expressions étant d'une *acception analogue* (C.C., 12 janvier 1977, *Territoire français des Afars et des Issas, Rec.* p. 31). Mais une question essentielle se pose : le premier ministre est-il tenu ou non de solliciter la confiance, au moment de son entrée en fonction ?

Cet alinéa est à l'origine d'une interprétation contrastée, entre Michel Debré l'appliquant à la lettre, le 15 janvier 1959 et Georges Pompidou l'écartant au profit d'une simple *déclaration informative* (art. 132 R.A.N.), le 8 janvier 1966. Nonobstant le renfort de la sémantique (142), la pratique a tranché en faveur de la liberté d'appréciation de l'intéressé. Deux arguments plaident en ce sens : le Gouvernement existe juridiquement dès sa nomina-

(141) Cette volonté de rationalisation soustrait, par voie de conséquence, la procédure législative, notamment en matière de police des amendements. Le *vote bloqué* (art. 44, al. 3 C) ne peut, en dehors des mécanismes de l'article 49, mettre en jeu la responsabilité du Gouvernement. Il remplace avantageusement le système des questions de confiance *en rafales* de la IVe République (C.C., 15 janvier 1960 *R.A.N., Rec.* p. 15). De la même façon, le juge s'est opposé à la possibilité d'un vote dans le cadre d'une proposition de résolution (17-18 et 24 juin 1959, *G.D.* p. 34).

(142) *L'indicatif a valeur impérative* aurait déclaré le général de Gaulle à Guy Mollet, lors de l'élaboration du projet de constitution, en 1958. Le texte indique, au demeurant, que le premier ministre engage et non *peut engager.*

tion par le chef de l'État (art. 8 C) *indépendamment* d'une manifestation de volonté parlementaire. Bref, l'*investiture,* ce réactif du régime d'assemblée d'antan, n'existe plus. Aucun délai n'est, par ailleurs, visé à l'alinéa premier.

Il résulte de ce qui précède que, si depuis 1973 (2e Gouvernement Messmer) l'engagement de responsabilité est normalement honoré (143), il relève tout bonnement d'un geste de convivialité à l'égard de la majorité parlementaire (144).

Après que la conférence des présidents eut organisé le débat (art. 152 R.A.N.), le vote a lieu au scrutin public à la tribune. Il est émis à la majorité absolue des suffrages exprimés (al. 8) (145). Tout concourt donc à présumer que le Gouvernement bénéficie de la confiance des députés, tant qu'ils n'en administrent pas la preuve contraire.

b) *La motion de censure simple* (art. 49, al. 2 C)

Elle intervient à l'initiative des députés. C'est la raison pour laquelle elle est aussi qualifiée *spontanée* ou *offensive.* En réaction à la facilité de *l'interpellation* de jadis, elle est aujourd'hui strictement réglementée. Les constituants se sont souciés de garantir l'existence du Gouvernement, de manière à ce qu'il ne soit pas défait à la suite d'une chiquenaude. D'où un dispositif cumulatif et insistant, à la limite (146).

α) *La mise en œuvre*

La motion de censure qui, dans la pratique est motivée, est subordonnée d'abord à une condition de *recevabilité :* un dixième au moins des députés (58, en l'espèce) sont tenus de la signer. Un député ne peut en signer plusieurs à la fois. Un délai de réflexion de 48 heures est ensuite, aménagé, pour mieux en souligner l'enjeu et éviter, autant que possible, les votes *ab irato.* La date de la discussion est fixée par la conférence des présidents *(ibid)* et le débat organisé. En outre, renversant *le fardeau de la preuve,* un mode de décompte original est adopté : *seuls* sont pris en considération les votes *favorables* à ladite motion ; les abstents sont réputés prendre le parti du Gouvernement. Par ailleurs, la motion est acquise à la majorité *absolue* des membres composant l'Assemblée, soit, à l'heure actuelle 289 voix, au terme d'un vote public à la tribune. En dernière analyse, la *récidive* est limitée en ce qu'*un député ne peut être signataire de plus de trois motions de censure au cours d'une même session ordinaire et de plus d'une au cours d'une même session extraordinaire* (art. 49, al. 2 *in fine* C, rédaction de la L.C. du 4 août 1995), sauf s'il est défié par le Gouvernement, au titre de l'article 49, al. 3 C.

β) *L'application*

Actuellement, une seule motion de censure *autonome* atteint son objectif, le 5 octobre 1962, provoquant la chute du Gouvernement Pompidou. Depuis cette date, *le fait majoritaire* a dévalorisé cette procédure. Mais il s'en est fallu de trois voix, le 1er juin 1992,

(143) Des exceptions demeurent, avec les Gouvernements Messmer III (février 1974) ; Barre I (août 1976) ; Mauroy I (mai 1981) ; Rocard I (mai 1988 et II juin 1988) et Cresson (mai 1991). V. J.-Cl. COLLIARD : art. précité, p. 980.

(144) La question de confiance peut être utilisée après coup en vue d'une clarification ou, d'une *mise au net,* des rapports au sein de la majorité.

(145) Simultanément, il est donné lecture au Sénat, par un ministre du programme ou de la déclaration (art. 39, al. 1er R.S.) *(supra).*

(146) En 1958, les rédacteurs de la constitution avaient songé à accueillir la *motion de censure constructive* de la Loi fondamentale allemande (art. 67). Mais, ils devaient y renoncer car cette procédure était de nature à neutraliser le pouvoir présidentiel de nomination du premier ministre (art. 8, al. 1er C).

à propos de la politique agricole commune, que le Gouvernement Bérégovoy ne soit emporté, à la suite de la conjonction des votes communistes et de droite. En règle générale, l'opposition y recourt, moins pour censurer le Gouvernement que pour se donner bonne conscience et l'obliger à venir s'expliquer, lorsqu'elle a le sentiment que ce dernier tend à se dérober à ses responsabilités. Tel un baroud d'honneur, la motion de censure a été détournée de sa finalité. Elle est devenue un pétard mouillé.

c) ***La mise en œuvre conjuguée de la question de confiance et de la motion de censure*** (art. 49, al. 3 C)

Chef-d'œuvre de la rationalisation, cette disposition, aussi performante que tentante, s'analyse en une technique *spécifique d'adoption de la loi à l'Assemblée nationale* (à l'*exclusion* du Sénat, il importe de le noter), lorque les moyens ordinaires dont dispose le Gouvernement se sont révélés inopérants face à une majorité rétive ou une opposition combative. Ce célèbre alinéa dispose : *le premier ministre peut, après délibération du conseil des ministres, engager la responsabilité du Gouvernement devant l'Assemblée nationale sur le vote d'un texte. Dans ce cas, ce texte est considéré comme adopté, sauf si une motion de censure, déposée dans les vingt-quatre heures qui suivent, est votée dans les conditions prévues à l'alinéa précédent.*

Cette procédure qui permet, selon l'expression consacrée, de faire passer un texte en force, c'est-à-dire *sans vote,* devait être exceptionnelle. Au fil des années, elle a eu tendance à se banaliser, en raison de son efficacité

α) *La finalité*

Ce mécanisme inédit et particulièrement ingénieux a pour objet d'éliminer *le phénomène de dissociation des majorités,* témoin du régime d'assemblée, qui se produisait *avant* 1958 et qui a été, pour une part, à l'origine de l'échec des efforts entrepris, à ce moment, pour rationaliser les procédures de contrôle. En effet, lorque le ministère posait *la question de confiance sur un texte,* il arrivait fréquemment, dans le cadre de la constitution de 1946, que celui-ci fût à la fois maintenu *juridiquement* au pouvoir (la majorité *absolue* n'ayant pas été atteinte) mais, néanmoins contraint *politiquement* à démissionner, le projet à propos duquel il avait posé la question de confiance ayant été rejeté à la majorité *simple.* Les inconvénients très graves de cette situation avaient déjà été perçus dès cette époque, et le projet Pflimlin, imaginé dans les derniers temps de la IVe République, prévoyait des dispositions analogues à celles inscrites dans l'actuelle constitution.

Désormais, le Gouvernement *lie* son sort au texte de loi, plaçant ainsi l'Assemblée nationale devant une alternative, qui ne comporte aucune échappatoire possible, ainsi que le dit fort bien le doyen Vedel : de deux choses l'une en effet : ou bien, elle veut que celui-ci reste en fonction et, alors, elle doit lui accorder tout ce dont il a besoin ; ou bien elle ne veut pas lui accorder les moyens exigés, mais alors, elle doit prendre la responsabilité de le renverser.

β) *Les modalités*

Au terme de l'interprétation littérale qui prévaut (C.C., 24 décembre 1979, *Loi de finances pour 1980, C.C.F.* p. 428), l'exercice de cette prérogative n'est soumise, du point de vue procédural, qu'à la seule délibération préalable du conseil des ministres (29 décembre 1989, *Loi de finances pour 1990, chr.* n° 53, p. 191) ; laquelle, au demeurant, n'implique pas sa publicité immédiate (30 décembre 1995, *Réforme de la protection sociale, chr.* n° 77, p. 264.

Autrement dit, son recours relève du pouvoir *discrétionnaire* du premier ministre ; le chef de l'État dispose, tout au plus, du pouvoir de dissuasion (147). En posant, cette fois, la question de confiance sur *un texte,* à la différence de l'alinéa premier, le premier ministre engage l'existence du Gouvernement. Le débat est immédiatement suspendu (art. 155 R.A.N.). Conformément à l'adage, *qui ne dit mot consent,* ce texte est *considéré comme adopté* par les députés (donc *sans vote au sens matériel*) à l'expiration d'un délai de 24 heures, sauf si entre-temps, l'opposition, piquée au vif, réplique par le dépôt d'une motion de censure (dite alors *provoquée* ou *défensive*), déposée et votée au sens de l'article 49, al. 2). La conférence des présidents intervient dans les conditions précitées (art. 155 R.A.N.).

γ) L'application

Du point de vue juridique, la procédure de l'article 49, alinéa 3, s'applique à un texte d'origine gouvernementale ou parlementaire, en tout ou partie, et particulièrement aux *amendements* (148) à l'exception, cependant, de la loi constitutionnelle (art. 89 C) et des lois organiques relatives au Sénat (art. 46 al. 4) et à la citoyenneté européenne (art. 88-3) qui exigent *un vote en termes identiques,* c'est-à-dire en bonne logique, positif. Au demeurant *la Grosse Bertha,* si l'on ose dire, peut être utilisée à *toutes* les phases de la procédure législative : de la première à la dernière lecture, y compris dans le cadre d'une nouvelle délibération de la loi (art. 10 C) (149).

Il importe donc de la dénombrer par rapport aux textes concernés, pour en apprécier la juste portée. En l'utilisant à 28 reprises, Michel Rocard a établi, sans doute un record, mais rapporté à 12 textes, il reste limité (150). En dernière analyse, *un montage* demeure possible avec la procédure du vote bloqué (art. 44 alinéa 3 C) ou celle de l'habilitation législative (art. 38) (sécurité sociale, 1967 et 1995 ; privatisation, découpage des circonscriptions électorales de l'A.N., 1986).

Du point de vue politique, l'article 49, alinéa 3 a eu pour raison d'être, à l'origine, de surmonter la réticence ou l'absence d'une majorité, placée devant ses responsabilités. On a pu parler des Gouvernements de *non-défiance* sous la IXe législature (1988-1993). Mais, à la faveur de la redécouverte de l'obstruction, cette procédure devait être utilisée, à partir de 1981, à l'encontre de l'opposition, afin de permettre au premier ministre de reprendre

(147) La question s'est posée, de savoir, au moment de la cohabitation, si le chef de l'État pouvait envisager de priver le Gouvernement de cette procédure en refusant de l'inscrire à l'ordre du jour du conseil des ministres. Quitte à provoquer une crise, une réponse affirmative s'impose tant du point de vue juridique que politique. Mais sans aller jusqu'à cette extrémité, il pourrait se contenter d'indiquer qu'il avisera ou dissuader le chef du Gouvernement comme le fit François Mitterrand, le 30 mai 1990 (*chr.* n° 55, p. 223).

(148) Le texte, dont il s'agit, est normalement un projet de loi, mais de manière inédite, le conseil des ministres, a retenu cette éventualité, le 18 juin 1986, s'agissant d'une proposition d'origine sénatoriale relative au régime juridique de la presse ; des *articles* (la C.S.G. en 1990), un article, voire un *alinéa,* introduits, à la faveur d'un *amendement,* par exemple. Le conseil des ministres réuni le 25 mai 1986 a créé, enfin, un précédent, en donnant au Gouvernement Chirac une autorisation *en bloc* (*chr.* n° 39, p. 176). V. P. AVRIL : Pour une interprétation littérale, *Le Monde* 17 janvier 1980 ; F. LUCHAIRE : Du bon usage de l'article 49, alinéa 3, *ibid.*

(149) Par analogie, la loi du 7 mars 1998 aménage un *49.3 régional* en vue de favoriser l'adoption du budget de la collectivité en temps utile (*chr.* n° 86, p. 189).

(150) Sous la présidence de Valéry Giscard d'Estaing, la défection larvée du R.P.R. a amené Raymond Barre, au cours de la session d'automne, en 1979, à y recourir 8 fois sur 4 textes ; Pierre Mauroy, 7 fois sur 5 textes ; Laurent Fabius y a été contraint à 4 reprises pour 4 textes ; quant à Jacques Chirac, il a engagé sa responsabilité, le plus souvent en première lecture, à 8 reprises sur 7 lois entre 1986 et 1988.

l'initiative. Ainsi Alain Juppé a mis un terme au blocage du processus législatif, en décembre 1995, concernant le projet de loi portant réforme de la protection sociale.

A cet égard, l'article 49 alinéa 3 est *sans égal,* car, à la limite, en 24 heures, le nœud gordien peut être tranché, si l'opposition ne dépose pas de motion de censure. Mais il est utile d'observer que cette disposition spectaculaire n'a pas pour effet de clore la procédure législative. Celle-ci poursuit son cours normal au Sénat *en vue de l'adoption d'un texte identique* (art. 45 C) *(infra).*

A l'heure présente, la camisole de force passée à l'Assemblée nationale a résisté : toutes les motions de censure ont été repoussées, en dépit de l'étroitesse du vote (à cinq voix près) à propos de la création de la C.S.G. en novembre 1990. A la vérité, l'ombre de la dissolution n'y est certainement pas étrangère (151).

2° Les effets de la mise en jeu de la responsabilité gouvernementale

Lorsque le Gouvernement est mis en minorité devant l'Assemblée nationale, le premier ministre doit présenter au chef de l'État, la démission de ce dernier. (art. 50 C). Celui-ci a la possibilité de provoquer la dissolution de l'Assemblée. Il est même souhaitable qu'elle l'entraîne, à l'image du précédent de 1962, en raison de la logique majoritaire, dont se nourrit le régime.

a) *La démission collective du Gouvernement (art. 50 C)*

C'est là, on le sait, la sanction nécessaire et même inéluctable du retrait de la confiance au Gouvernement. Mais celui-ci, étant en survie, ne dispose que de pouvoirs *réduits,* à ce qu'on appelle *l'expéditiion des affaires courantes* qui *relèvent de l'activité quotidienne et continue de l'administration,* en dehors de l'urgence (152). Cette formule se relie à la nécessaire *continuité* de *la vie nationale* (C.C. 30 décembre 1979, *Loi de finances pour 1980, C.C.F.* p. 289).

b) *La dissolution éventuelle de l'Assemblée nationale (art. 12 C)*

Le chef de l'État dispose d'un pouvoir d'appréciation discrétionnaire. Le Sénat assure la permanence de la représentation nationale (*supra*).

C. L'APPROBATION D'UNE DÉCLARATION DE POLITIQUE GÉNÉRALE PAR LE SÉNAT

Le premier ministre a la faculté de demander au Sénat l'approbation d'une déclaration de politique générale (art. 49 *in fine* C).

(151) Il en a été fait usage pour l'adoption de lois importantes : programme militaire créant la force de frappe (1960) ; réorganisation de la sécurité sociale (1967 et plan Juppé en 1995) ; approbation de l'élection du Parlement européen au suffrage universel (1977) ; réhabilitation de généraux factieux au cours de la guerre d'Algérie (1982) ; nationalisation (1982) ; privatisation (1986 et 1993) ; liberté de communication (1986, 1988). De 1969 à 1981, l'article a été utilisé 18 fois, tandis qu'en l'absence d'une majorité absolue entre 1988 et 1993, il sera invoqué 39 fois. Sous la Xe législature (1993-1997), il a été mis en œuvre, à trois reprises. Aucun cas n'est à mentionner depuis cette date.

(152) C.E. 4 avril 1952, arrêt *Syndicat régional des quotidiens d'Algérie,* J.C.P. 1952, II.7138, note G. VEDEL, et 19 octobre 1962, arrêt *Brocas,* A.J.D.A. 1962.612, note A. DE LAUBADÈRE. V. M. LACHAZE : L'expédition des affaires courantes en période de crise ministérielle, *D.* 1952, *chr.* p. 65 ; et F. BOUISSOU : L'introuvable notion d'affaires courantes, *R.F.S.P.* 1970, p. 645. G. MORANGE : Situation et rapports des pouvoirs publics en cas de dissolution, *R.D.P.* 1978, p. 621.

1° La conception

Dans l'esprit des rédacteurs de la constitution, cette faculté ouverte au Gouvernement était destinée à lui assurer un renfort ou un répit, en un moment où sa majorité à l'Assemblée nationale donnait des signes de faiblesse. C'est donc en connaissance de cause que le premier ministre se détermine à agir. Ce qui exclut tout échec. Mais l'évolution ultérieure du régime a déjoué ce dessein à partir de l'instant où un profond dissentiment a éclaté entre la Haute Assemblée et le général de Gaulle. Le Sénat de l'aménité est devenu celui de l'*adversité* (J. Georgel), au point d'être menacé, un instant, dans son existence, lors du référendum du 27 avril 1969. Cependant, il est permis au Sénat de voter une *question préalable* à l'encontre d'un texte de loi, en s'y opposant ou en décidant qu'il n'y a pas lieu à poursuivre le débat (art. 44, al. 3 R.S.). Ce *49.3 du pauvre* a été à l'origine, en 1992, à l'initiative de Jean Arthuis, du rejet du projet de loi de finances pour 1993. On a parlé d'une motion de censure *implicite* (153).

2° Les applications

Le Gouvernement Jacques Chirac a fait usage, pour la première fois, le 10 juin 1975, en matière de politique étrangère de l'article 49 *in fine.* Avec l'effritement du fait majoritaire, Raymond Barre a soumis successivement le programme de ses Gouvernements aux sénateurs, le 5 mai 1977 et, fait significatif, au début de la VIe législature, le 11 mai 1978. L'arrivée de la gauche au pouvoir, en 1981, a transformé, à nouveau le Sénat en chambre d'opposition (refus de la révision constitutionnelle en 1984, *etc.*). En revanche, la *cohabitation* brève est l'ère des retrouvailles avec le pouvoir, celle de la *plénitude* des pouvoirs du Sénat. Compte tenu de l'exiguïté de sa base majoritaire, Jacques Chirac sollicitera son concours, les 15 avril 1986 et 1987. Édouard Balladur y a obtenu un vote quasi unanime, en avril 1993 ; le bicamérisme *parfait* étant restauré en matière législative (art. 45 C).

De manière inédite, un Gouvernement de gauche a sollicité et obtenu la confiance le 20 novembre 1989, sur une déclaration de politique générale relative à la politique étrangère de la France à l'égard de l'évolution des pays de l'Europe de l'est. Le Sénat devait approuver, le 16 janvier 1991, celle relative à la guerre du Golfe. Lionel Jospin s'est abstenu, en juin 1997, de solliciter la confiance sénatoriale ; de même, lors des déclarations relatives au conflit du Kosovo, en mars et avril 1999.

D. LE VOTE DE RÉSOLUTIONS COMMUNAUTAIRES PAR CHAQUE ASSEMBLÉE

Limité initialement aux seules mesures d'ordre *intérieur (infra),* le champ d'application des résolutions s'étend désormais au droit communautaire (art. 88-4 C, rédaction des L.C. des 25 juin 1992 et 25 janvier 1999). Le domaine des résolutions est accordé à celui de la communautarisation croissante du traité sur l'Union européenne : Le Gouvernement soumet à l'Assemblée nationale et au Sénat les projets ou propositions d'actes communautaires comportant des *dispositions de nature législative* afférents successivement au premier pilier du traité de Maastricht, et aux second et troisième (*P.E.S.C.* et *A.I.J.*) découlant du traité d'Amsterdam (V. *chapitre I*). Ces derniers relevaient antérieurement de la procédure de l'*interétatique* (art. 53 C).

Au surplus, depuis la révision constitutionnelle de 1999, le Gouvernement a la faculté de communiquer aux assemblées *les autres projets ou propositions d'actes* (c'est-à-dire dépourvus du caractère législatif) ainsi que tout document émanant d'une institution de l'Union européenne.

(153) V. A. Simard : *La question préalable au Sénat,* mémoire D.E.A. Lyon-III, 1999.

Cette association parlementaire *en amont* au processus de formation des règles communautaires doit s'apprécier, cependant, au regard de la jurisprudence restrictive du juge constitutionnel. Celui-ci a neutralisé *de facto* la volonté exprimée par le pouvoir constituant. La résolution est dépourvue de force juridique : il ne s'agit que d'un *avis, qui ne saurait porter atteinte aux prérogatives du Gouvernement, ni conduire à la mise en cause de sa responsabilité* (17 décembre 1992, *R.A.N. chr.* n° 65 p. 216) (154).

1° La procédure d'examen

La proposition de règlement ou de directive adoptée par la Commission européenne transite par la S.G.C.I. Le Gouvernement, éclairé par le S.G.G., le Conseil d'État et les ministères intéressés, opère un tri parmi les dispositions comportant des dispositions de nature législative (art. 34 C).

La délégation parlementaire pour l'Union européenne se saisit des propositions d'actes communautaires et décide de les adresser aux commissions législatives compétentes, ou de déposer un rapport d'information à leur sujet.

Après leur examen en commission, la proposition de résolution est adoptée, selon deux procédures *explicite* ou *implicite ;* soit par *l'assemblée,* après qu'elle eût été inscrite à son ordre du jour *complémentaire* à la demande du Gouvernement, du président d'un groupe, du président d'une commission permanente ou du président de la délégation (art. 151, al. 9 R.A.N.) ; le président du Sénat dispose aussi de ce pouvoir (art. 73 *bis* R.S.) ; soit par *la commission permanente* saisie au fond, en l'absence d'une demande d'inscription à l'ordre du jour de l'assemblée ou si la conférence des présidents n'en propose pas l'inscription (art. 151-1 al. 10 R.A.N.) (art. 73 *bis* R.S.). Au surplus, chaque assemblée participe à une concertation avec les chambres de l'Union européenne dans le cadre périodique de la *C.O.S.A.C. (conférence des organes spécialisés dans les affaires communautaires).*

2° La mise en œuvre

Il a appartenu au Sénat d'inaugurer cette procédure, le 27 mai 1993, à propos de la défense commerciale ; puis le 28 avril 1999 (155), s'agissant des bases juridiques pour l'acquis de Schengen *(A.I.J.).* La résolution adoptée est transmise au Gouvernement et à l'autre assemblée, pour informations. Il y a lieu de noter qu'au terme d'une *convention de la constitution* négociée en 1994, le Gouvernement accepte désormais d'opposer *la réserve d'examen parlementaire* au plan communautaire, tant que les assemblées ne se sont pas prononcées. Le précédent a été créé en juillet 1994 (*ibid.* n° 72, p. 186).

§ 2 LA FONCTION LÉGISLATIVE

En dehors des citoyens (art. 11 C), il incombe au Parlement de voter la loi (art. 34). L'amoindrissement du rôle normatif de ce dernier a été interprété, en 1958, comme une *révolution juridique* (Paul Durand), en raison de *l'inversion*

(154) V. J.-L. Sauron : *L'application du droit de l'Union européenne en France,* D.F. 1995 ; M. Gaillard : Le retour des résolutions parlementaires. La mise en œuvre de l'article 88-4 C, *R.F.D.C.* 1993, p. 707 ; *L'art.* 88-4 C : *Le rôle du Parlement dans l'élaboration de la norme communautaire :* actes du colloque de Toulouse, 1995 ; H. Nallet : L'article 88-4 C : un bilan pour une réforme, *A.N.*, rapport n° 1189, 1998 ; B. Rullier : *chr.* R.F.D.C., 1998, p. 645.

(155) Au terme d'une convention de la constitution négociée en juillet 1995, le Gouvernement a accepté de communiquer les avis du C.E. relatifs aux propositions de nature législative. Pour celles de caractère réglementaire, ces avis seront transmis à la délégation par le S.G.C.I. V. *Connaissance de l'Assemblée :* 9 - L'Assemblée nationale et l'Union européenne, 1998.

opérée dans les rapports entre la loi et le règlement (156). Cependant, la pratique de la Ve République amène à corriger le pessimisme auquel la doctrine avait succombé. A la lumière de la jurisprudence du Conseil constitutionnel, et des travaux du colloque d'Aix-en-Provence, de 1977, il ressort, que la révolution redoutée ne s'est pas manifestée ; que la *continuité* de notre tradition juridique s'est révélée plus forte que les bouleversements annoncés. Dans un raccourci saisissant, Jean Foyer résume ce sentiment, lorsqu'il souligne la *pérennité du critère organique* et l'échec du critère *matériel*, auquel on l'avait accouplé en 1958 : *Est loi ce qui est voté par le Parlement* (157).

En résumé, la montagne a accouché d'une souris. Le constituant de 1958 s'est borné, pour l'essentiel, à une *remise en ordre* dans un domaine où il n'en existait plus guère, en raison de la multiplication des exceptions qui sapaient l'autorité du principe. En ce sens, la répartition opérée par les articles 34 et 37 C entre les domaines de la loi et du règlement, se situe au point *d'aboutissement* d'une situation qui s'était détériorée progressivement (A), en même temps qu'elle marque le *renouveau* de la procédure législative (B).

A. LE DOMAINE DE LA LOI

La France a longtemps communié avec Jean-Jacques Rousseau, dans le culte de la loi, *expression de la volonté générale* de la nation, assimilée à la volonté législative du Parlement ; de la loi qui *peut tout faire sans mal faire*, en un mot, irréprochable et incontestable. Il n'est que trop aisé de souligner la corrélation entre l'absolutisme et le *légicentrisme* (158). Cette conception classique, sinon héroïque, n'est plus de mise depuis 1958, non pas tant, parce que la loi serait *bornée*, mais essentiellement, en raison du fait, qu'elle est à présent *subordonnée* à des règles supérieures (159).

(156) Dans une vision prophétique, seul René Capitant avait échappé à ce sentiment : *Il n'en reste pas moins que l'énumération* [de l'art. 34] *qu'il contient est si large et surtout si extensive, que l'Assemblée pourra presque tout réclamer pour sa compétence. Il s'ensuivra des conflits incessants avec le pouvoir exécutif, qui seront portés devant le Conseil constitutionnel et qui se termineront le plus souvent à l'avantage du Parlement* (préface à Léo Hamon : *De Gaulle dans la République*, 1958, p. XXII). V. P. DURAND : La décadence de la loi dans la constitution de la Ve République, *J.C.P.* 1959, I.470 ; J. DE SOTO : La loi et le règlement de la constitution du 4 octobre 1958, *R.D.P.* 1959, p. 240 ; M. WALINE, *ibid.*, p. 699 ; N. POULET-GIBOT LECLERC : *La place de la loi dans l'ordre juridique interne*, 1992.

(157) V. acte du colloque : *Le domaine de la loi et du règlement*, 1978, p. 119 ; J.-L. PEZANT : Loi-règlement, la construction d'un nouvel équilibre, *in La constitution de la Cinquième République*, 1985, p. 342 ; J.-Cl. BÉCANE et M. COUDERC : *La loi,* 1994 ; B. MATHIEU : *La loi,* 1996 ; P. LE MIRE : *La loi et le règlement,* D.F., 1994.

(158) L'identification de la loi à la souveraineté est constante. A preuve la maxime de l'Ancien Régime : *si veut le roi, si veut la loi.* La constitution de 1791 prend pour devise : *la nation, la loi, le roi.* L'idée a été résumée en des formules topiques ; *Rien contre la loi, tout pour elle* (Carré de Malberg) ; *Le trait distinctif de notre système est le fétichisme de la loi* (Gény). *C'est le Parlement qui juge la conformité de son œuvre avec la constitution. C'est lui qui a le dernier mot* (Joseph-Barthélémy).

(159) La sémantique reproduit le légicentrisme. Chaque organe de l'État est identifié par rapport à la loi : *le pouvoir législatif* (formation de la loi) ; le *pouvoir exécutif* (exécution de la loi) et le *pouvoir judiciaire* (application de la loi à la solution d'un litige).

1° La conception traditionnelle du droit public français relative aux rapports de la loi et du règlement

Il n'est pas sans intérêt de s'attacher à sa *formulation*, avant de rendre compte de son *érosion*.

a) *La formulation de la conception classique*

C'est dans la *Contribution à la théorie générale de l'État* de Raymond Carré de Malberg, publiée en 1920-1922, que l'on trouve la meilleure définition des rapports traditionnels entre pouvoir législatif et pouvoir réglementaire, dans le droit public issu de la Révolution de 1789, lesquels avaient trouvé leur systématisation la plus fidèle dans la première période de la IIIe République :

Le pouvoir législatif et le pouvoir réglementaire diffèrent profondément l'un de l'autre. Ce qui les rend pleinement différents, c'est que l'un est d'une essence plus haute que l'autre. Le règlement et la loi sont tous deux des sources de droit : mais le droit qu'ils créent respectivement n'a pas la même valeur, et en effet, ils ne le créent pas avec la même puissance. D'une part, la règle émise par la voie législative à une force supérieure consistant : 1° en ce qu'elle prime et par conséquent annule toutes les règles préexistantes qui peuvent être en opposition avec elle ; 2° en ce qu'elle ne peut être modifiée ou abrogée elle-même que par une nouvelle disposition d'ordre législatif. A cette supériorité de la règle législative correspond, d'autre part, la subordination du règlement à la loi : le règlement ne peut se mouvoir que dans les limites de la loi ; bien plus, l'activité réglementaire ne peut s'exercer qu'en exécution des lois ; à plus forte raison, le règlement ne peut-il, ni contredire les lois existantes, ni y déroger ; enfin, la règle établie par un règlement est à la merci de la loi qui peut toujours la méconnaître en y dérogeant, et la modifier ou l'abroger.

Il résulte de cette analyse du maître de Strasbourg, qu'un seul pouvoir public a qualité pour édicter des règles générales et obligatoires pour les citoyens et susceptibles de modifier les lois existantes, c'est le Parlement ; qu'il n'y a pas de domaine propre de la loi : *fait partie du domaine de la loi, tout ce sur quoi statue le Parlement* ; que la définition de la loi est purement *organique* ou *formelle : est loi toute disposition élaborée par le Parlement selon la procédure législative et promulguée par le chef de l'État* ; que la loi, enfin, exerce une *primauté incontestée*, dans le domaine des règles juridiques et que, en particulier, le règlement est étroitement subordonné à la loi, dont il assure, tout au plus, depuis la constitution de l'an VIII, *l'exécution*.

En d'autres termes, cette primauté de la loi procède d'une identification de la loi avec la *volonté générale*, c'est-à-dire avec la *souveraineté nationale*. L'article 6 de la Déclaration des droits de l'homme et du citoyen, en 1789, reprenant la formule de Jean-Jacques Rousseau, affirme, on le sait : *La loi est l'expression de la volonté générale*. La constitution du 14 septembre 1791 proclame, en termes dénués de toute ambiguïté : *Il n'y a point en France d'autorité supérieure à celle de la loi*. C'est là, la marque de la souveraineté nationale s'exprimant par le Parlement ou, plus précisément, par la majorité de celui-ci.

Il faut bien comprendre, en effet, qu'il existe des rapports étroits entre la hiérarchie des normes établie depuis 1789, et la transposition de la souveraineté nationale en souveraineté parlementaire. Si la loi *domine* ainsi l'ordonnancement juridique (tout contrôle étant exclu, à l'évidence) ceci tient, à ce que le Parlement domine la hiérarchie des pouvoirs publics ; en un mot qu'il est la *seule expression* de la souveraienté nationale, au point de s'y assimiler (160).

Mais, progressivement, un écart s'est creusé entre la théorie et les faits. La transformation du rôle de l'État, dans l'entre-deux-guerres a accéléré le processus d'altération, dont la constitution de 1958 a tiré la *conclusion* un peu brutale, mais prévisible.

b) *L'érosion de la conception classique*

Les règles traditionnelles concernant les rapports entre la loi et le règlement, aux termes desquels, ce dernier n'assumait qu'une sorte de rôle de *coadjuteur*, selon le doyen Maurice Hauriou, ont toujours souffert quelques exceptions, proches de la curiosité intellectuelle. En particulier, la jurisprudence et la doctrine admettaient la validité de règlements *spontanés* ou *autonomes* dans certaines matières : organisation et fonctionnement intérieur des services publics (Conseil d'État, arrêt *Babin*, 1906), police administrative générale (arrêt *Labonne* de 1919), à la condition, bien entendu, que le législateur ne soit pas intervenu lui-même dans l'un ou l'autre de ces domaines (161). Mais jusqu'à la guerre de 1914-1918, la suprématie de la loi était incontestée. A ce moment, une grave entorse se manifeste sous la forme des *décrets-lois*.

1) L'apparition des décrets-loi sous la IIIe République

Sous la pression des événements, les chambres ont dû, à diverses reprises, autoriser le gouvernement à prendre des décrets ayant force de loi, c'est-à-dire susceptibles de modifier éventuellement les lois en vigueur (162).

Cette procédure, qui reçut rapidement l'appellation de *décrets-lois* devait se développer à la suite des difficultés financières et économiques dans lesquelles le pays se trouva plongé pendant l'entre-deux-guerres, et devenir à partir des années 1930, un procédé *normal* de gouvernement. En application du principe de l'interdiction des délégations de compétences, cette procédure était, cependant, incontestablement contraire au texte de la constitution de 1875. Comme le déclarait justement, en 1924, Paul-Boncour, à la tribune de la Chambre des députés : *Le pouvoir législatif n'est pas un droit dont nous pouvons disposer ; c'est une fonction qui nous a été confiée dans les termes et dans la limite de la constitution et nous ne pouvons pas y toucher sans changer la constitution elle-même.*

2) La condamnation des décrets-lois sous la IVe République

C'est en partant du rappel de ces principes juridiques, que la constitution du 27 octobre 1946 avait disposé, dans son article 13 : *L'Assemblée nationale vote seule la loi. Elle ne peut déléguer ce droit.* La pression des faits sera plus puissante que la volonté des constituants. Dès 1948, deux procédés détournés sont mis en œuvre pour opérer, malgré les dispositions de l'article 13, des délégations du pouvoir législatif : le procédé de la *loi-cadre* et celui de *l'extension du pouvoir réglementaire.*

α) La technique de la loi-cadre

Prévue par la loi du 17 août 1948 (dite *loi André Marie*), elle consiste en ce que, *seuls*, les principes généraux d'une réforme sont édictés par le Parlement ; les détails d'application étant établis par voie de décrets. Si le Parlement ne s'y oppose pas dans un certain délai, ceux-ci deviennent définitifs ; en cas d'objection, ils ne s'appliquent pas et il faut recourir à la procédure législative.

(160) Maurice Hauriou a souligné avec force la différence entre *la loi qui exprime la volonté nationale tandis que le règlement n'exprime que la volonté du Gouvernement* (*Droit constitutionnel*, 2e éd., 1929, p. 442).

(161) On pourrait citer également, la technique du *législateur colonial* avant 1946, ou l'arrêt *Dehaene* du Conseil d'État, de 1950, en matière de réglementation du droit de grève dans les services publics, en l'absence de lois annoncées par le préambule de 1946.

(162) Du reste, *en cas de circonstances exceptionnelles*, le C.E. a admis qu'un décret puisse ne pas *respecter une prescription législative* (28 juin 1918, *Heyriès, G.A.* p. 181).

β) *Le procédé de l'extension du pouvoir réglementaire*

Inventé, lui aussi, par la loi du 17 août 1948, rédigée à l'instigation du garde des sceaux (René Mayer), entouré par des membres du Conseil d'État, le procédé repose sur l'idée, *nouvelle* en droit public français, d'une répartition des *matières* entre la loi et le règlement : les matières les plus importantes sont réservées au Parlement qui, de toute façon, a compétence pour opérer ou modifier cette répartition. Si celui-ci décide que tel ou tel ordre de problèmes entre le domaine du pouvoir réglementaire, cela signifie que le gouvernement est désormais autorisé à y intervenir par voie de décrets, lesquels peuvent, à l'occasion, modifier des lois existantes : la décision de transfert prise par le Parlement ayant pour effet de *délégaliser* les matières ainsi abandonnées au pouvoir exécutif. En revanche, si, ultérieurement, le Parlement légifère à l'occasion de problèmes ainsi confiés au pouvoir réglementaire, la loi parlementaire intervenue dans le domaine transféré ne pourra plus être modifiée par simple décret. Le Parlement a, en somme, conservé à tout instant un *droit d'évocation* sur les matières qu'il a lui-même placées dans le domaine réglementaire (163). Le Conseil d'État consulté sur la régularité de ces procédés, y apportera sa caution, dans un avis formulé, le 6 février 1953 (164).

La lenteur de la procédure législative, la fragilité des majorités gouvernementales et l'urgence de solutions à apporter aux problèmes, ont favorisé une extension de la compétence *normative* de l'exécutif. De grandes réformes (contentieux administratif en 1953, décolonisation en Afrique noire et à Madagascar (loi-cadre Defferre) et présentation du budget, en 1956) seront menées à terme par ce dernier, tandis que les assemblées avaient tendance à cultiver, ô paradoxe, le pointillisme. *La loi gouverne mal, lorsqu'elle gouverne trop*, prétendait justement Portalis. Sur ces entrefaites, la constitution de 1958, prenant appui sur une pratique constante, consacre l'évolution favorable à une nouvelle répartition de l'activité normative, entre la loi et le règlement (165).

2° La conception actuelle du droit public français relative aux rapports de la loi et du règlement

Il est des événements comme des sites. Seul, le recul permet d'en prendre une vue panoramique et d'en déceler avec précision les lignes de force. A cet égard, la pratique de la constitution a déjoué toutes les prévisions. Loin d'être cantonnée, dans les limites de l'article 34 C, la loi a *recouvré* son domaine traditionnel et limité, à sa plus simple expression, le règlement autonome de l'article 37. Le Conseil constitutionnel (30 juillet 1982, *Blocage des prix et des revenus, C.C.F.* p. 276), a récusé *le mythe* de la Ve République et rallié la pensée anticipatrice de René Capitant. Cependant, le passé n'a pas entièrement ressuscité, puisque la loi a perdu son *inconstestabilité* ou son *infaillibilité*. Au final, le changement opéré depuis 1958 concerne moins son domaine que sa *condition juridique*. La loi est moins marginalisée que *désacralisée*, à la vérité.

(163) Le système actuel de *délégalisation* (art. 37, al. 2 C) est calqué sur ce mécanisme. Mais il comporte une différence notable : le pouvoir d'évocation est transféré du Parlement au *premier ministre* après reconnaissance du caractère *réglementaire* d'une disposition en forme législative

(164) En partant du principe que le législateur a la compétence de sa compétence, la Haute Juridiction précise : *le législateur peut, en principe, déterminer souverainement la compétence du pouvoir réglementaire...* Toutefois, *certaines matières sont réservées à la loi, soit en vertu des dispositions de la constitution, soit par la tradition constitutionnelle républicaine, ... le législateur ne peut dès lors, étendre à ces matières la compétence du pouvoir réglementaire, mais il peut se borner à poser les règles essentielles en laissant au Gouvernement le soin de les compléter.*

(165) Les exigences de la modernité allaient dans le même sens, d'autant que l'exécutif devait recevoir ultérieurement une *investiture populaire*, brisant le monopole parlementaire. Dès lors les règles de droit élaborées par l'exécutif ne souffrent plus d'une infériorité politique. V. L. BERTRAND : Propos autour des articles 34, 37 et 41 de la constitution, *E.D.C.E.* 1959, p. 67 ; R. JANOT : L'origine des art. 34 et 37, actes du colloque, 1978, p. 61 ; F. TERRÉ : La crise de la loi, *Archives de philosophie du droit*, 1980, p. 17.

a) *La loi a recouvré son domaine traditionnel*

Originairement, l'article 34 C détermine, à l'aide d'une énumération (limitative par définition), la consistance du domaine réservé au Parlement. Dans l'ensemble, il renferme les *dispositions les plus importantes*, dans l'esprit de l'arrêt *Babin*, rendu en 1906 (166) et de l'avis formulé par le Conseil d'État, en 1953, pour l'organisation de la vie privée et des rapports entre les citoyens et le gouvernement. En un mot, cet article entend redonner à la loi ses lettres de noblesse.

En revanche, *les matières autres que celles qui sont du domaine de la loi ont un caractère réglementaire* (art. 37) ; en un mot, celles-ci sont *délégalisées*. D'où il ressort que le Gouvernement ayant le champ libre, intervient à leur égard, sous forme de décrets dits *autonomes* par opposition aux décrets *dérivés*, par lesquels il assure l'exécution des lois (art. 21 C). En d'autres termes, le décret est pris respectivement en *l'absence* d'une loi ou pour son *application.*

La présentation de l'article 34 pouvait paraître étroite et prêter le flanc à la critique. Toutefois l'interprétation *convergente* du Conseil constitutionnel et du Conseil d'État a reculé ses limites, contrairement à l'impérieuse formule de l'article 37, au point de les supprimer. La révolution n'a donc pas eu lieu. Elle est présentement *introuvable.*

1) La présentation de l'article 34 C

La lecture de l'article 34 relève d'une conception *impressionniste* en retenant une intervention *modulée* du législateur, selon que, *la loi fixe les règles* pour les matières les plus importantes (droits et libertés, crimes et délits, impositions...) (167) (il est habilité à intervenir en profondeur), ou selon que la loi se borne à *déterminer les principes fondamentaux*, à l'instar du système de la *loi-cadre* de jadis dans divers domaines (enseignement, collectivités locales, régime de la propriété, *etc.*). Où passe la frontière entre les unes et les autres ? Dans la pratique, on préférera l'ignorer dans l'impossibilité de la tracer avec certitude (168). L'article 34 renvoie, à une *loi organique*, le soin de préciser et de compléter ses dispositions. C'est le juge qui, avec discrétion et détermination, devait répondre au lieu et place du Parlement, à cette ultime invitation du constituant.

2) L'interprétation de l'article 34 C

Le Conseil constitutionnel a rejeté la dichotomie initiale, en se livrant à une double lecture *unitaire* et *complémentaire* de l'article 34. Au terme de cette extension jurispruden-

■ (166) Le commissaire du gouvernement Romieu avait systématisé, à cette occasion, la distinction, en ces termes : *Relèvent par leur nature du pouvoir législatif, toutes les questions directement ou indirectement liées aux obligations, à imposer aux citoyens... En sens inverse, c'est en principe le pouvoir exécutif qui règle l'organisation intérieure des services* [publics] *et les conditions de leur fonctionnement qui ne lèsent pas les droits des tiers* (4 mai 1906). V. F. Luchaire, *C.R.F.* p. 749 ; J.-L. Pezant : Loi, *D.C.*, p. 597.

■ (167) *A contrario*, les contraventions ressortissent au domaine réglementaire, ainsi que les peines qui leur sont applicables, sauf si elles sont privatives de liberté. V. B. Brachet : *La délimitation des domaines respectifs de la loi et du règlement dans la constitution du 4 octobre 1958*, Thèse Bordeaux, 1965 ; J.-M. Cotteret : *Le pouvoir législatif en France*, 1962.

■ (168) En fait, la bonne foi de la doctrine a été prise à défaut. Raymond Janot, qui a joué un rôle important, en 1958, dans l'élaboration de la constitution a relevé, lors du colloque d'Aix-en-Provence, que le *distinguo* de l'article 34 correspondait plus à un souci pratique que théorique. A la suite de pressions diverses, le domaine de la loi accueillait d'autres matières que celles prévues dans la première mouture, mais *seulement* pour les *principes fondamentaux.*

Concernant la L.O. visée *in fine*, deux propositions ont été déposées à l'A.N. : l'une en 1967, par Pierre Cot (introduction de la publicité à la télévision) a fait long feu ; l'autre en 1987, par Michel d'Ornano (contrôle du Parlement sur les dépenses de la sécurité sociale) a été censurée par le C.C. (7 janvier 1988, *chr.* n° 46, p. 183), au motif que son objet visait moins le domaine de la loi que la procédure législative afférente. En somme, l'article 34 ou l'histoire d'un destin contrarié.

tielle, facilitée par l'absence de travaux préparatoires de la constitution, la loi dispose, à nouveau, de son domaine traditionnel, mais aussi, de manière inattendue, d'une compétence *minimale* garantie par le contrôle de *l'incompétence négative.* On ne pouvait imaginer pareille sollicitude. En outre, la logique majoritaire, en remplaçant la confrontation entre les pouvoirs par leur collaboration, a œuvré utilement à la suppression de la ligne de démarcation.

α) *La lecture unitaire de l'article 34*

La distinction formulée entre *règles et principes fondamentaux* a été repoussée, d'entrée de jeu, par le Conseil constitutionnel (27 novembre 1959, *R.A.T.P., G.D.* p. 57), au profit d'une interprétation conforme à la tradition constitutionnelle républicaine. En choisissant le critère de *l'importance* et non celui de l'objet, il appartient au législateur de *mettre en cause toutes* les matières ; le gouvernement se bornant à les *mettre en œuvre.* A une conception horizontale, le juge substitue une vision *verticale* (169).

Sous cet aspect, aucune matière ne peut être *colonisée,* mais au contraire partagée. Quelle que soit l'avancée de la loi, le pouvoir réglementaire *traditionnel* (c'est-à-dire d'*exécution* et non de substitution) demeure en tout état de cause. Réciproquement, une matière délégalisée et qui tombe dans la compétence du pouvoir réglementaire *autonome* (art. 37), ne saurait lui appartenir en exclusivité. Des îlots législatifs demeurent, notamment en vue de la défense des citoyens (infractions, juridictions, libertés publiques : C.E., 3 février 1967, *Confédération générale des vignerons du Midi,* A.J.D.A. 1967, concl. Galmot, p. 164 ; C.C. 28 novembre 1973, *Contraventions privatives de liberté, G.D.* p. 170) (170). Le pouvoir réglementaire autonome était, dès cet instant ébranlé, il allait bientôt être submergé (171).

β) *La lecture complémentaire de l'article 34*

Une interprétation *large* a permis de *découvrir* d'autres chefs de compétences.

1. L'article 34, tout d'abord, n'épuise pas son domaine. Le Conseil constitutionnel (2 juillet 1965, *Rec.* p. 75) invoque d'autres articles de la constitution (art. 3 : droit électoral ; art. 35 : déclaration de guerre ; art. 36 : prorogation de l'état de siège ; art. 53 : autorisation de ratifier certains traités ; art. 66 : liberté individuelle ; art. 72 et 74 : collectivités territoriales). En outre, la Haute Instance estime que *seule la loi* peut écarter un principe général de droit (26 juin 1969, *Protection des sites, G.D.* p. 230), tandis que ce dernier s'impose au règlement, selon le Conseil d'État (26 juin 1959, *Syndicat général des ingénieurs conseils, G.A.* p. 560). Enfin, le législateur est compétent, au titre des dispositions du préambule de la constitution, ce qui lui ouvre un espace infini (C.C. 16 juillet 1971, *Liberté d'association, G.D.* p. 244).

2. Il appartenait au Conseil constitutionnel de tirer la conclusion de sa démarche. C'est ce qu'il a fait, le 30 juillet 1982 (*C.C.F.* p. 276), en sonnant le glas des articles 34 et 37 C. Le fait qu'une loi comporte des dispositions à caractère réglementaire ne constitue plus en soi un motif d'inconstitutionnalité ; telle est, en substance, la position de principe adoptée. A la séparation tranchée des domaines de la loi et du règlement, ce dernier substitue désormais une séparation *indéterminée*

(169) Le critère de *l'importance* rejoint dans le temps, la célèbre vision de Portalis, exprimée dans son *Discours préliminaire du code civil,* en 1804 : *Les lois sont des commandements... C'est aux lois de poser dans chaque matière les règles fondamentales et à déterminer les règles essentielles. Les délais d'exécution... les objets instantanés ou variables... sont du ressort du règlement.* Et de conclure magistralement : *les règlements sont des actes de magistrature et les lois des actes de souveraineté.*

(170) Une matière réglementaire doit céder devant un principe législatif (*délit* de coupage des vins) (première espèce). Dans la seconde, le Conseil limite la compétence réglementaire aux contraventions qui ne sont pas privatives de liberté, en application de l'article 66 C. V. J. DE SOTO : La décision du Conseil constitutionnel du 28 novembre 1973, *R.D.P.* 1974, p. 889 et J.-P. VALENS : La loi, le juge et les libertés publiques, *Gaz. Pal.* 27-28 mars 1974, p. 2.

(171) V. J.-M. DUFFAU : *Pouvoir réglementaire autonome et pouvoir réglementaire dérivé,* thèse Paris II, 1975 ; L. FAVOREU : Les règlements autonomes existent-ils ? *Mél. Georges Burdeau,* 1977, p. 405 ; M. GUILLAUME : actes du colloque d'Aix-en-Provence, 1977 p. 183.

laissée, en définitive, à la seule appréciation du Gouvernement. En effet, sur le fondement de la procédure de *réappropriation* (art. 37, al. 2 C), il est loisible à celui-ci de réclamer son dû, le moment venu, au juge constitutionnel (172). De cette décision capitale, il résulte tout d'abord, que la loi peut à nouveau *s'étendre à l'infini, mais en accord avec le Gouvernement*, à partir de l'instant où le législateur ne possède plus, depuis 1958 *la compétence de sa compétence* ; ensuite, que le pouvoir réglementaire recouvre en pratique son *unité*, sous l'aspect traditionnel de *l'exécution des lois* (art. 21) (173). Le règlement autonome (art. 37) a donc vécu.

3. En d'autres termes, loi et règlement demeurent, comme de par le passé, dans une relation de *complémentarité*. Mais, de façon inattendue, la distinction originaire continue de recevoir application, en dehors des travaux de codification, s'agissant des normes communautaires (art. 88-4 C) (*supra*). C'est la raison pour laquelle, en vue d'apprécier la portée de l'événement, une mise en perspective s'avère nécessaire. L'expansion de la loi ne serait-elle, à la réflexion, qu'une victoire à la Pyrrhus, en présence du droit communautaire ?

La pénétration des normes européennes est devenue un phénomène de société. La *Communauté introduit chaque année dans notre corpus juridique plus de règles que le Gouvernement français... Dans notre droit national, plus d'un texte nouveau sur deux est d'origine bruxelloise* (Conseil d'État, rapport 1993). A ce propos, la directive est désormais assimilée au règlement communautaire. De sorte que *la loi est dictée à ceux qui sont chargés de l'édicter* (F. Goguel). Car, tel un moine copiste, les assemblées se bornent à les transposer de façon automatique. La fédéralisation de l'Union européenne est d'ores et déjà acquise, du point de vue normatif (V. *chapitre I*) (174).

5. On redoutait en 1958 un excès de pouvoir législatif. Contre toute attente, le C.C. a veillé à ce que le Parlement ne méconnaisse pas sa propre compétence. Autrement dit, il est tenu de respecter sa compétence *minimale*, en ne se dessaisissant pas au profit du Gouvernement, en dehors d'une habilitation législative (art. 38 C). Le contrôle de l'*incompétence négative* est la vérification de l'idée selon laquelle il appartient au législateur de poser les règles essentielles de manière à encadrer l'autorité réglementaire (26 janvier 1967, *Conseillers référendaires, G.D.* p. 207 ; 28 juillet 1993, *Etablissements publics universitaires, chr.* n° 68, p. 175) (175).

(172) Le déferlement de la loi sur le domaine réglementaire préserve les intérêts du Gouvernement : *dans l'immédiat*, en le soustrayant à la censure du juge administratif, tout en étant agréable à sa majorité et, *ultérieurement*, après la promulgation de la loi par la procédure de la *délégalisation* qui est introduite à tout moment devant le juge constitutionnel (art. 37, alinéa second).

Au surplus, la décision de 1982 est de bonne politique jurisprudentielle, au lendemain de la première alternance. A l'évidence, le Conseil a été désireux de *calmer le jeu* (pour utiliser le langage sportif), en considérant que le Gouvernement avait *seul* intérêt à agir, à l'exclusion de l'opposition, à l'encontre d'un texte de loi comportant des dispositions à caractère réglementaire. En un mot, en décourageant la guérilla parlementaire, il a repoussé la tentation d'être érigé en troisième chambre.

Enfin, le recours à la loi permet, en considération de *motifs d'intérêt général*, de mettre un terme à un imbroglio. A ce titre, la pratique de la *validation législative* neutralise la portée d'une annulation d'un acte réglementaire par le Conseil d'État, remettant en cause des situations personnelles acquises, à la suite de l'annulation d'un concours administratif (C.C. 22 juillet 1980, *C.C.F.* p. 465). En revanche, la seule considération d'un *intérêt financier* ne permet pas au législateur de faire obstacle aux effets d'une décision de justice (28 décembre 1995, *Loi de finances pour 1996, chr.* n° 77, p. 266). V. B. MATHIEU : *Les validations législatives*, 1987.

(173) Dès lors, une loi essentiellement réglementaire est concevable, à l'exemple de celles du 1er décembre 1988 instituant le R.M.I. et du 30 décembre 1988 destinée à lutter contre la fraude électorale. A telle enseigne que cette tendance est mise en cause depuis peu. Le retour à la ligne de partage originaire est souhaité, car *trop de loi tue la loi.* V. R. MONORY : Ne plus légiférer à crédit, *Le Monde* 1er juin 1994.

(174) A l'heure présente, le règlement autonome ne subsiste, semble-t-il que dans deux matières : les attributions des membres du Gouvernement et *l'organisation intérieure des services* [publics] *et les conditions de leur fonctionnement qui ne lèsent pas les droits des tiers*, selon la formule de Romieu, sous l'arrêt Babin susmentionné. V. L. FAVOREU, Les règlements autonomes n'existent pas, *R.F.D.A.* 1987, p. 871. A propos des directives communautaires : V. J.-L. SAURON, *L'application du droit de l'Union européenne en France,* D.F., 1995, p. 48.

(175) V. J. TRÉMEAU : *La réserve de loi. Compétence législative et constitution,* 1997 ; F. PRIET : L'incompétence négative du législateur, *R.F.D.C.* 1994, p. 59 ; Th. S. RENOUX : Incompétence négative, *D.C.*, p. 496.

b) *La loi a renoncé à son incontestabilité*

L'État de droit a progressé, de façon substantielle, depuis 1958, avec l'établissement d'*un contrôle de constitutionnalité* de la loi d'origine *parlementaire* confié au Conseil constitutionnel et d'un *contrôle de conventionnalité* exercé par les juridictions ordinaires.

1) Le contrôle de constitutionnalité de la loi

Sans qu'il soit expédient à ce stade de la présentation de s'attacher aux modalités du contrôle (art. 61 C) il importe d'observer que le contrôle, devenu depuis la révision de 1974 le quasi monopole de l'opposition, a concerné *grosso modo* 10 % des lois, plus particulièrement celles relatives aux libertés publiques (en dehors de la loi Gayssot de 1990, dite *anti-Le Pen* et celle sur les interceptions téléphoniques de 1991) et à l'organisation de la société. Mais, l'essentiel, assurément, consiste à souligner l'extraordinaire retournement de situation opéré. De par la logique majoritaire, la loi se présente, aujourd'hui, comme le fait invariant du pouvoir exécutif. Dès lors, le contrôle de constitutionnalité est dirigé contre ce dernier et non point les assemblées, à l'opposé de la vision des constituants.

Au total, la loi est soumise au respect de la constitution ou plus exactement au *principe de constitutionnalité*, dont les contours sont fixés par le Conseil constitutionnel. Dans le même temps, elle s'incline devant la norme internationale (art. 55 C) et communautaire (art. 189 du traité C.E.E.).

2) Le contrôle de conventionnalité de la loi

Un nouveau *pouvoir de censure* à l'égard de la loi se met en place : indépendamment de la C.E.D.H., le juge judiciaire et administratif se reconnaît, depuis peu, compétent pour apprécier la conformité d'une loi *postérieure* à une norme internationale ou communautaire, et l'écarter si besoin, sur la base de l'article 55 C : *les traités ou accords régulièrement ratifiés ou approuvés ont, dès leur publication, une autorité supérieure à celle des lois*, sous réserve de réciprocité et, à l'exclusion de la coutume internationale (C.E., 6 juin 1997, *Aquarone, R.F.D.A.* 1997, p. 1068, concl. G. Bachelier) (176) (Cass., 24 mai 1975, *Société des cafés Jacques Vabre, A.J.D.A.* 1975, II, p. 567, note J. Boulouis ; C.E., 20 octobre 1989, *Nicolo, R.F.D.A.* 1989, p. 1000, note L. Dubouis). Après coup, le Conseil d'État appliquera cette jurisprudence au règlement communautaire (24 septembre 1990, *Boisdet, ibid.*, 1991, p. 172) et à la directive (28 février 1992, *Philip Morris France, chr.* n° 62, p. 177) (177), mais en précisant que *la suprématie ainsi conférée aux engagements internationaux ne s'applique pas dans l'ordre interne aux dispositions de nature constitutionnelle* (30 octobre 1998, *Sarran, R.F.D.A.* 1998, p. 1081, concl. Chr. Maugüe). En clair, la condition de la loi ne peut être comparée à celle de la constitution, dont le respect s'impose à tous les juges *internes.* Le droit constitutionnel *prime,* sous cet aspect, le droit international (178).

(176) La réserve de réciprocité ne vaut pas, toutefois, en droit humanitaire (C.C., 22 janvier 1999, *Cour pénale internationale, chr.* n° 91).

(177) Dans l'esprit de l'art. 10 de la loi des 16-24 août 1790 *(les tribunaux ne pourront prendre directement ou indirectement aucune part à l'exercice du pouvoir législatif, ni empêcher ou suspendre l'exécution des décrets du corps législatif)* les tribunaux judiciaires faisaient, jusqu'à ce jour, prévaloir la loi, au nom de la doctrine Matter (Cass. 22 décembre 1931, *D.* 1932.I.113). De son côté, au nom de la théorie de la *loi-écran*, le juge administratif se refusait, *en modifiant de sa seule volonté sa place dans les institutions* (concl. N. Questiaux, C.E., 1er mars 1968, *Syndicat des fabricants de semoule*, A.J.D.A. 1968.II, p. 265). V. Jean FOYER : Le mépris de la loi par le juge, *La vie judiciaire*, 29 janvier 1990 ; B. GENEVOIS : Le droit international et le droit communautaire *in C.C. et C.E.*, colloque Paris II, 1988, p. 191.

(178) V. D. ALLAND, Le droit international sous la constitution de la Ve République, *R.D.P.* 1998, p. 1649 et Consécration d'un paradoxe : primauté du droit interne sur le droit international *R.F.D.A.* 1998, p. 1094 ; L. DUBOUIS, Les trois logiques de l'arrêt Sarran, *ibid* 1999, p. 57 ; B. MATHIEU et M. VERPEAUX : Le point de vue du constitutionnaliste, *ibid* p. 67.

La compétence d'*attribution* du Conseil constitutionnel s'oppose à ce qu'il apprécie la conformité de la *loi au traité* (15 janvier 1975, *I.V.G., G.D.* p. 320) sur la base de l'article 61 C, même si dans le même temps, il est compétent au titre du *contrôle de contrariété* (art. 54) pour statuer sur celle de la *constitution au traité* (19 juin 1970, *Ressources communautaires, Rec.* p. 15). Mais, c'était sans compter sur sa sollicitude pour l'État de droit. C'est donc à son invitation, rejoignant, du reste, celle du juge communautaire (C.J.C.E., 9 mars 1978, *Simmenthal, A.J.D.A.* 1978, p. 323, note J. Boulouis) que le juge ordinaire a été convié à se mobiliser.

Qu'en l'occurrence, le juge, serviteur de la loi se soit transformé en *censeur*, n'est-ce pas la marque d'une révolution tranquille ? En neutralisant une loi, celui-ci fait prévaloir sa volonté particulière sur celle des représentants de la nation, resssuscitant *le droit de remontrance* de l'Ancien Régime (179). Qui plus est, le contrôle de conventionnalité, qui peut être invoqué devant *toutes* les juridictions judiciaires et administratives, n'est enfermé dans *aucun* délai, à l'inverse du contrôle de constitutionnalité, au point de le concurrencer désormais. Il est bien certain, que la jurisprudence *Nicolo* rend superfétatoire, ou aléatoire, le projet de révision relatif à l'exception d'inconstitutionnalité (V. *chapitre V*). La *loi est nue* (A. Césaire), face aux droits fondamentaux découlant des conventions internationales et notamment de la convention européenne de 1950, au moment où le Conseil d'État a opéré un renversement de jurisprudence, en se reconnaissant le pouvoir d'interpréter les dispositions obscures d'un traité, sans renvoi préjudiciel au ministre des affaires étrangères (29 juin 1990, *G.I.S.T.I.*, *P.A.*, 19 septembre 1991, note J. F. Flauss) (180).

Il résulte de ce qui précède, que la loi n'exprime dorénavant la volonté générale *que dans le respect de la constitution et des normes internationales et communautaires*, ou, si l'on préfère, de leur ordre juridique supérieur respectif.

La hiérarchie des normes, dont *l'effectivité* s'impose à l'attention se présente comme suit : Une autorité juridique *décroissante* s'attache successivement à : la constitution, modifiée par la L.C. (art. 89 C) le cas échéant, ou au principe de constitutionnalité ; la L.O. (art. 46) et à la loi ordinaire (art. 34) (181). Au surplus, la ratification d'une *ordonnance* (art. 38) vaut *assimilation* à la loi ordinaire, au même titre, du reste, par détermination de la constitution, que l'ordonnance de l'ancien article 92, et, *a fortiori*, de la *décision* du chef de l'État (art. 16) portant sur une matière législative, en temps normal (C.E. 2 mars 1962, *Rubin de Severns, G.A.* p. 590).

Si l'on détourne maintenant des actes du Parlement au profit de ceux de l'exécutif, en suivant la même pente, on rencontre : la *décision* du président de la République (art. 16) qui, en temps normal, ressortit à la compétence du pouvoir réglementaire ; l'ordonnance (art. 38) dans ses dispositions réglementaires, puis les décrets, soit du premier ministre (art. 21), soit du président de la République (art. 13) ; l'arrêté interministériel, et les arrêtés des autorités locales (182).

(179) Le président Mitterrand avait déclaré à la Cour de cassation, le 30 novembre 1990 : *Hormis celles qui violent les principes fondamentaux, il n'y a pas de bonnes ou mauvaises lois pour le juge, pas de loi bien ou mal votée, mais la loi votée par les représentants du peuple et la grandeur du juge est de s'incliner devant elle (chr.* n° 57, p. 173).

(180) Le tribunal correctionnel de Paris a neutralisé, le 15 décembre 1998, la loi du 19 juillet 1977 relative aux sondages d'opinion au motif de non-respect de la liberté d'expression (art. 10 de la convention européenne) (*chr.* n° 89, p. 193) (V. *chapitre II*). V. J.-P. MARKUS, Le contrôle de conventionnalité des lois par le Conseil d'État, *A.J.D.A.* 1999, p. 99.

(181) La loi référendaire (art. 11 C) ne dispose pas d'une autorité *ne varietur*. En tant que technique de *substitution*, sa place dans la hiérarchie est fonction de son objet. A preuve le *pot pourri* que représente la loi du 6 novembre 1962 relative à l'élection du président de la République.

(182) Les principes généraux du droit, élaborés par le C.E. ont une *valeur infra-législative mais supra-décrétale* (R. Chapus). V. G. MORANGE : Une catégorie juridique ambiguë : les principes généraux du droit. *R.D.P.* 1977, p. 761 et la hiérarchie des textes dans la constitution de 1958, *D.* 1959, p. 21.

B. L'ÉLABORATION DE LA LOI

La loi est votée par le Parlement, énonce l'article 34, alinéa 1er C. Certes, la formule est pertinente, en ce qu'elle énonce le *critère organique* qui traditionnellement identifie la loi au sein de l'univers juridique (C.C., 9 janvier 1990, *Amnistie en Nouvelle-Calédonie, chr.* nº 54, p. 198) (183), mais elle n'est pas, pour autant concluante. A cet égard, la procédure a été *renouvelée* et *diversifiée* par rapport à la tradition, de la même façon qu'elle peut être exceptionnellement *annihilée* (184).

La pièce législative accueille de nouveaux acteurs, au premier rang desquels figure, à tout seigneur, tout honneur, le chef du pouvoir exécutif : président de la République *(le président-législateur)* ou le premier ministre, selon l'orientation présidentialiste ou parlementariste des institutions (V. *chapitre III*). Outre l'arsenal de la rationalisation crée en 1958, chacun puise son autorité de sa qualité de chef de la majorité parlementaire. Selon une loi du genre, l'exécutif est devenu l'*atelier législatif* et la loi, l'instrument de réalisation de son programme.

Les *groupes parlementaires* maîtrisent, de leur côté, le processus législatif, à travers la présence stratégique de leurs membres dans les *commissions*. Reste, enfin, toute révérence gardée, l'*Arlésienne :* le Conseil constitutionnel. La soumission de la loi à ses vues s'est étendue jusqu'à l'appréciation de la recevabilité des amendements (23 janvier 1987, *Amendement Séguin, chr.* 42, nº 169) (185). La *juridicisation* des débats est à la mesure de la pression exercée par le juge. Cependant, les acteurs politiques peuvent s'y soustraire à l'aide de conventions de la constitution.

Parallèlement, la procédure législative a été *diversifiée*. La constitution de 1958 est à l'origine d'un phénomène de *démultiplication*, qui aboutit à distinguer plusieurs catégories de lois, au plan national, relevant d'une procédure *spécifique*. Aux côtés de la loi ordinaire (art. 34), se rangent : la loi organique (art. 46) ; la loi de finances (art. 47) ; la loi de financement de la sécurité sociale (art. 47-1) ; la loi autorisant la ratification d'engagements internationaux (art. 53) ; la loi constitutionnelle (art. 89), par delà la loi référendaire (art. 11) (186). Il existe, en dernier lieu, des *lois locales,* en droit alsacien-mosellan (TA

(183) Le critère organique est indifférent à la portée de la loi, à l'opposé de la conception de Rousseau. D'où l'existence de *lois personnelles :* loi du septennat du 20 novembre 1873 au profit du maréchal de Mac-Mahon ; loi du 13 juillet 1906 conférant le grade de commandant au capitaine Dreyfus ; loi du 17 novembre 1918, aux termes de laquelle Clemenceau et le maréchal Foch ont bien mérité de la patrie ; loi du 23 décembre 1970 exonérant les héritiers du général de Gaulle de l'impôt sur les successions.

(184) En vertu d'une coutume parlementaire, l'A.N. nouvellement élue (à la suite d'un renouvellement normal ou consécutif à une dissolution) n'est plus saisie des textes en instance devant la précédente. En revanche, les textes en instance devant le Sénat ne sont pas affectés. La procédure législative peut donc être reprise en ce qui les concerne, au point où elle en était sous la précédente législature.

(185) *Il y a en France, deux assemblées chargées de faire la loi : le Conseil d'État et le Conseil constitutionnel* prétend Jean Foyer. Rapporté par Y. GAUDEMET : Le C.C. et le C.E. dans le processus législatif *in C.C. et C.E.,* colloque Paris II, 1988, p. 87 ; M. BERNARD : Le renouveau de la fonction-consultative du Conseil d'État sous la Ve République, *E.D.C.E.* 1995, p. 439.

(186) La *loi de plan* (art. 34 C) ne saurait faire illusion. Il s'agit tout au plus d'un catalogue de souhaits ou d'intentions, dénué de caractère normatif. Jean Foyer a dénoncé, en 1982, cette *corruption du genre législatif,* en présence d'un *assemblage de neutrons législatifs... dont la charge juridique est nulle.* Cette loi ne mérite même pas une déclaration de non-conformité, en raison de son caractère *inopérant* (C.C., 27 juillet 1982, *Réforme de la planification, C.C.F.* p. 278 ; 20 décembre 1994, *Statut fiscal de la Corse, chr.* nº 73, p. 200) (V; *chapitre V*). A l'inverse, une loi de programme à caractère économique et social (art. 70 C) *définit des objectifs, et comporte des prévisions chiffrées pour* [leur] *réalisation* (C.C. 25-26 juin 1986, *Privatisation, Rec.* p. 61). V. D. BROUSSOLE : Les lois déclarées inopérantes par le juge constitutionnel, *R.D.P.* 1985, p. 751.

de Strasbourg, 14 octobre 1997, *Maronèse, chr.* n° 85, p. 172) et calédonien *(lois du pays)* (art. 77 C) (V. *chapitre V*).

En dernière analyse, on mentionnera l'existence d'*autres législateurs* : le peuple (art. 11 C) ; le chef de l'État (art. 16) ; le Gouvernement (art. 38) et l'Union européenne (art. 88-2).

C'est à la lumière de ces observations qu'il convient d'aborder l'examen respectif de *la procédure législative ordinaire*, des *procédures spéciales* et de rappeler les *procédures de substitution*.

1° La procédure législative ordinaire

Sous le contrôle du juge constitutionnel, le pouvoir exécutif anime en concertation avec la majorité parlementaire, les différentes phases *du jeu de loi* (Cl. Émeri) (187).

a) *Les étapes de l'élaboration de la loi ordinaire*

Quatre étapes jalonnent le processus législatif (dont une demeure *facultative*) : *L'initiative, la discussion,* la contestation *éventuelle* devant le juge constitutionnel et la *promulgation.*

1) L'initiative de la loi

Proposer la loi, c'est régner, affirmait Royer-Collard. Aux termes de l'article 39 C, *l'initiative des lois appartient concurremment au premier ministre et aux membres du Parlement.* Du point de vue terminologique, on appelle *projet de loi,* le texte déposé par le premier ministre (prête-nom de l'exécutif), et *proposition de loi,* celui qui émane d'un parlementaire ou de plusieurs d'entre eux, au nom d'un groupe.

Sous le bénéfice de cette précision, il importe de souligner que la symétrie est plus formelle que réelle. En clair, elle relève, à bien des aspects, de l'*illusion*, par suite de la raréfaction de la loi d'origine parlementaire.

α) Les projets de loi

Conformément au dessein politique du chef de l'exécutif (président de la République ou premier ministre), les projets de loi sont délibérés en conseil des ministres après avis du Conseil d'État et déposés sur le bureau de l'une des deux assemblées (art. 39, al. 2). A ce propos, diverses remarques peuvent être présentées.

1. Dès lors que *le Gouvernement détermine et conduit la politique de la nation* (art. 20), le pouvoir *discrétionnaire* du premier ministre ne peut être, ni transféré (C.C., 3 août 1993, *Banque de France, chr.* n° 68, p. 174), ni subordonné à une *injonction* parlementaire, comme jadis, lui enjoignant de déposer un projet de loi (C.C., 29 décembre 1976, *Loi de finances pour 1977, C.C.F.* p. 281 ; 9 mai 1991, *Collectivité territoriale de Corse, chr.*

(187) Il existe toutefois au Palais-Bourbon *une procédure d'examen simplifié* depuis 1998 (art. 106 *R.A.N., chr.* n° 86, p. 214). V. J.-P. Camby *La procédure législative en France, D.F.,* 1995 ; *Connaissance de l'Assemblée :* 5 - Les principales étapes de la procédure législative, 1997.

59, p. 209) (188) ou à une *résolution* communautaire (17 décembre 1992, *R.A.N., chr.* n° 65, p. 216).

2. Sous l'autorité de l'Élysée ou de Matignon, selon le versant de la Ve République privilégié, un ministre est chargé de la préparation du projet. Outre les consultations auxquelles il se livre, notamment avec les partenaires économiques et sociaux et la coordination menée au sein du Gouvernement *(supra)*, il peut solliciter des avis (189). Mais, dans certaines matières, un texte le prescrit, à peine de non-conformité formelle (190).

3. A l'initiative du S.G.G. et du S.G.C.I., pour les normes communautaires (art. 88-4 C), le Conseil d'État intervient, de façon déterminante, en fin de course, avant la tenue du conseil des ministres (191). Dans le cadre de son *devoir de conseil*, il lui appartient de favoriser la clarté et la concision du texte, tout en s'efforçant de prévenir les risques de censure ultérieurs par le Conseil constitutionnel *(supra)*. A cette fin, le projet de loi (*à l'exclusion* de toutes modifications ultérieures par voie d'amendements) y fait l'objet d'une procédure *collégiale* et *contradictoire*, sous forme d'un double rapport présenté successivement devant la section administrative compétente et l'assemblée générale, présidée par le vice-président (art. 21 de l'ordonnance du 31 juillet 1945). Toutefois, l'avis est formulé par la seule commission permanente (art. 25), en cas d'urgence déclarée par le premier ministre, pour la loi de finances. Le ministre a rang et séance. Il a voix délibérative (art. 16 du décret du 30 juillet 1963). Cependant, en dehors de projets importants (loi constitutionnelle), il y sera représenté par l'un de ses collaborateurs (membre de son cabinet ou directeur d'administration centrale) appelé *commissaire du Gouvernement*. La délibération porte successivement sur le texte, puis sur chacun de ses articles. Les votes ont lieu à main levée. L'avis émis, du point de vue de la stricte cohérence juridique, est transmis, en dehors du ministre intéressé, au premier ministre et au chef de l'État. Il demeure secret, tant que le Gouvernement n'en a pas décidé autrement (loi du 17 juillet 1978).

Les avis ne lient pas celui-ci, en dehors du principe même de la consultation. Mais en cas de différence entre le projet soumis et le texte adopté par le Conseil d'État, le Gouvernement ne peut retenir des dispositions nouvelles s'écartant des deux rédactions, sauf à le saisir derechef.

4. Le conseil des ministres (art. 9 C) (V. *chapitre III*) délibère et adopte le projet de loi. Ce dernier peut être modifié après son dépôt sur le bureau d'une assemblée, suivant la pratique coutumière de la *lettre rectificative*. Celle-ci *constitue la mise en œuvre du pouvoir d'initiative des lois* que le premier ministre tient de l'article 39 C

(188) En revanche, une déclaration d'intention (annonce d'une loi ou du dépôt d'un rapport au Parlement) ne s'analyse pas en une injonction (C.C., 26 janvier 1995, *Aménagement et développement du territoire, chr.* n° 74, p. 203).

(189) La consultation peut prendre un tour institutionnel avec la demande d'avis du Conseil économique et social (art. 69 C). La présence ultérieure dans la loi, de déclarations d'intention, dénuées de toute valeur juridique, trouve ici son origine.

(190) Tout projet de plan ou de programme à caractère économique doit être précédé de l'avis du Conseil économique et social (art. 70 C) (C.C., 25-26 juin 1986, précitée). La même obligation concerne l'organisation particulière des T.O.M. (art. 74), de la Nouvelle-Calédonie (art. 77) ; l'avis de l'assemblée délibérante doit être déposé devant la première assemblée saisie, avant l'adoption en première lecture (C.C., 27 juillet 1982, *Communication audiovisuelle, Rec.* p. 48). Les mesures d'adaptation des D.O.M. (art. 73) doivent être précédé de l'avis des conseils généraux (loi du 31 décembre 1982).

Au demeurant, *le Gouvernement demeure libre de procéder à son gré à toutes autres consultations qu'il juge utile* (27 juillet 1982, *Réforme de la planification, Rec.* p. 52). Outre la consultation, l'assemblée territoriale de Corse dispose, pour sa part, d'un pouvoir de proposition, en matière législative et réglementaire, dans les matières relevant de sa compétence (art. 26 de la loi du 13 mai 1991).

(191) La tradition veut que le C.E. étudie spontanément un texte qui le concerne (réforme du contentieux réalisée par la loi du 31 décembre 1987). En ce cas, le garde des sceaux, ministre de la justice, dont il relève pour sa gestion administrative, selon la formule classique, *se l'approprie s'il lui agrée*. V. J. MASSOT et Th. GIRARDOT, *Le Conseil d'État,* 1999 ; Y. GAUDEMET, art. précité, p. 87 ; J.-L. QUERMONNE : *Les décisions du C.C., les arrêts et avis du C.E. :* enjeu politique, colloque Paris II, p. 397 ; M. LONG : Le CE et la fonction consultative, *R.F.D.A.* 1992, p. 787.

(C.C. 28 décembre 1990, *Loi de finances pour 1991, chr.* n° 57, p. 183). Il s'ensuit que ce projet de loi *innomé* doit satisfaire, en amont, aux conditions procédurales exigées.

5. Le dépôt du projet de loi est effectué, sous la forme d'un *décret de présentation* signé par le premier ministre, au nom duquel, selon la formule traditionnelle, un ministre *est chargé d'en exposer les motifs et d'en soutenir la discussion devant l'assemblée* (192). A ce propos, une bonne régulation du flux législatif implique une alimentation régulière des assemblées. Il ne serait pas concevable, que l'une fût accablée, tandis que l'autre serait désœuvrée. En conséquence, le Gouvernement dispose d'un pouvoir d'*appréciation* (193). A cet égard, il lui est loisible de renoncer au dépôt du texte et de procéder à son retrait, à tout moment, avant le terme de la procédure législative (art. 84 R.A.N.) (194).

Cependant, en certains cas, la conduite du Gouvernement lui est dictée. Les projets de loi de finances (art. 47 C) et ceux de financement de la sécurité sociale (art. 47-1), sont soumis *en premier lieu* aux députés (art. 39, al. 2 C), suivant le principe du consentement à l'impôt, ainsi que les amendements introduisant, en cours de débat, des mesures financières *entièrement nouvelles* (C.C., 29 décembre 1986, *Loi de finances pour 1987, chr.* n° 41, p. 202). La pratique observée, veut, à l'opposé, que les projets de loi relatifs aux collectivités territoriales soient d'abord présentés, devant le Sénat, compte tenu de son rôle institutionnel (art. 24 C) (195). Un projet de loi intéressant, une assemblée (régime électoral) y est dépêché. De même, le chef de l'État saisit, dans le silence des textes, une assemblée, en cas de demande de nouvelle délibération de la loi (art. 10 C) (196) ou pour l'examen d'un projet de révision de la constitution.

En résumé, les projets de loi bénéficient d'une préparation minutieuse et, par suite, d'une position *avantageuse* au cours du débat législatif. Ce qui n'est pas le cas des propositions de loi, déposées et discutées en priorité, devant l'assemblée à laquelle leurs auteurs appartiennent.

β) *Les propositions de loi*

A l'initiative d'un parlementaire (ou, de son *groupe*), elles sont à l'origine d'un nombre modeste de lois, en raison des difficultés de parcours rencontrées. Le pourcentage moyen

(192) L'absence du premier ministre, au conseil des ministres, au cours duquel le projet de loi a été délibéré et approuvé est couverte par la signature ultérieure du décret de dépôt, pris au titre de son pouvoir d'initiative de la loi (art. 39 C) (C.C., 12 septembre 1984, *Limite d'âge dans la fonction publique, chr.* n° 32, p. 184).

(193) Des projets importants ont été déposés en premier lieu devant le Sénat : projet de révision constitutionnelle, en 1984 et 1993 ; liberté de communication, en 1986 et 1988 ; réforme du code pénal, en 1989.

(194) Les actes accomplis dans les relations entre les pouvoirs publics rentrent dans la catégorie dite des *actes de gouvernement* ou *actes politiques* (René Chapus). Le juge *administratif* décline sa compétence : dépôt d'un projet de loi ou refus ou retrait (C.E. 29 novembre 1968, *Tallagrand, D.* 1969, p. 386) ; refus de faire diligence (C.E. 25 juillet 1947, *Société l'Alfa, Rec.* p. 344) ; décret de promulgation de la loi (C.E. 3 décembre 1933, *Desreumaux, D.* 1934.3.36) décision de recourir à l'art. 16 C (C.E. 2 mars 1962, *Rubin de Servens*, précité) ; nomination de membres du C.C. (C.E., 9 avril 1999, Dame Ba, *R.F.D.C.* 1999, p. 123) ou saisine du C.C.

(195) Mais cette pratique tend à se résorber : les lois de décentralisation (1982), d'administration territoriale de la République (1992) et d'aménagement et de développement du territoire (1995 et 1999) ont été délibérées d'abord par les députés. Aux protestations du président du Sénat, le Gouvernement a invoqué la priorité dans la fixation de l'ordre du jour (*chr.* 70, p. 205).

(196) Le précédent a été créé par le décret du 13 juillet 1983 (*chr.* 27, p. 179) et respecté par celui du 9 août 1985, à propos de la Nouvelle-Calédonie.

est de 8 %, malgré une légère remontée, due à l'existence de la *niche* (art. 48, al. 3 C) (197). L'absentéisme traduit, pour une part, un sentiment d'impuissance, renforcé par la discipline majoritaire à l'Assemblée nationale. Mais, il est juste d'observer que certaines propositions ont bouleversé les mentalités, voire la société : loi Neuwirth de 1967 relative à la contraception ou loi Michel sur le P.A.C.S. en 1999.

Sur son chemin, la proposition de loi se heurte à des *obstacles juridiques,* sous forme *d'irrecevabilités* à caractère *financier* (art. 40 C) et *constitutionnel* (art. 41) ; *de l'inscription à l'ordre du jour* (art. 48), sans perdre de vue des *zones d'exclusion.*

1. En termes généraux, l'article 40 C énonce : *les propositions et amendements formulés par les membres du Parlement ne sont pas recevables lorsque leur adoption aurait pour conséquence, soit une diminution des ressources publiques, soit la création ou l'aggravation, d'une charge publique.* L'importance de ce *couperet* est évidente, au point, qu'à la limite, il est susceptible de *supprimer* purement et simplement l'initiative parlementaire. Car, à la réflexion, on peut s'interroger sur le point de savoir, si une proposition ou un amendement peut être formulée sans affecter, d'une manière ou d'une autre, le montant des finances publiques. L'examen de cette irrecevabilité de caractère *absolu* est confié à chaque assemblée (C.C., 14 juin 1978, *R.S., C.C.F.* p. 442), bien qu'étant la *seule disposition d'ordre public* retenue par la constitution (J.-L. Pezant) (198).

2. A l'Assemblée nationale, le pouvoir d'appréciation incombe au président, après consultation du président de la commission des finances (art. 92 et 98, al. 6 R.A.N.). L'avis de celui-ci est suivi en pratique. Au surplus, tout président de commission peut apprécier l'irrecevabilité d'un amendement (art. 86, al. 4 R.A.N.). Cette dernière peut être opposée à *tout moment* par le Gouvernement et tout député. La procédure législative est suspendue jusqu'à la décision (art. 92 R.A.N.). Au Sénat, la démarche est plus simple, si l'on ose dire : une *convention de la constitution* veut en effet que l'article 40 ne puisse y être soulevé qu'en séance publique et à la demande du Gouvernement (art. 45, al. 1er R.S.). Il s'ensuit une différence de traitement entre les assemblées : contrôle *a priori* et systématique au Palais Bourbon ; contrôle *a posteriori* et facultatif au Palais du Luxembourg. Deux interprétations parfaitement *contradictoires* qui ont été consacrées par le C.C., le même jour (14 octobre 1996, *R.A.N., R.S., chr.* n° 81, p. 176). Ainsi les députés, représentants directs des contribuables, se trouvent paradoxalement dans une position d'infériorité par rapport à leurs collègues. On a parlé du *bicamérisme inversé.*

Au Palais-Bourbon, le caractère *public* de la charge est retenu dans un sens large : il englobe celles de l'État, des collectivités locales et des régimes d'assistance ou de sécurité sociale (C.C., 20 janvier 1961, *Assurance maladie des exploitants agricoles, Rec.* p. 29). Par ailleurs, la sémantique est déterminante : le pluriel est utilisé pour *les* ressources ; le singulier pour *la* charge publique. Au premier cas, le juge de la recevabilité écarte la proposition ou l'amendement qui se traduit par une perte de ressources, tout en admettant une compensation réelle entre elles (C.C., 2 juin 1976, *R.S.* p. 21) ; au second cas, à l'opposé, la charge qui se mesure à ses effets (Rapport Barrot, p. 85) ne

(197) Sous la IVe République, on comptait, en moyenne, 70 % de lois d'origine gouvernementale et 30 % d'origine parlementaire V. P. Avril et J. Gicquel : *Droit parlementaire,* 2e éd., 1996, p. 134.

(198) La tradition de la Ve République confie au président de la commission des finances le soin de synthétiser périodiquement la jurisprudence parlementaire (Rapport Barrot, A.N. n° 1273, 1994). V. A. Malibeau : La compétence financière du Parlement sous la Ve République, *Rev. Sc. Financière* 1961, p. 45 ; Cl. Émeri et P. Lalumière, *C.R.F.* p. 815 ; P. Lalumière : Un domaine nouveau de l'intervention du Conseil constitutionnel : les dispositions constitutionnelles à caractère financier et budgétaire, *Pouvoirs* n° 13, p. 55 ; J.-L. Pezant : Le contrôle de la recevabilité des initiatives parlementaires. Éléments pour un bilan, *R.F.S.P.* 1981, p. 140 ; J.-P. Camby et D. Meunier : Irrecevabilité financière *in Dictionnaire encyclopédique de finances publiques*, t. II, 1991, p. 980 ; J.-P. Bonhoure, Irrecevabilité *D.C.*, p. 523.

peut être compensée, ni, par une autre charge, ni par l'augmentation d'une ressource (C.C., 28 décembre 1985, *Loi de finances rectificative, chr.*, n° 37, p. 189). Enfin, le Conseil constitutionnel, juge d'appel des instances parlementaires, ne saurait accueillir en premier l'irrecevabilité (20 juillet 1977, *Coopération intercommunale, C.C.F.* p. 222). De la même façon, il statue sur le texte de loi ayant servi de base à la *discussion publique* et non celui présenté à la commission, qui a pu être *blanchi* sur ces entrefaites (13 janvier 1994, *Révision de la loi Falloux, chr.* n° 70, p. 200). Après une application stricte de l'article 40, la pratique s'est orientée vers une interprétation raisonnable dirigée en fait contre les *seuls* amendements qui *tombent* à hauteur de 30 %. On rappelera que la Chambre des Communes a renoncé de sa propre autorité, en 1713, à l'initiative financière ; ce qui lui confère la liberté à l'égard des groupes d'intérêt.

3. Une seconde irrecevabilité, de nature *constitutionnelle* se dresse sur le chemin de la proposition de loi : celle de l'article 41. Mais à la différence de la précédente, elle est d'un usage relativement rare et laissée à la seule initiative du Gouvernement (C.C., 8 novembre 1995, *R.A.N.*, *chr.* n° 77, p. 252).

En liaison avec la répartition opérée initialement entre les domaines de la loi et du règlement (art. 34 et 37 C), une sanction est aménagée : *S'il apparaît, au cours de la procédure législative, qu'une proposition ou un amendement n'est pas du domaine de la loi ou est contraire à une délégation accordée en vertu de l'article 38, le Gouvernement peut opposer l'irrecevabilité.*

En cas de désaccord entre le Gouvernement et le président de l'assemblée intéressée, le Conseil constitutionnel, à la demande de l'un ou de l'autre, statue dans un délai de 8 jours.

Cette première ligne de défense du pouvoir réglementaire a été emportée par le flot législatif, au lendemain de la décision *Blocage des prix et des revenus*, rendue par le Conseil constitutionnel, le 30 juillet 1982 *(supra)*. La procédure de *réappropriation* (art. 37, al. 2 C) est, cependant, toujours à la disposition du premier ministre (199). Néanmoins, cette irrecevabilité subsiste, dans le cadre d'une habilitation législative (C.C., 23 janvier 1987, *Conseil de la concurrence, Rec.* p. 8) ou pour s'opposer aux amendements de l'opposition lorsqu'elle se livre à l'obstruction. La jurisprudence du *préalable* de l'article 40 est applicable en l'espèce : l'article 41 ne peut pas être soulevé la première fois devant le juge constitutionnel (13 janvier 1994, *Révision de la loi Falloux, chr.* n° 70, p. 184).

4. A supposer, ensuite que la proposition de loi ait franchi le double barrage des articles 40 et 41 C, elle se heurte à *l'inscription de l'ordre du jour* qui ressortit en priorité à la compétence du Gouvernement (art. 48 C). Cependant, cette contrainte objective n'est pas sans réplique. Outre le fait que ce dernier peut faire une bonne manière aux propositions de sa majorité (lorsqu'il ne les téléguide pas...), la conférence des présidents peut proposer un ordre du jour *complémentaire,* de même depuis la L.C. du 4 août 1995, *une séance par mois est réservé par priorité à l'ordre du jour fixé par chaque assemblée* (art. 48, al. 3) (*supra*) (200).

5. En dernier lieu, il est des domaines où l'initiative parlementaire ne peut s'aventurer : loi autorisant la ratification des engagements internationaux (art. 53 C) (catégorie qui représente plus du tiers de la production législative annuelle) ; loi de finances (art. 47) ; loi de financement de la sécurité sociale (art. 47-1) ; loi de plan et de programme, dans la pratique. Cette énumération impressionnante serait incomplète, si l'on omettait de citer la législation communautaire (201).

6. *Les obstacles politiques* accusent la discrétion de la proposition de loi : on mentionnera la translation de pouvoir décisionnel du Parlement au Gouvernement (art. 20 C) ; la logique majoritaire qui soude les députés à ce dernier ; le cumul des mandats et des fonctions électives, qui favorise la

(199) Le C.C. (26 avril 1979, *Économie d'énergie, Rec.* p. 55) a encouragé cette tendance, en mettant en avant le caractère *relatif* de l'article 41. Il estime ne pouvoir *statuer que sur la seule question de savoir si la proposition ou l'amendement est du domaine de la loi ou a un caractère réglementaire ; qu'il ne saurait donc à aucun titre, se prononcer sur la conformité de ces textes à la constitution.* V. E. OLIVA : *L'art. 41 de la constitution du 4 octobre 1958*, thèse Aix-Marseille III, 1992.

(200) Si le Sénat dispose d'une plus grande liberté, en l'absence du soutien gouvernemental, ses propositions de loi ne seront pas soumises, pour autant, à l'examen de l'Assemblée.

(201) V. S. PIERRÉ-CAPS : L'adaptation du Parlement français au système communautaire, *R.F.D.C.* 1991, p. 233 ; F. HERVOUËT : Politique jurisprudentielle de la Cour de justice et des juridictions nationales. Réception du droit communautaire par le droit interne des États, *R.D.P.* 1992, p. 1257.

dispersion. *Qui trop embrasse mal étreint*, affirme la sagesse populaire. Sans doute, les parlementaires continuent-ils à déposer des propositions, mais sans grande illusion sur leur aboutissement, en se souciant de l'information locale et du compte rendu de mandat, en fin de législature. On a fait valoir, par ailleurs, un obstacle logistique. L'argument a fléchi au moment où, parallèlement au savoir-faire traditionnel des fonctionnaires parlementaires, les assemblées se dotent d'une administration performante *(supra)*.

7. On en vient à se demander si l'on doit, dans ces conditions, jeter le manche après la cognée ?

Non point, car à la réflexion, le Parlement peut redevenir une *force de proposition,* s'il en manifeste la ferme intention. De manière topique, à l'initiative du président Philippe Séguin en 1994, un groupe de travail à l'Assemblée a étudié les moyens de contribuer à une clarification des rapports de la politique et de l'argent. Un bouquet de 18 propositions de loi, dont certaines à valeur organique, devait fleurir (lois du 19 janvier 1995). Simultanément, on assiste à un phénomène d'adaptation : les élus jettent leur dévolu sur *l'amendement* (art. 44, al. 1er C).

Ce dernier se définit comme *le corollaire du droit général d'initiative* (E. Pierre), ou, si l'on préfère, la modification de forme ou de fond, apportée à un texte soumis à la délibération de l'assemblée. Certes, l'inclination pour l'amendement est ancienne, en raison de sa simplicité, de sa rapidité sans compter la célébrité qu'il confère (*l'amendement Wallon* fonda la République en 1875). Mais, ce qui est nouveau, à l'heure actuelle, c'est tout à la fois un changement quantitatif et qualitatif. Au-delà du sommet atteint sous la VIIe législature (1981-1986) avec 38 997 amendements, ce droit se présente, comme l'expression de l'activité normative de la majorité ou de la stratégie de retardement de l'opposition. Somme toute, *l'accessoire tend à remplacer le principal.*

2) La discussion de la loi

Après avoir été enregistré à la présidence, le dépôt du texte est annoncé en séance publique, sous le bénéfice de sa recevabilité s'il s'agit d'une proposition, imprimé, distribué et renvoyé à l'examen d'une commission permanente ou spéciale (art. 81 et 83 R.A.N.) où il sera *travaillé,* selon la formule usitée. A l'issue de la discussion en séance publique, le texte est transmis à la seconde assemblée, en vue de son adoption (art. 45 C). Ainsi donc, la procédure législative est *contradictoire* et *répétitive*.

α) L'examen en commission

Le renvoi du texte de loi devant une commission (permanente ou spéciale) (art. 43 C) *(supra)* représente assurément le *temps fort* de la discussion, son instant privilégié. En raison de la représentativité de la commission, au sein de laquelle, on le sait, le rapport entre la majorité et l'opposition est exactement représenté ; de l'intensité et de la qualité de ses débats ; en un mot de l'autorité qui s'attache aux conclusions de son rapport, on peut affirmer que le sort du texte est scellé, dès cet instant. Le débat public donnera ultérieurement le sentiment du *réchauffé* (202).

La commission saisie au fond (une autre commission permanente peut être appelée à émettre un *avis* le cas échéant) désigne, à la majorité, un *rapporteur, le véritable pivot de la procédure législative*

(202) On en vient à se demander si, à l'image de l'Italie ou de l'Espagne, il ne serait pas avantageux (sauf dans les domaines essentiels des libertés publiques et de la révision de la constitution) de conférer aux commissions le pouvoir de voter elles-mêmes la loi. Le C.C. (7 novembre 1990, *R.S., chr.* n° 57, p. 172) y est opposé. V. J.-P. CHAUMONT : Le vote des lois en commission : une impossibilité constitutionnelle ? *P.A.*, 1er février 1991.

(P. Cahoua) (203). Après avoir auditionné le ministre intéressé, ainsi que toutes personnes qualifiées, repoussé les motions de procédures déposées par l'opposition, la commission examine les articles et les amendements proposés par le rapporteur avant de voter sur l'ensemble modifié. Cette dernière propose ; seule l'assemblée statue.

A ce propos, une novation a été introduite en 1958, destinée à préserver les prérogatives de l'exécutif. Désormais, selon l'origine du texte examiné, la commission dispose d'un pouvoir *modulé*. S'agit-il d'un *projet* de loi, la discussion portant *devant la première assemblée saisie sur le texte présenté par le Gouvernement* (art. 42 C). La commission œuvre *in vitro* : son rapport, en d'autres termes, conclut à son adoption, à son rejet ou à des modifications (sous la forme d'*amendements*), mais de façon *séparée* (art. 86 R.A.N.). De sorte que le texte gouvernemental ne peut pas être modifié, à ce stade, fût-ce d'une virgule. Cette position est avantageuse pour la suite du débat. A l'opposé de ce qui se déroulait dans le cadre du régime d'assemblée, avant 1958, le Gouvernement ne se trouve plus placé en position d'infériorité, à partir de l'instant où la commission est privée de la possibilité de *substituer* son texte à celui présenté par le ministre. S'agit-il, à l'opposé, d'une *proposition* de loi, la commission agit *in vivo*. Elle conclut par *un texte d'ensemble* (art. 86 R.A.N.), c'est-à-dire qu'elle peut changer, en la forme comme au fond, la rédaction initiale.

La commission présente un rapport à chaque phase de la procédure législative. Elle procède à une discussion jointe lorsqu'un projet et une proposition de loi poursuivent un même objet (Collectivité territoriale de Corse, à l'Assemblée, en 1990).

En règle générale, après entente entre le président, le rapporteur de la commission et le Gouvernement, le texte de loi aborde le stade de la discussion publique (204).

β*) L'examen en séance plénière ou la discussion publique*

L'ordre du jour appelle la discussion de : ainsi s'exprime le président en ouvrant la séance publique dont l'ordonnancement fait songer à un *entonnoir*, en raison du resserrement de l'objet du débat.

Une fois le rapport imprimé et distribué (art. 90 R.A.N.), le projet ou la proposition de loi est, en effet, prêt pour le débat public. Toutefois, il faut bien se rappeler qu'entre la distribution du rapport et la séance publique se trouve *un passage particulièrement*

(203) A bien des aspects, le rapporteur est l'*alter ego* du ministre. Leurs bonnes relations conditionnent le vote du texte de loi. Être rapporteur, disait Léon Blum, c'est *Bonaparte au siège de Toulon*, ou le départ d'une belle carrière politique. V. H. GEORGE : Les pouvoirs des rapporteurs des commissions parlementaires, *Mél. Georges Burdeau,* 1977, p. 441. P. CAHOUA : Les commissions, lieu du travail législatif *Pouvoirs* n° 34, 1985, p. 37.

Toutefois, la commission des finances dispose d'un *rapporteur général*, aidé de rapporteurs spéciaux et de rapporteurs pour avis pour chaque fascicule budgétaire ou ministériel. Ces rapporteurs disposent de pouvoirs d'investigation et de contrôle de manière permanente sur *pièces et sur place* concernant l'emploi des crédits (art. 164.IV de l'ord. du 30 décembre 1958 portant loi de finances pour 1959). En outre, le rapporteur général, en raison de l'autorité qui s'attache à sa fonction, siège à la conférence des présidents. Il est parfois regardé comme un ministre *bis* des finances. Le rapport de la commission est un élément essentiel des travaux préparatoires de la loi. V. M. COUDERC : Les travaux préparatoires de la loi, *D.* 1975, chr. p. 249.

(204) En principe, la discussion publique ne peut pas s'ouvrir en l'absence du rapport de la commission (art. 90 R.A.N.). Toutefois, l'obstruction de l'opposition peut être surmontée par le Gouvernement, en application de l'article 48 C (C.C. 10-11 octobre 1984, *Entreprises de presse, chr.* n° 29, p. 184).
Le rapport présenté par la commission, saisie au fond, d'un texte de loi portant sur les domaines couverts par l'activité de l'Union européenne, doit désormais comporter en annexe des éléments d'information sur le droit européen applicable et la législation en vigueur dans les principaux États de l'Union (art. 86, al. 6 R.A.N., rédaction de la résolution du 15 juin 1989).

malaisé à franchir (surtout pour les propositions), qui est *l'inscription à l'ordre du jour* (art. 48 C) *(supra)* ; à la suite de quoi, s'ouvre la *discussion générale*, suivie du passage à la *discussion sur les articles*. Telle se présente l'articulation de la délibération d'un texte, appelée une *lecture*.

1. *La discussion générale* s'engage par l'audition éventuelle du Gouvernement, ou la présentation du rapport de la commission saisie au fond, et s'il y a lieu, du rapport de la commission saisie pour avis (art. 91 R.A.N.). Elle porte sur la philosophie du texte, ses tenants et ses aboutissants. Les orateurs des groupes interviennent ensuite, selon le temps de parole alloué par la conférence des présidents qui use généralement de la possibilité, qui lui et offerte, *d'organiser* la discussion (art. 49 R.A.N.). Mais il faut compter avec l'opposition qui, dès la fin de l'intervention du rapporteur peut déclencher les hostilités (dont la commission a été déjà le théâtre), en vue d'empêcher la poursuite du débat.

2. *La stratégie de retardement* (flibuste ou flibustage, selon un terme québécois) présente, à ce stade, divers aspects (205).

En se faisant, pour quelques instants, l'avocat du diable, après le *rappel au règlement* (art. 58 R.A.N.) qui a *priorité* sur la question principale et dont l'auteur obtient la parole sur-le-champ et *la demande de suspension de séance*, qui est de droit si elle émane d'un président de groupe (art. 58 R.A.N.), l'opposition recourt par prédilection, aux *motions incidentes* ou *motions de procédure* (206). Au nombre de trois (on parle alors de la *triangulation*, ce que d'aucuns traduisent par *strangulation*...), il s'agit de l'*exception d'irrecevabilité*, de la *question préalable* et du *renvoi en commission* (art. 91). Chacune d'entre elles, une fois, peut être soulevée à l'encontre du texte contesté. Chacune donne lieu à un débat, clos par un vote, où interviennent l'auteur, le Gouvernement, le rapporteur de la commission saisie au fond et un orateur de chaque groupe. L'exception d'irrecevabilité est plaidée sur le motif de *l'inconstitutionnalité*, et préfigure, le plus souvent la saisine du Conseil constitutionnel ; la question préalable invoque l'inopportunité du texte.

L'adoption de l'une ou de l'autre de ces motions entraîne le rejet du texte à l'encontre duquel elle a été soulevée (207), sauf pour la motion de renvoi qui suspend le débat jusqu'à présentation par la commission d'un nouveau rapport. En cas de rejet ou d'absence d'une telle demande, la discussion générale est close et *le passage à la discussion des articles* du texte de loi peut s'ouvrir.

3. Dans le cadre du dialogue permanent entre le rapporteur et le ministre, *la discussion des articles* porte successivement sur chacun d'entre eux. Ils sont mis aux voix séparément (art. 95, al. 1er

(205) De même que l'opposition s'emploie à empêcher l'ouverture de la discussion par ces incidents de procédure, elle s'évertuera, par la suite à la freiner par des demandes en cascade : de suspension de séance (art. 58, al. 3 R.A.N.), de vote public (art. 65), de rappel au règlement (art. 58), de vérification de quorum (art. 61), sans oublier le dépôt d'amendements (art. 44, al. 1er C), *etc.* V. Y. COLMOU : Vade-mecum du député obstructeur, *Pouvoirs* n° 34, p. 121 ; R. CHAZELLE et M. LAFLANDRE : Le rappel au règlement dans la procédure parlementaire de la Ve République, *R.D.P.* 1990, p. 677.

(206) L'obstruction a été redécouverte par la gauche à l'occasion du débat sur la loi *sécurité et liberté*, en 1980-1981, et, à nouveau sous la cohabitation, à propos des privatisations et de la révision de la loi Falloux, en 1993. La droite devait lui assurer la réciprocité, à propos des lois de nationalisation (1981), sur l'enseignement supérieur (1983), pour culminer avec celle en matière de presse (1983-1984). V. S. BARRÉ-AIVAZZADEH : *L'exception d'irrecevabilité devant les assemblées parlementaires françaises*, thèse Dijon, 1994 ; M. COUDERC : La bataille parlementaire contre le temps, *R.F.S.P.* 1981, p. 85 ; J.-É. GICQUEL : La lutte contre l'abus du droit d'amendement au Sénat, *R.D.P.* 1997, p. 1351.

(207) A deux reprises, une exception d'irrecevabilité a été votée à l'Assemblée nationale : à l'encontre, en 1978, du projet de loi portant adaptation de la TVA à une directive européenne et, en 1998, de la proposition de loi relative au P.A.C.S. (*chr.* n° 89, p. 187).

R.A.N.) (208). Sur chaque article, les amendements afférents sont mis, à leur tour, successivement en discussion et aux voix (art. 100). La *réserve* d'un article ou d'un amendement, dont l'objet est de modifier l'ordre de la discussion, est de droit à la demande du Gouvernement et de la commission (art. 95, al. 2). Le temps de parole est normalement limité, sauf pour le ministre et le rapporteur qui interviennent, dès qu'ils en expriment le désir et pour la durée souhaitée (art. 56 R.A.N.). A l'issue du scrutin portant sur le dernier article, en l'absence d'une *seconde délibération* demandée par le Gouvernement ou la commission compétente (art. 101) après les explications de vote des groupes, il est procédé à un vote sur l'ensemble du texte (art. 95), *sauf si, entre-temps, à l'Assemblée nationale, le Gouvernement décide de recourir à l'article 49, alinéa 3 C.*

Ce schéma qui allie la simplicité à la célérité, pourrait être taxé d'irréaliste si, entre-temps, l'exercice du droit d'amendement qui cristallise la délibération n'y était pas intégré.

4. *Le droit d'amendement, corollaire de l'initiative législative* (C.C. 12 janvier 1989, *Amendements Le Guen et Mexandeau, chr.* n° 50, p. 180), appartient concurremment, depuis 1958, au Gouvernement et aux membres du Parlement (art. 44, al. 1er C) pris individuellement ou collectivement, dans le cadre d'une commission (209). Le caractère accessoire ou dérivé de ce droit *ne peut pas faire naître une question nouvelle ; il ne peut se produire qu'à l'occasion d'une affaire dont la chambre est déjà saisie* (E. Pierre). En bref, il relève d'une procédure spécifique.

L'amendement est inhérent à la délibération, au point de s'identifier à la psychologie des élus. Mais l'inflation qui, depuis quelques années, le caractérise pose problème. C'est ainsi que, sous la VIIe législature (1981-1986), le total de 38 997 a atteint celui enregistré, au cours de la période 1960-1978, soit une moyenne annuelle de 4 026 amendements contre 1 237 précédemment. Des records ont été atteints à l'Assemblée nationale, en 1993, avec le dépôt de près de 4 000 amendements pour l'examen respectif des textes de loi de privatisation et révision de la loi Falloux.

Au-delà d'un seuil, il est un fait certain que l'amendement bouleverse l'économie du texte, retarde son adoption et menace le Gouvernement de paralysie. Mais, on ne doit pas en conclure par une condamnation sans appel. Car, parallèlement à la manœuvre de l'*obstruction*, à laquelle il donne libre cours, ce droit doit aussi s'interpréter comme l'instrument de la *collaboration* de la majorité parlementaire à l'œuvre de l'exécutif. Des lois capitales (décentralisation en 1982 et 1992 ; enseignement supérieur en 1984 ; bioéthique en 1994) ou le nouveau code pénal, ont été largement *réécrites* par ses soins, dans le cadre de la *commission* saisie au fond. Au cours d'une législature, plus de la moitié des amendements adoptés y trouvent, en effet, leur source. Ce qui confirme, avec force, le rôle prééminent des commissions dans le processus législatif.

5. *La police des amendements* est confiée aux assemblées et au Gouvernement, sous le *contrôle* du Conseil constitutionnel (23 janvier 1987, *Amendement Séguin, chr.* n° 42, p. 169). Comment, en effet, *faire tomber* les amendements, selon la formule consacrée ? Ou l'obsession gouvernementale confrontée aux *obstructeurs*.

(208) Le droit d'amendement implique le droit de *sous-amendement*, mais la cascade est limitée à ce stade (art. 98.4 R.A.N.). Toutefois, ce droit est exclu en certaines matières. En dehors du domaine particulier des lois d'autorisation des engagements internationaux (art. 128 R.A.N.) *(infra)*, l'interdiction vise les *cavaliers législatifs*, c'est-à-dire des dispositions à valeur organique ou financière discutés à l'occasion d'une loi ordinaire (art. 115 et 127 R.A.N.). En revanche, le droit d'amendement retrouve droit de cité au moment de la ratification des ordonnances et de la transposition des directives communautaires (art. 38 C). V. B. BEAUFUMÉ : *Le droit d'amendement dans la constitution de la Ve République*, 1993 ; J.-L. PEZANT : Amendement, *D.C., p. 29.*

(209) Par suite d'une inconséquence, *car qui peut le plus peut le moins*, le ministère était privé de ce droit avant 1958. Lorsqu'il voulait obtenir modification de la rédaction établie par la commission, il était obligé, à défaut de déposer une *lettre rectificative* (ex. loi du 3 juin 1958), de recourir à un parlementaire de la majorité, afin que celui-ci propose un amendement.

Le dépôt d'un amendement est subordonné à des conditions de *recevabilité* d'ordre temporel (existence d'un délai, art. 99 R.A.N.) et matériel. Il doit être motivé, soutenu et s'appliquer *effectivement* au texte qu'il vise (art. 98, al. 5). En cas de doute sur le lien de rattachement, l'assemblée apprécie normalement. Par ailleurs, les irrecevabilités découlant des articles 40 et 41 C peuvent être soulevées à son encontre *(supra)*.

6. La rationalisation ou la discipline de l'activité parlementaire se manifeste, pour l'essentiel, au triple point de vue de l'article 44 C.

Le Gouvernement a le droit d'amendement (alinéa 1er). Il peut y donner libre cours à toutes les phases de la procédure, sauf lorsque les députés se prononcent en *dernière lecture* (art. 45 *in fine* C).

Le Conseil constitutionnel a opéré un revirement de jurisprudence, le 25 juin 1998 (*D.D.O.E.F., chr.* n° 87, p. 183) en s'opposant à ce que le Gouvernement puisse remettre en cause par voie d'amendement un accord réalisé en C.M.P. (commission mixte paritaire) (29 décembre 1986, *Loi de finances pour 1987,* n° 41, p. 201). Désormais, seuls les amendements en *relation directe* avec une disposition du texte ou destinés à assurer une *coordination* avec d'autres dispositions sont adoptés selon une procédure régulière. La logique bicaménale (art. 45 C) a été restaurée *(infra)*.

Le juge a refusé d'examiner un amendement de suppression, au motif que seuls peuvent lui être déférés les textes qui ont le caractère de loi à la date de la saisine (29 décembre 1989, *Loi de finances pour 1990*, n° 53, p. 164). Puis, il a admis, cas de figure inverse, que le Gouvernement peut déposer, en nouvelle lecture, des amendements rétablissant des articles supprimés, en première lecture, par les députés et confirmés par les sénateurs (29 mai 1990, *Droit au logement*, n° 55, p. 206).

7. Sur la base de l'alinéa 2 de l'article 44, le Gouvernement peut s'opposer, après l'ouverture du débat, à l'examen d'amendements, dits de *séance*, c'est-à-dire qui n'ont pas été antérieurement soumis à la commission et dont on peut subodorer le caractère théâtral ou sommaire. En fait, cette disposition est utilisée avec parcimonie (210). En revanche, un amendement repoussé en commission peut être derechef présenté en séance publique (C.C. 6 novembre 1990, *R.S.* n° 57, p. 172).

8. Selon l'alinéa 3 de l'article 44, *si le Gouvernement le demande, l'assemblée saisie se prononce par un seul vote sur tout ou partie du texte en discussion en ne retenant que les amendements proposés ou acceptés par le Gouvernement*. Cette procédure, appelée le vote *unique* ou *bloqué*, a pour objet de permettre à ce dernier d'éviter qu'un texte ne soit déformé en séance, même à l'instigation de la commission, *sans mettre en jeu, d'une façon constante, sa responsabilité politique*, comme avant 1958, avec les *questions de confiance en rafales*. Il n'était pas rare, à cette époque, que le président du conseil y recourût, au cours d'une même séance à diverses reprises, ce qui multipliait les dangers de chute. Dans l'esprit de la technique du *kangourou*, qui autorise le *Speaker* de la Chambre des Communes à écarter les amendements dilatoires ou démagogiques, le Gouvernement peut se dégager à la hussarde, en reprenant l'initiative au moment où le débat s'embourbe. Il est habilité à opérer un *tri* parmi les amendements déposés et à déroger, au principe de la *spécialité des votes*. En effet, les amendements sont normalement mis en discussion et aux voix à tour de rôle (art. 95 et 100 R.A.N.). Or, en l'espèce, l'exécutif devra

(210) Cet alinéa a été utilisé une douzaine de fois à l'A.N., notamment en 1993, lors de la discussion relative à la révision de la loi Falloux. Sa relative rareté se présente comme un hommage indirect au sérieux avec lequel, en amont, la commission a préparé le travail. Il a étendu aux sous-amendements, lors de la discussion relative au P.A.C.S., en 1998 (*chr.* n° 89, p. 176).

soutenir (ou subir ?) une discussion sur les articles et les amendements sélectionnés avant d'obtenir un vote *unique* (CC, 15 janvier 1960, *R.A.N.* p. 15) (211).

9. Cette sorte de *substitut à la question de confiance* peut paraître draconienne, à telle enseigne que René Pleven, en 1959, n'a pas manqué de souligner sa démarche *référendaire*, puisqu'elle implique *le tout ou rien*. Cette procédure abhorrée par les élus, parce qu'elle limite la délibération, protège le Gouvernement aussi bien de ses amis que de ses adversaires de tout débordement, malgré la concertation intra-majoritaire et l'enlisement du débat. Dans l'escalade de la tension, son usage précède le recours *ultime* à l'engagement de responsabilité (art. 49, al. 3 C). Le vote bloqué s'avère être une arme disciplinaire ou offensive selon son destinataire. Toutefois sa réputation est surfaite ; le gain de temps procuré se révélant modeste (212). Dans la panoplie gouvernementale, en effet, rien n'est plus efficace pour faire passer en force, un texte de loi (avec ou sans amendements) que le recours à la *Grosse Bertha* (*supra*). Tout se joue, en 24 heures, à la limite ; bref, l'arme suprême contre les amendements à l'Assemblée. Mais, c'est sans compter avec l'intervention du juge constitutionnel.

10. Après avoir vérifié que l'amendement *n'est pas dépourvu de tout lien* avec le texte de loi au sein duquel il a été introduit (C.C., 13 décembre 1985, *Amendement tour Eiffel, chr.* n° 35, p. 178), le juge s'est reconnu un pouvoir général *d'appréciation de leur recevabilité,* en lieu et place des assemblées (art. 98.5 R.A.N.), en vue de prévenir *le dysfonctionnement* de la procédure législative (B. Genevois) (213). Au terme d'une interprétation audacieuse, qui confine au gouvernement des juges, celui-ci a posé le principe que *les adjonctions ou modifications apportées au texte en discussion... ne sauraient, sans méconnaître les articles 39, alinéa 1er et 44, alinéa 1er C, ni être sans lien avec ce dernier, ni dépasser, par leur objet et leur portée, les limites inhérentes à l'exercice du droit d'amendement* (29 décembre 1986, *Loi de finances pour 1987*, n° 41, p. 202). Ultérieurement, il devait faire application de ce mécanisme de contrôle, en censurant, le 23 janvier 1987 (n° 42, p. 169), *l'amendement Séguin*, déposé au nom du Gouvernement qui, en réplique au refus du chef de l'État de signer le projet d'ordonnance sur l'aménagement du temps de travail, le reprenait *in extenso*. En présence de cette *loi dans la loi*, le Conseil a jugé que le critère *des limites inhérentes au droit d'amendement* avait été dépassé, en méconnaissance de la distinction entre les projets de loi et les modifications dont ils peuvent faire l'objet. De nos jours, *l'amendement Wallon*, qui fonda la République, en 1875, eût été incriminé (214). Couronnant le tout, le juge autorise le Gouvernement à opposer une

(211) Le C.C. (15 janvier 1960, *R.A.N., Rec.* p. 15) a estimé : *Ces dispositions ont pour objet de permettre au Gouvernement d'obtenir, par une procédure ne mettant pas en jeu sa responsabilité politique, un résultat analogue à celui qui ne pouvait être atteint sous le régime de la constitution de 1946 et en vertu de la coutume parlementaire que par la pratique de la question de confiance.* V. P. Avril : *Le vote bloqué*, R.D.P. 1965, p. 339 ; D. Maus, *C.R.F.* p. 859. Un *44.3 régional* a été créé par la loi du 19 janvier 1999, en vue de favoriser le vote du budget dans une région dépourvue de majorité (nouvel art. L. 4311-1 du code général des collectivités territoriales, *chr.* n° 91).

(212) Le C.C. a explicité la notion de lien avec le texte discuté en dégageant un faisceau de critères en vue d'en cerner l'objet : l'intitulé, l'exposé des motifs et le contenu (12 janvier 1989, *Amendements Le Guen et Mexandeau, chr.* n° 50, p. 180).

(213) V. G. Carcassonne : A propos du droit d'amendement : les errements au Conseil constitutionnel, *Pouvoirs* n° 41, p. 163 ; J. Chaban-Delmas : Défense du Parlement, *Le Monde,* 29 janvier 1987.

(214) En ce domaine, la sagesse est de mise. Chateaubriand notait, dans *la Monarchie selon la Charte*, (1816) : *Vouloir fixer des bornes au droit d'amendement... c'est se perdre dans une métaphysique politique sans rivage et sans fond.* Pour sa part, Eugène Pierre donnait ce conseil de prudence : *Ce sont là des questions d'espèce qui doivent être tranchées par les présidents et les chambres d'après le caractère des délibérations régulièrement engagées.*

irrecevabilité globale à des amendements, *sans justification appropriée,* au regard de leur *contenu* et des *conditions générales du débat,* dès lors que la restriction ne revêt pas un *caractère substantiel* (13 janvier 1994, *Révision de la loi Falloux, chr.* n° 70, p. 184).

En subordonnant la recevabilité à ses conditions, le C.C. a fait d'une pierre deux coups : il condamne en la forme, le détournement de procédure ; au fond, la confusion des genres, en identifiant l'amendement à un amendement et non à une loi.

Au total, *le bon déroulement du débat démocratique* et, *partant, le bon fonctionnement des pouvoirs publics constitutionnels supposent que soit pleinement respecté le droit d'amendement conféré aux parlementaires par l'article 44 C, et que parlementaires comme Gouvernement puissent utiliser sans entrave les procédures mises à leur disposition...* [Toutefois] *cette double exigence, implique qu'il ne soit pas fait un usage manifestement excessif de ces droits.* (30 décembre 1995, *Réforme de la protection sociale, chr.*, n° 77, p. 238).

Si l'on reprend maintenant le cours de la marche législative, après le vote acquis sur l'ensemble du texte avec les amendements inclus, en première lecture, à l'Assemblée, *la petite loi* (selon la terminologie usitée) est présentée au Sénat, ou *vice versa*, par le Gouvernement (le S.G.G.) s'il s'agit d'un projet de loi et par le président de l'assemblée s'il s'agit d'une proposition de loi (art. 115 R.A.N.).

γ) Les relations entre les assemblées

En raisonnant, pour de simples raisons de commodité sur le cas du Sénat, la procédure *(en dehors de l'article 49, al. 3 C),* reproduit exactement le scénario précédent. Ce caractère répétitif est un gage de la qualité du travail législatif. La finalité recherchée est *l'adoption d'un texte identique* au terme d'une *navette* entre les assemblées (art. 45, al. 1er C). En revanche, il y a lieu de s'interroger sur la situation qui résultera d'une divergence d'appréciation entre elles, à l'issue des deux *délibérations* ou *lectures*, auxquelles elles se sont livrées, respectivement.

Une fois encore, la solution découle du parlementarisme rationalisé adopté en 1958 : il appartient au Gouvernement (al. 2) de gérer le différend. Sous ce rapport, il lui est permis d'accélérer le cours des choses, en déclarant l'*urgence* avant la clôture de la discussion générale (art. 102 R.A.N.), au terme d'une *seule* lecture dans chaque assemblée ; il peut *seul* mettre en place une procédure de conciliation sous la forme d'une *commission mixte paritaire* (C.M.P.) (al. 3) en vue de résoudre les désaccords qui demeurent entre les assemblées. Il est enfin seul qualifié pour donner à l'Assemblée nationale, forte de la légitimité démocratique, le *dernier mot*, dans le cadre d'une *lecture définitive*, après qu'une *nouvelle lecture*, consécutive aux conclusions de la C.M.P. (ou à leur absence) eut échoué (al. 4) (215).

Il résulte de ce qui précède, que le rôle législatif du Sénat varie en intensité, selon la volonté du Gouvernement. En ce domaine, celui-ci joue véritablement un rôle d'*arbitre* :

(215) Le C.C. (28 décembre 1976, *Loi de finances rectificative, C.C.F.*, p. 35) a rappelé que la C.M.P. *ne peut proposer un texte que si celui-ci porte sur des dispositions restant en discussion, c'est-à-dire qui n'ont pas été adoptées dans les mêmes termes par l'une ou l'autre assemblée.* Cette formulation implique que les autres dispositions sont définitivement acquises et ne peuvent être modifiées, que par le recours à une nouvelle délibération de la loi (art. 10, al. 2 C). V. A. DELCAMP, C.M.P., *D.C., p. 173 ;* J.-L. PEZANT : *Navette, ibid.*, p. 655. J. GRANGÉ : L'efficacité normative du Sénat, *in La Constitution de la Cinquième République*, 1985, p. 375 ; *D.P.* p. 164 ; M. D. PIERRE : *L'article 45 de la constitution du 4 octobre 1958*, 1981 ; B. FOUCHER : Le dernier mot à l'Assemblée nationale, *R.D.P.* 1981, p. 1191 ; H. TRNKA : La commission mixte paritaire, *R.D.P.* 1963 et 1967, p. 477 et 739 ; J. ROCHE : Le Sénat dans la constitution de 1958, *R.D.P.* 1959, p. 1126 ; L. HAMON, *C.R.F.* p. 887.

car il peut, *à son choix* en faire, tel un *ludion*, toute référence gardée, l'*égal* ou le *subordonné* de l'Assemblée nationale, selon qu'il s'abstient ou intervient dans leurs relations. Le bicamérisme est ainsi modulé, à l'image du Sénat, *puissance conditionnée* (J. Roche).

1. *L'abstention du Gouvernement* met le Sénat sur un pied d'égalité avec l'Assemblée et instaure un bicamérisme *parfait* à l'image de celui de la IIIe République. A l'issue de lecture successives, le texte est adopté, en *termes identiques* par les deux chambres (art. 45, al. 1er). Il s'agit, en l'espèce, du mode normal d'adoption de la loi.

2. *L'intervention du Gouvernement* permet d'enrôler la majorité, qui *fait corps* avec lui (X. Roques) et de subordonner le Sénat à ses vues. Si le différend n'a pas été surmonté après deux lectures dans chacune des assemblées, ou après une seule lecture, après déclaration de l'*urgence* par le Gouvernement (216), le premier ministre peut précipiter le dénouement. A cette fin, il provoque la réunion d'une C.M.P., composée de 7 députés et de 7 sénateurs et d'un nombre égal de suppléants (art. 111 R.A.N.), choisis parmi les membres des commissions, saisies au fond (217). La C.M.P. suit dans ses travaux les règles ordinaires applicables aux commissions (art. 70 R.S.), à la différence près qu'elle élit *deux* rapporteurs, ceux-là même de chacune des assemblées. Leur concertation est fondamentale. La délibération est limitée aux *seules dispositions restant en discussion* (art. 45 al. 2). On parle, en l'espèce, du principe de *l'entonnoir*.

A l'issue des travaux de la C.M.P., deux cas de figures peuvent se présenter, selon qu'elle est parvenue à adopter ou non un texte *transactionnel.*

Après inscription à l'ordre du jour, le Gouvernement soumet aux assemblées en *plenum* l'approbation de ce texte. Mais le droit d'amendement est réglementé : dans le respect du bicamérisme (ou la logique de l'*entonnoir*), le Gouvernement est désormais privé du droit d'introduire des *mesures nouvelles* (C.C., 28 juin 1998, *D.D.O.E.F., chr.* n° 87, p. 183) *(supra)* ; de la même façon, aucun amendement parlementaire n'est recevable, sauf accord du Gouvernement (art. 45, al. 3). La mise aux voix est *indivise* : il est procédé par un vote unique sur l'ensemble du texte (art. 113, al. 3 R.A.N.).

A défaut d'un vote identique et *a fortiori* dans l'éventualité de l'échec de la C.M.P. (218), le Gouvernement relance comme l'on dit la *navette*, à l'occasion d'une *nouvelle lecture* devant l'Assemblée nationale et le Sénat. En cas de désaccord persistant, à la demande de l'exécutif, une *dernière lecture* permet aux députés de trancher définitivement (al. 4). En l'espèce, le Gouvernement *renonce* au droit d'amendement (C.C., 10 juillet 1985, *D.D.O.E.F., chr.* n° 35, p. 178) : l'Assemblée nationale dispose de l'alternative suivante :

(216) L'urgence est banalisée, au point de perdre toute signification, en pratique. Aux yeux des sénateurs, la convocation d'une C.M.P. affecte la logique bicamérale en ce que l'A.N. en tant qu'assemblée, ne connaîtra leur appréciation qu'à travers sa délégation à la C.M.P. V. A.F.D.C. : *Le bicamérisme*, 1997.

(217) La composition de chaque délégation est fixée par une clef de répartition négociée entre les présidents des assemblés. Jusqu'en 1981, celle de l'Assemblée nationale ne comprenait que des députés de la majorité, à la différence de celle du Sénat, où l'opposition était représentée. Depuis l'A.N. a retenu un principe proportionnel : 5-2, en 1981, tant et si bien que la gauche et la droite s'y sont retrouvées dos-à-dos : 5 + 2 (A.N.) + 2 + 5 (S.) ; la C.M.P. a été neutralisée, en ce qui concerne la législation programmatique. En 1986, la formule 4-3 est adoptée à l'A.N. et en 1993, 6-1. La C.M.P., convoquée en 1980, à propos du projet *sécurité et liberté* a joué un rôle inédit en examinant 90 articles pendant quatre jours. Elle a tenu lieu de troisième chambre, à la limite. Les C.M.P. se réunissent alternativement au Palais-Bourbon et au Palais du Luxembourg sur convocation de leur doyen. On n'y vote pas.

(218) Un compromis est élaboré : Il vise l'accord sur le désaccord et les concessions faites au Sénat. Le rapporteur de l'A.N. s'engage à reprendre celles-ci sous forme d'amendements. De même, il rencontre le ministre avant C.M.P. V. J. Benetti : Le droit d'amendement aux textes des C.M.P., *PA* 20 et 23 août 1999.

EXEMPLE DE DÉROULEMENT DE LA PROCÉDURE LÉGISLATIVE

Texte et date de dépôt	Urgence	Sénat : commissions — Au fond	Sénat : commissions — Avis	Première lecture		Deuxième lecture		Texte commission mixte paritaire		Nouvelle lecture			Promulgation
PJ Saisine pour avis de la Cour de cassation (18-04-91)		LOIS (Rudolff)	—	A 17-04-91	A **07-05-91 Adoption définitive**								**Loi n° 91-491 du 15 mai 1991 (p. 6750)**
PJ Agents commerciaux (04-02-91)		AF/ECO (Huchon)	—	S 18-04-91	A 23-05-91	S 31-05-91	A **18-06-91 Adoption définitive**						**Loi n° 91-593 du 25 juin 1991** ***(J.O. du 07-05-91)***
PP Code des assurances en Alsace-Moselle (15-11-89)		LOIS (Haenel)	—	S 21-06-90	A **23-06-91 Adoption définitive**								**Loi n° 91-412 du 6 mai 1991** ***(J.O. du 07-05-91)***
PJ Protection des consommateurs (13-02-91 et 20-03-91)		AF/ECO (Jean-Jacques Robert)	LOIS (Lanier)	A 24-04-91	S en instance								
PJ Fonction publique (20-03-91)	×	LOIS (Authié)	AF/CULT (Séramy)	S 25-04-91	A 24-05-91	→		A 18-06-91	S **24-06-91 Adoption définitive**				Décision du C.C. (23 juillet 1991, p. 9854) **Loi n° 91-715 du 26 juillet 1991 p. 9952**
PJ Réforme des procédures civiles d'exécution (19-12-90)		LOIS (Thyraud)	—	A 04-04-90	S 16-05-90	A 25-04-91	S 24-05-91	A 10-06-91	S **24-06-91 Adoption définitive**				
PJ Réforme hospitalière (19-12-90)	×	AF/SOC (Huriet)	—	A 30-04-91 (*)	S 07-06-91	→		Absence d'accord		A 19-06-91	S 28-06-91 **Rejet**	A **03-07-91 Lecture définitive**	Décision du C.C. (29 juillet 1991, *J.O.*, p. 10310) **Loi n° 91-748 du 31 juillet 1991 (p. 10255)**
PJ Aide juridique (05-04-91)		LOIS (Dejoie)	—	A 30-04-91	S 30-05-91	A 10-06-91	S 26-06-91	A 28-06-91	S **28-06-91 Adoption définitive**				
PJ Caisses d'épargne (23-01-91)	×	FIN (Chinaud)	—	A 06-05-91	S 28-08-91	→		A 18-06-91	S **26-06-91 Adoption définitive**				

(*) Texte considéré comme adopté en application de l'article 49, alinéa 3, de la Constitution (après engagement de la responsabilité du Gouvernement).
Source : B.I.R.S.

ou bien reprendre le texte élaboré par la C.M.P., ou bien le dernier texte voté par elle, modifié le cas échéant par un ou plusieurs amendements adoptés par la Sénat (al. 4), c'est-à-dire, ceux d'entre eux votés lors de *la dernière lecture par lui du texte* (C.C., 9 mai 1991, *Collectivité territoriale de Corse, chr.* n° 59, p. 194) (219).

En résumé, la vision qui ressort est celle du bicamérisme *inégalitaire*, en dépit des efforts déployés par les sénateurs en 1958, au C.C.C. (*T.P.* II). Mais on ne saurait le confondre, cependant, avec celui de la IVᵉ République. En effet, si les députés ont le *dernier mot* sur les sénateurs, ils tiennent ce pouvoir, non de la constitution, mais de la volonté du Gouvernement, expression de la logique majoritaire (v. *document ci-dessus*).

En somme, les constituants de 1958 encourageaient le Gouvernement à se livrer à un jeu de bascule, en recherchant le concours d'un Sénat face à une Assemblée réputée indisciplinée. Leurs desseins ont été déjoués, en raison du profond dissentiment qui s'est élevé, de 1962 à 1969, entre le général de Gaulle et les sénateurs, mais, plus encore, avec la gauche. L'échec des mécanismes de conciliation a entraîné, par un choc en retour, le Sénat à se tourner à cet instant, vers le Conseil constitutionnel. Car, si la seconde chambre a la faculté de *retarder* la logique majoritaire, seul le juge peut la courber sous le principe de constitutionnalité.

3) La contestation éventuelle de la loi

De prime abord, la démarche peut surprendre. Le Conseil constitutionnel est une *juridiction* et non une troisième chambre. L'objet du contrôle de la loi, selon un célèbre *obiter dictum*, est *non de gêner ou de retarder l'exercice du pouvoir législatif mais d'assurer sa conformité à la constitution* (23 août 1985, *Nouvelle-Calédonie, chr.* n° 36, p. 178). Cependant, le rôle dissuasif joué par le juge, dès la préparation du texte avec la multiplication des précautions pré-contentieuses en vue de satisfaire l'État de droit, puis lors de la discussion d'une motion de procédure ou de la recevabilité des amendements devant les assemblées, amène en bonne logique à l'intégrer, au processus de formation de la loi (220). Il est maintenant avéré que le Conseil l'influe directement et qu'une *troisième lecture* (G. Vedel) s'y déroule. Bref le *législateur négatif*, dont parlait jadis Kelsen, peut aussi dissimuler un législateur *actif*, voire un *colégislateur*. Une phase *nouvelle* de la procédure législative doit être accueillie, de la même façon qu'une phase *complémentaire*, selon l'expression même du juge (23 août 1985, *idem*) peut s'ouvrir à l'issue d'une décision de non-conformité partielle.

Sous la Vᵉ République, si la loi peut, à nouveau, tout faire, elle peut aussi *mal faire*. Le fétichisme d'antan, assimilant la Loi du Droit, s'efface devant le *réalisme*. La loi parlementaire se présente comme une norme parmi d'autres, le pouvoir de tout faire n'en donnant plus le droit. En d'autres termes, à partir de l'instant où la loi ne s'identifie plus à la souveraineté nationale, mais à la volonté d'une majorité politique, elle devient contestable et *faillible*. La constitution de 1958 restitue, en somme, sa pleine signification à la notion de *hiérarchie des normes*, longtemps réduite à une simple incantation, en

(219) Le dernier mot est un révélateur de la radicalisation de la vie politique. Utilisé dans 2,8 % des cas entre 1959 et 1980, il devait l'être pour 26,6 % au cours de la première législature d'alternance (1981-1986). Il disparaît, en revanche, en cas d'alternance brève (V. J.-É GICQUEL : Le Sénat sous la seconde cohabitation, *R.D.P.* 1996, p. 1069). Avec la cohabitation de longue durée, il se manifeste, en matière de législation programmatique, à hauteur de 2,5 %, en moyenne depuis 1997.

(220) Le président Séguin n'a pas hésité, en décembre 1996, à brandir la menace d'un recours devant la C.C., afin de protéger les droits des députés en matière d'impositions. Satisfaction lui sera donnée, entre-temps (*chr.* n° 81, p. 183).

mettant un terme au *règne de la loi*. La régulation juridictionnelle découlant du contrôle de constitutionnalité peut ainsi se mettre en place (221).

α) La saisine du Conseil constitutionnel

La *saisine* (art. 61 C), ou le recours, est *modulé*, selon les catégories de loi (hors le cas de la *loi du pays* propre à la Nouvelle-Calédonie, V. *chapitre V*) : elle est *facultative*, en principe. En revanche, elle est *obligatoire* pour la loi organique et *inopérante* s'agissant des lois référendaires et constitutionnelle, en leur qualité de lois de *souveraineté*. Mais, en aucun cas, le Conseil ne dispose du pouvoir *d'autosaisine*.

1. Le *moment de la saisine* correspond à celui des *lois en instance de promulgation* (C.C., 23 juillet 1975, *Taxe professionnelle, Rec.* p. 24), ou les textes qui, *au terme de la procédure législative ont été définitivement adoptés dans l'ensemble de leur disposition* (8 novembre 1976, *Prévention des accidents du travail, C.C.F.* p. 75). En bonne logique, le Conseil décline sa compétence à l'égard d'une loi promulguée (7 novembre 1997, *Réforme du service national, chr.* n° 85, p. 161).

La loi promulguée, qui n'a pas été contestée, bénéficie d'une *présomption simple de conformité*. En principe, le Conseil examine la conformité de la loi, à titre *préventif* (23 août 1985, *Nouvelle-Calédonie, Rec.* p. 70), c'est-à-dire par *voie d'action, avant* sa promulgation. Toutefois, il se reconnaît le pouvoir de l'apprécier, par *voie d'exception, après* son entrée en vigueur, *à l'occasion de dispositions législatives qui la modifient, la complètent ou affectent son domaine* (25 janvier 1985, *État d'urgence en Nouvelle-Calédonie, chr. n° 34, p. 181)* (222). La décision *Nouvelle-Calédonie* du 15 mars 1999 en a fait application : une disposition de la loi du 25 janvier 1985 relative à la liquidation judiciaire des entreprises a été censurée à l'occasion de l'examen d'une L.O. (*chr.* n° 91) (222).

2. Les *autorités de saisine* ont été renouvelées, par la L.C. du 29 octobre 1974 modifiant l'article 61, alinéa 2 C, dans l'attente d'une éventuelle extension aux justiciables, au moyen de l'exception d'inconstitutionnalité (V. *chapitre V*).

Dans cet ordre d'idées, *initialement* la saisine, dont l'effet, à l'évidence, est de *suspendre* le délai de promulgation de la loi (art. 61 *in fine*) ne pouvait être utilisée que par quatre autorités politiques agissant à titre *individuel* : le président de la République, le premier ministre, le président de l'Assemblée nationale et celui du Sénat. Toutefois, compte tenu de la solidarité les unissant, en raison du fait majoritaire, il était à redouter que des lois transgressant la constitution bénéficiassent de l'impunité, à l'exemple de la loi dite *anti-casseurs*, votée en 1970. Sans doute, la vigilance du président du Sénat a permis, en 1971, d'éviter l'irréparable en présence d'une loi *liberticide*. La réforme de 1974 assure la promotion de l'État de droit, en ouvrant désormais à 60 députés *ou* 60 sénateurs la porte du Conseil constitutionnel.

Cependant la mise à l'écart des citoyens n'est pas totale. A partir du moment où le Conseil est officiellement saisi, un *amicus curiae* (ou une personne avisée) peut intervenir, à toutes fins utiles

(221) V. P. Avril et J. Gicquel : *Le Conseil constitutionnel*, 4e éd., 1998 ; F. Luchaire : *Le C.C.*, 2e éd., 1998-1999 ; D. Turpin, *Le Conseil constitutionnel* 1995 ; L. Favoreu : Le droit constitutionnel jurisprudentiel, R.D.P. 1989, p. 399 ; R. de Lacharrière : Opinion dissidente, *Pouvoirs* n° 13, 1980, p. 141 ; A.F.D.C. *Vingt ans de saisine parlementaire,* 1995 ; *Le C.C. a 40 ans,* 1999.

(222) Cette modalité de contrôle est *avantageuse* en ce qu'elle permet d'apurer le champ législatif de ses impuretés à une époque où l'opposition ne disposait pas du droit de saisine (avant 1974) ; mieux en l'absence de tout contrôle de constitutionnalité (avant 1958).

(25 juillet 1990, *Évaluation des immeubles ;* 29 juillet 1994, *Langue française, chr.* n°s 56 et 72, p. 204 et 171). C'est mieux que rien (223).

Du *quasi-monopole* des parlementaires à saisir le Conseil constitutionnel s'en est suivi, non seulement un réflexe et un changement de rythme (avec discernement, seules les lois afférentes aux droits fondamentaux ont été, en fait, déférées), mais plus encore de signification. Le contrôle de constitutionnalité se présente désormais, comme une *limite* objective apportée à l'exécutif.

3. *Le retrait de la saisine,* ou la procédure de *déssaisissement* du Conseil, qui *ferait obstacle à la mise en œuvre du contrôle de constitutionnalité engagé,* n'est pas admis, *hormis les cas d'erreur matérielle, de fraude ou de vice du consentement* (C.C., 30 décembre 1996, *Amendement Malraux, chr.* n° 81, p. 182) (224). En un mot, la saisine n'appartient plus aux requérants dans le contentieux objectif, à l'opposé du contentieux subjectif des élections.

β) *L'étendue du contrôle juridictionnel*

Le contrôle de constitutionnalité s'opère sur le fondement *unique* de l'article 61 C, à l'exclusion de la procédure du déclassement (art. 37, al. 2 C) (8 juin 1995, *Emplois civils et militaires de l'État ; chr.,* n° 75, p. 178) et de celle de l'irrecevabilité (art. 41 C) (26 avril 1979, *Économie d'énergie, Rec.* p. 55). De sorte que le juge statue ni, en souveraineté (23 septembre 1992, *Traité sur l'Union européenne, chr.* n° 64, p. 188), ni en équité (18 novembre 1986, *Circonscriptions électorales de l'A.N., Rec.* p. 170), ni, en opportunité, mais uniquement en constitutionnalité (15 janvier 1975, *I.V.G., G.D.* p. 277). Dans cette décision de principe, il est indiqué que *l'article 61 C ne confère pas au Conseil constitutionnel un pouvoir général d'appréciation et de décision identique à celui du Parlement, mais lui donne seulement compétence pour se prononcer sur la conformité à la constitution des lois déférées à son examen.*

1. Le Conseil se livre à un contrôle *objectif* de la loi, tant du point de vue *interne* qu'*externe*, au vu des moyens soulevés, qui cependant ne le lie pas (11 août 1960, *Redevance radio-télévision, G.D.*, p. 80). Autrement dit, le juge se réserve le pouvoir *de faire porter son contrôle sur les autres dispositions de la loi et d'en tirer toutes conséquences de droit* (25 février 1992, *Zones de transit, R.F.D.A.* 1991, p. 185, note B. Genevois). A ce compte, le Conseil peut statuer *en deçà* ou *au-delà* de l'objet du litige : soit, *infra petita* en omettant d'examiner un motif ; soit, *ultra petita* en soulevant d'office un grief non articulé (18 novembre 1982, *Quota* féminin, *chr.* n° 25, p. 190) (225). En cette circonstance, le juge se soucie de prévenir une censure éventuelle de la C.E.D.H.

2. Sous ce rapport, le contrôle de constitutionnalité se définit comme la confrontation, mieux la collation entre les normes, dites de *constitutionnalité* (10 juin 1998, *Les 35 heures, chr.* n° 87, p. 190) et la norme contestée (la loi déférée). Par suite, une loi *inopérante,* c'est-à-dire dépourvue de tout contenu normatif ne mérite même pas de faire l'objet d'une vérification (C.C., 27 juillet 1982, *Réforme de la planification, C.C.F.*, p. 278). Ces *neutrons législatifs* (Jean Foyer) relèvent tout au plus de la déclaration d'intention (20 décembre 1994, *Statut fiscal de la Corse, chr.* n° 73, p. 200) (*supra*).

(223) V. G. VEDEL : L'accès des citoyens au juge constitutionnel. La porte étroite, *La vie judiciaire,* 11 mars 1991 ; P. JAN : *La saisine du Conseil constitutionnel,* 1999.

(224) V. J.-P. CAMBY : La saisine du C.C. ou l'impossible retrait, *R.D.P.* 1997, p. 5.

(225) Dans chaque décision existe un *considérant-balai* : *Considérant qu'en l'espèce, il n'y a lieu pour le Conseil de soulever d'office aucune question de conformité à la constitution en ce qui concerne les autres dispositions de la loi soumise à son examen.* V. Th. di MANNO : *Le C.C. et les moyens et conclusions soulevés d'office,* 1994 ; M. CHARASSE : Saisir le Conseil constitutionnel, *Pouvoirs,* n° 13, p. 87. M. TROPER : Comment décident les juges constitutionnels, *Le Monde,* 13 février 1999.

3. *Le contrôle interne* ou *matériel* de la loi s'opère par référence à la constitution, plus exactement au *bloc de constitutionnalité* (Cl. Émeri) qui englobe, comme il a été précisé, le préambule de 1958 (16 juillet 1971, *Liberté d'association, G.D.* p. 239). Toutefois, la Haute Instance a refusé d'y incorporer, sur la base de l'article 61, alinéa 2 C, les dispositions résultant des *traités ou accords internationaux* (décision précitée du 15 janvier 1975) de manière à préserver *l'autonomie* des contrôles de *contrariété* (art. 54 C) et de *conventionnalité* (art. 55) (226). Dans le même ordre d'idées, les règlements des assemblées relèvent de la légalité spécifique à celles-ci (27 juillet 1978, *Procédure pénale, C.C.F.* p. 84) *(supra).*

A cet égard, le juge a fait preuve de générosité à l'égard du Parlement en interprétant de manière libérale, son domaine d'action (30 juillet 1982). Qui plus est, il n'hésite pas à le mettre en garde contre lui-même, en lui prodiguant des conseils : *le législateur n'est soumis qu'à la constitution* (19 juillet 1983, *Nouvelle-Calédonie, Rec.* p. 43) ; il ne peut lui-même se lier, notamment à l'égard d'une loi inopérante (27 juillet 1982, *Réforme de la planification*, p. 52). Il l'encourage à exercer la plénitude de sa compétence, en ne se situant pas en deçà, au risque d'être censuré pour *incompétence négative* (26 janvier 1967, *Conseillers référendaires G.D.* p. 207 ; 28 juillet 1993, *Établissements publics universitaires, Rec.*, p. 204).

4. Le contrôle *externe* ou *formel* de la loi s'exerce par rapport aux règles procédurales introduites dans la constitution, à la faveur de la rationalisation de l'activité parlementaire (23 janvier 1975, *Taxe professionnelle, Rec.* p. 24). La censure retentissante d'une loi de finances en a souligné l'importance (24 décembre 1979, *Loi de finances pour 1980*, p. 36).

Ce contrôle englobe toutes les lois d'origine parlementaire, telle la loi de règlement (ou le contrôle parlementaire de l'exécution du budget) (16 janvier 1986, *Loi de règlement, chr.* n° 38, p. 184). De la même façon, toutes les phases procédurales sont concernées : de la vérification préalable du dépôt d'une proposition de loi (14 juin 1978, *R.S., Rec.*, p. 15) à la recevabilité des amendements (23 janvier, *Amendement Séguin*, n° 42, p. 169) jusqu'à la promulgation. Il en résulte qu'une irrégularité commise en première lecture ne peut pas être couverte ultérieurement (24 décembre 1979, précitée). L'étendue du contrôle auquel procède le Conseil peut être comparée à un *dégradé*. Il se livre normalement à un contrôle *maximal* portant, tout à la fois, sur le fond et la forme. Exceptionnellement, il se limite à ce dernier aspect, dans le cadre du contrôle *minimal* (loi de règlement).

γ) *La procédure juridictionnelle*

La procédure n'est pas codifiée à la différence des règlements édictés par le Conseil (art. 56 de l'ord. du 7 novembre 1958) en matière électorale et référendaire en 1959 et 1988 (V. *Code constitutionnel,* p. 1045 et 1049). Mais chacun s'accorde à considérer qu'elle ne se distingue pas substantiellement du droit commun. Pour l'essentiel, elle présente les traits suivants : elle est successivement *inquisitoire ; rapide ; écrite ; contradictoire* et *secrète* (227).

A l'imitation du juge administratif, dont l'ombre tutélaire perdure, la procédure d'instruction est diligentée, par un *rapporteur*, nommé de façon discrétionnaire, par le président (art. 19 de l'ord. du

(226) De façon inédite, et sur invitation expresse du pouvoir constituant (art. 88-3 C), le C.C. a procédé à l'examen de la L.O. relative aux droits de vote et d'éligibilité des ressortissants de l'Union européenne aux élections municipales par rapport au traité de Maastricht et à la directive communautaire de 1994 (20 mai 1998, *chr.* n° 87, p. 194). Une fusion momentanée s'est opérée entre les contrôles de constitutionnalité et de conventionnalité.

(227) V. G. Drago : *Contentieux constitutionnel français,* 1998 ; O. Schrameck : Les aspects procéduraux des saisines *in Vingt ans de saisine parlementaire du C.C.* 1995, p. 21 ; P. Giro : Les méthodes de travail du C.C., *A.I.J.C.,* vol. VIII, 1994, p. 249 ; G. Vedel : Réflexions sur les singularités de la procédure devant le C.C., *Mél. Roger Perrot* 1996, p. 537 ; D. Labetoulle : Les méthodes de travail au C.E. et au C.C., colloque Paris II, 1989, p. 249.

7 novembre 1958) ; lequel a pu demander et obtenir du Gouvernement, de façon démonstrative, la production d'un extrait du relevé de décisions du conseil des ministres concernant la délibération relative à l'article 49 alinéa 3 C (30 décembre 1995, *Réforme de la protection sociale, chr.* n° 77, p. 243). C'est à ce titre qu'elle revêt un caractère inquisitoire, à l'opposé de la procédure accusatoire suivie par les juges judiciaires.

A la différence du contentieux électoral, le Conseil constitutionnel est tenu, au cas présent, de statuer dans le délai d'un mois (art. 61, al. 3). Ce dernier peut être ramené à huit jours, s'il y a urgence, à la demande du Gouvernement.

La procédure est *écrite :* Les plaidoiries n'ont pas cours à ce jour, à la différence du contentieux électoral (décision du 28 juin 1995), mais cette logique de situation devrait s'imposer. La décision est motivée (art. 19 de l'ord.) ; elle se développe, en une seule phrase, au moyen de considérants et s'achève par un dispositif (228).

Selon le critère d'identification d'une juridiction, la procédure est *contradictoire*. Dès réception de la requête (qui est normalement argumentée) le président du Conseil, en informe le Gouvernement, afin de suspendre le délai de promulgation de la loi. De façon purement *pragmatique* et *officieuse*, après qu'il eut pris connaissance de la saisine, le S.G.G., au nom du Gouvernement, réplique par des *observations* adressées au rapporteur, qui, de ce fait, trouve dans son dossier, les deux points de vue exposés. Une nouvelle étape a été franchie, à l'initiative de Robert Badinter depuis 1986 : la note du S.G.G. est communiquée aux requérants qui ont la possibilité de présenter des observations en réplique (V. *C.C.C.* n° 1, 1996, p. 22). En revanche, la saisine *obligatoire* en matière de lois organiques ou de contrôle du règlement des assemblées parlementaires (art. 61, al. 1er C) est soustraite au principe de la contradiction. Un progrès devra se réaliser sur ce point. En outre, le rapporteur rencontre, à son initiative, toutes personnes intéressées ou qui en présentent la demande : des particuliers (comme ce fut le cas en 1982 pour l'examen de la loi de nationalisation). Des représentants de l'administration ou du ministre sont auditionnés, ainsi que le rédacteur de la saisine.

Enfin, la procédure est *secrète* (art. 3 de l'ord. du 7 novembre 1958). Le Conseil se refuse à transmettre une pièce du dossier, fût-ce à un juge d'instruction (22 octobre 1998, *Chantal Perdrix, chr.* n° 89, p. 182). Ses séances ne sont pas publiques et, à l'évidence, le *délibéré,* ce cœur de la fonction juridictionnellle, qui *a pour objet d'assurer l'indépendance des juges et l'autorité morale de leurs décisions* (C.E., 17 novembre 1922, *Légillon, Rec.* p. 849). Dès lors, une *opinion dissidente,* c'est-à-dire un désaccord public et motivé d'un ou plusieurs juges avec la majorité ne peut être admis. Ce procès entre eux serait contraire à leur serment (*infra*) et menacerait l'institution.

Les décisions du Conseil sont adoptées par 7 conseillers, au moins, sauf cas de force majeure dûment constaté au procès-verbal (art. 14 de l'ord. du 7 novembre 1958), par vote à main levée, à la majorité. Le président a voix prépondérante en cas de partage (art. 56 C), à l'égal du président par intérim (communiqué du 24 mars 1999, *chr.* n° 91). L'abstention d'un membre n'est pas admise, en principe. Comme tout juge, celui-ci peut se déporter afin de préserver son devoir d'impartialité. La décision est publiée au *J.O.,* simultanément à la saisine parlementaire (19 juillet 1983, *Nouvelle-*

(228) En temps normal, il appartient au C.C. d'être juge de l'urgence. Il a ainsi statué en quelques heures, le 25 janvier 1985, sur le rétablissement de l'état d'urgence en Nouvelle-Calédonie (*chr.*, n° 34, p. 181). Le Gouvernement a fait application de sa prérogative à deux reprises, en janvier 1982 *(2e loi de nationalisation)* et juillet 1989 *(Amnistie)*. Cependant, à l'opposé de ce qu'il est convenu d'appeler des *saisines corporatives* (le C.C. est un lieu de pouvoir qui attire normalement les groupes d'intérêts) le débat parlementaire, dès la phase de la discussion des motions de procédure, alerte le Conseil. Le secrétariat de ce dernier ouvre un dossier ; un rapporteur est pré-désigné. Ce qui permet ainsi de gagner un temps précieux. A ce propos, la création de la session ordinaire du Parlement (L.C. du 4 août 1995) favorise objectivement la gestion du temps au Conseil ; lequel vivait auparavant au rythme des sessions, à la manière des torrents de montagne. Par ailleurs, compte tenu de la date à laquelle le Parlement adopte la loi de finances (vers le 20 décembre) et le butoir du 1er janvier qui marque le début de l'année civile et budgétaire, le Conseil examine *de facto*, cette dernière selon la procédure d'urgence. Ce *modus operanti* vaut aussi pour les lois de financement de la sécurité sociale (art. 47-1 C). Il est même arrivé qu'une saisine soit présentée quelques heures avant la délibération. En amont, le Gouvernement peut également demander au C.E. d'émettre un avis sur un texte de loi, selon la procédure d'urgence *(supra)*.

En règle générale, le président du C.C. qui dirige la délibération, ne peut avoir la qualité de rapporteur, (en dehors Roland Dumas, à propos du traité d'Amsterdam, en 1997) sauf à prendre en catastrophe, le relais du rapporteur désavoué. Cette éventualité s'est présentée, semble-t-il, deux fois.

Calédonie, chr., n° 28, p. 203) et aux observations du Gouvernement en réponse (20 décembre 1994, *de la Corse,* n° 73, p. 201). A l'exemple d'une juridiction, il est fait mention du nom s ayant siégé (27 juillet 1995, *T.V.A., chr.* n° 76, p. 167), à défaut de celui du rapporteur, nt. Ainsi, le Conseil n'apparaît plus un *lieu de mystère* (R. Badinter). Cependant, la t pas précédée de la formule traditionnellle de la justice déléguée : *Au nom du peuple* te discrétion est d'autant plus regrettable que ce dernier a exercé le pouvoir constituant

se prononce avec l'autorité *absolue* de la chose jugée : *ses décisions ne ptibles d'aucun recours. Elles s'imposent aux pouvoirs publics et à toutes és administratives et juridictionnelles* (art. 62 C). Cette force de vérité *non seulement à leur dispositif mais aussi aux motifs qui en sont le soutien et en constituent le fondement même* (16 janvier 1962, *Orientation agricole,*). La structuration du droit y trouve son origine : la jurisprudence constitu- s'impose, de la sorte, au Conseil d'État et à la Cour de cassation. De même cédent ne lie pas son auteur (25 juin 1998, *D.D.O.E.F.*, en matière de droit ment) *(supra),* le peuple souverain peut contrecarrer le Conseil constitution- voie du référendum et du pouvoir constituant. Ce dernier a tenu un *lit de* . Vedel) à deux reprises (L.C. des 25 novembre 1993 et 8 juillet 1999) en s décisions *Maîtrise de l'immigration* (13 août 1993) et *Quota féminin* mbre 1982). Reste qu'un recours devant la C.E.D.H., en matière de droits ntaux, est désormais plausible, après le précédent électoral du 21 octobre *erre-Bloch* c. *France*) (*supra*).

de non-conformité, *le juge censure la loi, mais il ne l'annule pas.* Car, juridiquement, elle encore formée au moment où elle subit l'examen de constitutionnalité, c'est-à-dire *avant* gation. La non-conformité totale empêche la promulgation (art. 22 de l'ord. du 7 novembre revanche, la non-conformité *partielle* amène le juge à se prononcer sur la *séparabilité* position incriminée par rapport au reste du texte (art. 23). Dans l'affirmative, le chef de pose d'une *option :* ou bien promulguer la loi amputée, ou bien demander au Parlement velle délibération de la loi (art. 10 C) (23 août 1985, *Nouvelle-Calédonie, Rec.* p. 170). Auquel navette inédite et mécanique de mise en conformité avec la constitution se met en place. ure totale d'une loi est une circonstance rarissime qui ne s'est présentée qu'à six reprises embre 1979, *Loi de finances pour 1980 ;* 2 décembre 1980, *D.O.M. ;* 28 juillet 1993, *Enseigne- upérieur).* Mais, la non-séparabilité des dispositions censurées peut aboutir au même effet vier 1982, *Nationalisation*).

Les méthodes du juge constitutionnel

s méthodes sont diversifiées autant que finalisées.

1. Il est banal d'indiquer, tout d'abord qu'à l'imitation du juge administratif, auquel de nombreux iens le rattachent (les concepts du droit administratif ont servi de référence à l'élaboration de sa jurisprudence) (229), le Conseil réagit instinctivement à des situations regardées comme inacceptables, avant d'imaginer une réplique juridique ; qu'il a tendance, ensuite, à privilégier le contrôle *formel* de la loi par rapport au contrôle matériel (ce qui a pour effet de ménager la susceptibilité parlementaire, un vice de procédure pouvant être aisément purgé), sans ignorer, enfin, qu'il met à profit, bien souvent, une décision de rejet pour mettre en place un mécanisme de contrôle, dont il se réserve

vers 20…
question qui vous est posée
sur le bulletin ci-dessus. Un tirage au so…
réponses désignera un gagnant chaque semai…
remportera également un abonnement d'un an à Te…
EXTRAIT DU RÈGLEMENT : Jeu gratuit sans obligation d'achat. …
disponible sur demande écrite à

(229) V. J.-M. Blanquer : *Les méthodes du juge constitutionnel,* Paris-II, 1993 ; Th. di Manno, *Le juge constitutionnel et la technique des décisions interprétatives en France et en Italie 1997 ;* A. Viala : *Les réserves d'interprétation dans la jurisprudence du C.C.*, 1999 ; G. Vedel : Excès de pouvoir administratif et excès de pouvoir législatif, *C.C.C.,* n°s 1 et 2, p. 57 et 77 ; L. Favoreu : Légalité et constitutionnalité, *ibid* n° 3, 1997, p. 75.

de faire application ultérieurement, à l'exemple des *limites inhérentes* au droit d'amendement (29 décembre 1986, *Loi de finances pour 1987*).

2. Les méthodes finalisées sont à l'origine de l'ascension du Conseil. Outre l'appréciation de l'*adéquation entre la fin et les moyens* retenus par la loi (6 décembre 1990, *Concomitance des renouvellements des conseils généraux et régionaux, chr.* n° 57, p. 177), le juge soulève d'office des *moyens d'ordre public constitutionnel* (18 novembre 1982, *Quota féminin,* n° 25, p. 190), ce qui l'autorise à déplacer à loisir son contrôle, d'une façon imparable. Il n'hésite pas à relever *l'erreur manifeste d'appréciation* commise par le législateur (19-20 janvier 1981, *Sécurité et liberté, C.C.F.* p. 244). Dans le même ordre d'idées, il recourt à la *réserve d'interprétation* ou à l'*interprétation neutralisante* qui, consiste à ôter le venin de la loi ou à *lester* la décision (G. Vedel). Dans le cadre d'une déclaration de conformité, le juge délivre ainsi une *interprétation* aux autorités publiques qui aboutit à une *réécriture* de la loi ; à son sauvetage, en un mot (19-20 janvier 1981, *Sécurité et liberté, C.C.F.* p. 244 ; *Loi Debré,* 22 avril 1997, *chr.* n° 82, p. 198). Cette fonction législative concurrente s'apparente, aux *arrêts de règlement* des parlements de l'Ancien Régime. Ces derniers ont ainsi gardé quelque sève de nos jours, lorsque le Conseil orne le dispositif de sa décision de l'expression caractéristique : *sous les strictes réserves d'interprétation* (10-11 octobre 1984, *Entreprises de presse, chr.* n° 33, p. 163 ; 25-26 juin 1986, *Privatisation, ibid* n° 40, p. 167 ; 13 août 1993, *Maîtrise de l'immigration,* n° 68, p. 172).

De la litote, on rapprochera la correction d'épreuve, si l'on ose dire : la *censure constructive* aboutit à la *non-conformité* de la loi et elle a le mérite de la clarté. Elle consiste, pour le Conseil, à livrer son sentiment sur les conditions auxquelles la régularité de la loi eut été satisfaite. Ultérieurement, le législateur se bornera, à les reproduire mécaniquement (29 juillet 1986, *Régime de la presse, chr.* n° 40 p. 179 ; 18 septembre 1986, *Liberté de communication*, n° 41, p. 212).

Enfin et surtout, le juge se réserve le droit de *dégager, de sa propre autorité,* des *principes de valeur constitutionnelle,* non de les créer, pour imiter le langage liturgique (230). Dans le domaine des droits fondamentaux, le Conseil se livre à un nouvel exercice imparable, à savoir la *prosopopée.* L'appel aux *principes fondamentaux reconnus par les lois de la République* (P.F.R.L.R.) est laissé à sa libre appréciation, au point de constituer une *réserve de compétence* (V. *Ire partie*). En matière d'amendement, il parvient aussi à s'imposer en subordonnant leur recevabilité aux *mystérieuses limites inhérentes* qu'il définit. Bref, la loi est enserrée et le Parlement encadré, au point de susciter des critiques. Cette analyse des choses est désormais prise en compte par le juge qui s'efforce d'y parer, en prenant appui, sur une justification *textuelle.* Un exemple topique de cette *hygiène morale* (G. Vedel) a été fourni, s'agissant du principe de sauvegarde de la dignité de la personne humaine, lorsque le Conseil s'est adossé à la *phrase d'attaque* du préambule de la constitution de 1946, qui était regardé jusqu'alors comme une sorte d'exposé des motifs (27 juillet 1994, *Bioéthique, chr.,* n° 72, p. 178).

(230) D'une manière empirique, le C.C. dégage parallèlement des *objectifs de valeur constitutionnelle* appelés à être tranformés dans une phase ultérieure, en *principes*. Le législateur est appelé à les concilier avec les libertés proclamées : caractère pluraliste des courants d'expression (27 juillet 1982, *Communication audiovisuelle Rec.* p. 48) ; pluralisme et transparence, (10-11 octobre 1984, *Entreprises de presse* p. 73 ; sauvegarde de l'ordre public (13 août 1993, *Maîtrise de l'immigration,* p. 224) ; droit à un logement décent (19 janvier 1995, *Habitat*, p. 176). V. B. FAURE : Les objectifs de valeur constitutionnelle une nouvelle catérorie juridique ? *R.F.D.C.* 1995, p. 47.

4) La promulgation de la loi

A l'issue de ces péripéties, le *texte définitif* ayant été établi par les services de l'assemblée appelée à voter en premier (*chr.* 82, p. 212), le chef de l'État promulgue la loi (art. 10 C) *(supra)*. Une ultime formalité consistera dans la *publication de la loi* au *Journal officiel* (édition : *Lois et décrets*) (231).

b) *Le rôle dirigeant de l'exécutif*

A la lumière du changement opéré en 1958, la procédure législative a fait *peau neuve*. Le Gouvernement, épaulé le cas échéant par le chef de l'État, appuyé par la majorité parlementaire, la conduit de bout en bout. Seul, le Conseil constitutionnel peut en réfréner l'ardeur. L'exécutif maîtrise le processus d'*élaboration* de la loi et, en aval, celui de son *exécution*. C'est le moment de se souvenir que la loi est l'expression du pouvoir, et que le Gouvernement est investi de la fonction décisionnelle (art. 20 C).

1°) L'emprise gouvernementale sur l'élaboration de la loi

Le Gouvernement peut se prévaloir, d'une rare concentration de moyens, pour parvenir à ses fins, dans les termes et les délais choisis. Qu'on en juge : d'un point *logistique*, il dispose de l'administration, en général et du Conseil d'État, du S.G.G. et du S.G.C.I. en particulier ; d'un point de vue *juridique*, de l'arsenal du parlementarisme rationalisé disséminé, tout au long de la constitution, dont il peut faire usage à toutes les phases de la procédure et, aussi et surtout, d'un point de vue *politique* de l'appui irremplaçable de la majorité parlementaire. Face à ce nouveau Léviathan, l'opposition ne peut que déclencher un combat d'arrière-garde, en attendant que le Conseil constitutionnel se range éventuellement à ses vues (232).

2) L'emprise gouvernementale sur l'exécution de la loi

Au lendemain de la promulgation de la loi, le Gouvernement est chargé de son *suivi* : Le premier ministre est habilité à prendre les décrets nécessaires à son application, appelés *décrets dérivés* (art. 21 C) et, en cas de difficultés à demander *a posteriori* au Conseil constitutionnel, le *déclassement* ou la *délégalisation* de certaines de ses dispositions (art. 37, al. 2).

α) Les décrets d'application des lois (art. 21 C)

Le premier ministre est chargé de *l'exécution* des lois (art. 21 C), c'est-à-dire d'en fixer les modalités d'application (233). La loi Évin du 10 mai 1991 contre le tabagisme et l'alcoolisme a été explicitée par le décret du 29 mai 1992 concernant l'interdiction de fumer dans *tous les lieux fermés et couverts affectés à un usage collectif*, pour citer un exemple. Or, on relève en ce domaine essentiel, qui conditionne l'*applicabilité même* de la loi, que ce dernier dispose d'un pouvoir quasi discrétionnaire. Le *retard* à publier les décrets est chose relativement courante, notamment en matière fiscale sous la pression de groupes d'intérêts, notamment. A plusieurs reprises, les parlementaires ont dénoncé

(231) En vertu du décret du 5 novembre 1870, les lois (ainsi que les décrets) sont obligatoires à Paris, un jour franc après la promulgation et ailleurs, dans l'étendue de chaque arrondissement, un jour franc après que le *J.O.* qui les contient sera parvenu au chef-lieu dudit arrondissement. Un système d'interconnexion entre le S.G.G. et les préfectures est en cours d'élaboration.

Longtemps, les lois ont été scellées du sceau de la République. Cette formalité n'a plus cours de nos jours, hormis la constitution et les lois constitutionnelles qui la modifient. Cependant, en raison de sa charge symbolique, la loi du 9 octobre 1981 portant abolition de la peine de mort l'a été, à la chancellerie, par Robert Badinter.

(232) Ces moyens procéduraux peuvent être utilisés dès l'examen du texte en commission et répétés à l'ouverture du débat public. V. Y. COLMOU : Vade-mecum du député obstructeur, *Pouvoirs* n° 34, p. 121.

(233) V. J.-M. AUBY : L'obligation gouvernementale d'assurer l'exécution des lois, *J.C.P.* 1953.I.1080 ; M. GUIBAL : Le retard des textes d'application des lois, *R.D.P.* 1974, p. 1039 ; R. HANICOTTE : Le juge face au retard des textes d'application, *R.D.P.* 1986, p. 1667.

le *mauvais vouloir* de l'administration et proposé des remèdes à cette situation intolérable, à bien des égards (234). A la décharge de celle-ci, il convient d'observer que dans des cas limités, on peut incriminer la qualité médiocre de la loi. Toutefois, on relève qu'au lendemain d'une initiative de Raymond Barre, en 1977, un examen semestriel de l'état d'avancement desdits décrets a lieu en conseil des ministres. En outre, à l'instigation de Pierre Mauroy, en 1983, les présidents des assemblées parlementaires sont tenus officiellement informés à cette occasion. C'est donc un véritable ballet de décrets qui accompagne la loi (décrets de *présentation* ou de dépôt, de *promulgation* et *d'application*). Il reste, une dernière hypothèse, où ceux-ci prennent l'avantage avec la *délégalisation.*

β) *La procédure de la délégalisation ou du déclassement (art. 37, al. 2 C)*

Le premier ministre, *seul et à tout moment*, a la possibilité de déférer une loi *après* sa promulgation devant le Conseil constitutionnel et, d'une manière générale, *un texte de forme législative* (une ordonnance, par exemple), au motif qu'ils comporteraient des dispositions à caractère réglementaire. Cette procédure de la *délégalisation* ou du *déclassement* permet à l'exécutif de réclamer son dû. Si le juge reconnaît le bien-fondé de la démarche en *restituant* à la disposition concernée sa véritable nature réglementaire, le premier ministre est habilité à la modifier, de sa propre autorité (235).

Il y a lieu de relever que la Haute Instance exerce ici un contrôle *minimum,* au même titre que l'irrecevabilité de l'article 41 C (26 avril 1979, *Économie d'énergie, Rec.,* p. 55) en se prononçant exclusivement sur la *nature* de la disposition qui lui est soumise, indépendamment de sa constitutionnalité (8 juin 1995, *Emplois civils et militaires de l'Etat, (chr.* n° 75, p. 178).La procédure de la *délégalisation* permet au premier ministre *à tout instant* de reprendre l'initiative, à l'inverse de la situation antérieure à 1958, en s'adressant au juge. Un répit n'est donc point synonyme d'oubli. En résumé, il n'est pas exagéré de prétendre que le *remue-ménage* normatif, auquel on a assisté, en 1958, se réduit à cette procédure de *réapprobation.* Du reste, le Conseil constitutionnel, le 30 juillet 1982, l'a précisé (V. *chapitre III*).

2° Les procédures législatives spéciales

Le phénomène de *diversification* des lois, sous la Ve République, est à l'origine de particularités procédurales ; le droit commun s'appliquant pour le reste. Les lois *constitutionnelles* (art. 89 C) ; *organiques* (art. 46) ; *de finances* (art. 47) ; *de financement de la sécurité sociale* (art. 47-1) et celles *portant autorisation de ratifier des engagements internationaux* (art. 53) rentrent dans cette catégorie. Chacune d'entre elles possédant un domaine propre, il s'ensuit une chasse aux *cavaliers*, c'est-à-dire aux dispositions étrangères ou égarées. Le Conseil constitutionnel procède *proprio motu* à leur déclassement, le moment venu (236).

(234) Selon la jurisprudence du C.E. (27 novembre 1964, *Dame Veuve Renard*, R.D.P. 1965, p. 724) au-delà d'un *délai raisonnable*, l'administration engage sa responsabilité vis-à-vis de l'administré. L'État a été condamné à des astreintes (CE, 11 mars 1994, *Soulat, Rec.* p. 115). Les commissions du Sénat ont pris l'initiative, en juin 1972, de dresser un bilan des décrets dérivés ; les présidents ont mandat pour intervenir auprès des ministres compétents afin de hâter la publication. Depuis 1989, ce bilan est informatisé et accessible par minitel. A l'initiative du président Fabius, les commissions permanentes de l'A.N. ont désigné, à partir de janvier 1989, un commissaire chargé de suivre la publication des décrets (*chr.* n° 50, p. 185). Cette démarche est à l'origine d'une *convention de la constitution.* Tout projet de loi doit comporter un calendrier prévisionnel des décrets d'application (circulaire Bérégovoy du 2 janvier 1993).

(235) En ce cas, la procédure devant le C.C. ne revêt pas un caractère contradictoire. Les assemblées sont placées devant le fait accompli. Un décret pris sur un avis du C.E. peut procéder, en revanche, au déclassement de dispositions législatives promulguées *avant* 1958.

(236) La loi souffre par ailleurs, de maux graves. L'art de l'écriture est en crise. *Le style des lois doit être simple... Quand le style des lois est enflé, on ne les regarde que comme un ouvrage d'ostentation,* affirmait Montesquieu. L'inflation se répand : une centaine de lois par an : *La plus mauvaise République est celle qui a le plus de lois,* notait Tacite ; *les lois inutiles affaiblissent les lois nécessaires*, pour Jean-Jacques Rousseau. La logorrhée législative a été dénoncée par le C.E. (rapport de 1992). Un office parlementaire en matière d'évaluation de la législation a été crée en 1996 (*supra*). V. G. de BAYNAST : *L'inflation législative et les articles 34 et 37 de la Constitution,* thèse, Paris-II, 1997 ; A. DELCAMP, J.-L. BERGEL et A. DUPAS (sous la direction) : *Contrôle parlementaire et évaluation des lois,* D.F., 1995.

a) *Le vote de la loi constitutionnelle (art. 89 C)*

Une L. C. est une loi qui modifie, abroge ou complète des dispositions de la constitution. Elle ressortit au pouvoir constituant ; en un mot, elle est *souveraine*. Il suit de là, que le C.C. ne pourrait que décliner sa compétence au fond. Mais la question reste ouverte en ce qui concerne la procédure suivie (237) (V. *chapitre I*).

b) *Le vote de la loi organique (art. 46 C)*

Recourant à la tautologie, on dira que les L.O. sont celles que la constitution déclare telles (art. 46) (238). Toutefois, ces lois ne se caractérisent pas d'un seul point de vue formel ; elles ont, en fait, pour objet, de préciser l'organisation ou le fonctionnement des pouvoirs publics, en *explicitant* des principes ou des règles énoncés dans la constitution, ce qui explique, l'un de leurs traits distinctifs (239). En bref, une L.O. est une *loi d'application* ou le *prolongement de la constitution*, afin que celle-ci se limite à *l'essentiel*. Dans la hiérarchie des normes, on sait qu'elle s'intercale entre la constitution et la loi ordinaire.

Les constituants ont fait appel à 18 reprises à une L.O. Mais par une ironie du sort, le fonctionnement des assemblées parlementaires ressortit à la loi *ordinaire* (ord. du 17 novembre 1958). Cependant, en 1958, le Gouvernement, usant de l'ancien article 92 C qui établissait à son profit pendant la période d'installations des pouvoirs publics, un pouvoir législatif *supplétif*, a élaboré, en toute liberté les L.O. (sauf celle visée à l'article 34 *in fine* à propos du domaine de la loi ordinaire) et placé le Parlement devant le fait accompli.

La L.O. ne peut intervenir que dans les domaines et pour les objets limitativement énumérés par la constitution (C.C., 7 janvier 1988, *Finances sociales, Rec.*, p. 44). Mais le rappel par une loi ordinaire d'une disposition organique ne constitue pas une violation de la constitution (18 septembre 1986, *Liberté de communication*, p. 141). La L.O. est donc protégée. Elle n'entre pas dans le champ d'application des habilitations législatives de l'article 38 C (5 janvier 1982, *Loi d'orientation, Rec.* p. 15). Elle expulse *les cavaliers législatifs*, c'est-à-dire les dispositions relevant d'une autre loi (10 mars 1988, *Transparence financière, chr.* n° 46, p. 182) qui font l'objet d'un déclassement (28 janvier 1976, *Français de l'étranger, Rec.* p. 26 ; 26 juin 1987, *Actes des magistrats, chr.* n° 43, p. 215).

La L.O. devient une *norme-gigogne* par surcroît. On en dénombre 5 catégories : ordinaire ; *relatives* au *Sénat* (art. 46, al. 4 C) (240) ; aux *T.O.M.* (art. 74) (241) à la *Nouvelle-Calédonie* (art. 77) et au *Parlement* concernant la citoyenneté européenne (art. 88-3) (242).

(237) V. R. Badinter : Le Conseil constitutionnel et le pouvoir constituant, *Mél. J. Robert,* 1998, p. 217 ; J. Waline : Les révisions de la constitution de 1958, *Mél. Ph. Ardant,* 1999, p. 235.

(238) J.-P. Camby : Quarante ans de lois organiques *R.D.P.* 1998, p. 1686 ; *D.P.* p. 182.

(239) Dans le sillage des *senatus-consulte* de l'Empire, le terme de L.O. apparaît dans la constitution de 1848, sans qu'un régime juridique spécifique s'y attache. C'est la Ve République qui a opéré ce saut qualitatif (art. 46 C). Pour M. Debré (discours au C.E., 27 août 1958) : *Cette innovation... est de diminuer l'arbitraire, tant gouvernemental que parlementaire, en tout ce qui touche aux pouvoirs publics. La constitution ne peut tout réglementer en ce domaine. Il n'est pas bon cependant, qu'une loi soit hâtivement rédigée et votée. Une procédure particulière, simplement marquée par un long temps de réflexion et des pouvoirs accrus du Sénat est destinée à faire des L.O. des textes entourés d'une plus grande stabilité, c'est-à-dire... entourés d'un plus grand respect.*

(240) Selon la définition donnée par le C.C. (10 juillet 1985, *Rec.* p. 20) il s'agit des *dispositions législatives qui ont pour objet ou pour effet, dans les domaines réservés aux L.O., de poser, de modifier ou d'abroger des règles concernant le Sénat,* en tant que tel. Par exemple : le nombre des sénateurs, la durée de leur mandat, leur répartition entre les séries. En revanche, la composition du collège électoral ainsi que le mode de scrutin relève de la loi ordinaire (art. 34 C).

(241) Le Conseil constitutionnel a défini, le 9 avril 1996 (*Statut d'autonomie de la Polynésie française, chr.* n° 78, p. 192) cette catégorie : *Ont un caractère organique les dispositions qui définissent les compétences des institutions propres du territoire, les règles essentielles d'organisation et de fonctionnement de ces institutions y compris les modalités selon lesquelles s'exercent sur elles les pouvoirs de contrôle de l'Etat ainsi que les disposiitions qui n'en sont pas dissociables.*

(242) V. P. Avril et J. Gicquel : L'apport de la révision à la procédure parlementaire, *R.F.D.C.* 1992, p. 449.

Outre le cheminement et les moyens d'action *traditionnels*, la L.O. obéit à une procédure originale : un *délai de réflexion* de quinze jours doit être prévu entre son dépôt et sa discussion en séance publique (art. 46, al. 2) ; au cas où l'Assemblée et le Sénat ne se mettraient pas d'eux-mêmes d'accord sur le texte d'une loi organique, la procédure de la C.M.P. de l'article 45 est applicable ; l'Assemblée nationale peut, sur invitation du Gouvernement, forcer, en définitive, la résistance du Sénat, en adoptant le texte en dernière lecture, mais à la majorité *absolue* de ses membres (al. 3), (C.C., 11 janvier 1990, *Financement des campagnes électorales, chr.* n° 54, p. 200). En ce cas (4 applications depuis 1958), le vote a lieu au scrutin public à la tribune (art. 65, al. 5 R.A.N.).

Mais le bicamérisme *égalitaire* se manifeste à l'égard des L.O. relatives respectivement *au Sénat*, et au *Parlement*, en matière de citoyenneté européenne, qui doivent être adoptées *en termes identiques* par les assemblées. Ce qui a pour effet d'écarter l'article 49, alinéa 3 C à l'Assemblée. Reste un dernier élément spécifique : dans un souci d'*encadrement* du Parlement, la L.O., à la diligence *exclusive* du premier ministre (C.C., 21 février 1992, *Statut de la magistrature, chr.* n° 62, p. 174) est déférée *obligatoirement* au Conseil constitutionnel, avant sa promulgation (al. 5 et 61 al. 1e C), sauf, lorsqu'elle est contenue dans une loi référendaire (art. 3 de la loi du 6 novembre 1962, par exemple) (243).

c) *Le vote des lois de finances (art. 47 C)*

On a déjà fait allusion au caractère *multiforme* des lois de finances. On désigne par ce terme respectivement : *la loi de finances de l'année* (appelée communément le budget) qui détermine et autorise pour l'année civile les ressources et les charges de l'État ; *la loi de finances rectificative*, qui en cours d'année modifie les estimations initiales ; enfin, *la loi de règlement* contrôle l'exécution de la loi de finances de l'année (244).

En dehors du fait que l'initiative parlementaire est écartée (art. 47 C), il importe de mettre l'accent sur d'autres particularismes : la discussion de la loi de finances de l'année est enfermée dans un *délai préfix* (art. 47, al. 3 C), de manière à obtenir, *en temps utile, et plus particulièrement avant le début de l'année l'intervention des mesures nécessaires à la continuité de la vie nationale* (C.C., 30 décembre 1979, *Loi de finances pour 1980, C.C.F.* p. 289). En outre, celle-ci dispose d'un *rapporteur général* permanent et qui siège à la conférence des présidents, et de rapporteurs spéciaux investis de pouvoirs d'investigation et de contrôle *sur pièces et sur place* (art. 164.IV de l'ordonnance du 30 décembre 1958) (245).

(243) V. F. Luchaire : Les L.O. devant le Conseil constitutionnel, *R.D.P.* 1992, p. 389 ; J.-L. Pezant : Loi organique, *D.C.*, p. 604.

(244) Par voie de corollaire, le domaine de la loi de finances a été délimité par l'article 1er de l'ordonnance du 2 janvier 1959. Mais, sachant que cette dernière doit être votée avant le 1er janvier, la tentation est grande d'y introduire des matières étrangères, ou des *cavaliers budgétaires*. Le C.C. s'emploie à les débusquer (29 décembre 1984, *chr.* n° 33, p. 166). V. L. Philip : Conseil constitutionnel et finances publiques *in Dictionnaire encyclopédique de finances publiques*, t. I, 1991, p. 408 ; J.-P. Camby et D. Meunier : Cavalier budgétaire, *ibid.*, p. 264 ; La L.O. de 1959, trente ans après, R.F.F.P. n° 26, 1989.

En outre, une compétence *concurrente* ou *mixte* en matière fiscale est ouverte entre la loi de finances et la loi ordinaire (art. 34 C) (C.C., 4 juin 1984, *Ordonnances financières, chr.* n° 31, p. 186 ; 30 décembre 1995, *Réforme de la protection sociale, chr.* n° 77, p. 250). Ce qui autorise le recours à une habilitation législative (art. 38 C). V. E. Douat : *Finances publiques,* 1999 et droit constitutionnel financier, *Juris-classeurs,* 1994, fasc. 1461 ; R. Hertzog ; Le pouvoir dépensier, *Revue franç. de finances publiques* n° 41, 1993, p. 98 ; A.F.D.C. et S.F.F.P. : *L'exercice du pouvoir financier du Parlement,* 1996.

(245) En renvoyant aux manuels de droit financier, on indiquera que dans les relations entre les assemblées (art. 45 C), l'urgence est de droit (art. 39 de l'ord. du 2 janvier 1959), que le nombre des votes a été singulièrement limité (pour les recettes : un seul vote pour le budget général, un seul vote par budget annexe, un seul vote par catégorie de comptes spéciaux du trésor (art. 41) ; pour les dépenses, un seul vote pour les services votés. En outre, les ordonnances (art. 38 C) ne peuvent empiéter sur le domaine *exclusif* de la loi de finances (C.C., 30 décembre 1995, *Réforme de la protection sociale, chr.* n° 77, p. 250).

1) Les délais de vote

La loi de finances annuelle qui est soumise, en priorité aux députés (art. 39 C) au début de la session ordinaire, est essentielle. L'ouverture du débat est précédé du dépôt du rapport de la Cour des comptes. En outre, elle relève de dispositions spéciales qui concernent surtout les délais dans lesquels le projet doit être examiné et voté (art. 47). Elle doit être définitivement votée dans un délai global de 70 jours, à l'intérieur duquel chaque assemblée à un délai de lecture propre : 40 jours à l'Assemblée, 20 au Sénat et 10 en vue de la navette (art. 39 de l'ord. du 2 janvier 1959).

2) Les sanctions

A l'intérieur de ce délai global et compte tenu des délais propres à chaque chambre, des sanctions sont prévues. Si l'Assemblée dépasse les 40 jours qui lui sont accordés pour l'examen en première lecture, elle perd sa *priorité*, au bénéfice du Sénat et réciproquement. Par ailleurs, si le Parlement n'est pas parvenu à voter le budget dans les 70 jours, en cas de *carence* ou de *négligence* et non point de refus politique, la sanction est plus lourde : les dispositions du projet peuvent être mises en vigueur par voie *d'ordonnance*. Si le retard, en revanche, est imputable au Gouvernement, l'article 44 de la L.O. du 2 janvier 1959, pris en application de l'article 47, alinéa 4 C, aménage un régime spécial. En effet, le délai global n'a pour le Gouvernement qu'un caractère *facultatif*, tandis que pour les assemblées, les délais internes sont *impératifs*.

D'une façon retentissante (24 décembre 1979, *Loi de finances pour 1980, C.C.F.* p. 288), le juge a déclaré *non-conforme* cette loi, au motif que la procédure budgétaire n'avait pas été respectée. L'article d'*équilibre* n'ayant pas été voté, les députés ne pouvaient examiner la seconde partie de ladite loi. En conséquence, le Gouvernement a déposé, à titre *conservatoire* et, conformément au principe de la *continuité de la vie nationale*, un projet de loi l'autorisant à percevoir les impôts et taxes existants. Ce dernier s'analyse (décision précitée du 30 décembre 1979), comme un *élément détaché, préalable et temporaire* de la loi budgétaire.

Depuis 1959, la loi de finances annuelle a été votée en temps utile grâce au fait majoritaire. Mais, l'essentiel serait, à l'avenir de modifier une procédure languissante (*Litanie, liturgie, léthargie,* selon Edgar Faure), en sélectionnant comme au Royaume-Uni quelques thèmes. L'Assemblée nationale a expérimenté, en 1999, cette démarche pour l'examen du budget de 2 000, parallèlement à la création de la mission d'évaluation et de contrôle (M.E.C.) créée par la commission des finances (246). En compensation, sans doute, l'habitude veut depuis 1974, que cette loi soit déférée chaque année au Conseil constitutionnel. Sans entrer dans des détails techniques, on observe en cette matière qui, jadis contribua à la naissance du droit constitutionnel, le *dessaisissement* du Parlement. Le budget, *l'acte qui ne ment pas*, dit-on, est plus entériné que voté ; le contrôle limité, sinon occulté, notamment lors de la discussion sur le projet de loi de règlement qui se déroule dans l'indifférence générale.

d) *Le vote des lois de financement de la sécurité sociale (art. 47-1 C)*

La révision constitutionnelle du 22 février 1996 a crée cette nouvelle catégorie de loi, en matière de prélèvements obligatoires, dont le volume est supérieur à celui des dépenses inscrites dans la loi de finances.

Les lois de financement de la sécurité sociale déterminent les conditions générales de son équilibre financier et, compte tenu de leurs prévisions de recettes, fixent ses objectifs de dépenses, dans les conditions et sous les réserves prévues par une loi organique (art. 34, al. 6 C). Outre l'utilisation du pluriel, ce qui implique l'existence de lois de financement *rectificatives* le moment venu, la normativité de ce type de lois a été mise en cause, par les rapporteurs : *normativité différée* (P. Mazeaud à l'Assemblée) ; *normativité aléatoire* (P. Gélard au Sénat) V. Rapports A.N. n° 2490 et Sénat n° 188.

A l'image des lois de finances, ces nouvelles lois sont soumises en premier lieu aux députés au début de la session ordinaire (nouvelle rédaction de l'art. 39 C) ; réservées à la *seule initiative*

(246) V. P. Avril et J. Gicquel : La révision de la constitution : nécessaire, pas suffisante, *Le Monde,* 1er juillet 1995 ; A.N., groupe de travail sur l'efficacité de la dépense publique et le contrôle parlementaire, 1999. La Cour des comptes (qui est une juridiction administrative) assiste le Parlement et le Gouvernement dans le contrôle de l'exécution des lois de finances (art. 47 *in fine* C). V. *Connaissance de l'Assemblée :* 3 : L'A.N. et les lois de finances, 1996.

gouvernementale (nouvel art. 47-1, al. 1er) et votées selon un *délai* de 50 jours imposé au Parlement (al. 2). A cet effet, ce deuxième exemple d'un délai de délibération se décompose comme suit : 20 jours pour l'Assemblée, 15 pour le Sénat et 15 pour la navette. A défaut pour le Parlement de s'être prononcé dans ce délai, les dispositions peuvent être mises en œuvre par *ordonnance* (al. 4).

La L.O. du 22 juillet 1996 détermine les modalités du vote de ces lois de financement. (art. L.O. 111-3 et s. du code de la sécurité sociale). En outre, les rapporteurs disposent de pouvoirs comparables sur pièces et sur place aux rapporteurs de la commission de finances en matière budgétaire (loi du 27 décembre 1996). La Cour des comptes assiste le Parlement et le Gouvernement dans le contrôle de l'application de ces lois (art. 47-1 *in fine* C) (247).

e) *Le vote des lois autorisant la ratification d'engagements internationaux (art. 53 C)*

Outre son importance quantitative (*grosso modo* plus d'un tiers de la production législative annuelle), cette catégorie de loi est originale, à plus d'un titre.

Si la conduite des relations internationales appartient traditionnellement au pouvoir exécutif (art. 52), le Parlement autorise, sauf recours au peuple (art. 11), la ratification des traités dont la liste est dressée à l'article 53 *(traités de paix, de commerce, relatifs à l'organisation internationale, qui engagent les finances de l'État, modifient les dispositions de nature législative, ceux qui sont relatifs à l'état des personnes, ceux qui comportent cession, échange ou adjonction de territoire)*. En pratique, laissée à l'appréciation du Gouvernement, cette énumération est largement *indicative*. On estime qu'un tiers seulement des engagements internationaux est concerné. La régularité de l'autorisation de ratification est désormais contrôlée par le Conseil d'État (18 décembre 1998, *S.A.R.L. du parc d'attraction de Blotzheim, R.F.D.A.* 1999, p. 315) en vue d'assurer le respect de la prérogative parlementaire (248).

Cette loi, qui peut être déférée, au C.C. (17 juillet 1980, *Convention franco-allemande d'entraide judiciaire, C.C.F.* p. 170), se présente comme une loi d'*autorisation*, ou si l'on veut une loi *formelle* et non point matérielle. Ce qui entraîne diverses conséquences : *l'exclusivité de l'initiative* du premier ministre ; *l'impossibilité du dépôt d'amendements d'origine parlementaire* (art. 128 R.A.N.), sauf amendement *concerté,* c'est-à-dire repris par le Gouvernement ; le recours à une *procédure abrégée :* le vote sans débat (art. 103 R.A.N.) ou la discussion immédiate (art. 30 R.S.). Une motion de procédure *spécifique* existe : la *motion d'ajournement* (art. 128 R.A.N.) qui entraîne les mêmes effets qu'un renvoi en commission (*chr.,* n° 70, p. 208).

3° Les procédures exceptionnelles de substitution

On citera pour mémoire : la loi référendaire (art. 11 C), l'ordonnance (art. 38 C), la décision (art. 16 C) ainsi que le règlement et la directive communautaires (art. 189 du traité C.E.E.).

Bibliographie

M. Ameller, *L'Assemblée nationale,* 1994 ; P. Avril et J. Gicquel : *Droit parlementaire*, 2e éd., 1996, *Le Conseil constitutionnel*, 4e éd., 1998 ; J. Baguenard : *Le Sénat,* 1990 ; J.-Cl. Bécane et M. Couderc : *La loi,* 1994 ; J.-M. Blanquer : *Les méthodes du juge constitutionnel,* thèse Paris-II, 1993 ; B. Beaufumé : *Le droit d'amendement et la constitution de la Ve République*, 1993 ; J.-P. Camby : *La procédure législative en France*, D.F., 1995, *Le financement de la vie politique en*

(247) V. X. Chauvy : Les normes supérieures du droit de la sécurité sociale, *R.D.P.* 1996, p. 991 ; F. Luchaire : Le contrôle du C.C. sur les lois financières, *ibid.*, 1997, p. 289 ; A.N., rapport Bourg-Broc, 1996, n° 3053.

(248) Ce revirement de jurisprudence compense, en quelque sorte, l'avancée du contrôle de conventionnalité résultant de l'arrêt *Nicolo (supra).* V. L. Dubouis : art. précité, *R.F.D.A.* 1999, p. 57 ; A. Pellet, *C.R.F.* p. 1005.

France, 1995, *Le Conseil constitutionnel, juge électoral,* 1996, avec P. SERVENT : *Le travail parlementaire sous la Ve République*, 3e éd., 1997 ; A. CHANDERNAGOR : *Un Parlement pour quoi faire ?*, 1967 ; B. CHANTEBOUT : *Le contrôle parlementaire,* D.F., 1997 ; L. FAVOREU : *Le droit constitutionnel jurisprudentiel*, R.D.P. 1989, p. 399 ; Jean FOYER : *Le député dans la société d'aujourd'hui*, 1991 ; Y. GAUDEMET : *Le C.C. et le C.E. dans le processus législatif, in C.C. et C.E.*, colloque Paris II, 1988, p. 87 ; Y. GUCHET : *Droit parlementaire,* 1996 ; Chr. GUETTIER : *Le Conseil constitutionnel et le droit parlementaire sous la Ve République*, thèse Paris I, 1986 ; F. HAMON et C. WIENER : *La loi sous surveillance,* 1999 ; F. LUCHAIRE : *Le Conseil constitutionnel*, 2e éd., 1998-1999 ; J.-Cl. MASCLET : *Le rôle du député et ses attaches institutionnelles sous la Ve République*, 1979 ; J. MASTIAS : *Le Sénat de la Ve République*, 1980 ; D. MAUS : *Le Parlement sous la Ve République*, 1985 ; P. PACTET : *L'évolution contemporaine de la responsabilité gouvernementale dans les démocraties pluralistes*, Mél. Georges Burdeau, 1977, p. 191 ; J.-L. PEZANT : Amendement *DC* p. 29, Loi, *ibid.* p. 597 ; G. TOULEMONDE : *Le déclin du Parlement sous la Ve République, Mythe et réalités,* thèse Lille-II, 1998.

On se reportera aussi à : Eugène PIERRE : *Traité de droit politique électoral et parlementaire*, 5e éd., 1924 (rééd. 1989) et *Nouveaux suppléments* (par Jean Lyon) : I (1924-1945), 1984 ; II (1946-1958), 1990 ; L'Assemblée, *Pouvoirs* n° 34 ; Le Sénat, *ibid.*, n° 44 et le *Parlement* n° 64 ; A.N. *Connaissance de l'Assemblée* 1996-1997 ; *Pour mieux connaître le Sénat*, 3e éd., 1933 ; au rapport Barrot : *l'art. 40 C,* A.N., n° 1273, 1994 ; Les assemblées parlementaires en France, *Administration* n° 120, juin 1983 ; aux actes du colloque d'Aix-en-Provence de 1977 (le domaine de la loi et du règlement) ; A.F.D.C. et S.F.F.P. : *L'exercice du pouvoir financier du Parlement,* 1996 ; A.F.D.C : *Le bicamérisme,* 1997 ; aux statistiques annuelles publiées par le *B.A.N.* et le B.I.R.S. et aux *microfiches* de l'A.N. établies pour chaque loi.

Pour vivre avec son temps :
http www. assemblée nationale. fr. et *CD Rom ;*
http www. sénat. fr. et *CD Rom.*

CHAPITRE V
LE POUVOIR JURIDICTIONNEL OU LE CONSEIL CONSTITUTIONNEL

Aux côtés des juridictions administratives et judiciaires, le Conseil constitutionnel (art. 56 C), est l'expression de l'État de droit (1) ou l'incarnation du *Gouvernement de la constitution* (G. Vedel). Pour la première fois, en France, à l'opposé de la tradition, un *organe régulateur de l'activité des pouvoirs publics* (C.C., 6 novembre 1962, *Élection du président de la République, Rec.* p. 27), s'est installé. Mieux, un pouvoir juridictionnel est né, chargé de dire le droit avec l'autorité *absolue* de la chose jugée (art. 62 C), en cas de litige entre les organes de l'État, par suite d'une évolution insoupçonnée à partir des années *70*. Tour à tour, l'incorporation des libertés publiques au bloc de constitutionnalité (16 juillet 1971, *Liberté d'association, Rec.* p. 29), l'élargissement de la saisine à l'opposition parlementaire (L.C. du 29 octobre 1974) et l'alternance ont émancipé et valorisé le Conseil, regardé jusque-là comme un corps étranger.

Avec efficacité et célérité, en contraste avec la lente et prudente progression du juge administratif, le Conseil s'est imposé, au risque de provoquer l'intempérance de la majorité : en 1993, l'intervention du pouvoir constituant en matière de droit d'asile (art. 53-1 C) a eu raison de son interprétation (*Maîtrise de l'immigration, chr.*, n° 68, p. 158 (2)). Avec l'élection populaire du chef de l'État, il apparaît sans conteste comme *l'innovation majeure de la Ve République*. Si l'on doit se méfier du *gouvernement des juges*, substituant ses appréciations à celles des représentants du peuple, on conviendra avec Robert Badinter, qu'il faut se méfier davantage encore d'un *gouvernement sans juges*, au sein duquel la force attachée à une majorité politique supplanterait celle du droit.

(1) Du point de vue de ses origines, le C.C. est *la reprise et l'amplification assez considérable du Comité constitutionnel de la constitution de 1946,* selon R. Janot (*T.P.* II, p. 72). Par ailleurs, le concept d'État de droit y a été invoqué, la première fois, par le président Valéry Giscard d'Estaing, le 8 novembre 1977. La coïncidence est heureuse. V. *C.C. et C.E.*, colloque Paris II, 1988 ; La marque des idées et des principes de 1789 dans la jurisprudence du C.E. et du C.C., *E.D.C.E.* n° 40, 1989, p. 149.

(2) *De quoi se mêlent-ils ?* aurait répliqué François Mitterrand en 1982 à l'annonce de la censure de la loi de nationalisation. De la même façon, *les choix de société se décident dans les hémicycles, et non dans les prétoires,* estime Philippe Séguin, en 1997. V. D. Rousseau, Les grandes avancées de la jurisprudence du Conseil constitutionnel, *Mél. J. Robert,* 1998, p. 297.

A l'image du Conseil d'État au siècle écoulé, le Conseil constitutionnel s'est *juridictionnalisé*. Il tranche des litiges au terme d'une procédure classique (V. *Chapitre IV*) (3). Si incontestablement, à sa création en 1958, il s'analysait en un organe *politique*, en raison de la mission générale de cantonnement du Parlement, il se range, sans nul doute, actuellement parmi les *cours constitutionnelles*, avec le particularisme qui les caractérise (4). A l'opposé d'une cour suprême, qui coiffe toutes les juridictions nationales et dispose d'une compétence de droit commun, le Conseil constitutionnel occupe, en théorie, une place *isolée* au sein du système français. Il est *aux côtés* de la Cour de cassation et du Conseil d'État qui siègent au sommet de leur ordre juridictionnel respectif. Mais l'autorité attachée à sa jurisprudence réduit progressivement l'autonomie de ceux-ci. Si l'on ajoute, que la constitution procède par voie d'*énumération*, en ce qui concerne ses prérogatives, on en conclura que le Conseil est vécu et reçu, de nos jours, comme *une juridiction constitutionnelle d'attribution* (5). De manière classique, on s'attachera successivement à l'étude de sa composition et de son organisation, en premier lieu, et de ses attributions, en second lieu.

SECTION I LA COMPOSITION ET L'ORGANISATION DU CONSEIL CONSTITUTIONNEL

§ 1 LA COMPOSITION DU CONSEIL

En vertu de l'article 56 C, le Conseil qui siège au Palais Royal, se compose de deux séries de membres : des *membres nommées* et des *membres de droit*.

A. LES MEMBRES NOMMÉS

Selon le *modèle européen* (6), les membres du Conseil sont recrutés *intuitu personae* par des autorités politiques. Tels des juges, ils exercent une fonction juridictionnelle, sans faire carrière. L'usage veut, de manière significative, qu'ils y soient désignés par leur titre *antérieur*, même si le recours au prénom se répand entre eux. Leur indépendance et leur dignité sont garanties.

(3) Suprême consécration (en dehors d'une forme de masochisme institutionnel), ce sont les parlementaires qui ont élargi la saisine du C.C., en 1974. En revanche, ils se sont opposés au pouvoir d'autosaisine du Conseil dans le domaine des libertés. *Too much*. V. Th. RENOUX : L'apport du Conseil constitutionnel à l'application de la théorie de la séparation des pouvoirs en France, *D.*, chr. 1991, p. 169.

(4) La doctrine adhère à ce qualificatif. Toutefois, Patrick Juillard opine pour un organe *institutionnel* (R.D.P. 1974, p. 1703). Sur une controverse : V. J. FOYER et F. TERRÉ : Le peuple, juge constitutionnel, *Le Figaro*, 30 juillet 1996 ; L. FAVOREU et F. TERRÉ : Quelle place pour le C.C. ? *La vie judiciaire*, 12 janvier 1997.

(5) La C.E.D.H. (21 octobre 1997, *Pierre-Bloch c. France, chr.* n° 85, p. 163) a retenu la qualification de *juridiction constitutionnelle*.

(6) V. L. FAVOREU : *Les cours constitutionnelles*, 1986.

1° L'entrée en fonction

a) *La nomination des conseillers*

Au nombre de neuf, les membres sont désignés, à raison de trois chacun, par une décision séparée du président de la République, du président du Sénat et de celui de l'Assemblée nationale (art. 56, al. 1er C), qui ne peut être discutée au contentieux (C.E., 9 avril 1999, *Dame Ba, A.J.D.A.* 1999, p. 418). Il est pourvu au remplacement des membres huit jours au moins avant l'expiration de leurs fonctions, en février (art. 8 de l'ord. du 7 novembre 1958). Leur mandat commence à courir, début mars, à l'issue de leur prestation de serment devant le chef de l'Etat (art. 3). En l'absence de conditions posées par la constitution, à l'inverse d'autres cours contitutionnelles (7), toute personne de nationalité française, jouissant de ses droits civils et politiques a vocation, le moment venu, à être nommée au Conseil. Aucune limite d'âge à la nomination n'est retenue. En dehors d'une présence féminine depuis 1992 (Noëlle Lenoir), le recrutement a fait l'objet à l'origine de réserves et de critiques. Le *compérage* (B. Jeanneau) ou le *compagnonnage* (D. Rousseau) a été dénoncé. Mais, des nominations politiques sont dans la nature de la mission confiée à l'institution et il n'y a pas lieu de s'en offusquer outre-mesure. Cependant, à l'occasion des derniers renouvellements, un soin particulier a entouré les désignations. Le choix de Daniel Mayer en 1983, président de la Ligue des droits de l'homme, a eu, sans contredit, une signification symbolique, pour s'attacher à cet exemple. Au surplus, l'exercice régulier de l'alternance depuis 1981 et la pratique observée à l'étranger du principe de proportionnalité politique ramènent la démarche française vers le droit commun. Le recrutement est parvenu, dans de bonnes conditions, en règle générale, à combiner la compétence (en dehors de tout corporatisme), ce que Kelsen appelait *la place adéquate des juristes de profession*, en vue d'élaborer et de préserver la jurisprudence et l'expérience de personnalités issues des pouvoirs publics ou des juridictions suprêmes. La nomination d'anciens secrétaires généraux d'assemblées parlementaires (François Goguel et Michel Ameller) est, par ailleurs, valorisante. A l'unisson de la diversité des chefs de compétence du Conseil, la complémentarité est en soi préférable à la spécialité (V. tableau ci-après).

Les membres du Conseil prêtent serment sur la constitution, devant le chef de l'État en présence des autres autorités de nomination, du premier ministre et du garde des sceaux : *ils jurent de bien et fidèlement remplir leurs fonctions, de les exercer en toute impartialité dans le respect de la constitution, de garder le secret des délibérations et des votes, de ne prendre aucune position publique et ne donner aucune consultation sur les questions relevant de la compétence du Conseil* (art. 3 de l'ord. du 7 novembre 1958) (8).

(7) Un critère socio-professionnel (professeur d'université, magistrat, avocat) préside au recrutement des juges constitutionnels en Allemagne, Espagne, Pologne. Aux États-Unis, la pratique s'est orientée en ce sens, en raison de l'avis sollicité auprès du barreau et surtout de la confirmation sénatoriale. V. D. ROUSSEAU : *La justice constitutionnelle en Europe*, 3e éd., 1998 et L. FAVOREU : Le droit constitutionnel jurisprudentiel, *R.D.P.* 1989, p. 401.

(8) L'obligation de réserve embrasse les questions traitées ou susceptibles de l'être. Toutefois, Pierre Chatenet, membre du Conseil, de 1968 à 1977, ayant signé le manifeste du Mouvement pour l'indépendance de l'Europe (*Le Monde*, 21 janvier 1976), s'est vu reprocher par le groupe socialiste de l'Assemblée nationale, de l'avoir enfreinte, à propos d'une question relevant de la compétence du Conseil (art. 54 C). L'intéressé, cependant devait participer, par la suite à la décision du 30 décembre 1976 relative au Parlement européen. Par ailleurs, à l'occasion du débat sur les nationalisations, un député socialiste a mis en cause directement, en octobre 1981, Roger Frey, alors président. Le chef de l'État, rappelant *le devoir de réserve* des membres du Conseil, devait exprimer son vif regret (*C.C.F.* p. 98).

b) *La nomination du président du Conseil constitutionnel*

Le président est nommé par décision *distincte* du président de la République (art. 56 *in fine* C). Une élection par ses pairs introduirait une compétition nuisible à la cohésion de l'institution. Il est choisi parmi les conseillers nommés ou de droit. A ce jour, la pratique a voulu que le chef de l'État le retienne parmi ceux qu'il avait désignés, en dehors de l'hypothèse où le choix se serait porté sur un membre de droit, qui fait partie *à vie* du Conseil (art. 56, al. 2).

Outre la défense des intérêts de l'institution, le président dirige ses services et ses délibérations. Il a voix prépondérante en cas de partage (art. 56 *in fine*). Mais en fait, cette possibilité n'a guère l'occasion de s'exercer en raison de la démarche *consensuelle* observée. C'est le rôle essentiel du président, aidé par le rapporteur, que d'y tendre.

En cas d'empêchement momentané, il est supplée par le doyen d'âge, du point de vue de l'état civil (art. 13 de l'ord.). *A fortiori,* en vue d'assurer la continuité du Conseil, ce dernier est appelé provisoirement à exercer *l'intérim* du président, suite à une mise en congé, pour raisons personnelles. Roland Dumas, impliqué dans l'affaire Elf, a suspendu ses activités le 24 mars 1999 : Yves Guéna le remplace dans *la plénitude de ses fonctions... Il préside les séances du Conseil et a naturellement voix prépondérante en cas de partage* (9).

En dernière analyse, le Conseil constitutionnel se renouvelle par tiers tous les trois ans, de manière à éviter toute rupture de méthodes et de jurisprudence consécutive à l'alternance (art. 56, al. 1er) (10).

2° La durée des fonctions

Là où il n'y a pas de magistrats indépendants, il n'y a que des délégués du pouvoir. L'opinion de Royer-Collard ne peut, à l'évidence, s'appliquer aux membres du Conseil qui disposent, en contrepartie de leur obligation de réserve, des moyens d'accomplir leur mission en toute liberté. Outre la transfiguration ou *l'admirable ingratitude*, à laquelle tout serviteur de l'État de droit peut songer, en mémoire du chancelier Thomas More, les conseillers sont nommés pour un mandat de neuf ans (art. 56, al. 1er C), qui ne peut être, ni renouvelé, ni révoqué. En un mot, ils bénéficient de *l'inamovibilité*.

Le mandat du président est calqué sur celui des conseillers. Toute autre solution porterait atteinte à l'indépendance de l'institution (11). Par ailleurs, il est loisible au président de démissionner de sa fonction, tout en demeurant membre du Conseil. Pour convenance personnelle, Daniel Mayer, nommé en 1983, y a renoncé trois ans plus tard ; Robert Badinter lui a succédé. De la même manière, il peut suspendre l'exercice de ses activités, en se mettant en congé, pour un temps, du Conseil. Cette solution inédite, dans le silence des textes, s'est présentée, le 24 mars 1999, lorsque Roland Dumas,

(9) Par ce communiqué, daté du 24 mars 1999, le Conseil s'est appliqué à lui-même, la décision rendue à propos du premier ministre par intérim (29 décembre 1989 *Loi de finances pour 1990, chr.* n° 53, p. 187). Au surplus, la théorie de l'intérim s'applique sans texte (C.E., 31 octobre 1980, *F.E.N., Rec.* p. 394). En revanche, l'attribution de la voix prépondérante au président par intérim prête à discussion : le Conseil ne s'est-il pas attribué *proprio motu* un pouvoir qui n'appartient qu'à la seule personnalité désignée par le chef de l'État ? Règle juridique ou règle politique ? (*chr.* n° 91).

(10) Les conseillers sont rangés autour d'une table en *U* selon un ordre reposant la combinaison de trois critères : la date de nomination ; l'autorité de nomination et la règle de préséance de la droite sur la gauche.

(11) V. J. BOURDANT : Le président du Conseil constitutionnel, *R.D.P.* 1987, p. 581 et F. LUCHAIRE, La durée du mandat de président du Conseil constitutionnel, *La vie judiciaire*, 28 décembre 1986

mis en examen dans l'affaire Elf, le 29 avril précédent, s'est placé en retrait du Conseil, à la demande de la majorité de ses collègues (*chr.* n° 91).

Le non-renouvellement du mandat se présente, objectivement, comme un gage d'indépendance par rapport à l'autorité de nomination. Toutefois, en cas de vacance, consécutive à la démission ou au décès, une personne est nommée par l'autorité intéressée. Elle achève le mandat commencé. A l'expiration du terme normal, ce membre peut être renouvelé pour un mandat *entier* de neuf ans, si le remplacement a été inférieur à trois ans (art. 12 de l'ordonnance du 7 novembre 1958). Cette disposition peut encourir la suspicion, au cas où la même autorité de nomination ne se résoudrait pas à la reconduction de celui-ci. Toutefois, la pratique ne s'est pas orientée en ce sens (12).

3° La garantie des fonctions

A défaut de bénéficier d'immunités personnelles, les membres du Conseil disposent d'un statut.

a) *Le régime des inéligibilités*

En l'absence de dispositions particulières, les hauts conseillers doivent être regardés comme des citoyens ordinaires. Après une demande de mise en congé, qui est de droit pour la durée de la campagne, ceux-ci peuvent être candidat (art. 4 du décret du 13 novembre 1959). Edmond Michelet sera élu député en 1967.

b) *Le régime des incompatibilités*

Le principe de la séparation des pouvoirs allié à la montée en puissance du Conseil est à l'origine d'un renforcement du non-cumul. La fonction est *incompatible* avec celle du membre du Gouvernement, du Parlement, du Conseil économique et social (art. 57 C et art. 4 de l'ord. du 7 novembre 1958) et du Parlement européen (art. L.O. 152 du code électoral).

Elle l'est également avec l'exercice de tout mandat électoral (art. 4 de l'ord. précitée, rédaction de la L.O. du 19 janvier 1995), c'est-à-dire *local*. Cette solution réclamée par la doctrine met un terme au dédoublement fonctionnel difficilement tenable à l'heure de la décentralisation. Sage à Paris ou responsable en province, le dilemme était clairement posé (12). Au surplus, les incompatibilités *professionnelles* applicables aux parlementaires ont été étendues aux hauts conseillers (art. 4) en matière de direction de sociétés ou d'entreprises (art. L.O. 146 du code électoral) (V. *chapitre IV*).

La sanction des incompatibilités est *décidée :* le ministre, le titulaire d'un mandat électoral ou le membre du Conseil économique et social nommé au Conseil constitutionnel, est *réputé* avoir opté pour cette fonction dans un délai de 8 jours, sauf manifestations de volonté contraire (art. 4-I de l'ord. de 1958). En sens opposé, un membre nommé au Gouvernement, qui acquiert un mandat électoral ou entre au Conseil économique et social est remplacé dans ses fonctions *(ibid.)*. Il appartient, enfin, au seul Conseil constitutionnel de prononcer la *démission d'office* de l'un de ses membres qui se trouverait, dans un cas

(12) Seul Paul Legatte, qui avait remplacé Achille Peretti en 1983, et avait vocation à être renouvelé pour un mandat entier en 1986, ne l'a pas été, à ce jour. Il a été nommé médiateur de la République à la place de Robert Fabre qui lui a succédé au C.C. (*chr.* n° 38, p. 165).

d'incompatibilité ou qui aurait été privé de la jouissance de ses droits civils et politiques (art. 10 de l'ordonnance).

Pour le reste, la compatibilité doit être appréciée au regard de *l'obligation générale* des conseillers *de s'abstenir de tout ce qui pourrait compromettre l'indépendance et la dignité de leurs fonctions* (art. 1er du décret du 13 novembre 1959). Un conseiller relève de sa conscience, en un mot.

c) *Le régime des interdictions*

De manière unique en droit français, un conseiller s'interdit d'occuper *un poste de responsabilité ou de direction* au sein d'un parti politique (art. 2 du décret du 13 novembre 1959). En outre, s'il est inscrit au barreau, il ne peut plaider, sauf devant la Haute cour de justice et la Cour de justice de la République, dans certaines affaires à l'exemple des parlementaires (art. L.O. 149 du code électoral). De même, il ne peut commencer une fonction de conseil qui n'était pas la sienne avant sa nomination (art. L.O. 146-1, rédaction de la L.O. du 19 janvier 1995) (V. *chapitre IV*) (13).

Il y a lieu d'ajouter, que les membres du Conseil, qui ne disposent pas d'une toge, à l'opposé de leurs homologues allemandes et américains, ne peuvent être nommés à aucun emploi public et, s'ils ont la qualité de fonctionnaires, recevoir une promotion au choix (art. 5 de l'ordonnance du 7 novembre 1958). Ils perçoivent une indemnité égale aux traitements afférents aux deux catégories supérieures des emplois de l'État, classés *hors-échelle* (art. 6), mais non une retraite. Par assimilation, à l'origine, à l'indemnité parlementaire, la leur demeure fiscalisée à hauteur de 55 %. En dernière analyse, l'âge des membres a été initialement élevé (70 ans en moyenne). Puis, il a eu tendance à baisser vers une nomination autour de 60 ans de manière à se rapprocher du droit commun de la haute fonction publique (14). Mais, pour la première fois, depuis 1992, deux générations sont représentées. Une fin de carrière favorise l'indépendance de comportement, sans souci de ménager les princes qui nous gouvernent.

B. LES MEMBRES DE DROIT

En sus des membres nommés, le Conseil constitutionnel accueille les anciens de la République en qualité de membre de droit et à vie (art. 56, al. 2 C), eu égard à leur expérience de gardien de la constitution (art. 5). Ils sont dispensés de l'obligation de prêter serment devant le chef de l'État (art. 3 de l'ordonnance) (15).

Cette disposition a été prise, en 1958, en vue d'assurer à ceux-ci une digne retraite. On prétend également que le général de Gaulle était désireux d'apprécier leur silence. Cependant, le changement de mode d'élection du magistrat suprême en a modifié l'esprit. Si Vincent Auriol et René Coty siégèrent au Conseil (16), le général de Gaulle et François Mitterrand, y renoncèrent. Mais personne

(13) Indépendamment des personnes de bien qui siègent au Conseil, on opinera, qu'à l'instar des parlementaires (art. 12 de l'ord. du 17 novembre 1958), ils ne devraient pas faire d'objet, en matière de décoration, d'aucune nomination ou promotion. L'État de droit commande l'humilité pendant la durée des fonctions.

(14) La loi du 13 septembre 1984, qui abaisse à 65 ans l'âge de la retraite dans la haute fonction publique, ne concerne pas les membres du C.C.

(15) V. D. ROSENBERG : Les anciens présidents de la République, membres de droit du Conseil constitutionnel, *R.D.P.* 1985, p. 1263.

(16) Toutefois, Vincent Auriol refusera d'y siéger, en 1960, après le refus du général de Gaulle de convoquer le Parlement en session extraordinaire. Il y reviendra, en 1962, lors de l'examen de la loi référendaire. En congé du Conseil, il ne percevra plus d'indemnités. V. P. AVRIL et J. GICQUEL : *Le C.C.*, 4e éd., 1998.

ne pouvait imaginer que Valéry Giscard d'Estaing y prît sa retraite à l'âge de 55 ans, en 1981. Dans un premier temps, tout en s'abstenant de participer aux délibérations du Conseil et en se réclamant de sa qualité, celui-ci a mené une vie politique qui contrevenait à ses obligations de réserve (17). Il redeviendra député, en 1984.

Le Conseil constitutionnel a été appelé (7 novembre 1984, *A.N., Puy-de-Dôme*, 2e, *chr.* n° 33, p. 156) à se prononcer sur la condition des membres de droit. En termes clairs, le principe de *l'assimilation* a été formulé : *Sous la seule réserve de la dispense de serment, ils sont soumis aux mêmes obligations que les autres membres* (18). Cette interprétation a été étendue en cas d'exercice par l'ancien chef de l'Etat d'un mandat électoral ou d'une fonction incompatible, à ceci près que son remplacement est exclu (11 janvier 1995, *Incompatibilités, chr.* n° 74 p. 202).

A l'expérience, il serait opportun de renoncer à cette formule, comme le préconise le comité Vedel, en lui préférant celle, qui a cours notamment en Italie, où l'ancien chef de l'État est nommé sénateur à vie (art. 59 de la constitution de 1947).

§ 2 L'ORGANISATION DU CONSEIL

On vante volontiers le charme raffiné du Conseil. L'appréciation est pleinement justifiée, en raison notamment de sa structure légère (19). L'organisation repose fondamentalement sur la confiance et l'estime de ses membres et des personnes qui les assistent, au premier rang desquelles figure, le secrétaire général. Ce poste est traditionnellement occupé par un membre du Conseil d'État (Jean-Éric Schoettl, à l'heure présente). Il dispose d'une délégation de signature pour signer au nom du président du Conseil tous actes et décisions d'ordre administratif. Sous l'autorité de celui-ci, qui peut, le cas échéant, s'entourer de conseillers, rattachés *intuitu personae*, ou de consultants officieux, le secrétaire général dirige et anime un service juridique composé d'un nombre limité de personnes (trois à quatre). Il s'agit de magistrats et de fonctionnaires parlementaires détachés. A l'instar de toute juridiction, un greffe existe depuis 1993.

Le secrétaire général, nommé par décret du président de la République sur proposition du président du Conseil (art. 1er du décret du 13 novembre 1959), est appelé à jouer, avec discrétion, un rôle influent, voire éminent, dans la préparation des décisions. Il est à la disposition du rapporteur. Il siège, ainsi que ses collaborateurs, dans la salle des délibérations et répond aux questions qui peuvent lui être posées, le cas échéant. Il rédige le procès-verbal de la séance. Par ailleurs, il entretient ou provoque un dialogue permanent avec les conseillers, les membres des sections d'instruction

(17) Valéry Giscard d'Estaing avait déclaré à Antenne 2, le 16 septembre 1982 : *J'y garde ma place et je vous indique que s'il y avait une proposition quelle qu'elle soit qui touche aux institutions de la République, j'irai siéger au Conseil constitutionnel pour m'y opposer*. Peu de temps, avant, il était entré au bureau de l'U.D.F., sans compter des prises de position publiques, avant de redevenir député en 1984.

(18) En revanche, le juge ne s'est pas prononcé sur le point de savoir si l'exercice du mandat parlementaire *suspendait* ou *interrompait* la fonction de membre du C.C. Il s'est borné à constater qu'il *y faisait obstacle*. A propos de la situation de Valéry Giscard d'Estaing, élu au Parlement européen en 1989, le C.E. (20 octobre 1989, *Sitbon, chr.*, n° 53, p. 169) a confirmé cette décision.

(19) Cette situation explique le renfort que le C.C. reçoit dans l'exercice de sa compétence électorale (art. 58 et 59 C) et référendaire (art. 60), parallèlement à celle de juge des comptes de campagne (art. 3.III de la loi du 6 novembre 1962), sous forme de délégués sur place et de rapporteurs adjoints *(infra)*. Cependant, la création de la session ordinaire du Parlement (L.C. du 4 août 1995) a favorisé la gestion du temps au Conseil. V. O. SCHRAMECK : Le secrétariat général du Conseil constitutionnel, *R.F.D.A.*, 1994, p. 1210.

en matière électorale et les *interlocuteurs* du Conseil (pouvoirs publics ; présidents de section du Conseil d'État ; S.G.G. et C.C.F.P.).

COMPOSITION ACTUELLE DU CONSEIL CONSTITUTIONNEL

Dates de nomination	Autorités de nomination		
	Président de la République	Président du Sénat	Président de l'Assemblée nationale
	François Mitterrand Jacques Chirac	René Monory	Henri Emmanuelli Philippe Séguin Laurent Fabius
février 1992	Georges Abadie	Marcel Rudloff (décédé le 23 mars 1996) Alain Lancelot (nommé le 29 mars 1996)	Noëlle Lenoir
février 1995	Roland Dumas	Etienne Dailly (décédé le 24 décembre 1996) Yves Guéna (nommé le 3 janvier 1997) (*président par intérim*)	Michel Ameller
février 1998	Pierre Mazeaud	Simone Veil	Jean-Claude Colliard

1. *Les présidents :* Léon Noël (1959-1965) ; Gaston Palewski (1965-1974) ; Roger Frey (1974-1983) ; Daniel Mayer (1983-1986) ; Robert Badinter (1986-1995) ; Roland Dumas (mars 1995-24 mars 1999, moment où, il a décidé de suspendre l'exercice de ses fonctions ; Yves Guéna, depuis cette date, en qualité de président par intérim.

2. *Les membres :* Georges Abadie né en 1924, préfet honoraire, conseiller d'État honoraire en service extraordinaire ; Alain Lancelot, né en 1937, professeur des universités à l'Institut d'études politiques de Paris, ancien directeur de cet Institut, achève le mandat de Marcel Rudloff ; Noëlle Lenoir, née en 1948, première femme nommée au Conseil, maître des requêtes au Conseil d'État au tour extérieur ; Roland Dumas, né en 1922, avocat, ancien député des IVe et Ve Républiques, ancien ministre, en congé du Conseil depuis le 24 mars 1999 ; Yves Guéna, né en 1922, doyen d'âge, président par intérim, membre du groupe des experts constitutionnels en 1958, ancien vice-président du Sénat, ancien ministre et ancien maire de Périgueux, achève le mandat d'Etienne Dailly ; Michel Ameller, né en 1926, secrétaire général honoraire de l'Assemblée nationale, ancien professeur associé à l'Université de Paris II ; Pierre Mazeaud, né en 1929, conseiller d'État au tour extérieur, ancien ministre, ancien député ; Simone Veil, née en 1927, ancienne magistrate, ancienne présidente du Parlement européen, ancienne ministre d'État ; Jean-Claude Colliard, né en 1946, agrégé des Facultés de droit, professeur de science politique à l'Université de Paris-I.

3. *La répartition socio-professionnelle :*
4 anciens ministres-parlementaires ; (R. Dumas, Y. Guéna, P. Mazeaud et S. Veil) ;
2 professeurs des universités (A. Lancelot et J.-Cl. Colliard) ;
1 magistrat de l'ordre administratif (N. Lenoir) ; 1 ancien secrétaire général de l'Assemblée nationale (M. Ameller) ; 1 ancien membre du corps préfectoral (G. Abadie).

SECTION II LE RÉSUMÉ DES ATTRIBUTIONS DU CONSEIL CONSTITUTIONNEL

Le Conseil constitutionnel, conçu à l'origine comme l'auxiliaire du pouvoir exécutif, est devenu, après son émancipation de 1971, une juridiction au service du *Gouvernement de la constitution* et *l'élément régulateur du système politique*. A rebours du *pouvoir monstrueux,* dénoncé jadis par Thibaudeau, il s'agit bel et bien du pouvoir le plus précieux, celui de l'État de droit. Au reste, c'est sous le buste de Montesquieu, que ses membres délibèrent.

§ 1 LE GOUVERNEMENT DE LA CONSTITUTION

Le Conseil constitutionnel, à l'unisson des juridictions ordinaires (art. 55 C) est le garant de la constitution. *Elle est la même pour tous... le même corps de principes et de règles de valeur constitutionnelle s'impose à chacun qu'il soit législateur, gouvernant, juge ou simple citoyen* (20). Référence incontournable et non *pavillon de complaisance* (H. Portelli), en un mot. Le symbolisme est ainsi allié au normativisme. Autrement dit, l'ordre juridique supérieur auquel elle s'identifie, en matière d'équilibre entre les pouvoirs publics et de protection des droits fondamentaux de la personne ne relève plus de l'incantation, mais de l'autorité exercée par le juge constitutionnel. (V. *Ire partie*)

La barrière de l'État de droit dressée autour du pouvoir enferme les gouvernants dans la sphère constitutionnelle : *La loi n'exprime la volonté générale que dans le respect de la constitution* (23 août 1985, *Nouvelle-Calédonie, chr.* n° 35, p. 184). Dans cet ordre d'idées, le juge agira, tantôt en *organe régulateur des pouvoirs publics* (6 novembre 1962, *Élection du président de la République, Rec.* p. 27), tantôt en *protecteur des droits et libertés* des citoyens (16 juillet 1971, *Liberté d'association, ibid.* p. 29).

A. L'ORGANE RÉGULATEUR DE L'ACTIVITÉ DES POUVOIRS PUBLICS

L'examen ou, plus exactement le *récapitulatif* des chefs de compétence du Conseil en apportera la démonstration. Compte tenu de l'option prise délibérément tout au long de ce manuel d'intégrer le juge à la dynamique institutionnelle, il importe désormais de rassembler les pièces détachées du puzzle, pour mieux apprécier l'imprégnation du droit constitutionnel par la jurisprudence constitutionnelle.

A la manière d'un *rappel pour mémoire,* on sait que la constitution de 1958 a investi le Conseil d'une double compétence : *juridictionnelle* et *consultative.*

(20) R. Badinter et M. Long, avant-propos aux actes du colloque *Conseil constitutionnel-Conseil d'État,* 1988, p. 29 ; J.-M. Blanquer : Bloc de constitutionnalité ou ordre constitutionnel ?, *Mél. J. Robert,* 1998, p. 227. Le temps est révolu où Victor Hugo prétendait que *les constitutions étaient faites pour être violées, car elles ne crient pas !*

1° La compétence juridictionnelle

Le juge statue tantôt dans le cadre d'un contentieux *subjectif*, tantôt dans le cadre d'un contentieux *objectif*, selon qu'il s'agit de contrôler la régularité d'une consultation électorale et référendaire ou de vérifier la conformité de normes juridiques à la constitution. Pour la première fois depuis 1958, la L.C. du 20 juillet 1998, accroît ses compétences à l'égard des *lois du pays* votées par le Congrés de la Nouvelle-Calédonie (art. 77 C, rédaction de la L.C. du 20 juillet 1998).

a) *Le contentieux électoral et référendaire*

Il y a lieu d'indiquer que le Conseil veille à la régularité de l'élection du président de la République (art. 58 C) (V. *chapitre III*) et des parlementaires (art. 59) (V. *chapitre IV*), à l'exclusion de celles des représentants au Parlement européen dont le contentieux est confié au Conseil d'État (art. 25 de la loi du 7 juillet 1977). Pareillement, il est juge des inéligibilités et des incompatibilités parlementaires (art. L.O. 136 et L.O. 151 du code électoral (V. *chapitre IV*). Il veille à la régularité des opérations de référendum (art. 60 C) (p. 586). Les autorités de saisine s'étendent des autorités publiques aux électeurs et candidats. Le Conseil donne sa pleine signification à la souveraineté populaire, aliénée sous les régimes précédents.

b) *Le contrôle de constitutionnalité de la loi*

Le juge statue, en principe, par voie d'action ; exceptionnellement, par voie d'exception, en attendant que les justiciables puissent y prétendre (projet Badinter de 1990). Il est appelé à statuer, en dernier lieu, sur les *lois du pays*, lois locales propres à la Nouvelle-Calédonie (art. 77 C).

α) *Le contrôle de la loi par voie d'action*

La collation avec la constitution (ou le principe de constitutionnalité) s'opère sur la base *exclusive* de l'article 61, alinéa 2 C, à l'égard de la loi en instance de promulgation.

Il porte, en principe, sur son contenu et sur la procédure suivie (V. *chapitre IV*). Les directives communautaires sont soumises à ce type de contrôle à la faveur de la loi qui les transpose dans l'ordre national (*ibid.*).

β) *Le contrôle de la loi par voie d'exception*

Une loi non déférée, en temps utile, peut après son entrée en vigueur, être appréciée par le C.C., à l'occasion d'une loi subséquente qui la modifie, la complète ou affecte son domaine (25 janvier 1985, *État d'urgence en Nouvelle-Calédonie ;* 15 mars 1999, *Nouvelle-Calédonie) (supra).*

Une tentative d'extension aux *justiciables* mérite le détour d'une présentation.

A l'unisson du droit commun européen, le projet de révision, inspiré par Robert Badinter (président du Conseil) et encouragé par la doctrine, est destiné à couronner l'État de droit et à consacrer l'autorité du juge constitutionnel (21).

Ce projet a pour dessein de mettre un terme à *l'aliénation* des justiciables et à une contradiction, dès lors qu'au lendemain de l'élargissement de la saisine du Conseil réalisé en 1974, ils demeurent les seuls à en être tenus à l'écart, tandis qu'ils peuvent ester devant la C.E.D.H. et la C.J.C.E.

L'économie du projet peut s'énoncer ainsi : toute personne partie à un procès peut contester la constitutionnalité de toute loi qui méconnaîtrait, selon elle, ses droits fondamentaux et sur laquelle le Conseil constitutionnel n'aurait pas été appelé à statuer (21).

Autrement dit, l'exception d'inconstitutionnalité invoquée par le *justiciable* devant toute juridiction d'instruction ou de jugement (en dehors de la cour d'assises) qui, agissant à la manière d'un premier filtre, en examine le caractère sérieux, puis en soumet l'examen soit au Conseil d'État, s'il s'agit

(21) La dynamique créée par la réforme de 1974 a amené Robert Badinter à prendre l'initiative de cette réforme (entretien au *Monde*, 3 mars 1989). Le président Mitterrand devait y adhérer le jour symbolique du 14 juillet 1989. V. l'exception d'inconstitutionnalité, *R.F.D.C.* 1990, p. 581, *L'exception d'inconstitutionnalité* (Paris I), 1990 ; P. Avril et J. Gicquel : Fin d'une « anomalie », *Libération*, 11 avril 1990 ; L. Favoreu : L'intérêt des politiques contre l'intérêt des citoyens, *Le Monde*, 25 avril 1990 ; G. Vedel : Réforme de la constitution : ni gadget, ni révolution, *ibid.*, 6 avril 1990.

d'une juridiction administrative, soit à la Cour de cassation, s'il s'agit d'une juridiction judiciaire. Cette juridiction suprême, à son tour, en apprécie le bien-fondé, tel un second filtre et saisit, en définitive, le Conseil constitutionnel.

Après avoir mis les parties à même de présenter leurs observations, ce dernier statue dans le délai de trois mois. La décision ne vaut que pour l'avenir : la disposition incriminée cesse sur le champ de produire des effets de droit. Il y a lieu de préciser que l'exception peut également être soulevée pour la première fois, devant le Conseil d'État, la Cour de cassation ou le Tribunal des conflits. Indépendamment de la compétition à laquelle les juridictions nationales se livrent (l'arrêt *Nicolo* en témoigne), ce projet se soucie de renforcer leur coopérations face aux juges européens. Il vaut mieux, en effet, *laver son linge sale en famille* (G. Vedel).

Le projet de révision a échoué, en 1990 et 1993 devant le Sénat. Mais la logique dont il se nourrit, le rend à terme, inéluctable. Car, on ne peut traiter indéfiniment les justiciables français ni, en *éternels mineurs* (R. Badinter) ni, en citoyens européens de seconde catégorie.

c) *Le contrôle de la loi du pays propre à la Nouvelle-Calédonie*

En application de l'accord de Nouméa, signé le 5 mai 1998, la République a transféré définitivement des compétences à la Nouvelle-Calédonie. Des lois dites *du pays* votées par l'organe délibérant *(le Congrès)* portant sur ces matières, peuvent être soumises avant leur publication au Conseil constitutionnel (art. 77 C et art. 103 à 105 de la L.O. du 19 mars 1999). Après avoir recueilli l'avis du Conseil d'État, s'il s'agit d'un projet (art. 100 de la L.O. précitée), la loi du pays, au terme d'une nouvelle délibération, demandée par le haut-commissaire ou des autorités locales (art. 103), est susceptible d'être déférée au Conseil constitutionnel (art. 104). A la manière d'une *cour fédérale,* celui-ci veille à la répartition des compétences entre la République et la Nouvelle-Calédonie (État fédéré *sui generis*). La saisine qui intervient dans le délai de 10 jours, appartient au haut-commissaire, au gouvernement local, au président du Congrès, à 18 de ses membres ou au président d'une assemblée de province. Elle doit être motivée et comporter à ce titre *un exposé des moyens de droit et de fait qui la fondent* (art. 104). Le Conseil constitutionnel statue dans le délai de trois mois, en se prononçant sur la séparabilité de la disposition censurée (art. 105). Cette procédure sera étendue à la Polynésie française.

d) *Le déclassement de la loi*

A la requête du premier ministre (art. 37, al. 2 C), laquelle n'est enfermée dans aucun délai, le C.C. procède au déclassement de dispositions réglementaires égarées dans la loi (V. *chapitre IV*).

e) *Le contrôle du règlement des assemblées parlementaires*

Bien que dépourvu de valeur constitutionnelle, le règlement doit respecter la constitution. La saisine qui appartient au président de la chambre est obligatoire (art. 61, al. 1er C) (V. *chapitre IV*).

f) *Le contrôle de contrariété du traité*

Par analogie au contentieux de la loi (saisine et délai d'examen) le C.C. examine la compatibilité entre un traité et la constitution (art. 54 C) (9 avril 1992 et 31 décembre 1997, *Traités sur l'Union européenne*). Dans la négative, la ratification implique la révision préalable de la constitution ; à défaut, elle ne peut avoir lieu (15 juin 1999, *Charte européenne sur les langues régionales et minoritaires*). Le contrôle de *conventionnalité* de la loi ressortit à l'opposé à la compétence des juridictions ordinaires (15 janvier 1975, *I.V.G.*) (V. *chapitres I et IV*).

2° La compétence consultative

Ainsi qu'on l'a vérifié, à propos de l'interprétation de la constitution (V. *chapitre I*), le Conseil constitutionnel est appelé, dans des conditions limitativement énumérées, à émettre des *avis* s'agissant des pouvoirs de crise (art. 16 C) et en matière électorale (art. 58) et référendaire (art. 60), indépendamment des *observations* qu'il présente, à l'issue de l'examen du contentieux. (art. 47 de l'ord. du 7 novembre 1958).

a) *Le pouvoir consultatif dans le cadre des pouvoirs de crise*

Le Conseil est officiellement consulté par le chef de l'État, au moment de la mise en œuvre de l'article 16, et sur toute les mesures prises ultérieurement (art. 53 et 54 de l'ordonnance du 7 novembre 1958) (V. *chapitre III*).

b) *Le pouvoir consultatif en matière électorale et référendaire*

Le C.C. est consulté par le Gouvernement sur l'organisation de l'élection présidentielle (art. 3.III de la loi du 6 novembre 1962) et du référendum national (art. 11 et 89 C) (C.E., 30 octobre 1998, *Sarran*), selon l'article 46 de l'ordonnance précitée. Dans cette dernière éventualité, l'apparence est trompeuse : la consultation confine à l'avis conforme (V. *chapitre III*).

De cet inventaire des chefs de compétence du Conseil constitutionnel, il résulte que le respect de la constitution est pleinement assuré. Plus précisément la séparation des pouvoirs est sauvegardée, autant que l'équilibre aménagé par le pouvoir constituant. Sous cet aspect, le juge rappelle à chaque organe l'étendue de ses compétences en s'opposant à ce qu'il s'en dessaisisse.

La jurisprudence relative à l'*incompétence négative* du Parlement (26 janvier 1967, *Conseillers référendaires*) ou au transfert de la compétence gouvernementale (3 août 1993, *Banque de France*) le rappelle (22).

B. LE PROTECTEUR DES DROITS ET LIBERTÉS

Ce domaine d'intervention du Conseil est le plus spectaculaire, au point de donner toute sa signification à la thèse de Maurice Hauriou des *deux constitutions politique et sociale*, celles des gouvernants et des gouvernés. On connaît l'œuvre admirable à laquelle le juge a désormais lié son autorité et sa crédibilité en procédant, à partir de 1971, à la constitutionnalisation du préambule de 1958, y compris les principes du droit international (22 janvier 1999, *Cour pénale internationale*) ; en veillant au principe républicain par excellence de l'égalité devant la loi (27 décembre 1973, *Taxation d'office*) ; en reconnaissant le principe de la dignité de la personne humaine (27 juillet 1994, *Bioéthique*) et en censurant toute régression en matière de libertés (10-11 octobre 1984, *Entreprises de presse*), selon le fameux *effet cliquet*. Le recours à des méthodes spécifiques, telle celle de l'interprétation neutralisante, voire la prosopopée, est révélatrice de la sollicitude, et pour tout dire de la pleine réussite du Conseil. Les remous provoqués par la mise en cause médiatico-judiciaire de Roland Dumas ont eu le mérite de révéler sa place essentielle au sein de la République. Par sa détermination, l'État, créateur du droit est devenu son serviteur ; par sa magistrature, dans le domaine emblématique des libertés, la société vit désormais la passion du droit. *Conscience juridique* de l'État de droit (J. Chirac), il incarne la montée en puissance des juges (23) (V. *Ire partie*).

(22) Les avis émis et les observations adressés au pouvoir exécutif à l'issue des consultations nationales bénéficient désormais d'une publicité V. C.C.C. n° 1, 1996, p. 18.

(23) V. *Le Conseil constitutionnel a 40 ans*, 1999 ; J. ROBERT : *Le juge constitutionnel, juge des libertés*, 1999 ; H. HAENEL et A.-M. FRISON-ROCHE : *Le juge et le politique*, 1998.

§ 2 LE RÉGULATEUR DU SYSTÈME POLITIQUE

Régulateur ? Est-ce le fait d'un *contre-pouvoir* ou d'un *pouvoir ?* La condition du Conseil est au cœur de cette interrogation.

A. UN CONTRE-POUVOIR

Le Conseil occupe une place originale accordée au changement qui s'est réalisé dans le mode de gestion des problèmes au sein des démocraties modernes. A la régulation politique de l'exercice du pouvoir s'est substituée, pour une part importante, dans une vision *libérale*, la régulation *juridictionnelle. La greffe a réussi* (Rapport Krieg, AN nº 1130, 1974). Dans cette perspective, la séparation des pouvoirs reçoit une nouvelle interprétation à travers le pouvoir majoritaire et le pouvoir juridictionnel. A ce compte, le Conseil s'analyse en *un frein à la démocratie majoritaire* (P. Avril) lorsqu'elle *se montre sûre d'elle-même et dominatrice* (R. Badinter). A la faveur d'un contrôle *constructif,* son rôle consiste à encadrer l'alternance et à en régulariser le cours sans s'opposer à la volonté exprimée par le souverain ; en un mot à *pacifier* le débat politique. D'où des *décisions symétriques*, en matière de droit de propriété (16 janvier 1982, *Nationalisation* ; 25-26 juin 1986, *Privatisation*) et de liberté de l'enseignement (18 janvier 1985, *Loi Joxe-Chevénement ;* 13 janvier 1994, *Révision de la loi Falloux*) ou de procédure (23 janvier 1987, *Amendement Séguin* ; 12 janvier 1989, *Amendements Le Guen et Mexandeau*). Il s'ensuit la récusation de la fameuse déclaration d'André Laignel, en 1981 *(Vous avez tort juridiquement parce que vous êtes politiquement minoritaire !)* et par voie de corollaire, l'approfondissement du consensus. Une démocratie contrôlée est un gage de modération politique.

B. VERS UN POUVOIR ?

L'autorité absolue de chose jugée qui s'attache aux décisions du Conseil, au point de faire plier la Cour de cassation (25 avril 1985 *Vukovic*) (24) et le Conseil d'État (20 décembre 1985 *S.A. Établissements Outters*), se convertit-elle en pouvoir politique ? Le spectre du gouvernement des juges hante toujours les esprits : le Conseil y tend-il ? En se limitant à un contrôle de constitutionnalité de la loi (15 janvier 1975 *I.V.G.*), c'est-à-dire en réservant aux représentants du peuple le pouvoir de décider de l'intérêt général, le Conseil assume, selon Robert Badinter, une *fonction de régulation*, lorsque le législateur se trompe et une *fonction de censure* si une majorité abuse de son autorité. Il n'en demeure pas moins, ainsi qu'on l'a relevé, que le Conseil, à l'aide de méthodes appropriées, progresse sur le terrain de l'opportunité. Un pas décisif a même été franchi, cette fois, à l'égard du pouvoir constituant, *pouvoir souverain*, par définition (2 septembre 1992, *Traité sur l'Union européenne*) à propos de la portée de l'article 88-4 C, en matière de

(24) V. N. Molfessis : *Le Conseil constitutionnel et le droit privé,* thèse Paris-II 1997 ; *La Cour de cassation et la constitution de la République,* 1995 ; E. Spitz : La Cour de cassation et la jurisprudence du Conseil constitutionnel, *P.A.* 6 octobre 1995..

résolutions communautaires (17 décembre 1992, *R.A.N.*). Le juge a donné le sentiment, pour le moins, qu'il en était affranchi (25).

Cependant, ce serait oublier le subtil balancement auquel il s'adonne, en définitive. Le Conseil a su déjouer le piège du gouvernement des juges qui lui eut été fatal, nonobstant la sorte de vénération qui l'entoure et l'appel au renforcement de son pouvoir, à travers le thème de la supra-constitutionnalité. Contre le gouvernement des juges, toute l'action du Conseil est tendue vers ce but. Mais, il ne dédaigne pas être tout contre lui, en tant que de besoin. Pour le gendarme de l'État de droit, il n'est pas douteux que la plus belle satisfaction réside dans la dissuasion ou l'intériorisation de sa jurisprudence par le pouvoir majoritaire.

En dernière analyse, le juge est voué à l'humilité en ce qu'il ne saurait confondre la souveraineté de la constitution avec la sienne. *Aucun organe de l'État ne doit se considérer comme souverain,* rappelait Michel Debré en 1958 (*T.P.* I p. 382). Dans le même temps où il subit la concurrence des juridictions nationale et européenne, en matière de conventionnalité des lois, son autolimitation, l'absence d'autosaisine et sa compétence d'attribution, témoignent de son infériorité politique. Il ne dispose, à cet effet, que d'une légitimité *fonctionnelle.* Il n'existe, en clair, dans une démocratie, qu'une *seule* souveraineté et une *seule* légitimité, celle du peuple souverain. Dès lors, la perspective d'un *sur-pourvoir* (R. de Lacharrière) est inconcevable, au même titre que l'existence de *légitimités plurielles* (P. Pescatore). En d'autres termes, la conciliation entre la démocratie et l'État de droit implique certes une mutuelle considération, mais nullement leur assimilation, au plan des principes. En dépit de ses audaces, le Conseil est parvenu à trouver le point d'équilibre. Ce que le doyen Vedel résume dans un raccourci : *Si les juges ne gouvernent pas, c'est parce qu'à tout moment le souverain, à la condition de paraître en majesté comme constituant peut, dans une sorte de lit de justice, briser leurs arrêts* (26). Les querelles nées à propos du droit d'asile et de la parité des femmes et des hommes en matière élective ont trouvé leur solution par l'appel au pouvoir constituant (L.C. des 25 novembre 1993 et 8 juillet 1999). Mais faut-il, pour autant menacer le Conseil de ses foudres, chaque fois qu'il remplit son devoir de protecteur de la constitution, comme on l'observe depuis peu, au risque d'étioler, à terme, le contrôle de constitutionnalité ? De même qu'il n'existe pas, en France, de gouvernement des juges, le peuple demeurant le seul titulaire de la souveraineté ; de même, la perspective d'un Conseil rabaissé au rôle de caution d'une politique ne saurait être soluble dans l'État de droit (27).

*
**

Au moment de prendre congé, une image symbolique vient à l'esprit : le jour des délibérations, la garde républicaine présente les armes aux juges constitutionnels et l'État rend les honneurs à la force du droit.

(25) En temps ordinaire, le C.C. collabore avec le pouvoir constituant, en exerçant une compétence *supplétive* en cas de lacune (30 décembre 1979, *Loi de finances pour 1980, C.C.F.*, p. 289 ; 27 janvier 1994, *Conseil supérieur de la magistrature, chr.*, n° 70, p. 189).

(26) G. VEDEL : Schengen et Maastricht, *R.F.D.A.* 1992 p. 179.

(27) V. P. AVRIL et J. GICQUEL : La constitution est-elle devenue « ringarde » ? Le *Monde,* 1er juillet 1999.

Bibliographie

Ph. ARDANT : *Décisions du Conseil constitutionnel*, 1990 ; P. AVRIL et J. GICQUEL : *Le Conseil constitutionnel*, 4ᵉ éd., 1998 et *Le Conseil constitutionnel* (film) 1991 ; R. BADINTER, Le pouvoir et le contre-pouvoir, *Le Monde*, 23 novembre 1993, avec M. LONG (avant-propos), *C.C. et C.E.*, colloque Paris II, 1988 ; p. 174 ; J.-P. CAMBY : *Le Conseil constitutionnel, juge électoral*, 1996 ; C.C. : *Trente ans de jurisprudence*, 1959-1988, 1989 et *Tables quinquennales*, 1989-1993, 1994, Normes de valeur constitutionnelle et degré de protection des droits fondamentaux, *R.F.D.A.* 1990, p. 317 ; G. DRAGO, *L'exécution des décisions du Conseil constitutionnel*, thèse Paris II, 1989, *Contentieux constitutionnel français*, 1998, avec B. FRANÇOIS et N. MOLFESSIS (sous direction), *La légitimité de la jurisprudence du Conseil constitutionnel*, 1999 ; G. DUPUIS, J. GEORGEL et J. MOREAU : *Le Conseil constitutionnel*, 1970 ; L. FAVOREU : *Les cours constitutionnelles*, 1986, *La politique saisie par le droit*, 1988, *Le droit constitutionnel jurisprudentiel*, *R.D.P.* 1989, p. 426, Légalité et constitutionnalité, *C.C.C.*, nº 3, 1997, p. 75, avec L. PHILIP : *Le Conseil constitutionnel*, 3ᵉ éd., 1985 et les *Grandes décisions*, 9ᵉ éd., 1998 ; Jean FOYER : Pour la suppression du Conseil constitutionnel. *R.A.* 1998, p. 97 ; M. FROMONT : *La justice constitutionnelle dans le monde*, 1996 ; B. GENEVOIS : *La jurisprudence du Conseil constitutionnel*, 1988 ; F. GOGUEL : *La jurisprudence du Conseil constitutionnel*, I.E.P. Paris, 1983-1984 ; Chr. GUETTIER : *Le Conseil constitutionnel et le droit parlementaire sous la Vᵉ République*, thèse Paris I, 1986 ; L. HAMON : *Les juges de loi*, 1987 ; P. JAN : *La saisine du Conseil constitutionnel*, 1999 ; F. LUCHAIRE : *Le Conseil constitutionnel*, 2ᵉ éd., 1998-1999 ; J. MEUNIER : *Le pouvoir du Conseil constitutionnel. Essai d'analyse stratégique*, 1994 ; Th. RENOUX : *Le Conseil constitutionnel et l'autorité judiciaire*, 1984 ; J. RIVERO : *Le Conseil constitutionnel et les libertés*, 1984 ; J. ROBERT : *Le juge constitutionnel, juge des libertés*, 1999 ; D. ROUSSEAU : *Droit du contentieux constitutionnel*, 4ᵉ éd., 1995 ; H. ROUSSILLON : *Le Conseil constitutionnel*, 3ᵉ éd., 1996 ; O. SCHRAMECK : Le secrétariat général du Conseil constitutionnel, *R.F.D.A.*, 1994, p. 1210 et Les aspects procéduraux des saisines *in Vingt ans de saisine parlementaire* du C.C., 1995, p. 81 ; D. TURPIN : *Contentieux constitutionnel*, 2ᵉ éd., 1994, *Le Conseil constitutionnel*, 1995 et *Mémento de la jurisprudence du C.C.*, 1997 ; G. VEDEL : Excès de pouvoir administratif et excès de pouvoir législatif, *C.C.C.* nᵒˢ 1 et 2, 1996 et 1997 p. 57 et 77 ; M. VERPEAUX : Conseil constitutionnel, *Juris-Classeurs* fasc. 1410, 1998.

On consultera : *Les Cahiers du Conseil constitutionnel* (la revue du C.C.) depuis 1996 ; *Le Conseil constitutionnel*, Pouvoirs, nº 13 ; *Vingt ans de saisine parlementaire du* C.C., A.F.D.C., 1995 ; Le Conseil constitutionnel, *Administration* nº 117, oct. 1997 *l'A.I.J.C.*, et les chroniques de jurisprudence (*R.F.D.C., J.C.P., Pouvoirs*, entre autres).

Pour vivre avec son temps
http // ww. conseil constitutionnel. fr.

ANNEXES

I. LA CONSTITUTION DU 4 OCTOBRE 1958 (1)

Préambule.

Le peuple français proclame solennellement son attachement aux Droits de l'homme et aux principes de la souveraineté nationale tels qu'ils ont été définis par la Déclaration de 1789, confirmée et complétée par le préambule de la constitution de 1946.

En vertu de ces principes et de celui de la libre détermination des peuples, la République offre aux territoires d'outre-mer qui manifestent la volonté d'y adhérer des institutions nouvelles fondées sur l'idéal commun de liberté, d'égalité et de fraternité et conçues en vue de leur évolution démocratique.

Art. 1er. La France est une République indivisible, laïque, démocratique et sociale. Elle assure l'égalité devant la loi de tous les citoyens sans distinction d'origine, de race ou de religion. Elle respecte toutes les croyances (2).

Titre Ier. — De la souveraineté.

Art. 2. La langue de la République est le français.

L'emblème national est le drapeau tricolore, bleu, blanc, rouge.

L'hymne national est la *Marseillaise*.

La devise de la République est *Liberté, Égalité, Fraternité*.

Son principe est : gouvernement du peuple, par le peuple et pour le peuple (3).

Art. 3. La souveraineté nationale appartient au peuple qui l'exerce par ses représentants et par la voie du référendum.

Aucune section du peuple ni aucun individu ne peut s'en attribuer l'exercice.

Le suffrage peut être direct ou indirect dans les conditions prévues par la constitution. Il est toujours universel, égal et secret.

Sont électeurs, dans les conditions déterminées par la loi, tous les nationaux français majeurs des deux sexes, jouissant de leurs droits civils et politiques.

La loi favorise l'égal accès des femmes et des hommes aux mandats électoraux et fonctions électives (4).

Art. 4. Les partis et groupements politiques concourent à l'expression du suffrage. Ils se forment et exercent leur activité librement. Ils doivent respecter les principes de la souveraineté nationale et de la démocratie.

(1) V. P. Avril et G. Conac : *La constitution de la République française. Textes et révisions, 1996.*
(2) Rédaction de la L.C. du 4 août 1995.
(3) Rédaction des L.C. des 25 juin 1992 et 4 août 1995.
(4) Rédaction de la L.C. du 8 juillet 1999.

Ils contribuent à la mise en œuvre du principe énoncé au dernier alinéa de l'article 3 dans les conditions déterminées par la loi (4).

Titre II. — **Le président de la République.**

Art. 5. Le président de la République veille au respect de la constitution. Il assure, par son arbitrage, le fonctionnement régulier des pouvoirs publics ainsi que la continuité de l'État.

Il est le garant de l'indépendance nationale, de l'intégrité du territoire et du respect des traités (5).

Art. 6. Le président de la République est élu pour sept ans au suffrage universel direct.

Les modalités d'application du présent article sont fixées par une loi organique (6).

Art. 7. Le président de la République est élu à la majorité absolue des suffrages exprimés. Si celle-ci n'est pas obtenue au premier tour, il est procédé, le deuxième dimanche suivant, à un second tour. Seuls peuvent s'y présenter les deux candidats qui, le cas échéant après retrait des candidats plus favorisés, se trouvent avoir recueilli le plus grand nombre de suffrages au premier tour.

Le scrutin est ouvert sur convocation du Gouvernement.

L'élection du nouveau président a lieu vingt jours au moins et trente-cinq jours au plus avant l'expiration des pouvoirs du président en exercice.

En cas de vacance de la présidence de la République pour quelque cause que ce soit, ou d'empêchement constaté par le Conseil constitutionnel saisi par le Gouvernement et statuant à la majorité absolue de ses membres, les fonctions du président de la République, à l'exception de celles prévues aux articles 11 et 12 ci-dessous, sont provisoirement exercées par le président du Sénat et, si celui-ci est à son tour empêché d'exercer ses fonctions, par le Gouvernement.

En cas de vacance ou lorsque l'empêchement est déclaré définitif par le Conseil constitutionnel, le scrutin pour l'élection du nouveau président a lieu, sauf cas de force majeure constaté par le Conseil constitutionnel, vingt jours au moins et trente-cinq jours au plus après l'ouverture de la vacance ou la déclaration du caractère définitif de l'empêchement.

Si, dans les sept jours précédant la date limite du dépôt des présentations de candidatures, une des personnes ayant, moins de trente jours avant cette date, annoncé publiquement sa décision d'être candidate décède ou se trouve empêchée, le Conseil constitutionnel peut décider de reporter l'élection.

Si, avant le premier tour, un des candidats décède ou se trouve empêché, le Conseil constitutionnel prononce le report de l'élection.

En cas de décès ou d'empêchement de l'un des deux candidats les plus favorisés au premier tour avant les retraits éventuels, le Conseil constitutionnel déclare qu'il doit être procédé de nouveau à l'ensemble des opérations électorales ; il en est de même en cas de décès ou d'empêchement de l'un des deux candidats restés en présence en vue du second tour.

Dans tous les cas, le Conseil constitutionnel est saisi dans les conditions fixées au deuxième alinéa de l'article 61 ci-dessous ou dans celles déterminées pour la présentation d'un candidat par la loi organique prévue à l'article 61 ci-dessus.

Le Conseil constitutionnel peut proroger les délais prévus aux troisième et cinquième alinéas sans que le scrutin puisse avoir lieu plus de trente-cinq jours après la date de la décision du Conseil constitutionnel. Si l'application des dispositions du présent alinéa a eu pour effet de reporter l'élection à une date postérieure à l'expiration des pouvoirs du président en exercice, celui-ci demeure en fonction jusqu'à la proclamation de son successeur.

Il ne peut être fait application ni des articles 49 et 50 ni de l'article 89 de la constitution durant la vacance de la présidence de la République ou durant la période qui s'écoule entre la déclaration du caractère définitif de l'empêchement du président de la République et l'élection de son successeur (7).

Art. 8. Le président de la République nomme le premier ministre. Il met fin à ses fonctions sur la présentation par celui-ci de la démission du Gouvernement.

(5) Rédaction de la L.C. du 4 août 1995.
(6) Rédaction de la loi référendaire du 6 novembre 1962.
(7) Rédaction de la loi référendaire du 6 novembre 1962 et de la L.C. du 18 juin 1976.

Sur la proposition du premier ministre, il nomme les autres membres du Gouvernement et met fin à leurs fonctions.

Art. 9. Le président de la République préside le conseil des ministres.

Art. 10. Le président de la République promulgue les lois dans les quinze jours qui suivent la transmission au Gouvernement de la loi définitivement adoptée.

Il peut, avant l'expiration de ce délai, demander au Parlement une nouvelle délibération de la loi ou de certains de ses articles. Cette nouvelle délibération ne peut être refusée.

Art. 11. Le président de la République, sur proposition du Gouvernement pendant la durée des sessions ou sur proposition conjointe des deux assemblées, publiées au *Journal officiel*, peut soumettre au référendum tout projet de loi portant sur l'organisation des pouvoirs publics, sur des réformes relatives à la politique économique ou sociale de la nation et aux services publics qui y concourent, ou tendant à autoriser la ratification d'un traité qui, sans être contraire à la Constitution, aurait des incidences sur le fonctionnement des institutions.

Lorsque le référendum est organisé sur proposition du Gouvernement, celui-ci fait, devant chaque assemblée, une déclaration qui est suivie d'un débat.

Lorsque le référendum a conclu à l'adoption du projet de loi, le président de la République promulgue la loi dans les quinze jours qui suivent la proclamation des résultats de la consultation (7).

Art. 12. Le président de la République peut, après consultation du premier ministre et des présidents des assemblées, prononcer la dissolution de l'Assemblée nationale.

Les élections générales ont lieu vingt jours au moins et quarante jours au plus après la dissolution.

L'Assemblée nationale se réunit de plein droit le deuxième jeudi qui suit son élection. Si cette réunion a lieu en dehors de la période prévue pour la session ordinaire, une session est ouverte de droit pour une durée de quinze jours.

Il ne peut être procédé à une nouvelle dissolution dans l'année qui suit ces élections (8).

Art. 13. Le président de la République signe les ordonnances et les décrets délibérés en conseil des ministres.

Il nomme aux emplois civils et militaires de l'État.

Les conseillers d'État, le grand chancelier de la Légion d'honneur, les ambassadeurs et envoyés extraordinaires, les conseillers maîtres à la Cour des comptes, les préfets, les représentants du Gouvernement dans les territoires d'outre-mer, les officiers généraux, les recteurs des académies, les directeurs des administrations centrales sont nommés en conseil des ministres.

Une loi organique détermine les autres emplois auxquels il est pourvu en conseil des ministres ainsi que les conditions dans lesquelles le pouvoir de nomination du président de la République peut être par lui délégué pour être exercé en son nom.

Art. 14. Le président de la République accrédite les ambassadeurs et les envoyés extraordinaires auprès des puissances étrangères ; les ambassadeurs et les envoyés extraordinaires étrangers sont accrédités auprès de lui.

Art. 15. Le président de la République est le chef des armées. Il préside les conseils et comités supérieurs de la défense nationale.

Art. 16. Lorsque les institutions de la République, l'indépendance de la nation, l'intégrité de son territoire ou l'exécution de ses engagements internationaux sont menacés d'une manière grave et immédiate et que le fonctionnement régulier des pouvoirs publics constitutionnels est interrompu, le président de la République prend les mesures exigées par ces circonstances, après consultation officielle du premier ministre, des présidents des assemblées ainsi que du Conseil constitutionnel.

Il en informe la nation par un message.

Ces mesures doivent être inspirées par la volonté d'assurer aux pouvoirs publics constitutionnels, dans les moindres délais, les moyens d'accomplir leur mission. Le Conseil constitutionnel est consulté à leur sujet.

Le Parlement se réunit de plein droit.

L'Assemblée nationale ne peut être dissoute pendant l'exercice des pouvoirs exceptionnels.

(8) Rédaction de la L.C. du 4 août 1995.

Art. 17. Le président de la République a le droit de faire grâce.

Art. 18. Le président de la République communique avec les deux assemblées du Parlement par des messages qu'il fait lire et qui ne donnent lieu à aucun débat.

Hors session, le Parlement est réuni spécialement à cet effet.

Art. 19. Les actes du président de la République, autres que ceux prévus aux articles 8 (1er alinéa), 11, 12, 16, 18, 54, 56 et 61 sont contresignés par le premier ministre et, le cas échéant, par les ministres responsables.

Titre III. — **Le Gouvernement.**

Art. 20. Le Gouvernement détermine et conduit la politique de la nation.

Il dispose de l'administration et de la force armée.

Il est responsable devant le Parlement dans les conditions et suivant les procédures prévues aux articles 49 et 50.

Art. 21. Le premier ministre dirige l'action du Gouvernement. Il est responsable de la défense nationale. Il assure l'exécution des lois. Sous réserve des dispositions de l'article 13, il exerce le pouvoir réglementaire et nomme aux emplois civils et militaires.

Il peut déléguer certains de ses pouvoirs aux ministres.

Il supplée, le cas échéant, le président de la République, dans la présidence des conseils et comités prévus à l'article 15.

Il peut, à titre exceptionnel, le suppléer pour la présidence d'un conseil des ministres en vertu d'une délégation expresse et pour un ordre du jour déterminé.

Art. 22. Les actes du premier ministre sont contresignés, le cas échéant, par les ministres chargés de leur exécution.

Art. 23. Les fonctions de membre du Gouvernement sont incompatibles avec l'exercice de tout mandat parlementaire, de toute fonction de représentation professionnelle à caractère national et de tout emploi public ou de toute activité professionnelle.

Une loi organique fixe les conditions dans lesquelles il est pourvu au remplacement des titulaires de tels mandats, fonctions ou emplois.

Le remplacement des membres du Parlement a lieu conformément aux dispositions de l'article 25.

Titre IV. — **Le Parlement.**

Art. 24. Le Parlement comprend l'Assemblée nationale et le Sénat.

Les députés à l'Assemblée nationale sont élus au suffrage direct.

Le Sénat est élu au suffrage indirect. Il assure la représentation des collectivités territoriales de la République. Les Français établis hors de France sont représentés au Sénat.

Art. 25. Une loi organique fixe la durée des pouvoirs de chaque assemblée, le nombre de ses membres, leur indemnité, les conditions d'éligibilité, le régime des inéligibilités et des incompatibilités.

Elle fixe également les conditions dans lesquelles sont élues les personnes appelées à assurer, en cas de vacance du siège, le remplacement des députés ou des sénateurs jusqu'au renouvellement général ou partiel de l'assemblée à laquelle ils appartenaient.

Art. 26. Aucun membre du Parlement ne peut être poursuivi, recherché, arrêté, détenu ou jugé à l'occasion des opinions ou votes émis par lui dans l'exercice de ses fonctions.

Aucun membre du Parlement ne peut faire l'objet, en matière criminelle ou correctionnelle, d'une arrestation ou de toute autre mesure privative ou restrictive de liberté qu'avec l'autorisation du bureau de l'assemblée dont il fait partie. Cette autorisation n'est pas requise en cas de crime ou délit flagrant ou de condamnation définitive.

La détention, les mesures privatives ou restrictives de liberté ou la poursuite d'un membre du Parlement sont suspendues pour la durée de la session si l'assemblée dont il fait partie le requiert.

L'assemblée intéressée est réunie de plein droit pour des séances supplémentaires pour permettre, le cas échéant, l'application de l'alinéa ci-dessus (9).

Art. 27. Tout mandat impératif est nul.

Le droit de vote des membres du Parlement est personnel.

La loi organique peut autoriser exceptionnellement la délégation de vote. Dans ce cas, nul ne peut recevoir délégation de plus d'un mandat.

Art. 28. Le Parlement se réunit de plein droit en une session ordinaire qui commence le premier jour ouvrable d'octobre et prend fin le dernier jour ouvrable de juin.

Le nombre de jours de séance que chaque assemblée peut tenir au cours de la session ordinaire ne peut excéder cent vingt. Les semaines de séance sont fixées par chaque assemblée.

Le premier ministre, après consultation du président de l'assemblée concernée, ou la majorité des membres de chaque assemblée peut décider la tenue de jours supplémentaires de séance.

Les jours et les horaires des séances sont déterminés par le règlement de chaque assemblée (8).

Art. 29. Le Parlement est réuni en session extraordinaire à la demande du premier ministre ou de la majorité des membres composant l'Assemblée nationale, sur un ordre du jour déterminé.

Lorsque la session extraordinaire est tenue à la demande des membres de l'Assemblée nationale, le décret de clôture intervient dès que le Parlement a épuisé l'ordre du jour pour lequel il a été convoqué et au plus tard douze jours à compter de sa réunion.

Le premier ministre peut seul demander une nouvelle session avant l'expiration du mois qui suit le décret de clôture.

Art. 30. Hors les cas dans lesquels le Parlement se réunit de plein droit, les sessions extraordinaires sont ouvertes et closes par décret du président de la République.

Art. 31. Les membres du Gouvernement ont accès aux deux assemblées. Ils sont entendus quand ils le demandent.

Ils peuvent se faire assister par des commissaires du Gouvernement.

Art. 32. Le président de l'Assemblée nationale est élu pour la durée de la législature. Le président du Sénat est élu après chaque renouvellement partiel.

Art. 33. Les séances des deux Assemblées sont publiques. Le compte rendu intégral des débats est publié au *Journal officiel*.

Chaque assemblée peut siéger en comité secret à la demande du premier ministre ou d'un dixième de ses membres.

Titre V. — **Des rapports entre le Parlement et le Gouvernement.**

Art. 34. La loi est votée par le Parlement.

La loi fixe les règles concernant :

— les droits civiques et les garanties fondamentales accordées aux citoyens pour l'exercice des libertés publiques ; les sujétions imposées par la défense nationale aux citoyens en leur personne et en leurs biens ;

— la nationalité, l'état et la capacité des personnes, les régimes matrimoniaux, les successions et libéralités ;

— la détermination des crimes et délits ainsi que les peines qui leur sont applicables ; la procédure pénale ; l'amnistie, la création de nouveaux ordres de juridiction et le statut des magistrats ;

— l'assiette, le taux et les modalités de recouvrement des impositions de toutes natures ; le régime d'émission de la monnaie.

La loi fixe également les règles concernant :

— le régime électoral des assemblées parlementaires et des assemblées locales ;

— la création de catégories d'établissements publics ;

— les garanties fondamentales accordées aux fonctionnaires civils et militaires de l'État ;

(9) Rédaction de la L.C. du 4 août 1995.

— les nationalisations d'entreprises et les transferts de propriété d'entreprises du secteur public au secteur privé.

La loi détermine les principes fondamentaux :
— de l'organisation générale de la défense nationale ;
— de la libre administration des collectivités locales, de leurs compétences et de leurs ressources ;
— de l'enseignement ;
— du régime de la propriété, des droits réels et des obligations civiles et commerciales ;
— du droit du travail, du droit syndical et de la sécurité sociale.

Les lois de finances déterminent les ressources et les charges de l'État dans les conditions et sous les réserves prévues par une loi organique.

Les lois de financement de la sécurité sociale déterminent les conditions générales de son équilibre financier et, compte tenu de leurs prévisions de recettes, fixent ses objectifs de dépenses, dans les conditions et sous les réserves prévues par une loi organique.

Des lois de programme déterminent les objectifs de l'action économique et sociale de l'État.

Les dispositions du présent article pourront être précisées et compétées par une loi organique (10).

Art. 35. La déclaration de guerre est autorisée par le Parlement.

Art. 36. L'état de siège est décrété en conseil des ministres.

Sa prorogation au-delà de douze jours ne peut être autorisée que par le Parlement.

Art. 37. Les matières autres que celles qui sont du domaine de la loi ont un caractère réglementaire.

Les textes de forme législative intervenus en ces matières peuvent être modifiés par décrets pris après avis du Conseil d'État. Ceux de ces textes qui interviendraient après l'entrée en vigueur de la présente constitution ne pourront être modifiés par décret que si le Conseil constitutionnel a déclaré qu'ils ont un caractère réglementaire en vertu de l'alinéa précédent.

Art. 38. Le Gouvernement peut, pour l'exécution de son programme, demander au Parlement l'autorisation de prendre par ordonnances, pendant un délai limité, des mesures qui sont normalement du domaine de la loi.

Les ordonnances sont prises en conseil des ministres après avis du Conseil d'État. Elles entrent en vigueur dès leur publication mais deviennent caduques si le projet de loi de ratification n'est pas déposé devant le Parlement avant la date fixée par la loi d'habilitation.

A l'expiration du délai mentionné au premier alinéa du présent article, les ordonnances ne peuvent plus être modifiées que par la loi dans les matières qui sont du domaine législatif.

Art. 39. L'initiative des lois appartient concurremment au premier ministre et aux membres du Parlement.

Les projets de loi sont délibérés en conseil des ministres après avis du Conseil d'État et déposés sur le bureau de l'une des deux assemblées. Les projets de loi de finances et de loi de financement de la sécurité sociale sont soumis en premier lieu à l'Assemblée nationale (10).

Art. 40. Les propositions et amendements formulés par les membres du Parlement ne sont pas recevables lorsque leur adoption aurait pour conséquence soit une diminution des ressources publiques, soit la création ou l'aggravation d'une charge publique.

Art. 41. S'il apparaît au cours de la procédure législative qu'une proposition ou un amendement n'est pas du domaine de la loi ou est contraire à une délégation accordée en vertu de l'article 38, le Gouvernement peut opposer l'irrecevabilité.

En cas de désaccord entre le Gouvernement et le président de l'assemblée intéressée, le Conseil constitutionnel, à la demande de l'un ou de l'autre, statue dans un délai de huit jours.

Art. 42. La discussion des projets de loi porte, devant la première assemblée saisie, sur le texte présenté par le Gouvernement.

Une assemblée saisie d'un texte voté par l'autre assemblée délibère sur le texte qui lui est transmis.

Art. 43. Les projets et propositions de loi sont, à la demande du Gouvernement ou de l'assemblée qui en est saisie, envoyés pour examen à des commissions spécialement désignées à cet effet.

(10) Rédaction de la L.C. du 22 février 1996.

Les projets et propositions pour lesquels une telle demande n'a pas été faite sont envoyés à l'une des commissions permanentes dont le nombre est limité à six dans chaque assemblée.

Art. 44. Les membres du Parlement et le Gouvernement ont le droit d'amendement.

Après l'ouverture du débat, le Gouvernement peut s'opposer, à l'examen de tout amendement qui n'a pas été antérieurement soumis à la commission.

Si le Gouvernement le demande, l'assemblée saisie se prononce par un seul vote sur tout ou partie du texte en discussion en ne retenant que les amendements proposés ou acceptés par le Gouvernement.

Art. 45. Tout projet ou proposition de loi est examiné successivement dans les deux assemblées du Parlement en vue de l'adoption d'un texte identique.

Lorsque, par suite d'un désaccord entre les deux assemblées, un projet ou une proposition de loi n'a pu être adopté après deux lectures par chaque assemblée ou, si le Gouvernement a déclaré l'urgence, après une seule lecture par chacune d'entre elles, le premier ministre a la faculté de provoquer la réunion d'une commission mixte paritaire chargée de proposer un texte sur les dispositions restant en discussion.

Le texte élaboré par la commission mixte peut être soumis par le Gouvernement pour approbation aux deux assemblées. Aucun amendement n'est recevable sauf accord du Gouvernement.

Si la commission mixte ne parvient pas à l'adoption d'un texte commun ou si ce texte n'est pas adopté dans les conditions prévues à l'alinéa précédent, le Gouvernement peut, après une nouvelle lecture par l'Assemblée nationale et par le Sénat, demander à l'Assemblée nationale de statuer définitivement. En ce cas, l'Assemblée nationale peut reprendre soit le texte élaboré par la commission mixte, soit le dernier texte voté par elle, modifié le cas échéant par un ou plusieurs des amendements adoptés par le Sénat.

Art. 46. Les lois auxquelles la consitution confère le caractère de lois organiques sont votées et modifiées dans les conditions suivantes.

Le projet ou la proposition n'est soumis à la délibération et au vote de la première assemblée saisie qu'à l'expiration d'un délai de quinze jours après son dépôt.

La procédure de l'article 45 est applicable. Toutefois, faute d'accord entre les deux assemblées, le texte ne peut être adopté par l'Assemblée nationale en dernière lecture qu'à la majorité absolue de ses membres.

Les lois organiques relatives au Sénat doivent être votées dans les mêmes termes par les deux assemblées.

Les lois organiques ne peuvent être promulguées qu'après déclaration par le Conseil constitutionnel de leur conformité à la constitution.

Art. 47. Le Parlement vote les projets de loi de finances dans les conditions prévues par une loi organique.

Si l'Assemblée nationale ne s'est pas prononcée en première lecture dans le délai de quarante jours après le dépôt d'un projet, le Gouvernement saisit le Sénat, qui doit statuer dans un délai de quinze jours. Il est ensuite procédé dans les conditions prévues à l'article 45.

Si le Parlement ne s'est pas prononcé dans un délai de soixante-dix jours, les dispositions du projet peuvent être mises en vigueur par ordonnance.

Si la loi de finances fixant les ressources et les charges d'un exercice n'a pas été déposée en temps utile pour être promulguée avant le début de cet exercice, le Gouvernement demande d'urgence au Parlement l'autorisation de percevoir les impôts et ouvre par décret les crédits se rapportant aux services votés.

Les délais prévus au présent article sont suspendus lorsque le Parlement n'est pas en session.

La Cour des comptes assiste le Parlement et le Gouvernement dans le contrôle de l'exécution des lois de finances.

Art. 47-1. Le Parlement vote les projets de loi de financement de la sécurité sociale dans les conditions prévues par une loi organique.

Si l'Assemblée nationale ne s'est pas prononcée en première lecture dans le délai de vingt jours après le dépôt d'un projet, le Gouvernement saisit le Sénat qui doit statuer dans un délai de quinze jours. Il est ensuite procédé dans les conditions prévues à l'article 45.

Si le Parlement ne s'est pas prononcé dans un délai de cinquante jours, les dispositions du projet peuvent être mises en œuvre par ordonnance.

Les délais prévus au présent article sont suspendus lorsque le Parlement n'est pas en session et, pour chaque assemblée, au cours des semaines où elle a décidé de ne pas tenir séance, conformément au deuxième alinéa de l'article 28.

La Cour des comptes assiste le Parlement et le Gouvernement dans le contrôle de l'application des lois de financement de la sécurité sociale (11).

Art. 48. Sans préjudice de l'application des trois derniers alinéas de l'article 28, l'ordre du jour des assemblées comporte, par priorité et dans l'ordre que le Gouvernement a fixé, la discussion des projets de loi déposés par le Gouvernement et des propositions de loi acceptées par lui.

Une séance par semaine au moins est réservée par priorité aux questions des membres du Parlement et aux réponses du Gouvernement.

Une séance par mois est réservée par priorité à l'ordre du jour fixé par chaque assemblée (12).

Art. 49. Le premier ministre, après délibération du conseil des ministres, engage devant l'Assemblée nationale la responsabilité du Gouvernement sur son programme ou éventuellement sur une déclaration de politique générale.

L'Assemblée nationale met en cause la responsabilité du Gouvernement par le vote d'une motion de censure. Une telle motion n'est recevable que si elle est signée par un dixième au moins des membres de l'Assemblée nationale. Le vote ne peut avoir lieu que quarante-huit heures après son dépôt. Seuls sont recensés les votes favorables à la motion de censure qui ne peut être adoptée qu'à la majorité des membres composant l'Assemblée. Sauf dans le cas prévu à l'alinéa ci-dessous, un député ne peut être signataire de plus de trois motions de censure au cours d'une même session ordinaire et de plus d'une au cours d'une même session extraordinaire.

Le premier ministre peut, après délibération du conseil des ministres, engager la responsabilité du Gouvernement devant l'Assemblée nationale sur le vote d'un texte. Dans ce cas, ce texte est considéré comme adopté, sauf si une motion de censure, déposée dans les vingt-quatre heures qui suivent, est votée dans les conditions prévues à l'alinéa précédent.

Le premier ministre a la faculté de demander au Sénat l'approbation d'une déclaration de politique générale (13).

Art. 50. Lorsque l'Assemblée nationale adopte une motion de censure ou lorsqu'elle désapprouve le programme ou une déclaration de politique générale du Gouvernement, le premier ministre doit remettre au président de la République la démission du Gouvernement.

Art. 51. La clôture de la session ordinaire ou des sessions extraordinaires est de droit retardée pour permettre, le cas échéant, l'application de l'article 49. A cette même fin, des séances supplémentaires sont de droit (14).

Titre VI. — **Des traités et accords internationaux.**

Art. 52. Le président de la République négocie et ratifie les traités.

Il est informé de toute négociation tendant à la conclusion d'un accord international non soumis à ratification.

Art. 53. Les traités de paix, les traités de commerce, les traités ou accords relatifs à l'organisation internationale, ceux qui engagent les finances de l'État, ceux qui modifient les dispositions de nature législative, ceux qui sont relatifs à l'état des personnes, ceux qui comportent cession, échange ou adjonction de territoire, ne peuvent être ratifiés ou approuvés qu'en vertu d'une loi.

Ils ne prennent effet qu'après avoir été ratifiés ou approuvés.

Nulle cession, nul échange, nulle adjonction de territoire n'est valable sans le consentement des populations intéressées.

(11) Rédaction de la L.C. du 22 février 1996.
(12) Rédaction de la L.C. du 4 août 1995.
(13) *Idem.*
(14) *Idem.*

Art. 53-1. La République peut conclure avec les États européens qui sont liés par des engagements identiques aux siens en matière d'asile et de protection des Droits de l'homme et des libertés fondamentales, des accords déterminant leur compétences respectives pour l'examen des demandes d'asile qui leur sont présentées.

Toutefois, même si la demande n'entre pas dans leur compétence en vertu de ces accords, les autorités de la République ont toujours le droit de donner asile à tout étranger persécuté en raison de son action en faveur de la liberté ou qui sollicite la protection de la France pour un autre motif (15).

Art. 53-2. La République peut reconnaître la juridiction de la Cour pénale internationale dans les conditions prévues par le traité signé le 18 juillet 1998 (16).

Art. 54. Si le Conseil constitutionnel, saisi par le président de la République, par le premier ministre, par le président de l'une ou l'autre assemblée ou par soixante députés ou soixante sénateurs, a déclaré qu'un engagement international comporte une clause contraire à la constitution, l'autorisation de ratifier ou d'approuver l'engagement international en cause ne peut intervenir qu'après la révision de la constitution (17).

Art. 55. Les traités ou accords régulièrement ratifiés ou approuvés ont, dès leur publication, une autorité supérieure à celle des lois, sous réserve, pour chaque accord ou traité, de son application par l'autre partie.

Titre VII. — **Le Conseil constitutionnel.**

Art. 56. Le Conseil constitutionnel comprend neuf membres, dont le mandat dure neuf ans et n'est pas renouvelable. Le Conseil constitutionnel se renouvelle par tiers tous les trois ans. Trois des membres sont nommés par le président de la République, trois par le président de l'Assemblée nationale, trois par le président du Sénat.

En sus des neuf membres prévus ci-dessus, font de droit partie à vie du Conseil constitutionnel les anciens présidents de la République.

Le président est nommé par le président de la République. Il a voix prépondérante en cas de partage.

Art. 57. Les fonctions de membres du Conseil constitutionnel sont incompatibles avec celles de ministre ou de membre du Parlement. Les autres incompatibilités sont fixées par une loi organique.

Art. 58. Le Conseil constitutionnel veille à la régularité de l'élection du président de la République.

Il examine les réclamations et proclame les résultats du scrutin.

Art. 59. Le Conseil constitutionnel statue, en cas de contestation, sur la régularité de l'élection des députés et des sénateurs.

Art. 60. Le Conseil constitutionnel veille à la régularité des opérations de référendum et en proclame les résultats.

Art. 61. Les lois organiques, avant leur promulgation, et les règlements des assemblées parlementaires, avant leur mise en application, doivent être soumis au Conseil constitutionnel, qui se prononce sur leur conformité à la constitution.

Aux mêmes fins, les lois peuvent être déférées au Conseil constitutionnel, avant leur promulgation, par le président de la République, le premier ministre, le président de l'Assemblée nationale, le président du Sénat ou soixante députés ou soixante sénateurs.

Dans les cas prévues aux deux alinéas précédents, le Conseil constitutionnel doit statuer dans un délai d'un mois. Toutefois, à la demande du Gouvernement, s'il y a urgence, ce délai est ramené à huit jours.

Dans ces mêmes cas, la saisine du Conseil constitutionnel suspend le délai de promulgation (18).

(15) Rédaction de la L.C. du 25 novembre 1993.
(16) Rédaction de la L.C. du 8 juillet 1999.
(17) Rédaction de la L.C. du 25 juin 1992.
(18) Rédaction de la L.C. du 29 octobre 1974.

Art. 62. Une disposition déclarée inconstitutionnelle ne peut être promulguée ni mise en application.

Les décisions du Conseil constitutionnel ne sont susceptibles d'aucun recours. Elles s'imposent aux pouvoirs publics et à toutes les autorités administratives et juridictionnelles.

Art. 63. Une loi organique détermine les règles d'organisation et de fonctionnement du Conseil constitutionnel, la procédure qui est suivie devant lui, et notamment les délais ouverts pour le saisir de contestations.

Titre VIII. — **De l'autorité judiciaire.**

Art. 64. Le président de la République est garant de l'indépendance de l'autorité judiciaire.

Il est assisté par le Conseil supérieur de la magistrature.

Une loi organique porte statut des magistrats.

Les magistrats du siège sont inamovibles.

Art. 65. Le Conseil supérieur de la magistrature est présidé par le président de la République. Le ministre de la justice en est le vice-président de droit. Il peut suppléer le président de la République.

Le Conseil supérieur de la magistrature comprend deux formations, l'une compétente à l'égard des magistrats du siège, l'autre à l'égard des magistrats du parquet.

La formation compétente à l'égard des magistrats du siège comprend, outre le président de la République et le garde des sceaux, cinq magistrats du siège et un magistrat du parquet, un conseiller d'État, désigné par le Conseil d'État, et trois personnalités n'appartenant ni au Parlement ni à l'ordre judiciaire, désignées respectivement par le président de la République, le président de l'Assemblée nationale et le président du Sénat.

La formation compétente à l'égard des magistrats du parquet comprend, outre le président de la République et le garde des sceaux, cinq magistrats du parquet et un magistrat du siège, le conseiller d'État et les trois personnalités mentionnés à l'alinéa précédent.

La formation du Conseil supérieur de la magistrature compétente à l'égard des magistrats du siège fait des propositions pour les nominations des magistrats du siège à la Cour de cassation, pour celles de premier président de cour d'appel et pour celles de président de tribunal de grande instance. Les autres magistrats du siège sont nommés sur son avis conforme.

Elle statue comme conseil de discipline des magistrats du siège. Elle est alors présidée par le premier président de la Cour de cassation.

La formation du Conseil supérieur de la magistrature compétente à l'égard des magistrats du parquet donne son avis pour les nominations concernant les magistrats du parquet, à l'exception des emplois auxquels il est pourvu en conseil des ministres.

Elle donne son avis sur les sanctions disciplinaires concernant les magistrats du parquet. Elle est alors présidée par le procureur général près la Cour de cassation.

Une loi organique détermine les conditions d'application du présent article. (19).

Art. 66. Nul ne peut être arbitrairement détenu.

L'autorité judiciaire, gardienne de la liberté individuelle, assure le respect de ce principe dans les conditions prévues par la loi.

Titre IX. — **La Haute Cour de justice.**

Art. 67. Il est institué une Haute Cour de justice.

Elle est composée de membres élus, en leur sein et en nombre égal, par l'Assemblée nationale et par le Sénat après chaque renouvellement général ou partiel de ces assemblées. Elle élit son président parmi ses membres.

Une loi organique fixe la composition de la Haute Cour, les règles de son fonctionnement ainsi que la procédure applicable devant elle.

(19) Rédaction de la L.C. du 27 juillet 1993.

Art. 68. Le président de la République n'est responsable des actes accomplis dans l'exercice de ses fonctions qu'en cas de haute trahison. Il ne peut être mis en accusation que par les deux assemblées statuant par un vote identique au scrutin public et à la majorité absolue des membres les composant ; il est jugé par la Haute Cour de justice (20).

Titre X. — **De la responsabilité pénale des membres du Gouvernement.**

Art. 68-1. Les membres du Gouvernement sont pénalement responsables des actes accomplis dans l'exercice de leurs fonctions et qualifiés crimes ou délits au moment où ils ont été commis.

Ils sont jugés par la Cour de justice de la République.

La Cour de justice de la République est liée par la définition des crimes et délits ainsi que par la détermination des peines telles qu'elles résultent de la loi (21).

Art. 68-2. La Cour de justice de la République comprend quinze juges : douze parlementaires élus, en leur sein et en nombre égal, par l'Assemblée nationale et par le Sénat après chaque renouvellement général ou partiel de ces assemblées et trois magistrats du siège à la Cour de cassation, dont l'un préside la Cour de justice de la République.

Toute personne qui se prétend lésée par un crime ou un délit commis par un membre du Gouvernement dans l'exercice de ses fonctions peut porter plainte auprès d'une commission des requêtes.

Cette commission ordonne soit le classement de la procédure, soit sa transmission au procureur général près la Cour de cassation aux fins de saisine de la Cour de justice de la République.

Le procureur général près la Cour de cassation peut aussi saisir d'office la Cour de justice de la République sur avis conforme de la commission des requêtes.

Une loi organique détermine les conditions d'application du présent article (22).

Art. 68-3. Les dispositions du présent titre sont applicables aux faits commis avant son entrée en vigueur (23).

Titre XI. — **Le Conseil économique et social.**

Art. 69. Le Conseil économique et social, saisi par le Gouvernement, donne son avis sur les projets de loi, d'ordonnance ou de décret ainsi que sur les propositions de loi qui lui sont soumis.

Un membre du Conseil économique et social peut être désigné par celui-ci pour exposer devant les assemblées parlementaires l'avis du Conseil sur les projets ou propositions qui lui ont été soumis.

Art. 70. Le Conseil économique et social peut être également consulté par le Gouvernement sur tout problème de caractère économique ou social. Tout plan ou tout projet de loi de programme à caractère économique ou social lui est soumis par avis (24).

Art. 71. La composition du Conseil économique et social et ses règles de fonctionnement sont fixées par une loi organique.

Titre XII. — **Des collectivités territoriales.**

Art. 72. Les collectivités territoriales de la République sont les communes, les départements, les territoires d'outre-mer. Toute autre collectivité territoriale est créée par la loi.

Ces collectivités s'administrent librement par des conseils élus et dans les conditions prévues par la loi.

(20) *Idem.*
(21) *Idem.*
(22) *Idem.*
(23) Rédaction de la L.C. du 4 août 1995.
(24) *Idem.*

Dans les départements et les territoires, le délégué du Gouvernement a la charge des intérêts nationaux, du contrôle administratif et du respect des lois.

Art. 73. Le régime législatif et l'organisation administrative des départements d'outre-mer peuvent faire l'objet de mesures d'adaptation nécessitées par leur situation particulière.

Art. 74. Les territoires d'outre-mer de la République ont une organisation particulière tenant compte de leurs intérêts propres dans l'ensemble des intérêts de la République.

Les statuts des territoires d'outre-mer sont fixés par des lois organiques qui définissent, notamment, les compétences de leurs institutions propres, et modifiés, dans la même forme, après consultation de l'assemblée territoriale intéressée.

Les autres modalités de leur organisation particulière sont définies et modifiées par la loi après consultation de l'assemblée territoriale intéressée (25).

Art. 75. Les citoyens de la République qui n'ont pas le statut civil de droit commun, seul visé à l'article 34, conservent leur statut personnel tant qu'ils n'y ont pas renoncé.

Titre XIII. — **Dispositions transitoires relatives à la Nouvelle-Calédonie (26)**

Art. 76. Les populations de la Nouvelle-Calédonie sont appelées à se prononcer avant le 31 décembre 1998 sur les dispositions de l'accord signé à Nouméa le 5 mai 1998 et publié le 27 mai 1998 au *Journal officiel* de la République française.

Sont admises à participer au scrutin les personnes remplissant les conditions fixées à l'article 2 de la loi n° 88-1028 du 9 novembre 1988.

Les mesures nécessaires à l'organisation du scrutin sont prises par décret du Conseil d'État délibéré en conseil des ministres (26).

Art. 77. Après approbation de l'accord lors de la consultation prévue à l'article 76, la loi organique, prise après avis de l'assemblée délibérante de la Nouvelle-Calédonie, détermine, pour assurer l'évolution de la Nouvelle-Calédonie dans le respect des orientations définies par cet accord et selon les modalités nécessaires à sa mise en œuvre :

— les compétences de l'État qui seront transférées, de façon définitive, aux institutions de la Nouvelle-Calédonie, l'échelonnement et les modalités de ces transferts, ainsi que la répartition des charges résultant de ceux-ci ;

— les règles d'organisation et de fonctionnement des institutions de la Nouvelle-Calédonie et notamment les conditions dans lesquelles certaines catégories d'actes de l'assemblée délibérante pourront être soumises avant publication au contrôle du Conseil constitutionnel ;

— les règles relatives à la citoyenneté, au régime électoral, à l'emploi et au statut civil coutumier ;

— les conditions et les délais dans lesquels les populations intéressées de la Nouvelle-Calédonie seront amenées à se prononcer sur l'accession à la pleine souveraineté.

Les autres mesures nécessaires à la mise en œuvre de l'accord mentionné à l'article 76 sont définies par la loi (26).

Titre XIV. — **Des accords d'associations.**

Art. 88. La République peut conclure des accords avec les États qui désirent s'associer à elle pour développer leurs civilisations (27).

(25) Rédaction de la L.C. du 25 juin 1992.

(26) Rédaction de la L.C. du 20 juillet 1998. L'ancien titre concernait la Communauté franco-africaine et malgache au moment de la décolonisation en 1958.

(27) Rédaction de la L.C. du 4 août 1995.

Titre XV. — **Des Communautés européennes et de l'Union européenne.**

Art. 88-1. La République participe aux Communautés européennes et à l'Union européenne, constituées d'États qui ont choisi librement, en vertu des traités qui les ont instituées, d'exercer en commun certaines de leurs compétences (28).

Art. 88-2. Sous réserve de réciprocité, et selon les modalités prévues par le traité sur l'Union européenne signé le 7 février 1992, la France consent aux transferts de compétences nécessaires à l'établissement de l'union économique et monétaire européenne.

Sous la même réserve et selon les modalités prévues par le Traité instituant la Communauté européenne, dans sa rédaction résultant du traité signé le 2 octobre 1997, peuvent être consentis les transferts de compétences nécessaires à la détermination des règles relatives à la libre circulation des personnes et aux domaines qui lui sont liés (29).

Art. 88-3. Sous réserve de réciprocité et selon les modalités prévues par le traité sur l'Union européenne signé le 7 février 1992, le droit de vote et d'éligibilité aux élections municipales peut être accordé aux seuls citoyens de l'Union résidant en France. Ces citoyens ne peuvent exercer les fonctions de maire ou d'adjoint ni participer à la désignation des électeurs sénatoriaux et à l'élection des sénateurs. Une loi organique votée dans les mêmes termes par les deux assemblées détermine les conditions d'application du présent article (30).

Art. 88-4. Le Gouvernement soumet à l'Assemblée nationale et au Sénat, dès leur transmission au Conseil de l'Union européenne, les projets ou propositions d'actes des Communautés européennes et de l'Union européenne comportant des dispositions de nature législative. Il peut également leur soumettre les autres projets ou propositions d'actes ainsi que tout document émanant d'une institution de l'Union européenne.

Selon des modalités fixées par le règlement de chaque assemblée, des résolutions peuvent être votées, le cas échéant en dehors des sessions, sur les projets, propositions ou documents mentionnés à l'alinéa précédent (31).

Titre XVI. — **De la révision.**

Art. 89. L'initiative de la révision de la constitution appartient concurremment au président de la République sur proposition du premier ministre et aux membres du Parlement.

Le projet ou la proposition de révision doit être voté par les deux assemblées en termes identiques. La révision est définitive après avoir été approuvée par référendum.

Toutefois, le projet de révision n'est pas présenté au référendum lorsque le président de la République décide de le soumettre au Parlement convoqué en Congrès ; dans ce cas, le projet de révision n'est approuvé que s'il réunit la majorité des trois cinquièmes des suffrages exprimés. Le bureau du Congrès est celui de l'Assemblée nationale.

Aucune procédure de révision ne peut être engagée ou poursuivie lorsqu'il est porté atteinte à l'intégrité du territoire.

La forme républicaine du Gouvernement ne peut faire l'objet d'une révision.

Titre XVII. — (Abrogé par la L.C. du 4 août 1995) (32)

(28) Rédaction de la L.C. du 25 juin 1992.
(29) Rédaction des L.C. des 25 juin 1992 et 25 janvier 1999.
(30) Rédaction de la L.C. du 25 juin 1992.
(31) Rédaction des L.C. des 25 juin 1992 et 25 janvier 1999.
(32) Parmi les dispositions transitoires, figurait l'article 92 : *Les mesures législatives nécessaires à la mise en place des institutions et, jusqu'à cette mise en place, au fonctionnement des pouvoirs publics seront prises en conseil des ministres, après avis du Conseil d'État, par ordonnance ayant force de loi.*

Pendant le délai prévu à l'alinéa 1er de l'article 91, le Gouvernement est autorisé à fixer par ordonnances ayant force de loi et prises en la même forme le régime électoral des assemblées prévues par la constitution.

Pendant le même délai et dans les mêmes conditions, le Gouvernement pourra également prendre en toutes matières les mesures qu'il jugera nécessaires à la vie de la nation, à la protection des citoyens ou à la sauvegarde des libertés.

II. DÉCLARATION DES DROITS DE L'HOMME ET DU CITOYEN DU 26 AOÛT 1789

Les représentants du peuple français, constitués en Assemblée nationale, considérant que l'ignorance, l'oubli ou le mépris des droits de l'homme sont les seules causes des malheurs publics et de la corruption des gouvernements, ont résolu d'exposer, dans une déclaration solennelle, les droits naturels, inaliénables et sacrés de l'homme, afin que cette déclaration, constamment présente à tous les membres du corps social, leur rappelle sans cesse leurs droits et leurs devoirs ; afin que les actes du pouvoir législatif et ceux du pouvoir exécutif, pouvant être à chaque instant comparés avec le but de toute institution politique, en soient plus respectés ; afin que les réclamations des citoyens, fondées désormais sur des principes simples et incontestables, tournent toujours au maintien de la constitution et au bonheur de tous. En conséquence, l'Assemblée nationale reconnaît et déclare, en présence et sous les auspices de l'Être Suprême, les droits suivants de l'homme et du citoyen.

Art. 1er. Les hommes naissent et demeurent libres et égaux en droits. Les distinctions sociales ne peuvent être fondées que sur l'utilité commune.

Art. 2. Le but de toute association politique est la conservation des droits naturels et imprescriptibles de l'homme. Ces droits sont la liberté, la propriété, la sûreté, et la résistance à l'oppression.

Art. 3. Le principe de toute souveraineté réside essentiellement dans la nation. Nul corps, nul individu ne peut exercer d'autorité qui n'en émane expressément.

Art. 4. La liberté consiste à pouvoir faire tout ce qui ne nuit pas à autrui : ainsi, l'exercice des droits naturels de chaque homme n'a de bornes que celles qui assurent aux autres membres de la société la jouissance de ces mêmes droits. Ces bornes ne peuvent être déterminées que par la loi.

Art. 5. La loi n'a le droit de défendre que les actions nuisibles à la société. Tout ce qui n'est pas défendu par la loi ne peut être empêché, et nul ne peut être contraint à faire de qu'elle n'ordonne pas.

Art. 6. La loi est l'expression de la volonté générale. Tous les citoyens ont droit de concourir personnellement, ou par leurs représentants, à sa formation. Elle doit être la même pour tous, soit qu'elle protège, soit qu'elle punisse. Tous les citoyens étant égaux à ses yeux sont également admissibles, à toutes dignités, places et emplois publics, selon leur capacité, et sans autre distinction que celle de leur vertus et de leurs talents.

Art. 7. Nul homme ne peut être accusé, arrêté ni détenu que dans les cas déterminés par la loi, et selon les formes qu'elle a prescrites. Ceux qui sollicitent, expédient, exécutent ou font exécuter des ordres arbitraires, doivent être punis ; mais tout citoyen appelé ou saisi en vertu de la loi doit obéir à l'instant : il se rend coupable par la résistance.

Art. 8. La loi ne doit établir que des peines strictement et évidemment nécessaires, et nul ne peut être puni qu'en vertu d'une loi établie et promulguée antérieurement au délit, et légalement appliquée.

Art. 9. Tout homme étant présumé innocent jusqu'à ce qu'il ait été déclaré coupable, s'il est jugé indispensable de l'arrêter, toute rigueur qui ne serait pas nécessaire pour s'assurer de sa personne doit être sévèrement réprimée par la loi.

Art. 10. Nul ne doit être inquiété pour ses opinions, même religieuses, pourvu que leur manifestation ne trouble pas l'ordre public établi par la loi.

Art. 11. La libre communication des pensées et des opinions est un des droits les plus précieux de l'homme ; tout citoyen peut donc parler, écrire, imprimer librement, sauf à répondre de l'abus de cette liberté dans les cas déterminés par la loi.

Art. 12. La garantie des droits de l'homme et du citoyen nécessite une force publique ; cette force est donc instituée pour l'avantage de tous, et non pour l'utilité particulière de ceux auxquels elle est confiée.

Art. 13. Pour l'entretien de la force publique, et pour les dépenses d'administration, une contribution commune est indispensable : elle doit être également répartie entre tous les citoyens, en raison de leurs facultés.

Art. 14. Tous les citoyens ont le droit de constater, par eux-mêmes ou par leurs représentants, la nécessité de la contribution publique, de la consentir librement, d'en suivre l'emploi, et d'en déterminer la quotité, l'assiette, le recouvrement et la durée.

Art. 15. La société a le droit de demander compte à tout agent public de son administration.

Art. 16. Toute société dans laquelle la garantie des droits n'est pas assurée, ni la séparation des pouvoirs déterminée, n'a point de constitution.

Art. 17. La propriété étant un droit inviolable et sacré, nul ne peut en être privé, si ce n'est lorsque la nécessité publique, légalement constatée, l'exige évidemment, et sous la condition d'une juste et préalable indemnité.

III. PRÉAMBULE DE LA CONSTITUTION DU 27 OCTOBRE 1946

Au lendemain de la victoire remportée par les peuples libres sur les régimes qui ont été tenté d'asservir et de dégrader la personne humaine, le peuple français proclame à nouveau que tout être humain, sans distinction de race, de religion ni de croyance, possède des droits inaliénables et sacrés. Il réaffirme solennellement les droits et les libertés de l'homme et du citoyen consacrés par la déclaration des droits de 1789 et les principes fondamentaux reconnus par les lois de la République.

Il proclame, en outre, comme particulièrement nécessaires à notre temps, les principes politiques, économiques et sociaux ci-après :

La loi garantit à la femme, dans tous les domaines, des droits égaux à ceux de l'homme.

Tout homme persécuté en raison de son action en faveur de la liberté a droit d'asile sur les territoires de la République.

Chacun a le devoir de travailler et le droit d'obtenir un emploi. Nul ne peut être lésé, dans son travail ou son emploi, en raison de ses origines, de ses opinions ou de ses croyances.

Tout homme peut défendre ses droits et ses intérêts par l'action syndicale et adhérer au syndicat de son choix.

Le droit de grève s'exerce dans le cadre des lois qui le réglementent.

Tout travailleur participe, par l'intermédiaire de ses délégués, à la détermination collective des conditions de travail ainsi qu'à la gestion des entreprises.

Tout bien, toute entreprise, dont l'exploitation a ou acquiert les caractères d'un service public national ou d'un monopole de fait, doit devenir la propriété de la collectivité.

La nation assure à l'individu et à la famille les conditions nécessaires à leur développement.

Elle garantit à tous, notamment à l'enfant, à la mère et aux vieux travailleurs, la protection de la santé, la sécurité matérielle, le repos et les loisirs. Tout être humain qui, en raison de son âge, de son état physique ou mental, de la situation économique, se trouve dans l'incapacité de travailler a le droit d'obtenir de la collectivité des moyens convenables d'existence.

La nation proclame la solidarité et l'égalité de tous les Français devant les charges qui résultent des calamités nationales.

La nation garantit l'égal accès de l'enfant et de l'adulte à l'instruction, à la formation professionnelle et à la culture. L'organisation de l'enseignement public gratuit et laïque à tous les degrés est un devoir de l'État.

La République française, fidèle à ses traditions, se conforme aux règles de droit public international. Elle n'entreprendra aucune guerre dans des vues de conquête et n'emploiera jamais ses forces contre la liberté d'aucun peuple.

Sous réserve de réciprocité, la France consent aux limitations de souveraineté nécessaires à l'organisation et à la défense de la paix.

La France forme avec les peuples d'outre-mer une union fondée sur l'égalité des droits et des devoirs, sans distinction de race ni de religion.

L'Union française est composée de nations et de peuples qui mettent en commun ou coordonnent leurs ressources et leurs efforts pour développer leurs civilisations respectives, accroître leur bien-être et assurer leur sécurité.

Fidèle à sa mission traditionnelle, la France entend conduire les peuples dont elle a pris la charge à la liberté de s'administrer eux-mêmes et de gérer démocratiquement leurs propres affaires ; écartant tout système de colonisation fondé sur l'arbitraire, elle garantit à tous l'égal accès aux fonctions publiques à l'exercice individuel ou collectif des droits et libertés proclamés ou confirmés ci-dessus.

INDEX ANALYTIQUE

D

E

I

J

K

L

U

V

W

Z

TABLE DES MATIÈRES

NOTES PERSONNELLES

NOTES PERSONNELLES

NOTES PERSONNELLES

NOTES PERSONNELLES

COLLECTION DOMAT

Conseil éditorial
François Burdeau
Jean Combacau
Pierre Mayer
Serge Sur

DROIT PRIVÉ

J.-B. AUBY et H. PERINET-MARQUET	**DROIT DE L'URBANISME ET DE LA CONSTRUCTION** ▪ (5e éd.).
Alain BÉNABENT	**DROIT CIVIL** Les obligations ▪ (7e éd.).
Alain BÉNABENT	**DROIT CIVIL** Les contrats spéciaux ▪ (4e éd.).
Thierry BONNEAU	**DROIT BANCAIRE** ▪ (3e éd.).
Rémy CABRILLAC	**DROIT CIVIL** Les régimes matrimoniaux ▪ (2e éd.).
Gérard CORNU	**DROIT CIVIL. TOME 1** Introduction ▪ Personnes ▪ Biens ▪ (9e éd.).
Gérard CORNU	**DROIT CIVIL. TOME 2** La famille ▪ (6e éd.).
Gérard CORNU	**LINGUISTIQUE JURIDIQUE.**
Françoise DEKEUWER-DÉFOSSEZ et Édith BLARY-CLÉMENT	**DROIT COMMERCIAL** Actes de commerce ▪ Commerçants ▪ Fonds de commerce ▪ Consommation ▪ Concurrence ▪ (6e éd.).
Jean DEVÈZE et Philippe PÉTEL	**DROIT COMMERCIAL** Instruments de paiement et de crédit.
Jean GAUDEMET	**LES NAISSANCES DU DROIT**
Michel JEANTIN	**DROIT DES SOCIÉTÉS** ▪ (3e éd.).
Pierre MAYER	**DROIT INTERNATIONAL PRIVÉ** ▪ (6e éd.).
Antoine MAZEAUD	**DROIT DU TRAVAIL.**

Roger PERROT	**INSTITUTIONS JUDICIAIRES** ▪ (8e éd.).
Frédéric POLLAUD-DULIAN	**DROIT DE LA PROPRIÉTÉ INDUSTRIELLE**
Corinne SAINT-ALARY-HOUIN	**LE DROIT DES ENTREPRISES EN DIFFICULTÉ** ▪ (3e éd.).
Romuald SZRAMKIEWICZ	**HISTOIRE DU DROIT DES AFFAIRES**

DROIT PUBLIC

Pierre AVRIL et Jean GICQUEL	**DROIT PARLEMENTAIRE** ▪ (2e éd.).
Michel BORGETTO et Robert LAFORE	**DROIT DE L'AIDE ET DE L'ACTION SOCIALES** ▪ (2e éd.).
Jean BOULOUIS	**DROIT INSTITUTIONNEL DE L'UNION EUROPÉENNE** ▪ (6e éd.).
François BURDEAU	**HISTOIRE DE L'ADMINISTRATION FRANÇAISE** 18e-20e siècles ▪ (2e éd.).
René CHAPUS	**DROIT ADMINISTRATIF GÉNÉRAL.** **T. 1.** (13e éd.) Service public ▪ Police ▪ Responsabilité ▪ Actes ▪ Organisation et justice administratives ▪ Séparation des autorités administratives et judiciaires ▪ Conflits d'attribution. **T. 2** (12e éd.), Fonction publique ▪ Domaine public ▪ Travaux publics ▪ Expropriation.
René CHAPUS	**DROIT DU CONTENTIEUX ADMINISTRATIF** ▪ (7e éd.).
Jean COMBACAU Serge SUR	**DROIT INTERNATIONAL PUBLIC** ▪ (4e éd.).
Jean GAUDEMET	**LES INSTITUTIONS DE L'ANTIQUITÉ** ▪ (5e éd.).
Jean GAUDEMET	**LES NAISSANCES DU DROIT** ▪ (2e éd.).
Jean GAUDEMET	**SOCIOLOGIE HISTORIQUE.** Les maîtres du pouvoir.
Paul-Marie GAUDEMET et Joël MOLINIER	**FINANCES PUBLIQUES,** **T. 1** (7e éd.) Politique financière ▪ Budget et Trésor. **T. 2** (5e éd.) Fiscalité.
Jean GICQUEL	**DROIT CONSTITUTIONNEL ET INSTITUTIONS POLITIQUES** ▪ (16e éd.).

Marcel MORABITO et Daniel BOURMAUD	**HISTOIRE CONSTITUTIONNELLE ET POLITIQUE DE LA FRANCE, 1789-1958** ▪ (5e éd.).
Jacques ROBERT et Jean DUFFAR	**DROITS DE L'HOMME ET LIBERTÉS FONDAMENTALES** ▪ (7e éd.).
Raphaël ROMI	**DROIT ET ADMINISTRATION DE L'ENVIRONNEMENT** ▪ (3e éd.).
Dominique ROUSSEAU	**DROIT DU CONTENTIEUX CONSTITUTIONNEL** ▪ (5e éd.).
Jacques ZILLER	**ADMINISTRATIONS COMPARÉES**

POLITIQUE

Francis BALLE	**MÉDIAS ET SOCIÉTÉS** ▪ (9e éd.).
Philippe BRAUD et François BURDEAU	**HISTOIRE DES IDÉES POLITIQUES DEPUIS LA RÉVOLUTION** ▪ (2e éd.).
Yves MÉNY	**POLITIQUE COMPARÉE** ▪ (5e éd.).
Roger-Gérard SCHWARTZENBERG	**SOCIOLOGIE POLITIQUE** ▪ (5e éd.).
Serge SUR	**RELATIONS INTERNATIONALES**

GESTION

Jérôme Caby Alain COURET et Gérard HIRIGOYEN	**INITIATION À LA GESTION** ▪ (3e éd.).

Opération Collector

Jusqu'au 15/12/1999

20 POINTS

DROIT CONSTITUTIONNEL ET INSTITUTIONS POLITIQUES
Jean Gicquel

9 782707 611567

Composition, impression, façonnage par

IMPRIMERIE
FRANCE QUERCY
CAHORS

D'après montages et gravure numériques
(Computer To Plate)

N° d'impression : 91606 L
Dépôt légal : octobre 1999

L.G.D.J.-E.J.A.
N° éditeur : 1509